Die letzten
Paradiese

Die letzten
Paradiese

**Das große Handbuch der deutschen
Natur- und Nationalparks**

EIN
ADAC
BUCH

Impressum

Dieses Buch entstand in Zusammenarbeit zwischen der ADAC Verlag GmbH, München, und der Bruckmann Verlag GmbH, München.

Projektleitung: Dr. Hans-Joachim Völse, Dr. Reinhard Pietsch

Redaktion: Walter Liedke (Leitung), Dr. Alex Klubertanz, Dr. Ulrike Kretschmer, Dr. Christiane Lentz, Mariele Radmacher-Martens, Andreas Schimkus, Cornelia Schubert, Jens van Rooij, Stephanie Ward

Autoren: Stefan Feldhoff/Anne Christine Martin, Dr. Peter Göbel, Ulrich Gohl, Richard Lehmeier, Ursula Pfennig, Bernhard Pollmann, Josef Popp, Heinrich Scharf, Bernd Weiler, Tassilo Wengel

Fotografen: Stefan Feldhoff, Rainer Kiedrowski, Melitta Kolberg, Ernst Wrba und weitere, siehe Bildnachweis Seite 512

Bildredaktion: Susanne Mack, München

Kartografie: Ingenieurbüro Schmalfuß, München

Korrektorat und Register: Susanne Langer, Traunstein

Grundlayout: Sabine Dohme, München

Layout/Satz: Dr. Alex Klubertanz, München

Umschlaggestaltung: Parzhuber & Partner, München

Herstellung: John Bergener/ADAC Verlag, Peter Schneider, Iffeldorf

Repro: W&Co., München

Druck und Bindung: Mohn media Mohndruck GmbH, Gütersloh

© 2007 by Bruckmann Verlag GmbH, München
ISBN 978-3-89905-560-3

Printed in Germany

Titelbild (großes Foto): Bildagentur Huber/ R. Schmid (Nationalpark Bayerischer Wald)

Titelbild (kleine Fotos): argus Fotoagentur (Seehunde), Bildagentur Schapowalow/Niehuus (Wanderweg im Nationalpark Vorpommersche Boddenlandschaft), Bildagentur Schapowalow/Menges (Kalkfelsen im Nationalpark Jasmund), pixxpool (St. Bartholomä im Nationalpark Berchtesgaden)

Fotos Umschlagrückseite: Melitta Kolberg (Leuchtturm Westerheversand, Rasender Roland, Storch), Stefan Enste www.bilsteintal.de (Bilsteinhöhle), Feldhoff & Martin (Fliegenragwurz), Ernst Wrba (Fachwerkhäuser Tüchersfeld)

Unsere Naturlandschaften erleben

Die 14 Nationalparke, 96 Naturparke und 14 Biosphärenreservate in Deutschland bilden einen Schatz, dessen Wert den Menschen in den letzten Jahren zunehmend bewusst geworden ist.

Man muss nicht in ferne Länder reisen, um außergewöhnliche Naturlandschaften zu erleben. Vor Ihrer Haustür können Sie in den deutschen Parks wieder gewonnene Wildnis genauso erleben wie in Jahrhunderten durch Menschen gestaltete Landschaften. Unsere besonderen Naturparadiese werden für heutige und kommende Generationen geschützt und entwickelt. In den Parks erhalten Sie Informationen über Natur und Kultur sowie attraktive Angebote für Naturerleben, Erholung und Bildung.

Im November 2005 haben sich die Nationalparke, Naturparke und Biosphärenreservate zu der

nen so das Gemeinsame, das diese drei Arten von Schutzgebieten verbindet. Informationen über die Parks und ihre Angebote sind unter anderem über das Internet zentral zugänglich (www.nationale-naturlandschaften.de).

Wir freuen uns, dass in dem Buch »Die letzten Paradiese« der Idee der »Nationalen Naturlandschaften« entsprechend alle Nationalparke, Naturparke und Biosphärenreservate gemeinsam dargestellt werden. Ich möchte Ihnen nachdrücklich empfehlen, mit diesem sorgsam recherchierten und fachkundig geschriebenen Werk die letzten Paradiese unserer Heimat neu ken-

Dachmarke »Nationale Naturlandschaften« zusammengeschlossen. Entwickelt wurde diese Dachmarke von EUROPARC Deutschland und dem Verband Deutscher Naturparke mit Unterstützung der Deutschen Bundesstiftung Umwelt, des Bundesministeriums für Umwelt, Naturschutz und Reaktorsicherheit, des Bundesamtes für Naturschutz und von zahlreichen Bundesländern. Als »Nationale Naturlandschaften« stellen sich Nationalparke, Naturparke und Biosphärenreservate jetzt der Öffentlichkeit vor und beto-

nenzulernen. Besuchen Sie diese einzigartigen Gebiete und verbringen Sie dort viele erlebnisreiche und erholsame Stunden. Ich würde mich persönlich sehr darüber freuen.

Michael Arndt

Dr. Michael Arndt
Präsident Verband Deutscher Naturparke

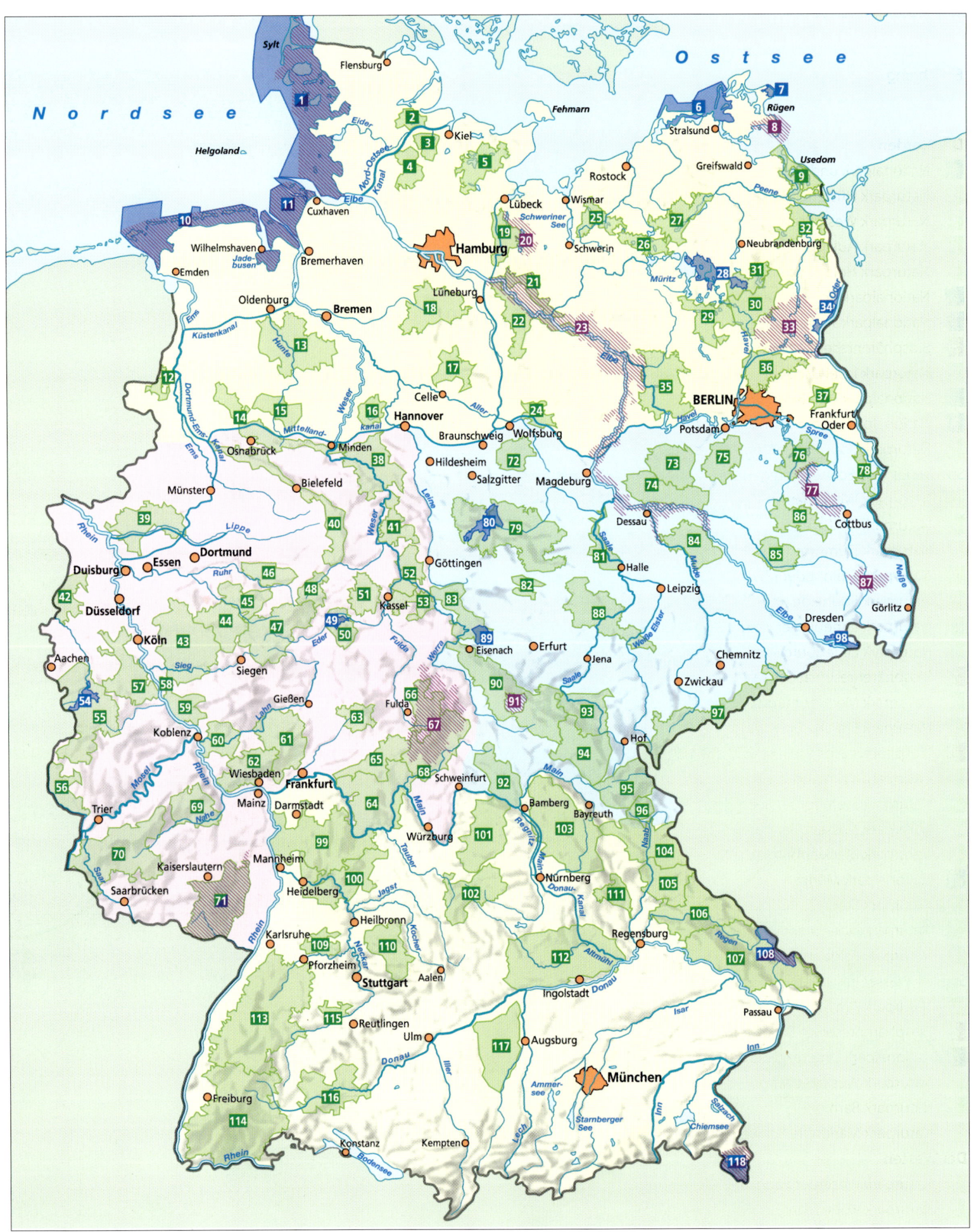

Inhalt

Deutschland ist schön ...

... und das nicht nur vom Hubschrauber aus. Dies gilt natürlich in besonderem Maße für jene Gegenden unseres Landes, in denen die Natur großflächig geschützt ist, für unsere »Paradiese«. Wer hier auf den meist gepflegten Wegen wandert, entkommt im Nu der Hektik des Alltags, genießt einsame Täler und stille Wälder, ausssichtsreiche Gipfel und schattige Schluchten.

Aus der Vogelperspektive besonders beeindruckend: die herrliche Lahnschlinge bei Cramberg.

Nur was man kennt, wird man auch pfleglich behandeln wollen; diese alte Erkenntnis der Naturschützer hat dazu geführt, dass die Besucher in allen Großschutzgebieten hierzulande ein umfangreiches und spannendes Wissensangebot vorfinden, etwa in den Informationszentren oder auf einem der zahllosen Lehrpfade zu den unterschiedlichsten Naturthemen. Gerade auch Kinder profitieren davon – heute und morgen.

Welche Großschutzgebiete gibt es?

Die Vielfalt unserer Natur und die Vielfalt unserer Schutzgebiete – das ist es, was Deutschland (auch) ausmacht. Vom Wattenmeer im Nordwesten und der Boddenküste Vorpommerns im Nordosten bis zu den Alpen im Nationalpark Berchtesgaden spannt sich der Bogen; und dazwischen erstrecken sich die Norddeutsche Tiefebene und die höchst unterschiedlichen Mittelgebirgslandschaften von der Eifel bis zum Erzgebirge. Dieser wahre Schatz an Naturlandschaften verdient es, für die kommenden Generationen bewahrt und geschützt zu werden – vor Luftschadstoffen ebenso wie vor ungezügelter Zersiedelung, vor Rohstoffabbau ebenso wie vor rücksichtslosen Touristen.

Deshalb ist es gut, dass die Großschutzgebiete in Deutschland mittlerweile fast 30 Prozent der Landesfläche bedecken. Nach einer Erhebung des Dachverbandes der Naturparke, Europarc, liegen wir damit im Kontinentalvergleich knapp hinter Luxemburg auf dem zweiten Platz.

Den Löwenanteil davon machen, was Zahl und Fläche angeht, die Naturparks aus. In diesem Band sind sie an der grünen Farbkodierung zu erkennen. Über 90 dieser Schutzgebiete gibt es in Deutschland, und sie schützen umfangreiche, besonders reizvolle Kulturlandschaften; insofern ist eine schonende Landnutzung hier ausdrücklich erwünscht, ja sogar nötig. Geschützt sind in diesen attraktiven und gern besuchten Erholungslandschaften auch die historischen Stätten und die gewachsenen Ortsbilder.

Anders in einem Nationalpark, im Buch an der blauen Farbkodierung zu erkennen: Hier steht der Schutz der Natur ganz im Vordergrund. Insgesamt 14 solcher Gebiete sind in Deutschland ausgewiesen, die der Mensch gar nicht oder nur in geringem Umfang geformt hat. Nationalparks gliedern sich in der Regel in eine Kernzone, in der sich Tiere, Pflanzen und ihre Lebensgemeinschaften völlig ungestört entwickeln dürfen, sowie in Entwicklungs und Pflegezonen, in denen der Mensch (noch) zu Schutzzwecken eingreift.

Biosphärenreservate, im Buch violett markiert, dienen einem Auftrag der UNESCO gemäß vor allem der Erforschung dessen, wie sich das Tun des Menschen auf den Naturhaushalt auswirkt. Ihre Flächen überschneiden sich hierzulande oft mit denen von Natur- oder Nationalparks.

Bitte beachten Sie beim Besuch dieser Großschutzgebiete unbedingt die Regeln, die dort gelten. Parken Sie nur auf den ausgewiesenen Parkplätzen, bleiben Sie auf den markierten Wegen, hinterlassen Sie keine Abfälle und nehmen Sie Rücksicht auf die Tier- und Pflanzenwelt. So tragen Sie mit Ihrem Besuch zum Schutz unserer »letzten Paradiese« bei.

Das bietet Ihnen dieses Buch

Entdecken Sie mit diesem Band, wo Deutschland am schönsten ist. Er stellt in Wort und Bild alle 124 Großschutzgebiete unseres Landes vor. Die Autoren, allesamt ausgewiesene Fachleute, erläutern Punkt für Punkt, welche Schönheiten in den Nationalparks, Biosphärenreservaten und Naturparks einen Besuch, einen Spaziergang, eine Wanderung lohnen. Die eigens angefertigten Karten (vgl. obenstehende Zeichenerklärung) bieten Orientierung und zeigen, wo die im Text beschriebenen Ziele liegen. Auf der ersten Seite jeder Parkbeschreibung finden sich zudem die »Top Tipps«, die Hauptattraktio-

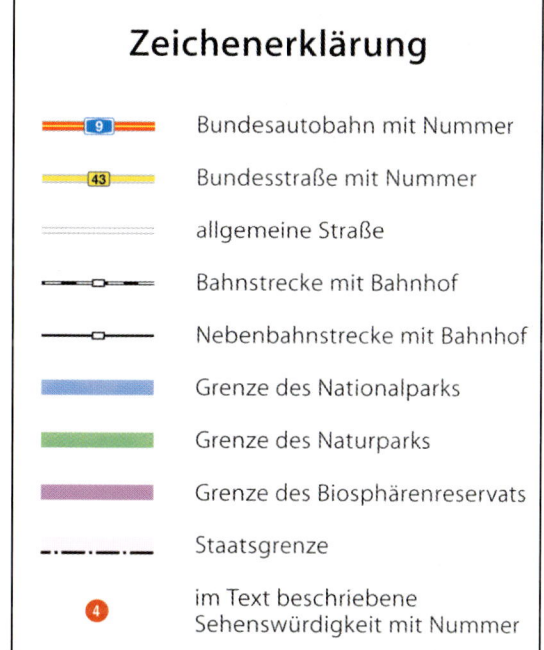

nen des entsprechenden Gebietes, die man sich auf keinen Fall entgehen lassen sollte.

Die Servicespalte, ebenfalls auf der ersten Seite jedes Parks, beschreibt die Anfahrt zur ersten Sehenswürdigkeit und nennt die wichtigen Zahlen, Fakten und Adressen.

    Außerdem verraten hier kleine Bildsymbole, welche besonderen Angebote die Besucher im jeweiligen Park erwarten. Das Piktogramm Kinder verweist auf Spielplätze, das Hundesymbol bedeutet, dass Hunde – angeleint – im Park erlaubt sind. Das Symbol Wasser verspricht Bademöglichkeiten, das Zeigefingersymbol verweist auf Führungen im Park. Das Rollstuhlzeichen schließlich zeigt, dass hier für Menschen mit Gehbehinderungen, etwa für Rollstuhlfahrer, barrierefreie Wege vorhanden sind. Bei schwach gedruckten Symbolen trifft das entsprechende Angebot auf den Park nicht zu.

Die Tipps in der Randspalte bieten zusätzlichen Nutzen: Hier findet man Wissenswertes über die jeweils typischen Tiere und Pflanzen oder zusätzliche Informationen zu speziellen Themen. Der »Wandertipp« verrät, wo es sich ganz besonders lohnt, die Stiefel zu schnüren, der »Tipp für Kinder« verzeichnet, wo kleine Besucher viel entdecken und erleben können. Kulturelle Höhepunkte werden im »Kulturtipp« und sonstige Themen unter »Gut zu wissen« vorgestellt.

Lassen Sie sich durch »Die letzten Paradiese« herzlich dazu einladen, auf unvergesslichen Ausflügen die Reize unseres schönen Landes kennenzulernen und zu genießen.

Nationale Naturlandschaften

Überall in Deutschland gibt es geschützte Naturlandschaften, die unser Naturerbe bewahren und die Jahr für Jahr Millionen von Besuchern anlocken. Bis Ende 2005 warben die Natur- und Nationalparke sowie Biosphärenreservate, die auf den folgenden Seiten vorgestellt werden, getrennt um ihre Gäste. Seit November 2005 kommunizieren die deutschen Großschutzgebiete erstmals gemeinsam unter der neuen Dachmarke »Nationale Naturlandschaften«, um so den Natur- und Umweltgedanken noch stärker zu fördern und noch mehr Menschen für die Natur zu begeistern. Es wurde ein Markenzeichen kreiert, eine visuelle Klammer, die diesen gemeinsamen Auftritt unterstreichen soll. Das Logo besteht aus einem Punkt, dessen Farbdreiklang die drei Kategorien der Großschutzgebiete symbolisiert. Ergänzt wird das Bild durch den Schriftzug »Nationale Naturlandschaften«. Die einzelnen Parks nutzen jeweils eigene Farbvarianten des Logos, haben aber auch noch die Möglichkeit, ihre bisherigen Regionallogos weiter zu verwenden. Das neue Logo soll das Gemeinsame hervorheben und das Bewusstsein schärfen für unser Naturerbe: Wir müssen sorgsam damit umgehen, damit wir seine Schönheit noch lange genießen können.

DER NORDEN

*Von heftigen Stürmen gepeitschte Kliffs
und durch leichte Brisen gekräuselte
Bodden, Spuren der jüngsten Eiszeiten,
wohin man auch immer schaut, Watten,
Marschen und Moore, purpurrote Heiden
und kieferngrüne Wälder, Seeadler und
Seehunde – Deutschlands Norden ist ein
starkes Stück Natur!*

*Wild-romantisch im wahrsten Sinne:
Kreidefelsen auf Rügen.*

Nationalpark Schleswig-Holsteinisches Wattenmeer

Die amphibische Welt aus Sand und Schlick, in der die Meeresgezeiten den Takt angeben, wirkt zunächst eintönig und öde. Doch dieser erste Eindruck täuscht: Deutschlands größter Nationalpark zählt zu den reichsten Lebensräumen der Erde und ist noch eine wirkliche Wildnis unseres Landes.

SERVICE

Anfahrt: Auf der A 23 Hamburg–Heide und der B 5 zum Nationalparkzentrum in Tönning, dann nach Niebüll und zur Insel Sylt; die Inseln sind vom Festland aus mit Fährschiffen (meist ab Dagebüll oder Schlüttsiel), Sylt ist per Autozug von Niebüll aus zu erreichen

Lage: Vor der Westküste Schleswig-Holsteins, zwischen Elbmündung und dänischer Grenze; die Inseln und fünf große Halligen gehören laut Gesetz nicht zum Nationalpark

Größe: 4410 km²

Höchste Erhebung: Stollberg (44 m)

Gründung: 1985 als Nationalpark, 2005 als UNESCO-Biosphärenreservat

Information: Nationalparkzentrum Multimar Wattforum
Am Robbenberg, 25382 Tönning
Telefon: 04861/962 00

Infohäuser: Auf allen größeren Inseln und in vielen Orten auf dem Festland

Internet:
www.wattenmeer-nationalpark.de

Das Leuchtturmensemble von Westerheversand – eines der schönsten Fotomotive der deutschen Nordseeküste.

In Deutschland leben rund 82 Millionen Menschen, im Nationalpark Schleswig-Holsteinisches Wattenmeer, immerhin fast doppelt so groß wie das Saarland, dagegen nur etwa ein halbes Dutzend. Dazu gehören lediglich zwei ganzjährige Bewohner auf den Halligen und Sandinseln Süderoog, Trischen und Südfall. Die Inseln und großen Halligen sowie die Festlandküste sind dichter besiedelt, doch wenn nicht alljährlich etwa 1,6 Millionen Urlauber an die schleswig-holsteinische Nordseeküste kämen, wäre die Region für mitteleuropäische Verhältnisse fast menschenleer.

Was zieht die Urlauber in Scharen an die Waterkant? Das trotz aller Vorurteile vom norddeutschen »Schmuddelwetter« angenehme Klima, die Badestrände, die Kultur der Nordfriesen und Dithmarscher, vor allem jedoch die Begegnung mit einer noch weithin ungebändigten Natur, die reicher ist, als es den Anschein hat. Die Zahlen sprechen für sich: Allein 63 verschiedene Fischarten kommen im Nationalpark vor, insgesamt sind hier gut 3200 Tierarten heimisch, über zwei Millionen Vögel rasten auf der Durchreise, und wer sich das scheinbar unbelebte Sand- und Schlickwatt bei Niedrigwasser einmal genauer anschaut, entdeckt eine unglaubliche Fülle von Geschöpfen. Auf einem einzigen Quadratmeter Wattboden können z. B. 50 000 und mehr Wattschnecken und Schlickkrebse leben, die Zahl der Mikroorganismen geht in die Millionen.

Deutschlands »Nordkap« und »Sahara«

Sylt besitzt nur eine größere Bucht: den **Königshafen** ❶ nördlich von List. Er verdankt seinen Namen dem dänischen König Christian IV., der

Im äußersten Norden der Insel Sylt ragt die Landzunge des Ellenbogens weit ins Meer hinaus.

im Lister Tief 1644 eine schwedisch-niederländische Flotte besiegte. Seither hat sich die Bucht verändert. An der Nordseite ist der Ellenbogen, eine mit Dünen besetzte Landzunge, nach Osten gewachsen und bildet einen natürlichen Deich, hinter dem zahllose Seevögel sichere Brut- und Rastplätze finden. Von dem Deichwanderweg, der am Südufer der Bucht entlang führt, kann man die vielfältige Vogelwelt gut beobachten. Einen herrlichen Überblick über die gesamte Bucht, die sich im Winter bei strengem Frost erstaunlich schnell mit Eisschollen bedeckt, erlaubt der Ellenbogenberg. Er ist auf dem Weg zu erreichen, der links hinter der Mautstation von der mautpflichtigen Straße zur Ellenbogenspitze abzweigt. Jenseits der Dünen, auf denen das Leuchtfeuer »List West« steht, verbirgt sich Deutschlands »Nordkap«, der nördlichste Punkt unseres Landes: 55°03′ – jenseits des Atlantiks erstrecken sich in dieser geographischen Breite schon arktische Tundren. Die Sylter nennen das Dünengebiet ihre »Sahara«, und das Bild, das sich bei der Fahrt auf der schmalen Betonpiste durch das **Listland** ❷ bietet, erinnert in der Tat an eine Sandwüste: 25 bis 30 m hohe, gelblich-weiße Dünen, auf denen der Wind ständig neue Wellenmuster aus Sand zeichnet, während er an anderen Stellen tiefe Kessel und Mulden in den Boden gräbt.

Das Land am Fuß der Dünen passt freilich nicht zum Bild einer Wüste. Es ist im Sommer mit purpurroter und tiefgrüner ozeanischer Heide überzogen, im Winter füllen sich die Senken hier mit Wasser und bilden kleine Seenplatten. Die dichte Pflanzendecke schützt den Boden vor Erosion, wo sie jedoch zerstört wird, hat der Wind leichtes Spiel. Oft setzt die Abtragung an Trampelpfaden an, im Listland sollten Besucher daher auf den befestigten Wegen und Straßen bleiben. Ein

Weg führt bei Westerheide von der Stelle, an der die Betonpiste von der L 24 zum Lister Weststrand abzweigt, auf eine Düne hinauf. Von oben hat man einen geradezu atemberaubenden Ausblick auf die erodierten Sandberge hinter dem Süderstrandtal.

Von einer ganz anderen Seite präsentiert sich Deutschlands größte Nordseeinsel im **Klappholttal** ❸ nördlich von Kampen. Radler und Wanderer, die vom Parkplatz »Buhne 16« aus auf der Inselbahn-Trasse nordwärts unterwegs sind, kommen nach etwa 1,5 km in ein weites Dünental mit ungewöhnlichem Pflanzenkleid. Gegen Ende des 19. Jahrhunderts wurden hier zur Dünenbefestigung Schwarzkiefern angepflanzt – mit mäßigem Erfolg. Die Kiefern östlich der Trasse sind vom Wind zu abenteuerlichen Baumgestalten verformt worden, westlich breitet sich am Grund des Dünentals ein niedriges Gehölz aus, das dem Krummholz in den mitteleuropäischen

▶ **WANDERTIPP**

SYLTER INSELBAHN-TRASSE

Der Sylter Dünenexpress rattert zwar nun schon seit fast 40 Jahren nicht mehr über die Insel, doch die rund 38 km lange Trasse, auf der die Inselbahn verkehrte, ist erhalten. Sie verbindet Hörnum im äußersten Süden mit List nahe der Nordspitze. Für Radtouren, die man am Stück oder in einzelnen Etappen per An- oder Rückfahrt mit dem Bus unternehmen kann, ist der ebene, teils asphaltierte Weg ideal. Meist führt

er an der Westküste hinter den Dünenketten entlang, die etwas Schutz vor dem Wind bieten; in zahlreichen Restaurants und Cafés kann man sich stärken. Besonders reizvoll ist die Strecke der ehemaligen Nordbahn zwischen Westerland und List. Sie führt nördlich von Kampen durch das Klappholttal ❸ und dann direkt an den Wanderdünen im Listland ❷ vorbei.

Königshafen ❶
Listland ❷
Klappholttal ❸ ❹ Kampener Vogelkoje
Bidsel-bucht
Westerland
Braderup
Sylt
Morsum-Kliff ❺
Rantum
Eidumtief
Hörnumtief
NORD-
Hörnumloch
Hörnum   **Föhr**
Nieblum ❼
Wyk
Mittel-lochs-knob ❻
Norderaue
Amrum
Schlütt
❾ Hauke-Haien-Koog
Nordmarsch-Langeneß
Stollberg ⓫
Hallig Hooge ❽
Rummelloch
Der Strand
❿ Hamburger Hallig
Pellworm
Holmer Fähre
Mittelhever
Heverstrom
Kolumbusloch
Adolfskoog ⓬
Tümlauer Bucht
St.Peter-Ording ⓭
SEE
Franzosenloch
Eider-sperrwerk ⓮
Alte Südereider
Norderpiep
Süderpiep Die Piep
Büsum ⓯
Meldorfer Bucht
Mittel-plate-Haken-sand
Zennenloch
Norder-gründe
Klotzenloch

N
0   5km

Zehn Millionen Jahre Erdgeschichte – doch das Morsum-Kliff beeindruckt nicht nur durch sein Alter …

Hochgebirgen oberhalb der Waldgrenze gleicht. Häufiger starker Wind und der von ihm verfrachtete Salzstaub lassen hier keinen höheren Baumwuchs aufkommen. In dem für eine nahezu waldlose Insel exotischen »Klappholz« finden auch Waldbewohner wie der Birkenzeisig oder das Eichhörnchen einen Lebensraum.

Rings um die **Kampener Vogelkoje** **4** an der L 24 Kampen–List und am Wattenmeer kann der Sylt-Urlauber eine kleine Waldoase aus Weiden, Erlen und Moorbirken bewundern. Ursprünglich wurde die für Nordfriesland typische Vogelfanganlage geschaffen, um Zugvögel trickreich anzulocken und dann mit einem geübten Schleudergriff am Hals schnell ins Jenseits zu befördern. Bis zur Stilllegung 1921 erlegten die Kojenmänner hier fast 700 000 Enten. Heute ist das urwaldähnliche Gelände mit dem Süßwasserteich im Kern einer der wertvollsten Biotope der Insel: etwa für das nur 5 g schwere Wintergoldhähnchen, die stark gefährdete Zwergmaus, das seltene Meerneunauge und mindestens 170 Pflanzenarten. Die Kampener Vogelkoje erreicht man vom Klappholttal in knapp zehn Minuten auf dem Fahrweg, der beim Nordseeheim Klappholttal nach Osten abzweigt.

Insel der Dünen – Insel der Kliffs

Auf Sylt gibt es das Rote Kliff, das Weiße Kliff, das Grüne Kliff … und im äußersten Osten ein »Buntes Kliff«, das **Morsum-Kliff** **5**, ein geologisches Fenster, das Einblick in zehn Milli-

onen Jahre Erdgeschichte gewährt. Mindestens vier verschiedene Gesteinsschichten aus dem jüngeren Tertiär und dem Eiszeitalter verleihen ihm die Farbenpracht: pechschwarzer Glimmerton, rostroter Limonitsandstein, weißer Kaolinsand und brauner Geschiebelehm. Das bemerkenswerteste Gestein ist zweifellos der stark eisenhaltige Limonitsandstein; er bildet sonderbare Formen, die die Insulaner »Hexenschüsselchen« oder »Nachtgeschirre der Unterirdischen« nennen. Wie die anderen älteren Schichten wurde der Sandstein im Eiszeitalter von einer gewaltigen Gletscherzunge aus der Tiefe zur Erdoberfläche aufgepresst.

Das Morsum-Kliff befindet sich fünf Minuten vom gleichnamigen Hotel-Restaurant entfernt. Im Süden grenzt das Kliff an die Morsumer Heide mit dem größten zusammenhängenden Hügelgräbergelände Deutschlands und einer ganzen Reihe seltener Pflanzen wie dem Lungenenzian oder dem Sonnentau.

Südlich des Hindenburgdamms, der Sylt mit dem Festland verbindet, liegen etliche Eilande im Wattenmeer verstreut – kleine und große, besiedelte und menschenleere –, wie die flachen Sände (Sandbänke) am westlichen Rand, die Pflanzen und Tiere für sich allein haben. Außer in der Größe und Besiedlung unterscheiden sie sich auch im Bodenaufbau.

Amrum **6** ist eine Geestkerninsel wie aus dem Bilderbuch. Beim Blick vom Roten Leuchtturm auf der Großdüne erkennt man im Osten das

… sondern auch durch seine Farbenpracht.

Wittdün über die Insel erstreckt und in dem es botanische Kleinode wie die seltene Dünenrose zu entdecken gibt. Das Naturschutzgebiet »Nordspitze Amrum« ist dagegen das Revier der Seevögel, insbesondere der Heringsmöwen, die in den entlegenen Dünentälern geeignete Brutplätze finden. In der Saison werden regelmäßig Führungen durch das während der Brutzeit gesperrte Gebiet veranstaltet.

Föhr, jenseits des Amrumtiefs, besitzt ebenfalls einen Geestkern, allerdings nur einen kleinen, der mit seinen eiszeitlichen Ablagerungen am Gotingkliff eine Viertelstunde von **Nieblum** ❼ entfernt zutage tritt. Für jeden, der sich für die Kultur der Inselfriesen interessiert, ist das uralte Dorf in Osterlandföhr ein Muss. Es gilt als eines der schönsten Dörfer Deutschlands: mit der stattlichen St. Johanniskirche aus dem 12./13. Jahrhundert, im Innern verschwenderisch ausgestattet und von einem stimmungsvollen Kirchhof mit Grabstelen umgeben, den Alleen und Rosenbüschen, vor allem aber mit den niedrigen, reetgedeckten Friesenhäusern, die bis heute das malerische Ortsbild bestimmen.

Königin der Halligen

Die großen Inseln im Nordfriesischen Wattenmeer werden durch hohe Deiche vor schweren Sturmfluten, die hauptsächlich im Winterhalbjahr auftreten, geschützt. Bei den zehn Halligen, meist Überbleibseln tief gelegener, durch Sturmfluten zerrissener Marschenländer, fehlt ein solcher Schutz. Die niedrigen Sommerdeiche können Überschwemmungen nicht ganz verhindern, mitunter melden die Halligbewohner einige Dutzend Mal im Jahr »Landunter«. Ihre

PFLANZEN

STRANDHAFER

Das Süßgras *(Ammophila arenaria)* verrät schon durch seinen Namen (griech. ammos = Sand, philein = lieben), dass es Sand mag. Gewöhnlicher Strandhafer oder Helm kann sogar nur auf bewegtem Sand gedeihen, denn im ruhenden Sand werden seine Wurzeln von Fadenwürmern angefressen, sodass die Pflanze verhungert und verdurstet. Er zählt zu den ersten Gewächsen, die sich auf dem vom Wind abgela-

gerten Flugsand ansiedeln, ihn durchwurzeln und verfestigen und gleichzeitig dazu beitragen, dass sich zwischen den Grasbüscheln neuer Sand ablagert. Auf diese Weise wächst im Lauf der Zeit hinter dem Strand und auf den Sandbänken eine Düne empor. Ohne das unscheinbare Gras würden die Sandinseln im Wattenmeer deshalb ein völlig anderes Bild bieten.

meist grasgrüne, flache Geestland, nach Westen hin einen kieferngrünen Waldgürtel, dann die von dunkler Heide oder hellem Strandhafer bedeckten Dünen und schließlich den schier endlos breiten weißen Kniepsand, eine an der Seeseite des Geestkerns gestrandete Sandbank. Bei so vielen grundverschiedenen Lebensräumen auf engstem Raum ändert sich die Pflanzen- und Tierwelt beinahe auf Schritt und Tritt, beispielsweise im Naturschutzgebiet »Amrumer Dünen«, das sich von Norddorf bis fast nach

Auf der Hallig Hooge schützt der künstlich aufgeschüttete Erdhügel der Backenswarft vor Sturmflutschäden.

▶ TIPP FÜR KINDER

MULTIMAR WATTFORUM

Das Multimar Wattforum in Tönning, westlich von St. Peter-Ording ⑬ an der Mündung der Eider, ist das größte Infozentrum des Nationalparks. Nicht nur für Kinder präsentiert es die Vielfalt des Wattenmeeres und seiner Bewohner unter einem Dach, immer mit vielen Möglichkeiten zum Mitmachen, wie z. B. beim virtuellen Wettradeln mit einem Seehund. Höhepunkte der Ausstellung sind das Gezeiten-

becken, in dem die Entstehung von Ebbe und Flut veranschaulicht wird, und die insgesamt rund 30 Aquarien. Sie führen den Besucher Schritt für Schritt von der Brandungszone über die Muschelbänke bis zur Hochsee, zeigen Seesterne, Krebse, Quallen und natürlich auch die verschiedensten Fische. Den größten Säugetieren der Meere ist das Walhaus gewidmet. Hier kann man u. a. das 17,5 m lange Originalskelett eines 1997 gestrandeten Pottwals bewundern. Mehr Informationen unter www.multimar-wattforum.de.

Häuser stehen auf Warften, künstlich aufgeschütteten Erdhügeln, die dann noch aus dem aufgewühlten Meer ragen – z. B. die Kirchwarft oder die Hanswarft auf der **Hallig Hooge** ⑧. Die Insel schmückt sich mit einem anheimelnden Gotteshaus und dem wahrlich majestätischen Königspesel, der guten Stube eines alten Kapitänshauses. Sie hat neben den kulturellen Sehenswürdigkeiten auch viel interessante Natur zu bieten, besonders in den Salzwiesen der Hallig, in denen weit über 250 Tierarten des Nationalparks heimisch sind. Nach der Brutzeit ab Mitte Juli kann man die Nachbarhallig Norderoog mit ihrer reichen Vogelwelt im Rahmen einer Führung von Hooge aus besuchen.

»Gott schuf das Meer …

… aber der Friese die Küste.« Die Bewohner der schleswig-holsteinischen Nordseeküste haben dem Meer in Jahrhunderten viele Quadratkilometer fruchtbares Marschenland abgerungen, und dieses Sprichwort drückt ihren berechtigten Stolz aus. Mittlerweile dient die Landgewinnung hauptsächlich dem Schutz vor Überschwemmungen von der See- ebenso wie von der Landseite her. Der vor gut 40 Jahren zwischen Dagebüll und Ockholm eingedeichte **Hauke-Haien-Koog** ⑨ dient zum großen Teil als Speicherraum für das Wasser, das mehrere Kanäle aus dem Binnenland heranführen. Die von Schilfdickichten gesäumten Speicherbecken sind Paradiese für Vögel, rund 240 Arten wurden hier schon beobachtet, darunter der seltene Kampfläufer, der an seiner riesigen aufrichtbaren Halskrause zu erkennen ist.

Die Geschichte der Halligen verlief turbulent: Zahlreiche sind spurlos verschwunden, manche, wie die Kleine Hallig bei Niebüll, liegen heute kilometerweit hinter der Küstenlinie, andere ragen als Halbinseln noch ein Stück ins Wattenmeer hinein. Zu diesen gehört die **Hamburger Hallig** ⑩ vor dem Sönke-Nissen-Koog bei Bredstedt. Das Eiland hat durch die feste Landanbindung vor allem für die Zugvögel nichts an Attraktivität verloren. Im Frühjahr und Herbst sind die Watten, Salzwiesen und nicht zuletzt der Luftraum über der Küste von Zigtausenden von gefiederten Gästen bevölkert: Nonnengänse, Pfeifenten, Alpenstrandläufer, Austernfischer, um nur die häufigsten Arten zu nennen.

Abgesehen von den Dünen und einigen Leuchttürmen auf den Inseln sind lohnende Aussichtspunkte im Schleswig-Holsteinischen Wattenmeer naturgemäß selten. Einen prachtvollen Panoramablick bietet hingegen der nördlich von Bredstedt gelegene **Stollberg** ⑪, mit 44 m Höhe

der markanteste Berg Nordfrieslands. Vom Parkplatz am Sendeturm an der B 5 Bredstedt–Niebüll führen aussichtsreiche Wege am Steilhang der Geest entlang. Gegen Abend, wenn die tief stehende Sonne das Wattenmeer in goldenes Licht taucht, ist der Blick am schönsten. Mit dem Abstecher zum Stollberg kann man eine Wanderung durch den Naturerlebnisraum Stollberg an der Grenze von Marsch und Geest verbinden. Handzettel zum Routenverlauf liegen am Parkplatz unter dem Sendeturm aus.

Der **Adolfskoog** ⑫ bei Simonsberg ist einer der zahlreichen Köge, die das nordfriesische Festland südwestlich von Husum mit der Halbinsel Eiderstedt verbinden. Man kann ihn am besten vom »Roten Haubarg« aus auf einer gut 9 km langen Rundwanderung über Deichstraßen und -wege erkunden – nicht ohne sich zuvor in dem heute in dem riesigen, historischen Bauernhaus untergebrachten Restaurant mit nordfriesischen Spezialitäten für die stramme Tour gestärkt zu haben. Lachmöwen, Trauerseeschwalben und Rotschenkel stärken sich derweil in dem stillen Gewässer Westerspätinge an der Westseite des Koogs. Es ist wohl bei einer Sturmflut durch das über die Deichkrone stürzende Meerwasser ausgekolkt worden und vom Deich herab sehr gut einzusehen.

Sandstrände sind an der Festlandsküste der Deutschen Bucht rar, der Rochelsand vor **St. Peter-Ording** ⑬, eine über 1 km breite Sandfläche, über die die Strandsegler rasend schnell kreuzen, gehört zu den bemer-

Eldorado für Sonnenanbeter: Strandkorbparade in St. Peter-Ording.

Frisch vom Kutter schmecken die berühmten Nordseekrabben am besten: der malerische Hafen von Büsum.

kenswerten Ausnahmen. Der Sandstrand ist aber nur einer von mehreren ökologisch wertvollen Lebensräumen, die sich hier an der Westküste Eiderstedts über die Salzwiesen bis zu den Dünengürteln und landseitigen Feuchtgebieten mit Strandflieder und Strandaster, Odinshühnchen und Sumpfohreule ungewöhnlich dicht aneinander drängen. Auf geführten Wanderungen, beispielsweise zur »Lysdeel«, kann man sie erleben. Der »Hitzlöper«, eine Art Straßenbahn, befördert die Passagiere um die von zahlreichen Seevögeln bevölkerte Tümlauer Bucht nach Westerhever. Von dort ist es noch ein knapp einstündiger Fußmarsch zum Leuchtfeuer Westerheversand, dem vielleicht schönsten Leuchtturm an der ganzen deutschen Nordseeküste.

Volkssport »Krabbenpuhlen«

Der Nationalpark Schleswig-Holsteinisches Wattenmeer ist zugleich auch ein Biosphärenreservat, in dem ökologisch sinnvolle, nachhaltige Formen der Landnutzung entwickelt und erprobt werden sollen. Und tatsächlich wird das flache Land an der Nordseeküste seit Jahrhunderten auf die verschiedenste Weise intensiv genutzt; gleichzeitig zeigen jedoch immer wieder Fluten von See her und aus dem Binnenland die Grenzen der Nutzung auf.

Mit aufwändigen Küstenschutzanlagen versucht der Mensch, sich gegen die Fluten zu schützen. Das gewaltigste Bollwerk an der schleswig-holsteinischen Nordseeküste ist das **Eidersperrwerk** ⑭, das seit 1973 die Trichtermündung der Eider abriegelt. Zehn gigantische

TOP TIPP

Sieltore, von denen jedes 250 t wiegt, schließen sich, wenn die Flut hoch aufläuft, und öffnen sich bei Ebbe wieder, um das Wasser aus dem Binnenland abzuleiten. Die technische Meisterleistung, die zum Schutz von insgesamt rund 2000 km² Land dient, hat die Natur an der Mündung des Flusses stark verändert. Zum Ausgleich wurde gleich hinter dem Sperrwerk das Naturschutzgebiet »Katinger Watt« eingerichtet, ursprünglich ein echtes Mündungswatt, heute ein buntes Mosaik von Wiesen, Teichen, Wäldern und Schilfdickichten. Die Vogelwelt – von der Großen Rohrdommel bis zum Säbelschnäbler – hat die neuen Lebensräume rasch angenommen. Im Naturzentrum Katinger Watt mit Beobachtungshütten und Aussichtsturm kann man sie bewundern.

Anlass für den Bau des Sperrwerks war die schwere Sturmflut vom 16. und 17. Februar des Jahres 1962. Warum und wie der »Blanke Hans«, die Nordsee, alle paar Jahre wieder zuschlägt, erklärt auf anschauliche und unterhaltsame Weise das Sturmfluterlebnis »Blanker Hans« in **Büsum** ⑮. In dem Ort an der Dithmarscher Küste dreht sich fast alles um das Meer – nicht nur um seine unangenehmen Seiten. Seit Jahrhunderten laufen von hier die Kutter aus, um im Wattenmeer die leckeren Nordseekrabben zu fangen. Im malerischen Hafen kann man sie fangfrisch vom Kutter kaufen und sich dann mit dem notwendigen Fingerspitzengefühl im »Puhlen« der Garnelen versuchen. Der Tatsache des heilsamen Reizklimas der Nordseeküste verdankt Büsum seinen Ruf als Nordseeheilbad – schon seit 1837.

KULTURTIPP

HUSUM
Die »graue Stadt am Meer«, historische Hafen- und Handelsstadt, kultureller Mittelpunkt Nordfrieslands und Geburtsort des großen norddeutschen Erzählers und Lyrikers Theodor Storm (bei ⑫), bietet keineswegs ein tristes Bild. Der Binnenhafen und die »Wasserreihe« dahinter als schönste Straße der Altstadt sind ausgesprochen bunt, und im Frühjahr setzen Millionen violetter Krokusse im Schlosspark (Bild) noch

einen grandiosen Farbtupfer drauf. Das Renaissanceschloss steht auf der Liste der architektonischen Sehenswürdigkeiten ganz oben. Unter den Museen der Stadt sind vor allem das Theodor-Storm-Haus, das Ostenfelder Bauernhaus, ältestes Freilichtmuseum Schleswig-Holsteins, und nicht zuletzt das Nissenhaus mit dem Nordfriesischen Museum mindestens einen ausführlichen Besuch wert.

Naturpark Hüttener Berge

SERVICE

Anfahrt: Auf der A7 in Richtung Flensburg bis zur Ausfahrt Owschlag, von dort über Owschlag zur B77 und weiter bis Sorgbrück; nächstgelegener ICE-Bahnhof in Hamburg, von dort weiter Richtung Schleswig

Lage: In Schleswig-Holstein zwischen Rendsburg, Eckernförde und Schleswig

Größe: 219 km²

Höchste Erhebung: Scheelsberg (106 m)

Gründung: 1970

Information:
Naturpark Hüttener Berge
Kaiserstraße 8
24768 Rendsburg

Telefon: 04331/2020

Infohaus: In Holzbunge

Internet: www.huettener-berge.net

Seerosen auf dem Rammsee, Ozeanriesen auf dem Nord-Ostsee-Kanal, Knick genannte Hecken, Dünen und Sandheiden, Wassersport auf Bisten- und Wittensee, ein herrliches Panorama auf dem Aschberg – dies alles sind Höhepunkte im Naturpark Hüttener Berge.

Tief in einem Wald verborgen lädt das Naturparadies des Rammsees zur beschaulichen Rast.

TOP TIPP

1 Sorgwohlder Binnendünen
Einzigartige Heide- und Waldlandschaft

3 Aschberg
Panoramaberg mit wundervoller Aussicht

7 Nord-Ostsee-Kanal bei Sehestedt
Künstliche Wasserstraße mit beeindruckenden Ozeanriesen und Kreuzfahrtschiffen

Die Hüttener Berge sind Kern und Namengeber von Deutschlands nördlichstem Naturpark. Zwischen dem inneren Ende der Schlei, der Eckernförder Bucht und dem Nord-Ostsee-Kanal erstreckt sich, nur wenige Autominuten von der Ostseeküste entfernt, diese von der Eiszeit geformte Natur- und Kulturlandschaft mit ihren aussichtsreichen Moränenhügeln, ihren Wäldern, Mooren, Seen und heckengesäumten Wegen sowie kleinen Dörfern mit alten Höfen, Wind- und Wassermühlen. Der Naturpark umfasst auch die Wassersportparadiese Bistensee und Wittensee. Es ist eine Gegend vor allem für die stille Erholung, für Wanderungen, Radtouren und Nordic Walking. Von zahlreichen Wanderparkplätzen aus lassen sich Touren unternehmen, auch der Europäische Fernwanderweg 1 führt durch den Naturpark Hüttener Berge.

Dünen, Heide und Moor

TOP TIPP Das Naturschutzgebiet **Sorgwohlder Binnendünen 1** ist eine Heide- und Waldlandschaft über der Niederung des Flüsschens Sorge am Westrand des Naturparks. Winde türmten hier am Ende der Eiszeit Sand zu mächtigen Dünen auf, die heute noch über 10 m hoch sind. Während die flachen Bereiche seit über 1000 Jahren landwirtschaftlich genutzt wurden, blieben die eigentlichen Dünen bis ins 16. Jahrhundert vegetationsfreie Weißdünen, ständig der Kraft des Windes ausgesetzt; erst dann begann die Stabilisierung durch Anpflanzung von Strandhafer. Heute präsentiert sich das Gebiet als weite Sandheide- und Waldlandschaft, die wie vor 1000 Jahren von Heidschnucken beweidet wird, damit die Heide nicht verwaldet. Für Schleswig-Holstein ist diese Heidelandschaft einzigartig,

Selbst mächtigen Kreuzfahrtschiffen wie der »Europa« bietet der Nord-Ostsee-Kanal eine praktische Abkürzung.

auch zahlreiche selten gewordene Pflanzen und Tiere sind hier vertreten. So stehen fast 30 Prozent der in den Binnendünen registrierten Schmetterlingsarten in Schleswig-Holstein auf der Roten Liste. Westlich des Dünengebietes quert der älteste Handels-, Pilger- und Heerweg Schleswigs die Sorge: Der »Ochsenweg«, in Dänemark »Heerweg« genannt, war seit vorgeschichtlicher Zeit Hauptverkehrsader, heute ist er zentraler Wander- und Radweg auf der Geest. Wikinger, Räuber, Könige, Handelsleute, Pilger – alle überquerten in Sorgbrück die Sorge. Vielleicht stand schon damals ein Krug an der Furt, ein Vorläufer des Landgasthofes: An ihm beginnen mehrere Rundwanderwege, einer führt zu den Sorgwohlder Dünen. Ein lohnender Rundweg führt durch das Owschlager Moor nordöstlich der Dünen, ein anderer umrundet das **Duvenstedter Moor** ❷. Das Hochmoor bildet einen gänzlich anderen Naturraum als die Sandheiden der Binnendünen; hier leben Vogelarten wie Sumpfohreule und Brachvogel, auch Kreuzotter und Moorfrosch werden wieder heimisch.

Gebirge im Kleinstformat

Der für das Tiefland beachtliche Höhenunterschied von bis zu 100 m zwischen den höchsten Höhen und den Mooren, Grünfluren und Seen macht die Hüttener Berge zum eindrucksvollsten Moränen-»Gebirge« Schleswigs: Wer im Tal der Großen Hüttener Au auf einer Höhe von nur 2 m über dem Meeresspiegel steht und zum 106 m hohen Scheelsberg blickt, hat das Gefühl, »echte Berge« zu sehen. Wer sie auf einem der zahlreichen Wanderwege durchstreift und den Blick vom Aschberg bis hin zur Eckernförder Bucht und zur Schlei, Schleswigs längster Förde, schweifen lässt, erlebt, dass es sich tatsächlich um ein Gebirge handelt, wenn auch im Kleinstformat: den »Harz des Nordens«.

TOP TIPP Der Panoramaberg der Hüttener Berge ist der 98 m hohe **Aschberg** ❸: Er bietet

einen wundervollen Ausblick über die abwechslungsreiche Knick-Landschaft und die beiden Wassersportparadiese Bistensee und Wittensee. Am Wanderweg auf den Aschberg (Wegweiser ab Ascheffel) liegt der idyllische **Rammsee** ❹ in einem von zum Teil steilen, bewaldeten Bergflanken umgebenen Talkessel. Der seerosengeschmückte, von Röhricht gesäumte See ist ein Toteissee. Er entstand, als nach der letzten Eiszeit Eisblöcke abschmolzen, die sich in Hohlräume zwischen den Moränen geschoben hatten. Bei Neu Duvenstedt erhebt sich der **Heidberg** ❺, der als besondere »Einzelschöpfung der Natur« ein Naturdenkmal bildet und geschützt ist. Der teils von Wald bestandene, teils von Wacholdern bewachsene Gipfel bietet eine prächtige Aussicht über die Umgebung, in der auch noch viele Zeugnisse der Vorzeit erhalten sind. Wie ein Zeichen aus einer versunkenen Welt thront der **Dolmen von Lehmsiek** ❻ auf einem Hügel bei Goosefeld südlich von Eckernförde, ein Bilderbuchbeispiel der gewaltigen Großsteinanlagen, die vor über 5000 Jahren errichtet wurden und als Kulturzeugnisse bis heute überdauert haben.

TOP TIPP Die Südgrenze des Naturparks bildet der **Nord-Ostsee-Kanal bei Sehestedt** ❼. Er verbindet auf 98,7 km Nord- und Ostsee und gilt als meistbefahrene künstliche Seeschifffahrtsstraße der Erde. Ozeanriesen und Kreuzfahrtschiffe fahren in sechs bis acht Stunden von der Elbhafenstadt Brunsbüttel zur Kieler Förde, ohne den Kanal müssten sie die 250 Seemeilen längere Route um Kap Skagen nehmen. Sehestedt mit seinem schönen Ortskern an der »Mündung« der Alten Eider in den Kanal lockt viele Schaulustige an, die hier Schiffe sehen wollen. Der Uferweg ist als Radwanderweg ausgebaut. Ein beliebter Anziehungspunkt für Familien ist zudem der Freizeitpark am Kanal mit Aussichtspavillon, Grillanlage und vielen Einrichtungen für Spiel und Sport.

KULTURTIPP

INFOZENTRUM REDDERHUS
Das reetgedeckte Redderhus in Holzbunge zwischen Bistensee und Wittensee (östlich von ❺) ist das Informationszentrum zu Natur, Kultur, Umwelt und Tourismus im Naturpark. Die Gebäude des Dorfkruges aus dem 19. Jahrhundert beherbergen auch ein Restaurant mit Kaffeegarten. Der Name »Redderhus« verweist auf den Redder als ein für diese Landschaft charakteristisches Kulturelement: einen Weg,

der beidseits von Hecken, sogenannten Knicks, gesäumt wird (Bild). »Knick und Redder – Lebensadern der Kulturlandschaft« lautet der Titel der spannenden Ausstellung im Obergeschoss: Hier können Kinder durch einen Knicktunnel kriechen und die dort lebenden Tiere kennenlernen.

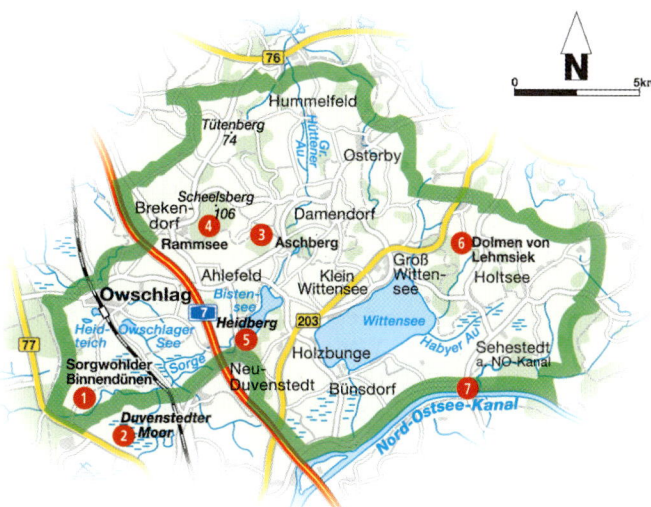

Naturpark Westensee

SERVICE

Anfahrt: Auf der A 7 Hamburg–Flensburg bis Ausfahrt Warder und über Groß-Vollstedt oder auf der A 210 Rendsburg–Kiel bis Ausfahrt Achterwehr und über Felde nach Westensee; nächstgelegener ICE-Bahnhof in Kiel

Lage: In der Mitte von Schleswig Holstein im Städtedreieck Kiel, Rendsburg und Neumünster

Größe: 250 km²

Höchste Erhebung: Kieler Berg (94 m)

Gründung: 1969

Information: Naturpark Westensee Kaiserstraße 8 24768 Rendsburg

Telefon: 04331/2020

Infohaus: In Nortorf

Internet: www. tourismus-naturpark-westensee.de

Sanfte Hügel und Täler im Wechsel mit Wäldern, Wiesen und Feldern, dazwischen stille Seen: Die ganze Vielfalt dieser Landschaft erlebt man am besten vom Tüteberg aus, dem schönsten Aussichtspunkt weit und breit. Wer Kultur sucht, findet sie in Herrenhäusern und hübschen Orten.

Stimmungsvolles Licht über dem Westensee: Am Abend kann man hier reizvolle Eindrücke genießen.

Die letzte Eiszeit vor 10 000 Jahren gab der Landschaft im Naturpark Westensee das Gepräge. Eingebettet in eine Hügelkulisse mit dem Kieler Berg als höchster Erhebung und dem Tüteberg als schönstem Aussichtspunkt, haben sich zahlreiche größere und kleinere Seen sowie viele Wasserläufe erhalten. Im Norden präsentiert sich der Namen gebende Westensee mit seinen zahlreichen Buchten und sanft ansteigenden Ufern, im Süden blieben Wardersee, Brahmsee, Borgdorfer See und viele andere Wasserflächen zurück – als Zeugen der Eiszeit, die stellenweise von blühenden Seerosen im Sommer geschmückt sind. Große Moorlandschaften bei Hassmoor, Katenstedt und Schülp bei Nortorf bestimmen das Bild ebenso wie Mischwälder, mächtige Eichen sowie eine prachtvolle, 250 Jahre alte Linden- und Kastanienallee, die zum Gut Emkendorf

führt. Charakteristisch sind auch die Knicks: grüne Schutzwälle aus Gehölzen, die angelegt wurden, um die Felder vor der Erosionskraft des Windes zu schützen. Die vielfältige Tierwelt reicht von der Nachtigall mit ihrem nächtlichen Gesang bis zu den Wildgänsen mit ihrem schrillen Schrei, von brütenden Fisch- und Seeadlern bis zu scheuen Schwarzstörchen, die auf den feuchten Wiesen Nahrung suchen.

Von hoher Warte den Park im Blick

Von grünen Wiesen und dichten Wäldern umgeben ist der 7 km² große **Westensee** ❶, das Kernstück des Naturparks. An seinem westlichen Zipfel liegt der gleichnamige Ort, dessen Dorfkern unter Denkmalschutz steht. Sehenswert ist die Kirche St. Catharina aus der Mitte des 13. Jahrhunderts, die sich in gotischen

TOP TIPP

❶ **Westensee**
Ort mit denkmalgeschütztem Dorfkern und Badestelle am See

❷ **Schloss Emkendorf**
Frühklassizistisches Herrenhaus mit Musikveranstaltungen

❹ **Arche Warder**
Sehenswerter Tierpark mit selten gewordenen Haustierrassen

❽ **Bordesholm**
Kulturhistorisches Kleinod auf einer Insel im Bordesholmer See

Im imposanten Herrenhaus Schloss Emkendorf verkehrten einst berühmte Persönlichkeiten.

KULTURTIPP

MUSIKFESTIVAL IM SCHLOSS

Regelmäßig finden im Sommer auf Schloss Emkendorf ❷ Konzerte des Schleswig-Holsteinischen Musikfestivals statt. Stars der internationalen Klassik-Musikszene sind hier in diesem wunderschönen Rahmen ebenso vertreten wie hoffnungsvolle Nachwuchskünstler. Informationen zu den einzelnen Veranstaltungen erhält man bei der Ver-

waltung des Herrenhauses (Telefon: 04330/994690) oder bei der Tourismus-Information (Telefon: 04392/89620).

Formen mit einem flach gedeckten Feldsteinschiff entwickelte. Von der Erstausstattung stammt die romanische Granittaufe, aus dem 16. Jahrhundert das lebensgroße Grabmonument für Daniel Rantzau, einen dänischen Feldherrn unter König Friedrich II., der 1569 starb. Lohnendes Ausflugsziel von Westensee aus ist der Tüteberg. Von diesem 88 m hohen Moränenhügel bietet sich ein reizvoller Blick auf die holsteinische Seen- und Hügellandschaft. Start für eine Wanderung auf den Tüteberg ist bei der Kirche in Westensee; vom Ort aus folgt man der Markierung »gelber Pfeil« auf den Berg.

Herrenhäuser – Zeugen der Vergangenheit

Der Naturpark bietet dem Besucher eine Vielzahl sehenswerter Baudenkmäler, darunter Herrenhäuser wie z.B. in Emkendorf, Schierensee und Deutsch Nienhof. Öffentlich zugänglich ist als einziges **Schloss Emkendorf** ❷, dessen Wurzeln bis in das Mittelalter zurückreichen. Erstmals um 1190 als »Imekenthorp« erwähnt, ist es eines der ältesten Herrenhäuser im Naturpark. Vor allem unter Friedrich Graf Reventlov und seiner Frau Julia Gräfin Schimmelmann, die 1786 hier einzogen, erlebte Emkendorf seine Blütezeit als ein kulturelles Zentrum des Nordens. Zum honorigen Kreis derer, die hier ein und aus gingen, gehörten der Philosoph Friedrich Heinrich Jacobi, die Dichter Friedrich Gottlieb Klopstock und Matthias

Claudius, der Homer-Übersetzer Johann Heinrich Voß, Landgraf Karl von Hessen und der französische General Lafayette. Über den Umbau des barocken Herrenhauses im Louis-XVI.-Stil und die Ausmalung der Räume durch den Italiener Giuseppe Anselmo Pellicia nach etruskischen und pompejanischen Motiven kann man sich bei einer Führung informieren. Zum Abschluss bietet sich ein Spaziergang durch den schönen Landschaftspark an.

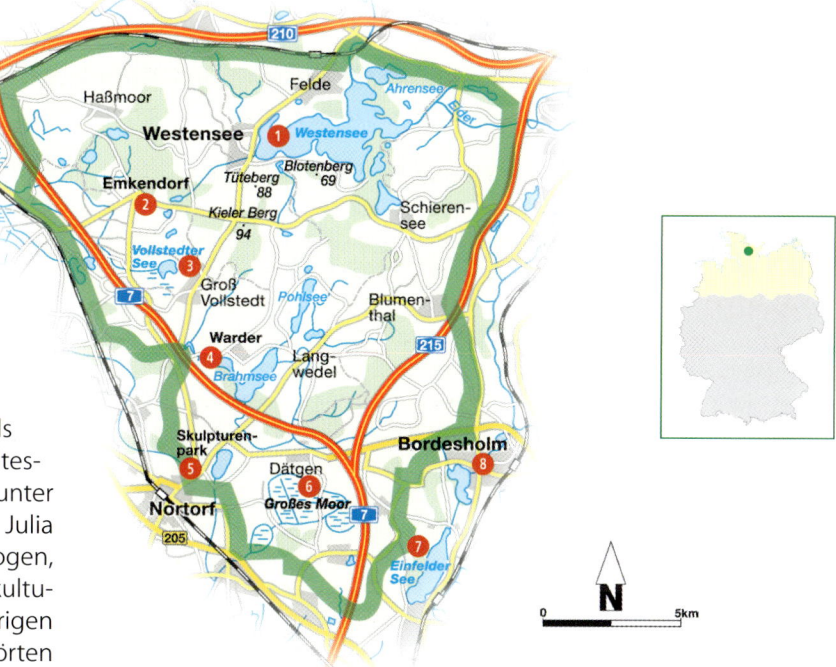

In der Arche Warder finden seltene und vom Aussterben bedrohte Tierrassen – hier ein Poitou-Esel – Asyl.

FREILICHTMUSEUM MOLFSEE

Auf einer Fläche von 60 ha präsentiert das Schleswig-Holsteinische Freilichtmuseum Molfsee bei Kiel (östlich von ❶) die bäuerliche Kultur der Region. Das Museumsdorf liegt zwar ein klein wenig außerhalb des Naturparks Westensee, aber der Abstecher lohnt sich wirklich. Bauernhäuser, Scheunen, Katen, verschiedene Windmühlen und eine Wassermühle gehören ebenso zu den Sehenswürdigkeiten wie Mobi-

liar, Hausrat und diverse Arbeitsgeräte früherer Zeiten. Lebendig wird die gesamte Anlage durch zahlreiche Tiere, die hier inmitten der historischen Höfe gehalten werden (Bild). Schließlich vermitteln auch die Bauerngärten bei den Häusern einen Eindruck vom Landleben vergangener Jahrhunderte (geöffnet 18. März–31. Okt täglich 9–18 Uhr, 1. Nov–17. März nur So 11–16 Uhr).

Südlich von Emkendorf lädt der idyllisch zwischen eiszeitlichen Hügeln gelegene **Vollstedter See** ❸ zu einem Besuch ein. Sein Röhricht, seine moorigen Feuchtwiesen und sandigen Ufer bilden den Lebensraum für eine interessante Pflanzenwelt. Verschiedene Orchideen und Sumpfveilchen auf den Feuchtwiesen sowie das Kleine Filzkraut am Ufer gehören zu den Seltenheiten, die man hier finden kann. In Groß Vollstedt gibt es eine kleine Badestelle, und der »Verein Vollstedter See und Umgebung« führt Naturwanderungen am See durch, bei denen man viel Wissenswertes über die hier heimische Flora und Fauna erfahren kann.

Bedrohte Tierrassen, skurrile Kunstobjekte

TOP TIPP Zwischen dem Brahmsee und dem Wardersee befindet sich die **Arche Warder** ❹, Europas größter Park für seltene und vom Aussterben bedrohte Nutz- und Haustiere. Mehr als 90 Nutztierrassen stehen in Deutschland auf der »Roten Liste«. Sie sollen in der Arche Warder ein sicheres Zuhause finden und vor dem Aussterben gerettet werden. Verschiedene Rundwege bieten Gelegenheit, die Tiere hautnah zu erleben, zu streicheln und zu füttern. Glöckchenschweine, Girgentana-Ziegen, französische Poitou-Esel oder englische Parkrinder sind nur einige der rund 1000 Tiere aus 100 Rassen aus aller Welt, die man in diesem Park antreffen kann.

Am südlichen Rand des Naturparks liegt die kleine Stadt Nortorf, wo sich im Nortorfer Landschaftspark ein Besuch des **Skulpturenparks** ❺ anbietet. Die ersten Skulpturen wurden 1987 aufgestellt, heute umfasst die Sammlung 23 Skulpturen und Plastiken, alle von schleswig-holsteinischen Bildhauern geschaffen. Sie stellen einen repräsentativen Querschnitt des künstlerischen Wirkens in Schleswig-Holstein dar, wobei teilweise recht skurrile Werke die Besucher in Erstaunen versetzen. Im angrenzenden Bellerbektal laden schöne Wege zum Wandern durch eine herrliche Landschaft ein.

Feuchtgebiete – die Kleinode des Naturparks

Moore gibt es in Schleswig-Holstein viele – und auch im Naturpark Westensee sind solche Feuchtgebiete häufig anzutreffen. Berühmt geworden ist das **Große Moor** ❻ bei Dätgen, wo im Jahr 1959 eine männliche Moorleiche geborgen wurde. Sie stammt vermutlich aus der Mitte des 2. Jahrhunderts v. Chr. und wurde von Strafgefangenen entdeckt. Es wird vermutet, dass der Tote wegen eines Deliktes wie Ehebruch oder gar Mord von seinen germanischen Zeitgenossen hingerichtet worden ist. Der Kopf lag etwa 3 m vom Rumpf entfernt, außerdem stachen die Scharfrichter dem Delinquenten ins Herz und entmannten ihn, bevor sie seinen Leichnam im Moor versenkten.

Wer ein wahres Naturparadies besuchen möchte, findet es am **Einfelder See** ➐. Es liegt am Stadtrand von Neumünster und damit nicht mehr im Naturpark, ist aber wegen seiner interessanten Tier- und Pflanzenwelt einen Besuch wert. Allerdings ist das Naturschutzgebiet »Westufer des Einfelder Sees« nur auf einem Weg zu begehen, der als Rundwanderweg um den See führt. Er beginnt am südwestlichen Ufer beim Parkplatz am Ende der Uferstraße. Am westlichen Seeufer hat sich ein breiter Erlenbruchwald mit Eschen, Eichen und Faulbäumen erhalten, den ein dichtes Weidendickicht flankiert. Wasserschwertlilien und Sumpfdotterblumen finden im feuchten Uferbereich ideale Lebensbedingungen. Je nach Wasserstand besiedeln zahlreiche Pflanzenarten die Schilfbereiche mit der offenen Verlandungszone davor: Blut- und Gilbweiderich, Sumpf-Helmkraut, Sumpfblutauge, Wasserminze, Sumpf-Vergissmeinnicht und viele andere Feuchtigkeit liebende Pflanzen. Dort, wo sich ein Großseggenried als Band hinter der Verlandungszone in Richtung See entwickelt hat, kann man Ästigen Igelkolben, Gemeinen Wasserdost, Froschlöffel und Wasserschwertlilie antreffen. Kleine Einbuchtungen im nördlichen Drittel des Sees sind von Schwimmblattpflanzen wie Weißer Seerose, Gelber Teichrose – auch Mummel genannt – und Wasserknöterich bedeckt. Zur vielfältigen Tierwelt gehören etwa 25 Brutvogelarten wie z. B. Sperber, Rotkehlchen, Zaunkönig, Mönchsgrasmücke und Heckenbraunelle. Häu-

figster Brutvogel im Schilf ist die Blessralle, ein seltenerer Gast die Teichralle. Auch Haubentaucher, Graugans, Zwergtaucher und Tafelente brüten hier. Gelegentlich kann man Kormorane, Seeadler und Graureiher beobachten.

TOP TIPP Ebenfalls schon etwas außerhalb des Naturparks liegt **Bordesholm** ➑, das mit seiner ehemaligen Stiftskirche ein besonderes kulturhistorisches Kleinod bereithält. Hier gründeten Augustinermönche 1322 auf einer abgelegenen kleinen Insel im Bordesholmer See ein Kloster. Interessant ist, dass sie auch einen Durchstich des Sees über Stintgraben und Schmalstedter Mühlenteich in die Eider schufen, wodurch ein flutbarer Fischteich entstand und eine Wassermühle zum Kornmahlen betrieben werden konnte. Mit dem in 10-jähriger Bauzeit entstandenen Herrenchor gehört die Backsteinhalle der Klosterkirche aus dem späten 15. Jahrhundert zu den schönsten Sakralbauten in ganz Schleswig-Holstein. Nach der Auflösung des Klosters im Jahr 1566 blieb nur wenig von der reichen Ausstattung der Kirche erhalten. Der berühmte, von Hans Brüggemann geschaffene Bordesholmer Altar wurde 1666 in den Dom zu Schleswig gebracht, die Gebäude verfielen bzw. wurden Mitte des 19. Jahrhunderts teilweise abgerissen. Heute sind an Kirchenschätzen noch das Triumphkreuz aus dem 15. Jahrhundert, das Chorgestühl von 1509 und die spätgotische Bronzetumba (1514) des Herzogs Christian Albrecht und seiner Gemahlin zu sehen.

TIPP FÜR KINDER

WILDPARK EEKHOLT

Im Dreieck zwischen Neumünster, Bad Bramstedt und Bad Segeberg liegt südlich von ➐ im naturnah erhaltenen Osterautal abseits des Naturparks der Wildpark Eekholt. Hier leben auf rund 67 ha etwa 700 einheimische Wildtiere, zu denen Hirsche, Wölfe, Wildkatzen und Fischotter gehören. Außerdem gibt es eine Vogelpflegestation für Greifvögel, Eulen und Störche. Anfassen, Experimentieren und Gestalten sind

Teil des umweltpädagogischen Konzepts des Wildparks – was ihn zu einem Erlebnis nicht nur für Kinder macht (täglich geöffnet ab 9 Uhr, Telefon: 04327/99230).

Die ehemalige Klosterkirche auf einem kleinen Eiland im Bordesholmer See zieht nicht nur kulturhistorisch interessierte Besucher an, sondern verzaubert auch mit ihrer landschaftlich wunderschönen Lage.

SERVICE

Anfahrt: Auf der A 7 bis Neumünster-Mitte und weiter auf der B 430 nach Aukrug; nächstgelegener Bahnhof ist Aukrug an der Strecke Neumünster–Heide

Lage: Im mittleren Holstein, westlich von Neumünster

Größe: 384 km²

Gründung: 1970

Höchste Erhebung: Boxberg (78 m)

Information:

Naturpark Aukrug

Bargfelder Straße 10

24613 Aukrug

Telefon: 04873/999 44

Infohaus: In Aukrug

Internet: www.naturpark-aukrug.de

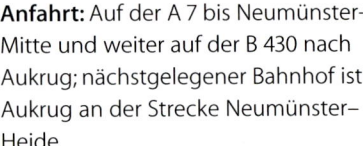

❶ Aukrug
Boxberg als beliebtes Wanderziel und schöner Aussichtspunkt

❸ Viertshöhe
Idyllisches Hochmoor zum Wandern mit einer artenreichen Flora und Fauna

Naturpark Aukrug

Wälder, Felder und Wiesen, die von Bächen durchzogen sind, dazwischen Moor- und Feuchtgebiete: Der Naturpark bietet Flora wie Fauna vitale Entfaltungsmöglichkeiten. Im Kontrast dazu gibt es die kargeren, aber nicht minder interessanten Binnendünen und Sandheiden zu erkunden.

Der Boxberg – die höchste Erhebung des Naturparks – lockt mit saftigen Wiesen und dunkelgrünen Wäldern.

Der Naturpark ist geprägt von den Altmoränen der sandigen Geest, die vor 130 000 Jahren entstanden sind. Viele Geesthänge rutschten damals über dem Dauerfrostboden ab, das Gelände wurde flacher und trockener. Allerdings bestimmen auch Gesteinsmassen und Hügel das Bild im Naturpark. Sie blieben zurück, als die Gletscher der Saaleeiszeit vor 10 000 Jahren ihren Rückzug antraten. Entstanden ist eine vielfältige Landschaft: Mischwälder auf den Hügeln, Moore und Feuchtgebiete mit Birkenbrüchen und Resten von Auwäldern in den Niederungen. Hier haben Schwarzstorch und Kranich ihr Revier. Reich an seltenen Tieren sind die Geestbäche inmitten der Sandheiden und Trockentäler, die mit Röhricht und Sümpfen umgebenen Teiche, aber auch die Quellwälder. Die Kraft der Bäche nutzten zahlreiche Wassermühlen, von denen die Bünzer Wassermühle noch am besten erhalten ist. Etliche Wanderwege führen durch den Naturpark und bieten Rundwanderungen von 3 bis 9 km Länge sowie vielfältige Möglichkeiten der Naturbeobachtung.

Natur und altes Kulturland mit Freude erkunden

 Das Zentrum im Naturpark ist die Gemeinde **Aukrug** ❶ mit ihren fünf Dörfern, die 1970 zusammengelegt wurden. Umgeben von den drei höchsten Erhebungen des Naturparks – Boxberg (78 m), Glasberg (64 m) und Tönsberg (63 m) – zeigt sich dem Besucher hier eine abwechslungsreiche Landschaft. Vor allem der Boxberg ist beliebt, denn er erlaubt einen weiten Blick über das waldreiche Gelände. Mehrere Wanderwege führen durch Heide und

Im Hochmoor bei Viertshöhe wurde einst Torf gestochen; heute lädt es zu ausgedehnten Wanderungen ein.

Mischwald auf die Höhe des Berges, dessen Name sich von »Booksberg« (Buchenberg) ableitet. Reine Buchenbestände gibt es nicht mehr, aber an seinen Hängen stehen Mischwälder. Ein 1,3 km langer Walderlebnispfad zieht am Boxberg große und kleine Besucher an. »Sehen, Begreifen und Mitmachen« ist das Motto. Dabei kann man durch einen Fuchsbau kriechen, eine Marderburg in Augenschein nehmen oder sich mit Tieren im Weitsprung messen. In den Wäldern leben Schwarzspecht und Wespenbussard, an den Wasserläufen haben Gebirgsstelze, Eisvogel und Seeadler ihre Reviere. Die Heidelerche bevorzugt neben trockenen, lichten Kiefernwäldern vor allem sandige Heiden und Trockenrasen. Das 67 ha große Naturschutzgebiet Tönsheider Wald liegt östlich der Fachklinik Aukrug und wartet mit einer reichen Tier- und Pflanzenwelt auf. Auf gut erschlossenen Wander- und Radwegen lässt sich diese Landschaft mit Wald- und Heideflächen durchstreifen.

Die Gegend um Aukrug war bereits früh besiedelt, wie Funde belegen. Aus der älteren Bronzezeit (um 1500–600 v. Chr.) stammen drei Hünengräber in der **Bünzer Feldmark ❷** östlich der Bredenbeksbrücke. Sie haben einen Durchmesser von 30 m, sind 3 m hoch und werden als Dithmarscher Berg bezeichnet. Schönstes Hügelgrab ist der mit Buchen bestandene Kluesbarg an der Itzehoer Chaussee. Am alten Heer- und Handelsweg, dem Ochsenweg, der von Jütland nach Süden durch den Aukrug führte, lebten um 1000 v. Chr. ebenfalls Menschen. Im frühen Mittelalter gab es hier Burgen. So konnten bei oder in Bünzen zwei Befestigungsanlagen, hölzerne Fluchtburgen auf kleinem Hügel, nachgewiesen werden. Die heutige »Schanze« geht wohl auf den sächsischen Adligen Thymo von Bunzinge zurück, was den Ortsnamen »Bünzen« erklären würde. Gegenüber dem Grillplatz befand sich die Turmhügelburg »Bori«, sie ist heute noch als kleiner baumbewachsener Hügel sichtbar.

Kohle und Keramik

TOP TIPP Das letzte erhaltene Hochmoor des Naturparks findet man bei **Viertshöhe ❸**. Hier wurde einst aus dem Torf des Moores Torfkohle hergestellt. An einem Wanderweg mitten durch das Hochmoor fallen mehrere ringförmige Hügel auf, die Überreste aus der Zeit der Torfverarbeitung darstellen. Artenreich sind Flora und Fauna des Moores, wo über den weißen Wattebällchen der Wollgräser zahlreiche Insekten wie Libellen und Schmetterlinge schweben.

Sehenswert ist das ganz im Süden des Naturparks gelegene **Kellinghusen ❹**. Auf einem Geesthang beherrscht die Kirche St. Cyriakus, ein einschiffiger Feldsteinbau aus dem 13. Jahrhundert, das Bild. Reiche Tonvorkommen in der Umgebung von Kellinghusen begünstigten die Entstehung von Fayence-Manufakturen, die in der Mitte des 18. Jahrhunderts ihre Blütezeit hatten. Die Produkte konnten mit feinem chinesischem Porzellan konkurrieren, da man die Keramik mit einer weißen Glasur überzog. Eine hervorragende Auswahl der Fayencen kann man im Museum Kellinghusen (Hauptstraße 18) bestaunen. Wer sich einen Blick über die Störniederung bis zur Elbe gönnen möchte, sollte auf den Louisenberg steigen. Den Schlüssel für den Aussichtsturm erhält man in der unterhalb der Anhöhe gelegenen Gaststätte »Louisenberg«.

KULTURTIPP

FREILICHTMUSEUM »DAT OLE HUS«

In Aukrug-Bünzen befindet sich in einer Fachwerkkate »Dat ole Hus« (Bild), ein ausgesprochen originelles Heimatmuseum (bei ❷). Anschaulich wird dem Besucher ein Eindruck der bäuerlichen Wohnkultur vom 18. bis 20. Jahrhundert vermittelt. Aus dieser Zeit stammen auch die Arbeitsgeräte, die im Stall, in der Remise und im Bienenstand

zu sehen sind. Für das leibliche Wohl ist auch gesorgt: Spezialität sind Waffeln mit Roter Grütze (geöffnet Sa, So, Feiertage 14–18 Uhr).

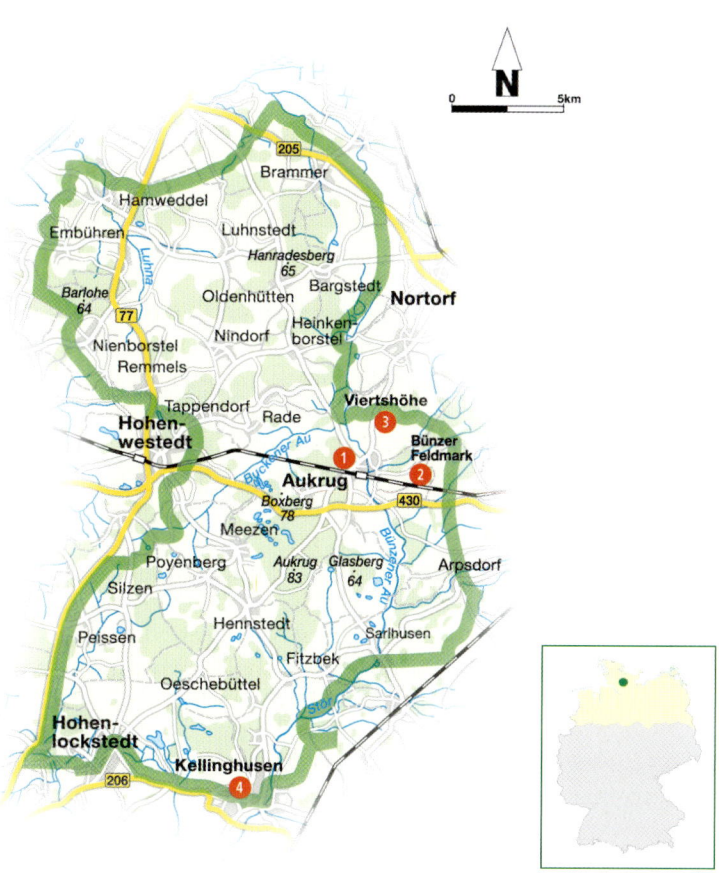

Naturpark Holsteinische Schweiz

SERVICE

Anfahrt: Auf der A 1 bis Oldenburg-Süd, weiter auf der B 202 bis Lütjenburg und der B 430 nach Dannau; nächstgelegener Bahnhof in Malente, von hier weiter mit dem Bus nach Dannau

Lage: Im Südwesten Schleswig-Holsteins zwischen Kiel und Lübeck

Größe: 753 km²

Höchste Erhebung:
Bungsberg (167 m)

Gründung: 1986

Information:
Naturpark Holsteinische Schweiz e. V.
Schlossgebiet 9
24306 Plön
Telefon: 04522 / 74 93 80
Internet: www.
naturpark-holsteinische-schweiz.de

TOP TIPP

3 Bungsberg
Panorama- und Wanderberg mit Blick bis zur Kieler Förde

4 Schwentine
Reizvolles Durchbruchstal mit seltenen Vogelarten

7 Malente-Gremsmühlen
Sehenswerter Ort und Startpunkt für Seenrundfahrten

11 Plön
Luftkurort mit Schloss, Altstadt und der Prinzeninsel

13 Stocksee
Naturschutzgebiet mit Gut Stockseehof und Obstplantagen

15 Glasau
Breite Flussniederung mit Naturschutzgebiet Heidmoor, gut zur Vogelbeobachtung

17 Kalkberg bei Bad Segeberg
Gipsberg mit Höhle und Fledermäusen; Karl-May-Festspiele

Reich an Wäldern und Seen, zwischen denen im Frühsommer gelbe Rapsfelder leuchten, von Schwentine, Trave und anderen Wasserläufen durchzogen – das ist er, der Naturpark, der überdies mit der höchsten Erhebung Schleswig-Holsteins, dem Bungsberg, aufwarten kann.

Der Große Plöner See inmitten des Naturparks ist ein Paradies für Erholungsuchende und zahlreiche Brutvogelarten.

Die reizvolle sanfte Hügellandschaft in der Holsteinischen Schweiz ist sozusagen das Fazit der letzten Eiszeit: Endmoränen wurden als mehr oder weniger steile Erhebungen abgelagert, während die vom Eis mitgeführten Materialien nach dem Abschmelzen als Grundmoränen liegen blieben. Wo große Eisblöcke später schmolzen, entstanden die idyllischen Seen, die große Teile der Landschaft prägen. Hier kann man mit Glück Fischreiher beim Jagen beobachten oder Haubentaucher, Schell- und Reiherenten mit ihren Küken auf dem Wasser schwimmen sehen. In den Schilfgürteln haben Rohrdommeln ihr Zuhause, und Kormorane suchen im Sommer und Herbst ihre Schlafplätze an den Seen auf. Naturnahe Bäche und Teiche sind das Revier des schillernden Eisvogels, in den feuchten Senken leben Moorfrösche und Rotbauchunken.

Die ursprünglichen Buchen-Eichen-Mischwälder sind – meist durch Fichtenforste ersetzt – nur noch kleinflächig vorhanden, dazwischen erstrecken sich Felder und Wiesen. Typisch sind die Knicks – Wallhecken aus verschiedenen Gehölzen. Mit duftenden Blüten im Frühjahr und bunten Früchten im Herbst geschmückt umsäumen sie die Felder und schützen diese vor Sandverwehungen. Die Knicks bieten vielen Singvögeln Nistmöglichkeiten, aber auch viele kleine Säugetiere haben hier einen idealen Lebensraum gefunden.

Einstimmung auf eine herrliche Landschaft

Ganz im Norden des Naturparks liegt der **Dannauer See** ❶ in der Nähe des Ortes Dannau. Seit 1993 ist das 40 ha große Naturschutzgebiet

»Dannauer See« ausgewiesen. An seinem Ufer bestimmen Erlenbruchwälder, Schilfgürtel und Seggenhorste das Bild, Zeichen der fortschreitenden Verlandung bestimmter Uferbereiche. Die dichten Seerosenteppiche sind im Juni mit vielen Blüten geschmückt, und auch der Wasserhahnenfuß hat seine unzähligen kleinen weißen Blüten entfaltet. Im feuchten Uferbereich breiten sich Blutweiderich, Mädesüß und andere Feuchtigkeit liebende Pflanzenarten aus, in der Luft erklingt der Gesang der Zaunkönige. Rohrsänger brüten im Schilf, ebenso Blesshühner und Stockenten. Nur 2 km südwestlich von Dannau steht in einer weiten Schleife der Kossau **Gut Rantzau** ❷, einst Stammsitz einer führenden holsteinischen Adelsfamilie. Ihr Name geht auf das wendische Ranzowen zurück und wurde zu Rantzau. Die 22 km lange Kossau fließt in einem natürlichen, gewundenen Bett und steht teilweise unter Naturschutz. Bachneunauge, Elritze und der Europäische Flusskrebs kommen hier vor, Tiere, die an vielen anderen Orten bereits ausgestorben sind. Wer sich von Rantzau aus auf den Wanderweg »R 1« begibt, kann die Landschaft der Kossau genießen und kurz vor Sasel ein Hügelgrab in Augenschein nehmen.

Üppige Flora
entlang des Heiligen Flusses

TOP TIPP ▶ Vor rund 150 000 Jahren wurde bei Schönwalde der **Bungsberg** ❸ aufgetürmt. Die Eismassen späterer Zeiten schürften ihn nicht ab, sondern zerteilten sich an seinem Fuß. So blieb er als eisfreie Insel stehen und ist heute noch mit 167 m die höchste Erhebung in Schleswig-Holstein. Von Schönwalde aus lässt sich der Berg bequem erwandern. Von seiner Höhe bietet sich eine großartige Aussicht über die leicht wellige Hügellandschaft. Am Südwesthang des Bungsberges ent-

TOP TIPP ▶ springt die **Schwentine** ❹, von den Slawen Heiliger Fluss genannt. Während der letzten Eiszeit lagerten sich in ihrem heutigen Verlauf wie an einer Perlenkette aufgereiht Toteisblöcke ab, die später allmählich schmolzen. Es bildete sich eine Treppe aufgestauter Seen, an manchen Stellen entstanden Durchbrüche und damit eine Verbindung der Seen, die heute im sehr reizvollen Durchbruchstal der Schwentine ihren Ausdruck finden. Auf ihrem Weg in die Kieler Förde durchquert der Fluss zahlreiche Seen im Natur-

park: den Stendorfer und den Sibbersdorfer See, dazu den Großen Eutiner See, Kellersee, Dieksee, beide Plöner Seen sowie den Kronsee. Während die Schwentine zwischen Eutin und Plön nur selten zu sehen ist, zeigt sie sich bei Dörnick als breites, von Wiesen und Weiden umgebenes Gewässer. Die ursprünglichen Auwälder wurden schon vor Jahrhunderten geopfert, und die Tier- und Pflanzenwelt am Uferrand veränderte sich. Auf den feuchten Wiesen und den Hochstaudenfluren am Ufer konnten sich immerhin Pflanzen wie Sumpfdotterblume, Blutweiderich, Gelbe Schwertlilie und Mädesüß erhalten. Ein kleiner Teil des Flusses sowie ein Altarm außerhalb des Naturparks bei Rastorf wurden als Naturschutzgebiet ausgewiesen. Hier gibt es noch Uferwälder mit Eschen und Schwarzerlen, beiderseits breiten sich Hangwälder mit Bergulmen und Hainbuchen aus, in denen eine reiche Frühjahrsflora mit Buschwindröschen, Hohlem Lerchensporn und Scharbockskraut gedeiht.

WANDERTIPP

MIT DEM KANU UNTERWEGS
Da die Schwentine ❹ viele Seen miteinander verbindet, ist sie eine beliebte Kanustrecke. Kanuwanderer können bequem von Eutin über Malente bis Kiel und zurück fahren und dabei die Schönheit der Landschaft genießen. Schlösser, Herrenhäuser und Mühlen lassen sich vom Wasser aus in Augenschein nehmen, und auch die reiche Vogelwelt ist bequem zu beobachten.

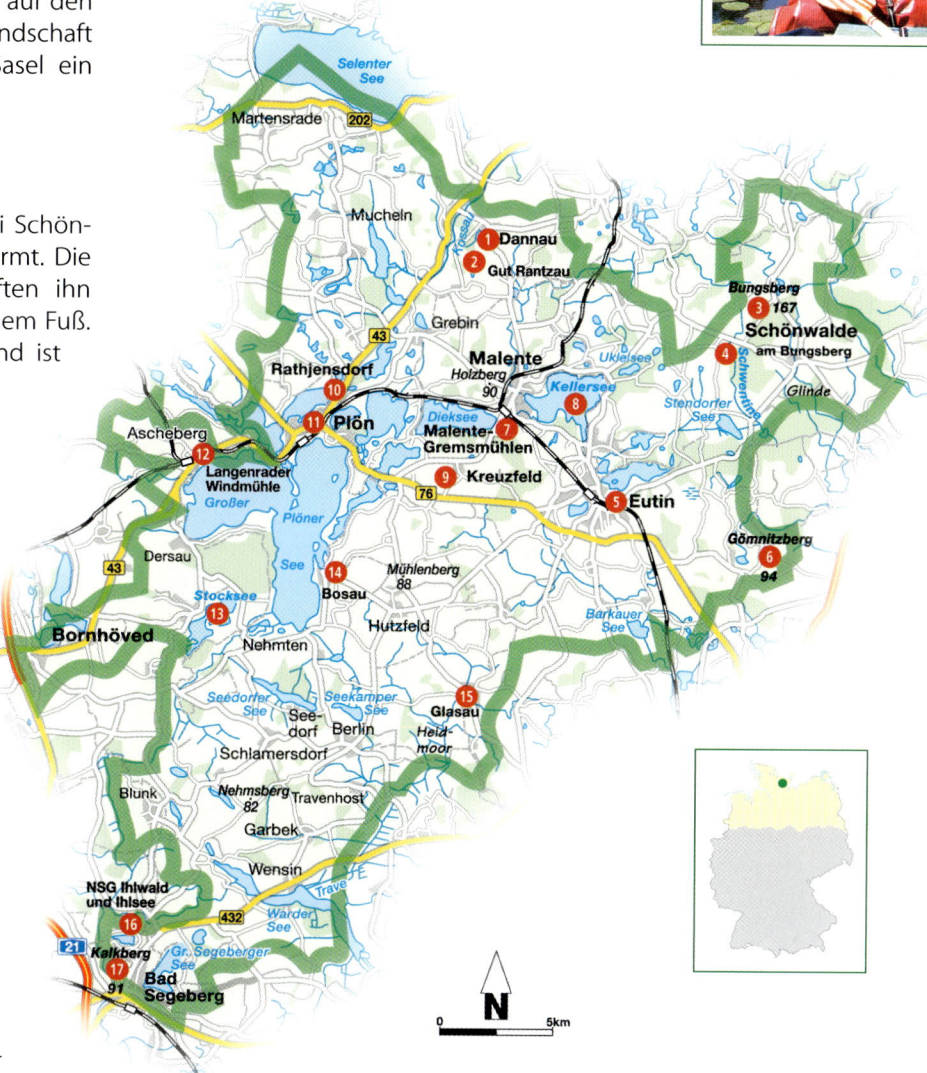

Nicht nur von außen ein wahres Schmuckstück: Es lohnt auch ein Blick ins Innere des barocken Eutiner Schlosses.

KULTURTIPP

BRÄUTIGAMSEICHE BEI EUTIN

Kommt man aus Richtung Plön nach Eutin ❺, kann man an der B 76 auf einer Waldlichtung am Ortseingang von Eutin die »Bräutigamseiche« (Bild) sehen. Der große Baum im Dodauer Forst ist rund 500 Jahre alt, hat einen Stammumfang von 5 m und eine Wipfelhöhe von etwa 25 m. Eine Förstertochter aus Dodau soll die Erste gewesen sein, die ihrem Bräutigam, der vom Vater abgelehnt wurde, Briefe in ein Ast-

loch der Eiche steckte. Im Jahr 1891 feierten die beiden dann unter der Eiche Hochzeit, und seitdem hinterlassen immer wieder Menschen Nachrichten im Baum, in der Hoffnung auf eine Partnerschaft. Seit 1927 hat der Baum sogar eine offizielle Postanschrift: Bräutigamseiche Dodauer Forst, 23701 Eutin.

Die teilweise turbulente Strömung der Schwentine ist ein idealer Lebensraum für Forellen. Stichlinge und Quappen, auch seltene Vögel wie Wasseramsel, Gebirgsstelze und Eisvogel haben hier ihr Revier. Wie eine »echte« Schwentine-Wiese aussieht, kann man im Kurpark von Malente-Gremsmühlen sehen, wenn sie im Mai in voller Blüte steht.

Kletterrosen schmücken in **Eutin** ❺ jedes Jahr viele Häuser mit einem Blütenmeer, die Stadt verwandelt sich in ein Rosarium – ein prächtiges Tableau alter und moderner Rosensorten. Schon im Stadtwappen aus dem 13. Jahrhundert sind Rosen als Symbol der Reinheit abgebildet, und die Messingknaufe der Fenster im barocken Teil des Eutiner Schlosses zeigen die Form von Rosenblüten. Das Schloss, auf einer Halbinsel im Großen Eutiner See gelegen, erhielt nach einem Brand 1689 seine heutige Gestalt. Weitgehend erhalten sind Salons, Säle und die fürstlichen Gemächer mit ihren Tapeten, Gobelins, Stuckaturen, Öfen und wertvollen Einrichtungsgegenständen. Sehenswert sind auch die herzogliche Teeküche mit holländischen Kacheln sowie die umfangreiche Porträtsammlung. An das Schloss schließt sich der Garten mit einer prachtvollen Lindenallee an, der als Barockanlage geschaffen und später im Stil eines englischen Landschaftsparks umgestaltet wurde.

Südöstlich von Eutin ragt der **Gömnitzberg** ❻ auf. Mit seinen nordwestlichen Ausläufern gehört er zu einer Endmoränenkette, die hier die Eisrandlage markiert. Auf dieser 94 m hohen Erhebung wurde 1828 ein 13 m hoher Backsteinturm errichtet. Er diente den Schiffen als Orientierung in der Lübecker Bucht und ist heute ein fantastischer Aussichtspunkt. Der Blick schweift weit über die Landschaft Ostholsteins bis hin zur Lübecker Bucht.

Eine Lusttour zu zahlreichen Seen

Zwischen Kellersee und Dieksee gelegen und von der Schwentine durchflossen ist **Malente-Gremsmühlen** ❼. Seit 1925 Luftkurort und seit 1956 Kneipp-Heilbad, nennt sich der Ort seit 1996 ganz offiziell Bad Malente. Die Malenter Kirche, im 13. Jahrhundert aus Feldsteinen errichtet und später durch Backsteinausmauerungen ergänzt, erhielt 1893 einen neoromanischen Westturm. Sehenswert sind hier die Kanzel in spätromanischen Formen sowie eine spätgotische Bischofsfigur, die die Kanzeltür bewacht. Die reetgedeckte Alte Räucherkate (Sebastian-Kneipp-Straße) von 1634 hat keinen Schornstein. Dort wurden bis 1967 nach alter Tradition mit Buchenspänen Wurst und Schinken geräuchert. Inzwischen präsentiert hier das Heimatmuseum ländlichen Hausrat.

In der Nähe von Malente laden Ausflugsschiffe zur Fünf-Seen-Rundfahrt ins Herz der Holsteinischen Schweiz ein.

Das reiche Seengebiet der Holsteinischen Schweiz ist schon seit über 100 Jahren berühmt wegen der »Lusttouren« über fünf Seen. Diese Fünf-Seen-Rundfahrt beginnt in Malente-Gremsmühlen und führt über Dieksee, Langensee, Behlersee, Höftsee und Edebergsee bis nach Plön und zurück. Von den Haltepunkten Niederkleveez und Timmdorf aus kann man schöne Wanderungen unternehmen.

Von Malente aus bietet sich ein Spaziergang den **Kellersee** ⑧ entlang in Richtung Ukleisee an. Der Weg führt zunächst über die Kellerseepromenade zur Anlegestelle »Janusallee« und auf dem Europäischen Fernwanderweg weiter über die Malenter Au, die hier in den Kellersee mündet. Früher wurde der Wasserreichtum der Gegend zum Betrieb von Mühlen genutzt: Kupfer-, Loh- und Walkmühle waren nur einige der zahlreichen Exemplare. In Sielbeck lädt auf einer kleinen Anhöhe zwischen Kellersee und Ukleisee ein Jagdschlösschen zur Besichtigung ein. Es wurde 1776 von Georg Greggenhofer, dem Hofbaumeister Herzog Friedrich Augusts von Oldenburg, errichtet. Interessant ist eine Führung durch das Jagdschlösschen in Verbindung mit einem geführten, 3 km langen Rundgang um den sagenumwobenen Ukleisee (1. Mai – 30. Sep: Sa 14.30 Uhr). Südlich von Gremsmühlen lohnt sich ein Besuch des Findlingsgartens bei **Kreuz-**

feld ⑨. Gezeigt werden verschiedene Gesteine mit Informationen über ihre Herkunft und Entstehung. Mittelpunkt ist ein 126 t schwerer und 5 m hoher Riesenfindling, der während der letzten Eiszeit mit den Gletschern aus dem Norden bis nach Kreuzfeld transportiert wurde. Der etwa zwei Milliarden Jahre alte Stein gehört zu den größten Findlingen in Schleswig-Holstein.

Seltenen Vogelarten auf der Spur

Ein sehr reizvoller Wanderweg führt von Plön aus am Trammer See entlang in Richtung **Rathjensdorf** ⑩ über artenreiche Feuchtwiesen, auf denen im Frühjahr Sumpfdotterblumen, Wiesenschaumkraut und Kuckuckslichtnelken blühen. An Grabenrändern setzen violettroter Blutweiderich und gelbe Schwertlilien Farbakzente. Geht man weiter, erreicht man hinter Rathjensdorf einen herrlichen Aussichtspunkt: Unten liegen der Kleine Plöner See und der Trammer See, bei klarem Wetter ist auch der Große Plöner See zu sehen. Mit einer Fläche von rund 30 km² ist dieser das größte Gewässer in Schleswig-Holstein und samt seinen Inseln – Warder genannt – eines der bedeutsamsten Vogelschutzgebiete. Ein Teil des Plöner Sees mit den Inseln Alswarder, Konau, Langes Warder, Rottenwarder sowie kleineren Eilanden und der Halbinsel Störland ist als Naturschutzgebiet ausgewiesen. Beeindruckend der

PFLANZEN

WASSERPFLANZEN

Die Seen scheinen – von den Uferbereichen abgesehen – auf den ersten Blick oft pflanzenleer. Doch dieser Eindruck täuscht. Kaum zu sehen sind die Pflanzen, die im Seeboden wurzeln und unter Wasser bleiben; neben den Laichkrautarten etwa das Tausenblatt oder das Raue Hornblatt. Seine auffälligen Blüten streckt dagegen der Große Wasserschlauch (*Utricularia vulgaris,* Bild) aus dem Wasser. Seine Blätter sind

zu Fangblasen umgebildet, in denen Unterdruck herrscht. Berührt ein kleines Wassertier die Fühlhaare, springt die Kammer auf, und die Beute wird ins Innere gesogen und verdaut.

Ungewöhnlich klares Wasser weist der Stocksee auf, der mit seiner schönen Umgebung eine Rundwanderung lohnt.

Reichtum an Vogelarten, die man hier beobachten kann. Im Frühjahr und Sommer brüten im Schilf Rohrweihe und Rohrsänger, auf den Inseln Enten und Gänse. Im Herbst und Winter ist der Plöner See Rast- und Überwinterungsgebiet für Tausende durchziehende Vögel, zu denen Reiher- und Schellenten, Graugänse, Zwergmöwen und Blesshühner gehören.

TOP TIPP Von einem Kranz aus Seen und Hügeln umgeben präsentiert sich **Plön** ⑪ mit seinem Schloss auf einer Anhöhe über dem Großen Plöner See. Diesen stattlichen Dreiflügelbau ließ Herzog Joachim Ernst von Schleswig-Holstein-Sonderburg-Plön zwischen 1633 und 1636 errichten. Der Prinzenbau im Schlossbereich, früheres Lusthaus der Herzöge, gilt als eines der schönsten Rokokopalais im Land. Ins Herz der Altstadt gelangt man über die Naturlehrpfade auf der Prinzeninsel – mit einer malerisch gelegenen Badestelle in der Nähe des sogenannten Inselhauses – sowie über die Uferpromenade des Großen Plöner Sees. Schöne Fachwerkfassaden säumen die Altstadtgässchen, am Alten Marktplatz steht der moderne Gänseliesel-Brunnen vor dem Rathaus, einem klassizistischen Backsteinbau.

Am Westufer des Sees liegt der Ort Ascheberg, wo sich seit 25 Jahren wieder das Kreuz der **Langenrader Windmühle** ⑫ dreht. Im Mühlenraum gibt es Ausstellungen, Vorträge und Veranstaltungen, außerdem finden jedes Jahr Mühlenfeste statt. Die Mühle kann besichtigt werden, wenn sich das Flügelkreuz dreht oder nach vorheriger Anmeldung (Telefon: 04526/18 73).

Von Kirschen und Heilkräutern – rund um den Stocksee

TOP TIPP Südwestlich vom Großen Plöner See breitet sich der 207 ha große **Stocksee** ⑬ aus. Er wurde bereits in einer Beschreibung des Limes Saxoniae durch Adam von Bremen im Jahre 1075 erwähnt, das gleichnamige Dorf am westlichen Ufer erst 1347. Der Name »Stocksee« geht auf die Bestockung des Ufers mit Schwarzerlen zurück, die auch heute noch bei einer Wanderung außerhalb der Wiesen und Felder erkennbar sind. Ein Teil des östlichen Seeufers ist als Naturschutzgebiet Mittlerer Stocksee ausgewiesen. Zu empfehlen ist eine Rundwanderung um den See von Stocksee aus, denn zwischen Hornsmühlen und Im Sande findet man ideale Aussichtspunkte, wo zahlreiche Vögel beobachtet werden können. Kormorane, Graureiher, Haubentaucher sowie Fisch- und Seeadler sind hier neben dem Eisvogel anzutreffen. Berühmt ist auch der Fischreichtum: Aale, Brassen, Hechte, Karpfen, Rotfedern, Plötzen und Schleie sind nur einige der zahlreichen Arten im See. (Angelscheine kann man in Stocksee erwerben, Telefon: 04526/772). Lohnend ist ein Besuch im Gut Stockseehof, denn der Anbau von Himbeeren (6 ha) und Riesenkirschen (36 ha) ist eine Spezialität des Gutes. Wer möchte, kann diese Früchte auch selbst pflücken und sich danach bei Kaffee und Kirschkuchen erholen. Während der Erntezeit findet auch ein Musikfest im Rahmen des Schleswig-Holstein-Musikfestivals statt.

Dicht am Plöner See steht in **Bosau** ⑭ eine der ältesten Feldsteinkirchen Schleswig-Holsteins: die von Vicelin 1151 gegründete Kirche St. Petri. Reste gotischer Malereien haben in der Apsis überdauert, und ein gotischer Schnitzaltar sowie ein spätgotischer Flügelaltar sind nur einige der herausragenden Ausstattungsstücke. Gleich bei der Kirche liegt der schön gestaltete Dorfplatz mit reetgedeckten Katen. Die Dunkersche Kate (Bischofsdamm) stammt aus dem Jahr 1687 und ist von einem sehenswerten bäuerlichen Garten umgeben. Vom Frühjahr bis zum Herbst kann man hier allerlei Blumen bewundern und auch jede Menge Heilkräuter entdecken. (Telefon: 04527/410). Ein reizvoller Wanderweg führt von Bosau zum »Kleinen Warder« im Bischofssee, wo ein Erlenbruch auf einem Damm begangen werden kann. Neben Erlen stehen hier Traubenkirsche, Faulbaum und Salweide beieinander, und am Boden entfalten im Frühjahr Sumpfdotterblume, Helmkraut, Sumpfvergissmeinnicht und Gelbe Schwertlilie ihre Blüten.

Geschützte Moore und Seen sowie ein imposanter Gipsfelsen

TOP TIPP In beeindruckender Weite breitet sich südlich von **Glasau** (15) das 4 km lange Flusstal der Trave aus. In seinem Zentrum liegt das Naturschutzgebiet Heidmoor, das am Ende der Eiszeit vor 10 000 Jahren noch ein bis zu 12 m tiefer See war. Im Lauf der Zeit verlandet, entwickelte sich ein regenabhängiges Hochmoor, auch Regenmoor genannt. Später siedelten sich Menschen an, das Moor wurde entwässert und Torf gestochen. Älteste Spuren von Menschen findet man bereits aus der Zeit um 6000 v. Chr. Beiderseits des Flussbettes der Trave dehnen sich weite Wiesenflächen aus, die in den Wintermonaten teilweise überflutet sind. Im Frühsommer ver-

Neben intakter Natur mit einer vielfältigen Flora und Fauna finden sich am Ihlsee auch Plätze für Badefreunde.

wandeln rosafarbene Kuckuckslichtnelken, die gelben Blüten von Sumpfdotterblume und Hahnenfuß sowie die zartrosa des Wiesenschaumkrauts die Fläche in ein Farbenmeer. Hier absolviert der Wiesenpieper seinen Balzflug mit Gesang, während Braunkehlchen im dichten Gras am Boden brüten. Auch Kiebitze leben im Bereich dieser Feuchtwiesen und hüten zwischen den hohen Gräsern ihr Gelege.

Am nördlichen Rand von Bad Segeberg dehnt sich das **Naturschutzgebiet Ihlwald und Ihlsee** (16) aus. Der nährstoffarme Ihlsee wurde bereits 1950 unter Schutz gestellt, da er zahlreiche seltene Pflanzen beherbergt. Besonders zu erwähnen sind die Wasserlobelien, die in den Monaten Juli und August an ihren weißen Blüten mit blauer Röhre über der Wasserfläche zu erkennen sind. Auch die langen Triebe des Wechselblütigen Tausendblattes erreichen den Seespiegel und mischen sich mit ihren gelblichen Blüten dazwischen. Das Brachsenkraut und der unscheinbare Pillenfarn haben sich ebenfalls im Ihlsee erhalten. Der umgebende Laubmischwald und der Bruchwald südlich des Sees werden von Farnen, verschiedenen Orchideen und einer reichen Frühjahrsflora besiedelt. Hier leben außer dem kleinen Zaunkönig und anderen Vogelarten auch vier Spechtarten, die man gelegentlich hören oder sehen kann. Am häufigsten lässt sich der Buntspecht, der an seinem auffälligen schwarzweißen Federkleid sowie dem roten Nackenfleck des Männchens zu erkennen ist, beim Trommeln beobachten. Außerdem leben hier Grün- und Schwarzspecht sowie der Kleinspecht, der kleiner als ein Sperling ist.

TOP TIPP Als geologische Besonderheit überragt der **Kalkberg** (17) das gesamte Umland von Bad Segeberg. Dieser steile graue Gipsfelsen wurde vor 250 Millionen Jahren durch gewaltige Erdbewegungen an die Oberfläche gedrückt. Die Tatsache, dass er ideal als Baumaterial geeignet ist, kostete den Berg seine ursprüngliche Höhe von 110 m, sodass er heute nur noch 91 m misst. Trotzdem wirkt er immer noch malerisch, man kann ihn auf Treppen bequem besteigen – die Aussicht ist großartig. Im Inneren des Berges liegt Deutschlands nördlichstes Höhlensystem. Es wurde durch Sickerwasser ausgelaugt, ist ca. 2 km lang und zählt infolge einer außergewöhnlich großen Fledermauskolonie zu den bedeutendsten Quartieren dieser Tiere in Europa. Sehenswert ist die Ausstellung des Fledermauszentrums, das seit 2006 auch die Betreuung der Höhlen übernommen hat. Die grauen Gipswände des Kalkberges bieten eine vorzügliche Kulisse für die Karl-May-Festspiele, die in einer Grube am Fuß des Berges jedes Jahr stattfinden.

EISVOGEL

(Alcedo atthis)

Der Eisvogel, auch »fliegender Edelstein« genannt, fällt mit seinem türkisfarbenen, schillernden Gefieder auf. Er fliegt sehr schnell über das Wasser oder wartet von einem Ansitz am Uferrand auf die Gelegenheit, sich blitzschnell auf Beute zu stürzen. Kleine Fische sind seine Hauptnahrung, aber auch Kaulquappen, kleinere Frösche, Krebse und Wasserinsekten gehören dazu,

insbesondere bei den im Jagen noch ungeübten Jungvögeln. Der Eisvogel brütet von März bis September, wobei die Sterblichkeitsrate sehr hoch ist. Nur 20 – 30 % der jungen Eisvögel überleben, der Rest fällt natürlichen Feinden wie Sperbern, Rabenkrähen, Ratten und Wieseln zum Opfer. Interessant ist die sogenannte Schachtelbrut des Eisvogels mit 3 bis 4 Bruten im Jahr. Während das Männchen die Jungen versorgt, sitzt das Weibchen schon wieder auf dem Zweitgelege.

Nationalpark Vorpommersche Boddenlandschaft

SERVICE

Anfahrt: Zum Weststrand bei Ahrenshoop fährt man über die A 19 bis zur Ausfahrt Rostock-Ost und weiter über die B 105, bei Altheide links zum Fischland; mit der Bahn gelangt man nach Barth am Bodden

Lage: Halbinseln und Inseln der Ostseeküste Mecklenburg-Vorpommerns zwischen Rostock und Stralsund, Westrügen und Hiddensee

Größe: 805 km²

Gründung: 1990

Information:
Nationalparkamt Vorpommersche Boddenlandschaft
Im Forst 5
18375 Born / Darß

Telefon: 038234 / 502 0

Infohäuser: In Barhöfter Kliff, Natureum Darßer Ort, Darßer Arche in Wieck, Hiddensee, Kranichzentrum Groß Mohrdorf, Schaprode, Sundische Wiese, Waase

Internet: www.nationalpark-vorpommersche-boddenlandschaft.de

TOP TIPP

❶ **Weststrand**
Schnurgerader, endloser Strand mit urtümlichem Charakter

❷ **Darßer Ort**
Hier formen die Kräfte der Natur neues Land

❻ **Hohe Düne Pramort**
Beliebte Radwanderung zu einer prächtigen Weißdüne

❽ **Barhöfter Kliff**
Aussichtspunkt mit Rundumblick auf den Nationalpark

⓱ **Kloster**
Hauptort und Hafen der schönsten Ostseeinsel Deutschlands

Hier kreisen die Kraniche hoch über den Boddengewässern, in den Wäldern leuchten die roten Früchte der Stechpalmen, und an den Küsten, die von der Kraft des Meeres ständig neu geformt werden, locken strahlend weiße Strände. Ein Paradies – für Naturliebhaber und Sonnenanbeter gleichermaßen.

Kraft und Schönheit der Natur – gestürzte Kiefern am urtümlichen Gestade des Darßer Weststrands.

Die Hälfte des Nationalparks besteht aus offenem Meer. Die nur durch Flutrinnen mit der Ostsee verbundenen Boddengewässer liegen im Bereich der Halbinsel Darß-Zingst sowie zwischen den Inseln Rügen und Hiddensee. Sandhaken, Nehrungen, aktive Kliffs, weiße Strände und Dünen – die erdgeschichtlich sehr junge Küstenlandschaft beeindruckt durch ihre vielen Gesichter und ihre Dynamik: Ständig wird sie von den Kräften der Natur neu geformt.

Wenn Wasser und Wind an flachen Stellen im Meer Sand ablagern, entstehen auch die für den Nationalpark typischen Windwatte. Mal sind sie überschwemmt, mal strahlt das Weiß ihres Sandes weit im gleißenden Licht des Ostseehimmels. Die Flachwasserzonen zwischen Darß, Zingst, Hiddensee und Rügen bilden übrigens den größten Brackwasserlebensraum der Erde.

Vielfalt auf engstem Raum

In den Röhrichten entlang der Boddengewässer tummelt sich Leben. Selbst Salzgrasland mit interessantem Bewuchs ist an der Ostseeküste zu finden. Auf trockenem Grasland, dem Mager-

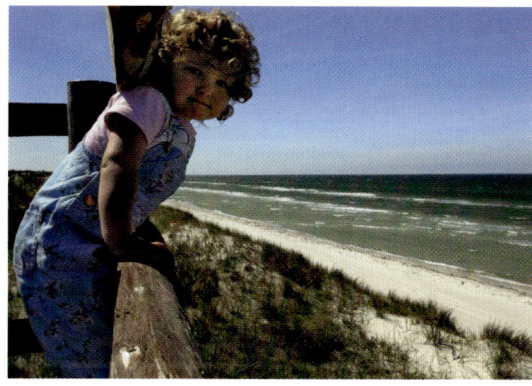

Ausblicke aufs Meer wie hier auf der Zingster Halbinsel begeistern Erwachsene und Kinder gleichermaßen.

rasen, wachsen gefährdete Pflanzenarten; auf Hiddensee sind die letzten großen Zwergstrauchheiden des mecklenburgischen Küstenraumes zu finden. In den Wäldern des Nationalparks bleiben die Bäume ihrem Werden und Vergehen überlassen. Mitunter sind auch sehr alte Bäume anzutreffen. Bizarre, von Wind und Wetter zerzauste und gebeugte Formen, Windflüchter genannt, schmücken den Weststrand des Darß und die westlich gelegenen Ufergebiete der Insel Hiddensee. Ständig wandelt sich das Bild der Küste, werden Strände, Wiesen und Wälder abgetragen oder neu angelandet, freigewaschen, neu geformt und wieder mit Pflanzen überzogen.

Der Darß zeigt eine abwechslungsreiche Landschaft. Dem breiten, schneeweißen Strand mit entwurzelten Bäumen und zerzausten Windflüchtern schließt sich nach Osten ein beeindruckend wilder Wald an.

TOP TIPP Zum Baden eignet sich der weitläufige **Weststrand** ❶ des Darß nur bedingt. Eher lädt das urtümliche Gestade zu ausgedehnten Spaziergängen ein. Unermüdlich brandet das Meer gegen das Ufer, reißt an der einen Stelle Sand, Land und Bäume mit sich, spült an anderer Stelle wiederum Sand auf. So hat sich im Laufe der Jahrhunderte Strandwall um Strandwall am Darß angelagert. Das ursprüngliche Ufer liegt einen knappen Kilometer landeinwärts und ist an einer Stelle, am ehemaligen Meerufer, als 3 bis 6 m hohes Kliff noch gut erkennbar.

Ein erhellender Leuchtturm

Eine Wanderung über den Weststrand beginnt in der ehemaligen Künstlerkolonie Ahrenshoop (am Parkplatz an der Straße nach Prerow), deren Naturschutzgebiet Ahrenshooper Holz mit seinem Stechplamenbestand einen Besuch wert ist. Auch vom nördlich gelegenen Prerow gelangt man zu Fuß oder mit dem Fahrrad durch den Darßwald zum Weststrand. In Prerow startet zudem eine motorisierte Minibahn, die Ausflügler zum Leuchtturm am **Darßer Ort** ❷ befördert. In den Wirtschaftsgebäuden des 35 m hohen roten Leuchtturms informiert das Ausstellungszentrum »Natureum« über die Naturwunder am Darßer Ort; in drei Aquarien kann man die Fische und wirbellosen Bewohner der Ostsee betrachten. Um 1700 markierte der Leuchtturm noch die Nordspitze des Darß. Die nördlich liegenden

TOP TIPP

GUT ZU WISSEN

GESCHICHTE DER OSTSEE

Die Ostsee entstand mit dem Abschmelzen des nordischen Inlandeises gegen Ende der letzten Eiszeit vor 15 000 bis 12 000 Jahren. Anfangs war die Ostsee kaum mehr als ein Auffangbecken für die eiszeitlichen Schmelzwässer. Später strömte an der mittelschwedischen Senke Meerwasser vom Atlantik ein. Vor rund 7000 Jahren erreichte das Wasser der Ostsee im Süden den heutigen Küstenbereich. Der Meeresspiegel lag jedoch 28 m unter dem heutigen Wasserstand. Durch eine Senkung des Meeresbodens strömte abermals salziges Meerwasser vom Atlantik ein, und der Meeresspiegel stieg rasch um 15 m an. Eine nordische Sintflut, die in der Sage von der versunkenen Stadt Vineta nachhallt. Aufgrund des geringen Zustroms von Salzwasser aus der Nordsee süßt die Ostsee seit 4500 Jahren zunehmend aus.

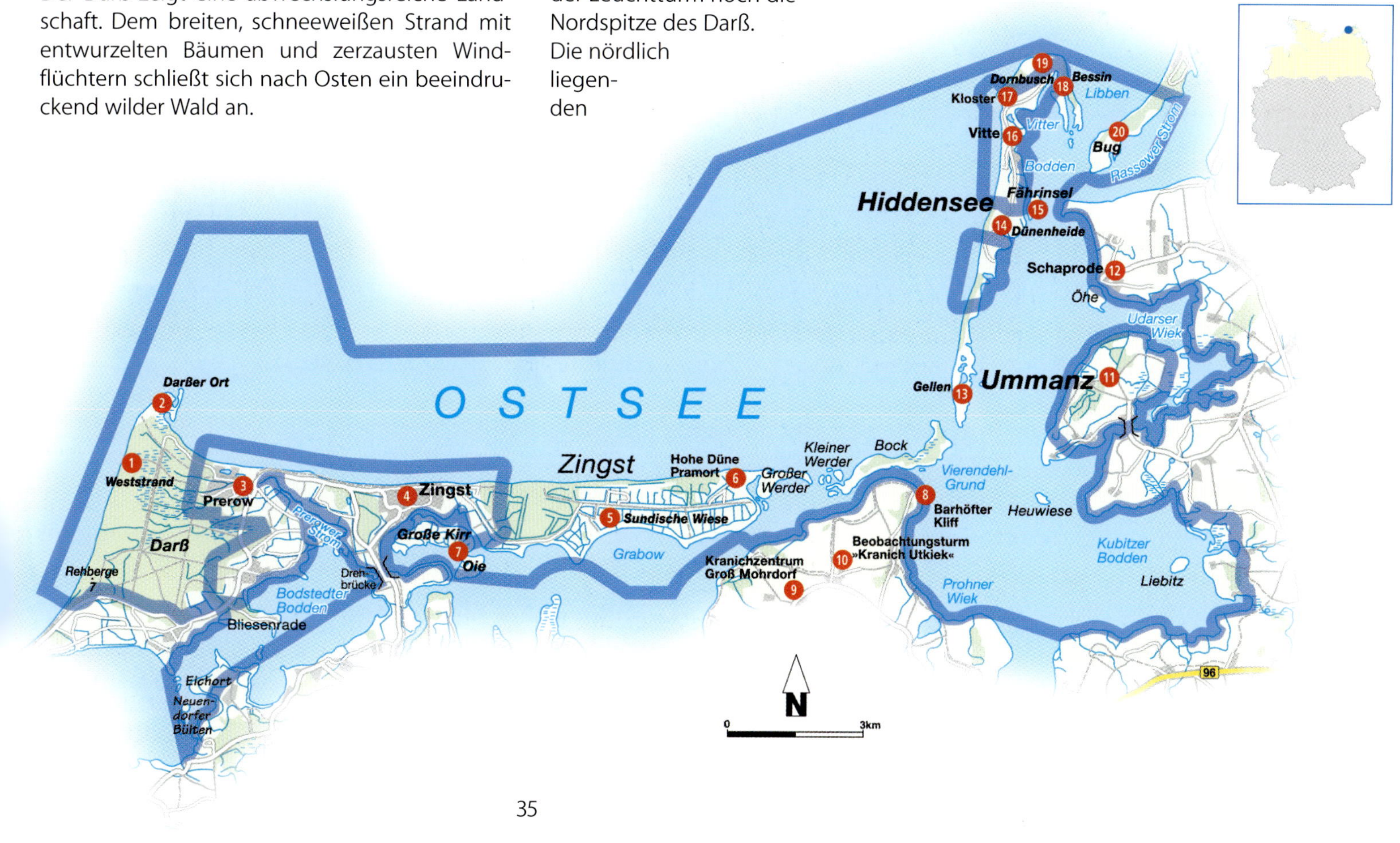
OSTSEE
Darßer Ort 2
1 Weststrand
3 Prerow
Darß
Rehberge 7
Prerower Strom
Dreh-brücke
Bodstedter Bodden
Bliesenrade
Eichort
Neuendorfer Bülten
4 Zingst
Große Kirr
7 Oie
Zingst
Hohe Düne Pramort 6
5 Sundische Wiese
Grabow
Großer Werder
Kleiner Werder
Bock
Kranichzentrum Groß Mohrdorf 9
Beobachtungsturm 10 »Kranich Utkiek«
Vierendehl-Grund
8 Barhöfter Kliff
Heuwiese
Prohner Wiek
Kubitzer Bodden
Liebitz
Gellen 13
Ummanz 11
Udarser Wiek
Öhe
Schaprode 12
Hiddensee
14 Dünenheide
Fährinsel 15
Vitte 16
Vitter Bodden
Kloster 17
Dornbusch 19
18 Bessin
Libben
20 Bug
Rassower Strom
96
N
0 3km

WANDERTIPP

NACH PRAMORT

Von Zingst ❹ führt eine Straße bis zum Nationalparkinfozentrum Sundische Wiese ❺. Hier steigt man auf das Fahrrad um (Fahrradverleih und Parkplätze liegen in unmittelbarer Nähe). Ein 8 km langer Asphaltweg verläuft schnurgerade zwischen Wald und Wiesen nach Pramort am östlichen Zipfel der Halbinsel. Dort ermöglicht ein hölzerner Beobachtungsstand den Blick auf die Vogelwelt, über 100 Vogelarten tummeln sich im Sand und Schlick des Gro-

ßen Werders. Im Herbst rasten hier Tausende Kraniche. In der Nähe des Hochstands kann man die Fahrräder abstellen; zur Hohen Düne ❻ sind es noch 2 km zu Fuß. Ein Bohlensteg zur Aussichtsplattform schützt den sensiblen Lebensraum der Dünen, in dem Raritäten wie Fuchs' Knabenkraut (Bild) blühen.

Teile des Darßer Ortes, immerhin fast 2 km, sind erst in den letzten 300 Jahren aufgespült worden. Das neugebildete Land lässt sich am besten von einem 1800 m langen Bohlensteg aus bestaunen, der als Rundwanderweg durch die trittempfindliche Dünenlandschaft führt. Und noch heute schiebt sich der Weststrand immer weiter nordwärts in die Ostsee hinaus. Hier entsteht ein neues Eiland, die Bernsteininsel.

Den großen Mengen Sand, die sich nicht am Darßer Ort ablagern, verdanken wir zwei der schönsten Badestrände der Ostsee: Der feine, weiße Sand lagert sich an der Nordküste des Darß und der Halbinsel Zingst ab; in Prerow und bei Pramort türmt sich der Flugsand zu über 13 m hohen Dünenmassiven auf.

Prerow ❸ hat sich viel von seinem alten Charme als Seebad bewahrt: die Promenade, die in einer Seebrücke endet; alte, strohgedeckte Katen mit holzgeschnitzten, bemalten Türen; alte Pensionen und Cafés; ein bis zum Strand reichender Kiefernwald. **Zingst** ❹, modern und selbstbewusst, ist ganz auf die Bedürfnisse von Urlaubern eingestellt, vor allem auf Familien mit Kindern. Bis zum Ende des 19. Jahrhunderts war Zingst noch eine richtige Ostseeinsel. Vom Darß trennte sie der Prerowstrom, eine unruhige Verbindung zwischen Ostsee und Bodden, dessen Mündung in 170 Jahren 2 km nach Westen gewandert war. 1872 durchbrach bei einer Sturmflut die See mehrfach den Dünenwall und überschwemmte

den Bodden mit einer breiten Schlammflut. 600 Tote waren Grund genug, die alten Deiche zu erhöhen und zusätzlich Querdeiche anzulegen. Die Mündung des Prerowstroms wurde ebenfalls durch einen Deich versiegelt, seither hat Zingst eine Verbindung zum Festland.

Östlich des Ortes Zingst erstreckt sich die gleichnamige Halbinsel, ein 20 km langer Landstreifen, an der breitesten Stelle nur 3,5 km stark. Ein schmaler Dünensaum begrenzt Zingst seeseitig. Auf dem steinfreien Schwemmland östlich des Ortes steht der Osterwald. Auf dem moorigen Untergrund wachsen Birken, Stieleichen und Pfeifengras. Ein Netz von ausgeschilderten Wanderwegen durchzieht den urwüchsigen, wildreichen Wald; sie sind von den Parkplätzen am Wieker Weg (hinter Müggenburg), über die Sundische Wiese (Naturparkinformationsstelle) sowie vom letzten Parkplatz am Strandübergang 5 in Zingst aus leicht zu erreichen.

Land zwischen den Wassern

Östlich des Osterwaldes erstreckt sich zum Bodden hin die **Sundische Wiese** ❺. Das flache Land diente einst dem Vieh der Stralsunder Ackerbürger als Sommerweide. Die Sturmfluten der Ostsee brachen sich regelmäßig Bahn bis zum Bodden, bis zu 20 m breit spülten sie Flutrinnen. Der Deichbau ermöglichte später die Besiedlung; vor dem Zweiten Weltkrieg wurde die Halbinsel Zingst dann als Übungsgelände für Luftwaffe

Die Kraft und Weite des Meeres erlebt man besonders intensiv an der Hohen Düne bei Pramort.

Nur die schmale Barther Zufahrt zwischen Bock und Barhöfter Kliff verbindet den Bodden mit dem Meer.

und Flak missbraucht – die geräumten Höfe dienten als Zielpunkte. Heute weidet auf der zum Nationalpark gehörenden Sundischen Wiese wieder Vieh. Das östliche Ende der Insel markiert die **Hohe Düne Pramort** ❻, ein unbewaldetes Weißdünenfeld, das größte an der deutschen Ostseeküste. Noch weiter östlich schließt sich ein sogenanntes Primärdünenfeld an, auf dem neue Dünen entstehen. Zuerst bilden sich kleine Sandhügel, die allmählich zu einem Weißdünenwall heranwachsen. Die Vegetation ist karg, aber typisch: Strandhafer, Birken und kleine Kiefern, vereinzelt und versteckt ein Knabenkraut. In den älteren Dünentälern finden sich Glockenheide und Kriechweide, im Spätsommer leuchtet auf den Braundünen die Besenheide.

Auf dem Zingst hat vielerlei Wild eine Heimat gefunden: Rehe, Wildschweine, Rot- und Damwild. Östlich von Pramort erstreckt sich auch das Windwatt Bock, ein riesiges Treibsandanlandungsgebiet. Die Dynamik von Meeresströmungen, Landabriss und -anschwemmung wird hier besonders deutlich sichtbar: Bei niedrigem Wasser fällt das Watt trocken und ist im Meer klar zu sehen, dann wieder verschwindet die Landlinie völlig – sie wird von der ansteigenden Flut bedeckt. Einen zeitlichen Rhythmus für diesen Wechsel gibt es nicht.

Im Barther Bodden liegen die Vogelinseln **Große Kirr** und **Oie** ❼. Sie erheben sich kaum einen halben Meter über den Normalwasserstand in der Bucht und werden mehrmals im Jahr vom Boddenwasser überspült. Priele, Tümpel und Lagunen reichen weit bis ins Innere der Inseln hinein. Durchziehende Vögel nutzen Oie und Große Kirr als Weide, Schlaf- oder Brutplatz: Graugänse, Bläss- und Saatgänse, auch Kraniche. Nach ihrem Abflug im Herbst sind die Inseln wie leergefegt – nur ein paar Grasbüschel, Eierschalen und verlassene Nester bleiben zurück. Die Inseln dürfen zum Schutz der Tiere nicht betreten werden. Zwei rohrgedeckte Hütten am Boddendeich nahe der Ortschaft Zingst bieten Vogelfreunden jedoch eine sehr gute Möglichkeit, die Tiere zu beobachten.

Wo einst Seeräuber hausten

Einen sagenhaften Blick auf die Boddenlandschaft der Inseln Bock, Kleiner und Großer Werder hat man vom alten Leuchtturm am **Barhöfter Kliff** ❽. Den Rahmen der Szenerie bilden im Osten die Insel Ummanz vor Rügen und die Halbinsel Zingst im Westen. Die Insel Hiddensee im Norden mit Gellen und Dornbusch ist

TOP TIPP

HÜHNERGOTT UND DONNERKEIL
An den Stränden gibt es nicht nur Muscheln und »Hühnergötter« (Feuersteine mit einem Loch, das Wellen, Wind und Sand hineingebohrt haben) zu entdecken, sondern auch »Donnerkeile« (Bild). Früher glaubte man, die länglichen, spitzen Steine seien Blitze, die vom Himmel gefallen sind. Tatsächlich handelt es sich dabei um versteinerte Kopffüßler, längst ausgestorbene Belemniten (Tintenschnecken) aus der Kreidezeit.

Faszinierende Lagunenlandschaft: Im Vordergrund die Insel Bock – sie ist aus aufgespültem Sand entstanden –, …

KRANICH

(Grus grus)

Der Kranich wird 1,30 m groß, seine Flügelspanne von 2,20 m reicht an die mancher Adler heran. Zu seinem typischen Flugbild gehören der lange, gerade vorgestreckte Hals sowie die Beine, die den Schwanz überragen. Er trägt eine rote Kopfplatte und über den kurzen Schwanz herabhängende Flügelfedern, Schleppe genannt. Die

Paare – sie bleiben oft ein Leben lang zusammen – kehren ab Mitte Februar aus Spanien und Frankreich zurück. Zwei Eier brüten sie auf dem Boden in Sumpfwäldern und Erlenbrüchen aus. Nach etwa 30 Tagen schlüpfen die Jungen.

gut auszumachen. Zu Füßen des Leuchtturms liegt die Fahrrinne Barther Zufahrt, die einzige verbliebene schiffbare Verbindung zwischen offenem Meer und Bodden. Im Mittelalter gab es noch drei Zufahrten, doch die Hanse ließ zwei zuschütten, um die Schlupfwinkel berühmter Seeräuber wie Störtebeker trockenzulegen und die unliebsame Konkurrenz der Städte Barth und Ribnitz auszuschalten. Vom Barhöfter Hafen (Parkplätze am Ortseingang) ist der Aussichtsturm über den Uferweg rasch zu erreichen. Es lohnt sich auch, den Uferweg entlang der Barther Zufahrt weiter zu wandern. Er führt direkt in die weniger bekannten Winkel der Boddenlandschaft.

Nomaden der Lüfte

Die Küstengewässer des Nationalparks wirken wie ein Magnet auf Zugvögel, die hier ruhige Schlafgewässer und vielfältige Nahrungsräume vorfinden. Alljährlich verweilen im Frühjahr und Herbst in der Rügen-Bock-Kirr-Region auch Tausende von Kranichen. Sie legen einen mehrwöchigen Zwischenaufenthalt auf ihrem Weg in die Überwinterungsgebiete in Südfrankreich,

Spanien, Portugal und Nordwestafrika ein. Tagsüber suchen sie auf abgeernteten Getreide- und Maisfeldern nach Nahrung, abends fliegen sie in langen Reihen zurück zu ihren Schlafplätzen in den flachen Boddengewässern. Vor allem im Herbst kann man bis zu 40 000 der beeindru-

Stilleben am Strand – Seetang auf dunklem Kiesel.

… am Horizont entsteigt vor Rügen die schmale Insel Hiddensee den blaugrünen Fluten der Ostsee.

TIPP FÜR KINDER

MEERESMUSEUM STRALSUND

Urlaub an der Ostsee ist das beste Kinderprogramm überhaupt. Da bedarf es keiner großen Planungen – im Gebiet des Nationalparks sind die schönsten Badestrände ausgewiesen. Was aber tun, wenn es doch einmal regnet? Ein Ausflug in die Hansestadt Stralsund (südlich von ⑧) zum Deutschen Meeresmuseum zeigt, dass man im Meer nicht nur baden kann. Das Museum bietet Kindern und Erwachsenen vielfältige Einblicke in die Erforschung und Nutzung des Meeres. Besonders eindrucksvoll sind die Ausstellungsräume in einer frühgotischen Klosterkirche: Im Kirchenschiff schwebt ein gigantisches Walskelett (Bild). Die Ausstellungen zum Leben im Meer werden durch faszinierende heimische und tropische Meerestiere in 45 Aquarien ergänzt (Internet: www.meeresmuseum.de). Eine Außenstelle des Meeresmuseums mit drei Aquarien befindet sich im »Nautureum« am Leuchtturm Darßer Ort ②.

ckenden Großvögel über einen längeren Zeitraum hinweg beobachten.

Im **Kranichzentrum Groß Mohrdorf** ❾, 14 km nordwestlich von Stralsund, kann man sich jederzeit über die Aufenthaltsorte der Tiere und günstige Beobachtungsplätze in der näheren Umgebung informieren. Vor allem der **Beobachtungsturm »Kranich Utkiek«** ❿ bei Hohendorf (östlich von Groß Mohrdorf an der südlichen Boddenküste) bietet einen schönen Blick auf die Nahrung suchenden Vögel. Ansonsten sollte man die ruhebedürftigen Tiere lieber aus dem Auto heraus beobachten, da sie Fahrzeuge weniger fürchten als Menschen und nicht so schnell fliehen. Dem geduldigen Vogelkundler nähern sich die Tiere bis auf 100 m und weniger.

Zur schönsten Insel der deutschen Ostee

Zum Gebiet des Nationalparks zählen auch Buchten wie der Kubitzer Bodden im Westen Rügens. Die Insel **Ummanz** ⓫ wird durch das Udarser Wiek und den Koselower See von Rügen getrennt. Eine Brücke verbindet beide Inseln und führt nach Waase. Der malerische Fischerort liegt an dem von einem breiten Röhrichtgürtel gesäumten Koselower See. Die Aussichtsplattform bei Tankow erlaubt einen weiten Blick auf die Überflutungsräume des Udarser Wiek; auch hier ist das laute Trompeten der Kraniche zu vernehmen.

Südlich von Ummanz liegt das flache, baumlose Eiland Heuwiese, das bei Hochwasser überflutet wird. Hier brüten in großen Kolonien Sturm- und Silbermöwen sowie Brand- und Seeschwalben.

Zur autofreien Insel Hiddensee setzt man von **Schaprode** ⓬ auf Rügen über. Parkplätze für Fahrzeuge sind ausreichend vorhanden. Besonders beliebt sind Tagesausflüge auf die Insel. Wer sie intensiver kennenlernen möchte, sollte sich rechtzeitig um eine Unterkunft bemühen. In der Regel organisieren die Gastgeber auch den Gepäcktransport vom Ankunftshafen auf Hiddensee.

Auf Hiddensee scheinen die Häuser direkt aus dem Grasboden zu wachsen. Unter breiten Schilfdächern ducken sich weiße Katen vor den Winden; die Fenster sind klein, die Türen der Wetterseite abgewandt. Das karge Land des südlichen Inselteils, des **Gellen** ⓭, schiebt sich zur

▶ **PFLANZEN**

STRANDDISTEL

(Eryngium Maritimum)

So manchem ist sie als kleines Är-
gernis eines schönen Badeurlaubs
in Erinnerung geblieben. Kaum hat
man sich nach dem Schwimmen im
heißen Sand ausgestreckt, fing es
unweigerlich an zu pieksen und zu
stechen. Wer hätte gedacht, dass
dieser kleine Störenfried heute als
stark gefährdet eingestuft wird? Die
Gründe sind Küstenschutzmaßnah-
men, die seinen Lebensraum ein-
schränken, aber auch das Pflücken,
Ausgraben und Kranichverbiss-
Schäden. Die Stranddistel (Bild)
wächst in den kargen Sanddünen
an der Nord- und Ostsee. Im Hochsommer blüht sie in kleinen kugeligen Dolden auf. Eine zeitweilige
Überlagerung durch Sand verkraf-
tet die Pflanze gut, doch die ver-
stärkte Nutzung von Stränden und
Dünen durch den Menschen haben
die Stranddistel selten werden lassen. Oft wurden die Pflanzen sogar
gezielt beseitigt. Im Nationalpark
Vorpommersche Boddenlandschaft
ist sie an einigen Stellen noch anzutreffen, so beispielsweise im abge-
riegelten Bereich auf dem Buger
Haken.

Im Hafen von Neuendorf herrscht Ruhe und Gelassenheit – Autos sind auf der Insel nicht erlaubt.

einen Seite flach in den Bodden, zur anderen
drängen Kiefern mit zerzausten Wipfeln zum
weißen Sandstrand am Meer. Dazwischen der
kleine Leuchtturm. Hier beginnt eine streng
geschützte Zone des Nationalparks, die Besucher
nur mit einer Führung betreten dürfen.

Vom Hafen von Neuendorf windet sich die einzige Straße der Insel wie ein graues Band nordwärts bis zum Hochland. Autos dürfen – von
wenigen Ausnahmen abgesehen – nicht auf die
Insel; von Zeit zu Zeit muss man als Fußgänger
dem gelben Postauto, dem Milchwagen oder der
Feuerwehr, öfter aber radelnden Urlaubern aus-
weichen. Sehr erlebnisreich ist der Weg durch
die **Dünenheide** 🄬, die im Sommer voll erblüht.
Dann macht das Violett-Rot der Glockenheide
selbst dem gelungensten Sonnenuntergang
Konkurrenz. Auch im Frühjahr und Herbst geizt
sie nicht mit ihren Reizen: In den Dünenfalten
wuchert dicht verfilztes Heidekraut, im Farbenspiel mit Moosen, silbergrauen Flechten, Kriech-
weiden, zarten Glockenblumen und Gräsern.
Fußbreite Pfade winden sich vorbei an knorrigen Kiefern und niedrigen Birken.

Hinter dem hohen Schilf des flachen Bodden-
gewässers versteckt sich die **Fährinsel** 🄯, ein
Paradies für Lachmöwen, Graugänse, Kraniche,

Kormorane und Austernfischer. Unzählige Vogelarten bauen hier ihre Nester und ziehen in Brutkolonien ihre Jungen auf. Durch das Schilf verläuft in Richtung Norden ein Trampelpfad, der
bei jedem Tritt federnd nachgibt. Es duftet torfig
feucht, nach Kräutern und Gräsern sowie nach
brackigem Wasser.

Abgeschiedene Idylle

Unmittelbar hinter dem Deich führt die Straße
von **Vitte** 🄰 weiter nach Norden. An dieser Stelle ist die Insel sehr schmal. Zum Bodden hin finden sich Salzwiesen mit angepflockten Schafen,
🔺 **TOP TIPP** Schwalben gleiten über ihnen durch die
Lüfte. Kurz vor **Kloster** 🄱 steht der alte Ret-
tungsschuppen des Seenotdienstes von
1888, in dem das Heimatmuseum untergebracht
ist. Hinter Kloster passt sich der Weg der hügeligen Moränenlandschaft, dem Hochland, an. Ab
und zu wird der Blick auf den Leuchtturm frei.
Hier wirkt die Insel ländlich abgeschieden. Uralte
Weiden, karge, nach Thymian duftende Wiesen,
eine Handvoll Häuser. Dann eine schier endlose
Hecke von blassgrünem Seedorn, in der auch
Brombeeren ranken. Ein schmaler Pfad schlängelt sich durch das Gesträuch und bricht plötzlich ab – der Enddorn, die Nordspitze der Insel

mit ihrem strahlend weißen Sand ist erreicht. Auch den **Bessin** 🔞, die beiden parallel liegenden Halbinseln, die fast an Rügen stoßen, überzieht Dornengeflecht. Ebenso wie die Fährinsel gehört auch der Bessin den Vögeln und darf nicht betreten werden.

Nach Westen wächst der geschwungene Strand des Enddorn zu einem immer steiler werdenden Ufer an. Schroff erhebt sich die Wand aus Geschiebemergel, Kreide und Ton über das Meer. Sturm und Flut haben die Felsen wie ein nimmermüder Bildhauer bizarr und verwegen geformt. Vom **Dornbusch** 🔞, dem südlichen Teil des Hochlandes, reicht der Blick weit zurück. Am Horizont werden im flirrenden Licht gar die drei Türme der Stralsunder Kirchen sichtbar. Hiddensee kriecht einem Lurch gleich grün und silbrig aus den Fluten.

Die Natur Natur sein lassen

Jahraus, jahrein verändert sich die Küstenlinie an der vorpommerschen Ostsee. Nirgends wird die Küstendynamik deutlicher sichtbar als an der Stelle, an der Hiddensee und Rügen schon fast zusammengewachsen sind. Zwischen dem **Bug** 🔟 und den beiden Haken der Insel Hiddensee, Altbessin und Neubessin, liegt nichts weiter als eine vom Wasser kaum überspülte Sandbank. Allein in den letzten 300 Jahren dehnte sich die 8 km lange Halbinsel Bug mehr als einen halben

Kilometer in südlicher Richtung aus. Der Bug kann nur im Rahmen einer Führung betreten werden (Anmeldung: Nationalparkverwaltung), doch der Besuch lohnt sich. Die ausgedehnten Waldflächen, die fast die Hälfte der Halbinsel bedecken, lassen vergessen, dass sie vor 150 Jahren nahezu baumlos war. Die militärische Nutzung bis weit ins 20. Jahrhundert hinein brachte der Natur nicht nur Nachteile: Im Grenzsaum zu den Dünen befinden sich großflächige Sanddorndickichte, auf den nicht von Menschen genutzten Stränden tummeln sich Sandregenpfeifer, Zwergseeschwalben und Sandlaufkäfer. Die eigentümliche Flora des Meeresspülsaums ist hier noch vollständig zu finden: Spießmelde und Salzmiere, der rosa blühende Meersenf und das stachelige Kali-Salzkraut. Auch die selten gewordene Stranddistel fühlt sich hier wohl. (Anfahrt über Dranske, Parkmöglichkeiten vor dem Tor zum Bug südlich von Dranske.)

Nicht selten zeigen sich auf dem Bug auch Fuchs, Dachs, Marder und Marderhund, eine aus Osteuropa eingewanderte Tierart. Alle plündern gerne die Nester brütender Vögel. Die Brutbestände vieler Küstenvögel, beispielsweise die der Zwergseeschwalbe, sind in den letzten Jahren stark zurückgegangen. Da diese Räuber fast keine natürlichen Feinde haben, wird eine genau festgelegte Anzahl der Nesträuber zum Schutz der Vögel geschossen.

Egal, ob Sommer oder Winter: Spaziergänge entlang der schönen Strände auf Hiddensee sind immer ein Erlebnis.

Nationalpark Jasmund

Rügens Steilküste inspirierte die bedeutendsten Künstler. Doch nicht nur Dichter, Musiker und Maler verfielen dem grandiosen Zauber der weißen Felsen – die Sinfonie aus Klippen, Meer und Wald schlägt auch heute noch Abertausende von Besuchern in ihren Bann.

SERVICE

Anfahrt: Auf der A 20 bis Stralsund, dann über den Rügendamm und die B 96 via Bergen und Sassnitz zur Stubnitz; Sassnitz kann auch mit der Bahn erreicht werden
Lage: Steilküste im Nordosten der Ostseeinsel Rügen
Größe: 30 km²
Gründung: 1990
Höchste Erhebung: Piekberg (161 m)
Information:
Nationalparkamt Rügen
Blieschow 7a
18586 Lancken-Granitz
Telefon: 038303 / 885 0
Infohaus:
Nationalparkzentrum Königsstuhl
Zentrale Anlaufstelle für Besucher
Infotelefon: 038392 / 66 17 66
Internet:
www. nationalpark-jasmund.de
www.koenigsstuhl.com

Eine überwältigende Komposition aus Felsen und Meer, Himmel und Wald: die Steilküste Rügens.

TOP TIPP

1 Stubnitz
Einzigartiger Buchenwald an der Steilküste
5 Königsstuhl
Schönster Aussichtspunkt an der gesamten Ostsee
10 Wissower Klinken
Beschädigtes Sinnbild der deutschen Romantik

Es war mehr als eine Touristenattraktion, die in die Tiefe stürzte. Es war das Sinnbild deutscher Romantik, ja ein Symbol für Deutschland selbst. Und doch war es ein ganz natürlicher Vorgang: Am 24. Februar 2004 rutschten 50 000 m³ Kreide der berühmten Wissower Klinken hinab in die Ostsee. Ihren Ruhm verdankten die beiden fast 20 m hohen Kreidezinnen an der Rügener Steilküste einem Bild des romantischen Malers Caspar David Friedrich (1774–1840). Es zeigt eine Frau und zwei Männer, die vom hohen Ufer auf das Meer blicken. Das Gemälde wurde als Allegorie deutscher Geisteshaltung verstanden, in der ro-

mantischen Kulisse vermeinte man die Wissower Klinken zu erkennen. Die Forschung jedoch stellte fest, dass zur Zeit der Entstehung des Bildes (1818) die Kreidezacken in ihrer typischen Form noch gar nicht existierten. Nur die Kunst kann die Vergänglichkeit überwinden.

Uraltes Stufenland hoch über dem Meer

Auch wenn die berühmten Kreidefelsen die Hauptattraktion darstellen, sind sie nicht die einzige Besonderheit des Nationalparks. Vor allem auch wegen ihres Buchenwaldes wurde die

Die Kronen der Buchen beschirmen die Kreidefelsen wie ein grünes Samtbarett.

Halbinsel Jasmund zum Nationalpark erklärt. Unter dem Gesichtspunkt der Naturbewahrung zählt die **Stubnitz** ❶ zu den schützenswertesten Gebieten. Die Lage des Waldes über dem Meer ist ebenso einzigartig wie seine Ursprünglichkeit. Die früher auf Rügen siedelnden Slawen nannten das Gebiet Stubnitz (»Stufenland«). Durch die Erwärmung nach der letzten Eiszeit wuchsen auf der gewaltigen Meeresstufe vorrangig Birken, Kiefern und Haselbäume. Das Atlantikum, die Wärmeperiode vor rund 6000 Jahren, begünstigte die Eiche. Erst als das Klima wieder feuchter und kühler wurde, übernahm die Buche die Herrschaft im Wald. Seit etwa 2000 Jahren bildet sie in der Stubnitz geschlossene Wälder, in der aufgrund des Lichtmangels weder Eichen noch andere Bäume eine Chance haben. So wird in einer detaillierten schwedischen Waldbeschreibung aus dem Jahr 1695 die Eiche überhaupt nicht mehr erwähnt. Lediglich in sehr kühlen und feuchten Tälern wie etwa Kieler-Bach-Tal und Brißnitz-Tal machen Esche und Bergahorn der Buche den Platz streitig. Schon in der Steinzeit nutzten die Menschen die Stubnitz als Siedlungsraum. Einige Großsteingräber aus dieser Zeit sind erhalten geblieben. An die slawische Besiedlung bis vor etwa 800 Jahren erinnern noch die imposanten Wälle ehemaliger Fluchtburgen. Seit dem 12. Jahrhundert nahm die Nutzung durch den Menschen stark zu. Vor allem Holz wurde im hohen Maße für den Schiffbau benötigt.

Seit über 200 Jahren wird auf Rügen Kreide abgebaut. Über die Entstehung von Kreide und seine Nutzung durch den Menschen informiert das Kreidemuseum **Gummanz** ❷, das bei Neddesitz in einem alten Kreidebruch eingerichtet wurde. Zum Museum gehört ein Lehrpfad, der durch das Gelände führt. Öffnungszeiten: Ostern bis 31. Oktober: Di – So 10 – 17 Uhr; Internet: www.kreidemuseum.de.

Die Natur als Architekt: eine Kathedrale aus Buchen

Besonders intensiv erlebt man die Buchenkathedrale auf der rund 4 km langen Wanderung von dem an der Nordküste liegenden Fischerort **Lohme** ❸ zum Königsstuhl. Schon im Hafen von Lohme wird die Einzigartigkeit der Landschaft körperlich spürbar. Nur eine steile Holztreppe führt hinab zum Hafenbecken. Von Lohme folgt der Waldweg dem Nordufer. An einigen Stellen führt er bis hinab zum Meer. Das geschulte Auge erkennt die Salzvegetation des Kieselstrandes: Hier wachsen Salzbinse, Salzmiere und Strandtausendgüldenkraut. Überraschenderweise blüht am Strand auch das Stattliche Knabenkraut, eine einheimische Orchideenart. Langsam gewinnt der Weg wieder an Höhe und wendet sich nach Süden. Die steilen Küstenhänge wurden kaum bewirtschaftet. Eine große Stille umfängt den Wanderer unter den hoch aufragenden Baumpfeilern. Nur das Rauschen der Brandung ist zu hören. Hin und wieder leuchtet zwischen den eindrucksvollen Buchenstämmen das Blau des Meeres hindurch. Die Kreidefelsen werden erst an

KREIDE

Sie entsteht aus winzigen kalkigen Resten von im Meer lebenden Einzellern, die sich als Sediment ablagerten. Vor etwa 69 Mio. Jahren, also lange vor der Entstehung der Ostsee, lag Rügen in einer Meeresstraße, die das englisch-französische Kreidemeer mit einem Meer im Bereich von Krim und Kaukasus verband. Innerhalb dieser Meeresstraße lagerte sich in einer etwa 100 km breiten Zone Kreide ab. Erst am

Ende der Eiszeit hoben sich die mächtigen Kreideschichten. Die so entstandenen Kreidefelsen von Rügen (im Bild Reste der Wissower Klinken) waren namensgebend für eine ganze erdgeschichtliche Epoche: die Kreidezeit. Wissenswertes zur Kreide vermittelt der Lehrpfad bei Gummanz ❷.

KNABENKRAUT

Selbst Naturliebhaber verblüfft es, an den Steilhängen Rügens Orchideen zu entdecken. Die Abbruchflächen der Kreidekliffs werden von Pflanzen besiedelt, die auf kalkreiche Böden, trockene Wärme und viel Licht angewiesen sind. Im Nationalpark konnten mehr als 20 einheimische Orchideen nachgewiesen werden. Dazu zählen das Stattliche Knabenkraut (Orchis mascula) und das abgebildete Gefleckte

Knabenkraut (Dactylorizha maculata), die gerne am Rand von Rotbuchenwäldern gedeihen. Orchideen sind wegen ihrer exotischen Blüten besonders beliebt. Sie zu pflücken oder gar auszugraben, ist jedoch strikt verboten. Die Pflanzen stehen unter strengem Naturschutz.

BÄCHE

In den Quellmooren des Nationalparks entspringen zahlreiche Bäche, die mäanderförmig durch den Buchenwald zum Steilufer fließen. Dort strömt das Wasser mit hoher Geschwindigkeit und stürzt zum Teil über kleine – für Mecklenburg-Vorpommern jedoch gewaltige – Wasserfälle die Hänge hinab zum Strand. Lenzer Bach, Wissower Bach, Kieler Bach, Brißnitzer Bach und Kollicker Bach haben tiefe Einschnitte in die Kreideküste gekerbt.

der **Stubbenkammer** ❹ sichtbar, dann ist auch der sagenumwobene Königsstuhl erreicht.

Imponierende Felsen aus Kreide

Am frühen Morgen hat man das weltberühmte Wahrzeichen der Insel Rügen, den fantastischen **Königsstuhl** ❺, noch ganz für sich allein. Der Himmel über dem Meer verfärbt sich allmählich, die Konturen der Kreidefelsen treten deutlicher zutage, wenn urplötzlich das Sonnengestirn über die Horizontlinie steigt und diesen wunderbaren Ort mit warmem Licht übergießt. 118 m tief fällt der Blick von der großen Aussichtsplattform auf den Strand. Der Abstieg über die steile, hölzerne Treppe hinunter an den Naturstrand lohnt sich. Weniger mühsam ist der Weg zur benachbarten **Victoriasicht** ❻. Von der winzigen schwebenden Plattform genießt man einen schönen Blick auf den Königsstuhl selbst. Wie der Königsstuhl zu seinem Namen kam, bleibt umstritten: Der schwedische König Karl XII. soll hier im Jahr 1715 einen Stuhl aufgestellt haben, um die Seeschlacht zwischen seiner und der dänischen Flotte zu verfolgen. Nun ist die Bezeichnung aber nachweislich viel älter. Bleibt die Legende vom Kletterkönig: Wer als Schnellster vom Strand den Kreidefelsen emporkletterte, sollte König werden. Ein waghalsiges Unterfangen, das unter strengen historischen Gesichtspunkten auch niemandem geglückt ist. Die Steilküste Jasmunds ist eine besonders exponierte

Quellsumpf auf der Stubnitz nahe dem Königsstuhl.

Außenküste; ihre markanten, steil aufragenden Kreidekliffs sind die höchsten im südlichen Ostseeraum. Aus Rücksicht auf die Natur ist die Straße zum Königsstuhl für den öffentlichen Verkehr gesperrt. Vom Großparkplatz in **Hagen** ❼ fährt ein Shuttlebus zum Königsstuhl. Auch führt ein 2 km langer Wanderweg (siehe Wandertipp) durch die ursprünglichen Buchenwälder der Stubbenkammer vorbei am **Herthasee** ❽ zum Königsstuhl. Nur auf dem Hochuferweg, direkt über der Steilküste, gelangt man zur **Ernst-**

Eine Strandwanderung unter den Kreidefelsen von Sassnitz zu den Wissower Klinken lohnt sich.

Wer von Hagen zum Königsstuhl wandert, sollte unbedingt am Herthasee rasten und die Stille genießen.

WANDERTIPP

ZUM KÖNIGSSTUHL

Vom großen Besucherparkplatz Hagen ❼ an der Landstraße zwischen Sassnitz ⓫ und Lohme ❸ führt ein ausgeschilderter Wanderweg (2 km) über den bewaldeten Höhenrücken der Stubnitz. An einem alten Torfmoor vorbei, unter den ausladenden Kronen der Rotbuchen und an erlenbewachsenen Sümpfen entlang geht es zunächst zum Herthasee ❽. Nach Besteigen der Herthaburg, einer slawischen Fluchtburg, und dem Bestaunen des dortigen Opfersteins sind es nur noch wenige hundert Meter bis zum Königsstuhl ❺ samt seiner bekannten Aussichtsplattform und seiner einladenden Gastronomie. Eine Holztreppe führt hinab zum Strand, oder man macht einen Abstecher zur nahen Victoriasicht ❻ (Bild). Für den Blick vom Königsstuhl wird Eintritt erhoben, der Besuch des Naturzentrums ist inbegriffen. Den Rückweg zum Hagener Parkplatz kann man mit dem Pendelbus antreten.

Moritz-Arndt-Sicht ❾ und zu den berühmten Wissower Klinken. Der auf Rügen geborene Schriftsteller Ernst Moritz Arndt (1769–1860), Zeitgenosse Caspar David Friedrichs, schrieb die Märchen und Sagen seiner Heimat auf. Sein Eintreten für die deutsche Einheit machte ihn bekannt. 1981 waren auch an der Ernst-Moritz-Arndt-Sicht 150 000 m³ Kreidefels abgebrochen – doch hier sind die Wunden der Natur schon längst verheilt.

Strand unter einer Steilwand

Selbst heute noch ist die Wucht des Bergsturzes an den **Wissower Klinken** ❿ deutlich nachfühlbar. Auch wenn ihre ursprüngliche Schönheit gelitten hat, sind die Felsen immer noch eindrucksvoll. Der alte Fischereihafen der zweitgrößten Stadt auf Rügen, **Sassnitz** ⓫, liegt malerisch unterhalb des alten Stadtkerns, die Stadtpromenade lädt zu Spaziergängen ein, das Museum für Unterwasserarchäolo-

gie lockt Wissbegierige. Vom Fährhafen Mukran fahren die Schiffe nach Schweden und ins Baltikum. Auch ist Sassnitz ein idealer Ausgangspunkt für eine Wanderung über den Strand zu den Wissower Klinken. Sie beginnt am nördlichen Ende der Hafenstadt (vom Parkplatz des Nationalparks ausgeschildert). Oft ist der begehbare Saum zwischen Meer und Felsen schmal. Drohend überragen die weißen Felsen den Wanderer. Immer höher türmen sie sich himmelwärts auf. Manche von ihnen tragen Namen wie »Hengst«; diese benutzten bereits die Germanen und Slawen als Fluchtberg.

Wer den weiten Weg bis zu den Klinken nicht mühsam am Meer laufen möchte, steigt durch die **Piratenschlucht** ⓬ zum Hochufer hinauf. In der versteckten Schlucht soll Klaus Störtebeker im 14. Jahrhundert Zuflucht vor seinen Häschern gesucht haben. Der Hochuferweg zu den Wissower Klinken bietet eine Vielzahl weiterer reizvoller Ausblicke auf die Küste und das Meer.

Biosphärenreservat Südost-Rügen

SERVICE

Anfahrt: Auf der A 20 bis Stralsund und weiter auf der B 96 nach Putbus oder aus Richtung Greifswald auf der B 96 nach Reinberg und dann nach Stahlbrode, von dort mit der Autofähre nach Rügen und über Garz nach Putbus; mit der Bahn gelangt man ebenfalls nach Putbus

Lage: Im Südostteil der Insel Rügen zwischen Putbus, Binz und Göhren

Größe: 235 km²

Höchste Erhebung: Tempelberg (107 m)

Gründung: 1990

Information: Nationalparkamt Rügen Blieschow 7a 18586 Lancken-Granitz

Telefon: 038303/88 50

Internet: www.biosphaerenreservat-suedostruegen.de

Die Vielfalt der Landschaftsformen ist unbeschreiblich – hoch aufragende Steilküsten, breite Sandstrände und von Schilf gesäumte Boddenufer wechseln mit alten Buchenwäldern, Trockenrasen und Salzwiesen. Dazwischen laden verträumte Fischerdörfer oder kulturreiche Seebäder zum Besuch ein.

Von den Zickerschen Alpen auf der Halbinsel Mönchgut bietet sich eine fantastische Aussicht auf das tiefblaue Meer.

TOP TIPP

1 Putbus
Klassizistische Residenzstadt mit Circus, Theater und Wildpark

3 Insel Vilm
Naturparadies mit unberührten Wäldern und Küstenabschnitten

7 Granitz
Buchenwaldgebiet und Jagdschloss mit Aussichtsturm

10 Zickersche Alpen
Reizvolles Wandergebiet mit herrlichen Ausblicken

Schon der Heimatforscher Johann Jakob Grümbke schwärmte vor 200 Jahren in seinen »Streifzügen durch das Rügenland« von der Schönheit der Insel und bezeichnete die Landschaft des heutigen Biosphärenreservats Südost-Rügen als das »wahre Paradies von Rügen«. Tatsächlich gehören die Granitz mit ihren herrlichen Buchenwäldern und dem Tempelberg sowie das reizvolle Mönchgut mit den rohrgedeckten Fischerhäusern, den Zickerschen Alpen und den langen Sandstränden zu den schönsten Landschaften auf Rügen. Von besonderem Reiz sind die Buchenwälder im Frühjahr, wenn dichte Teppiche von Buschwindröschen, Leberblümchen oder Schlüsselblumen blühen. Seltene Orchideen wie der Große Händelwurz oder Knabenkräuter gehören zu den Kostbarkeiten. Interessante Lebensräume sind die Moore, von denen im Kesselmoor Große Wiese zwischen Sellin und Binz Wollgräser und Sumpfporst das Bild bestimmen. Ganz anders zeigen sich blühende Trockenrasen, wie sie besonders schön in den Zickerschen Alpen ausgeprägt sind. Zwischen Silbergras wachsen Sandknöpfchen, Grasnelken und Heidenelken, stellenweise leuchtet der gelb blühende Besenginster. Und Klatschmohn und Kornblumen gehören im Juni zu den Highlights, die manche Getreidefelder mit einem üppigen Farbenspiel in Rot und Blau begleiten.

In der »weißen Stadt« auf fürstlichen Spuren wandeln

TOP TIPP Wer das erste Mal in die »weiße Stadt« **Putbus 1** kommt, spürt noch den Hauch einer vergangenen glanzvollen Epoche. Hier ließ im frühen 19. Jahrhundert Malte I. von Putbus sei-

An gut ausgeschilderten Wanderwegen herrscht im Biosphärenreservat Südost-Rügen kein Mangel.

nen Fürstensitz errichten, eine auf dem Reißbrett konzipierte klassizistische Stadt- und Residenzanlage. Mittelpunkt des Ortes ist heute noch der Circus, ein von weißen Kavaliershäusern gesäumtes Rondell mit einem Obelisken in der Mitte, auf den das sternförmige Wegenetz zuläuft. An Malte I. erinnert das überlebensgroße Denkmal im gegenüberliegenden Landschaftspark, das 1859 von Friedrich Drake geschaffen wurde. Die stimmungsvolle Anlage enthält zahlreiche einheimische und fremde Gehölze. Im Park lädt das Rosencafé in der ehemaligen Villa Löwenstein zum Besuch ein. Spazierwege führen am Schwanenteich entlang, zur Orangerie und dem frühgotisch inspirierten Mausoleum. Das ehemalige Affenhaus (um 1830) beim Schwanenteich beherbergt ein Puppen- und Spielzeugmuseum. Im Park befindet sich auch ein großes Gehege für Rot- und Damwild. Am Parkrand führt eine Chaussee nach **Lauterbach** ❷, wo Fürst Malte 1817/18 für Gäste vor der Kulisse des Goor-Waldes ein Badehaus mit einer 18-säuligen Vorhalle errichten ließ.

Vom Hafen in Lauterbach bietet sich ein Ausflug zur **Insel Vilm** ❸ an, die von urwüchsigen Buchen- und Eichenwäldern bedeckt ist. Diese 37 ha große Insel im Rügischen Bodden erhebt sich bis zu 37 m Höhe und steht seit 1936 unter Naturschutz. Die uralten Bäume bieten ausgezeichnete Brutmöglichkeiten für Waldkauz und Gänsesäger, Uferschwalben legen am Steilufer ihre Nisthöhlen an, Kormorane und Graureiher fischen im Bodden. Besonders eindrucksvoll ist ein Besuch der Insel im Herbst und

Frühjahr, wenn auf den Wasserflächen rund um die Insel zahlreiche Wasservögel rasten. Schwäne und Gänse gehören ebenso dazu wie Schwimm- und Tauchenten. Zu DDR-Zeiten war die Insel Vilm ausschließlich Urlaubsdomizil von Funktionären aus Partei und Gewerkschaft. Jetzt befindet sich hier der Sitz der Internationalen Naturschutzakademie und der Bundesforschungsanstalt für Naturschutz.

Erinnerungen an das Putbuser Fürstenhaus gibt es auch in **Vilmnitz** ❹, das auf einer schönen Kastanienallee erreichbar ist. In der Kirche im Ort (13.–15. Jahrhundert) befindet sich die Familiengruft des Hauses Putbus. Sehenswert sind hier die 27 Prunksärge sowie zahlreiche Sandsteinepitaphe der Putbuser Fürsten.

Eine malerische Kastanienallee führt nach **Lancken-Granitz** ❺, in dessen Umgebung sich die bedeutendsten Großsteingräber auf Rügen befinden. Im Ort stehen bei der Alten Mühle entsprechende Wegweiser. Sie führen in Richtung Stresower Bucht zu den **Stresower Tannen** ❻, wo sich kulturhistorisch bedeutsame Grabanlagen der Jungsteinzeit befinden. Die Ruhestätten wurden zwischen 3500 und 1800 v. Chr. angelegt und sind Sippengräber von Ackerbauern und Viehzüchtern. Je nach Anzahl der für die Kammern verwendeten Findlinge unterscheidet man Dolmen, erweiterte Dolmen und für Rügen charakteristische Großdolmen. Bei den »Ziegensteinen« fallen über 2 m hohe Wächtersteine am Ostende des Hünenbettes auf.

WANDERTIPP

WREECHENSEE

Sehr reizvoll ist eine Wanderung zum Naturschutzgebiet Wreechensee südwestlich von Putbus ❶. Die Wanderung über 14 km beginnt am Circus in Putbus, führt nach Lauterbach und von dort am Ufer des

Rügischen Boddens über Neuendorf zum Wreechensee (Bild). Dieser Brackwassersee mit seinem breiten Röhrichtgürtel ist ein bedeutendes Brutrevier für Wasservögel, dient aber auch nordischen Vogelarten zur Überwinterung.

TIPP FÜR KINDER

»RASENDER ROLAND«

Ein Erlebnis besonderer Art ist die Fahrt mit dem »Rasenden Roland«, der im Schneckentempo durch die Wälder der Granitz **7** und durch die Baaber Heide **8** schnauft. Seit über 100 Jahren verkehrt die dampfbetriebene Kleinbahn mit einer Spur-

breite von 750 mm auf Rügen und verbindet im Stundentakt Putbus mit den Ostseebädern Binz, Sellin, Baabe und Göhren. Von Mai bis September verkehren die Züge sogar bis zum Hafen von Lauterbach, spezielle Themenfahrten verknüpfen die Fahrt mit Schiffsausflügen.

KULTURTIPP

MUSEEN IN GÖHREN

Das Heimatmuseum in Göhren (Strandstraße 1, bei **9**) informiert über die Geschichte des Mönchgutes, der Museumshof (Strandstraße 4) ist eine Freilicht-Hofanlage aus dem 18./19. Jahrhundert und gibt einen Einblick in die bäuerliche Kultur und Lebensweise. Sehenswert ist auch das Rookhus (Thiessower Straße 7), ein kleines Lehmfachwerk-Hallenhaus. Es handelt sich um einen schornsteinlosen Zuckerhut-Haustyp mit tief herabgezogenem Reetdach. Des Weiteren lädt das Museumsschiff »Luise« hinter den Dünen (Südstrand 1a) zum Besuch ein. Es wurde 1906 als Motorsegler auf einer holländischen Werft gebaut und gibt einen Einblick in die Lebensweise der Fischer.

In dieser friedlichen Abendstimmung übt der Selliner See unweit der Granitz einen ganz besonderen Reiz aus.

Dichte Wälder und Moore mit artenreicher Flora

TOP TIPP Den besten Überblick über das Naturschutzgebiet **Granitz** **7** und die ganze Gegend bietet der Turm des Jagdschlosses auf dem Tempelberg aus 145 m Höhe. Das Panorama reicht von Jasmund bis Mönchgut, zur Insel Usedom und bei guter Sicht sogar bis in das polnische Wollin. Das Jagdschloss Granitz wurde in den Jahren 1836–46 nach Plänen von Johann Gottfried Steinmeyer für Fürst Malte I. von Putbus gebaut und erhielt 1844 den markanten Aussichtsturm nach einem Entwurf von Karl Friedrich Schinkel. Ein hervorragendes Zeugnis des Eisenkunstgusses ist die Wendeltreppe im Turm mit ihren 154 Stufen.

Das Naturschutzgebiet Granitz bildet das größte zusammenhängende Waldgebiet im Biosphärenreservat Südost-Rügen. Dominierte hier im frühen Mittelalter noch ein Mischwald aus Eichen, Ulmen und Linden, ist heute die Buche vorherrschend. Viele Wege durchziehen diese Landschaft, und besonders im Frühjahr gehört ein Spaziergang hier zu den schönsten Erlebnissen. Dann stehen Buschwindröschen, Leberblümchen, Maiglöckchen und Waldmeister in voller Blüte. Moore sind im Biosphärenreservat weniger verbreitet, aber in der Granitz findet man sie. Zwischen den bewaldeten Hügeln breiten sich die »Große Wiese« und der »Schwarze See« aus, Kesselmoore mit einer großen Zahl sel-

tener Pflanzenarten. Die Kesselmoore entstanden während der letzten Eiszeit aus mit Wasser gefüllten Senken oder Toteislöchern. Sie verlandeten zum Teil allmählich, und es siedelten sich Torfmoose und andere Pflanzen an. Über den Torfmoosflächen schweben im Sommer die weißen Wattebällchen der Wollgräser, und im Moos versteckt wachsen Moosbeeren, Sumpfporst sowie Insektenjäger wie der Rundblättrige Sonnentau, eine Fleisch fressende Pflanze, die mit ihren klebrigen Tentakeln kleine Insekten einfängt.

An der Küste nördlich der Granitz zieht das mondäne Binz jedes Jahr Tausende von Urlaubern an; in Richtung Südosten schließen sich die Seebäder Sellin, Baabe und Göhren an. Sie alle sind durch die berühmte Schmalspurbahn »Rasender Roland« verbunden, die von Putbus kommend über Binz und die Haltestelle Jagdschloss Granitz bis nach Göhren fährt.

Für Wanderfreunde bietet das Hochufer zwischen Binz und Sellin einen aussichtsreichen Genuss an. Empfehlenswerter Startpunkt ist die Strandpromenade in Binz, wo man am besten den Weg zum Steilufer wählt und hinter einer sumpfigen Quellpartie durch die Piratenschlucht auf das Hochufer gelangt. Hier nach links schwenkend, erwartet den Wanderer eine erlebnisreiche Tour von 8 km Länge bis Sellin. Von dort gelangt man dann mit der Kleinbahn wieder zurück oder weiter nach Baabe.

Zwischen Sandstränden und ganz speziellen Alpen wandern

Bei Baabe beginnt das Naturschutzgebiet Mönchgut auf der gleichnamigen Halbinsel. Mit seinen feinen Sandstränden an der Ostküste, den Zickerschen Alpen und den reetgedeckten Fischerhäusern ist es ein Kleinod im Biosphärenreservat Südostrügen. Zwischen Baabe und Göhren breitet sich das Gebiet der **Baaber Heide** 8 aus, das wie alle Heiden über Jahrhunderte gehölzfreies Hüteland war. Erst im 19. Jahrhundert aufgeforstet, bestimmen Kiefernwälder das Bild, aber auch Erlen-Eschen-Wald, der am Rand des Gebietes in einen Moorwald mit Grau- und Ohrweiden sowie Birken übergeht. Die Baaber Heide verbindet den Göhren-Reddevitzer-Rücken mit der Granitz und ist gut 5000 Jahre alt. Gut zu überblicken ist diese reizvolle Landschaft vom **Nordpert** 9 bei Göhren aus, das als Stauchendmoräne vor 10 000 bis 15 000 Jahren entstanden ist. Das Kliff des Nordpert wird durch eine Steinmole vor Küstenausbrüchen geschützt, doch

Der Dünenwald bei Thiessow an der Südspitze des Mönchgutes lädt zu ausgiebigen Erkundungstouren ein.

die ungeschützten Nord- und Südhänge werden bei Sturmfluten immer wieder unterspült. Im Wasser liegt etwa 200 m vor der Küste bei Göhren der Buskam. Dieser mit 600 m³ größte Findling an der deutschen Küste erhielt seinen Namen von den Ranen (pommersche Slawen, die vom 8. bis 12. Jahrhundert auf Rügen lebten) nach »bogis kamen« (Gottesstein). Zwischen Nordpert und Südpert breitet sich die feinsandige Ostküste des Mönchgutes aus, eine abwechslungsreiche Landschaft mit Salzwiesen, Trockenrasen und Gebüschformationen. Hier gehört eine Wanderung über die **Zickerschen Alpen** 10 mit dem 66 m hohen Bakenberg zu den eindrucksvollsten Erlebnissen. Wunderschöne Ausblicke auf den Rügischen Bodden sowie auf die

Für das leibliche Wohl ist bei Radtouren im Biosphärenreservat Südost-Rügen stets bestens gesorgt.

Zungen und Buchten des Mönchgutes warten als Belohnung. Die »Alpen« sind eine Stauchmoräne der letzten Eiszeit, die von einer welligen Grundmoräne und vermoorten Niederungen flankiert wird. Bis in die 1970er-Jahre als Acker genutzt, hat sich das Gelände innerhalb kurzer Zeit als Lebensraum eines artenreichen Magerrasens entwickelt, wo Silbergras, Grasnelke, Sandstrohblume und Habichtskraut wachsen. Auf den sonnigen Hängen fühlen sich Eidechsen, Heuschrecken und viele Käferarten wohl. Zwischen dem Höhenzug und dem Zickersee liegt **Groß Zicker** 11 mit reetgedeckten Häusern und einer Backsteinkirche (14. Jahrhundert) mit schönen Bleiglasfenstern und geschnitzter Kanzel. Hier steht auch das älteste Wohnhaus auf dem Mönchgut, das Pfarrwitwenhaus von 1723, ein echtes Rookhus ohne Schornstein. Hauptort des Mönchgutes ist **Middelhagen** 12, ein kleiner Ort mit sehenswerter Kirche (Baubeginn vor 1450). Sie birgt einen kostbaren Schnitzaltar (1480), das Schiffsmodell einer Brigg mit gesetzten Segeln (1842) und einen Opferstock aus dem 17. Jahrhundert. In einem alten Küsterhaus ist das Schulmuseum (Dorfstraße 4) mit Schulstube und Wohnung des Küsters, Kantors und Dorfschullehrers untergebracht. Schulbänke, Wandrollbilder und Schiefertafeln, aber auch Tierpräparate gehören zur Ausstattung. Westlich und südlich von Middelhagen erstrecken sich Salzwiesen am Ostufer der Hagenschen Wiek. Wie eine lange schmale Zunge schiebt sich der Lange Wech bis zum **Reddevitzer Höft** 13, ein Endmoränenzug, der durch eine artenreiche Trockenvegetation geprägt ist. Ein Spaziergang von Alt Reddevitz bis zum Reddevitzer Höft ist eindrucksvoll und besonders schön im Frühsommer, denn dann erblühen die Besenginster in weithin leuchtendem Gelb.

KLIFF, NEHRUNG, HAKEN
Charakteristische Landschaften entlang der Küste sind Kliffs, Haken und Nehrungen, die durch Wind, Wellen und Meeresströmungen entstehen. Ein Kliff ist eine durch die Tätigkeit der Brandung oder durch Hangerosion geformte Steilküste (Bild). Nehrungen bilden sich, wo küstenparallele Strömungen und Wind an Steilküsten das Lockermaterial abtragen und an anderen Stellen wieder anlanden. An diesen Vorsprün-

gen wächst ein schmaler Sandhaken ins Meer. Erreicht er eine gegenüberliegende Küste, ist aus dem Sandhaken eine Nehrung geworden, die eine flache Meeresbucht nahezu oder vollständig abriegelt.

TOP TIPP

Naturpark Insel Usedom

SERVICE

Anfahrt: Auf der A 20 Lübeck–Neubrandenburg bis Jarmen und weiter auf der B 110 nach Usedom; mit der Bahn bis Züssow, dann mit der Usedomer Bäderbahn auf die Insel

Lage: An der Ostküste von Mecklenburg-Vorpommern zwischen Pommerscher Bucht und Stettiner Haff; im Osten grenzt der Naturpark an Polen

Größe: 632 km²

Höchste Erhebung: Golm (71 m)

Gründung: 1999

Information:
Naturpark Insel Usedom
Bäderstraße 5
17406 Usedom
Telefon: 038372/763 0
Internet:
www.naturpark-usedom.de

Lange Sandstrände und imposante Steilküsten, Strandwall- und Dünenlandschaften, moorige Niederungen mit zahlreichen Binnenseen an einer zerklüfteten Küste sowie ein Mosaik aus Wäldern, Wiesen und Feldern auf sanften Hügelketten – das ist der Naturpark Insel Usedom.

Am Abend sind Seebrücke und Strand bei Ahlbeck vor der Kulisse des farbenprächtigen Himmels fast menschenleer.

TOP TIPP

5 **Drei Kaiserbäder**
Ahlbeck, Heringsdorf, Bansin – Glanz vergangener Zeiten

6 **Sieben-Seen-Blick**
Grandioser Rundblick über Seen und Achterwasser

10 **Streckelsberg**
Orchideen-Buchen-Wälder, Kliffkanten, Panoramen

12 **Krumminer Lindenallee**
Herrliche Baumallee aus dem 18. Jahrhundert

Die Vielfalt der Natur ist auf Usedom überall gegenwärtig. Vom Golm, einem der schönsten Aussichtspunkte der Insel, kann man sich den besten Überblick verschaffen: Weit reicht der Blick zum Achterwasser, dem Stettiner Haff und natürlich zur Ostsee mit ihren feinen Sandstränden, die bei Besuchern sehr beliebt sind.

Zu den weiteren typischen Landschaften des Naturparks Insel Usedom gehören Salzwiesen, wie sie im Bereich des Peenestroms vorkommen, Moore an Gothensee und Wockninsee sowie das einzigartige Mümmelkenmoor. Schließlich gehören auch schöne Buchenwälder mit seltenen Pflanzen zum typischen Bild des Naturparks. Orchideen wie das Rote Waldvöglein, die Zweiblättrige Waldhyazinthe, der Breitblättrige Sitter oder die Bräunliche Nestwurz sind Raritäten dieser Wälder.

Darüber hinaus kann der Naturpark auch mit einer reichen Tierwelt aufwarten, zu der u. a. Kranich, Eisvogel, Seeadler und Fischotter gehören.

Zeugnisse der Vergangenheit

Obwohl Wolgast als das Tor nach Usedom gilt, nehmen wir den Weg über die malerische, 330 m lange Klappbrücke bei Zecherin. Erster Ort ist **Usedom ❶**, ein kleines Städtchen mit kopfsteingepflasterten Gassen und einem mittelalterlichen Kern. Wahrzeichen ist das Anklamer Tor (1450), das als einziges von drei mittelalterlichen Stadttoren noch erhalten ist. Als markante Erscheinung dominiert im Stadtbild die Marienkirche, eine dreischiffige Hallenkirche im spätgotischen Stil. Für Naturfreunde ist vor allem der Besuch des Naturpark-Informationszentrums in der Bäderstraße wichtig.

Bei Bansin gibt es noch naturnahe Bruchwälder.

Über Suckow nach Norden erreicht man den **Lieper Winkel** ❷, eine wunderschöne, urwüchsige Halbinsel mit kleinen Buchten, die faustförmig in das Achterwasser hineinragt.

Das Dorf Liepe wartet mit einer eindrucksvollen Kirche aus dem 12. Jahrhundert auf.

Als vom Norden her die Gletscher der letzten Eiszeit vorrückten, brachten sie Gesteinsschutt mit sich und hinterließen eine abwechslungsreiche Hügellandschaft aus End- und Grundmoränen. Eine dieser markanten Endmoränen ist der **Golm** ❸ bei Kamminke, ganz in der Nähe zu Polen. Mit seinen 71 m Höhe ist er einer der besten Aussichtspunkte Usedoms. Der Blick schweift von der Pommerschen Bucht bis zur Steilküste der Insel Wollin, das Mündungsgebiet der Swine und die Stadt Swinemünde, wo am 12. März 1945 bei einem britischen und amerikanischen Luftangriff auf Swinemünde mehr als 20 000 Menschen den Tod fanden. Daran erinnern die schlichten Holzkreuze auf dem Golm, wo alljährlich am 12. März öffentlich der Toten des Zweiten Weltkrieges gedacht wird.

Weit in die Vergangenheit zurück reicht die Besiedelung von Usedom. Insgesamt sind im Naturpark elf Großsteingräber aus der Jungsteinzeit (4000–1800 v. Chr.) bekannt. Der Burgwall auf dem Golm sowie mehr als 90 Siedlungen stammen aus der Bronzezeit (1800–800 v. Chr.). Nach dem Abzug der Germanen um

400 n. Chr. siedelten um 700 n. Chr. Slawen auf Usedom, die ebenfalls ihre Spuren in der Gegend hinterließen: die drei Burgwälle in Mellenthin, Neppermin und Usedom.

Schön ist ein Spaziergang durch den unberührten Buchenwald des Golm im Frühling, wenn die weißen Buschwindröschen blühen und die Leberblümchen ihre blauen Blüten öffnen.

Größter Binnensee der Insel ist mit einer Fläche von 600 ha der **Gothensee** ❹ in der Thurbruch-Niederung, der von ausgedehnten Hoch- und Niedermooren umgeben ist. Der Name des Bruchs bezieht sich auf den Ur *(Bos primigenius)*, den Auerochsen, der hier nach urkundlichen Berichten um 1360 erlegt worden sein soll. Heute gehören Lurche, Unken, Kröten, Frösche und Molche zu den Bewohnern des Naturschutzgebietes. Südlich des Gothensees befindet sich ein Fischotterschongebiet, wo dieses Säugetier fast ungestört leben kann.

Wilhelminischer Glanz – die drei Kaiserbäder

Einst suchte sich der Ahlbach (niederdeutsch Ahlbeek) den Weg vom Thurbruch durch den Gothensee in die Ostsee. Dort, wo der

WANDERTIPP

UM DEN SCHMOLLENSEE

Sehr reizvoll ist eine Wanderung um den Schmollensee, die am Bahnhof von Bansin ➎ beginnt. Mit einem gelben Strich markiert und 19 km lang ist diese Rundtour, die zunächst mit herrlichen Aussichten am Langeberg vorbeiführt. In Pudagla kann man das 1575 erbaute Schloss bewundern, den Witwensitz für Herzogin Marie von Pommern; über dem Hauptportal des zweigeschossigen Wohnhauses prangt ein

Wappen. In Benz ist eine der letzten mit Holzschindeln gedeckten Holländerwindmühlen (Bild) zu sehen. Sie nutzte der Maler Otto Niemeyer-Holstein als Atelier für Nachwuchskünstler. Er ist auf dem denkmalgeschützten Teil des Benzer Friedhofs begraben, der neben der Feldsteinkirche St. Peter liegt. Über Sellin am Schmollensee führt der Weg schließlich nach Bansin zurück.

Die prächtigen Villen am Strand von Bansin – ein wunderschönes Beispiel der wilhelminischen Bäderarchitektur.

Bach in die Ostsee mündete, errichtete um 1700 der Müller Michael Agner eine Wassermühle. Neben dem Müller ließen sich bald auch Fischer nieder, die durch den Aalreichtum in der Beek angezogen wurden. Es entstand eine Siedlung, die den Namen Adlig-Ahlbeck erhielt. 1852 wurde das Fischerdorf als Sommerfrische entdeckt und entwickelte sich schließlich ab 1894 durch den Eisenbahnanschluss zu einem der größten Seebäder an der Ostseeküste.

TOP TIPP Inzwischen reihen sich die **drei Kaiserbäder** ➎ Ahlbeck, Heringsdorf und Bansin wie Perlen einer Kette aneinander. Zu Kaiser Wilhelms Zeiten trafen sich der Adel und das wohlhabende Bürgertum in den mondänen Seebädern; die wilhelminische Bäderarchitektur in Heringsdorf erinnert heute noch an jene Zeiten, ebenso wie die hübschen Villen der Insel. Schmuckstück von Ahlbeck und Wahrzeichen Usedoms ist die 280 m lange Seebrücke.

Vom Bahnhof Bansin aus erreicht man über die Benzer Chaussee in Richtung Süden in 20 Minuten einen herrlichen Aussichtspunkt, den **TOP TIPP** **Sieben-Seen-Blick** ➏. Von der hölzernen Aussichtskanzel am Bergmühlenweg bietet sich ein grandioser Rundblick. Im Westen liegen Großer und Kleiner Krebssee, Schmollensee und Achterwasser, im Südosten Gothensee und Wolgastsee sowie der Kachliner See im Thurbruch. Unweit vom Sieben-Seen-Blick liegt am Nordwestufer des Gothensees Bansin Dorf, ein idealer Ausgangspunkt für Radtouren und Wanderungen um den Gothensee.

Als vor Jahrtausenden zwischen Schmollensee und dem Langeberg (55 m) ein Gletscher schmolz, entstand der kleine **Mümmelkensee** ➐. Sein Name geht auf die gelb blühende Mummel zurück, die auch Mümmel genannt wird und im See wächst. Der See selbst ist nur noch ein kleiner Teich, aber von einem artenreichen Hochmoor umgeben, das an seiner tiefsten Stelle 15 m misst. Zahlreiche seltene Pflanzen wie Sumpfporst, Moosbeere und Krähenbeere wachsen hier. Auch der Langblättrige Sonnentau siedelt im Torfmoos, der mit seinen klebrigen, schillernden Tropfen kleine Insekten einfängt und verdaut. Der Eisvogel stürzt sich dagegen kopfüber in das Wasser, wenn er eine Plötze im Teich entdeckt.

Der **Wockninsee** ➑ im Osten von Ückeritz liegt in einem 49 ha großen, nach ihm benannten Naturschutzgebiet. Ursprünglich ein Strandsee, verwandelte er sich vor etwa 10 000 Jahren durch Anschwemmungen in ein Verlandungsgebiet. Schwarzerlen wachsen am Ufer, und Jahrhunderte alte Rotbuchen und Stieleichen bilden die Kulisse dieser reizvollen Landschaft. Besonders eindrucksvoll ist der See zur Brut- und Rastzeit von Kranichen und Graugänsen, die sich dann zu Tausenden hier tummeln.

Vineta – sagenumwoben und vom Meer verschlungen

Zwischen der Ostsee und dem Achterwasser erstreckt sich das kleine Seebad **Koserow** ➒, erstmals 1347 erwähnt. Einst soll sich hier am Riff vor der Küste das sagenumwobene und wegen der Sündhaftigkeit seiner Bewohner vom Meer verschlungene Vineta befunden haben. Daran erinnern auch die sehr beliebten Vineta-Spiele, die jährlich im Sommer auf der Ostseebühne in Zinnowitz veranstaltet werden. Schiffe nach Zinnowitz sowie zu den Kaiserbädern legen an der 261 m langen Seebrücke von Koserow ab.

Neben dem Zugang zur Seebrücke stehen sechs schön restaurierte Salzhütten. Diese niedrigen Fachwerkhäuser mit Rohrdach wurden 1820 errichtet und dienten zur Lagerung von grobem Salz, das für die Konservierung von Heringen verwendet wurde. Hausberg von Koserow ist der 56 m hohe **Streckelsberg** ⑩, ein Kliff mit Kliffranddüne, das seit 1961 unter Naturschutz steht. Man begann bereits 1818, den unbewaldeten Berg mit Buchen aufzuforsten, um das

Zwischen Achterwasser und Krumminer Wiek

Verlässt man bei Zinnowitz die B 111, führt der Weg schnurstracks zur Halbinsel **Gnitz** ⑪, deren Südspitze wegen der einmaligen ökologischen Vielfalt als Naturschutzgebiet ausgewiesen ist. Zu den Lebensräumen zahlreicher seltener und vom Aussterben bedrohter Tiere und Pflanzen gehören die von Magerrasen und alten Hutebäumen bedeckten Moränenrücken, offene Dünen und Strandflächen sowie die Salzwiese am Möwenort.

Auch der Wacholder-Kiefern-Wald am 32 m hoch aufragenden Weißen Berg mit seinen Trockenwiesen, Schlehen und Wildrosen ist ein wahres Paradies für Naturliebhaber. Im Nordwesten fällt der Weiße Berg als Steilküste ab, dort finden sich jedes Jahr zahlreiche Paare der Uferschwalbe ein.

TOP TIPP

Malerische Plätze wie diesen Steg an der Krumminer Wiek findet man im Naturpark immer wieder.

Abtragen des Kliffs durch den Wind zu verhindern. Auch eine später errichtete Brandungsmauer am Fuß des Berges vermag den Abtragungsprozess jedoch nicht zu stoppen, und immer wieder brechen bei Sturmfluten Teile des Kliffs ab. Lohnend ist ein Aufstieg vom Strand aus, denn außer der faszinierenden Rundsicht von der Aussichtsplattform wartet im Buchenwald auch eine besonders reiche Flora. In der Strauchschicht wachsen Sanddorn und schwarze Heckenkirsche, den Boden bedecken Leberblümchen und zahlreiche einheimische Orchideen wie das Rote Waldvöglein und die Zweiblättrige Waldhyazinthe.

Inmitten dieser einmaligen Landschaft befindet sich in einem Eichengehölz in der Nähe von Lütow das einzige auf Usedom erhaltene Großsteingrab.

Vor dem Verlassen der Insel Usedom über die Wolgaster Peenebrücke sollte sich der Besucher auf jeden Fall noch Zeit für ein weiteres Highlight nehmen: die herrliche **Krumminer Lindenallee** ⑫. Auf einer Länge von 1,5 km säumen über 300 Linden die von der B 111 abzweigende und nach Krummin führende Allee. Sie wurde Ende des 18. Jahrhunderts von der Familie Corswandt angelegt und steht seit 1990 unter Naturschutz.

TOP TIPP

KULTURTIPP

DIE BERNSTEINHEXE

Nachdem im Jahr 1843 der preußische König Friedrich Wilhelm IV. den Aufsehen erregenden Roman *Maria Schweidler, die Bernsteinhexe* des Koserower Pfarrers Wilhelm Meinhold veröffentlichen ließ, wurde das kleine Fischerdorf Koserow ⑨ mit einem Schlag berühmt. Die Touristen kamen in Scharen und erkletterten den Streckelsberg ⑩, denn im Roman hatte die Pfarrerstochter Maria aus Koserow am Streckelsberg einen Bernstein gefunden, dessen Herkunft sie geheim hielt. Sie verkaufte ihn und linderte mit dem Erlös die Not der Koserower Bevölkerung. Als sie aber den Amtshauptmann abwies, bezichtigte der sie als Hexe, und nach einem unfairen Prozess sollte sie auf dem Scheiterhaufen verbrannt werden. Doch schließlich wurde sie durch Rüdiger von Nienkerken gerettet, der sie später heiratete.

TIERE

LACHMÖWE

Wappentier Usedoms ist die etwa taubengroße Lachmöwe (*Larus ridibundus*). Sie ist häufiger Brutvogel und in größeren Kolonien auf der Insel verbreitet. Schnabel und Beine sind rot; der Kopf zeigt im Frühjahr eine schokoladenbraune Maske, im Hochsommer dagegen nur einen dunklen Fleck hinter dem Auge.

Nationalpark Niedersächsisches Wattenmeer

SERVICE

Anfahrt: Auf der A 31 Essen–Emden bis Ausfahrt Emden-West, dann mit der Fähre nach Borkum; nächstgelegener Bahnhof ist Emden

Lage: Zwischen Ems- und Elbemündung vor der niedersächsischen Nordseeküste

Größe: 2800 km²

Gründung: 1986

Information:
Nationalparkzentrum Cuxhaven
Hans-Claußen-Straße 19
24746 Cuxhaven

Telefon: 04721/28 681

Infohäuser: In vielen Orten auf dem Festland und auf den Inseln

Internet:
www.nationalpark-
wattenmeer.niedersachsen.de

Das Meer nimmt, das Meer gibt: Wellen und Gezeitenströmungen nagen beharrlich an den Inseln und der Festlandküste, während sich an anderen Stellen neues Land als Lebensraum für Pflanzen und Tiere bildet. Tag für Tag verändert sich das Wattenmeer am Südufer der Deutschen Bucht ein wenig.

Eine einzigartige Landschaft, geschaffen von Wind und Wellen: das Watt der Nordseeinsel Juist.

TOP TIPP

4 Greetsiel
Mit seinem niederländischen Flair eine Perle am Wattenmeer

7 Spiekeroog
Ostplate – die größte unberührte Sandwildnis auf den Inseln

10 Elisabeth-Außengroden
Älteste Salz-Brachen im Deichvorland der Nordseeküste mit vielfältiger Flora und Fauna

12 Sehestedter Außendeichsmoor
Einzigartig: ein Moor, das bei Sturmfluten schwimmt

13 Land Wursten
Historische Bauernrepublik zwischen Wurster Watt und Wurster Heide

Nur die Elbe trennt die beiden großen Nationalparks an der niedersächsischen und der schleswig-holsteinischen Nordseeküste. Sie wirken sehr ähnlich, unterscheiden sich jedoch in mancher Hinsicht deutlich voneinander. Während beispielsweise im Park nördlich der Elbe nur ein einziger größerer Fluss – die Eider – in das Wattenmeer mündet, erhält der niedersächsische Nationalpark gleich durch drei große Ströme Süßwasserzufluss: durch Ems, Weser und Elbe. Auch wenn viele durch Sturmfluten im Mittelalter geschaffene Buchten inzwischen verlandet und eingedeicht sind, besitzt die niedersächsische Küste doch noch zwei markante: den Dollart und den Jadebusen. Die beiden weiten Buchten gliedern die Küstenlinie und bilden innerhalb des Wattenmeers als Buchtwatten besondere Biotope.

Schließlich unterscheiden sich auch die Inseln, die zwischen den Mündungstrichtern der Ems und der Elbe die Küste säumen, deutlich von denen in Nordfriesland. Geestinseln fehlen ganz, dafür reihen sich entlang der ostfriesischen Küste Düneninseln und Sandbänke wie die Perlen einer 90 km langen Kette auf. Der Begriff »Düneninsel« beschreibt die Eilande allerdings nur unvollständig; Sandhügel bestimmen zwar ihr Landschaftsbild und sichern als vom Wind geschaffene Deiche ihre Existenz; genauer betrachtet, bestehen sie aber aus einem bunten Mosaik gegensätzlichster Lebensräume. Es reicht von den Stränden und Sandbänken an der Nordseite über Dünen mit eingelagerten Feuchtgebieten im Kern bis zu den Salzwiesen und von Rinnen durchzogenen Sand- und Schlickwattflächen an der Südseite der Inseln.

Die Zwillingsmühlen am Alten Sieltief sind das Wahrzeichen des malerischen Fischerdorfes Greetsiel.

Insellandschaften und Naturparadiese

Aus dem Blickwinkel der Seevögel sieht die westlichste der Ostfriesischen Inseln, **Borkum** ❶, in ihren Umrissen wie ein Paar von Quallen aus, die einträchtig nebeneinander durch das Meer schwimmen. Die sichelförmigen Gebilde sind Dünenketten, die die beiden Kerne der Doppelinsel – Westland und Ostland – im Nordwesten umschließen. In Westland liegt hinter den Sandhügeln das Naturschutzgebiet Greune Stee, ein urwüchsiges kleines Wäldchen und Feuchtgebiet, das man auf einer Düneninsel nicht erwartet. In Ostland ist der gleich neben dem Flugplatz gelegene Tüskendörsee für Naturfreunde ein Anziehungspunkt. Das in den 1970er-Jahren durch Sandentnahme für den Deichbau geschaffene Gewässer wird von der Vogelwelt als Brut- und Rastgebiet gern besucht. Lachmöwen, Rotschenkel und Säbelschnäbler sind hier recht häufig zu beobachten.

Juist ❷, die schmale Insel am Rand des weiten Mündungstrichters der Ems, wirkt zerbrechlich; sie hatte unter Sturmfluten auch schwer zu leiden, vor allem unter der Petriflut anno 1651, die eine breite Bresche durch die Insel schlug. Es dauerte Jahrhunderte, bis die durch Wasser und Wind entstandene Mulde von sicheren Deichen umgeben war. Seither hat sich der ursprüngliche Meerwassersee innerhalb der Bruchstelle durch den Regen in einen Süßwassersee verwandelt, den größten der Ostfriesischen

Inseln. Vom Ortsteil Loog aus kann man den in Schilfdickichte und Gebüsche eingebetteten Hammersee auf einem Rundweg erkunden. Wer aufmerksam ist, entdeckt dabei botanische Kleinode wie die Sumpfwurz, die Große Händelwurz und andere Orchideen.

Nur selten hinterlässt ein Krieg positive Spuren; zu diesen Ausnahmen gehören das Rantumbecken auf Sylt und der Südstrandpolder der Insel **Norderney** ❸. Beide wurden für militärische Zwecke angelegt und dann von Seevogelgeschwadern kampflos in Besitz genommen. Der von Deichen umschlossene, mit Teichen, Röhrichten und Gebüschen durchsetzte Polder an der Südküste Norderneys zieht die gefiederten Gäste in Scharen an. Vor allem Lach- und Silbermöwen, Austernfischer, Brandgänse und Wiesenpieper brüten in größeren Zahlen auf der Insel. Der Polder selbst darf nicht betreten werden, die Deiche bieten jedoch einen guten Einblick.

Im Süden die Marschenlandschaft Krummhörn, in der die Dörfer auf aufgeschütteten Erdhügeln stehen, im Norden die teilweise eingedeichte Leybucht mit der größten Brutkolonie des Säbelschnäblers in Mitteleuropa und genau dazwischen ein malerischer Sielort mit den berühmten

TOP TIPP Zwillingswindmühlen am Alten Sieltief – das ist das über 600 Jahre alte **Greetsiel** ❹.

Der Fischereihafen am Siel bescherte den Greetsieler »Buttköpfen« großen Wohlstand. Man erkennt das an den Häusern im niederländischen Stil, die mit ihren Prunkfassaden an der Sielstraße über die Sturmflutmauer lugen, der schmucken Backsteinkirche und dem Haus in der Mühlenstraße, einem der schönsten Wohnhäuser des Klassizismus in Norddeutschland.

GUT ZU WISSEN

SIELE
Die Namen vieler Orte an der niedersächsischen Nordseeküste enden auf »siel«, was einen Deichdurchlass oder eine -schleuse bezeichnet, die dazu dienten, das von einem Wasserlauf aus dem Marschenland herangeführte Wasser ins Meer abzuleiten. Die Gefahr, dass sich das Wasser aus dem Binnenland hinter den Deichen staut und die Marschen überflutet, ist kaum geringer als die Gefahr von Überschwemmungen durch das Meer. Im Kern besteht ein Sielbauwerk aus einer Kammer mit an der Seeseite angeordneten Toren. Bei Flut schließen sich diese Tore automatisch durch den Druck des auflaufenden Wassers und öffnen sich wieder bei steigendem Innendruck, wenn bei Ebbe der Wasserstand im Meer unter den im Binnenland fällt.

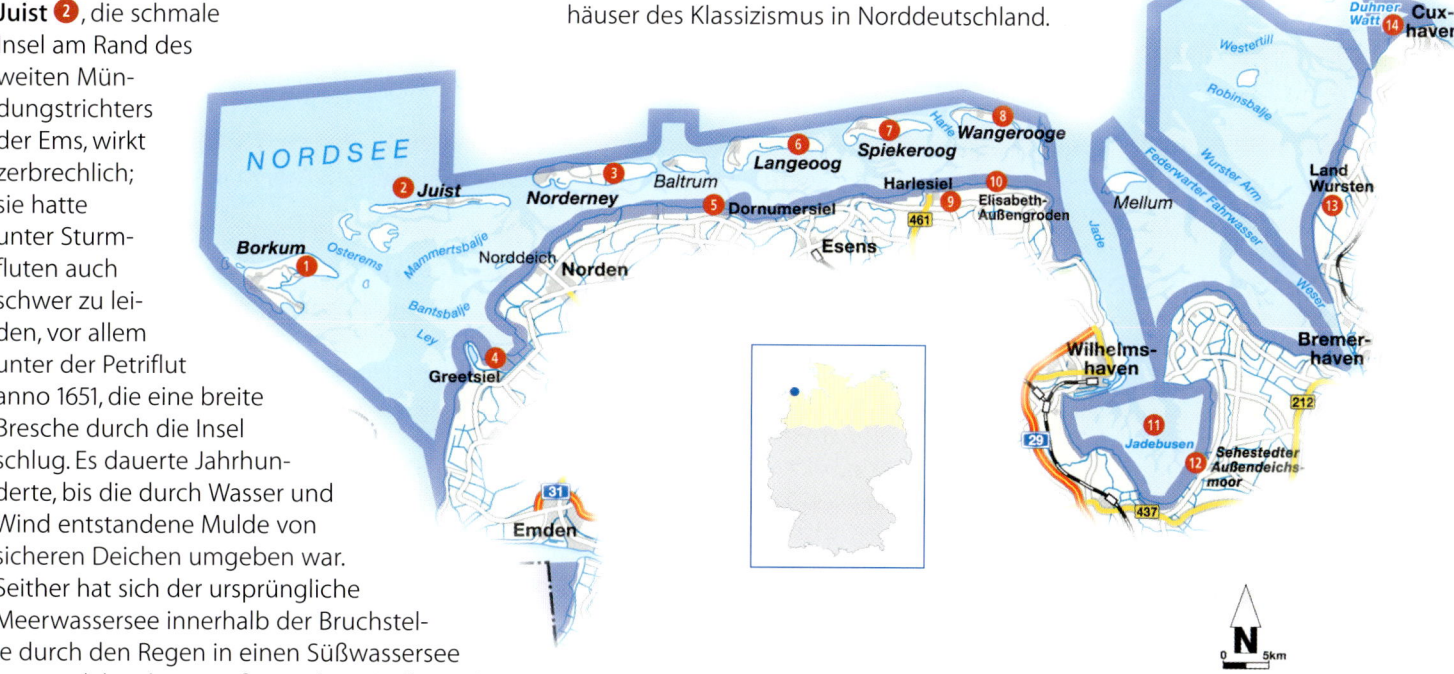

QUELLER

(Salicornia europaea)

Die sukkulente Pflanze sammelt in ihrem Gewebe Wasser an. Der im Herbst leuchtend rot gefärbte Europäische Queller muss unter dem feuchten Klima der Nordseeküste allerdings kein Wasser für Notzeiten speichern – die Sukkulenz ist bei ihm die Folge des hohen Gehalts an Kochsalz, das die Zellen aufquellen lässt und zur Salzgewinnung genutzt werden kann. Die Asche enthält bis 75 % Kochsalz.

ZUR MINSENER OOG

Das Wattenmeer ist ein ebenso faszinierendes wie gefährliches Wanderrevier. Am besten erkundet man es auf einer Wanderung unter orts- und sachkundiger Führung. Solche Wattwanderungen werden in zahlreichen Nationalpark-Häusern und Infozentren angeboten. Eine besonders interessante Tour führt von Schillig (bei ⑩) zu der knapp 4 km vor der Küste in der Schutzzone 1 gelegenen Vogelschutzinsel Minsener Oog. Das unbewohnte Eiland ist ein bedeutendes Brut- und Rastgebiet für Vögel wie die Zwergseeschwalbe oder den Großen Brachvogel. Die Wanderung dauert etwa vier Stunden hin und zurück und quert das Sandwatt des Neuen Brack. Auch Kinder ab acht Jahren können in Begleitung ihrer Eltern teilnehmen.

Eine Wattwanderung gehört zu den Highlights an der Nordseeküste; hier kann man die Natur hautnah erleben.

»Buten un binnen«

Draußen (»buten«) die schlickgrauen Watten und die Inseln mit ihren sandgelben Stränden, hinter (»binnen«) den hohen Seedeichen die meist grasgrünen Marschen – weitgehend ungebändigte Natur- und vom Menschen geschaffene Agrarlandschaften grenzen an der ostfriesischen Küste auf wenigen Metern aneinander. **Dornumersiel** ❺, eines der Zentren des Nationalparks, liegt an der vordersten Front der seit dem Mittelalter durch Landgewinnung dem Meer abgerungenen Marschen. Bis in das hohe Mittelalter reicht die Geschichte von Dornum zurück, einst Mittelpunkt einer »Herrlichkeit«, wo ostfriesische Häuptlinge, die Attena, Kankena und Beninga, ihren Sitz hatten. Von ehemals drei Wasserburgen sind noch zwei erhalten: die kleine, aber sorgfältig restaurierte Osterburg sowie die Norderburg, ein prachtvoller, von einem weitläufigen Park umschlossener Barockbau, vielleicht das schönste Wasserschloss Ostfrieslands und ein Markstein in der Geschichte des flachen Landes am Wattenmeer.

Auf Gastvögel übt die »Lange Insel« **Langeoog** ❻ offenbar eine große Anziehungskraft aus: Knutt, Alpenstrandläufer, Sanderling und verschiedene Möwenarten steuern das Eiland mit seinen abseits des Inselorts gelegenen ausgedehnten Stränden, Dünenfeldern sowie Binnen- und Außendeichgrasländern in dichten Schwärmen an. Wenn die See zu rau ist, weichen manche auf den Schloppteich am Fuß der gut 20 m hohen Melkhörndünen aus. Höhere »Berge« wird man in Ostfriesland kaum finden.

Bei fast allen Inseln vor der ostfriesischen Küste wird die Westseite verstärkt angenagt und der abgetragene Sand im Osten an einer mehr oder weniger großen Sandplate wieder abgelagert. Auf diese Weise »wandern« die Inseln langsam ostwärts. **Spiekeroog** ❼, die Insel vor dem Harlingerland, besitzt die größte Sandplate von allen. Rund 8 km weit erstreckt sich die Spiekerooger Ostplate vom Badestrand bis über die Ostbake hinaus: 8 km Flugsandfelder und niedrige Dünen – ein in Deutschland einmaliges Landschaftsbild. Flugunfähigen Besuchern mag diese Sandwildnis öd und leer erscheinen, für Silber-, Lach- und Heringsmöwen ist die Plate ein begehrtes Nistgebiet. Daher darf sie in der Brutsaison auch nicht betreten werden.

Vom Watt der Insel **Wangerooge** ❽ ist ein Teil eingedeicht, ein Teil liegt noch im Einflussbereich höherer Fluten und wird von den Prielen aus überschwemmt. Die Eindeichung bedeutet immer einen tiefen Eingriff in die Natur; während vor den Deichen Salzwiesenarten wie der Strandflieder oder die Strandaster die Flora beherrschen, kommen auf dem nun weitgehend salzfreien Boden des Wangerooger Westgrodens Landgewächse vor, darunter auch seltene Orchideen. Das Eiland, an dem die Nordsee am stärksten nagt, bietet ohnehin auf engstem Raum eine Fülle gegensätzlicher Lebensräume, die von Weißdünen über kleine Wäldchen bis zu den Watten reichen.

Die Fähren nach Wangerooge laufen von **Harlesiel** ❾ aus, und die B 461, die fast schnurgerade durch die Marschen zum Sielort führt, ist gewissermaßen der rote Faden, an dem sich die Eindeichung und Verlandung der früheren Harlebucht ablesen lässt. Mehr als 350 Jahre wurde an der Eindeichung der einst von Sturmfluten 12 km tief in die Küstenlinie eingeschnittenen Bucht gearbeitet, mindestens zehn Deichlinien, vom

Ende des 16. bis ins 20. Jahrhundert hinein, liegen beiderseits der Bundesstraße von Süden nach Norden hintereinander. Die Entstehung und Verlandung der Bucht zeigt, wie eng die Entwicklung des Wattenmeers, der Inseln und der Küste miteinander verknüpft ist: Im späten Mittelalter öffneten die wandernden Eilande Spiekeroog und Wangerooge vor dem Harlinger Land eine Lücke, durch die das Meer vorstoßen konnte; später schoben sie sich vor die Harlebucht und erleichterten so die Verlandung.

TOP TIPP Der **Elisabeth-Außengroden** ❿ ist seit 1970 Naturschutzgebiet; seither werden die dortigen Salzmarschen als älteste Salzbrachen im Deichvorland der Nordseeküste nicht mehr intensiv genutzt. Bei Führungen von der Deichtreppe Küstersmatt/Minsen aus entlang dem Lehrpfad in der Schutzzone 1 des Nationalparks kann man die Flora und Fauna dieses einmaligen

Der Sandstrand bei Dangast ist einer der wenigen natürlichen Strände an der niedersächsischen Festlandküste.

Lebensraums kennenlernen: von den Wiesen am Deichfuß, in denen noch salzempfindliche Landpflanzen wie der Löwenzahn vorkommen, bis zum regelmäßig überfluteten Andelrasen am Watt, vom seltenen Teichrohrsänger, der sich im Röhricht verbirgt, bis zu Enten, Gänsen und anderen Gastvögeln, die das lang gestreckte Schutzgebiet bevölkern.

Ein schwimmendes Moor und Galopp auf dem Meeresgrund

Vermutlich wäre der **Jadebusen** ⓫ schon längst von der Landkarte verschwunden, wenn die 200 km² große Bucht zwischen Ostfriesland und der Halbinsel Butjadingen als natürliches Spülbecken nicht die Fahrrinnen vor Wilhelmshaven,

Deutschlands einzigem Tiefwasserhafen, freihalten müsste. Bei Ebbe fallen etwa zwei Drittel der Buchtwatten trocken und öffnen für die Vogelwelt die lange Speisekarte der im und auf dem Wattboden verborgenen Köstlichkeiten. Von mindestens einer Million Vögel wird der Jadebusen alljährlich angeflogen, insbesondere von der Brandgans, dem Kiebitz und dem Alpenstrandläufer. Für den Rotschenkel bildet er eines der wichtigsten Brutgebiete an der Nordseeküste. Dangast am Vareler Watt im Südwesten hat die schönsten Sandstrände und bietet vom Geestkliff aus einen weiten Blick auf den Meerbusen. Die Vogelwelt ist am besten vom Südostufer des Jadebusens aus zu beobachten, z.B. vom Aussichtspunkt bei der Badestelle vor Sehestedt, wo die Wat- und Wasservögel besonders nahe an das Ufer herankommen.

Gleich in der Nähe befindet sich eines der größten Naturwunder des Nationalparks: das **TOP TIPP** **Sehestedter Außendeichsmoor** ⓬, ein vor dem Deich in den Salzwiesen gelegenes Moor, dessen leichtere Torfschichten bei schweren Sturmfluten vom Untergrund abheben und dann in der aufgewühlten See schwimmen. Das wohl ziemlich einzigartige Moor hat naturgemäß eine geringe Lebenserwartung, denn durch die Brandung schrumpft es zusehends. Noch kann man es aber von der Deichkrone vor Sehestedt aus bewundern.

TOP TIPP Am östlichen Ufer der Weser säumt das **Land Wursten** ⓭ die Trichtermündung des Stroms. Mit dem nahrhaften Fleischprodukt hat der Name des Marschenlands jedoch nichts zu tun, er kommt vielmehr von den Wurten, den künstlich aufgehäuften Erdhügeln, auf denen hier die alten Dörfer erbaut wurden. Die Mulsumer Wurt, auf der eine wuchtige Feldsteinkirche steht, ist mit 7 m eine der höchsten des Landes; im benachbarten Dorum informiert das Niedersächsische Deichbaumuseum über Deichbau und Küstenschutz an der Wattenmeerküste; das Museum für Wattenfischerei im 3 km entfernten Wremen gewährt Einblick in die Geschichte der Fischerei an der Nordseeküste.

Der Nationalpark endet im Osten mit dem **Duhner Watt** ⓮. Den größten Teil des Jahres stampfen dort kräftige Rösser gemächlich durch Schlick und Sand und ziehen die Wattwagen zur Insel Neuwerk. Einmal im Hochsommer beherrschen jedoch ihre heißblütigeren Vettern, Traber, Galopper und Ponys, die Szene am Seedeich: beim Duhner Wattrennen (www.duhner-wattrennen.de), dem weltweit einzigen Pferderennen auf dem Meeresgrund – aber erst nachdem Neptun den Rundkurs für die vierbeinigen Landbewohner freigegeben hat.

SEEHUND
(Phoca vitulina)

Neben der Kegelrobbe ist der Seehund die einzige Robbenart, die in den Nationalparks an der deutschen Nordseeküste regelmäßig vorkommt. Nach dem verheerenden Massensterben von 1988 hat sich der Bestand der auf dem festen Boden eher behäbigen, im Wasser dagegen sehr flinken Raubtiere erfreulicherweise wieder erholt. Heute dürften im Wattenmeergürtel am

Rand der Deutschen Bucht mindestens 15 000 dieser bis 1,8 m langen und 115 kg schweren Tiere leben, in den vergangen Jahrhunderten sollen es über 40 000 gewesen sein. Im Nationalpark kann man sie z.B. beim Ausflug mit dem historischen Segelkutter »Gebrüder« von Carolinensiel (bei ❿) zu den Sandbänken, ihren beliebtesten Ruheplätzen, aus gebührender Entfernung beobachten. Dort bringen sie auch zwischen Ende Mai und Mitte Juli ihre Jungen zur Welt.

Nationalpark Hamburgisches Wattenmeer

Klein, aber fein – das Wattenmeer in der Nussschale mit allem, was dazu gehört: schier endlose Sand- und Schlickflächen, die bei Flut im Meer versinken; drei kleine Inseln, jede ein Unikat; Sandbänke, auf denen sich die Seehunde aalen, und nicht zuletzt eine ungewöhnlich reiche Vogelwelt.

SERVICE

Anfahrt: Von Süden und Westen mit dem Auto auf der A 27 Bremen–Cuxhaven; von Norden und Osten über die Elbfähre Glückstadt–Wischhafen und die B 495 / B 73 nach Cuxhaven; weiter mit dem Schiff, mit dem Wattwagen oder zu Fuß von Cuxhaven-Sahlenburg nach Neuwerk; nächstgelegener Bahnhof in Cuxhaven

Lage: Rund 100 km von Hamburg entfernt im Wattenmeer der westlichen Elbmündung bei Cuxhaven, angrenzend an den Nationalpark Niedersächsisches Wattenmeer

Größe: 138 km²

Gründung: 1990

Information:
Nationalparkstation Neuwerk
Turmwurt
27499 Insel Neuwerk
Telefon: 04721 / 69271
Internet: www.nationalpark-hamburgisches-wattenmeer.de

Die etwas andere Erkundungstour durch den Nationalpark: ein Kutschenausflug bei Neuwerk.

❸ Neuwerk
Einzige Hallig am Südrand der Deutschen Bucht, mit mächtigem Wehrturm, bedeutendem Seevogelbrutgebiet und artenreichen Salzwiesen

❹ Scharhörn
Unbewohnte Düneninsel mit Hunderttausenden von rastenden Zugvögeln und Blick auf die Vogelschutzinsel Nigehörn

Der mächtige Turm, der knapp 10 km vor der niedersächsischen Küste über einer flachen Insel aufragt, ist unübersehbar. »Dat Nige Werk« wurde der Turmkoloss mit seinen fast 3 m dicken Backsteinmauern in den Chroniken des Mittelalters genannt; dabei ist er keineswegs ein »neues Bauwerk«, sondern steht schon seit rund 700 Jahren auf dem Eiland, dem er den Namen »Neuwerk« gegeben hat. Er diente den Hamburger Kaufleuten und Reedern als Seezeichen, Wehr- und Leuchtturm. Der strategisch wichtige Vorposten an der Elbmündung ist bis heute (mit Unterbrechungen) im Besitz der Hanseaten geblieben und bildet das Wahrzeichen des kleinen Nationalparks.

Von dem etwa 450 km langen und bis zu 20 km breiten Wattengürtel, der sich von Den Helder in den Niederlanden bis hinauf nach Esbjerg in Dänemark erstreckt, nimmt der Nationalpark Hamburgisches Wattenmeer einen winzigen, jedoch besonders interessanten und ökologisch wertvollen Abschnitt ein. Im Unterschied zu den meisten anderen Watten an der deutschen Nordseeküste, die als Rückseitenwatten im Schutz von Inseln liegen, sind die Watten rings um Neuwerk offene Watten und damit dem Angriff der Strömungen und Wellen stark ausgesetzt. Ihr Bild mit den großen und kleinen Wasserläufen ändert sich daher ständig.

Etwas Besonderes ist auch die Lage des Nationalparks zwischen den weiten Mündungstrichtern von Elbe und Weser. Die großen Ströme führen zwar Schadstoffe aus dem Binnenland heran – aber auch Nährstoffe. Dieser Tatsache ist es zu verdanken, dass die Watten vor Cuxhaven zu den produktivsten Ökosystemen der Erde gehören.

Weithin sichtbares Wahrzeichen im Wattenmeer: der Wehrturm auf Neuwerk.

Vom Wald zum Watt

Das Wattenmeer grenzt an der deutschen Festlandküste nur an sehr wenigen Stellen unmittelbar an die Geest. Und ebenso selten begegnen sich dort Meer und Wald. Die **Hohe Lieth** ❶, ein bis über 30 m hoher Geestrücken südwestlich von Cuxhaven, gehört zu den wenigen Berührungspunkten. Hier trifft am Sahlenburger Strand, der seinen Sand den Ablagerungen der Geest verdankt, das Gebiet des Nationalparks in einem spitzen Keil auf die Küste. Den Wald aus Schwarzkiefern am Steilhang dahinter, Wernerwald genannt, ließ der Hamburger Senat Ende des 19. Jahrhunderts anpflanzen. Wie ihr bizarr verkrüppelter Wuchs zeigt, haben es die Bäume des Wernerwalds an der stürmischen Küste nicht leicht. Das natürliche Pflanzenkleid an dieser exponierten Stelle wäre eigentlich eine ozeanische Heide mit eingestreuten Mooren. Davon sind im zerzausten Waldgebiet und auf der Wurster Heide auch noch einige Flecken erhalten. Durch das Gebiet führen verschiedene Wanderwege.

Bei Hochwasser ist die Insel im Kern des Nationalparks mit dem Schiff zu erreichen, zünftiger sind jedoch Fahrten mit dem Wattwagen oder Wanderungen durch das **Sahlenburger Watt** ❷. Rund 10 km misst die Route, die jedes Jahr nach den Frühlingsstürmen neu mit Reisigbüscheln markiert wird. Nur an wenigen Stellen kann man sich so weit ins Wattenmeer hinauswagen und die Muster wie Wellen, Zungen und Rauten bestaunen, die das bewegte Meer in das Sandwatt zeichnet, und die dicken »Pötte« im Elb-Fahrwasser an sich vorüberziehen lassen. Ganz ohne Risiko ist es freilich nicht, dem Meer auf den Grund zu gehen. Seenebel kann plötzlich aufziehen, und wenn die Flut zu rasch

aufläuft, sind die Rettungsbaken am Rand des Fahrwassers die letzte Zuflucht.

Für die meisten Wattwanderer endet die Tour auf der einzigen Hallig an der südlichen Nordseeküste. Nur etwa ein Drittel (rund 100 ha) **TOP TIPP** von **Neuwerk** ❸ ist eingedeicht; vor dem Deich erstrecken sich die von Prielen durchzogenen und bei höheren Fluten überschwemmten Salzwiesen, in denen im Sommer Strandastern, Strandnelken und andere Gewächse der Küstenflora blühen. Für die Vogelwelt ist der Neuwerker Außengroden ein wertvolles Brutgebiet, vor allem für Seeschwalben; in den Zugzeiten fallen hier Möwen, Enten und Gänse auf ihrem Weg über den »Ostatlantischen Flyway« in riesigen Geschwadern ein. Ausführliche Informationen über Flora und Fauna sind im Nationalparkhaus Neuwerk und im Infozentrum des Vereins Jordsand am Fuß des Wehrturms zu erhalten.

Der »Friedhof der Namenlosen« am Rand der Insel lässt ahnen, wie viele Seeleute auf den Sandbänken in der Elbmündung den nassen Tod gefunden haben, besonders auf dem Scharhörnriff, einer Untiefe, auf der Inseln entstehen und bald wieder vergehen. An der heutigen **TOP TIPP** Düneninsel **Scharhörn** ❹ nagt das Meer kräftig; sie ist nur noch etwa 20 ha groß und verliert kostbare Brutgebiete für die Brandgans oder den Seeregenpfeifer, aber auch für Singvögel wie Feldlerche und Star. Um die Flächenverluste auszugleichen, wurde ab 1989 in einem beispiellosen Naturschutzgroßprojekt die Vogelschutzinsel Nigehörn auf derselben Sandbank aufgespült. Die Vogelwelt, darunter Lachmöwen, Silbermöwen und Küstenseeschwalben, hat sie dankbar angenommen. Für Nigehörn besteht ein absolutes Betretungsverbot; Scharhörn darf nur bei offiziellen Führungen betreten werden.

TIERE

AUSTERNFISCHER
(Haematopus ostralegus)

Das Wappentier des Nationalparks ist mit seinem langen, roten Schnabel nicht zu übersehen und erst recht nicht zu überhören. Die großen, schwarzweißen Strandvögel machen viel Lärm, geben laute »pik-pik-pik«-Rufe und ein schrilles »kliep, kliep« von sich. Als ein typischer Bewohner des Wattenmeers sucht sich der Austernfischer seine Nahrung hauptsächlich im Wattboden, verschmäht aber auch nicht die Kost, die er auf Landgängen findet, beispiels-

weise Regenwürmer und Insekten. Austern stehen nur selten auf seinem Speiseplan, häufiger dafür Borstenwürmer, Krebse und vor allem Herz- und Miesmuscheln. Er erntet die Muschelbänke ab oder ertastet die im Schlick verborgene Beute mit dem Schnabel, um die Muschelschalen dann mit ausgefeilter Technik zu öffnen.

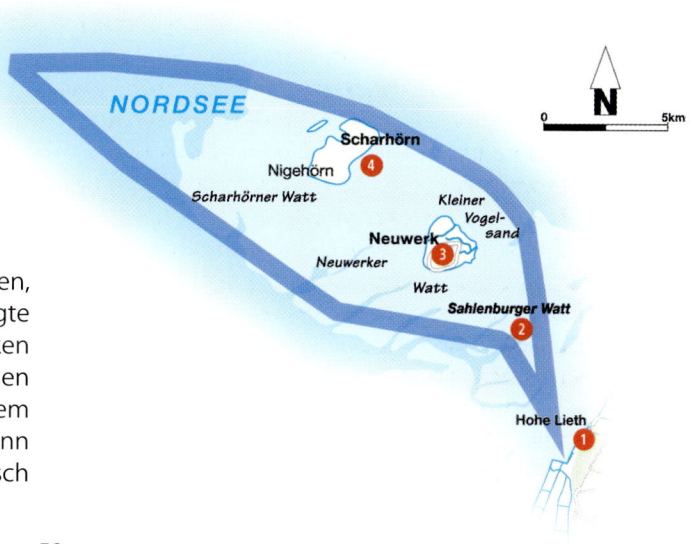

Naturpark Bourtanger Moor-Bargerveen

Nur ein ödes, braunes Moor? Weit gefehlt, denn dieser internationale Naturpark überrascht mit einem bunten Landschaftsmosaik: Ockergelb leuchten die Sandflächen, erikafarben die Heide – und eingebettet in grüne Weiden und goldene Getreidefelder liegen verträumte Dörfer und Städtchen.

SERVICE

Anfahrt: Auf der A 31 in Richtung Emden (aus südlicher Richtung) bzw. Oberhausen (aus nördlicher Richtung) bis Geeste bzw. Twist; nächstgelegener ICE-Bahnhof in Osnabrück
Lage: Im Nordwesten Niedersachsens zwischen dem Emsland, der Grafschaft Bentheim und der niederländischen Provinz Drenthe
Größe: 140 km²
Höchste Erhebung: Aussichtshügel im Bargerveen (26 m)
Gründung: 2006
Information:
Internationaler Naturpark Bourtanger Moor-Bargerveen e. V.
Ordeniederung 1
49716 Meppen
Telefon: 05931/44 22 77
Internet: www.naturpark-moor.eu

Feuchter Farbreigen: Wie ein Spiegel reflektieren die dunklen Wasser des Moores den Himmel und die Heide.

Der noch junge Park in der deutsch-niederländischen Grenzregion besteht seit 2006. Er umfasst Hochmoorbereiche des südlichen Bourtanger Moors auf deutscher und das Naturschutzgebiet Bargerveen auf niederländischer Seite.

Bis heute kann man die Spuren sehen, die der Mensch im Bourtanger Moor hinterlassen hat. Seit Mitte des 19. Jahrhunderts baute man hier im großen Stil Torf ab. Ein dichtes Kanalnetz zieht sich durch das Gebiet. Anfangs wurde es zur Entwässerung der Moore angelegt, um den Torfabbau zu ermöglichen. Später nutzte man es zum Abtransport der Torfsoden auf Kähnen. Typischer Blickfang in der Region sind auch die vielen »Ölnicker«, mächtige Pumpen, die die nicht unbedeutenden Erdölvorkommen fördern.

Erst Ende der 1970er-Jahre erkannte man die Bedeutung des einzigartigen Lebensraumes Moor.

Seither finden zahlreiche Schutz- und Renaturierungsmaßnahmen statt. In einigen der abgetorften Gebiete werden die Entwässerungsgräben geschlossen und die Flächen wieder vernässt. Zahlreiche Wanderwege führen nun durch eine Moorlandschaft, die reich an seltenen Pflanzen und Tieren ist; hier findet man u. a. den Sonnentau, den Goldregenpfeifer und das Blaukehlchen.

Geschichte einer Landschaft

Wer mehr über das Moor erfahren möchte, sollte das erst kürzlich modernisierte **Emsland Moormuseum ❶** in Geeste-Groß Hesepe besuchen. Anhand von vielen Ausstellungsstücken wird erklärt, wie Moore entstehen, welche Bedeutung sie für Tiere und Pflanzen haben und wie sie vom Menschen genutzt wurden. Ein Schwerpunkt liegt dabei auf der Geschichte der

TOP TIPP

❶ Emsland Moormuseum
Ausstellungen zu Entstehung und Nutzung des Moores
❸ Bargerveen
Schöne Moorlandschaft mit vielen Wanderwegen
❹ Erdöl-Erdgas-Museum
Ausstellungen zur Geschichte der Erdölförderung

Region Emsland. Auf dem großen Freigelände können sich Interessierte mit Spaten und Stecheisen selbst als Moorbauern versuchen. Weiter gehende Einblicke in das Leben im Moor vermittelt eine nachgebaute Siedlerstelle aus den 1930er-Jahren. Hier können Besucher nachempfinden, wie mühsam und hart der Alltag einer Familie damals war (geöffnet April – Nov täglich außer Mo 10 – 18 Uhr, www.moormuseum.de).

Ein Ausflug über die Grenze ins holländische **Emmen** ➋ führt durch eines der größten Gewächshausareale im Norden Hollands. Über 265 ha fruchtbarer Boden sind zur Blumenzucht mit Glas überbaut. Emmen ist eine sehr grüne Stadt, die im Zentrum mit lauschigen Einkaufsarkaden zum Bummeln einlädt. Nicht versäumen sollte man einen Besuch im Zoo, der sein Publikum vor allem mit einem faszinierenden tropischen Schmetterlingsgarten begeistert (ganzjährig geöffnet).

TOP TIPP Das **Bargerveen** ➌, der niederländische Teil des länderübergreifenden Naturparks, setzt sich aus drei Gebieten zusammen: im Norden der Meerstalblok, in der Mitte das Amsterdamsche Veld und im Süden das Schoonebeeker Veld.

Die Moorlandschaft mit ihrer Vielfalt an Insekten ist ein wahres Paradies für den andernorts seltenen Neuntöter. Dieser »vorratsbewusste« Vogel spießt seine Beute, meist große Insekten wie Libellen und Schmetterlinge, an dornigen Sträuchern auf und sorgt so für magere Zeiten vor. Als Besonderheiten unter den Tagschmetterlingen kommen hier Kaisermantel und Erdbeerbaumfalter recht häufig vor. Am Himmel ziehen Baumfalke, Rohr- und Kornweihe ihre Kreise.

Ein Großteil des Naturschutzgebietes kann auf markierten Wanderwegen – keiner von ihnen ist länger als 8 km – erkundet werden. Nur der mittlere Teil des Meerstalbloks ist für Besucher, die auf eigene Faust unterwegs sind, tabu. Die niederländische staatliche Forstverwaltung (Staatsbosbeheer) bietet jedoch Führungen an (Tel. 0031 / 591 / 31 35 72).

TOP TIPP Das **Erdöl-Erdgas-Museum** ➍ in Twist liegt inmitten der flächenmäßig größten Erdölfelder Deutschlands. Das im Jahr 1999 eröffnete Museum, dessen Ausstellungsfläche sich bis Ende 2007 durch einen Neubau deutlich vergrößern wird, beantwortet zahlreiche Fragen zum Thema Erdgas und Erdöl. Viele Ausstellungsstücke, bewegliche Modelle – etwa Bohranlagen – sowie Fotos und Landkarten machen den Bummel durch das Museum zum Erlebnis (geöffnet Juni – Okt Di – Sa 14 – 18, So 14 – 17.30 Uhr, www.erdoel-erdgas-museum-twist.de).

Das Museum auf dem Kanal

Schon von weitem ist die große Kuppel des »Emsland-Doms« in **Haren** ➎ zu erkennen – so wird die katholische St. Martinuskirche im Volksmund genannt. Ihre Größe steht der eines Domes auch wahrlich in nichts nach, das Hauptschiff bietet bei einer Länge von 58 m rund 1200 Menschen Platz, die Kuppel ragt 55 m auf. Vom mit Backsteingebäuden gesäumten Marktplatz spaziert man die Lange Straße entlang etwa 500 m bis zur Kirche.

Die Harener Geschichte ist seit Jahrhunderten eng mit der Ems-, Küsten- und Seeschifffahrt verbunden. Im Haren-Rütenbrock-Kanal liegen gleich fünf Schiffe für immer vor Anker. Zum Schifffahrtmuseum gehören die Spitzpünte »Helene«, ein Nachbau des legendären Schiffes, das um die Jahrhundertwende fünfmal den Atlantik überquerte, die Emspünte »Haren I.«, ein typisches Handelsschiff, der Schleppdampfer »August« aus dem Jahr 1910, das Wattschiff »Thea Angela«, das Motorboot »Haren« sowie das Schleusenwärterhaus.

In den Laderäumen der »Helene«, der »Haren I.« und der »Thea Angela« sowie im Schleusenwärterhaus sind Ausstellungsräume untergebracht, in denen sich Besucher über Themen wie Nautik, Schiffsbau, Emsschifffahrt und die Harener Geschichte informieren können (geöffnet Mai – Okt Di – Sa 14.30 – 17, Mi auch 10 – 12 Uhr, So 14.30 bis 17.30 Uhr).

**REKULTIVIERUNG –
WIE MACHT MAN EIN MOOR?**

Hochmoore mit ihren Torfablagerungen sind über Jahrhunderte gewachsen und können, nachdem sie kultiviert wurden, in kurzer Zeit nicht wieder hergestellt werden. Die Entwicklung eines Hochmoores ist eine langwierige Sache und verläuft in verschiedenen Stadien: Der erste Schritt ist die Wiedervernässung. Hierzu werden die Entwässerungsgräben geschlossen, sodass wieder

ein mooreigener Wasserkörper entstehen kann (Bild). Durch den hohen Wassergehalt werden Gehölze zurückgedrängt, und alte Baumbestände sterben ab. So bekommen hochmoortypische Pflanzen wie beispielsweise Torfmoose und Wollgras eine Chance, sich anzusiedeln und auszubreiten. Erst nach Jahrzehnten kann es dann erneut zu einer Torfbildung kommen.

Eis und Schnee von gestern

Die Gletscher der jüngsten Eiszeit haben sich zwar schon vor mehr als 12 000 Jahren von deutschem Boden zurückgezogen, doch die von ihnen geschaffenen Landschaftsformen wirken noch immer so frisch, als sei das Eis erst gestern gewichen. Deutschland ist ein typisches Eiszeitland.

Ein Erbe der Eiszeit: nordische Gerölle.

Selbst Findlinge aus härtestem Fels wurden in den Kaltzeiten vom Frost gesprengt.

Der helle Geschiebemergel verwandelte sich in den Warmzeiten in rötlich-braunen Lehm, wie hier am Roten Kliff auf Sylt.

Klippen: oft von Blockhalden gesäumt.

Torfschichten zeigen Klimaschwankungen an.

»Sollten die nordischen Gletscher wirklich von den skandinavischen Bergen bis an die Wurzener Hügel gereicht haben? Mich friert bei dem Gedanken.« Es ist in der Tat eine erschreckende Vorstellung, die sogar einen erfahrenen Geologen wie Bernhard von Cotta um die Mitte des 19. Jahrhunderts frösteln ließ: eine riesige Eismasse, die von Skandinavien bis an den Rand der deutschen Mittelgebirge östlich von Leipzig reicht und als viele hundert Meter dicker eisiger Panzer das gesamte Land unter sich begräbt, und vor der Stirn der Gletscher – dort, wo sich heute Felder, Wälder und Wiesen erstrecken – öde Steppen und Tundren? Eigentlich unvorstellbar.

Die Idee von der Eiszeit hat sich daher auch nur schwer durchsetzen können, erst 1875 gelang der entscheidende Nachweis. Heute weiß man, dass nicht nur Norddeutschland, sondern auch die Alpen und ihr Vorland weithin vergletschert waren. Und die jüngste Eiszeit, die ihre frostigste Epoche vor rund 18 000 bis 22 000 Jahren erlebte, war darüber hinaus kein einmaliges Ereignis. Seit 2,6 Millionen Jahren vor unserer Zeit stießen die Gletscher vielmehr mindestens acht- bis zwölfmal auf breiter Front aus Nordeuropa und dem Hochgebirge in unsere Breiten vor. Während ihrer größten Ausdehnung bedeckten sie ungefähr ein Drittel der heutigen Fläche Deutschlands. Die großräumigen Vergletscherungen sind jedoch nur eine Seite des Eiszeitalters, denn immer wieder wurden die Eiszeiten von Warmzeiten unterbrochen, in denen die mittleren Lufttemperaturen von teilweise annähernd –10 °C auf über +15 °C anstiegen; die rekonstruierte Temperaturkurve des Pleistozäns gleicht daher einer Achterbahn.

Eis, Frost, Wasser und Wind – die glorreichen Vier

Die Ausdehnung und Herkunft vorzeitlicher Gletscher kann durch charakteristische, vom Gletschereis geschaffene Landschaftsformen und

hinterlassene Ablagerungen ermittelt werden. Moränen spielen dabei die Schlüsselrolle. Sie wurden als Grundmoränen unter dem Eis abgelagert oder vom Gletscher wie ein Bulldozer vor der Stirn als Endmoränen zusammengeschoben. In diesem Zusammenhang tauchen bei der geologischen und naturräumlichen Gliederung Deutschlands zwei Begriffe häufig auf: Jungmoränen- und Altmoränenlandschaften. Der erste bezeichnet die Landschaften, die während der jüngsten Eiszeit vor gut 11 600 bis 11 500 Jahren von Gletschern bedeckt waren, der zweite das Verbreitungsgebiet der älteren Eispanzer. In den Alpen und den höheren Mittelgebirgen gehören die Kare und Trogtäler zu den Leitformen der Gletschererosion.

Im eiszeitlichen Dauerfrostboden war diese jetzt mit Kies und Sand gefüllte Spalte ein Keil aus purem Eis.

Je nach Eiszeit waren mindestens zwei Drittel Deutschlands nicht vergletschert, was jedoch nicht heißt, dass die Glaziale dort keine Spuren hinterlassen hätten. Im Gegenteil: Schmelzwasserströme, die sich aus den Gletschertoren ergossen, schütteten riesige Schwemmfächer

Die wenigen verbliebenen Eis- und Firnfelder über dem Königssee schrumpfen derzeit dramatisch wie überall in den Alpen.

aus Sand und Geröll auf und spülten gewaltige Täler aus, in denen die heutigen Flüsse unterernährt wirken; der Frost nagte im Periglazial an Felsklippen und bildete unter der Sohle der Täler eine Eisrinde, die die Erosion der Flüsse ungemein erleichterte; Stürme tobten über dem Land, erodierten den Boden auf weiten Flächen und ließen Sand und Staub an anderen Stellen wieder als Flugsand und Löss fallen.
Gerade der fruchtbare Löss, der oft unfruchtbares Gestein in mehrere Meter dicken Schichten verhüllt, widerlegt die Vorstellung vom Eiszeitalter als erdgeschichtlichem Schicksalsschlag. Ohne den Lösslehm, auf dem Pflanzen bestens gedeihen, ohne die mächtigen Sand- und Geröllschichten, die vorzügliche Grundwasserreservoire bilden, und ohne die breiten, durch Erosion der Schmelzwasserströme als natürliche Verkehrsachsen geformten Talsohlen sowie die in den Jungmoränenlandschaften zahllosen Seen wäre Deutschland viel ärmer.

Nachwehen der Eiszeit bis heute

Die Zeitmarke 11 600 Jahre vor unserer Gegenwart markiert zwar das Ende des Eiszeitalters und den Beginn des Postglazials, bedeutet aber nicht, dass der eisige Vorhang damals schlagartig und endgültig gefallen wäre. Eiszeiten haben lange Nachwehen. In Nordeuropa hebt sich die von Eismassen entlastete Erdkruste noch immer mit einem für geologische Vorgänge atembe-raubenden Tempo von bis zu 1 m pro Jahrhundert. Es dauerte Jahrtausende, bis sich der in den Eiszeiten wesentlich tiefer gelegene Meeresspiegel durch den Zufluss von Schmelzwasser wieder auf das warmzeitliche Niveau eingependelt hatte. Unter jüngeren Sedimenten begrabene Toteisblöcke tauten erst lange nach dem Abschmelzen der Gletscher an der Erdoberfläche vollständig auf, erst dann bildeten sich die Toteiskessel, von denen viele mit Wasser gefüllt sind. Der Permafrost des Pleistozäns, der wie ein eisiger Mörtel den durch die Frostverwitterung zerrütteten Fels zusammenhielt, schwand in der Nacheiszeit. Bergstürze waren die Folge, als größter in Bayern der von Eibsee-Grainau am Fuß des Wettersteingebirges, der wohl vor knapp 4000 Jahren niederging und ein gewaltiges Trümmerfeld hinterließ. Mit der zunehmenden Erderwärmung wächst das Risiko von Bergstürzen, wie die Felsstürze am Matterhorn oder oberhalb von Grindelwald in den Schweizer Alpen zeigen, gleichzeitig schrumpfen dadurch die Gletscher in den Hochgebirgen dramatisch. In ein paar Jahrzehnten könnte der letzte Gletscher in den deutschen Alpen verschwunden, die Eiszeit bei uns damit endgültig zu Ende gegangen sein. Oder waren die Forscher, die den Begriff »Postglazial« prägten, doch zu optimistisch? Befinden wir uns lediglich in einem Interglazial – könnte Deutschland irgendwann wieder zu einem neuen Eiszeitland werden?

Naturpark Wildeshauser Geest

Urwald, Moore und 1000-jährige Eichen, reetgedeckte Fachwerkhöfe, aus Findlingen errichtete Kirchen und sagenumwobene Steinsetzungen, die zu den großartigsten Europas zählen – das ist der Naturpark Wildeshauser Geest im Oldenburger Land.

SERVICE

Anfahrt: Auf der A 28 Bremen–Oldenburg bis zur Ausfahrt Hude; nächstgelegener Bahnhof in Hude
Lage: Im Oldenburger Land in Niedersachsen südwestlich von Bremen und Oldenburg
Größe: 1532 km²
Höchste Erhebung: Hoher Berg in Syke-Ristedt (58 m)
Gründung: 1984
Information:
Naturpark Wildeshauser Geest
Delmenhorster Straße 6
27793 Wildeshausen
Telefon: 04431/85351
Infohaus: In Goldenstedt
Internet:
www.naturparkwildeshausergeest.de
www.steinzeitreise de

Das einzigartige Natur- und Freizeitparadies Goldenstedter Moor kann man auch auf einem Barfußweg erkunden.

TOP TIPP

❷ Hude
Monumentale Ruine einer Klosterkirche
❸ Urwald Hasbruch
Naturwald mit uralten Eichen und Buchen
❻ Ahlhorner Teiche
100 Jahre alte Teichlandschaft
❾ Glaner Braut
Imposanter vorgeschichtlicher Kultplatz
❿ Visbeker Brautzug
Eine der größten Megalithanlagen Europas

Die Wildeshauser Geest ist die von Laubwäldern und 1000-jährigen Eichen geschmückte Krone des Oldenburger Landes. Die Moränen, Heideflächen, die aufgewehten Dünen-»Berge« und fruchtbaren Flottsandböden sowie die umgebenden Marsch- und Moorniederungen werden seit Jahrtausenden von Menschen genutzt: Die außergewöhnliche Dichte jungsteinzeitlicher Steinsetzungen macht die Wildeshauser Geest zu einer wichtigen Stätte der Megalithkultur-Archäologie in Europa. Visbeker Brautzug, Glaner Braut, Hohe Steine, Kleinenkneteter Steine, Bargloyer Steinkiste, Kellersteine, Näpfchen- und Schalensteine wie der Hexenstein vor dem Wehe, Dolmen und andere Großsteinanlagen sowie bronzezeitliche Kultsteine sind in reicher Fülle vertreten. Einer der Rad- und Wanderwege durch die Geest heißt deshalb »Steingräber-

weg«, und zahlreiche Radwanderwege führen unter dem Motto »Erlebnisroute Faszination Archäologie« zu Relikten aus der Steinzeit. Namengeber des Naturparks ist der Luftkurort Wildeshausen an der Hunte. Das nicht schiffbare Flüsschen windet sich in unzähligen Mäandern in einer eiszeitlichen Schmelzwasserrinne quer durch die Geesthochfläche – ein Naturparadies, dessen Glanzpunkte auf dem »Huntepadd« (Huntepfad) bei Dötlingen und auf dem Wanderweg durch die Buchen-Stechpalmen-Wälder am Fuß der Osenberge zu entdecken sind. Ungeachtet der spektakulären Steinsetzungen und der Nähe zu den Ballungsräumen Bremen-Delmenhorst und Oldenburg ist die Wildeshauser Geest ein stilles Land geblieben, in dem man in völliger Ruhe und ungestört wandern oder mit dem Rad fahren kann.

»Hünenbrücke«, Backsteingotik und uralte Baumgiganten

Vor den alten Laubwäldern am Nordrand des Naturparks weiten sich die einsamen Moorregionen am Übergang zur Wesermarsch: Das Naturschutzgebiet Wittemoor und Holler Moor ist ein verwunschen wirkendes Ensemble aus Hochmooren, aufgelassenen Torfstichen, Wollgräsern, Birkenbruchwäldern, kleinen Heideflächen und aus grasig-torfigen Wegen. Zum jahrhundertelangen bäuerlichen Handtorfstich trat ab dem 19. Jahrhundert die industrielle Abtorfung von den Rändern her, und als in den 1960er-Jahren der Geestrandgraben zur Entwässerung angelegt wurde, schien der Triumph der technischen Machbarkeit den Untergang des Moores besiegelt zu haben. Doch die umfangreiche Wiedervernässung seit der Ausweisung als Naturschutzgebiet soll das Wachstum der Torfmoose fördern. Am Reetdachgasthof »To'n Drögen Schinken« (Zum trockenen Schinken) bei Hude beginnt der Weg in die Einsamkeit des Wittemoors, wo vor rund 2800 Jahren geniale Baumeister der Vorzeit einen **Bohlenweg** ❶ (6,5 km) anlegten, um von der Geest durch die Moore in die Marsch zu gelangen. Mittelalterliche Sagen bezeichnen ihn als »Hünenbrücke«, da man damals glaubte, dass Riesen Marsch und Geest bevölkern. Moorarchäologen haben ein Teilstück dieser Hünenbrücke im Originalmaßstab am Südrand des Naturschutzgebietes rekonstruiert. Neben den Bohlen wurden auch die Nachbildungen zweier vorgeschichtlicher »Verkehrszeichen« aufgestellt: die hölzernen Statuetten einer männlichen und einer weiblichen Figur, die als schützende Gottheiten gedeutet werden.

TOP TIPP Die monumentale Ruine der Klosterkirche in **Hude** ❷ (Von-Witzleben-Allee, 27798 Hude) auf einem parkähnlichen Gutsgelände mit uralten Bäumen zählt zu den herausragenden Denkmälern der Backsteingotik in Norddeutschland und ist eines der stimmungsvollsten Ausflugsziele zwischen Weser und Ems. 1232 gründeten Zisterzienser im Auftrag der Grafen von Oldenburg das Kloster Marienbusch am Rand des Urwalds Hasbruch an der Berne. Die Größe der dreischiffigen Kirche unterstrich die wirtschaftliche Blüte des Klosters, der Bau fungierte als Grablege der Grafen. Nach der Reformation wurde das Kloster zerstört, die Kirche verkam zur Ruine. 1693 erwarb

die Familie von Witzleben das Klostergut. Nach umfangreichen Restaurierungen 1983–94 ist das eindrucksvolle Ruinengelände nun wieder öffentlich zugänglich. Schlemmen unter hohen alten Bäumen kann man in der »Klosterschänke« gleich neben der Ruine. Sehenswert ist auch die frühgotische Backstein-Saalkirche am Beginn der Zufahrt: Sie war ehemals Torkapelle des Klosters, im Inneren finden sich reiche Wandmalereien sowie ein gotischer Schnitzaltar.

TOP TIPP Der **Urwald Hasbruch** ❸ ist eines der ältesten Naturwaldgebiete Norddeutschlands, die Naturschutzverordnung bezeichnet ihn sogar als eines »der acht bedeutendsten historisch alten Laubwaldgebiete im nordwesteuropäischen Flachland«. Mehrere hundert Jahre alte Eichen und Buchen in oft bizarren Wuchsformen sowie Tausende von Stechpalmen prägen das 630 ha große Gebiet, das zu den schönsten Wanderrevieren der Wildeshauser Geest zählt. Der älteste Baum ist die Friederikeneiche, deren Alter auf über 1000 Jahre geschätzt wird. Von den anderen 1000-jährigen Eichen, die im 19. Jahrhundert nach oldenburgischen Prinzessinnen benannt wurden, sind inzwischen etliche abgestorben oder wurden von Stürmen umgeworfen, vergleichsweise junge Eichengiganten rücken nach. Als »Asebroc« (Asenbruch) wird der Hasbruch Mitte des 13. Jahrhunderts im Besitz

WANDERTIPP

OLDENBURGER WANDERWEG
Der Oldenburger Wanderweg führt als 120 km langer Rundkurs durch die Wildeshauser Geest. Die abwechslungsreiche Tour durch Moor und Marsch, Wälder und Geest kann dank der guten Bahn- und Bus-Infrastruktur auch tageweise in Einzeletappen erwandert werden. Nahezu alle kulturellen und natürlichen Glanzpunkte des Naturparks liegen am Weg: z.B. das Wittemoor mit dem Bohlenweg ❶ (Bild), die Klos-

terkirchenruine in Hude ❷, der Urwald Hasbruch ❸, das Bilderbuchdorf Dötlingen ❽ und der Pfad entlang der Hunte ❹ am Fuß der Osenberge ❺.

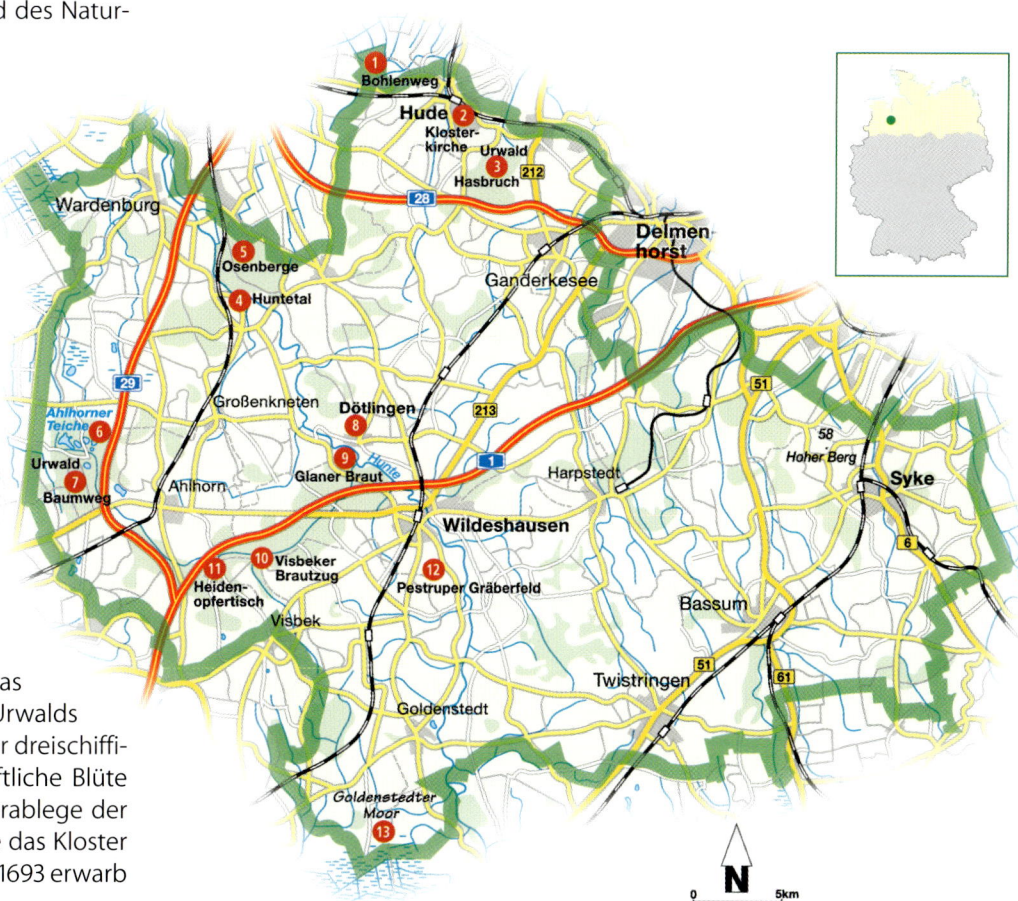

Mit über 50 kleineren und größeren Gewässern bieten die Ahlhorner Teiche zahlreichen Wasservögeln Lebensraum.

WALDERLEBNISPFAD SCHIERENBUCHEN

Am Waldparkplatz am Ortsrand von Kirchhatten (bei ➍ und ➎) an der Landstraße Richtung Wildeshausen beginnt der sehenswerte Walderlebnispfad Schierenbuchen. Dieser bietet klassische Informationstafeln (Bild) ebenso wie Einrichtungen zur spielerischen »Selbsterfahrung« im Wald. Die erste Einrichtung dieser Art sind Klanghölzer, eine Art Baumxylophon. Wenig später begleitet

ein Findlingsgarten den Weg, dann führt der Lehrpfad hinüber zur Sprunggrube und weiter zu einem Barfuß-Erlebnispfad, ehe ein von einem Wassergraben umgebener Schutzhüttenpavillon, das sogenannte »Teehaus«, zur Rast in diesem naturnahen Waldstück einlädt.

des Klosters Hude erstmals erwähnt; der Name »Ase« wird auf die Asen zurückgeführt, die germanischen Götter, die hier möglicherweise in einem heiligen Hain verehrt wurden. Die Bezeichnung »Bruch« verweist auf die Feuchtigkeit des Geländes: Stieleichen, Hainbuchen, Erlen, Eschen, Stechpalmen – der gesamte Wald ist von Feuchtigkeit geprägt, auch wenn einige kleine Bäche im Sommer austrocknen. Das Naturschutzgebiet Hasbruch wird ohne forstwirtschaftliche Pflege seiner natürlichen Entwicklung überlassen; in dem nicht selten von Pilzen bewachsenen Totholz bauen oft Vögel ihre Nester, und irgendwann wird es von Mikroorganismen wieder der Erde zugeführt. Die »Unaufgeräumtheit« des urwaldartigen Waldes verlangt besondere Umsicht beim Wandern.

Vom »Wunderhorn« zu den »Zwölf Aposteln«

Das **Huntetal** ➍ bei den Hattener Dörfern Sandkrug und Sandhatten sowie die sagenumwobenen **Osenberge** ➎ mit dem »Wunderhorn« sind weitere herausragende Naturparadiese der Wildeshauser Geest. Schon der von alten Eichen, Buchen und Stechpalmen gesäumte Pfad entlang der Hunte am Rand des Barneführer Holzes ist ein Hochgenuss für Wanderer. Auch trifft man allenthalben auf Sagen und Legenden: Vor über 1000 Jahren soll sich der Graf von Oldenburg auf der Jagd in den Zauberwäldern der Osenberge, wie die Dünen rechts des Tals genannt werden, verirrt haben. Es war heiß, und so wünschte er sich einen kühlenden Trunk. Da tat sich der Berg

auf, und aus einer Kluft trat Fehmöme, die Königin des Zwergenvolks der Erdmännchen, heraus und bot dem Grafen ihr reich verziertes Trinkhorn dar. Doch der undankbare Graf schüttete den Trank weg und raubte das silberne Horn, woraufhin Fehmöme starb. Als die Erdmännchen vom Tod ihrer schönen Königin hörten, entfernten sie sich unter großem Jammer und ließen sich nie wieder sehen. Heute erinnert der Flurname »Wunderhorn« am Kistenberg an die wundersame Begebenheit, ebenso wie der Titel der 1808 von Clemens von Brentano und Achim von Arnim herausgegebenen Volksliedsammlung *Des Knaben Wunderhorn*. Auf dem Kistenberg warnen Schilder Spaziergänger und Wanderer davor, vom Weg abzuweichen – in erster Linie, weil die Wälder nicht bewirtschaftet werden, doch wer weiß, ob die Erdmännchen nicht eines Tages zurückkehren und Wanderer in die Tiefen ihres zauberhaften Waldes locken.

TOP TIPP Fischadler, Baumfalken und Fischreiher kreisen über den **Ahlhorner Teichen** ➏ mit ihren rund 50 seenartigen Gewässern, ihren Wäldern und bizarren Eichen im Lethetal. Ab Anfang des 20. Jahrhunderts wurde die Teichlandschaft als staatliches Fischzuchtgebiet des damaligen Großherzogtums Oldenburg angelegt, die Teiche wurden durch Dämme voneinander abgegrenzt. Heute erinnern sie an einen romantischen Landschaftspark mit 100 Jahre alten Bäumen, durchzogen von Spazier- und Wanderwegen. Die Teiche und ihre Umgebung beherbergen eines der größten Amphibienvorkommen im Nordwesten Deutschlands und stehen mit einer Fläche von 485 ha seit 1993 unter Naturschutz. Auf einer Lichtung am Rand der Teiche stehen die »Zwölf Apostel«, eine Gruppe von Findlingen.

Am Wanderparkplatz beginnen zwei ausgeschilderte, farbig markierte Rundwege, die durch die Bruchwälder des Lethetals und zu den Ahlhorner Teichen führen. An den Teichen lässt sich die Wanderung prinzipiell auch ohne die Markierungen fortsetzen: Lassen Sie sich einfach von den Laubwaldpfaden, Fuß- und Radwegen in dieser stillen, traumhaft schönen Landschaft inspirieren. Auch der mit dem Zeichen »Steingrab« markierte »Steingräberweg« führt zwischen den Teichen hindurch und dann am Rand des Waldgebietes »Baumweg« entlang – ein wegen des Sandes für Fahrräder nicht zu empfehlender, stiller Weg mit weiten Ausblicken auf Kornfelder und Wälder.

Wo dieser Wanderweg nach Durchqueren eines Laubwaldstreifens rechts abzweigt, kann man geradeaus am Waldrand weitergehen und kommt dann in den als Naturschutzgebiet ausgewiesenen **Urwald Baumweg** ❼, der zwar kein »richtiger« Urwald mit seinen krummschäftigen Hainbuchen sowie den mehrere hundert Jahre alten Eichen, aber ein sehenswertes Waldgebiet ist. Da es keine beschilderten Wege gibt, muss man sich hier selbst zurechtfinden: Der Hauptweg ist ein schmaler, einspurig geklinkerter, grasiger Waldweg, von dem aus die schlangen- und zickzackwüchsigen, oft auch dromedarhöckerigen Buchen gut zu sehen sind. Ihr auffällig bizarrer Wuchs erinnert an Süntelbuchen und lässt rätseln, ob der oft genannte Wildfraß tatsächlich die einzige Erklärung für diese Formen sein kann. Bei Wildfraß frisst das Wild die Spitzenknospe eines jungen Baums ab, und eine Seitenknospe übernimmt das Längenwachstum; die neue Spitzenknospe wächst nach einer Seitenbiegung dann wieder aufwärts. Bis zur Säkularisation 1803 befand sich der Baumweg wie das gesamte heutige Oldenburger Münsterland im Besitz der Fürstbischöfe von Münster, die hier ein Jagdrevier unterhielten und dafür sorgten, dass die wildreichen »Urwälder« und ihre ökologische Vielfalt erhalten blieben. Zu diesem Zweck untersagten sie den Bauern die Brenn- und Bauholzentnahme sowie die Jagd; der Eintrieb von Schafen und Schweinen wurde jedoch in den Randbereichen geduldet. Als der Baumweg nach der Aufhebung des Fürstbistums in den Besitz von Oldenburg kam, wurde er durch einen Wall mit einer Hecke umgeben, um die Bauern am Vieheintrieb zu hindern – dieser Wall ist am Waldrand neben dem Steingräberweg noch gut erhalten.

Viele Baumgiganten mussten ab Mitte des 19. Jahrhunderts der modernen Forstwirtschaft weichen und wurden abgeholzt. So klein der erhaltene »Urwald« heute auch ist, so lässt er doch ahnen, welch artenreiches Paradies er bis vor 150 Jahren noch gewesen sein mag. Am besten durchwandert man ihn ebenso wie die Ahlhorner Teiche zu Fuß: An seinem Südrand ist ein Waldparkplatz an der Bundesstraße ausgeschildert, dort durchschreitet man ein Holzportal mit der Aufschrift »Zum Urwald«. Für den schnurgeraden Weg, der von den Ahlhorner Teichen durch die Wirtschaftswälder des Baumweges zum Urwald führt, ist dagegen das Fahrrad als Fortbewegungsmittel sehr gut geeignet.

Ein Bilderbuchdorf an der Hunte

Dötlingen ❽ am Hang über dem Huntetal ist das malerischste Dorf der Wildeshauser Geest. Schon um die prachtvollen Fachwerkhöfe und -häuser mit ihren Reetdächern zwischen alten Eichen zu bewundern, lohnt der Besuch dieses Bilderbuchdorfes. Eine 1000-jährige Eiche steht vor dem schönsten Hof: Der »Tabkenhof« ist mit 58 m Länge und 18 m Breite eines der größten Niedersachsenhäuser überhaupt. Ein Schmuckstück ist auch die mittelalterliche Feldsteinkirche, deren älteste Teile aus dem 12. Jahrhundert stammen. Heimatmuseum, Galerien, die Webstube, die Neerstedter Bühne, Gasthöfe: Wer sich durch das dörfliche Idyll treiben lässt, wird viel entdecken, z. B. auch den Gierenberg (35 m), von dem aus man eine wunderbare Aussicht über das Huntetal bis nach Ahlhorn und Wildeshausen hat. Auf seinem Gipfel lädt neben einem gewaltigen Findling eine Sitzbank unter einer Eiche zur Rast ein. Bis um 1900 war der Gipfelbereich ganz von Heide bedeckt; heute finden sich unterhalb des Gipfels auch Wiesen, auf denen die Osterfeuer abgebrannt werden.

Der naturnahe »Huntepadd« (Huntepfad, 5 km), dessen einziger Nachteil seine Kürze ist, er-

Zeugnis alter Baukunst: Der Tabkenhof in Dötlingen ist einer der schönsten Fachwerkhöfe des Dorfes.

MEGALITHKULTUR

Während der Jungsteinzeit wurden in Europa ab etwa 5000 v. Chr. Bauwerke aus meist unbehauenen Findlingen von oft kolossaler Größe errichtet. Die griechische Übersetzung *mega lithos* für »großer Stein« hat zur übergeordneten Bezeichnung »Megalithkultur« für alle Kulturgruppen geführt, für die solche Großsteinbauten charakteristisch sind. Mit großen regionalen Unterschieden reicht der Zeitraum, in dem

diese Bauten entstanden, bis etwa 500 n. Chr. Während die Großsteinbauten in der Bretagne, die vielfach als Heimat der Megalithkultur angesehen wird, bereits ab 5000 v. Chr. errichtet wurden, setzte der Megalithbau in der Norddeutschen Tiefebene erst zwischen 4000 und 3000 v. Chr. ein. Die Megalithanlage der Glaner Braut ❾ (Bild) entstand um 3000 v. Chr.

schließt die kulturellen und natürlichen Glanzpunkte von Dötlingen und seiner Umgebung jenseits der Hunte. Teils auf Wegen, teils auf urtümlichen Pfaden führt er als Rundwanderweg durch eine herrliche Wald-, Fluss-, Heide-, Feld- und Feuchtgebietslandschaft – empfehlenswert für Genusswanderer ebenso wie für Familien mit Kindern, die auf Informationstafeln viel Wissenswertes über dieses Naturkleinod erfahren.

Imposant und rätselhaft: Kultplätze der Vorgeschichte

In der reizvollen Naturlandschaft über dem Huntetal befindet sich auf Wildeshauser Gebiet die Steinsetzung **Glaner Braut** ❾, ein Ensemble von Megalithanlagen. Es handelt sich um den atmosphärisch schönsten und naturnahesten vorgeschichtlichen Kultplatz der Wildeshauser Geest. Die Sagen sehen in den Glaner Steinsetzungen aus der Zeit des Megalithikums (um 3000 v. Chr.) einen versteinerten Brautzug vergleichbar der Visbeker Braut. Wissenschaftler nennen die beiden größeren Anlagen Glaner Braut I und II. Ähnlich den Anlagen bei Visbek handelt es sich bei beiden Steinsetzungen um »Hünenbetten« (etwa 6 m lang und 1,5 bis 2 m breit), die von beeindruckend weitläufigen Umfassungen umgeben sind; die leicht schlangenförmige Umfassung der Glaner Braut I hat eine Länge von gut 60 m, die Umfassung der Glaner Braut II misst rund 30 m.

Die attraktivste Möglichkeit, zur Glaner Braut zu gelangen, ist der auf der gegenüberliegenden Seite des Flusses beginnende »Huntepadd«. Um die Glaner Braut mit dem Auto zu erreichen, fährt man von Wildeshausen auf der Kreisstraße Richtung Huntlosen und biegt nach dem Überqueren des Flüsschens Aue rechts auf einen schmalen Teerweg Richtung »Glaner Braut« ab; der Weg endet an einem Parkplatz kurz vor der Hunte. Von hier aus ist die Glaner Braut in knapp zehn Gehminuten erreichbar: Alleeartig von Laubbäumen flankiert, führt der Weg im Gleichlauf mit dem »Huntepadd« an Feldern und Pferdekoppeln vorbei, bis er sich nach einem unter Naturschutz stehenden Waldstück zu einer weiten Heidefläche mit den imposanten Steinsetzungen öffnet.

Möglicherweise noch beeindruckender als die Glaner Braut ist der **Visbeker Brautzug** ❿ auf der Ahlhorner Heide, eine der größten Megalithanlagen Europas. Errichtet wurde das Ensemble während der Jungsteinzeit ab 3000 v. Chr. Es erhebt sich in einem malerischen Laubwaldgebiet, durch das die Wanderwege »Brautweg« und »Steingräberweg« verlaufen.

Der »Brautweg« führt in 1,5 Stunden vom Visbeker Bräutigam zur Visbeker Braut, wobei sich Abstecher zu den Kellersteinen und anderen Steinsetzungen in der Umgebung unternehmen lassen. Der Waldweg ist landschaftlich sehr schön; leider mindert der Geräuschpegel der nahe gelegenen Autobahn die Erlebnisqualität doch ein wenig.

Auch um diese Anlagen ranken sich Sagen und Legenden. Eine Sage berichtet, dass einst ein reicher Bauer aus der Ahlhorner Heide seine Tochter zwang, einen wohlhabenden Mann aus Visbek zu ehelichen, obwohl das Mädchen einen armen Schäfer liebte. Am Hochzeitsmorgen bewegte sich ein Zug festlich gekleideter Menschen über die Heide, voran schritt totenblass die Braut mit ihren Eltern, während sich von Visbek her der Zug des Bräutigams näherte. In ihrer Verzweiflung flehte die Braut den Himmel an: »Lieber will ich auf der Stelle zu Stein werden als einem Mann angehören, den ich nicht lieben kann!« Kaum hatte sie die Worte gesprochen, erstarrte der Brautzug zu Stein, wo eben noch Blumen und Bänder flatterten, waren nur noch Moose und Flechten zu sehen. Auch der Zug des Bräutigams wurde zu Stein.

Die Visbeker Braut ist die am weitesten östlich gelegene Setzung dieser Anlage. Wie auch beim Visbeker Bräutigam handelt es sich um den Typ des »Hünenbetts«, bei dem eine Steinkammer von einer Einfriedung umgeben ist. Während die nur 5,5 x 1,5 m große Steinkammer als Grab gedeutet wird, ist die kultische Bedeutung der riesigen rechtwinkligen, 80 x 7 m großen Einfriedung unklar: Sie besteht aus 71 Steinblöcken, von denen die vier mächtigsten den westlichen Abschluss bilden. Ebenso wie die Visbeker Braut besteht der Visbeker Bräutigam aus einer kleinen, vollständig erhaltenen Grabkammer, die 10 m lang ist, und einer Umfassung mit den enormen Ausmaßen von 104 x 8,5 m; die Einfriedung bestand ursprünglich aus 130 Findlingen. Die höchsten und mächtigsten Steine stehen im Nordosten. In unmittelbarer Nähe des Visbeker Bräutigams wurden in der Jungsteinzeit weitere Megalithanlagen errichtet, beispielsweise der Visbeker Brautwagen (etwa 50 m südlich des Ostendes) mit ebenfalls vollständig erhaltener Grabkammer.

Über den anderen Wanderweg, den »Steingräberweg«, erreicht man beim Waldgasthof »Engelmannsbäke« den mehrere Tonnen schweren **Heidenopfertisch** ⓫, eine der mächtigsten Megalithanlagen-Deckplatten in Norddeutschland; er ist etwa 5 m lang, bis zu 7 m breit und bis zu 1,2 m dick. Die Großsteinanlage, zu der er ursprünglich gehörte, ist nach Osten und Westen

Sagenumwobene Megalithanlage auf der Ahlhorner Heide: der Visbeker Brautzug.

ausgerichtet. Die Menschen der Vorzeit sollen hier der Sage zufolge ihren Gottheiten Butter, Milch und Honig geopfert haben.

Alte Grabhügel und ein Moor für Entdecker

Das **Pestruper Gräberfeld** ⑫ ist einerseits der größte vorgeschichtliche Friedhof Nordeuropas und andererseits die schönste Heidelandschaft der Wildeshauser Geest. Auf einer Fläche von 39 ha wurden während der Bronze- und frühen Eisenzeit etwa 580 Grabhügel aufgeschüttet. Sie dienten von 900 bis 400 v. Chr. der Bestattung von Urnen und Knochen, die größeren Hügel werden als »Königsgräber« bezeichnet. Bei den Bestattungen wurden den Toten auch Schmuckstücke und Waffen aus Bronze oder Eisen mitgegeben. 1908 erwarb das Großherzogtum Oldenburg dieses einmalige Denkmal und stellte es unter Schutz. Funde sind im Oldenburger Landesmuseum ausgestellt.

Bei der Ortschaft Kleinenkneten südlich des Pestruper Gräberfeldes schließlich stehen weitere jungsteinzeitliche »Hünenbetten«, die Kleinenkneter Steine. Das Hünenbett I ist 49 m lang und 7 m breit; 85 Findlinge umgeben die Anlage, in deren Mitte sich eine 8 x 3 m große Grabkammer befindet. Die als Hünenbett II bezeichnete Anlage ist das einzige Ganggrab in Niedersachsen mit drei Kammern.

Wer sich etwas von dieser archäologischen Fülle erholen möchte, findet im **Goldenstedter Moor** ⑬, dem »Freizeitmoor« des Naturparks Wildeshauser Geest, zahlreiche Möglichkeiten, etwas zu

unternehmen. Zentrum der Aktivitäten ist das Naturschutz- und Informationszentrum »Haus im Moor« (Arkeburger Straße 20, 49424 Goldenstedt, www.goldenstedter-moor.de) am Rand des 640 ha großen Naturschutzgebietes. Ein Barfußpfad lädt dazu ein, durch das Moor zu waten, ein Bohlensteg erlaubt es den Besuchern, den geschützten Pflanzen näher zu kommen. Alljährlich im August wird der »Moormarathon« veranstaltet, außerdem gibt es Moorläufe und Walking-Touren, geführte Wanderungen und Radausflüge. Fahrten mit der »Moorbahn« sind beliebt bei Vereinen, bei Kindergeburtstagen und bei Schulklassen, fachkundige Referenten begleiten die eineinhalbstündige Fahrt. Die »Moorbahn« fährt von März bis Oktober jeden Samstag und Sonntag, Startpunkt ist ein eigens errichteter Ökobahnhof aus Holz. Als zusätzliche Attraktion können beim Naturschutz- und Informationszentrum »Moorhexen« gebucht werden: Mit Besen und langen Nasen springen die Gestalten aus Gräben und hinter Birken hervor und sorgen für ein angenehmes Gruseln.

Das Geesthochmoor bei Goldenstedt bildet den südlichsten Ausläufer der Wildeshauser Geest und zugleich den nördlichsten Teil der Diepholzer Moorniederung, die sich südwärts bis zum Naturpark Dümmer erstreckt und einen der größten zusammenhängenden Hochmoorkomplexe Deutschlands bildet. Durch Entwässerung und industrielle Abtorfung ist der Hochmoorcharakter zwar weitgehend verschwunden, doch Wiedervernässungsmaßnahmen sollen das erneute Wachstum der Torfmoose fördern.

GROSSER BRACHVOGEL
(Numenius arquata)

Mit einer Körperlänge von bis zu 55 cm ist der Große Brachvogel der größte Vertreter aus der Familie der Schnepfenvögel. Sein Federkleid ist unscheinbar grau-braun gefleckt, auffällig sind sein langer, nach unten gebogener Schnabel und die langen Watbeine. Das Hauptverbreitungsgebiet ist Nord- und Mitteleuropa, wo er in offenen und in Moorgebieten, in Flussniederungen

und auf Feuchtwiesen lebt. Zur Zugzeit tritt er auch an der Küste im Wattenmeer auf. Auf der Suche nach Nahrung stochert er mit seinem langen Schnabel im feuchten Boden nach Würmern, Schnecken und Fröschen und frisst auch Insekten, Samen und Beeren. Als Bodenbrüter baut er sein Nest in flachen Mulden, wo er im März und April vier olivgrüne, braun gefleckte Eier ausbrütet. Auffällig ist zur Brutzeit sein Singflug mit hohem, melodischem Trillern. Der Große Brachvogel ist stark bedroht und steht in Deutschland auf der Roten Liste; im Goldenstedter Moor ⑬ hat er ein Rückzugsgebiet gefunden.

SERVICE

Anfahrt: Auf der A 1 Münster–Bremen bis Holdorf und weiter auf der B 214 über Ankum in Richtung Fürstenau; in Schwagstorf kurz vor Fürstenau auf die Landstraße zur Maiburg und nach Bippen; nächstgelegener Bahnhof in Bersenbrück an der Linie Osnabrück-Oldenburg

Lage: In Nordrhein-Westfalen und Niedersachsen zwischen Bielefeld, Minden und Rheine; der Park umfasst den nordwestlichen Teutoburger Wald, den Wiehen-Kamm, die Ankumer Höhe und das Osnabrücker Land; im Zentrum liegt die Domstadt Osnabrück

Größe: 1140 km²

Höchste Erhebung: Dörenberg (331 m)

Gründung: 1962

Information: Naturpark TERRA.vita
Am Schölerberg 1
49082 Osnabrück
Telefon: 0541 / 501 42 17
Internet: www.naturpark-terravita.de

TOP TIPP

❶ Bippener Maiburg
Jungsteinzeitliche Megalith-anlagen und Kultsteine

❷ Museumspark Varusschlacht
Lebendige Geschichte – Hermann der Cherusker

❸ Gattberg
»Steinernes Meer« mit 1000 Find-lingen im Osnabrücker Land

❽ Porta Westfalica
Weserdurchbruch; auch: Westfälische Pforte

❿ Hermannsweg
Kammweg im Teutoburger Wald

⓫ Dörenther Klippen
Spektakuläre Felsformationen

Naturpark TERRA.vita

Die Erde und das Leben sind Namensgeber und Motto der Felsen-, Wald- und Heilbäderlandschaft des Naturparks TERRA.vita. Dinosaurierspuren, Steinernes Meer, Solequellen, Archäologie am Schauplatz der Varusschlacht im Teutoburger Wald – Erde ist Leben.

Das Kaiser-Wilhelm-Denkmal krönt die Ostseite des Weserdurchbruchs Porta Westfalica.

Als erster Naturpark in Deutschland wurde TERRA.vita 2004 in das UNESCO-Geopark-Netz aufgenommen. Damit würdigte die Weltkulturorganisation das reiche geologische Erbe der Region als eines der bedeutsamsten weltweit. Der Bogen der Glanzpunkte aus 300 Millionen Jahren Erdgeschichte spannt sich von den Felstürmen der Dörenther Klippen auf dem Osning bis zu den Dinosaurierspuren bei Barkhausen im Wiehengebirge, von jungsteinzeitlichen Großsteingräbern auf der Ankumer Höhe bis zum Steinernen Meer auf dem Gattberg; der Museumspark am Grabungsgelände der Schlacht im Teutoburger Wald gehört zu den wichtigsten archäologischen Stätten in Deutschland.

In zwei schmalen grünen Bändern umfasst der Naturpark die Kämme von Osning (Teutoburger Wald) und Wiehen im Grenzgebiet von Nordrhein-Westfalen und Niedersachsen; zwischen den bewaldeten Kämmen liegen im Hasetal die Domstadt Osnabrück und der Grönegau mit dem Wildschweinpark am aussichtsreichen Meller Berg. Vom Weserdurchbruch an der Porta Westfalica reicht das nördliche Band über den Wiehen-Kamm bis zum Varus-Schlachtfeld, ins Artland und zur Ankumer Höhe, während sich der Osning von Bielefeld bis zum Nassen Dreieck, der Mündung des Mittellandkanals in den Dortmund-Ems-Kanal, im nördlichen Münsterland erstreckt.

Die Bezeichnung »Teutoburger Wald« geht zwar auf Tacitus zurück, wurde aber erst im 19. Jahrhundert in die Landkarten übernommen. Bis dahin trug das Kammgebirge in Westfalen den Namen »Osning« (Osnegge), und so wird es heute noch in einigen seiner Teile genannt.

Der Moltketurm auf dem Wittekindsweg gewährt Einblick in die verwunschenen Wälder ringsum.

Auch die Hauptferienstraße im Naturpark trägt diesen Namen: Die »Osning-Route« verbindet auf 187 km Burgen, Naturattraktionen, Heilbäder, Saurierfährten und zahlreiche weitere Höhepunkte miteinander.

Der zweite Bergkamm im Naturpark ist der bewaldete, von Pässen drachenkammartig in einzelne »Eggen« (Kämme) gegliederte Wiehen, der sich im Westen aus dem Hasetal bei Bramsche erhebt, in sanftem Anstieg zwischen den Mooren des Tieflandes und dem Osnabrücker Hügelland ostwärts strebt, im Heidbrink (320 m) gipfelt und am Weserdurchbruch, der Porta Westfalica, endet.

Zwei Namen werden für den Besucher hier zu ständigen Begleitern:

Widukind (oder Wittekind), der westfälische Freiheitskämpfer, und Hermann der Cherusker. Hunderte von Sagen und Legenden ranken sich im Naturpark TERRA.vita um diese beiden historischen Gestalten. Ob Wittekindsburg oder Hermannsweg – alles erinnert noch heute auf Schritt und Tritt an die Geschichte.

Opferrituale und Teufelstreiben – sagenumwobene Findlinge

TOP TIPP Das bewaldete Moränengelände südlich des Kirchdorfes Bippen, die **Bippener Maiburg** ➊, beherbergt in einzigartiger Vielfalt Steindenkmäler, die von der Jungsteinzeit bis zur Christianisierung als Kultstätten genutzt wurden: die 86 m langen Großsteingräber von Hekese, den 66-Näpfchen-Stein von Restrup, den Teufelsstein am Hofdienerweg, die Steinallee von »Teufels Brotschrank« zum Hexentanzplatz auf dem Qualenberg und viele andere. Auch die Wetzrillen am romanischen Turm der Bippener Georgskirche, erbaut aus behauenen Findlingen, sind archäologisch interessante Objekte. Der beste Ausgangspunkt zur Erkundung des Gebiets ist das Hotel-Restaurant »Forsthaus Maiburg« im Herzen der Maiburg (Maiburgstraße 26, 49626 Bippen). Auf dem Wanderweg »Friesenweg« finden sich Informationstafeln zu den Sagen, die sich um die Steine ranken.

Der Granitfindling Phaohlenstein (Phaohl ist eine Namensvariante des germanischen Sonnen- und Lichtgottes Balder) hat eine wannenförmige Vertiefung in der tischartig flachen Oberfläche; die Sagen deuten diese Vertiefung, in der sich Regenwasser sammelt, als »Opferwanne«. Ursprünglich lag der Stein auf offener Heide und war von einem Steinkranz umgeben; heute befindet er sich am Rand eines Nadelforsts, wo er die ungefähre Westgrenze der Maiburg markiert. Der bis zu 1,60 m aus der Erde ragende, 30 t schwere Granitblock »Deuvels Brotschapp« (Teufels Brotschrank) weist eine ganz ähnliche wannenförmige Vertiefung auf der Oberfläche auf; er markiert den Beginn einer heute zerstörten Steinallee, die in nördlicher Richtung zum Hexentanzplatz auf die stimmungsvolle Gipfelkuppe des Qualenbergs führt. Einst

TIPP FÜR KINDER

RADWANDERN MIT DER DRAISINE
Die stillgelegte Bahnstrecke von Rheine nach Quakenbrück fungiert zwischen Fürstenau, Bippen und Quakenbrück als Fahrrad-Draisinen-Wanderstrecke (Bild). Längs der landschaftlich reizvollen Wald- und Feldflurstrecke laden Gaststätten, Cafés und Picknickplätze zur Rast ein. Einstiegspunkt in Bippen (bei ➊)

ist der ehemalige Bahnhof, wo die Schienenfahrräder ausgeliehen werden können.

befand sich hier ein Großsteingrab; doch davon – ebenso wie von der Steinallee – sind nur noch zwei Blöcke, die Teufelssteine, zu sehen.

Erhalten geblieben ist das in der Jungsteinzeit vor etwa 4500 Jahren errichtete Großsteingrab von Hekese, das mit einer Länge von 86 m, der Ausrichtung auf den mittsommerlichen Sonnenuntergang und der Gestaltung als Doppelgrab eine für Westdeutschland einzigartige Anlage darstellt.

Arminius – der »Befreier Germaniens«

Der Aussichtsturm auf dem Venner Berg (155 m) bietet den besten Blick über das Gelände der als »Schlacht im Teutoburger Wald« in die Geschichte eingegangenen Ereignisse beim heutigen **TOP TIPP** **Museumspark Varusschlacht ②** (Venner Straße 69, 49565 Bramsche). Vom Großen Moor im Norden stürmten die germanischen Kämpfer unter Führung des Cheruskers Arminius im Herbst des Jahres 9 gegen die Invasionstruppen des Römischen Reiches an und vernichteten sie in der Kalkrieser-Niewedder Senke am Fuß des Kalkrieser Berges. Der Museumspark stellt die Szenerie von vor 2000 Jahren nach: In den Boden eingelassene Eisenplatten markieren die Marschroute der Römer und sollen die Unbeweglichkeit der römischen Truppen auf ihrem Weg ins Verderben markieren – an manchen Stellen war die für Truppen begehbare Route nur bis zu 100 m breit. Holzschnitzelpfade deuten die Wege der germanischen Widerstandskämpfer an, die sich in den Bruchwäldern des Großen Moores verbargen und nach jedem Angriff wieder hinter ihre Verteidigungslinien zurückzogen. Entlang der Wege durch den Museumspark stehen Informationstafeln mit Texten antiker Autoren, die die drei Tage dauernden Kämpfe schildern; andere Tafeln weisen auf archäologische Funde hin, die im Museumsgebäude ausgestellt sind.

TOP TIPP Der als »Steinernes Meer« bekannte **Gattberg ③** im Osnabrücker Land ist eine von rund 1000 Findlingen übersäte flache Waldkuppe zwischen dem Kirchdorf Belm und dem oberen Nettetal. Der größte Felsblock hier ist der Butterstein: Sein Gewicht wird auf 1400 Zentner geschätzt, er ragt 1,40 m aus dem Boden und hat eine Seitenlänge von 3,40 m. Gletscher der Saale-Eiszeit haben die Granitblöcke vor 200 000 bis 120 000 Jahren von Skandinavien an ihre heutigen Lagerstätten verfrachtet. Als das Eis schmolz und sich die Gletscherströme nicht mehr fortbewegten, blieben diese erratischen Blöcke liegen, besonders viele davon auf dem Gattberg. Sie ragen oft nur halb aus dem Boden, auf den meisten haben sich Grünalgen, Moose und Flechten angesiedelt.

Im Varusschlacht-Museum am Kalkrieser Berg kann man sich über das historische Ereignis informieren.

Seinen Namen verdankt der Butterstein vermutlich seinen weichen, fließenden Formen, die ihm seine Reise über Tausende von Kilometern hinweg eingebracht hat; durch Abschleifung weist er keinerlei Kanten, Linien oder Ecken auf. Im Volksglauben wird der Name auf eine Legende zurückgeführt, derzufolge der Teufel an dieser Stelle Mahlzeit halten wollte; als ihm eine Bäurin mit einem Korb Butter begegnete, geriet er in Streit mit ihr und verwandelte sie und ihre Butter in den »Butterstein«. Am Wanderparkplatz »Gattberg« an der Straße Belm–Venne beginnen zwei Rundwege durch das Steinerne Meer. Lehrtafeln helfen dabei, das Leben der Menschen vor 2000 bis 4000 Jahren zu verstehen.

Den längsten aller Steine, den **Süntelstein ④** bei Vehrte, soll der Teufel vom Gattberg zum Wiehengebirge geschleppt haben – in der Absicht, den Eingang der Walburgiskirche in Venne zu versperren. Der 4 m hohe Langstein (Menhir) soll allerdings so schwer gewesen sein, dass der Böse sich verspätete; und als der erste Sonnenstrahl auf den Süntelstein fiel und ein Hahn krähte, stieß der Teufel den Stein in die Erde und verschwand unverrichteter Dinge. Seither dreht sich der Süntelstein bei Sonnenaufgang dreimal um sich selbst, wie die Legende berichtet.

Gattberg und Wiehengebirge sind durch einen Rundwanderweg verbunden, der vom Butterstein durch Wiesenland voller herrlicher Aussichten in das obere Nettetal hinabführt und den Wanderer anschließend auf den bewaldeten Kamm des Wiehen geleitet.

Auf den Spuren der Riesenechsen

Nicht nur für Kinder ist es faszinierend, die versteinerten **Saurierfährten ⑤** in einem Steinbruch im Wiehengebirge bei Barkhausen zu

---

bewundern, die elf der teilweise riesigen Echsen vor rund 140 Millionen Jahren hier hinterließen, als das Gebiet noch in Küstennähe lag. Was damals flaches Flaniergelände für Saurier des Typs *Elephantopoides Barkhausenensis* und *Megalosauropus teutonicus* war, wurde im Lauf der Jahrmillionen von den Erdkräften wandartig aufgerichtet. 1921 wurden die Saurierfährten entdeckt, heute befindet sich hier ein kleines Freilichtmuseum an der Kreuzung von Wittekindsweg, Wiehengebirgs-Kammweg und der Straße Barkhausen–Buer.

Der Parkplatz an den Saurierspuren ist auch ein empfehlenswerter Ausgangspunkt, um auf dem Wittekindsweg durch verwunschene Wälder zum Grünen See und zum Aussichtsturm auf dem **Nonnenstein** ❻ zu wandern. Auch ohne den Aussichtsturm zu ersteigen, bietet der Nonnenstein auf einer Felshöhe des Wiehengebirges einen traumhaften Blick über den Grönegau mit dem Meller Berg auf den Teutoburger Wald sowie in das Norddeutsche Tiefland mit dem Dümmer. In dieser prachtvollen Lage sollen einst stolze Nonnen gelebt haben; zu den Fenstern des Klosters blickten die Rödinghäuser eifersüchtig hinauf. Während einer Hungersnot stürmten sie das reiche Kloster, verjagten die Nonnen, nahmen die Vorräte und schleppten selbst die Steine des Gebäudes von dannen. Nur ein Stein blieb: der sagenhafte Nonnenstein, der sich zu jeder Mitternacht dreimal dreht und den keine sechs Pferde fortbewegen können.

Der von einer Burgruine überragte **Limberg** ❼ auf dem Kamm der Egge in der Oldendorfer Schweiz bietet wundervolle Ausblicke über das von Obstbaumwiesen geprägte Eggetal hinüber zum Wiehen mit dem Nonnenstein und nordwärts weit hinaus in das Tiefland. Wohnturm, Mauerreste, Wälle und Gräben sowie die Femelinde erinnern noch an Burg Limberg, die in den 1290er-Jahren in den Besitz der Grafen von Ravensberg und 1325 in den Besitz des Bischofs von Minden kam.

Die Egge ist ein Nordausreißer des Wiehen, seine Ostbastion. Der aus Jurakalk aufgebaute, quellenreiche Limberg-Kegel mit seinen alten Linden und Buchen steht dank seiner botanischen Kostbarkeiten unter Naturschutz; die Sagen sprechen seinen Quellen Heilkraft zu. In der Nähe der Quellen, die am Nordwesthang des Limbergs entspringen, findet sich eine Ringwallanlage, die als »Schwedenschanze« bezeichnet wird, obwohl sie nicht aus der Zeit des Dreißigjährigen Krieges stammt, sondern während der Sachsenkriege Karls des Großen in den 770er-Jahren als Festung der Sachsen neu angelegt wurde.

Die Linden neben dem Forsthaus, das heute als Ausflugsrestaurant dient, sind mehr als 300 Jahre alt, die so genannte Femelinde (Gerichtslinde) vor den Mauern der Burgruine wird vor 650 Jahren – im 14. Jahrhundert – erstmals erwähnt und muss schon damals hoch betagt gewesen sein. Einen großen Teil des Limbergs bedecken natürliche Buchenwälder, darunter Waldmeister-

PFLANZEN

HOHLER LERCHENSPORN UND FESTER LERCHENSPORN

(Corydalis cava und Corydalis solida)
Ein Frühjahrsblüher in Laubmischwäldern an feuchten, schattigen und kalkhaltigen Standorten ist der Hohle Lerchensporn, auch Hohlwurz genannt (Bild). Das bis zu 30 cm hohe Erdrauchgewächs hat doppelt bis dreizählig gefiederte Blätter, violette bis weiße, gespornte Blüten in dichten Trauben und eine kugelige, später hohl werdende

Knolle. Seine Blütezeit ist von März bis April. Der Gefingerte oder auch Feste Lerchensporn dagegen hat fingerartig geteilte Tragblätter an den Blütenständen und eine Knolle, die im Alter nicht hohl wird. Auch meidet er kalkreiche Böden. Die Samen beider Arten tragen nährstoffreiche Anhängsel, Elaiosome genannt, die Ameisen anlocken. Der Lerchensporn, vor allem die Knolle, ist giftig.

Der Butterstein auf dem Gattberg ist nur einer – allerdings der größte – von rund 1000 Findlingen in der Gegend.

Der Name des »Berghotels Wittekindsburg« erinnert an Herzog Widukind, den Widersacher Karls des Großen.

WANDERTIPP

WITTEKINDSWEG

Von Osnabrück führt der 90 km lange Fernwanderweg parallel zum Europäischen Fernwanderweg 11 auf den bewaldeten Kamm des Wiehengebirges und folgt ihm zur Porta Westfalica ❽. Siedlungen gibt es so gut wie keine auf dem Kamm, doch finden sich einzelne Gasthöfe. Das unbeschwerte Wandern auf dem bewaldeten Kammweg mit immer wieder hervorragenden Ausblicken auf die Feldfluren des Tief-

lands im Norden und auf das Hügelland im Süden macht neben sagenumwobenen und geschichtsträchtigen Orten den Zauber des Wittekindswegs aus. Benannt ist er nach dem westfälischen Freiheitskämpfer, dessen Ross auf den Wappen von Niedersachsen und Nordrhein-Westfalen zu sehen ist. Wittekind oder Widukind war 777 bis 785 Heerführer der germanischen Sachsen gegen die Invasionstruppen Karls des Großen. Die Ringwallanlagen, Burgen, Berg- und Quellheiligtümer auf dem Wiehen und in seinem Vorland werden fast ausnahmslos mit Widukind in Verbindung gebracht – oft unter dem Namen »Wittekindsburg« (z. B. ❾) – und sind schöne Ausflugsziele.

Buchenwälder, deren Kräuter und Gräser einen fast geschlossenen Teppich auf dem Waldboden bilden. Eine besondere Kostbarkeit ist das Vorkommen des Hohlen Lerchensporns in den Buchenwäldern südwestlich der Ruine: Er verwandelt im April den Waldboden in ein Meer aus weißen und violetten Blüten.

Spektakulärer Durchbruch – die Porta Westfalica

TOP TIPP In der **Porta Westfalica** ❽ (»Westfälische Pforte«) durchbricht die Weser den Bergkamm, der das Weserbergland wie ein Wall nördlich begrenzt, und tritt in das Norddeutsche Tiefland aus. Der Bergkamm links des Durchbruchs heißt Wiehengebirge, der Kamm rechts des Stromes Wesergebirge. Das Kaiser-Wilhelm-Denkmal (1892–96) auf dem »Ostpfeiler« der Westfälischen Pforte bietet einen eindrucksvollen Blick hinab auf den Weserdurchbruch sowie zum Wesergebirge im Naturpark Weserbergland.

Bei der oberen Denkmalterrasse führt der Wittekindsweg zur nahen **Wittekindsburg** ❾. Buchenhochwald, Klippen, Kammpfade und Aussichtspunkte machen die Wanderung auf dem Ostkamm des Wiehengebirges zu einer der schönsten im Naturpark. Die Felsen bieten faszinierende Ausblicke auf die von prachtvollen Buchen bestandene Bergflanke, an deren Fuß das silberne Band der Weser glitzert. Nach Passieren des Aussichtsturms Moltketurm erreicht der Weg das »Berghotel Wittekindsburg« mit prächtigem Weserblick von der Terrasse. Hier erstreckt sich die Wittekindsburg, eine Ringwallanlage aus der Zeit der Sachsenkriege: Während Nord-, West- und Ostseite der 650 x 110 m großen

Anlage durch Wälle gesichert sind, bilden im Süden Felsabstürze die natürliche Begrenzung. Die Wittekindsquelle in der Wallanlage ist der angebliche Ort von Wittekinds Bekehrung. Die romanische Kirche, die neben der (versiegten) Quelle steht, wurde im Jahr 1224 erstmals erwähnt.

TOP TIPP Der **Hermannsweg** ❿, Kammweg des Teutoburger Waldes und Fernwanderweg, ist nach Hermann dem Cherusker benannt und in den letzten Jahren zu einer der beliebtesten Hikingrouten der deutschen Mittelgebirge avanciert. Von der Fachwerkstadt Rheine an der Ems führt er 154 km lang durch das nördliche Münsterland auf den Kamm des Teutoburger Waldes zu, den er am »Nassen Dreieck« bei Hörstel erreicht. Hier tritt er in den Naturpark TERRA.vita ein und folgt dem Kamm zu den **Dörenther Klippen** ⓫, ehe er bei Bielefeld in den Naturpark Eggegebirge und südlicher Teutoburger Wald wechselt, wo er auf der Velmerstot endet.

Die Dörenther Klippen sind das spektakulärste Felsgebiet des nördlichen Teutoburger Waldes und das Kletterrevier des Münsterlandes, auf das sie auch eine hervorragende Aussicht gewähren. Zu den bedeutendsten Einzelfelsen und Felsgruppen gehören das Hockende Weib, die Klippen über dem Plisseetal, der Dreikaiserstuhl und der Königstein. Der Hermannsweg, der hier durch alte, gras- und krautreiche Buchen- und Kiefernmischwälder verläuft, verbindet all diese Felsen miteinander. Die Sandsteinfelsen sind zudem berühmt wegen ihres artenreichen Moos- und Flechtenbewuchses: Bryologen (Mooswissenschaftler) haben über 150 Moos-

und Flechtenarten gezählt. Im Jahr 2005 wurden die Dörenther Klippen als Naturschutzgebiet ausgewiesen und dabei auch einige Pfade an den Klippen gesperrt.

Der auffälligste der bis zu 40 m hohen Sandsteinfelsen ist das sogenannte Hockende Weib: Als bizarr herausgewitterter Turm erhebt er sich aus einem Absatz in der Südflanke des Osning. Sein Gipfel weist einen kopfartigen Überhang auf, den die Sage als zu Stein erstarrte Gestalt einer riesenhaften Frau deutet. Danach soll einst am Fuß des Osning eine Mutter mit ihren Kindern gelebt haben. Als während einer Sturmflut die See bis zu ihrer Hütte vordrang, floh die Frau mit den Kindern auf den Waldkamm hinauf, doch die Wogen brausten ihr nach. In ihrer Verzweiflung kniete die Mutter nieder und bat den Allmächtigen, wenigstens die Kinder zu retten. Ihr Flehen wurde erhört: Gott verwandelte das Weib in einen Felsen, auf dessen Gipfel die Kinder kletterten und damit in Sicherheit waren, bis sich die Flut wieder verlaufen hatte.

Passend zur Sage führen auf den Gipfel des Felsens in den Sandstein eingetiefte »Spuren«, die wie Abdrücke nackter Fußsohlen aussehen; wer trittsicher und schwindelfrei ist, gelangt in diesen Spuren, vorbei an prächtigen, 150 Jahre alten Kiefern, zur höchsten Erhebung und genießt einen einzigartigen Blick auf das Münsterland. Ausgangspunkt für den Ausflug zu den Dörenther Klippen ist der gleichnamige Parkplatz südlich von Ibbenbüren an der B 219 Richtung Greven; den beliebten Kletterfelsen erreicht man über den Hermannsweg in einer knappen Viertelstunde.

Alles in allem ist der Hermannsweg ein bequemer und gut markierter Wanderweg (folgen Sie den Schildern mit dem Buchstaben H), der teils lauschigen Waldpfaden, teils gut ausgebauten Forstwegen folgt und auf den höher gelegenen Punkten immer wieder hervorragende Ausblicke auf das Land zu Füßen des Kamms gewährt. Zwischen den Waldpassagen erwarten den Besucher hübsche Dörfer und Fachwerkstädte, die zahlreiche Einkehr- und Übernachtungsmöglichkeiten bieten: Zu Ortslagen wie Bevergern, Brochterbeck, Tecklenburg, Leeden und Bad Iburg kommen noch verschiedene Gasthöfe in Einzellage hinzu.

Wo sich der Hauptkamm in Parallel- oder Einzelkämme auffächert, lässt sich der Hermannsweg etappenweise auch in reizvollen Rundwanderungen erkunden, z.B. im Gebiet von Lengerich mit dem aussichtsreichen **Lengericher Berg 12** oder am **Hagener Borgberg 13** mit seinen majestätischen alten Buchenwäldern; weiter südlich lohnt im Frühjahr der kurze Abstecher zum **Jakobsberg 14**, dessen Kalkböden im März/April Hunderttausende von Leberblümchen in ein violettes Blütenmeer verwandeln. Das Naturschutzgebiet umfasst eine abwechslungsreiche Kulturlandschaft, die auch außerhalb der spektakulären Leberblümchen-Blüte einen Besuch lohnt: Markierte Rundwanderwege mit Informationstafeln führen von der Gaststätte »Friedrichshöhe« aus durch naturnahe Kalkbuchenwälder und durch artenreiches Grünland mit Feldgehölzen und Hecken, der Aussichtspunkt »Emilshöhe« bietet einen herrlichen Blick auf das Münsterland.

KULTURTIPP

ALTSTADTPERLE TECKLENBURG
Die Burg- und Fachwerkstadt Tecklenburg auf dem Kamm des Teutoburger Waldes (bei 11) hat eines der schönsten Altstadtbilder Westfalens bewahrt. Die Ruinen der Höhenburg dienen als Freilichttheater, im Sonnenhang des Burgbergs wird wie im Mittelalter Wein angebaut. Terrassenartig erstreckt sich die verwinkelte Altstadt mit Fachwerkhäusern aus dem 16. bis 19. Jahrhundert auf dem Bergrücken und in den

Hängen. Die unregelmäßigen Straßen sind durch Treppen im Steilhang verbunden, das Zentrum bildet der dreieckige Marktplatz; besonders malerisch ist das geschlossene Bild der Breuerstraße. Die Ruinen der Tecklenburg sind Ausgangspunkt des »Tecklenburger Hexenpfads«: Im Rahmen einer kurzen, landschaftlich beeindruckenden Wanderung führt dieser Pfad zu den Teufelsklippen, der Hexenküche, dem Heidentempel und anderen sagenumwobenen Stätten.

Das Hockende Weib an den Dörenther Klippen bietet Wanderern Rastplätze in luftiger Höhe.

Naturpark Dümmer

Sonnenaufgänge über dem zweitgrößten See Niedersachsens, nebel-verhangene Moore, urtümliche Buchenwälder auf dem Stemweder Berg und grandiose Ausssichtspunkte auf den Dammer Bergen – all das bietet der Naturpark Dümmer im Süden des Norddeutschen Tieflands.

SERVICE

Anfahrt: Auf der A 1 Ruhrgebiet–Bremen–Hamburg bis zur Ausfahrt Neuenkirchen/Vörden bzw. Holdorf und über Damme zum Dümmer; mit der Bahn auf der Strecke Osnabrück–Diepholz–Bremen bis nach Lemförde
Lage: Im Oldenburger Münsterland beiderseits der Grenze zwischen Niedersachsen und Nordrhein-Westfalen; die nächstgrößeren Städte sind Osnabrück, Diepholz und Minden
Größe: 472 km²
Höchste Erhebung:
Stemweder Berg (181 m)
Gründung: 1972
Information:
Naturpark Dümmer e. V.
Niedersachsenstraße 2 (Kreishaus)
49356 Diepholz
Telefon: 05441/976 0
Infohaus: In Hüde
Internet: www.duemmer.de

TOP TIPP

1 Dümmer
Wassersportparadies
und Vogelrückzugsgebiet
4 Bexaddetal
Renaturiertes Bachtal
mit Benediktinerkloster
5 Stemweder Berg
Über den Mooren
ein Gebirge im Kleinstformat

Der Dümmer ist ein Mekka für Segler – viele stechen vom Olgahafen in Damme-Dümmerlohausen aus in See.

TOP TIPP Herz und Namensgeber des Naturparks im Oldenburger Münsterland ist der **Dümmer** ❶ – mit 13,5 km² der zweitgrößte See Niedersachsens und eines der meistbesuchten Wassersportparadiese im Nordwesten Deutschlands. Verlandungszonen, Fischreichtum, benachbarte Hoch- und Niedermoore sowie Feuchtwiesen machen den Flachwassersee zu einem Vogelrückzugsgebiet von internationaler Bedeutung: In milden Wintern halten sich hier bis zu 50 000 gefiederte Gäste auf, im niedersächsischen Binnenland ist der Dümmer das größte Rast- und Überwinterungsgebiet für Ente, Gänsesäger, Kiebitz, Kornweihe und Trauerseeschwalbe. Wie Zwischenahner Meer, Steinhuder Meer, Großes Meer, Ewiges Meer und die zahlreichen anderen »Meer« genannten Seen im deutschen Nordwesten ist auch der Dümmer ein

ursprünglich von Mooren umgebener See; an den Rändern der Dümmer-Niederung erheben sich die Endmoränen der Dammer Berge und des Kellenbergs sowie der aus Kalksandstein aufgebaute Stemweder Berg.
Während im unbesiedelten Westen und Süden unter Naturschutz stehende Moore, Schilfröhrichte und Erlenbruchwälder das Bild prägen, bilden Nordwest- und Ostufer die »Riviera« des Dümmers mit Badestellen, Einkehrmöglichkeiten, Bootsanlegern und Ferienhäusern in den alten Fischerdörfern. Der Fischereihafen befindet sich in Hüde, wo Archäologen ein jungsteinzeitliches »Moordorf« ausgegraben haben; das Dümmer-Museum in Lembruch präsentiert neben Fauna und Flora auch archäologische Funde seit dem Megalithikum, denn besiedelt ist das Dümmer-Gebiet seit der Jungsteinzeit.

Gelungene Renaturierung: Im Bexaddetal kann sich die Natur wieder ungestört entwickeln.

Ein beliebtes Nordic-Walking-Gebiet im Oldenburger Münsterland sind die **Dammer Berge** ❷. Der Aussichtsturm auf dem Mordkuhlenberg (142 m), zu dem verschlungene Waldwege und Pfade hinaufführen, bietet einen fantastischen Blick über die »Dammer Schweiz« und den gesamten Naturpark mit See und Stemweder Berg bis hinauf zum Kamm des Wiehengebirges. Für Radwanderungen sind die sandigen, grasigen und zum Teil steilen Wege der Dammer Berge weitgehend ungeeignet; doch Wanderer und Nordic-Walking-Fans sind hier gut aufgehoben: Elf Nordic-Walking-Routen von insgesamt 80 km Länge durchziehen die Wälder dieses abwechslungsreichen Endmoränenzugs.

Die höchste Erhebung der Dammer Berge bildet mit 146 m der Signalberg, der die vom Eis gestauchten Moränen aus Sand, Kies und Geröll, die tief eingeschnittenen Erosionstäler und die vergleichsweise hohen Kuppen überragt. Dieser reichen landschaftlichen Gliederung verdankt die Region den Namen »Dammer Schweiz«.

Eigenwilliges Biotop der »Dammer Schweiz« ist der **Dammer Bergsee** ❸, an dem auch der »Pickerweg«, der Wanderweg vom Wiehengebirge in die Wildeshauser Geest, vorbeiführt. Auf einem Naturlehrpfad rund um den von Röhrichten und Birkengehölzen umgebenen, 1953 künstlich angelegten Bergsee ist ein reiches Vogelleben zu beobachten, das Baden ist in dem ehemaligen Klärteich verboten.

Ein Ort der Stille in den Dammer Bergen ist das
TOP TIPP Labyrinth am Benediktinerkloster Damme im **Bexaddetal** ❹. Das schmale Erosionstal wird seit 1999 durch Renaturierungsmaßnahmen in ein idyllisches Waldtal umgewandelt – mit dem Ziel, es als Naturschutzgebiet auszuweisen. Feuchtwiesen, eine Streuobstwiese, Pferdekoppeln, eine massive Holzbrücke über einen Bach, ein von Weidengebüsch gesäumter Weiher – im Bexaddetal entsteht ein kleines Naturparadies, das schon heute zu den Perlen des Naturparks Dümmer zählt.

Historische Grenze zwischen Preußen und Hannover

TOP TIPP Der **Stemweder Berg** ❺ erhebt sich wie eine laubwaldgeschmückte Gebirgsinsel im Südosten des Naturparks aus den Moorniederungen mit faszinierenden Ausblicken auf den Dümmer und die Dammer Berge. Anders als jene besteht er aber nicht aus Moränenmaterial, sondern aus festem Kalksandstein und ist ein Gebirge im Kleinstformat: Knapp 7 km lang, bis zu 3 km breit und so markant, dass er früher die Grenze zwischen den Königreichen Hannover und Preußen bildete. Die historische Grenze lebt bis heute in der Grenze der Bundesländer Niedersachsen und Nordrhein-Westfalen fort und wurde im 19. Jahrhundert durch Schnadesteine markiert, die man beim Wandern in den prachtvollen Laubwäldern noch entdecken kann: Der eingemeißelte Buchstabe »H« steht für Hannover, das »P« für Preußen. Anders als die sandigen Pfade der Dammer Berge sind die festen Wege des Stemweder Berges auch für Radwanderungen geeignet: Ein guter Ausgangspunkt ist das Berggasthaus »Wilhelmshöhe« in der Nähe des Scharfen Berges (179 m). Wohl nirgendwo sonst in Deutschland gibt es noch so weit nördlich ein »Berggasthaus«.

TRAUERSEESCHWALBE

(Chlidonias niger)

Der in den Feuchtgebieten und Süßwasserflachseen Mitteleuropas heimische Vogel ernährt sich von großen Wasserinsekten, Krebsen und kleinen Fischen. Durch die Vernichtung geeigneter Brutplätze ist er vom Aussterben bedroht, am Dümmer ist jedoch noch ein bedeutendes Brutvorkommen der Trauerseeschwalbe zu finden.

Ab Mitte Mai brütet sie in Kolonien im Schilf am Gewässerrand oder auf schwimmenden Blättern von Wasserpflanzen. Die etwa 25 cm große Schwalbenart ist zur Brutzeit im Sommer tiefschwarz gefärbt, nur die Flügel- und Schwanzunterseiten sind auffallend weiß. Der Schwanz ist gegabelt, der Schnabel spitz und schwarz. Ihr Ruf erinnert an den Schrei der entfernt verwandten Möwe. Am Ende des Sommers ziehen die Vögel in ihre Überwinterungsgebiete im tropischen Westafrika.

SERVICE

Anfahrt: Auf der A 2 Hannover–Ruhrgebiet bis zur Ausfahrt Wunstorf-Luthe und über Wunstorf weiter nach Steinhude; nächstgelegener ICE-Bahnhof ist Hannover

Lage: In Niedersachsen im Nordwesten von Hannover zwischen Weser, Leine und dem Mittellandkanal

Größe: 310 km²

Höchste Erhebung:
Brunnenberg (161 m)

Gründung: 1974

Information:
Naturpark Steinhuder Meer
Region Hannover
Höltystraße 17
30171 Hannover

Telefon: 0511 / 61 62 22 11

Infohäuser: In Steinhude und Mardorf

Internet:
www.naturpark-steinhuder-meer.de

Naturpark Steinhuder Meer

Wassersportparadies und »Riviera« Nordwestdeutschlands, Juwel an Naturvielfalt mit Feuchtgebieten von internationaler Bedeutung, Rückzugsgebiet für Wasser- und Watvögel – der Naturpark Steinhuder Meer vereint wie kaum ein anderer Naturschutz, Naturerleben und Freizeit.

Der Segelhafen von Mardorf bietet dem Besucher einen fantastischen Blick über das weitläufige Steinhuder Meer.

TOP TIPP

❶ Steinhude
Naturpark-Informationszentrum, denkmalgeschütztes Scheunenviertel und attraktive Badeinsel

❸ Meerbruch bei Winzlar
Reizvolles Moor- und Bruchgebiet mit »schwimmenden Wiesen«

Das Steinhuder Meer ist der größte See in Niedersachsen und das bedeutendste Wassersportrevier im Binnenland Nordwestdeutschlands. Der 30 km² große Flachwassersee am Nordrand der Mittelgebirgsschwelle bildet das Herzstück des gleichnamigen Naturparks; dieser umfasst außer dem von Grundwasser gespeisten See auch die umgebenden Moore und die Rehburger Berge. Sein Fischreichtum und die Größe der Wasserfläche sowie die umgebenden Feuchtgebiete haben das Steinhuder Meer zu einem bedeutenden Rast- und Brutgebiet für Wasser- und Watvögel werden lassen.

Zwischen den wichtigen Belangen des Naturschutzes und einem sehr hohen Besucherdruck – an schönen Sommerwochenden kommen bis zu 50 000 Ausflugsgäste hierher – hat der Naturpark Steinhuder Meer erfolgreich seinen Weg gefunden.

Badeinsel und Findlingsgarten

Die lohnendste Art, das Steinhuder Meer zu erkunden, ist eine Radtour rund um den See. Die leichte, familienfreundliche Tour ist etwa 30 km lang und zählt zu den schönsten Genuss-Radstrecken in Norddeutschland. Dank der zahlreichen Fahrradverleihstationen muss man nicht mit eigenen Rädern anreisen und kann sich auch Tandems und Kinderanhänger vor Ort ausleihen. Bester Einstiegspunkt für den Rundweg ist das Dorf, das dem Meer den Namen gegeben hat: **Steinhude ❶**. Das einstige Fischerdorf am Südufer ist das touristische Zentrum des Steinhuder Meeres. Fischerboote und Torfkähne im Hafen, Fischer- und Webermuseum sowie alte Fachwerkhäuser im Ortskern erinnern an vergangene Zeiten. Das Ensemble der 13 historischen Scheunen im Scheunenviertel steht unter Denkmalschutz und ist eines der Veranstaltungs-

Die »Schwimmenden Wiesen« des Meerbruches sind ein idealer Lebensraum für viele Vogelarten.

zentren von Steinhude mit samstäglichem Wochenmarkt, Open-air-Konzerten, Antik- und Trödelmärkten, Staudentauschbörsen und Oldtimertreffen. Hier befindet sich auch das Naturpark-Infozentrum, das die naturkundlichen Themen rund um das Meer anschaulich darstellt und die Möglichkeit geführter Exkursionen bietet: Die Vogelbeobachtungswanderung durch den Meerbruch gehört ebenso zu den Angeboten wie eine Bootsfahrt. Die künstlich angelegte, 32 000 m² große Badeinsel vor Steinhude lädt mit ihrem Sandstrand ein. Hier finden Beach-Volleyball-Turniere und Sunset-Jazz-Konzerte statt.
Von Steinhude folgt der Rundweg aussichtsreich dem Südufer des Meeres und führt dann landeinwärts in den Flecken **Hagenburg** ❷. Das Renaissance-Schloss der Fürsten von Schaumburg-Lippe und der umgebende Landschaftspark mit altem Baumbestand und einer Rhododendronallee machen das kleine Kirchdorf zu einem Schmuckstück. Sehenswert sind auch der Findlings- und der Moorgarten.

»Schwimmende Wiesen« und eine Festung im See

Im Westuferbereich führt der Rundweg durch die feuchten Grünland- und Bruchgebiete des **Meerbruches** ❸ und der Meerbruchwiesen, wo der Steinhuder Meerbach den See verlässt. Der Weg hält aus Naturschutzgründen Distanz zum See sowie zu den Niedermooren, Birken- und Erlenbruchwäldern, damit das reiche Vogelleben nicht gestört wird, doch lässt sich die herrliche Landschaft gut überblicken. Bald nach Passieren des Dorfes Winzlar führt ein Exkursionsweg durch den Bruch an den »schwimmenden Wiesen« vorbei zu einem Aussichtsturm und Beobachtungsständen am Seeufer: Hier bietet sich ein herrlicher Blick auf die Bruch- und Grünlandschaft sowie auf den See mit der künstlich aufgeschütteten **Festungsinsel Wilhelmstein** ❹. Graf Wilhelm I. von Schaum-

burg-Lippe ließ die Seefestung 1761–67 als sternförmige Schanze mit vier Bastionen und einer Zitadelle errichten. In dieser »Musterfestung« waren eine Militärschule und gräfliche Appartements untergebracht. Das Museum in der Zitadelle dokumentiert die Geschichte der winzigen Insel, die mit ihrem Ausflugsrestaurant im Sommer ein beliebtes Ziel für Fahrten in »Auswanderer«-Booten ist – so heißen die Segelschiffe, weil sie einst vom schaumburg-lippischen Territorium auch ins preußisch-hannoversche »Ausland« auf der anderen Seite des Sees fuhren. Seit der Gebietsreform liegt der Wilhelmstein in der Region Hannover, gehört aber weiterhin der Fürstenfamilie Schaumburg-Lippe.
Als »Meere« werden im nordwestdeutschen Raum generell Seen in weitflächig vermoorten Gebieten bezeichnet. Während im Norden die Kiefernwälder der Mardorfer und Schneerener Geest in den Schwarzen Bergen (54 m) bis ans Steinhuder Meer reichen, erstrecken sich im Westen zwischen dem See und den Rehburger Bergen sowie im Osten noch weite Feucht- und Moorgebiete. Wie bei Winzlar am Westufer bietet sich vom Rundweg aus auch im **Toten Moor** ❺ im Osten die Möglichkeit, auf einem Exkursionsweg fast bis ans Wasser zu gelangen und von Aussichtstürmen die Landschaft mit ihrer vielfältigen Vogelwelt zu beobachten. Dabei fallen im Toten Moor große Torfabbauflächen auf, die hässliche Wunden hinterlassen haben. In **Mardorf** ❻, dem Erholungsort am Nordufer des Meeres, bietet die dortige Naturpark-Infostelle geführte Exkursionen ins Tote Moor an. **Schloss Landestrost** ❼ in Neustadt am Rübenberge wurde im Stil der Weserrenaissance erbaut. Das dort untergebrachte Torfmuseum dokumentiert Torfabbau und Renaturierung.

DINOSAURIERPARK MÜNCHEHAGEN

Der »Dinopark« in den Rehburger Bergen bei Münchehagen (westlich von ❸) ist ein Dinosaurier-Freilichtmuseum und Freizeitpark in einem Gebiet, wo vor rund 140 Millionen Jahren Dinosaurierherden durchzogen. Ein 2,5 km langer Rundweg führt zum Naturdenkmal »Saurierfährten« sowie zu Nachbildungen von mehr als 150 Dinosauriern in Originalgröße. Die »Saurierfährten«

bestehen aus über 250 Saurierspuren auf dem Boden eines Kalksteinbruches. Die Fährten von Fleisch und Pflanzen fressenden Dinosauriern an ein- und demselben Ort sind international einmalig.

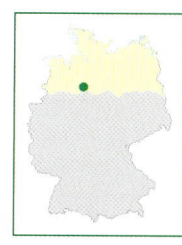

Naturpark Südheide

SERVICE

Anfahrt: Auf der A 7 Hannover–Hamburg bis Ausfahrt Soltau-Ost, dann auf der B 71 Richtung Munster und Uelzen, kurz hinter Munster Richtung Faßberg/Müden abbiegen; nächstgelegener Bahnhof ist Munster (Örtze) an der Linie Bremen–Soltau–Uelzen

Lage: In der südlichen Lüneburger Heide im niedersächsischen Landkreis Celle

Größe: 480 km²

Höchste Erhebung: Lüßberg (130 m)

Gründung: 1964

Information:
Naturpark Südheide
Landkreis Celle
Trift 26
29221 Celle
Telefon: 05141 / 91 64 69
Internet: www.region-celle.de
www.landkreis-celle.de
www.fassberg.de

Schmuckstücke des Naturparks Südheide sind die Heideflächen bei Müden und Hermannsburg, der Schmarbecker Wacholderwald und die naturnahen Bachtäler von Örtze, Lachte und Lutter. Sie alle bieten wertvolle Lebensräume für zahlreiche Pflanzen und Tiere.

Eine Kanuwanderung auf der Örtze gehört zu den ganz besonderen Attraktionen im Naturpark Südheide.

1 Müden an der Örtze
Das malerischste Dorf der Südheide

3 Schmarbecker Wacholderwald
Heidefläche mit Tausenden von Wacholderpflanzen

4 Aschauer Teiche
Ornithologisch bedeutsame Fischteiche

Wie lichterfüllte Inseln öffnen sich die Heideflächen des Naturparks Südheide zwischen Forsten, die zu den größten zusammenhängenden Holzanbaugebieten Deutschlands zählen. Bis weit ins 19. Jahrhundert war auch die Südheide überwiegend von Heideflächen bedeckt, ehe industrielle Revolution und Globalisierung die Heidebauernwirtschaft nach und nach verschwinden ließen. Der Import billiger Schafwolle aus den britischen Kolonien in Australien, die Einführung des Kunstdüngers ab etwa 1870 und später der Einsatz motorisierter Landwirtschaftsmaschinen machten die Heidewirtschaft unrentabel. Die Wanderschafherden als natürliche Landschaftspfleger verschwanden, und die Heideflächen verwaldeten oder wurden aufgeforstet – allerdings nicht mit standortgerechten Laubbäumen, sondern mit marktgerechten Sorten, vorzugsweise raschwüchsigen Kiefern und Fichten. Im Vergleich zum 18. Jahrhundert haben heute die tatsächlich mit Heide bewachsenen Areale nur noch etwa ein Prozent ihres einstigen Umfangs. Doch diese Heideflächen sind die Perlen des Naturparks.

Idyllisches Dorf mit Panoramaberg

Als das schönste Dorf der Südheide gilt **Müden an der Örtze 1**. Der in der Nähe gelegene malerische Heidesee, der Wietzer Berg (102 m) mit seinen Heideflächen und wunderbaren Ausblicken, die gotische Laurentiuskirche, der Wildpark Müden sowie das ausgedehnte Rad- und Wanderwegenetz haben das Fachwerkdorf an der Mündung der Wietze in die Örtze zu einem beliebten Ausflugsziel werden lassen, dessen Ausstrahlung weit über die Süd-

Die Wacholderheide bei Schmarbeck steht an manchen Stellen sehr dicht – fast wie bei einem richtigen Wald.

heide hinausreicht; auch der Europäische Fernwanderweg 1 führt durch Müden. Ein guter Ausgangspunkt zur Erkundung des Dorfes und seiner Umgebung ist der am Ortsrand von der Örtze aufgestaute Heidesee. Ein Spazierweg führt in etwa 30 Minuten um den waldumgebenen See, der auch mit Ruder- und Segelbooten sowie mit Kanus befahren werden kann.

Von der hölzernen Brücke im Südbuchtbereich des Heidesees folgt ein Wanderweg der Örtze flussabwärts zur historischen Wassermühle, in der ein Besucherzentrum untergebracht ist, und weiter zur Laurentiuskirche aus dem 14. Jahrhundert. Von dort aus gelangt man zum Wildpark Müden mit heimischen Tieren und Pflanzen sowie – über den Europäischen Fernwanderweg 1 – zum **Wietzer Berg** ❷, dem Panoramaberg der Südheide. Neben der schönen Aussicht bietet er auch idyllische Heideflächen. Der 1921 aus Findlingen errichtete Löns-Stein auf der Gipfelkuppe erinnert an die Aufenthalte des Dichters Hermann Löns in der Region. Die fünf Grabhügel in der Umgebung wurden vermutlich in der späten Jungsteinzeit (2000 v. Chr.) errichtet; die Toten wurden meist in ihrer Tracht bestattet.

Eine ganz andere Art von Heide ist der ▶ **TOP TIPP** **Schmarbecker Wacholderwald** ❸. Dicht an dicht wie in einem »richtigen Wald« stehen hier Tausende von bis zu 5 m hohen Wacholdern. Ein Ausflug durch dieses Gebiet lohnt auch wegen der teilweise hervorragenden Aussichten.

Artenreiche Teiche und das letzte Stück Naturwald

▶ **TOP TIPP** Die geradezu paradiesisch anmutenden **Aschauer Teiche** ❹ wurden zu Beginn des 20. Jahrhunderts oberhalb von Eschede zur Fischzucht angelegt. Aus ihnen entstand ein artenreiches Ensemble aus Teichen, Heideflächen, Feuchtgrünländern, Birken-Kiefern-Bruchwäldern, Hochmooren und Wacholderbeständen. Sperlingskauz, Schwarzstorch und Seeadler haben hier ebenso ein Rückzugsgebiet gefunden wie die Arktische Smaragdlibelle und die Sumpf-Heidelibelle; in den Randbereichen der Teiche sonnt sich die Kreuzotter. Das Gebiet wird von mehreren kleinen Bächen durchflossen. Seinen Namen trägt es nach der Aschau, die über die Lachte in die Aller entwässert. Ausgangspunkt für einen Ausflug ist der Parkplatz »Aschauteiche« an der B 191.

Das **Reservat am Lüßberg** ❺ bei Unterlüß beherbergt den letzten Naturwald der Südheide, der sich als Vegetationsgesellschaft ohne menschliches Zutun entwickeln soll. Da auch kranke und tote Bäume nicht gefällt oder entfernt werden, muss man bei einer Wanderung durch diesen Wald mit seinen reichen Gras- und Krautschichten und den von Pilzen besiedelten Totholzstämmen besonders aufpassen; Gefahr droht durch herabfallendes Totholz.

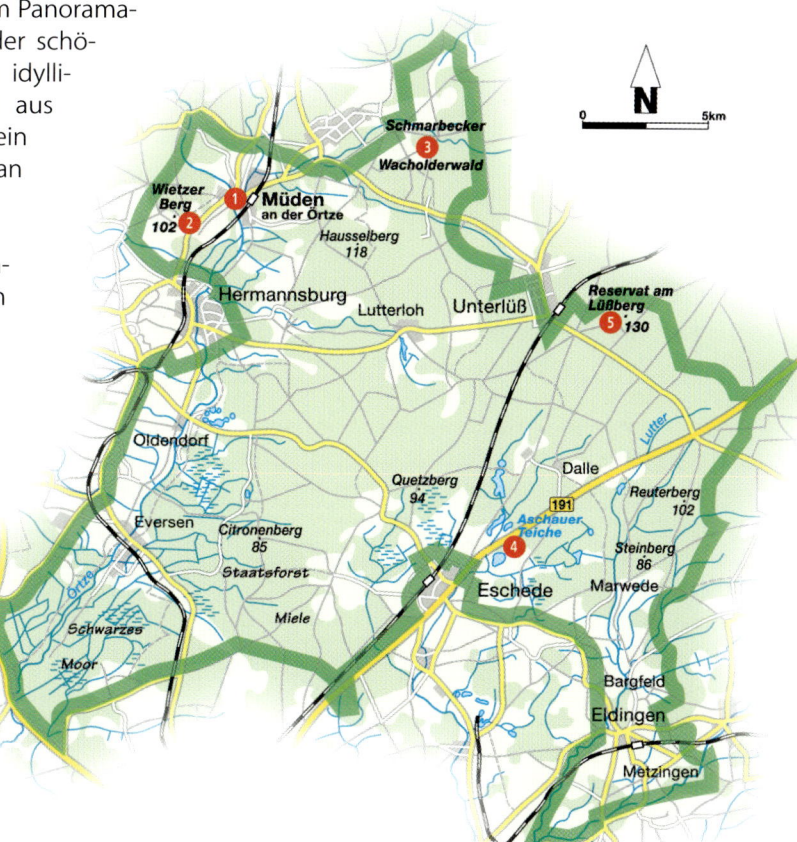

Naturpark Lüneburger Heide

»Grün ist die Heide« – so pries ein Film in den 1950er-Jahren diese einzigartige Landschaft. Doch reizvoller für die meisten Besucher ist die Zeit zwischen Mitte August und Anfang September, wenn die »grüne Heide« sich in ein traumhaftes violettes Blütenmeer verwandelt.

SERVICE

Anfahrt: Auf der A 7 Hannover–Hamburg bis zur Ausfahrt Egestorf und weiter Richtung Handeloh über Undeloh bis Wesel; nächstgelegener Bahnhof in Handeloh
Lage: In Niedersachsen im Süden der Metropolregion Hamburg
Größe: 1130 km²
Höchste Erhebung:
Wilseder Berg (169 m)
Gründung: 1911 (als Naturschutzpark), erweitert 2007
Information:
Naturpark Lüneburger Heide e.V.
Marktstraße 1
21385 Amelinghausen
Telefon: 04132 / 92 09 72
Infohäuser: In Döhle, Niederhaverbeck und Undeloh; Heidemuseum in Bispingen; Archäologisches Museum in Oldendorf/Luhe
Internet:
www.naturpark-lueneburger-heide.de

Ein Schäfer mit seiner Heidschnuckenherde und seinem Schäferhund – ein für die Lüneburger Heide typischer Anblick.

Der Naturpark Lüneburger Heide ist das Kernstück des größten zusammenhängenden Heidegebiets in Mitteleuropa. Neben dem ältesten und einzigen Naturschutzpark in Deutschland bietet der Naturpark ein attraktives Netz an Rad-, Reit- und Wanderwegen sowie Nordic-Walking-Strecken. Panoramaberg der glazial überformten Moränenlandschaft ist der Wilseder Berg (169 m), die höchste Erhebung zwischen Elbe und Aller.

Die Heide ist ältestes Kulturland in Deutschland: Durch Rodungen und den Eintrieb von Schafen und anderen Haustieren verschwanden ab der Jungsteinzeit immer mehr der natürlichen Buchen-, Eichen-Birken- und Eichen-Buchen-Wälder. Holz wurde geschlagen, und der Verbiss der Jungpflanzen durch die Schafe und anderen Haustiere stoppte die natürliche Verjüngung des

Waldes, lediglich die Wacholder wurden wegen ihrer Stacheln verschmäht und sind bis heute charakteristisch für viele Heideflächen. Auch etliche Buchen und Eichen blieben als Hudebäume stehen, unter deren Blätterdach das Vieh Schutz vor Sonne und Regen fand. Um Streu für die Ställe zu gewinnen, hackten die Bauern die oberste Pflanzenschicht ab; der Mist der Schafe wurde von den Weideflächen als Dünger auf die Felder verbracht, der mineralreiche Oberboden wurde geplaggt (gestochen), dann kompostiert und auf das Dauerackerland gestreut, um die Bodenfruchtbarkeit zu erhöhen. Durch diese Bewirtschaftung »verarmten« die ehemaligen Waldböden, es konnten sich nur solche Pflanzen halten oder ansiedeln, die mit wenig Nährstoffen auskommen. Die meistverbreiteten Heidepflanzen

Der Name klingt wenig einladend, die Landschaft des idyllischen Tals ist es schon: der Totengrund am Wilseder Berg.

TIERE

HEIDSCHNUCKE

(Ovis ammon aries)
Die grau gehörnten Heidschnucken sind die Landschaftspfleger der Heide. Die genügsamen Tiere stammen vermutlich vom Mufflon, einem Wildschaf, ab. Wahrscheinlich wurden sie schon in der Bronzezeit in der Heide gezüchtet. Ihr Hauptfutter ist die Besenheide, die sie durch Verbiss kurz halten. Durch Verbeißen nachwachsender Bäume verhindern sie zudem die Verwaldung

sind Besen- und Glockenheide. Wird die Heide nicht auf traditionelle Weise durch Schafbeweidung offen gehalten oder von Menschen »entbuscht«, so verschwindet sie – der Wald erobert die Fläche zurück.

Idyllische Wanderung durch das Seevetal

Die Jugendherberge Inzmühlen in abgeschiedener Lage im Seevetal sowie das Naturkundliche Museum in der Alten Schmiede bilden das Umweltschutzzentrum Handeloh am Nordwestrand des Naturparks. Das Gebiet ist eine Oase der Ruhe und Ausgangspunkt mehrerer Wander- und Radwege, darunter in die Weseler und in die Töpsheide. Während die **Weseler Heide 1** durch malerische Naturschönheit und gute Fernsichten beeindruckt, ist die höher gelegene **Töpsheide 2** fast ganz von Wald umgeben und vermittelt den Eindruck eines weltentrückten Hochlandes. Der beeindruckendste Wanderweg von Inzmühlen aus ist der Europäische Fernwanderweg 1 durch das obere **Seevetal 3** in das Reetdach- und Kirchdorf Undeloh und zum Wilseder Berg. Als romantischer Pfad führt er aufwärts in einen zauberhaften Laubwald – ein Idyll mit Eichen, Birken, Ebereschen und einzelnen

Wacholdern und Kiefern, während links unten die Seeve munter durch ihr steilwandig eingetieftes, dicht von Farnen, Gräsern und Kräutern bedecktes Tal mäandert. Zu den Hauptbodendeckern am Wanderweg zählen Heidelbeersträucher, die im Herbst mit ihren köstlichen Beeren locken. Mitten im Wald lädt eine Schutzhütte zur Rast ein. Von dort wendet sich der Fernwanderweg schließlich nach links auf das Dorf Wehlen zu. Der Name kommt von »Quelle« und bezeichnet das Quellgebiet der Seeve. Im Jahr 1420 wird Wehlen erstmals urkundlich erwähnt, bis heute hat der Ort seine Abgeschiedenheit bewahrt: alte Höfe unter Eichen, Stille, zuweilen das Wiehern von Pferden – ein Dorf fern der hektischen Welt.

der Heide; nur die Wacholder werden mit ihren Stacheln von den Heidschnucken gemieden. Im Spätsommer zerreißen die Schafe die vielen Spinnweben in der Heide, was den Bienen ermöglicht, Nektar zu sammeln. Die Bienen wiederum sorgen durch die Bestäubung der Heideblüten für den Fortbestand der Nahrung der Heidschnucken. Das fettarme Fleisch der Schnucken gilt als besondere Delikatesse.

NATURSCHUTZ IN DEUTSCHLAND

Als der Wilseder Berg ❹ Anfang des 20. Jahrhunderts als Baugelände ausgewiesen werden sollte, formierte sich zur Rettung dieser einzigartigen Landschaft die erste bedeutende Naturschutzbewegung Deutschlands. Eine tragende Rolle spielte der »Heidepastor« und Naturschützer Wilhelm Bode. 1906 kaufte er mit einer Spende von 6000 Goldmark den Totengrund ❺ bei Wilsede und verhinderte dadurch die Zerstörung

dieses eindrucksvollen Trockentals. 1907 gründete Bernhard Dageförde mit Mitstreitern das Heidemuseum im Weiler Wilsede, der heute autofrei im Naturschutzpark liegt. Nach dem »Heidepastor« ist der Pastor-Bode-Weg von Egestorf nach Wilsede (Bild) benannt, einer der schönsten unter den zahlreichen Wanderwegen durch die Heide.

Urtümliche Landschaft um den Wilseder Berg

Höchste Erhebung der Lüneburger Heide und schönster Aussichtsberg zwischen Elbe und Aller ist der **Wilseder Berg** ❹, ein von Heide und Laubwäldern sowie von alten Wacholdern und Einzelbäumen bedecktes Moränengebiet, das von Trocken- und Bachtälern reich gegliedert wird.

Aus allen Himmelsrichtungen führen Wanderwege auf die Wilseder-Berg-Endmoräne und münden in einen kurzen Panorama-Rundweg im Gipfelbereich. Markanteste Punkte dieses Rundwegs sind die Aussichtsterrasse beim Gaußstein, wo der Blick fast endlos nach Südwesten schweift, und die Sitzbänke im Nordbereich des Weges, wo an klaren Tagen die Türme Hamburgs zu sehen sind. Die sagenhafte Aussicht vom Wilseder Berg nutzten schon die Franzosen während der Napoleonischen Kriege zur Errichtung eines Chappeschen Zeigertelegrafen, mit dem Nachrichten von Berg zu Berg weitergegeben wurden. Der Gaußstein erinnert daran, dass Carl Friedrich Gauß den Wilseder Berg 1822 als Triangulationspunkt bei der Vermessung des Königreichs Hannover benutzte.

Der **Totengrund** ❺ mit seinen 40 m hohen Steilhängen ist das eindrucksvollste Tal am Wilseder Berg. Am Ende der letzten Eiszeit floss der hier dickflüssig gefrorene Boden bei der Gletscherschmelze ab, wobei durch rückschreitende Erosion der Talkessel ausgehöhlt wurde. Die Herkunft des Namens wird unterschiedlich gedeutet: Zum einen heißt es, der Name sei eine romantisierende Erfindung des ausgehenden 19. Jahrhunderts und leite sich vom angeblich traurig-würdevollen Aussehen der stattlichen Wacholder ab. Zum anderen weist eine Informationstafel am Totengrund darauf hin, dass es sich hier nicht um einen alten Friedhof handelt, sondern dass der Name vermutlich ursprünglich »toter Grund« bedeute, da in diesem Tal kein Wasser fließt.

Das urtümlichste Wald- und Bachtal des Naturparks ist das Tal der **Schmalen Aue** ❻ bei Döhle. Der Bach mit seinen Erlenbruchwäldern und teilweise schluchtartig eingetieften Seitentälern markiert den Ostrand des Wilseder Raums. Er entspringt bei Bispingen-Volkwardingen, durchfließt zwischen Döhle und Schätzendorf das Naturschutzgebiet Lüneburger Heide und mündet bei Jesteburg in die zur Elbe entwässernde Seeve. Im Naturpark begleiten ihn der Auetalweg und über weite Strecken auch der Pastor-Bode-Weg: Auf idyllischen Waldpfaden und an feuchten Stellen auf Holzplanken folgt der Wanderweg dem Bächlein von Sudermühlen in Richtung Döhle.

In vor- und frühgeschichtlicher Zeit wurde das Gebiet um den Wilseder Berg als Kultstätte genutzt. Vor allem der Bereich bis zur Mündung der Haverbeeke in die Wümme ist geradezu übersät von Grabhügeln, die der ausgehenden Jungsteinzeit oder beginnenden Bronzezeit zugeordnet werden. Mittelpunkt dieses Sakralbezirks war mutmaßlich der Stattberg, der Quellberg der Haverbeeke. Der Heidebewuchs hat an vielen Punkten bereits zur Zeit der Grabhügelerrichtung bestanden, sodass sich vor 3500 Jahren wohl eine ähnliche Aussicht wie heute bot. Die urgeschichtliche Sammlung des Heidemuseums in Wilsede dokumentiert die Ausstattung einiger dieser Hügel. »**Hannibals Grab**« ❼ heißt seit dem ausgehenden 19. Jahrhundert der Rest einer

In den Erlenbruchwäldern der Schmalen Aue kann man noch Tiere wie den Fischotter oder die Perlmuschel antreffen.

von einem Steinkreis umgebenen jungsteinzeitlichen Megalithanlage auf einer Kuppe östlich von Wilsede. Der ursprüngliche Name dieser bekanntesten Megalithanlage im Naturpark lautet eigentlich Billungstein, da die Sagen die Steinsetzung mit Hermann Billung, dem Begründer der sächsischen Herzogsdynastie der Billunger, in Verbindung bringen. Während einer Kleinasienreise entwarf der für seine effektvoll naturalistischen Gebirgs- und Heidelandschaften bekannte Maler Eugen Bracht 1880 sein Gemälde »Hannibals Grab«. Als auffiel, dass Brachts Bild der von Wacholdern gerahmten Steinsetzung bei Wilsede auffallend ähnelte, wurde der Name des berühmten Gemäldes auf die Megalithanlage übertragen. »Hannibals Grab« liegt an der für den öffentlichen Verkehr gesperrten Kutsch- und Radwanderchaussee Volkwardingen–Wilsede; zu erreichen ist es auch auf dem Pastor-Bode-Weg.

Das »**Fürstengrab**« ❽ am Weg von Niederhaverbeck zum Wilseder Berg ist der größte und eindrucksvollste Grabhügel im Bereich des Wilseder Bergs. Der auch Ebbenbrocken genannte Hügel wurde auf einer landschaftsbeherrschenden Anhöhe aufgeschüttet, die heute von einzelnen Eichen bestanden ist und einen hervorragenden Blick zum Wilseder Berg im Nordosten und zum Stattberg im Südosten gewährt. Mutmaßlich fanden hier die Mitglieder einer bronzezeitlichen Priesterfürstensippe die letzte Ruhe, daher der Name »Fürstengrab«.

Im schönsten Heidetal des Parks

Als »Regenfänger« mit einer jährlichen Niederschlagsmenge von durchschnittlich 800 mm ist die höchste Erhebung der Lüneburger Heide ein bedeutendes Quellgebiet an der Wasserscheide zwischen Elbe und Weser. In den Osthängen treten die Quellbäche des Radenbachs zutage, die über die Schmale Aue zur Elbe entwässern; ebenfalls der Elbe fließt die bei Wehlen entspringende Seeve zu. Die der Weser zuströmende Wümme ist mit einem Lauf von 118 km der längste im Naturpark entspringende Fluss, der Wümmeberg über ihrem Quellmoor einer der schönsten Aussichtspunkte.

TOP TIPP Der oberste Quellbach der Wümme ist die **Haverbeeke** ❾: Sie entspringt am Stattberg und durchfließt das schönste Heidetal des Naturparks; die Heidedörfer Nieder- und Oberhaverbeck sind nach ihr benannt. Der in Niederhaverbeck beginnende Rundweg »Walther von der Vogelweide« erschließt den unteren Talabschnitt bis zur »Mündung« in die Wümme: Wenn die Haverbeeke im Sommer weniger Wasser als

Das größte nicht vollständig entwässerte Moor der Lüneberger Heide, das Pietzmoor, kann man auf einem Bohlenweg aus der Nähe erkunden.

normalerweise führt, versickert sie im Sand und fließt unterirdisch auf wasserundurchlässigem Lehm weiter. Wo das Haverbeeketal endet, beginnt der Wald; dort ist an einer alten Eiche der nahe Wümmeberg ausgeschildert. Oben laden Sitzbänke mit herrlichem Blick über das Wümmemoor und das untere Haverbeeketal zum Verweilen ein.

TOP TIPP Das **Pietzmoor** ❿ ist mit 2,4 km² das größte »erhaltene«, d. h. nicht vollständig entwässerte und in Grünland umgewandelte Moor der Lüneburger Heide. Der Bohlenweg durch das Pietzmoor gewährt Einblick in die Versuche, ein zum Teil abgetorftes Moor durch Vernässung und Verfüllung von Entwässerungsgräben wieder zum Moor werden zu lassen: Zwischen mit Wasser vollgelaufenen ehemaligen Torfstichen schlängelt sich der Bohlenweg durch das noch überwiegend verwaldete Moor, in den vernässten Torfstichen sieht man, wie mit Birken bewachsene Flächen langsam verschwinden und typische Moorpflanzen wie Wollgräser und Sonnentau zurückkehren. Auffällig im Sommer sind hier die Libellen, von denen im Pietzmoor 18 Arten nachgewiesen sind.

Moore gehörten bis zur industriellen Revolution im 19. Jahrhundert zum charakteristischen Landschaftsbild der Lüneburger Heide, heute sind nur noch wenige erhalten. Ein weiteres sehenswertes Moor ist das wenige Kilometer östlich des Pietzmoors gelegene **Möhrer Moor** ⓫. Man erreicht es auf dem Naturlehrpfad, der an der im Hof Möhr untergebrachten Naturschutzakademie beginnt.

SERVICE

Anfahrt: Auf der A 20 Lübeck–Schwerin bis zur Ausfahrt Groß Sarau, weiter auf der B 207 zum Ratzeburger See; nächstgelegener ICE-Bahnhof ist Lüneburg, von dort weiter bis Ratzeburg

Lage: Im südöstlichen Schleswig-Holstein im Osten der Metropolregion Hamburg an der Grenze zu Mecklenburg-Vorpommern, wo nahtlos das Biosphärenreservat Schaalsee anschließt

Größe: 474 km²

Höchste Erhebung:
Albsfelder Berg (80 m)

Gründung: 1960

Information:
Naturpark Lauenburgische Seen
Farchauer Weg 7
23909 Fredeburg

Telefon: 04541/86 15 17

Infohaus: In Mölln

Internet:
www.kreisforst.de/naturpark.htm

Naturpark Lauenburgische Seen

Diesen abwechslungsreichen Naturpark prägen zahlreiche kleine und große Seen, Tausende von Vögeln in verlandenden Buchten, seltene Pflanzen, malerische Bruchwälder und Moore. Wer möchte, kann Till Eulenspiegels Spuren in Mölln verfolgen oder auf schönen Naturlehrpfaden wandern.

Der Ratzeburger See lockt mit seinen vielen Freizeitmöglichkeiten nicht nur Ruderbegeisterte an.

TOP TIPP

❶ Ratzeburger See
Ein Paradies für Wassersportler

❸ Seedorfer Werder
Halbinsel im Schaalsee mit herrlicher Natur und schönem Rundwanderweg

❺ Hellbachtal
Naturschutzgebiet mit Seen sowie seltenen Pflanzen und Tieren

Ratzeburger See und Schaalsee sind die größten unter den 40 Seen in der hügeligen Jungmoränenlandschaft des Landkreises Herzogtum Lauenburg, in dem 1961 zwischen Elbe-Lübeck-Kanal und Eisernem Vorhang Schleswig-Holsteins erster Naturpark gegründet wurde. Ratzeburg und Mölln bilden die Zentren dieses abwechslungsreichen Wasser-, Wald- und Kulturraumes, der prädestiniert ist für Naturerlebnisse aller Art – mit dem Rad, auf stillen Wanderwegen, im Kanu. Die Haupterlebnisrouten folgen den Spuren der Alten Salzstraße: Dieser mittelalterliche Handelsweg, auf dem das »weiße Gold« von Lüneburg nach Lübeck transportiert wurde, führte durch den heutigen Naturpark. Seine modernen Nachfolger sind die B 207 von Lüneburg nach Ratzeburg und Mölln, die gemeinsame Route der Europäischen Fernwanderwege 1, 6 und 9 von Lübeck durch das Wakenitztal und über Ratzeburg und Mölln nach Gudow sowie der Radfernweg »Alte Salzstraße«. Letzterer folgt auf romantischen Wegen dem Elbe-Lübeck-Kanal mit Abstechern nach Mölln und Ratzeburg.

Dom, Seen, Wälder – der Ratzeburger Dreiklang verzaubert Besucher

Eine 10 km lange, von bewaldeten Steilhängen eingefasste Kanuwander- und Segelfläche ist der **Ratzeburger See ❶**. Er liegt in einer von Gletschern überformten Schmelzwasserrinne und ist das größte Wassersportparadies unter den Lauenburgischen Seen. Nach Norden entwässert er über die Wakenitz zur Trave, der 11 km lange Schaalseekanal verbindet ihn über den Küchensee südlich der Ratzeburger Dominsel mit Salemer See und Schaalsee – eine Traumroute für Kanuten. Bis ins 19. Jahrhundert war die Dominsel eine echte Insel, dann wurden die drei Dämme aufgeschüttet, auf denen heute die Bundesstraße und der Kleinbahn-Wanderweg zum Küchensee verlaufen. Seither gibt es vier Namen für denselben See: Ratzeburger See, Domsee, Küchensee und Kleiner Küchensee. Auf dem Küchensee wird die Internationale Ratzeburger Ruderregatta ausgetragen – hier hat sich der »Ratzeburger Achter« seinen legendären Ruf erworben. Am Südwestufer lädt ein Strandbad zum Sprung ins kühle Nass ein. Ein reizvoller Wanderweg führt durch die Wälder rund um den Küchensee – man beginnt ihn am besten am Burgtheater und folgt dann der Kurpromenade und dem Kleinbahndamm. Den eigentlichen Ratzeburger See nördlich der Dominsel säumen Badestellen, Schiffsanleger, Campingplätze, Steilufer und Wälder. Der Europäische Fernwanderweg 1 folgt, von Lübeck kommend, dem Westufer und wechselt über die Dominsel und den Kleinbahndamm ans Ostufer des Küchensees.

Den Ursprung von **Ratzeburg** ❷ bildete eine slawische Ringwallanlage, nach deren Eroberung durch die Sachsen die »Racesburg« errichtet wurde. Herzog Heinrich der Löwe erneuerte 1154 das Bistum und ließ als stolzes Zeichen der Macht den romanischen Dom errichten – das Wahrzeichen der Stadt. Am Domhof befindet sich das A. Paul-Weber-Museum: Weber wurde mit surrealskurrilen Lithografien und Federzeichnungen einer der wichtigsten zeitkritischen Karikaturisten des 20. Jahrhunderts in Deutschland.

Fast die gesamte schleswig-holsteinische Seite des Schaalsees einschließlich des **Seedorfer Werders** ❸ ist als Naturschutzgebiet ausgewiesen: Die Uferhänge mit ihren Buchen-, Feucht- und Bruchwäldern sowie die Röhricht- und Schwimmblattgebiete mit reicher Unterwasservegetation bilden den Lebensraum für Seeadler, Kranich, Große Rohrdommel und Fischotter. Dieser Naturschutzbereich darf nicht mit Booten befahren werden, doch durch die Wälder führen Wanderwege und Naturlehrpfade. Zu den schönsten Wanderrouten der Gegend zählen der Rundweg über die Halbinsel Seedorfer Werder, die Route über den Werder bei Großzecher und – nördlich des Salemer Sees – die Wege durch das Naturschutzgebiet **Salemer Moor** ❹. Zu den Charakterpflanzen dieses Waldhochmoores zählt der immergrüne Sumpfporst, der heute auf der Roten Liste steht. Einmalig sind die urtümlichen Laubwälder, durch die Wanderwege am Rand des Moores führen – wie Perlen glitzern in den Wäldern drei kleine Seen: der Garrensee, der Plötschersee und die Schwarze Kuhle.

Eine Landschaftsperle ist das Naturschutzgebiet **Hellbachtal** ❺ mit Lottsee, Krebssee, Schwarzsee und dem Südteil des Drüsensees, das südlich an den »Naturerlebnisraum Möllner Seen« bei der Eulenspiegelstadt Mölln anschließt. In der reich gegliederten Talniederung, durch die der naturnahe Hellbach mäandriert, haben zahlreiche Pflanzen- und Tierarten ein Rückzugsgebiet gefunden. Das Hellbachtal zählt zu den schönsten Wandertälern Norddeutschlands. Drei Europäische Fernwanderwege (Nr. 1, 6, 9) führen durch diese reizvolle Landschaft, am Ende einer Wanderung lohnt ein erfrischendes Bad im Gudower See oder an der Seenplatte von Güster.

Till Eulenspiegel, der berühmte deutsche Schalk, soll der Überlieferung nach 1350 in **Mölln** ❻ an der Pest gestorben sein. Das Eulenspiegel-Museum (Am Markt 2) zeigt Buchausgaben, Gemälde, Grafiken und Plastiken, die Eulenspiegels Leben und Werk illustrieren. Am Marktplatz steht ein Brunnen-Eulenspiegel: Reibt man dessen Fuß und wünscht sich etwas, geht es in Erfüllung – so heißt es. Das gotische Rathaus der Stadt zählt zu den bedeutendsten seiner Art in Schleswig-Holstein.

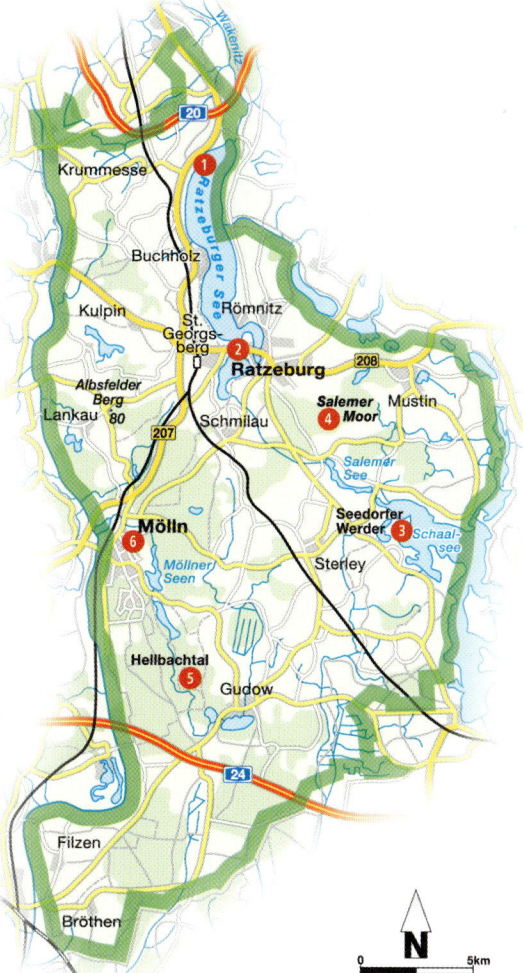

Biosphärenreservat Schaalsee

SERVICE

Anfahrt: Auf der A 20 Lübeck–Neubrandenburg bis Lüdersdorf oder auf der A 24 nach Zarrentin; mit der Bahn nach Zarrentin

Lage: Im Westen von Mecklenburg-Vorpommern an der Grenze zu Schleswig-Holstein

Größe: 309 km²

Höchste Erhebung: Hellberg (93 m)

Gründung: 1990 als Naturpark, 2000 als UNESCO-Biosphärenreservat

Information:

Amt für das
Biosphärenreservat Schaalsee
PAHLHUUS
Wittenburger Chaussee 13
19246 Zarrentin

Telefon: 038851/302 0

Internet:
www.schaalsee.de

Tiefe Seen, kalkreiche Sümpfe sowie Erlen- und Eschenwälder bestimmen das Bild im Biosphärenreservat Schaalsee. Aber auch Bruchwälder, Moore und Trockenrasen gehören zu dieser Landschaft, die durch Alleen aus mächtigen Eichen und skurrilen Kopfweiden eine besondere Note erhält.

Der namengebende See des Biosphärenreservats ist ein idyllischer Zufluchtsort für Pflanzen- und Tierarten.

Schon Klopstock war von der Gegend und dem See begeistert. Seine Eindrücke hielt er, unter einer alten Eiche sitzend, 1767 fest: »… welcher ist breit, dann versteckt, wie ein Strom, und rauscht an des Waldes Hügeln umher …«. Geformt wurden der Schaalsee und seine Umgebung während der letzten Eiszeit. Schmelzwasser spülten Rinnen, Hohlformen und Strudellöcher aus, Eiszungen modellierten die Landschaft und hinterließen Endmoränen, die als Höhenzüge bis zu 100 m aufragen. Es entstanden flache Seen, die im Laufe der Zeit verlandeten und zu Mooren wurden.

Erhalten blieb der Schaalsee – mit einer Fläche von 24 km² der größte See im Biosphärenreservat. Schon immer war die Region dünn besiedelt und gering bewirtschaftet, sodass sich hier eine große Vielfalt an Tieren und Pflanzen halten

konnte. Günstig wirkte sich dabei auch die ehemalige innerdeutsche Grenzlage aus. Die Röhrichtgürtel der Seen, Bruchwälder, Feuchtwiesen und Moore sind Lebensraum für viele seltene Arten wie Seeadler, Rohrdommel oder Fischotter. Bisweilen wird die Stille der Schaalseelandschaft nur vom Trompeten der Kraniche oder dem Rufen der Rotbauchunken durchbrochen.

Von der Eiszeit geformt

 Im Herzen des Biosphärenreservats gelegen, entstand der **Schaalsee** ❶ während der letzten Eiszeit, als die gewaltigen Kräfte des Wassers ein tiefes Strudelloch entstehen ließen – genau 72 m tief, womit der Schaalsee der tiefste See Norddeutschlands ist. Mit seinen Buchten, Inseln und Halbinseln ist er ein wahres Paradies für Tiere und Pflanzen. Auffällig sind die

TOP TIPP

❶ **Schaalsee**
Ein Paradies für Tiere und Pflanzen mit insgesamt 150 km Wander- und Radwegen

❷ **Zarrentin**
Die Klosterkirche glänzt mit einer der schönsten Kanzeln Mecklenburgs

Ein Zeichen intakter Natur: In manchen Dörfern des Gebietes wie hier in Dechow sind Störche wieder heimisch.

und Kies in Schmelzwassertunneln ablagerten und nach dem Abtauen des Eises zurückblieben. Sehr schön kann man das Innenleben eines Osers in einem alten Kiestagebau am Lützow-horster Moor studieren.

In unmittelbarer Nähe befindet sich das Naturschutzgebiet **Schönwolder Moor** ❹, ein gut erhaltenes Regenmoor. Die nicht bewaldeten Flächen zieren niedrige Birkengehölze, dazwischen wächst im Torfmoos die Glockenheide, ein immergrüner Zwergstrauch mit glockenförmigen Blüten in kopfig-doldigen Büscheln am Ende der Zweige.

Als kleine Zungenbecken präsentieren sich der **Röggeliner See** ❺ und das **Kuhlrader Moor** ❻, die nur von einem Geschiebelehmrücken von etwa 5 m Höhe voneinander getrennt sind. Am Röggeliner See bietet bei **Klocksdorf** ❼ ein Beobachtungsturm mit großer Plattform die Möglichkeit, das Leben der Vögel auf dem See zu beobachten. Besonders beeindruckend sind die Vogelzüge im Frühjahr und Herbst; mit etwas Glück bekommt man dann auch jagende Seeadler zu sehen.

WANDERTIPP

ERLEBNISPFAD DURCH DAS KALKFLACHMOOR
Auf einem 800 m langen Bohlenweg (Bild), der gleich hinter dem PAHLHUUS in Zarrentin ❷ beginnt, kann man ein Kalkflachmoor erkunden. Kalkablagerungen von bis zu

5 m Dicke befinden sich unter der nur etwa 1 m starken Torfschicht. Auf dem Erlebnispfad gibt es reichliche Informationen zur Entstehung und ehemaligen Nutzung des Moores sowie zu Flora und Fauna.

großen Verbreitungstiefen der Wasserpflanzen, die bis zu 7 m erreichen. Großflächig kommen Armleuchteralgen, verschiedene Laichkräuter und das Ährige Tausendblatt vor. Auf der Oberfläche bestimmen im Juni besonders Weiße Seerosen und Gelbe Teichrosen das Bild. Die Schilfgürtel am Seeufer sind Brutplätze für seltene Vogelarten wie Rohrdommel, Kolbenente und Seeadler.

Am Südwestufer des Schaalsees liegt **Zarrentin** ❷, eine Kleinstadt mit dörflichem Charakter. Einfache Fachwerkhäuser bestimmen das Ortsbild. Das 1250 gegründete Zisterzienserkloster wurde vollständig restauriert. Den Besucher erwartet eine interessante Ausstellung über das Kloster. Die Kanzel der Klosterkirche gehört zu den schönsten Mecklenburgs. Sie stammt aus der Marienkirche in Lübeck und wurde 1699 für die Kirche in Zarrentin gekauft. Das PAHLHUUS in Zarrentin informiert über Pflanzen und Tiere der Umgebung, beschreibt die eiszeitliche Entstehung und Gestaltung der Landschaft und stellt regionales Handwerk vor.

Nur einen Katzensprung von Zarrentin entfernt liegt **Lassahn** ❸, dessen Kirche zwischen 1190 und 1250 erbaut wurde. Vom Kirchhof bietet sich ein schöner Blick auf den Lassahner Teil des Schaalsees mit der Insel Kampenwerder. Zum See hinunter führt ein hübscher Heckenweg.

Erleben lässt sich die Vielfalt der Natur auch zwischen Schönwolde und Groß Salitz. Diese hügelige Landschaft prägen bahndammähnliche Wallrücken, die als »Oser« bezeichnet werden. Sie entstanden, als sich unter dem Gletscher Sand

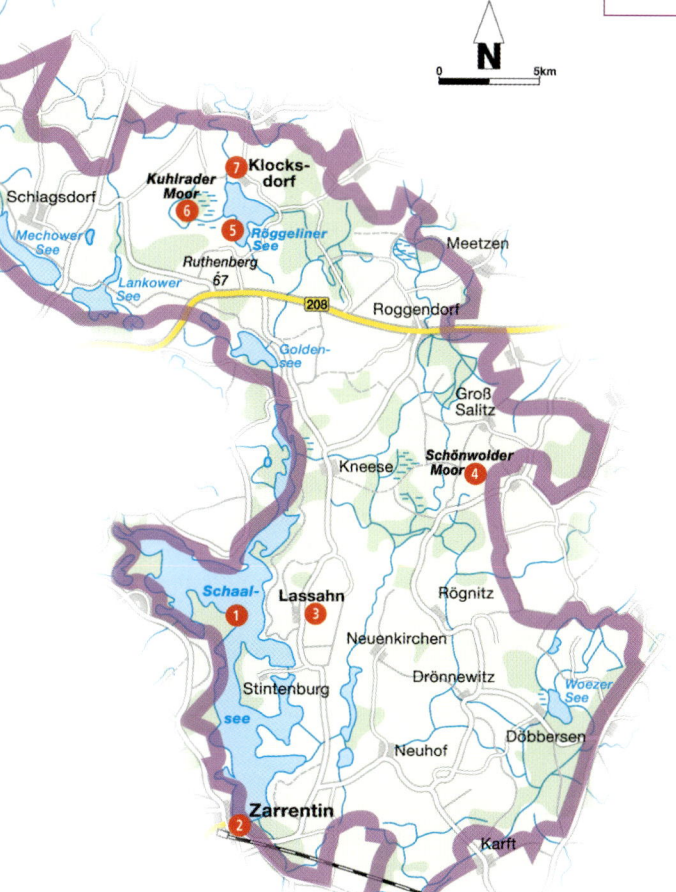

Naturpark Mecklenburgisches Elbetal

SERVICE

Anfahrt: Auf der A 24 entweder bis Neustadt-Glewe und weiter auf der B 191/B 5 über Ludwigslust nach Zahrensdorf oder bis Hagenow und auf der B 321 und der B 5 nach Zahrensdorf; mit der Bahn bis Boizenburg, Brahlstorf oder Pritzier und weiter mit dem Bus nach Zahrensdorf
Lage: Im südwestlichen Mecklenburg, rechtselbisch zwischen Lauenburg und Dömitz
Größe: 426 km²
Höchste Erhebung: Forstberg (86 m)
Gründung: 1998
Information:
Naturpark Mecklenburgisches Elbetal
Am Elbberg 8–9
19258 Boizenburg
Telefon: 038847/62 48 40
Internet:
www.elbetal-mv.de

Es ist schon ein besonderes Naturschauspiel, wenn jedes Jahr Tausende von Kranichen sowie zahllose Gänse und Schwäne die weiten Auen der Elbe und ihrer Nebenflüsse bevölkern. Besonders auffällig sind die auf ihrem Scheitel meist mit Kiefern bewachsenen Binnendünen.

Ein ungewohnter Anblick mitten im Binnenland: die Wanderdünen bei Klein Schmölen im Elbetal.

TOP TIPP

② Bretziner Heide
Heideblüte und Hügelgräber aus der Bronzezeit
④ »Dorfrepublik« Rüterberg
Geschichtsträchtiges kleines Dorf mit Aussichtsturm
⑤ Dömitz
Eine der am besten erhaltenen Flachlandfestungen Nordeuropas

Von Boizenburg im Norden bis Dömitz im Süden erstreckt sich das breite Urstromtal, das von der Elbe durchflossen wird. Zahlreiche Nebenflüsse wie Sude, Schaale, Boize, Rögnitz und Löcknitz sind Bestandteil dieser naturnahen Landschaft, die noch den Lebensraum einer breiten Talaue prägt und in Mitteleuropa zu den Raritäten gehört. Hier finden Biber und Fischotter eine Zuflucht, und auch als Brutgebiet seltener Großvögel wie Schwarzstorch, Kranich und Seeadler sind die Niederungen sehr wichtig.

Um Siedlungen und Felder bei Hochwasser zu schützen, wurden seit dem 13. Jahrhundert Deiche gebaut. Sie prägen heute auf einer Länge von 120 km das Bild der Landschaft. Vor allem im Winter tritt die Elbe regelmäßig über die Ufer, Altarme und Auen zwischen den Deichen werden überflutet.

Die Überflutungsgebiete beherbergen charakteristische Stromtalpflanzen wie Wiesenalant und Sumpfgreiskraut. Die enge Verzahnung von Feucht- und Trockenbiotopen ist für diesen Naturpark, der zugleich einen Teil des UNESCO-Biosphärenreservats Flusslandschaft Elbe bildet, typisch: In Kontrast zur Elbniederung schließen sich Lebensräume an, die sich vor allem durch Trockenheit auszeichnen. Auffällig sind Binnendünen, die auf dem Scheitel meist locker mit Gebüsch bewachsen sind und am Fuß mit einer artenreichen Trockenvegetation glänzen.

Land der Kontraste – Feucht- und Trockenbiotope

Im nördlichsten Zipfel des Naturparks haben sich bei Bretzin Landschaftsformen erhalten, wie sie unterschiedlicher kaum sein können. Während

Wie in alten Zeiten werden die Wiesen rund um die imposante Festung Dömitz von Schafen beweidet.

die naturnahe mäandrierende **Schaale** ❶ mit einer artenreichen Feuchtufervegetation aufwartet, ist das Naturschutzgebiet **Bretziner Heide** ❷ ein von Trockenheit liebenden Pflanzen geprägtes Biotop. Hier bestimmen großflächige Vorkommen der Besenheide das Bild, von Silbergrasfluren durchzogen. Besondere Farbtupfer sind im Frühjahr die gelben Blüten des Besenginsters. Lohnend ist eine Wanderung durch das Gebiet zur Heideblüte, auch die bronzezeitlichen Hügelgräber sind sehr interessant. Südlich von Boizenburg ist die **Sudeniederung** ❸ einen Besuch wert. In diesem 1000 ha großen Areal dominieren Auenwälder und große Polderflächen mit feuchtem Grünland. Diese den Fluss begleitenden Biotope sind typisch für die über Jahrhunderte von Menschen geschaffene Kulturlandschaft. Zu den charakteristischen Pflanzen hier zählen Gelbe Wiesenraute, Kuckuckslichtnelke und Sumpf-Platterbse. Fährt man weiter in Richtung Süden, führt hinter Wehningen eine kleine Straße zum Parkplatz der »**Dorfrepublik**« **Rüterberg** ❹. Den Namen trägt der kleine Ort, weil er zu DDR-Zeiten 22 Jahre lang völlig von der Außenwelt abgeschirmt war. Nur engste Verwandte durften das Dorf hinter Stacheldraht und Todesstreifen besuchen. Von der älteren Vergangenheit zeugen Relikte der Saalekaltzeit vor etwa 150000 Jahren; der Rüterberg ist ein Teil der damals entstandenen Endmoränenlandschaft. Vom Aussichtsturm hat man einen großartigen Blick auf die vielfältige Landschaft, die aus weiten Auen, Binnendünen mit Kiefern und einem steilen Geesthang besteht.

Empfehlenswert ist auch ein Besuch von **Dömitz** ❺, das von der Elbe, der Müritz-Elde-Wasserstraße und der Doven Elbe umflossen wird. Hier befindet sich eine der am besten erhaltenen Flachlandfestungen Nordeuropas. Sie wurde 1559 zu einer mächtigen Backsteinfestung mit Bastionen, Kasematten und Wassergraben umgebaut. Den Innenhof betritt man durch ein prachtvolles Renaissance-Tor von 1565. Über die Geschichte der Festung und die Schifffahrt auf der Elbe informiert das Museum im Kommandantenhaus (Mo geschlossen). Die meisten Besucher der Gegend sind überrascht, wenn sie bei Klein Schmölen auf 2 km lange und 600 m breite **Dünen** ❻ treffen, die man eher an der Küste als am Ufer der Elbe erwartet. Hier wechselt sich Kiefernwald mit baumlosen Hängen ab, die Vegetation besteht u. a. aus küstentypischem Strandhafer und Heidenelke. An einem Parkplatz östlich von Klein Schmölen beginnt ein wunderschöner, 4 km langer Wanderweg.

KULTURTIPP

BOIZENBURG

Wo die Boize in die Elbe mündet (unweit der Sudeniederung ❸), entstand ab 1170 im Schutz einer Wasserburg die Siedlung Boizenburg. Die Wälle der im 14. Jahrhundert angelegten Befestigung wurden im 19. Jahrhundert in eine von Linden gesäumte Promenade umgewandelt. Auf diesen Wallanlagen kann man rund um die Stadt mit ihren vielen schönen Fachwerkhäusern und dem reizvollen Rathaus

(Bild) spazieren, hinter dem Heimatmuseum trifft man auf einen hübschen Wallpavillon. An Boizenburg als wichtigen Standort für die Fliesenherstellung erinnert das Erste Deutsche Fliesenmuseum (Reichenstraße 4), das Wandkeramiken aus der Zeit von 1880 bis 1930 zeigt (Mo geschlossen).

Naturpark Elbufer-Drawehn

Eine Landschaft voller Kontraste: hier die Elbniederung mit Grünland-flächen, Auwäldern, kleinen Seen und Nebenflüssen der Elbe – dort der Drawehn, ein zerklüfteter Höhenzug mit dem Hohen Mechtin als Aussichts-berg, mit Rundlingsdörfern und archäologischen Denkmälern.

SERVICE

Anfahrt: Auf der A 24 bis Neustadt-Glewe und auf der B 191 über Ludwigslust und Quickborn nach Gartow; mit der Bahn bis Dannenberg, dann weiter mit dem Bus bis Gartow

Lage: Im westlichen Elbuferraum zwischen Bleckede und Schnackenburg bis zum Höhenzug des Drawehn

Größe: 750 km²

Gründung: 1968

Höchste Erhebung:
Hoher Mechtin (142 m)

Information:
Naturpark Elbufer-Drawehn e. V.
Königsberger Straße 10
29439 Lüchow (Wendland)

Telefon: 05841/962 90

Internet:
www.luechow-dannenberg.de

Vom Weinberg des Ortes Hitzacker aus bietet sich ein schöner Blick auf das weite Tal der Elbe.

❸ **Höhbeck**
Geesthügel mit Frankenkastell und schöner Aussicht

❺ **Hitzacker**
Zeitreise in die Bronzezeit und zu 25 archäologischen Kultur denkmälern

❻ **Göhrde**
Interessantes Waldmuseum im Göhrder Forst mit Greifvogelgehege

Das Urstromtal der Elbe wird im Naturpark Elbufer-Drawehn von Altarmen mit Auwäldern, Wiesen und Marschen geprägt. Auch Elbdeiche und Moränenzüge gehören dazu, von denen man immer wieder faszinierende Eindrücke von der Landschaft gewinnen kann – so etwa vom Höhbeck, einem 75 m hohen Geesthügel mit großartiger Aussicht über den Strom zur Lenzener Wische im benachbarten Biosphärenreservat Flusslandschaft Elbe. Im Osten sieht man das Elbholz, einen Naturraum mit alten Eichen und ausgedehnten Qualmwassertümpeln. Naturfreunde können von Aussichtsplattformen im Frühjahr ein besonderes Schauspiel erleben: die Balz der Kraniche.

Völlig anders präsentiert sich dagegen die Landschaft des Drawehn, eines Endmoränenzugs mit abwechslungsreichem Relief, das aus Trocken-tälern und Hochflächen besteht. Oft betragen die Höhenunterschiede 40 bis 70 m auf kurzer Entfernung; manche Kuppen, z. B. der Hohe Mechtin, bieten ausgezeichnete Fernblicke.

Highlights für Naturfreunde und Archäologen

Überflutete Auen und Wiesen im Frühling und Herbst, Niedrigwasser im Sommer – das sind die natürlichen Rhythmen der Landschaft rings um **Gartow** ❶, wo ein vielgestaltiges Mosaik aus Wiesen, Wäldern und Flusslandschaften das Bild prägt. Aber auch der 67 ha große Gartower See gehört dazu, der bei Seglern, Surfern, Anglern und Sonnenanbetern sehr beliebt ist. Im Winter lockt die Wendland-Therme mit solehaltigem Wasser von 33 °C, Solarium, Sauna und Massage-räumen.

Auf dem Geesthügel Höhbeck kann man die Natur von zahlreichen Radwegen aus genießen.

Rund 10 km südwestlich von Gartow bei Nemitz erstreckt sich die 400 ha große **Nemitzer Heide** ❷, die sich nach einen verheerenden Waldbrand (1975) von selbst entwickelte und heute eine Erholungslandschaft mit abwechslungsreichen Wanderwegen darstellt. Viele Tiere, u. a. Schlingnatter, Eidechse und Brachpieper, haben hier eine Heimat gefunden. Am letzten Augustwochenende findet in der Heide das Heideblütenfest statt.

TOP TIPP Nördlich von Gartow ragt der **Höhbeck** ❸ auf, ein wahres Paradies für Naturfreunde und eine Fundgrube für Archäologen. An der Ostgrenze des fränkischen Kaiserreichs gelegen, war er eine Bastion Karls des Großen. Um 800 ließ Karl auf dem Höhbeck das »Castellum Hobuoki« errichten, ein Grenzkastell von 170 m Länge und 70 m Breite, das von einem 3 m tiefen Graben umgeben war. Eine beachtliche Sammlung zur Archäologie des Höhbeck findet man im Heimatmuseum Vietze; ein schöner Wanderweg führt vom Aussichtspunkt »Schwedenschanze« am nördlichen Hang des Höhbeck entlang durch Wälder von Stiel- und Traubeneichen sowie Kiefern zum Heidberg bei Vietze und weiter zum Parkplatz an der Fähre bei Pevestorf.

Bei Penkefitz lädt das Naturschutzgebiet **Taube Elbe** ❹ mit Flutrinnen und Mulden zum Erkunden ein. Es ist geprägt von Riedflächen, Röhrichten und Wiesen, wo man zu allen Jahreszeiten eine reiche Vielfalt an Wasservögeln beobachten kann – am besten bei einem Spaziergang auf dem Deich, vom Ortsausgang in Penkefitz in Richtung Dannenberg.

TOP TIPP Auf einer Insel in der schiffbaren Jeetzel vor der Einmündung in die Elbe liegt **Hitzacker** ❺, 1203 erstmals urkundlich erwähnt. Die wirtschaftliche Entwicklung dieses Schiffer- und Fischerortes bestimmten seit 1260 vor allem Einnahmen aus dem Elbzoll, der erst 1872 aufgehoben wurde. Über die Geschichte des Ortes informiert das Museum »Altes Zollhaus« (Zollstraße 2, Mo geschlossen). Vor 3000 Jahren siedelten am Ufer des Hitzacker Sees Menschen, die hier Felder anlegten und Vieh züchteten. Darüber kann man sich eingehend im Archäologischen Zentrum Hitzacker (Elbuferstraße) informieren; die Ausstellung »Zeitreise – Leben vor 3000 Jahren« gewährt Einblicke in den Lebensalltag der Menschen in einem Dorf der Bronzezeit. Mit dem Ausstellungsführer *Zeitspuren* kann man 25 archäologische Kulturdenkmäler, eingebettet in eine schöne Kulturlandschaft mit Blick über Wiesen, Wasser, Heide und Wälder, entdecken.

TOP TIPP Die **Göhrde** ❻ ist eine von Wäldern bestandene Hochfläche nordwestlich des Drawehn. Fährt man auf der B 216 von Dannenberg in Richtung Lüneburg, kommt man durch den Ort Göhrde, wo ein Waldmuseum (König-Georg-Allee 5) zu einem Besuch einlädt. An die Zeit, als die Göhrde noch Jagdrevier war, erinnert das heutige Museumsgebäude. Es gehörte als »Celler Stall« einst zum Jagdschloss und bot Platz für 79 Pferde der Prunkjagden unter Herzog Georg Wilhelm. Das Museum (Mo geschlossen) informiert über die forstwirtschaftliche Nutzung und die Tiere des Waldes, die Geschichte der Jagd und Jagdwaffen. Im Hof befindet sich ein kleines Greifvogelgehege, wo kranke Vögel versorgt werden.

WANDERTIPP

DRAWEHN-HÖHENWEG
Der Wanderweg ist 52 km lang und führt durch den waldreichen Drawehn von Walmsburg bis Quarzau (Markierung »E«, weiter mit Markierung »H«, teilweise auch weißes Andreaskreuz, E 6) über Leitstade, die Göhrde ❻, Schmessau, Spranz, den Hohen Mechtin, Hohenvolkfien und Clenze-Reddereitz nach Schnega (Schweinemark).

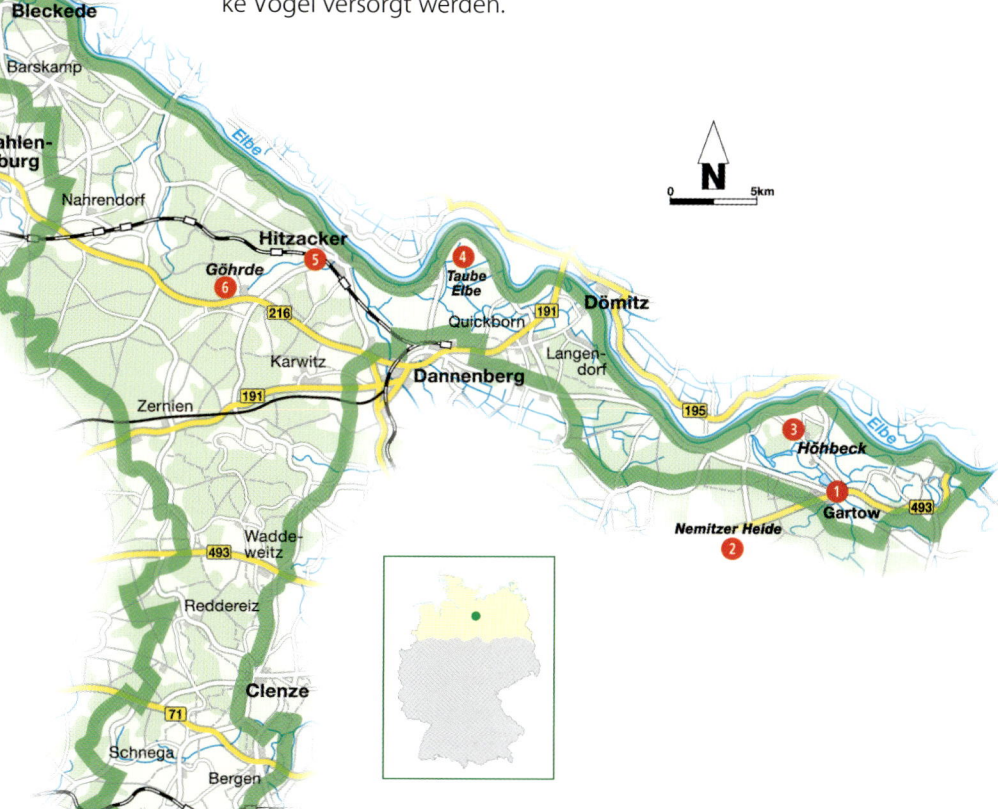

Biosphärenreservat Flusslandschaft Elbe

Wie ein Rückgrat durchzieht die Elbe eine abwechslungsreiche Auenland-schaf mit Wiesen, Wäldern, wandernden Dünen, Säumen vieler Gewässer, Verlandungszonen und Mooren. Dazu gesellt sich ein sehenswertes Stück Kulturgeschichte, das im Dessau-Wörlitzer Gartenreich gegenwärtig ist.

SERVICE

Anfahrt: Auf der A 24 bis Zarrenthin, auf der B 195 nach Neu-Bleckede und mit der Autofähre nach Bleckede; mit der Bahn ebenfalls bis Bleckede

Lage: In der Elbtalaue von Schleswig-Holstein, Niedersachsen, Mecklenburg-Vorpommern, Brandenburg und Sachsen-Anhalt

Größe: 2697 km²

Höchste Erhebung:
109 m (ohne Namen)

Gründung: 1998

Information:
Biosphärenreservatsverwaltung Niedersächsische Elbtalaue in Hitzacker, Telefon: 05862/96 73 0, Internet: www.elbtalaue.niedersachsen.de; Biosphärenreservat Flusslandschaft Elbe-Brandenburg in Rühstädt, Telefon: 038791/98 01 0, Internet: www.grossschutzgebiete. brandenburg.de; Naturpark Mecklenburgisches Elbetal in Boizenburg, Telefon: 038847/ 62 48 40, Internet: www.elbetal-mv.de; Biosphärenreservatsverwaltung Mittelelbe in Dessau, Telefon: 034904/ 42 10, Internet: www.mittelelbe.com

Bei Vockerode (östlich von Dessau) bietet die Elbe ein beschauliches Bild nahezu unberührter Natur.

TOP TIPP

➋ Bleckede
Aquarium im Schloss Bleckede
➐ Dannenberger Marsch
Feuchtgebiet mit Radrundweg
➌ Magdeburg
Traditionsreicher Handelsplatz an der Elbe mit imposantem Dom
➐ Wörlitzer Park
Idyllische Parklandschaft mit Spazierwegen und Bootsfahrten

Die Elbe kann mit einer einzigartigen Auenlandschaft aufwarten, die in weiten Teilen naturnah geblieben ist. Hier konnte sich eine reiche Tier- und Pflanzenwelt erhalten. Die Vorländer der Elbe sind meist ausgedehnte, offene Flächen, am Ufer der Elbe und ihren Altarmen haben sich Weidenauenwälder, Röhrichte und Hochstauden entwickelt. Hier konnte sich der Elbebiber in den letzten Jahren ausbreiten und auch der Fischotter kommt stellenweise vor. Regelmäßig werden die Flächen vor den Deichen im Winter und Frühjahr durch Hochwasser überflutet. Hier kann man zu dieser Zeit massenhaft Wat- und Wasservögel, aber auch Gänsesäger und Schwäne beobachten. Die weiten Grünlandflächen zwischen Altarmen und Bracks mit ihren kleinflächigen Weich- und Hartholzauen dienen vielen nordischen Arten als Rastgebiet, etwa Zwerg- und

Singschwänen, Saat- und Blessgänsen, Kiebitzen, Goldregenpfeifern und verschiedenen Greifvögeln. Die Qualmwasserbereiche in Deichnähe sind Lebensraum vieler Amphibien, zu denen die seltene Rotbauchunke, Laubfrosch und Kamm-Molch gehören. Von der menschlichen Tätigkeit in den Elbmarschen zeugen Kopfweiden, Obstbaumalleen und Alteichen in der Nähe der Auendörfer.

Besondere Siedlungsformen: Warften- und Rundlingsdörfer

Der Weg nach Bleckede führt über das Warftendorf **Neu Wendischthun** ➊. Hier wurde jedes Haus als Schutzmaßnahme vor dem Hochwasser auf einem Hügel (Warft) gebaut. **Bleckede** ➋ erreicht man mit der Fähre, wo der Elbhafen mit seiner Promenade ein viel besuchtes Ausflugsziel ist. Im Elbschloss Bleckede, einem barocken Fachwerkgebäude, befindet sich das Informationszentrum für das Biosphärenreservat. Auf über 1000 m² Fläche präsentiert eine Ausstellung die einzigartige Natur dieser Flusslandschaft. Im Elbe-Aquarium kann man Fische der Elbe wie Aal, Brasse und Zander beobachten, und die Umweltwerkstatt bietet Kindern die Möglichkeit, die Natur aktiv zu entdecken.

Fährt man von Bleckede entlang der Elbe in Richtung Neu Darchau, führt der Weg durch

Walmsburg ❸, ein typisches Rundlingsdorf. Auch wenn auf dem Dorfplatz nur ein halber Rundling zu erkennen ist, wird sichtbar, dass die Bauernhäuser im Kreis angeordnet sind. Dies sorgte für Schutz, aber auch für Geselligkeit.

Hochmoore und eine Wanderdüne

In Neu-Darchau geht es wieder per Autofähre auf die andere Seite der Elbe und über Darchau und Haar nach Neuhaus. Besonders schön ist hier die Apfelbaumallee im Mai, wenn die Bäume blühen. Von Neuhaus nach Tripkau führt die Allee über die größte Binnendüne der niedersächsischen Elbtalaue. Hier wechseln sich Kiefernwälder mit Silbergrasfluren und Sandflächen ab, hinter der Düne sind kleine Hochmoorreste wie das Zeetzer und das Laaver Moor erhalten. Kurz vor Hitzacker haben sich die offenen Sandflächen zu einer Wanderdüne, der **Stixer Wanderdüne** ❹, geformt, deren Sand ständig vom Wind bewegt wird – was man an den verschütteten Kiefern erkennt. Besonders gut kann man die starken Sandverfrachtungen gen Osten bei trockenem, windigem Wetter beobachten.

Streckenweise fließt die Elbe auch am Fuß von Moränen entlang, Erd- und Geröllbergen, die während der Eiszeit abgelagert wurden. Ein auffälliges Beispiel findet man bei **Alt Garge** ❺, flussabwärts von Neu Darchau. Hier haben sich entlang der Elbe steile, bis zu 70 m hohe Geestkanten gebildet, die vorwiegend mit Buchen- und Eichenwäldern bewachsen sind.

Fachwerkhäuser, Kopfsteinpflaster und ein reizvolles Stadtbild erwarten den Besucher in **Hitzacker** ❻. Auf einer Insel in der schiffbaren Jeetzel gelegen, wird der Ort erstmals 1203 urkundlich erwähnt. Einen Besuch wert ist das Alte Zollhaus (Zollstraße 2), wo man viel Wissenswertes über die Geschichte der ehemaligen Welfenresidenz, aber auch über Schiffbau, Schifffahrt und Wasserbau erfährt.

Froschkonzerte und Biberburgen – Natur hautnah erleben

Die ausgedehnte Niederung der Elbtalaue ist von Flutrinnen, Mulden, Kolken und Altarmen geprägt. Sie alle findet man in der **Dannenberger Marsch** ❼, einem bedeutenden Lebensraum für Amphibien. Auf dem 25 km langen Radrundweg von Dannenberg über Jaseback, Barnitz, Damnatz, Seedorf und Dambeck lassen sich die verschiedensten Feuchtgebiete mit ihrer Fauna kennenlernen. Biber benötigen vor allem Uferränder mit Auenwäldern als Lebensraum. Bestens geeignet sind unverbaute, naturnahe Ufer wie die von den Altarmen der Elbe durchzogenen Überschwemmungsbereiche sowie die Elbnebenflüsse. In der **Seegeniederung** ❽ führen von Gartow/Quarnstedt aus zwei Rundwanderwege in das Reich der Biber. Auf dem kleinen »Biberpfad« (Rundweg Kleiner See, 2,6 km)

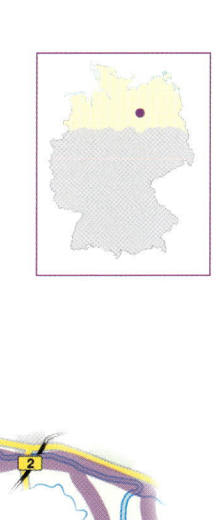

PFLANZEN

SILBERGRAS
(Corynephorus canescens)
Silbergras ist einer der Erstbesiedler offener Sandflächen wie die der Stixer Wanderdüne ❹. Die Samen keimen schnell und bilden bald steif aufrecht wachsende graugrüne Blatthorste. Von Juni bis August entfalten sich die silbergrauen Rispen, die oft rötlich überlaufen sind. Zwischen Silbergrasbüscheln können sich in Gemeinschaft mit Sandseggen auch Flechten und Moose ansiedeln. Die Heidelerche, die in sandig-trockenen Dünengebieten lebt, baut hier ihre Nestmulde.

WANDERTIPP

ELBE-RADWEG

Um diese reiche Landschaft hautnah zu genießen, bietet sich eine Fahrt durch das Biosphärenreservat auf einem Teil des Elbe-Radweges an. Der Start kann z. B. das malerische Lauenburg an der alten Salzstraße sein. In Hitzacker **6** lohnt sich ein Besuch der Altstadtinsel,

bevor die Tour durch eine Landschaft führt, die infolge der früheren Abgeschiedenheit durch die innerdeutsche Grenze noch wertvolle Biotope bietet. Über Wittenberge, die größte Stadt der Prignitz, gelangt man nach Rühstädt **10**, dem »Storchendorf«. Havelberg **11** grüßt als einstiger Bischofssitz mit dem Dom auf dem Bischofsberg, bevor die Tour durch die weite Elblandschaft weiter nach Tangermünde **12** führt. Durch eine dünn besiedelte Region mit vielen Burgruinen wird Magdeburg **13** erreicht, bevor die letzte Etappe in das Dessau-Wörlitzer Gartenreich **15** – **17** führt.

informieren Schautafeln über den Biber und seine Gewohnheiten. Wählt man den großen Rundweg »Obere Seegeniederung« (6,5 km), kann man ihn mit etwas Glück von der Seegebrücke aus bei Dämmerung beobachten.

Eingeschlossen in das Biosphärenreservat ist der Naturpark Mecklenburgisches Elbetal. In dieser kontrastreichen Landschaft schließen sich an die weiten Auen der Elbe und ihrer Nebenflüsse die extrem trockenen Standorte der Binnendünen an.

Auf der B195 kommt man nach **Lenzen** **9**, wo die Burg Lenzini im 10. Jahrhundert den Elbübergang zum slawischen Stammesgebiet der Livonen sicherte. Hier eröffnete der BUND 2003 das Europäische Zentrum für Auenökologie, Um-

und einer kleinen Kirche (ab 1140 von Zisterziensern erbaut) liegt westlich von Bad Wilsnack. Sein Wahrzeichen ist ein alter Wasserturm, auf dem 1952 das erste Storchenpaar nistete. Als Rühstädt 1996 den Titel »Europäisches Storchendorf« erhielt, brüteten hier 44 Paare, die 73 Junge aufzogen. Über die Störche wird im Ort genau Buch geführt; informieren kann man sich darüber an Holztafeln an den Hauswänden.

Reizvoll erhebt sich in **Havelberg** **11** der Bischofsberg mit dem Dom, 1170 als romanische Basilika geweiht und im 13. Jahrhundert gotisch umgebaut. Meisterwerke sind das wuchtige Chorgestühl (13. Jahrhundert), der Lettner (um 1400) und die Glasmalereien (15. Jahrhundert). Spätklassizistische Fassaden bestimmen das

Das »Europäische Storchendorf« Rühstädt ist wegen seiner zahlreichen Weißstörche berühmt.

weltbildung und Besucherinformation. In einem beispielhaften Projekt wurde 2005 unweit der Burganlage mit der Rückverlegung des Elbteiches begonnen, um eine 400 ha große Überflutungsaue zu schaffen. Hier finden seltene Tiere wie Kiemenfußkrebs und Rotbauchunke einen Lebensraum. Direkt am Deich steht ein ehemaliger DDR-Wachturm, der in Begleitung der Naturwacht bestiegen werden kann und einen großartigen Überblick über die Elblandschaft gibt.

Weißstörche – eine besondere Attraktion

Besonders günstige Lebensbedingungen scheinen in und um **Rühstädt** **10** die Weißstörche zu finden. Der Ort mit den roten Backsteinhäusern

Stadtbild, zu denen auch die des Rathauses gehört. Die Kirche St. Laurentius (15. Jahrhundert) ist ein schöner Backsteinbau.

Kirchliche Pracht, Denkmal- und Naturschutz in trauter Eintracht

Wo die Tanger in die Elbe mündet, liegt auf einem Höhenzug **Tangermünde** **12** mit seinen Backstein- und Fachwerkbauten. Von der noch größtenteils vorhandenen Stadtbefestigung aus dem 13. Jahrhundert mit drei Stadttoren gilt das Neustädter Tor (1450), mit brandenburgischem Wappen verziert, als das schönste. Sehenswert ist auch das Rathaus, 1430 im Stil deutscher Backsteingotik mit prachtvollem Schaugiebel errichtet. Beherrschender Kirchenbau ist die Stephans-

Der zum Welterbe der UNESCO gehörende Wörlitzer Park lässt sich auch gut per Boot erkunden.

kirche, deren Bau 1184 begonnen wurde. Von der Burganlage in Tangermünde sind neben Teilen der Ringmauer noch das Tor aus der Zeit Kaiser Karls IV. und der über 50 m hohe Bergfried erhalten.

TOP TIPP In der Steinzeit bereits am Elbufer besiedelt, wurde **Magdeburg** 13 805 als karolingischer Handelshof erwähnt. Zur Zeit Kaiser Ottos I. (912–973) nannte man Magdeburg das »Dritte Rom«. Auf dem Domplatz entstand 955 eine prachtvolle Basilika, an ihrer Stelle steht heute der gewaltige Dom (Bau 1209 begonnen). Anziehungspunkt unweit des Doms ist das Kloster Unser Lieben Frauen mit einem schönen Kreuzgang und dem ältesten Brunnenhaus Deutschlands aus dem 12. Jahrhundert.

Bei Steckby ist das Naturschutzgebiet **Steckby-Lödderitzer Forst** 14 zwischen Aken und der Saalemündung beidseits der Elbe von großer Bedeutung. Am linken Ufer bestimmen Niederterrassen mit kleinen Talsandinseln das Bild, auf der rechten Elbseite sind auf den Terrassen Dünen aufgeweht. In den Auenbereichen herrscht ein Hartholzauenwald mit Eichen und Ulmen vor, auch Wildapfel und -birne sowie die Vogelkirsche wachsen hier. Seltene Vogelarten wie Schwarzstorch, Kranich und Schreiadler haben hier ihre Reviere. Obwohl die Elbe im Naturschutzgebiet mittels Buhnen, künstlichen Dämmen zum Uferschutz, ausgebaut ist, sind hier relativ natürliche Verhältnisse vorhanden. Abschnittsweise findet man Flussröhrichte und Galeriewälder, wo der Elbebiber sich wohl fühlt. Auf den Buhnenfeldern und in der Auenlandschaft leben Schmetterlinge wie Schillerfalter oder Großer Fuchs, auch andere Insekten wie Asiatische Keiljungfer, Grüne Flussjungfer sowie

die Südliche Mosaikjungfer. Auf den trockenen Hochflächen wachsen Kiefernforste, auf den vom Grundwasser beeinflussten Standorten gedeihen Eichenwälder mit Pfeifengras, im Übergangsbereich zur Aue bestimmen Eichen-Hainbuchen-Wälder das Bild.

Das Fürstentum Anhalt-Dessau wurde unter Fürst Leopold III. Friedrich Franz (1740–1814) zu einem Musterstaat deutscher Aufklärung. Gegen Ende des 18. Jahrhunderts entstand in **Dessau** 15 und Umgebung das berühmte »Dessau-Wörlitzer Gartenreich«, eine Kulturlandschaft ersten Ranges. Hier ergänzen sich Naturschutz und Denkmalpflege: Die Parkanlagen sind Lebensraum vieler Vogelarten. Im Frühjahr ist hier typischerweise die Nachtigall zu hören. In den großen alten Bäumen finden auch Fledermäuse attraktive Sommerquartiere. Entlang der Straßen, Wege und Hochwasserschutzwälle sowie auf den Streuobstwiesen begeistern im Frühjahr blühende Obstbäume. Bereits Fürst Franz förderte vor über 200 Jahren die Anlage von Streuobstwiesen zur Verschönerung der Landschaft und um sie als Einnahmequelle zu verpachten. Heute schätzt man die Wiesen besonders als Lebensraum für Tiere und Pflanzen, aber auch als Ressource alter Obstsorten.

Bevor die Elbe durch den Deichbau in ihrem Lauf fixiert wurde, veränderte sie bei Hochwasser oft ihr Bett und Teile wurden vom Fluss getrennt. Es entstanden Altwässer, für die eine besondere Artenvielfalt charakteristisch ist. Eines der größten Altwässer ist der 38 ha große Kühnauer See, der ab 1805 in den romantischen **Kühnauer Park** 16 mit großem Auenwaldgebiet und weiten Wiesenflächen integriert wurde. Dieser Park ist nur ein Teil der grandiosen Gartenlandschaft, die Fürst Leopold III. Friedrich Franz von Anhalt-Dessau im 18. Jahrhundert anlegen ließ. Wie an einer Perlenkette aufgereiht ziehen sich die Parks durch das Land: Georgengarten, Beckerbruch, Mosigkau, Luisium, Oranienbaum und der **TOP TIPP** **Wörlitzer Park** 17, die berühmteste entsprechende Anlage in Sachsen-Anhalt. Sie entstand ab 1764 und erstreckt sich entlang des Wörlitzer Sees auf einer Fläche von 100 ha – Kanäle, Inseln, Gärten, Gebäude, Tempel, Grotten sowie Plastiken machen einen Spaziergang durch den Park zum Genuss. Ausgesprochen reizvoll ist auch eine Gondelpartie. Das Schloss des Parks ist im Stil englischer Landsitze erbaut und besticht durch seine Ausstattung. Besonders wertvoll sind Gemälde berühmter Maler, u. a. von Rubens, Canaletto und dem deutschen Landschaftsmaler Philipp Hackert. Sehenswert ist auch die Schlossbibliothek mit zahlreichen Fresken und Reliefs.

TIPP FÜR KINDER

AUENHAUS UND AUENPFADE
13 gut beschilderte naturkundliche Auenpfade informieren im Biosphärenreservat über die naturraumtypischen Tier- und Pflanzenarten und ihre Lebensräume. Sie führen durch die Landschaft des Dessau-Wörlitzer Gartenreiches (15 – 17) mit Auenwäldern, Feuchtwiesen, Altwässern, Dünenrücken, Kiefernforsten, Streuobstwiesen und Bächen. Vom Aussichtsturm am Kühnauer See (bei 16) bietet sich ein schöner Blick

über die Landschaft, und der Auenpfad »Kapeniederung« führt zur Biberfreianlage (Bild), wo der Blick in eine Biberburg möglich ist. Auf dem »Obstpfad« kann man 70 verschiedene Obstsorten sowie Wildobstarten kennenlernen. Das Auenhaus an der Straße zwischen Dessau und Oranienbaum informiert in ständigen Ausstellungen über das Gebiet an der Mittleren Elbe und bietet eine breite Palette Druckerzeugnisse zu verschiedenen Themen an. Im Freigelände mit Kleingewässern findet man einen Bauerngarten (Telefon: 034904/406 10).

Naturpark Drömling

SERVICE

Anfahrt: Auf der A 2 Berlin–Hannover bis zum Kreuz Wolfsburg-Königslutter, weiter auf der A 39 nach Wolfsburg und auf der B 188 nach Oebisfelde; nächstgelegener ICE-Bahnhof ist Wolfsburg, von dort Verbindung zum traditionellen Eisenbahnknoten Oebisfelde
Lage: Nordöstlich von Wolfsburg, zwischen Niedersachsen und Sachsen-Anhalt südlich der Altmark
Größe: 278 km²
Höchste Erhebung: Südwestflanke des Hohen Feldes bei Quarnebeck (ca. 70 m)
Gründung: 1990
Information:
Naturparkverwaltung Drömling
Bahnhofstraße 32
39646 Oebisfelde
Telefon: 039002/85 00
Infohaus: In Kämkerhorst
Internet:
www.naturpark-droemling.de

Das »Land der tausend Gräben«, einst eine nahezu menschenleere, regelmäßig überflutete Moor- und Sumpfwildnis, dann in mühseliger Arbeit kultiviert und besiedelt, ist heute ein faszinierendes Stück Natur, in dem Elbebiber, Fischotter und Wasserspitzmaus heimisch sind.

Im Naturschutzgebiet Nördlicher Drömling findet sich die charakteristischste Landschaft des Naturparks.

TOP TIPP

1 Oebisfelde
Historisches Zentrum mit dem aussichtsreichen Wehrturm der Sumpfburg
2 Buchhorst
Ausgangspunkt für Wanderungen in das Kerngebiet der historischen Moordammkulturen
5 Kämkerhorst
Informationshaus der Naturparkverwaltung und interessanter Rundwanderweg

Für seine fetten Frösche war, wie Wilhelm Raabe 1872 schrieb, der »Dräumling« seit uralten Zeiten berühmt. Heute hüpft und schwimmt noch etwa ein Dutzend verschiedener Lurcharten an den Ufern und in den insgesamt 1725 km langen, teils verlandeten Wasserläufen, die das Niederungsgebiet am südlichen Rand der Altmark in einem engmaschigen Netz durchziehen.

Wo Frösche als fette Beute vorkommen, sind Vögel nicht weit: Für rund 120 Brutvogelarten ist der Tisch reich gedeckt, so für Weißstorch, Schwarzstorch, die Bekassine und den Großen Brachvogel als Charaktervogel des Drömlings. Zwei Dutzend Fischarten, darunter Schmerle und Quappe, bevölkern die im Sommer von den Blütenteppichen des Wasser-Hahnenfußes überzogenen Gräben. Vier Dutzend Säugerspezies streifen durch die Feuchtwiesen und Röhrichte,

Bruchwälder und Feldgehölze, die den Naturpark in ein Mosaik unterschiedlichster Biotope verwandeln. Für eine mitteleuropäische Kulturlandschaft ist die Artenvielfalt der Flora und Fauna erstaunlich groß.

Bis zum Ende des 18. Jahrhunderts war die von Aller und Ohre durchflossene Moorniederung mit Weidendickichten und Erlenbruch bedeckt. Dann ließ Preußenkönig Friedrich II. das Gebiet, in dem ein paar Menschen auf »Horsten« – einigermaßen hochwassersicheren Inseln – hausten, durch Kanäle und Gräben entwässern und urbar machen. Für die moderne mechanisierte Landwirtschaft eignet sich das durch die Wasserläufe zerstückelte Gebiet nur schlecht, umso besser ist es dafür als Lebensraum für die natürliche Pflanzen- und Tierwelt, die hier dementsprechend auch prächtig gedeiht.

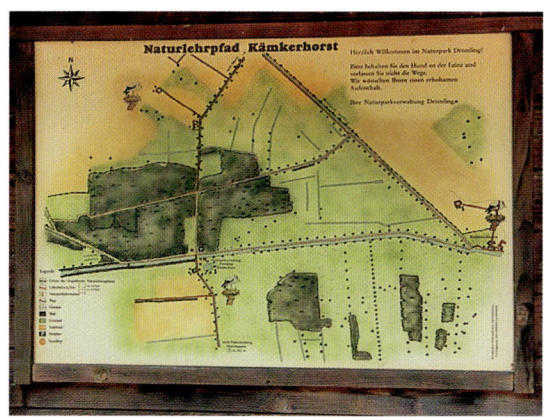

Das Infohaus in Kämkerhorst mit seinen Tafeln über Flora und Fauna ist nicht nur für Kinder interessant.

Ideal für Radtouren geeignet

Das Fahrrad ist das ideale Gefährt, um das flache Land zu erkunden, in dem Pappelreihen und Feldgehölze Schutz vor dem Wind bieten. Die Naturparkverwaltung hat dazu mehrere Faltblätter mit genauen Routenbeschreibungen herausgegeben. Erste Station ist das Städtchen **TOP TIPP** **Oebisfelde** ❶. Vom knapp 30 m hohen Bergfried der Sumpfburg hat man einen herrlichen Ausblick über die Altstadt mit ihren Fachwerkhäusern und mittelalterlichen Kirchen, die Wäldchen und Wiesen in der Umgebung, die Gräben und Kanäle mit Wehren, Schleusen, Dämmen und Brücken, die den Drömling zu einer in Deutschland einmaligen Kulturlandschaft machen. Bei klarer Sicht reicht der Blick bis zum Brocken im Harz.

TOP TIPP In **Buchhorst** ❷ startet eine Tour durch das benachbarte Naturschutzgebiet »Nördlicher Drömling«, das geprägt ist durch die in der zweiten Hälfte des 19. Jahrhunderts angelegten Moordammkulturen. Die meist mit Grauweiden bewachsenen Moordammgräben und die dazwischen liegenden Dämme formen beiderseits der Straße Buchhorst–Röwitz eine reich gegliederte Wiesenniederung, die besonders dem Großen Brachvogel als Revier behagt. Wiesenpieper und Braunkehlchen sind dort ebenfalls häufig, seltener die Sumpfohreule und der Weißstorch, der auf den Wiesen und in den Gewässern nach Moor- und Teichfröschen stöbert. Von **Mieste** ❸ lohnt sich ein Streifzug südostwärts durch die Ohreniederung in Richtung Calvörde, in ein weitläufiges Naturschutzgebiet, in dem sich auf engstem Raum feuchte

Grünlandflächen mit Eichen-Birken-Wäldchen, Röhrichten und einer Vielzahl von fließenden und stehenden Gewässern mit unterschiedlichster Wasservegetation aus Teichlinse, Teichrose und Tausendblatt abwechseln. Kiebitze stolzieren dort über die Wiesen, der Schilfrohrsänger tönt unmelodisch aus dem Schilf, und die Bekassine macht beim Balzflug mit Gemecker ihrem Ruf als »Himmelsziege« alle Ehre. Wer sie nicht hier im Naturschutzgebiet »Südlicher Drömling« entdeckt, wird sie vielleicht auf einem Abstecher über Miesterhorst zur unmittelbar nördlich des Mittellandkanals gelegenen **Bekassinenwiese** ❹ beobachten können.

Entwässerungsgräben müssen ständig gepflegt werden, damit sie das Wasser zuverlässig ableiten. Mit dieser Aufgabe wurden im Drömling vier Grabenmeistereien beauftragt. Das ehemalige **TOP TIPP** lige Gebäude der Grabenmeisterei **Kämkerhorst** ❺ dient der Naturparkverwaltung heute als Informationshaus. Im Innern werden die Lebensräume des Drömlings mit ihrer typischen Flora und Fauna vorgestellt, im Außenbereich schließt sich ein Rundwanderweg an, der besonders für Kinder spannende Informationen bietet, etwa beim Marsch über den Knüppeldamm, der früher der einzige Weg durch den Drömling und oft genug nicht passierbar war, durch den Weidentunnel und zur Station 7, an der die Besucher auf zwei Brettern liegend durch einen »Guckeimer« die zahlreichen Pflanzen und Tiere im Wasser beobachten können.

TIERE

FISCHOTTER
(Lutra lutra)

Die Tiere sind in Deutschland vom Aussterben bedroht; auf etwa 700 Fischotter wird der Gesamtbestand derzeit geschätzt. Im Naturpark Drömling ist der Europäische Fischotter, eine Spezies der Wassermarder, als Wappentier des Parks noch heimisch. Ein dichter Pelz, den er täglich mit Hingabe pflegt, schützt den bis zu 12 kg schweren Räuber vor Nässe und

Kälte; er machte ihn bis ins 20. Jahrhundert hinein zugleich aber auch zu einer beliebten Jagdbeute. Er selbst erbeutet, wie sein Name verrät, Fische, und zwar überwiegend kleine und darunter besonders die kranken und geschwächten. Fischotter vernichten also nicht Fischbestände, sondern tragen im Gegenteil zu ihrer Gesunderhaltung bei. Zudem jagen sie auch andere Tiere, z. B. Wasservögel und Wasserratten sowie Frösche.

Naturpark Sternberger Seenland

SERVICE

Anfahrt: Auf der A 20 bis zur Ausfahrt Zurow, dann auf der B 192 in Richtung Sternberg, danach vor Brüel rechts nach Sülten abbiegen; mit der Bahn bis Bützow und weiter mit dem Bus nach Sülten

Lage: In der Mecklenburgischen Seenplatte östlich von Schwerin

Größe: 540 km²

Höchste Erhebung: Homberg (97 m)

Gründung: 2005

Information:

Naturpark Sternberger Seenland

Am Markt 1

19417 Warin

Telefon: 038482 / 22 05 9

Internet:

www.sternberger-seenland.de

Hügellandschaften, Wälder und Seen machen den Reiz des Naturparks ebenso aus wie die Flussniederung der Warnow mit ihrem malerischen Durchbruchstal bei Groß Görnow. Für kulturhistorisch interessierte Besucher ist das Freilichtmuseum in Groß Raden einen Ausflug wert.

Die idyllische Flussniederung der Warnow mausert sich bei Groß Görnow zum größten Durchbruchstal Mecklenburgs.

TOP TIPP

❷ Sternberg
Sehenswerte Altstadt mit hübschen Fachwerkhäusern und Heimatmuseum

❹ Warnow-Mildenitz-Durchbruchstal
Romantisches Durchbruchstal mit Steilhängen und reicher Flora und Fauna

Östlich des Schweriner Sees breitet sich eine abwechslungsreiche Landschaft aus, die ihre Form durch zwei Endmoränenzüge während der letzten Eiszeit vor rund 20 000 Jahren erhielt. Dazwischen liegen zumeist bewaldete Sanderflächen, die vor allem um Neukloster, Blankenberg und Demen deutlich auffallen, große Urstromtäler sowie Schmelzwasserseen. Prägend ist das Flusssystem der Warnow mit ihren Nebenflüssen, die sich in die Landschaft einschnitten. Eine Besonderheit ist die Binnensalzwiese bei Sülten, die als größte ihrer Art in Mecklenburg-Vorpommern gilt. Reizvoll ist auch ein Besuch der Trockenhänge im Frühjahr, wenn zahlreiche seltene Pflanzen in Blüte stehen. So leuchtet am Petersberg bei Pinnow gelb blühender Ginster schon aus der Ferne, während Kuhschelle, Katzenpfötchen und Berg-Sandglöck-

chen erst beim Näherkommen zu erkennen sind. Dazwischen huschen Zauneidechsen über den Sonnenhang, gelegentlich erklingt der Gesang der Heidelerche. Verschiedene Naturschutzgebiete sind ein Paradies für Wat- und Wasservögel, die im Naturpark im Herbst Station machen. Vor allem Scharen von Grau-, Saat- und Blessgänsen, aber auch Kraniche, Kormorane und Fischadler lassen sich hier gut beobachten. Einer der ältesten und bekanntesten Seeadlerhorstplätze Deutschlands befindet sich im Naturschutzgebiet Uphaler und Lenzener See. Am westlichen Ortsrand von Sülten breitet sich am Südhang des Kirchhügels eine **Binnensalzwiese ❶** aus, die auf einer Zechstein-Salzstruktur im Untergrund beruht. Hier dringt das salzige Grundwasser bis an die Oberfläche und kann in einem Quellmoor austreten. Neben einer Salz-

Wandern, baden oder einfach genießen: Der Sternberger See erlaubt jedem Erholung nach seinem Geschmack.

quelle mit einem Salzgehalt von 13,6 g/l (im Sommer 2000 ermittelt) gibt es hier weitere kleine Quellbereiche am Hang zwischen Straße und Salzwiese. Charakteristischer Bewohner solcher Binnensalzstellen ist das Echte Löffelkraut, das an der Hauptquelle sein bedeutendstes Vorkommen in Deutschland hat. Daneben wachsen auf der Salzwiese zahlreiche andere salzverträgliche Pflanzen wie Gemeiner Queller, Salz-Binse, Strand-Dreizack und Salz-Teichsimse. An den weniger salzhaltigen Hanglagen kann man Orchideen wie Breitblättriges Knabenkraut und Fleischfarbenes Knabenkraut entdecken.

Auf Schritt und Tritt Vergangenheit erleben

Von Sülten ist es nicht mehr weit bis **Sternberg** ❷, am Südufer des gleichnamigen Sees gelegen. Der 3 km² große See bietet neben herrlichen Badebuchten mit seinen breiten Schilfgürteln auch Wasservögeln wie der Rohrdommel und dem Teichrohrsänger einen Lebensraum. Sternberg erlebte seine Blütezeit unter Heinrich II., der 1309 – 29 hier residierte. Aus dieser Zeit stammt die Stadtkirche St. Maria und St. Nikolaus, die 1322 errichtet wurde. Auch Reste der alten Stadtmauer hinter der Kirche sowie das schlichte gotische Mühlentor sind in dieser Zeit entstanden. Aus späterer Zeit stammen schöne Fachwerkhäuser, von denen manche das typische »Sternberger Band«, einen Zierstreifen mit Rautenmuster, tragen. Im ältesten Sternberger Wohngebäude gleich hinter der Kirche ist das sehenswerte Heimatmuseum untergebracht. Vor etwa 1400 Jahren wanderten slawische Stämme in das Gebiet ein und hinterließen zahlreiche Burgwälle. Der berühmteste Nachbau einer Niederungsburg ist im Archäologischen

Freilichtmuseum von **Groß Raden** ❸ zu sehen. 1973 – 80 wurde von Schweriner Archäologen eine Tempelburg aus dem 9. und 10. Jahrhundert ausgegraben. Damals lebten auf einer kleinen Halbinsel die Obotriten, ein slawischer Stamm, der im Zuge der Völkerwanderung in den Westen des heutigen Mecklenburg-Vorpommerns gekommen war. Ausgegraben und rekonstruiert wurden Reste einer Kulthalle, mehrere Flechtwandhäuser sowie ein Burgwall. Auch zahlreiche Einzelfunde wie Hirsestampfer, Pferdeschädel, Holzlöffel sowie verschiedene Kultobjekte kamen ans Tageslicht. In einer Dauerausstellung wird die Kultur und Lebensweise slawischer Stämme dokumentiert (geöffnet April – Okt tägl. 10 – 17.30 Uhr, Nov – März tägl. 10 – 16.30 Uhr).

Ein Highlight ist das **Warnow-Mildenitz-Durchbruchstal** ❹ bei Groß Görnow, dessen Ursprung in der letzten Weichsel-Eiszeit liegt, also 25 000 bis 10 000 Jahren zurückreicht. In diesem größten Durchbruchstal Mecklenburgs hatte sich einst eine Gletscherzunge tief durch die Endmoränen der letzten Eiszeit gegraben und dann als Abflussbahn des Schmelzwassers gedient. Als sich der Warnow-Gletscher etappenweise zurückzog, kehrte sich die Fließrichtung um, weshalb zahlreiche Terrassenreste das Warnow-Durchbruchstal säumen. Dieses 80 ha große Naturschutzgebiet beeindruckt mit bewaldeten, bis zu 30 m hohen Steilhängen. Während in den oberen Bereichen ein Mischwald mit Rotbuchen, Winterlinden und Bergulmen vertreten ist, kommen in den Senken artenreiche Erlenwälder vor. Zahlreiche Vogelarten wie Schwarzspecht, Buntspecht, Weidenmeise, Gebirgsstelze und die seltene Wasseramsel haben hier ihren Lebensraum.
Wer dieses Tal auf einer Wanderung erkunden möchte, folgt vom Landgut in Groß Görnow dem Hinweis zu einem Parkplatz, der Ausgangspunkt für einen schönen Rundwanderweg ist.

KULTURTIPP

BOITINER STEINTANZ
Die Sage vom Boitiner Steintanz (das Dorf Boitin liegt nordöstlich von Groß Raden ❸) geht auf eine Bauernhochzeit in Dreetz zurück. Die fröhlichen Gäste kamen im Übermut auf den Gedanken, mit Würsten und Broten zu kegeln. Ein Geist ermahnte sie, dieses Spiel zu beenden. Da sie nicht gehorchten, wurden alle in Steine verwandelt (Großer Steintanz). Einen Schäfer, der das Spiel beobachtete, forderte

der Geist auf, zu fliehen und sich nicht umzusehen. Als er sich aus Neugier doch umdrehte, wurde auch er samt seiner Herde zu Stein (Kleiner Steintanz).

Naturpark Nossentiner/Schwinzer Heide

Neben der vielgestaltigen Landschaft aus Kiefernwäldern, Seen, Mooren und Feuchtwiesen, Dünen, Heiden und artenreichen Trockenrasen laden auch kulturhistorische Sehenswürdigkeiten wie die alten Klöster in Dobbertin und Malchow sowie zahlreiche Herrenhäuser zum Entdecken ein.

SERVICE

Anfahrt: Auf der A 19 bis Linstow oder Karow am See; mit der Bahn bis Karow am See
Lage: In der Mecklenburgischen Seenplatte östlich von Schwerin
Größe: 36,5 km²
Höchste Erhebung: Wahrenscher Berg (120 m)
Gründung: 1994
Information:
Kultur- und Informationszentrum »Karower Meiler«
Ziegenhorn 1
19395 Karow
Telefon: 038738/702 92
Internet:
www. naturpark-nossentiner-schwinzer-heide.de

Das urwüchsige Quellgebiet der Nebel ist Lebensraum für unzählige Tier- und Pflanzenarten.

TOP TIPP

2 Krakower Obersee
Bedeutendes Vogelparadies mit zahlreichen Arten

5 Damerower Werder
Reservat mit Wisenten und Schaugatter

6 Aussichtsturm »Moorochse«
Beobachtungsturm am Nordufer des Plauer Sees mit Blick auf die ehemaligen Torfstiche

Als die Gletscher der letzten Eiszeit am Nordrand des Naturparks zum Stillstand kamen, hinterließen sie Endmoränenzüge, die noch als Hügelketten erkennbar sind. Schmelzwasserströme lagerten südlich davon Unmengen von Kies und Sand ab, die als Sanderflächen zu den typischen Landschaften im Naturpark gehören. Sie sind heute fast ausschließlich von Kiefernwäldern bewachsen, die durch die menschliche Nutzung aus den natürlichen Wäldern entstanden sind. Raubbau durch zahlreiche Glashütten, Teeröfen, Kalköfen, Ziegeleien und Holzmeiler führte dazu, dass die Wälder fast vollständig abgeholzt wurden. Die Lücken versuchte man mit schnell wachsenden – und schnell verwertbaren – Kiefernkulturen zu schließen. Natürliche oder naturnahe Buchenwälder sowie Mischwälder aus Eichen, Birken und Kiefern haben im Naturpark nur eine gerin-

ge Ausdehnung. Doch auch die Kiefernwälder, sofern sie ein gewisses Alter erreicht haben, haben ihren Reiz: Hier findet man knorrige Bäume und große Wacholdersträucher oder seltene Pflanzen wie Moosglöckchen und Bärlapp. Reste historischer Waldnutzung, der sogenannten Waldweide, finden sich im Naturschutzgebiet Dünenkiefernwald bei Wooster Teerofen.

Wo der Moorochse ruft – Paradies für Tiere und Pflanzen

Die geringe Siedlungsdichte und der Seenreichtum (60 Seen) des Naturparks wirkten sich positiv auf den Bestand an bedrohten Tier- und Pflanzenarten aus. Die Flüsse und feuchten Niederungen bieten dem Fischotter einen Lebensraum, auch Seeadler, Fischadler, Kranich und Rohrdommel sind hier vertreten.

Imposante »Urviecher« aus grauer Vorzeit leben im Wisentreservat auf der Halbinsel Damerower Werder.

Am Beginn der Tour lohnt sich ein Besuch in **Krakow am See** ❶, einem kleinen Städtchen mit parkähnlicher Seepromenade. Von der malerischen Fischerhütte bietet sich ein herrlicher Ausblick auf den buchtenreichen Krakower See mit seinen vielen Inselchen. Den schönsten Blick über den Ort und die Seenlandschaft hat man vom Aussichtsturm auf dem Jörnberg (76 m) am nördlichen Stadtrand von Krakow.

TOP TIPP Von internationaler Bedeutung ist das Naturschutz- und Feuchtgebiet **Krakower Obersee** ❷, der Südteil des Krakower Sees. Regelmäßig ist hier der Seeadler anzutreffen, auch der Fischadler kommt in dem Gebiet vor. In den Schilfgürteln bauen die hübschen Beutelmeisen ihre hängenden Nester, und die Rohrdommeln machen mit ihren dumpfen Rufen auf sich aufmerksam.

Wer vom Krakower Obersee in Richtung Hohen Wangelin fährt, findet im Dorf **Linstow** ❸ ein ungewöhnliches Museum. Es informiert über die einer größeren Öffentlichkeit kaum bekannte Geschichte der Deutschen, die im 13. Jahrhundert nach Russland auswanderten, dort Siedlungen gründeten und in den letzten 100 Jahren entschädigungslos vertrieben wurden. In Linstow fanden viele der deutschstämmigen Wolhynier eine Heimat. Das erste Haus entstand 1947 und war bis 1987 bewohnt. Das Museum, ein Wohnhaus, ist z. T. original eingerichtet (geöffnet Di – Fr 13 – 16 Uhr, Sa, So 14 – 16 Uhr).

Durch Linstow fließt die Nebel, ein Nebenfluss der Warnow. Das Quellgebiet der Nebel liegt bei Hohen Wangelin und ist als Naturschutzgebiet **Obere Nebelseen** ❹ ein vielfältiger Lebensraum. Feuchte Uferregionen wechseln mit Trockenhügeln und Magerrasen, wo unzählige Schmetterlinge, Bienen und Hummeln zu finden sind.

TOP TIPP Ganz im Osten des Naturparks lohnt sich ein Besuch des Naturschutzgebietes **Damerower Werder** ❺. Es besteht aus zwei Halbinseln mit altem Baumbestand und ist vor allem wegen seines Wisentreservates attraktiv. Hier können die Tiere auf einer Fläche von 280 ha naturnah gehalten werden, und in einem Schaugatter lässt sich die Fütterung der Wisente aus nächster Nähe beobachten.

TOP TIPP Am Nordufer des Plauer Sees ist der **Aussichtsturm »Moorochse«** ❻ sehr zu empfehlen. Er wurde nach der Rohrdommel benannt, die den volkstümlichen Namen »Moorochse« trägt. Das Männchen stößt im Frühjahr einen dumpfen Ruf aus, der sich wie das Brüllen eines Ochsen anhört. Vom Aussichtsturm bietet sich ein Blick über verlandete Torfstiche einer ehemaligen Glashütte. Auf dem See tummeln sich neben dem häufigen Haubentaucher auch Zwerg- und Rothalstaucher sowie verschiedene Entenarten. Regelmäßiger Brutvogel ist hier der Kranich.

Zum Abschluss bietet sich ein Besuch von **Dobbertin** ❼ mit seiner alten Klosteranlage an. Malerisch erhebt sich die Klosterkirche mit ihren beiden Türmen am Dobbertiner See, die nach Plänen von Karl Friedrich Schinkel im neugotischen Stil umgebaut wurde. Im Klostercafé mit Seeterrasse kann man die Tour gemütlich ausklingen lassen.

WANDERTIPP

MIT DEM RAD UM DEN KRAKOWER OBERSEE
Vom Markt in Krakow am See ❶ (Bahnhof) dem Wegweiser »Radwanderweg Berlin–Kopenhagen« folgen und über die Schulstraße zur Straße Jörnberg. Dort nach links zur B 103 radeln, auf dem Radweg zum Seecamp und auf der schmalen Asphaltstraße an der Schleuse im Nebeltal vorbei über Serrahn nach Zietlitz. Auf dem Weg nach Zietlitz kommt man an Bodendenkmälern

und Gedenksteinen vorbei, über die eine Tafel am Weg informiert. Von Zietlitz geht es weiter nach Dobbin; dann nach rechts in Richtung Naturschutzgebiet Krakower Obersee ❷ und Glave. Dort an einer Abzweigung wieder nach rechts zu einem Turm mit Vogelbeobachtung auf die Straße nach Krakow, wo es rechter Hand nach Bossow und erneut rechts auf einen leicht ansteigenden Plattenweg geht. Von dort hat man einen großartigen Blick über den Krakower Obersee bis Mölln. Schließlich dem Wegweiser nach Krakow zurück zum Ausgangspunkt folgen.

Naturpark Mecklenburgische Schweiz und Kummerower See

SERVICE

Anfahrt: Auf der A 20 bis zur Anschlussstelle Jarmen und weiter auf der B 110 nach Demmin; mit der Bahn bis Demmin
Lage: Im Norden der Mecklenburgischen Seenplatte zwischen Güstrow, Demmin und Malchin
Größe: 673 km²
Höchste Erhebung: Hardtberg (124 m)
Gründung: 1997
Information:
Naturpark Mecklenburgische Schweiz und Kummerower See
Dorfstraße 124
17139 Basedow
Telefon: 039957/291 20
Internet:
www.naturpark-mecklenburgische-schweiz.de

Wie ein flaches Mittelgebirge erheben sich die Hügel der Mecklenburgischen Schweiz aus der Ebene, in den Niederungen sind große Seen eingebettet und als Zeugen einer typischen Kulturlandschaft finden sich Hecken, Alleen und uralte Bäume, Gutsdörfer mit Herrenhäusern und Parkanlagen.

Naturpark mit kulturellen Höhepunkten: das eindrucksvolle, in vier Jahrhunderten entstandene Schloss Basedow.

TOP TIPP

2 Kummerower See
Artenreicher See mit hohem Steilufer und schöner Aussicht
4 Basedow
Dorfensemble mit Schloss und schönem Landschaftspark
7 Burg Schlitz
Klassizistisches Schloss mit Jugendstilbrunnen und Landschaftspark
12 Moorwiesen
Niedermoor bei Neukalen mit vielen seltenen Pflanzen und reicher Vogelwelt

Die reich geformte und sehr bewegte Landschaft ist von besonderer Vielfalt. Bis zu mehr als 100 m hoch aufragende Endmoränenzüge bestimmen das Bild, von denen der Hardtberg bei Malchin mit seinen 124 m am höchsten ist, gefolgt von Aussichtsbergen wie dem Teterower Heidberg (100 m) oder dem Röthelberg (96 m) nahe der Burg Schlitz bei Karstorf. Sanfte Hügel wechseln sich ab mit ausgedehnten Niederungen, dazwischen liegen Felder, Wälder und Wiesen, die von zahlreichen großen und kleinen Seen unterbrochen sind. Wandern, Radfahren und Reiten gehören hier zu den beliebten Freizeitbeschäftigungen. Wenn auch der menschliche Einfluss dieser Landschaft ihren Stempel aufdrückte, bieten die Buchenwälder mit ihren Blütenteppichen der Buschwindröschen im Frühjahr, die sommerlichen Getreidefelder mit Kornblumen und Klatschmohn ebenso wie die Uferregionen der Wasserläufe und Seen optischen Reiz und vielfältige Erholungsmöglichkeiten. Im Herbst gehören die Rufe der rastenden Gänse und Kraniche immer wieder zu den herausragenden Eindrücken in dieser sonst recht stillen Landschaft. Großsteingräber, Hügelgräber und Burgwallanlagen sind Zeugen einer langen Vergangenheit. Kirchen, Schlösser und Parkanlagen erinnern an eine kulturreiche Geschichte.

Im Reich von Biber & Co. an der Peene und am Kummerower See

Von Demmin kommend, breitet sich an der Peene das Naturschutzgebiet **Devener Holz** 1 aus, ein 24 ha großer naturnaher Perlgras-Buchenwald auf kuppiger Endmoräne, die sich am Ufer der Peene entlangzieht. Wanderwege füh-

Hinter Hecken, Wiesen und goldenen Getreidefeldern grüßt aus der Ferne der Kummerower See.

ren durch die reizvolle Landschaft, die von Grünland, Weidegebüschen, Bruchland und Röhrichten geprägt ist. Mehr in Ufernähe mischen sich Eschen zu den Buchen, Waldgoldstern und Lerchensporn bedecken den Boden – ein idealer Lebensraum für zahlreiche Wasservögel. Hier und an den Ufern der Seen kommen Schilfrohrsänger, Rohrweihe, Haubentaucher und Bekassine vor. An der Peene hat auch der Biber sein Revier, den man mit etwas Glück vom Paddelboot aus beobachten kann.

Folgt man der B194 nach Süden bis Lindenhof, führt ein Sträßchen bei Verchen direkt an

TOP TIPP das Ufer des **Kummerower Sees** ❷. Er ist mit 33 km² Fläche der viertgrößte See Mecklenburg-Vorpommerns, und seine tiefste Stelle misst 25 m. Auf einem schönen Wanderweg entlang des Seeufers von Verchen bis Sommersdorf kann man eine abwechslungsreiche Landschaft mit Magerrasen genießen, in dem im Frühsommer viele Pflanzen blühen. Besonders interessant ist ein 3 km langer Teil dieser Strecke bis Gravelotte, der als Naturerlebnispfad »Verchener Seeberge« ausgewiesen ist. Er führt am 37 m hohen Steilufer des Kummerower Sees entlang, man findet mehrere Informationstafeln und einen Aussichtsturm für Naturfreunde. Besonders gut lassen sich von hier oben Wasservögel beobachten, weshalb ein Fernglas von Nutzen ist.

Prachtvolle Adelshäuser laden zum Besuch ein

Zwischen Kummerower See und Malchiner See gelegen ist **Malchin** ❸, eine Kleinstadt, die mit ihren farbigen Plattenbauten und den Resten einer mittelalterlichen Architektur ein recht gemischtes Bild abgibt. Besonders sehenswert ist die Kirche St. Johannis: eine dreischiffige Backsteinbasilika mit einem hübschen Sterngewölbe, elegant geschwungenem Orgelprospekt (1780) und einem Schnitzaltar aus dem 15. Jahrhundert. Von der mittelalterlichen Stadtbefestigung blieben das Kalensche Tor im Norden und das Steintor im Süden sowie aus dem 16. Jahrhundert der Fangelturm erhalten.

Nimmt man von Malchin aus Kurs auf den Malchiner See, dann leiten Wegweiser nach

TOP TIPP **Basedow** ❹, einem der schönsten und eindrucksvollsten Dorfensembles von Mecklenburg-Vorpommern. Hauptanziehungspunkt ist das Schloss, eine stattliche Dreiflügelanlage, die vom 16. bis zum 19. Jahrhundert errichtet wurde. Am Schloss finden sich an der Außenfassade überall Kopien der hübschen Renaissance-Terrakottaplatten aus der Werkstatt des Statius von Düren. Gleich daneben lädt im »Alten Schafstall« ein rustikal eingerichtetes

BURG SCHLITZ

Diese wunderschöne Anlage (7), die heute als Schlosshotel den Besuchern eine exquisite Übernachtungsmöglichkeit in traumhaftem Ambiente bietet, wurde 1806–23 von Graf Schlitz erbaut. Das Entree, den Balkonsaal und den Großen Säulengang zieren Landschaftstapeten des 19. Jahrhunderts aus Berliner und Pariser Manufakturen. Die Öfen im Balkonsaal wurden von Preußens großem Baumeister Karl Friedrich Schinkel entworfen, und im Rittersaal schmücken prächtige Wappen das Deckengewölbe.

WALDNUTZUNG

Da und dort finden sich im Naturpark Ensembles alter Eichen – Reste der Hutewälder, in denen vor rund 200 Jahren Tiere gehütet und mit herabgefallenen Eicheln gemästet wurden. Im Gegensatz dazu nutzte man Niederwälder, die meist aus mehrstämmigen Bäumen wie Hainbuchen, Linden und Eschen bestanden, zur Brennholzgewinnung. Diese Wälder wuchsen wieder nach, da die Stubben der jung geschlagenen Bäume erneut austrieben.

Der Teterower See zieht im Sommer Badegäste und Segler an – man findet aber auch beschauliche Ufer.

Bauernmarkt-Café zum Verweilen ein, wo auch diverse Produkte aus der Region angeboten werden. Den Schlosspark legte der berühmte Gartenkünstler Peter Joseph Lenné an. Ältestes Bauwerk in Basedow ist die Kirche aus dem 13. Jahrhundert.

Von Basedow geht es über Seedorf und Rothenmoor nach **Dahmen** (5). In den Niederungen der hiesigen Laubwälder wie etwa im Burgtal bei Rothenmoor oder nahe der Straße von Dahmen nach Klocksin beeindruckt im Frühling die Pracht des purpurn und weiß blühenden Hohlen Lerchensporns.

Von Dahmen aus bietet sich ein Abstecher nach **Ulrichshusen** (6) an, wo man aus einer niedergebrannten, denkmalgeschützten Ruine ein schönes Schlosshotel hat entstehen lassen. Sehenswert ist auch der Park mit seinem altem Baumbestand und den Fischteichen. Aus einer großen Feldsteinscheune wurde ein Konzertsaal, der sich im Rahmen der Festspiele Mecklenburg-Vorpommerns zu einem bedeutsamen Aufführungsort entwickelt hat (Informationen: Telefon 039953/79 00, auch im Internet unter: www.gut-ulrichshusen.de).

TOP TIPP Als wohl bedeutendste klassizistische Schlossanlage Mecklenburgs gilt **Burg Schlitz** (7), die heute als Schlosshotel mit exquisit eingerichteten Suiten und Zimmern genutzt wird. Sehenswert ist auch der zugehörige Landschaftspark mit seinem 1903 von Walter Schott geschaffenen Jugendstilbrunnen, auf dessen Rand Nymphen einen Reigen tanzen.

Alte Buchen und Eichen sowie viele andere Gehölze bilden im Park Blickpunkte zwischen zahlreichen kleinen Wasserflächen.

Von der Burg Schlitz aus lohnt sich ein kleiner Ausflug zum **Röthelberg** (8) (96 m) bei Karstorf, von dessen Gipfel man wohl den schönsten Eindruck von der Mecklenburgischen Schweiz erhält. Vor dem Auge des Betrachters breitet sich eine reizvolle Hügellandschaft aus, in die der Malchiner See eingebettet ist. Obwohl die Verlandungszonen seines Ufers dicht mit Schilf bestanden sind, gibt es auch reizvolle Badestellen wie in Dahmen, dem Hauptort am Südufer, oder bei Bristow am Nordwestufer.

In **Teterow** (9) mit seiner schönen Altstadt ist ein längerer Aufenthalt zu empfehlen. Zwei mittelalterliche Stadttore und die Pfarrkirche St. Peter und Paul (Bauzeit 250 Jahre ab 1225) mit ihrem sehenswerten gotischen Flügelaltar lohnen den Besuch. Das Wahrzeichen der Stadt, der Hechtbrunnen, steht vor dem Rathaus. Er erinnert an zwei Fischer aus Teterow, die einen Hecht aussetzten und ihm eine Glocke umhängten, um ihn wieder einfangen zu können. Zudem schlugen sie eine Kerbe in ihr Boot, um die Stelle zu markieren, an der sie den Hecht ausgesetzt hatten … Die Anekdote verlieh Teterow den Beinamen »Schilda Mecklenburg«. Jährlich findet eine Woche vor Pfingsten das Hechtfest statt mit Bühnenshow und Festumzug. Zu empfehlen ist ein Besuch des Stadtmuseums im Malchiner Torhaus (Südlicher Ring 1), in dem man auch über die Burgwallinsel im Teterower See informiert wird. Sehr lohnend ist ein Ausflug dorthin (mit der Fähre), es gibt Wallaufschüttungen einer slawischen Fliehburg zu sehen, und eine reetgedeckte Fachwerk-Gaststätte lädt zur Rast.

Nördlich von Teterow liegen die **Heidberge** ❿, ein 200 ha großes Stauchmoränengebiet mit einem Buchenwald. Im Frühjahr ist der Boden dicht mit blühenden Buschwindröschen und anderen Frühblühern bedeckt

Am Fuß einer Stauchmoräne mit Buchenwäldern und Äckern liegt der kleine Ort **Remplin** ⓫, der im Mittelalter Sitz der Familie von Hahn war. Sie gehörte damals zu den einflussreichsten Adelsgeschlechtern in Mecklenburg. Herausragend sind vor allem zwei Mitglieder der Familie: Friedrich von Hahn richtete im 18. Jahrhundert im Barockschloss ein chemisches Laboratorium ein und ließ in der südöstlichsten Parkecke die erste Sternwarte Mecklenburgs bauen. Sein Sohn Karl Friedrich nutzte das Schloss für Theateraufführungen, die bald berühmt wurden. Im 19. Jahrhundert erwarb Herzog Georg von Mecklenburg-Strelitz das Schloss und ließ es 1851/52 nach Plänen von Friedrich Hitzig zu einem prachtvollen Schloss im Stil der französischen Renaissance umbauen. Ein Brand vernichtete das Schloss 1940 bis auf den Nordflügel. Berühmt sind die 200-jährigen Lindenalleen im Schlosspark, der im Barockstil angelegt und 1851 von Peter Joseph Lenné im Stil eines englischen Landschaftsparks erweitert wurde. Besonders eindrucksvoll ist hier im Frühjahr das massenhafte Vorkommen von Pflanzen wie Nickender

Milchstern, Kriechender Gemswurz, Aronstab und Brauner Storchschnabel. All diese Kräuter sind kein Bestandteil der natürlichen Flora, sondern eingeführte Zierpflanzen, die sich hier im Lauf der Jahrzehnte ausbreiten konnten.

Wo der Kummerower See gelegentlich über die Ufer tritt

TOP TIPP Auf einem Weg begehbar sind die **Moorwiesen** ⓬ bei Neukalen. Sie liegen östlich der Stadt am Peenekanal und repräsentieren als Naturschutzgebiet ein als Grünland genutztes Niedermoor. Beeinflusst wird es durch den Wasserstand des Kummerower Sees und den Rückstau der Peene, was sich bisweilen in länger anhaltenden Überflutungen ausdrückt. Dort, wo die Überflutungen selten hingelangen, breiten sich Glatthaferwiesen mit Wiesenkerbel und Gamander-Ehrenpreis aus. Bachnelkenwurz und Kriechender Hahnenfuß leiten zu feuchteren Wiesen über, auf denen neben Sumpfläusekraut auch Orchideen wie das Breitblättrige Knabenkraut wachsen. Beachtung verdient auch die Vegetation der Torfstiche, wenn sich im Juni auf den Wasserflächen die gelben Blüten der Großen Mummel entfalten. Die Moorwiesen bei Neukalen haben auch als Brutgebiet von Wiesenvögeln große Bedeutung. Sowohl auf den Torfstichen als auch am Seeufer nistet der Haubentaucher, die Große Rohrdommel ist hier neben verschiedenen Entenarten ebenfalls anzutreffen. Rohrweihe, Kornweihe und Wiesenweihe kommen gelegentlich als Brutvögel auf den Wiesen und im Schilf vor, auch gibt es Kiebitze und Uferschnepfen. Blaumeise, Beutelmeise und Rohrschwirl bereichern als nistende Singvögel das gefiederte Tableau.

Den Abschluss der Entdeckungstour bildet die Kleinstadt **Dargun** ⓭, die direkt am Klostersee mit seinen guten Bademöglichkeiten gelegen ist. Keimzelle des Ortes war das im Jahr 1172 gegründete Kloster. Die Herzöge von Mecklenburg-Güstrow ließen es nach der Säkularisierung Ende des 16. Jahrhunderts zu einem prächtigen Renaissanceschloss umbauen, das die Klosterkirche mit einschloss. Heute sind noch Umfassungsmauern, Ecktürme und elegant geschwungene Hofarkaden vorhanden. Das Schloss wurde 1945 durch ein Großfeuer bis auf die Grundmauern vernichtet – die Ruinen werden seit 1992 gesichert und mit großem Aufwand saniert. Im Innenhof des Schlosses gibt es von Mai bis Oktober Konzerte und Theateraufführungen, im über 300-jährigen Teepavillon finden Trauungen statt. Sehenswert sind auch die im romantischen Schlosspark stehenden prachtvollen Eiben und die Hainbuchenalleen.

Zur Burgwallinsel im Teterower See kann man mit der Fähre übersetzen.

▶ TIPP FÜR KINDER

MIT DER DRAISINE UNTERWEGS
Ein Spaß für Kinder bietet sich zwischen Dargun ⓭ und Salem an: Hier kann man auf einer Fahrrad-Draisine die Landschaft genießen. Das Fahrzeug wurde ursprünglich vom badischen Forstmeister Karl Drais von Sauerbronn 1817 als lenkbares hölzernes Zweirad entwickelt, mit dem man sich mit den Füßen vorwärts stemmte. In den heutigen Draisinen (wie sie auch auf anderen Strecken in Mecklenburg-Vorpom-

mern zu finden sind) tritt man wie bei einem Fahrrad in die Pedale und der Lenker dient nur als Stütze für die Hände. Da das Gefährt auf der zweigleisigen, ehemaligen Bahnstrecke verkehrt, wurden zwei Draisinen durch eine Bank verbunden.

Nationalpark Müritz

An den mehr als 100 Seen des Nationalparks brüten die Fischadler, Kraniche rasten hier auf ihrem langen Vogelzug, und der dumpfe Ruf der Rohrdommeln tönt aus breiten Schilfgürteln bis in die urwüchsigen Wälder, die auf den sandigen Böden der Mecklenburger Seenplatte gedeihen.

SERVICE

Anfahrt: Auf der A 19 Rostock–Berlin bis zur Ausfahrt Waren (Müritz), weiter über die B 192 nach Waren; Bahnverbindungen nach Waren und Neustrelitz mit Anschluss zu weiteren Nationalparkorten
Lage: Im Bundesland Mecklenburg-Vorpommern, östlich der Müritz zwischen den Städten Waren, Neustrelitz und Feldberg
Größe: 322 km²
Höchste Erhebung:
Serrahner Berge (124 m)
Gründung: 1990
Information:
Nationalpark-
Informationszentrum Neustrelitz
Am Tiergarten,
17235 Neustrelitz
Telefon: 03981/20 32 84
Infohäuser: In Federow, Friedrichsfelde, Kratzeburg, Schwarzenhof, Serrahn, Speck und Waren
Internet:
www.nationalpark-mueritz.de

TOP TIPP

4 Wacholderheide Müritz
Reste einer 200 Jahre alten Weidelandschaft
5 Nationalparkinformation
Faszinierende Videobilder aus einem Fischadlerhorst
10 Käflingsbergturm
Der schönste Blick über den Nationalpark
14 Görtowsee
Prächtige Seerosenblüten – so weit das Auge reicht
18 Naturerlebnispfad
»Der lange Weg zum Urwald« im unbekannten Teil der Müritz

Große, strahlende Seerosenblüten schmücken im Sommer etliche der Seen des Nationalparks.

Das Land der tausend Seen wird dieses Gebiet in Mecklenburg-Vorpommern genannt; davon sind über 100 zwischen 1 und 400 ha groß. Der Nationalpark ist zweigeteilt. Im größeren, westlichen Teil (260 km²), der an die Müritz grenzt, wechseln sich tiefe Kiefernwälder mit weiten Moorgebieten ab. Im östlichen Teil (62 km²) um den kleinen Ort Serrahn überwiegen bemerkenswert alte Buchenbestände in einer hügeligen Landschaft mit vielen kleinen Mooren und Seen. Die Müritz ist mit 117 km² der größte See Norddeutschlands und nach dem Bodensee der zweitgrößte See Deutschlands – berühmt durch sein glasklares Wasser, von zauberhafter Landschaft umgeben. Ein 500 m breiter Uferstreifen im Osten gehört noch zum Nationalpark.

Ein verheißungsvoller Anfang

Die hübsche Stadt **Waren** ❶ hat das Glück, an diesem schönen See zu liegen; sie braucht sich über Gästemangel nicht zu beklagen, denn von hier führen die Wege direkt in den nördlichen Teil des Nationalparks. Und verirren kann man sich in den weiten Kiefernwäldern auch nicht, dafür haben die Ranger des Nationalparks bestens gesorgt: 650 km ausgewiesene Wanderwege leiten die Naturfreunde sicher an die schönsten und interessantesten Plätze im Park. Der erste Abstecher in das Naturparadies beginnt gleich am südlichen Stadtrand von Waren (Richtung Ecktannen, die Parkplätze des Nationalparks sind ausgeschildert). Rundwanderwege führen entlang des Müritzufers durch

Reizvoller Ausblick: Südlich von Waren führen Wanderwege zu den flachen Ufern der Müritz.

den Warener Stadtpark sowie um den **Moorsee** und den **Warnker See.** ❷ Schon hier kann man mit etwas Glück von einem Beobachtungsstand Kraniche oder Fischadler sichten. Auch Sonnentau gibt es hier; die fleischfressende Pflanze wächst manchmal direkt am Wegrand, man muss nur gelegentlich einmal nach unten schauen, um sie zu entdecken.

Alle Genießer unter den Naturfreunden werden den sich anschließenden Weg zum **Müritzhof** ❸ nicht scheuen, denn auf der Terrasse oder in der Gaststube werden selbst gebackene Kuchen und leckere regionale Speisen

serviert. Auf den Weideflächen des Müritzhofs grasen Fjällrinder, Gotlandschafe und Shetlandponys. Seit Januar 1993 werden die Tiere von Behinderten betreut, die auf dem Müritzhof leben und arbeiten und sich aktiv am Naturschutzprojekt beteiligen. Dazu gehört neben der naturnahen Landwirtschaft auch der Aufbau einer Vogelauffangstation mit drei Volieren, in denen verletzte Tiere aus dem Nationalpark gepflegt werden.

Bäume und Büsche scheinen direkt in die Müritz hineinzuwachsen. Frei lebendes Wild und Vieh halten die Flächen zwischen dem Wacholder frei. Hier können Orchideen sprießen oder auch die kleine Kriechweide. Nur mit einem Führer gelangt man vom Müritzhof über die Spuklochkoppel zu der herrlichen **Wacholderheide** ❹ am Seeufer. Jeden Dienstag um 10 Uhr wird eine dreistündige geführte Wanderung rund um den Müritzhof angeboten. Eine Anmeldung ist nicht erforderlich, allerdings kann der Müritzhof nicht mit dem Auto angefahren werden.

Ein Blick in die Kinderstube

Bei der **Nationalparkinformation** ❺ in Federow gibt es brütende Fischadler zu sehen: Per Videokamera kann man direkt in die Kinderstube eines nahe gelegenen Horstes blicken. Die Fischadler nisten auf einem Starkstrommast, sozusagen in einer Neubauwohnung. Die Bilder werden von Fachleuten ausgewertet, als Erinnerung sind die Videos auch zu erwerben. Neben der Information wird in einer kleinen Stube Kaffee und Kuchen angeboten; zwischen Mai und September führen die Park-Ranger zweimal wöchentlich Besucher zwei Stunden lang auf den sandweichen Wegen durch harzig duftende Kiefernwälder zu den Schätzen des Parks. Die im Nationalpark Rast

Wie ein gepflegter Garten präsentiert sich die Wacholderheide an der Müritz.

MOORFROSCH

(Rana arvalis)

Er bevorzugt Lebensräume mit hohem Grundwasserstand, hauptsächlich Niedermoore, Bruchwälder, sumpfiges Grünland, Nasswiesen sowie die Weichholzauen größerer Flüsse. Dort sucht er sich auch seine Laichgewässer mit Seggen-, Binsen- und Wollgrasrieden oder Flutrasen. Die Paarungsrufe sind sowohl tagsüber als auch nachts zu hören. Während der Paarungszeit können die Männchen für wenige Tage bläulich bis himmelblau gefärbt sein.

machenden scheuen Kraniche lassen sich besonders gut am **Rederangsee** ❻ beobachten, einem der größten Kranichrastplätze Deutschlands. Von Federow (Parkplätze auch für Wohnmobile) kann man einen Beobachtungsstand gut zu Fuß (1,5 km) erreichen. Allerdings ist der Zugang von September bis Anfang November zum Schutz der Tiere nur eingeschränkt möglich. Auch am nahen Priesterbäker See sind Kraniche und andere Wasservögel häufig zu sehen. Der in ein Hotel umgewandelte Gutshof **Schwarzenhof** ❼ (mit Parkplatz) liegt in der Nähe einer mächtigen Eiche. Von hier führt ein Weg zum Specker See, weiter nach Boek und über Speck zum Ausgangspunkt zurück. Er eignet sich für eine zünftige Radtour (21 km, blaues Zeichen). Wem unterwegs die Puste ausgeht, den sammelt der Nationalparkbus wieder ein – samt Drahtesel.

Die Fahrt mit dem Rad führt zunächst durch unspektakulären Kiefernwald. Auf den Sandböden gedeiht die Kiefer besonders gut. Doch auch dieser Wald verändert sich, wenn man ihn gewähren lässt. Durch absterbende Bäume wird der Boden immer humusreicher, und dann haben auch andere Baumarten eine Chance, sich hier anzusiedeln, allen voran die Buche. Ein Vorgang, der Jahrhunderte dauert, aber im Nationalpark

Müritz in seinen verschiedenen Stadien immer wieder entdeckt werden kann.

Dünen im Wald

Der Weg führt nun westlich des Specker Sees durch ein ausgedehntes Moorgebiet mit Erlenbrüchen und abgestorbenen Birken – die **Binnenmüritz** ❽ –, nicht zu verwechseln mit der gleichnamigen Bucht der Müritz vor Waren. Aufgeschreckte Enten verlassen fluchtartig das schützende Schilf, auf toten Bäumen hocken Kormorane. Aus dem ursprünglichen See sind durch eine Wasserspiegelabsenkung der Müritz vor 200 Jahren drei Seen entstanden: Specker See, Hofsee und Priesterbäker See. Der dicke Schilfgürtel verhindert die Sicht auf das blaue Wasser

Ein Bohlensteg am Priesterbäker See bietet eine gute Gelegenheit, die Vogelwelt zu beobachten.

diesseits oder in das morastige Gebiet jenseits des Weges. Einen guten Überblick ermöglichen jedoch zwei Aussichtstürme am Radwanderweg. In den flachen Senken, den Sandern, erkennt man zahlreiche Versumpfungsmoore, die vom nacheiszeitlich ansteigenden Grundwasser gespeist wurden. Trockenheit und Wasserüberfluss wechseln sich im Versumpfungsmoor ab, es kommt deshalb zu Schwankungen des Moorwachstums. Interessante Pflanzen wachsen im Moor: Wollgras, Sumpfporst, Moosbeere und die aparte Sumpfcalla, aber auch Sonnentau und die sonnengelb strahlende Sumpfdotterblume. Nicht zuletzt sind die blühenden Gräser eine Augenweide.

Der weitere Weg führt in ein eigentümliches Dünengebiet nordöstlich des Dorfes **Boek** ❾, die Sanderlandschaft. Die 6 m hohen Dünen, durch Flugsand entstanden, sind heute bewaldet. Das Gebiet war schon in der Steinzeit besiedelt, hier wurde das größte Feuersteinbeil des Mecklenburgischen Binnenlandes gefunden. Der Ortskern von Boek wird vom Gutshaus dominiert. Um den Hauptplatz im Zentrum liegen ver-

schiedene Hotels und Pensionen. Sehenswert sind die Backsteinkirche an der Ortsdurchfahrt, das Zinnmuseum sowie ein 80 ha großer Wildpark für einheimische Tiere. Mit Campingplatz, Fahrrad- und Kanuverleih eignet sich Boek auch für einen längeren Aufenthalt im Nationalpark.

Ein Blick in die Vergangenheit

TOP TIPP Den Kiefernwald um Speck überragt der **Käflingsbergturm** ❿ mit seiner Aussichtsplattform in 32 m Höhe. Die Käflingsberge sind übersandete Höhenzüge alter Eisvorstöße, die erst aus der Höhe des Turmes richtig sichtbar werden. Die beiden Zillmannseen zu Füßen des Turmes entstanden zum Ende der letzten Eiszeit, als das abfließende Schmelzwasser eine rinnenförmige Vertiefung in den Untergrund spülte. Diese Rinne füllte sich mit Wasser; der »Rinnensee« reichte vermutlich bis auf die Höhe des Käflingsberges. Auf einer Karte von 1786 sind die beiden Zillmannseen noch als ein See verzeichnet. Vom Turm ist die Teilung des

TIERE

FISCHADLER
(Pandion haliaetus)

Er ist auf sauberes, klares Wasser angewiesen, da er sich ausschließlich von Fischen ernährt. Die zahlreichen Seen in Mecklenburg sind für das Wappentier des Nationalparks Müritz ein ideales Revier. Im Frühjahr brüten und jagen die Fischadler hier. Von einem Ansitz oder aus dem Suchflug stürzen sie sich hinab und greifen ihre Beute aus dem Wasser. Ihren Horst errichten sie auf kahlen, abgestorbenen Bäumen, auch Hochspannungsmaste werden angenommen. Die zwei bis vier Jungen werden etwa 37 Tage lang ausgebrütet und bis zur Eigenständigkeit gefüttert. Im Winter, wenn die Seen zufrieren, sucht der Seeadler südlichere Jagdreviere auf.

Flach und abwechslungsreich sind die vielen Radwege im Nationalpark, hier zwischen Boek und Granzin.

SPUREN ALTER VÖLKER

Das Gebiet des Nationalparks blickt auf eine lange kulturgeschichtliche Tradition zurück, auch wenn sich nach der letzten Eiszeit alles etwas langsamer als im übrigen Europa entwickelte. Als die Römer an der Donau erste dauerhafte Siedlungen gründeten, war es an der Müritz noch nahezu menschenleer. In der Gegend von Ankershagen 12 bezeugen jedoch mehrere Großsteingräber eine etwa 4000 Jahre zurückliegende Besiedlung während der Steinzeit. Daneben gibt es eine größere Zahl von Hügelgräbern, von denen die »Königswiege« ganz in der Nähe der Informationsstelle Friedrichsfelde bei vielen Besuchern besonders beliebt ist. Von der wechselhaften Besiedlung durch Slawen und Germanen kündet noch heute ein germanischer Burgwall bei Pieverstorf, der in seiner Ausdehnung in Norddeutschland seinesgleichen sucht. Weitere Zeugen aus dem Mittelalter sind die Wasserburgruine in Ankershagen, die Mönchssiedlung in Freidorf und mehrere alte Handelswege.

800 Jahre alt – die sagenhafte Linde bei Speck in ihrem zartgrünen Frühlingskleid.

Sees aufgrund des Verlandungsprozesses gut auszumachen. Streift der Blick weiter, wechseln sich dunkel bewaldete Hügel mit aufblitzenden Seen ab. Bei guter Sicht sind die Städte Waren, Röbel, Neustrelitz und Neubrandenburg zu erkennen.

Der kurze Weg vom Käflingsbergturm nach **Speck** 11 verläuft entlang des alten Müritzufers aus dem 13. Jahrhundert. In den Gebieten um Speck ist eine besonders interessante Waldform zu entdecken: die Reste alter Hutewälder, die durch die Nutzung eines Waldes für die Tierhal-

tung entstanden. Der Ort ist ein idyllisches Gutsdorf (18. Jahrhundert) mit einer alten Schmiede, in der sich heute eines der Informationszentren des Nationalparks befindet. »Speck« bedeutet in der slawischen Sprache Damm oder Faschinenweg durch das Moor.

Die ursprüngliche Siedlung lag auf einer Halbinsel inmitten eines Feuchtgebietes. Die kargen Sandböden waren aber nie ertragreich, und so baute der letzte Besitzer den ehemaligen Gutshof zu einem Jagdschloss um. Eine 800 Jahre alte Sommerlinde mit einem beeindruckenden Stammumfang von über 9 Metern neben dem kleinen Parkplatz ist nicht zu übersehen. An der Rückseite des Gutshofes betritt man einen verwilderten Park mit Frühlingswiesen voller Maiglöckchen und einer viele Jahre alten Eiche. Aus dem nahe gelegenen Wald hallen die Rufe des Kuckucks. Speck ist von Schwarzenhof aus auch mit dem Auto erreichbar.

Wo die Havel ihren Lauf nimmt

Einst an der alten Salzstraße gelegen, ist **Ankershagen** 12 heute bekannt als der Ort der Havelquelle. Heinrich Schliemann, der Entdecker von Troja, wurde hier geboren. In seiner Autobiografie schrieb Schliemann, dass er bereits mit acht Jahren den Entschluss fasste, Troja zu suchen und auszugraben. Ankershagen kann auf eine lange Geschichte, eine reiche Sagenwelt, ein Ritterschloss und viele weitere Relikte aus uralter

Malerische Abendstimmung: Vom Käflingsbergturm blickt man weit über die Seenlandschaft des Nationalparks.

Die schönste Seite des Dorfes Blankenförde lernt man während einer Wasserwanderung auf der Havel kennen.

Vorzeit verweisen. Sie haben die Fantasie des jungen Heinrich Schliemann offenbar dauerhaft beflügelt. Das Schliemann-Museum vermittelt Wissenswertes über den wohl bekanntesten deutschen Archäologen.

Die **Havelquelle** ⑬ liegt am Fahrweg zwischen Ankershagen und Pieverstorf. Vom Parkplatz sind es nur wenige Hundert Meter bis zu der Steinsäule, die den Ursprung der Havel markieren soll. Eine richtige Quelle ist jedoch schwer auszumachen, da das Quellgebiet sehr großflächig ist. Ursprüngliche Havelquellseen waren der Born-, Trinnen- und Mühlensee, die nach Süden entwässerten. Durch menschliche Eingriffe seit dem Mittelalter wurde die hier verlaufende Wasserscheide zwischen Nord- und Ostsee, und somit der Ursprung der Havel, mehrfach verändert.

Mitten in der herrlichsten Natur liegen so ursprüngliche Dörfer wie Kratzeburg, Krienke oder Blankenförde – ideale Ausgangspunkte, um den Nationalpark zu erkunden und alle seine Vorzüge zu genießen. Bereits im Käbelicksee bei Kratzeburg wird die Havel für Wasserwanderer interessant. Granziener See, Pagelsee und Zotzensee, durch Wasserstraßen miteinander verbunden, sind unvergleichlich schön. Von hier strömt die Havel zu weiteren wunderbaren Wasserlandschaften. Im **Görtowsee** ⑭ blühen im Juli die Weißen Seerosen ganz besonders prächtig. Ganze Felder der weißen Blüten säumen das Ufer, während das Kanu durch glasklares Wasser treibt, vorbei an Schilfinseln und Weidengebüsch. Ein einmaliges Erlebnis ist das vor allem in den frühen Morgenstunden, wenn noch keine anderen Wasserwanderer unterwegs sind. Dann kann man das Erwachen der Natur ganz hautnah erleben und auf das anschwellende Geschnatter, Gezirp, Geflöte und Gehämmere lauschen, mit dem die Vogelwelt den Tag beginnt. Da der See zur Kernzone des Nationalparks gehört, sollte man dabei aber stets die Naturschutzhinweise sorgfältig beachten.

Ein dumpfes Hupen dringt durch die Morgendämmerung zu den Beobachtungspunkten am **Zotzensee** ⑮, der ebenfalls zur Kernzone des Nationalparks Müritz gehört: Ein »Ochse« hockt im Röhricht – ein »Moorochse«, wie ihn die Einheimischen nennen. Diesem 75 cm großen Reihervogel, der Großen Rohrdommel (*Botaurus stellaris*), fehlt die Anmut seiner Verwandten. Durch sein eulenartig kräftiges Gefieder wirkt er fast so wuchtig, wie er klingt. Großflächige Röhrichte bieten der Rohrdommel den Lebensraum, auf den sie angewiesen ist. Ihr bräunlich gefärbtes Federkleid wirkt wie ein Tarnanzug und macht den Vogel im Dickicht aus Schilfhalmen so gut wie unsichtbar. Die markanten, bis zu 5 km weit vernehmbaren Rufe der stark gefährdeten Rohrdommel dröhnen hoffentlich auch künftig über das »Land der tausend Seen« in Mecklenburg: Ihr Lebensraum wird gerade im Rahmen eines EU-Projektes erweitert, und bislang ent-

▶ **TOP TIPP**

WANDERTIPP

WASSERWANDERN

Die Klarwasserseen des Nationalparks Müritz sind die letzten ihrer Art; sie sind weder überfischt noch überdüngt, und sie werden auch nicht von den Bugwellen der Motorboote gestört. Sie sind die Juwelen der Mecklenburgischen Seenplatte. Eine Wanderung per Kanu, das man mitbringen oder mieten kann, beginnt z.B. beim Fischerhaus am Görtowsee ⑭ in Blankenförde. Im Juni steht der See in voller Blüte, Seerosen und Mummeln leuchten vor dem dunklen Grün der Schilfgürtel. Die engen Einfahrten in die Kanäle zwischen den Seen sind schwer auszumachen, deshalb sind sie durch grüne Bojen markiert. Eine der geheimnisvollsten Wassergassen führt vom Görtowsee zum Zierzsee und zum Useriner See. Die blanken Stämme der alten Buchen stehen dicht am Ufer, tief neigen sich ihre Zweige. Auch Eisvögel kann man hier – mit etwas Glück – noch in freier Wildbahn beobachten.

Ohne die Sumpfdotterblumen wäre ein Gang über das Moor nur halb so schön; sie setzen leuchtende Farbakzente.

WEISSE SEEROSE
(Nymphaea alba)

In den Sommermonaten sticht ihr strahlendes Weiß auf den klaren Seen im Nationalpark hervor. Wie ein Teppich schwimmen ihre großen, rundlichen Blätter auf der Wasseroberfläche. Mithilfe ihrer biegsamen, bis zu 3 m langen Stängel, deren dicke Wurzeln fest im Boden verankert sind, passt sie sich den Bewegungen des Wassers an. Dabei dienen ihre armdicken Wurzeln in erster Linie dem Festhalten; Nährstoffe nimmt die Seerose auch mit dem Stängel und den Blättern auf. Sie ist winterfest und sommergrün und kommt in Europa bis zum Ural und Nordwestafrika vor. Ihre wohlriechenden, halb gefüllten weißen Blüten mit goldfarbener Mitte sieht man den gesamten Sommer über. Zur Abenddämmerung und bei Regenwetter schließen sich die Blüten. Die Blätter der Seerose sind lederartig und haben einen Wachsüberzug, der sie vor Wellengang oder aufprallendem Niederschlag schützt. Die für die Atmung wichtigen Spaltöffnungen befinden sich, anders als bei Landpflanzen, auf der Blattoberseite. Die Weiße Seerose ist in Deutschland streng geschützt.

wässerte Feuchtgebiete am Zotzensee dürfen wieder nass werden. Davon profitieren dann auch Amphibien wie Grün- und Grasfrösche sowie rosafarbene Kuckuckslichtnelken, Pfeifengräser und Orchideenarten wie das Knabenkraut.

Aufbruch in den Urwald

Der Weg vom größeren zum kleineren, südöstlich gelegenen Teil des Nationalparks Müritz führt über das barocke Kleinstädtchen **Neustrelitz** ⓰. Bemerkenswert ist der Markt, von dem acht breite Straßen sternförmig auseinanderstreben. Gartenfreunde legen hier wegen des Schlossgartens aus dem 18. Jahrhundert gern eine Rast ein. Die Residenzstadt umgeben zahlreiche Seen, an deren Ufern jedoch nicht mehr Kiefern, sondern immer häufiger Buchen ihre Schatten werfen.

Serrahn ⓱ liegt inmitten des kleineren Teils des Nationalparks Müritz, östlich der Stadt Neustrelitz. Zwischen 900 und 1400 existierte am Ufer des großen Serrahnbruchs bereits die wendische Siedlung »Saran«. Vor etwa 200 Jahren begann man mit der geregelten Forstwirtschaft; Kiefern wurden angebaut und ab Ende des 19. Jahrhunderts auch Baumarten wie Douglasie, Fichte, Lärche und Roteiche, die hier nicht heimisch sind.

Einer der reizvollsten Wanderwege beginnt am Parkplatz Zinow an der B 198 zwischen Strelitz und Carpin. Der **Naturerlebnispfad** ⓲ »Der lange Weg zum Urwald« führt durch sehr unterschiedliche, bewirtschaftete oder wilde Waldzonen, von der Weihnachtsbaumaufzucht bis zu urwaldartigen Schauplätzen. Das stete Dämmerlicht des Buchenwaldes mit seinen himmelstrebenden Kronen, der würzige Duft von Pilzen und modernden, umgestürzten Bäumen, der weiche Boden unter den Füßen, das milde Licht auf moosigen Lichtungen und das Rascheln des trockenen Laubes – mit jedem Schritt nimmt einen der Waldzauber mehr gefangen. Schon vor Jahrzehnten schränkte man hier die forstwirtschaftliche Nutzung ein und ließ einen Unterwuchs aus Eiche, Buche, Esche und anderen Baumarten zu. Sie vermitteln den Eindruck einer natürlichen Waldentwicklung. Der Große Serrahnsee, durch wasserbauliche Maßnahmen um zwei Meter abgesenkt, ließ ein großes Verlandungsmoor mit zwei Restseen entstehen. Selten gewordene Tiere und Pflanzen halten sich hier auf. Als schmaler Pfad schlängelt sich der Weg durch den Wald zu einem Aussichtsturm: Von oben blickt man tief ins Moor, das einmal ein See war. Über einen Steg im verlandeten See führt der Erlebnispfad weiter zur Siedlungsinsel Serrahn, wo im alten Forsthaus Serrahn neben der Nationalparkinformation auch eine Ausstellung über die Geschichte und

Stille umgibt den Schweingartensee, im Silber seiner Wasseroberfläche spiegelt sich das erste Grün des Frühlings.

Entwicklung des Gebiets zu sehen ist. Für den rund 8 km langen Erlebnispfad sollte man mit Pausen etwa 4 bis 5 Stunden einplanen

Die Magie der Moore

Wo am Ende der Eiszeit große Eisblöcke liegen blieben und nur langsam wegschmolzen, finden wir heute kreisrunde Kesselmoore. Für den Serrahner Teil des Nationalparks sind sie geradezu landschaftsprägend. Moore stehen für Einsamkeit, Angst und Spukgeschichten. Dabei sind es

Altholz in den Buchenwäldern von Serrahn – ein ideales Domizil für zahlreiche Tier- und Pflanzenarten.

ökologische Wunderwelten, sie sind nützlich und wichtig. Im Nationalpark gibt es zahlreiche unterschiedliche Formen von Mooren: Kesselmoore, Quellmoore, Versumpfungsmoore und Durchströmungsmoore. Sie halten Wasser zurück, filtern Nährstoffe aus und wirken somit einer überhöhten Nährstoffanreicherung der umliegenden Gewässer entgegen. Die Biomasse lagert sich langfristig als Torf ab. Jedoch sind die Lebensbedingungen im Moor hart. Nur wenige Pflanzen und Tiere können sich an Nässe, Säure und mangelnden Sauerstoff anpassen; sie sind besonders schützenswert. Aber auch die Moore selbst sind durch Grundwasserabsenkung bedroht: Sie trocknen aus. Mit ihnen verschwindet nach und nach ein einzigartiger Lebensraum. Ein kurzer Abstecher zum **Schweingartensee** 19 führt ebenfalls zu einer Urwald werdenden Landschaft: eingesenkte Kesselmoore mit Erlen und mächtigen umgestürzten Buchen, pilzübersät, vermoost und von ihren »Bewohnern« langsam zu Pulver zermahlen und der Erde wieder zugeführt. Hier herrscht absolute Stille. Wasserschwertlilien, Sumpfdotterblumen und Wassergräser zieren das Seeufer, Bäume recken ihre Äste wie Hilfe suchend aus dem silbrig glänzenden Wasser – eine Landschaft wie aus einem märchenhaften Traum. Nur hin und wieder ertönt urplötzlich ein leises Plätschern, doch schon bald ist die Wasseroberfläche wieder spiegelglatt, die absolute Stille kehrt wieder zurück.

TIPP FÜR KINDER

TIERGARTEN NEUSTRELITZ
Tiere in freier Wildbahn zu beobachten ist nicht immer ganz einfach. Kindern fehlt dazu oft die erforderliche Geduld. Der Tiergarten in Neustrelitz 16 ermöglicht Begegnungen mit der Natur, ohne dafür um 3 Uhr morgens aufstehen zu müssen. Schon 1721 wurde der Tiergarten umzäunt und diente dem damaligen Herzog als Jagdrevier. 1993 übernahmen dann die Neustrelitzer Werkstätten die Trägerschaft und gestalteten das Gelände naturnah und kinderfreundlich mit Streichelgehege, Naturlehrpfad, Tierkinderabteilung und Spielplatz. Ein Tiergartenfest findet in jedem Jahr am 2. Samstag im Juni statt.

Naturpark Stechlin-Ruppiner Land

Buchenwälder und Klarwasserseen sind die typischen Merkmale dieser Landschaft, die schon Fontane zum Schwärmen anregte. Berühmtester See ist der Große Stechlin, aber auch Rheinsberg mit seinem Schloss am Grienericksee gehört zu den herausragenden Sehenswürdigkeiten.

SERVICE

Anfahrt: Auf der A 24 bis Neuruppin, dann über Herzberg und Lindow nach Rheinsberg; mit der Bahn bis Rheinsberg, Gransee oder Fürstenberg/Havel

Lage: Im Norden Brandenburgs zwischen Fürstenberg/Havel, Gransee, Neuruppin und Wittstock/Dosse

Größe: 685 km^2

Höchste Erhebung: Krähenberg (116 m)

Gründung: 2001

Information: Naturparkverwaltung Stechlin-Ruppiner Land Friedensplatz 9 16775 Stechlin / Menz

Telefon: 033082 / 4070

Internet: www.grossschutzgebiete. brandenburg.de

Der Rheinsberger See bei Rheinsberg erlangte durch eine Erzählung Kurt Tucholskys Berühmtheit.

TOP TIPP

❶ Rheinsberg
Reizvolles Städtchen mit Schloss und Landschaftspark

❷ Großer Stechlinsee
See mit Rundweg, Buchenwald und reicher Flora und Fauna

❺ Menz
Dorf mit »NaturParkHaus« sowie Wald- und Wassererlebnispfad

❻ Zechower Berge
Aussichtspunkt mit Trockenrasen und Heidelandschaft

❿ Kunsterspring
Naturschutzgebiet mit Kochquelle und Lehrpfad

Diese Bilderbuchlandschaft, die der märkische Dichter Theodor Fontane Ende des 19. Jahrhunderts beschrieb, hat sich wenig verändert. Immer noch bestimmen die herrlichen Kiefernwälder das Bild. Wo noch natürliche Buchenmischwälder vorhanden sind, stehen Rotbuchen mit Traubeneichen oder Hainbuchen mit Stieleichen zusammen. Vielgestaltig sind die Sandfluren, teilweise von Trockenrasen mit Thymian oder Felsenmauerpfeffer bedeckt oder als Heide ausgebildet. Direkt neben dem Trockenrasen können Feuchtgebiete liegen, die sich um die zahlreichen Seen ausgebildet haben. Dichte Röhrichtgürtel aus Seesimsen, Pfeilkraut, Binsen und Wasserschwertlilie wechseln mit Arten sumpfiger Uferpflanzen wie Blutweiderich und Sumpfdotterblume. Wo die Seen verlandet sind, bilden Torfmoose mit Wollgras, Moosbeere und Son-

nentau, gelegentlich auch mit Sumpfporst besetzt, die Pflanzendecke. Die wasserreiche Landschaft ist Lebensraum vieler Vogelarten, von denen der Höckerschwan als einer der größten Brutvögel des Gebietes hervorsticht. Auch Fisch- und Seeadler, Fischreiher und Kormoran lassen sich hier gelegentlich beobachten, und auf den feuchten Wiesen und abgeernteten Feldern kann man häufig Kraniche antreffen.

Auf den Spuren von Tucholskys Claire und Wölfchen

Eingebettet in die schöne Wald- und Seenlandschaft des Ruppiner Lands empfängt das **TOP TIPP** Städtchen **Rheinsberg ❶** den Besucher mit lieblichem Charme. Hier hat sich schon Kronprinz Friedrich sehr wohl gefühlt, der von 1736 bis 1740 im romantisch gelegenen Schloss

Der Große Stechlinsee mit seinen vier Buchten liegt in einer landschaftlich traumhaften Umgebung.

am Grienericksee wohnte, lange, bevor er »der Große« war. Er umgab sich mit Freunden, die sich in einer Art Gralsrunde unter dem Wahlspruch »Ohne Furcht und Tadel« versammelten, Feste feierten, nach Herzenslust disputierten, Theater spielten oder musizierten. Das Schloss geht vor allem auf den Baumeister Georg Wenzeslaus von Knobelsdorff zurück. Der Schlosspark wurde erst nach 1740 von Knobelsdorff und von Christian Friedrich Glume angelegt.

Malerische Ausblicke über den Grienericksee hinweg zum Obelisken auf einer Anhöhe, eine Treppe mit Sphinxen, Alleen und Spazierwege zwischen alten Bäumen charakterisieren den schönen Park. Im Schloss kann neben Spiegel- und Muschelsaal auch eine Kurt-Tucholsky-Gedenkstätte besucht werden. Durch seine Erzählung »Rheinsberg, ein Bilderbuch für Verliebte« setzte der geistreiche Publizist dem Städtchen ein literarisches Denkmal: Auf liebenswürdige Weise und mit erotischem Charme wird die sommerliche Wochenendfahrt eines jungen Pärchens – Claire und Wölfchen – aus Berlin geschildert.

Der Große Stechlinsee – ein blühendes Wasserparadies

TOP TIPP Das Herzstück des Naturparks ist der durch Theodor Fontane berühmte **Große Stechlinsee** ❷, mit 425 ha der größte und bedeutendste Klarwassersee in der norddeutschen Tiefebene. Er liegt inmitten einer vielgestaltigen Eiszeitlandschaft aus Endmoränen, Sandern und Schmelzwasserrinnen. Zwei dieser

Schmelzwasserrinnen vereinigen sich hier und bilden vier Buchten. Dichter alter Mischwald aus Buchen und Traubeneichen umgibt den See, wobei die Buche stellenweise, vor allem an den Steilufern, rein auftritt. Weit verbreitet in der Moorniederung sind Erlen-Birken-Wälder und Sumpfporst-Kiefern-Wälder. Hier fallen die weißen Wattebällchen der Wollgräser auf, Heidekrautgewächse wie Rosmarinheide, Rauch- und Moosbeere gedeihen prächtig, dazwischen findet der langblättrige Sonnentau gute Lebensbedingungen.

Charakteristisch ist im Wasser eine reiche Armleuchteralgen-Vegetation, die bis zu 20 m tief reicht. Von Juni bis August lenken an vielen Stellen die weißen Blüten der Kleinen Teichrose und die gelben Blüten der Mummel die Blicke auf sich. Zur reichen Vogelwelt des Stechlin gehören Greifvögel wie Fischadler, Habicht, Mäusebussard, Schwarz- und Rotmilan, Wander- und Baumfalke, die als Brutvögel hier beobachtet wurden. Gänsesäger und Schellente sind typische Bewohner der Wasserfläche, in der Umgebung brüten Waldschnepfe und Fischreiher.

Wichtigster Ausgangspunkt für Wanderungen um den Stechlinsee ist **Neuglobsow** ❸. Seine Entstehung geht auf eine Glashütte zurück, die um 1780 ihren

SCHELLENTE
(Bucephala clangula)
Sie ist das Wappentier des Naturparks; ihr Fluggeräusch erinnert an das Schellen einer Glocke. Typisches Merkmal der schwarzweißen Ente mit dem schwarzen Kopf ist ein goldener Augenring. Sie brütet vorzugsweise in ehemaligen Spechthöhlen alter Buchen, weshalb der Große Stechlinsee ❷ mit seinen Altbuchenbeständen und dem klaren Wasser ihr idealer Lebensraum ist.

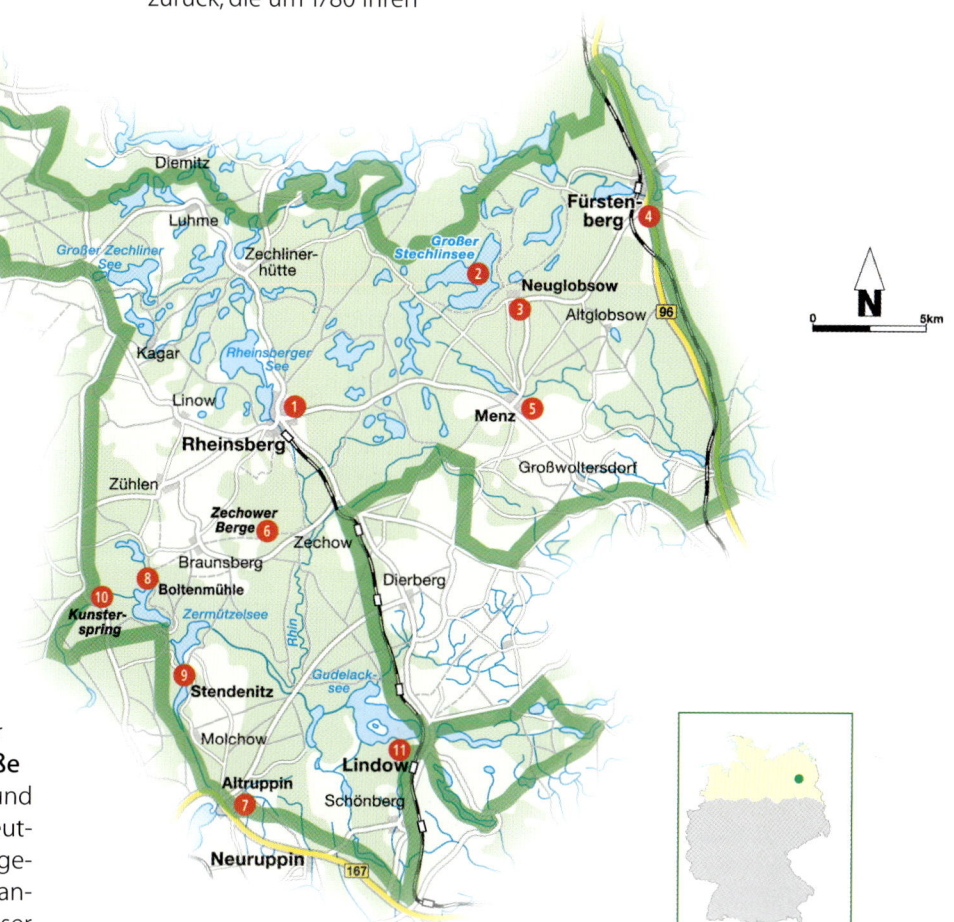

Diese seltene Pflanze bevorzugt Moorwälder und Hochmoore. Der kleine Strauch wird 30 bis 90 cm hoch und ist quirlartig verzweigt. Die Blätter sind schmal, maximal 3 mm breit und an der Unterseite rostrot behaart. Von Mai bis Juli entfaltet sich eine reich blühende, endständige Dolde aus weißen Blüten.

Der 8 km lange Rundweg beginnt an der Mühle des Klosters Wutz in Lindow ⑪, wo er nach rechts zur Gaststätte »Klosterblick« mit schöner Terrasse am See führt. Linker Hand ist nach wenigen Metern eine Tafel mit der Aufschrift »Naturlehrpfad um den Wutzsee« erreicht. Nun gilt es, der Markierung »grüner Strich« zu folgen. Bei der Baumgartenbrücke am Zufluss vom Huwenowsee zum Wutzsee gibt es eine Informationstafel und eine Sitzgelegenheit. Auf der anderen Seeseite geht es zurück, bald ist die mit Efeu bewachsene Ruine des Konventhauses erreicht und auch die Klostermühle wird wieder sichtbar.

Betrieb aufnahm und grünes Glas herstellte. Eine informative Ausstellung zur Kulturgeschichte des Gebrauchsglases zeigt das Glasmacherhaus in Neuglobsow (Stechlinseestraße 9, Telefon: 033082/70202). Um 1900 begann die Entwicklung zum Erholungsort, denn betuchte Berliner entdeckten die Schönheit der Gegend und bauten prächtige Sommervillen. Als 1928 eine Kleinbahn zwischen Gransee und Neuglobsow gebaut wurde, stieg die Zahl der Besucher sprunghaft. Allerdings wurde das Bahnzeitalter mit der Demontage 1945 beendet, der Tourismus dagegen entwickelte sich bis heute weiter.

Seenketten und Flussläufe mit dem Rad erkunden

Empfehlenswert ist es, von Neuglobsow nach **Fürstenberg** ④ das Fahrrad zu benutzen. Die Tour führt am Peetschsee vorbei, wo man vom Augustablick am Hochufer eine zauberhafte Aussicht genießen kann. Der Name geht auf die mecklenburgische Großherzogin Augusta Caroline zurück, die diese Stelle am Ostufer besonders geliebt haben soll. Fürstenberg am Oberlauf der Havel trägt den Beinamen »Wasserstadt«, denn die aus dem Röblinsee im Westen austretende Havel teilt sich in drei Arme, die in den Baalensee im Südosten und den Schwedtsee im Nordosten münden. Mit dem vierten, künstlich angelegten Schifffahrtskanal bildeten sie drei Inseln, auf denen Fürstenberg im 13. Jahrhundert von askanischen Markgrafen angelegt wurde. Theodor Fontane bemerkte zur Havel: »Schlicht, schmal, ein Wässerchen nur, tritt sie aus dem Mecklenburgischen in die Mark, um dann, auf ihrem ganzen Oberlaufe, ein Flüsschen zu bleiben, das nicht Inseln leicht und frei wie schwimmende Blätter trägt, sondern sich teilen muss, um hier und dort ein Stückchen Land mit dünnen Armen zu umspannen.« Im Zentrum der Stadt beeindruckt die Kirche im neugotischen Stil, die zwischen 1845 bis 1848 durch F. W. Buttel aus gelben Backsteinen errichtet wurde.

TOP TIPP Im stillen Dörfchen **Menz** ⑤ zieht das »NaturParkHaus Stechlin« (Kirchstraße 4) viele Gäste in die Stechlinseeregion. Das Gebäude der alten Oberförsterei, die schon Fontane in seinen »Wanderungen durch die Mark Brandenburg« erwähnte, wurde aufwändig rekonstruiert und als Besucherzentrum mit Erlebnisausstellung eingerichtet. Hier gibt es Informationsmaterial, Karten und Empfehlungen für Ausflüge. Die spielerische Art der Vermittlung von Wissen über die Naturräume des Gebietes spricht nicht nur Kinder an. Der Besucher belegt einen Kurs in Moorfroschquaken, telefoniert mit einem Kranich oder irrt durch einen Ameisenhaufen, außerdem drückt man viele Knöpfe, um zu weiteren Informationen zu gelangen.

Der Rhin fließt von Rheinsberg in einem eiszeitlichen Schmelzwassertal genau 12 km lang geradewegs nach Süden, bevor er vom nordwestwärts fließenden Gudelack-Rhin aufgenommen wird. Beim kleinen Dorf Zechow durchbricht dieses eiszeitliche Schmelzwassertal auf einer Breite von etwa 2,5 km einen Endmoränenbogen aus der Weichseleiszeit. Markante Ausprägung dieser Rückzugslage in unmittelbarer Nähe des

Das Fontane-Denkmal in Neuruppin erinnert an den berühmten deutschen Dichter.

Fachwerkjuwel und beliebtes Ausflugsziel: die traditionsreiche Boltenmühle am Nordende des Tornowsees.

HEIMATTIERPARK VON KUNSTERSPRING

In dem Tierpark im Naturschutzgebiet Kunsterspring **10** kann man etwa 400 Tiere aus 90 Arten hautnah erleben und manche davon sogar in einem Streichelzoo anfassen. Viele heimische, teilweise seltene Arten wie Auerhahn, Uhu, Steinkauz, Luchs und Wildkatze sind zu beobachten. Als besondere Attraktion können Fischotter beim Füttern bestaunt werden, zudem gibt es ein

Wolfsgehege (Bild) mit Aussichtsplattform. Seit 2006 ist das Eulenwald-Gehege eröffnet, wo verschiedene Eulenarten zu sehen sind. Zudem gibt es einen Abenteuerspielplatz und gastronomische Einrichtungen (geöffnet April – Sep 9 – 19, Okt – März 9 – 17 Uhr; Information: Telefon 033929/70271).

TOP TIPP Rhins sind die **Zechower Berge** **6**, ein lohnender Aussichtspunkt. Sie erheben sich auf 97 m Höhe und sind mit artenreichem Trockenrasen besiedelt. An ihrem Fuß breitet sich die Zechower Heide aus, die in der Besenheide größere Bestände bildet und ab Ende August bis in den September hinein die Landschaft in ein violettes Farbenmeer verwandelt.

Der Rhin schwenkt bei Zippelsförde scharf nach Nordwesten und steuert auf eine Seenkette mit Zermützelsee, Tetzensee und Molchowsee zu, um nach dem Durchfließen dieser Gewässer wieder als Rhin in den Ruppiner See zu münden.

Mittelalterliche Orte und sprudelnde Quellen

Hier, am Nordufer, liegt **Altruppin** **7** und etwas südlicher an der Westseite des Ruppiner Sees – und nicht mehr im Naturpark befindlich – grüßt Neuruppin. Bereits Anfang des 13. Jahrhunderts gegründet, wurde die mittelalterliche Stadt planmäßig angelegt. Nach einem großen Stadtbrand im späten 18. Jahrhundert im Stil des Frühklassizismus wieder aufgebaut, ist die schachbrettmusterartige Anlage der Stadt immer noch erkennbar. Karl Friedrich Schinkel, dem großen deutschen Baumeister des deutschen Klassizismus, ist im Heimatmuseum (August-Bebel-Straße 14/15) eine Ausstellung gewidmet, ebenso Theodor Fontane. Von beiden Persönlichkeiten stehen Denkmäler an markanten Stellen der Stadt. Um die reizvolle Natur in der südwestlichen Ecke des Naturparks kennenzulernen, empfiehlt sich eine Dampferfahrt von Neurup-

pin zur **Boltenmühle** **8**, einer traditionsreichen Ausflugsgaststätte. Die Route verläuft zunächst durch den Molchowsee und den Tetzensee, zwei typische Rinnenseen, um anschließend in den Zermützelsee zu führen. Halt ist in **Stendenitz** **9**, wo sich ein sehenswertes Waldmuseum befindet. Durch das Rottstielfließ, einen beiderseits bewaldeten Kanal von knapp 1 km Länge, wird der Tornowsee erreicht, an dessen Ende die Boltenmühle steht. Ihr Name geht wohl auf den ersten Besitzer – Hans-Joachim Boldte – zurück; sie zieht schon seit Generationen Gäste an, ist 1992 fast vollständig abgebrannt und wurde inzwischen in alter Schönheit wieder aufgebaut.

TOP TIPP Etwa 12 km nördlich von Neuruppin befindet sich im Naturschutzgebiet **Kunsterspring** **10** das Quellgebiet des Bächleins Kunster. Hier gibt es mehrere, zum Teil ergiebige Kesselquellen. Besonders faszinierend ist die sprudelnde Kochquelle. Sie wirbelt ständig Sand auf, sodass der Eindruck entsteht, hier koche das Wasser. Ein 3 km langer Lehrpfad führt rund um das Quellgebiet.

Als Abschluss der Entdeckungsreise lohnt sich ein Besuch in **Lindow** **11**, einem malerischen Städtchen zwischen Wutzsee und Gudelacksee. Es bietet sich als Ausgangspunkt für eine Wanderung um den Wutzsee an, aber auch ein Bad im nahen Gudelacksee ist an heißen Sommertagen eine gute Empfehlung. Anfang des 13. Jahrhunderts wurde in Lindow ein Nonnenkloster gegründet, das Theodor Fontane als Vorbild für das Kloster Wutz in seinem Roman »Der Stechlin« diente.

Naturpark Uckermärkische Seen

SERVICE

Anfahrt: Auf der A20 bis zur Anschlussstelle Friedland, Strasburg oder Pasewalk-Nord und über Woldegk nach Fürstenwerder; mit der Bahn bis Fürstenberg, dann mit dem Linienbus nach Lychen

Lage: Im Nordosten von Brandenburg zwischen den Städten Fürstenberg/ Havel, Prenzlau, Templin, Zehdenick

Größe: 895 km²

Höchste Erhebung:
Splettberg (128 m)

Gründung: 1997

Information:
Naturparkverwaltung
Zehdenicker Straße 1
17279 Lychen

Telefon: 039888/64530

Internet: www.grossschutzgebiete.
brandenburg.de

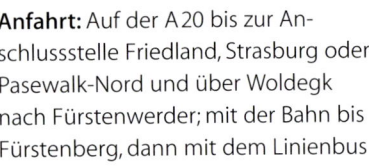

❸ Boitzenburg
Prachtvolles Schloss im Neu-renaissance-Stil, Schlosspark mit herrlichen Sichtachsen

❻ Templin
Hübsche Kleinstadt mit Stadt-mauer und Naturtherme

❿ Kleine Schorfheide
Reizvolle Heidelandschaft mit seltenen Vogelarten

⑭ Himmelpfort
Kleines Dorf mit sehenswertem Klostergarten

⑯ Zehdenicker Tonstichlandschaft
Niederungsgebiet der Havel und Eldorado für seltene Tiere

Zu den reizvollsten Landschaften im Nordosten Brandenburgs gehörend, weist der Naturpark ein abwechslungsreiches Relief auf: große Sander-flächen mit Rinnenseen, Mooren, Grund- und Endmoränen, ausgedehnte Binnendünen, viele Alleen und hübsche Feldsteinkirchen.

Märchenschloss mit jahrhundertealter Geschichte: die imposante Boitzenburg im Nordosten des Naturparks.

Große Teile des Naturparks nehmen im Nordosten naturnahe Wälder ein, in denen Eichen, Buchen und Ahorn dominieren. Sie beeindrucken im Frühjahr mit einem Blütenteppich aus Buschwindröschen, Leberblümchen und teilweise auch Lerchensporn. Etwa 300 Seen gibt es im Naturpark, wo brütende Rohrdommeln, Krick- und Knäkenten anzutreffen sind. Als besondere Seltenheit gelten die Vorkommen der Europäischen Sumpfschildkröte sowie des Edelkrebses. Auch der Reichtum der Moore ist bemerkenswert, denn außer von Zierlichem und Breitblättrigem Wollgras werden sie auch von Sumpfporst, Glanzkraut (einer Orchidee) sowie dem Fleischfressenden Sonnentau besiedelt. In diesen Mooren findet der Moorfrosch ideale Lebensbedingungen und auch eine der größten heimischen Spinnen, die Listspinne, lebt hier. In naturnahen Fließgewässern wie z. B. dem Küstriner Bach und dem Hegesteinbach kommen Bachforellen vor, auch das seltene, nur in sehr sauberen Gewässern heimische Bachneunauge findet hier einen Lebensraum.

Auf den Spuren der Familie von Arnim wandeln

Fürstenwerder ❶ gilt als das nördliche Tor zum Naturpark Uckermärkische Seen und ist als idyllisches Städtchen zwischen Dammsee und Großem See gelegen. Sein dominierendes Bauwerk, die ehemalige Stadtkirche, wurde im 13. Jahrhundert aus Feldsteinen errichtet und im 18. Jahrhundert mit dem die Stadtsilhouette bereichernden verputzten Turm ausgestattet. Von der Stadtmauer sind noch Reste vorhanden und von den drei Stadttoren blieben zwei – das Woldeg-

Wunderbare Ruhe und Natur pur erleben Besucher bei einer Kanufahrt auf dem Küstriner Bach.

ker und das Berliner Tor – erhalten. Unterhalb der Stadtmauer lädt eine Badestelle am Großen See im Sommer zum Schwimmen ein.

Nur wenige Kilometer südwestlich von Fürstenwerder liegt **Warbende** ❷, eine Gutssiedlung, die mit einem Gartenkleinod aufwarten kann. Der 2 ha große Park mit seinen seltenen Gehölzen wurde zwischen 1830 und 1860 angelegt. Hier stehen Tulpenbaum, Buche, Traueresche, Hemlocktanne, Weymouthskiefer und auch eine Gurkenmagnolie, wohl die einzige in der Uckermark. Auffälliges Merkmal im Park sind runde Säulen aus Eiben.

Dem südlich von Fürstenwerder gelegenen **Boitzenburg** ❸ sollte man einen Besuch abstatten. Auch heute noch ein zauberhafter Ort, blickt es auf eine lange Tradition zurück. Das Geschlecht derer von Arnim erhielt 1450 die Hälfte der Uckermark als Lehnland und konnte den Besitz dank gut durchdachter Heiratspolitik jahrhundertelang halten. Hübsche kleine Fachwerkhäuser zieren die Straßen, und auf einer Insel steht das prachtvolle Schloss, das als ursprünglicher Renaissancebau später barock umgebaut und dann noch einmal im Neurenaissance-Stil »verschönert« wurde. Es ist von einem sehenswerten Schlosspark umgeben, der von Peter Joseph Lenné zu einem

englischen Landschaftspark mit schönen Bäumen und herrlichen Sichtachsen umgestaltet wurde. Auf jeden Fall sollte man in Boitzenburg der weit über die Uckermark hinaus bekannten, funktionstüchtigen Klostermühle (Mühlenweg 5) die Ehre erweisen. Führungen sind nach Anmeldung (Telefon: 039889/236 oder -86 96 0) möglich. Besonders lohnend ist ein Besuch am Pfingstmontag, denn dann ist im ganzen Land Brandenburg Mühlentag, und rund um die Klostermühle findet ein Mühlenfest mit Mehlmahlen, Brotbacken und Körbeflechten statt; vor der Kulisse der Klosterruine wird sogar ein Pferdemarkt abgehalten. Von der Klostermühle aus lohnt sich ein Spaziergang oder eine Fahrt zum Naturschutzgebiet **Boitzenburger Tiergarten** ❹ mit seinen bis zu 500-jährigen Eichen und dem sogenannten Verlobungsstein, einem großen Findling. Hier befinden sich auf einer Fläche von 45 ha die größten in Mitteleuropa erhaltenen Huteeichenbestände. Das Weiden von Haustieren war bis zum Ende des 18. Jahrhunderts die Hauptnutzungsart des Waldes. Typische Merkmale eines Hutewaldes sind starke Solitärbäume und Baumgruppen, Sträucher und Kräuter fehlen meist, da sie

KULTURTIPP

ZIEGELEIPARK MILDENBERG
Als beim Bau der Eisenbahnstrecke Berlin–Templin große Tonvorkommen entdeckt wurden, wandelte sich Zehdenick ⓯ zur Hauptstadt der europäischen Ziegelindustrie. Obwohl bis 1910 mit 57 Ringöfen und einer Jahresproduktion von ca. 625 Millionen Mauerziegeln der Höhepunkt erreicht war, spielte die Zehdenick-Mildenberger Ziegelherstellung bis 1991 eine Rolle. Heute ist auf einem 42 ha großen Gelände der Ziegeleipark Mildenberg (Ziegeleiweg 10) zu besichtigen, ein Museum der Ziegelei- und Technikgeschichte. Mit der Ziegeleibahn geht es vom Museum zur Dampfmaschine und weiter zu zahlreichen historischen Werkstätten (geöffnet Mai – Sep 10 – 18 Uhr, Sa, So, Feiertage 10 – 19 Uhr, Okt – April wochentags nach Vereinbarung, Sa, So, Feiertage 10 – 18 Uhr, Telefon: 03307/31 04 10).

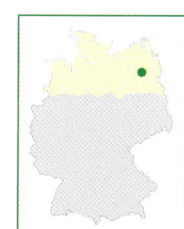

HYDROBIKES UND FAHRRADDRAISINEN

Ein besonderer Spaß für Kinder sind Hydrobikes – Fahrräder auf Schwimmern. Das Hydrobike kann weder kentern noch sinken, speziell für die ganz Kleinen gibt es einen Kindersitz. Das Wasserfahrrad ist bei der Firma Treibholz in Lychen ⑫ zu mieten (Telefon: 039888/4 33 77). Auf der stillgelegten Bahnstrecke zwischen Fürstenberg und Templin ⑥ kann man außerdem mit der Fahrraddrai-

sine fahren (Bild). Wer unterwegs für ein Picknick oder ein Bad im See Pause machen will, hebt das Gefährt einfach aus den Schienen. Im Preis des Tickets ist die Rückfahrt mit dem Linienbus enthalten (Telefon: 03987/26 31).

Ein wahres Bilderbuchmotiv: Langhaus und efeubewachsene romanische Bogen der Klosterruine Himmelpfort.

von Tieren abgeweidet wurden. Der Name Tiergarten geht auf die Nutzung des Gebietes als herrschaftlicher Jagdgarten durch die Familie von Arnim zurück.

Östlich von Boitzenburg durchbricht ein kleiner Fluss mit dem Namen Strom auf dem Weg zur Ucker die Gerswalder Endmoräne in einer beeindruckenden Erosionsschlucht. Hier, im Naturschutzgebiet **Stromtal** ⑤, ist das Flüsschen relativ naturnah geblieben, trägt Wildbachcharakter und wird von Pfeifengraswiesen, Hang- und Schluchtwäldern, aber auch von Trockenrasen begleitet.

Naturtherme und pittoreske Orte an der Märkischen Eiszeitstraße

Die Gletschermassen der letzten Eiszeit hinterließen überall ihre Spuren im Gebiet der Uckermärkischen Seen. Viele lang gestreckte Rinnenseen fallen in der Gegend um **Templin** ⑥ als Zeugen der letzten Eiszeit auf. Sie entstanden durch Gletscherwasser in Rinnen vor oder unter der Eisdecke, die mit Toteis angefüllt waren und sich nach dem Abtauen mit Wasser füllten. Auch große Sanderflächen mit ausgedehnten Binnendünen wie bei **Tangersdorf** ⑦ gehören zur Landschaft an der Märkischen Eiszeitstraße zwischen Templin und Lychen.

Für Templin, eine Stadt zwischen südmecklenburgischem Havelgebiet, der unteren Oder und der Mittelmark, legten bereits die Askanier zwischen 1220 und 1250 den Grundstein. Ein be-

eindruckendes Bauwerk ist die mittelalterliche Mauer aus Feldsteinen, die die Stadt in einem zum Rechteck tendierenden Ring umschließt. Halbrund zur Feldseite hin vortretende Häuser und drei Tordurchfahrten mit nachträglich aus Backstein errichteten Türmen über dem Feldsteinsockel geben der Stadtbefestigung ein malerisches Gepräge.

Als besonderes Highlight ist ein Besuch der Naturtherme Templin (Telefon: 03987/20 12 00) zu empfehlen. Harmonisch in die umgebende Naturlandschaft eingebettet, erwartet hier eine Badelandschaft mit Wellen- und Sprudelbecken, Wasserfällen, Lichtwasserorgel, Grottengang, Strömungskanal und anderen Raffinessen, einem Therapiezentrum mit Thermalsolebad sowie gastronomischen Einrichtungen den Besucher. Zwischen der Therme und der Templiner Innenstadt breitet sich ein Landschaftspark mit Rad- und Fußwegen, Skater-Parcours, Naturspielplätzen, Sportanlagen, Sitzgruppen und einem Aussichtshügel aus. Die den Park umgebende Landschaft mit einer Streuobstwiese und renaturierten Kleingewässern setzt einen harmonischen Akzent.

Von Templin führt eine kleine Straße über das denkmalgeschützte Angerdorf **Gandenitz** ⑧ mit seinen schönen Fachwerkhäusern und einer Feldsteinkirche aus dem 13. Jahrhundert nach **Alt Placht** ⑨. Hier steht inmitten 500-jähriger Linden das »Kirchlein im Grünen«, das um 1700 aus heimischen Kiefernbalken, Stroh und Lehm auf mittelalterlichen Fundamenten erbaut wurde. Da diese Bauweise sonst nur in Nordfrankreich üblich war, wird angenommen, dass hugenottische Einwanderer Einfluss auf den Bau genommen haben. Die Kirche gilt als einzigartiges Beispiel naturbezogener Architektur. Alljährlich findet hier ein Sommerfest statt.

Auf dem bis 1991 genutzten Truppenübungsplatz zwischen Lychen und Vogelsang breitet sich auf Sanderflächen das Naturschutzgebiet **Kleine Schorfheide** ⑩ aus. Wo der Kiefernwald die Flächen noch nicht zurückerobert hat, breitet sich eine Heidelandschaft mit der Besenheide und Silbergrasfluren aus. Hier haben seltene Vogelarten wie Ziegenmelker und Heidelerche ihren Lebensraum gefunden. In den naturnahen Nebenarmen der Havel tummeln sich verschiedene Fischarten wie Steinbeißer, Hasel und Bitterling. Auch der Biber hat sich an den flachen Gewässern häuslich eingerichtet. Von einem Beobachtungsturm am **Ragöser Bach** ⑪ südlich des Densowsees kann man ferner Kraniche, Graugänse, verschiedene Entenarten und manchmal auch die Rohrweihe entdecken. Der Weg zum Turm ist ab den Orten Beutel und Annenwalde ausgewiesen.

Von der Stadt der Flößer zum Weihnachtsmann

Weiträumig ausgebildete Sanderflächen, Endmoränen und viele lange, schmale Rinnenseen und Talrinnen kennzeichnen das Gebiet um **Lychen** ⑫. Es ist egal, wohin man sich wendet, alle Wege führen in Lychen, wegen seiner reizvollen Lage auch Inselstadt genannt, zum Wasser: Der Ort ruht auf einer Landzunge und ist von sechs Seen umgeben. Da viele der Seen miteinander verbunden sind, ist die Gegend auch ein Paradies für Wassersportler. Ein Hauptgewerbe war im 19. und 20. Jahrhundert die Flößerei, denn die aufstrebenden Städte benötigten viel Holz, das in der Umgebung von Lychen reichlich vorhanden war. Es wurde auf den Wasserstraßen bis nach Berlin geflößt, das letzte Mal 1973 aus dem Forst in Boitzenburg. An diese Epoche erinnert das Flößer-Museum (Am Stargarder Tor) mit vielen Fotos, Geschichten und Erinnerungen zum Thema.

Sehr zu empfehlen ist ein Ausflug auf dem Hohe-Heide-Rundweg durch das Naturschutzgebiet **Küstriner Bach** ⑬ östlich von Lychen. Dank der hohen Fließgeschwindigkeit des Baches und des recht sauberen Wassers des Großen Küstrinsees konnte sich eine sehr spezialisierte Bachfauna mit Bachmuschel, Kahnschnecke und Bachneunauge erhalten. Am Bach leben Prachtlibellen, Eisvögel und Gebirgsstelzen.

Auf dem Wasserweg von Lychen über den Großen Lychensee, die Woblitz und den Haussee in Richtung Stolpsee erreicht man **Himmelpfort** ⑭. Fahrgastschiffe steuern in den Sommermonaten das kleine, sehr beliebte Klosterdorf an, das auch ein Weihnachtsmann-Postamt hat. Es öffnet jedes Jahr Mitte November. Kinder aus aller Welt schreiben an die Adresse des Weihnachtsmanns Briefe, die auch beantwortet werden. Anschrift: Weihnachtsmann, 16798 Himmelpfort.

Hochbetrieb herrscht im Sommer an der Havelschleuse, wo auch das historische Zentrum von Himmelpfort liegt. Hier gründete 1299 Markgraf Albrecht III. ein Zisterzienserkloster. Nach dessen Auflösung im Jahr 1542 verfiel das Langhaus der Kirche mit den schönen romanischen Bogenkaskaden allmählich und bildet heute mit Efeu bewachsen ein interessantes Fotomotiv.

Am alten Brauhaus ist der Kräutergarten des Klosters in den Sommermonaten ein stark frequentierter Anziehungspunkt. Über 200 Heil- und Gewürzkräuter sind hier nach verschiedenen Gesichtspunkten auf architektonisch gestalteten Beeten geordnet. Besonders prachtvoll wirkt die gesamte Anlage, wenn die reizvollen Königskerzen in voller Blüte stehen und auf einem Beet am Eingang Rosen und Lavendel blühen. Ein besonderes Beet ist den Pflanzen der mittelalterlichen Klostergärten wie Benediktenkraut, Mariendistel, Salbei gewidmet. Auf dem Hexenkräuterbeet stehen wichtige Rausch- und Giftpflanzen des Mittelalters wie Bilsenkraut, Fingerhut, Stechapfel und Zaunrübe. Man kann über 200 Kräuter kaufen, Duftkissen beschnuppern, Trockensträuße bewundern und verschiedene Kräuterschnäpse probieren. Auch zahlreiche leckere Marmeladensorten stehen zum Verkauf bereit.

Zehdenick ⑮ ist mit den Resten seines ehemaligen Klosters, einer Klostergalerie (Im Kloster 1) und dem technischen Schmuckstück der Dammhast-Brücke (Dammhaststraße) schon allein eine Reise wert. Besonders empfiehlt sich eine Wanderung oder Radtour durch die **Zehdenicker Tonstichlandschaft** ⑯. Die Route führt an der Havel entlang und schlängelt sich zwischen den Tonstichen hindurch. Mehr als 50 Seen – mit Grundwasser gefüllte Tongruben – reihen sich aneinander, eine Landschaft mit seltener Flora und Fauna. Teichrohrsänger, Drosselrohrsänger und Rohrdommel leben hier, auch Biber und Fischotter haben ein Zuhause und tausende Zugvögel rasten jährlich zwischen den ehemaligen Tonstichen (genauere Auskunft dazu erteilt die Touristinformation Zehdenick, Telefon: 03307/28 77).

Naturpark Feldberger Seenlandschaft

SERVICE

Anfahrt: Auf der A 20 bis Friedland und weiter bis Woldegk, auf der B 198 bis Möllenbeck und dann nach Feldberg; mit der Bahn bis Neustrelitz, dann Linienbus bis Feldberg
Lage: Im Südosten von Mecklenburg-Vorpommern, südlich der B 198 zwischen Neustrelitz und Woldegk
Größe: 345 km²
Höchste Erhebung:
Rosenberg (146 m)
Gründung: 1997
Information:
Naturpark Feldberger Seenlandschaft
Strelitzer Straße 42
17258 Feldberg
Telefon: 03983 / 527 80
Internet:
www.naturpark-feldberger-seenlandschaft.de

Hügel, Täler und Ebenen mit Binnendünen, aber auch Äcker und Wiesen kennzeichnen die Feldberger Seenlandschaft. Dazwischen liegen hübsche Orte mit Feldsteinkirchen, Heimatstuben und Museen. Als Perlen der Landschaft gelten der Schmale Luzin mit seinen Steilufern sowie der Breite Luzin.

Vom Reiherberg aus eröffnet sich das wunderbare Panorama der Seenlandschaft um Feldberg.

TOP TIPP

2 Heilige Hallen
Naturschutzgebiet mit urwaldähnlichem Baumbestand
4 Hauptmannsberg
Höhenrücken mit herrlicher Aussicht auf den Schmalen Luzin
6 Krumbeck
Sehenswerter Park mit zahlreichen Sichtachsen und schöner Lärchenallee

Die hügelige Landschaft ist im Norden vor allem durch Grund- und Endmoränen geprägt. Während die fruchtbaren Böden der Grundmoränen landwirtschaftlich genutzt werden, sind die Endmoränenbogen, aber auch die sich anschließenden Sanderflächen durch weitläufige Wälder gekennzeichnet. Im Bereich der Endmoräne herrscht ein naturnaher Perlgras-Buchenwald vor, auf den Sanderflächen wurde vor allem Kiefernwald aufgebaut.

Die Endmoränen queren den Naturpark girlandenförmig von Nordwest nach Südost und erreichen teilweise beachtliche Höhen. So ragt der Reiherberg bei Feldberg 145 m auf und auch der Hauptmannsberg zwischen dem Schmalen Luzin bei Feldberg und dem Zansensee bei Carwitz erreicht noch 121 m. Zahlreiche Kesselmoore sind für die Endmoränenlandschaft um Feldberg typisch. Hier wachsen Sonnentau und Breitblättriges Knabenkraut. Mit seinen verschiedenen Lebensräumen bietet der Naturpark auch zahlreichen Tierarten einen Lebensraum: Neben Fisch- und Seeadler kommt auch der Schreiadler vor, der im Naturpark seine westlichste Grenze erreicht. Biber und Fischotter sind in dieser wasserreichen Gegend recht häufig.

Auf den Spuren des Schriftstellers Hans Fallada

Die kleine Provinzstadt **Feldberg** 1 schmiegt sich malerisch an das Südwestufer des Haussees. Mitten in ihrem Zentrum steht die Stadtkirche, ein Backsteinbau von 1875. Über die Geschichte der Stadt informiert die Heimatstube (Amtsplatz 13). Um sich einen Überblick über die herrliche Seenlandschaft zu verschaffen, lohnt sich von

Zu den besonderen Attraktionen des Naturparks zählen die Heiligen Hallen, ein uralter Buchenwald.

Feldberg aus ein Spaziergang von 45 Minuten auf den Reiherberg, von dem man den klassischen Ausblick auf die Stadt genießen kann. Der 125 m hohe Hüttenberg (2,5 km vom Marktplatz) bietet eine schöne Aussicht auf die Liebesinsel im Haussee und auf Grabenwerder.

TOP TIPP Einzigartig ist der älteste Buchenwald Deutschlands, das Naturschutzgebiet **Heilige Hallen** ❷ bei Lüttenhagen. Man erreicht es von Feldberg über die Neuhofer Straße nach Neuhof. Biegt man vom Herrenweg rechts ab, kann man das Auto abstellen und zu Fuß den herrlichen alten Wald genießen. Seit 1938 als Naturschutzgebiet ausgewiesen, präsentiert das Areal uralte Buchen, von denen die ältesten auf über 300 Jahre geschätzt werden. Es war Großherzog Georg von Mecklenburg-Strelitz, der sich in einem Gedicht begeistert über den Wald äußerte und 1850 verfügte, ihn zu schonen. Die hoch gewachsenen Bäume muten wie gotische Säulen an und führten zu dem Namen »Heilige Hallen«.

Carwitz ❸ ist ein Ortsteil von Feldberg und ein kleines Straßendorf am Schmalen Luzin. Dieser klassische Rinnensee bildet mit seinen bis zu 40 m hohen, bewaldeten Steilufern ein Naturschutzgebiet. In Carwitz lohnt ein Besuch des Hauses von Hans Fallada, das als Museum (Zum Bohnenwerder 2) eingerichtet ist. Der Dorffriedhof gleich am Ortseingang ist die letzte Ruhestätte des Schriftstellers (»Kleiner Mann, was nun?«). Neben den Erinnerungen

an Fallada kann Carwitz auch mit einer kleinen Fachwerkkirche mit sehenswerter Innenausstattung aufwarten. Ein schöner Wanderweg entlang dem Schmalen Luzin führt in Richtung Hullerbusch, ein Naturschutzgebiet mit Hünengräbern. Kurz hinter Carwitz lohnt sich ein **TOP TIPP** Abstecher zum **Hauptmannsberg** ❹, einem teilweise bewaldeten Höhenrücken zwischen Schmalem Luzin und Zansensee. Hier bietet sich nicht nur eine schöne Aussicht, sondern auch eine interessante Pflanzenwelt. Sandtrockenrasen und Schafschwingelrasen mit Karthäusernelken gehören ebenso dazu wie die Silbergrasfluren auf offenen Sandflächen.

Zum Wanderweg zurückgekehrt, hat es der Besucher nicht mehr weit zum Naturschutzgebiet Hullerbusch ❺, wo man beim gleichnamigen Hotel mit einer handbetriebenen Seilfähre nach Feldberg gelangt. Am Hotel Hullerbusch befindet sich ein sehenswerter Park mit altem Baumbestand.

TOP TIPP Nun lohnt sich ein Abstecher in das nördlich von Feldberg gelegene **Krumbeck** ❻, wo der bedeutende Gartengestalter Joseph Peter Lenné einen Landschaftspark nach englischem Vorbild anlegte. Der Park umfasst eine Fläche von 3,5 ha, beherbergt viele schöne alte Bäume und wird von mehreren Sichtachsen zwischen Herrenhaus, Brennerei, Gutshof, Teich und Dorf gegliedert. Komplett erhalten ist eine Lärchenallee am nördlichen Parkrand.

WANDERTIPP

UM DEN SCHMALEN LUZIN

Vom Parkplatz am südlichen Ortsrand von Feldberg ❶ (»Luzinhalle«) führt eine Treppe zum Seeufer. Am Ufer entlang geht es nach Carwitz ❸. Dort schwenkt man hinter der Kirche nach links, gelangt an das Seeufer und folgt einem grün markierten Pfad auf den Hauptmannsberg ❹. Man folgt dem markierten Weg weiter nordwärts und biegt kurz nach dem Eintritt in den Wald

auf einen Pfad nach links. Dieser führt zum Hotel Hullerbusch (bei ❺), von wo aus es per Seilfähre (Bild) nach Feldberg zurückgeht. Die Strecke beträgt 8,5 km.

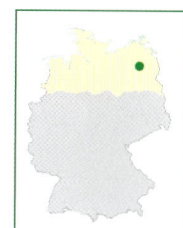

Wasser im Überfluss

Deutschland ist ein wasserreiches Land: Aneinandergereiht würden sämtliche deutschen Fließgewässer gut sechsmal um den Erdäquator reichen. Allein in Schleswig-Holstein gibt es mehr als 300 größere Seen und mindestens 20 000 kleine stehende Gewässer.

Imposante Steilufer an der Ostseeküste.

Die Maare der Eifel sind die einzigen Seen vulkanischen Ursprungs in Deutschland.

Nachdem er fast ausgerottet worden wäre, hat sich der Biber bei uns wieder an manchen Bächen und Flüssen angesiedelt.

Flüsse sind als Wasserwege von Bedeutung.

Die »Entengrütze« liebt ruhige Gewässer.

In Deutschland herrscht ein Klima, das die Experten als warmgemäßigtes, immerfeuchtes Regenklima bezeichnen. Bei einer bundesweiten Jahresmitteltemperatur von 8,2 °C, die der Deutsche Wetterdienst für den Bezugszeitraum 1961 bis 1990 ermittelt hat, mag der Laie noch nicht von warmen Temperaturen sprechen – den Begriffen »immerfeucht« und »Regenklima« wird er dagegen sicherlich zustimmen. Genau 789 Liter pro Quadratmeter Erdoberfläche und Jahr beträgt der Niederschlag zwischen Nordsee und Alpen. Wenn man davon die durchschnittlichen Verdunstungsverluste von 514 Liter pro Quadratmeter abzieht, bleiben pro Quadratmeter stattliche 275 Liter Wasser übrig, die im Erdboden versickern und die Grundwasserreserven ergänzen oder an der Erdoberfläche abfließen. Das sind insgesamt fast 100 km³ – eine gewaltige Menge, die den Zufluss aus anderen Staaten noch nicht einschließt. Deutschlands Gewässer werden also reichlich gespeist. Der deutsche Wasserexport geht hauptsächlich in die Nordsee. Etwas mehr als drei Viertel des Landes entwässern in das Randmeer des Nordatlantik, in die Ostsee hingegen nicht einmal ein Zehntel, und ungefähr ein Sechstel gehört zum Flussgebiet der Donau und damit zum Einzugsgebiet des Schwarzen Meeres.

Ein jugendlicher Vater und eine uralte Dame

In allen wichtigen Merkmalen wie Länge, Abflussmenge und Größe des Flussgebietes steht der Rhein unter den deutschen oder – besser – mitteleuropäischen Flüssen unangefochten an der Spitze. Man nennt ihn auch gern »Vater«, dabei hat der Strom, der in der Schweiz entspringt und in den Niederlanden in die Nordsee mündet, überhaupt nichts Altväterliches an sich. Im Gegenteil: Er ist der jugendlichste Fluss auf deutschem Boden. Ständig arbeitet er daran, sein Flussgebiet zu vergrößern, wobei ihn die große

Wasserführung und vor allem die Absenkung der Krustenschollen im Oberrheingraben unterstützen. Die Donau, der wohl über fünf Millionen Jahre alte und somit vielleicht älteste Fluss Deutschlands, hat durch Flussablenkungen weite Gebiete ihres ursprünglichen Reviers an den jugendlichen Rivalen verloren. Im Norden wurden der Lauf und das Einzugsgebiet vieler Flüsse durch die eiszeitlichen Gletscher grundlegend verändert. Sämtliche Flüsse im Jungmoränenland sind erst nach dem Höhepunkt der jüngsten Eiszeit vor rund 18 000 Jahren entstanden. Neben dem Alter ist auch die Verbreitung der Flüsse interessant: In manchen Gegenden wie auf den verkarsteten Hochflächen der

Nur wenn die Tore der Okertalsperre im Harz geöffnet werden, können Wildwasserkanuten ihren Sport ausüben.

Schwäbischen Alb fehlen Fließgewässer fast völlig, während sich im niederschlagsreichen Schwarzwald über wasserundurchlässigem Gestein ein engmaschiges Flussnetz entwickelt hat. Es wäre eine gigantische Aufgabe, die gesamte Lauflänge aller deutschen Bäche und Flüsse durch Messung exakt zu ermitteln; so behilft

Die flache, von Ebbe und Flut geformte Nordseeküste wird von Deichen gesäumt, auf denen Schafe weiden.

man sich mit dem Durchschnittswert der Fluss-
dichte in den Zonen warmgemäßigter immer-
feuchter Regenklimate. Dieser Wert beträgt etwa
0,7 km Lauflänge pro Quadratkilometer. Auf die
deutsche Landesfläche berechnet, ergeben sich
rund 250 000 km.

Geologische Eintagsfliegen

»Urvater (Alpen-)Rhein« floss einst zur Donau,
die Mosel mündete in die Maas, in Schwaben und
Franken wurden zahlreiche Zuflüsse der Donau durch Nebenflüsse des Rheins angezapft …
die Geschichte der größeren deutschen Flüsse
lässt sich oft über viele hunderttausend Jahre
zurückverfolgen. Die Seen unseres Landes sind
hingegen – wenigstens nach geologischen Zeit-
maßstäben – Eintagsfliegen. Kaum einer ist älter
als 12 000 Jahre. Zum Vergleich: Die Geschichte
des Baikalsees in Sibirien reicht mindestens
25 Millionen Jahre zurück. Der tiefste See der
Erde ist auch ein tektonischer See, sein Becken
wurde durch die Absenkung von Krustenschollen geschaffen. Für diese Entstehungsweise von
Seen gibt es im deutschsprachigen Raum nur
ein einziges nennenswertes Beispiel: den Bodensee. Ohne den eiszeitlichen Rheingletscher, der
die grabenartige Senke tief ausschürfte, gäbe es
das Schwäbische Meer allerdings nicht. Von den
wenigen Maaren der Eifel und etlichen Erdfallseen abgesehen, waren bei der Entstehung fast
aller stehenden natürlichen Gewässer auf deutschem Boden die Eiszeitgletscher im Spiel – tot

oder lebendig. Außerhalb des von den Eismassen der jüngsten Eiszeit geformten Gebietes sind
Seen ausgesprochene Raritäten; dafür kommen
sie in den Jungmoränenlandschaften umso häufiger vor, gut 3300 beispielsweise in Brandenburg
und etwa halb so viele in Mecklenburg-Vorpommern, das von allen deutschen Flächenländern
den größten Wasserflächenanteil besitzt. Kleinere stehende Gewässer, die zum Bild des Jungmo-
ränenlandes gehören, sind in den Zahlen nicht
erfasst; außerdem muss berücksichtigt werden,
dass zahlreiche Seen seit dem Rückzug der Gletscher durch Verlandung ganz oder teilweise von
der Landkarte getilgt wurden, etwa der Federsee
in Oberschwaben. Er ist der Rest eines Zungen-
beckensees, einer durch eine Gletscherzunge
ausgefurchten Geländesenke, in der sich gegen
Ende der Eiszeit und in der Nacheiszeit das Wasser sammelte.

Zu den charakteristischen Seen der norddeutschen Jungmoränenlandschaften gehören die
lang gestreckten Rinnenseen, die in Gemein-
schaftsarbeit von Schmelzwasserströmen in Tun-
neln unter dem Eis und schmalen Eisströmen
geschaffen wurden. Toteisblöcke, die beim Abschmelzen der Gletscher in den Rinnen zurückblieben und meist erst nach Jahrhunderten oder
gar Jahrtausenden vollständig auftauten, haben
die Seebecken bis in die Nacheiszeit hinein konserviert. Ohne das »tote«, vom »lebendigen«
Gletscher getrennte Eis wäre Deutschland heute
gewiss um zahllose Seen ärmer.

Naturpark Am Stettiner Haff

SERVICE

Anfahrt: Auf der A 20 bis Anschluss-stelle Pasewalk Süd, auf der B 109 bis Ferdinandshof und dann nach Ueckermünde; mit der Bahn bis Ueckermünde

Lage: Im Nordosten von Mecklen-burg-Vorpommern am Stettiner Haff und der Grenze zu Polen

Größe: 573 km²

Höchste Erhebung:
Luderberg (133 m)

Gründung: 2005

Information:
Naturpark Am Stettiner Haff
Kastanienallee 13
17373 Ueckermünde

Telefon:
039771 / 44108 oder 44130

Internet:
www.natur-mv.de

Die Wälder der Ueckermünder Heide sowie die unverbaute Küste am Stetti-ner Haff mit ihren Haffwiesen und Binnendünen bilden einen großen Teil des Naturparks. Aber auch die Niederungen von Randow und Uecker sowie die Endmoränen der Brohmer Berge sorgen für eine vielfältige Landschaft.

Ein Bild wie aus alten Zeiten: Ein Fischkutter liegt vertäut im malerischen Stadthafen von Ueckermünde.

❶ Ueckermünde
   Reizvolle Kleinstadt mit roten
   Ziegelhäusern und Stadthafen
❹ Rothemühl
   Mächtige, über 100 Meter hohe
   Stauchmoränenwälle mit slawi-
   scher Höhenburg
❻ Galenbecker See
   Vogelschutzgebiet mit
   außergewöhnlich reicher
   Wasservogelwelt

Der Norden des Naturparks Am Stettiner Haff als Teil des Norddeutschen Tieflandes ist im Gebiet der Ueckermünder Heide vor allem von Sander-flächen geprägt, die durch magere Sandböden und Binnendünen beispielsweise bei Altwarp charakterisiert sind. Dagegen bestimmen an der Haffküste sowie in den Flussniederungen von Uecker, Randow und Zarow Niedermoorflächen das Bild. Hier hat der Fischotter sein Jagdrevier. Weiter südlich hinterließ die letzte Eiszeit eine abwechslungsreiche Hügellandschaft mit End-moränen, die mit den Brohmer Bergen ihre höchsten Erhebungen erreicht. Ein schöner Aus-sichtspunkt, der Fuchsberg, ist gut von Gehren aus erreichbar. Dazwischen breiten sich kleine Seen, Waldinseln und idyllische Ortschaften aus. Neben aufgeforsteten Nadelwäldern gibt es auch noch naturnahe Mischwälder, in denen Buchen und Eichen dominieren. Bemerkenswert ist das Vorkommen von Lerchensporn, Wald-goldstern und Einbeere. Sehr feuchte bis nasse Standorte nehmen Bruchwaldgesellschaften mit Erlen ein, wo sich im Frühjahr die gelben Blüten der Sumpfdotterblumen entfalten.

Vom Stettiner Haff zur Ueckermünder Heide

Zwischen der weiten Wasserfläche des Stettiner Haffs und den ausgedehnten Sanderflächen mit Kiefernwäldern und Trockenrasen der Ueckermünder Heide liegt **Ueckermünde** ❶. Diese gemütliche pommersche Klein-stadt wird von der Uecker durchflossen und war-tet mit einem hübschen Stadtzentrum auf. Back-steingebäude aus dem 19. und 20. Jahrhundert zieren rote und gelbe Steine, die an die Zeit erin-

Vom Stettiner Haff aus lohnt ein Ausflug zur nahe gelegenen Insel Usedom mit dem Usedomer Winkel.

nern, als hier die Ziegelproduktion ein wichtiger Industriezweig war. Tradition hat auch die Fischerei, wie die Fischerskulptur auf dem Marktplatz verrät. Prägten früher Lastkähne und Fischkutter das Bild des Stadthafens, sind es heute vor allem die Ausflugsschiffe, die zu Rundfahrten in das reizvolle Stettiner Haff, nach Usedom und in das benachbarte Polen starten.

Ein fast 400 km langes Rad- und Wanderwegenetz führt vom Haff in die **Ueckermünder Heide** ❷, die im Gegensatz zu vielen anderen Heidegebieten sehr waldreich ist. Nur in manchen Gebieten tritt der Wald zugunsten freier Flächen zurück, wo sich Heidelandschaften oder Dünen mit spärlicher Vegetation erhalten haben. Bei **Altwarp** ❸ gilt die Binnendüne, mit Silbergras und Sandstrohblumen bewachsen, als eine kleine Besonderheit der Region. Hier befindet sich auch das Wacholdertal, wo die Heideflächen häufig mit säulenförmig wachsenden Wacholderbüschen durchsetzt sind.

TOP TIPP ▶ Entlang der Straße von **Rothemühl** ❹ in Richtung Süden nach Strasburg ist die Landschaft von mehreren Stauchmoränenwällen geprägt. Hier grüßt auf einem 124 m hohen Wall eine große mittelslawische Höhenburg mit gut erhaltenem Burgwall. Auf der Wallanlage lockt ein alter Baumbestand aus Bergulmen, Winter- und Sommerlinden sowie

Rot- und Hainbuchen. In der artenreichen Bodenvegetation finden sich u.a. das Gelbe Windröschen und das Echte Lungenkraut. Sehr reizvoll ist ein Perlgras-Buchenwald, wo neben Nickendem Perlgras Maiglöckchen und Leberblümchen den Boden bedecken. Mit etwas Glück kann der Vogelfreund hier Zwergschnäpper, Grünspecht und Mittelspecht beobachten.

Südlich der Ortschaft Gehren liegt in den Brohmer Bergen das Naturschutzgebiet **Klepelshagen** ❺, eine Stauchmoränenlandschaft, die vom Knüppelbach durchbrochen ist. Die süd- und südostwärts weisenden Hänge tragen eine Wärme liebende Vegetation mit Pfirsichblättrigen Glockenblumen und Wiesenschlüsselblumen, an den Nordhängen und in den Bachtälern wachsen dagegen Breitblättrige Glockenblume, Waldschachtelhalm und Alpenhexenkraut.

TOP TIPP ▶ Am nördlichen Fuß der Brohmer Berge liegt der **Galenbecker See** ❻, ein Naturschutzgebiet mit breitem Röhrichtgürtel. Hier brüten zahlreiche Wasservögel wie z.B. der Höckerschwan, viele häufige Entenarten, aber auch Seltenheiten wie Moorente, Löffelente und Reiherente. Große Anziehungskraft übt der See auf tauchende Vogelarten wie den Haubentaucher, den Schwarzhalstaucher und den Zwergtaucher aus. Regelmäßige Gäste sind Fischadler, Seeadler, Graureiher und Eisvogel. Im breiten Verlandungsgürtel brüten Rohrdommel, Rohrweihe und Wasserralle.

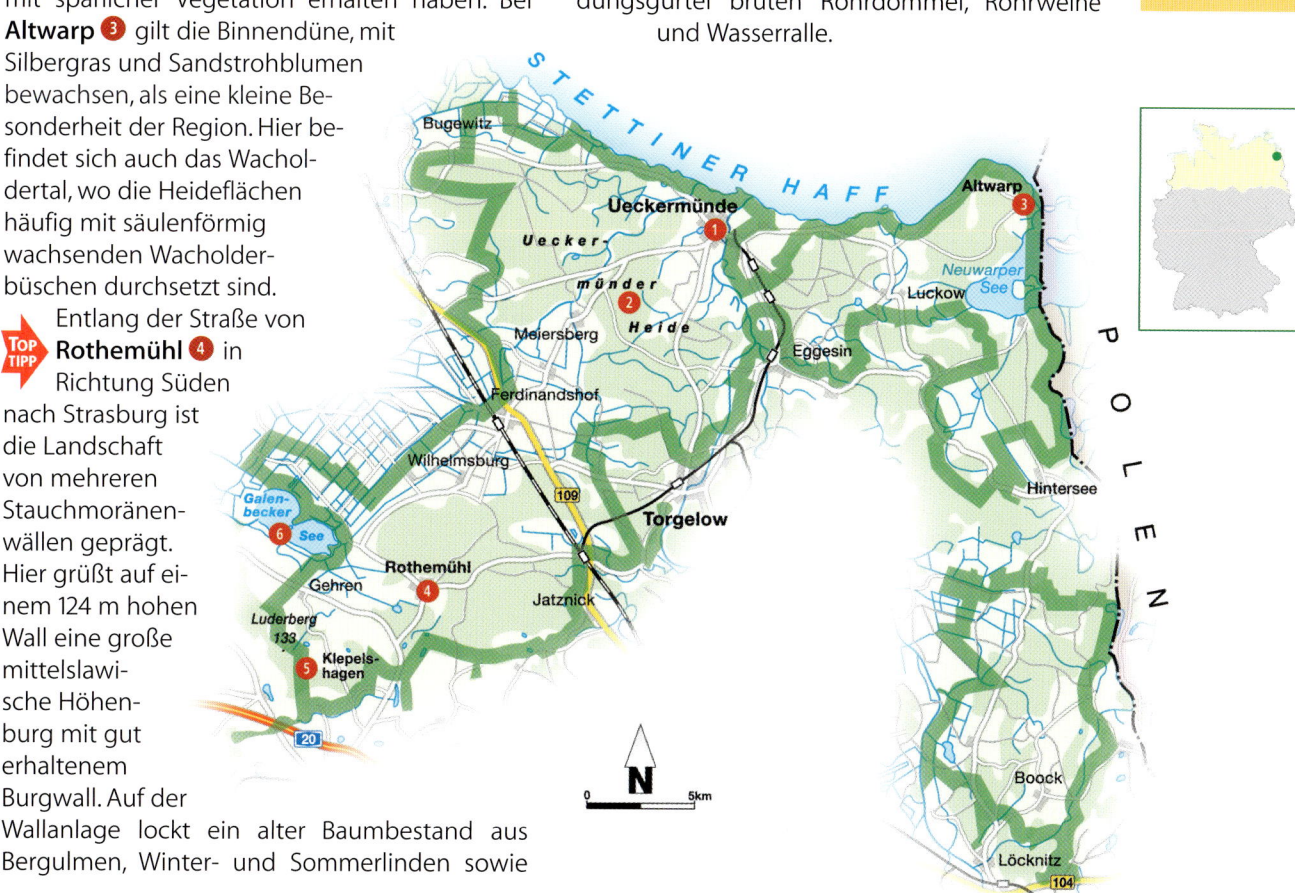

SERVICE

Anfahrt: Auf der A 11 Berlin–Stettin bis zur Anschlussstelle Joachimsthal; mit der Bahn kommt man ebenfalls bis Joachimsthal

Lage: Im nordöstlichen Teil von Brandenburg im Barnim und der Uckermark zwischen Eberswalde, Angermünde, Templin und Oderberg

Größe: 1290 km²

Höchste Erhebung:
Blocksberg (139 m)

Gründung: 1990

Information:
Biosphärenreservat
Schorfheide-Chorin
Hoher Steinweg 5–6
16278 Angermünde

Telefon: 03331/365 40

Infohaus: Blumberger Mühle in Angermünde

Internet: www.grossschutzgebiete.
brandenburg.de

TOP TIPP

2 Althüttendorf
Südufer des Grimnitzsees mit Freibad; günstiger Ausgangspunkt für Wanderungen

4 »Drei-Seen-Blick«
Aussichtsplatz vor schönem Seenpanorama

6 Altkünkendorf
Reizvoller Ort mit Aussichtsturm am Naturbeobachtungspunkt »Große Wiese«

11 Pimpinellenberg
Endmoränenhügel mit Ausblick auf das Odertal

14 Kloster Chorin
Sehenswerte Klosterkirche mit prachtvoller Westfassade

Biosphärenreservat Schorfheide-Chorin

Wälder, Wiesen und Felder, zwischen denen Seen verlockend funkeln, Moore und Flussläufe, artenreiche Feuchtgebiete und Endmoränenhügel, die herrliche Rundblicke ermöglichen – das ist der Reichtum dieser eindrucksvollen Kulturlandschaft mit ihren vielen historischen Bauten.

Der Werbellinsee – hier von Altendorf aus gesehen – ist nur einer der über 230 Seen des Biosphärenreservats.

Die jüngste Eiszeit der nordostdeutschen Tiefebene hinterließ ein vielfältiges Mosaik aus Grund- und Endmoränen, Sanderflächen und Urstromtälern, wo sich Seen und Wasserläufe verschiedenster Art etablierten. Hier haben Sumpfschildkröten und Rotbauchunken einen Lebensraum. Herz des Biosphärenreservates ist die Choriner Endmoräne mit ihren Buchenwäldern und zahlreichen Mooren. Mehr als 230 Seen bestimmen das Bild der Landschaft beiderseits der Endmoräne, deren größte der Werbellinsee, der Grimnitzsee und der Parsteiner See sind. Mehrere Aussichtspunkte bieten einen grandiosen Eindruck von dieser vielfältigen Natur. So gewähren der Kleine Rummelsberg bei Brodowin mit seinen Trockenrasen einen herrlichen Blick zur Choriner Endmoräne, vom Pimpinellenberg bei Oderberg lässt sich die Alte Oder mit ihren Mäandern gut erkennen und von der Plattform des Schiffshebewerkes Niederfinow aus ist das große Eberswalder Urstromtal beeindruckend erlebbar. Spektakulär sind die Ansammlungen von Zugvögeln im Frühjahr und Herbst: Weiß- und Schwarzstörche, Graukraniche und Rohrdommeln sowie Fisch- und Seeadler.

Im Jagdrevier der Hohenzollern

Eine Glashütte, die auf Drängen des Leibarztes und Hofalchimisten Leonard Thurneysser vom Kurfürsten Johann Georg 1575 am Grimnitzsee gegründet wurde, war der Ursprung von **Joachimsthal 1**. Im Laufe von mehr als 200 Jahren entstanden rings um den Grimnitzsee mehrere Glashütten und Siedlungen. Kurfürst Joachim Friedrich holte böhmische Glasmacher ins Land und gründete auch das »Stedtlein Joachimsthall«. Der Wildreichtum in der Schorfheide veranlasste die Hohenzollern ebenso wie früher die Askanier (daran erinnert der Askanierturm am Werbellinsee), hier ihrer Jagdleidenschaft zu frönen. So wurde auf Geheiß Kaiser Wilhelms II. (reg. 1888–1918) zwischen Werbellin- und Grimnitzsee der »Kaiserbahnhof« bei Joachimsthal gebaut. Von hier ist es nicht weit bis Groß-Schönebeck an der südwestlichen Grenze des Biosphärenreservates, wo sich ein Wildpark befindet.

TOP TIPP Unweit von Joachimsthal liegt am Südostufer des Grimnitzsees **Althüttendorf ②**, ebenfalls als Glasmachersiedlung gegründet und idealer Ausgangspunkt für eine Wanderung entlang des Sees. Für Beobachtungen der artenreichen Tierwelt ist der Naturbeobachtungsturm in Althüttendorf bestens geeignet. Von hier bietet sich ein eindrucksvoller Blick über den See, der am Rande der Joachimsthaler Endmoräne liegt. Er ist zwar mit 780 ha einer der größten Seen im Biosphärenreservat, aber infolge seiner Entstehung als Zungenbeckensee mit 4 bis 8 m Tiefe eher seicht. Blesshühner bevölkern den Grimnitzsee, am Ufer bauen Biber ihre Burgen. Die Röhrichtgürtel sind ideale Brutstätten für viele Wasservögel; Fischadler, Seeadler und Rohrweihe finden hier Nahrung. Im Frühjahr ist der Ruf der Rohrdommel unüberhörbar.

Artenreiche Seen, so weit das Auge reicht

Eine völlig andere Landschaft erwartet den Besucher am **Diebelsee ③** bei Altenhof, der an der L 238 gegenüber der Jugendbegegnungsstätte Werbellinsee liegt. Einen schönen Blick über den See kann man von der Aussichtsplattform am Ufer genießen. Sein Name geht auf die Moorkarausche zurück, eine Fischart, die man im Brandenburgischen Diebel nennt. Der See ist 1,25 ha groß, 2,20 m tief und zählt zu den Kesselseen. Charakteristisch sind seine moorigen und sumpfigen Uferbereiche – Lebensraum für viele seltene Pflanzen. Auffällig sind größere Bestände von Sumpfporst, ein Strauch von bis zu 1,50 m Höhe. Im Mai und Juni entfaltet er seine zahlreichen weißen Blüten, die in Dolden am Ende der Stängel zusammenstehen. Auch Moosbeere und Rund-

blättriger Sonnentau finden zwischen den Torfmoosen günstige Lebensbedingungen. Große Flächen nehmen auch Wollgräser ein, deren wollige weiße Samenstände im Hochsommer über den Moorflächen zu schweben scheinen. Man kann den See auf einem markierten Wanderweg (gelber Punkt) umrunden.

TOP TIPP Wer sich einen fantastischen Blick über das Uckertal verschaffen möchte, sollte zum Rastplatz »Drei-Seen-Blick« ④ fahren, auf halber Strecke zwischen Fergitz und Potzlow gelegen. Hier präsentiert sich die facettenreiche Landschaft der südlichen Uckermark glanzvoll. Oberuckersee, Potzlowsee und Krummer See inklusive kleinerer Nebenseen sind in eine Feuchtniederung eingebettet. Oft von breiten Röhrichtzonen umgeben, bieten sie vielen Vogelarten Brutplätze. Hier findet man auch den scheuen Brachvogel, der an seinem charakteristischen langen Schnabel erkennbar ist. Zwischen den Seen kann man typische Pflanzen einer Weichholzaue – wie Weide, Zitterpappel, Birke und Erle – sehen.

Von einer stark hügeligen Landschaft umgeben ist der **Wolletzsee ⑤**, das Naherholungsgebiet der Angermünder. An der Straße Angermünde–Altkünkendorf lädt ein geologischer Lehrpfad ein, der 71 verschiedene Steine präsentiert und am Strandbad Wolletzsee endet.

PFLANZEN

EICHE
(Quercus)

Auf den fruchtbaren Böden von Grundmoränen wachsen Eichen besonders gut. Vor allem Traubeneichen *(Quercus robur)* kann man in der Schorfheide sehr häufig finden. Sie sind als knorrige Riesen gegenwärtig und haben mitunter mehrere hundert Jahre auf dem Buckel. Von den Eichen stammt übrigens auch der Name »Schorfheide« ab; das Wort »Schorf« wird mit schürfen erklärt, dem Aufsammeln von Eicheln.
Mehr

als 300 Jahre lang wurden die fürstlichen Wälder als Weide für Rinder, Pferde und Schafe genutzt.

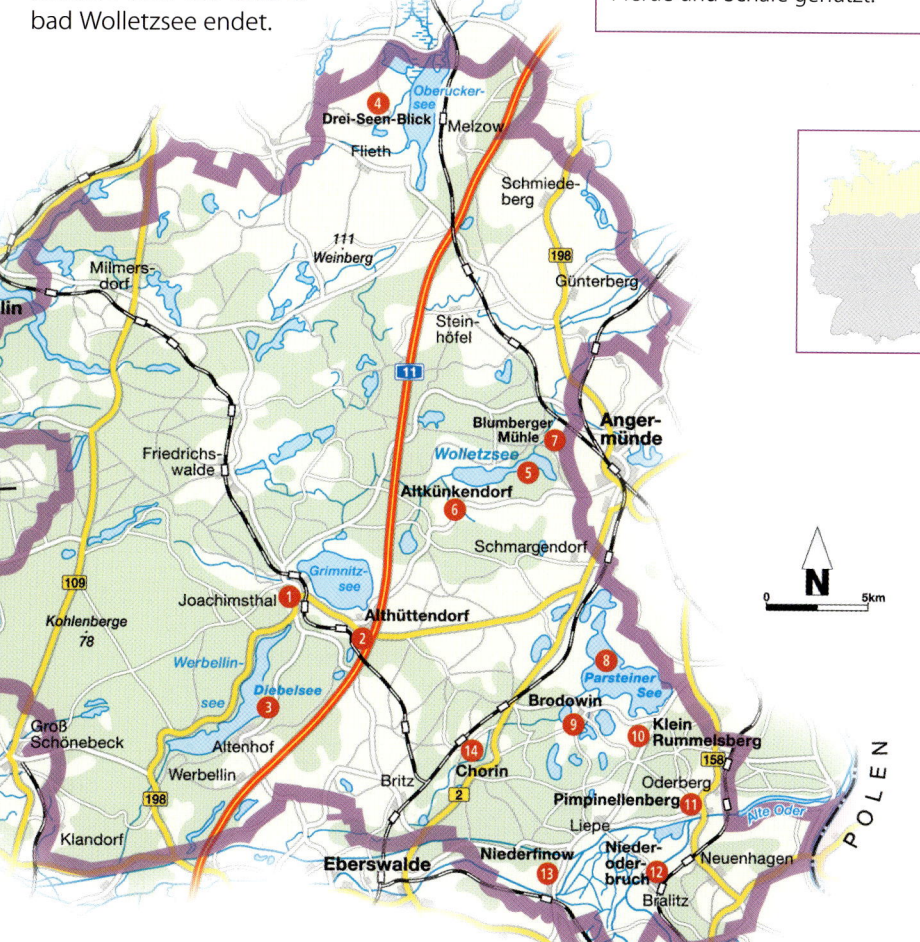

Das Infozentrum Blumberger Mühle in Angermünde bietet viel Wissenswertes für die Besucher.

TOP TIPP Der verträumte Ort **Altkünkendorf** ❻ hat eine sehenswerte Kirche aus dem 13. Jahrhundert zu bieten. Am Ortsausgang in Richtung Grumsin befindet sich der Naturbeobachtungspunkt »Große Wiese« mit einer Beobachtungshütte. Der einstige nacheiszeitliche Flachsee entwickelte sich zu einem Versumpfungsmoor, das seit dem 13. Jahrhundert immer wieder entwässert wurde, um Grünland zu erhalten. Das Feuchtgebiet liegt malerisch vor den Höhenzügen des Grumsiner Forstes und ist von Feuchtwiesen, Erlenbrüchen, Großseggensümpfen und offenen Wasserstellen geprägt. Rund um die Flachwasserzonen fühlen sich Rotbauchunken und Laubfrösche wohl. Der Drosselrohrsänger baut sein Nest zwischen den Schilfhalmen, der Kuckuck schiebt ihm gelegentlich seine Eier unter. Von den Libellen sind die blauen Azurjungfern häufiger zu sehen als die Plattbauchlibelle mit ihrem flach gedrückten Hinterleib.

Vom Strandbad Wolletzsee führt ein Weg in 20 Minuten zum Natur- und Wanderparadies **Blumberger Mühle** ❼, einem Informationszentrum (Telefon: 03331/26 04 0). Diese 14 ha große Teichlandschaft wurde mit der Anlage von Fischteichen durch die Gräfin von Redern um 1900 begründet und ist heute Bestandteil eines 200 ha großen Naturschutzgebietes, das bis zum Wolletzsee reicht. Es kann auf zahlreichen Rand- und Wanderwegen erkundet werden und bietet vielfältige Möglichkeiten der Tierbeobachtung. Von Mitte März bis in den Frühsommer hört man die Rufe verschiedener Amphibien wie das Glucksen der Moorfrösche, das Läuten der Rotbauchunken oder das Keckern der Laubfrösche. Als größter einheimischer Frosch kommt hier auch der Seefrosch vor. Neben zahlreichen Singvögeln sind in dem Gebiet zahlreiche Greifvogelarten heimisch; Seeadler und Fischadler ziehen in der Gegend ihre Jungen auf.

Rastgewässer für Tausende von Wasservögeln

Im Herbst herrscht auf dem **Parsteiner See** ❽ ein munteres Treiben von Blässrallen, Enten und Gänsen. Im dichten Schilf befinden sich die Nester der Rohrdommel, eines gut hühnergroßen Vogels mit braunem, tarnfarbigem Gefieder und langem Schnabel. Ab März beginnen die dumpfen Rufe zu erklingen, Balzlaute der Männchen, die sich mehrere Weibchen im Revier halten. Dank eines Projektes zum Schutz der Rohrdommel wurde am Parsteinwerder bei Serwest ein Naturbeobachtungsturm gebaut. Er steht auf dem Gelände des Fischereihofs und erlaubt einen großartigen Blick über den nördlichen und südlichen Parsteiner See.

Zwischen sieben Seen liegt das Ökodorf **Brodowin** ❾, wo sich eine Kirche nach Plänen des Schinkel-Schülers Stüler, ein schön sanierter Dreiseitenhof und der weithin bekannte Hofladen des Ökodorfes befinden. In der Umgebung bestimmen mehrere Drumlins, elliptische Hügel aus der Eiszeit, das Bild, besonders schön sind sie am Weg zwischen Brodowin und Pehlitzwerder zu erkennen. Bei Pehlitzwerder erhebt sich der **Kleine Rummelsberg** ❿ über den Wesensee. Die Rundsicht reicht vom Parsteiner See über Pehlitz- und Wesen- bis zum Rosinsee. Seine

Hänge tragen eine Trockenrasenvegetation aus Gemeiner Braunelle, Natternkopf-Habichtskraut, Sand-Thymian, Golddistel, , Wiesensalbei, Sibirischer Glockenblume und Wundklee.

Zisterzienserkloster inmitten artenreicher Landschaft

TOP TIPP Großartige Aussicht bietet auch der 100 m hohe **Pimpinellenberg** ⑪ bei Oderberg. Er gehört zum Choriner Endmoränenbogen und ist als Naturschutzgebiet ausgewiesen. In grauer Vorzeit spülte die Oder vom Fuß der Moräne große Mengen Erde weg, sodass nach Süden hin zahlreiche Abbruchkanten entstanden. Diese bieten ideale Bedingungen für die Existenz Wärme liebender Pflanzen. Seinen Namen erhielt der Berg durch das Vorkommen der Kleinen Bibernelle *(Pimpinella saxifraga)*, einer früher sehr geschätzten Heilpflanze. Durch den Genuss der Wurzel soll der Überlieferung nach auch im Dreißigjährigen Krieg dem allgemeinen Sterben Einhalt geboten worden sein. Weitere Arten am Pimpinellenberg sind Sand-Fingerkraut, Hirschwurz und als besondere Seltenheit die Goldaster. Die 45 cm hohe Pflanze bildet sehr schmale Blätter. Die gelben Blüten stehen in einer Dolde zusammen und entfalten sich im August und September.

Der **Niederoderbruch** ⑫ zwischen Eberswalde und Oderberg ist eine riesige Flussauenlandschaft, die in den 1960er-Jahren großflächig entwässert wurde. Obwohl die Menschen damals tiefe Gräben zogen und Staue bauten, blieb ein ausgedehntes Feuchtgebiet mit der Alten Oder und ihren Altmäandern erhalten. Hier kann man Wiesenvögel während der Balz beobachten, Kiebitz, Bekassine, Großer Brachvogel, Wiesenpieper und Wachtelkönig brüten hier, und auch der Weißstorch ist auf den Auen ein häufiger Gast. Neben zahlreichen Pflanzenarten feuchter Wiesen wachsen hier auch Orchideen wie Steifblättriges Knabenkraut und Breitblättriges Knabenkraut.

Einen hervorragenden Ausblick zum Niederoderbruch, aber auch auf den Barnim und die Choriner Endmoräne genießt man von der Plattform des Schiffshebewerkes **Niederfinow** ⑬ im Oder-Havel-Kanal aus. Es wurde zwischen 1927 und 1934 gebaut und überwindet in 20 Minuten ein Gefälle von 36 m.

TOP TIPP Umgeben von den Buchenwäldern der Choriner Endmoräne ist das **Kloster Chorin** ⑭ eine der bedeutendsten Klostergründungen in Brandenburg. Es wurde von Markgraf Otto III. und Johann I. im Jahr 1258 als Kloster Mariensee auf dem Pehlitzwerder gegründet. Diese Halbinsel am Südufer des Parsteiner Sees war schon vor 4000 Jahren als Siedlungsgebiet bekannt, wovon u. a. bronzezeitliche Hügelgräber zeugen. In der Mitte des 13. Jahrhunderts begannen hier Zisterziensermönche mit dem Bau des Klosters, das 1273 nach Chorin verlegt wurde. Der Bau war deutlich an das Mutterkloster in Lehnin angelehnt und 1334 beendet. Nach der Säkularisierung 1542 diente das Kloster bald als Steinbruch und wurde nach starker Beschädigung im Dreißigjährigen Krieg teilweise abgetragen. Erhalten geblieben ist u. a. die sehenswerte Ruine der gotischen Klosterkirche mit spätromanischen Elementen, die in der europäischen Architektur wegen ihrer grandios gestalteten Westfassade hervorsticht.

WANDERTIPP

WEINBERGSWEG
Am Kloster Chorin ⑭ beginnen etliche reizvolle Wanderwege, u. a. der Denglerweg nach Brodowin, der Amtseerundweg, der Olbergweg (Bild) oder der Weg zu den Bullenwiesen. Ein Naturlehrpfad (3 km) führt zum Weinberg, der mit 89 m Höhe eine der höchsten Erhebungen der Choriner Endmoräne ist. Am Südhang bauten die Mönche Wein an; auch nach der Auflösung

des Klosters hielt sich diese Winzertradition, bis in einem strengen Winter im 18. Jahrhundert die letzten Weinreben erfroren. 1848 begann die Forstakademie in Eberswalde, auf dem Weinberg einen Forstgarten mit fremdländischen Gehölzen anzulegen, der 1930 aufgegeben wurde. Zu bewundern ist heute noch die Vielfalt der Baumarten auf dem Weinberg, zu denen etwa Roteichen, Weymuthskiefern und Riesen-Lebensbäume gehören.

Auch als Ruine noch eindrucksvoll: die spätromanisch-gotische Kirche des Zisterzienserklosters Chorin.

Nationalpark Unteres Odertal

Anfahrt: Auf der A 11 Berlin–Stettin bis zur Ausfahrt Penkun und weiter auf der B 113 nach Mescherin; mit der Bahn gelangt man nach Schwedt/ Oder

Lage: Im Nordosten Brandenburgs. Der Nationalpark erstreckt sich auf einer Länge von etwa 60 km zwischen Hohensaaten und Stettin entlang der deutsch-polnischen Grenze

Größe: 105 km²

Höchste Erhebung: 85 m

Gründung: 1995

Information:

Nationalpark Unteres Odertal

Park 2

16303 Schwedt, Ortsteil Criewen

Telefon: 03332/26770

Internet: www.unteres-odertal.de

TOP TIPP

3 Gartzer Schrey
Schönster Trockenwiesenhang an der Oder

5 Oderbruch
Urtümliche Flussauenlandschaft mit reizvollen Wanderwegen

8 Schiffstour
Ab Schwedt den Nationalpark vom Wasser aus erleben

9 Besucherzentrum
Modern, informativ, mit großen Flussaquarien

Die weiten, natürlichen Überflutungsräume sind einmalig in Mitteleuropa. Ein Netz von Radwegen führt über Deiche, entlang schilfbewachsener Altflussarme und abgebrochener Erlenbestände zu Tümpeln und Teichen, die sogar dem seltenen Seggenrohrsänger eine Heimstatt bieten.

Die Flusspolderlandschaft der Oder mit ihren vielen kleinen Seen, Wasserrinnen und Altarmen bei Stützkow.

Einfach nur ein Flusstal – das kann man so nicht behaupten. Auf engstem Raum finden sich hier unterschiedlichste Biotope: die Oder selbst, ihre Altwasser und Schilfgürtel, die periodisch überfluteten Feuchtwiesen und der naturnahe Auwald. Die Hänge längs des Stromtals sind von Laubwäldern bedeckt, ihre Kuppen von duftendem, blumigem Trockenrasen überzogen. Das Untere Odertal gehört zu den tierartenreichsten Gebieten Deutschlands. Alle drei Adler des norddeutschen Tieflandes – Seeadler, Fischadler und Schreiadler – brüten im Nationalpark. Schwarz- und Weißstorch sowie seltene und schwer zu beobachtende Vögel wie Wachtelkönig oder Seggenrohrsänger bereichern die Landschaft. Es gibt weit über 100 000 Gänse und Enten, 10 000 Kraniche und andere Zugvögel nutzen das untere Odertal als Rast- oder Überwinterungsgebiet. Säugetiere, Reptilien sowie 47 nachgewiesene Fischarten bevölkern die Gewässer und Auen.

Wenn der Frühling einkehrt und die letzten Eisschollen flussabwärts in die Ostsee treiben, erwacht das Leben – es wird wieder sichtbarer nach der Umklammerung des Frostes und des Eises in den Wintermonaten. Auf den Oderhängen bei Gartz strahlen alsbald die blauen Blüten des Kreuzenzians, und aus dem Süden kehren Störche, Wachtelkönig und Seggenrohrsänger zurück in ihre Brutgebiete.

Im Sommer ertrinkt die Flussniederung im sattesten Grün, die Böschungen an den Wasserläufen sind mit Blutweiderich bewachsen, Froschlöffel sowie Pfeilkraut, ja sogar der seltene Schwimmfarn, Weiße Seerosen und auch Gelbe

Auf den Trockenhängen am Gartzer Schrey, im Norden des Nationalparks, wachsen auch Golddisteln.

Mummeln sind auf dem Wasser nicht zu übersehen. Die Trockenrasenzonen an den Oderhängen bergen viele botanische Kostbarkeiten. Wenn sich der Sommer seinem Ende zuneigt, die Tage noch warm, die Nächte aber schon kühl sind, beginnt eine romantische Zeit. Nebeltücher liegen bei Sonnenaufgang über Teichen, Wiesen und Auwäldern und verwandeln die Landschaft in eine Zauberwelt, geradezu unwirkliche Farben leuchten an schönen Herbsttagen auf.

Steppenflora und Kranichplätze

Am nördlichsten Punkt des Nationalparks ermöglicht **Mescherin** ❶ mit den beiden Aussichtspunkten Seeberg und Stettiner Berg einen eindrucksvollen Blick über die Oderniederung. Auf der anderen Seite des Stroms ist das polnische Gryfino, das frühere Greifenhagen, gut zu erkennen. Eine Autobrücke verbindet die beiden Orte und Länder am Strom. Mit Hotels, Gaststätten und Campingplatz sowie auch wegen der herrlichen Naturschutzgebiete eignet sich Mescherin gut für ein intensiveres Kennenlernen des Nationalparks. Die schon 1932 als Naturschutzgebiet ausgewiesenen **Geesower Hügel** ❷ gehören zwar offiziell nicht zum Nationalpark, verdienen aber dennoch Beachtung. Aufgrund der geringen Niederschlagsmengen haben hier Vertreter der Steppenvegetation ihr nördlichstes Vorkommen. So wächst auf den Geesower Hügeln beispielsweise das Federgras, und auch das außerordentlich seltene Dreizähnige Knabenkraut, den ähnlich seltenen Kreuzenzian und selbst Sandnelken, Karthäusernelken und

die Türkenbundlilie kann man entdecken. Letztere wandert übrigens von ihrem ursprünglichen Platz am Waldrand immer weiter den offenen Hügel hinauf.

TOP TIPP Der **Gartzer Schrey** ❸ erstreckt sich rund 2 km nördlich von Gartz (Oder). 1967 wurde er unter Naturschutz gestellt, nicht zuletzt wegen der seltenen Blüten, die an den trockenen Oderhängen zu finden sind. Vom Kroatenberg aus hat man einen weiten Blick in die Niederung, die Oder ist hier nur noch wenige Kilometer von der Mündung entfernt. Woher der Name »Gartzer Schrey« stammt, weiß eine uckermärkische Sage: Die im Dreißigjährigen Krieg an dieser Stelle von den Schweden ins kalte Wasser der Oder getriebenen Kaiserlichen sollen so laut geschrien haben, dass man es bis nach Gartz hören konnte. Ein besonders eindrucksvolles Spiel ist jeden Abend am Deich in der Umgebung zu erleben, wenn die Kraniche in langen Ketten von den Feldern zu ihrem Schlafplatz im Zwischenstromland fliegen, das heute zu Polen gehört. Dieser Platz hieß schon in Karten aus dem frühen 19. Jahrhundert »Kranich-Strom«. Ende November beziehen dann Singschwäne ihre angestammten Schlafplätze

PFLANZEN

SCHWARZPAPPEL
(Populus nigra)

2006 wurde die selten gewordene Schwarzpappel zum Baum des Jahres gekürt. Nicht mehr als 3000 Altbäume können in Deutschland sicher identifiziert werden. In Brandenburg sind nur zwei überalterte Restbestände an der Oder bekannt. Schwarzpappeln erreichen ein Alter von 100 bis 300 Jahren. Ältere Exemplare sind von mächtigem, knorrigem Wuchs. An günstigen Standorten werden sie bis zu 30 m hoch, bei einem Stammdurchmesser von über 2 m. Verantwortlich für den Rückgang der Schwarzpappel ist das Abholzen der Auwälder für die landwirtschaftliche Nutzung, die Begradigung von Flussläufen und die damit verbundene Absenkung des Grundwasserspiegels. Die Schwarzpappel gehört wegen ihres hohen Licht-, Wasser- und Nährstoffbedarfs zu den konkurrenzschwachen Bäumen. Andererseits ist sie eine

Überlebenskünstlerin: Neben der Weide hält sie sogar großen Flutwellen stand. An der Oder wurden inzwischen 4000 neue Bäume gepflanzt, als Keimzelle eines neuen Auwaldes.

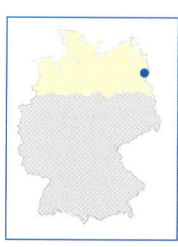

HOCHWASSER

Seit Menschengedenken versuchen die Bewohner des Odertals, sich vor Hochwassern zu schützen. Im ersten Drittel des 20. Jahrhunderts errichtete man 177 km Deiche, vier Schleusen und 28 Brücken. Zwei Fahrrinnen stehen für die Flussschifffahrt zur Verfügung. Die nach holländischem Vorbild errichteten Flutpolder können bis zu 130 Mio. m³ Wasser speichern. Gleichwohl entstand dort eine der letzten großen unverbauten und unzerschnittenen Naturlandschaften Deutschlands. Das Untere Odertal ist der einzige deutsche Auen-Nationalpark. Während der verheerenden Hochwasserkatastrophe im Sommer 1997 konnten die weiten Überschwemmungsflächen im Nationalpark das Schlimmste verhindern.

an der Oder, zusammen mit den Höckerschwänen. Gemeinsam überwintern sie mit Gänsesägern, Enten fast aller Arten sowie Greifvögeln, darunter oft mehr als 20 Seeadler. In der kalten Jahreszeit sollten Besucher besonders rücksichtsvoll sein, da die Überwinterer sehr empfindlich auf jede Störung reagieren. In **Gartz** ❹ kann man das Auto parken und zum Deich oder zum 2 km entfernten Gartzer Schrey wandern. Gartz selbst ist ein reizvolles Ackerbürgerstädtchen, seine Gäste empfängt es mit dem Stettiner Tor in der alten Stadtmauer von 1280, das heute auf drei Etagen die Ausstellungen des Ackerbürgermuseums beherbergt.

Land im Strom

Zwischen Mescherin und Stolpe führt ein gut ausgebauter, asphaltierter Wanderweg durch den Nationalpark. Er ist Bestandteil des wesentlich längeren Oder-Neiße-Radweges. Von dem in Nord-Süd-Richtung verlaufenden Pfad führen auf der einen Seite sogenannte Sommerwege direkt in die ungestörte Natur der Polderlandschaft zwischen Oder und Hohensaaten-Friedrichsthaler-Wasserstraße; auf der anderen Seite des Weges lassen sich die Sehenswürdigkeiten in den Orten Friedrichsthal, Gatow oder Criewen, entdecken.

An der B 2 weist nur ein unauffälliges Schild auf den Weg zur Teerofenbrücke hin. Dort lockt neben einem Naturlehrpfad, einem Grillplatz und einer Wildnisschule auch einer der besten Ausgangspunkte für Wanderungen in den **Oderbruch** ❺ (Parkplätze vorhanden). Die Brücke überquert die Hohensaaten-Friedrichsthaler-Wasserstraße, einen Seitenkanal der Oder, und führt unmittelbar zu den reizvollsten Abschnitten des Nationalparks. In dieser urtümlichen Flussauenlandschaft könnte man Tage verbringen, egal ob zu Fuß oder mit dem Fahrrad. Am Welsensee haben Biber ihre Bauten errichtet, auf abgestorbenen Bäumen an der Unteren Welse versammeln sich Kormorane, verschiedene Wege führen durch das Poldergebiet bis zur gemächlich dahinströmenden Oder. Der Kirchturm von Widuchowa, am gegenüberliegenden Ufer in Polen aufragend, wacht über die Stromlandschaft.

In verschiedenen Orten am Rand des Nationalparks, beispielsweise in Friedrichsthal, Gatow und **Vierraden** ❻, stößt man immer wieder auf Tabaktrockenscheunen. Vor über 300 Jahren sorgten Hugenotten für die Ausbreitung des Tabakanbaus in der östlichen Uckermark. Die natürlichen und besonders die klimatischen Bedingungen begünstigten den Anbau. Das Tabakmuseum Vierraden zeigt in einem ehemaligen Speicher alles über Anbau, Handel und die Verarbeitung von Tabak im Gebiet zwischen Oder und Randow.

Erst die aufgehende Sonne vertreibt die weißen Nebelschwaden über dem stillen Welsensee im Odertal.

Der beliebte Oder-Neiße-Radwanderweg verläuft durch das Odertal mit seinen wunderschönen Auwäldern.

Die Industriestadt **Schwedt** ❼, Hauptort des Nationalparks, kann am wenigsten verbergen, dass das Untere Odertal auf beiden Seiten von Wirtschaftszonen umgeben ist. Nicht immer bleibt hier die Aussicht von Strommasten, Kraftwerktürmen oder Schloten ungetrübt. Dabei hat Schwedt durchaus ein eigenes Gesicht. Nach einem Brand im Jahr 1685 wurde die Stadt mit regelmäßigem Grundriss neu angelegt. Eine **Schiffstour** ❽ von Schwedt nach Stolpe, Friedrichsthal, Gartz oder Mescherin bringt den Besuchern den Nationalpark vom Wasser her näher. Die Anlegestelle befindet sich direkt am alten Stadtbollwerk, in unmittelbarer Nähe der Altstadt und der Schwedter Stadtbrücke.

Länderübergreifender Naturschutz

Der ehemalige Schafstall der Criewener Gutsanlage beherbergt das sehr interessante **Besucherzentrum** ❾ des Nationalparks Unteres Odertal. Die umfangreiche Ausstellung informiert auf sehr lebendige Weise über Flora und Fauna. Im Mittelpunkt steht ein 15 000 Liter fassendes Oder-Aquarium mit mehr als 20 einheimischen Fischarten, die in den Gewässern der Oderauen vorkommen.
Um 1822 ließ der damalige Besitzer des Rittergutes, Otto von Arnim, an der Stelle des alten Dorfes Criewen einen Landschaftspark anlegen. Er beauftragte keinen Geringeren als den preußischen Landschaftsarchitekten Peter Joseph Lenné, das Terrain zur Oder hin neu zu gestalten. Lenné bezog Kirche und Friedhof mit in die Anlage ein. Neben geschwungenen Wegen, Teichen und Brücken findet man hier alle typischen Elemente eines englischen Gartens.
An der alten Fährstelle bei **Stützkow** ❿ führt eine moderne Brücke ins Poldergebiet und macht damit den Ort zu einem guten Ausgangspunkt für Wanderungen und Spaziergänge. Oberhalb von Stützkow gelangt man von einem Parkplatz zu einem der schönsten Aussichtspunkte mit Blick auf den südlichen Teil des Nationalparks und den polnischen Landschaftsschutzpark Zehden, der im Nachbarland an die deutsche Nationalparkregion angrenzt. Der Landschaftsschutzpark Zehden (Cedynski Park Krajobrazowy) mit seinen 650 km² sowie der Landschaftsschutzpark Unteres Odertal (Park Krajobrazowy Dolina Dolnej Odry) mit seinen 60 km² bilden eine gemeinsame Schutzzone. Grenzübergreifend umfassen die Schutzgebiete an der Oder insgesamt eine Fläche von 1183 km². Noch heute wird der mittelalterliche Bergfried bei **Stolpe** ⓫ von den Einheimischen als Grützpott bezeichnet. Der Name leitet sich aus der Form des Bergfrieds ab, der an einen überdimensionalen Topf erinnert. Zu Ostern ziehen die Uckermärker mit Sack und Pack zum sogenannten Eiertrudeln hinaus zum Grützpott. Mit einigem sportlichen Ehrgeiz lässt man Eier den Berg hinunterrollen. Gewonnen hat, wessen Ei am weitesten gerollt und/oder unbeschädigt geblieben ist – noch besser ist es, wenn das Ei auf seinem Weg nach unten ein anderes zertrümmert hat: ein harter Wettkampf!

Naturpark Westhavelland

Große Moor- und Feuchtgebiete in den Niederungen und die »Ländchen« – das sind aus dem Tiefland herausragende Endmoräneninseln oder Grundmoränenplatten – bestimmen das Bild des Naturparks. Dazu geben kleine Orte mit Fachwerkhäusern der Landschaft ein reizvolles Gepräge.

▶ S E R V I C E

Anfahrt: Auf der A 24 bis Neuruppin, auf der B 167 bis Neustadt/Dosse; mit der Bahn bis Neustadt/Dosse
Lage: Im Nordwesten von Brandenburg an der Grenze zu Sachsen-Anhalt zwischen Brandenburg/Havel, Neustadt/Dosse und Friesack
Größe: 1315 km²
Höchste Erhebung:
Gollenberg (109 m)
Gründung: 1998
Information:
Naturparkverwaltung Westhavelland
Dorfstraße 5
14715 Havelaue OT Parey
Telefon: 033872/743 0
Internet:
www.grossschutzgebiete.
brandenburg.de

TOP TIPP

❶ Neustadt (Dosse)
Berühmtes Gestüt mit Hengstparaden sowie Dressur- und Springdarbietungen
❹ Kleßen
Hübsches Schloss und Märkischer Gutsgarten mit Spielzeugmuseum
❻ Gülper See
Rast- und Überwinterungsplatz für Wasser- und Watvögel
⓫ Möthlow
Sehenswertes Museum zum Thema Bienen und Imkerei
⓯ Untere Havel Nord
Rast- und Überwinterungsplatz für Wasservögel

Die Havel bei Bützer – ein Naturparadies voller Wälder und Röhrichte, ideal zum Wandern und Radfahren.

Vor allem die Weichselkaltzeit vor 10 000 Jahren prägte das Bild in dieser Landschaft im Westen Brandenburgs. Durch die mächtigen, das Gelände formenden Gletschermassen und die Schmelzwasserströme entstanden in den tieferen Lagen riesige Sumpfgebiete und Moore. Besonders charakteristisch sind das Havelländische Luch, das Rhinluch und das Dossebruch. In den auf Grund- oder Endmoränen hoch gelegenen »Ländchen« siedelten sich die Menschen an und gründeten Dörfer und Städte. Die wasserreichen Niederungen bieten vielen bedrohten Tier- und Pflanzenarten ideale Lebensräume. So ist die Region sehr wichtig für Wat- und Wasservögel, zu denen nordische Gänse, Schwäne, Kraniche, Enten und Schnepfenvögel gehören. Sie finden hier im Frühjahr und Herbst auf ihren langen Zugrouten wasser- und nahrungsreiche Rast-

plätze. Der Kampfläufer, das Wappentier des Naturparks, kann im Frühjahr bei seinen Balzspielen beobachtet werden. Andere seltene Vogelarten (z. B. Uferschnepfe, Bekassine oder Rotschenkel) brüten hier. In den Feuchtgebieten leben Biber und Fischotter.

Neustadt (Dosse) – das »Sanssouci der Pferde«

TOP TIPP Nähert man sich dem Naturpark von Nordosten, ist **Neustadt (Dosse)** ❶ die erste Station. Bereits seit 1407 im Besitz der Grafen von Ruppin, war der Dosseübergang schon seit der Landnahme im 12. Jahrhundert befestigt. Dennoch kam es im Mittelalter nicht zu einer geschlossenen Siedlung; der Ort blühte erst auf, als in der zweiten Hälfte des 17. Jahrhunderts mehrere Manufakturen angelegt wurden. Es war der Landgraf Friedrich von Hessen-Homburg, der ihn 1662 erworben hatte und auch die Kirche bauen ließ. Rund um das Gotteshaus stehen klassizistische Traufenfachwerkhäuser. Berühmt wurde Neustadt (Dosse) vor allem durch sein Gestüt, das heute noch besteht. Als besondere Attraktion gelten die jährlich stattfindenden Hengstparaden. Dann zieht es an vier Wochenenden im September Pferdefreunde und Züchter nach Neustadt, wo edle Zuchthengste und Stuten bei beeindruckenden Dressur- und Springdarbietungen ihr Können unter Beweis stellen. Auch historische Kutschen und Mehrspänner begeistern das Publikum.

Über Sieversdorf, das als »Hexendorf« heute noch bekannt ist und sehenswerte denkmalgeschützte Fränkische Ernhäuser mit Reetdach aufweist, führt der Weg nach **Großderschau** ❷. Hier lädt das Heimathaus (Kleinderschauer Straße 1) zum Besuch ein, wo man sich über die Besiedlung des Rhinluchs und des Dossebruchs informieren kann, bevor das Städtchen **Rhinow** ❸ angesteuert wird. Es ist der Hauptort im »Ländchen« Rhinow, das durch eine recht abwechslungsreiche Hügellandschaft gekennzeichnet ist – bestens geeignet für Otto Lilienthal, der sich im Westhavelland zwischen 1893 und 1896 öfter aufhielt. Der Luftfahrtpionier reiste von Berlin aus in die Rhinower Berge, wo er für seine Flugversuche geeignete Hügel von mindestens 20 m Höhe fand. Vom Gollenberg bei Stölln flog er bereits 250 m weit; dort wurde er 1896 von einer Windbö ergriffen, stürzte ab und starb am nächsten Tag. In Stölln erinnert ein Passagierflugzeug vom Typ Iljuschin 62 an luftige Traditionen.

TOP TIPP Von Stölln lohnt sich ein Abstecher nach **Kleßen** ❹, wo ein hübsches Schloss mit dem Märkischen Gutsgarten wartet. Während das in Privatbesitz befindliche Schloss nur für die Havelländischen Musikfestspiele (Termine unter Telefon 033235/29 00 44 oder www.schloss-klessen.de) geöffnet ist, kann der Märkische Gutsgarten täglich außer montags besucht werden. Große Rasenflächen mit schönen alten Bäumen prägen ihn ebenso wie formal gestaltete Beete, ein Rosengarten, ein Sommerblumengarten und ein Naschgarten mit Kräutern und Beeren. Bänke und Pavillons laden zum Verweilen und Genießen ein. Zum Schloss gehört auch die

alte Dorfschule, die zum Museum ausgebaut wurde. Hier ist das erste Spielzeugmuseum (geöffnet Di – So 10 – 18 Uhr) des Havellandes untergebracht, denn Brandenburg war einst ein Zentrum der Spielzeugherstellung.

Die Fahrt von Rhinow führt über eine der schönsten Alleen Brandenburgs nach **Strodehne** ❺. Die Dosseniederung nordöstlich des Ortes ist ein artenreiches Überschwemmungsgebiet, wo man schon von der Straße aus allerlei Vögel beobachten kann. Neben Entenarten sind auch Bruchwasserläufer, Seeadler, Kampfläufer und Grünschenkel zu sehen.

Invasion der Gänse

TOP TIPP Das Naturschutzgebiet **Gülper See** ❻ südlich von Strodehne ist ein herausragendes Vogelschutzgebiet im Naturpark Westhavelland. Der See, in flach ausgedehnte Talsandflächen eingesenkt und als eutropher Flachsee von 6 km² Größe im Durchschnitt 1,50 m tief, erreicht an der tiefsten Stelle 2,50 m. Große Flächen, besonders

▶ **GUT ZU WISSEN**

DIE HAVEL

Das Quellgebiet der Havel liegt im Nordosten des Müritz-Nationalparks bei Ankershagen. An einem eher unscheinbaren Wassergraben verzeichnet ein Gedenkstein die Orte, die die Havel bei ihrem 343 km langen Lauf bis zur Mündung in die Elbe durchfließt. Ursprünglich bildeten drei Quellseen – der Bornsee, der Trinnensee und der Mühlensee – das Quellgebiet der Havel. Davon wurde die junge Havel vor rund 600 Jahren getrennt, als südwestlich von Ankershagen ein Damm aufgeschüttet wurde. In den Naturpark Westhavelland tritt die Havel nordwestlich von Brandenburg ein. Sie gilt als Lebensader der Region und ist verantwortlich für ein großes zusammenhängendes Feuchtgebiet.

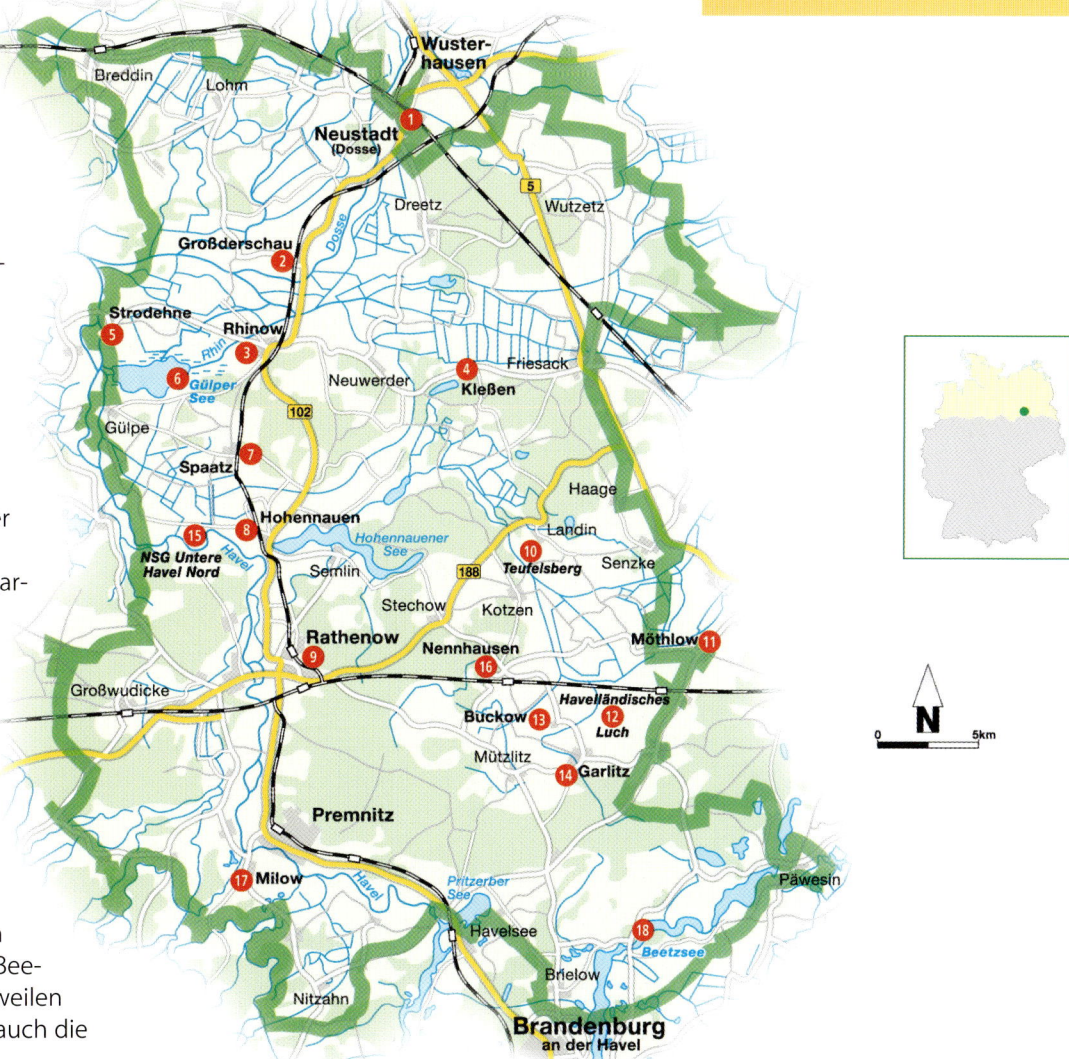

Abends senkt sich Stille über das Land und taucht das Havelländische Luch in sanftes Licht.

KAMPFLÄUFER

(Philomachus pugnax)

Der Brutvogel ist Wappentier des Naturparks und ernährt sich von Kleintieren – im Wasser wie am Boden. Sein Lebensraum sind Nasswiesen und Moore, auch Uferregionen. Das Nest baut er am Boden versteckt in der Vegetation. Die Männchen sind wesentlich größer als die rotschenkligen Weibchen, auffällig sind beim Kampfläufer der kurze Schnabel und die aufrechte Haltung. Männliche Kampfläufer

können im Federkleid sehr unterschiedlich

gefärbt sein, vor allem Halskrause und Haube können grau, braun, gelb, weiß oder gescheckt sein. Bei der Balz mit echten Kämpfen und Turniergefechten spielen Halskrause und Perücke eine wichtige Rolle. Die Wahl treffen die Weibchen, die nach der Paarung im Mai/Juni vier graue bis olivgrüne Eier legen. Das Weibchen brütet allein 20 bis 23 Tage und führt auch die Jungvögel allein aus, die nach etwa vier Wochen flügge sind.

am Nordufer und in einigen Buchten, nehmen Schilfröhrichte ein. Die nördliche und östliche Umgebung ist von schwer durchdringbaren Flachmoorbereichen mit Erlenbrüchen, Weidengebüschen und Groß-Seggenrieden gekennzeichnet. Am Südoststrand des Sees, zwischen Prietzen und Gülpe, erheben sich girlandenförmig bewaldete Dünenhügel mit Trockenrasen. Die Zahl der vorkommenden Vogelarten ist riesig. Allein 100 Brutvogelarten wurden festgestellt, darunter Lachmöwen und Trauerseeschwalben, die in Kolonien brüten. Zudem gibt es hier viele Entenarten, man trifft Schwarzhals-, Hauben- sowie Zwergtaucher, Rohrdommel, Rohrweihe, Rotschenkel, Rohrschwirl, Wasserralle, Kiebitz, Bekassine, Teichrohrsänger und Sumpfrohrsänger. Regelmäßig jagen hier Fisch- und Seeadler. Nicht zuletzt ist der Gülper See ein bedeutender Rastplatz, aber auch Sammelstelle und Überwinterungsstätte für viele Sumpf- und Watvögel. Besonders zur Zeit des Vogelzugs in Frühjahr und Herbst ist das Gebiet ein Logenplatz zum Beobachten von Zugvögeln. Verschiedene Taucherarten, Möwen, Enten, Gänse und Schwäne – sie alle sind am Gülper See anzutreffen. Besonders spektakulär ist im Frühjahr und im Herbst der regelmäßige Einfall von 100 000 Saat- und Blessgänsen. Dieses Schauspiel lässt sich gut vom Aussichtsturm am Südufer zwischen Gülpe und Prietzen genießen.

Über **Spaatz** 7 mit seiner Feldsteinkirche aus dem 13. Jahrhundert führt der Weg nach **Hohennauen** 8 am Hohennauener See. Der Ort wurde 1386 erstmals als »dat Hus to Hagenowen«

erwähnt, der See ist ein beliebtes Ausflugsziel und Wassersportzentrum. Die Havelniederung zwischen Hohennauen und Parey ist von Feuchtwiesen beiderseits der Havel geprägt, wo im Sommer Kiebitze beobachtet werden können. Auch Weißstörche und viele Graureiher sind anzutreffen. Mit etwas Glück kann man am Havelufer Beutelmeisen sehen oder den Drosselrohrsänger hören. Am besten lässt sich die Landschaft vom Aussichtsturm genießen, der direkt an der Straße zwischen Parey und Hohennauen steht.

Wissenswertes über Bäume und Bienen

Dicht an die Havel heranreichende Hochflächen verlockten bereits in früheren Zeiten die Menschen dazu, sich in der sonst sumpfigen Niederung anzusiedeln. Zu slawischen Fischersiedlungen an beiden Ufern gesellte sich bereits im 12. Jahrhundert eine deutsche Stammsiedlung mit Kirche und Marktplatz. Als Grenzort wird **Rathenow** 9 1216 erwähnt; die romanische Kirche St. Marien und Andreas dürfte damals bereits gestanden haben. Von der mittelalterlichen Ausstattung ist der Flügelaltar, ein Schrein mit fünf geschnitzten Figuren, erhalten. Am südlichen Rand der Stadt Rathenow breitet sich die Königsheide aus, ein 3000 ha großes Waldgebiet. Hier befindet sich die Waldschule Grünaue, die mit einem Waldlehrgarten aufwartet. Man erfährt Wissenswertes über die Bäume des Jahres, der »Waldmännlein-Erlebnispfad« lädt zum Entdecken und Entspannen ein.

Fährt man von Rathenow auf der B 188 in Richtung Friesack, ragt bei der Fahrt über den Großen Havelländischen Hauptkanal der **Teufelsberg** ⑩ als markante Anhöhe aus den Niederungen des Havelländischen Luchs heraus. Diese kiesig-sandige Stauchmoräne zeichnet sich durch das Vorkommen von Waldsteppen und Trockenrasen aus. Das Naturschutzgebiet zählt zu den reichsten seiner Art im Havelland und ist von Kiefern, Traubeneichen, Stieleichen und einzelnen Winterlinden bestanden. Auf den Trockenrasen wachsen Wiesenkuhschelle, Bergziest, Blutroter Storchschnabel, Ähriger Ehrenpreis, Kammwachtelweizen und andere Trockenheit und Wärme liebende Pflanzenarten.

Ganz im Osten des Havelländischen Luchs, an der Grenze des Naturparks, liegt der kleine ▶ **TOP TIPP** Ort **Möthlow** ⑪. Hier gibt es ein Bienenmuseum, in dem über 700 Exponate zur Imkerei ausgestellt sind. Man findet Strohkörbe, »Bienenwohnungen« aus Holz und anderen Materialien in verschiedenen Rähmchenmaßen, Wabengrößen und -formen, Honigschleudern, Bilder zur Geschichte der Imkerei und erfährt viel Wissenswertes zur Honigbiene.

Von seltenen Großtrappen und Kampfläufern

Das **Havelländische Luch** ⑫ ist ein Naturschutzgebiet, in dem die seltenen Großtrappen eines der wenigen Vorkommen in Deutschland haben. In Buckow residiert die Staatliche Vogelschutzwarte (Dorfstraße 34), deren Mitarbeiter sich mit dem Schutz der akut vom Aussterben bedrohten Tiere befassen. Schwerpunkt ihrer Forschung sind Fragen des Naturschutzes in der Agrarlandschaft. Die scheuen Tiere gehören zu den größten flugfähigen Vögeln der Welt, die Männchen werden bis zu 17 kg schwer. Von den Beobachtungstürmen bei **Buckow** ⑬ und **Garlitz** ⑭

Im Fouqué-Schloss in Nennhausen finden in stilvoller Umgebung klassische Konzerte statt.

kann man besonders gut im März und Mai das Balzverhalten der Männchen sehen, das immer wieder beeindruckend ist. Dazu stellen sie ihre Schwanzfedern auf und machen mit einem dumpfen, weithin hörbaren Laut auf sich aufmerksam. Die Weibchen dagegen verstecken sich noch im Gras, bis sie einen der Bewerber für ▶ **TOP TIPP** gut befunden haben.

Das **Naturschutzgebiet Untere Havel Nord** ⑮ mit seinen weitläufigen überfluteten Flächen der Großen Grabenniederung liegt im Westen südlich von Gülpe und ist eines der wichtigsten Rastgebiete für Wasservögel in ganz Brandenburg. Von einem Turm aus (erreichbar von Parey auf einem Plattenweg Richtung Wolsier, nach 1 km links Richtung Gülpe abbiegen und am linken Rand des Grabens entlang) können zahlreiche Saat- und Blessgänse, Singschwäne, Pfeif- und Spießenten, aber auch Kampfläufer beobachtet werden.

In **Nennhausen** ⑯ sind Barockschloss und Landschaftspark denkmalgerecht wiederhergestellt worden. Der Park ist öffentlich zugänglich, das Schloss anlässlich von Konzertveranstaltungen (Termine unter Telefon 033878/602 36 oder unter www.schloss-nennhausen.de).

Milow ⑰, im Südwesten des Naturparks an der Mündung der Stremme in die Havel gelegen, ist wendischen Ursprungs. Westlich des heutigen Ortes hat das Inlandeis der Weichselkaltzeit bei seinem Rückzug eine Stauchendmoräne zurückgelassen. 3 km lang, etwa 500 m breit und bis zu 86 m hoch beginnt ihr Verlauf am Milower Berg (71 m), setzt sich mit dem Vieritzer Berg (86 m) fort und endet mit dem Bützer Berg (69 m). Am Vieritzer Berg gibt es einen Naturlehrpfad mit Informationstafeln zur Tier- und Pflanzenwelt. Thematisiert werden Baumarten und die den Wald bewohnenden Tiere, die Zusammensetzung der Wiesen und ihre Tierarten, die Feldraine und ihre Arten sowie Trockenrasen und Biotope wie Erlenbruchwald und Feuchtgebiete. In Milow befindet sich ein Besucherzentrum des Naturparks Westhavelland im ehemaligen Pferdestall und im Speichergebäude.

Eingebettet in eine malerische Fluss- und Seenlandschaft liegt vor den Toren der Stadt Brandenburg der **Beetzsee** ⑱. Im Sommer ein Tummelplatz für Schwimmer, Segler und Angler, lädt das beliebte Gewässer zum Verweilen ein, und gemütliche Gaststätten sorgen für das leibliche Wohl. Um den See führt ein Storchenweg, auf dem man bequem die Natur genießen kann. Überregional bekannt wurde der Beetzsee durch das Lied von »Fritze Bollmann«, einem brandenburgischen Barbier, der 1901 hier beim Angeln ums Leben gekommen sein soll.

WANDERTIPP

STORCHENWEG
Der Wanderweg ist 31 km lang und führt von Hohennauen ⑧ aus in sechs Stationen nach Nordwesten. Im Naturschutzgebiet Untere Havel Nord ⑮ zwischen Hohennauen und Parey gibt es Informationen über die Feuchtwiesen als Lebensräume der Störche, in Parey wird auf Gefährdungen der Störche durch Stromleitungen und Nahrungsmangel hingewiesen und in Gülpe kann

man sich eindrucksvolle Bilder von der luftigen Wohnung der Störche ansehen. Über wissenswerte Details zur Reise der Störche informiert die Station in Wolsier; in Spaatz erfährt man viel Interessantes über die Flugtechnik der Tiere und darüber, wie Wissenschaftler versuchen, sie für den Menschen umzusetzen.

Naturpark Barnim

SERVICE

Anfahrt: Auf der A 11 bis Bernau-Nord oder Bernau-Süd und weiter nach Bernau; mit der Bahn bis Bernau
Lage: In den nördlichen Berliner Bezirken Pankow und Reinickendorf und dem angrenzenden Teil von Brandenburg zwischen Bernau, Bad Freienwalde, Eberswalde, Lieben- walde und Oranienburg
Größe: 750 km²
Höchste Erhebung: bei Sommerfelde (90 m, östlich von Eberswalde)
Gründung: 1998
Information:
Tourismusverein Naturpark Barnim e.V.
Prenzlauer Chaussee 157
16348 Wandlitz
Telefon: 033397/66131
Internet: www.np-barnim.de

Wälder und Heideflächen auf sandigen Böden, zwischen denen klare Seen glitzern und Bäche fließen, sind Merkmal des Naturparks Barnim. Reizvolle, von Obstbäumen gesäumte Wege und Baumalleen führen zu historischen Sehenswürdigkeiten oder Naherholungsgebieten.

Ein Maler der Romantik hätte keine stimmungsvollere Komposition schaffen können: der Wandlitzsee am Abend.

TOP TIPP

❸ Karower Teiche
Vielfältiges Feuchtgebiet mit seltenen Tierarten und bizarren Bäumen
❹ Kalktuffgelände am Tegeler Fließ
Kalktuffterrassen und Feucht- wiesen voller Orchideen
❻ Schnelle Havel
Naturnaher Fluss in reizvoller Wiesenniederung mit reicher Uferflora und Rotbauchunken
❼ Finowkanal
Alte Wasserstraße mit Treidel- weg, heute als reizvoller Wan- derweg beliebt

Die Hochfläche des Barnim fällt im Osten unge- wöhnlich steil zum Tal der Oder ab; im Westen klingt sie dagegen sanft in der weiten Havelnie- derung aus. Die Talsandterrassen des Eberswal- der Urstromtals sowie die großen Sanderflächen im mittleren und südlichen Teil des Naturparks sind vor allem von Kiefernwäldern bestanden. Dazwischen erstrecken sich Felder, die weite Flä- chen der Landschaft im Frühjahr mit den leuch- tend gelben Blüten des Rapses in ein Farben- meer verwandeln. Kornblumen und Mohn haben sich inzwischen auch wieder angesiedelt und bilden malerische Kontraste. Auf den trocke- nen Sandböden entwickelten sich regional Hei- deflächen, die sich im Herbst mit ihren violetten Blüten schmücken. Stellenweise gibt es noch naturnahe Wälder, vor allem die herrlichen Buchenwälder am Liepnitzsee oder die Erlenbrü-

che im Briesetal. Im Biesenthaler Becken, dem Quellgebiet der Finow, wechseln auf engstem Raum Bäche mit Erlenbruchwäldern, Schilfröh- richte und feuchte Wiesen mit Trockenrasen sowie kleine Kiefernwälder. Zahlreiche Greif- vögel schweben über dem Naturpark, von denen der Mäusebussard am häufigsten ist. Auch Rot- und Schwarzmilan, Habicht, Sperber, Eulen und Falken lassen sich hier beobachten.

Am schönsten im Spätsommer, wenn die Heide blüht

Bernau ❶ ist eine hübsche Kleinstadt mit gut erhaltener Stadtmauer; als ihr Wahrzeichen gilt das Steintor aus dem 15. Jahrhundert. Hier ist auch ein sehenswertes Museum (Berliner Straße) untergebracht, das über die Stadtgeschichte informiert. Mit dem Beinamen »Hussitenstadt«

wird an die erfolgreiche Abwehr der Hussiten im Jahr 1432 erinnert. Jedes Jahr am zweiten Juniwochenende finden zum Andenken an dieses Ereignis die »Hussitenspiele« statt.

Westlich von Bernau befindet sich rund um die Gehackten Berge das Naturschutzgebiet **Schönower Heide ➋**. Es ist von der Landstraße Schönow–Schönwalde erreichbar und war einst ein Truppenübungsplatz der Sowjetarmee. Durch diese Nutzung verschwand die natürliche Pflanzenwelt weitgehend, Pionierpflanzen entwickelten sich. Die Offensandbereiche besiedelten Birken und Heidekraut, dazwischen bilden einige alte Kiefern reizvolle Blickfänge. Sanderflächen mit aufgewehten Dünen aus Sand wechseln mit humushaltigen Kiesböden – ideale Bedingungen für die Entstehung einer Heidelandschaft. Haben die wärmenden Strahlen der Frühlingssonne die kleinen Zauneidechsen aus der Winterstarre erlöst, eilen sie häufig auf den kargen Sandböden dahin. Vorsicht ist für die seltene Glattnatter geboten, die freie sonnige Plätze liebt, denn Roter Milan, aber auch Habicht und Bussard kreisen über dieser Landschaft und geben sich nicht nur mit Mäusen zufrieden. Im Spätsommer zur Heideblüte, wenn der Wind die feinen Halme der Silbergräser wiegt, wimmelt es von summenden und flatternden Insekten. Dicke Hummeln und fleißige Wildbienen laben sich am Nektar der Blüten, auch schöne Tagfalterarten schweben von Blüte zu Blüte. Der Tiefblaue Silberfleckenbläuling bevorzugt Gräser, doch seine Raupen sind auf das Heidekraut als Futterpflanze angewiesen.

Reich ist auch die Zahl der Singvögel, von denen in der Schönower Heide Brachpieper, Heidelerche, Neuntöter, Schwarzkehlchen, Steinschmätzer, Wiedehopf und Ziegenmelker als Leitarten der Sanderflächen nachgewiesen werden konnten.

Kleinod der Natur am Stadtrand

Fährt man mit dem Auto auf der A 114 von Pankow in Richtung Berliner Ring, gelangt man über die Abfahrt Bucher Straße und Pankgrafenstraße zur Panke sowie **TOP TIPP** zum Naturschutzgebiet **Karower Teiche ➌**. Das 130 ha große Areal

bietet vielen Tierarten einen idealen Lebensraum. Alte, teilweise recht bizarr aussehende Bäume mit verschlungenen knorrigen Ästen und ruhige Wasserflächen, die von einem dichten Schilfgürtel gesäumt sind, kennzeichnen das Naturschutzgebiet. Nähert man sich im Frühjahr dieser Oase, dringen schon aus der Ferne seltsame Töne ins Ohr, die dem Wiehern eines Pferdes ähneln. Es ist der Rothalstaucher, der seine Balzspiele vollführt und dabei immer wieder durchdringende Laute von sich gibt. Auch der Zwergtaucher ist jetzt mit der Balz beschäftigt und trillert lauthals. Was sich wie das Quietschen von Schweinchen anhört, sind die Laute der Wasserralle. Auch Blässralle und Teichralle haben hier ihr Refugium und ziehen ihre Jungen im Schilfgürtel auf. Die umgestürzten Bäume am Uferrand dienen dem Eisvogel als Rastplatz, wenn er nicht gerade schnell über die Wasserfläche fliegt und im Sturzflug seine Nahrung aus dem Wasser holt. Sind die Teiche zugefroren, sucht sich dieser wunderschöne Vogel eisfreie Gewässer wie z. B. die Panke, wo er ganzjährig sein Revier hat.

Der Bachlauf des Tegeler Fließtals beginnt südlich von Zühlsdorf und fließt Richtung Tegeler See. Ein Teil davon ist das Naturschutzgebiet **TOP TIPP Kalktuffgelände am Tegeler Fließ ➍**, im Norden von Berlin bei Hermsdorf gelegen, das bereits 1929 unter Schutz gestellt wurde. Hier

Im Naturschutzgebiet am Tegeler Fließ findet man noch ursprüngliche Lebensräume seltener Tiere und Pflanzen.

ROTBAUCHUNKE

(Bombina bombina).

Sie ziert das Logo des Naturparks Barnim, der mit seinen vielen kleinen Wasserflächen (Sölle) ein idealer Lebensraum für die vom Aussterben bedrohte Amphibienart ist. Da die Tiere sich mindestens während der gesamten Laichzeit im Wasser aufhalten, sind sie auf stehende oder schwach fließende Gewässer angewiesen. Mit den ersten warmen Sonnenstrahlen im März beginnt

das Konzert der etwa 4 cm großen Amphibienart, die mit ihren orangefarbenen Flecken auf dem Bauch einzigartig ist. Die eigentümlichen, glockenartigen Rufe veranlassten die Menschen früher, sie in ihre Mythen und Legenden einzubeziehen.

hat sich der Bachlauf 10 m tief in das Barnimplateau eingeschnitten und wartet mit einer besonderen Attraktion auf: den »wachsenden Steinen«. Am Talrand gibt es mehrere Quellen, wo kalkhaltiges Wasser austritt. Es überzieht die Vegetation mit einem Kalkfilm, der nach dem Absterben der Pflanzen als Kruste zurückbleibt. Dort siedeln sich kleine Krebse, Wasserskorpione und Insektenlarven an und leben wie in einem Korallenstock. Solange die z. T. mit mechanisch gereinigten Abwässern künstlich bewässerten Rieselfelder im Gebiet von Blankenfelde in Betrieb waren, floss viel Wasser, und die Kalkbildungen erreichten stellenweise bis zu 70 cm Höhe. Seit dem Einstellen der Rieselwirtschaft 1985 schrumpfen die Kalksteine, da lebende Pflanzen den Tuff allmählich zersetzen. Dennoch, die klaren Wasser im Tegeler Fließ und seinen Nebenarmen bieten Seltenheiten wie Stichling und Flussbarsch Lebensräume. Auf den feuchten Wiesen gedeihen verschiedene Orchideen sowie Sumpfglanzkraut, Großer Händelwurz, Sumpfwurz, Steifblättrige Kuckucksblume, Trollblume und Prachtnelke.

Schloss Oranienburg – die Perle Brandenburgs

Das Schloss in **Oranienburg** ❺ schenkte der Große Kurfürst Friedrich Wilhelm seiner ersten Gemahlin, Luise Henriette, geborene Prinzessin von Nassau-Oranien. Sie war es auch, die die Entwicklung der Stadt förderte und dem bis dahin

Bötzow genannten Ort 1653 den Namen »Oranienburg« gab. Der barocke Prachtbau wurde 1651–55 im holländischen Stil errichtet und Ende des 17. Jahrhunderts zu einer Dreiflügelanlage im französischen Stil umgebaut. Auf dem Schlossvorplatz steht das bronzene Denkmal der Kurfürstin Luise Henriette. Empfehlenswert ist auch ein Spaziergang durch den reizvollen Landschaftspark westlich des Schlosses.

Bäche, Fließe und Kanäle

TOP TIPP Zwischen Oranienburg und Zehdenick sucht sich die **Schnelle Havel** ❻ in vielen Kurven ihren Lauf. Dieser naturnahe Tieflandfluss mit seinen Altarmen und Stillwasserzonen strömt gemächlich durch die Wiesen der Niederung und bietet zahlreichen selten gewordenen Pflanzen Lebensraum. Gelbe Teichrosen, auch Mummel genannt, gedeihen hier gemeinsam mit Krebsscheren; im Schlick wachsen Schwanenblumen, die auf bis zu 1,50 m hohen Stängeln große rötlichweiße Blütendolden tragen. In den Altarmen leben zahlreiche Amphibien, zu denen auch die Rotbauchunke gehört, das Wappentier des Naturparks.

Ein wesentliches Merkmal des Naturparks sind zahlreiche Bäche, die von der Hochfläche des Barnim herabfließen. An der Wasserscheide von Nordsee und Ostsee strömen die Fließe entweder nach Norden und Osten über die Oder in die Ostsee oder nach Westen und Süden über die Havel in die Nordsee. Kulturhistorisch bedeutsam ist die Finow, die nördlich von Biesenthal in das Eberswalder Urstromtal eintritt, wo sie in ihrem Unterlauf ab Finowfurt zum Kanal wurde. Da sich das flache Eberswalder Urstromtal dafür gut eignete, musste die nach Osten fließende Finow ausgebaut und in westlicher Richtung eine Wasserverbindung zur Havel herge- **TOP TIPP** stellt werden. So ist der **Finowkanal** ➐ (Eröffnung 1620) eine der ältesten künst- lichen Wasserstraßen Deutschlands. Er hatte als Transportweg zwischen Oder und Havel große Bedeutung, bis er dem steigendem Verkehr um die Wende vom 19. zum 20. Jahrhundert nicht mehr gewachsen war. Deshalb begann man 1906 mit dem Bau des Oder-Havel-Kanals, der 1914 von Kaiser Wilhelm II. eingeweiht wurde. Ein beson- deres Erlebnis ist die Fahrt auf dem Finowkanal mit der Schippelschute, einem überdachten, motorgetriebenen Ausflugsfloß. Es verkehrt zwi- schen Finowfurt und Ruhlsdorf–Zerpenschleuse gemütlich hin und her und passiert dabei auch mehrere Schleusen.

Wandlitz ➑ ist vor allem als mitten im Wald lie- gende Wohnstätte der DDR-Führung bekannt. Die historische Mitte des Ortes liegt jedoch am Südufer des Wandlitzsees, wo auch ein schönes Freibad zum Besuch einlädt. Mehrere Linden- alleen führen zum Zentrum mit der schönen Feldsteinkirche, wo sich in der Nähe in einem Lehnschulzenhaus die Naturparkverwaltung eta- bliert hat. Ganz in der Nähe lohnt der Besuch des Agrarmuseums. Die 2000 m² große Ausstellungs- fläche präsentiert die Entwicklung der Landwirt- schaft in Brandenburg in den letzten 200 Jahren. Arbeitsgeräte, Gebrauchsgegenstände sowie zahlreiche technische Gerätschaften von land- wirtschaftlichen Maschinen bis Traktoren infor- mieren über die Entwicklung im 20. Jahrhundert (geöffnet ganzjährig Di–Fr 9–16.30 Uhr, April–Okt auch Sa und So 10–17 Uhr).

Herrliche Buchenmischwälder und reizvolle Seen

Die Gegend zwischen Wandlitz und Biesenthal ist ein ideales Wandergebiet; doch auch als Badeseen laden der Liepnitzsee zwischen Ütz- dorf und Wandlitz, der Obersee bei Lanke und die Wukenseen bei Biesenthal ein. Äußerst abwechslungsreich präsentiert sich das Natur- schutzgebiet **Biesenthaler Becken** ➒ südlich von Biesenthal. Es wurde von eiszeitlichen Schmelzwässern gebildet und ist das Ursprungs- gebiet der Finow. Der Fluss hat selbst keine Quel- le, er entsteht aus dem Zusammenfluss von Hell- mühler Fließ und Rüdnitzer Fließ. Seen, Fließe, Moore sowie aufragende Sandrücken, Kames genannt, prägen hier das Bild. Die Vielfalt an Bio-

Wandern, Baden, Natur erleben: Im Biesenthaler Becken kommt keine Langeweile auf.

topen führte zu einer reichen Ausbildung der Pflanzen- und Tierwelt. Zu den botanischen Be- sonderheiten gehören die Trollblumen mit ihren hellgelben Blütenbällchen, größere Bestände bil- den Wiesenknöterich und Kuckucksblume. Die Bäche sind Lebensraum für Eisvogel und Gebirgsstelze, und auf den trockenen Hügeln leben Braunkehlchen.

Fährt man von Biesenthal auf der B 2 nach Nor- den, führt der Weg kurz vor Eberswalde in Spechthausen am Naturschutzgebiet **Nonnen- fließ-Schwärzetal** ➓ vorbei. Dieses Gewässer- system aus Nonnenfließ und Schwärze ist ökolo- gisch sehr wertvoll, denn beide Bäche haben ihr natürliches Gepräge behalten. Insekten wie die Zweigestreifte Quelljungfer sowie zahlreiche Fischarten wie Bachforelle, Westgroppe und Steinbeißer leben im kühlen Wasser, und gele- gentlich sind Waldwasserläufer und Gebirgs- bachstelze zu beobachten. Durch dieses wellige und sehr reizvolle Gebiet führen mehrere Wan- derwege. Zum Abschluss lohnt sich ein Besuch des Forstbotanischen Gartens (Schwappach- weg) in **Eberswalde** ⓫. Als Bestandteil des Land- schaftsschutzgebietes »Unteres Schwärzetal« gehören mannigfaltige Boden- und Reliefunter- schiede wie z. B. Fließgewässer, Moorbiotope, fri- sche Hangstandorte, ja sogar kleine Dünenbil- dungen zum Charakteristikum des Gartens. So werden auf natürliche Weise etwa 1100 Pflanzen- sippen aus heimischer und fremder Flora zur Geltung gebracht.

WANDERTIPP

TREIDELWEGE AM FINOWKANAL

Der Finowkanal ➐, eine der ältesten künstlichen Wasserstraßen Deutsch- lands, verläuft parallel zum Oder- Havel-Kanal, bis er bei Zerpenschleu- se in diesen einmündet. Auf beiden Seiten begleiteten den Finowkanal Treidelwege (Bild), auf denen man früher vom Ufer aus Schiffe strom- aufwärts zog. Inzwischen sind aus den Treidelwegen reizvolle Rad- und Wanderwege geworden. Auch

der »Lange Trödel« war einst Teil des Finowkanals und ist seit dem Bau des Oder-Havel-Kanals eine Sackgasse. Auch hier gibt es schöne Treidelpfade, die durch eine Oase aus Erlen und Weiden am Ufer ent- langführen.

Naturpark Märkische Schweiz

SERVICE

Anfahrt: Auf der A 10 (Berliner Ring) bis Berlin-Hellersdorf und weiter auf der B 1 über Rüdersdorf nach Müncheberg (Mark); mit der Bahn ab Berlin bis Müncheberg (Mark)
Lage: Im Landkreis Märkisch-Oderland zwischen den Orten Strausberg, Müncheberg und Neuhardenberg
Größe: 205 km²
Höchste Erhebung: Krugberg (129 m)
Gründung: 1990
Information:
Naturpark Märkische Schweiz
Lindenstraße 33
15377 Buckow
Telefon: 033433/158 41
Internet: www.grossschutzgebiete.brandenburg.de

Eine vielfältige Hügellandschaft auf kleinem Raum mit Feldern, Wiesen und Laubwäldern, tiefen Seen, steilen Hängen und romantischen Schluchten. Aber auch Bäche, Moore und Fischteiche, sogar eine kleine Sanddüne gehören zum abwechslungsreichen Bild dieses Naturparks.

Die intakte Landschaft der Altfriedländer Teiche ist ein Zufluchtsort für viele vom Aussterben bedrohte Tierarten.

TOP TIPP

1 Müncheberg
Hübsche Kleinstadt mit Stadtmauer und Waldlehrpfad
3 Naturschutzgebiet Klobichsee
Vielfältige Natur mit Mooren, Sümpfen und Trockenhängen
6 Ruhlsdorfer Bruch
Naturschutzgebiet mit vielen Vogel- und Orchideenarten
11 Altfriedländer Teiche
Vogelreservat mit Aussichtsturm zur Vogelbeobachtung
13 Neuhardenberg
Großartiges Schloss- und Parkensemble

Quer durch den Naturpark führt die Buckower Rinne, ein Schmelzwassertal, das während der letzten Eiszeit vor 12 000 Jahren ausgewaschen wurde. Hier reihen sich Seen aneinander, die durch Wasserläufe miteinander verbunden sind. Als zentrales Fließgewässer durchquert der Stobber den Buckower Kessel von Südwesten nach Nordosten. Reste von Auwäldern, dazu Feuchtwiesen und Quellgebiete säumen seinen naturnahen Lauf. Dort, wo Toteisblöcke nach dem Rückzug der Gletscher liegen blieben, entstanden Seen wie Buckowsee, Großer und Kleiner Däbersee, Großer und Kleiner Klobichsee sowie Großer und Kleiner Tornowsee. Größtes Gewässer im Naturpark ist der Schermützelsee, den im Nordwesten Endmoränenhügel umgeben. Sehr reizvoll ist der Blick von der Bollersdorfer Höhe über den See nach Buckow. Aber auch von anderen Erhebungen bieten sich schöne Ausblicke über die Landschaft – so vom Krugberg in die Pritzhagener Berge oder von »Schau ins Land« in Münchehofe über den Großen Klobichsee. Eine Besonderheit des Naturparks sind Kehlen, tiefe Schmelzwasserschluchten. Klangvolle Namen wie Silberkehle, Buchenkehle oder Wolfsschlucht verlocken zum Erkunden.

Eine Reise durch hübsche Städtchen und Naturschutzgebiete

Als Tor zum Naturpark Märkische Schweiz gilt das typisch märkische Ackerbürgerstädtchen **Müncheberg 1**. Sehenswert ist die fast vollständig erhaltene Stadtmauer, die 1319 angelegt und vorwiegend aus Feldsteinen erbaut wurde. Nur die Aufsätze der Türme – im Westen das Berliner Tor, im Osten das Küstriner

Waldsieversdorf mit seinem Wasserturm ist ein beliebter Ausflugsort in der Märkischen Schweiz.

Tor – bestehen aus Backstein. Direkt am Parkplatz der B 1 weisen Schilder auf einen 2,8 km langen Waldlehrpfad, der vom Vogelsang über den Fichtengrund zum Drei-Ulmen-Platz führt und über Flora und Fauna des Gebietes informiert. Im Stadtwald von Müncheberg gibt es ein gut markiertes Wanderwegenetz.

Jahrhundertelang war **Waldsieversdorf** ❷ ein wüster Siedlungsfleck an den Däberseen, bis der Sozialreformer Ferdinand Kindermann den Ort aus seinem Dornröschenschlaf weckte. Im Jahr 1895 gründete er Waldsieversdorf neu und ließ auf einem Höhenzug Villen und das »Märkische Sanatorium« bauen. Nun avancierte der Ort zu einem beliebten Ausflugs- und Luftkurort. Hier hatte der Künstler John Heartfield seinen Sommersitz. Wahrzeichen des staatlich anerkannten Erholungsortes ist der denkmalgeschützte Wasserturm. Ein schöner Wanderweg führt von Waldsieversdorf zum Großen Dobbersee und weiter zur Schwedenschanze, einer slawischen Höhenburg. Sie stammt wahrscheinlich aus dem 7. bis 9. Jahrhundert. Gut zu erkennen sind die 2,5 m hohen Wälle, die einst die Unter- und Oberburg sicherten, die auf der Westseite ohne natürlichen Schutz waren.

Im Zentrum der Buckower Rinne liegt das **Naturschutzgebiet Klobichsee** ❸, zu dem neben dem Großen Klobichsee weitere kleine Gewässer, Quellhänge und Trockenhänge sowie Moore und Sümpfe im Wald gehören. Dieses artenreiche Gebiet entstand während der Eiszeit durch Ablagerungen von stark kalkhaltigem Material, weshalb es ein idealer Lebensraum für viele Orchideen ist. Neben verschiedenen Knabenkräutern wachsen hier u. a. auch Waldhyazinthe, Großes Zweiblatt, Weißes Waldvöglein und Sumpfsitter. Am

See leben Fischotter und Europäische Sumpfschildkröte, auf den Feuchtwiesen kann man häufig Kraniche beobachten. Im See tummeln sich Barsche, Hechte, Karpfen, Schleien und Weißfische in großer Zahl.

Wo die Lunge auf Samt geht

Am Ostufer des Großen Klobichsees bildete eine Mergelzone aus der Weichseleiszeit eine steile Kante aus, von der aus man hier eine herrliche Aussicht auf den See hat. Am besten erreicht man diesen Ausblick von **Münchehofe** ❹ aus, einem Dorf mit kleiner Feldsteinkirche aus dem 14. Jahrhundert. Beim Erholungsheim »Schau ins Land« öffnet sich ein weiter Rundblick über den buchtenreichen Großen Klobichsee und eine bewaldete Hügelkette. Als in der Nacheiszeit Sand auf einen bereits vorhandenen Hügel aufgeweht wurde, entstand bei Münchehofe eine Düne, die man zum Bodendenkmal erklärte. In der Nähe gefundenes Gerät aus Feuerstein deutet darauf hin, dass sich hier vor etwa 10 000 Jahren ein Rastplatz steinzeitlicher Jäger befand.

Der Ort **Buckow** ❺ verdankt seine Berühmtheit vor allem dem Dichter Bertolt Brecht und seiner Frau und wichtigsten Mitarbeiterin Helene Weigel, die in einem Jugendstilhaus ihren Sommersitz hatten. Heute befindet sich hier die Brecht-Weigel-Gedenkstätte (Bertolt-Brecht-Straße 30). Der Schermützelsee bei Buckow ist schon seit über 100 Jahren bei Sommerurlaubern beliebt, besonders bei Gästen aus Berlin und Umgebung. Der magere Sandboden und das hügelige Gelände der Gegend eigneten sich schlecht für Ackerbau.

WANDERTIPP

DER POETENSTEIG

Ein besonders schöner Wanderweg im Naturpark Märkische Schweiz ist der Poetensteig. Er beginnt nördlich von Buckow ❺ am Sophienfließ (Bild) und führt in die Mischwälder um den Dachsberg mit seinem schönen Aussichtspunkt sowie in die reizvolle Schlucht der Silberkehle. Hier wanderte bereits Theodor Fontane, der in seinen *Wanderungen durch die Mark Brandenburg* auf

die Schönheit dieser Landschaft aufmerksam machte. Aber auch andere Dichter und Schriftsteller wie Joseph von Eichendorff, Adelbert von Chamisso, Egon Erwin Kisch und Bertolt Brecht fanden hier Erholung und Entspannung.

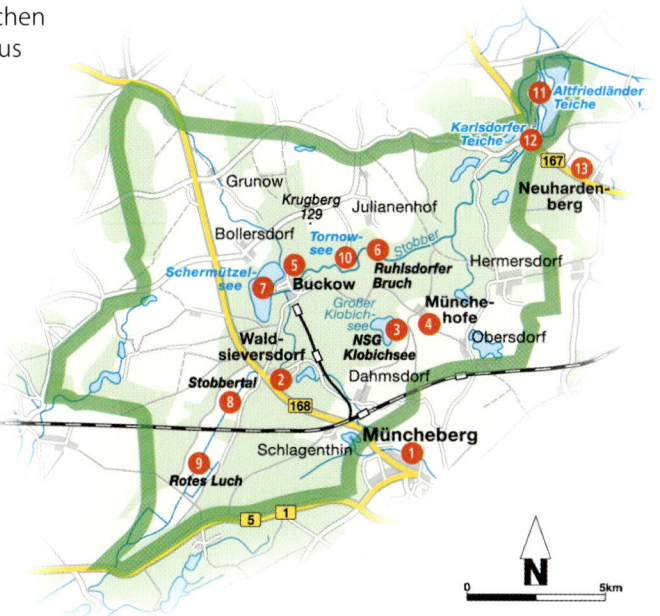

Den Schermützelsee bei Buckow, den größten See der Märkischen Schweiz, kann man per Ausflugsschiff erkunden.

GEMEINE KEILJUNGFER

(Gomphus vulgatissimus)
Diese Libellenart wird oft auch als Flussjungfer bezeichnet und lebt in intakten Fließgewässern Europas und Kleinasiens. Sie wird 45 bis 50 mm lang und hat eine Flügelspannweite von 6 bis 7 cm. Ihre beiden Flügelpaare sind netzartig reich geädert, der Hinterleib ist lang, stabförmig und gelb-schwarz gestreift. Die großen Komplexaugen haben

einen außerordentlich weiten Blickwinkel, der mit dem von Fischen vergleichbar ist. Sie bestehen aus 10 000 bis 30 000 wabenartig zusammengesetzten Einzelaugen und sind weit voneinander getrennt am Kopf angeordnet.

Besser gedieh hier der Hopfen, weshalb unter dem Einfluss der Lebuser Mönche aus Müncheberg das bis zum Ende des 17. Jahrhunderts bedeutendste märkische Hopfenanbaugebiet entstand. Das Buckower Bier verhalf dem Ort bald zu Wohlstand und Wachstum. Der Siebenjährige Krieg, aber auch Mehltaubefall und das Erstarken der Konkurrenz brachten diesen Wirtschaftszweig zum Erliegen. Dafür blühte später die Rosenzucht auf und sogar königliche Höfe sollen mit Rosen aus Buckow beliefert worden sein. Traditionsgemäß finden jährlich im Juni die »Buckower Rosentage« statt. Im Zentrum von Buckow steht ein schöner Fachwerkbau – die Touristeninformation »Zum Alten Warmbad« –, der einst als Warmbadeanstalt diente. Der anerkannte Kneipp-Kurort erhielt bereits 1854 vom Leibarzt des Preußenkönigs Friedrich Wilhelm IV. ein Lob mit folgenden Worten: »Majestät, in Buckow geht die Lunge auf Samt.« Das Wort »Buckow« leitet sich vom slawischen Wort »buk« ab, der Name für die Rotbuche. Sie findet im Buckower Kessel ideale Lebensbedingungen, wo infolge der Seen und Wasserläufe die Luft feuchter ist als auf den Höhen. Über die vielseitige Natur informiert das Naturpark-Besucherzentrum Schweizer Haus (Lindenstraße 23) mit Ausstellungen, man erhält dort auch Kartenmaterial zum Wander- und Radwegenetz.

TOP TIPP Östlich von Buckow befindet sich das Naturschutzgebiet **Ruhlsdorfer Bruch** ❻, das durch wertvolle Trocken- und Halbtrockenrasen sowie artenreiche Streuwiesen gekenn-

zeichnet ist – bemerkenswert hier die Vielfalt an Orchideen, zu denen Steifblättriges und Breitblättriges Knabenkraut gehören. Auch Prachtnelke und Sumpfherzblatt zählen zur Flora. Als charakteristische Brutvögel des Gebietes sind Bekassine, Braunkehlchen und Rohrammer vertreten. Die Gewässer kennzeichnen unterschiedliche Verlandungsstadien mit Erlenbruchwäldern und Erlen-Weiden-Schilfröhricht-Flächen. Hier finden viele Vogelarten einen geeigneten Lebensraum. Beutelmeise, Teichrohrsänger und Wasserralle haben in den Weidenbeständen ihr Brutrevier, im Schilf Haubentaucher, Stockenten und Blessrallen. Kraniche, Fischadler und Tüpfelrallen rasten hier und suchen nach Nahrung.

Treppe für Fische, Paradies für Libellen

In eine reizvolle Hügellandschaft eingebettet, bildet der 146 ha große und 40 m tiefe **Schermützelsee** ❼ bei Buckow das Herz des Naturparks. Er wird vom Stobber durchflossen, der mit seinen angrenzenden Wald- und Wiesenlandschaften auf einer Länge von 13 km unter Naturschutz steht. Folgt man seinem Lauf durch das **Stobbertal** ❽ nach Süden, breitet sich bald das **Rote Luch** ❾ aus. Es besteht großflächig aus Niedermoor und nassen Wiesen, aber auch Niederungs- und Hangtrockenwälder sowie Trockenrasen bestimmen das Mosaik in diesem Lebensraum. Wertvoll für Tier- und Pflanzenwelt ist hier das Naturschutzgebiet »Tiergarten« mit seinem naturnahen Altholzbestand. Im Roten

Luch, dem größten zusammenhängenden Niedermoorgebiet des Naturparks, befindet sich die Talwasserscheide Nordsee–Ostsee und das Quellgebiet des Stobber. So ist es natürlich, dass der Fluss nicht nur nach Südwesten, sondern auch nach Nordosten fließt und sich hinter Buckow in einem sehr interessanten Terrain bewegt. Mal träge, mal munter durchmisst der Stobber ein malerisches Tal, das wegen seiner reichen Tier- und Pflanzenwelt als Naturschutzgebiet ausgewiesen ist. Kleiner und Großer **Tornowsee** 🔟 leuchten wie kleine Augen inmitten einer anmutigen Hügellandschaft. Auf einer Strecke von etwa 25 km im Naturpark verliert der Flusslauf 43 m an Höhe. Weitgehend verschwunden sind die Mühlräder am Fluss, geblieben sind die Stauwehre. Da sie für die flussauf wandernden Fische unüberwindbar sind, wurden im Naturpark acht Stauwehre zu treppenförmigen Wasserkaskaden umgebaut. Auf diese Weise können die Tiere den Höhenunterschied etappenweise überwinden, und die Zahl der neu hinzugekommenen Fische steigt immer noch. Allein zwischen der Eichendorfer Mühle und der Pritzhagener Mühle konnten 20 Fischarten festgestellt werden, unter denen sich auch seltene Arten wie Döbel, Bitterling, Schlammpeitzger, Steinbeißer und Gründling befinden. An den Ufern des Stobber leben Eisvogel, Gebirgsstelze und Fischadler. Von 75 in Deutschland lebenden Libellenarten konnten im Naturpark Märkische Schweiz 55 nachgewiesen werden. Am Stobber kommt auch die Gemeine Keiljungfer vor, eine Libellenart, die vielerorts vom Aussterben bedroht ist und das Logo des Naturparks ziert.

Lohnt einen Abstecher vom Naturpark aus: das spätbarocke Herrenhaus Schloss Neuhardenberg.

Teich an Teich – ein Vogelparadies von Format

Zur Schatzkammer des »Europäischen Vogelschutzgebietes Märkische Schweiz« gehört das wunderschöne Areal der **Altfriedländer Teiche** ⑪. Diese 250 ha große Teichlandschaft ist für den Naturschutz von besonderer Bedeutung, denn viele vom Aussterben bedrohte Arten finden hier ihren Lebensraum. Besonders gut lassen sich die Vögel von den Aussichtskanzeln, die zwischen den Teichen stehen, beobachten. Eindrucksvoll ist im Herbst die Massenansammlung von Saat- und Blessgänsen, die die Teichlandschaft als Rast- und Schlafplatz auf ihrem Weg zu den Sommer- oder Winterquartieren benutzen. Bis zu 40 000 Tiere geben sich hier im Oktober und im November ein Stelldichein und machen mit ohrenbetäubendem Lärm auf sich aufmerksam. Tafel- und Reiherenten, Beutelmeisen, Graugänse, Lach- und Silbermöwen sowie Eisvögel nutzen die Teichufer als Brutstätte. Schwarzstörche und Weißstörche finden auf den feuchten Wiesen dieses Gebietes reichlich Nahrung und auch die See- und Fischadler haben hier einen Lebensraum, der ihnen günstige Bedingungen zum Brüten bietet.

Von Altfriedland führt ein ausgeschilderter Wanderweg zum zehn Minuten entfernten Turm an den Fischteichen, von dem aus man die 200 ha große Teichlandschaft mit Brutkolonien von Flussseeschwalben und Lachmöwen beobachten kann. Ein weiterer Aussichtsturm steht an den **Karlsdorfer Teichen** ⑫ bei Karlsdorf, nordwestlich von Neuhardenberg. Hier sind verschiedene Entenarten, daneben Graugänse sowie Silber-, Grau- und Fischreiher, ferner Seeadler zu sehen. Da die Teiche im Oktober abgelassen werden, ist die Zeit von April bis Oktober zur Vogelbeobachtung am besten.

Etwas außerhalb des Naturparks liegend, aber dennoch einen Besuch wert ist **Neuhardenberg** ⑬. Das Schloss, 1763 als Herrenhaus im Charakter eines spätbarocken Landschlösschens errichtet, gelangte 1814 in den Besitz des Staatskanzlers Karl August von Hardenberg. Später erhielt die Dreiflügelanlage durch Karl Friedrich Schinkel eine klassizistische Fassade. Der ursprünglich barocke Schlosspark wurde 1821 nach Plänen von Joseph Peter Lenné unter Mitwirkung Fürst Pücklers in einen Landschaftspark verwandelt. Inzwischen sind Schloss und Park zu einer internationalen Begegnungsstätte ausgebaut worden (www.schlossneuhardenberg. de). Die Kirche von Neuhardenberg trägt wie das Schloss die Handschrift von Karl Friedrich Schinkel, der das nach einem Brand zerstörte Gotteshaus 1816/17 restaurierte.

FLEDERMAUSMUSEUM

In dem kleinen Ort Julianenhof in der Nähe von Pritzhagen (nördlich von 🔟) gibt es einen historischen Eiskeller – und acht Fledermausarten (im Bild eine *Myotis bechsteinii*). Die Fledermäuse nutzten den Eiskeller schon lange als Winterquartier, bevor die Idee geboren wurde, hier ein internationales Fledermausmuseum einzurichten. Nun werden Ausstellungen zum Thema gezeigt, Informationen über die An-

siedlung der Tiere gegeben sowie interessante Sammelobjekte rund um die Fledermaus vorgestellt. Bei dieser Gelegenheit wurde der Eiskeller saniert, und man kann sich über das Thema Eisgewinnung und Eiseinlagerung sowie die Entwicklung der Kühltechnik vom Natureis bis zum Kühlschrank informieren.

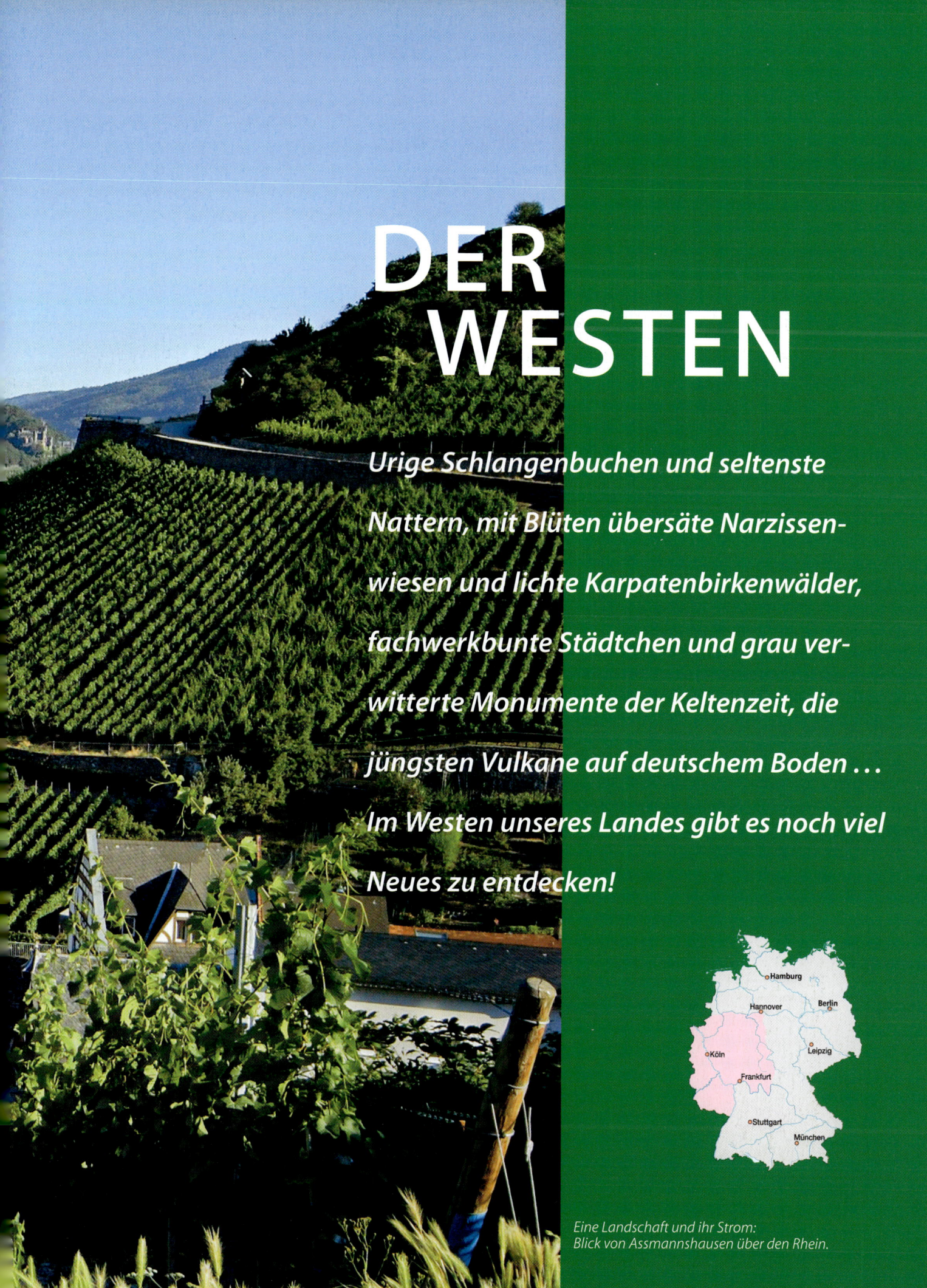

DER WESTEN

Urige Schlangenbuchen und seltenste Nattern, mit Blüten übersäte Narzissenwiesen und lichte Karpatenbirkenwälder, fachwerkbunte Städtchen und grau verwitterte Monumente der Keltenzeit, die jüngsten Vulkane auf deutschem Boden ... Im Westen unseres Landes gibt es noch viel Neues zu entdecken!

*Eine Landschaft und ihr Strom:
Blick von Assmannshausen über den Rhein.*

SERVICE

    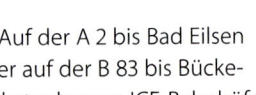

Anfahrt: Auf der A 2 bis Bad Eilsen und weiter auf der B 83 bis Bücke-burg; nächstgelegene ICE-Bahnhöfe in Hannover und Minden
Lage: In Niedersachsen beiderseits der Oberweser zwischen Boden-werder und Rinteln sowie im Grenz-saum zwischen dem Mittelgebirgs-raum und der Norddeutschen Tiefebene
Größe: 1160 km²
Höchste Erhebung:
Hohe Egge (441 m)
Gründung: 1975
Information:
Naturpark Weserbergland
Süntelstraße 9
31785 Hameln
Telefon: 05151/903 93 07
Internet: www.
naturpar-weserbergland.de

Naturpark Weserbergland

Gemächlich schlängelt sich die Weser durch das nach ihr benannte Berg-land. Umso bewegter sind einige der Naturattraktionen an den Ufern: ein steinerner Baum, der durch Wasser wächst, Höhlen, die mit den schönsten Tropfsteinen gefüllt sind oder in denen sich unsichtbares Gas sammelt.

Eine wahre Perle der Weserrenaissance: die Hämelschenburg in Emmerthal mit Minnegarten und Wassermühle.

TOP TIPP

❶ **Bückeburg**
   Altehrwürdiges Residenzstädt-chen am Fuß des Wesergebirges
❼ **Hohenstein**
   Norddeutschlands höchste Fels-wand und Deutschlands nörd-lichste Tropfsteinhöhle
❽ **Hameln**
   Die Stadt des Rattenfängers und der Weserrenaissance
❿ **Bad Pyrmont**
   Traditionsreiches Heilbad mit einer Dunsthöhle und berühm-tem Kurpark
⓬ **Wasserbaum von Ockensen**
   Ein Baum aus Stein, der trotz-dem wächst

Ein Bergland ist kein kompaktes, in sich geschlos-senes Gebirge wie etwa der Harz, sondern ein aus zahlreichen kleineren Höhenzügen, Becken und Senken zusammengesetztes Landschafts-mosaik. Genauso zeigt die Landkarte das Weser-bergland, durch das sich der Strom von Münden bis Minden zieht. Mindestens zwei Dutzend grö-ßere Naturräume vereint der Fluss am Oberlauf in seinem Einzugsgebiet. Davon gehört allerdings nur ein halbes Dutzend ganz oder teilweise zum Naturpark. Sie sind jedoch neben dem Rinteln-Hamelner-Wesertal als durchgängiger Achse selbst wiederum in meist kleinere Bergländer wie das Pyrmonter Bergland oder das Calenber-ger Bergland gegliedert. Eins ist deshalb sicher: Eintönig wirkt der Naturpark Weserbergland nir-gends, hinter fast jeder Flussbiegung und jeder Straßenkurve ändert sich das Landschaftsbild,

wechseln markante Schichtstufen und Schicht-kämme mit weiten Flussauen und Niederungen.

Entdeckungen im Buchenland

Von Natur aus und von wenigen Standorten wie Felsen oder Flussauen abgesehen ist das Weser-bergland ein Wald- oder – genauer – ein Bu-chenland. Vielleicht steckt die Buche ja auch im Namen des Residenzstädtchens **Bücke-burg** ❶, das am Nordfuß des Wesergebir-ges liegt und aus einer Wasserburg als histori-scher Keimzelle hervorgegangen ist. Fürst Ernst und seine Nachfolger ließen die Burg ab dem 17. Jahrhundert zur standesgemäßen Residenz mit glanzvollen Sälen, einer verschwenderisch ausgestatteten Schlosskapelle und einem weit-läufigen Schlosspark, in dem sich das Mauso-leum der fürstlichen Familie befindet, ausbauen.

Ein weiteres Werk des Fürsten Ernst und Schmuckstück des Schaumburger Landes ist die monumentale Stadtkirche, einer der bedeutendsten evangelischen Kirchenbauten vor dem Ende des Dreißigjährigen Krieges. Europaweit einzigartig präsentiert das Hubschraubermuseum in der Stadt der Heeresflieger rund 40 Originalhelikopter.

Beim Bau der Bückeburger Stadtkirche wurde Sandstein aus den Brüchen von **Obernkirchen** ❷ verwendet. Damit gehört das Gotteshaus zu einem exklusiven Kreis von Bauwerken in aller Welt, deren Bild der weißliche bis goldgelbe, feinkörnige und feste Quarzsandstein seit dem 12. Jahrhundert geprägt hat. Die Brüche befinden sich beiderseits der Straße, die vom Stadtteil Krainhagen aus auf dem Kamm der Bückeberge verläuft und an einem Wanderparkplatz endet. Heute tritt der Sandstein auf einem Bergkamm zutage, gebildet hat er sich vor rund 140 Millionen Jahren in einer flachen Senke, durch die Saurier stapften. Alles Wissenswerte über die Geschichte des Sandsteinabbaus und der inzwischen eingestellten Förderung von Steinkohle erfährt man im Berg- und Stadtmuseum von Obernkirchen (geöffnet So und Mi, 15 – 18 Uhr).

Durch seine Schwefelquellen, die zu den stärksten Europas zählen, ist **Bad Nenndorf** ❸ seit dem Ende des 18. Jahrhunderts als Kurort bekannt. Aus diesem und dem folgenden Jahrhundert stammen der sehenswerte Kurpark mit der Allee aus Süntelbuchen und einigen Bauten im Stil der Zeit wie dem Schlösschen und dem Brunnentempel. Schwefelquellen verbreiten oft üble Gerüche, im Umkreis der Kraterquelle unmittelbar an der B 65 in Richtung Stadthagen ist die Luft jedoch rein: Denn das Quellwasser, das hier in Mengen aus dem Boden sprudelt, enthält auch keinen Schwefel, sondern gelösten Kalk. Das Karbonat scheidet sich als Kalktuff aus und bildete im Lauf der Zeit einen Ringwall, der eine kraterartige Vertiefung umschließt. Mit einem Vulkan hat die Kraterquelle allerdings nicht das Geringste zu tun.

Stollen und Höhlen – das Weserbergland aus der Maulwurfsperspektive

Das Wappen der alten Stadt **Barsinghausen** ❹ zeigt einen Hirsch, einen Mühlstein sowie Hammer und Schlägel. Die Symbole stehen für den wildreichen Deister, zu dessen Füßen der Ort liegt, für den hochwertigen Deistersandstein und den jahrhundertelang betriebenen Steinkohlenbergbau. Rund 100 Jahre lang war der Klosterstollen in Betrieb, jetzt dient er als Besucherbergwerk, das durch ein Bergbaumuseum ergänzt wird. Mit der Grubenbahn in U-Boot-ähnlichen Waggons und zu Fuß kann man die unterirdische Welt erkunden (www.klosterstollen.de). Der Deistersandstein wurde schon viel früher gebrochen, als die Kohle gefördert wurde. Aus Sandsteinquadern besteht auch die im frühen 13. Jahrhundert in romanisch-gotischem Übergangsstil erbaute ehemalige Klosterkirche, eine der ältesten Hallenkirchen Niedersachsens und bedeutendstes Bauwerk der Stadt. Wald- und wildreich ist der Deister bis heute geblieben – und ein Wanderparadies. Der Wanderparkplatz am Nienstedter Pass, der Deisterkammweg und der 1862 im Stil eines Bergfrieds erbaute Nordmannsturm sind nur drei Beispiele im schier unerschöpflichen Angebot von Touren und Aussichtspunkten.

Ebenso unerschöpflich ist die Fülle sehenswerter historischer Bauten in der früheren Festungsstadt **Rinteln** ❺. Das ehemalige Rathaus und der einstige Münchhausen-Hof, beides Meister-

▶ **WANDERTIPP**

STRASSE DER WESERRENAISSANCE

Die Straße verbindet auf rund 400 km Länge von Hann. Münden im Süden bis Bremen im Norden die Orte, die sich mit den prächtigsten Bauten im Stil der Weserrenaissance schmücken. Der mittlere Abschnitt verläuft durch den Naturpark Weserbergland und berührt u.a. Schloss Hämelschenburg in Emmerthal ⓫, Hameln ❽ und Bückeburg ❶. Aber auch Bad Münder, Hessisch Oldendorf und Rinteln ❺ besitzen Prachtstücke der Weserrenaissance, die sich vom Beginn des 16. bis zur Mitte des 17. Jahrhunderts im Wesergebiet entwickelte.

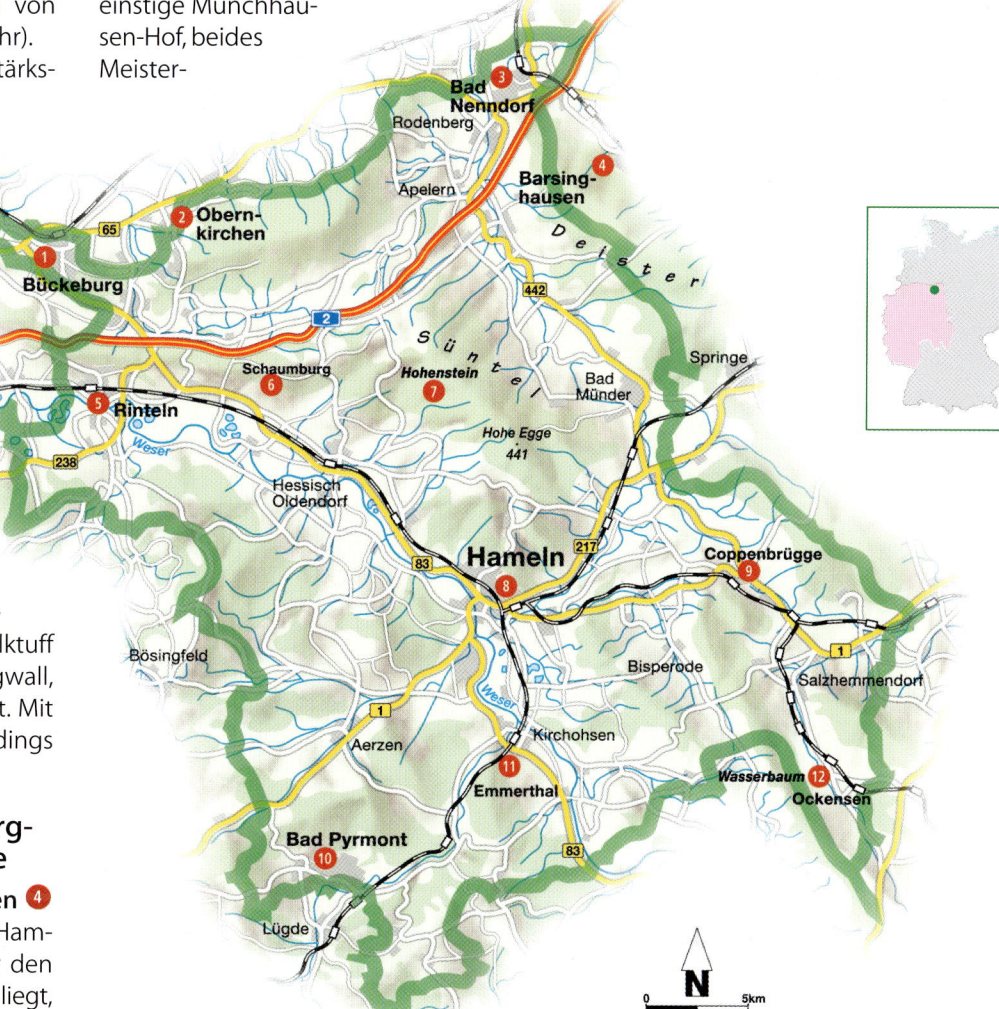

werke der Weserrenaissance, ragen hier besonders hervor. Dass sich diese Stilform im Wesergebiet zur Blüte entwickeln konnte, liegt nicht zuletzt an den Vorkommen bester Werksteine beiderseits der Oberweser, etwa im Wesergebirge nördlich der Stadt. Dort befindet sich im Rintelner Stadtteil Steinbergen die Erlebniswelt Steinzeichen (www.steinzeichen.de), ein Erlebnispark der besonderen Art, in dem sich alles um das faszinierende Naturphänomen und den unersetzlichen Rohstoff Stein dreht. Gesteinsblöcke besonderen Kalibers sind im Findlingsgarten Möllenbeck bei Rinteln zu bewundern, meist viele Tonnen schwere Klötze aus Granit und Gneis, die die eiszeitlichen Gletscher

Baxmannbaude an der Straße Segelhorst–Zersen. Von dort geht es zunächst allmählich bergan zu einem Brunnen, dann aber steil aufwärts über einen Klippensteig auf die Kante der mit gut 40 m höchsten Felswand Norddeutschlands. Der Ausblick von der Hirschsprungwand oder der Teufelskanzel hinunter ins sagenumwobene Blutbachtal ist fantastisch, ebenso wie die Vorstellung, dass ausgerechnet an dieser sonnenüberfluteten Felswand botanische Relikte aus dem Eiszeitalter zu finden sind. Die schroffen Klippen bestehen aus Korallenoolith, einem leicht löslichen Kalkstein, in dem sich Karsthöhlen bilden, wie die 1992 entdeckte Schillat-Höhle bei Langenfeld (3 km nördlich von Zersen). In

Am Hohenstein, am südlichen Rand des Süntels, setzen markante Kalksteinklippen die Akzente.

aus Nordeuropa ins Weserbergland verfrachtet haben. Möllenbeck besitzt mit seinem Kloster auch eine der besterhaltenen mittelalterlichen Klosteranlagen Deutschlands.

Gegenüber, auf dem Nesselberg am Rand des Wesergebirges, thront seit über 800 Jahren die **Schaumburg** ❻, das Wahrzeichen des Schaumburger Landes. Im Namen der Burg, die heute als Restaurant genutzt wird, steckt unverkennbar das Wort »schauen«, sie hat also ihren Namen wohl vom herrlichen Ausblick auf das Wesertal. Über die B 83 und eine Kreisstraße sind der Ort Schaumburg und der fürstliche Aussichtspunkt mit dem Auto bequem zu erreichen.

TOP TIPP Die Anfahrt zum **Hohenstein** ❼ am südlichen Rand des Süntels endet von Hessisch Oldendorf her bereits beim Wanderparkplatz

einem verglasten Aufzug tauchen die Besucher hier 45 m tief in den Untergrund und in eine Märchenwelt aus bizarren Tropfsteinen und funkelnden Kristallen ein (www.schillathoehle.de).

Perlen der Weserrenaissance, ein Gassee und ein Wasserbaum

TOP TIPP Die Weser, in die der Rattenfänger von **Hameln** ❽ einst die Nagerkolonne führte, war für die Bürger der Stadt früher eine kräftig sprudelnde Geldquelle. Man sieht es an den vielen prächtigen Patrizierhäusern, die die Rattenfängerstadt auch zur Stadt der Weserrenaissance machen: etwa das Rattenfängerhaus oder der Rattenkrug, das Dempterhaus und das Leisthaus und nicht zuletzt als besonderes Kleinod das Anfang des 17. Jahrhunderts als Festsaal für

Mit seinen Palmen und der üppigen Bepflanzung mutet der Kurpark in Bad Pyrmont schon beinahe mediterran an.

die Bürgerschaft errichtete Hochzeitshaus, an dessen Fassade sich die Figuren des Rattenfängerspiels bewegen.

Nach dem Ort, an dem die Kinder verschwanden, haben Forscher intensiv gefahndet. Eine Spur führt nach **Coppenbrügge** ❾, wo die Kleinen von einem Erdrutsch an den Hängen des Ith verschlungen worden sein sollen. Wie dem auch sei – an den steilen Flanken des lang gestreckten Schichtkamms kann es durchaus zu Erdrutschen und Bergstürzen kommen. Beim Anblick des Wackelsteins, des Mönchsteins, der Zwillinge und anderer Felsklippen, die abenteuerlich auf dem schmalen Grat balancieren, fragt man sich ohnehin, warum sie nicht längst abgestürzt sind. Ein 19 km langer Rundwanderweg erschließt vom Bahnhof Coppenbrügge aus die nördlichsten Ausläufer des Schichtkamms, führt durch das Naturschutzgebiet Saubrink-Oberberg und zur Teufelsküche. Auf voller Länge (28 km) kann man auf dem Kammweg über den Grat wandern – immer wie auf Messers Schneide.

Vulkanische Erscheinungen sind im oberen Weserbergland relativ häufig, im unteren dagegen sehr selten. Die sicherlich spektakulärste besitzt das traditionsreiche Heilbad **Bad Pyrmont** ❿: eine Mofette, eine Gasquelle, in der Kohlendioxid trocken, also nicht als Kohlensäure im Grundwasser gelöst, austritt. Das Gas, das deutlich schwerer ist als Luft, füllt die kesselartige Vertiefung in einem ehemaligen Steinbruchgelände an der Bismarckstraße bis zu einer bestimmten Spiegelhöhe auf. Bei Führungen in der Dunsthöhle werden brennende Kerzen unter den Kohlendioxidspiegel getaucht – sie

erlöschen, weil der Sauerstoff fehlt. Und Seifenblasen, die man in die Vertiefung hinablässt, schwimmen wie Bojen auf dem kleinen, unsichtbaren Gassee.

Der Pyrmonter Kurpark ist vor allem durch seinen Palmengarten berühmt. Zahlreiche exotische Gehölze zieren auch den 45 ha großen Ohrbergpark in der Gemeinde **Emmerthal** ⓫, vom Amberbaum bis zur Zaubernuss. Der ab 1817 von einem Rittergutsbesitzer angelegte Park lohnt besonders im Frühjahr, wenn die Sträucher blühen, einen Besuch. Zum zauberhaften Schloss Hämelschenburg, ebenfalls in Emmerthal, gehören ein Minnegarten, eine historische Wassermühle und ein Gestüt mit Trakehnern. Die meisten Besucher wollen jedoch diese Perle der Weserrenaissance genießen.

Die Gehölze der Parks im Weserbergland mögen noch so exotisch sein – der **Wasserbaum von Ockensen** ⓬ übertrifft sie alle. Denn dieser sonderbare Baum von rund 5 m Höhe besteht nicht aus Holz, sondern aus Gestein; er besitzt keine Äste und Blätter und wächst trotzdem, an seiner Spitze sprudelt Wasser hinaus. Das Wasser erklärt das einmalige Naturphänomen: Im Kern des Stammes steckt das hölzerne Überlaufrohr eines Stauteichs, den ein Sägemüller vor gut 100 Jahren anlegte. Aus dem kalkhaltigen Wasser scheiden sich nach und nach dünne Schichten von Kalksinter aus und lassen den Baum so in die Höhe wachsen. Der Vorgang der Ausscheidung wird durch Moose, die sich auf dem Wasserbaum angesiedelt haben, deutlich beschleunigt. Sie verleihen dem Gebilde auch die grünen Farbtöne.

RATTENFÄNGER VON HAMELN

Die Figur ist in der Stadt an der Oberweser ❽ allgegenwärtig: am Brunnen am Rathausplatz, im Glasfenster in der Marktkirche, im Rattenfänger-Relief am Bürgergarten, bei den Rattenfänger-Freilichtspielen (Bild) oder dem Musical »Rats«. Im Jahre 1284 soll die weltbekannte Sagenfigur als Kammerjäger in Erscheinung getreten sein, doch hatte die Sage vom Kinderauszug wohl auch einen realen historischen Hintergrund: die

deutsche Ostkolonisation, für die Jugendliche aus dem Weserbergland von den Landesherren zur Aussiedlung im Osten angeworben wurden. Für diese Theorie sprechen vor allem Ortsnamen jenseits der Elbe, die nach Hameln klingen.

SERVICE

Anfahrt: Auf der A 31 bis zur Ausfahrt Reken, von dort weiter nach Heiden oder auf der A 3 bis Ausfahrt Rees, weiter über die B 67 bis Borken, von dort nach Heiden; nächstgelegene ICE-Bahnhöfe sind Essen und Recklinghausen

Lage: Im nordwestlichen Nordrhein-Westfalen am Übergang von Münsterland, Ruhrgebiet und Niederrhein

Größe: 1040 km²

Höchste Erhebung: Stimberg (154 m)

Gründung: 1963

Information:
Naturpark Hohe Mark
Hagenwiese 40
46348 Raesfeld

Telefon: 02865 / 609 10

Internet:
www.naturpark-hohemark.de

TOP TIPP

❶ Düwelsteene
Sagenumwobene Megalithanlage aus eiszeitlichen Findlingen

❷ Merfelder Bruch
Heimat der berühmten Wildpferde

❸ Wildpark der Herzöge von Croy
Wunderschöner Landschafts- und Wildpark

❹ Raesfeld
Prächtiges Wasserschloss mit Renaissance-Tiergarten

❼ Hullerner See
Naturparadies für geruhsame Wanderungen

⑰ Üfter Mark
Spannendes »Naturerlebnisgebiet« mit seltenen Pflanzen und Tieren

Naturpark Hohe Mark

Die weitläufige Landschaft dieses Naturparks wird geprägt von zahlreichen Wasserschlössern, malerischen Parkanlagen, artenreichen Wäldern und Bilderbuchheiden. Ein ganz besonderes Highlight sind sicherlich die Wildpferde der Herzöge von Croy im Merfelder Bruch.

Ein typischer Anblick im Münsterland: das Wasserschloss Raesfeld, das zum Spazierengehen und Rasten einlädt.

Die waldreichen Hügel der Hohen Mark über der Lippeniederung bei Haltern am See sind Mittelpunkt und Namensgeber des Naturparks. Die zentrale Wasserader ist die Lippe, deren bedeutendster Zufluss, die Stever, kurz vor seiner Mündung zum Halterner See aufgestaut ist und das bedeutendste Wassersportparadies am Nordrand des Ruhrgebietes bildet. Über diesen Kernbereich erstreckt sich der Naturpark weit hinaus: Er umfasst die Wälder, Grünfluren und Dünen beiderseits der Lippe bis zu ihrer Mündung in den Niederrhein, zieht sich vom Diersfordter Forst bei Hamminkeln 60 km ostwärts bis zur Rauschenburg an der Lippe zwischen Olfen und Datteln. Während das Lippetal Höhen von nur

20 m aufweist, markiert der Stimberg (154 m) im bewaldeten Hügelland der Haard bei Oer-Erkenschwick die höchste Erhebung. Auch der Waldbeerenberg mit den Hexenbuchen in der durch zahlreiche Trockentäler gegliederten Hohen Mark kommt noch auf 146 m Höhe.

Picknick an den sagenumwobenen Teufelssteinen

 In den Wäldern bei Heiden liegen die berühmten **Düwelsteene ❶**, eine aus Findlingen errichtete Megalithanlage, die als Überreste eines Steinkammergrabes der Trichterbecherkultur gedeutet wird (2200–1800 v.Chr.). Die nordost-südwestwärts ausgerichtete Anlage

Die Düwelsteene in der Nähe von Heiden soll der Teufel dort hingeworfen haben, so berichtet die Legende.

100-SCHLÖSSER-ROUTE

Die landschaftlich attraktive und wegen des überwiegend flachen Geländes auch besonders leichte und familienfreundliche Radroute durch das Münsterland führt zu über 150 Wasserschlössern, Burgen, Herrensitzen und Gräftenhöfen, zu Kirchen und Klöstern, zu Seen, durch Landschaftsparks, in Wallfahrts- und Fachwerkorte sowie zu Attraktionen wie den Düwelsteenen ❶. Flotte Wege und schmale »Pättkes« (Pfade), eine erstklassige fahrradtouristische Infrastruktur einschließlich Bahnanbindung, Unterkunftsmöglichkeiten und Gastronomie sowie das nur gelegentlich hügelige Relief schaffen auf der 100-Schlösser-Route die Voraussetzung für lustvolles Fahren ohne Schinderei. Die 1250 km lange Rundroute ist durch einen Pfeil mit einem Burgensymbol markiert.

ist 21 m lang und knapp 2 m breit, in ihrer Mitte erhebt sich wie ein Totem eine Eiche. An Wochenenden sind die Düwelsteene, an denen Tische und Bänke und eine Schutzhütte zur Rast einladen, ein gern besuchtes Ausflugsziel für Wanderer und Radler. Da das Autofahren in diesem Waldstück nicht möglich ist, lassen sich viele Ausflügler von Heiden aus mit der Pferdekutsche zu den Steinen fahren, um dort zu picknicken. Ihren Namen verdanken die Düwelsteene (Teufelssteine), will man der Legende glauben, einem Wutanfall des Teufels: Der war mit einem Sack großer Felsbrocken in Richtung Aachen unterwegs, um den Dom zu zerstören, als er im Wald bei Heiden einen Schuster traf und sich erkundigte, wie weit es noch bis Aachen sei. Darauf erhielt er eine so entmutigende Antwort, dass er voller Ärger die Felsbrocken auf den Boden warf. Dort liegen sie bis heute – und niemandem sei es gelungen, die Düwelsteene zu zählen. Auch sei es zwecklos, einen oder mehrere Steine wegzunehmen: Der Teufel bringe sie nachts wieder zurück.

kommen der Wildpferde Westfalens, leben in dem 350 ha großen Naturschutzgebiet mit seinen Grünflächen, Feuchtwiesen und den urwaldähnlichen Schutzwäldern. Die Wildpferdebahn in der einstigen Moor- und Sumpflandschaft wurde bereits im Jahr 1316 erwähnt und dank der Fürsorge der Herzöge von Croy in die Gegenwart hinübergerettet. Jedes Jahr am letzten Samstag im Mai werden die einjährigen Hengste aus der Herde herausgefangen und versteigert – ein Schauspiel, das Tausende

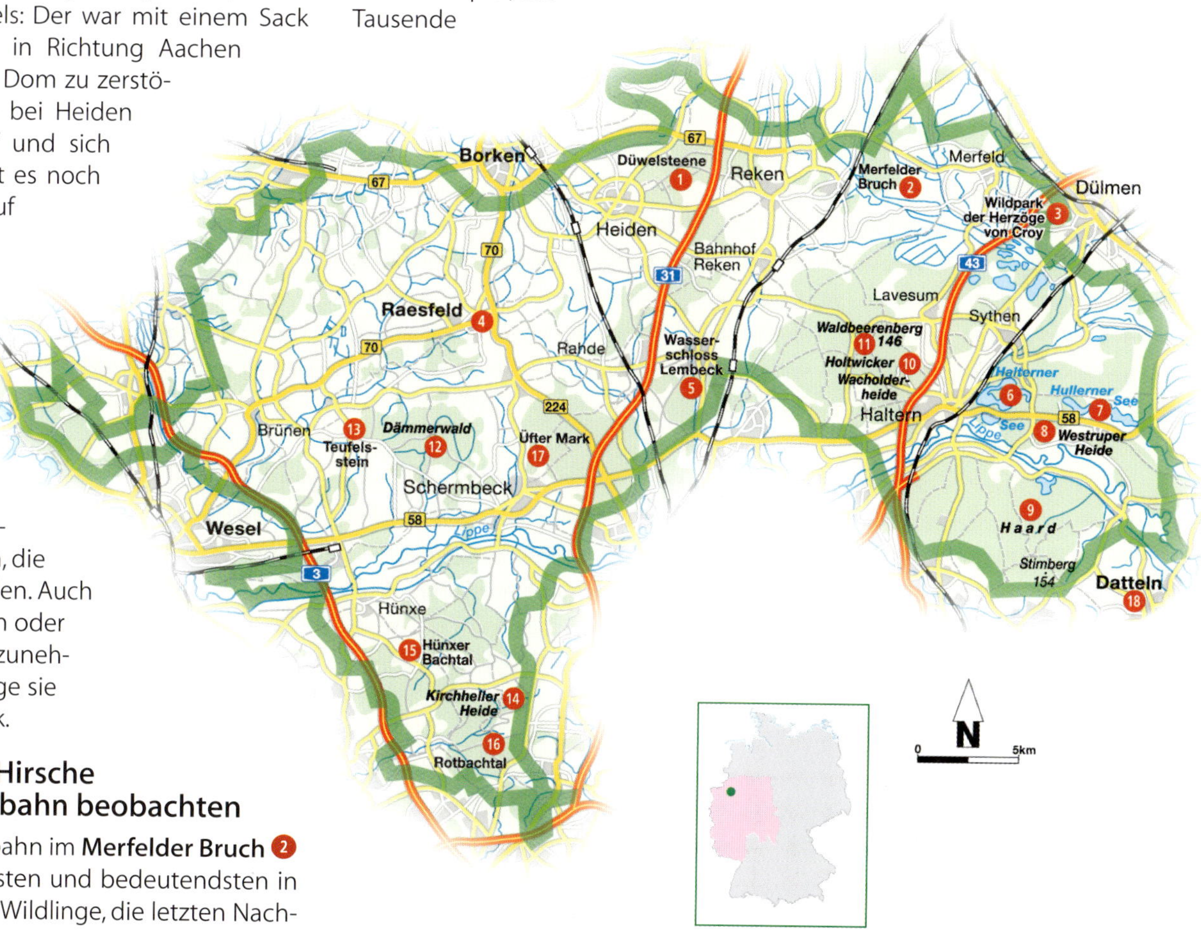

Wildpferde und Hirsche in freier Wildbahn beobachten

▶ **TOP TIPP** Die Wildpferdebahn im **Merfelder Bruch** ❷ ist eine der ältesten und bedeutendsten in Europa. Mehr als 300 Wildlinge, die letzten Nach-

FREIZEITPARK PRÖBSTING

Die Wasserburg Haus Pröbsting – an der Bocholter Aa nördlich von Schloss Raesfeld ❹ gelegen – ist Namensgeberin des Freizeitparks Pröbsting bei Borken. Den Kern dieses attraktiven Wald- und Wiesengebietes bildet ein Stausee mit der Möglichkeit zum Segeln, Surfen, Bootfahren, Angeln und Schwimmen; auch Paddel-, Ruder- und Tret-

boote können gemietet werden. In den Wäldern finden sich viele Radwander- und Spazierwege, auch die 100-Schlösser-Route, an der u.a. Schloss Lembeck (Bild) liegt, führt durch die Anlage. Die Wasserburg Haus Pröbsting besteht aus einem Backstein-Herrenhaus aus dem Jahr 1345 und einer dreiflügeligen Vorburg aus dem 15. Jahrhundert (Freizeitpark ganzjährig geöffnet).

von Zuschauern anlockt. Im Sommerhalbjahr ist die Wildpferdebahn an Sonn- und Feiertagen geöffnet, vom Rundweg aus lassen sich die Tarpanen ähnelnden Pferde beobachten. Werktags bietet die herzogliche Verwaltung Führungen an. Die Wildpferdebahn ist an der Landstraße Dülmen–Borken ausgeschildert, der Parkplatz liegt am Ende eines Weideweges.

TOP TIPP Der frei zugängliche **Wildpark der Herzöge von Croy** ❸ vor den westlichen Toren Dülmens ist einer der größten und schönsten Landschaftsparks im Münsterland. Den im Stil englischer Landschaftsgärten angelegten, 250 ha großen Park prägt der Wechsel von Buchen-Eichen-Mischwäldern, Weide- und Wiesengründen, Feuchtbiotopen sowie Fichten- und Kiefernhainen. In dieser Landschaft bewegen sich Damwild, Schafe und Heidschnucken völlig frei – ein gepflegter Garten Eden, in dem so vieles anders als in anderen Wildparks ist: kein Eintrittsgeld, keine Parkplatzgebühren, keine Kioske – nur die Schönheit dieser Landschaft und der hier frei lebenden Tiere.

Pracht aus Renaissance und Barock

Mit Vorburg, Sterndeuterturm, Hauptburg, Freiheit, Kapelle und Renaissance-Tiergarten ist **TOP TIPP** **Raesfeld** ❹ eine der prachtvollsten Wasserschlossanlagen Westfalens und weithin ein Blickfang durch die Akzentwirkung der Türme. Unter dem kaiserlichen Feldmarschall Reichsgraf Alexander II., dem »westfälischen Wallenstein«, erlebte die mittelalterliche Wasserburg ihre

größte Blüte und wurde von 1643 bis 1658 zu einer mächtigen Wasserschlossanlage im Stil der Renaissance aus- und umgebaut. 1675 starb Alexander II., sein Sohn und Erbe verschleuderte das gewaltige Vermögen innerhalb weniger Jahre, und die prachtvolle Anlage verfiel. Zwei der vier Flügel der Hauptburg wurden im 19. Jahrhundert abgerissen. 1922 begann die Sanierung, heute residiert im Schloss die Akademie des Handwerks, die zentrale Weiterbildungseinrichtung der Landeshandwerksorganisation von Nordrhein-Westfalen. Das Restaurant im historischen Rittersaal ist weit über die Grenzen Westfalens hinaus bekannt.

Ein Naturparadies ist der um 1650 angelegte Tiergarten aus der Renaissance. Er verwahrloste fast 300 Jahre lang, ehe seine Wiederherstellung begonnen wurde. Heide, Hochwald, Bäche, Quellen, die Ruine einer alten Wassermühle, neu gestaltete »Naturerlebnisräume«: So lädt der Park zum Wandern und Verweilen ein. Er ist mit Rot- und Damwild besetzt, damit er wie zu Zeiten des »westfälischen Wallenstein« auch als Tiergarten erlebt werden kann. 2005 wurde das Informations- und Besucherzentrum Tiergarten Schloss Raesfeld eröffnet, das die Informations- und Geschäftsstelle des Naturparks beherbergt.

Das **Wasserschloss Lembeck** ❺ mit seinem Landschaftspark zählt zu den schönsten Barockanlagen Westfalens und ist dank seiner vielfältigen Nutzung eines der beliebtesten Ausflugsziele im Naturpark Hohe Mark: Schlossmuseum, Heimatmuseum, Streichelzoo, Hotel, Restaurant,

Eine ganz besondere Attraktion im Münsterland sind die berühmten Wildpferde, die man im Naturschutzgebiet Merfelder Bruch bewundern kann.

Der Halterner Stausee ist im Sommer ein ausgesprochen beliebtes Naherholungsziel in der Region.

Rhododendronpark, Konzerte, Kunstmärkte und standesamtliche Trauungen in der Schlosskapelle – Schloss und Park bilden den erlesenen Rahmen für viele Aktivitäten. Ab 1692 wurde die mehrflügelige Anlage als Nachfolgebau einer Turmhügelburg des 13. Jahrhunderts errichtet. Zu den Höhepunkten zählen der von Johann Conrad Schlaun entworfene Festsaal mit spätbarocker Ausstattung sowie die prachtvollen Parkanlagen. Vor- und Hauptburg erstrecken sich auf Inseln in einem großflächigen, rechteckigen Teich und sind durch einen Damm verbunden, umgeben von Parkanlagen und Wäldern. Man nähert sich der Anlage auf einer 200 m langen, prachtvollen Allee. Besonders farbenprächtig ist der Park zur Zeit der Rhododendronblüte.

Entdeckungstouren zu Fuß, per Rad oder Kajak

Die westlich der Stadt Haltern gelegenen Halterner Seen – Halterner See und Hullerner See – zwischen den Wäldern der Hohen Mark, der Borkenberge und der Haard sind das abwechslungsreichste Wander- und Erholungsgebiet im Naturpark sowie optimale Ausgangspunkte für Ausflüge, Wanderungen, Rad- und Kajaktouren. Der **Halterner See** ❻ entstand 1930 durch Aufstauung des Mühlenbachs und der Stever vor ihrer Mündung in die Lippe. Auf einer Fläche von etwa 300 ha werden heute rund 20 Millionen m³ Wasser gestaut: Ein bedeutender Teil ist Trinkwasser für über eine Million Menschen im westlichen Münsterland und im nördlichen Ruhrgebiet, kleinere Bereiche sind als Freizeit- und

Wassersportareal ausgewiesen, so etwa das Strandbad mit dem mehr als 1 km langen Sandstrand. Der mit Seilen abgesteckte Schwimmbereich endet 150 m vor dem Ufer, weiter draußen kreuzen Segelboote und das Fahrgastschiff »Möwe«. Letzteres pendelt von Mai bis September täglich außer montags zwischen den Anlegestellen an der Stadtmühlenbucht, am Seehof und am Stockwieser Damm.

Während sich der Halterner See bequem mit dem Fahrrad umrunden lässt, ist der weiter **TOP TIPP** steveraufwärts gelegene **Hullerner See** ❼ am Fuß der Borkenberge ein Naturparadies, das sich eher für Wanderungen als für Radtouren eignet. 1991 gründeten hier Kormorane ihre erste Kolonie in Westfalen, alljährlich im Herbst haben sie hier einen bedeutenden Rastplatz. Neben Kormoranen und Haubentauchern lassen sich u. a. auch Graureiher, Gänse und Reiherenten beobachten. Benannt ist der Trinkwasserstausee nach dem im Jahr 1313 erstmals erwähnten Dorf Hullern, dessen Kirche mit ihrem Spitzhelm weithin sichtbar über die Felder ragt.

Direkt südöstlich des Halterner Sees erstreckt sich die **Westruper Heide** ❽ mit ihren über tausend bis zu 5 m hohen Wacholdern. Von August bis Anfang September verwandeln sich die Heideflächen in ein violettes Blütenmeer. Schafe verbeißen Baumschößlinge und halten die Heideflächen auf diese Weise frei von Verwaldung. Bis ins späte 19. Jahrhundert waren die ausgedehnten Dünenfelder, die auf der Niederterrasse der Lippe vorkommen, noch überwiegend von Heide bedeckt – der bedeutendste Rest dieser

ANNABERG UND WESTFÄLISCHES RÖMERMUSEUM

Der Annaberg, ein Südausläufer der Hohen Mark hoch über dem Lippetal westlich des Halterner Sees ❻, trägt eine barocke Wallfahrtskapelle, zu der Tausende anlässlich der Annenwallfahrt (26. Juli bzw. nächstliegender Sonntag) pilgern. Schon in der Jungsteinzeit und der Bronzezeit war der Annaberg ein Kultzentrum, ehe ihn die Römer militärisch nutzten. Das Westfälische Rö-

mermuseum (Bild) in der »Römerstadt« Haltern (Weseler Straße 100) dokumentiert die Römerzeit in Westfalen, darunter die reichen Funde vom Annaberg und aus dem Kastell, das die Römer in Haltern bis 9 n. Chr. unterhielten.

Trotz seiner Urwüchsigkeit sehr eben und damit ideal zum Radwandern: der Dämmerwald.

► **KULTURTIPP**

HOLZKOHLENMEILER IN DER HAARD

Der Holzkohlenmeiler Haard ⑨ wird jedes Jahr Ende April oberhalb des Stiftskirchdorfes Flaesheim aus Buchenholz aufgeschichtet (Bild) und in den folgenden drei Wochen zu Holzkohle verarbeitet. Nach der Verkohlung wird der Meiler gelöscht und die Kohle an Interessierte verkauft. Das Aufschichten, Verkohlen und Löschen durch einen der letzten Vertreter dieses uralten

Waldgewerbes zieht alljährlich eine große Zahl Schaulustiger an und wird von zahlreichen geselligen Veranstaltungen begleitet.

einstigen Heidelandschaft ist die Westruper Heide. Östlich davon verbirgt sich in Nadelforsten das nur 1,9 ha große Naturschutzgebiet »Wacholderdüne Sebbelheide«. Dort wachsen rund 300 bis zu 5 m hohe Wacholderbüsche.
Unweit des Hullerner Sees erstreckt sich die bewaldete Hügelgruppe der **Haard** ⑨. Der Stimberg bildet die höchste Erhebung des Naturparks und ist mit seinen Quarzitbänken eine geologische Attraktion. 34 Rundwanderwege (gesamt etwa 160 km) führen durch das nahezu unbesiedelte Waldrevier, in dem drei Feuerwachtürme als Aussichtstürme fungieren und einmalige Panoramen des Lippetales und bis zu den Baumbergen, dem »Olymp« des Münsterlandes, bieten. Auch für Reiter und Walker ist die Haard ein Eldorado: Das Reitwegenetz ist mit 120 km eines der größten in Deutschland, im »Haard Walking Park« finden Walker ausgeschilderte Routen verschiedener Schwierigkeitsgrade mit einer Länge von insgesamt 50 km.

Von den »Hexenbuchen« zum Teufelsstein

Eine weitere Heideinsel inmitten der Wälder ist die **Holtwicker Wacholderheide** ⑩ am **Waldbeerenberg** ⑪, der mit einem Funkturm besetzten zweithöchsten Erhebung des Naturparks. Ein Spaziergang durch dieses winzige, jedoch mit den dicht stehenden Wacholderbüschen überaus eindrucksvolle Naturschutzgebiet lässt sich

mit einem Abstecher zu den ausgeschilderten »Hexenbuchen« verbinden, die eine Sehenswürdigkeit am Waldbeerenberg sind. Es handelt sich dabei um stattliche Süntelbuchen, die einen Kreis von 50 m Durchmesser bilden, etwa 300 Jahre alt sind, Stammstärken von bis zu 3 m erreichen und eindrucksvolle, teils bizarre Formen aufweisen.
Der **Dämmerwald** ⑫ zwischen dem Mühlendorf Schermbeck und der Klosteridylle von Marienthal an der Issel ist eines der größten erhalten gebliebenen Naturwaldgebiete auf den flachen niederrheinischen Sandplaten. Schon im Jahr 1136 wird er als »Demmerwalt« erstmals urkundlich erwähnt; die nahezu steigungsfreien Wege machen ihn zu einem Paradies für leichte Wanderungen und Radtouren. Die Bäume in den naturnah bewirtschafteten Eichen- und Buchenmischwäldern sind vielfach über 100 Jahre alt, am bekanntesten Baum, der »Dicken Buche«, führt der Hauptwanderweg vorbei zum Rastplatz am Jakobsbrunnen im Herzen des Waldes. Zahlreiche Bachläufe schlängeln sich in unbegradigten Mäandern durch den Wald. Die höhlenreichen Althölzer und Totholzstämme bilden ideale Brutmöglichkeiten für Schwarzspechte, auch Pirol, Nachtigall und Wespenbussard schwirren durch den Dämmerwald – der aufmerksame Vogelbeobachter wird hier viel entdecken.
In den aussichtsreichen Wiesen- und Feldfluren vor dem Südwestrand des Dämmerwaldes liegt bei Malberg der geologisch interessante **Teufelsstein** ⑬. Das ist ein etwa 1,50 m hoher Quarzitblock mit diversen Rillen und Löchern, der auf ein Alter von 10 bis 25 Millionen Jahren geschätzt wird. Die Wissenschaft deutet die Löcher und Rillen als Relikte verrotteter Baumwurzeln. Der Sage nach sind es aber Krallenspuren des Teufels: Auf Anraten seiner Großmutter wollte dieser mit dem Stein die Kirche von Kloster Marienthal zerschmettern, verfehlte sie aber um ganze 2 km.
Ein völlig anderes Gepräge zeigt das Waldgebiet **Kirchheller Heide** ⑭ auf den grundwassernahen, feuchten Sandplaten südlich der Lippe: Das seit dem Mittelalter entwaldete und weitflächig verheidete Gebiet wurde zu Beginn des 20. Jahrhunderts mit Nadelhölzern aufgeforstet und entwickelte sich in den 1990er-Jahren zu einem bedeutenden Naherholungsrevier am Nordrand des Ruhrgebietes. Heute verfolgt der Regionalverband Ruhr das Ziel, die Nadelforste in eine standortgerechte Laubwaldgesellschaft zurückzuentwickeln, so wie sie in den Bachtälern von Specht-, Schwarz- und Rotbach als Auenwaldsäume erhalten sind. Diese drei Bachtäler sowie das Naturschutzgebiet **Hünxer Bachtal** ⑮ und der renaturierte Gartroper Mühlenbach

Die Üfter Mark mit ihren Gewässern, Binnendünen und Wacholderheiden ist ein wahres Naturerlebnisgebiet.

im angrenzenden Hünxerwald sind die Naturparadiese dieses großen Waldgebietes. Der Hauptausgangspunkt für Ausflüge aller Art ist das Freizeitzentrum Grafenmühle im Rotbachtal. Dort gibt es u. a. Teiche, Minigolfanlagen, Bogenschießstände, Mini-Car-Bahn, Trampoline, für das leibliche Wohl sorgen Restaurants. Von der Grafenmühle aus führt der 80 km lange Radwanderweg »Rotbachroute« (namentlich ausgeschildert und mit Richtungspfeilen versehen) durch das Rotbachtal ⑯. Dieser Radweg zählt zu den Highlights zwischen dem Südwestrand des Naturparks und dem Niederrhein; er verbindet als Rundkurs die Naturparadiese mit lohnenden Freizeitzielen wie z. B. dem Flugplatz Schwarze Heide: Dort starten Oldtimer zum Rundflug, sodass man die Wälder beidseits der Lippe auch einmal aus der Vogelperspektive erleben kann.

Ein »Naturerlebnisgebiet« und das größte Wasserstraßenkreuz Europas

Der dritte große Waldkomplex in diesem Raum ist der ehemalige Forst »Gewerkschaft Augustus« nordöstlich von Schermbeck. Dort erwarb der Regionalverband Ruhr 2002 das etwa **TOP TIPP** 1500 ha große Waldgebiet **Üfter Mark** ⑰ von einem Industriekonzern mit dem Ziel, es in ein ökologisch orientiertes »Naturerlebnisgebiet« umzuwandeln. Die Üfter Mark ist dazu gut geeignet: Kleine Moore, Feucht- und Nasswälder, Stillgewässer, Binnendünen und kleinflächige Wacholderheiden prägen neben alten Eichenwäldern und Kiefernforsten die Land-

schaft. Hier haben zahlreiche Pflanzen und Tiere ein Rückzugsgebiet gefunden: Torfmoose, Sonnentau und Sumpfbärlapp ebenso wie Moorfrösche, Kammmolche, Libellen, Heidelerchen, Ziegenmelker und Raubwürger. Mit etwas Glück kann man die äußerst seltene Bechsteinfledermaus und den kleinen Abendsegler beobachten. Naturerlebnisweg, Schulwaldforum, Rotwildbeobachtungskanzeln, Rad- und Reitwege sowie ein Informationszentrum machen dieses Naturparadies auch für Menschen erlebbar. Ein besonderes Plus: Das Naturerlebniszentrum ist »barrierefrei« – auch Menschen mit Behinderungen soll hier das Naturerleben ermöglicht werden.

Die Stadt **Datteln** ⑱ am Ostrand des Naturparks liegt am größten Wasserstraßenknotenpunkt Europas. Hier münden der Wesel-Datteln- und der Datteln-Hamm-Kanal in den Dortmund-Ems-Kanal, und wenige Kilometer weiter südlich mündet in Waltrop-Henrichenburg der Rhein-Herne-Kanal in den Dortmund-Ems-Kanal.

Während die Wasserwege die Stadt mit vielen wichtigen Wirtschaftsgebieten Deutschlands und Europas verbinden, bilden die so genannten Leinpfade (Uferwege) längs der Kanäle attraktive Wander- und Radwanderwege. Für die Güterschifffahrt gesperrt ist die fischreiche Alte Fahrt, der die Radroute am Dortmund-Ems-Kanal vom Dattelner Hafen nach Olfen folgt: Der von Bäumen gesäumte, autofreie Radweg eignet sich auch hervorragend für Spaziergänge und bietet beim Aquädukt über die Lippe einen fantastischen Blick auf die Lippeauen.

Naturpark Eggegebirge und südlicher Teutoburger Wald

SERVICE

Anfahrt: Auf der A 2 bis zur Ausfahrt Bielefeld/Sennestadt, weiter auf der B 68 bis Bielefeld-Buschkamp, dort rechts auf die Landstraße Richtung Bielefeld bis zum Gasthof »Zum Eisernen Anton«; nächstgelegener ICE-Bahnhof in Bielefeld

Lage: Im östlichen Nordrhein-Westfalen zwischen Bielefeld, Detmold, Paderborn und der Warburger Börde

Größe: 1059 km²

Höchste Erhebung:
Velmerstot (468 m)

Gründung: 1965

Information:
Naturpark Eggegebirge und südlicher Teutoburger Wald
Felix-Fechenbach-Straße 5
32756 Detmold

Telefon: 5231/62 79 40

Internet: www.naturpark-suedlicher-teutoburger-wald.de

TOP TIPP

2 Donoper Teich
Teich in einem Bachtal mit mehrhundertjährigen Eichen

3 Grotenburg
Aussichtsreicher Bergkegel mit dem Hermannsdenkmal

5 Externsteine
Eines der großartigsten Natur- und Kulturdenkmäler in Deutschland

6 Silberbachtal
Faszinierendes Schluchttal mit altem Baumbestand

7 Velmerstot
Panoramaberg mit grandiosen Ausblicken

10 Kloster Hardehausen
Ehemaliges Zisterzienserkloster mit schönem Wildpark

Die Externsteine und das Hermannsdenkmal auf der Grotenburg sind die bekanntesten Attraktionen in diesem sehenswerten Park. Das Silberbachtal zählt zu den romantischsten Bachtälern Westfalens, und die aussichtsreiche Velmerstot ist der höchste Berg dieser Gegend.

Magischer Anziehungspunkt des Naturparks: die sagenumwobenen und landschaftlich atemberaubenden Externsteine.

Fast schnurgerade zieht sich der schmale Egge-Waldkamm von den Kornkammern der Warburger Börde nordwärts zur Velmerstot, dem aussichtsreichen höchsten Berg. Dort ändert das Kammgebirge Richtung und Namen: Als Lippischer bzw. Teutoburger Wald zieht es nun nach Nordwesten, wo der Naturpark bei der Sparrenburg am Bielefelder Osningpass endet.

Die Bezeichnung »egge«, die auch im alten Namen »Osning« (Osnegge) fortlebt, bedeutet »Grat« und verweist auf die Landschaftsform: steil abfallende Bergkämme, die sich mit ihrer durch Pässe gegliederten Drachenkammsilhouette markant aus fruchtbaren Hügelländern erheben – die waldreiche grüne Krone, der aussichtsreiche First Ostwestfalens.

Während die fast siedlungsfreien Kämme herrliche Routen für Wanderer und Mountainbiker darstellen – die beiden bekanntesten Wanderwege über die Höhen sind der Hermanns- und der Eggeweg –, zählt das besiedelte Vorland der Waldkämme zu den quellenreichsten Gegenden Deutschlands: Das Gebiet um Paderborn gilt als größtes unterirdisches Wasserreservoir in Europa.

Die Martinusquelle in Bad Lippspringe beispielsweise spendet pro Minute 3000 l Heilwasser aus einer Tiefe von 500 m. Der Quellenreichtum der Gegend hat den »Heilgarten Ostwestfalens« mit viel besuchten Bädern wie beispielsweise Bad Iburg, Bad Meinberg und Bad Pyrmont entstehen lassen.

Prächtige Ausblicke und idyllische Teiche

Der Aussichtsturm mit dem Namen »Eiserner Anton« auf dem **Ebberg** 1 liegt am Hermannsweg und bietet einen herrlichen Blick auf die unterschiedlichen Naturräume im Gebiet des südlichen Teutoburger Waldes: das Ravensberger Hügelland und das Lipper Bergland, den waldreichen Teutoburger Wald und die sand- und waldreiche Senne im östlichen Münsterland. Bei einer kurzen Wanderung auf den Ebberg kann man gut beobachten, wie der Sand aus der Senne auf die höher gelegenen Kalkböden hinaufgeweht wurde. Während die Sandböden überwiegend Nadelforste tragen, wachsen auf den Kalkböden prachtvolle Buchenwälder. Ausgangspunkt für die Wanderung ist der Gasthof »Zum Eisernen Anton« an der Osningstraße von Bielefeld-Buschkamp nach Bielefeld-Sieker. Von hier führt der mit »H« markierte Hermannsweg auf der Kammhöhe in ca. 15 Minuten zum Aussichtsturm.

Namensgeber eines der größten und schönsten Naturschutzgebiete des Teutoburger Waldes ist der **Donoper Teich** 2 im Hiddeser Wald bei Detmold. Der ganz von Wald umgebene Teich wurde 1641 – während des Dreißigjährigen Krieges – aus dem Hasselbach als Tränke für die Pferde aus der Senne aufgestaut. Auch der Name »Hasselbach« verweist auf die Pferdezucht: Hassel bedeutet Fohlen. Im Donoper Teich spiegeln sich die weit ausladenden Kronen von Eichen, die vor mehr als 200 Jahren gepflanzt wurden, um Nahrung für Schweine auf der Waldweide zu liefern.

Neben dem Donoper Teich umfasst das Schutzgebiet auch das Hasselbachtal mit dem Krebsteich und die umgebenden Laubmischwälder sowie das Hangmoor Hiddeser Bent, in dem sich die Quellbäche des Hasselbaches sammeln. Durch das Naturschutzgebiet führt zwischen Donoper und Krebsteich der Hermannsweg – der Kammweg des Teutoburger Waldes – zum Hermannsdenkmal auf der nahen Grotenburg. Die nur 4 km lange Etappe zählt zu den schönsten Naturerlebnissen am Hermannsweg. Durch das höher gelegene Hiddeser Bent führt ein Bohlensteg zu einer Aussichtsplattform, von der aus das Moor überblickt werden kann. Vom Krebsteich, der von uralten Eichen umgeben ist, führt der Hermannsweg in das quellenreiche Heidental, in dessen Laubwäldern Dutzende von Vogelarten brüten. Dann beginnt der kurze, aber steile Aufstieg zur ringumwallten **Grotenburg** 3 mit dem Hermannsdenkmal. Die Grotenburg (große Burg) war mutmaßlich die Teutoburg (Volksburg), nach der der römische

Das Hermannsdenkmal auf der in luftiger Höhe liegenden Grotenburg ehrt den cheruskischen Heerführer.

Geschichtsschreiber Tacitus das Waldgebirge im Quellgebiet von Ems und Lippe Teutoburger Wald nannte. Tatsächlich befand sich auf dem Gipfel eine Ringwallanlage aus vorchristlicher Zeit. Von diesem »Großen Hünenring« sind nur Reste erhalten, da seine Steine im 19. Jahrhundert zum Bau von Straßen und des Hermannsdenkmal-Sockels verwendet wurden. Heute ist die Grotenburg ein vielbesuchter Ort. Die Aussichtsgalerie des Hermannsdenkmals bietet einen hervorragenden Blick auf das Lipper Bergland bis hin zum Weserbergland. 9 n. Chr. besiegten germanische Kämpfer unter Führung des Cheruskers Arminius (»Hermann«) drei römische Legionen in der Schlacht im Teutoburger Wald. Dank dieses Sieges ist Hermann der Cherusker die bekannteste Gestalt der alten deutschen Geschichte. Tacitus würdigt ihn in seinen »Annalen« als den »Befreier Germaniens«. Verortet wird die Schlacht im Teutoburger Wald am Kalkrieser Berg nahe Osnabrück, wo sich ein Museum mit dem blutigen Geschehen beschäftigt.

TOP TIPP

TIPP FÜR KINDER

BACKEN UND FÄRBEN WIE DIE ALTEN GERMANEN

Das Archäologische Freilichtmuseum Oerlinghausen südöstlich des Ebberges 1 lässt auf einer Fläche von 1,5 ha Ur- und Frühgeschichte und das frühe Mittelalter lebendig werden. Unter den rekonstruierten Baugruppen und Versuchsgärten finden sich etwa ein Sommerlager eiszeitlicher Rentierjäger, ein Mohnacker aus der Bronzezeit und eine frühmittelalterliche Hofanlage aus sächsisch-germanischer Zeit samt Hallenhaus, Schmiede, Grubenhaus sowie Lagergestell für Heu und Stroh. An Aktionstagen lässt sich hier das Leben vor über 1200 Jahren »erleben«: Wie damals werden Brote gebacken und Stoffe gefärbt. In speziellen Gehegen werden rückgezüchtete »mittelalterliche« Weideschweine und Ziegen gehalten. Vom Eingang des Freilichtmuseums leitet ein ausgeschilderter Waldweg in 20 Minuten zur Hünenkapelle im »Sachsenlager« – eine Waldwanderung, die sich lohnt.

WANDERTIPP

EGGEWEG

Dieser mit »x« markierte Fernwanderer-Kammweg verbindet den Teutoburger Wald mit dem Sauerland. Auf etwa 70 km Länge führt er von den Externsteinen ❺ durch das Silberbachtal ❻ auf die Velmerstot ❼ und folgt dann dem bewaldeten Eggekamm südwärts an der sagenumwobenen Ruine der Iburg und an der Karlsschanze sowie den Teutoniaklippen vorbei nach Marsberg an der Diemel. Familien mit kleine-

ren Kindern starten am besten an der Silbermühle, da der Weg dort einfacher ist. Für anspruchsvollere Streckenwanderungen ist der Eisenbahnknotenpunkt Altenbeken mit dem nachts illuminierten Eisenbahnviadukt über das Beketal ein empfehlenswerter Ausgangspunkt.

Folgt man dem Hermannsweg noch etwa eine Stunde in Richtung Externsteine, gelangt man zur **Adlerwarte Berlebeck** ❹, einer der größten Falknereien Europas mit über 80 Greifvögeln aus aller Welt. Hauptanziehungspunkt hier ist die tägliche Flugvorführung.

Wo der Teufel seine Spuren hinterlassen hat – die Externsteine

TOP TIPP Der alten Legende zufolge hat der Teufel die **Externsteine** ❺ errichtet: als »Heidentempel« für die Anhänger des sächsisch-germanischen Herzogs Wittekind während der Invasion der christlichen Franken unter Karl dem Großen zur Zeit der Sachsenkriege um 780 n. Chr. Als sich Wittekind taufen ließ, habe der Teufel den Tempel wütend niedergerissen, sodass nur noch 13 »öde Felsen« übrig blieben – immerhin: Sie sind eines der großartigsten Natur- und Kulturdenkmäler Norddeutschlands. Die aus grauem, zerklüftetem Sandstein bestehenden Felstürme sind die Reste einer ursprünglich waagrecht liegenden Sandsteinschicht, die von Naturkräften senkrecht gestellt wurde. Im Verlauf von Jahrmillionen wurde diese Gesteinsschicht dann freigespült und durch Verwitterungsvorgänge in einzelne Felsen und Felstürme zerlegt, die wie mächtige Säulen in den Himmel ragen. Vermutlich haben sie in megalithischer, keltischer und germanischer Zeit als Kultstätte gedient, möglicherweise waren sie einst ein weit über die Region hinaus bekanntes Heiligtum und zugleich eine astronomische Beobachtungsstation. Doch bleiben dies nur Vermutungen, da durch den Einbau von Kammern, Treppenaufgängen, Balkenlagern und Aussichtsplattformen sowie durch die Absprengung von Felspartien nahezu alle Spuren aus vorchristlicher Zeit vernichtet wurden. Um 1100 wandelte man die Externsteine nach dem Vorbild der heiligen Stätten von Jerusalem in ein christliches Monument um. Dabei wurde in einen der Felsen das größte freiplastische Kreuzabnahmerelief der deutschen Romanik gemeißelt.

Das mehrgipfelige Relief-Felsmassiv über dem aus der Wiembecke aufgestauten Teich ist der sehenswerteste der Externsteine. Über eine schmale Stufenanlage gelangen Schwindelfreie auf den Hauptgipfel, auf dem eine geländergesicherte Aussichtsplattform eingerichtet wurde. Von hier aus hat man einen eindrucksvollen Blick zum Sazellum-Felsturm sowie hinüber zu den Bärenstein-Wäldern und über Ostwestfalen hinweg bis hin zu den Bergen an der oberen Weser. Der turmartig schlank aufragende Fels Nr. 2 weist eine Vielzahl menschlicher Spuren auf, die bedeutendste ist das Sazellum (»kleines Heiligtum«) mit einem Peil-Loch zur Beobachtung des mittsommerlichen Sonnenaufgangs.

Von der Schlucht auf den Gipfel

TOP TIPP Durch ein wunderschönes Wandertal, das schluchtartige **Silberbachtal** ❻ mit mächtigen Felsen und Klippen, führen Hermanns-

Wer den steilen Aufstieg zu den Gipfeln der Velmerstot in Angriff nimmt, wird mit einer sagenhaften Aussicht belohnt.

Die abwechslungsreiche Wanderung im Silberbachtal führt durch die reizvolle Schlucht und schöne Wälder.

und Eggeweg zur Velmerstot. In malerischen Kaskaden gischtet der Silberbach über Blockwerk in diesem kleinen Waldparadies, das steile Hänge völlig von den Geräuschen der Außenwelt abschirmen. Ausgangspunkt für Wanderer ist das am Ende einer Stichstraße gelegene Ausflugsrestaurant und Waldhotel »Silbermühle«. Wie die Sage berichtet, wurden die Müllerstochter und der »Mühlteichnöck« vor langer Zeit Frau und Mann, daraufhin verwandelte die Mühle alles Korn in Silber, und unendlicher Reichtum kam über das Lipper Land, die Menschen feierten und mussten nicht mehr arbeiten. Aber weil die Mühle kein Mehl mehr lieferte, hatten sie eines Tages kein Brot mehr zu essen, und aus dem Lipper Land verschwand das Glück. Da gaben die Menschen in ihrer Not dem Mühlteichnöck das Silber zurück. Der Nöck wurde nie wieder gesehen, aber in das Lipper Land kehrten Arbeit und Glück zurück.

Vom Mühlteich bei der »Silbermühle« führt der **TOP TIPP** Wanderweg hinauf in das Tal und windet sich dann steil bergauf zur **Velmerstot** ➐. Die Mühe lohnt sich: Gleich zwei Gipfel, die Preußische Velmerstot (468 m) und die Lippische Velmerstot (441 m), gewähren einen einmaligen Blick nordwestwärts auf den Teutoburger Wald mit dem Hermannsdenkmal, nord- und nordost-

wärts auf das Lipper Bergland mit der Hohen Asch, dahinter erstreckt sich das Wesergebirge, während sich im Osten die Schwalenburg, der kahle Köterberg und die Rundung des Sollings präsentieren, im Südosten die Ruine der Desenburg auf dem Desenberg thront und dahinter die Vulkankegel des hessischen Berglandes verschwimmen. Auf beiden Gipfeln sind die markanten Punkte im Blickfeld angezeigt: Auf der Lippischen Velmerstot ist die »Panorama-Orientierungstafel« in den Fels geritzt, auf der Preußischen Velmerstot kann man die ganze Pracht vom Eggeturm aus, dem höchstgelegenen Aussichtsturm von Teutoburger Wald und Eggegebirge, bewundern. Von der Preußischen Velmerstot ist auch gut das **Waldnaturschutzgebiet Egge-Nord** ➑ zu überblicken: Es umfasst die Buchenwälder des westlichen Eggevorlandes zwischen Altenbeken, Bad Lippspringe und dem Übergang von Eggegebirge und Teutoburger Wald. Ein Kuriosum findet sich am Ostfuß der Egge im idyllisch gelegenen Kirchdorf **Sandebeck** ➒, von dem ebenfalls ein lohnender Wanderweg auf die Velmerstot führt: Der als Naturschutzgebiet ausgewiesene Uhlenberg in der Nähe des Bahnhofs ist Deutschlands nördlichster – und auch kleinster – Vulkan. Der vulkanischen Tätigkeit vor rund zehn Millionen Jahren verdanken zahlreiche Mineralquellen ihre Existenz.

Wildpark und Felsenmeer – Hardehausen hat viel zu bieten

Wisente, Schwarzwild, Tarpanwildpferde, Teiche, ein erlengesäumter Bach und Wiesen: Das **TOP TIPP** Gebiet des ehemaligen **Klosters Hardehausen** ➓ bei Scherfede ist eine gepflegte Oase inmitten der Wälder und ein herrliches Ausflugsziel für Familien. Das Kloster wurde 1140 als erstes Zisterzienserkloster Westfalens gegründet. Neben Schweinezucht, Wollproduktion und Weberei hatte der Hammer, in dem Eisen aus Waldeck verarbeitet wurde, große wirtschaftliche Bedeutung für das Kloster – eher untypisch für klösterliche Produktionsweisen im Mittelalter. Sitzbänke laden zur Rast ein, Infotafeln berichten über den Fleiß der Mönche und das Leben der Tiere. Wer dem Wanderweg in die Wälder hinauf folgt, erreicht in 30 Minuten eine imposante Naturattraktion: **Hardehauser Klippen** ⓫ und Felsenmeer heißt das stimmungsvolle Wald- und Felsgebiet oberhalb der Talweitung, in der das Kloster gegründet wurde. Der bekannteste Fels dort ist der Opferstein, eine von schauerlichen Sagen umwobene Felskanzel im Hang. Aussichtsreicher ist die Nadel, ein Felsen und Grenzstein von 1715: Hier bietet sich ein Ausblick über das Diemeltal hinweg ins Waldecker Land.

KULTURTIPP

KLOSTER DALHEIM

Die gotischen Gemäuer von Kloster Dalheim (westlich von ⓫) sind 200 Jahre nach der Säkularisation wieder erfüllt von Erinnerungen an jene Zeiten, als dieser inmitten der Wälder gelegene Ort eine Stätte der Arbeit und des Gebetes war. Mit der Aufhebung des Klosters wurden viele Kunstwerke von unschätzbarem Wert verschleudert, die Gebäude blieben dagegen erhalten und sind heute erlebbar wie vor 500 Jah-

ren. Die wechselnden Ausstellungen zu unterschiedlichen Aspekten der Klosterkultur, die Märkte und andere Veranstaltungen haben Kloster Dalheim innerhalb kürzester Zeit zu einer Perle der westfälischen Museumslandschaft werden lassen (geöffnet April–Okt 10–18 Uhr, Mo – außer an Feiertagen – geschlossen).

SERVICE

Anfahrt: Auf der A 2 Hannover–Biele-
feld bis zur Ausfahrt Bad Eilsen, weiter
auf der B 83 über Hameln nach
Bodenwerder; nächstgelegener ICE-
Bahnhof in Göttingen
Lage: Im Südosten Niedersachsens an
der Grenze zu Nordrhein-Westfalen
und zu Hessen
Größe: 520 km²
Höchste Erhebung:
Große Blöße (528 m)
Gründung: 1963
Information:
Zweckverband
Naturpark Solling-Vogler
Lindenstraße 6
37603 Holzminden-Neuhaus
Telefon: 05536 / 13 13
Internet:
www.naturpark-solling-vogler.de

TOP TIPP

3 Ebersnacken
Wanderparadies mit Turm und
herrlicher Aussicht

5 Burgberg
Wiesen mit seltenen
Orchideenarten

6 Schloss Bevern
Prachtbau der Weserrenaissance

9 Mecklenbruch
Großes Hochmoor mit Wanderwegen und Lehrpfad

10 Hannoversche Klippen
Mächtige Felstürme im Dreiländereck sowie Durchbruchstal
der Weser

Naturpark Solling-Vogler

*Prachtbauten der Weserrenaissance, Berge und Hochmoore, Hutewälder
mit mehrhundertjährigen Eichen und Buchen, Orchideenwiesen, Felsklippen
und stille Teiche – das und vieles mehr erwartet den Besucher in diesem
abwechslungsreichen Naturpark im Weserbergland.*

Ein besonders idyllischer Abschnitt des Wesertals lockt in der Nähe von Rühle häufig Kanufahrer an.

Das glitzernde Band der Weser zu Füßen von Solling und Vogler ist die Leitlinie für das Erleben
des Naturparks Solling-Vogler, in dem sich die
höchsten Berge des Weserberglandes erheben.
Ob vom Weser-Radweg, der Deutschen Märchenstraße, der Straße der Weserrenaissance
oder von einer Anlegestelle der Weserausflugs-
schiffe aus: Alle Wander- und Radwege sowie
Straßen führen hinauf in die Wälder von Solling
und Vogler. Zwischen den beiden waldreichen
Buntsandstein-Bergländern liegen die aussichts-
und felsenreichen Muschelkalkgebiete der Rühler Schweiz und des Eversteiner Burgberges.
Letzterer ist für seine wunderbaren Ausblicke
ebenso berühmt wie für seine Wiesen mit Frauenschuh und anderen Orchideenarten.

Weserrenaissance und Flussmäander

Bodenwerder **1**, die Heimat des »Lügen-
barons« Münchhausen, ist ein Luftkurort und
Jod-Sole-Bad an der Weser zu Füßen des wald-
bedeckten Voglers. Giebelständige Fachwerkhäuser prägen die Altstadt, das heutige Rathaus
ließ Statius von Münchhausen 1603 als Herrenhaus errichten. Hier wurde 1720 der fabulierlusti-
ge Karl Friedrich Hieronymus von Münchhausen
geboren; ein Gedenkraum vermittelt einen Eindruck von den Erlebnissen dieses Abenteurers,
der 1797 in Bodenwerder starb. Das Münchhau-
sen-Museum ist in der Schulenburg auf dem
parkartig gestalteten Gelände des ehemaligen
Gutshofes der Familie Münchhausen untergebracht.

Ein sehenswertes Schloss im Stil der Weserrenaissance ist **Schloss Hehlen** ❷ bei Bodenwerder. Alle zwei Jahre erstrahlt der Schlosspark im Glanz von 1000 Lichtern: Das Fest der »Schlossparkbeleuchtung« zählt zu den eindrucksvollsten an der oberen Weser.

Der Vogler ist mit seinem bewegten Relief aus tief eingeschnittenen Bachtälern, schmalen Bergrücken und klippenreichen Steilhängen hoch über der Weser ein Paradies für Wanderer. Die mit 460 m höchste Erhebung dieses kleinteiligen Buntsandstein-Berglandes ist der von einem Aussichtsturm bekrönte **Ebersnacken** ❸, dem hier alle Wanderwege zustreben. Wer auf knarzenden Holzstiegen den Ebersnackenturm erklommen hat, dem bietet sich ein grandioses Panorama: Der Blick schweift nach Süden über die Rühler Schweiz hinweg zum Solling, im Osten erhebt sich der bewaldete Hils, an den sich der Ith-Kamm anschließt. Jenseits von Ith und Hils zeigt sich bei klarer Sicht der Harz, während im Westen die Kämme von Teutoburger Wald und Eggegebirge am Horizont auftauchen. Ganz nah ist jenseits der Weser die Kuppe des Köterberges zu sehen.

Ein großartiger Aussichtspunkt ist der Weinberg in der **Rühler Schweiz** ❹ oberhalb des Fachwerkdorfes Rühle. Der Abschnitt zwischen Bodenwerder und Holzminden zu Füßen von Vogler und Eversteiner Burgberg ist der am wenigsten besiedelte, steilste und so gut wie nicht industrialisierte Teil des Oberwesertales. In weit ausholenden Mäandern gräbt sich der Fluss durch den Muschelkalk der Ottensteiner Hochfläche bzw. durch die Verwerfungszone von Muschelkalk und Buntsandstein (Vogler). In den Prallhängen am Eckberg zwischen Polle und Brevörde, am Kollberg bei Grave, am Tenterling bei der Steinmühle und an den Breitesteinklippen bei Rühle sind die Felswände so steil bzw. derart vom Fluss unterspült, dass die Straßen ins Gestein gesprengt werden mussten oder überhaupt kein Platz für Straßen war. Die Gleithänge hingegen bieten Raum für Landwirtschaft und kleinere Siedlungen. Wegen des verkehrsuntauglichen Geländes wurde auf dieser Mäanderstrecke keine einzige Stadt gegründet. An der noch verkehrsgünstigsten Stelle ließen die Grafen von Everstein auf einem

das Tal beherrschenden Bergkegel die Burg Polle errichten, nachdem sie 1284 ihre Stammburg auf dem Eversteiner Burgberg an die Welfen verloren hatten. Die Aschenputtelspiele auf Burg Polle erinnern daran, dass dort einst Aschenputtel und seine beiden garstigen Stiefschwestern gelebt haben sollen.

Ein außergewöhnliches Pflanzenparadies

Der zwischen Bever- und Forstbach aufragende **Burgberg** ❺ mit den Ruinen der Höhenburg oberhalb des früheren Zisterzienserklosters Amelungsborn war im Mittelalter ein Machtzentrum an der oberen Weser: Von der Doppelburganlage auf seinen Gipfeln beherrschten die Grafen von Everstein das Gebiet von Holzminden bis Hameln. Die Burgen sind längst verschwunden, doch der aus Muschelkalk aufgebaute Berg mit seiner unverwechselbaren, von den drei Gipfelkegeln bastionsartig akzentuierten Silhouette zählt weiterhin zu den besten Aussichtspunkten

WANDERTIPP

LOHNENDE AUSSICHT

Das malerische Fachwerkdorf Rühle an der Weser ist Namensgeber der Rühler Schweiz ❹. Die relative Steilheit des Geländes hat diesem Gebiet den Ruf einer »Schweiz« eingetragen. Zu den Veranstaltungshöhepunkten zählt im Frühjahr das Kirschblütenfest in Rühle, Golmbach und Reileifzen. Der lohnendste Aussichtspunkt der Rühler Schweiz ist der unter Naturschutz stehende Weinberg hoch über Rühle (Bild),

der Wanderweg beginnt an der kleinen Kirche, der Aufstieg dauert knapp 45 Minuten. Der aus Muschelkalk aufgebaute Weinberg ist ein Paradies für selten gewordene Pflanzen: Enzian-Halbtrockenrasen, Schlehen-Weißdorn-Gebüsche und Orchideen-Buchen-Wälder finden sich hier. Zudem wartet er mit Zeugnissen der Hutenutzung und des Streuobstbaues auf. Damit diese Relikte alter bäuerlicher Kultur erhalten bleiben, werden die Halbtrockenrasenflächen von Wanderschafen beweidet und alle 2 Jahre gemäht.

Zu Füßen der steil abfallenden Felsen der Hannoverschen Klippen breitet sich das obere Wesertal aus.

SCHLOSS BEVERN – EIN HAUPT-WERK DER WESERRENAISSANCE

Statius von Münchhausen ließ das vierflügelige Schloss (**6**, Bild) 1603–12 um einen quadratischen Innenhof errichten und mit Wassergraben, Schlossgarten und zwei Brücken versehen. Nach wechselvollem Schicksal wird die einstige Residenz der Linie Braunschweig–Bevern heute u. a. als Kulturzentrum und Restaurant genutzt. Der Prachtbau an der Straße der Weserrenais-

sance und am Weserradweg besteht aus hellem Oberkirchener und rotem Wesersandstein, der Oberstock und die beiden Obergeschosse des Nordwest-Treppenturmes sind hofseitig in Eichenfachwerk gearbeitet. Die welschen Hauben auf den Türmen grüßen weithin ins Land.

des Weserberglandes. Schafe und Rotes Höhenvieh (eine robuste Rinderrasse) weiden auf den Wiesen und Kalkmagerrasen. Das Naturschutzgebiet »Frauenschuhfläche«, ein Pflanzenparadies im nordostexponierten Steilhang des Eversteiner Burgberges, ist durch einen Naturlehrpfad erschlossen, der aus Naturschutzgründen nicht verlassen werden darf. Der Frauen-, Marien- oder Venusschuh – die Honiglippe dieser »Bienenfalle« ähnelt einem Pantoffel – ist eine geschützte Orchidee, wurde jedoch von Sammlern nahezu ausgerottet. Dass hier außer verschiedenen Orchideenarten und Enziangewächsen auch Wacholder, Zittergras, Thymian und andere seltene Pflanzen ein Rückzugsgebiet gefunden haben, ist darauf zurückzuführen, dass die Natur hier in einem Kultur-Natur-Zustand gehalten wird, der in etwa dem des Mittelalters entspricht. Die damalige Brennholz-, Waldweide- und Streunutzung führte zur Verlichtung der Buchenwälder, ließ Offenlandinseln entstehen und bewirkte eine Verarmung der Böden: Auf die Inseln im dunklen Buchenwald wanderten lichthungrige Pflanzen ein. Sie konnten sich trotz Waldweidenutzung halten, weil das Vieh sie verschmähte – Wacholder mögen die Tiere wegen seiner Stacheln nicht und Enzian wehrt sich mit Bitterstoffen. Überließe man die Frauenschuhfläche ganz der natürlichen Entwicklung, würden bald Buchen auf das Gelände vorrücken und die lichtbedürftigen Pflanzen vertreiben. Durch entsprechende Maßnahmen wird eine Wiederverwaldung aber verhindert – und so lässt sich hier auf dem Burgberg eine Art von mittelalterlicher Lichtinsel im Buchenwald erleben.

TOP TIPP Einen Besuch lohnt auch das sehenswerte **Schloss Bevern** **6**. Es zählt zu den bedeutendsten Baudenkmälern der Weserrenaissance, einer niedersächsisch-westfälischen Variante der Renaissance im 16. und 17. Jahrhundert.

Dramatische Berglandschaft im Dreiländereck

Der dicht bewaldete Solling ist das größte und höchste Einzelgebirge im Weserbergland. Der bis zu 50 km lange und bis zu 30 km breite Buntsandstein-Höhenzug wölbt sich rechts der Weser zwischen Uslar, Dassel und Holzminden. Die Große Blöße (528 m) markiert den höchsten Punkt des Weserberglandes. Aussichtstürme im dichten Waldkleid sind der Sollingturm auf dem Strutberg (444 m) bei Uslar und der Hochsollingturm am Moosberg (509 m) bei Neuhaus. Breite Waldrücken, liebliche Wiesentäler wie das durch einen schönen Wanderweg erschlossene **Hasselbachtal** **7** und das Hellental sowie im Wald versteckte Teiche prägen das Landschaftsbild. Das **Hellental** **8** ist das berühmteste und auch geologisch interessanteste Sollingtal. Die Helle, deren Quellbäche sich im Mecklenbruch sammeln, durchfließt in diesem weiten Wiesental nicht nur den hier typischen Buntsandstein, sondern auch Muschelkalk, weshalb das Tal landschaftlich äußerst abwechslungsreich ist: Die Helle schlängelt sich zwischen Auenwaldstreifen und Sumpfdotterblumen, in den Kalkbereichen versickert sie in »Bachschwinden«, fließt unterirdisch durch den Karst und tritt dann wieder in Wiesen zu Tage. Zahlreiche Wanderwege erschließen das Hellental, der beste Ausgangs-

punkt ist Silberborn, wo man auch parkt, um durch das Mecklenbruch zu wandern (zu erreichen über die B 497 Holzminden–Uslar, kurz vor Neuhaus nach Silberborn abbiegen).

Undurchlässige Böden auf dem niederschlagsreichen, plateauartigen Gelände im Hochsolling begünstigen die Bildung von Hochmooren und Bruchwäldern. Das größte Moor, das die Entwässerungsmaßnahmen des 19. Jahrhunderts weitgehend überstanden hat, ist das durch einen Naturerlebnispfad erschlossene **Mecklenbruch** ➒ in der Nähe des Wildparks Neuhaus, südöstlich davon liegt das ebenfalls unter Naturschutz stehende Torfmoor. In die Birken-, Eichen- und Buchenwälder auf dem Plateau trieben die Bewohner der umliegenden Siedlungen in vergangenen Jahrhunderten ihr Vieh und holten dort Laubheu als Streu und Futter. Die gewaltigen, als Naturdenkmäler ausgewiesenen Eichen am Dreiländereck erinnern an die alte Waldweidezeit. Da der Wald auf den sauren Böden nur langsam wächst, kam es nach und nach zum Rückgang der Wälder, weil der Brennholzbedarf der nahen Glashütten und Schmieden sowie der Porzellanmanufaktur in Fürstenberg enorm war; die berühmten Sollingbuchen wurden bis nach Hannover getriftet. Um Ausflüglern einen Einblick in die faszinierende Landschaft zu ermöglichen, führt ein Bohlensteg zu einem Aussichtsturm im Mecklenbruch und das Verkehrsamt Silberborn bietet regelmäßig geführte Wanderungen durch das Hochmoor an.

Seine größte Dramatik entfaltet der Solling im Süden am Weserdurchbruchstal, wo er im Dreiländereck bei Bad Karlshafen in wandartigen, felsdurchsetzten Steilhängen zur Weser abstürzt: Die **Hannoverschen Klippen** ➓ gegenüber von Bad Karlshafen sind eines der bedeutendsten Felsensembles im Oberwesertal. Um rund 100 m überragen die sieben Buntsandsteintürme den Fluss, zwei von ihnen sind als Aussichtspunkte begehbar und bieten einmalige Panoramen. Der Name der Klippen erinnert an die frühere Zugehörigkeit zum Königreich Hannover. Der steile Aufstieg hinauf dauert etwa 15 Minuten, beginnt am Bahnhof Bad Karlshafen und ist mit »x3« (Wildbahn) markiert.

Naturerlebnis für Groß und Klein

Im Erholungsort **Nienover** ⑪ an der Deutschen Märchenstraße im Reiherbachtal oberhalb von Bodenfelde steht das bedeutendste Jagdschloss des Sollings. Die Dreiflügelanlage thront auf einem Sporn des Schinkelberges. In der Nähe des Schlosses gibt es einen vor 200 Jahren gepflanzten Eichenbestand: Seit 2000 ist das 170 ha große Wald-Offenland-Gebiet ein internationales Hutewald-Projekt, in dem Exmoor-Ponys und Heckrinder leben. Infozentrum, Schaugehege und Erlebnispfade laden hier ebenso zum Entdecken ein wie im benachbarten **Erlebniswald Schönhagen** ⑫, der von der B 497 ausgeschildert ist. Im 12 ha großen Gelände des Erlebniswaldes können Familien mit Kindern ab 3 Jahren den Wald mit allen Sinnen spielerisch erforschen: in einer Erdhöhle, am Wassergraben, im Duftgarten und auf dem 40 m hohen »Klimaturm« mit herrlicher Aussicht. Weiter südlich lockt die Familien-Erlebnislandschaft **Delliehausen** ⑬ bei Uslar Groß und Klein.

TIPP FÜR KINDER

ERLEBNISLANDSCHAFT DELLIEHAUSEN

In Delliehausen ⑬ bei Uslar wird viel geboten: Naturerlebnisflächen wie z. B. Feuchtbiotope, Hochstaudenfluren und Streuobstwiesen, ein Bergsee als Schutzgebiet für seltene Pflanzen und als Badesee mit Sandstrand und Wasserrutsche, die Naturparkanlage »Dümpelwiesen«, vielfältige Bachlandschaften sowie ein Abenteuerspielplatz in der reizvollen Wiesen- und Waldlandschaft las-

sen keine Langeweile aufkommen. Lehrpfadstationen wecken das Interesse an Geschichte, Geologie und Naturschutz. Alljährlich im Frühsommer wird der Meiler an der Köhlerhütte aufgebaut und während des Köhlerfestes angezündet (Bild).

Im größten Hochmoor des Weserberglandes, dem Mecklenbruch, kann man geführte Wanderungen unternehmen.

SERVICE

Anfahrt: Auf der A 40 bis zur Ausfahrt Straelen/Herongen, weiter auf der B 221 Richtung Kaldenkirchen bis Leuth, dann auf der B 509 Richtung Hinsbeck und kurz vor Hinsbeck links zu den Krickenbecker Seen; nächstgelegene ICE-Bahnhöfe in Duisburg und Düsseldorf

Lage: Im Niederrheinischen Tiefland im Grenzgebiet von Nordrhein-Westfalen und den Niederlanden

Größe: 435 km²

Höchste Erhebung:
Hoher Busch (86 m)

Gründung: 1965

Information:
Naturpark Schwalm-Nette
Willy-Brandt-Ring 15
41747 Viersen

Telefon: 02162 / 8170 94 08

Infohäuser: In Brüggen, Wachtendonk und Wegberg

Internet:
www.naturparkschwalm-nette.de

Naturpark Schwalm-Nette

Eines der größten Vogelschutzgebiete Mitteleuropas, Auen- und Erlenbruchwälder, Heideflächen, Moore und Seen prägen die Landschaft des Naturparks Schwalm-Nette. Glanzpunkte sind die Krickenbecker Seen, das Elmpter Schwalmbruch und das obere Schwalmtal.

Die Krickenbecker Seen wurden vor Jahrhunderten von Menschenhand geschaffen – durch großflächigen Torfabbau.

TOP TIPP

❶ Krickenbecker Seen
Vier-Seen-Paradies mit Naturschutzstation, Aussichtsturm, Strandbad und Wasserschloss

❹ Elmpter Schwalmbruch
Wacholderheide mit Bohlenweg durchs Moor, Aussichtsturm und Rundwanderwegen

❻ Tüschenbroicher Weiher
Schloss, Festung und Mühlen an wildromantischem Gewässer

Die Flüsse Schwalm und Nette sind die Namensgeberinnen des Naturparks in der Flussterrassenlandschaft des Niederrheinischen Tieflandes an der Grenze zu den Niederlanden. Der Naturpark ist Teil des internationalen Naturparks Maas-Schwalm-Nette, der 1976 als erster deutschniederländischer Naturpark gegründet wurde. Zahlreiche Wander- und Radwanderwege sowie Naturerlebnispfade erschließen den Naturpark, mehr als 20 Besucher- und Naturschutzzentren informieren über Flora und Fauna.

Zu den Glanzpunkten des Parks auf deutscher Seite zählen die waldumrahmten Krickenbecker Seen mit ihrem Vogelreichtum und der Elmpter Schwalmbruch – hier hat sich eine der letzten Wacholderheiden am Niederrhein erhalten. Ein kulturelles Kontrastprogramm zu diesen Naturschätzen bieten Brüggen, Wachtendonk und Wassenberg mit ihren mittelalterlichen Stadtkernen, im Haus Püllen (erbaut 1634) im historischen Ortskern von Wachtendonk befindet sich ein Informations- und Bildungszentrum des Naturparks. Weitere Informationszentren befinden sich in Burg Brüggen und auf dem Gelände des ehemaligen Militärflughafens Wegberg-Wildenrath. Das Niederrheinische Freilichtmuseum in Grefrath zeigt, wie Bauern und Handwerker vor Hunderten von Jahren am mittleren Niederrhein lebten. Zentrales Gebäude des Freilichtmuseums ist die Dorenburg, eine Wasserburg.

Ein Paradies für Pflanzen- und Vogelliebhaber

 Wie ein vierblättriges Kleeblatt liegen die **Krickenbecker Seen ❶** rund um das Wasserschloss Krickenbeck, sie sind Zentrum

Gesunder Mischwald und eine üppige bodennahe Vegetation laden im Schwalmtal zum Wandern ein.

und Namensgeberinnen eines der ältesten (gegründet 1938) und größten Naturschutzgebiete in Nordrhein-Westfalen. Die das Ufer begleitenden Erlenbruch-, Sumpf- und Auenwälder, Hecken, Schilfgürtel und Wasserpflanzen haben dieses 1170 ha große Areal zu einem der wichtigsten Vogelrückzugsgebiete am Niederrhein werden lassen. In der Moor- und Bruchlandschaft hecken Rohrschwirl, Fischreiher und Blaukehlchen, in der kalten Jahreszeit fliegen Gänse- und Zwergsäger, Fischadler und Trauerseeschwalbe ein. Seltene Pflanzen wie Drachenwurz, Gagel und der fleischfressende Sonnentau sind hier heimisch geworden, Tausende von Sumpfdotterblumen, Schwertlilien und Seerosen auf den Stillgewässern

und längs des Alten Nordkanals verwandeln die Landschaft im Frühling und im Frühsommer in ein gelbes Blütenmeer. Seit dem Tertiär sank das Tal der Nette ständig ab, an seinem Ostrand wurde der Viersener Horst pultartig herausgehoben, was zur Aufstauung der Nette und im Lauf der Jahrtausende zur Bildung von Bruchwald- und Torfflächen mit einer Dicke von bis zu 3 m führte. Die noch erhaltenen Erlenbruchwälder bilden den größten und am besten ausgebildeten Bestand in Nordrhein-Westfalen. Durch den Torfabbau, den der preußische »Soldatenkönig« Friedrich Wilhelm I. im Jahr 1713 anordnete, entstanden die vier bis zu 3 m tiefen Krickenbecker Seen.

Die **Heidemoore** ❷ liegen wie Inseln in den Kiefernforsten von Nettetal-Kaldenkirchen. Die von Regenwasser gespeisten Moorseen bieten ideale Lebensräume für Zwergtaucher, Krickenten und Wasserrallen, für zahlreiche Libellenarten

BIOLOGISCHE STATION

Die Biologische Station Krickenbecker Seen am Strandbad am Hinsbecker Bruch (ein Bruch ist ein Moor mit Sumpfwäldern) informiert in einer lebendigen Ausstellung (Bild) über die Entstehung der Krickenbecker Seen ❶ sowie die Tier- und Pflanzenwelt, die rund um die vier Gewässer entstanden ist. Dabei wird auch erklärt, was Naturschutz eigentlich bedeutet, mit welchen Mitteln man gefährdete Arten bzw.

Ökosysteme erhalten kann und auf welche Probleme man dabei stößt. Ein Höhepunkt der Schau sind die vertonten Diapräsentationen, bei denen man Tiere wie Graureiher, Fledermäuse oder Erdkröten nicht nur sehen, sondern auch hören kann. Als weitere Attraktion gibt es einen Aussichtssteg mit Blick über das Hinsbecker Bruch: Am Ende des Steges befindet man sich auf einer Aussichtsplattform über dem Wasser. Sie bietet einen wunderbaren Blick auf das Naturschutzgebiet, ohne dass man in die geschützten Bereiche eindringt. Die Biologische Station bietet nicht zuletzt Führungen an und ist Ausgangspunkt zahlreicher Wander- und Radwege.

FIETSALLEE AM NORDKANAL

Ein weiteres durch menschliche Eingriffe entstandenes Gewässer an den Krickenbecker Seen ❶ ist der als Kulturdenkmal unter Schutz stehende Alte Nordkanal. Er wurde während der napoleonischen Kriege ab 1807 als Teilstück einer geplanten Kanalverbindung zwischen dem Rhein bei Neuss und der Maas bei Venlo angelegt. 1810, nach der österreichischen Erhebung und vor seinem Rußlandfeldzug, stoppte

Napoleon den Bau des »Canal du Nord«. Heute folgt der 100 km lange Radwanderweg »Fietsallee« (Bild) dem Kanal von Neuss nach Mönchengladbach, zu den Krickenbecker Seen und weiter ins niederländische Nederweert.

sowie für den Moorfrosch. Ausgangspunkt für die Erkundung dieser geheimnisvollen Landschaft ist der Parkplatz des in Nettetal-Kaldenkirchen ausgeschilderten Ausflugsgasthofs »Haus Galgenvenn« an der Knorrstraße. Hier befindet sich am Waldrand ein schöner Spielplatz, an dem ausgeschilderte Wanderwege beginnen. Je nach gewählter Route sollte man ein bis zwei Stunden für die Heidemoore-Wanderung einplanen.

Das Naturschutzgebiet **Brachter Wald** ❸ schließt sich rund 2 Kilometer südlich auf dem Gelände des ehemaligen Munitionsdepots Brüggen-Bracht der britischen Rheinarmee an. Erschlossen ist dieses größte Naturschutzgebiet des Landkreises Viersen durch sechs Zugänge für Fuß- und Radwanderer sowie durch drei markierte Rundwege und verbundene Radwege mit einer gesamten Länge von über 30 km. Ausgangspunkt ist der Wanderparkplatz Weißer Stein am gleichnamigen Ausflugsrestaurant an der deutsch-niederländischen Grenze. Am besten ist man in diesem Gebiet nicht zu Fuß, sondern mit dem Rad unterwegs: Nahezu alle Wege sind asphaltiert.

Beschauliche Moorwanderungen im Grenzland

Eines der schönsten und unberührtesten Naturschutzgebiete des Naturparks ist das **Elmpter Schwalmbruch** ❹. Hier findet man die einzige Wacholderheide am linken Niederrhein. Wegen seiner landschaftlichen Schönheit

TOP TIPP

wurde dieser 285 ha große Niederungsbereich im Schwalmtal zwischen Brüggen und dem niederländischen Swalmen in den 1990er-Jahren als erstes »Naturerlebnisgebiet« Nordrhein-Westfalens eingerichtet. Wanderwege mit Informationstafeln leiten durch die Moorbirkenwälder und von Moorschnucken beweideten Heideflächen. Ein Bohlenweg führt mitten durch ein Moorgewässer – hier lassen sich Erdkröten, Wasser- und Grasfrösche sowie Libellen beobachten. Ausgangspunkt für Wanderungen durch das Elmpter Schwalmbruch ist der Wanderparkplatz Venekoten bei Elmpten, einem Ortsteil von Niederkrüchten.

Der mittelalterliche Burgort **Brüggen** ❺ an der Schwalm ist überregional bekannt durch seine Altstadtfeste, Jahrmärkte und Burgfestivals. An rund 40 Sonn- und Feiertagen im Jahr sind hier die Läden geöffnet – was von weither Feierlustige und Kauffreudige aus Deutschland und den Niederlanden anlockt. Seine Entstehung verdankt Brüggen (»die Brücke«) der Lage an einer Schwalmfurt, in der die Grafen von Kessel im 13. Jahrhundert die Burg auf einer Kiesinsel errichten ließen. Während der napoleonischen Kriege überließen die französischen Besatzer die viertürmige Burg einem Privatmann, der das Gebäude verfallen ließ. Palas und Bergfried zeugen heute noch von den einstigen, gewaltigen Ausmaßen der Festung. Burg Brüggen beherbergt ein modern ausgestattetes Jagd- und Naturkundemuseum sowie eine Naturpark-Infor-

Moorschnucken im Elmpter Schwalmbruch: Die Schafe pflegen auf natürliche Weise die Feuchtwiesen.

Mühlen sind im oberen Tal der Schwalm recht häufig anzutreffen, wie etwa diese Wassermühle in Brüggen.

mationsstelle, in der man die typischen Landschaftsformen des Naturparks in dreidimensionalen Schaukästen, sogenannten Dioramen, bestaunen kann.

Im Tal der Mühlen

Der Oberlauf der Schwalm – zwischen den Tüschenbroicher Weihern und Brüggen – ist mit seiner bunten Mischung aus Naturschutzgebieten, Auenwäldern, Seen, Schlössern und Reetdachdörfern eine wahre Perle am Niederrhein. Allein 25 Wassermühlen stehen im oberen Schwalmtal, einige von ihnen wurden in Gasthöfe umgewandelt, die während der Wanderung zum Verweilen einladen, andere sind noch funktionsfähig und können besichtigt werden. Die Schwalm entspringt in einer imposanten Landschaftskulisse an den **Tüschenbroi-cher Weihern** ❻ in unmittelbarer Nähe der Tüschenbroicher Mühle (Ausflugsrestaurant, Parkplatz) und des Schlosses Tüschenbroich, dessen Bauten aus dem 15. – 18. Jahrhundert stammen. Das Restaurant, ein Bootsverleih, die Weiher und die umliegenden, ausgedehnten Wälder mit ihren Spazierwegen haben die Tüschenbroicher Weiher zu einem viel besuchten Naherholungsgebiet werden lassen. Wer mit dem Rad anreist, kann an den Tüschenbroicher Weihern in die Wegberger Wassermühlentour einsteigen; dieser Rundkurs ist 22 km lang. Vom Quellgebiet fließt die Schwalm an der Bischofs-

und der Bockenmühle vorbei in das mittelalterliche Kloster- und Burgstädtchen Wegberg und schlängelt sich hinab zur Molzmühle, wo der Mühlenbach einmündet. Am Mühlenbach liegen die Buschmühle, die Holtmühle und die Schrofmühle. Letztere ist für eine Besichtigung zugänglich und auf jeden Fall einen Besuch wert.

Am Rand der Schwalmbruchwälder liegt wenig unterhalb das wunderschöne Dorf **Schwaam** ❼ mit seinen denkmalgeschützten, mit Reet gedeckten Gehöften. Der Legende nach soll in einem dieser Häuser einmal Kaiser Napoleon übernachtet haben. Ein Höhepunkt unter den alljährlichen Brauchtumsveranstaltungen in Schwaam ist der Feldgottesdienst am 3. Oktober mit anschließender Tier- und Kutschensegnung beim Gasthof »Timmermans«.

An der unter Denkmalschutz stehenden Stauanlage der Brempter Mühle weitet sich der 20 ha große **Hariksee** ❽, ein Naturparadies, gesäumt von Bruchwäldern, Mooren und Schwarzerlen. Der zu jeder Jahreszeit lohnende Rundwanderweg um den See ist circa 3 km lang, zu Wasser lässt sich der waldumrahmte See im Kanu oder im Tretboot erkunden, zwischen den Ausflugsrestaurants »Mühlrather Mühle« am Ausfluss und »Insel-Schlösschen« am Zufluss verkehrt ein kleines Fahrgastschiff. Die Mühlrather Mühle ist eine der ältesten Wassermühlen am Niederrhein: 1447 wird sie erstmals erwähnt, der heutige Bau wurde 1590 errichtet.

KULTURTIPP

KULTURELLE KLEINODE AUF NIEDERLÄNDISCHER SEITE

Der holländische Teil des Naturparks ist reich an kulturellen Glanzpunkten. An der Mündung der Rur (niederländisch: Roer) liegt die mittelalterliche Münster- und Hansestadt Roermond (Bild: Münsterplatz). Die dreischiffige romanische Basilika von Sint Odiliënberg auf einem Hügel über dem Rurtal ist ein beeindruckender Sakralbau. Die Hansestadt Venlo an der Maas mit

ihren Giebelhäusern des 16. bis 18. Jahrhunderts ist für die deutschen Nachbarn »die« Einkaufsstadt der Region. Im Stadtteil Tegelen liegt das pittoreske Klosterdorf der Steyler Missionare mit Parkanlagen und Museum, auf deutscher Seite, unmittelbar an der Grenze, glänzen Wachtendonk an der Mündung der Nette und Wassenberg mit ihren mittelalterlichen Altstadtkernen.

Anfahrt: Auf der A 4 Köln – Kreuztal bis Engelskirchen; nächstgelegener ICE-Bahnhof in Köln, von dort aus weiter mit der Regionalbahn bis Engelskirchen-Ründeroth

Lage: Zwischen Remscheid im Norden, dem Sauerland im Osten, dem Westerwald im Süden und der Köln-Siegburger Bucht im Westen

Größe: 2100 km²

Höchste Erhebung:
Unnenberg (506 m)

Gründung: 1973

Information:
Naturpark Bergisches Land
Moltkestraße 34
51643 Gummersbach

Telefon: 02261 / 88 69 09

Internet:
www.naturpark-bergisches-land.de

TOP TIPP

2 Bergisches Freilichtmuseum
Mensch und Umwelt stehen im Mittelpunkt dieses Museums für Ökologie und bäuerlich-handwerkliche Kunst

4 Schloss Homburg
Naturerlebnispfade rund um ein sehenswertes kulturgeschichtliches Museum

5 Nutscheid
Größtes zusammenhängendes Waldgebiet des Bergischen Landes

6 Wahner Heide
Dünen- und Heidelandschaft mit rund 700 gefährdeten Arten

9 Müngstener Brücke
Höchste Eisenbahnbrücke Deutschlands in idyllischer Umgebung

Naturpark Bergisches Land

Eine Mittelgebirgslandschaft wie aus dem Bilderbuch: Wälder und Wiesen, sanfte Kuppen, sprudelnde Bäche. Und doch wurde das Bergische Land wie kaum ein anderer Naturpark vom Menschen geprägt: Mühlen, Hämmer und Industriedenkmäler erzählen die Besiedlungsgeschichte der Region.

Eine sanfte, grüne Hügellandschaft – so präsentiert sich der Naturpark von der Burgruine Windeck aus.

Zu Beginn muss ein Missverständnis ausgeräumt werden: Das Bergische Land ist nicht bergig. Seinen Namen verdankt es keinen schroffen Gipfeln, sondern seinen ehemaligen Landesherren, den Grafen von Berg. Sanft steigt die Mittelgebirgslandschaft wie eine schiefe Treppe vom Rhein gen Osten an. Doch dieser Anstieg hat Folgen. »Löu, et gitt Rähn!« (»Leute, es gibt Regen!«) soll der gute alte Wilhelm, genannt Rähn-Willem, allen, die es wissen oder auch nicht wissen wollten, selbst bei strahlendem Sonnenschein verkündet haben. In Morsbach im Osten des Bergischen Landes hat man dem Original ein Denkmal gesetzt.

Tatsächlich sind die Niederschläge in dieser Gegend höher als in den meisten anderen Regionen Deutschlands. Denn das Bergische Land ist das erste Hindernis, auf das die feuchten atlantischen Westwinde treffen. Sie bescheren ihm seinen größten Schatz: Wasser. Die jährlichen Niederschläge steigen von 800 mm im Westen über recht kurze Distanz auf über 1300 mm im Osten an. Das Wasser formte die Landschaft. Es zerschnitt die 300 Millionen Jahre alten Ablagerungen des devonischen Meeres in Kuppen und Täler, es ließ üppige Laubwälder wachsen und trieb die Mühlen und Eisenhämmer an, die den Menschen in vor- und frühindustrieller Zeit Energie lieferten.

Das Bergische Land ist Teil des Rheinischen Schiefergebirges. Es besteht zum großen Teil aus Grauwacke, Sandstein und Schiefer, den verfestigten Ablagerungen des Devonmeeres, das sich bis vor etwa 340 Millionen Jahren hier ausbreitete. Durch den Gesteinsdruck bildeten sich Klüfte, in die heißes Wasser aus dem Inneren der Erde

Viel entdecken können Kinder im Bergischen Freilichtmuseum in Lindlar; hier dürfen sie auch Ponys streicheln.

aufstieg und dort Mineralien ausschied. So entstanden die Erz- und Quarzgänge, die teilweise schon im Mittelalter ausgebeutet wurden. Eine Zeitreise zu den Korallenriffen des einstigen tropischen Meeres kann man in der **Aggertalhöhle ❶** bei Engelskirchen (Im Krümmel 39) unternehmen. Ihr Gangsystem wurde vor langer Zeit von Grundwasser ausgespült, das seitlich in den Riffkalkzug eindrang. Da Tonschieferschichten über dem aus den Korallen entstandenen Kalk liegen, konnte von oben kaum Wasser in die Höhle gelangen, sodass nur kleine Tropfsteine entstanden. Auf Grauwacke, Sandstein und Schiefer können nur nährstoffarme Böden entstehen, die besonders in den höheren, regenreichen Lagen keine sehr einträgliche Landwirtschaft zulassen. Gibt es im Niederbergischen noch fruchtbare Äcker, so dominieren im höheren Bergland Wald und Regen über Viehweiden, Einzelhöfe und Weiler. Einen Einblick in die harte Arbeit der Bäuerinnen und Bauern kann man **TOP TIPP** im **Bergischen Freilichtmuseum ❷** für Ökologie und bäuerlich-handwerkliche Kunst in Lindlar (Schloss Heiligenhoven, www.bergisches-freilichtmuseum.lvr.de) gewinnen. Auf 25 ha werden alte Tierrassen, Feldfrüchte und Kräuter ebenso gezeigt wie Höfe, Wohnhäuser und Werkstätten.

Farbenfrohe Kirchen und prunkvolle Schlösser

Über die A 4 gelangt man ins Herz des Bergischen Landes, das Homburger Ländchen. Rund um Schloss Homburg und die Kirchdörfer Nümbrecht und Marienberghausen prägt ein harmonisches Mosaik aus ursprünglichen Laubwäldern, Wiesen und Weiden sowie naturnahen Flüssen und Bächen das Landschaftsbild. Nümbrecht ist ein malerisches Fachwerkdorf im Schatten einer 1000-jährigen Schlosskirche, das in den letzten Jahrzehnten viele Künstler angezogen hat. In **Marienberghausen ❸** kann man eine der »bonten Kerken« des Bergischen Landes besichtigen: kleine Kirchen mit bunten Fresken, die den Analphabeten früherer Zeiten christliche Botschaften teilweise recht plakativ vor Augen führten.

TOP TIPP Für den Bau von **Schloss Homburg ❹** (Schlossstraße, Nümbrecht) holten sich die Grafen Sayn und Wittgenstein – Konkurrenten der Grafen von Berg – Anregungen

▶ **WANDERTIPP**

BERGISCHE NATUR- UND MUSEUMSROUTE
Der 280 km lange Wanderweg durch die Industrie- und Kulturgeschichte der Region führt von Wuppertal bis an die Sieg quer durch das Bergische Land und passiert dabei u.a. die Orte Lindlar (bei ❷), Engelskirchen (bei ❶) und Nümbrecht (bei ❹). Die Strecke ist in verschiedene Themenabschnitte gegliedert, etwa Textilindustrie, Frühindustrie, Alte Wege, Fuhrmannswesen, Erzbergbau, Wasserkraft, Schwerverkehr und Schmiedewesen. Informationsmaterial gibt es bei der Naturarena Bergisches Land (Informationen: Tel. 02266/463377 oder im Internet unter www.strassederarbeit.de).

Kaum zu glauben, dass man sich hier in unmittelbarer Nähe der Großstadt Köln befindet: die Wahner Heide.

AFFEN- UND VOGELPARK ECKENHAGEN

In dem 80 000 m² großen Freizeitpark am Rande des Luftkurorts Reichshof-Eckenhagen (östlich von ❶) leben etwa 180 verschiedene Tierarten. Im »Affental«, einem etwa 12 000 m² großen, begehbaren Freigehege, können Besucher Totenkopfäffchen (Bild) und Berberaffen aus nächster Nähe erleben. In Freiflughallen und Volieren sind heimische und tropische Vögel wie Eulen,

Schwarzstörche und Papageien zu beobachten. Außerdem gibt es einen Streichelzoo und zahlreiche Spielgeräte. Bei schlechterem Wetter lockt die Indoor-Erlebnishalle. Picknick ist erlaubt, zudem kann man gratis eine Grillhütte buchen (Tel. 02265/8786, Internet www. affen-und-vogelpark.de).

aus Versailles, was ihre Finanzkraft jedoch bei Weitem überstieg. Heute beherbergen die Burgmauern ein kulturhistorisches Museum. Im ehemaligen Forsthaus in der Nähe des Schlosses bietet die Biologische Station Oberberg Besuchern Informationen und Materialien für Wanderungen auf verschiedenen Naturerlebnispfaden an. Familien können sich hier gegen eine Gebühr Rucksäcke mit Material zur spielerischen Erkundung des artenreichen Laubwaldes und der Brölaue ausleihen.

Naturwunder im Ballungsraum

Südlich von Nümbrecht befindet sich das größte zusammenhängende Waldgebiet im Bergischen Land: der **Nutscheid** ❺. Auf dem Kamm des Bergrückens kann man auf etwa 35 km über gut befestigte Waldwege und autoarme Nebenstraßen von Waldbröl bis nach Winterscheid radeln (ausführliche Informationen im Radtourenset »Wasser, Wälder, Eisenhämmer«, vom Landschaftsverband Rheinland). Auf dem Gebirgskamm verlief einst auch die Grenze zwischen dem Herzogtum Berg und der Herrschaft Homburg. Die Burg Windeck, die heute nur noch als Ruine erhalten ist, diente der Verteidigung der Grenze.

Der größte Teil des Nutscheids wird von ausgedehnten Hochwäldern bedeckt. Spechte, Dachse, Hohltauben und Waldkäuze nutzen die baumhöhlenreichen ältesten Teile der Wälder.

Doch auch die seit dem Mittelalter durch intensive Rodung entstandenen Niederwälder mit Birken und Erlen sind von großer ökologischer Bedeutung. Begünstigt durch die sonnige Lage über dem Siegtal, bieten sie zusammen mit Quellmooren und Heiden ein letztes Rückzugsgebiet für seltene Tierarten wie das Haselhuhn oder den Eichenzipfelfalter.

Über die B 478 gelangt man wieder in die dicht besiedelten Ballungsgebiete am Rand der rheinischen Bucht. Ausgerechnet hier, am Stadtrand der Metropole Köln, hat sich ein Naturschutzgebiet ersten Ranges entwickelt: die **Wahner Heide** ❻. Viele Dünen, während der letzten Eiszeit aus feinem Flugsand angehäuft, findet man hier. Ursprünglich war auch diese Landschaft bewaldet. Doch schon seit dem 7. Jahrhundert nutzten die Menschen die Gegend zur Torf-, Ton- und Holzgewinnung, vor allem aber als Weideland. Schafe und Ziegen verhinderten das Nachwachsen der Wälder, sodass diese sich immer mehr lichteten. Die Preußen richteten in der Bergischen Heide einen der ersten Truppenübungsplätze Deutschlands ein. Heute wird der größte Teil des Schießplatzes vom Flughafen Köln-Bonn eingenommen.

Der Naturschutz kümmerte weder die Schafhirten des Mittelalters noch das Militär. Trotzdem hat sich gerade auf den in der Vergangenheit intensiv genutzten Flächen eine einzigartige Vielfalt an Pflanzen und Tieren angesiedelt: Blühende Heiden sind neben Mooren und Bruch-wäldern zu finden, eine offene Dünenlandschaft in Nachbarschaft zu Tümpeln und naturnahen Bächen. Etwa 700 gefährdete Tier- und Pflanzen-arten leben in dem zweitgrößten Naturschutz-gebiet Nordrhein-Westfalens (Infozentrum Wah-ner Heide, Flughafenstraße 13, Altenrath).

Einst von Chemie belastet – jetzt schwimmen hier Forellen

Durch den Königsforst, ebenfalls ein wichtiges Naherholungsgebiet für die Kölner, geht es wei-ter nach Bergisch Gladbach zur Papiermühle im **Rheinischen Industriemuseum Alte Dombach** ❼, in der ein Museum eingerichtet wurde (Alte Dombach, Bergisch Gladbach, www.rim.lvr.de). Harte Arbeit mussten die Flüsse und Bäche einst im Bergischen verrichten, denn neben der Alten Dombach drängten sich entlang der Strunde auf 20 km 35 weitere Mühlen, die alle mit Wasserkraft betrieben wurden. Heute sind die Flüsse weit-gehend arbeitslos geworden – dafür aber auch sauberer. Aus giftigen Rinnsälen wurden vie-lerorts wieder lebendige Bäche, in denen sich Lachse und Forellen tummeln. Sauber muss auch das Wasser in den Talsperren sein, die die Groß-städte am Rhein mit Trinkwasser versorgen – viele werden deshalb besonders geschützt. Die größte von ihnen, die **Dhünn-Talsperre** ❽, ist das drittgrößte Wasserreservoir Deutschlands. Ein 100 m breiter Wasserschutzstreifen, den man nicht betreten darf, umgibt den See. Die schönen und teilweise recht abgeschiedenen Wander-wege verlaufen somit abseits vom Ufer – einen Blick auf den See hat man von ihnen aus kaum.

Flussabwärts, zwischen Odenthal und Altenberg, verläuft die Dhünn. Ein wilder Auenwald, der sich stellenweise wie ein grünes Dach über das Was-ser spannt, begleitet den naturbelassenen Fluss (Wanderparkplatz Schöllerhof, in der Nähe von Altenberg). Die Wasserqualität ist hervorragend, und das Flussbett gestaltet sich abwechslungs-reich mit Sandbänken, Kolken und Steilufern. Anspruchsvolle Vogelarten wie beispielsweise der Eisvogel, die Wasseramsel oder auch die Gebirgsstelze finden hier einen für sie geeigne-ten Lebensraum.

Die Verzahnung von Stadt und Land sowie die enge Verbindung zwischen Gewerbe und Natur ist charakteristisch für das Bergische Land. Die jüngste Erweiterung des Naturparks an seinem nördlichen Rand passt ins Bild: Seit dem Jahr 2006 gehören auch Stadtteile von Remscheid und Wuppertal zum Naturpark. Am verstädter-ten Nordrand findet sich das eindrucksvollste Denkmal der jüngeren Industriegeschichte, **TOP TIPP** die **Müngstener Brücke** ❾ bei Solingen. 5000 Tonnen Stahl wurden in der mit 107 m Höhe höchsten Eisenbahnbrücke Deutschlands verbaut. Unter der Brücke wurde vor kurzem der neue Brückenpark eröffnet. Die Parkplätze wur-den vor die Tore des neuen Parks verbannt, die Ufer- und Auenzone mit Rückzugsgebieten für die Tiere und Picknickplätzen neu gestaltet. Hier ist u. a. der Feuersalamander heimisch. Vom Brü-ckenpark führt ein etwa dreistündiger, mittel-schwerer Rundwanderweg durch das wildro-mantische Tal der Wupper nach Schloss Burg (Schlossplatz 2, Solingen), einem Grafenschloss aus dem 12. Jahrhundert.

KULTURTIPP

ALTENBERGER DOM

Graf Adolf IV. von Berg legte 1259 den Grundstein für den »Bergischen Dom« in Altenberg (westlich von ❽), der Teil einer 1133 gegründeten Zisterzienserabtei ist. Im gotischen Stil wurde sie aus Drachenfelser Tra-chyt und Tuffstein errichtet. Bei aller Großartigkeit ist die Kirche gemäß den Ordensregeln schlicht ausge-

stattet – bis auf das Westfenster mit seiner Darstellung des himmlischen Jerusalem, das größte Maßwerkfens-ter nördlich der Alpen (Eugen-Hei-nen-Platz, Odenthal-Altenberg, www. altenberg-info.de).

Ein Industriedenkmal von wahrhaft eindrucksvollen Ausmaßen stellt die Müngstener Brücke bei Solingen dar.

Naturpark Ebbegebirge

SERVICE

Anfahrt: Auf der A 45 von Dortmund Richtung Frankfurt am Main bis zur Ausfahrt Lüdenscheid, weiter nach Werdohl und dort auf der B 236 nach Plettenberg; nächstgelegene ICE-Bahnhöfe in Dortmund und Hagen

Lage: In Nordrhein-Westfalen im südwestlichen Sauerland zwischen den Naturparks Bergisches Land, Homert und Rothaargebirge

Größe: 777 km²

Höchste Erhebung:
Nordhelle (663 m)

Gründung: 1964

Information:
Naturpark Ebbegebirge
Danziger Straße 2
57462 Olpe

Telefon: 02761 / 812 80

Internet:
www.naturpark-ebbegebirge.de

Aussichtsreiches Wiesenland und artenreiche Wälder, reizvolle Wassersportseen, idyllische Moore und Schluchten, stille Wanderwege und die schönste Tropfsteinhöhle Westfalens – diese Attraktionen bietet der Naturpark Ebbegebirge im südwestlichen Sauerland.

Der wunderschön gelegene Biggesee zieht im Naturpark Ebbegebirge zahlreiche Besucher an.

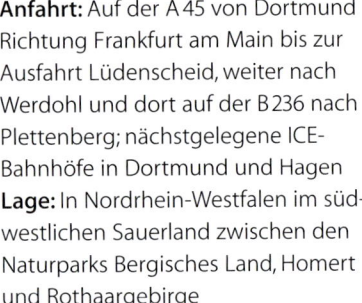

TOP TIPP

❶ Bommecketal
Klammartiges Schluchttal mit Wasserfällen und Strudeltöpfen

❷ Nordhelle
Aussichtsreicher höchster Berg des Ebbegebirges

❼ Attahöhle
Eine der schönsten Tropfsteinhöhlen Deutschlands

❿ Hohe Bracht
Aussichtsbalkon des Bilsteiner Berglandes

Der Naturpark Ebbegebirge mit seinen Wassersportseen im südwestlichen Sauerland ist dank der raschen Erreichbarkeit auf der »Sauerlandlinie« A 45 zu jeder Jahreszeit eine der meistbesuchten Wander- und Erholungsregionen Nordrhein-Westfalens. Kern und Namensgeber des Naturparks ist das Ebbegebirge, ein von Hochmooren und Wäldern geschmückter Bergkamm, das in der Nordhelle (663 m) die höchste Landmarke des märkischen Sauerlandes bildet und herrliche Wanderungen zu Fuß, per Ski und mit dem Rad ermöglicht. Südlich des Ebbekammes durchfließt die Lister das Listerbergland und eilt dem Biggesee zu. Dieser ist neben dem Möhnesee im Naturpark Arnsberger Wald das bedeutendste Wassersportzentrum des Sauerlandes.

Schluchtwälder und Panoramablicke

Mit seinen Felsen, Wasserfällen, Strudeltöpfen, Quellen und Schluchtwäldern ist das **Bommecketal ❶** bei Plettenberg-Böddinghausen das malerischste Tal im Naturpark Ebbegebirge. Es liegt im Plettenberger Bergland, der steilsten Region dieser Gegend. Das teils bewaldete, teils von aussichtsreichem Grünland bedeckte, durch die Täler von Else und Oese tief zerschnittene Bergland bildet den Nordostrand des Naturparks, von den Bergen Hohe Molmert (575 m) und Heiligenstuhl (584 m) stürzen die Hänge steil fast 400 Höhenmeter ins Tal der Lenne hinab, die sich in weit ausholenden Flussschlingen zwischen den Steilabbrüchen der Naturparks Homert und Ebbegebirge dahinwin-

Wasserfälle, Strudeltöpfe, Schluchtwälder – im Bommecketal gibt es für Wanderer viel zu erkunden.

WANDERTIPP

EBBEKAMMWEG UND LEHRPFAD NORDHELLE

Der 15 km lange Ebbekammweg ist ein aussichtsreicher Höhenweg. Als »Höhweg« und als »Hubertusweg« schon seit dem Mittelalter bekannt, ist er heute eine beliebte Wander-, Mountainbike- und Skiwanderroute. Bequem folgt er dem Kamm zur Nordhelle mit ihrem Aussichtsturm und senkt sich dann zur Oestertalsperre. Wer mit kleineren Kindern unterwegs ist, startet am Wanderparkplatz Nordhelle ❷ und benutzt den gleichnamigen Lehrpfad, der teilweise dem Kammweg folgt. Der Lehrpfad führt rund um und über die Nordhelle und präsentiert den Besuchern Moore, über 2 m hohe Ameisennester, mehrhundertjährige Grenzbuchen, einen Meiler mit Köhlerhütte, Stechpalmen, Zwergbirken sowie viele andere Seltenheiten und wartet außerdem mit hervorragenden Aussichtspunkten auf.

det. In der klammartigen Schlucht, in der es auch im Sommer feucht und kühl ist, wurden über 2100 Tierarten, mehr als 400 Pflanzenarten und über 80 Flechten nachgewiesen, die sich auf dieses feuchtkühle Klima spezialisiert haben. Tanzfliegen, Schmetterlinge und Libellen gaukeln durch dieses traumhafte Tal.

Die Wanderung ins Bommecketal beginnt in Bödinghausen beim Gasthof nahe dem Freizeitbad »Aqua Magic«: Ein bequemer Forstweg führt von dort steil aufwärts, schon nach wenigen Minuten fühlt man sich der Welt der Straßen völlig entrückt.

Wolfsbruch, Piwitt, Grundlose, Wilde Wiese: Die Moore des Ebbekammes rund um die **Nordhelle** ❷ zählen zu den botanischen Kostbarkeiten dieses Naturparks. Die Nordhelle (663 m) ist der höchste Berg des Ebbegebirges und des märkischen Sauerlandes und zu jeder Jahreszeit ein lohnendes Ausflugsziel: Über und rund um die Nordhelle führt ein Naturlehrpfad, neben dem Aussichtsturm auf dem Gipfel kann man sich in der Herscheider Hütte köstliche Räucherforellen und Beerenwein schmecken lassen, über den Nordhang verläuft der Ebbe-

kammweg als Panoramawanderweg – hier befindet sich auch eine Gleitschirmflieger-Startstelle –, und bei Schneelage ist das Gebiet ein viel besuchter Rodel- und Skihang.

Die Höhenburg Schnellenberg ist nicht nur für ihre Schatzkammer, sondern auch als Gourmettempel bekannt.

WANDERTIPP

VERSETALSPERRE

Die waldumgebene Versetalsperre, ein großer Trinkwasserspeicher, liegt zwischen Gasmert ❺ und Lüdenscheider Homert (Ausfahrt Lüdenscheid-Süd der A 45). Sie bietet vielfältige Freizeit- und Naturerlebnismöglichkeiten, obwohl Baden und Wassersport verboten sind. Rund um die Hokühler Bucht – die am weitesten nach Westen ausgreifende Bucht – führt ein rund 2 km langer Naturlehrpfad für Kinder, das

gesamte Ostufer ist ein Dorado für Wanderungen und kürzere Rad- und Inlineskatetouren. Vom Vorbecken führt ein mit dem Kreis-Zeichen markierter Wanderweg hinauf zur Gasmert. Wer dem Zeichen westwärts folgt, gelangt in 45 Minuten zum steinernen Homertturm hoch über dem See mit einem erstklassigen Ausblick.

Die Aussichtsgalerie des Robert-Kolb-Turmes bietet bei klarer Sicht ein herrliches Panorama des gesamten Sauerlandes sowie im Norden bis ins Münsterland und westwärts bis zum Siebengebirge. Der 18 m hohe Aussichtsturm wurde 1913 eröffnet; benannt ist er nach dem Initiator des ersten größeren Wanderwegenetzes im Sauerland. Kolb führte die x-Markierung ein, die seither in Deutschland weit verbreitet ist. Anlässlich des 100-jährigen Bestehens dieses von Kolb initiierten Wanderwegenetzes wurde der Turm 2006 renoviert und im Herbst feierlich neu eröffnet.

Das Rauschen der Bäche

Zahllose Quellen entspringen am Ebbekamm, das **Blomberger Bachtal** ❸ im Südhang ist das Quellental schlechthin: Vom Wanderparkplatz »Quellental« führt der Weg durch das vom Rauschen der Bäche erfüllte Tal hinauf zum Kamm. Viele der am Ebbekamm entspringenden Bäche werden am Fuß des Bergrückens oder in seinem Vorland aufgestaut, so etwa im Osten die Oestertalsperre mit Campingplätzen am Ufer, im Westen die Fürwigge- und die Versetalsperre.

Die reizvoll zwischen Waldbergen eingebettete **Fürwiggetalsperre** ❹ enthält 1,6 Millionen m³ Trinkwasser. Mit ihren landschaftlichen Reizen aus Wasser, Wald, Buchten und Bergen sowie dem Fehlen von Autoverkehr und Wassersport ist sie einer der schönsten »stillen« Stauseen des Sauerlandes. Für die Umrundung auf bequemen

Uferwegen benötigt man gut 1 Stunde (4 km). Die 25 m hohe und 170 m lange Talsperre wurde 1902–04 im Bachlauf der Fürwigge errichtet und steht als imposantes technisches Denkmal unter Schutz. Der Parkplatz befindet sich an der Staumauer der Fürwiggetalsperre (A 45 Ausfahrt Lüdenscheid-Süd, Richtung Plettenberg/Herscheid, nach 500 m rechts Richtung Meinerzhagen, nächste Kreuzung rechts zur Fürwiggetalsperre). Im Osten der Versetalsperre erhebt sich die von mächtigen Buchen und Eichen bedeckte Bergkuppe Gasmert (534 m) mit der Wacholder-Bergheide **Auf der Gasmert** ❺ (Anfahrt: Richtung Herscheid und kurz nach der Versetalsperre Richtung Gasmert/Hohenholte). An der Sitzbank am Wanderweg vor dem Naturschutzgebiet genießt man eine prächtige Fernsicht weit über das Ebbegebirge hinaus.

Das Hangmoor **Die Grundlose** ❻ am Rothenstein, der Westbastion des Ebbekammes, ist das Quellmoor der Lister. Aus einer Gesteinsverwerfung treten Quellwasser zutage, die die Hänge herabrieseln und sich dann zur Lister vereinigen. Im Frühjahr ist das Rauschen des Bergbaches schon weit oben auf dem Wanderweg am Rothenstein hörbar. Vom Weg fällt der Blick auf die nassen Pfeifengraswiesen, in denen Karpaten- und Moorbirken stehen; zur Mittsommerzeit lässt hier das Wollgras seinen Haarbusch auswachsen. Nur wenige Kilometer weiter talwärts wird der Bach von der Listertalsperre aufgestaut.

In einer unterirdischen Zauberwelt

TOP TIPP Eine der größten und schönsten Tropfsteinhöhlen Deutschlands ist die **Attahöhle** ❼ im devonischen Massenkalk bei Attendorn. Auf 1,8 km Länge können die Besucher die faszinierende Welt von Stalaktiten, Stalagmiten und Sinterfahnen, unterirdischen Seen, Kaskaden und Grotten erleben. Insgesamt ist das Höhlenlabyrinth, in dem ganzjährig eine Temperatur von 9 °C herrscht, 6670 m lang.

Das Biggetal mit dem **Biggesee** ❽ ist ein beliebtes Ferien- und Wassersportparadies, das gut von Attendorn oder Olpe aus zu erreichen ist.

Auf der gegenüberliegenden Seite des Biggetales thront in den Wäldern die **Burg Schnellenberg** ❾, die größte und schönste Burganlage im Sauerland. Die aus Ober- und Unterburg bestehende Anlage kam 1594 in den Besitz der Freiherren von Fürstenberg, die sie repräsentativ im Renaissance- und Barockstil um- und ausbauen ließen und in deren Besitz sie bis heute ist. Als Stätte fürstlichen Speisens ist Burg Schnellenberg weit über das Sauerland hinaus bekannt, die stilvollen Räume des Fünf-Sterne-Hotels bieten einen prachtvollen Ausblick auf das »Land der 1000 Berge«.

Die geringe Siedlungsdichte und entsprechend wenige Straßen sowie die Weitläufigkeit der Wälder und aussichtsreichen Wiesenflächen machen das Bilsteiner Bergland zu einer Oase für ruhige Wanderungen zu Fuß und per Ski. Die Attendorner Senke trennt Ebbe- und Rothaargebirge, doch liegt das zum Rothaarblock gehörende und ins Südwestsauerland vorspringende Bilsteiner Bergland mit der Hohen Bracht und dem westlich vorgelagerten Fahlenscheid-Höhenrücken noch im Naturpark Ebbegebirge.

TOP TIPP Hoch über Hundem- und Olpetal bei Bilstein erhebt sich die **Hohe Bracht** ❿ mit ihrem Aussichtsturm. Die mit 584 m höchste Erhebung des Bilsteiner Berglandes ist ein hervorragender Ausgangspunkt für Ausflüge und Wanderungen: Hier endet die letzte Straße vor den Wäldern. Ein als »Waldlabyrinth« angelegter, 900 m langer Weg unterhalb des Aussichtsturmes ist Teil eines geplanten Naturerlebnispfades mit Informationen über erdgeschichtliche und kulturhistorische Besonderheiten der Region.

Fährt man von Bilstein in Richtung Fahlenscheid/Welschen-Ennest (parken am Gasthof in Fahlenscheid), gelangt man zum **Forsthaus Einsiedelei** ⓫, in dem im 18. Jahrhundert ein Karmeliter-Eremit gelebt haben soll. Daneben liegt ein Naturschutzgebiet mit einem fast 100 Jahre alten Moorbirkenbruchwald. Zwischen Torfmoosen und Schachtelhalmen fühlt sich das Herzblättrige Zweiblatt, eine seltene Orchideenart, wohl. Am Gasthof Fahlenscheid beginnen mehrere ausgeschilderte Wanderwege: u. a. ostwärts zur Einsiedelei (30 Minuten) und weiter zur Hohen Bracht (noch 1 Stunde) sowie südwärts zur Wacholderheide **Kihlenberg** ⓬ (Schild: Hubertuskreuz, ca. 30 Minuten). Die Wacholderheide in den Hängen über dem Rahrbachtal ist mit ca. 8000 Wacholderbüschen eine der größten Wacholderheiden des Rheinischen Schiefergebirges.

Sauerland, so weit das Auge reicht: Auf der Hohen Bracht öffnen sich dem Wanderer grandiose Ausblicke.

Naturpark Homert

Ein Felsenmeer, Höhlen und Bachschwinden, Hunderttausende von Märzenbechern, Wacholderheiden und stille Wanderwege, Panoramablicke, Wassersport und Winnetou bei den Karl-May-Festspielen – der Naturpark Homert wartet mit Natur- und Kulturattraktionen vom Feinsten auf.

SERVICE

Anfahrt: Auf der A 46 bis zur Ausfahrt Hemer und weiter auf der B 7 bis Hemer, von dort der Beschilderung »Felsenmeer« folgen; nächstgelegener ICE-Bahnhof in Hagen
Lage: In Nordrhein-Westfalen im nordwestlichen Sauerland zwischen Ruhr- und Lennetal
Größe: 550 km²
Höchste Erhebung: Homert (656 m)
Gründung: 1965
Information:
Naturpark Homert
Heinrich-Jansen-Weg 14
59929 Brilon
Telefon: 02961/94 32 23
Internet: www.naturpark-homert.de

Das Felsenmeer bei Hemer zählt sicherlich zu den schönsten Attraktionen, mit denen der Naturpark aufwartet.

TOP TIPP

1 **Felsenmeer bei Hemer**
Bizarre Felsblöcke zwischen hundertjährigen Buchen
3 **Hönnetal**
Das imposanteste Schluchttal Westfalens
7 **Schomberg**
Panoramaberg mit wundervollem Blick auf das »Land der 1000 Berge«
8 **Rübenkamp**
Wacholderbergheide mit zahlreichen seltenen Pflanzen

Die sanft gerundeten Kuppen und zerschluchteten Hänge, die Wälder, die aussichtsreichen Grünfluren und Hochflächen, die wilden Felsformationen sowie die pittoresken Fachwerkdörfer des Naturparks Homert gehören zum Lennegebirge, das sich im südlichen Westfalen zwischen Ruhr und Lenne erhebt und den nordwestlichen Teil des Sauerlandes bildet.

Namengeber des Naturparks ist die höchste Erhebung, die bewaldete Homert (656 m) im östlichen Teil des Parks. Als Namengeberin des Gebirges fungierte die Lenne, der größte Nebenfluss der Ruhr. Während das Gelände nach Norden hin sanft zur Ruhr abfällt, bricht es im Süden und Westen mit Steilstufen von bis zu 300 m Höhe in das windungsreiche Lennetal ab. Am Kohlberg (514 m), auf dem ein Aussichtsturm an der Wasserscheide von Lenne und Ruhr ein hervorragendes Panorama des Naturparks bietet, entspringt die Hönne, die das großartigste Schluchttal Westfalens geschaffen hat.

Ein Spielplatz der Riesen

TOP TIPP Im devonischen Massenkalk zwischen Iserlohn und Hönnetal liegt das **Felsenmeer bei Hemer** **1** als wild zerklüftetes Dolinengebiet: ein knapp 13 ha großes »Meer« aus hellen Kalkblöcken, Türmen und Rippen, dazwischen mehr als 10 m tiefe Schluchten und kellerartige Vertiefungen – und alles überdacht von einem etwa 100 Jahre alten Buchenhochwald. Die Schriftstellerin Annette von Droste-Hülshoff zählt es in ihren »Bildern aus Westfalen« zu den beeindruckendsten Orten des Sauerlandes: »Ein Tal, wo Riesen mit wüsten Felswürfeln gespielt zu haben scheinen« – eine treffende Beschreibung.

Der sanft hügelige Schomberg bei Wildewiese ist mit seinen 648 m der Panoramaberg des Naturparks.

WANDERTIPP

DER HÖHLENWEG

Dieser abwechslungsreiche Wanderweg führt auf einer Länge von gut 80 km von Witten im Ruhrtal zur Reckenhöhle im Hönnetal. Er wird vom Sauerländischen Gebirgsverein betreut, ist mit dem Zeichen »x4« markiert und kann dank der guten Verkehrsinfrastruktur auch in Einzeletappen durchwandert werden. Im Bereich des Naturparks Homert führt er von der Heinrichshöhle und dem Felsenmeer bei Hemer ❶ in

das Hönnetal ❸ und folgt dem Fluss an der Hauptbachschwinde vorbei aufwärts zur Reckenhöhle (Bild), einer Tropfsteinhöhle bei Binolen.

Entstanden ist das 700 m lange und bis zu 200 m breite Felsenmeer vor allem durch den Einsturz von Karsthöhlen, mitverursacht wurden diese Einbrüche wohl auch durch den Erzabbau, der dort bis ins 19. Jahrhundert betrieben wurde. Durch das Blätterdach des Buchenhochwaldes dringt das Sonnenlicht nur in einzelnen Strahlenbündeln zu den bizarren Kalkfelsen, Türmen und Blöcken hinab.

Ein Rundwanderweg erschließt die imposante Felslandschaft, die seit 1968 als Naturschutzgebiet ausgewiesen und 1988 umzäunt und aus Schutzgründen mit Büschen bepflanzt wurde: Nach und nach überwuchert das Buschwerk die Felsen und entzieht sie dem Blick. Für den fast 4 km langen, abkürzbaren Rundweg sollte man mindestens 1 Stunde einplanen. Ausgangspunkt ist der Parkplatz »Heinrichshöhle« an der Hönnetalstraße in Hemer-Sundwig (in Hemer Richtung Zentrum, dort der Ausschilderung »Felsenmeer« bis zum Parkplatz folgen).

Die **Heinrichshöhle** ❷ neben dem Felsenmeer ist eine imposante Tropfsteinschauhöhle. Berühmt wurde sie durch fantastische Tropfsteinbildungen und die Knochenfunde eiszeitlicher Tiere. Ausgestellt ist hier u.a. das komplette, 2,35 m lange Skelett eines Höhlenbären.

In den »Grand Canyon Westfalens«

TOP TIPP Der canyonartige Abschnitt des **Hönnetales** ❸ zwischen den Uhuwänden und der Reckenhöhle bei Binolen bildet das wildeste und großartigste Schluchttal in Westfalen. Die den Massenkalk in Süd-Nord-Richtung durchbrechende Hönne versickert hier bei trockener Witterung in ihrem Bett und tritt erst 2 km weiter abwärts wieder zutage. Neben der Talsohle ragen die Sieben Jungfrauen, die Uhuwände

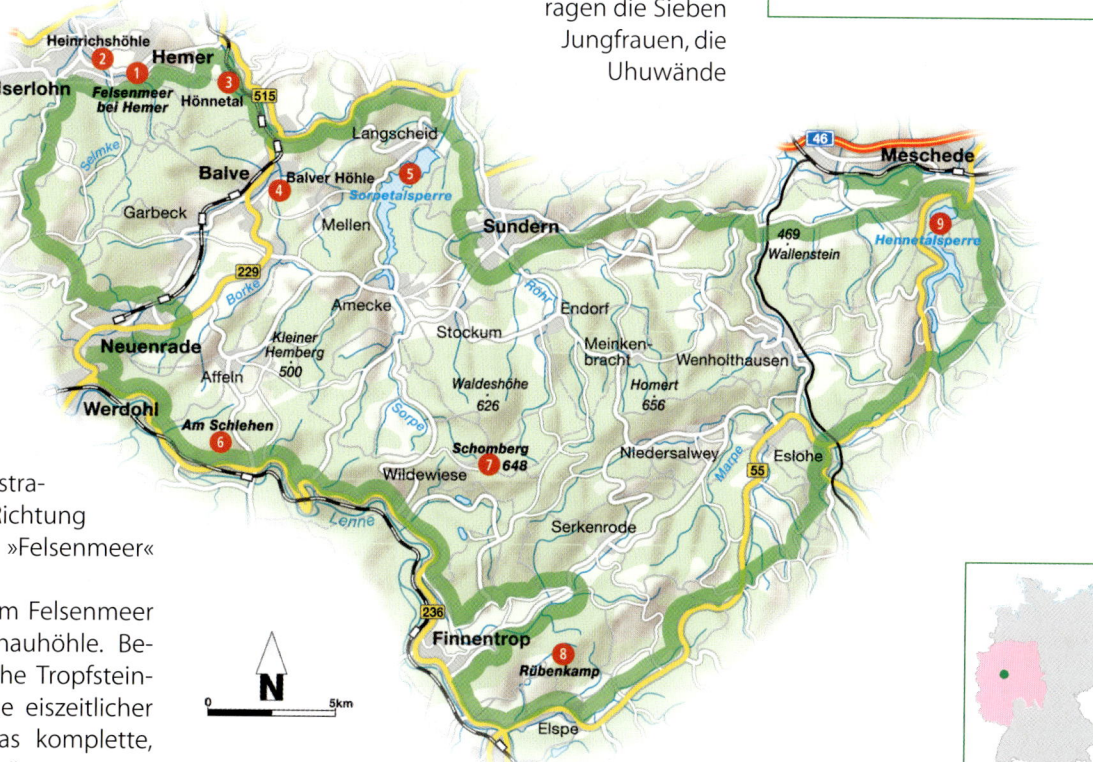

PFLANZEN

MÄRZENBECHER

(Leucojum vernum)

Der Märzenbecher, auch Frühlingsknotenblume und Großes Schneeglöckchen genannt, verdankt seinen Namen der Blütezeit von Februar bis Anfang April. Die 10 bis 30 cm hohe Zwiebelpflanze aus der Familie der Amaryllisgewächse hat sehr schmale, hellgrüne Blätter und weiße, grün bespitzte Blüten, die wie Glocken herabhängen (Bild) und so das Blüteninnere vor Schnee

und Nässe schützen. Der Märzenbecher wächst wild in feuchten Laubwäldern, auf sumpfigen Wiesen und in Flusstälern. An natürlichen Standorten ist sein Vorkommen stark gefährdet, weshalb er unter Naturschutz steht: Er darf weder gepflückt noch ausgegraben werden.

und andere Felsen auf, wildromantische Rotbuchenwälder bergen eine artenreiche Flora, in den Steilhängen verteilen sich die Eingänge von etwa 50 Karsthöhlen: winzige und gigantische Höhlen, Spalt- und Ganghöhlen – mehrere sind frei begehbar, andere vermauert und nicht zugänglich. Im Rahmen einer Führung kann man die Reckenhöhle, eine Tropfsteinhöhle bei Binolen, erkunden. Benannt ist die Höhle nach dem Land- und Gastwirt Franz Recke, der sie im Frühjahr 1888 bei der Verfolgung eines Fuchses entdeckte. Funde aus den Höhlen sind im Prähistorischen Museum in Balve ausgestellt.

Obwohl die Bundesstraße durch das Tal führt, ist der Wanderpfad noch so urtümlich und wildromantisch, wie ihn schon Annette von Droste-Hülshoff erlebt hat. Am besten parkt man den Wagen am Haltepunkt Klusenstein der Hönnetalbahn und folgt dem Uferpfad, der am Eingang der Burghöhle vorbeiführt und sich neben der Hönne flussaufwärts schlängelt, zum »Bachustritt« (Bachaustritt): Führt der Fluss Hochwasser, bildet sich hier eine kleine, künstliche Schnelle (rechts eine Fischtreppe), bei Niedrigwasser ist das Bachbett oberhalb leer, die Hönne durchfließt dann ein unterirdisches Höhlensystem. Die »Bachschwinde«, d. h. die Stelle, an der die Hönne verschwindet, liegt etwa 2 km flussaufwärts beim Haltepunkt Binolen und der nahen Reckenhöhle. Die **Balver Höhle** ❹ oberhalb des Schluchttalabschnittes der Hönne ist eines der bedeutendsten »natürlichen« Kulturzentren Mitteleuropas. Steinwerkzeuge, Knochengeräte, Tongefäßreste, ein Mammutstoßzahn und andere Funde belegen,

dass schon Neandertaler vor 100 000 Jahren die Höhle nutzten und ihnen Cro-Magnon-Menschen und mittelsteinzeitliche Rentierjäger folgten. Während der letzten Eiszeit war sie die größte bewohnte Höhle Deutschlands. Dank ihrer hervorragenden Akustik wird die Balver Höhle heute für Opern, Konzerte und andere Veranstaltungen genutzt. Auf Nachfrage veranstaltet der Balver Verkehrsverein Führungen für Gruppen.

Die rund 7 km lange **Sorpetalsperre** ❺ ist ein beliebtes Wassersportparadies. Sie dient der Wasserversorgung an der unteren Ruhr, dem Naturerleben und der Erholung. Das östliche Ufer ist für den Verkehr gesperrt: Hier bieten sich herrrliche Möglichkeiten für Radtouren sowie Wanderungen hinauf auf die bewaldeten Höhen.

Ein weißes Blütenmeer

Der Boden der Buchenwälder im Naturschutzgebiet **Am Schlehen** ❻ verwandelt sich in der Übergangszeit von Winter zum Frühling in ein Meer aus weißen Blüten. Schätzungsweise 300 000 Märzenbecher wachsen auf diesem Hang, davon blüht jedes Jahr rund ein Drittel. Vom Parkplatz bei Schloss Brüninghausen im Lennetal ist das Schutzgebiet auf einem Wanderweg leicht zu erreichen, für manche leider zu leicht: Um das verbotene Ausgraben von Pflanzen zu unterbinden, wird das Gebiet während der Märzenbecherblüte bewacht.

TOP TIPP Der 648 m hohe, sanft gerundete **Schomberg** ❼ beim Höhendorf Wildewiese an der Sorpequelle ist der Panoramaberg des Naturparks Homert. Ob auf Ski, mit dem Mountain-

Ein Konzert in der Balver Höhle ist aufgrund der ausgezeichneten Akustik ein Erlebnis der ganz besonderen Art.

Idyllische Landschaft pur bieten Wanderungen in der Umgebung des Höhendorfs Wildewiese an der Sorpequelle.

bike oder zu Fuß – in den Wiesen des Schombergs hält jeder inne, so weit und überwältigend schön ist der Blick auf das »Land der 1000 Berge«: Jenseits des tief eingeschnittenen Lennetals erhebt sich das Ebbegebirge, weiter links zeigen sich die Wälder auf dem Rothaarkamm, im Osten ragen jenseits des Tals der jungen Ruhr die höchsten Sauerlandberge auf, während im Nordosten die Hönne in ihrem Schluchttal das Gebirge durchbricht – so gut wie nichts ist in Sicht, was die Harmonie dieser Landschaft stört. Dass dieser Blick schön ist, mag schon die sagenumwobene Tine gespürt haben, ein Kräuterweiblein, das – wie die Sage berichtet – vor 2000 Jahren in einer Höhle an der Sorpequelle lebte und die »wilde Wiese« rodete. Das Bergdorf Wildewiese ist ein idealer Ausgangspunkt für Wanderungen und im Winter das bedeutendste Skigebiet im Naturpark Homert.

Wacholder, Enzian und Winnetou

TOP TIPP Beim Karl-May-Festspielort Elspe liegt der 358 m hohe **Rübenkamp** 8. Er trägt die schönste Wacholderheide des Naturparks Homert, auch die Kalkhalbtrockenrasen mit ihrem bunten Blütenschmuck zählen zu den reizvollsten im Sauerland. Neben hunderten von Wacholderbüschen, die Höhen von bis zu 4 m erreichen, sind hier eine Vielzahl seltener Pflanzen wie Sumpfherzblatt, Fransen- und Deutscher Enzian, Alpenziest, Großes Waldvögelein und Sonnenröschen oder Pilze wie der Braungrüne Zärtling zu bewundern, dazwischen wachsen

Rosen, Schwarz- und Weißdorn. Das Naturschutzgebiet »Melbecke und Rübenkamp« ist zugleich Teil des Schutzgebietes »Kalkbuchenwälder, Kalkhalbtrockenrasen und -felsen südlich Finnentrop«.

Wann die Abholzung der Buchenwälder auf dem klüftigen Kalkgestein des Rübenkamp-Bergrückens im Mündungswinkel von Elspebach und Melbecke begann, ist unbekannt, vielleicht schon vor mehr als 2000 Jahren: Im Naturschutzgebiet wurden 1974 zwei vorgeschichtliche Grabhügel von 1,50 m Höhe und 12 m Breite entdeckt. Ab dem Mittelalter diente der Rübenkamp als Schafweide, die Wacholder- und Dornenbüsche konnten sich mit ihren Stacheln vor dem Hunger der Schafe retten. Heute führen zahlreiche Wanderwege (Ausgangspunkt ist der Parkplatz an der ausgeschilderten Freilichtbühne) durch dieses Naturschutzgebiet, das ursprünglich nur den Rübenkamp umfasste und später um das Melbecketal mit seinen früher viel bekletterten Felsen erweitert wurde. Die steilen Klippen im Osten des Rübenkamps bilden die Felskulisse der Freilichtbühne von Elspe.

Ganz in der nordöstlichsten Ecke des Naturparks liegt die **Hennetalsperre** 9. Der Stausee weist eine Fläche von rund 2 km² auf und ist neben der Sorpetalsperre das zweite große Wassersportparadies des Naturparks. Wanderer kommen auf dem etwa 16 km langen Rundweg (am besten am Hennedamm starten) auf ihre Kosten. Am südlichsten Teil des Sees lassen sich Graureiher, Eisvögel und schillernde Libellen beobachten.

▶ **TIPP FÜR KINDER**

KARL-MAY-SPIELE

Das Elspe-Festival auf der 100 m breiten Freilichtbühne am Rübenkamp 8 (Bild) wurde bundesweit bekannt, seit der französische Filmschauspieler Pierre Brice ab 1976 in der Rolle des Apachenhäuptlings Winnetou jährlich über 400 000 Zuschauer in das kleine Fachwerkdorf Elspe lockte. Deutschlands populärster Bühnen- und Leinwandindianer gab der Figur aus der Feder Karl Mays neuen Inhalt: Winnetou steht

für Toleranz, Frieden, Menschlichkeit, Naturverbundenheit und Tradition. Neben die Karl-May-Spiele sind inzwischen Shows unterschiedlichster Art getreten: Musik- und Tanzveranstaltungen, Halloween-Partys, Akrobatik- und Stuntshows sowie das Rahmenprogramm mit Live-Bands, Western Saloon, Wildwest-Eisenbahn, Clowns und Komödianten (Karl-May-Spiele von Mitte Juni bis Anfang September; im Winter Show-Veranstaltungen in der beheizten Elspe-Festival-Halle).

SERVICE

Anfahrt: Auf der A 44 bis zur Ausfahrt Soest / Möhnesee und weiter auf der B 229 bis Möhnesee; nächstgelegener ICE-Bahnhof in Soest
Lage: In Nordrhein-Westfalen am Nordrand des Sauerlandes zwischen Möhne und Ruhr
Größe: 482 km²
Höchste Erhebung: Namenlose Kuppe (581 m) zwischen Meschede und Warstein
Gründung: 1961
Information:
Naturpark Arnsberger Wald
Hoher Weg 1–3
59494 Soest
Telefon: 02921 / 30 22 51
Infohaus: In Möhnesee-Günne
Internet:
www.naturpark-arnsberger-wald.de

Naturpark Arnsberger Wald

Im Arnsberger Wald locken Wanderwege über Bergkuppen mit Aussicht zu den höchsten Höhen des Rothaargebirges, Kalkfelsen mit Tropfsteinhöhlen, stille Wälder und schmucke Fachwerkdörfer, Freizeitspaß am Möhnesee sowie zahlreiche Vögel in den Naturschutzbuchten des »westfälischen Meeres«.

Egal, ob mit dem Ruder-, Tret- oder Segelboot: Vom Wasser aus lässt sich der schöne Möhnesee am besten erkunden.

TOP TIPP

1 Möhnesee
Wassersportparadies und Vogelschutzgebiet
5 Bilsteinhöhle
Eine der schönsten Tropfsteinhöhlen Westfalens
7 Hohler Stein
Malerisches Felsensemble mit interessanter Höhle
10 Eversberg
Fachwerkidyll über dem Ruhrtal mit altem Bergfried als Aussichtsturm

Der Möhnesee ist das Wassersportparadies des Naturparks, das Warsteiner Massenkalkgebiet mit seiner Tropfsteinhöhle und seinen beeindruckenden Felsen ist das spannende »geologische Fenster« zu 380 Millionen Jahren Erdgeschichte. Der Naturpark führt den Arnsberger Wald im Namen, tatsächlich umfasst er aber weit mehr als den Arnsberger und den Warsteiner Wald – das größte Waldschutzgebiet Nordrhein-Westfalens – und erstreckt sich am Nordrand des Sauerlandes bis hinauf auf die aussichtsreichen Höhen des Haarstranges zwischen dem Möhnetal und den fruchtbaren Hellwegbörden. Dort oben, auf der Haar, lässt sich das Naturparkgebiet am besten überblicken: Unten im Möhnetal weitet sich die buchtenreiche Wasserfläche des Möhnesees, dahinter erheben sich die Kuppen des Arnsberger und Warsteiner Waldes als fast

geschlossenes Waldgebiet mit den hellen Kalkinseln und Wiesenfluren rund um Warstein und dem Spitzhelm des Bergdorfes Hirschberg hoch über den Baumwipfeln. Jenseits des Naturparks präsentieren sich die höchsten Höhen Nordrhein-Westfalens. Zahlreiche Wanderwege führen durch dieses abwechslungsreiche Gebiet: Plackweg und Rennweg, am Südrand des Naturparks der Ruhrhöhenweg, am Nordrand auf der Haar der Westfalenwanderweg.
Von Neheim-Hüsten an der Mündung der Möhne, des wichtigsten rechten Nebenflusses der Ruhr, steigen die von Wald- und Wiesenflächen gegliederten Höhen des Arnsberger Waldes zwischen den beiden Flüssen zu einer Höhe von bis zu 581 m an, nur an den Rodungsinseln der beiden Dörfer Breitenbruch und Hirschberg lichtet sich bis Warstein das dichte Waldkleid ein

Das Naturschutzgebiet des Möhnesee-Hevearms bietet unzähligen Vogelarten ein ruhiges Rückzugsgebiet.

wenig. Östlich von Warstein endet der Naturpark am Oberlauf der Möhne. Namengeberin des Parks und des Waldes ist der Luftkurort Arnsberg, die größte Stadt im Hochsauerlandkreis an einer Ruhrschleife am Südfuß des Arnsberger Waldes. Ihre Denkmalsbereiche Ober- und Unterstadt zählen zu den Altstadtperlen Westfalens.

Highlights für Wassersportler und Höhlenfreunde

Die Anfang des 20. Jahrhunderts als Bruchsteinmauer errichtete, 650 m lange und 40 m hohe Möhnetalsperre staut Möhne, Heve, Kleine Schmalenau und weitere Bäche zwischen dem Nordrand des Sauerlandes und dem Haarstrang aus Gründen des Hochwasserschutzes und der Energiegewinnung. Schon in den »Goldenen Zwanzigerjahren« lockte der so entstandene **Möhnesee** ❶ Ausflügler aus nah und fern, nach der Ausweisung des Naturparks 1961 wurde er systematisch für den Fremdenverkehr erschlossen: Wanderwege, Radwege, Skating-Routen und vieles mehr säumen den See.

Mit seinen rund 10,4 km² ist er heute der flächengrößte Stausee Nordrhein-Westfalens und neben dem Biggesee das bedeutendste Wassersportzentrum des Sauerlandes. Das »westfälische Meer« ist ein wichtiges Naherholungsgebiet im Einzugsbereich des Ruhrgebietes: Baden, Segeln und Surfen, Tauchen, Angeln, Boots- und Kanutouren, Floßfahrten, Schifffahrt – auf, am und im Wasser sind die Freizeitmöglichkeiten schier unerschöpflich; rund um den See

finden sich mehrere Campingplätze. Surf- und Segelreviere sind das Sperrmauer-Becken – mit Ausnahme des Naturschutzgebietes im südlichen Bereich –, das Delecker Becken zwischen Delecker Brücke und Fußgängerbrücke Körbecke, das Körbecker Becken zwischen Fußgängerbrücke Körbecke und Stockumer Damm sowie das Wameler Becken östlich des Stockumer Dammes.

Während der größte Teil des Sees für den Wassersport freigegeben wurde, ist der **Hevearm** ❷ eines der größten Naturschutzgebiete Westfalens. An diesem international wichtigen Vogelrastplatz sind ganzjährig Lachmöwen und Blesshühner auf dem Wasser zu beobachten, im Winter rasten hier rund 20 000 Zugvögel, darunter Fischadler, Löffel- und Spießenten. Zu den Brutvögeln zählen Eisvogel, Haubentaucher, Höckerschwan und Seeadler. Auch vom Waldbild her ist der Hevearm ein Juwel: In den Uferzonen, am Hevesee und in den Bachtälern haben sich Eichenmisch-, Erlen- und Erlenbruchwälder, Ufergehölze sowie Uferhochstaudenfluren, Röhrichte und Verlandungszonen frei entwickelt.

Auch die Erlenbruchwälder der **Möhneaue Völlinghausen** ❸ am Zufluss der Möhne sind wie der Hevearm ein wichtiges Rückzugsgebiet für Wasservögel und Amphibien. Man erreicht dieses Gebiet vom Uferparkplatz bei Völlinghausen am Ostende des Sees aus.

Hervorragend überblicken lässt sich der Möhnesee vom Bismarckturm auf dem **Haarstrang** ❹, einem ursprünglich von Wiesen, Feldfluren und Gehölzen geprägten Höhenzug, der inzwischen zu einem der größten Windkraftindustriegebiete Deutschlands geworden ist. Der 18 m hohe Aussichtsturm aus Buntsandstein kann von Mai bis

▶ TIPP FÜR KINDER

LANDSCHAFTS-INFORMATIONS-ZENTRUM LIZ

Das Landschafts-Informations-Zentrum Wasser und Wald Möhnesee (LIZ) in der historischen Günner Mühle in Möhnesee-Günne (bei ❶) ist das Umweltbildungs- und Naturschutzzentrum des Naturparks Arnsberger Wald. Es betreut u.a. die Naturschutzgebiete Hevearm-Hevesee und Möhneaue Völlinghausen und bietet ganzjährig Exkursionen, Vorträge, Workshops und Aktionen

an. Die Dauerausstellung (Bild) in der Günner Mühle stellt die Landschaftselemente Wasser und Wald als »Erlebnisräume« vor (Brüningser Straße 2, 59519 Möhnesee-Günne, Telefon: 02924/84110, Internet: www.liz.de).

KATAMARAN »MS MÖHNESEE«

Der Hauptanleger des von Ostern bis Ende Oktober jeden Tag stündlich verkehrenden Katamarans »MS Möhnesee« (Bild) befindet sich an der Talsperre in Möhnesee-Günne (bei ❶). In Kombination mit den Anlegestellen Hevetal, Delecke und Körbecke ergeben sich reizvolle Streckenwandermöglichkeiten. Wandergruppen werden nach Vorbestellung am vereinbarten Anleger vom Katamaran-Shuttle »MS Körbecke«, einem Zubringerboot, abgeholt und können von diesem auf den Katamaran umsteigen. (Telefon: 02935/2109 – Möhneseeschifffahrt; 0170/807793 – Katamaran; www. moehneseeschifffahrt.de)

HEVEARM MIT NATURPROMENADE

Die bequeme Wanderung von der Möhnetalsperre längs des unter Naturschutz stehenden Hevearmes ❷ zum Torhaus und weiter auf der »Naturpromenade« zum Anleger Hevehalbinsel, wo ein Schiff zum Ausgangspunkt zurückfährt, ist eine lohnende Tour direkt am See. Sie ist ab der Staumauer durchgehend fahrradtauglich und für Familien mit kleinen Kindern wegen der Länge auch besser mit dem Rad als zu Fuß geeignet. An 19 Stationen der »Naturpromenade« werden landschaftliche und geschichtliche Besonderheiten erläutert.

September an Sonntagvormittagen bestiegen werden und bietet einen überwältigenden Rundblick vom Sauerland über die Soester Börde und weit hinaus in die Westfälische Bucht. Am Parkplatz am Bismarckturm beginnen auch mehrere lohnende Wanderwege auf den Haarstrang. Unterwegs erhält man einen guten Eindruck von dem Windpark.

Am Rand des Warsteiner Massenkalkgebietes liegt eine der schönsten Tropfsteinhöhlen West-

Die »Halle der 60 Riesen« in der Bilsteinhöhle bei Warstein macht mit ihren Tropfsteingebilden ihrem Namen alle Ehre.

TOP TIPP falens: die **Bilsteinhöhle** ❺. Die Felsen und naturnahen Laubwälder sowie die prachtvollen Ausblicke in der Umgebung machen die Höhle zu einem beliebten Wanderziel. Frei zugänglich ist der angrenzende Wildpark, in dem Dam-, Sika-, Schwarz- und Rotwild sowie Füchse, Waschbären und Luchse beobachtet werden können. Die Tropfsteinhöhle ist die einzige Schauhöhle eines weit verzweigten Höhlensystems, das 1887 bei Wegearbeiten wiederentdeckt wurde. Archäologische Funde belegen, dass die Höhlen schon vor Jahrtausenden genutzt wurden: Steinwerkzeuge aus Kieselschiefer und Feuerstein, Menschenschädel, Knochenreste von Wildpferden, Rentieren und anderen Lebewesen. Noch im frühen 19. Jahrhundert war die Höhle bekannt, wie die in eine Höhlenwand eingeritzten Namen »Metternich«, »Haxthausen« und »Brenken«, versehen mit den Zusätzen »Vivat Germania« (Es lebe Deutschland) sowie »14. März 1813« belegen: Während der Napoleonischen Kriege fanden die drei Herren hier anscheinend eine Zuflucht (täglich geöffnet,

Führungen). Auch als Ausgangspunkt für Wanderungen ist die Bilsteinhöhle gut geeignet: Von hier führen Wanderwege in alle Richtungen.

Reizvolle Felslandschaften

In unmittelbarer Umgebung von Warstein wird in gigantischen Steinbrüchen der Kalk abgebaut. Besonders naturschöne Felsgebiete stehen mittlerweile unter Naturschutz, darunter der Oberhagen zwischen Warstein und Suttrop, der Piusberg südöstlich von Warstein und der Hohle Stein bei Kallenhardt. Diese Naturschutzgebiete sind alle sehr klein, eignen sich jedoch wegen ihres Pflanzenreichtums und schöner Ausblicke hervorragend für kürzere Exkursionen. Stieleichen, Rotbuchen, Ebereschen, Weißdornbüsche und Heckenkirschen prägen den **Oberhagen** ❻, in dem sich schon kurz nach der Schneeschmelze ein reiches Pflanzenleben entfaltet: Lungenkraut, Buschwindröschen und Sternmiere verwandeln den Boden in ein Blütenmeer. Eine wirkliche Besonderheit ist ein großes Vorkommen einer geschützten Lilienart, des rosarot blühenden Türkenbunds. Anfahrt von der Kirche in Suttrop Richtung Warstein, nach einer Linkskurve links in den Hahnenwall, dann rechts zum »Born«, wo man parken kann.

TOP TIPP Der **Hohle Stein** ❼ ist nach einer hallenartigen Höhle (20 × 20 m) benannt, die seit 9000 v. Chr. genutzt wurde. Funde aus der Zeit um 250 v. Chr. umfassen u. a. Gegenstände aus Bronze und Knochen, eiserne Nadeln, eine eiserne Schale sowie Topfscherben und ein Tongefäß.

Der spektakulärste Fund war das Skelett eines etwa 50-jährigen Mannes mit Bronzearmband, Fingerring, zwei Bronzefibeln und Ohrringen mit dicken Bernsteinperlen. Viele der Funde sind im Städtischen Heimatmuseum Lippstadt im Münsterland ausgestellt. Für die Besichtigung der Höhle sind gutes Schuhwerk und Taschenlampe empfehlenswert. Der Wanderparkplatz »Hohler Stein« ist von Kallenhardt ausgeschildert.

Höhenweg und Fachwerkpracht

Der Höhenweg zwischen Ruhr- und Hönnetal ist seit ältesten Zeiten der **Plackweg** ❽. Ein guter Einstiegspunkt in den Plackweg ist der Wanderparkplatz an der Gaststätte »Stimm-Stamm« an der B 55 von Warstein nach Meschede. Die Gaststätte trägt ihren Namen nach einem Baum, der die Gemarkungsgrenze von Warstein, Eversberg und Arnsberg markierte und später durch einen Schnadestein (Grenzstein) ersetzt wurde. Folgt man von dort dem mit dem Zeichen »x1« markierten Plackweg ostwärts, gelangt man zu Aussichtsstellen mit erstklassigem Blick auf die Berge des Hochsauerlandes und erreicht nach gut 2 km am Warsteiner Kopf die Schutzhütte an der Wegeverzweigung »Ausspann«. Rüstige Wanderer können hier dem ausgeschilderten Rundwanderweg (Markierung »A8«) in das Fachwerkdorf Eversberg hinunter folgen. Von dort führt die Markierung »A8« zurück zum »Stimm-Stamm«. Diese Rundwanderung ist rund 10 km lang und dauert etwa 2,5 Stunden. Vom »Stimm-Stamm« aus ist in gut 15 Minuten auch das **Hamorsbruch** ❾ zu erreichen, das größte Bruchwaldgebiet des Naturparks: Es liegt am Wanderweg »Plackweg« (nicht am historischen Plackweg) zwischen Hirschberg und »Stimm-Stamm«, vom Wanderweg aus sind die urwaldähnlichen Birkenbruchwälder des so gut wie unberührten Naturschutzgebietes zu sehen.

Auf einer Anhöhe über dem Ruhrtal am Südrand des Naturparks liegt die Burg- und Bergstadt **TOP TIPP** ▶ **Eversberg** ❿, einer der schönsten Fachwerkorte des Sauerlandes. Wahrzeichen von Eversberg ist die in der Nacht illuminierte Johanneskirche, eine gotische Hallenkirche mit Barockhaube auf dem wuchtigen Westturm und reicher barocker Innenausstattung. Namengeber des Ortes ist der Eber – auch im Logo des Naturparks prangt das Wildschwein als Charaktertier der Wälder zwischen Ruhr- und Möhnetal. Von der Burg der Grafen von Arnsberg, die Eversberg 1242 Stadtrechte verliehen, zeugt noch der als Aussichtsturm begehbare Bergfried, auf dem im Winter ein Stern in die Landschaft hinausleuchtet. Der Turm bietet einen wunderbaren Blick über das Ruhrtal hinweg zu den höchsten Höhen des Rothaargebirges sowie nordwärts hinauf bis ins »Stimm-Stamm«-Gebiet im Arnsberger Wald. Unterhalb von Burgruine und Kirche liegt die heute zu Meschede gehörende Bergstadt mit ihren Fachwerkhäusern und Kopfsteinpflastergassen – ein Ort, in dem die gute alte Zeit stehen geblieben zu sein scheint.

WANDERTIPP

PLACKWEG – HÖHENWEG DES ARNSBERGER WALDES

Der Plackweg ❽ (Bild) war in vergangenen Jahrhunderten der Höhenweg über dem Ruhrtal und ist heute die zentrale Wander-, Mountainbike- und Skiwanderstrecke des Arnsberger Waldes. Die bereits seit der Antike als Handels- und Heerweg genutzte Route (»Römerweg«) schwingt sich von Arnsberg auf den – mit Ausnahme der Waldgasthöfe am »Lattenberg« und am »Stimm-

Stamm« – unbesiedelten Kamm und folgt ihm durch die Wälder ostwärts zur Briloner Hochfläche, wobei sich immer wieder großartige Ausblicke auftun. Als Fernwanderweg führt er auf knapp 140 km von Hagen-Delstern via Altena, Arnsberg, »Stimm-Stamm« und Brilon zum Diemelsee. Markiert ist er mit »x1«.

Eversberg mit seinen Fachwerkhäusern und der Johanneskirche ist einer der schönsten Orte im Sauerland.

SERVICE

Anfahrt: Auf der A 44 bis zum Autobahnkreuz Werl, dort auf der A 445/ A 46 Richtung Arnsberg bis zum Autobahnende, weiter über B 7 und B 480 nach Winterberg und zum Kahlen Asten; nächstgelegener ICE-Bahnhof in Dortmund

Lage: Im südöstlichen Nordrhein-Westfalen, umfasst weite Teile von Sauerland, Siegerland und Wittgensteiner Land

Größe: 1355 km²

Höchste Erhebung:
Kahler Asten (841 m)

Gründung: 1963

Information:
Naturpark Rothaargebirge
Heinrich-Jansen-Weg 14
59929 Brilon

Telefon: 02961/94 32 23

Infozentrum: Astenturm auf dem Kahlen Asten

Internet:
www.naturpark-rothaargebirge.de

TOP TIPP

❶ **Kahler Asten**
Der bekannteste Panoramaberg mit schöner Bergheide

❼ **Rothaarsteig**
Naturnaher Höhenwanderweg mit vielen »Erlebnisstationen«

❽ **Ginsberger Heide**
Bergheide mit Burgruine und Aussichtsturm

❿ **Schanze**
Reizvolles Höhendorf am Rothaarsteig

⓫ **Latrop**
Idyllisches Fachwerkdorf und Ausgangspunkt für lohnende Wanderungen

Naturpark Rothaargebirge

Der Rothaarsteig zählt zu den meistbegangenen Fernwanderwegen Deutschlands, das Astenmassiv ist das bedeutendste deutsche Skigebiet nördlich der Alpen, das Sauerland bietet das größte Radwander- und Mountainbike-Netz Norddeutschlands – ein Naturpark der Superlative!

Nicht nur im Winter beliebt: Auf dem Kahlen Asten erlebt man das Sauerland von einer seiner schönsten Seiten.

Das Rothaargebirge ist der größte und höchste Gebirgszug zwischen Rhein und Weser. An der westfälisch-hessischen Grenze gipfelt es im Langenberg und im Hegekopf, doch der Kahle Asten ist der bekannteste Panorama- und Wintersportberg, der »König des Sauerlandes«. Während sich die höchsten Berge des Rothaargebirges im Naturpark Diemelsee erheben, umfasst der Naturpark Rothaargebirge die Hochflächen, Bergmassive und Kämme vom Quellgebiet der Ruhr bis zum Siegerländer Rothaarkamm mit den Quellen von Eder, Sieg und Lahn. Die wichtigsten Landschaftseinheiten in diesem großen und abwechslungsreichen Gebiet sind die Winterberger Hochfläche mit der Ruhrquelle, das Astenmassiv mit dem Kahlen Asten, der Rothaarkamm, die Hunau und die Saalhauser Berge.

Die Bergheiden – Perlen inmitten der Wälder

Der Waldreichtum des Rothaargebirges hat vermutlich zu seinem Namen geführt: Wie Harz, Haardt oder Spessart leitet sich auch »Rothaar« von mittelhochdeutsch »hart« (bewaldetes, bäuerlich genutztes Bergland) ab. Der Zusatz »Rot« könnte auf den Rotbuchenwald verweisen, den das Gebirge vor 1000 Jahren trug. Die Bezeichnung »hardt« ist noch in vielen Bergnamen in Sauerland und Siegerland erhalten und verweist stets auf Waldberge. Wo das Waldkleid im Mittelalter gerodet wurde und Viehweiden entstanden, liegen heute die Bergheiden wie Perlen inmitten der Wälder des Rothaargebirges: Die schönsten innerhalb des Naturparks sind die Astenheide auf dem Kahlen Asten, die Heinsber-

Einen wunderbaren Ausblick über den Naturpark hat man von der neuen Panoramabrücke bei Winterberg.

Kühe, Ziegen und Schafe auf den damals mit Rotbuchen bewachsenen Astenberg. Der Verbiss der jungen Bäumchen durch das Vieh stoppte die natürliche Waldverjüngung, der Asten wurde »kahl«. Seit 1965 steht die Astenheide unter Naturschutz – ein Pflanzenparadies und Aussichtspunkt vom Feinsten. Mindestens einmal jährlich wird die Hochheide von Heidschnucken beweidet: Die Schafe verbeißen Baumschösslinge und halten so die Heide offen. Am Rand der Hochheide bieten sich wundervolle Panoramen: Südwärts schweift der Blick über die vielgestaltige Bergwelt beidseits des tief eingeschnittenen Lennetales, im Norden sieht man das Namenlosetal, links zeigt sich die bewaldete Hunau, halb rechts erhebt sich der Langenberg (843 m), der höchste Berg Westfalens, links davon spitzen die Bruchhauser Steine aus den Wäldern des Istenberges. Am Rand der Astenheide entspringt die Lenne, die Hauptwasserader des Hochsauerlandes. Die Quelle ist die Namensgeberin des Berges: »A-sten« bedeutet »Wasser-stein«.

ger Heide oberhalb des Schwarzbachtales und die Ginsberger Heide am Giller sowie auf der Südseite des Rothaarkammes die Wacholderheide »Auf dem Gebrannten« im oberen Rüsselsbachtal bei Bad Berleburg-Wemlighausen. Das Naturschutzzentrum »Biologische Station Hochsauerlandkreis« in Bödefeld am Nordfuß der überwiegend noch von Buchenwäldern geschmückten Hunau dokumentiert als »Erlebnismuseum« die Entwicklung der Landschaft und ihre Veränderung durch den Menschen.

Der ungekrönte »König des Sauerlandes«

Der bekannteste Panorama-, Ausflugs- und Wintersportberg des Sauerlandes ist

TOP TIPP

der **Kahle Asten ①**. Auf seinem Gipfel erhebt sich der Astenturm, der als Aussichtsturm, Restaurant und höchstgelegene Wetterstation Nordrhein-Westfalens fungiert, direkt daneben steht das Informationszentrum des Naturparks. Von hier und dem Berghotel »Kahler Asten« am Rothaarsteig gehen Wanderwege in alle Himmelsrichtungen aus. Ein Naturlehrpfad führt durch die aussichtsreiche Bergheide, die das Gipfelplateau schmückt und einmalige Panoramen bietet. Ab dem Mittelalter trieben die Bergbauern ihre

BIKE ARENA SAUERLAND

Die Bike Arena Sauerland ist ein beliebtes Radwegenetz, das sich über das gesamte Sauerland erstreckt. Es umfasst 37 Bergradrouten mit einer Gesamtlänge von rund 1700 km. Farbmarkierungen (schwarz, rot, blau) geben Auskunft über den Schwierigkeitsgrad der Routen, die im Naturpark rund um die Wintersportzentren Winterberg (am Kahlen Asten ①), Schmallenberg, Hallenberg, Medebach, Brilon, Olsberg und Willingen führen. Das Streckenangebot richtet sich zwar eher an sportliche Fahrer, dennoch werden Genussradler ebenso fündig wie Mountainbiker und Rennradfahrer. Familientouren sind nicht länger als 40 km und überwinden maximal 400 Höhenmeter (Informationen unter www.bike.arena.de).

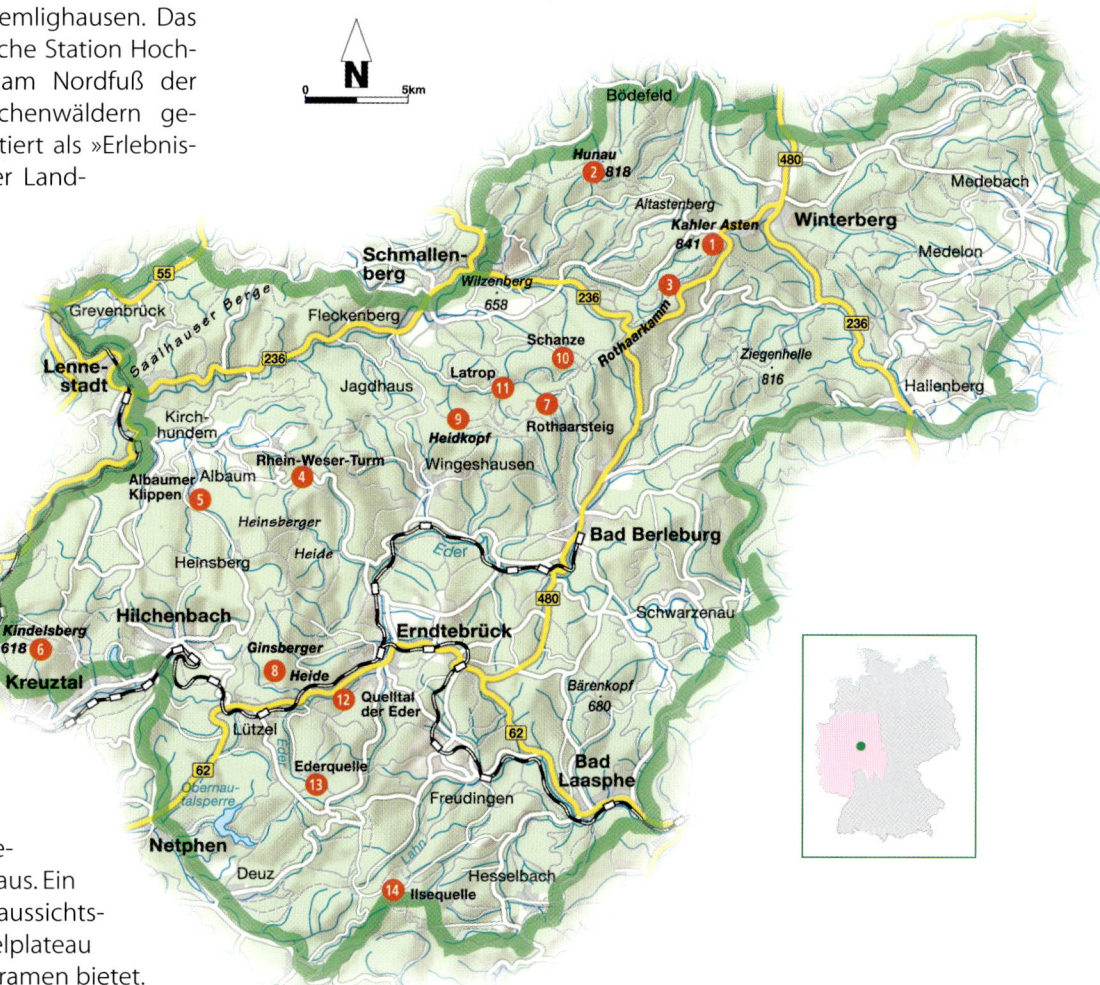

TIPP FÜR KINDER

PANORAMA-PARK SAUERLAND

Dieser Park am Rothaarkamm beim Rhein-Weser-Turm ❹ oberhalb von Kirchhundem-Oberhundem ist neben dem Wildwest-»Fort Fun Abenteuerland« der bekannteste Freizeitpark des Sauerlandes. Der Panorama-Park bietet auf 800 000 m² Familien-Erlebniswelten in zwei Bereichen: Technik und Spaß sowie Natur. Während im ersten Bereich Rollerbobbahn (Bild), Motor-Kart-Arena, Achterbahn und Wasserbobs sowie

andere Attraktionen warten, lassen sich im Wildpark des Naturbereichs heimische Tiere wie Rot- und Damwild, Steinböcke und Wildschweine beobachten und in der Greifvogelstation Flugvorführungen bestaunen. Ein Rhododendronpfad verbindet die beiden Bereiche, auch ein Sessellift pendelt zwischen Berg und Tal (geöffnet Ende April – Ende Okt 10 – 17 Uhr, im Sommer und Sa, So 10 – 18 Uhr; Informationen: www. panorama-park.de).

Eine historische Grenzlinie

Die **Hunau** ❷ (818 m) ist ein vom Astenmassiv ausstrahlender Höhenzug, der mit seinen Quellen, Tälern, Mooren und Buchenwäldern als Naturschutzgebiet ausgewiesen ist. Mehrere Wanderwege führen durch dieses ruhige Gebiet, etwa zu den Mooren Nasse Wiese und Raues Bruch sowie durch das Renautal. Ein guter Ausgangspunkt ist der Wanderparkplatz »Großes Bildchen« an der Kreisstraße von Winterberg über Altastenberg nach Ober-, Mittel- und Niedersorpe.

Südwestlich des Asten erstreckt sich der **Rothaarkamm** ❸, das Rückgrat des Rothaargebirges. Der ab den aussichtsreichen Winterberger Bergdörfern Langewiese und Hoheleye fast durchgehend bewaldete und weitgehend siedlungsfreie, beidseits steil abfallende Kamm gipfelt im Härdler (756 m) und bildet seit Beginn der geschichtlichen Überlieferung eine wichtige Grenze: Dialekt, Architektur der Bauernhöfe, Kreisgrenzen, Schnadesteine (Grenzsteine) und Reste von Demarkationslinien wie das Kölsche Heck, katholische Gotteshäuser nördlich und evangelische südlich des Kammes zeugen bis heute davon. Die früher kurkölnisch-katholischen Gebiete liegen auf der Nordwestseite des Kammes und sind unter dem Namen »Sauerland« (»Söderland«: Südland Westfalens) bekannt. Als im Fürstentum Wittgenstein südlich des Kammes 1535 die Reformation Einzug hielt, wurde der Kamm zugleich Religionsscheide. Alte Wappen- und Schnadesteine am Rothaarsteig auf dem

Kamm erinnern an diese alten Zeiten. Zwischen dem Kahlen Asten und Hoheleye folgt der Rothaarsteig dem »Grenzweg«. In den Sauerlandgebieten ist die Volksfrömmigkeit noch überall sichtbar: In Kapellen und vor Bildstöcken an den Wegen in den Wäldern und auf aussichtsreichen Höhen brennen Kerzen, Kreuze sind mit Blumen geschmückt und an Festtagen ziehen farbenprächtige Prozessionen zu Orten wie dem Wilzenberg, dem »heiligen Berg des Sauerlandes« zwischen den Tälern von Grafschaft und Lenne.

Eine hervorragende Übersicht über den Verlauf des Rothaarkammes und die beiden Gebiete – nördlich das Sauerland, südlich Siegerland und Wittgensteiner Land – vermittelt der 1932 an der Wasserscheide von Rhein und Weser als Aussichtsturm errichtete **Rhein-Weser-Turm** ❹ an der Passstraße von Kirchhundem nach Bad Berleburg: Im Nordosten zeigt sich der bewaldete Härdler, der höchste Berg des Rothaarkammes, im Norden erheben sich jenseits des Lennetales die Saalhauser Berge mit dem Hohen Lehnberg (667 m), links davon ragt der Fernmeldeturm auf der Kuhhelle (603 m) bei Lennestadt aus den Wäldern, im Westen steht die von einem Aussichtsturm gekrönte Hohe Bracht.

Der Rhein-Weser-Turm ist Ausgangspunkt einer herrlichen Berg- und Talwanderung: Hier verlässt der Rothaarsteig den Kamm und führt in das Schwarzbachtal mit seinen unter Naturschutz stehenden Auen hinab. Nach dem Gegenanstieg durch ein schönes Seitental erreicht er an der

Eine Landschaft von anmutiger Schönheit – der Höhenzug der Hunau mit seinen Wiesen und Schluchtwäldern.

Die Ginsburg in der Nähe der Ginsberger Heide ist ein beliebter Ausgangspunkt für Wanderungen in die Umgebung.

Heinsberger Heide wieder den Rothaarkamm, auf dem man bequem zum Ausgangspunkt zurück gelangt. Geübte Wanderer können vom Kammweg aus einen 30-minütigen Abstecher zu den **Albaumer Klippen** ❺ unternehmen (Markierung »weißes Rechteck«): Die von Wäldern und kleineren Blockmeeren umgebene imposante Felsgruppe aus dem Vulkangestein Keratophyr bietet einen prachtvollen Blick auf die Bilsteiner Berge und das Kloster Maria Königin. Der **Kindelsberg** ❻ 618 m hoch über Kreuztal ist das Wahrzeichen des Siegerlandes und ein viel besuchtes Ausflugsziel mit Aussichtsturm, rustikaler Gaststätte und Waldlehrpfad.

Auf dem Rothaarsteig über Berge und Heiden

TOP TIPP Von Brilon im Hochsauerland aus führt der **Rothaarsteig** ❼ über die höchsten Höhen des Rothaargebirges und folgt nach Überschreiten des Kahlen Asten dem waldreichen Rothaarkamm nach Jagdhaus, weiter durch das Schwarzbachtal zur Heinsberger Heide, zur Ginsberger Heide am Giller und zu den Quellen von Eder, Lahn, Sieg und Ilse, ehe er nach 154 km in Dillenburg endet. Der bequeme Mittelgebirgs-Höhenweg hält sich mit wenigen Ausnahmen von Städten und Dörfern fern und orientiert sich an den natürlichen Glanzpunkten des Rothaargebirges und des Hohen Westerwaldes: Längs des Hauptweges warten die höchsten Kämme und aussichtsreichsten Gipfel Nordrhein-Westfa-

lens, Felsen mit exzellentem Blick auf das »Land der 1000 Berge«, Quellen, Naturschutzgebiete, Buchenwälder und die ökologisch wertvollsten Bergheiden (Heinsberger und Ginsberger Heide) im Nordwesten Deutschlands. Die etwa 14 km lange Hochsauerlandvariante führt durch eines der urtümlichsten Waldtäler des Naturparks. Einschließlich der Varianten ist der Rothaarsteig rund 220 km lang.

TOP TIPP Das Gebiet der **Ginsberger Heide** ❽ mit der Burgruine Ginsburg und dem Giller (653 m) bei Hilchenbach-Lützel zählt zu den landschaftlich schönsten am Rothaarsteig und ist ganzjährig ein viel besuchtes Ausflugsziel mit Gasthof, mehreren Parkplätzen, Jugendzeltplatz und Wintersporteinrichtungen. Das Naturschutzgebiet »Giller« umfasst die Heidegebiete auf dem hier hochflächenartig weiten Rothaarkamm an der Wasserscheide zwischen Eder und Sieg: Der in der Ginsberger Heide entspringende Wehbach entwässert über die Eder in die Weser, die westlich gelegenen Quellen dagegen in den Rhein. Kleine Moore entstanden in flachen, wannenartigen Senken, die wegen des zu geringen Abflusses versumpften. Die Hochfläche wurde ab dem Mittelalter als Weide genutzt, der Verbiss junger Baumtriebe durch das Vieh verhinderte die Verwaldung, sodass sich eine hochheideartige Vegetation entwickelte. Der namengebende Giller trägt einen stählernen Aussichtsturm, der ebenso wie der Bergfried der Burg einen fantastischen Ausblick gewährt.

GINSBURG – EINE BEDEUTENDE HÖHENBURG

Die Ginsburg, auf der 2001 an der Ginsberger Heide ❽ der Rothaarsteig eröffnet wurde, ist die bedeutendste Höhenburg des Rothaargebirges. Der Bergfried (Bild) bietet ein einmaliges Panorama: Über die Südausläufer des »Landes der 1000 Berge« und das Ferndorftal schweift der Blick bis hin zum Kölschen Heck, der historischen Grenzlinie bei Krombach / Littfeld, an klaren Tagen

zeigen sich die Spitzen des Siebengebirges und die Hohe Acht in der Hocheifel. Errichtet im 12. Jahrhundert als nassauische Grenzfeste, gesprengt im 19. Jahrhundert, wird die Ginsburg seit 1961 wieder aufgebaut und fungiert als deutschniederländische Gedenkstätte an Wilhelm I. von Oranien-Nassau. Eine Ausstellung im Inneren der Burg hält die Erinnerung an diese Zeit wach. Das Fachwerkgebäude unterhalb der Burg ist ein originalgetreu nachgebautes Hammergewerkehaus. Ein kleiner Nebenraum enthält als Museum eine Siegerländer Küche mit Exponaten des 19. und frühen 20. Jahrhunderts.

**SCHLÖSSERTRAUM
BAD BERLEBURG**

Der Kneipp-Kurort Bad Berleburg im Südhang des Rothaarkammes ❸ war vier Jahrhunderte lang Residenzstadt der Grafschaft Sayn-Wittgenstein-Berleburg. Eindrucksvollstes Zeugnis dieser Zeit ist das im 13. Jahrhundert als Höhenburg über dem Odeborntal gegründete Schloss (Bild) der 1792 in den Fürstenstand erhobenen Grafen. Die Dreiflügelanlage im Zentrum der

Oberstadt erhielt ihr Aussehen am Übergang von Barock und Rokoko unter Graf Casimir. Nach dem Stadtbrand 1825 wurde die Oberstadt in klassizistischen Formen wieder aufgebaut. Das teils als Museum geöffnete Schloss bildet den festlichen Rahmen für die weithin bekannten Schlosskonzerte. Frei zugänglich ist der als Kurpark genutzte Schlosspark mit seinem jahrhundertealten Baumbestand.

Einsame Wälder und schmucke Dörfer

Zwischen dem Heidenstock und dem gepflegten Höhenweiler Jagdhaus liegt am Rothaarkamm das größte zusammenhängende Naturwaldgebiet des Rothaargebirges. Wer sich einen Überblick verschaffen will, wandert von Jagdhaus – gelegen an der Passstraße von Schmallenberg-Fleckenberg nach Bad Berleburg-Wingeshausen – in wenigen Minuten auf den aussichtsreichen **Heidkopf** ❾: Er bietet einen herrlichen Blick auf die Wälder im Nordhang des Rothaarkammes und über das Latroper **TOP TIPP** Grubental hinweg zum Höhendorf **Schanze** ❿. Dieses wunderschöne Dorf liegt am Ende einer von Schmallenberg-Grafschaft her-

Der Waldskulpturenweg von Schmallenberg nach Bad Berleburg verbindet Wanderfreuden mit Kunstgenuss.

aufführenden, gut ausgebauten Stichstraße auf 720 m Höhe und ist Namensgeber des reizvollen Waldgebiets. Abseits jeglichen Durchgangsverkehrs leben in der Bergidylle von Schanze 60 Einwohner in zwei Dutzend Häusern direkt am Rothaarsteig, dem Europäischen Fernwanderweg 1 und dem Waldskulpturenweg von Schmallenberg nach Bad Berleburg.

TOP TIPP Am unteren Eingang des Grubentales liegt das malerische Fachwerkdorf **Latrop** ⓫ – ebenfalls am Ende einer Stichstraße. Der Ort eignet sich hervorragend als Ausgangspunkt zur Erkundung dieses Gebietes. Latrop zählt zu den schönsten Fachwerkdörfern im Naturpark. 2004 erhielt das einstige Waldarbeiterdorf die Auszeichnung als »Bundesgolddorf«. Die Latroper Mühle in der Dorfmitte wurde zum Waldarbei-

termuseum umgebaut. Das am Rothaarsteig gelegene touristische Zentrum ist das von der Sankt-Josefs-Kapelle (1906) überragte Oberdorf mit drei Hotelgasthöfen und dem parkartigen Dorfgarten, in dem neben der Latrop eine Tafel über das ausgedehnte Wanderwegenetz informiert. Von dort führt der Rothaarsteig unter alten Eschen, Eichen, Kastanien, Ahornen, Linden und Buchen ins Grubental hinauf, begleitet vom Rauschen der Latrop. Unter dem Blätterdach der Dicken Eiche lädt am Rand einer Wiese eine Sitzbank zur Rast ein. Im Laubwald führt der Weg weiter aufwärts, oberhalb eines Fischteiches löst Schluchtwald die Wiesen ab, dann folgt man dem Bach hinauf zum Altarstein, der auf einer Stegbrücke über den Schladebach erreichbar ist und neben einem Weiher steht – ein traumhaft schöner Rastplatz in herrlicher Natur.

Quellen auf Schritt und Tritt

Wie an einer Perlenkette aufgereiht entspringen am südlichen Rothaarkamm die Quellen von Eder, Sieg und Lahn. Alle Flüsse verlassen das Gebirge in verschiedene Himmelsrichtungen: Die Eder strebt der Fulda zu, Sieg und Lahn suchen sich ihren Weg in den Rhein. Die am weitesten südlich gelegene Flussquelle ist die der Lahn: An der Eisenstraße beim Gasthof »Forsthaus Lahnquelle« in Netphen-Lahnhof befindet sich unter alten Eschen der um 1750 angelegte Quellteich (605 m). In ihm sammeln sich die sieben verschiedenen Quellarme des Flusses.

Erfolgreiche Renaturierung: Im Quellgebiet der Eder sind wieder erstaunlich urwüchsige Bruchwälder entstanden.

Das schöne **Quelltal der Eder** ⑫ oberhalb von Lützel zählt zu den am häufigsten durchwanderten Tälern des Rothaargebirges: Die stimmungsvolle Quelle, an der auch der sehr beliebte Ederradweg beginnt, zieht viele Besucher an. Die Wanderung durch dieses Tal, in dem sich die Eder zwischen Birkenbruchwäldern und bunten Blumenwiesen windet, ist in beiden Richtungen gleich lohnend und eignet sich auch hervorragend für Tagesausflügler. Ausgangspunkt ist der Bahnhof Lützel an der Rothaarbahn; direkt am Bahnhof steigt man in den Rothaarsteig ein (Markierung »weißes R auf Rot«) und erreicht nach 1 Stunde die Ederquelle. Alternative ist der Wanderparkplatz »Ederquelle« an der Straße von Lützel nach Lahnhof: Von dort erreicht man die Ederquelle in gut zehn Minuten. Besonders beeindruckend ist das Naturschutzgebiet Eicherwald, ein Moor- und Birkenbruchwald.

Die **Ederquelle** ⑬ (630 m) im Hang des Ederkopfes ist eine Sickerquelle auf moorigem Untergrund zwischen Wiesen und Wald. Seit der Renaturierung des Quellgebietes ab 1992 sind die Fichten wieder durch Birken, Erlen und andere die Feuchtigkeit liebende Bäume ersetzt worden. Zahlreiche Informationstafeln erläutern den Charakter dieses Niedermoores, dem die Quellwässer der Eder entsickern. Durch einen Teil des Quellmoores führt ein Bohlensteg, auf dem man sicher gehen kann. Das wunderschöne Quellgebiet ist auch vom Wanderparkplatz »Ederquelle« an der Eisenstraße aus erreichbar.

Die **Ilsequelle** ⑭ am Rothaarsteig ist heute wieder der berühmteste »heilige Born« des Rothaargebirges. Es gibt noch einen zweiten, den Heiligenborn zwischen Oberhundem und Lennetal, aber die Ilsequelle zieht weitaus mehr Besucher an: Mit Kanistern und Flaschen pilgern viele vom Parkplatz aus zur Quelle am Jagdberg in der Hoffnung, das Wasser möge ihnen Heilung oder Linderung bringen. Zu Tausenden strömten im Mittelalter Gläubige zu der Quelle am Jagdberg und hofften auf Wunder – den Berichten zufolge konnten Lahme wieder gehen, Blinde wieder sehen, Gichtkranke und andere »Bresthafte« wurden gesund. Die Bäume rund um die Quelle hingen voller Krücken, die die Geheilten zurückgelassen hatten. Die Reformation konnte dieses »Therapiezentrum« im Rauschen der Wälder nur vorübergehend als Ort finsteren heidnischen Aberglaubens in Bann stellen – die Menschen pilgerten bald wieder zur Quelle, nun gefördert durch die reformierte Obrigkeit, die an den Gästen sehr gut verdiente. Die Gelder, die viele Besucher an der Quelle zum Dank zurückließen, flossen allerdings auch in soziale Einrichtungen, mit dem »Heilbrunnengeld« wurden beispielsweise Arme gespeist. Erst die Wirren des Dreißigjährigen Krieges beendeten die Blütezeit des »heiligen Bornes«. Am besten parkt man am Lahnhof an der Eisenstraße und folgt dann dem Rothaarsteig (Markierung »weißes R auf Rot«) in 20 Minuten zur Ilsequelle; die Straße zum Lahnhof zweigt in Lützel von der B 62 ab.

HÄNGEBRÜCKE AM ROTHAARSTEIG

Unter den zahlreichen »Erlebnisstationen« am Rothaarsteig ❼ ist die »Ökostation Wald« sicher die spannendste: Hauptattraktion ist eine 40 m lange, über einem schluchtartig eingeschnittenen Seitental des Schladebaches schwingende Hängebrücke. Von ihr aus ist ein künstliches Spinnennetz sichtbar, an dem Tiere und Pflanzen auf Holztafeln dargestellt sind. Ausgangspunkt für

die kurze Wanderung zur Hängebrücke ist der Waldparkplatz an der Rodung Kühhude am Ende der von Bad Berleburg auf den Rothaarkamm führenden Stichstraße. In unmittelbarer Nähe des Ausgangspunktes stehen im Wald gigantische Skulpturen am Waldskulpturenweg von Bad Berleburg nach Schmallenberg. Die Wanderung zur Brücke und zurück dauert knapp 1 Stunde und macht Lust auf weitere Wanderungen auf dem Rothaarsteig.

Auf Kalkstein entstand der Rendzinaboden.

Der Podsol mit dem aschgrauen Bleichungshorizont ist der typische Boden der Geest.

In den Kalibergbaurevieren an der Werra türmen sich hohe Abraumhalden aus Salz auf; hier der »Monte Kali« bei Heringen.

Gigantische Bagger fördern die Braunkohle.

Parabraunerden sind sehr weit verbreitet.

Auf Schatzsuche in Deutschland

Mit Bodenschätzen wie Erdöl, Erdgas oder Erzen ist unser Land nicht üppig gesegnet – Deutschland muss wichtige Rohstoffe importieren. Dafür entschädigt uns die Natur mit »echten« Bodenschätzen: meist fruchtbaren Böden, auf denen zahlreiche Pflanzen bestens gedeihen.

Durch Humus dunkelbraun bis schwarz gefärbt, lehmig, nicht zu sandig, aber auch nicht zu tonig und daher leicht zu bearbeiten – so sieht sie aus, die Schwarzerde. Ihr lockeres, krümeliges Gefüge ähnelt dem eines gut gelungenen Rührkuchens. In einer dicken Schicht können die Pflanzen sicher wurzeln und erhalten genügend Nährstoffe, Wasser und Luft. Für die Nutzung als Ackerland ist Schwarzerde also der optimale Bodentyp. Leider kommt das Nonplusultra unter den deutschen Böden nur auf einem Flächenanteil von etwa 2% vor, z. B. in der Hildesheimer und in der Magdeburger Börde.

Doch auch viele andere Bodentypen zwischen Nordsee und Alpen sind unverzichtbare Bodenschätze; annähernd zwei Dritteln der Bodenfläche bescheinigt man eine gute bis mittlere Qualität. Sie bilden jeweils das Fundament der oberirdischen Ökosysteme und sind zugleich selbst außergewöhnlich dicht von Organismen besiedelt: In einer 30 cm dicken Bodenkrume hausen unter jedem Quadratmeter durchschnittlich 80 Regenwürmer, 50000 Springschwänze und 500 000 000 000 Geißeltierchen.

Den Naturschatz Boden, die wichtigste Existenzgrundlage der Menschheit, hat eben dieser Mensch jedoch bereits zum großen Teil grob fahrlässig verschwendet, vor allem durch Verursachung von Bodenerosion. Seit dem frühen Mittelalter wurden in Deutschland ackerbaulich genutzte Hänge um durchschnittlich 50 cm tiefer gelegt. Selbst, wenn man aus den Fehlern lernt und den Boden jetzt mit allen Mitteln moderner Landtechnik vor der Erosion durch Wasser und Wind schützt, sind die Verluste kaum wieder auszugleichen. Es können durchaus 200 bis 300 Jahre vergehen, bis sich ein neuer Zentimeter Boden gebildet hat.

Vom Aschenboden zum Raschelboden

Selbstverständlich weiß ein Bundesbürger mit passabler Allgemeinbildung, was eine Buche oder eine Eiche, ein Fuchs oder ein Hase ist. Doch kann er auch mit den Begriffen »Podsol«, »Rendzina« oder »Pseudogley« etwas anfangen? Dabei sind diese Bodentypen in Deutschland genauso häufig und weit verbreitet wie die genannten Pflanzen- und Tierarten. Jeder Bodentyp beeinflusst die Ökosysteme, die sich auf ihm entwickeln, stärker als jeder andere Standortfaktor. Und umgekehrt ist der Boden selbst ein Spiegelbild der gesamten Umwelt. Es bestehen also sehr enge Beziehungen zwischen Böden und Biotopen mit ihrer charakteristischen Flora und Fauna. Außerhalb der nicht zu stark vernässten und nur selten überschwemmten Gebiete markiert der Podsol das eine und die Rendzina das andere

Die Fruchtbarkeit von Böden wird durch Zahlen angegeben, die Höchstwerte von bis zu 100 erreichen Schwarzerden.

Ende des Spektrums von Boden- und Biotoptypen. Der Podsol (»Boden unter Asche«) hat seinen Namen vom aschgrau gebleichten Oberboden. Als natürliche Vegetation gehören zu ihm der Birken-Eichen-Buchen-Wald im Tiefland und der Fichten-Tannen-Wald in den höheren Gebirgen. Besonders deutlich ist er unter den Sand-

Die Zeche Zollverein in Essen, einst die größte Steinkohlenförderanlage der Welt, ist heute Stätte des UNESCO-Weltkulturerbes.

heiden ausgeprägt, die durch den Raubbau an den Wäldern entstanden sind. Die steinige Rendzina, bei der die Steine beim Pflügen am Metall raschelnde Geräusche von sich geben, ist dagegen der Boden der Kalksteingebiete mit ursprünglich artenreichen Kalk-Buchenwäldern und heute oft noch vielfältigeren Kalkmagerrasen. Zwischen den beiden Polen stehen die Braunerden und Parabraunerden. Sie sind die charakteristischen Bodentypen der sommergrünen Laubwaldzone und tragen vor allem Laubmischwälder aus Buchen, Eichen und Hainbuchen.

Wo sind sie geblieben?

Ursprünglich besaß Deutschland ergiebige Erzlagerstätten, zwar nicht so reiche wie in manchen anderen Ländern, doch sehr unterschiedliche: Eisenerze und Vorkommen von Stahlmetallen, Buntmetallerze und auch Lagerstätten, die Edelmetalle wie Gold und Silber enthalten. Sie wurden jahrhundertelang mit enormen Gewinnen ausgebeutet. Allein der »kostbarste Berg Deutschlands«, der Rammelsberg bei Goslar, hat in 1000 Jahren Metalle im Wert von 13 Milliarden Euro geliefert. Inzwischen sind die Vorkommen erschöpft, oder der Abbau lohnt sich bei den heutigen Rohstoffpreisen nicht mehr. Erdöl und Erdgas war nie in größeren Mengen vorhanden, obwohl in der südlichen Lüneburger Heide vor rund 150 Jahren die ersten Erdölbohrungen der Welt erfolgreich waren. Heute tröpfelt das »Schwarze Gold« nur noch aus den Bohrlöchern.

Von der Steinkohle, im 19. und 20. Jahrhundert das Fundament der deutschen Schwerindustrie, gibt es unter dem Norddeutschen Tiefland und im Saarland noch beachtliche Vorkommen. Wegen der meist komplizierten geologischen Lagerungsverhältnisse und der hohen Lohnkosten kann die Förderung jedoch nur mithilfe massiver Subventionen aufrechterhalten werden. Wirklich bedeutend und rentabel ist lediglich der Abbau von Kalisalzen, der im Untertagebau, und von Braunkohle, der im Tagebau betrieben wird. Von beiden Rohstoffen besitzt Deutschland große Vorkommen. Sie sind praktisch die einzigen mineralischen Rohstoffe, die nicht importiert werden müssen. Wie die jahrzehntelange Versalzung von Werra und Weser durch Abwässer des Kalibergbaus oder die »Mondlandschaften«, die der Braunkohlenbergbau hinterlässt, zeigen, ist die Förderung von Bodenschätzen jedoch immer ein zweischneidiges Schwert, das stark in die Umwelt eingreift. Gerade bei den Energieträgern setzt Deutschland heute weniger auf Bodenschätze als auf seine »Klimaschätze«, die sich ständig erneuern, deshalb unerschöpflich sind und die Umwelt kaum belasten. Der Anteil der erneuerbaren Energien am Stromverbrauch in Deutschland beträgt mittlerweile rund 10 %, bei den Solarstrom- und Windkraftanlagen liegt unser Land an der Weltspitze. Davon profitiert nicht nur die Natur, sondern auch der Verbraucher, der sich auf sicherere Energiequellen verlassen kann.

GEOLOGISCHE ZEITTAFEL
Die deutschen Lagerstätten wirtschaftlich bedeutender Erze, fossiler Brennstoffe sowie von Steinen und Erden sind im Laufe vieler Jahrmillionen entstanden – und nicht selten innerhalb weniger Jahrhunderte ausgebeutet worden. Wie das »taube«, wertlose Gestein spiegeln sie die bewegte Erdgeschichte unseres Landes wider.

ERDNEUZEIT (Känozoikum)
• Quartär (0 – 2,6 Mio. Jahre): Löss, Sand, Kies, Ton, Torf, Kieselgur
• Tertiär (2,6 – 65 Mio. Jahre): Braunkohle, Erdöl, Erdgas, Eisenerz, Ton, Basalt, Stein- und Kalisalze

ERDMITTELALTER (Mesozoikum)
• Kreide (65 – 144 Mio. Jahre): Kalkstein, Eisenerz, Kohle
• Jura (144 – 208 Mio. Jahre): Kalkstein, Eisenerz
• Trias (208 – 251 Mio. Jahre): Steinsalz, Gips, Anhydrit, Kalkstein, Dolomit, Sandstein

ERDALTERTUM (Paläozoikum)
• Perm (251 – 296 Mio. Jahre): Stein- und Kalisalze, Gips, Anhydrit, Dolomit, Porphyre und Quarzporphyre
• Karbon (296 – 354 Mio. Jahre): Steinkohle, Buntmetallerze, Eisenerz, Kalkstein, Quarzit
• Devon (354 – 417 Mio. Jahre): Buntmetallerze, Eisenerz, Schiefer, Kalkstein
• Silurium (417 – 443 Mio. Jahre): Schiefer
• Ordovizium (443 – 495 Mio. Jahre): Schiefer, Quarzit, Eisenerz
• Kambrium (495 – 544 Mio. Jahre): Schiefer, Graphit, Quarzit

ERDURZEIT (Präkambrium; vor 544 Mio. Jahren)
• Bildung der Erdkruste, starker Vulkanismus

SERVICE

Anfahrt: Auf der A 44 Kassel–Dortmund bis zur Ausfahrt Marsberg-Zentrum, dann auf der B7 bis Marsberg und weiter nach Obermarsberg; nächstgelegener ICE-Bahnhof in Warburg

Lage: Im nördlichen Rothaargebirge in Hessen und Nordrhein-Westfalen

Größe: 334 km²

Höchste Erhebung:
Langenberg (843 m)

Gründung: 1965

Information:
Naturpark Diemelsee
Südring 2
34497 Korbach

Telefon: 05631/95 43 22

Internet:
www.naturpark-diemelsee.de

Naturpark Diemelsee

Wanderwege über das Rothaargebirge, Wassersport und Erholung am Diemelsee, Kletterrouten am Ettelsberg, Mountainbiking und Weltcup-Skispringen in Willingen sowie Europas größter Alphorn-Gottesdienst außerhalb der Schweiz – Tradition und Moderne sind hier vereint.

Der Diemelsee ist das blaue Herz des Naturparks – vom Eisenberg aus kann man ihn am besten überblicken.

TOP TIPP

1 Obermarsberg
Sagenumwobene Bergstadt mit vielen historischen Zeugnissen

3 Diemelsee
Beliebter Freizeit- und Wassersportsee des Rothaargebirges

6 Osterkopf
Panoramahügel mit geschützter Bergheide

7 Ettelsberg
Aussichtsberg mit hervorragenden Sportmöglichkeiten

Wo sich im waldreichen westfälisch-hessischen Grenzgebiet die höchsten Berge des Rothaargebirges erheben, entspringt die in die Weser mündende Diemel. Am Fuß des Eisenberges ist sie zum Diemelsee aufgestaut, der zugleich Namensgeber, Mittelpunkt und Wassersportparadies des zu zwei Dritteln in Hessen und zu einem Drittel in Nordrhein-Westfalen gelegenen Naturparks ist. Ein fast geschlossenes Waldkleid in den Hochlagen sowie aussichtsreiche Grünland- und Ackerfluren in den niedrigen Lagen prägen die durch zahlreiche Bachtäler reich gegliederte Landschaft. Unter den Dutzenden von Wanderwegen, die durch das abwechslungsreiche Gebiet führen, sind einige besonders zu empfehlen: der naturnahe Uplandsteig rund um Willingen, der am Diemelsee beginnende Diemelsteig und der Europäische Fernwanderweg 1, der von Obermarsberg quer durch den Naturpark nach Willingen und durch das Hoppecketal zum Neuen Hagen, der größten – und schönsten – Bergheide des Rothaargebirges, führt. Der einzige größere Ort innerhalb des Naturparks ist der heilklimatische und Kneippkurort Willingen, das bedeutendste Wintersportzentrum auf der hessischen Seite des Rothaargebirges. Die dortige Mühlenschanze ist Austragungsort internationaler Skisprung-Wettbewerbe (Weltcup). Und das Willinger Bike Festival ist eine der größten Mountainbike-Veranstaltungen in Deutschland.

Wo einst Sachsen-Heiligtum und Nibelungenschatz gehütet wurden

Auf dem von einem Höhlenlabyrinth durchzogenen »Eresberg« (Erzberg) zwischen dem Diemel- und dem Glindetal im äußersten Norden des

Idyllisches Städtchen: Der Ortskern von Obermarsberg hat ein fast mittelalterliches Gepräge bewahrt.

TOP TIPP Naturparks liegt die zauberhafte Bergstadt **Obermarsberg** ➊ – ein Ort, in dem die Zeit stehen geblieben zu sein scheint: verwinkelte Gassen, Fachwerkhäuser, Kopfsteinpflaster, die nachts illuminierte Stiftskirche, der Pranger vor dem Alten Rathaus, die Rolandsfigur, die Drachenhöhle, die Kapelle auf dem Kalvarienberg, in der Gläubige Wunschzettel deponieren und wo das atemberaubende Panorama der vielgestaltigen Bergwelt am Oberlauf der Diemel die Menschen in seinen Bann zieht.

Eine »heilige Stätte« sei Obermarsberg, besagt eine Tafel in der Stiftskirche: »Auf diesem Berg stand einst die Irminsul«, ein sächsisches Heiligtum. Und wie diese Irminsul, der sächsische Weltenbaum, aussah, zeigt ein Relief auf der Innenseite der Kirchentür. Zwar rankt sich um fast jede Wallburg in Westfalen die Sage, dort habe »die Irminsul« gestanden, der Eresberg scheint jedoch von überregionaler Bedeutung gewesen zu sein: Mit der Eroberung der Eresburg eröffnete Karl der Große im Jahr 772 den Expansions- und Religionskrieg gegen die Sachsen. Die 33 Jahre andauernden Sachsenkriege wurden der »langwierigste, grausamste und für das Frankenvolk anstrengendste [Krieg], den es je geführt hat«, resümiert um 835 der fränkische Gelehrte Einhard in seiner Biografie Karls des Großen. Unterhalb der Umwallung des Eresberges öffnet sich im Steilhang über dem Diemeltal einer der Eingänge der Drachenhöhle. Die große Höhle zieht sich bis unter das historische Alte Rathaus der Bergstadt hin. Wie die

örtliche Überlieferung berichtet – erstmals belegt durch das Reisetagebuch des isländischen Abtes Nikolaus von Tuera, der Marsberg im Jahr 1150 besucht hatte –, hütete in den Kalkstein-Höhlenlabyrinthen des Bergkegels Fafnir in Drachengestalt den sagenhaften Goldschatz der Nibelungen. Burg und Kirche auf dem Eresberg wurden das Zentrum einer bedeutenden Bergsiedlung, die um 1220 Stadtrechte erhielt. Zur Zeit der Stadtgründung wurde auf dem Eresberg Erz abgebaut – und der Name »Eresberg« wurde als »Erzberg« (lateinisch: Mons Martis) gedeutet; nach dieser lateinischen

WANDERTIPP

UPLANDSTEIG

Der Höhen-Rundwanderweg ist mit dem Buchstaben »U« markiert und folgt auf 64 km Länge überwiegend unbefestigten, naturnahen Wegen und Pfaden über die höchsten Höhen des Rothaargebirges und durch die herrliche Landschaft des Waldecker Uplands rund um den Wintersportort Willingen. Diemelquelle, Hoppeckequelle (bei ➑), Langenberg ➒ und Grotenberg ➎ – bekannte Natursehenswürdigkeiten –

liegen am Weg, und der Wanderer wird zusätzlich mit wunderbaren Panoramen belohnt.

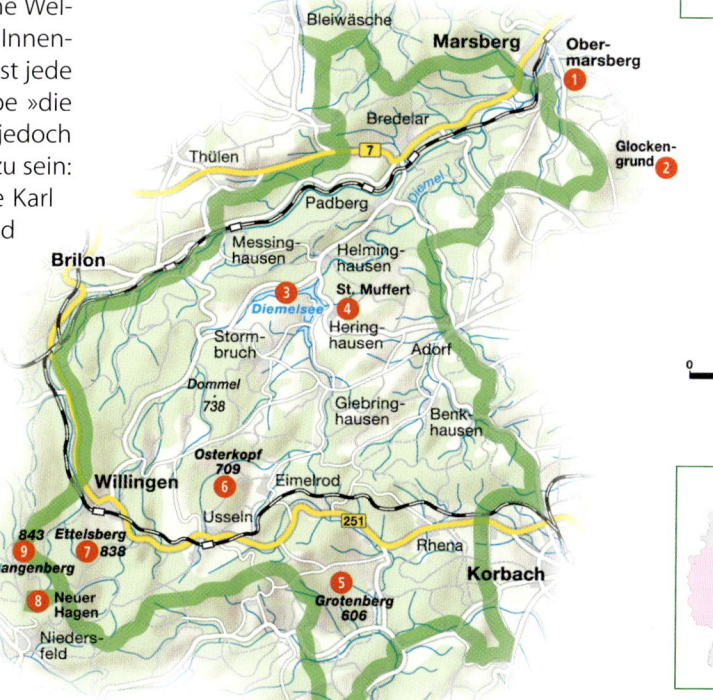

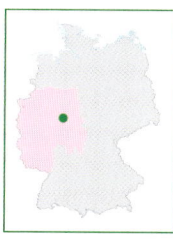

ALPHORNMESSE
AUF DEM ETTELSBERG

Alljährlich am letzten Augustsonntag ist der Ettelsberg 7 Schauplatz eines für die deutschen Mittelgebirge einmaligen Gottesdienstes: Die Alphornmesse mit Musikgruppen aus ganz Europa bildet den feierlichen Auftakt für ein großartiges Bergfest. Um 8 Uhr morgens schallen die Alphörner vom Ettelsbergplateau in die Uplanddörfer und rufen zum Gottesdienst (Bild). Meh-

rere Tausend Menschen nehmen in jedem Jahr an dieser Messe in der Bergwelt des Rothaargebirges teil.

Wanderschafe tragen – nicht nur hier im Glockengrund – zur Erhaltung des ökologischen Gleichgewichts bei.

Übersetzung trägt die Stadt Marsberg bis heute ihren Namen. Das Besucherbergwerk Kilianstollen im Glindetal in Niedermarsberg erinnert bis heute an den alten Kupferabbau in Marsberg.

Vom stillen Naturparadies zum lebhaften Freizeitsee

Die historische bäuerliche Bewirtschaftung im Umkreis der Bergstadt lebt im Naturschutzgebiet **Glockengrund** 2 bei Udorf wieder auf: Rund 800 Wanderschafe sorgen durch Verbiss dafür, dass Bäume und Buschwerk sich in diesem vor 1000 Jahren gerodeten bäuerlichen Kulturland nicht wieder ausbreiten und der Glockengrund ein Lebensraum für Orchideenarten wie das Dreigezähnte Knabenkraut bleibt. Ein 2 km langer Rundwanderweg mit Lehrtafeln führt durch dieses Naturparadies, in dem über 40 bedrohte Pflanzenarten ein Rückzugsgebiet gefunden haben. Ausgangspunkt ist der Parkplatz am südlichen Rand von Marsberg-Udorf an der Abzweigung des Glockengrundes von der nach Canstein führenden Cansteiner Straße.

An der Grenze von Hessen und Nordrhein-Westfalen, eingebettet zwischen Feldfluren und bewaldeten Bergen, liegt der **Diemelsee** 3. Mit einer Wasserfläche von 1,65 km² ist er der größte Stausee im Rothaargebirge. Da er nicht der Trinkwasser-, sondern der Elektrizitätsgewinnung und der Wasserstandsregulierung von Weser und Mittellandkanal dient, ist er der größte Wassersport- und Freizeitsee im Rothaargebirge: Baden, Segeln, Surfen, Kanuwandern und Angeln sind hier ebenso angesagt wie Rad-

TOP TIPP

touren entlang der 16 Uferkilometer und Wanderungen auf den aussichtsreichen Höhen über dem See. 45 Minuten dauert die Seerundfahrt mit dem Ausflugsschiff »St. Muffert«. Seinen Namen trägt es nach der Felskanzel **Sankt Muffert** 4 am Eisenberg: Über einen steilen Wanderweg zwischen Helminghausen und Heringhausen erreichbar, bietet die Aussichtskanzel ein traumhaftes Panorama des Diemelsees und bis hinauf zu den höchsten Höhen des Rothaargebirges. Der größte Teil der von Diemel, Itter und kleineren Bächen gespeisten Wasserfläche des Diemelsees liegt auf dem Gebiet der hessischen Gemeinde Diemelsee. Die 194 m lange und bis zu 42 m hohe Staumauer wurde 1912–24 am Rand des westfälischen Fachwerk- und Kirchdorfes Helminghausen errichtet.

Um das interessante Magerrasen-Naturschutzgebiet **Grotenberg** 5 am Uplandsteig zu erreichen, fährt man auf der B 251 von Willingen nach Usseln und biegt dort nach Welleringhausen ab. Von dem kleinen ruhigen Dorf mit einer alten Wehrkirche führt ein Wanderweg in 20 Minuten auf den Grotenberg. Vom Gipfel aus bietet sich eine überragende Aussicht auf die Umgebung.

Ebenfalls wieder von Schafen beweidet wird der **Osterkopf** 6, der 709 m hohe Hausberg des Kurortes Usseln. Vom Bahnhof folgt man dem Wanderweg Richtung Eimelrod, zweigt oberhalb des Ortes links ab und steht nach etwa 20 Minuten auf dem aussichtsreichen Gipfel. Der Bergkegel trägt im Gipfelbereich einen Hochheide-Borstgrasrasen, der auf insgesamt 80 ha Fläche wegen seines außergewöhnlich großen

TOP TIPP

Reichtums an Moosen und Flechten sowie der artenreichen Vogelwelt als Naturschutzgebiet ausgewiesen ist.

Klettern, Wandern, Mountainbiken – was das Herz begehrt

Der beste Panorama- und Freizeitberg des Naturparks Diemelsee ist der 838 m hohe **Ettelsberg** ❼. Schon beim Hinaufschweben mit der Sesselbahn vom Kurort Willingen aus reibt man sich die Augen, derart fantastisch ist die Aussicht vom Ettelsberg auf das Diemeltal, das Waldecker Bergland und die höchsten Berge des Rothaargebirges. Dank der ganzjährig verkehrenden Sesselbahn ist er ein erstklassiger Ausgangspunkt für Wanderungen zur Hoppeckequelle und zum Langenberg, für Spaziergänge und für Mountainbike-Touren aller Schwierigkeitsgrade. Ein Naturparadies ist die unter Naturschutz stehende Hochheide auf dem Gipfelplateau. Nach ihr ist der Hochheideturm benannt, ein 59 m hoher Aussichts- und Kletterwandturm, dessen Aussichtsplattform auf 875 m den höchsten Aussichtspunkt des Rothaargebirges darstellt. Die Nordwestseite des achteckigen Turmes bildet die mit 41 m höchste Outdoor-Kletterwand Europas – eine echte Herausforderung für alle Kletter-Fans. Mit der Seilbahn gelangen auch Mountainbikes und ihre Fahrer an den Rand des Gipfelplateaus. Unmittelbar neben der Bergstation befindet sich der Einstieg in die verschiedenen Strecken des Mountainbike Parks Willingen, der mit der Bike Arena Sauerland verknüpft ist. Zur sportparkartigen Ausstattung des Ettelsber-

ges zählen neben einer Einkehrmöglichkeit und den verschiedenen Mountainbike-Routen auch ein Startplatz für Gleitschirm- und Drachenflieger.

Von der Bergstation der Ettelsberg-Seilbahn aus führt ein Wanderweg in rund 30 Minuten zur Hoppeckequelle im Naturschutzgebiet **Neuer Hagen** ❽, einer der größten Bergheiden Westfalens. Das 74 ha große Naturschutzgebiet liegt auf ca. 800 m Höhe weitab von Siedlungen auf einem Südausläufer des Langenbergmassives, der höchsten Erhebung des Rothaargebirges. Der Neue Hagen ist ein Biotopverbund, der neben den flachwelligen Heideflächen kleine Hangquellmoore, Kleinseggenriede und Quellen sowie auf trockenen Kuppen Borstgrasrasen umfasst. Wie die Heide auf dem Ettelsberg werden auch die Heideflächen des Neuen Hagens von Schafen beweidet, damit diese zauberhafte Landschaft erhalten bleibt und nicht verwaldet. Der Upland- und der Rothaarsteig führen vom Neuen Hagen weiter zum **Langenberg** ❾, der als höchster Berg (843 m) des Rothaargebirges für viele ein Wallfahrtsziel ist. Folgt man Upland- und Rothaarsteig noch etwa 5 Minuten weiter, gelangt man zur »Schönen Aussicht«, dem herausragenden Aussichtspunkt am Langenberg: Vom Steilhang fällt der Blick zu den Bruchhauser Steinen, auf Bruchhausen, den Olsberg und zahlreiche weitere Hochsauerlandberge und -rücken. Durch schönen Wald führt der Weg weiter zur Raststelle »Richtplatz«, wo der Abstieg zurück nach Willingen beginnt. Für diese traumhafte Wanderung benötigt man etwa 4 Stunden.

TIPP FÜR KINDER

WILD- UND FREIZEITPARK AM ETTELSBERG

Der Wild- und Freizeitpark am Hang des Ettelsberges ❼ besteht aus einem Wildgehege, einem Märchenpark und einem Waldlehrpfad, der die heimische Flora und Fauna vor Augen führt. Dam- und Sikawild, Rothirsche und Mufflons (Bild), Steinböcke, Wildschweine, Braunbären, Hängebauchschweine, Affen, Papageien, Ziegen und viele andere einheimische und exotische Tiere sind

im Wildgehege zu bewundern. Täglich außer donnerstags gibt es eine Greifvogelvorführung mit einem Lehrvortrag. Die Zufahrt zum Wildpark ist in Willingen ausgeschildert, sie beginnt nahe der Talstation der Ettelsberg-Seilbahn. Viele Besucher fahren zur Bergstation hinauf und spazieren dann zum Park hinab (Park geöffnet Mitte März bis Mitte Nov 9–18 Uhr bzw. bis Einbruch der Dunkelheit, im Winter 10 Uhr bis Einbruch der Dunkelheit).

Bequem geht's auch: Der Willinger Sessellift bringt Mountainbiker ohne Schweißvergießen auf die Downhillpiste.

Nationalpark Kellerwald-Edersee

Das Waldgebiet südlich des Edersees ist ein Ausläufer des Rheinischen Schiefergebirges und Deutschlands jüngster Nationalpark. Seit über 100 Jahren schützt ein 43 Kilometer langes Wildgatter die von schönen Mischwäldern bedeckten Berge des Kellerwaldes.

SERVICE

Anfahrt: Auf der A 44 Kassel–Dortmund bis zur Ausfahrt Diemelstadt und weiter auf der B 252 über Korbach bis zum Hagenstein bei Kirchlotheim. Mit der Bahn bis Bad Wildungen; vom Bahnhof weiter mit dem Bus in Richtung Hemfurth, Edersee/Bringhausen (Linie 521) oder Frankenau (Linie 559).

Lage: In Nordhessen, etwa 50 km südwestlich von Kassel

Größe: 57 km²

Höchste Erhebung:
Traddelkopf (626 m)

Gründung: 2004

Information
Nationalparkamt Kellerwald-Edersee
Laustraße 8
34537 Bad Wildungen
Telefon: 05621/752 49 0
Internet: www.nationalpark-kellerwald-edersee.de

Der Ederstausee ist eine landschaftliche Bereicherung und bildet die nördliche Grenze des Nationalparks.

TOP TIPP

2 Arensberg
Das »Tafelsilber« des Nationalparks – ein naturnaher Urwald

6 Daudenberg
»Lexikon« der Waldgeschichte

7 Bericher Holz
Tierbeobachtung im Wildpark in natürlicher Umgebung

9 Rabenstein
Ungewöhnliches Quellbiotop mit Sinterquelle

13 Quernst
Kulturhistorischer Höhepunkt des Nationalparks

Ganz gleich, aus welcher Himmelsrichtung man kommt, den Kellerwald betritt man immer durch ein Tor. Denn der Nationalpark wird von einem Zaun umfasst. Und das kam so: Über Jahrhunderte betrieben die Bauern der Umgebung die Köhlerei, weideten ihr Vieh und gewannen Holz im Kellerwald. Die fürstliche Familie von Waldeck indes nutzte ab dem 18. Jahrhundert das Gebiet zu Füßen ihrer Burg für die Jagd. Um die Jagdflur zu sichern und die Bauern vor Wildschaden durch das überzählige Wild zu schützen, wurde zwischen 1894 und 1904 ein Gehege eingezäunt, aus dem 100 Jahre später der 5724 ha große Nationalpark entstand. Wegen der felsigen und steilen Berghänge konnten die Wälder seit mehreren Jahrzehnten wirtschaftlich nicht mehr genutzt werden. Ein Glück für einen Wald: So bildete sich ein urwaldähnlicher Laubwald, den es

in dieser Größe und Vielfalt kaum ein zweites Mal in Deutschland gibt. Der Wechsel von tief eingeschnittenen Tälern und reich gegliederten Bergkuppen, ausgedehnten Mischwäldern, blumenreichen Wiesentälern und quirligen Bachläufen verleiht dem Kellerwald einen ganz eigenen Charakter. Nach Norden begrenzt der Ederstausee den Nationalpark, für Natur und Mensch eine willkommene Bereicherung.

Auf dem Urwaldsteig

Rund um den Edersee, durch die Trockeneichenwälder des nördlichen Ufers und durch den Nationalpark Kellerwald-Edersee im Süden des Sees, führt seit 2005 der »Urwaldsteig«. Der über 68 km lange Wanderweg berührt in mehreren Etappen die ursprünglichsten Teile des Nationalparks. Für die gesamte Rundwanderung sollte

Jedes Frühjahr keimen hier unzählige Bucheckern.

man mindestens drei Tage veranschlagen, aber auch kleinere Teilstrecken sind möglich. Der wesentlich längere Kellerwaldsteig (elf Tage) streift die interessantesten Landschaften.
Sowohl über den Urwaldsteig als auch über den Kellerwaldsteig erreicht man die »Loreley des Edertals«, den **Hagenstein** ❶. An seinem Steilhang hat sich eine eigenwillige Blockhalde herausgebildet. Sie entstand durch Verwitterung, Abspülung und Auswaschung, übrig blieben eigentümliche Anhäufungen von Steinblöcken. Das setzt ein Gestein voraus, das zu groben Blöcken verwittert, z. B. festen Sandstein, Granit oder Basalt. Buchen, vereinzelt auch Eichen, zeigen wegen der Trockenheit des sonnenverwöhnten Steilhanges verkrüppelte, buschartige Wuchsformen. Urtümliche Waldbilder entstehen, man fühlt sich in einen Märchenwald versetzt. Eichen und Hainbuchen über einem üppigen Teppich von Perlgras besiedeln die wechseltrockenen Hangmulden. In dem besonders geschützten Gebiet des Hagensteins lebt der Steppengrashüpfer, ein Relikt der nacheiszeitlichen Wärmeperiode. An sonnigen Flecken blühen der seltene Großblütige Fingerhut und die grazile Graslilie. Die Tonschieferfelsen am Oberhang sind von seltenen Kleinfarnen, Felsenmispelgebüsch, Schwalbenwurz und verschiedenen wilden Rosenarten bewachsen. Die Wanderung zum Hagenstein dauert

etwa 1 Stunde, sie beginnt in Schmittlotheim am Gasthof »Zum Elsebach«.

Weglose Wildnis

Zur Kernzone im Norden des Nationalparks gehören der **Arensberg** ❷ und der Ringelsberg, die durch den Talzug des Bärenbachs getrennt sind. Die Nordseite des Arensbergs, die sogenannte Wooghölle, stürzt steil zum Edersee ab. Eine ins frühe 18. Jahrhundert zurückreichende forstliche Chronik bekundet, dass es hier aufgrund der Unwegsamkeit keine Waldnutzung gab. Begünstigt durch den lokalen Einfluss des nährstoffreichen Zechsteins hat sich ein Urwald ausgebildet. Es finden sich allerlei anspruchsvolle Baumarten in allen Entwicklungsstufen, darunter Esche, Linde, Bergulme und Bergahorn, sowie Unterwuchs, Jungwuchs, mächtig stehendes und liegendes Totholz und eine reiche Pilzflora. Über Felsen und abgesprengtem Gestein wuchern Moose und Farne. So etwa muss man sich wohl die Wälder vor der Beeinflussung durch den Menschen vorstellen. Selbst auf dem Plateau des Arensberges erstaunt der Bewuchs mit über 200 Jahre alten kurzschäftigen Buchen, zu denen sich Eichen gesellen. Marder, Dachs und Rothirsch haben hier einen naturnahen Rückzugsraum.
Wie eine Halbinsel schiebt sich der **Ringelsberg** ❸ in den Edersee, sein Westhang fällt steil ab. Er ist mit Bäumen bewachsen, deren Wurzeln zwischen losem Geröll und auf felsigem Grund Halt suchen. Fischadlern bietet diese ruhige Region eine Heimat, und auch die seltenen

TIERE

SCHWARZSTORCH
(Ciconia nigra)
Im Unterschied zum Weißstorch ist der Schwarzstorch ein scheuer Bewohner alter, geschlossener Wälder mit Still- und Fließgewässern. Er meidet die Nähe von menschlichen Siedlungen weitgehend. Oberseite, Kopf, Hals und Vorderbrust glänzen metallisch schwarz, Schnabel und Beine sind während der Brutzeit leuchtend rot. Die Nahrung wird meist gemessen schreitend im Wasser, an feuchten Waldstellen oder auf sumpfigen Wiesen erbeutet.

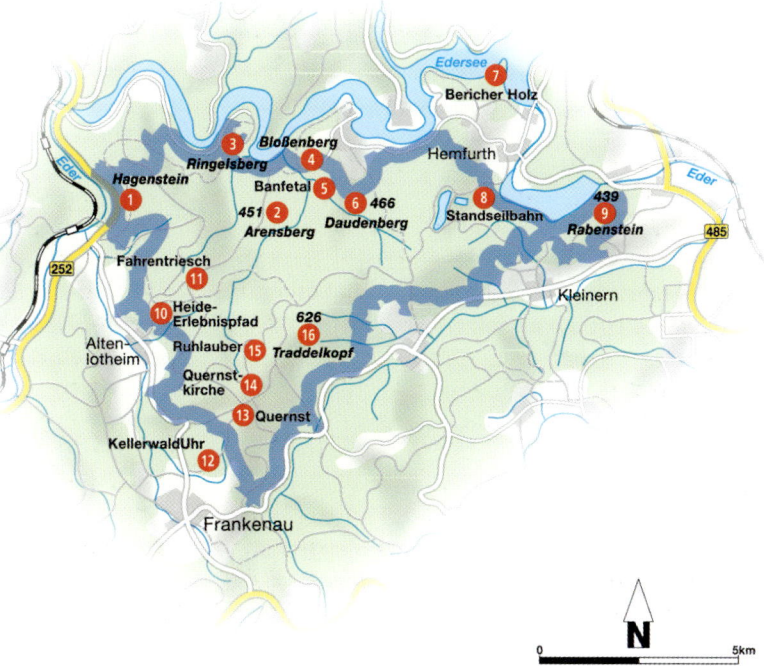

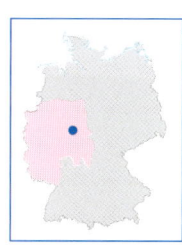

Pilz mit Aufgabe: Der Buchenschleimrübling sorgt für den allmählichen Zerfall umgestürzter Buchenstämme.

DIE GESTEINE

Geologisch betrachtet ist der Kellerwald ein Ausläufer des Rheinischen Schiefergebirges. Landschaftlich gesehen wird er jedoch als gesonderte Einheit zur Hessischen Senke gezählt, da die Flüsse Eder und Itter eine geographische Grenze bilden. Die zutage tretenden Gesteine stammen aus dem Devon und dem Karbon. Damals war das Gebiet noch von einem flachen Meer bedeckt. Typisch für den Nationalpark sind Blockhalden aus Tonschiefer und Grauwacke (im Bild eine Blockhalde am Urwaldsteig zwischen dem Ringelsberg ❸ und dem Bloßenberg ❹). Weitere wichtige Gesteinsarten sind die sogenannten

Kellerwald–Quarzite, Kieselschiefer und Diabas. Eine regionale Besonderheit ist der dunkelrote Kellerwaldachat, ein Eisenkiesel.

und sehr scheuen Schwarzstörche brüten hier inzwischen wieder. Arensberg und Ringelsberg gelten als störungsempfindliche Zone. Nur der »Ringelsberg-Wildnis-Erlebnis-Pfad«, ein Teilstück des Urwaldsteiges, führt durch dieses sensible Gebiet. Ein günstiger Ausgangspunkt für eine Rundwanderung ist der Parkplatz an der alten Ederbrücke in Asel-Süd.

Vielfalt der Waldgesellschaft

Auch der **Bloßenberg** ❹ ist von Asel-Süd aus über den Ederufer-Weg gut zu erreichen; als Alternative kann man auch die Tour von Edertal-Bringhausen aus durch das »Eiserne Tor« (Parkgelegenheit) wählen.

Auf den ausgedehnten Blockhalden des Bloßenbergs wachsen uralte Krüppelwälder, mit Besenginster durchsetzt. Seine Kuppe besiedelt ein 200 Jahre alter Eichenwald. In fürstlicher Zeit gepflanzt, diente er mit seinen Früchten den Wildschweinen als Futter. In die Stämme der mächtigen toten Eichen schlagen Spechte ihre Bruthöhlen. Die Waldfledermäuse wiederum sind auf das Vorhandensein von verlassenen Baumhöhlen angewiesen.

Aus dem Gebiet des Kellerwaldes sprudeln zahlreiche Bäche zur Edertalsperre. Im **Banfetal** ❺, unterhalb des Bloßenberges, wechseln Waldwiesen mit wasserliebenden Erlen und Weiden. Am Bachufer sammeln sich Totholz und angeschwemmtes Pflanzenmaterial. Nach starkem Regen oder bei der Schneeschmelze verwandelt sich dieses »Genist« in kleine Flöße, auf denen Schnecken und Insekten vor den reißenden Fluten Rettung finden. Dort harren sie aus, bis der Wasserspiegel wieder sinkt.

Abhängig von Gestein, Wasserhaushalt und Lage des Berghanges in Bezug auf den Sonneneinfall, haben sich rund um den **Daudenberg** ❻ unterschiedlichste Waldtypen entwickelt; er gleicht einem natürlichen Lexikon der Baumbesiedelung. Nur selten ist ein solch totholzreicher Mischwald mit Hainbuchen, Mehlbeeren und Eichen anzutreffen wie hier in den trockenen bis wechseltrockenen Bereichen des Nordhanges. Mit ihren weitreichenden Wurzeln suchen Eichen und Buchen sowie die hier standortfremden Kiefern nach den spärlichen Nährstoffen im Boden. Den Nordwesthang des Daudenberges mit einer feuchten, nährstoffreichen

Rinne besiedeln Spitzahorn und Winterlinde. Darüber findet sich ein Eschen-Ulmen-Schatthangwald, der durch zwei Quellaustritte reichlich mit Wasser versorgt wird. Jedoch hat auch vor diesem Gebiet das Ulmensterben der letzten 20 Jahre nicht Halt gemacht. Auf dem Gipfel des Daudenbergs scheint der Boden üppiger als am übrigen Berg zu sein. Er trägt einen Edellaubholzwald mit Esche, Linde, Ulme und Eiche. Auch Schlüsselblume und Lerchensporn lassen auf günstigere Standortbedingungen schließen. Die Grauwacken-Blockhalde am Westhang besiedelt die für den Nationalpark so typische, europaweit aber sehr seltene Pfingstnelke.

Vom »Eisernen Tor« oberhalb von Bringhausen aus bewältigt man den Rundweg um den Daudenberg in drei Stunden. Echte »Waldläufer« beginnen mit dem Weg über den Daudenberg eine ausgedehnte Tour in das Banfetal oder gar die Durchquerung des Nationalparks in Richtung Frankenau.

TOP TIPP Wie eine Halbinsel ragt das **Bericher Holz** **7** in den Edersee hinein. Wissenswertes über Wald und Geologie des Nationalparks vermittelt das Buchen-Infozentrum Fagutop, das direkt neben dem sehenswerten Wildpark (siehe Tipp für Kinder) liegt – zu erreichen über die Straße von Hemfurth nach Bringhausen.

Mit der Standseilbahn auf die Höhen des Nationalparks

Direkt auf die Höhen des Nationalparks gelangt man mit der **Standseilbahn** **8** bei Hemfurth. Die Talstation befindet sich in einer der größten Kavernen Europas. Bequem gelangt man auf den Peterskopf, von dem man einen schönen Rundblick auf Nationalpark und Edersee genießt. Die Bergstation liegt unmittelbar neben dem Hochspeicherbecken.

Durch das Kleinersche Tor bei Kleinern erreicht **TOP TIPP** man den östlichsten Teil des Nationalparks, das Gebiet um den 439 m hohen **Rabenstein** **9**. Den Gipfel nimmt erstaunlicherweise ein kleiner Teich mit Seggensümpfen und vermoorten Randbereichen ein, umgeben von alten Hutungsflächen und verwitterten Baumgestalten. Dieses natürliche Quellmoor wird »Blaue Pitsche« genannt. In den flechten- und moosreichen Eichenwäldern an Süd- und Osthang lebt der seltene Mittelspecht. Er ähnelt dem Buntspecht, ist jedoch kleiner. Auch hackt er nicht an den Bäumen nach Nahrung, vielmehr sammelt er seine Beute, klopft also wesentlich weniger als der Buntspecht.

An der Ortschaft Mehlen beginnt ein schöner Weg, der zunächst durch wechselhafte Kulturlandschaft auf die Ostseite des Rabensteins und

GUT ZU WISSEN

KALK-SINTER-QUELLE
Ein für das nordhessische Bergland ganz besonderes Naturphänomen ist die Kalk-Sinter-Quelle am Schatthang des Rabensteins **9**. Sinterquellen, deren Wasser auf seinem Weg durch kalkhaltiges Gestein den Kalk aufnimmt und in Form von ständig

wachsenden Kalkkrusten ablagert, können sich in den kalkfreien Silikatgesteinen des Kellerwaldes normalerweise nicht ausbilden. Doch am Unterhang des Rabensteins verläuft ein schmales Kalkband aus Jahrmillionen altem, devonischem Riffkalk (Bild). In dem äußerst empfindlichen Quellbiotop gibt es sehr seltene Moose und Kleintiere.

Kleine Naturfreunde können im Wildpark im Bericher Holz Ziegen und andere Tiere füttern.

TIPP FÜR KINDER

WILDPARK EDERSEE
Der Wildpark und das Buchen-Infozentrum des Nationalparks (»Fagutop«) liegen im Bericher Holz **7**, außerhalb des Gatters. Frei bewegen sich Rot-, Muffel- und Damwild, Wolf, Steinbock, Waschbär, Luchs und Wildpferde. Eine Greifenwarte beherbergt heimische Raubvögel wie Steinadler, Wanderfalken und Uhus sowie Gänsegeier, Luggerfalken und Sakerfalken.

PFLANZEN

PFINGSTNELKE

(Dianthus gratianopolitanus)
Von Mitte Mai bis Mitte Juni blüht die rosafarbene Pfingstnelke im Kellerwald, ihrem bedeutendsten Vorkommen in Hessen. Auf Schutthalden und an Felswänden trotzt die trittempfindliche Pflanze den Widrigkeiten ihres kargen Standortes und erfreut den Besucher mit leuchtenden Farben auf grauem Gestein. Die Pflanzen wachsen meist in Gruppen, es bilden sich kleine, lockere Polster. Wie alle Nelkenarten ist auch die seltene Pfingstnelke geschützt.

in einer Runde um den Berg zurück zum Ausgangspunkt führt.

Vergessenes Land im Hochwald

Altenlotheim könnte man als das westliche Tor zum Nationalpark bezeichnen. Oberhalb des Ortes erstreckt sich eine Wacholderheide. Auf einem **Heide-Erlebnispfad** ❿, der sich vor allem an Kinder und Jugendliche wendet, lernt man, die Heide zu riechen, zu fühlen und zu sehen. Weiter führt der Weg von Altenlotheim hinauf zum **Fahrentriesch** ⓫. Anfang des 14. Jahrhunderts rodeten hier die Bauern; sie siedelten und versuchten, dem Waldboden Getreide und Grünfutter abzuringen. Aber schon nach wenigen Jahren gab man die Siedlung wieder auf, da die Erträge zu gering und die Abgaben an den Fürsten zu hoch waren. Die Äcker verwilderten, und die Natur überwucherte die Siedlungsreste. Da das Fahrentriesch weiterhin als Weideland genutzt wurde, konnte der Wald dieses Gebiet nicht zurückerobern. Es entstand eine ausgedehnte Gras- und Heidefläche mit seltenen Pflanzen wie Arnika. Einst im Kellerwald sehr verbreitet, ist sie jetzt auf wenige Einzelvorkommen beschränkt, ebenso wie Wald-Läusekraut und Borstgras. Mächtige Hutebuchen am Heiderand

und dunkelgrüne Einzelfichten, bis an den Wiesenboden beastet, verleihen der Landschaft ein sehr eigenes, fast nordisches Gepräge. Das Fahrentriesch ist am besten über Altenlotheim (2 km Wanderstrecke ab Parkplatz Sportplatz) oder Schmittlotheim (mit Elsebach-Waldlehrpfad ca. 5 km) zu erreichen.

In dem schmucken Ferienpark bei Bad Frankenau befindet sich die Nationalparkinformation **KellerwaldUhr** ⓬, die den Besucher ausreichend mit Informationen versorgt und Spannendes in den attraktiv ausgestatteten Ausstellungsräumen bereit hält. Ganz in der Nähe beginnt der Waldhistorische Lehrpfad: An insgesamt 30 Stationen wird über die Geschichte des Waldes, über seine Entstehung nach der letzten Eiszeit, von der Köhlerei, über die Ruine der Quernstkirche sowie über den Ackerbau und die Jagd berichtet. Entlang jahrhundertealter Grenzen führt der etwa 4,5 km lange Pfad zum Dreiherrenstein, wo einst die Territorien Hessen-Darmstadt, Hessen-Kassel und Waldeck aneinander stießen. Die Waldgeschichte der Region ist spannend und Grundlage für das, was bis heute erhalten blieb: ein intaktes großes Waldgebiet. Führungen auf dem Waldhistorischen Lehrpfad ab KellerwaldUhr Frankenau auf Anfrage, Telefon: 06455 / 431 (werktags).

Ein kleiner Aussichtsturm markiert den Standort der ehemaligen Kirche auf dem Quernst, einer alten Rodungsinsel.

Auf der Gras- und Heidefläche des Fahrentriesch wachsen unter anderem Arnika, Wald-Läusekraut und Borstgras.

Kulturhistorischer Höhepunkt

TOP TIPP Auf der flachen, waldlosen Kuppenlage der **Quernst** ❶❸ erhebt sich aus mannshohem Grasmeer ein seltsam anmutender Aussichtspunkt, der an den Glockenturm einer Kirche erinnert. In der Tat stand früher an dieser Stelle ein Gotteshaus. Die **Quernstkirche** ❶❹ wurde vermutlich bereits im 8. Jahrhundert errichtet. Noch bis zum Ende des 17. Jahrhunderts nutzte man den Kirchhof für Bestattungen. Auch heute noch sind die freigelegten Reste der ursprünglichen Friedhofsmauer gut zu erkennen. Die Quernst ist vom Feriendorf bei Frankenau über den südwestlichen Haupteingang des Nationalparks zu erreichen. Der Weg von der KellerwaldUhr zur Quernstkirche zählt zu den kürzeren, gleichwohl schönsten Wanderstrecken im Nationalpark.

Weiter führt der Weg zum **Ruhlauber** ❶❺, einem zusammenhängenden Hallenwald. Wie schnell sich Unterholz und Totholz im freien Nutzwald wandeln, wenn er sich selbst überlassen bleibt, lässt sich hier ablesen. Seit 1989 schweigt die Motorsäge im Ruhlauber. Schnell hat sich unter den mächtigen, 180 bis 200 Jahre alten Kronen der Buchen eine bis zu 6 m hohe zweite Baumschicht entwickelt. Buchen können ein Alter von 250 bis 350 Jahren erreichen. Die stehenden oder umgestürzten Stämme der toten Bäume sind einer der wichtigsten Lebensräume des Naturwaldes. Schwarzspechte, Grau- und Buntspechte schlagen ihre Höhlen in die abgestorbenen Bäume. Stehendes Eichentotholz ist für Hirschkäfer die schönste Kinderstube: Über 350 Käferarten leben im Totholz. Es vermodert, wird von Zunderschwämmen besetzt, und schließlich überziehen Moose die umgestürzten Riesen.

Der Buchenjungwuchs bietet Rehen, Hirschen und Wildschweinen Schutz. Am nördlichen Rand des Ruhlaubers gibt es eine alte Wolfsfalle aus dem 18. Jahrhundert, die »Wolfsgrube« – es muss also einst Wölfe in dieser Region gegeben haben. Vom Feriendorf Frankenau aus (Informationszentrum KellerwaldUhr) beträgt die Wanderstrecke zum Ruhlauber etwa 4 km. Der Weg führt über die Quernstkirche zum Traddel- und Ahornkopf und ist sehr leicht zu gehen.

Der 626 m hohe **Traddelkopf** ❶❻ ist der höchste Berg im Nationalpark. Hier wächst ein noch relativ strukturarmer Forst mit geringer Vegetation. Wenn jedoch der Sturm Altbuchen wirft, entstehen kleine Lichtungen, die der Verjüngung des Buchenbestandes eine Chance geben. Der Wald wird wieder lebendig, er findet seine urwüchsige Gestalt zurück. Oberhalb von 600 m, auf dem Gipfel des Traddelkopfes, zerfallen seit Jahrzehnten die Stämme mächtiger Bergahorne, die diesen Platz einst beherrschten. Auf den Wiesen des Osthangs tummelt sich viel Wild. Die verbissenen Bäume wachsen in so skurrilen Formen nach, als wären sie von Gärtnerhand geschnitten worden.

WANDERTIPP

DIE BATHILDISHÜTTE

Sie war einst die fürstliche Jagdhütte. Das Gebäudeensemble aus dem 19. Jahrhundert brannte ab, der Pferdestall wurde zur Jagdhütte (Bild) ausgebaut. Alles weist hier auf die Vergangenheit des Nationalparks als fürstliches Waldgebiet hin: Für Hirsch und Wildschwein wurden an vielen Stellen des ehemaligen Wildgatters Kastanien gepflanzt, um den Speisezettel der Tiere zu verbessern. Weiträumig verteilt, umschließen Buchen mit ihren riesigen Kronen die Lichtung; ihre reichlich abgeworfenen Bucheckern zogen das Wild magnetisch an. Die heranwachsenden Buchen zeigen durch Verbiss hervorgerufene, bizarre Formen. Eine Pumpe spendet dem Wanderer erfrischen-

des klares Nass, riesige Bäume werfen kühlenden Schatten. Wer zur Bathildishütte wandern möchte, muss eine gewisse Ausdauer und genügend Zeit mitbringen, da sie mitten im Nationalpark in der Nähe des höchsten Berges, des Traddelkopfes ❶❻, liegt. Wegen ihrer zentralen Lage erübrigt sich auch eine Wegbeschreibung, denn »alle Wege führen zur Bathildishütte«.

Naturpark Kellerwald-Edersee

Die Stille des Waldes, die Farben der Wiesen, das Trommeln des Spechtes und der Brunftruf des Hirsches, das Rauschen der Bäche und das Plätschern der Wellen auf dem Edersee, die bizarren Formen von Felsen und Bäumen – all dies sind die Wunder der Natur im Naturpark Kellerwald-Edersee.

SERVICE

Anfahrt: Von Kassel auf der A 49 bis zur Ausfahrt Wabern, dort auf der B 253 nach Bad Wildungen und weiter auf der B 485 zur Edertalsperre; nächster ICE-Bahnhof in Kassel; Bad Wildungen ist auch mit der Bahn zu erreichen

Lage: In Nordhessen südwestlich von Kassel

Größe: 406 km²

Höchste Erhebung: Wüstegarten (675 m)

Gründung: 2001

Information:
Naturpark Kellerwald-Edersee
Laustraße 8
34537 Bad Wildungen
Telefon: 05621/96 94 60
Internet:
www.naturpark-kellerwald-edersee.de

Auf dem Halloh westlich von Albertshausen stehen die schönsten und größten Hute-Buchen des Kellerwaldes.

TOP TIPP

- ❶ **Edertalsperre**
  Das Freizeitparadies des Kellerwaldes
- ❺ **Halloh**
  Knorrige Buchen und Eichen schmücken die alte Waldweide
- ❻ **Bilstein**
  Auf Wärme speicherndem Gestein gedeiht die Pfingstnelke
- ❼ **Bad Wildungen**
  Historische Altstadt mit großem Kulturangebot
- ⑫ **Wüstegarten**
  Höchste Erhebung im Hohen Keller

Die uns so vertraute Rotbuche kommt weltweit nur in Mitteleuropa vor, Deutschland liegt im Zentrum ihres Verbreitungsgebietes. Buchonia, Land der Buchen, wurden früher die waldreichen Gebiete Nordhessens genannt. Der Naturpark Kellerwald-Edersee, der den gleichnamigen Nationalpark umschließt, zählt zu den letzten großen Laubwaldgebieten Mitteleuropas. Bäume dürfen ihr natürliches Alter von mehreren hundert Jahren erreichen und zu stattlichen Baumriesen heranwachsen. Das Waldgebiet zeichnet sich durch seinen überdurchschnittlich hohen Totholzanteil aus, in dem seltene Insekten wie Hirsch- und Bockkäfer ein Refugium haben.

Der Kellerwald, der im Norden durch Bad Wildungen und die Ederberge begrenzt wird, gehört geologisch noch zum Rheinischen Schiefergebirge und schiebt sich wie ein steinernes Bollwerk bis weit in die niederhessische Senke. Den südlichen Teil bildet der Hohe Keller, ein weitgehend unberührter Naturraum, der dem Naturpark den Namen verlieh. Früher rauchten hier Kohlemeiler, sie lieferten Holzkohle zur Verarbeitung von Kupfer und Eisen, das bei Bergfreiheit abgebaut wurde. So entstand der Name »Köhlerwald« oder (mundartlich) »Köllerwald«.

Der Edersee – eine Brücke kommt zu Besuch

TOP TIPP Als 1908 die **Edertalsperre** ❶ gebaut wurde, waren die Tage der Brücke über die Eder und des Dorfes Asel gezählt. Die Bewohner machten sich auf, eine neue Bleibe zu finden. Aus eigener Kraft errichteten sie das neue Asel auf einem Bergrücken nördlich über dem Edersee; am gegenüberliegenden Ufer des Sees, am

Hoch über dem Edersee thront Schloss Waldeck.

Nordhang des Kellerwalds, entstand **Asel-Süd** ②. Langsam, aber sicher verschwand die Brücke in den Fluten – aber nicht für alle Zeiten: Immer, wenn der Edersee wenig Wasser hat, taucht sie wieder auf und wird dann zu einem gern besuchten und wieder begehbaren Übergang. Die Brücke ist bis auf ihre beiden Geländer, die aus Sicherheitsgründen abgerissen wurden, noch komplett erhalten, sie wurde 1982 und 1989 restauriert und steht unter Denkmalschutz.

Das beliebte Naherholungsgebiet rund um den **Edersee** ③ mit zahlreichen Urlaubs- und Freizeitmöglichkeiten ist nicht mehr wegzudenken. Straßen in Ufernähe befinden sich fast um den gesamten See und führen zu den zahlreichen Campingplätzen an den Ufern. Der See lädt an bewachten Stellen zum Baden ein, unterhalb von Waldeck darf in zwei Zonen getaucht werden. Für Urlaubskapitäne und Wellenreiter, Segler und Surfer bietet er ein anspruchsvolles Freizeitrevier, Tret- und Ruderboote werden ausgeliehen. Nur Motorboote mit Verbrennungsmotor dürfen die Ruhe in der Natur nicht stören.

Im Abendlicht blitzen die Fenster von **Schloss Waldeck** ④ wie Augen auf, blicken stolz über die Berge des Kellerwaldes und den Edersee, der ihm zu Füßen glänzt. 200 m über dem 27 km langen See thront das Wahrzeichen der Region, die trutzige Burg, einst Stammsitz der Grafen von Waldeck, die hier bis

ins 17. Jahrhundert residierten. Die Entstehung der Burg liegt im Dunkel der Vergangenheit, nur eine überlieferte Sage berichtet davon. Heute befinden sich in den alten Gemäuern ein Museum sowie ein Hotel mit herrlichem Blick auf den Edersee.

TOP TIPP ▶ Der **Halloh** ⑤ ist einer der schönsten und größten Buchen-Hutewälder des Kellerwaldes. Hutewälder wurden für das weidende Vieh, meist Schweine, angelegt. Die lichten, hochproduktiven Eichen- und Buchenbestände lieferten reichlich Eicheln und Bucheckern und damit wertvolles Fett und Eiweiß für die Viehmast im Herbst. Mächtige, skurril geformte Gestalten stehen in Gruppen beisammen, geheimnisvoll und bedächtig die Häupter im sanften Abendwind wiegend. Westlich von Albertshausen gelegen, auf einer Hügelkuppe in der Feldflur, sind sie zu jeder Jahreszeit einen Besuch wert.

TOP TIPP ▶ Der markante Bergrücken des **Bilsteins** ⑥ bei Bad Wildungen wird von vulkanischem Diabasgestein gebildet, er ragt mit schroffen Klippen nach Süden, ihm entgeht kein Sonnenstrahl. Hier fühlen sich Pflanzen aus früheren wärmeren Klimazeiträumen wohl. Die sehr seltene Pfingstnelke zeigt am Bilstein eines ihrer

GUT ZU WISSEN

EDERSEE-STAUMAUER
Die Edertalsperre ① wurde 1908–14 gebaut, um der Weserschifffahrt und dem Mittellandkanal in den Sommermonaten ausreichend Wasser zuzuführen. Die Talsperre dient darüber hinaus dem Hochwasserschutz und der Stromerzeugung. An eine touristische Nutzung dachte man anfangs noch nicht. Beim Bau der Sperrmauer wurden 300 000 m³ Bruchstein vermauert, sie überragt die Talsohle um 41 m (Bild). Bei nor-

malem Wasserstand staut sie auf einer Seelänge von 27 km 199, bei Hochwasser 225 Millionen m³. Anlässlich der Flutung des Edertals mussten 700 Menschen ihre Dörfer verlassen: Asel, Bringhausen und Berich versanken in den Fluten. Die Bewohner wurden teilweise in Gebiete oberhalb ihrer Dörfer und nach Neu-Berich bei Bad Arolsen umgesiedelt. Bei Niedrigwasser im Herbst kommen Reste der verlassenen Orte wieder zum Vorschein. Dann kann man auf alten Wegen wandern, die Mauerreste der Bericher Klosterkirche werden sichtbar, und die Ederbrücke von Asel nach Asel-Süd ② kann wieder überquert werden.

KELLERWALDSTEIG

Der Weg verbindet die Berge des Edersees im Norden mit der Landschaft Hoher Keller im Süden. Die Naturpark-Verwaltung und der Naturschutzbund Deutschland e.V. (NABU) bieten eine Wanderung in acht Etappen auf der Südroute des

Kellerwaldsteiges an. Der Kellerwaldbus bringt die Teilnehmer zum Ausgangsort der Wanderung und holt sie am Zielort wieder ab. Abfahrt ist jeweils um 9 Uhr in Bad Wildungen ❼ von der Bushaltestelle am Breiten Hagen (Altstadtring). Begleitet werden die mehrstündigen Wanderungen von Naturparkführern; Infotafeln (Bild) klären über das Ökosystem des Mischwaldes auf.

KAISERMANTEL

(Argynnis paphia)
Der Kaisermantel gilt als der Gaukler der Waldränder. Im Kellerwald ist der recht große Tagfalter (Flügelspannweite bis 70 mm) auf sonnigen Waldlichtungen von Juni bis August noch anzutreffen. Der Kaisermantel zählt zur Familie der Perlmutterfalter. Die Flügeloberseiten der Männchen sind orangebraun gefärbt, bei den Weibchen manchmal auch olivbraun.

Der Bergfried der Ruine Löwenstein wacht über die Fachwerkhäuser von Oberurff-Schiffelborn.

größten Vorkommen in Hessen. Am Rande der unzugänglichen Klippen leitet Wärme liebendes Berberitzengebüsch zu urwüchsigen, artenreichen Traubeneichenwäldern und Perlgras-Buchenwäldern über.

Auch zoologisch ist das Gebiet äußerst reichhaltig. Vor allem die bunte Vielfalt an Schmetterlingen fällt auf. An warmen Tagen kann man mit etwas Glück die Glattnatter beim Sonnen in den Felsen beobachten. Empfehlenswert ist eine Wanderung von Altwildungen aus in Richtung »Schwedenschanze«.

TOP TIPP **Bad Wildungen ❼**, die malerische Fachwerk-Altstadt mit prachtvollen Jugendstilbauten, heilenden Quellen und Europas größtem Kurpark, hält ein üppiges Gesundheits-, Kultur- und Sportangebot bereit. Sehenswert sind das Schloss und die Stadtkirche St. Nikolaus von 1260, die ein bemerkenswertes gotisches Altartriptychon des Conrad von Soest beherbergt. Die Umgebung der Kurstadt bietet auch zahlreiche Freizeitmöglichkeiten in der Natur, für Kinder etwa die Wasserlandschaft Spicke (siehe rechte Seite: Tipp für Kinder).

Dichter Urwald, enge Klamm und imposante Wasserfälle

Der Wanderpfad zum Naturschutzgebiet **Sonderbach und Talgraben ❽** beginnt am Gasthof »Helenetal« in der Ortsmitte von Bad Wildun-

gen-Odershausen, wo man auch eine Informationstafel zum Gebiet findet. Sowohl der von Westen in den Sonderbach mündende »Talgraben« als auch der Sonderbach selbst haben sich tief in den weichen Tonschiefer eingeschnitten und bilden ein schmales Kerbtal. Derartige Reliefformen, die an eine alpine Klamm erinnern, sind in dieser Landschaft ansonsten kaum anzutreffen, sie stellen eine geologische Seltenheit dar. Durch die extreme Enge des Talsystems wird der Abfluss der nächtlichen Kaltluft stark verzögert, was ein kühl-feuchtes Lokalklima zur Folge hat. Hier wächst der sehr seltene Gelappte Schildfarn. Eine imposante Naturerscheinung sind die Wasserfälle unterhalb von Odershausen, die, eingebettet in üppig grüne, urtümliche Schluchtwälder, mehrere Meter über mächtiges Schiefergestein herabstürzen.

Vom Turm der verfallenen Ritterburg **Löwenstein ❾** bei Oberurff-Schiffelborn geht der Blick bei guter Fernsicht weit über die Schwalmpforte und die Schwalmaue. In der Nähe erkennt man den Quarzitrücken des Orthberges. Diese eiszeitlichen Felsformationen, gesäumt von urigem Wald entlang dem felsigen Grat, sind die nördliche Fortsetzung des Hohen Kellerwaldes. Zwischen ihnen verläuft das wildromantische mittlere Urfftal. Von der Ruine Löwenstein oberhalb von Oberurff-Schiffelborn (direkt an der B 3 gelegen) führen mehrere Wanderwege auf den Orthberg und zu den bizarren Quarzitfelsen.

Schneewittchens Heimat –
die Brüder Grimm lassen grüßen

Die von den Brüdern Grimm herausgegebene und bearbeitete Geschichte von Schneewittchen und den sieben Zwergen stammt aus dem Kellerwald. Überliefert wurde sie von dem Theologen Ferdinand Siebert aus dem nahe bei Bergfreiheit gelegenen Treysa. Er berichtete über die Zustände der Kinderarbeit in den Bergfreiheiter Kupferbergwerken und das Leben in den kleinen engen Bergmannshäusern.

Die besonderen geologischen Verhältnisse des Kellerwaldes boten die Grundvoraussetzung für den Jahrhunderte währenden Bergbau in **Bergfreiheit** ❿. Überall in der Landschaft sind noch deutlich die Spuren des Erzbergbaus zu erkennen. Auf Kalk, Diabas, Tonschiefer, Kieselschiefer und Quarzit haben sich naturnahe Wälder mit einer ungewöhnlichen Artenvielfalt erhalten.

Der neu eingerichtete Kulturhistorisch-ökologische Lehrpfad in Bergfreiheit führt durch eine schöne Wald- und Talauenlandschaft, dem Auwald an der Urff. Hier werden anschaulich ökologische und kulturhistorische Zusammenhänge vermittelt. Den gewonnenen Landschaftseindruck rundet der Besuch des Bergfreiheiter Kupferbergwerkes ab. Fast täglich werden Führungen angeboten. Ein guter Ausgangspunkt für Wanderungen ist der Parkplatz am Bergfreiheiter Besucherbergwerk. Beeindruckend sind die alten, aus historischer Niederwaldwirtschaft hervorge-gangenen, felsigen Buchen-Eichenwälder an der **Großen Leuchte** ⓫. Einkehr ist in Bergfreiheit im »Gasthaus zum Urfftal« und in der »Hardtmühle« möglich.

In der Region Hoher Keller erhebt sich der höchste Berg des Naturparks. Auf 675 m Höhe steht der 2003 neu errichtete, 28 m hohe Aussichtsturm, der einen atemberaubenden Blick über die umliegende Wald- und Kulturlandschaft ermöglicht, bei gutem Wetter bis nach Thüringen und ins Sauerland. Am **Wüstegarten** ⓬ sind noch Reste eines bedeutenden keltischen Kultplatzes zu erkennen, deren Entstehung allerdings weitgehend im Dunkeln liegt. Im Bereich des Gipfel-Grates finden sich zahlreiche Felsformationen wie der Exheimer Stein und die Mausefalle sowie ausgedehnte, überwiegend offene Quarzit-Blockhalden.

Erst vor wenigen Jahren wurde hier in 500 m Höhe ein Komplex aus Übergangsmooren und hochmoorartigen Bereichen wiederentdeckt. Er stellt eines der letzten großen hessischen Wald-Hangmoore dar und trägt eine sehr eigentümliche Vegetation. Torfmoose, Wollgras- und Bergfarn-Fluren, Kleinseggenrasen und Erlen-Birken-Gebüsch bilden ein wundersames, kleinräumiges Mosaik. Man erwandert den Hohen Keller und den Wüstegarten am besten von einem der vielen Wanderparkplätze aus. Trittsicherheit, Orientierungsvermögen und ausreichende Verpflegung sind Voraussetzung.

KULTURTIPP

KLOSTER HAINA

Das versteckt im Kellerwald (südwestlich von ⓫) liegende Kloster zählt zu den ältesten gotischen Kirchenbauten Deutschlands. Der quadratische Chorabschluss deutet auf einen romanischen Baubeginn hin, doch bereits Langhaus und der Hochchor sind gotisch. Der mächtige Vierungsturm wurde erst 1889 hinzugefügt. 1533 erfolgte die Gründung eines Spitals durch Landgraf Philipp den Großmütigen, das noch heute in den Einrichtungen des Landeswohlfahrtsverbandes Hessen fortbesteht. Von der Gründung des Hospitals zeugt der Philippstein, ein großes Steinrelief, das den Landesherrn in die Tradition der hl. Elisabeth stellt.

TIPP FÜR KINDER

FREIZEITANLAGE SPICKE

Am Wesebach westlich von Bad Wildungen ❼ liegt die Wassererlebnislandschaft Spicke. In der naturnahen Bachaue bei Kleinern erleben Kinder hautnah den Reiz von klarem, natürlichem Wasser. Zur Freizeitanlage gehören ein Teichfloß, eine Hängebrücke, eine Rutsche sowie ein Wege-Labyrinth. Die Wassererlebnislandschaft durchquert der Wesetal-Lehrweg, der auf zwölf Stationen entlang dem Wesebach über Geschichte, Kultur, Natur und Wasser informiert.

Der gotische Altar des Conrad von Soest schmückt seit 1403 die Stadtkirche von Bad Wildungen.

Naturpark Habichtswald

SERVICE

Anfahrt: Auf der A 44 Dortmund–Kassel bis zur Ausfahrt Zierenberg, weiter auf der B 251 nach Dörnberg und dort links ab nach Zierenberg; nächstgelegener ICE-Bahnhof in Kassel-Wilhelmshöhe, von dort weiter mit der Straßenbahn in wenigen Minuten zum Rand des Parks

Lage: Unmittelbar westlich von Kassel im nördlichsten Zipfel des Hessischen Berglandes

Größe: 474 km²

Höchste Erhebung:
Hohes Gras (615 m)

Gründung: 1962

Information:
Naturpark Habichtswald
Kasinoweg 22
34369 Hofgeismar
Telefon: 05671 / 80 01 22 58
Internet:
www.naturpark-habichtswald.de

Weite, offene Senken, Basaltkuppen, die sich zum »Kegelspiel der Riesen« anordnen, trockene Muschelkalkrücken mit steppenartiger Flora, bizarr verwitterte Sandsteinkämme, fachwerkbunte Dörfer und geschichtsträchtige Denkmäler – so sieht das Stammland der Hessen aus.

Ein typischer Anblick im Naturpark: Basaltkuppen wie hier der Maderstein in der Nähe von Gudensberg.

TOP TIPP

3 Burghasunger Berg
Aussichtsreiche Basaltkuppe und Wuchsort seltener Pflanzen

4 Dörnberg
Kalkmagerrasen mit reicher Blütenpracht

7 Bergpark Wilhelmshöhe
Größter Bergpark Europas als perfekte Synthese von Natur und Kultur

10 Altenburg
Ausgedehnte keltische Ringwallanlage aus der Eisenzeit

12 Megalithgrab Züschen I
Nordhessens bedeutendste prähistorische Grabanlage

»Im schönsten Wiesengrunde …« – jener von Emanuel Geibel besungene Wiesengrund ist keine Erfindung des Poeten. Es gibt ihn tatsächlich: den idyllischen Talgrund der Erpe bei Wolfhagen am Westrand des Naturparks Habichtswald. Stille Wiesentäler gehören zu den zahlreichen landschaftlichen Facetten des Parks wie auch sagenumwobene Felsklippen, dichte Buchenwälder, urige Baumveteranen und lichte Gebüsche mit Wärme liebenden Kräutern im Unterwuchs, hohe Bergrücken, auf denen im Winter die Loipen gespurt sind, und Rasenhänge, auf die im Sommer die Sonne heiß brennt – Hessens nördlichste Weinberge liegen nicht weit entfernt.

Der eigentliche Habichtswald direkt oberhalb der nordhessischen Metropole Kassel bildet den Kern des Naturparks, ein Waldgebiet, in dem 56 Baumarten heimisch sind, neben der Rotbuche auch exotische Gehölze wie die Flaumeiche oder die Manna-Esche, die sich vom angrenzenden Bergpark Wilhelmshöhe aus in die natürlichen Buchenbestände ausgebreitet haben oder angepflanzt wurden.

Neben Rehen, Wildschweinen, Hasen und Füchsen streifen ebenfalls zoologische Neubürger durch die Wälder, die fast die Hälfte des Parks einnehmen, vor allem die possierlichen, mitunter aber auch aufdringlichen Waschbären. In Großstadtnähe und in allgemein dicht besiedeltem Gebiet ist eine Aufgabe der Naturparks besonders wichtig: In ihnen sollen sich Menschen erholen, und deshalb findet man im Habichtswald auch nicht eben alltägliche Einrichtungen wie einen Blindenwanderweg oder einen Trimmpfad für behinderte Besucher.

Auf dem Burghasunger Berg wurden viele Funde sowie eine reiche Flora entdeckt.

Grimms Märchen, Fachwerk und imposante Felsen

Das von den Spuren verlassener Dörfer, Burgruinen und den Klippen der Chattensteine umgebene Städtchen **Zierenberg** ❶ an der Warme ist ein beliebtes Standquartier für Streifzüge durch den Naturpark, besitzt aber auch innerhalb der noch zum Teil bewahrten mittelalterlichen Stadtmauern viel Sehenswertes: z.B. Hessens ältestes erhaltenes spätgotisches Fachwerk-Rathaus (1450), die sorgfältig restaurierten Fachwerkhäuser am Marktplatz oder die im Inneren mit Wandbildern reich geschmückte evangelische Stadtkirche. Vom Kirchturm schaut man auf die Höhen in der Umgebung: auf die bewaldeten Gudenberge im Westen oder den mit Trockenrasen bedeckten Dörnberg im Osten.

Zwei Türme beherrschen das Bild von **Wolfhagen** ❷, der historischen Fachwerkstadt im Märchenland der Brüder Grimm: der wuchtige Turm der gotischen St. Anna-kirche und der Chattenturm, imposantes Überbleibsel der Stadtbefestigung, das einen weiten Blick über das Wolfhager Land bietet (Turmschlüssel bei der Stadt- und Tourist-Info im Rathaus). Das Alte Rathaus beherbergt zur Erinnerung an Ludwig Emil Grimm, den Maler unter den Brüdern Grimm, »Grimms Märchenkeller« mit Bildern von Wolfhagen, im Alten Renthof ist das Regionalmuseum Wolfhager Land untergebracht. Lohnende Ausflüge führen zu dem am »schönsten Wiesengrunde« der Erpe gelegenen male-

rischen Wasserschloss Elmarshausen und zu den Kalkmagerrasen des orchideenreichen Naturschutzgebietes Wünne, das von Wolfhagen-Viesebeck aus auf Rundwanderwegen ausgiebig erkundet werden kann.

TOP TIPP Direkt oberhalb der Anschlussstelle Zierenberg an der A 44 thront der **Burghasunger Berg** ❸, eine Basaltkuppe, die als Wuchsort seltener Pflanzen und durch eine vor- und frühgeschichtliche Höhensiedlung mit reichen Funden bekannt ist. Der Esels- und der Klippenpfad führen von Burghasungen zu den Klippen aus Säulenbasalt hinauf. In den Klüften und Spalten verbirgt sich manches floristische Juwel, z.B. das Wilde Stiefmütterchen oder die Türkenbundlilie. Unscheinbarer, aber eher noch seltener sind die Moose und Farne, die sich an das blaugraue Gestein krallen, darunter der Rostrote Wimperfarn als größte Rarität. Dazu genießt man einen grandiosen Rundblick auf das Habichtswälder Bergland.

Die purpurroten bis weißen Blüten des Manns-Knabenkrauts, die im Mai die Magerrasen **TOP TIPP** am **Dörnberg** ❹ beherrschen, sind bei einer Wanderung auf dem Alpenpfad, dem Jägerpfad oder dem Eco-Pfad Archäologie nicht zu übersehen. Insgesamt kommen auf den teils offenen, teils verbuschten Rasenhängen des Dörnberggebietes über

CHATTENGAU

In kaum einer anderen Gegend Hessens gibt es so viele Ringwälle, Menhire – etwa den Wodanstein (Bild) bei Maden –, Hügelgräber und weitere prähistorische Denkmäler wie im Kasseler Becken, in der Ebene von Fritzlar-Wabern sowie auf und zwischen den Bergen im westlichen Teil des Naturparks. Vor 2000 Jahren lebten in dieser geschichtsträchtigen Gegend die Chatten, ein germanischer Volksstamm, der dem

Land Hessen seinen Namen gegeben hat. Der römische Geschichtsschreiber Tacitus berichtet nur Gutes von diesen Feinden der Römer, lobt ihre Disziplin und Tapferkeit, die sie in mehreren Chattenkriegen bewiesen hatten. Zum Christentum ließen sich die »blinden Hessen« erst spät bekehren; Bonifatius, der »Apostel der Deutschen«, musste dazu anno 723 erst die dem germanischen Gott Donar geweihte Donar-Eiche im Chattengau fällen.

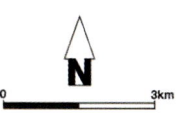

Eine Parklandschaft zum Träumen: Der Bergpark Wilhelmshöhe lädt zum Flanieren und zum Genießen der Natur ein.

HABICHT

(Accipiter gentilis)

Ob er dem Habichtswald den Namen gegeben hat, ist ungewiss. Dichte Wälder, oft in der Nähe von offenem Gelände, sind jedoch die natürlichen Lebensräume des stattlichen Greifvogels, bei dem das Weibchen fast doppelt so groß wie das Männchen sein kann. Im Flugbild erkennt man ihn an den kurzen, runden Flügeln und dem langen Schwanz. Ein solcher Körperbau er-

möglicht zwar keine hohen Fluggeschwindigkeiten, aber eine extreme Wendigkeit auf engstem Raum. So greift der Habicht urplötzlich aus dem Hinterhalt seine bevorzugten Beutetiere (überwiegend kleine und mittelgroße Vögel und Säuger) an, verfolgt sie schnell in niedrigem Flug zwischen Bäumen hindurch und packt sie schließlich mit den krallenbewehrten Füßen. Ihre Nester bauen die Greifvögel am liebsten in dichten Altholzbeständen.

200 Farn- und Blütenpflanzen vor, darunter viele bedrohte sowie farbenprächtige. Die üppige Flora erinnert an die des Mittelmeerraumes, dazu passt der Gesang der Bergzikaden, der aus den Büschen zu hören ist. Sich selbst überlassen, würden die Magerrasen früher oder später zu Busch- oder Waldland werden, und die Flora würde drastisch verarmen. Um dies zu verhindern, wird die Beweidung durch Schafe und Ziegen, die das Blütenparadies im Lauf von Jahrhunderten erst hat entstehen lassen, als Naturschutzmaßnahme fortgesetzt. Wie lange das Dörnberggebiet schon von Menschen besiedelt ist, zeigen die Wallanlagen aus prähistorischer Zeit auf dem Hohen Dörnberg oder der Ringwall am Hohlestein, einer der Basaltklippen, die wie die Wichtelkirche oder die Helfensteine schroff aus den Rasenflächen aufragen.

Wo Natur und Kultur fließend ineinander übergehen

Auf dem Gipfel des Hohlesteins am Dörnberg befindet sich eine mysteriöse Vertiefung. Ist sie durch Verwitterung entstanden, oder wurde die Wanne von Menschen in den Basaltfels gehauen? Niemand weiß es sicher. Auf dem **Weidelsberg** ❺ südlich von Wolfhagen-Ippinghausen stellt sich dem Betrachter ebenfalls die Frage, was natürlich ist und was der Mensch geschaffen hat. Die größte Burgruine Nordhessens mit ihren quadratischen Wohntürmen und den fast voll-

ständig erhaltenen Zwingmauern scheint direkt aus dem Säulenbasalt am Gipfel der steilen Kuppe herausgewachsen zu sein. Und das blaugraue, kantige Basaltgestein, aus dem sie errichtet wurde, verleiht der Ruine den herben Charme eines schottischen Castles. Nach verschiedenen Funden war der Berg schon seit frühester Zeit besiedelt. Eine Burg krönt ihn wahrscheinlich schon seit dem 12. Jahrhundert, um 1600 wurde sie verlassen und verfiel.

Von den Bergweiden und -wiesen, die dem **Hohen Gras** ❻, dem höchsten Gipfel des Habichtswaldes, den Namen gegeben haben, ist seit den Aufforstungen ab der zweiten Hälfte des 19. Jahrhunderts wenig geblieben. Hier und dort gibt es noch ein Fleckchen blumenreicher Goldhaferwiesen in den als Wander- und Wintersportgebiet beliebten Wäldern vor den Toren Kassels, z. B. unterhalb des Aussichtsturms, an dem sich auch ein großer Parkplatz befindet. Von der Aussichtsplattform reicht der Blick bei klarer Sicht bis zum Harz und zur Rhön.

TOP TIPP Bei einem Bummel durch den **Bergpark Wilhelmshöhe** ❼ wird man dem renommierten Kunsthistoriker Georg Dehio zweifellos zustimmen, der über den Park schrieb, er sei »…vielleicht das Grandioseste, was irgendwo der Barock in Verbindung von Architektur und Landschaft gewagt hat«. Das Parkgelände ist mit 240 ha nicht nur riesig groß und mit mehr als 500 Gehölzarten ungewöhnlich artenreich, sondern seit dem Ende des 17. Jahrhunderts auch mit viel Fingerspitzengefühl in die Naturlandschaft am östlichen Steilhang des Habichtswaldes eingebettet worden. Außer Schloss Wilhelmshöhe und dem Riesenschloss, auf dem sich die Herkulesfigur als Kassels Wahrzeichen erhebt, sind im Park beiderseits der herrlichen Kaskaden mit den berühmten Wasserspielen zahlreiche Bauten verstreut, etwa die als Ruine errichtete Löwenburg, ein Ballhaus und ein Gewächshaus sowie eine ganze Reihe kleinerer Bauwerke, die nur als Staffage dienen, darunter Pyramiden, Tempel und Grabmäler.

Der Parkplatz im Firnsbachtal nördlich von Elgershausen ist der Ausgangspunkt für den Aufstieg zum **Hirzstein** ❽. Ringwälle und ein ehemaliger Basaltbruch gehören zu den Spuren, die Menschen an der Kuppe unmittelbar über der

Hier staunen nicht nur Hobbyarchäologen: Die Ritzungen im Megalithgrab Züschen I geben bis heute Rätsel auf.

A 44 hinterlassen haben. Seit 1979 ist sie geschützt, vor allem als Standort besonnter Steinschuttfluren mit solch raren Gewächsen wie der Pfingstnelke, dem Blutstorchschnabel oder dem Salomonsiegel. Aufmerksame Wanderer könnten auch einen der seltensten Vögel Deutschlands über den Klippen kreisen sehen: den Wanderfalken, der hier einen seiner letzten Brutplätze in Nordhessen hat.

Denkmäler aus grauer Vorzeit

Kriege und Feuersbrünste, vor allem jene von 1684, haben das malerische **Naumburg** ❾ am Flüsschen Elbe mehrfach verwüstet. Die sehenswerten Bauten wie die neugotisch ausgestattete katholische Pfarrkirche und die Weingartenkapelle stammen in ihren heutigen, meist barocken Formen aus der Zeit nach dem verheerenden Stadtbrand. Die Endstation des »Hessencourriers« besitzt in ihrer Umgebung ausgezeichnete

Wanderreviere, besonders in den Wäldern im historischen Grenzsaum zu Waldeck, etwa beiderseits der Elbe, wo der Teich in der Hengstwiese das wichtigste Wasservogelschutzgebiet in weitem Umkreis bildet. Ursprünglich wurde er als Nahrungsteich für Graureiher angelegt, heute lockt das stille Gewässer die verschiedensten gefiederten Gäste an.

TOP TIPP Lange Zeit galt die **Altenburg** ❿ bei Niedenstein als Mattium, der Hauptort der Chatten, der 15 n. Chr. bei einem Rachefeldzug des römischen Feldherrn Germanicus zerstört wurde. Doch da lag das von einem gewaltigen Ringwall umschlossene Oppidum der Keltenzeit wahrscheinlich schon jahrzehntelang in Trümmern. Zentnerweise wurden in der 15 ha großen Anlage wertvolle Funde geborgen, darunter auch solche der viel älteren Michelsberger Kultur. An der Ostseite führt ein Pfad durch den Wald steil zum Altenburgplateau hinauf.

Vor- und frühgeschichtliche Höhensiedlungen, zu denen ohne Zweifel auch Kultplätze gehörten, sind im Hessischen Bergland nicht selten. Sollte beim nördlich von Heimarshausen gelegenen Heiligenberg der Name ein Omen sein? Im bizarren **Riesenstein** ⓫, der einen Ausläufer dieses Bergrückens krönt, sehen manche jedenfalls einen Ort heidnischer Rituale, besitzt er doch eine »Opferschale« mit »Blutrinne«. Andere halten den pilzförmigen Sandsteinfelsen, den man von Heimarshausen auf dem Rundweg »H 5« erreicht, für ein vorgeschichtliches Sonnenobservatorium. Wahrscheinlich ist jedoch durch die Rinne nie Blut, sondern nur pures Regenwasser geflossen, das nachgewiesenermaßen im Zusammenspiel mit Mikroorganismen Schalen und Rinnen in Sandsteinschichten aushöhlen kann.

TOP TIPP Auf sicherem historischen Boden steht das **Megalithgrab Züschen I** ⓬ rund 300 m nördlich der Straße Züschen–Lohne mit seiner Entstehungszeit im 4./3. Jahrtausend v. Chr., obgleich manches Detail wie die Bedeutung der als »Seelenloch« bezeichneten kreisrunden Öffnung im Türlochstein der 20 m langen und 3,5 m breiten Grabkammer unklar ist. Rätsel bei der Entzifferung geben darüber hinaus die mit einem Steingerät in die Wand- und Abschlusssteine geritzten Muster auf. Sie zeigen Szenen aus dem Alltag wie Ochsen, die einen zweirädrigen Wagen ziehen (vielleicht die älteste Wagendarstellung in Mitteleuropa überhaupt), aber auch das Bildnis einer »Dolmengöttin«. Um das einzigartige Megalithgrab vor der Witterung und rücksichtslosen Besuchern zu schützen, wurde es überdacht und vergittert. Das Regionalmuseum in Fritzlar informiert über die Vor- und Frühgeschichte der Region.

KULTURTIPP

HESSENCOURRIER

Die erste Museumsbahn im Hessenland schnaubt und rattert seit 1972 durch das Bergland von Kassel ❼ nach Naumburg ❾. Wegen der großen Höhenunterschiede von insgesamt rund 400 m, der starken Steigungen und der engen Kurven ist die Höchstgeschwindigkeit auf der gut 33 km langen Strecke auf 40 km/h festgesetzt, die Fahrt bietet also genügend Muße, das stän-

dig wechselnde Landschaftsbild in Ruhe zu genießen. Unter den stählernen Rössern, die die Züge ziehen (Bild), sind viele, die nicht nur Kinderherzen höher schlagen lassen, beispielsweise die Dampflokomotive 52 4544 der legendären Baureihe 52, von der ab 1942 in ganz Europa mehr als 6200 Stück gebaut wurden, oder die HC 5, eine kleine Rangierlok, und die von einem 650 PS starken Motor angetriebene V 15. Es versteht sich von selbst, dass auch die teils über 100 Jahre alten Waggons zu den rüstigen Oldtimern an der Zugspitze passen (Informationen: www.hessencourrier.de).

SERVICE

Anfahrt: Auf der A 7 Hannover–Kassel bis zur Ausfahrt Hann. Münden, weiter auf der Landstraße am rechten Ufer der Weser in Richtung Bodenfelde bis Kloster Bursfelde; nächstgelegene ICE-Bahnhöfe in Göttingen und Kassel-Wilhelmshöhe
Lage: Im äußersten Süden Niedersachsens an der Grenze zu Hessen; zwischen Göttingen und Kassel
Größe: 450 km^2
Höchste Erhebung:
Haferberg (580 m)
Gründung: 1959
Information:
Naturpark Münden e. V.
Böttcherstraße 3
34346 Hann. Münden
Telefon: 05541/752 59
Internet:
www.naturpark-muenden.de

TOP TIPP

❷ **Bramwald**
Für Wanderer und seltene Tiere gleichermaßen attraktiver, naturnaher Wald
❼ **Bühren**
Über 1000-jähriges Dorf am Bramwald mit Kulturpfad
❽ **Hoher Hagen**
Der Top-Aussichtsgipfel im Naturpark, vom Gaußturm gekrönt und von einem Geologie-Lehrpfad umrundet
❿ **Hann. Münden**
Architektonisches Schatzkästchen an drei Flüssen
⓫ **Hühnerfeld**
Ökologisch wertvolles Moor- und Magerrasengebiet mit Island-Pferden

Naturpark Münden

Wo sich Werra und Fulda küssen, beginnt nicht nur der über 400 km lange Lauf der Weser zum Meer. Hier erstreckt sich auch einer der ältesten Naturparks unseres Landes, der Wälder und Wiesentäler, blütenreiche Magerrasen und in diesen Breiten seltene Moore in sich vereint.

Im reizvollen Hann. Münden entsteht durch den Zusammenfluss von Werra und Fulda die Weser.

Die beiden Quellflüsse der Weser und der Strom, der durch ihren Zusammenfluss entsteht, haben die Landschaften im Naturpark geformt. Im Lauf von Jahrtausenden kerbten sie sich ziemlich genau auf dem Scheitel in ein von einzelnen Basaltpfropfen durchsetztes Buntsandstein- und Muschelkalkschichtengewölbe ein. Das Areal des Buntsandsteins mit seinen nährstoffarmen, zusätzlich oft noch stark vernässten Böden ist – wie die Landschaftsnamen verraten – größtenteils ein fast geschlossenes Waldgebiet: Im Dreieck zwischen den Tälern der untersten Fulda und Werra breiten sich die Hochflächen des Kaufunger Waldes aus, zum rechten Ufer der Weser fällt der Bramwald steil ab, zum linken Ufer ebenso steil und als Spiegelbild der zu einem großen Teil außerhalb des Parks gelegene Reinhardswald. Ostwärts geht der Bramwald in die überwiegend

aus Muschelkalk aufgebauten Dransfelder Hochflächen über, auf deren warmen, trockenen Kalksteinböden man artenreiche Kalk-Buchenwälder und Trockenrasen findet. Von den tief eingeschnittenen Tälern der drei großen Flüsse ziehen sich Nebentäler in die benachbarten Gebirge hinein und verbinden sie zu einem großen, vielfältigen Naturraum.

Altes Gemäuer und verwunschene Wälder

Klöster liegen häufig in entlegenen Gegenden, in denen die Seele ihren Frieden finden kann; das **Kloster Bursfelde** ❶ wurde dagegen Ende des 11. Jahrhunderts an der traditionellen Hauptverkehrsachse des Weserberglandes gegründet und mit Benediktinern aus dem heute nordrhein-westfälischen Corvey besetzt. Die katholi-

Dem Zusammenfluss von Werra und Fulda ist in Hann. Münden der Weserstein mit seiner Inschrift gewidmet.

sche Epoche des Klosters nahe der Mündung der Nieme in die Weser endete mit der Reformation, dann folgte ein evangelischer Konvent, und bis heute gibt es hier – in Deutschland einzigartig – eine Art Professorenkonvent, dem ein Professor der Universität Göttingen als Abt vorsteht. Von der Anlage sind noch die romanische Basilika und der zum Gutshaus umgebaute Westflügel erhalten. Fresken der Spätgotik zieren das Innere des Gotteshauses, im Turm an der Weserseite hängt eine Glocke aus dem Königsberger Dom.

TOP TIPP Gleich hinter dem Kloster beginnt die Einsamkeit des **Bramwaldes ❷**, der mit seinen 85 km² eines der größten geschlossenen Waldgebiete im Süden Niedersachsens und auch eines der ursprünglichsten ist. Dort steht auf dem 408 m hohen Totenberg, der höchsten Erhebung des Gebirges, ein gut 140 Jahre alter Buchenbestand mit eingestreuten Fichten und Eichen als Naturwald unter strengstem Schutz. Er soll sich ohne Eingriffe des Menschen zu einem Urwald entwickeln. Das wird auch der hier heimischen scheuen Wildkatze, dem Kolkraben und dem Hirschkäfer behagen, und vielleicht siedelt sich irgendwann auch wieder der Wolf an; 2003 wechselte jedenfalls eine Wölfin durch die Wolfsschlucht. Eine Wanderung führt vom Wanderparkplatz an der Femeeiche im Niemetal durch das Steimketal bis zur Köhler-Liesel-Hütte und von dort rechts weiter auf dem Kohlenweg bis zum Hauptkamm. Die kurvenreiche Bramburgstraße führt an der Westflanke des Gebirges zu der romantischen Ruine der **Bramburg ❸** hinunter. Eigentlich sollte die erstmals 1063 erwähnte Veste, von der der mächtige Bergfried erhalten ist, dem Schutz des Klosters Bursfelde dienen, doch die Schutzherren verwandelten sich im späten

Mittelalter in arge Raubritter und mussten dafür mit der Einäscherung ihres Schlupfwinkels büßen. Der Bergsporn über der eleganten Weserschleife war schon früher ein strategisch wichtiger Ort. Biegt man an der Burgruine links (bergauf) ab, so gelangt man zu den Wällen der Hünenburg, einer – wie Waffenfunde zeigen – sächsischen Grenzbefestigung aus dem späten 8. Jahrhundert.

Das verträumte Fachwerkdorf **Hemeln ❹** am Fuß des Bramwaldes ist wohl kaum jünger, und unter seinen Fachwerkbauten befinden sich einige der ältesten Bauernhausformen Niedersachsens, z. B. der reizende kleine Speicher in der Weserstraße oder die Häuser, die sich um den großen Dorfanger mit den prächtigen alten Linden gruppieren. Die Fährstelle an der Weser zwischen dem niedersächsischen Hemeln und dem hessischen Veckerhagen ist bereits seit mehr als 650 Jahren belegt. Auch das jüngste, im Jahr 2000 in Betrieb genommene Gefährt kommt als umweltfreundliche Gierseilfähre ohne Motorkraft aus; es wird allein vom Druck des strömenden Wassers vom einen zum anderen Ufer bewegt.

▶ **TIERE**

WALDAMEISE
(Formica rufa)
Dem leicht zu übersehenden Insekt ist im Naturwald am Totenberg im Bramwald ❷ ein Lehrpfad gewidmet. Die Nester der bis zu 8 mm großen Roten Waldameise sind allerdings kaum zu übersehen (Bild). Im Ökosystem unserer Wälder spielen die Tiere eine unersetzliche Rolle – vor allem, weil sie schädliche Insekten wie Borkenkäfer und Kieferspanner vertilgen. Ein Ameisen-

volk kann im Sommerhalbjahr fünf Millionen dieser Forstschädlinge außer Gefecht setzen. Zudem tragen die Waldameisen zur Samenverbreitung bei und lockern den Erdboden, was besonders gute Wachstumsbedingungen für Waldpflanzen schafft.

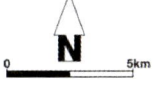

Auf dem Gipfel des Hohen Hagen hat der frühere Basaltabbau deutliche Spuren hinterlassen.

SABABURG

Von Hemeln ❹ per Fähre über die Weser, und schon ist man mit dem Auto in einer Viertelstunde an dem mitten im Reinhardswald gelegenen »Dornröschenschloss« mit spätgotischem Palas und zwei mächtigen Rundtürmen. Aber nicht nur das märchenhafte Gemäuer lohnt den Abstecher in den Reinhardswald. Hier befindet sich auch der 1571 gegründete, wohl älteste Tierpark Europas. In ihm tummeln sich

Wisente und Wildpferde, Wildkatzen und Wildschweine sowie viele andere Tierarten. Zur urigen Tierwelt passt der Urwald Sababurg mit seinen knorrigen Eichen, selbst wenn dieser Urwald durch massive Eingriffe des Menschen in die Natur, durch die Waldweidewirtschaft, geschaffen worden ist (im Internet unter: www.sababurg.de).

Bei Hemeln ist die Oberweser schon stattliche 70 m breit, über die **Nieme** ❺, den ersten großen Zufluss am rechten Ufer, kann ein geübter Sportler dagegen mühelos springen. Das Tal der Nieme, das unterhalb von Löwenhagen den Bramwald quert, ist mit seinen Bachmäandern, Auwaldresten und Feuchtwiesen das ökologisch wertvollste des Waldgebirges – allerdings erst nach einer langwierigen Renaturierung, die die Lebensbedingungen von Schwarzstorch, Eisvogel, Wasseramsel und zahllosen anderen Tierarten verbessert hat. Der mit »II« markierte Wanderweg erschließt das Niemetal bis nach Bursfelde. Etwa parallel verläuft eine Kreisstraße mit drei Wanderparkplätzen.

Zwischen Werra, Weser und Leine

Für stundenlange Waldwanderungen ist der Bramwald ideal, landschaftlich abwechslungsreicher präsentieren sich jedoch die Dransfelder Hochflächen, z. B. rund um den kleinen Ort Barterode. Hier bietet der Basaltsteinbruch auf der Grefenburg einen Einblick in den Schlot eines erloschenen Vulkans oder die ehemalige Grube an der Ostseite des Ossenbergs in die Muschelkalkzeit; ein Ausläufer an der Nordwestseite trägt die Ringwallanlage der frühgeschichtlichen Hünenburg, das gesamte Massiv des Ossenberges und **Fehrenberges** ❻ stellt ein kleinräumiges Mosaik aus artenreichen Eichenmischwäldern, Mittelwaldresten, Kalkmagerrasen und Kalktuffquellen dar. Von den beiden Parkplätzen an der Straße von Barterode in Richtung Dransfeld sind die meisten Sehenswürdigkeiten auf Rundwanderwegen zu erreichen.

TOP TIPP Das weit über 1000-jährige **Bühren** ❼ liegt näher am Bramwald und schlägt so eine Brücke zwischen beiden Naturräumen und vor allem auch Kulturlandschaften. Der Bührener Kulturpfad ist zwar nur 2,5 km lang, lässt den Wanderer jedoch die lange Geschichte der Gemeinde mit eindrucksvollen kulturhistorischen Sehenswürdigkeiten erleben, von der wehrhaften Kirche mit dem benachbarten Gerichts- und Versammlungsplatz über die schönen Bauernhäuser und die alten Mühlen bis zum mittelalterlichen Harster Heerweg und der imposanten Gruppe der Bührener Kreuzsteine. Darüber hinaus gibt es interessante Informationen über die Gewässer, die Wirtschaftsgeschichte und – mit lehrbuchreifem Säulenbasalt – über die Geologie.

Die Basaltpfropfen, die im Buntsandstein und Muschelkalk stecken, haben zwar nur einen winzigen Flächenanteil, formen aber meist die höchsten Höhen; so z. B. auch den **Hohen Hagen** ❽. Der durch den Basaltabbau verunstaltete Kegel (480 m) bildet eine natürliche Aussichtsplattform, von der man weit über das obere Weserbergland schaut. Deshalb benutzte der geniale Mathematiker Carl Friedrich Gauß ihn bei der Landvermessung des ehemaligen Königreiches Hannover als Fixpunkt. Seinen Namen trägt ein Turm mit Aussichtsterrasse, zu der ein Fahrstuhl in weniger als einer Minute hinauffährt. Wieder unten auf dem festen Boden angekommen, kann man sich auf dem Geologie- und Bergbaupfad über den Aufbau des Berges kundig machen.

Die ICE-Passagiere, die bei der Fahrt von Kassel nach Göttingen aus dem Tunnel unter dem Kaufunger Wald auftauchen, um nach wenigen Sekunden Lichtblick wieder im nächsten zu verschwinden, verpassen die vielleicht reizvollste Landschaft des Naturparks: das unterste Werratal und die Muschelkalkberge bei **Lippoldshausen** ⑨. Vier Wanderrouten (Wanderzeiten: 1,5 bis 3 Stunden) führen durch das Lippoldshäuser Feld und über die Lippoldshäuser Berge zur frühmittelalterlichen Fluchtburg Lippoldsburg, zum geheimnisvollen Schalenstein, zur Ruine Brackenburg oder zum Obstsortengarten, in dem rund 60 ältere und neuere Obstsorten aus den umliegenden Streuobstwiesen bewahrt werden.

Ein Hühnerfeld, ein Rinderstall und die Drei-Flüsse-Stadt

TOP TIPP ▶ Die Drei-Flüsse-Stadt **Hann. Münden** ⑩, historisch Hannoversch Münden, ist das architektonische Schatzkästlein des Naturparks mit der Pfarrkirche St. Blasius, dem Rathaus im Stil der Weserrenaissance, dem Welfenschloss und Hunderten von prachtvollen Bürgerhäusern. Die Stadt am Zusammenfluss von Fulda und Werra zählt aber auch, wie der weit gereiste Naturforscher Alexander von Humboldt bemerkte, zu den am schönsten gelegenen Städten der Welt – wovon man sich beim Blick vom Tilly-schanzenturm am Rand des Reinhardswaldes überzeugen kann. Hinzu kommen als Anziehungspunkte für Naturfreunde der reichhaltig bestückte Forstbotanische Garten, die Drei-Flüsse-Rundfahrten sowie die oberhalb der Stadt gelegene Waldgaststätte »Rinderstall« mit Wildgehege, Ameisenlehrpfad, Waldmuseum und – natürlich – Wildspezialitäten.

Vom »Rinderstall« gelangt man auf der Kohlenstraße in wenigen Minuten zum Naturschutzgebiet **Hühnerfeld** ⑪. Seinen Namen hat es von »Hünenfeld« (hochgelegenes Feld); es bietet Birkhühnern Lebensraum, die offene Landschaften mit Mooren und Magerrasen als Lebensraum bevorzugen. Im südlichsten Moor Niedersachsens kommt eine ganze Reihe bemerkenswerter Pflanzenarten vor, die früher auf den staunassen bis anmoorigen Böden des Kaufunger Waldes weit verbreitet waren, z. B. Rosmarinheide, Arnika oder Sonnentau. Um ihre Existenz zu sichern, sind seit etlichen Jahren Island-Pferde und Rinder als »Landschaftspfleger« im Einsatz. Island-Pferde gehören zu den wenigen Weidetieren, die den Adlerfarn, der sich auf Kosten der seltenen Gewächse ausgebreitet hat, verzehren.

Die nächsten Stationen an der Kohlenstraße sind die Steinbergseen und die beiden **Steinberge** ⑫. Früher wurden hier Bodenschätze wie Braunkohle, Ton, Alaun und Basalt abgebaut; heute sind die 542 m hohen Basaltkuppen mit dem Naturfreundehaus als Einkehrmöglichkeit beliebte Ausflugsziele, und die Seen, die aufgelassene Braunkohlengruben füllen, bilden inmitten der Wälder eine hübsche kleine Seenplatte.

Die Drei-Flüsse-Stadt Hann. Münden bezaubert durch ihr wunderschönes Stadtbild mit vielen Fachwerkhäusern.

Naturpark Meißner-Kaufunger Wald

❹ Bilstein
Höchster Berg des fast unbesiedelten Kaufunger Waldes; vom Aussichtsturm grandioser Rundblick
❻ Witzenhausen
Malerische Fachwerkstadt, eingebettet in die Obstgärten des unteren Werratals
❼ Werleshäuser Pforte
Einer der landschaftlichen Höhepunkte an der Werra, gekrönt vom Zwei-Burgen-Blick
⓯ Kitzkammer-Höhle
Sagenumwobene Basalthöhle auf dem Hohen Meißner
⓱ Meißner-Plateau
Hessens artenreichste und farbenprächtigste Bergwiesen

Es war einmal ein märchenhaftes Land mit dichten Wäldern und Bergwiesen, wildromantischen Felsen und düsteren Grotten, verträumten Dörfern und trutzigen Burgen … und genauso märchenhaft ist das Reich der Frau Holle, das Hessische Bergland, bis heute geblieben.

Dichte Wälder prägen den Hohen Meißner, den sagenumwobenen Berg der Frau Holle.

Der Doppelname des Parks verrät, dass er in seinen Grenzen zwei gegensätzliche Naturräume vereint. Im Kern ragt der Hohe Meißner als weithin sichtbare Landmarke und höchste Erhebung zwischen Rhön und Harz mindestens 400 m über sein Umland auf. Der lang gestreckte, bewaldete Bergrücken besteht aus bis zu 180 m dicken Basaltdecken, die vor gut elf Millionen Jahren als Lava ausgeflossen sind und über Braunkohle, Ton und Sand der Erdneuzeit lagern. Der bis 650 m hohe Kaufunger Wald ist dagegen ein typischer Vertreter der im Norden Hessens und im Süden Niedersachsens weit verbreiteten Buntsandsteingebirge: ausgedehnte Hochflächen auf einer nur hier und dort von Basaltpfropfen durchbrochenen Sandsteinplatte, weit und breit kein Ort und vor allem Wald, so weit das Auge reicht. Man hätte dem Namen des

Parks ohne weiteres drei oder vier Landschaftsnamen hinzufügen können, denn er umfasst über einem geologischen Flickenteppich noch eine ganze Reihe weiterer Naturräume, so z.B. im Westen die Söhre, ein bewaldetes Buntsandsteinbergland von der Art des Kaufunger Waldes, im Osten das untere Werraland mit dem Fluss, der sich hier unbeirrt seinen Weg durch das Gewirr der Erdkrustenschollen gebahnt und einige der schönsten Landschaftsbilder Hessens geschaffen hat, oder direkt am östlichen Fuß des Meißners und Kaufunger Waldes eine Karstlandschaft wie aus dem Bilderbuch.

Von Affen, Pferden und Kirschen

Das **Herrenhaus Windhausen** ❶, in den Ausläufern des Kaufunger Waldes gelegen und einst im Besitz des Generals und Staatsministers Martin

Vom Aussichtsturm auf dem 642 m hohen Bilstein hat man einen traumhaften Rundblick über die Umgebung.

KULTURTIPP

GLAS- UND KERAMIKMUSEUM GROSSALMERODE

Was benötigt man zur Herstellung von Glas und Keramik? Vor allem Sand und Ton sowie Energieträger wie Braunkohle. Davon gab und gibt es am und im Umkreis des Hohen Meißners reiche Vorkommen. Die Glasbläserei und das Ton verarbeitende Gewerbe haben daher in Großalmerode ❸ eine lange Tradition. Das Glas- und Keramikmuseum zeigt nicht nur die Produkte –

vom bunten, bleilasierten Geschirr über Tonpfeifen und Murmeln bis zur extrem feuerfesten Keramik –, es informiert auch über die Prozesse zur Gewinnung und Verarbeitung der Rohstoffe (im Internet unter: www.grossalmerode.de).

Ernst von Schlieffen, schmückt sich mit einem ab 1781 im englischen Stil gestalteten Garten. Heute ist der Garten ein wenig verwildert und enthält nur noch eine kleine Auswahl der Denkmäler, die ihn ursprünglich zierten, darunter das Mausoleum des Generals und das in Deutschland einzigartige Affendenkmal. Es erinnert an eine Horde von Affen, die im Garten in einer Menagerie hausten, dann aber bösartig wurden, Menschen anfielen und getötet werden mussten. Der tierliebe General ließ ihnen ein säulenartiges Denkmal errichten, Wilhelm Busch hat sie in seinem Werk »Fipps der Affe« literarisch verewigt.

Der um 1820 für die Schachtförderung der Braunkohlenzeche Freudenthal in **Kaufungen** ❷ eingerichtete und 1973 rekonstruierte Rossgang ist wiederum ein technisches Denkmal, ein in Westeuropa in seiner Art einmaliger Pferdegöpel, in dem bis 1884 jeweils zwei Pferde harte Arbeit leisten mussten. Heute gehört die Anlage zu einem Bergwerksmuseum.

Über dem Ortsteil Oberkaufungen thront die mächtige Anlage des ehemaligen Benedikterinnenstiftes, gegründet 1071 von Kaiserin Kunigunde, die hier ihren Witwensitz nahm. Der Stiftshof besteht aus einer malerischen Gruppe prächtiger Fachwerkbauten aus dem 17. und 18. Jahrhundert. Oft umgebaut, reicht die Klosterkirche bis in die ottonische Zeit zurück. Die Wandmalereien im Chor stammen aus der Spätgotik, ebenso wie der gewölbte Chor der Pfarrkirche von **Großalmerode** ❸. Hier

wurde am 13. April 1800 Wilhelm Grimm, der große Philologe und Märchensammler, konfirmiert. Nördlich des idyllischen Städtchens erstreckt sich der Kaufunger Wald mit seinen dichten Wäldern. Vielleicht sind es die, in denen sich Hänsel und Gretel verlaufen haben – dank des Aussichtsturms, der seit über 100 Jahren

TOP TIPP auf dem **Bilstein** ❹, dem höchsten Gipfel (642 m) des Waldgebirges, steht, behalten Besucher heute den Überblick. 92 Stufen müssen sie hinaufsteigen und erleben dann einen Rundblick vom Harz bis zur Rhön und vom Sauerland bis zum Thüringer Wald. Ein Berggasthaus sorgt für das leibliche Wohl (von Großalmerode auf der B 451 in Richtung Wickenrode, etwa 600 m hinter dem Ortsausgang rechts auf die Kohlenstraße, auf dieser bis zum Waldparkplatz »Kohlenstraße« und von dort auf Rundwegen zum Turm).

Das Gradierwerk in Bad Sooden-Allendorf zeugt bis heute von der salzhaltigen Vergangenheit des Werrastädtchens.

Direkt zu Füßen des Bilsteins, fast 400 m tiefer, liegt das kleine Dorf **Roßbach** ❺ – in einer geologisch, klimatisch und botanisch völlig anderen Welt. Auf dem Ameisenkopf, dem Kalkrain und den anderen Kuppen, die den Ort umgeben, treten kalkige Gesteine des Zechsteins zutage, und auf den flachgründigen, steinigen Böden findet man vor allem auf besonnten Hängen Kalkmagerrasen mit knorrigen Wacholdersträuchern und seltenen Kräutern. Mücken-Händelwurz, Fliegen-Ragwurz, Herbst-Wendelorchis – vieles, was in der Welt der Orchideen Rang und Namen hat, blüht hier, so auch das Dreizähnige Knabenkraut mit seinen weißen, dunkelrosa gepunkteten Blüten, das gar in Beständen von mehreren Zehntausend Exemplaren vorkommt. Feldwege erschließen das Blütenparadies.

Im Vergleich mit dem rauen Klima des Hohen Meißners wirkt das Klima des Werratals rund um **Witzenhausen** ❻ beinahe mediterran. Bis ins 19. Jahrhundert hinein wurde dort Weinbau betrieben, heute bestimmen Obstgärten das Landschaftsbild, das im April und Mai am schönsten ist, wenn rund 150 000 Kirschbäume in voller Blüte stehen. Von der Blütezeit des Witzenhäuser Fachwerkbaus der Renaissance zeugen im Altstadtkern noch etliche prachtvolle Bürgerhäuser und Adelshöfe; ein verheerender Stadtbrand hat 1809 über 240 Häuser vernichtet. Eine Stadt, in der eine heimische Nutzpflanze, die »Kesper« (Kirsche), eine zentrale Rolle spielt, ist

der geeignete Standort für ein Gewächshaus mit tropischen Nutzpflanzen. Neben Kaffee, Tee und Kakao werden in dem von der Universität Kassel betriebenen Gewächshaus über 300 Arten von Nutzpflanzen der warmen Klimazonen gezogen und gezeigt (www.agrar.uni-kassel.de).

Das Tal der Werra besteht aus einem ständigen Wechsel von Talweitungen wie bei Witzenhausen und Talengen wie wenige Kilometer flussaufwärts bei Werleshausen, wo der Fluss einen Riegel aus Buntsandstein und Muschelkalk durchbricht. Flankiert wird die **Werleshäuser Pforte** ❼ von felsigen Steilhängen, auf denen ein Orchideen-Buchenwald verbreitet ist; hier gedeihen u. a. das Rote Waldvöglein und die Grünliche Waldhyazinthe. Und als krönender Abschluss recken sich zwei trutzige Burgen, Burg Ludwigstein in Hessen und Burg Hanstein in Thüringen, über der Talpforte und bescheren dem Bewunderer den berühmten Zwei-Burgen-Blick, einen der Glanzstücke im Werraland.

Wo Kühe und Kinder im Untergrund verschwinden

Am Bühlchen bei **Weißenbach** ❽ ist die Natur noch in Ordnung: Der Sperber kreist über den Wacholdersträuchern, in den Gebüschen ist die Goldammer, im Buchenwald der Zilpzalp heimisch, an sonnigen Tagen gaukeln Falter von Blüte zu Blüte und die Heuschrecken veranstalten ein vielstimmiges Konzert. Wer sich die Flora genauer anschaut, entdeckt manches seltene und bedrohte Gewächs wie den Fransen-Enzian oder das Große Windröschen. Zu dem erlebenswerten Naturschutzgebiet gelangt man von Weißenbach in Richtung Bransrode bis zum Parkplatz »Bühlchen«; dort ist auch der Startpunkt für geführte Orchideenwanderungen.

Die aus dem Dolomit des Zechsteins gelaugte **Hilgershäuser Höhle** ❾ ist die älteste (1267) namentlich nachweisbare Grotte in Deutschland und besitzt mit mehr als 1000 m² Grundfläche den größten Höhlenraum Hessens. Die Kammerbacher Höhle, wie man sie auch nennt, ist keine Schauhöhle, man kann vom Höhlenportal aus aber durch das Gitter gut in die Grotte links der Straße von Hilgershausen nach Kammerbach hineinschauen.

Dolomit ist in Wasser relativ schlecht löslich, sehr viel besser dagegen Steinsalz – zum Segen des Werrastädtchens **Bad Sooden-Allendorf** ❿, das vom salzhaltigen Wasser lebte und lebt (früher offenbar bestens, wie die schmucken Fachwerkhäuser im Ortsteil Allendorf zeigen). In Sooden am gegenüberliegenden Ufer dreht sich fast alles um das »Weiße Gold«, besonders im Salzmuseum im Söder Tor. Von der ehemaligen Saline, die bis 1906 in Betrieb war, haben sich ein Gradierwerk und der mit Dachziegeln verkleidete Bohrturm über der 1864 erschlossenen Solequelle 4 erhalten, beide Bauten sind Meisterwerke der Holzbaukunst.

Wo im Untergrund Gesteine gelöst werden, entstehen Hohlräume, deren Decken einstürzen und an der Oberfläche tiefe Trichter und Schäch-

te (Erdfälle) bilden können – zuweilen mit fatalen Folgen: 1958 stürzten in dem Zechsteinkarstgebiet in der Gemeinde **Berkatal** ⓫, der eindrucksvollsten Gipskarstlandschaft Hessens, zwei Kühe in ein 30 m tiefes Loch. 19 Höhlen sind in dem Gebiet bekannt, der Boden kann also jederzeit unter den Füßen nachgeben (woran man bei Exkursionen auf eigene Faust durch die von drei Wanderwegen erschlossene Landschaft unbedingt denken sollte). Für Flora und Fauna sind die Lösungsvorgänge im Untergrund jedoch ein Segen, denn sie schaffen ein engräumiges Nebeneinander von Kesseln, Kuppen, Mulden und Felsen, in dem die verschiedensten Arten ihren Platz finden – auf den trockenen Kuppen z. B. die Bienen-Ragwurz und der Ameisenbläuling, auf den lichtüberfluteten Felsköpfen seltene Erdflechten, in den schattigen Einsturztrichtern dagegen Feuchtigkeit liebende Moose.

Die Kollektion von Gesteinen vor dem Portal des Besucherbergwerks lässt ahnen, wie abwechslungsreich der geologische Aufbau des östlichen Vorlandes des Hohen Meißners ist. Vor allem Kinder sind in der **Grube Gustav** ⓬ unweit von Abterode gern zu Gast; bei der spannenden Grubenfahrt und ganzjährig 10 °C können sie sich nach dem Toben auf den Spielplätzen im Wildpark Germerode ein wenig abkühlen, und unter der Führung der Bergleute erhalten sie einen buchstäblich tiefen Einblick in die Entwicklung des Bergbaus im Höllental. Seit dem 16. Jahrhundert wurde in der Grube mühselig in finsteren Kriechstollen der begehrte Kupferschiefer gefördert, sicherlich auch von Kindern. Vielleicht

Im Besucherbergwerk Grube Gustav bei Abterode erfährt man alles über die Arbeit unter Tage.

waren die Sieben Zwerge im Grimmschen Märchen in Wirklichkeit ja Kinder. Als die Kupferschieferlager erschöpft waren, bauten die Knappen den hellen Schwerspat ab, eine nicht weniger gefährliche Arbeit, wie der ausgestellte Rettungsschlitten zeigt, mit dem 1957 zwei verschüttete Bergleute durch ein Bohrloch gerettet wurden. Hatte dabei die heilige Barbara, der zu Ehren in der Grube eine Felsgrotte errichtet ist, als Schutzpatronin des Bergmannes ihre schützenden Hände im Spiel?

Etliche Berge in Hessen heißen Bilstein, darunter der sagenumwobene **Bilstein im Höllental** ⓭, auf dem noch einige Mauerreste einer Burg zu erkennen sind. Dort soll sich einst Graf von Bilstein, der »letzte Bilsteiner«, von Feinden belagert und in aussichtsloser Lage mit Weib und Tochter in eine Pferdekutsche gesetzt und den Rössern die Peitsche gegeben haben – der Talgrund der Berka am Fuß des steilen Diabasfelsens liegt gut 100 m tiefer. Der Ort des grausigen Geschehens ist in Wahrheit eine Oase des Lebens, doch nur für Lebewesen, die Hitze, Trockenheit und felsiges Gelände vertragen. Die Schlingnatter und der Uhu oder der Steife Lauch zählen dazu. Das Zwiebelgewächs kommt in Deutschland überhaupt nur in zwei Gegenden vor, eine davon ist das Höllental. Häufiger sind die Mauerpfefferarten, die sich an den extremen Lebensraum perfekt angepasst haben, unschein-

barer, aber viel seltener die kleinen Farne, die sich in Felsspalten festkrallen. Das wildromantische Höllental hat seinen Namen übrigens wohl nicht vom Reich des Bösen, sondern von der Frau Holle. Vom Wanderparkplatz am Gasthaus »Frau Holle« führt der Rundweg I zum Bilstein hinauf und wieder zum Parkplatz zurück.

Brüder Grimm auf Schritt und Tritt – Frau Holles Hausberg

Ihre Spuren sind sehr vielfältig, zahlreiche Orte im Naturpark werden mit Frau Holle in Verbindung gebracht, beispielsweise der Todstein, ein bizarrer Fels am östlichen Ortsrand von Abterode, den die legendäre Gestalt mit dem Daumen vom Hohen Meißner geschnipst haben soll, oder die drei bis zu 5 m hohen Hollsteine beim Dörfchen Hollstein, die die gestrenge Frau der Sage nach in ihrem Schuh drückten.

Eine knappe halbe Stunde zu Fuß auf dem mit »X8« markierten Wanderweg ragen südöstlich von **Reichenbach** ⓮ die Großen Steine, Hessens größte Dolomitfelsen, aus dem Wald empor. Das kleine Dorf besitzt eine ganze Reihe von Sehenswürdigkeiten: die romanische Kirche eines ehemaligen Nonnenklosters, im Norden das idyllische Weißbachtal, in dem botanische Kostbarkeiten wie die Schachblume blühen und die Rufe des Sumpfrohrsängers zu hören sind, im Nordwesten den mächtigen Bergfried der Burg-

Am Frau-Holle-Teich auf dem Hohen Meißner erinnert eine Holzskulptur an die Märchen- und Sagengestalt.

ruine Reichenbach, der den anerkannt besten Ausblick auf den Hohen Meißner bietet. Das Naturwaldreservat zu Füßen der Ruine ist im Frühjahr vom durchdringenden Duft des Bärlauchs erfüllt.

Aus der Ferne erinnert Frau Holles Hausberg, der Meißner, in seinen Umrissen an einen umgedrehten Backtrog, und auf der Westseite dieses aus Basaltdecken aufgebauten Troges befindet sich hoch über dem Dörfchen Hausen innerhalb einer Basaltwand und von klassischem Säulenbasalt umrahmt das Portal der **Kitzkammer-Höhle** 15. Geologen erklären die Grotte als eine durch Rutschungen entstandene Klufthöhle, doch der Sage nach ist es der Kerker, in den Frau Holle faule oder zänkische und zur Strafe in Katzen verwandelte Mädchen einsperrte. Fantasievolle Forscher lassen sich von der auffälligen Form des Höhleneingangs zu der Theorie anregen, hier wären einst geheimnisvolle Fruchtbarkeitsrituale zelebriert worden, und Zoologen leiten den Namen einfach nur vom Steinkauz (»Etitz«) ab, der in Felsspalten nistet. Zu welcher Deutung man persönlich auch kommen mag: Schon der leichte Anmarsch zur Kitzkammer (1,7 km) auf dem Rundweg 4 vom Parkplatz an der Viehhausstraße aus ist ein Erlebnis, besonders im Frühjahr, wenn dort im Buchenhochwald Waldmeister, Goldnessel, Maiglöckchen und viele andere Kräuter und Blumen blühen.

Vom Gasthaus **Schwalbenthal** 16 aus kann man die landschaftlichen Höhepunkte an der steilen Ostflanke des Meißner-Plateaus auf einem knapp 6 km langen Rundkurs erkunden – und trifft dabei wiederum auf die Spuren von Frau Holle. Sie wird als eine hässliche Alte mit Knollennase oder aber als junge, schöne Frau beschrieben. Der Holzkünstler, der die über 3 m große Skulptur am Frau-Holle-Teich schuf, hat sich für die Junge entschieden. Ob sie unter dem dunklen Spiegel des von Teichrosen bedeckten stillen Gewässers haust und die Kinder zur Welt bringt, blieb den Forschern bislang verborgen. Die durch den früheren Braunkohlentagebau verwüstete Kuppe der Kalbe öffnet jedenfalls den Blick auf das dunkle Basaltgestein und zwischen den vom Sturm zerzausten Wetterbuchen hindurch auf das bunte Felder-Wälder-Wiesen-Mosaik im Vorland des Meißners. Braunkohlenflöze neigen dazu, sich selbst zu entzünden. So schwelt seit Jahrhunderten unter der Ostflanke des »Weißen Berges« ein unterirdischer Brand und verpestet die Luft mit stinkenden Schwefelgasen. An der »Stinksteinwand« kann der Wanderer sie schnuppern, besonders bei ruhigen Hochdruckwetterlagen und in den Abendstunden.

Säulenbasalt wie aus dem Bilderbuch: das Portal der Kitzkammer-Höhle.

Am Abend kühlen sich die Luftmassen über dem **Meißner-Plateau** 17 rasch ab, werden dadurch schwerer und strömen als Bergwind die Hänge hinunter. Die Abkühlung wird dadurch beschleunigt, dass ein beachtlicher Teil der Hochfläche unbewaldet ist und von Mooren und Wiesen eingenommen wird. Die Bergwiesen des Hohen Meißners zählen zu den artenreichsten und farbenprächtigsten Hessens: Rosarot blüht die Prachtnelke auf der Hausener Hute, in den Wiesen am Viehhaus setzt die Rundblättrige Glockenblume blaue Farbtupfer ins Grün, auf der Butterwiese beherrschen weiße Wollgräser das Bild, gelb sind die Blüten der Trollblume auf der Struthwiese, und im Weiberhemdmoor breitet sich das Purpur-Reitgras aus. Die Waldbestände auf dem Plateau sind größtenteils standortfremde Fichtenforste, an den Steilflanken, im größten Wald-Naturschutzgebiet Hessens, führen die Wanderwege hingegen durch naturnahe Wälder, in denen Sperlings- und Raufußkauz, Uhu und Wanderfalke nisten. Vielleicht begegnet man dort auch Mufflons, die von den Jägern am Meißner vor gut 50 Jahren eingebürgert wurden, durch den Verbiss seltener Pflanzenarten aber beträchtlichen Flurschaden anrichten.

Mit Sicherheit sind sie im Wildpark **Germerode** 18 zu sehen, neben Rothirschen, Wildschweinen und etlichen anderen Tierarten. Der weiträumige Tierpark an der Straße Germerode–Rodebach ist ein Favorit bei Kindern, denen vom Abenteuerspielplatz über die Dampfeisenbahn bis zum Waldwichtelhaus viele Attraktionen geboten werden (www.wildpark-germerode.de).

WANDERTIPP

PREMIUMWEG »P 1« HOHER MEISSNER

Der Naturpark ist durch diverse Rund- und Streckenwanderwege hervorragend erschlossen. Einer dieser Rundwanderwege wurde mit dem Prädikat »Premiumweg« ausgezeichnet. Er führt vom Parkplatz in der ehemaligen Bergbausiedlung Schwalbenthal 16, der an der Landstraße nach Vockerode liegt, in einem 13 km langen Rundkurs zu den schönsten Stellen des Hohen Meißners, z. B. zum Frau-Holle-Teich, zur Kitzkammer 15 und zum Naturschutzgebiet Weiberhemdmoor (bei 17). Vier Stunden Wanderzeit sollte man für den mit einem gelben »P 1« in gelbem Kreis markierten Weg einplanen. Wanderschuhe sind erforderlich, es gibt einige steile Anstiege. Wer möchte, kann die durchaus anspruchsvolle Tour auch schon am Berggasthaus Hoher Meißner beenden und mit dem Anruf-Sammel-Taxi zum Startpunkt zurückfahren.

Nationalpark Eifel

Nicht selten überziehen Wind und Regen die Höhenzüge im äußersten Westen Deutschlands. Auch wenn die Eifel als rau gilt, hat sie doch unbestritten viele Liebhaber. Das atlantische Klima sorgt für frische und klare Luft und begünstigt die Natur in der beliebten Erholungsregion an Urft und Rur.

SERVICE

Anfahrt: Auf der A 4 Köln–Aachen bis zur Ausfahrt Düren, weiter über die B 56 in Richtung Zülpich, in Froitzheim rechts abbiegen nach Nideggen, dort weiter nach Schmidt; die Bahn bedient die Stationen Gemünd und Heimbach

Lage: Der Nationalpark Eifel liegt zwischen Nideggen im Nordosten und der deutsch-belgischen Grenze im Südwesten, etwa 60 km südwestlich von Köln

Größe: 107 km²

Höchste Erhebung:
Forst Schleiden (628 m)

Gründung: 2004

Information:
Nationalparkforstamt Eifel
Urftseestraße 34
53937 Schleiden-Gemünd
Telefon: 02444 / 95 10 0
Internet: www.nationalpark-eifel.de

TOP TIPP

② **Kermeter**
Schönster Buchenwald des Nationalparks

④ **Trappistenabtei Mariawald**
Nicht nur wegen des Klosterlikörs einen Besuch wert

⑦ **Urftstausee**
Leichte Wanderung entlang der aufgestauten Urft

⑩ **Forum Vogelsang**
Besucherzentrum inmitten der Dreiborner Hochfläche

⑬ **Narzissenwiesen**
In der Osterzeit gelb blühende Wiesen im Perlbachtal

»Schöne Aussicht« nennt sich der Blick vom Eifelörtchen Schmidt über den Rurstausee auf den Nationalpark.

Die Nacht ist eiskalt, doch dann sendet die Sonne die ersten wärmenden Strahlen, und das Meer der leuchtend gelben, taubedeckten Narzissen im Perlbachtal beginnt zu glitzern. Der lange Winter, dem die Höhen der Eifel oft ausgesetzt sind, ist augenblicklich vergessen. Ein solcher Tag verlockt zu einer ausgedehnten Wanderung. Der Wald-Nationalpark repräsentiert die charakteristische Landschaft der nördlichen Eifel. Zu ihren Lebensräumen gehören neben den Laubmischwäldern in den Gegenden Kermeter, Dedenborn und Hetzingen zahlreiche Quellgebiete und weite Offenlandflächen.

Zu den größten Buchenwäldern in der Eifel-Ardennen-Region zählt der 3500 ha große Kermeter. Die Flüsse Rur und Urft haben hier steile Kerbtäler ausgewaschen, die tief in die Landschaft einschneiden. Schattige Schluchtwälder mit Esche und Ahorn wechseln sich mit wärmeliebenden Eichenwäldern an den Südhängen ab. Die Fichte ist eine nicht einheimische Baumart, auch wenn sie sich unter den Klimabedingungen der Eifel wohlfühlt; sie wurde einst als schnell wachsendes Nutzholz gepflanzt. In einigen Jahren wird sich jedoch die Buche ihren angestammten Lebensraum zurückerobert haben.

Auch fürs sportliche Wandern sind die neuen Routen durch den Nationalpark, hier im Kermeter, zu empfehlen.

Die Rureifel ist seit langem ein touristisch bestens erschlossenes Gebiet. Die Ausweisung als Nationalpark soll die Bedeutung der Region als Naturlandschaft noch steigern. Den Kern des Nationalparks Eifel bildet das bislang militärisch genutzte Gelände Vogelsang, das erst seit Januar 2006 für Naturfreunde zugänglich ist. Wie anderenorts auch konnten sich Flora und Fauna um den Truppenübungsplatz herum relativ ungestört entfalten; seit der Ausweisung als Nationalpark rücken die Erfordernisse des Natur- und Artenschutzes mehr in den Vordergrund. Dennoch ist die Eifel einer der jüngsten Nationalparks in Deutschland; die bisher gesperrten Teile müssen unter Berücksichtigung des Naturschutzes erst vollständig erschlossen werden. Das dafür erarbeitete Wegekonzept sieht sieben Thementouren zu den interessantesten Stellen des Nationalparks vor. Zumeist als Rundwanderwege mit kürzeren und längeren Varianten angelegt, sind die jeweiligen Ausgangspunkte sowohl mit öffentlichen Verkehrsmitteln als auch mit dem Auto zu erreichen. Einige der Touren lassen sich außerdem mit einer reizvollen Schifffahrt über eine der Talsperren kombinieren.

Biber, Bäche, Eichenwälder

Die Nordgebiete des Nationalparks erschließt eine Wanderung durch den **Hürtgenwald** ❶ (Ausgangspunkt Wanderparkplatz »Am Scheidbaum« in Schmidt, Ortsteil Scheidbaum; Länge 16 bzw. 10 km). Sie führt durch die Täler von Kaldenbach, Schliebach und Odenbach. An ihren wärmebegünstigten Steilhängen wachsen Traubeneichen. In alten Bäumen kann der seltene Mittelspecht, der etwas kleiner ist als der Buntspecht, aber ein ähnliches schwarz-weiß-rotes Federkleid trägt, seine Höhlen zimmern. Auf der Wanderung durch das Rurtal und seine Seitentäler kann man an jungen Bäumen oder im Weidengebüsch Nagespuren entdecken: Hier besorgt sich der Biber Baumaterial für seine Burgen, die er in den Bächen errichtet. Einst war das Tier fast weltweit verbreitet, in Deutschland konnte jedoch im letzten Jahrhundert nur an der mittleren Elbe eine kleine Population beobachtet werden. Heute hat der scheue, recht große Nager wieder an Terrain gewonnen. Zu sehen bekommt man die nachtaktiven Tiere allerdings nur mit sehr viel Geduld.

Eine weitere Wanderung (Ausgangspunkt Wanderparkplatz »Büdenbach« am Staudamm Schwammenauel, Länge 14,5 bzw. 7,5 km) führt

TOP TIPP durch den schönsten Wald des Nationalparks, den **Kermeter** ❷, einen Buchenwald, der schon seit

GEOLOGIE
Das Gebiet des Nationalparks besteht größtenteils aus mächtigen Abfolgen von Sandsteinen und Tonschiefern des Erdaltertums. In der Devon-Zeit (vor 384 bis 400 Millionen Jahren) erstreckte sich hier ein Flachmeer, nördlich davon lag der »Old-Red-Kontinent«. Große Mengen Ton und Schiefer wurden von dort abgetragen und im Meer abgelagert. Während des Oberkarbons – vor etwa 300 Millionen Jahren – falteten sich diese Sedimentschichten zum Variskischen Gebirge auf, das sich heute als Restbestand erodierter Mittelgebirgszüge von Frankreich über Belgien bis in den Osten Deutschlands zieht. Durch den hohen Druck während der variskischen Auffaltung entstand aus dem Tonstein der in der Eifel so häufig auftretende Schiefer.

Der Nationalpark soll wieder ein Naturwald werden – Buche, Eiche und Ahorn verdrängen im Kermeter die Fichte.

WANDERTIPP

AUSSICHTSPUNKT HIRSCHLEY

Die Wanderung beginnt am Parkplatz »Paulushof« im Kermeter (ab Bahnhof Kall mit der Buslinie 817 und Urftsee-Pendelbus, ab Bahnhof Heimbach mit dem Doppeldeckerbus »Mäxchen« zu erreichen). In et-

wa einer Stunde gelangt man auf einem Weg ohne größere Steigung durch den Kermeter ❷ zum Aussichtspunkt Hirschley ❸, der sich über die Ufer der Talsperre erhebt (Bild). Die Rurtalsperre ist bei Wassersportlern aller Art beliebt. Die Weiße Rurseeflotte schippert über die Stauseen Obersee, Schwammenauel und Rurtalsperre. Jedes Frühjahr erscheint der »Nationalpark-Fahrplan« (erhältlich unter www. kve-euskirchen.de).

langem unter Naturschutz steht. An kühlen, schattigen Plätzen ragen die glatten Buchenstämme in den Himmel und bilden einen Hallenwald. An stärker sonnenbeschienenen Hängen wachsen Eichen, unter denen sich im Juni Teppiche gelb blühenden Wachtelweizens ausbreiten. Ein Teil der Wanderung folgt dem Südufer des Rurstausees.

Auf der Halbinsel Tönsberg lag vor 2000 Jahren eine römische Befestigung. Es besteht die Möglichkeit, die Wanderung auf etwa halbem Weg durch eine Rückfahrt mit dem Schiff abzukürzen. Wer jedoch den Fußmarsch zurück nicht scheut, passiert den **Aussichtspunkt Hirschley** ❸, der einen wunderbaren Blick über die Seenlandschaft des Nationalparks ermöglicht (siehe auch Wandertipp links).

An den Ufern glänzt schwarzes Schiefergestein

Eine Rundwanderung durch die Mitte des Kermeters (Ausgangspunkt Parkplatz »Kloster Mariawald«, Länge 14,5 bzw. 7,5 km) führt an unterschiedlichsten Sehenswürdigkeiten vorbei. In der **Trappistenabtei Mariawald** ❹ leben etwa 20 Mönche, die nicht nur eine klostereigene Gaststätte mit Terrasse betreiben, sondern auch mit feinem Klosterlikör locken. Gegründet wurde das Kloster 1480 von Zisterziensern; nach der Zerstörung durch die französische

Revolutionsarmee wurde es von Trappisten übernommen und wieder hergerichtet.

Das **Wasserkraftwerk Heimbach** ❺ am Staubecken Heimbach, 1904 errichtet, ist architektonisch ganz dem Jugendstil verpflichtet. Führungen beginnen täglich um 14.30 Uhr. Gezeigt wird außer dem Kraftwerk eine Sammlung historischer Elektrogeräte. Alljährlich im Juni ist die stilvolle Industrieanlage Schauplatz des ungewöhnlichen Kammermusikfestes »Spannungen«.

Die **Burg Hengebach** ❻ gilt als kulturelles Kleinod der Region. Sie entstand bereits zur Zeit der Normanneneinfälle im 10. Jahrhundert. Heute bildet sie die Kulisse für anspruchsvolle Konzerte und musikalische Workshops.

Der Urftsee ist eine von drei Talsperren in der Erlebnisregion Nationalpark Eifel. Als ein braves

Mitten im Nationalpark Eifel liegt die Abtei Mariawald.

Flüsschen gibt sich die Urft noch bei Gemünd, bald jedoch weitet sich das Tal, und was einmal ein Flüsschen war, wird zum mächtigen Stausee. In ihrem Verlauf fließt die Urft durch breite Sohlentäler, die die Ausbildung feuchter Talauen mit Wäldern oder Wiesen erlauben. An den Ufern glänzt schwarzes Schiefergestein – die Eifel gehört bekanntlich zum Mittelrheinischen Schiefergebirge.

Ein auch für Radfahrer geeigneter Wanderweg (Ausgangspunkt Ortsmitte von Gemünd, Parkplatz Mariaplatz, Länge 23,5 km; Rundtour für Radfahrer über die Parkplätze Haftenbach, Paulushof, Haus Kermeter, Forsthaus Mariawald) **TOP TIPP** führt am nördlichen Ufer des **Urftstausees** ❼ entlang. Hoch über dem gegenüberliegenden Ufer erkennt man deutlich die ehemalige Ordensburg Vogelsang, das heutige Forum Vogelsang.

Steil fallen die Felshänge zum See ab. Die scheuen Mauereidechsen sind im Schiefergestein gar nicht so leicht zu entdecken. Doch wenn man sich ruhig verhält, verrät sie ein leises Rascheln, und man merkt, dass sie sich nur eine Armlänge entfernt am Hang sonnen. Nach einer 11,5 km langen Uferwanderung fährt man mit dem Bus ab Parkplatz Haftenbach zurück nach Gemünd.

Wer ein Stück weiter läuft, gelangt zur mächtigen **Urftstaumauer** ❽. An der 1905 errichteten historischen Attraktion erwartet den Wanderer ein Freiluftcafé mit bemerkenswerter Aussicht auf den See. Die Urftstaumauer lässt sich auch von westlicher Seite ab Einruhr, vom Parkplatz »Jägersweiler«, erwandern. Diese Tour kann man durch eine Bootsfahrt auf dem Obersee abkürzen. Vom Schiff aus genießt man die Ruhe der tiefen Mittelgebirgswälder. Die lautlosen Elektroboote der Rurseeschifffahrt verkehren von April bis Oktober auf dem unterhalb der Urftstaumauer gelegenen Obersee. Weitere Schiffe befahren auch den unmittelbar angrenzenden Rursee.

Im Reich des Rothirschs

Über Jahrzehnte wurde die **Dreiborner Hochfläche** ❾, das große Kernstück des heutigen Nationalparks, als Truppenübungsplatz genutzt. Erst am 1. Januar 2006 öffneten sich die Schranken und eine einzigartige, 33 km² weite Naturlandschaft geriet ins Blickfeld einer begeisterten Öffentlichkeit. Mit etwas Glück und Vorsicht lassen sich die imposanten Rothirsche aus der Ferne beobachten. Im Frühjahr leuchten hier weit sichtbar die gelben Blüten des Ginsters, das sogenannte Eifelgold. Die Wanderwege in dem

TIERE

MAUEREIDECHSE
(Podarcis muralis)
Die flinken, tagaktiven Kletterer besiedeln vor allem trockene, wärmespeichernde Orte. Sie erreichen eine Gesamtlänge von bis zu 22 cm, wobei der Schwanz oft doppelt so lang ist wie der Körper. 2 bis 10 Eier werden in selbst gegrabenen Gängen

abgelegt. Die Mauereidechsenpopulation im Nationalpark Eifel ist die größte Nordrhein-Westfalens. Am besten lassen sich die scheuen Tiere vom Uferwanderweg des Urftstausees ❼ aus beobachten.

Über dem gewundenen Urftstausee wacht das Forum Vogelsang, deutlich markiert durch seinen Aussichtsturm.

ROTHIRSCH
(Cervus elaphus)

Diese Hirschart ist der größte wild lebende Pflanzenfresser in Deutschland. Ihren natürlichen Lebensraum bilden Wälder mit kleinen Lichtun-

gen oder größeren Offenflächen, auf denen sie tagsüber weiden. Da unsere Landschaft durch die Verkehrswege zerschnitten, durch Landwirtschaft verändert und durch die zunehmende Mobilität des Menschen touristisch stärker beansprucht ist, wurde der Lebensraum dieser Tiere im Laufe der Zeit stark eingeschränkt. Erst diese Störungen haben dazu geführt, dass der Rothirsch zu einem dämmerungs- und nachtaktiven Tier wurde. Durch den Nationalpark Eifel verlaufen Fernwanderrouten der Hirsche, über die sie regelmäßig von einem Gebiet in ein anderes wechseln. Durch die über viele Jahrzehnte bestehende relative Ungestörtheit auf dem Truppenübungsplatz Vogelsang sind die Hirsche hier tagaktiv geblieben.

freigegebenen Gelände sind durch Holzpfähle markiert. Wegen möglicherweise noch verstreuter Munition im Gelände besteht ein strenges Wegegebot. Am intensivsten lernt man die Hochfläche auf einer geführten Wanderung kennen, zu der das Nationalparkamt beispielsweise jeden Sonntag um 14 Uhr einlädt. Die etwa dreistündige Tour beginnt an der Touristeninformation im Forum Vogelsang und führt am Neffgesbach entlang zur Wüstung Wollseifen. Die ehemalige Ortschaft musste mit Gründung des Truppenübungsplatzes im Jahr 1946 von den Bewohnern aufgegeben werden. Nach etwa 6,5 km endet die Wanderung wieder am Ausgangspunkt.

Inmitten des Kerngebiets liegt der denkmalgeschützte Bereich der ehemaligen »NS-Ordensburg« Vogelsang. Ab 1934 errichtet, diente sie als Ausbildungszentrum für den nationalsozialistischen Parteinachwuchs. Der näher rückende Krieg verhinderte die vollständige Umsetzung der Planungen. Nach Ende des Krieges wurden die Gebäude als Kaserne genutzt. Seit 2006 stehen das Gelände des **Forum Vogelsang** 🔟 und die historischen Bauwerke auch für Besucher offen. Vom zentralen Besucherparkplatz gelangt man zum Adlerhof mit Infothek, Buchladen und Caféteria. Von Turm und Aus-

sichtsterrasse am Adlerhof überblickt man eine beeindruckende Landschaftskulisse mit Urftsee und Kermeter. Über den sich anschließenden, etwa 1,2 km langen Hangrundgang (nicht barrierefrei!) erschließt sich die gesamte Anlage. Geplant sind die Einrichtung eines Nationalparkzentrums, eine umfassende Dokumentation der NS-Vergangenheit des Ortes und ein Europazentrum der Jugend.

Der Buchenwald des Kermeters wurde seit dem 15. Jahrhundert zur Gewinnung von Holzkohle für die aufkommende Eisenindustrie genutzt. Eine Wanderung auf dem historischen **Kohlweg** 🕚 führt von der Ortsmitte von Gemünd zur Kohlweghütte. Hier besteht die Möglichkeit zur Einkehr. Vom Feuerwachturm bei Wolfgarten hat man einen weiten Blick über das sonnige Gemünder Tal mit seinen Eichenwäldern.

Im Frühling ein Meer aus Narzissen

Der **Püngelbach** 🕛 fließt durch ein für den Nationalpark typisches Kerbtal. Die Eifel ist noch immer in der Hebung begriffen, daher fließen die Bäche schnell bergab und reißen viel Gestein mit in die Tiefe. In den feuchten Talgründen, Siefe genannt, wird der Frühling im April von wild wachsenden Narzissen eingeläutet. Die Gelbe

Feuchte Standorte wie das Püngelbacher Sief sind von Galeriewäldern aus Erlen und Weiden gesäumt.

Wilde Osterglocken haben ihr östlichstes Vorkommen in der Eifel, sie blühen vorzugsweise auf den freien Talwiesen.

Narzisse findet nur hier die Lebensbedingungen, um als Wildpflanze bestehen zu können. Sie braucht das relativ milde Meeresklima mit reichlich Niederschlag und bevorzugt freie Talwiesen, denen die Erlen und Birken an den Bachufern nicht zu viel Licht nehmen.

Das am Rande des Nationalparks liegende Perlenbachtal lockt mit seinen **Narzissenwiesen** 13 viele Osterspaziergänger an (Spaziergang ab Parkplatz »Höfen« an der B 258 zur Höfner Mühle). Interessanterweise werden die Magerwiesen in diesen Eifeltälern durch künstlich angelegte sogenannte Dieschgräben zusätzlich mit Wasser versorgt. Als Wehre dienen

Totholz ist ein notwendiger Lebensraum für Spechte.

schwere Schieferplatten, die das Wasser aufstauen und überlaufen lassen. Diese Magertriften sind Biotope für selten gewordene Pflanzen wie das Mädesüß oder auch den Bärwurz, den man an seinem aromatischen Duft leicht erkennen kann.

Schieferstollen und Fledermäuse

Bei einer Wanderung (Ausgangspunkt Parkplatz »Erkesruhr-Hirschrott« über Einruhr, Länge 15 bzw. 9,5 km) im **Wüstebachtal** 14 stößt man auf eine Reihe historischer Schieferstollen. Der Schieferabbau hat im Monschauer Land Tradition. Heute dienen die alten Stollen, in denen sommers wie winters konstante Temperaturen zwischen 5 und 8 °C herrschen, den Fledermäusen als Winterquartier. Um Störungen zu vermeiden, wurden die Stollen vergittert; die Gitterstäbe sind quer angebracht, damit sie die Flugtiere mit ausgestreckten Flügeln passieren können.
Im Nationalpark Eifel kommen neben anderen auch vier waldbewohnende Fledermausarten vor: das Große Mausohr, die Wasserfledermaus, die Zwergfledermaus und die Kleine Bartfledermaus. Ihre Tagesquartiere sind in erster Linie aufgegebene Spechthöhlen, die sie erst bei zunehmender Dunkelheit verlassen, um zu jagen. Fledermäuse ernähren sich ausschließlich von Insekten, die von den tagaktiven Vögeln nicht erbeutet werden. Der Nachwuchs, meist nur ein Junges, kommt im Mai zur Welt.

SERVICE

Anfahrt: Auf der A 4 bis Düren, dann weiter auf Landstraßen entlang der Rur bis Nideggen; nächstgelegene ICE-Bahnhöfe in Aachen und Düren
Lage: Entlang der deutsch-belgischen Grenze zwischen Aachen und Prüm
Größe: 1978 km²
Höchste Erhebung:
Schwarzer Mann (697 m)
Gründung: 1960
Information:
Verein Naturpark Nordeifel
Steinfelder Straße 8
53947 Nettersheim
Telefon: 02486 / 91 11 17
Internet: www.naturpark-eifel.de
www.eifel-barrierefrei.de
www.eifel-blicke.de

TOP TIPP

❶ Nideggen
Altertümliches Bergstädtchen mit artenreicher Vogelwelt
❷ Lammersdorf
Ausflug zu einem der typischen Venne des Hohen Venns
❺ Monschau
»Perle der Eifel« mit reizvollem Stadtbild
❽ Mechernich
Alte Bergbaumetropole und Quellgebiet der von den Römern angelegten Eifelwasser-leitung
❸ Alendorf
Blütenmeere der Alendorfer Kalktriften

Naturpark Hohes Venn-Eifel

Einsame Moore und erloschene Vulkane, wildreiche Wälder und blüten-reiche Wacholderheiden, dichte Hecken und düstere Höhlen umfasst dieser Naturpark, der sich als einer von wenigen deutschen Parks über Staats-grenzen hinweg erstreckt – in diesem Fall nach Belgien.

Einsamkeit, Ruhe und Naturerlebnis pur verspricht eine Wanderung im Moorgebiet Hohes Venn bei Monschau.

Die Geologie und das Klima halten sich ohnehin nur selten einmal an politische Grenzen. Im gesamten Naturpark herrscht ein feuchtes, regen- und in den höheren Lagen auch schneereiches Klima. Wasser ist also reichlich vorhanden. Es speist die Regenwassermoore auf den Höhen, die munteren Flüsse in den Tälern und die Stauseen, die das Umland mit Trinkwasser und Energie versorgen. Geologisch gehört der Naturpark zum linksrheinischen Schiefergebirge, die Gesteinsformationen und die damit verknüpften Böden und Landschaftsformen gliedern ihn in sechs große Naturräume. Im äußersten Nordwesten liegt das von Hecken überzogene Vennvorland, in dem der Blaustein an der Erdoberfläche und in den historischen Bauten zutage tritt. Daran schließt sich das Hohe Venn an, geologisch ein Teil der Ardennen und mit seinen Moo-

ren und Heiden eine herb-schöne Naturlandschaft, in der allerdings auch der Mensch Spuren hinterlassen hat. Der Fluss, der das idyllische Ourtal im Südwesten geschaffen hat, besitzt ein grenzübergreifendes Einzugsgebiet, an seinen Ufern steht das Europadenkmal zum Gedenken an die Gründerväter der Europäischen Gemeinschaft. Die Rur im Norden, nach der die Rureifel benannt ist, entspringt in Belgien, fließt durch Deutschland, mündet in den Niederlanden und bildet so ebenfalls ein natürliches Bindeglied. In der Hocheifel, die sich von Nordrhein-Westfalen bis weit nach Rheinland-Pfalz hinein erstreckt, befinden sich nicht nur die höchsten Erhebungen des Naturparks, sondern auch die ausgedehntesten geschlossenen Wälder; allein die Kalkeifel im Osten liegt ausschließlich auf deutschem Boden und verrät durch ihren Namen,

Hoch oben auf roten Buntsandsteinfelsen thront die sehenswerte Ruine der Burg Nideggen über dem Rurtal.

Rote Felsen und grüne Torfmoose

Schiefer aus dem Erdaltertum ist das vorherrschende Gestein des Rheinischen Schiefergebirges. Hier und dort lagern in Mulden über dem Grundgebirge aber auch jüngere Gesteinsschichten, wie in der Dürener Rureifel der Buntsandstein.

TOP TIPP Dort krönt das altertümliche Bergstädtchen **Nideggen** ❶ einen mächtigen Buntsandsteinfelsen hoch über der Rur. Im Mittelalter war es Stammsitz der Grafen und Herzöge von Jülich; ihre seit dem 16. Jahrhundert in Kriegen immer wieder schwer beschädigte Burg ist eine der großartigsten Ruinen des Rheinlandes. Im Städtchen selbst sind von den mittelalterlichen Befestigungen drei stattliche Tore erhalten; die aus roten Sandsteinquadern errichtete Pfarrkirche St. Johann Baptist birgt sehenswerte Reste gotischer Wandmalereien. Die steil abstürzenden roten Buntsandsteinfelsen über der Rur, die man auf dem Felsenrundgang Jungholz erkunden kann, sind das Revier von Turmfalke und Uhu, in der Talaue und im Fluss kommen Eisvogel, Gebirgsstelze und Wasseramsel vor, auf dem benachbarten Stausee Obermaubach rasten und überwintern gefiederte Gäste aus dem hohen Norden. Die Naturkundliche Ausstellung »Rur & Fels« in Nideggen-Brück zeigt die wichtigsten Lebensräume der Flussaue und der Buntsandsteinfelsen mit ihren Tier- und Pflanzenarten, am Freigelände beginnt der Landschaftsentdeckungspfad Nideggen mit 28 Stationen auf einer Strecke von 10 km.

dass dort im Unterschied zu den anderen Naturräumen neben dem allgegenwärtigen Schiefer kalkiges Gestein die gesamte Naturlandschaft prägt.

TIERE

LETZTE MOHIKANER DER EISZEIT

Moore, auch die des niederschlagsreichen Höhenrückens Hohes Venn, besitzen ein charakteristisches Geländeklima, das sie als Kälteinseln auszeichnet. Dies ist freilich nicht der Grund, dass in ihnen etliche Vertreter der eiszeitlichen Fauna heimisch sind. Die offenen Moorlandschaften gleichen vielmehr dem Lebensraum der arktischen Tundra und Waldtundra. So leben auf dem Hohen Venn z. B. die Nordische

Wühlmaus und knapp zwei Dutzend Birkhühner, die als Spezies gegen Ende der jüngsten Eiszeit weiter verbreitet waren, sich dann jedoch in die für sie günstigsten Biotope zurückziehen mussten. Mancher Bewohner des Nordens entdeckt auch die Moorwälder des Vennplateaus als neuen Lebensraum, so z. B. der Raufußkauz (Bild), der seit den 1960er-Jahren in der Region nistet.

Monschau erhält durch das Rote Haus, einst Residenz einer Tuchfabrikantenfamilie, einen besonderen Akzent.

▶ WANDERTIPP

RURTALSPERRE SCHWAMMENAUEL

Mit Wanderwegen, ob nun Rund-touren oder Streckenwanderwe-gen, ist der Naturpark reich be-stückt. Die Umrundung des größten Stausees im Park, der als Teil der »Eifeler Seenplatte« wie ein viel ver-zweigter Fjord im Gebirge liegt, gehört zu den attraktivsten, aber auch leichtesten Touren, weil die Wege meist eben sind und die

Wanderung je nach Kondition ab-gekürzt oder verlängert werden kann. 25 km misst die gesamte Stre-cke vom und bis zum Ausgangs-punkt am Infozentrum Rurberg (bei ❸). Sie führt vorwiegend über den Wanderweg 12. Ein reizvoller Kom-promiss ist die Wanderung bis zur Anlegestelle Kermeterufer und die Rückfahrt mit den Booten der Rur-see-Schifffahrt (ab 10. April bzw. Ostern bis Mitte/Ende Oktober, www.rursee-schifffahrt.de).

Die Rur entspringt in 670 m Höhe im belgischen Anteil des Hohen Venns. Dort sind die ökologi-schen Faktoren für die Entstehung von Regen-wassermooren ideal: hohe Niederschläge, kühle Temperaturen, Wasser stauende Böden und ein flaches Gelände, das den Abfluss verzögert. Unter solchen Bedingungen gedeihen die tief-grünen Torfmoose der Gattung *Sphagnum*, die den Vennen den Namen gegeben haben (franz. »fagne«), bestens. Ursprünglich waren einmal rund 1000 ha des Hochplateaus vermoort, inzwi-schen ist die Fläche intakter Hochmoore vor allem durch künstliche Entwässerung auf etwa 100 ha geschrumpft. Der größte Anteil davon befindet sich auf belgischem Gebiet. Ganz auf deutschem Boden liegt das Wollerscheider Venn, das man von **Lammersdorf** ❷ aus erkunden kann (vom Ort auf der Landstraße 1 km westwärts bis zu einem Parkplatz am Rand des Moores).

Wie Schwämme saugen sich die Hochmoore mit Wasser voll, speichern es und geben das Nass dann nach und nach an die Bäche und Flüsse ab, in denen es hinter 15 Staumauern und -dämmen gespeichert wird. Die **Rurtalsperre** ❸ ist mit rund 200 Millionen m³ Stauraum der größte Stau-see der Eifel und nach der Bleiloch-Talsperre an der Saale der zweitgrößte Deutschlands. Hinter dem 70 m hohen, in den 1930er-Jahren aufge-schütteten und in den 1950er-Jahren erhöhten Damm dehnt sich ein in viele Arme gegliederter See aus. Er dient hauptsächlich dem Hochwas-serschutz und der Energiegewinnung, muss daher im Unterschied zu den Trinkwasserreser-voiren der Eifel die Aktivitäten der Wassersport-

ler nicht zügeln und gehört deshalb zu den Was-sersportrevieren des Rheinlandes.

Die Perle der Eifel und der Perlenbach

Im Osten grenzt die Rureifel an die Kalkeifel, eine offene Landschaft mit wenigen von Wasserläufen durchflossenen Tälern, denn der steinige Kalkbo-den lässt den Regen rasch im Untergrund versi-ckern. In eines dieser Täler schmiegt sich am Rot-bach das 500-Seelen-Dörfchen **Eicks** ❹. Hier gibt es in der wasserarmen Landschaft das Wasser, das naturgemäß zur Anlage einer Wasserburg not-wendig ist. Ritter Johann von Eicks ließ seinen Herrenhof im 14. Jahrhundert zur von Wassergrä-ben umschlossenen Burg ausbauen. Sie wechsel-te vielfach den Besitzer und erhielt gegen Ende des 17. Jahrhunderts ihr heutiges Gesicht: ein stattliches Wasserschloss mit blaugrauem Schie-ferdach über hellem Bruchsteinmauerwerk. Schloss Eicks gehört zu den schönsten Adelssit-zen im Rheinland. Bis heute ist es in Privatbesitz und kann daher nur von außen besichtigt wer-den. Doch der Blick von der Straße über den hüb-schen Barockgarten hinweg lohnt sich.

Talaufwärts der Rurtalsperre strömt der Nebenfluss der Maas durch **Monschau** ❺, das bis 1918 noch Montjoie hieß. Ob damit ein »Berg der Freude« gemeint war, bleibt unge-wiss. Sicher ist jedoch, dass die kleine Stadt am Rand des Hohen Venns zu Recht als die »Perle der Eifel« bezeichnet wird. Nicht wegen einzelner kunsthistorisch bedeutender Bauten wie des Roten Hauses, Residenz eines reichen Tuchfabri-kanten, oder der trutzigen Burg, die die Silhou-ette der Stadt bestimmt, sondern wegen der zurückhaltenden Art, in der sich das Städtchen mit seinen regenblauen Schieferdächern, schwarz-weißen Fachwerkfassaden und – am Rand – von den je nach Jahreszeit sattgrünen oder rostroten Buchenhecken umschlossenen Bauernhöfen harmonisch in die Eifellandschaft einfügt.

Das Prädikat »Perle der Eifel« könnte auch anders, zoologisch, verstanden werden. Bis vor etwa 200 Jahren gab es in den Bächen und Flüssen im belgisch-deutschen Grenzgebiet reiche Bestände von Perlmuscheln, die die Grundlage einer lukrativen Perlenfischerei bildeten. Raubbau und Zerstörung ihrer natürlichen Lebensräume haben sie vernichtet, auch im **Perlenbachtal** ❻, durch das vom Gasthof Perlenbacher Mühle bei Alzen eine schöne Wanderung führt. Von hier gelangt man auch zur Perlenbachtalsperre, die den mit 15 ha kleinsten Stausee der Eifel aufstaut. An ihrem Ostufer entlang führt ein beschaulicher Wanderweg zur Höfener Mühle, wo man sich nach dem Fußmarsch eine Stärkung gönnen kann. Ab Mitte April blühen hier die wilde Narzisse, im Sommer dann die weiße Bärwurz, die blaurote Berg-Platterbse, der purpurfarbene Heilziest, die gelbe Arnika und viele Pflanzen mehr.

Eifelbasilika wird die Kirche der ehemaligen Prämonstratenserabtei in **Steinfeld** ❼ genannt. Abgesehen von kleineren Retuschen hat sie sich so erhalten, wie sie im 12. Jahrhundert errichtet wurde: als karger romanischer Bau, der an der Westseite mit der hohen Bruchsteinwand, den beiden Rundtürmen und wenigen kleinen Fenstern eher einer Burg gleicht. Auch im Inneren herrscht strenge romanische Architektur vor, der jedoch die reiche spätgotische Gewölbemalerei

und die prachtvolle barocke Orgel Glanz verleihen. Ein einheitliches Bild bieten die Gebäude des heutigen Salvatorianerklosters mit dem gotischen Kreuzgang. Alljährlich sind sie Schauplatz der Steinfelder Musikfeste.

Von Fledermäusen und Fossilien

Steinfeld liegt im Grenzsaum zwischen der Rureifel und der Kalkeifel. Wo kalkiges Gestein zutage tritt, versickert das Wasser meist rasch im Untergrund und tritt dann in kräftig sprudelnden Karstquellen wieder aus. Drei solcher Quellgebiete bilden im Stadtgebiet von **Mechernich** ❽ den Anfang der Eifelwasserleitung, die um 80 n.Chr. von römischen Ingenieuren geplant wurde und deshalb besser als Römerkanal bekannt ist. Rund 100 km weit transportierte die römische Wasserleitung (zum Teil mit Aquädukten), das größte antike Bauwerk nördlich der Alpen, täglich bis zu 20 000 m^3 Wasser aus der Eifel nach Köln. Auf dem Römerkanal-Wanderweg kann man die technische Meisterleistung kennenlernen. Die Römer zapften aber nicht nur die Wasservorräte der Eifel an – sie schürften um Mechernich auch nach Erzen. Bis in die 1950er-Jahre hinein waren die Gruben im Mechernicher Bleiberg in Betrieb. Eine, die Grube Günnersdorf, ist heute als Besucherbergwerk und Bergbaumuseum eingerichtet.

Im Zeitalter der Geschirrspüler und Waschmaschinen wird hartes, kalkhaltiges Wasser nicht geschätzt; die Römer bevorzugten aber gerade hartes Wasser, weil die Sinterschichten, die sich in den Leitungen absetzten, verhinderten, dass

TOP TIPP

HECKENLAND EIFEL

Gebüsch- und Baumstreifen, oft aus Weißdorn und Schwarzdorn bestehend, Rotbuchen und Hainbuchen, durchziehen das Gebirge kreuz und quer. Früher dienten die Flurhecken vor allem als natürliche Zäune von Viehweiden, spätestens ab dem 17. Jahrhundert wurden aber auch die Höfe mit Buchen eingefriedet, besonders im Monschauer Land (bei ❺) und am Vennrand. Diese Haushecken schützen vor Wind,

Schlagregen, Kälte und neugierigen Blicken und sind darüber hinaus wie die Flurgehölze vielfältige Lebensräume für Insekten, Vögel und kleine Nager. Gerade die Zugvögel schätzen die Gebüschstreifen. Im Wind- und Sichtschutz können sie an ihnen entlang reisen und sich dabei gleichzeitig an den Früchten der Gehölze laben.

Die Kakushöhle bei Mechernich-Dreimühlen beeindruckt den Besucher mit Steinformationen aus uralten Zeiten.

RHEINISCHES FREILICHTMUSEUM

In dem Museum in Mechernich-Kommern (bei ⑧) hat der Besucher die Gelegenheit, die vier großen Kulturlandschaften des Rheinlands mit historischen Bauwerken wie Bauernhöfen, Windmühlen und Werkstätten kennenzulernen und dabei eine Zeitreise durch den Alltag des 15. bis 19. Jahrhunderts zu unternehmen. Vier Baugruppen mit über 60 Gebäuden bilden kleine Dörfer mit Gärten, Feldern und Tieren. Zahlreiche Veranstaltungen runden das Angebot des Freilichtmuseums ab (www.kommern.lvr.de).

GALMEI-FLORA

In den ehemaligen Bergbaugebieten bei Mechernich ⑧ wachsen auf Rasenflächen verschiedene Pflanzen, die Meister der Anpassung an extrem lebensfeindliche Umweltverhältnisse sind: Sie gedeihen auf Böden, die durch den früheren Erzbergbau mit giftigen Schwermetallen wie Blei und Zink verseucht wurden. Dazu gehört neben den Galmei-Veilchen die Galmei-Grasnelke (*Armeria maritima* ssp.

elongata, Bild), ein Bleiwurzgewächs, das hohe Salz- und Schwermetallgehalte verträgt und sich deshalb im Konkurrenzkampf mit den empfindlicheren Pflanzen durchsetzen kann. Die Gewächse der »Galmei-Flora« gelten als botanische Relikte der jüngsten Eiszeiten.

Blei und andere giftige Schwermetalle in das Trinkwasser gelangten.

Die **Kakushöhle** ⑨, mit rund 80 m Länge die größte bekannte der Karststeinhöhlen, durchzieht bei Mechernich-Dreimühlen einen frei stehenden Kalksinterfelsen (Zugang vom Parkplatz direkt an der B 477). Im Eiszeitalter bot die romantische Grotte den Jägern und Sammlern der Altsteinzeit Schutz, heute versammeln sich in ihr die Fledermäuse. Sieben Arten dient sie als Winterquartier, darunter dem Großen Mausohr und der Teichfledermaus. Damit die Fledertiere ungestört ruhen können, ist ein Teil der Höhle durch ein massives Gitter abgesperrt.

Der Grüne Pütz, die südlichste Brunnenstube der römischen Eifelwasserleitung, befindet sich rund 3 km nordwestlich von **Nettersheim** ⑩ im Urfttal, durch das auch ein Schmetterlingspfad führt – nur einer von mehreren Lehrpfaden, die das

Blütenmeere und Burgruinen

Flüsse entspringen gewöhnlich unter freiem Himmel in Quellen oder Seen. Die Ahr hält sich nicht daran: Ihr knapp 100 km Lauf beginnt im Keller eines Fachwerkhauses von 1726 in der alten Grafenstadt **Blankenheim** ⑪. Unten im Tal sprudelt das Wasser, zur Wasserversorgung der oberhalb der Stadt gelegenen mittelalterlichen Burg musste dagegen ein ausgeklügeltes System entwickelt werden, zu dem der Tiergartentunnel gehört. Er ist eine Etappe auf dem knapp 20 km langen Tiergartentunnel-Wanderweg und ein in Europa einmaliges Denkmal alter Technik. Der Wanderweg führt auch durch das Naturschutzgebiet Haubachtal mit seiner nahezu unberührten Bachaue.

Einer der drei Quellbäche der Kyll beginnt seinen Lauf ebenfalls im Kellergeschoss eines Hauses. Dieser längste Fluss der Eifel ist unterhalb von

Die landschaftlich reizvolle Umgebung des mittelalterlichen Kronenburg wartet auch mit einem kleinen Badesee auf.

Erlebnisdorf im Eifeler Quellendreieck zu bieten hat. Vom Naturzentrum Eifel, das Ausstellungen zur Archäologie und Geologie präsentiert, führt z. B. ein Erlebnispfad zu einem Fossilienacker. Dort gesammelte Versteinerungen können in dem in der Alten Schmiede untergebrachten Fossillabor präpariert werden. Die Nettersheim-Tour »Geologie & Fossilien« eröffnet viele Einblicke in die Erdgeschichte, die Nettersheim-Tour »Archäologie entdecken« führt zu zahlreichen Fundstätten in der Umgebung, etwa zum gallo-römischen Tempelbezirk Görresburg, in dem einst der geheimnisumwitterte Matronenkult zelebriert wurde.

Kronenburg ⑫ zu einem kleinen Freizeitsee aufgestaut; er setzt einen blauen Farbtupfer in das reizvolle Landschaftsbild, das von der Ruine der im 14. Jahrhundert erneuerten Hochburg, der Vorburg und der größtenteils noch erhaltenen Ortsbefestigung mit ihren Mauern und Toren beherrscht wird. In die Burganlage war ursprünglich der Turm der im Inneren mit Gemälden geschmückten Pfarrkirche St. Johann Baptist als zusätzlicher Wehrturm einbezogen.

Von Kronenburg gelangt man auf der B 421 durch das Kylltal bis Jünkerath und von dort weiter nach **Alendorf** ⑬. Am südlichen Ortsrand mündet das Lampertstal ein. Es

TOP TIPP

steht zusammen mit den angrenzenden Höhen und einigen benachbarten Hügeln (insgesamt fünf Gebiete) unter Naturschutz. Der Schutz gilt dem Tal und den Alendorfer Kalktriften mit ihren herrlichen Wacholderbeständen, der üppigen Kräuterflora und seltenen Tierwelt.

Im Frühling verwandeln sich die Kalkmagerrasen, die von genügsamen Landschafrassen weiter beweidet werden und so der Verbuschung entgehen, in wahre Blütenmeere aus gelber Schlüsselblume, violettem Knabenkraut und Küchenschelle. Später kommen seltene Orchideen wie die Waldhyazinthe, die Große Händelwurz sowie verschiedene Ragwurz-Arten hinzu. Nicht minder groß ist die Farbenpracht der Insektenwelt, und für die Wärme liebenden Reptilien wie die Schlingnatter oder die Zauneidechse sind die Kalktriften ebenfalls ideale Lebensräume.

Schneereiche Schnee-Eifel, blütenreiche Schönecker Schweiz

Ein Ort, der nach einem Schwermetall benannt ist, muss ein Bergbauort sein – und **Bleialf** 14 blickt tatsächlich auf eine über 1000-jährige Förderung von Erzen zurück. Erst in den 1950er-Jahren kam der Bergbau endgültig zum Erliegen. Der Mühlenberger Stollen der Grube Neue Hoffnung ist heute als Besucherbergwerk eingerichtet. Dazu gehört ein Bergbaupfad, der an zwölf Stationen einen umfassenden Überblick über die Bergbaugeschichte der Region gewährt (www.besucherbergwerk.bleialf.org). Der Ort am Alfbach schmückt sich mit einem der großartigsten Gotteshäuser der Eifel, dem Mariendom, einer spätgotischen Hallenkirche, die alte Schnitzaltäre, eine kunstvolle Kanzel und einen in Europa einmaligen Gemäldezyklus birgt.

So einträglich der Bergbau auch war, für die Verhüttung der Erze wurden die Wälder der Umgebung buchstäblich verheizt. Eine zentrale Rolle in der Energieversorgung spielten die Köhler, jene rußgeschwärzten Männer, die Holzkohle produzierten. Vielleicht hat der Schwarze Mann (698 m), die höchste Erhebung der **Schneifel** 15 von ihnen seinen Namen. Über die Herkunft des Namens des, von einigen Vennen und Wiesen abgesehen, dicht bewaldeten Höhenzugs besteht kein Zweifel: Er kommt vom Schnee, der hier besonders reichlich fällt. Reizvoll ist eine Wanderung – im Winter oder im Sommer – zur Gipfelhöhe, etwa vom Parkplatz Mooshaus aus an der B 265.

An der Entstehung von Bleierzlagerstätten sind Vulkane maßgeblich beteiligt, hauptsächlich jedoch unterseeische Vulkane. Die in den letzten 700 000 Jahren aktiven Feuerberge, die sich als 50 km lange Kette von Ormont bis Bad Bertrich durch die Eifel ziehen, waren dagegen kontinentale Vulkane. Mehr als 240 Eruptionszentren bilden diese Kette, darunter der **Steffelnkopf** 16 am Rand des Dörfchens Steffeln. Er lässt im Vulkangarten Steffelnkopf den Besucher tief in das Innenleben eines Vulkans schauen. Einen hohen Schichtvulkan von der Art des Vesuv darf man natürlich nicht erwarten: Die Vulkane der Westeifel sind meist niedrige Schlackenkegel oder aber Maare, durch explosionsartig verdampfendes Grundwasser in die Erdkruste gesprengte Kessel. Aus einem solchen Maar ist der Steffelnkopf wohl hervorgegangen. In dem Explosionskrater baute sich dann ein Vulkan vom Typ des Stromboli auf, der in kurzen Abständen Aschen und Schlacken spie.

Der tiefe Krater, der im Kalvarienberg von **Prüm** 17 klafft, hat keinen vulkanische Ursprung; seine Entstehung ist vielmehr die Folge einer verheerenden Explosion von Kriegsmunition, bei der die Stadt im Juli des Jahres 1949 schwer zerstört wurde. Das traditionelle Zentrum des Prümer Landes war über Jahrhunderte hinweg Sitz einer begüterten Reichsabtei und eines kleinen Fürstentums. Die St. Salvator Basilika – die ehemalige Abteikirche ist heute noch das Wahrzeichen der Stadt – stammt wie die von dem großen Barockbaumeister Balthasar Neumann entworfenen Abteigebäude im Wesentlichen aus dem 18. Jahrhundert. In ihr befindet sich das Grab Kaiser Lothars, eines Enkels Karls des Großen, und neben anderem sehenswerten Inventar ein Reliquienschrein, der Teile der Sandalen Christi enthalten soll.

Die Stadt am gleichnamigen Fluss hat der mit Kalkstein- und Dolomitschichten gefüllten Prümer Mulde – einem weltbekannten Dorado der Fossiliensammler – den Namen gegeben. Das Karbonatgestein spiegelt sich deutlich in den Landschaftsformen und in der Flora wider, am schönsten in der wildromantischen **Schönecker Schweiz** 18 am Schalkenbachtal (am nördlichen Ortsrand von Schönecken unterhalb der Burgruine und vor der Nimsbrücke rechts ab auf den befestigten Talweg). Wuchtige Dolomitblöcke mit Klufthöhlen säumen den Weg, etwa an der Jungfernlay. Im Frühjahr, solange sich das Blätterdach der Kalkbuchenwälder noch nicht geschlossen hat, sind die Klippen im Wald am besten zu erkennen. Dann ist auch die Blütezeit der Frühblüher, von Hohlem Lerchensporn, Waldbingelkraut, Schlüsselblume, Buschwindröschen und Aronstab, die zusammen mit Seltenheiten wie der Akelei und dem Seidelbast blütenreiche Decken unter den hohen Buchen ausbreiten.

Naturpark Südeifel

SERVICE

Anfahrt: Auf der A 60 bis zur Ausfahrt Prüm und über die B 51 nach Prüm, von dort auf der B 410 bis Irrhausen; nächstgelegene Bahnhöfe in Bitburg und Gerolstein

Lage: Im äußersten Westen von Rheinland-Pfalz südlich des Naturparks Nordeifel und nördlich des Naturparks Saar-Hunsrück

Größe: 440 km²

Höchste Erhebung:
Auf Holbert (543 m)

Gründung: 1958

Information:
Naturpark Südeifel e. V.
Auf Omesen 2
54666 Irrel

Telefon: 06525/792 06

Infohäuser: In Ernzen und Körperich

Internet:
www.naturpark-suedeifel.de

TOP TIPP

❷ Our-Schleife
Zauberhafte doppelte Flussschleife bei der Ruine Falkenstein

❻ Schloss Weilerbach
Rokoko-Schloss mit historischen Industrieanlagen

❼ Ferschweiler Plateau
Seit Jahrtausenden besiedelte natürliche Felshochfläche

❾ Irreler Wasserfälle
Tosende Flussschnellen mit haushohen Sandsteinblöcken

❿ Teufelsschlucht
Großartiger und auch etwas beklemmender Felseinschnitt

Früher war die Südeifel ein abgeschiedenes Grenzland, und auch heute noch ist sie nur dünn besiedelt. So empfiehlt sie sich in unserer hektischen Zeit als ideale Gegend für ruhige und beschauliche Ferientage mit reizvollen Wanderungen durch naturnahe Landschaften.

Ein besonderes Highlight im Naturpark Südeifel sind die tosenden und schäumenden Irreler Wasserfälle.

Recht unterschiedliche Landschaften umfasst der Naturpark, und deshalb wirkt er so abwechslungsreich. Da ist zum einen im Norden der Islek, ein raues Hochplateau, der (außerhalb des Naturparks) auf bis zu 570 m ansteigt; die Höhen sind weitgehend unbewohnt, nur in den Tälern duckt sich hier und da ein Dorf. Die Mitte des Naturparks bildet das Bitburger Gutland, das wesentlich milder und trockener ist als der Islek. Hier ziehen sich weite Felder und Wiesen hin. Wegen der klimatischen Gunst fühlen sich in dieser Gegend auch Tier- und Pflanzenarten wohl, die eigentlich am Mittelmeer heimisch sind. Von besonderem landschaftlichem Reiz ist schließlich der Süden des Naturparks, wo sich die beiden Flüsse Sauer und Prüm tief in den Luxemburger Sandstein gegraben haben; bis zu 30 m hoch ragen hier die bunten Felsformationen auf.

Die Naturlandschaften des Parks setzen sich jenseits von Our und Sauer, den Grenzflüssen zu Luxemburg, fort. Und so ist es nur folgerichtig, dass sich die Behörden 1963 entschlossen haben, den Deutsch-Luxemburgischen Naturpark aus der Taufe zu heben, die erste grenzüberschreitende Einrichtung dieser Art in Europa überhaupt; der Naturpark Südeifel bildet den deutschen Anteil an dem binationalen Schutzgebiet.

Ins Tal der Schmetterlinge und zu grandiosen Aussichtspunkten

Man fährt auf der B 410 von Arzfeld nach Irrhausen und stellt das Auto in der Nähe des Campingplatzes ab. Nach wenigen Schritten hat man das 40 ha große Erholungsgebiet **Irsental** ❶ erreicht, das in das 76 ha umfassende Naturschutzgebiet »Ginsterheiden im Irsental« über-

Wer den Naturpark in den frühen Morgenstunden besucht, kann einen filmreifen Sonnenaufgang erleben.

geht. An einem schönen Sommertag fällt dem Besucher sofort das bunte Geflatter auf: Tal der Schmetterlinge hat man die Gegend schon genannt, denn die Experten haben hier nicht weniger als 500 Arten der farbigen Falter ausgemacht, dazu über 1000 verschiedene Käferarten und rund 60 Vogelspezies. Diese Vielfalt ist kein Zufall: Hochebenen und Felsgruppen, Hänge und Auen, Bäche und Weiher bilden hier ein abwechslungsreiches Landschafts- und Vegetationsmosaik, in dem sich eine entsprechend vielfältige Tierwelt tummelt. Im Ort Daleiden selbst sollte man nicht versäumen, zumindest einen Blick in das neu eingerichtete »Haus Islek« zu werfen (Hauptstraße, Öffnungszeiten unter Telefon 06550/929415). Dort erlebt der Gast eine für Kinder und Erwachsene gleichermaßen spannende interaktive Reise zu den Besonderheiten des Gebietes – und kann anschließend gleich noch eine Kleinigkeit in der »Isleker Stuff« essen.

TOP TIPP Die **Our-Schleife** ❷ erreicht man zu Fuß am besten über ausgeschilderte Wanderwege vom Parkplatz im winzigen Weiler Keppeshausen aus. Keine Straße folgt hier dem tief eingeschnittenen, einsamen Flusslauf, sodass größte Ruhe garantiert ist. Beeindruckender noch wirkt die doppelte Flussschlinge jedoch von oben, etwa beim Wanderparkplatz »Schutzhütte« am südwestlichen Ortsrand des kleinen Dorfes Waldhof-Falkenstein. So steil fällt das Tal ab, dass man sich fast in der Vogelperspektive wähnt. An der bewaldeten Bergflanke »klebt« die dreitürmige Ruine Falkenstein, die auf das 12. Jahrhundert zurückgeht, und unten glitzert die Wasserfläche der gestauten Our.

Die **Muxerather Höhe** ❸ (535 m) ist völlig unspektakulär, eine kaum merkliche Kuppe nahe dem höchsten Punkt der Straße von Muxerath nach Kreutzdorf. Und doch lohnt sich ein Besuch, besonders in den frühen Morgen- und in den Abendstunden. Nach allen Himmelsrichtungen schweift hier der Blick frei über die ruhig daliegende Landschaft, über eine Hochfläche, die – mehr zu ahnen als zu sehen – von über einem Dutzend Tälern und Tälchen durchbrochen wird. Das anmutig im schmalen Enztal gelegene Städtchen **Neuerburg** ❹ bildet den Hauptort der Gegend. Die Häuser am geräumigen Marktplatz und in den engen Gassen stammen fast ausschließlich aus der Zeit nach dem Stadtbrand von 1818. Kleine und größere Läden sowie ein breites gastronomisches Angebot

WANDERTIPP

DEUTSCH-LUXEMBURGISCHER FELSENWEG

Unter diesem Namen haben die zuständigen Behörden vier wunderschöne Wanderrouten mit Längen zwischen 10 und 20 km im Süden des Naturparks Südeifel und im luxemburgischen Teil des gemeinsamen Deutsch-Luxemburgischen Naturparks eingerichtet (Wegzeichen ist ein Stechpalmenzweig). Mal stehen kulturelle Höhepunkte, etwa das Schloss Weilerbach ❻

(Bild), im Vordergrund, mal das Tal der Sauer, mal bizarre Felslandschaften wie die Teufelsschlucht ❿, mal botanische Besonderheiten. Die sehr informativen Faltblätter dazu sind kostenlos bei der Naturparkverwaltung erhältlich.

DIE KELTEN

Wohl in der späten Bronzezeit bildete sich aus verschiedenen Gruppen der Stamm der Kelten, die von den Römern später Gallier genannt wurden. Sie waren die Träger der Hallstatt- (ab ca. 700 v. Chr.) und der La-Tène-Kultur (ca. 5.–1. Jahrhundert v. Chr.). Die Kelten siedelten um 500 v. Chr. in Süddeutschland, in der Schweiz, in Österreich und im Nordosten Frankreichs wie auch in der Südeifel. Hier vermischten sie sich

mit Gruppen der von Nordosten herandrängenden Germanen. Um 50 v. Chr. wurden sie von den Römern unterworfen, nachdem diese ihre »Festung«, das Ferschweiler Plateau ❼, erobert hatten. Auf einer schönen Wanderung gelangt man vom Ferschweiler Plateau zum Felsenweiher in Ernzen (Bild).

laden zu einem Besuch ein. Über allem thront die Ruine einer im Kern aus dem 12. bis 13. Jahrhundert stammenden Burg. In das Lehnshaus aus dem Jahr 1624, das heutige Pfarrhaus, ist ein Turm der ehemaligen Befestigung mit einbezogen. Beim Neubau ihres Gotteshauses zwischen 1492 und 1569 im spätgotischen Stil konnten die Neuerburger auf die Errichtung eines Kirchturmes verzichten: Sie gestalteten stattdessen einfach einen weiteren Stadtturm um.

Zeugnisse aus verschiedenen Kulturen

An der B 50, die den Naturpark in der Mitte durchquert, ist er weiträumig ausgeschildert: der **Gaytal-Park** ❺ in Körperich-Obersgegen (Bitburger Straße 1, www.gaytalpark.de). Das Umwelterlebniszentrum ist in einem futuristisch anmutenden Gebäude untergebracht und präsentiert mit modernen Medien Informationen über die Natur der Region – und was sie mit dem Menschen zu tun hat. Ein über 20 ha großes Außengelände entlang dem Gaybach zeigt Ausschnitte aus unterschiedlichen Kulturlandschaften; die künstlerisch gestaltete »Station Stein« beispielsweise informiert über die Geologie der Gegend, die »Station Wasser« lädt hingegen zum Spielen und Plantschen ein.

Wer aus dem Sauertal auf das Ferschweiler Plateau hinauffährt, erkennt links zwischen den Bäumen – irgendwie unwirklich scheinend – das

TOP TIPP zauberhafte **Schloss Weilerbach** ❻. Seine Entstehungsgeschichte klingt abenteuerlich: 1762 kaufte die Benediktinerabtei des nahen luxemburgischen Echternach eine kleine Eisenhütte in dem abgelegenen Waldtälchen. In deren Nähe ließ der Echternacher Abt Emanuel Limpach zwischen 1777 und 1780 eine große Produktionsanlage errichten und dazu – als Verwaltungssitz der Fabrik und eigenes Sommerhaus – das Schloss. Bis zu 220 Arbeiter produzierten hier in den folgenden anderthalb Jahrhunderten Eisen und Stahl, Öfen und Dreschmaschinen. In der zweiten Hälfte des 20. Jahrhunderts verfiel die Anlage mehr und mehr, wurde dann aber ab 1987 Stück für Stück restauriert und rekonstruiert. Heute beeindrucken vor allem das zweigeschossige Rokoko-Schloss, in dem immer wieder kulturelle Veranstaltungen stattfinden, der Barockgarten und die allmählich freigelegten Industrieanlagen. In der ehemaligen Remise sieht man im Museumscafé ein Modell der riesigen Anlage aus der Zeit um 1900 sowie einstige Produkte der Hütte wie z. B. Ofenplatten und Landwirtschaftsgeräte.

Die Flüsse Sauer, Prüm und Enz säumen das **TOP TIPP** **Ferschweiler Plateau** ❼, dessen Ränder steil zu den Tälern abfallen und so eine natürliche Festung bilden, die schon Steinzeitmenschen, Kelten und Römer nutzten. Ein Netz von gut ausgeschilderten Wanderwegen führt zu den Zeugnissen aus den verschiedenen Kul-

Künstliche Landschaft aus dem 19. Jahrhundert: Der Felsenweiher in Ernzen ist heute ein beliebtes Ausflugsziel.

Der Anblick der tief eingeschnittenen Felsen lässt ahnen, warum die Teufelsschlucht ihren Namen erhielt.

ARCHÄOLOGISCHER LEHRPFAD HOLSTHUM

Im reizvollen Ort Holsthum, wenige Kilometer nördlich von Prümzurlay (bei ❽), steigt man am besten bei der Brücke über die Prüm in den 11,5 km langen Wanderpfad ein (Wegmarkierung: weißer Hüttenstein auf blauem Grund). Er führt u. a. zu einer gallo-römischen Siedlung (3. Jahrhundert n. Chr.), einer keltischen Befestigungsanlage und einem Menhir aus der Jungsteinzeit.

turen. Aus vorgeschichtlicher Zeit stammen die Menhire Fraubillenkreuz (von christlichen Missionaren umgestaltet) und Druidenstein; das Diana-Denkmal und der Weihetempel am nördlichen Ortsrand von Ernzen gehen hingegen auf die Römer zurück. Die Schankweilerklause, eine reich ausgestattete Rokoko-Wallfahrtskapelle, entstand 1762. Um die Mitte des 19. Jahrhunderts ließ ein Pfarrer als eine Art Arbeitsbeschaffungsmaßnahme den Felsenweiher in Ernzen anlegen, ein wildromatisches Felsbassin mit Grotten, Terrassen und kleinen Brücken.

»Unechte« Wasserfälle und eine wahre Teufelsschlucht

Von Prümzurlay windet sich ein Sträßchen 1 km hinauf zur teilweise rekonstruierten Ruine **Prümerburg** ❽ (ausgeschildert, frei zugänglich), die wohl aus dem 12. Jahrhundert stammt. Der Turm bietet einen schönen Blick über das Prümtal und hinüber zum Ferschweiler Plateau.

An der Straße Prümzurlay–Irrel liegt links ein Waldparkplatz (Einfahrt schwer erkennbar), von dem aus man in wenigen Minuten zu Fuß **TOP TIPP** zu den **Irreler Wasserfällen** ❾ gelangt. Den besten Blick auf das Naturschauspiel hat man von der überdachten Holzbrücke aus. Wasserfälle im eigentlichen Sinne sind diese Flussschnellen zwar nicht, doch das mindert ihre Faszination keineswegs. Schäumend und tosend schießen die Wassermassen der Prüm auf einer Länge von 140 m zwischen hausgroßen Sandsteinfelsen hindurch, die teils dicht bemoost, teils blank gewaschen sind. Während der letzten Eiszeit, vor rund 12 000 Jahren, sind die Brocken vom Rande des Ferschweiler Plateaus abgebrochen und 170 m tief in den Fluss gestürzt. Vor allem im wasserreichen Herbst treffen sich hier Wildwasserkanuten aus aller Herren Länder, schanzen über glitschige Felsen in das gurgelnde Nass und gleiten elegant durch Strudel und Untiefen. **TOP TIPP** Beim Anblick der **Teufelsschlucht** ❿ stockt selbst eingefleischten Wanderern der Atem. Nachdem man von der Prümbrücke über die Irreler Wasserfälle die knapp 2 km bergan hierher gestapft ist, sieht man in eine 28 m tiefe und an der schmalsten Stelle nur 1 m »breite« Schlucht im »Luxemburger Sandstein«, deren Entstehung sich unsere Vorvorfahren nur als Teufelswerk erklären konnten. Die Geologen sehen das profaner: Der Frost hat während der letzten Eiszeit einen riesigen Block aus dem Rand der Hochfläche gesprengt. Nahe dem oberen Ende der Schlucht, nun schon wieder auf dem Ferschweiler Plateau, steht die Naturerkundungsstation Teufelsschlucht (Ferschweiler Straße, Ernzen; geöffnet Anfang April–Ende Sep tägl. 11–18, Okt–Anfang Nov 11–17 Uhr; www.teufelsschlucht.de). Sie bietet ein didaktisch gut aufbereitetes Landschaftsmuseum, ein umfangreiches Veranstaltungsprogramm – und leckeres Essen im Museums-Bistro »Teufels Küche«.

STECHPALME

(Ilex aquifolium).

Als Wappenpflanze des Naturparks dient dieses hübsche, wehrhafte Gewächs mit seinen charakteristischen roten Beeren. Die je nach Standort als Strauch oder als Baum wachsende Pflanze – hierzulande eines von nur wenigen Laubgewächsen, die auch im Winter grün bleiben – wurde wegen dieser Eigenschaft schon von den Kelten und Germanen verehrt.

SERVICE

Anfahrt: Auf der A 61 bis Ausfahrt Bedburg; nächstgelegene ICE-Bahnhöfe in Bonn und Köln

Lage: Zwischen Rhein und Eifel, in der südlichen Spitze der Niederrheinischen Bucht, westlich von Köln und Bonn

Größe: 1045 km²

Höchste Erhebung:
Hochkopf (376 m)

Gründung: 1959 als Naturpark Kottenforst, 1965 als Erholungspark Ville, 1978 Zusammenschluss zum Naturpark Kottenforst-Ville; 2005 Namensänderung in Naturpark Rheinland

Information:
Zweckverband Naturpark Rheinland
Willy-Brandt-Platz 1
50126 Bergheim

Infohaus: In Rheinbach

Telefon: 02271 / 83 42 09

Internet: www.naturpark-rheinland.de

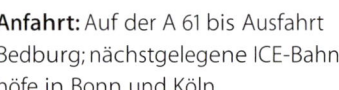

❷ Tagebau Hambach
Deutschlands »größtes Loch«, ebenso faszinierend wie abschreckend

❹ Abtei Brauweiler
Meilenstein in der Geschichte der deutschen Romanik

❻ Hürth
Ville-Seenplatte mit künstlichen Bergen und Wäldern

❼ Brühl
Zwei Schlösser – die kostbarsten Schöpfungen des deutschen Rokoko

⓬ Drachenfelser Ländchen
Radtour zu den Ruinen erloschener Vulkane

Naturpark Rheinland

Rheinland – da denkt man an Weinberge und einen Strom durch ein wildromantisches Engtal. Nach dem Austritt aus dem Schiefergebirge wird der Niederrhein jedoch von anderen Landschaften begleitet: fruchtbaren Börden, Wäldern, erloschenen Feuerbergen und Seenplatten von Menschenhand.

Schloss Augustusburg bei Brühl schufen so berühmte Künstler wie Johann Conrad Schlaun und Balthasar Neumann.

Der Naturpark vor den Toren der Domstadt Köln und der ehemaligen Bundeshauptstadt Bonn hat in einem halben Jahrhundert seinen Namen mehrmals gewechselt. Ein Kernstück war und ist der Kottenforst, nicht das größte, aber das historisch bedeutendste Waldgebiet im Rheinland. Der »Königsforst« wird bereits in einer über 1000-jährigen Urkunde erwähnt. Wohl noch viel älter ist der Name der Ville, des breiten Höhenzugs, der sich auf 50 km Länge von Norden nach Süden durch den Naturpark zieht, gewissermaßen sein landschaftliches Rückgrat bildet und im aufgelassenen Teil des rheinischen Braunkohlereviers einige der bemerkenswertesten Beispiele für Natur aus zweiter Hand umfasst. Nach Osten hin wird die Ville zum Vorgebirge, das sich – für niederrheinische Verhältnisse – steil und hoch über die Rheinebene erhebt. Westwärts

geht der Höhenzug ohne scharfe Grenzen in fast ebene, seit Jahrhunderten als ertragreiches Ackerland genutzte Börden mit zahllosen Kulturdenkmälern aus der Epoche der Römer über das Mittelalter bis zum Industriezeitalter über. Im Süden berührt der Park schließlich noch zwei weitere sehr unterschiedliche Naturräume: den sanften Anstieg zur Eifel mit ausgedehnten Buchen- und Eichenwäldern und die Vulkanberge des Drachenfelser Ländchens – ein Naturpark und sieben Naturräume!

Deutschlands »größtes Loch« und ein Kleinod der Romanik

Rund 1000 m sind die Schichten des Tertiärs im Untergrund der Niederrheinischen Bucht dick, etwa ein Zehntel davon enthält Braunkohlenflöze. In großem Stil begann die Ausbeutung der

Bodenschätze im 19. Jahrhundert; seither hat sich das Landschaftsbild im Norden des Naturparks im wahrsten Sinne des Wortes tiefgreifend verändert. Östlich von **Bedburg** ❶ erstreckt sich ein großes Tagebaugelände, zum Teil rekultiviert, zum Teil noch als offene Wunde in der Landschaft. Vier Zehntel der Fläche des Städtchens an der Erft wurden »ausgekohlt«, Dörfer und Höfe mussten den gefräßigen Baggern weichen. Der historische Stadtkern ist erhalten. Dort steht in Backsteinrot das schmucke Renaissance-Wasserschloss, an das sich der geräumige Schlosspark mit einer schönen, alten Allee anschließt.

Zu Bedburg gehört auch das malerische Städtchen Alt-Kaster, einst an der Erft gelegen, jetzt (nach der Verlegung des Flusses) von ihm getrennt, aber noch immer mit seinen mittelalterlichen Stadttoren, den barocken Bürger- und Amtshäusern sowie der spätgotischen Pfarrkirche St. Georg die »Perle an der Erft«.

Ein bewaldeter Berg zieht in der ebenen, fast unbewaldeten Jülicher Börde südwestlich von Bedburg die Blicke magisch an: die 290 m hohe Sophienhöhe, als Abraumhalde ein künstlicher Berg, der seit Ende der 1970er-Jahre mit dem **Tagebau Hambach** ❷ geschaffen wurde.

TOP TIPP

Die markante Höhe, inzwischen ein beliebtes Wandergebiet, ist der jüngste Berg Deutschlands; die Grube – jährlich werden hier 40 Millionen Tonnen Braunkohle und die sechsfache Menge an Abraum gefördert – weist eine geplante Abbaufläche von 85 km² und eine Sohlentiefe von 290 m auf. Sie ist damit der größte und zugleich tiefste Tagebau unseres Landes. Bis 2040 reichen die Vorräte voraussichtlich, dann soll das »größte Loch Deutschlands«, in das man vom Aussichtspunkt bei Elsdorf-Angelsdorf schaut, geflutet werden. Den See und das Wassersportparadies werden erst die Generationen des 22. Jahrhunderts genießen können. Die Aussichtsplattform am Rand des gigantischen Tagebaus ist die letzte Station an der »Straße der Energie«, einer gut 30 km langen Erlebnisstraße, die sich mit den verschiedensten Aspekten der Energiegewinnung im Allgemeinen und der Braunkohlenförderung im Speziellen beschäftigt. Sie beginnt am **Schloss Paffendorf** ❸, einem Stilmix-Bauwerk aus Renaissance und Neugotik, das ein Informationszentrum der rheinischen Braunkohlenindustrie beherbergt. Zum pittoresken Märchenschloss nach dem Geschmack des 19. Jahrhunderts gehört ein großer Landschaftspark, in dem schon früh exotische Gehölze wie Mammutbäume, Ginkgos und Riesenlebensbäume angepflanzt wurden. Sie bilden den Grundstock eines Forstlehrgartens, der ein lebendiges Bild von der Flora des rheinischen Braunkohlen-Tertiärs vermittelt.

Von Westen her versperren hohe Abraumhalden am Rand der Bergheimer Tagebaue den Blick auf die Kirche der altehrwürdigen

BRAUNE TAGEBÜCHER

Damit sind die Braunkohlenflöze (Bild) gemeint, die unter dem Rheinland lagern. Sie berichten durch die aus den Schichten geborgenen Fossilien akribisch über die Zeit vor rund 8 bis 24 Millionen Jahren. Damals herrschte am heutigen Niederrhein ein warm-gemäßigtes bis subtropisches, meist feuchtes Klima. Sumpf- und Auwälder, Moore und Röhrichte bedeckten die von den Urahnen des Rheins durchflossenen

küstennahen Niederungen. Sie waren die Lebensräume einer exotischen Flora und Fauna, mit Sumpfzypressen, Schirmtannen und einzelnen Palmen, Riesenfröschen, Riesenbibern, Riesensalamandern und Riesenlibellen, Elefanten mit vier Stoßzähnen oder Nashörnern – mit und ohne Horn. Spätestens die Eiszeiten haben diesen urtümlichen Lebewesen den Todesstoß versetzt.

Die ehemalige Benediktinerabtei Brauweiler gehört zu den schönsten Klosteranlagen des Rheinlands.

TOP TIPP **Abtei Brauweiler** ④, deren Silhouette die Kölner Bucht weithin beherrscht. Königin Richeza von Polen ließ 1048 den Bau beginnen. Bald schon kamen der Kreuzgang und der Kapitelsaal hinzu, im 18. Jahrhundert die barocken Abteigebäude, die zusammen mit den mittelalterlichen Bauten eine der schönsten Klosteranlagen des Rheinlandes bilden. Hinter der von Türmen geprägten Fassade der ehemaligen Benediktiner-Abteikirche verbirgt sich eine Schatzkammer sakraler Kunstwerke, darunter romanische Skulpturarbeiten an Kapitellen und Steinschranken, die romanische Holzfigur des heiligen Nikolaus, eines der Kirchenpatrone, der Antoniusaltar und der Michaelsaltar, beides Werke der Renaissance, und aus dem Barock das Chorgestühl, die Orgel und die Kanzel. Nach der Aufhebung des Klosters erlebte die Abtei eine wechselvolle Geschichte, heute dient sie u. a. als stilvoller Rahmen für Konzerte.

Keramik aus erster und Natur aus zweiter Hand

Die Aussichtsplattform am Buschbell nordwestlich von **Frechen** ⑤ gewährt einen atemberaubenden Blick in eine 70 m tiefe Grube, aus der nicht dunkle Braunkohle, sondern heller Quarzsand gefördert wird. Die Stadt am Vorgebirge ist zusätzlich mit anderen Bodenschätzen gesegnet: Braunkohle und vor allem Ton, der seit mehr als 500 Jahren als Grundlage einer florierenden keramischen Industrie dient. In der einer Töpferscheibe mit Gefäß nachempfundenen Halle der

Stiftung Keramion kann man die Produkte der Töpferstadt bewundern, vom historischen Bartmannkrug, der auch das Stadtwappen ziert, bis hin zu kunstvollen Skulpturen der Moderne. Im 20. Jahrhundert hat sich der Braunkohlebergbau zunehmend von der Ville westwärts in die Börden verlagert. Zurück blieben Landschaften, die neutral als Abbaufolgelandschaften, zynisch als Mondlandschaften bezeichnet werden. Doch dies hat sich inzwischen geändert. Die Gruben und Kippen wurden rekultiviert, und es entstand eine reizvolle Landschaft mit Bergen, Wäldern und künstlichen Seen, beispielsweise rund **TOP TIPP** um **Hürth** ⑥. Dort erstreckt sich der über 2 km lange Otto-Maigler-See, eines von gut 40 stehenden Gewässern, die sich zur Ville-Seenplatte zusammenschließen. Dieser See lockt die Wassersportler an, die entlegeneren sind wertvolle Biotope für Wasservögel, bei den Brutvögeln etwa für den Teichrohrsänger, bei den Gastvögeln für die Saatgans.

TOP TIPP Der Heider Bergsee, am westlichen Stadtrand von **Brühl** ⑦ und gleich neben der historischen Wasserleitung der Römer aus der Eifel nach Köln gelegen, ist gleichfalls ein Relikt des Bergbaus. Die Seen und Weiher in der barocken Gartenanlage des Schlosses Augustusburg wurden von dem Gartenkünstler Dominique Girard als belebende Elemente geplant. Sie sind kleine Bausteine eines grandiosen Gesamtkunstwerks, zu dem auch das rund 30 km entfernte Jagdschloss Falkenlust zählt. Beide Schlösser entstanden im Wesentlichen unter der Herrschaft des Kölner Kurfürsten und Erzbischofs Clemens August von Wittelsbach (1700–1761) und unter Mitwirkung der bedeutendsten Baumeister jener Zeit: Johann Conrad Schlaun, François de Cuvilliés, Balthasar Neumann … Seit 1984 sind beide Schlösser als kostbarste Schöpfungen des deutschen Rokoko in der UNESCO-Liste der Welterbestätten verzeichnet.

Das Naturschutzgebiet Neffelsee und der gleichnamige Badesee verdanken ihre Entstehung dem ehemaligen Braunkohleabbau rund um **Zülpich** ⑧; der Kern des römischen Marktortes Tolbiacum steht noch auf Braunkohle. Zahlreiche Spuren erinnern an die Römerzeit, am eindrucksvollsten sind Reste der Römerwasserleitung und die Thermen, die als besterhaltene nördlich der Alpen gelten. Das heutige Stadtbild wird jedoch von mittelalterlichen Bauten beherrscht, vor allem von den Stadtmauern mit ihren vier wuchtigen Toren und den stämmigen Türmen der Landesburg.

Von der Erft, die den Naturpark von Süden nach Norden durchfließt, hat man am Eifelrand den Erftmühlenbach abgezweigt. Einst trieb er 24 Was-

TIPP FÜR KINDER

PHANTASIALAND
Der Erlebnispark bei Brühl ⑦ könnte mit seinem prallen Angebot an Attraktionen wie beispielsweise dem »Teacup-Ride« in »Wözl's Duck Washer« oder der »River Quest«, der höchsten Wasser-Schussfahrt der Welt, ebenso gut in Florida liegen. Wem die Fahrattraktionen zu rasant sind, der kann sich in mehreren Shows von Artisten und Musikern unterhalten und verzaubern lassen (www.phantasialand.de).

sermühlen an und speiste die Gräben der beiden Wasserburgen in **Kuchenheim** ❾. Aus einer Getreidemühle hat sich in dem Euskirchener Ortsteil über eine Papiermühle und Spinnerei eine Tuchfabrik entwickelt, die seit einem halben Jahrhundert außer Betrieb und jetzt zu einem der sechs Standorte des Rheinischen Industriemuseums geworden ist. Der Maschinenpark der Tuchfabrik Müller ist erhalten, und die Maschinen produzieren noch warme Wolldecken und Lodenstoffe (im Museumsshop zu kaufen).

Edle Gläser, Eichen und erloschene Vulkane

»Wer im Glashaus sitzt …« – für die »Stadt des Glases« gilt das bekannte Sprichwort natürlich nicht. So kann sich das am Eifelanstieg gelegene, im Kern fachwerkbunte und vom Hexenturm überragte Städtchen **Rheinbach** ❿ einen Ganzglaspavillon, der ohne Mauern oder Stahlträger auskommt, als gläserne Attraktion leisten. Im Glasmuseum (www.glasmuseum-rheinbach.de) stehen eher die ästhetischen Seiten des zerbrechlichen Materials im Vordergrund, im Untergeschoss die Werke der Rheinbacher Glaskünstler, im Erdgeschoss die Gläser des Biedermeier und Historismus, im Obergeschoss die Exponate, die an die nordböhmischen Wurzeln der Rheinbacher Glaskultur erinnern. Über die naturräumlichen und kulturellen Besonderheiten der Region (und vieles mehr) informiert das Haus der Natur, das Informationszentrum des Naturparks. Ein zweites Haus der Natur bildet bei Bonn-Ippendorf den Auftakt zu einer rund 12 km kurzen Tour durch den **Kottenforst** ⓫, die man ent-

weder zu Fuß oder mit dem Rad auf gepflegten Waldwegen mühelos bewältigen kann. Von Natur aus ist der Kottenforst ein Eichenmischwald, und die an markanten Stellen zur Erinnerung an mehr oder auch weniger prominente Rheinländer angepflanzten mächtigen Eichen gedeihen hier bestens. Wirklich bemerkenswert ist das Waldgebiet auf der Ville vor allem als ehemaliges Revier der Parforce-Jagd, bei der das Wild mittels eines sternförmig angelegten Systems von Wegen und Schneisen durch Hundemeuten vor die Büchsen der fürstlichen Waidmänner gehetzt wurde.

Im Vergleich mit den rüden Jagdsitten der Feudalzeit wirkt das von den Jägern der Altsteinzeit im **Drachenfelser Ländchen** ⓬ praktizierte Waidwerk beinahe human; sie hatten es im Eiszeitalter vor rund 250 000 Jahren außerdem mit so wehrhaften Tieren wie Mammuts und Wollnashörnern zu tun. Damals erlebte der Rodderberg (von Wachtberg-Niederbachem auf der Vulkanstraße bis zum Parkplatz am Kraterrand) seine letzten Ausbrüche; die vulkanische Aktivität begann vor längstens 800 000 Jahren. Damit ist der Tuff- und Schlackenring zwar nicht der jüngste, aber einer der am besten erhaltenen Vulkane auf deutschem Boden. Vom Drachenfels am rechten Ufer des Stromes, auf den man vom Heinrichsblick am Kraterrand aus hinabschaut, blieb dagegen nur eine 25 Millionen Jahre alte Vulkanruine. Ruinen sind auch die meisten Feuerberge im Drachenfelser Ländchen links des Stromes – Wachtberg, Stumpeberg und Dächselsberg –, die man per Rad auf einer 25 km langen Rundtour erkunden kann.

KULTURTIPP

BONNER MUSEEN

Die frühere Bundeshauptstadt (nordöstlich von ❿) besitzt eine vielfältige Museenlandschaft, die sowohl für den Kunst- als auch für den Naturfreund den kurzen Abstecher aus dem Naturpark lohnt. Beispielsweise zum Beethoven-Haus (Bild), zum Städtischen Kunstmuseum, zum Haus der Geschichte oder zum Rheinischen Landesmuseum, dessen Exponate vom Neandertaler bis zum modernen Indus-

triedesign reichen. Eine der besten Adressen unter den naturkundlichen Museen in Deutschland ist das Museum Alexander Koenig (www.museum-koenig.de), das den Besucher durch die großen Landlebensräume der Erde führt – von den Regenwäldern der Tropen bis zu den Eiswüsten der Polargebiete. Es befindet sich innerhalb der Bonner Museumsmeile.

Vom Drachenfelser Ländchen, einem der eindrucksvollsten Vulkangebiete Deutschlands, blickt man auf den Rhein.

Naturpark Siebengebirge

Der Naturforscher Alexander von Humboldt bezeichnete das Siebengebirge einst als »achtes Weltwunder«. Heute genießen Staatsgäste aus aller Welt den Blick vom Petersberg auf den Rhein, über dem sich gleich nebenan bei Königswinter der Drachenfels als größte Besucherattraktion erhebt.

SERVICE

Anfahrt: Auf der A 3 bis zur Ausfahrt Siebengebirge, dann weiter Richtung Königswinter und in Ittenbach abzweigen nach Thomasberg, dort links Richtung Nieder- und Oberdollendorf; nächstgelegener ICE-Bahnhof ist Bonn

Lage: Im rechtsrheinischen Rheinland im westlichen Nordrhein-Westfalen

Größe: 48 km²

Höchste Erhebung: Großer Ölberg (460 m)

Gründung: 1958

Information: Naturpark Siebengebirge Margarethenhöhe Königswinterer Straße 409 (Eingang Löwenburger Straße) 53639 Königswinter

Telefon: 02223 / 90 94 94

Internet: www.naturpark-siebengebirge.de

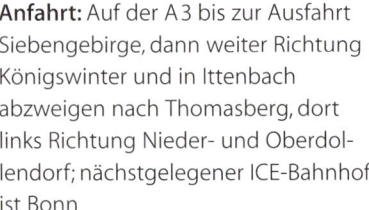

Einen schönen Blick auf den Drachenfels (im Bild rechts) hat man von einem der Ausflugsschiffe auf dem Rhein.

3 Großer Ölberg
Hervorragender Aussichtsberg mit Wanderwegen und Ausflugsgaststätte

5 Drachenfels
Mit der ältesten deutschen Zahnradbahn erreichbarer Panoramaberg über dem Rhein

Das Siebengebirge bei Bonn ist seit der Romantik das nördliche Tor zum »malerischen Rheintal«: Lord Byron, Heinrich Heine und viele andere Dichter haben die Schönheit dieser Vulkanlandschaft besungen, deren bewaldete Bergkegel sich am rechten Rheinufer an der Abbruchlinie vom Westerwald zur Niederrheinischen Bucht erheben. Sieben der insgesamt rund 40 Vulkankegel prägen weithin die Silhouette dieses kleinteiligen Berggebietes, weshalb es seit dem Mittelalter lateinisch »septem montes« (»die sieben Berge«) genannt wurde. Im aussichtsreichen Großen Ölberg erreicht das Siebengebirge bei Bad Honnef seine höchste Erhebung, der Drachenfels bei Königswinter ist einer der meistbesuchten Berge Deutschlands. Mit seinem Nordausläufer, dem Ennert, reicht das Siebengebirge bis auf das Gebiet der Stadt Bonn. Der spannendste Wanderweg durch die Buchenwälder des Siebengebirges und über seine aussichtsreichen Höhen ist der Rheinsteig.

Imposante Chorruine blieb erhalten

Die Ruine der Abteikirche des **Klosters Heisterbach 1** zählt zu den bedeutendsten Baudenkmälern im Westen Deutschlands. 1986 wurde die Restaurierung der stimmungsvollen Ruine aus der Übergangsperiode von der Romanik zur Gotik abgeschlossen. Die ehemalige Zisterzienserabtei wurde 1189 auf dem Petersberg gestiftet und 1192 ins Tal nach Heisterbach verlegt. Hier entstand die 88 m lange und im Querschiff 40 m breite Kirche, deren Ausmaße die aller romanischen Kirchen Kölns übertraf. Nach der Säkularisation 1803 verkauften die neuen weltlichen Besitzer die Kirche, die fortan als Steinbruch

Auch ein Aufstieg auf den Drachenfels lohnt sich: Der Blick auf Rhein und Siebengebirge ist einfach sagenhaft.

diente. Als dieser Frevel 1818 gestoppt wurde, stand nur noch der Chor. 1918 erwarben die Cellitinnen das verwahrloste Anwesen und verwandelten es in ein Schmuckstück.

Die von den Heisterbacher Zisterziensern angelegte Weinbauanlage **Niederdollendorfer Heisterberg** ❷ wurde 2002 nach mittelalterlichem Vorbild mit den Rebsorten Riesling, Früh- und Spätburgunder, Elbling und Malinger neu bepflanzt. Die fast vergessenen Sorten auf dem knapp 0,6 ha kleinen Weinberg werden an Holzpfählen erzogen. Ziel ist die langfristige und nachhaltige Bewirtschaftung des Weinberges, wobei die kulturlandschaftlichen, historischen und ökologischen Besonderheiten des Standortes berücksichtigt und die vielfältige Flora und Fauna in diesem »mittelalterlichen« Weinberg erhalten werden sollen.

Schöne Wanderwege führen von Kloster Heisterbach (Markierung »R«, Rheinhöhenweg) zum Nonnenstromberg und auf den **Großen Ölberg** ❸. Der lohnende Aufstieg dauert ca. 45 Minuten. Auf der Kuppe thront eine Ausflugsgaststätte, deren Terrasse eine traumhafte Aussicht gewährt: Gegenüber erhebt sich als markantester Berg der Drachenfels, weiter rechts erblickt man die bewaldete Basaltkuppe des Petersberges, links davon schweift der Blick nach Bad Godesberg jenseits des Rheines und auf die Godesburg.

Der berühmteste der »sieben Berge«

Königswinter ❹ am Fuß des Siebengebirges ist seit Eröffnung der Zahnradbahn auf den Drachenfels 1883 einer der meistbesuchten Orte im Rheintal. Ein Spaziergang unter Linden auf der Rheinuferpromenade mit ihren Restaurants und Anlegestellen für Ausflugsdampfer bildet den Auftakt des Wanderweges zum **Drachenfels** ❺: Der bewaldete Bergkegel, der steil zum Rhein abbricht und auf der Spitze eine Burgruine trägt, ist das Wahrzeichen von Königswinter und der berühmteste der »sieben Berge« des Siebengebirges. Die Zahnradbahn führt bis fast auf den Gipfel. Die Gemälde von Hermann Hendrich in der Nibelungenhalle, einem Jugendstilbau an der Mittelstation der Drachenfelsbahn, stellen Szenen aus Richard Wagners »Der Ring des Nibelungen« dar. Direkt daneben befinden sich die Drachenhöhle mit der 15 m langen Steinskulptur eines Drachens und der Reptilienzoo mit Spinnentieren, Echsen, Waranen, Krokodilen und Skorpionen.

Die Aussichtsterrassen bei der Bergstation sind der umfassendste Panoramapunkt am Drachenfels. Der Blick fällt rheinaufwärts auf die Stadt Bad Honnef, rechts der Inseln Grafen- und Nonnenwerth erhebt sich am Rheinufer der Rodderberg (195 m), der jüngste deutsche Vulkan – bekannt ist er durch den Rolandsbogen, den einzigen Überrest der im 11. Jahrhundert errichteten und 1475 zerstörten Burg Rolandseck. Von der Bergstation führt ein Weg in wenigen Minuten zur Ruine der romanischen Hochburg auf dem Gipfel des Drachenfels. Bis zum Dreißigjährigen Krieg trieben die Burgherren einen lukrativen Handel mit Trachytsteinen. Bereits zur Römerzeit wurden am Drachenfels Steine zum Bau von Legionslagern gebrochen, später wurde der Trachyt auf dem Rhein nach Mainz, zur Nordsee und bis nach Schweden verschifft. Im Jahr 1829 verbot König Friedrich Wilhelm III. von Preußen den weiteren Abbau des inzwischen fast auseinanderbrechenden Berges. Um den Berg und die Burgruine zu erhalten, waren umfassende Maßnahmen zur Sicherung nötig. Die vielen Betonklammern, die den Berg heute zusammenhalten, sind während des Aufstieges und von der Ruine aus zu sehen.

KULTURTIPP

SCHLOSS DRACHENBURG
Schloss Drachenburg ist das »Neuschwanstein des Siebengebirges« und ein beeindruckendes Kultur-, Natur- und Gartenmuseum. Der Bonner Börsenmakler Stephan von Sarter ließ die pompöse Anlage 1882–84 in historisierenden Formen auf halber Drachenfels-Höhe ❺ errichten und mit einem Landschaftspark umgeben. 1986 wurde die verfallende Burg unter Denkmalschutz gestellt, 1995 begann die Restaurie-

rung. In der Vorburg befindet sich heute das Museum zur Geschichte des Naturschutzes in Deutschland. Man kann die instandgesetzten Innenräume und die Parkanlage besichtigen. Vom Nordturm und der Venusterrasse aus bietet sich ein einzigartiger Blick (geöffnet April – Ende Okt Di – So 11 – 18 Uhr).

S E R V I C E

Anfahrt: Auf der A 3 Frankfurt–Köln bis zur Ausfahrt Bad Honnef/Linz und weiter nach Unkel oder auf der B 42 Koblenz–Königswinter bis Unkel; nächstgelegener ICE-Bahnhof in Montabaur.

Lage: Im Rheinischen Schiefergebirge, zwischen dem unteren Mittelrheintal im Westen und dem Oberen bzw. Hohen Westerwald im Osten

Größe: 446 km²

Höchste Erhebung:
Asberg (Linzer Höhe; 441 m)

Gründung: 1962

Information:
Naturpark Rhein-Westerwald e.V.
Postfach 1160
56588 Waldbreitbach
Telefon: 02638 / 80 09 22
E-Mail: info@waldbreitbach-vg.de
Internet: www.westerwald.info
www.rhein-westerwald.de

❷ Erpeler Ley
Aussichtsreicher Basaltfelsen am Ufer des Rheins

❸ Linz am Rhein
Fachwerkbuntes Weinstädtchen zu Füßen des Rheinwesterwalds

❹ Neustadt (Wied)
Ideales Standquartier für Touren durch das Wiedtal, vor allem zum Kloster Ehrenstein

❽ Fockenbachtal
Ein liebliches Westerwaldtal wie aus dem Bilderbuch

❿ Leutesdorf
Malerischer Winzerort unterhalb von Felsen mit seltener Steppenheideflora

Naturpark Rhein-Westerwald

Basalthöhen, über die ein sprichwörtlich kalter Wind weht, und sonnenüberflutete Schieferhänge, Weinberge und Schluchtwälder, ein gewaltiger Strom und ein Gewirr kleiner Bäche und Flüsse, die ihm zustreben – in diesem Park unternimmt die Natur in allen Disziplinen einen ungewöhnlichen Spagat.

Ein neugotisches Juwel in den Weinbergen: die »Ritterburg« Schloss Arenfels bei Bad Hönningen.

Zwei große Naturräume berührt der Naturpark: das untere Mittelrheintal, das sich zwischen Neuwied und Andernach zu einem breiten, vor allem mit Flusssedimenten und jungen vulkanischen Ablagerungen gefüllten Becken öffnet, und den Vorderwesterwald, ein im Durchschnitt 250 bis 350 m hohes welliges Hochland, das als Teil des Rheinischen Schiefergebirges aus gefalteten Schichten des Erdaltertums besteht und von einigen Vulkanruinen überragt wird. Klimatisch unterscheiden sich die beiden Naturräume enorm voneinander. Das Mittelrheintal hat ein warmes und trockenes Weinklima, doch schon im Rheinwesterwald, der den Übergang zwischen den Talhängen und dem von der Wied und ihren Zuflüssen entwässerten Hochland bildet, wird das Klima deutlich kühler und feuchter. Bevor die Wälder gerodet wurden, war fast das gesamte Areal des Parks bewaldet, heute nimmt der Wald noch knapp die Hälfte ein. Das Wort »Wald« in der Einzahl vermittelt freilich ein falsches Bild vom Pflanzenkleid, denn in kaum einer anderen Gegend Deutschlands gibt es eine derartige Vielfalt von Waldgesellschaften. Sie reicht von Eichen-Elsbeeren-Wäldern an den warmen Steilhängen des Rheintals bis zu Ahorn-Eschen-Wäldern in den kühlen und feuchten Schluchten des Hochlandes; jede hat ihre besondere Fauna mit weit verbreiteten Arten wie Reh und Wildschwein, aber auch zoologischen Raritäten wie Eisvogel und Wendehals.

Wo ist es am Rhein so schön?

Der stimmungsvolle Weinort **Unkel ❶** erstreckt sich am Rheinufer vor den schroffen Steilhängen des Elsbergs und der aussichtsreichen Stuxhöhe,

Das idyllische Rheinufer – hier bei Linz am Rhein – ist immer gut für einen Ausflug oder eine Wanderpause.

an deren Fuß ein kleiner Bach in der »Unkeler Schweiz« als Wasserfall über eine Felsrippe im Bachbett herabstürzt. Der Name des Städtchens kommt wahrscheinlich vom lateinischen *uncus* (Bogen). An eben diesem Bogen der Rheinpromenade stehen einige der bedeutendsten Bauten Unkels, etwa das Freiligrathhaus, ein barockes Adelspalais, in dem der Dichter Ferdinand Freiligrath um die Mitte des 19. Jahrhunderts einige Jahre lang lebte, ebenso wie der Altbundeskanzler Willy Brandt von 1979 bis 1992. Die katholische Pfarrkirche St. Pantoleon ist vor allem wegen ihrer kunstvollen Ausstattung von Gotik bis Barock, darunter Temperabilder und ein hölzener Reliquienschrein, sehenswert. Unter den profanen Bauten zieht der Gefängnisturm, ein Eckturm der noch in großen Teilen erhaltenen Stadtmauer, die Blicke auf sich.

Wenige Kilometer südlich von Unkel ragt direkt neben der B 42 die **Erpeler Ley** ❷ bei Erpel fast 140 m über den Spiegel des Rheins auf. Der wuchtige, teilweise in typische Säulen gegliederte Basaltklotz ist eine bis auf die Fundamente abgetragene Vulkanruine. Von dem im Eiszeitalter durch den Rhein eingeebneten Gipfelplateau blickt man nach dem 20-minütigen Aufstieg von Erpel weit in die Landschaft auf alte Denkmäler wie die spitzen Türme der Apollonariskirche in Remagen und auf neuere wie die Überreste der gegen Ende des Zweiten Weltkrieges heiß umkämpften Brücke von Remagen. Bei so viel Fernsicht sollten die natürlichen Kostbarkeiten des Felsens nicht übersehen werden: seltene Steppenheidepflanzen, beispielsweise die Goldaster, der Zweiblättrige Blaustern oder der Blaue

Lattich, der hier die Nordgrenze seines Verbreitungsareals erreicht.

Viel buntes Fachwerk hat der »Bunten Stadt am Rhein«, **Linz am Rhein** ❸, ihren Beinamen verliehen. Sie schmiegt sich mit der 1927 wiedererrichteten Burg gleichen Namens an den auf der Höhe von Kiesgruben zernagten Ockenfels. Landstraßen und Wanderwege führen vom Stadtkern nordwärts in die engen Bachtäler des Rheinwesterwalds, in denen besonders schöne Schluchtwälder gedeihen. Hinter dem trutzigen Rheintor, Überrest der Stadtbefestigungen, und dem Kurfürstlichen Schloss am Rhein drängen sich auf dem engen Talgrund die historischen Gebäude aneinander, darunter das gotische Rathaus und die Pfarrkirche St. Martin (1214), in der sich romanische und gotische Bauformen harmonisch vereinen. Aus der Entstehungszeit des Gotteshauses stammen auch die herrlichen Wandmalereien.

Mäander, Mühlen und Molche

Zwei markante Basaltkuppen erheben sich oberhalb von **Neustadt (Wied)** ❹: der Bertenauer Kopf, ein stummer Zeuge des Vulkanismus des mittleren Tertiärs, und der um etliche Millionen Jahre jüngere »Telegraphenhügel«, der durch seinen Namen an die ehemalige Station der optischen Telegrafenlinie Koblenz–Berlin erinnert.

PFLANZEN

GEFLECKTER ARONSTAB
(Arum maculatum)
Die Pflanze kommt im Naturpark recht häufig vor, besonders in Buchenwäldern auf nährstoffreichen braunen Basalt- und Schieferböden. Das Gewächs, Mitglied einer besonders in den tropischen Regenwäldern verbreiteten Familie, zeigt den Erfindungsreichtum der Natur in puncto Fortpflanzung. Mit seinem gelblichgrünen Helm sowie dem charakteristischen Harngeruch lockt der Aronstab winzige Insekten an. Sie gleiten an der von Öltröpfchen besetzten Innenseite des Helms sozusagen in eine gemütliche, warme Falle. Das stärkereiche Gewächs produziert viel Wärme, in kühlen Frühjahrsnächten kann die Temperatur innerhalb der Blüte um bis zu 25 °C über der draußen liegen. Am nächsten Tag, wenn sich die gefangenen Insekten gründlich mit Blütenstaub eingepudert haben, werden sie wieder in die Freiheit entlassen.

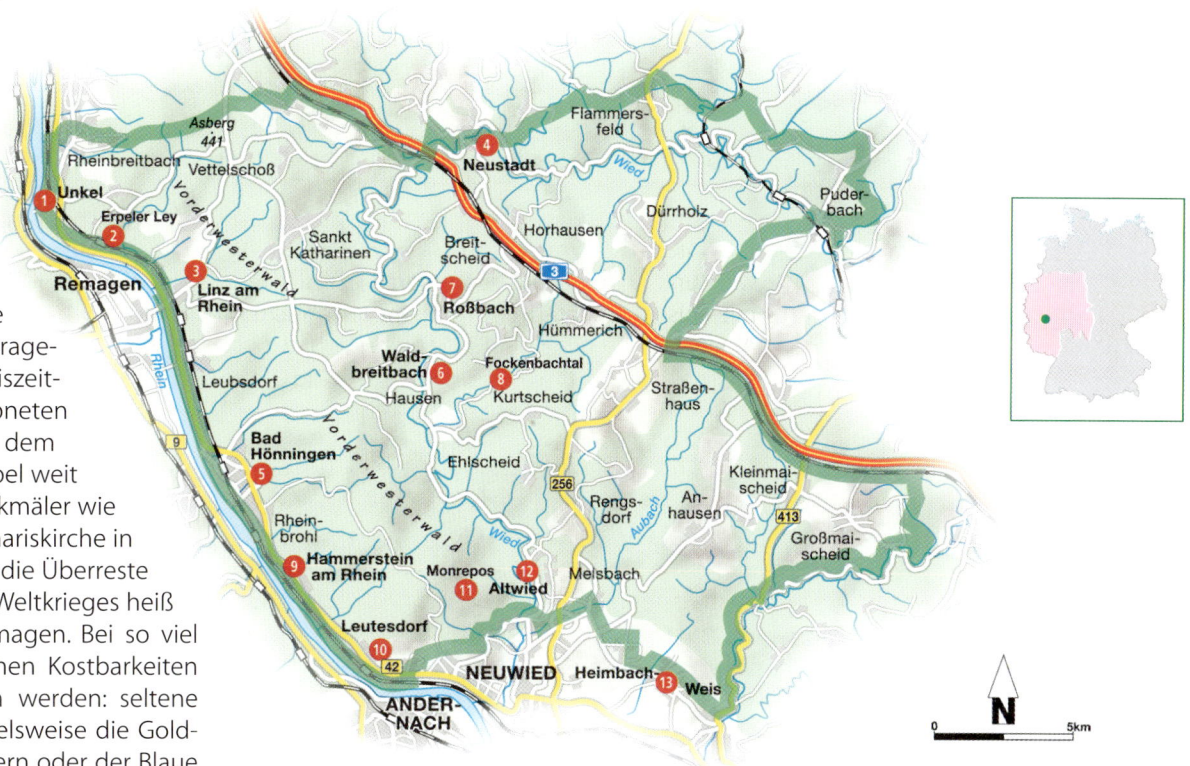

Fast ein kleiner Urwald: Das dicht bewachsene Wiedtal präsentiert sich mit vielen Mäandern in üppigem Grün.

WANDERTIPP

MÜHLEN, TÄLER UND BASALT

Stattliche 42 km ist dieser Rundwanderweg durch den Niederwesterwald lang. Er gliedert sich in zwei Tagesetappen, die jeweils in Waldbreitbach ❻, wo man übernachten und sich stärken kann, beginnen und enden. Die Tour berührt Sehenswürdigkeiten wie das Roßbacher Häubchen (bei ❼) und das Fockenbachtal ❽, führt aber auch zu entlegeneren Zielen wie dem

Kloster Marienhaus der Waldbreitbacher Franziskanerinnen mit einem »Schöpfungspfad« und Kräutergarten (Bild) oder dem Basaltlehrpfad am Malberg (genaue Routenbeschreibung im Internet unter www.westerwald.info/wandern).

Die 140 km lange Wied schlängelt sich rund 200 m tiefer in ausgeprägten Talmäandern durch den Niederwesterwald – ein Paradies für Wasserwanderer und hier und dort auch noch für die Flora und Fauna der Talauen, wie in der Berschaue am östlichen Stadtrand von Neustadt. Einige Kilometer weiter südostwärts gelangt man zum landschaftlichen und kulturellen Höhepunkt am Oberlauf der Wied: dem einzigartigen Ensemble von Ruine, Kloster und der Kirche Ehrenstein mit ihren wundervollen Glasgemälden, das seit dem Mittelalter auf einem von einem Nebenbach der Wied umflossenen Bergsporn steht.

Mit heilkräftigem Wasser aus der Tiefe und einem warmen Klima, unter dem am Schlossberg die Trauben für einen hervorragenden Rotwein reifen, wird **Bad Hönningen** ❺ gleich zweifach von der Natur verwöhnt. Das ausnehmend milde Klima bekommt auch den seltenen Pflanzen gut, die an den Steilhängen in lichten Wäldern und in Felsfluren wachsen. Vor allem die Orchideen sind hier stark vertreten, etwa am Kronenberg gegenüber von Schloss Arenfels, einem neugotischen Bau, der mit zwölf Türmen und Türmchen über den Weinbergen aufragt. Im Städtchen, rund um die Schmiedgasse, einer Hochburg rheinischer Weinseligkeit, lohnt das »Hohe Haus« mit dem Heimatmuseum einen Besuch, verbunden mit einem Abstecher zum rekonstruierten Römerturm, der an der Land-

straße am Beginn des obergermanisch-rätischen Limes steht.

Die gute Luft, die reizvolle Mittelgebirgslandschaft und – zur Weihnachtszeit – die zahlreichen Krippen locken die Ausflügler in den an der Wied gelegenen Luftkurort **Waldbreitbach** ❻. Im Ort und der waldreichen Umgebung gibt es viel Sehenswertes, etwa das Franziskanerinnenkloster St. Marienhaus oder das Franzikanerkloster St. Josefshaus in Hausen, die 1694 erbaute Kreuzkapelle zwischen Waldbreitbach und Hausen und vor allem die alten Mühlen, darunter die Ölmühle von 1700 an der Wied mit ihrem mächtigen Wasserrad.

Zu einer weiteren romantischen Mühle, der über 300 Jahre alten Neschermühle, gelangt man von **Roßbach** ❼ durch das Masbachtal zu Fuß in einer knappen halben Stunde. Wahrzeichen des idyllischen Luftkurortes im mittleren Wiedtal ist das »Roßbacher Häubchen«, eine steile Basaltkuppe, zu der der Nord-Süd-Fernwanderweg 2 hinaufführt. Oben schließt sich um einen aufgelassenen Steinbruch mit Klippen aus Säulenbasalt ein Lehrpfad an, der über Geologie sowie die regionale Flora und Fauna informiert.

Im Naturpark Rhein-Westerwald sind besonders schützenswerte Kernzonen ausgewiesen. Dazu gehört das von einer Straße und Wanderwegen durchzogene **Fockenbachtal** ❽ bei **TOP TIPP** Niederbreitbach. Auf rund 12 km Länge quert der klare Fockenbach gemächlich ein geschlossenes Laubwaldgebiet, in dem über grauen Schieferfelsen Rotbuchen gemeinsam mit Ahorn und Eschen die Bestände prägen. Der mit Teichen durchsetzte Talgrund wird von Feuchtwiesen, Röhricht und Ried eingenommen. Hier lebt u.a. der bedrohte Kammmolch. Natürlich gehören zum Tal auch mehrere Mühlen, darunter die Fockenbachsmühle, heute ein Tierheim. Lohnende Abstecher führen vom Tal auf Stichwegen zur Burgruine Neuerburg oder von der Fockenbachsmühle zum »Teufelstritt«.

Zwischen einmaliger Steppenheide und eiszeitlicher Tundra

Seinen Namen hat der in zwei Teile gegliederte Weinort **Hammerstein am Rhein** 🟠 von der alten Reichsburg Hammerstein, einer der ältesten und bedeutendsten Burgen im Mittelrheintal, die auch als Ruine noch beeindruckt. Unter den Rebsorten dominiert hier der Riesling, und so heißt der Weg, der zur Feste hinaufführt, auch »Rieslingwanderweg«. Unten im Strom liegt die Hammersteiner Werth, eine der wenigen Inseln im Mittelrhein. In der warmen Jahreszeit wird das schmale Eiland von Badegästen aufgesucht, zu den Zeiten des Vogelzugs rasten dort gefiederte Gäste, für die das Rheintal eine wichtige Leitlinie auf ihrem weiten Weg ist.

Viel Platz bietet die Niederterrasse am rechten Ufer des Rheins für Gebäude und Verkehrswege nicht. Die Weinbaugemeinde **Leutesdorf** 🔟 zieht sich daher als schmaler Streifen unterhalb der Rebgärten entlang und ist auf der »Historischen Rheinstraße« und der Rheinpromenade vom trutzigen Zolltor im Süden über den stattlichen Zehnthof bis zum Barockschloss Marienburg im Norden bequem zu erkunden. Zum Naturschutzgebiet Langenbergskopf muss man dagegen von der romanisch-gotischen Pfarrkirche St. Laurentius im Zentrum nordwärts einen Anstieg von knapp 100 m auf sich nehmen. Er lohnt sich wegen der Aussicht, aber noch mehr wegen der Steppenheideflora mit solch Kleinoden wie dem Diptam oder »Brennenden Busch«, der im Mai/Juni die Luft mit seinem Duft nach Vanille und Zitronen erfüllt.

Die Erdzeitenuhr in der Austraße des Neuwieder Stadtteils Segendorf zeigt auf anschauliche Weise, wie lang die Geschichte der Erde war und welch verschwindend kleinen Anteil die Epoche der Menschheitsgeschichte daran hat: im Vergleich mit der Länge eines Tages weniger als eine Minute. Das im ehemals fürstlichen Sommerschloss **Monrepos** 1️⃣1️⃣ bei Segendorf eingerichtete »Museum für die Archäologie des Eiszeitalters« dokumentiert besonders mit Funden

Das Mammut vor Schloss Monrepos bildet einen attraktiven Blickfang für das dortige Museum.

aus dem Neuwieder Becken die Entwicklung der Erde im Eiszeitalter und die Geschichte des Menschen in der Altsteinzeit von etwa 2,5 Millionen bis 7500 Jahren. Da lernt man Neandertaler, Mammut, Waldelefant und Wollnashorn kennen und wandelt auf den Spuren der Jäger, die in den eiszeitlichen Tundren auf Pirsch gingen – nicht nur für Kinder ein Erlebnis (www.museum-monrepos.de).

Ein Teil des Materials für den Bau des Schlosses Monrepos stammt von der Burg **Altwied** 1️⃣2️⃣, einst Stammsitz der Grafschaft Wied. Nach dem Umzug der Grafenfamilie in die neue Residenz Neuwied wurde die ab dem 12. Jahrhundert erbaute Feste aufgegeben und steht seither als malerische Ruine in ebenso malerischer Lage auf einem von der Wied umflossenen Bergsporn. Die Urmitzer Werth, eine kleine Insel vor dem gleichnamigen Ort, ist einer der bei der Vogelwelt beliebten Rastplätze im Mittelrhein. In den durch den Abbau von Bims und Kies geschaffenen Teichen oder im Sumpfgebiet Meerheck südlich **Heimbach-Weis** 1️⃣3️⃣, wo der Heimbach im lockeren Bims versickert, können sich Zugvögel ebenfalls ausruhen. Am Oberlauf quert der Bach den Garten der ehemaligen Prämonstratenser-Abtei Rommersdorf, die nach der Säkularisation 1803 verfiel und seit Jahren sorgfältig restauriert wird. Schritt für Schritt wird dabei der alte Glanz der in dieser Form im Rheinland einmaligen mittelalterlichen Klosteranlage wieder sichtbar, in der im Kern romanischen Klosterkirche und den ab dem 13. Jahrhundert entstandenen Gebäuden wie der Abtskapelle, den Kreuzgangflügeln und dem Kapitelsaal. Im 18. Jahrhundert kamen prächtige Barockbauten hinzu, beispielsweise das Abtshaus mit seiner schlossartigen Fassade.

TIPP FÜR KINDER

ZOO NEUWIED

Der zoologische Garten im Neuwieder Stadtteil Heimbach-Weis 1️⃣3️⃣ beherbergt etliche exotische, an unser raues Klima nicht angepasste Arten wie Riesenkängurus, Geparde (Bild), Strauße, Berberlöwen oder Schimpansen – insgesamt etwa 150 Arten, vom Adler bis zum Zebra. Ein Zoo, der mit einem Streichelgehege, dem Spielplatz und nicht zuletzt der Zooschule stärker auf die Interessen jüngerer Besucher abge-

stimmt ist. Schaufütterungen und Tiershows sowie ein Naturlehrpfad runden das vielseitige Angebot ab.

SERVICE

Anfahrt: Auf der A 48 bzw. der A 3 und dann der A 48 nach Höhr-Grenzhausen; nächstgelegener ICE-Bahnhof in Montabaur

Lage: Östlich des Mittelrheintals beiderseits der unteren Lahn im Montabaurer Westerwald und Taunus sowie zwischen Koblenz und Limburg

Größe: 590 km²

Höchste Erhebung:
Montabaurer Höhe (546 m)

Gründung: 1963

Information:
Zweckverband Naturpark Nassau
Bachgasse 4
56377 Nassau

Telefon: 02604/4368

Internet: www.naturparknassau.de

TOP TIPP

② Montabaurer Höhe
Größtes und höchstes geschlossenes Waldgebiet im Park mit weitem Ausblick vom Köppel

④ Bad Ems
Traditionsreiches Heilbad, schon von den Römern besucht

⑧ Cramberger Lahnschlinge
Landschaftliches Kleinod im Osten des Parks mit dem Gabelstein als Aussichtspunkt

⑪ Lahnstein
Flora und Fauna in der Ruppertsklamm und Besuch der malerischen Stadt an der Mündung der Lahn in den Rhein

⑫ Braubach
Die Wein- und Rosenstadt, über der die Marksburg thront

Naturpark Nassau

Klein, aber fein war das 1806 geschaffene Herzogtum Nassau, das sich von der Lahn bis an den Rhein erstreckte. Bereits 1866 verschwand es wieder von der politischen Landkarte. Als Kulturlandschaft mit einer abwechslungsreichen Natur ist Nassau jedoch attraktiv wie eh und je.

Aus der Vogelperspektive besonders beeindruckend: die herrliche Lahnschlinge bei Cramberg.

Der Naturpark gehört heute zu den beiden rheinland-pfälzischen Landkreisen Rhein-Lahn und Westerwald. Diese Namen bezeichnen die großen Naturräume, an denen er Anteil hat: das Obere Mittelrheintal, das hier einem wildromantischen Canyon gleicht, das landschaftlich vielleicht noch reizvollere Tal der unteren Lahn als Aussichtspunkt und die welligen, von Engtälern zerschnittenen und von einzelnen markanten Bergrücken überragten Hochflächen des Niederwesterwalds.

Nicht genannt ist der Taunus, in den der Westerwald am Lahntal übergeht und der wie die Montabaurer Höhe im Norden innerhalb des Naturparks eine Höhe von gut 540 m erreicht. Der tiefste Punkt des Parks im Rheintal liegt rund 480 m darunter – eine beachtliche Höhenspanne, die zusammen mit dem ständigen Wechsel der Gesteine eine bunt gemischte Pflanzen- und Tierwelt garantiert: auf den Hochflächen finden sich meist Buchenwälder mit Seidelbast und Schwarzspecht, an den Sonnhängen des Lahn- und noch mehr des Rheintals Wärme liebende Eichenwälder und Trockenrasen mit Blutstorchschnabel und Zippammer, in den scharf eingekerbten Bachtälern Schluchtwälder mit Hirschzunge und Eisvogel als Charakterarten.

Über deine Höhen weht der Wind so kalt ...

Im äußersten Norden des Parks präsentiert sich der Westerwald noch am ehesten so, wie er in Sängerkreisen gern besungen wird. Dabei findet man im Kannenbäckerland bei **Höhr-Grenzhausen ①** unübersehbare Spuren eines ausgesprochen warmen Klimas: die Tonlager, aus denen

In Montabaur ist das stattliche gelbe Schloss auf dem deutschen Mons Tabor einen Besuch wert.

man hier in langer Tradition den Rohstoff für Töpferwaren gewinnt. Das Keramikmuseum Westerwald (www.keramikmuseum.de) informiert über alles, was mit dem uralten, seit gut 3000 Jahren in dieser Gegend belegten Handwerk zusammenhängt: von der Entstehung der reinsten, hochwertigsten und mengenmäßig größten Tonvorkommen Europas über die typisch grau glänzende Westerwälder Salzglasur bis hin zu den Schöpfungen zeitgenössischer Keramikkünstler.

TOP TIPP Quarzit, das Gestein, das den Kamm der **Montabaurer Höhe ❷** aufbaut, setzt der Verwitterung hartnäckigen Widerstand entgegen. Der durchweg bewaldete Bergrücken ist daher für den Naturpark mit stattlichen 546 m das »Dach der Welt« und bietet vom Aussichtsturm Köppel einen herrlichen Panoramablick über Westerwald, Taunus, Eifel und Hunsrück. Vom Wanderparkplatz am südlichen Ortsrand von Elgendorf steigt man auf dem mit einem grünen Pfeil markierten Weg über die historische Wildbanngrenze in einer Stunde leicht bergan zur aussichtsreichen Westerwald-Höhe hinauf.

Die Stadt, nach der die Höhe benannt ist, trägt den für deutsche Ohren fremd klingenden Namen **Montabaur ❸** seit der Kreuzfahrerzeit – vom Mons

Tabor im Heiligen Land. Unübersehbar ragt ihr Wahrzeichen, das im 16./17. Jahrhundert errichtete Schloss, als zitronengelber Blickfang über der betriebsamen Kreisstadt auf. Schiefergraue und fachwerkbunte Häuser bestimmen das Bild im Stadtkern, der mit der im Inneren farbenprächtig ausgemalten Pfarrkirche St. Peter eine der ältesten Kirchen des Westerwaldes besitzt.

Die Perlen der Lahn

Unter den Flüssen im Naturpark beherrscht der Rhein die Szene, aber die kleineren Gewässer – allen voran die Lahn – können sich durchaus mit dem Goliath messen. Ihre engen, vielfach gewundenen Täler gehören zu den schönsten deutschen Landschaften; z. B. das Lahntal, in dem sich Höhepunkte der Natur- und Kulturlandschaft wie Perlen einer Kette aneinanderreihen.

TOP TIPP **Bad Ems ❹** ist seit dem Mittelalter Heilbad, wahrscheinlich werden sich aber schon die im Limeskastell stationierten römischen Soldaten in den natürlichen Whirlpools der bis über 50 °C warmen Thermalquellen vom rauen Klima Germaniens erholt haben. Denkmäler aus der Römerzeit (Weltkulturerbe Limes) sind auf den Lahnhöhen häufig zu finden. Fast 2000 Jahre später, in der großen aristokratischen Blütezeit des 19./20. Jahrhunderts, entstanden die Prachtstücke der Bäderarchitektur: Kurhaus, Kurtheater und – für die russischen Gäste – die russisch-orthodoxe Kirche über dem linken Lahnufer.

GUT ZU WISSEN

GESCHENKE DER URZEIT
Der Naturpark Nassau liegt im Rheinischen Schiefergebirge. Tonschiefer und andere feste Gesteinsarten aus dem Erdaltertum treten zwar vielerorts an den Talhängen zutage, unter den Hochflächen lagern jedoch oft mehrere Zehnermeter dicke, nicht oder nur leicht verfestigte Tonschichten. Sie bildeten sich hauptsächlich in der ersten Hälfte der Tertiärzeit, als in unseren Breiten noch ein feucht-warmes tropisches

Klima herrschte, durch tiefgründige chemische Verwitterung. Unter den damals entstandenen Tonmineralen überwiegt Kaolinit. Es verleiht vielen der hier vorhandenen Tone ihre weißen Farbtöne – der begehrte Rohstoff bildet die Grundlage der seit Generationen im sogenannten Kannenbäckerland betriebenen Keramikherstellung. Einen guten Überblick über das Thema bietet das Keramikmuseum Westerwald in Höhr-Grenzhausen ❶ (Bild).

Im Spiel von Licht und Schatten: die in Grün- und Blautöne getauchte Flusslandschaft der Lahn bei Bergnassau.

WILD- UND FREIZEITPARK IN GACKENBACH

Braunbären, Wisente und Wildschweine leben in dem weitläufigen Parkgelände in Gackenbach (nordwestlich von ❼), aber auch Füchse, Frettchen, Waschbären, Zwergziegen und Schafe, die sich gern streicheln lassen. Außer dem Streichelzoo gibt es in der Wildparkstraße speziell für Kinder einen Spielplatz und eine 400 m lange Sommerrodelbahn. Damit der Aufstieg zum Startpunkt der

Bahn nicht zu anstrengend wird, kann man sich mit der Transmobil-Elektro-Einschienenbahn wieder hinaufbefördern lassen. Zahlreiche Tafeln informieren ausführlich über die rund 200 Tiere im Park.

Das ehemalige Residenzstädtchen **Nassau** ❺ hat unter Kriegen und Feuersbrünsten stark gelitten und daher viele seiner historischen Bauten verloren. Unter den erhaltenen ragen der im neugotischen Stil errichtete Talhof der Herren vom Stein, der als Rathaus genutzte Fachwerkbau des Adelsheimer Hofes und – buchstäblich – die teilweise rekonstruierte Ruine der Burg Nassau, Stammsitz des Nassauer Herrschergeschlechtes, mit ihrem mächtigen Hauptturm hoch über dem linken Ufer der Lahn hervor.

Die Lahn, die sich wie kein anderer größerer, schiffbarer Fluss Deutschlands in engen Mäandern durch das Gebirge schlängelt, besitzt wenige Kilometer flussaufwärts an der Schleuse Hollerich ein Refugium mit einer der seltensten Schlangenarten Mitteleuropas: der Würfelnatter. Das ungiftige, nach den würfelförmigen Flecken auf dem Rücken benannte Reptil hält sich vorwiegend am und im Wasser auf, wie der Eisvogel oder die Wasseramsel, die in diesem Gebiet ebenfalls vorkommen.

Mit den Rebgärten am Goetheberg bei **Obernhof** ❻ reicht ein Ausläufer des mittelrheinischen Weinbaugebietes weit lahnaufwärts. Der freundliche Winzerort besitzt mit dem stattlichen Schloss Langenau die einzige Wasserburg im Lahntal. Gleich gegenüber setzt am Berghang die viertürmige Kirche St. Maria und Nikolaus des Klosters Arnstein ein weiteres Glanzlicht in die Kulturlandschaft. Bis in das 10. Jahrhundert reicht die Geschichte der Abtei zurück, in der heute wieder Ordensbrüder leben.

In diesem Abschnitt des Lahntals und seiner Nebentäler stößt man häufig auf Halden – ehemalige Hütten und Zechen des früheren Erzbergbaus, der sich unter der Herrschaft der Grafen von Esterau stark entwickelte. Das im Rathaus von **Holzappel** ❼ eingerichtete Heimat- und Bergbaumuseum »Esterau« dokumentiert die Geschichte der Region und – mit einem Lehrpfad auf dem Betriebsgelände der 1952 geschlossenen Grube Holzappel – die Entwicklung der ehemals ertragreichen Förderung von Blei-, Silber- und Zinkerzen. Am nördlichen Ortsrand lädt der Herthasee, ebenfalls ein Überbleibsel des Erzbergbaus, zum Bade.

Der besondere Reiz tief eingekerbter Mäandertäler, wie dem der unteren Lahn, besteht in dem ständigen Wechsel flacher Gleithänge, auf denen sich die Siedlungen und Feldfluren ausbreiten und schroffen, bewaldeten Prallhängen, die oft mit Felsklippen übersät sind. Einer der schönsten Talabschnitte ist die **Cramberger Lahnschlinge** ❽, über der an der Südseite am felsigen, zerklüfteten Prallhang der Gabelstein aufragt. Dieser Felsen aus Schalstein, einem kalkhaltigen Tuff, ist mit Wärme liebenden Felsspaltengesellschaften und Staudenfluren bewachsen, während in den Schluchten am Hang in einem feucht-kühlen Klima üppige Eschen-Ahorn-Schluchtwälder gedeihen. Heute kreisen hier Uhus und Wanderfalken über dem Tal. Einen Blick fast wie aus der Vogelschau hat man von dem Felsen jedoch noch immer. Er ist von Cramberg aus auf der Landstraße in Richtung Wasenbach bis zu einer scharfen Linkskurve und von dort aus auf dem mit einem schwarzen »L« markierten Lahnhöhenweg in wenigen Minuten zu erreichen.

Von dort aus gelangt man zum Weiler **Schaumburg** 9 , über dem seit der Mitte des 19. Jahrhunderts das gleichnamige Schloss thront. Reste der mittelalterlichen Burg, die einen weiten Ausblick auf die Lahnhöhen bot (daher der Name), sind in dem von Zinnen und Türmen gekrönten Bau integriert, ansonsten ist das Schloss als eines der eindrucksvollsten Beispiele dieser Kunstepoche in den Formen der Neugotik gestaltet.

Diez 10 , an der Grenze des Naturparks gelegen, hat im Kern sein ursprüngliches Bild bewahrt: mit vielen gepflegten Fachwerkhäusern aus dem 16. und 17. Jahrhundert, der frühgotischen Stiftskirche und der alten Brücke, die über die Lahn zum Grafenschloss führt. Das imposante Gemäuer war bis zur Mitte des 18. Jahrhunderts Residenz der Grafen von Nassau-Diez. Dann zogen die Herrscher in das prachtvolle Barockschloss Oranienstein im Norden der Stadt um. Dieser mit herrlichen Stuckarbeiten und Deckengemälden geschmückte Bau ist eines der vier Mutterhäuser des niederländischen Königshauses.

Vom Wirtshaus an der Lahn zu den »Feindlichen Brüdern«

Das legendäre Wirtshaus an der Lahn, den in deftigen Versen besungenen Wirkungsort der »Frau Wirtin«, gibt es tatsächlich: in der Lahnstraße 8 in **Lahnstein** 11 . Dort kann man sich für die Tour vom Parkplatz am Allerheiligenberg auf dem mit einem weißen »L« auf schwarzem Grund markierten Lahnhöhenweg (rechts der Lahn) in die Ruppertsklamm stärken. Beinahe auf Schritt und Tritt ändert sich die Flora am Wegesrand, von Eichen-Elsbeeren-Wäldern an den Sonnhängen bis zu Bergahorn-Eschen-Wäldern in der tief eingekerbten Klamm, wo zwischen Moosen und Farnen die silbrigen Schötchen der Mondviole hervorglänzen. Die Kapelle am Allerheiligenberg unterhalb des Parkplatzes bietet einen schönen Ausblick auf die in Niederlahnstein mit einer romanischen Basilika und Oberlahnstein mit Martinsburg und gotischem Rathaus getrennte Stadt an der Mündung der Lahn in den Rhein.

Auf dem Weg zum Rheinstädtchen **Braubach** 12 verläuft die B 42 direkt unterhalb der Schieferfelsformationen des Koppelsteins, der mit seinen wertvollen Trockenrasen zu den bedeutendsten Naturschutzgebieten im Mittelrheintal zählt. Hier wachsen seltene Orchideen wie die Bocksriemenzunge und das Helmknabenkraut; auf den Felsen sonnt sich die Smaragd-

eidechse, ein zoologischer Edelstein. Architektonischer Höhepunkt in weitem Umkreis ist die Marksburg bei Braubach, die einzige unzerstörte Höhenburg am Mittelrhein, sorgfältig restauriert und mit allem, was zu einer Burg gehört – Rittersaal, Schmiede, Weinkeller und Folterkammer.

Tief im deutschen Binnenland wirken Sturmmöwen, Lachmöwen, Nilgänse oder Mandarinenten schon ein wenig exotisch, am rechten Ufer des Rheins, im Naturschutzgebiet »Auf der Schottel« stromabwärts vom hübschen Weinort **Osterspai** 13 , kann man sie mit etwas Glück und einem Fernglas als Gäste beobachten, ebenso Bekassinen, Seeschwalben und nicht zuletzt Kormorane, die hier in beachtlicher Anzahl überwintern.

Nur knapp 200 m (Luftlinie) trennen die »Feindlichen Brüder«, die Burgruinen Sterrenberg und Liebenstein auf zwei Felsspornen oberhalb von **Kamp-Bornhofen** 14 . Die Sage berichtet, dass sich hier dereinst zwei verfeindete Brüder von ihren benachbarten Burgen aus erbittert bekriegt haben sollen. Historisch ist dies zwar nicht nachzuweisen, doch den Aufstieg lohnen die beiden alten Gemäuer ohne jede Frage, zumal sie in ihren Restaurants auch Gaumenfreuden bescheren.

Hinter der äußerlich schlichten Franziskanerkloster- und Wallfahrtskirche im Ortsteil Bornhofen verbirgt sich ein Gnadenbild der Muttergottes, zu dem seit Jahrhunderten die Wallfahrer in Scharen strömen. Die Bauformen der Kirche zeigen ihre lange Geschichte, die in das 13. Jahrhundert zurückreicht: Der schmale Westturm ist mit gotischen Maßwerkfenstern geschmückt, im reichen Stuckdekor der Gnadenkapelle zeigt sich dagegen das Barock von seiner schönsten Seite.

Immer gut für einen überraschenden Fernblick: Der Lahnhöhenweg lässt keine Langeweile aufkommen.

KULTURTIPP

UNESCO-WELTERBE OBERES MITTELRHEINTAL

Seit 2002 ist der rund 65 km lange Abschnitt des Mittelrheintals zwischen Rüdesheim und Koblenz als eine der wenigen Landschaften Deutschlands auf der Liste des UNESCO-Welterbes verzeichnet. Neben einer einzigartigen Vielfalt von Lebensräumen ist hier eine Fülle hochrangiger Baudenkmäler wie in sonst kaum einer anderen europäi-

schen Kulturlandschaft erhalten: rund 40 Burgen, Schlösser und Festungen in einer weltweit einmaligen Dichte; bedeutende Kirchenbauten, von der in neuromanischen Formen wiedererrichteten Abtei St. Hildegard in Rüdesheim bis zum original romanischen Kirchenbau St. Kastor in Koblenz; zahllose malerische Winzerorte wie die Wein- und Rosenstadt Braubach 12 mit ihrem Wahrzeichen, der im 12. Jahrhundert erbauten Marksburg (Bild), am rechten oder Bacharach am linken Rheinufer; Letztere wurde von dem französischen Dichter Victor Hugo als »eine der schönsten Städte der Welt« gepriesen.

SERVICE

Anfahrt: Auf der A 3 bis zur Anschlussstelle Limburg-Süd; nächstgelegene ICE-Bahnhöfe in Frankfurt am Main und Limburg an der Lahn

Lage: Im Rheinischen Schiefergebirge zwischen dem Lahntal im Norden, der Wetterau im Osten, dem Rhein-Main-Tiefland im Süden und dem Naturpark Rhein-Taunus im Westen

Größe: 1348 km²

Höchste Erhebung:
Großer Feldberg (880 m)

Gründung: 1962

Information:
Zweckverband Naturpark Hochtaunus
Brandholz 1
61267 Neu-Anspach

Telefon: 06081/44 21 30

Internet:
www.naturpark-hochtaunus.de

TOP TIPP

2 Weilburg
Ehemals glanzvolle Residenz auf einem Felsrücken über der Lahn

8 Saalburg
Weltweit einmaliges rekonstruiertes Römerkastell

9 Altkönig
Ursprünglichster Taunusgipfel mit keltischer Bergfestung und urwaldartigen Bergwäldern

12 Kronberg
Die Krone des Vortaunus, einst ein beschauliches Burgenstädtchen, heute ein nobler Wohnort

13 Bad Homburg vor der Höhe
Traditionsreiches Weltbad mit allem, was dazugehört

Naturpark Hochtaunus

Den in den Kastellen am Limes stationierten römischen Soldaten wird der höchste Gebirgszug des Rheinischen Schiefergebirges mit seinen dichten Wäldern, kahlen Felsen und langen, kalten Wintern ein Graus gewesen sein, doch an seinen Südflanken herrscht ein beinahe mediterranes Klima.

Auch im Herbst lohnt sich ein Besuch im Hochtaunus, wenn die Wälder in sanften Erdfarben leuchten.

Mit dem »monte tauno«, den Tacitus in den »Annalen« erwähnt, könnte der Teil des Gebirges gemeint sein, nach dem der Naturpark benannt ist. Der Name Taunus kam erst zu Beginn des 19. Jahrhunderts auf, bei den Einheimischen hieß er früher einfach nur »die Höhe«. Diese Höhe bietet von der Südseite her einen imposanten Anblick: Zwischen der Rhein-Main-Tiefebene und dem Hauptkamm am Großen Feldberg klafft eine Höhenspanne von fast 800 m, da werden selbst die Wolkenkratzer »Mainhattans« im Landschaftsbild zu Zwergen degradiert. Der eigentliche Hochtaunus nimmt vom gesamten Mittelgebirge freilich nur etwa ein Achtel ein; noch kleiner ist der Anteil des Vortaunus, der im Süden eine Art Treppe von der Ebene zum Hauptkamm bildet und mit seinen ausgedehnten Obstgärten zeigt, wie angenehm warm das Klima an der Südflanke der Höhe ist. Der dritte und von der Fläche her größte im Taunus-Trio, der Hintertaunus, fällt mit welligen Hochflächen und einzelnen darin eingekerbten Tälern allmählich zur Lahn hin ab – also kein Revier für anspruchsvolle Bergtouren, eher ein ideales Terrain für gemütliche Wanderungen durch ausgedehnte Wälder, verbunden mit Abstechern zu den malerischen Dörfern und Städten in den Tälern.

Ein Tunnel für Schiffe und zwei Plätze für Tiere

In den engen, gewundenen Tälern des Hintertaunus spielt die Ausrichtung der Talhänge für die Flora und Fauna eine entscheidende Rolle. So tragen die Sonnenhänge der Wehrley von **Runkel 1** am rechten Ufer der Lahn ein Kleid aus Trockenrasen und Gebüschen, während flussab-

Der Schiffstunnel durch einen Bergsporn an der Lahn bei Weilburg ist für Kanuten eine echte Herausforderung.

wärts die Schattenhänge der Runkeler Laach von dichten Wäldern bedeckt sind. Das reizvolle Fachwerkstädtchen liegt genau am Scheitel der Flussschleife, dort, wo seit 1448 eine steinerne Bogenbrücke die Lahn quert. Zum Schutz des Flussübergangs wurde spätestens im 12. Jahrhundert die Burg Runkel errichtet, die mit ihren wehrhaften Türmen und bis zu 6 m dicken Mauern bis heute das Stadtbild prägt. Im Vergleich zu diesem monumentalen, schmucklosen Bau wirkt die Burg Schadeck auf dem gegenüberliegenden Lahnufer fast grazil.

So abwechslungsreich ein Mäandertal auch ist, für die Flussschifffahrt sind die engen Schleifen lästige Hindernisse. Um eine zu umgehen, ließ **TOP TIPP** der Landesherr ab 1844 in **Weilburg** ❷ mit großem Aufwand den in Deutschland einzigartigen Schiffstunnel durch die Landzunge unter dem Weilburger Schloss graben. Ironie der Geschichte: Das grandiose technische Meisterwerk wurde bereits nach 15 Jahren durch den Bau der Eisenbahnlinie Koblenz–Gießen überflüssig, für Wasserwanderer ist die Fahrt durch die Röhre jedoch ein einmaliges Erlebnis. Hoch über dem Tunnel breitet sich auf dem von der Lahn umflossenen Felsrücken die einstige Residenz der Grafen von Nassau-Weilburg aus, die mit stimmungsvollem Renaissanceschloss, barocken Bürgerhäusern, Schlosskirche, Terrassengärten und Orangerie zu den schönsten Städten in

Hessen gehört. Über die lange Tradition der Lahnstadt als Bergbauort informiert das Bergbau- und Stadtmuseum mit dem »Tiefen Stollen«. Tiefer in den Untergrund des Taunus geht es in **Kubach** ❸, wo die Kristallhöhle Kubach mit ungezählten Kalkspatkristallen und Perltropfsteinen lockt. Die erst 1974 entdeckte Höhle besitzt mit 30 m Höhe die höchste Halle aller deutschen Schauhöhlen (www.kubacherkristallhoehle.de). Über Tage tummeln sich Rothirsche, Wildschweine, Luchse, Fischotter und andere, überwiegend heimische Tiere im Tiergarten Weilburg-Hirschhausen, den man vom Höhlenportal auf der Kreisstraße durch den Ort Kubach in Richtung Hirschhausen in wenigen Minuten erreicht. Der harmonisch in die Naturlandschaft eingefügte Garten wurde schon vor rund 400 Jahren angelegt und gehört zu den wenigen erhaltenen Beispielen eines Tiergartens aus der Feudalzeit. **Braunfels** ❹, ehemals Residenz und heute Luftkurort, besitzt mit dem Wildpark »Tiergarten« gleichfalls einen kleinen erlebenswerten Zoo, dazu den für Naturfreunde ebenso interessanten

HOHLTAUBE
(Columba oenas)
Dieser Vogel ist, wie der Name verrät, eine Taube, die in Höhlen brütet. Dazu bevorzugt sie natürliche Höhlungen in alten, morschen Bäumen oder die von Spechten gezimmerten Baumhöhlen. Altholzbestände im Taunus sind wie überall ihr angestammter Lebensraum. Hier sieht man den blaugrau mit einem glänzenden grünen Fleck am Hals ge-

färbten Taubenvogel zuweilen. Da morsche Bäume in unseren von der Forstwirtschaft genutzten Wäldern selten und damit die Bruthöhlen knapp geworden sind, haben sich die Lebensbedingungen der Hohltaube verschlechtert. Nistkästen bieten eine Alternative; dort ist die hübsche Taube wieder häufiger zu hören und zu sehen.

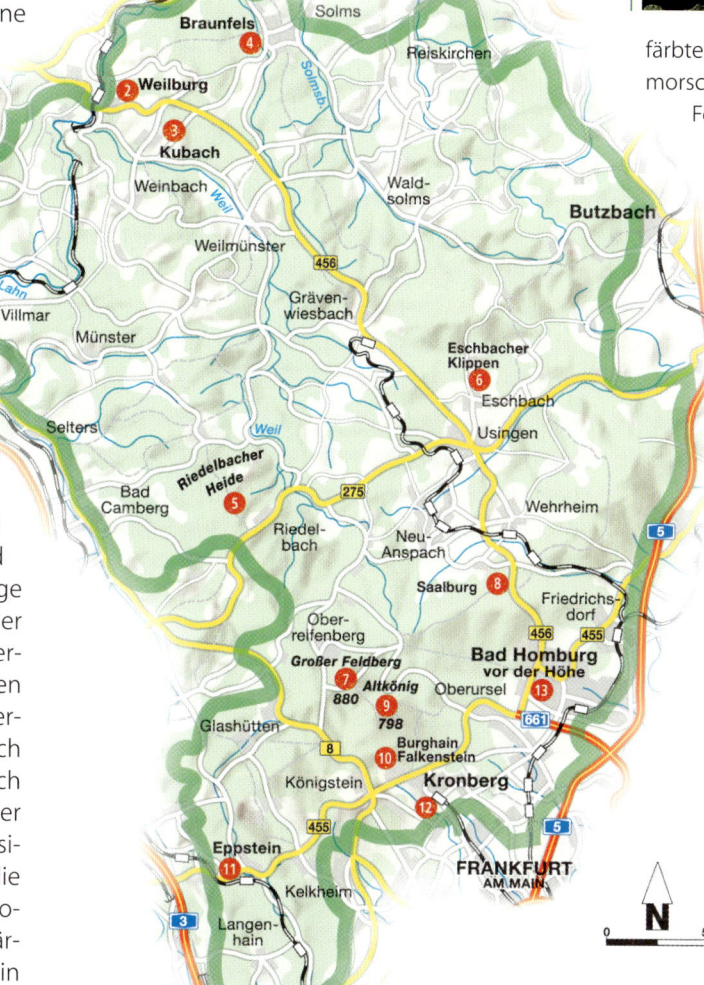

Im rekonstruierten Römerkastell der Saalburg am Limes finden zahlreiche Veranstaltungen statt.

HESSENPARK

Das 1974 in Neu-Anspach gegründete zentrale hessische Freilichtmuseum umfasst mittlerweile mehr als 100 Gebäude aus allen Landesteilen, von der Scheune aus Altheim über das Nachtwächterhaus aus Frankenbach bis zur Synagoge aus Nentershausen, dazu weitere Attraktionen wie Bauerngärten, Bienenstöcke, Wegkreuze und Pferdewagen. Viele der Gebäude beherbergen Ausstel-

lungen, etwa zu Themen wie Trachten oder Turmuhren. Im Wirtshaus »Zum Adler« in Fürth kommen hessische Spezialitäten auf den Tisch. So gestärkt, kann man auf dem mit einem braunen Ahornblatt markierten, 6 km langen Taunus-Lehrpfad zur benachbarten Saalburg ⑧ wandern und dabei viel Wissenswertes über den Taunus erfahren (www.hessenpark.de).

»Herrengarten« mit exotischem Baumbestand sowie das »Dr. Kanngießersche Waldmuseum«, das umfangreiche geologische und botanische Sammlungen sowie Gemälde beherbergt. Über allem thront auf der Spitze eines Basaltfelsens Schloss Braunfels, mit seiner turmreichen Silhouette ein hessisches Neuschwanstein im Stil der Hochromantik, dem die einheitlich in den Formen der Barockzeit gestaltete Bürgerstadt am Marktplatz zu Füßen liegt.

Kastelle, Kelten und Klippen

Das Aufrechte Fingerkraut, die Bittere Kreuzblume, das Kleinblütige Springkraut – alles Pflanzen, die sporadisch bis selten vorkommen und die man dennoch rund um den Segelflugplatz Riedelbach findet. Noch seltener ist im Hintertaunus freilich die Heide mit Wacholder, Besenheide und Ginster, ein Biotop, das einst im Gebirge weit verbreitet war. In der **Riedelbacher Heide** ⑤ blieb ein Stück der hauptsächlich durch Beweidung entstandenen Pflanzengemeinschaft erhalten. Im kleinsten Naturschutzgebiet Hessens muss es sorgfältig gepflegt und von den vordringenden Büschen befreit werden.

Heiden und die nahe verwandten Borstgrasrasen findet man in den Mittelgebirgen vor allem auf kieselsäure-, d.h. quarzreichem Gestein. Die **Eschbacher Klippen** ⑥ (am Ortsausgang von Eschbach in Richtung Michelbach) bestehen aus Gangquarz, der eine rund 6 km lange Spalte im Untergrund ausgefüllt hat. Am Fuß der bis 12 m

hohen bizarren Felsen gibt es noch kleine Heideflächen. Quarz ist sehr hart und wurde deshalb von der Verwitterung und Abtragung aus dem weicheren Nebengestein herauspräpariert. Quarz ist sogar härter als Stahl. Schabt man mit einer Taschenmesserklinge an dem Gestein der Eschbacher Klippen, bleibt eine silbrig glänzende Spur aus abgeriebenem Stahl zurück.

Auf dem **Großen Feldberg** ⑦, dem höchsten Berg des Taunus und des gesamten Rheinischen Schiefergebirges (880 m), begegnet man dem harten Mineral wieder, hier allerdings als Hauptbestandteil des Quarzits. Der helle, kompakte Fels tritt in Blöcken und Klippen wie dem Brunhildisfelsen zutage. Diese Klippen bilden schönere Aussichtskanzeln als sie der klotzige Aussichtsturm darstellt und bieten einen Blick, von dem schon Goethe schwärmte: »… bestiegen den Feldberg, von dem uns die weite Aussicht immer mehr in die Ferne lockte«. Weiter reicht nur der Blick der Greifvögel, die sich von der Falknerei auf dem Großen Feldberg scheinbar schwerelos in die Lüfte erheben.

An der Nordflanke des großen Bruders des Kleinen Feldbergs (825 m) verläuft der Limes, der dort durch ein Kastell verstärkt war. Die Kette der Römerkastelle setzt sich nordostwärts auf dem Bergkamm fort und führt zu einer Burg, die um 83 n. Chr. auf dem Saalburg-Pass entstand:

TOP TIPP der **Saalburg** ⑧, dem einzigartigen rekonstruierten Römerkastell (www.saalburgmuseum.de). Um 200 n. Chr. lebten in der Festung und dem benachbarten Dorf wohl bis zu 2000 Menschen; nach 260 wurde die Anlage aufgegeben, gegen Ende des 19. Jahrhunderts entstand sie nach antiken Vorbildern neu. Heute informieren das im Kastell untergebrachte Museum und der 2,4 km lange »Rundweg Saalburg« über die turbulente Geschichte, und die Römerzeit lebt in zahlreichen Veranstaltungen wieder auf.

Noch tiefer in die Geschichte und vor allem auch in die Waldeinsamkeit des Hochtaunus taucht der Wanderer am **Altkönig** ❾ ein. Saalburg und Großer Feldberg sind fast bis zum letzten Meter mit dem Auto zu erreichen, der Aufstieg zum dritthöchsten Berg des Taunus (798 m) ist aus jeder Himmelsrichtung nur per pedes zu bewältigen; am bequemsten aus Westen, von den Gasthäusern am »Fuchstanz« her. Doch die etwa 30 Minuten lange Tour lohnt sich – wegen des gewaltigen doppelten Ringwalls, den die Kelten wahrscheinlich ab 450 v. Chr. um einen ihrer Fürstensitze errichteten, aber auch wegen der urigen Wälder aus Eichen, Buchen, Mehlbeeren und anderen Gehölzen, die in die bemoosten Blockhalden aus Quarzit vordringen.

Hessen vom Feinsten – Luxusvillen am Südrand des Taunus

Der Hochtaunus ist kaum besiedelt, der Südrand des Gebirges, der Vortaunus, wird dagegen dicht von Städten gesäumt; und wie man an den vielen Villen erkennt, leben hier nicht gerade die ärmsten Leute. Neben der Nachbarschaft der Wirtschaftsmetropole Frankfurt macht vor allem das milde Klima im Wind- und Regenschatten der Taunuskämme die Gegend als Wohngebiet attraktiv – nicht nur für Menschen. Auf dem **Burghain Falkenstein** ❿, einem Bergsporn aus Grünschiefer, kommt der nährstoffreiche Boden hinzu, der unter dem Kronendach eines dichten Laubmischwalds eine üppige Kräuterflora mit Lerchensporn, Schuppenwurz und Christophs-

Im Vortaunus lockt das noble Kronberg mit seiner Burg.

kraut gedeihen lässt. Auf dem höchsten Punkt steht die Burgruine, nur eine von vielen im Vortaunus; gleich gegenüber krönt die ehemals bedeutendste und größte Wehrburg des Taunus als Wahrzeichen von Königstein einen bewaldeten Bergrücken.

Die zahllosen Orts- und Flurnamen, die auf »-stein« enden, verraten, dass die ältesten, wohl rund 450 Millionen Jahre alten Gesteine des Taunus hier an vielen Stellen als Felsklippen zutage treten wie bei **Eppstein** ⓫. Vom Kaisertempel auf dem Staufen aus betrachtet, liegt einem das malerische Städtchen buchstäblich zu Füßen. Man erkennt inmitten der bunten Fachwerkhäuser den wuchtigen Schieferturm der spätgotischen Talkirche, den runden Bergfried und die ausgedehnten turmbewehrten Zwinger der Burg der Herren von Eppstein.

Die Herren von **Kronberg** ⓬ sind vor mehr als 300 Jahren ausgestorben; ihre gewaltige Burg und die Johanniskirche, die zahlreiche kunstvolle Grabdenkmäler des Herrschergeschlechts schmücken, blieben erhalten. Für den Hoch- (und Geld-)adel hat die noble Stadt im Vortaunus nichts an Attraktivität verloren. Am nördlichen Stadtrand steht Schloss Friedrichshof, einst Alterssitz Viktorias von Preußen (1840–1901), die auch als Kaiserin Friedrich bezeichnet wurde – heute Nobelhotel und noch immer eine einzigartige Mixtur der verschiedensten Baustile. Die Witwe Kaiser Friedrichs III. und älteste Tochter von Queen Victoria ließ den weitläufigen Viktoriapark im Stil eines englischen Landschaftsparks anlegen. Fast nahtlos gehen die Gärten um das Schloss in die Waldwiesentäler am Fuß des Hühnerbergs mit ausgedehnten Pfeifengraswiesen und kleinen Erlenwäldchen über. Botanische Besonderheiten der Umgebung von Kronberg sind die Esskastanienbäume, von den Einheimischen Kesten genannt. Vielleicht wachsen sie dort schon seit zwei Jahrtausenden. Esskastanien wurden als Grundnahrungsmittel von den Römern im Südwesten Deutschlands eingeführt. Außer dem milden Klima, unter dem sogar südeuropäische Pflanzenarten Früchte tragen, ziehen auch die Heilbäder im Vorland der »Höhe« Gäste an, vor allem **Bad Homburg vor der Höhe** ⓭, das alles besitzt, was zu einem Heilbad von Weltrang gehört: ein Schloss, einen siamesischen Tempel, eine russische sowie eine englische Kirche, natürlich etliche Brunnen, aus denen heilkräftiges Mineralwasser sprudelt, und nicht zuletzt einen standesgemäßen Kurpark. Der ab der Mitte des 19. Jahrhunderts unter Mitwirkung berühmter Gartenkünstler geschaffene Homburger Kurpark zählt zu den schönsten und größten seiner Art in Deutschland.

Naturpark Rhein-Taunus

SERVICE

Anfahrt: Auf der A 3 bis Idstein, dann auf der B 275 und der B 54 über Taunusstein zur Burgruine Hohenstein; mit der Bahn nach Idstein; nächstgelegener ICE-Bahnhof in Frankfurt
Lage: Zwischen dem Rhein im Süden und Westen, dem Hintertaunus im Norden und dem Naturpark Hochtaunus im Osten
Größe: 810 km²
Höchste Erhebung:
Kalte Herberge (619 m)
Gründung: 1968
Information:
Naturpark Rhein-Taunus
Veitenmühlweg 5
65510 Idstein
Telefon: 06126 / 4379
Internet:
www.naturpark-rhein-taunus.de

Wasser, Wein und Wald – dieser Dreiklang prägt die Landschaften im Naturpark: der mächtige Strom, seine Nebenflüsse und die Heilwasserquellen; die Güter und Lagen, deren Namen sich Weinkenner auf der Zunge zergehen lassen, und die ausgedehnten Wälder.

Nicht nur der Rhein prägt das Bild des Naturparks, auch Burgruinen wie etwa die der Burg Hohenstein.

»Deutschlands fröhlichste Ecke«, der eigentliche Rheingau mit seinen Weinbergen, Winzerorten und Weingütern, ist im Naturpark dennoch nur eine Randerscheinung. Die Südgrenze des Parks verläuft dort, wo die Rebgärten enden und die Wälder beginnen, auf der durch den Rhein im Eiszeitalter geschaffenen und von den Eiszeitwinden mit fruchtbarem Löss bedeckten Terrassentreppe. Näher an den Rhein und in das kleine, aber feine Weinanbaugebiet Mittelrhein reicht der Park lediglich unterhalb von Rüdesheim am rechten Ufer des Stromes, der sich mit der für »Vater Rhein« typischen Beharrlichkeit in einem engen Durchbruchstal einen Weg durch das Rheinische Schiefergebirge gebahnt hat. Der größte Teil des Naturparks gehört zum Taunus, der an das Rebenland angrenzende Südwesten zum fast durchweg bewaldeten, hier gut 600 m hohen westlichen Hochtaunus, auch Rheingaugebirge genannt. Er reicht vom Niederwald über dem Rheintal im Westen bis zum Wiesbadener Hochtaunus im Osten. Hinter der »Höhe« erstrecken sich über die Naturparkgrenzen hinaus bis zur Lahn die Hochflächen des Hintertaunus, ein geschlossenes Buchenland und reizvolles Landschaftsmosaik aus Wäldern, Feldern und Wiesen. Nur in der Idsteiner Senke, die den Hintertaunus annähernd in zwei Hälften teilt, bestimmen waldfreie Ackerlandschaften das Bild, besonders im fruchtbaren Goldenen Grund.

Alte Festungen und sprudelnde Quellen

Der Taunus ist ein altes Grenzgebirge, und unter den historischen Grenzen steht der Obergermanisch-Rätische Limes, der den Naturpark

Warum ist es am Rhein so schön? Der Blick von Assmannshausen auf die Weinhänge verrät es.

quert und zum Welterbe der UNESCO gehört, mit seinen Befestigungsanlagen an erster Stelle. Burgen und Burgruinen aus jüngerer Zeit sind ebenso zahlreich, angefangen bei Nollig über dem Rhein bis zu Wallrabenstein im Wörsbachtal. Hoch über das Aartal reckt sich das wuchtige, dunkle Schiefergemäuer der Burgruine **Hohenstein** ❶ auf einem steilen Felsen. Seit dem Ende des Dreißigjährigen Krieges liegt die Burg, einst eine der stärksten im Taunus, in Trümmern. Niederhessische Truppen schossen sie 1647 in Brand. Doch die Überreste der vermutlich im 11./12. Jahrhundert durch die Grafen von Katzenelnbogen errichteten Veste sind eindrucksvoll, etwa die gewaltigen Schildmauern und der sechseckige Hauptturm der Kernburg oder der starke Mauerring und die zwei Türme der Vorburg. Während der Sommermonate bildet der Innenhof eine stilvolle Kulisse für Burgfestspiele; seit Jahren beherbergt die Burgruine ein Hotel und Restaurant.

Per pedes in die Römerzeit: Ausgangspunkt ist der Wanderparkplatz an der Hühnerstraße (heute besser als B 417 bekannt) nordöstlich von Orlen. Der archäologische Rundwanderweg führt zu einem rekonstruierten Wachturm am Limes, zu den Rundschanzen und den Spuren des **Kohortenkastells Zugmantel** ❷. Das 223 n. Chr. vollendete Steinkastell war Stützpunkt einer teilberittenen Kohorte der Treverer und mit allem ausgestattet, was zu einem größeren, komfortableren Kastell gehörte: Bad, Tempel, Amphitheater und ein ausgedehntes Lagerdorf. Seine Hauptaufgabe bestand in der Sicherung der wichtigen Römerstraße, die von Mogontiacum (Mainz), ehemals Hauptstadt der Provinz Germania superior, über

Aquae Mattiacorum (dem antiken Badeort Wiesbaden) auf kürzestem Weg in das Limburger Becken und das restliche Germanien führte. Heute ist die A 3 die wichtigste Verkehrsader der Region. Von der Anschlussstelle **Idstein** ❸ gelangt man in wenigen Minuten zum Kern der hübschen Stadt, die unterhalb eines Felsrückens mit den malerischen Türmen einer mittelalterlichen Burg und einem im 17. Jahrhundert erbauten Renaissance-Schloss liegt. Das reich mit Schnitzwerk und Schmuckerkern verzierte Killingerhaus (1615) ist unter den zahlreichen Fachwerkhäusern und Adelshöfen der prachtvollste Blickfang. Es lohnt sich aber auch, einen Blick hinter die schlichte Fassade der gotischen Unionskirche zu werfen. Die Grabeskirche der Nassauer Grafen birgt mit ihren farbenprächtigen Wand- und Deckengemälden der Rubensschule einen kostbaren Schatz rheinischer Barockkunst.

Am Rand der Idsteiner Senke befinden sich die Quellen des »Selterswassers«, das zum Synonym für erfrischendes Mineralwasser geworden ist. Kohlensäurehaltiges Wasser sprudelt an vielen Stellen im Taunus empor. Am Brodelbrunnen von **Bad Schwalbach** ❹ wurde schon im 16. Jahrhundert gekurt, drei Jahrhunderte später hatte sich das Städtchen zu einem der Luxusbäder Europas entwickelt. Die Perlen nobler Bäderarchitektur sind im Stadtbild unübersehbar, z. B. das in den 1870er-Jahren im Stil der italienischen

Der erhaltene Torbogen der Mapper Schanze gehörte zur Verteidigungsanlage des Rheingauer Gebücks.

SPÄTLESE

Die Traubenernte nach Abschluss der Hauptlese führt zu besonders gehaltvollen Weinen und soll 1775 von den Mönchen des Schlossguts Johannisberg erstmals praktiziert worden sein – allerdings eher unfreiwillig. Wie jedes Jahr hatten die Mönche einen berittenen Boten zum Fuldaer Fürstbischof geschickt, um die Erlaubnis zur Weinlese einzuholen. Doch der Bote verspätete sich, und als er endlich eintraf, waren

die Trauben von Schimmelpilzen befallen und zur sogenannten Edelfäule übergegangen. Die Johannisberger Mönche ernteten und kelterten die Trauben trotzdem. Als sie den jungen Wein im nächsten Frühjahr verkosteten, stellten sie zu ihrer Überraschung fest, dass er von einer hervorragenden Qualität war. Seither ist »Spätlese« bei uns ein Prädikat für exzellente Weine.

Spätrenaissance errichtete Kurhaus; ein klassizistisches Gewand trägt der Alleesaal, früher unter dem Namen »Hotel de la Promenade« eine Fünf-Sterne-Nobelherberge, ebenso das Stahlbadehaus am Eingang zum schönen Kurpark; in bodenständiger, aber nicht minder sehenswerter Fachwerkbauweise ist das Rotenburger Schlösschen von 1602 erbaut.

Weinbau in »Rheinkultur«

Wie es heißt, wurde dem stark eisenhaltigen Schwalbacher Wasser früher vor dem Versand Wein zugesetzt, um die Haltbarkeit zu verlängern. Wein als Konservierungsmittel? Daran denkt bestimmt keiner der Wanderer, die von Lorchhausen auf dem Rheingauer Riesling-**TOP TIPP** pfad durch die Weinberge am **Engweger Kopf** ❺ streifen. Die Schieferhöhe eröffnet einen atemberaubenden Ausblick auf das Mittelrheintal und lädt im gleichnamigen Naturschutzgebiet, einem Mosaik von Eichengebüsch, Trockenrasen, Weinbergsbrachen und Felsfluren, zu Begegnungen mit raren Pflanzen- und Tierarten ein: mit Pechnelke und Mauer-Felsenblümchen, Schlingnatter, Steppengrashüpfer, »Spanischer Flagge« – einem schön gezeichneten Schmetterling – sowie einer außergewöhnlichen Vielzahl verschiedener Spinnen.

Die »Spanische Flagge« bevorzugt zwar warme und trockene Lebensräume, mag aber allzu große Hitze nicht und zieht sich dann in kühle, schattige Wälder zurück. Davon gibt es im **TOP TIPP** **Wispertal** ❻ reichlich: Buchenwälder, Traubeneichen-Hainbuchenwälder, Bacherlen-

und Schluchtwälder, dazu offene Felsen und Blockhalden. Auch das wildromantische Wispertal, an dem sich die Burgruinen aufreihen, beherbergt zahlreiche seltene Tierarten wie die Wasseramsel und die Wildkatze, als Besonderheit auch Fledermäuse, die in aufgelassenen Dachschieferstollen überwintern, und nicht zuletzt im klaren Wasser der Wisper und ihrer Nebenbäche eine artenreiche Gewässerfauna mit Forellen und sogar wieder Lachsen. Beinahe das gesamte kurvenreiche Kerbtal kann man auf der Wisperstraße »erfahren« oder – besser – auf Dutzenden von kürzeren Wegen, etwa rund um den aufgestauten Wispersee, erwandern.

Anspruchsvollere Wanderwege zu den alten Mühlen und Burgen im Wispertal gehen von **Lorch** ❼ aus. In Hessens westlichster Weinstadt mündet die Wisper in den Rhein, direkt unterhalb der pittoresken Burgruine Nollig. Den frühen Wohlstand, der sich im prachtvollen Hilchenhaus, dem Zehnthof und anderen Adelshöfen und Bürgerhäusern widerspiegelt, verdankt Lorch allerdings nicht dem Weinanbau, sondern seiner Lage nahe der von den Schiffern gefürchteten Rheinenge des Binger Lochs. Hier musste die Fracht größerer Schiffe auf kleinere oder auf Wagen umgeladen werden – für die Stadt ein lukratives Geschäft und Geldquelle für den Bau und die Ausstattung der Pfarrkirche St. Martin, einer der schönsten gotischen Kirchen im Rheingau. Glanzlichter ihres Inventars aus dem Spätmittelalter sind der feingliedrige gotische Hochaltar, das kraftvolle Chorgestühl und das große, imposante Kruzifix.

Vom Bollwerk aus Sträuchern zum hessischen Taj Mahal

Sich sprichwörtlich »in die Büsche« zu schlagen kann bisweilen recht schwierig sein. Fast **TOP TIPP** unmöglich war es einst beim **Rheingauer Gebück 8**, einer Verteidigungsanlage, die die Rheingauer rund 500 Jahre lang vor ihren Feinden schützte. Sie bestand auf fast 40 km Länge aus einer dicht verwachsenen Hain- und Rotbuchenhecke, deren Stämme und Triebe umgebogen (»gebückt«) und miteinander verflochten wurden und die an Straßendurchlässen durch mächtige Torbollwerke verstärkt war. Eines dieser Bollwerke samt neu angepflanztem Gebück ist an der Mapper Schanze erhalten. Man erreicht es vom Parkplatz »Kreistanne« nahe der Hallgarter Zange auf dem Rheinhöhenweg und weiter auf dem Gebückwanderweg.

Die Höhen über dem Oberen Mittelrheintal besitzen herrliche Aussichtspunkte zuhauf, im dicht bewaldeten Rheingaugebirge ist es dagegen schwierig, zwischen den Bäumen und darüber hinweg einen Ausblick auf das Rebenland zu erhaschen. Die der Sage zufolge nach einer Zange mit Zauberkräften benannte **Hallgarter Zange 9**, ein felsiger Ausläufer der Kalten Herberge, des höchsten Berges im Rheingau, gehört hier zu den wenigen Ausnahmen. Weit schweift der Blick über den Rheingau und den Rhein hinweg bis nach Rheinhessen.

Wem der weite Weg über die Taunushöhen (ohne Einkehrmöglichkeit) bis zum Aussichts-**TOP TIPP** gipfel zu weit ist, der kann sich mit dem Parkplatz **Kloster Eberbach 10** an der östlichen Einfahrt zum gleichnamigen Kloster und den aussichtsreichen Wanderwegen, die von hier ausgehen, begnügen. Die Klosterschänke bietet Wohltaten für den Leib, nicht zuletzt

Im Kloster Eberbach gibt es eine historische Weinpresse zu sehen – die zu verkostenden Weine sind jünger.

mit den Gutsweinen des Klosters Eberbach. Eine Wohltat für die Seele ist die von einer Mauer umschlossene Anlage des ehemaligen Zisterzienserklosters, eines der großartigsten Beispiele der deutschen Romanik, Hessens bedeutendstes architektonisches Gesamtkunstwerk und zugleich Idealtypus einer zisterziensischen Klosteranlage des Mittelalters.

Gleich hinter den bewaldeten Bergrücken zwischen dem Eberbach und dem Kiedricher Bach liegt das Naturschutzgebiet Weihersberg, in dem sich die Äskulapnatter über die besonnten Hänge und durch die feuchten Talauen schlängelt. Ihr wissenschaftlicher Name *Elaphe longissima* verrät, dass sie eine stattliche Länge von bis zu 2 m erreichen kann. Doch keine Bange: Das von braun über oliv bis grauschwarz gefärbte Reptil kriecht dem Menschen aus dem Weg und reagiert nur in höchster Not mit ungiftigen Abwehrbissen. Im Rheingautaunus ist auch das alte Heilkunstsymbol der Äskulapnatter noch relativ häufig zu sehen, vor allem in der Umgebung von **Schlangenbad 11**. Das idyllische Thermalbad am »Warmen Bach« trägt den Namen des friedlichen Reptils. Der »Äskulappfad« im hinteren Kurpark informiert den Besucher über das vom Aussterben bedrohte Wappentier des Bades – das übrigens auch wegen seiner edlen Bäderarchitektur aus der Glanzzeit als Fürstenbad sehenswert ist.

Die neun warmen Quellen, die in Schlangenbad erschlossen sind, weisen Temperaturen bis gut 30 °C auf. Wiesbaden, das Aquae Mattiacorum der Römer und heute hessische Landeshauptstadt, besitzt mehr als 25 Thermen, die teilweise doppelt so heiß sind, z. B. den »Kochbrunnen« (66 °C). Sie dienen seit Urzeiten der Therapie und Wellness. Wasser wird in der Stadt am Taunus aber auch für einen ganz anderen Zweck genutzt: Es liefert die Antriebskraft für die Nerobergbahn. Seit über 100 Jahren befördert die Bahn ihre Passagiere absolut abgasfrei und **TOP TIPP** umweltschonend auf den **Neroberg 12**, Wiesbadens Hausberg, der an der Grenze des Naturparks aufragt. An der Bergstation wird so viel kaltes Wasser in einen Tank gefüllt, bis das Gewicht des Wagens mitsamt Fahrgästen ausreicht, um über ein langes Drahtseil den zweiten Wagen von der Talstation bergauf zu ziehen. Oben erwartet die Passagiere neben der grandiosen Aussicht ein architektonischer Leckerbissen: die Russische Kirche mit ihren fünf vergoldeten Kuppeln. Herzog Adolf ließ diesen »nassauischen Taj Mahal« Mitte des 19. Jahrhunderts als Grabeskirche für seine verstorbene Ehefrau Elisabeth Michailowna, eine Nichte des Zaren, in russisch-byzantinischem Stil erbauen.

TIPP FÜR KINDER

TAUNUS WUNDERLAND

Zu dem beliebten »Abenteuerspielspaßpark« folgt man von Schlangenbad **11** aus den Schildern an der B 260. Sie führen zu einer großzügig bemessenen Anlage mit mehr als 30 Attraktionen, die für Klein (und Groß) jede Menge Vergnügen bieten, ob bei der Fahrt mit der Drachen-Achterbahn oder der Westerneisenbahn, in der Geisterhöhle oder im Spukhaus, im Rutschenparadies oder auf der Wildwasserbahn. Ge-

mächlicher geht es im Wunderland-Zoo zu, wo sich Esel, Schafe und Ziegen gern füttern und streicheln lassen, oder im Märchenwald und beim Froschkonzert. Für die Kleinsten (unter 100 cm Körpergröße) ist der Besuch übrigens kostenlos (Informationen im Internet unter: www.taunuswunderland.de).

Naturpark Hoher Vogelsberg

Ungefähr ein halbes Jahrhundert ist Hessens erster Naturpark alt – doch was ist das schon gegenüber den vielen Jahrmillionen, in denen glühende Lava und klirrender Frost, sengende Sonne und peitschender Regen die beschauliche grüne Gebirgslandschaft des Vogelsberges geformt haben?

SERVICE

Anfahrt: Auf der A 5 Gießen – Bad Hersfeld bis zur Anschlussstelle Homberg (Ohm), weiter nach Mücke und auf der B 276 nach Laubach; nächstgelegener ICE-Bahnhof in Fulda
Lage: In der Mitte Hessens, nordöstlich von Frankfurt am Main und westlich von Fulda, auf der Wasserscheide zwischen den Flusssystemen von Rhein und Weser
Größe: 883 km²
Höchste Erhebung: Taufstein (773 m)
Gründung: 1958
Information:
Naturpark Hoher Vogelsberg
Am Hohenwiesenweg 1
63679 Schotten
Telefon: 06044 / 966 93 30
Infohaus: Auf dem Hoherodskopf
Internet: www2.natpa.de

TOP TIPP

❶ Laubach
Idyllisches Residenzstädtchen am Rand des Naturparks
❻ Schotten
Kulturelles Zentrum des Hohen Vogelsbergs mit prachtvoller frühgotischer Stadtkirche
❾ Taufstein
Höchster Gipfel des Gebirges mit urwüchsigen Wäldern
⓫ Bilstein
Sagenumwobene Felsklippe mit herrlicher Aussicht
⓮ Mooser Teiche
Bedeutendes Vogelbrut- und -rastgebiet

Der hessische Naturpark lockt mit urtümlichen Landschaften wie hier am Hasselbach bei Ilbeshausen.

Der Vogelsberg ist ein vergleichsweise junges Vulkangebirge, das größte und geschlossenste Mitteleuropas. Unter dem Oberwald im Kern lagert ein mindestens 700 m dicker Schichtenstapel aus Basalt, Basanit, Tuff und anderen vulkanischen Gesteinen. Rund 2500 km² nehmen sie an der Erdoberfläche ein. Vor 15 bis 19 Millionen Jahren muss die Region am nördlichen Ende des Oberrheingrabens ein Hexenkessel gewesen sein: Lavafontänen schossen in den Himmel, Lavaströme wälzten sich durch eine flache Niederung mit Flüssen und Seen, Ascheregen gingen nieder, und bei besonders heftigen Eruptionen wurden Wälder auf weiten Flächen durch Glutlawinen und Druckwellen vernichtet, ähnlich wie im Mai 1980 am Mount St. Helens in den USA. Diese feurigen Sturm-und-Drang-Jahre liegen lange zurück; unter dem subtropischen Klima des jüngeren Tertiärs verwitterte das Gestein, Sturzfluten ebneten die Vulkane ein, im Eiszeitalter nagte der Frost an den letzten Klippen. Und so präsentiert sich der Hohe Vogelsberg heute überwiegend als ein Gebirge mit sanft gerundeten Landschaftsformen, bewaldeten Hochflächen und breiten Wiesengründen, die sternförmig vom Oberwald ausgehen.

Von prächtigen Residenzen und winzigen Gotteshäusern

Im Gelände unsichtbar verläuft durch den Hohen Vogelsberg eine Hauptwasserscheide Deutschlands: die zwischen Rhein und Weser. Historische Grenzen zergliederten das Gebirge in eine Vielzahl kleinerer Territorien. Auch wenn alle, die sich über die Pflanzenwelt einer in Jahrhunderten gestalteten Kulturlandschaft informieren möchten. Hier gibt es auf engstem Raum u. a. Äcker mit Ackerunkräutern, Viehweiden, alte Obstbaumsorten, die für den Vogelsberg typischen Hecken, Lesesteinwälle und Feldgehölze, einen Bauern- und Kräutergarten sowie ein Wildpflanzenbeet. Weitergehende Informationen über Land- und Forstwirtschaft, Jagd und die ländliche Kultur erhält man im Museum im Vorwerk an der Hauptstraße.

Katholischer Vorposten und ein verlassenes Dorf

Ulrichstein ist ein Startpunkt am »Vulkanring Vogelsberg«, dem 125 km langen Rundwanderweg, der die landschaftlichen und kulturellen Höhepunkte rund um den Naturpark verbindet. Sechs Tagesetappen sollte man dafür einplanen. Und immer trifft man dabei auf Spuren der Erdgeschichte und der nicht weniger turbulenten Territorialgeschichte, so im altertümlichen **Herbstein** ❹. Die »Stadt auf dem Berge«, die Hessens höchste, von Salzlagern im tiefen Untergrund gespeiste, gut 32 °C warme Heilquelle besitzt, war jahrhundertelang eine stark befestigte Bastion der Fuldaer Äbte und ist bis heute ein katholischer Vorposten im überwiegend protestantischen Vogelsberg geblieben. Die Herbsteiner »Foaselt« wird daher hier mit besonderer Inbrunst, manch Mummenschanz und Sprungtänzen gefeiert. Im Fastnachtsmuseum kann man mehr über die alte Tradition erfahren.

Das efeuumrankte Laubacher Schloss hat neben einer Bibliothek auch einen schönen Schlosspark zu bieten.

ihr Machtbereich nur eine bescheidene Größe hatte, sparten die Landesherren nicht an ihren Residenzen. Zu den schönsten im Vorderen Vogelsberg gehört das Städtchen **Laubach** ❶, das schon seit dem 16. Jahrhundert gräfliche Residenz ist. Bücherwürmer wird im trutzigen Schloss der Grafen zu Solms-Laubach die riesige Bibliothek (rund 120 000 Titel) beeindrucken, Naturfreunde begeistert dagegen die pflanzliche Artenvielfalt im Schlosspark, und die Klänge der prächtigen Barockorgel von 1749 in der evangelischen Stadtkirche sind für Musikliebhaber ein Hochgenuss.

Derartigen Luxus konnten sich die Dorfbewohner nicht leisten. Ihre Gotteshäuser sind klein – aber fein: winzige Fachwerkbauten mit geschiefertem Dachreiter, wegen des rauen Klimas meist von Holzschindeln verkleideten Seitenwänden und einer prachtvollen Schaufassade, an der bunt bemalte Schnitzereien die Blicke auf sich ziehen. **Sellnrod** ❷ im Tal der Sausel besitzt ein besonders sehenswertes Beispiel dieser für den Vogelsberg charakteristischen ländlichen Kirchenbaukunst.

Hessens höchstgelegene Stadt, **Ulrichstein** ❸, bietet vom 614 m hohen Schlossberg und dem Eckturm der Burgruine einen weiten Blick über das westliche Vorland des Gebirges. Die alten Gemäuer bilden den stilvollen Rahmen für den an den Hängen des Schlossberges angelegten Vogelsberggarten, eine Fundgrube für

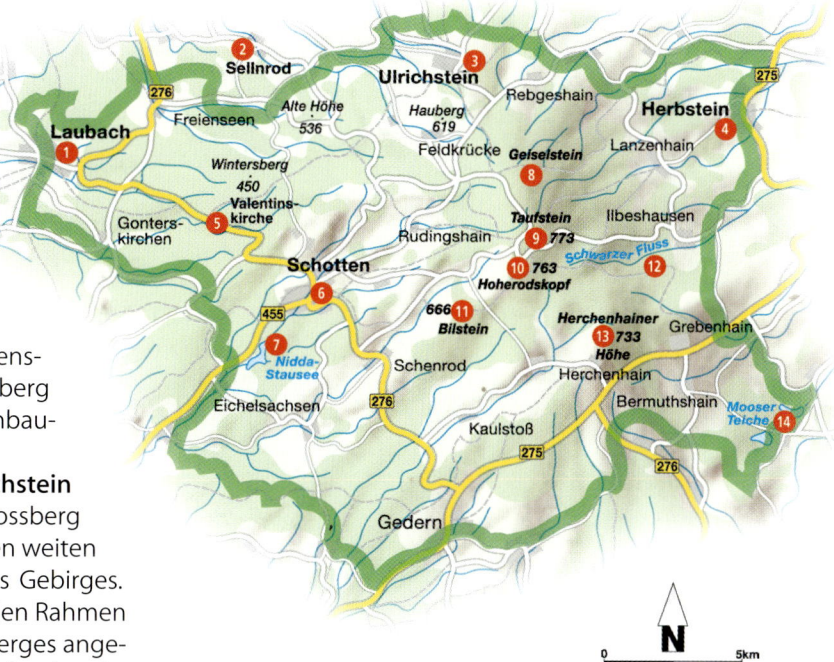

SCHOTTENRING

Lang gezogene Kurven, enge Serpentinen, sanft ansteigende Berghänge und gewundene Täler – der Vogelsberg ist nicht umsonst das Mekka der Motorradfahrer mit sportlichen Ambitionen und besitzt im Schottenring (bei ❻) eine legendäre Rennstrecke. 1925–55 wurden auf dem 16,08 km langen Rundkurs von Schotten über Rudingshain und Götzen zurück nach Schotten natio-

nale und internationale Motorrad- und Automobilrennen ausgetragen. Heute kämpfen die Fahrer beim »ADAC/VFV Schottenring Classic Grand Prix« auf historischen Rennmaschinen auf einem kurzen Stadtkurs um den Sieg. Der »alte« Schottenring dient hin und wieder als Sportstätte, z. B. bei Wertungs- und Bergprüfungen des ADAC.

Hinter der schlichten Fassade der katholischen Stadtpfarrkirche St. Jacobus d. Ä. im Zentrum verbirgt sich eine reiche Ausstattung, so etwa spätgotische Wandmalereien und eine üppig verzierte Barockkanzel. Von der Burg am Marktplatz ist nichts erhalten, die mittelalterliche Stadtbefestigung mit Wehrtürmen und unterirdischen Gewölben umschließt aber noch einen Teil der malerischen Altstadt.

Das Dorf Ruthardshausen ist bereits im 16. Jahrhundert von seinen Bewohnern verlassen worden, wie so viele andere im Vogelsberg. Eine romantische Kirchenruine, die spätgotische **Valentinskirche** ❺, ist alles, was blieb. Sie steht im Laubacher Wald, dem einsamsten Teil des Gebirges, oberhalb der B 276 Laubach–Schotten; dort, wo die von Bikern heiß geliebte Bundesstraße bei einem Gasthaus das Tal der Horloff quert.

TOP TIPP Auf eine über 1200-jährige Geschichte blickt **Schotten** ❻ zurück, als ein von schottischen Missionaren gegründeter Wallfahrtsort, dann als Ackerbürgerstädtchen und heute als Luftkurort. Die bedeutendsten architektonischen Denkmäler aus dieser langen Zeit sind das Rathaus (1530), neben dem Alsfelder Rathaus der prächtigste Fachwerkbau im Vogelsbergraum, und die nach dem Vorbild der Elisabethkirche in Marburg ab 1300 errichtete Liebfrauenkirche – ein frühgotisches, mit erlesener Steinmetzkunst und einem kostbaren Altar geschmücktes Kleinod in einer grandiosen Naturlandschaft.

Die Nidda, die durch Schotten fließt, ist wenige Kilometer unterhalb der Stadt zum **Nidda-Stausee** ❼ aufgestaut. Eigentlich dient der fast 2 km lange See in erster Linie dem Hochwasserschutz,

in den Sommermonaten wird er jedoch von den Ausflüglern als Wassersportparadies in Besitz genommen.

Hochfläche mit vielen Attraktionen

Die höchsten Gipfel des Gebirges erreichen fast 800 m, eine Höhenmarke, bei der sich die Wanderer in vielen Mittelgebirgen auf beinahe alpine Verhältnisse und steile Wege einstellen müssen. Der Hohe Vogelsberg dagegen ist gnädig: Auf dem im Tertiär durch fließendes Wasser und im Eiszeitalter durch den Frost eingeebneten Oberwald-Plateau sind die meisten Sehenswürdigkeiten auf bequemen Spaziergängen zu erreichen. Beispielsweise der **Geiselstein** ❽, der wie ein felsiges Riff aus ebenem Gelände aufragt. Der von seltenen Moosen, Farnen und Flechten bewachsene Fels enthält viel Magneteisenerz und lenkt deshalb die Kompassnadel deutlich aus der Nord-Süd-Richtung ab. Im Norden des Geiselsteins erstreckt sich die Goldwiese, die im Sommer von den Blüten der Arnika goldgelb gefärbt ist. Nach einem Waldstück mit urigen Altholzbeständen beginnt dann südwärts die Breungeshainer Heide, das einzige Hochmoor im Vogelsberg.

TOP TIPP Der Aufstieg zum **Taufstein** ❾, mit 773 m die höchste Erhebung im Oberwald, ist leicht; nur auf den 100 Stufen, die zur Aussichtsplattform des Bismarckturms hinaufführen, kommt man ins Schnaufen. Doch der wunderbare Fernblick lohnt die Mühe. Am Fuß des Turms befindet sich der Bonifatiusborn, an der der Missionar die ersten Christen im Vogelsberg

Die Altstadt von Schotten glänzt mit der reich verzierten gotischen Liebfrauenkirche aus dem 14. Jahrhundert.

Von Menschenhand geschaffen: die reizvolle Teichlandschaft in der Nähe von Ober-Moos.

WANDERTIPP

DURCH DEN OBERWALD

Der einheitlich mit einem grünen »H« markierte Höhenrundweg am Hoherodskopf (8 km / ca. 3 Stunden) verbindet die interessantesten Sehenswürdigkeiten im Vogelsberger Oberwald. Startpunkt ist der Parkplatz an der Taufsteinhütte. Von dort geht es über die Bergwiesen leicht bergan zum Hoherodskopf **10** und weiter zum Taufstein **9**. Gut ausgebaute, fast ebene Wege füh-

ren (mit einem kurzen Abstecher) durch den Wald zum Geiselstein **8** und zur Goldwiese, vorbei an urigen Altholzbeständen, der Niddaquelle und der Breungeshainer Heide. Der letzte Streckenabschnitt jenseits der Ringstraße Hoher Vogelsberg berührt die ursprünglich als Flößerteiche angelegten Forellenteiche und die benachbarte Trollblumenwiese. An der Taufsteinhütte schließt sich der Kreis.

getauft haben soll. Wegen der urwaldartigen Blockhaldenwälder, die den Gipfel säumen, steht der Taufstein unter Naturschutz.

Über den Naturschutz in der Region informiert das Touristik- und Naturschutz-Informations-Zentrum auf dem **Hoherodskopf** **10**, dem zweithöchsten Vogelsberger Gipfel und dem meistbesuchten Touristenziel im Oberwald; mit großen Parkplätzen und etlichen Restaurants ist er der ideale Ausgangspunkt für Wanderungen. Rodelspaß, auch in der warmen Jahreszeit, verspricht die Sommerrodelbahn an den Hängen der von einem markanten Sendeturm gekrönten Kuppe.

Geheimnisvoller Vogelsberg

Die Frage nach dem besten Aussichtspunkt des Vogelsberges ist schnell beantwortet: der **Bilstein** **11**, eine zerklüftete Basaltklippe am höchsten Punkt der Straße Breungeshain–Sichenhausen. Bei guter Sicht reicht der Blick von hier über die fruchtbare Wetterau bis zum Taunus und zur Wolkenkratzersilhouette Frankfurts. Um das spitze Felsgestein ranken sich viele Sagen wie die von Else, einem Geisterwesen, das in einer Höhle im Bilstein hausen soll. Oder hieß, wie fantasievolle Forscher glauben, der Fels eigentlich Bildstein, wegen eines großen Götzenbildes, das dort stand?

Ebenso geheimnisumwittert ist der **Schwarze Fluss** **12**, der am Ostrand des Oberwaldes durch ein idyllisches, von bizarren Felsformationen gesäumtes Waldtal strömt und in Ilbeshausen-Hochwaldhausen die Wasserräder der Teufelsmühle, der schönsten Mühle weit und breit, antreibt. Hat hier der Teufel sein Unwesen getrieben? Fand man hier einst die erschlagene Jungfrau Osimunde im Schnee, umgeben von Blumen und singenden Vögeln?

Geradezu himmlisch gegenüber diesen düsteren Mythen wirkt die frühsommerliche Blütenpracht auf der **Herchenhainer Höhe** **13** mit ihren Goldhaferwiesen. Sie sind die farbenprächtigsten und artenreichsten Pflanzengemeinschaften in Deutschlands höheren Mittelgebirgen. Neben Gräsern wie dem Goldhafer, dem Wolligen Honiggras oder dem Wiesenrispengras bestimmen im Frühsommer krautige Arten mit ihrem Blütenflor das Bild: rosafarben der Schlangenknöterich, blau die Bergflockenblume, gelb die Trollblume, weiß die Margerite. Hinzu kommen zahlreiche bunte Schmetterlinge, die an sonnigen Tagen über den Bergwiesen flattern.

Im Hohen Vogelsberg sind die sonst durch Überdüngung und Übernutzung stark gefährdeten blütenreichen Goldhaferwiesen noch an diversen Stellen zu bewundern, etwa rund um Herchenhain, das höchstgelegene Dorf (657 m) des Vogelsberges.

Das Gebirge besitzt keinen natürlichen See, wohl aber zahlreiche Teiche. Rund um Ober-Moos liegen 15 kleine und große Wasserflächen verstreut. Die **Mooser Teiche** **14** bilden die »Vogelsberger Seenplatte«. Ein Geologe hielt sie für kraterartige Vertiefungen im Bereich des ehemaligen Vogelsbergvulkans, doch sie wurden seit dem Mittelalter vom Menschen angelegt, vor allem zur Fischzucht, und waren eine wichtige Einnahmequelle für die Bevölkerung und noch mehr für die Landesherren. Ökonomisch spielen die Teiche heute keine Rolle mehr, dafür haben sie eine große ökologische Bedeutung: als »Trittsteine« auf dem Vogelzug für Enten, Austernfischer, Säbelschnäbler und viele andere Zugvögel sowie als Brutgebiete für den Schwarzhalstaucher, den Zwergtaucher, den Eisvogel und über 100 weitere Vogelarten.

Naturpark Spessart

Wald und Täler sind die markantesten Charakterzüge des südlichen Spessarts. Den namengebenden Specht entdeckt man auf Wanderungen durch die weitläufigen Buchen- und Eichenwälder, einen Blick vom Wasser auf den Randbereich des Naturparks ermöglicht eine Fahrt auf dem Main.

SERVICE

Anfahrt: Auf der A 7 bis Bad Brücken-au oder auf der A 66 bis Steinau an der Straße und dann weiter bis Burgsinn; nächstgelegene ICE-Bahnhöfe in Fulda, Frankfurt/Main, Aschaffenburg und Würzburg
Lage: Nordwestlich von Würzburg, im nördlichen Bayern
Größe: 1710 km²
Höchste Erhebung:
Geiersberg (585 m)
Gründung: 1963
Information:
Naturpark Spessart e. V.
Von-Bodelschwingh-Straße 83
97753 Karlstadt
Telefon: 09353/79 33 66
Infohaus: In Gemünden am Main
Internet:
www.naturpark-spessart.de

Waldidyllen und Flusstäler wie das Hafenlohrtal prägen das Bild des Naturparks Spessart im nördlichen Bayern.

❶ Burgsinn
Faszinierende Schachblumen-wiesen
❹ Hafenlohrtal
Flora und Fauna eines intakten Spessarttals
❺ Mespelbrunn
Vom Weiherhaus zum Wasserschloss
❽ Klingenberg
Wilde Schlucht und hohe Ruine Clingenburg
❿ Lohr
Romantische Altstadt mit Kurmainzer Schloss und Spessartmuseum

Das zum Teil tief eingegrabene Tal des Mains umschließt das Naturparkgebiet gleich in drei Himmelsrichtungen: im Osten, Süden und Westen. Weitläufige Laubwälder mit alten Buchen und Eichen sind immer noch ein Markenzeichen des Spessarts, wenn auch frühere Abholzungen für die Glas- und Soleindustrie im Norden des Waldgebietes durch Fichtenaufforstungen dominiert werden. Wie es im Spessartwald aussieht, wenn der Mensch nicht eingreift, entdeckt man im Naturschutzgebiet Rohrberg.

Durchbrochen wird die Waldidylle von eindrucksvollen Flusstälern mit geschäftigen Städtchen, die einen Besuch lohnen, etwa Lohr mit seinem Spessartmuseum oder Klingenberg mit Schlucht und Burg. Nicht versäumen sollte man auch das Wasserschloss in Mespelbrunn, das zu den schönsten Deutschlands zählt.

Blühende Wiesen und dunkle Stollen

Wenn im Frühjahr die Schachblumen auf den Wiesen blühen, zieht es zahlreiche Besucher in den Markt **Burgsinn ❶**. Bei Obersinn, nördlich des Ortes, beginnt der ausgeschilderte »Erlebnispfad Schachblumenwiesen«. Die violett blühenden Liliengewächse kommen ansonsten in Deutschland nur noch im norddeutschen Flachland vor. Weitläufige, regelmäßig überschwemmte Wässerwiesen schaffen im breiten Tal der Sinn für diese Pflanzen einen optimalen Lebensraum. Ein farbenfrohes Naturschauspiel verspricht eine Wanderung oder eine Radtour in den Sinngrund, am besten zwischen Mitte April und Anfang Mai, denn dann kann man auf den über 500 ha Wiesengrund Millionen von Blüten bewundern.

Das dritte im Bunde: Neben Fronhofer Schlösschen und Neuem Schloss lockt Burgsinn mit einer Wasserburg.

In Burgsinn lohnt sich ein Spaziergang durch den Ort: Das Fronhofer Schlösschen, das Neue Schloss, beide aus dem 17. Jahrhundert, und die langsam verfallende Wasserburg, deren Bergfried aus dem 10. Jahrhundert stammt, erlauben reizvolle Blicke, allerdings nur von außen, zu besichtigen sind sie leider nicht.

Ganz anders in Sommerkahl bei **Schöllkrippen** ❷: Hier ist eine Besichtigung der »Grube Schöne Wilhelmine« sogar ausdrücklich erwünscht. Mit viel Schweiß und Enthusiasmus haben Bergwerksbegeisterte hier eine Kupfergrube, deren Anfänge auf die Mitte des 16. Jahrhunderts zurückgehen, wieder begehbar gemacht. Auf einem 250 m langen Rundweg, 23 m unter der Erde verlaufend, erläutert ein Führer die wechselhafte Geschichte der Grube, deren Wirtschaftlichkeit immer wieder in Frage stand. Eindrucksvoll sind auch die Verfärbungen an den Bruchwänden des Steinbruchs oberhalb der Grubeneingänge. Hier schimmern sogenannte Sekundärmineralien in allen Varianten zwischen blau und grün. (Führungen nach Vereinbarung, Telefon: 06024/3785; Mo, Mi, Fr geschlossen). Für den Sommer hat Schöllkrippen seit 2003 eine besondere Attraktion zu bieten: Ein Naturerlebnisbad mit Schwimmteich und Wassergrotte. Das Wasser wird in zwei Regenerationsteichen biologisch

durch Wasserpflanzen gereinigt, chemische Zusätze sind dadurch nicht notwendig.

Nach dem Luftkurort **Heigenbrücken** ❸ wurde eine geologische Folge im Buntsandstein benannt. Vom Wanderparkplatz am Ortsrand aus geht es zum Wildgehege mit einheimischem Schwarz-, Dam- und Rotwild. Ein Wasserlehrpfad beschreibt auf bebilderten Texttafeln entlang dem Bach u. a. Wasserwirtschaft, Wassernutzung und die Welt der Tiere im Wasser. Freunde des Spessartwaldes folgen dem beschilderten Waldlehrpfad.

Eine besondere Art der Wiesenbewirtschaftung, die früher in vielen Tälern des Spessarts verbreitet war, ist im Tal südöstlich von Heigenbrücken noch gut erhalten bzw. wieder rekonstruiert worden. Die sogenannten Rückenwiesen legten die Bauern ab Mitte des 19. Jahrhunderts als gewölbte Flächen an. Durch Gräben auf dem Scheitelpunkt leiteten sie Bachwasser und konnten auf diese Weise bis zu sieben Grasschnitte pro Jahr in die Scheune fahren.

Eines der wenigen, weitgehend intakten Spessarttäler, das **Hafenlohrtal** ❹, ⏵ **TOP TIPP** erkundet man am besten auf einer

GUT ZU WISSEN

HEIGENBRÜCKENER FORMATION
Ein Rundweg der »Europäischen Kulturlandschaft Spessart« beginnt nicht umsonst in **Heigenbrücken** ❸. Der nach dem Ort benannte geologische Abschnitt im Buntsandstein ist oberhalb des Bahnhofs an einem Aufschluss zu sehen. Die Bezeichnung geht auf eine wissenschaftliche Arbeit aus dem 19. Jahrhundert zurück, in der die Formation erstmals als die Heigenbrückener erwähnt ist. Doch der etwa 6 km lange Rundweg streift noch mehr historische Marksteine der Region. Sechs informative Tafeln erläutern u. a. die Themen Glasherstellung und Tunnelbau. Im Heigenbrückener Rathaus ist zu diesem Rundweg ein dreisprachiger Führer erhältlich.

Der Spessart hat auch prächtige Wasserschlösser zu bieten – wie die Inneneinrichtung von Mespelbrunn zeigt.

KULTURTIPP

WEINFESTE IN KLINGENBERG

Das ist allemal eine Reise wert: Wenn die Einwohner von Klingenberg ⑧ ihre gute Weinlage feiern, dann aber auch richtig! Gleich drei große Spektakel gibt es dort: Ein historisches Weinfest auf der Clingenburg lockt mit Spielleuten, Rittern, Landsknechten, Minnesängern und viel mittelalterlichem Ambiente. Etwas moderner, mit Jazzmusik, geht es beim alljährlichen Weinfest in der Altstadt zu. Das Winzerfest

schließlich zählt zu den ältesten Weinfesten Deutschlands. In »Häckerwirtschaften« kann man die guten Tropfen probieren, und einmal im Jahr öffnen sich die Weinkeller beim Tag der offenen Tür (Infos im Kultur- und Verkehrsbüro Klingenberg, Hauptstraße 26a, Telefon: 09372/921259; im Internet: www.klingenberg-main.de).

Wanderung von Lichtenau bei Weibersbrunn aus. Die Kombination von Wald, Wiese und Bach formt hier einen Lebensraum, der so mancher bedrohten Tier- und Pflanzenart noch eine Heimat bietet. An die 400 Farn- und Blütenpflanzen konnten im Tal gezählt werden, darunter etwa Gelbe Schwertlilie und Fieberklee. Bei den Tieren sind es vor allem einige seltene Vogelarten, die mitunter zu sehen sind, beispielsweise Eisvogel, Bekassine, Waldschnepfe und Pirol. Seit Jahren kämpfen die Anwohner in der Gegend ebenso wie Naturfreunde gegen eine Maßnahme, die das Idyll des Hafenlohrtals bedroht: Ein großer Teil des Tals soll zu einem Wasserspeicher aufgestaut werden.

Mespelbrunn – vom Weiherhaus zum Wasserschloss

TOP TIPP **Mespelbrunn** ⑤ ist zweifellos ein sehr schönes Wasserschloss, doch schon allein der Weg vom Ort durch ein kleines Nebental der Elsava macht Freude, denn er stimmt mit seinen großen Alleenbäumen und allerlei Wasserflächen gewissermaßen auf das fürstliche Kleinod ein. Die Geschichte Mespelbrunns begann um das Jahr 1419 mit einem unbefestigten Weiherhaus, das sich ein Ritter in diesem Tal bauen durfte. Steht man heute vor dem prächtigen Wasserschloss mit seinen Mauerecken, Türmchen und dem lauschigen Innenhof und folgt dem Rundgang durch die reichhaltig ausgestatteten Räume, kann man dies kaum glauben. Die dreiflügelige Gesamtanlage gleicht einem Hufeisen

auf fast quadratischem Grundriss (geöffnet Karfreitag bis Allerheiligen Mo–Sa 9–12 und 13–17 Uhr, So und Feiertage 9–17 Uhr).

Was macht der Wald, wenn der Mensch nichts macht? Dieser Frage kann man in der Nähe des Wanderparkplatzes **Rohrberg** ⑥ bei Rohrbrunn nachgehen. Gleich drei Naturschutzgebiete sind hier seit Jahrzehnten ausgewiesen: Rohrberg, das Naturwaldreservat Eichhall sowie das Naturschutzgebiet Metzgergraben und Krone. In allen drei Gebieten, die man auf Wanderwegen vom Parkplatz aus erkunden kann, greift die Waldwirtschaft seit Langem nicht mehr ein; das bedeutet, dass abgestorbene Bäume verwittern, umstürzen und durch unzählige Pilze, Insekten und Mikroorganismen zersetzt werden. Damit bietet dieses Totholz dann wieder die Grundlage für junge Bäume.

Von den einst zahlreichen Eisenhämmern im Spessart ist nur noch einer übrig, der **Eisenhammer Hasloch** ⑦, der aus dem Jahr 1779 stammt. Bei einer Vorführung erlebt man die beiden Hämmer in Aktion. Da bebt dann schon einmal der Boden, wenn das 170 kg schwere Monstrum auf den Amboss schlägt! Während der größere auch heute noch für schwere Schmiedearbeiten, etwa das Herstellen von Glockenklöppeln, benutzt wird, diente der kleinere zum Schmieden von Pflugscharen (Vorführungen nach Vereinbarung, Telefon: 09392/1852).

TOP TIPP Ihren Namen verdankt die Stadt **Klingenberg** ⑧ einer »Klinge«, d.h. einer wildromantischen Schlucht, die der Klingenbach in den steilen Talhang des Mains gegraben hat. Den Weg in die Klinge hinein säumen bizarre Felsformationen, und über zahlreiche Brücken geht es am Bach entlang und hinauf zur Ruine der Clingenburg. Ein bekannt guter Spätburgunder und einer der feinsten Tone der Welt – das sind die beiden Markenzeichen, die Klingenberg weit über seine Grenzen hinaus bekannt gemacht haben. Über den Weinanbau und den Tonabbau kann man im örtlichen Weinbau- und Heimatmuseum mehr erfahren (Nov–März geschlossen). Und im Teddymuseum kommen vor allem Kinder auf ihre Kosten. Gezeigt werden historische und zeitgenössische Teddybären verschiedenster Marken (Mo geschlossen).

Wer von Urphar nach Kreuzwertheim fährt, hat die Mainschleife bei **Urphar** ❾ schon umrundet. Vor Wertheim geht es nach rechts in Richtung Kreuzwertheim über die Brücke und gleich danach wieder rechts in eine kleine Straße. Nach etwa 1,5 km kann man auf einem Wanderparkplatz den Wagen abstellen. Ein mit »H« markierter Wanderweg führt von dort die Mainschleife entlang und dann auf den »Himmelreich« genannten Bergsporn. Von hier aus gilt es, den wunderbaren Blick hinab auf den Main und seine tief eingegrabene Schleife zu genießen. In Höhe der Ortschaft Bettingen, auf der anderen Mainseite gelegen, verlässt man den Weg und hält sich links in Richtung Kreuzwertheim, um zum Ausgangspunkt zurückzukommen. Etwa drei Stunden sollten für diese schöne Wanderung einplant werden.

Mensch und Wald – hier wird die Vergangenheit lebendig

TOP TIPP Die sehenswerte Altstadt von **Lohr** ❿ erkundet man am leichtesten vom großen Parkplatz Altstadt-Ost am Mainufer aus. Das Fischerviertel durchquert man in der Muschel- oder Fischergasse, hält sich dann rechts und steht vor einem der Wahrzeichen der Stadt, dem Bayersturm. Der Hauptturm der Stadtbefestigung stammt aus dem 13. oder 14. Jahrhundert, ist zugänglich und bietet einen schönen Blick über Lohr und seine Umgebung. Über die Hauptstraße erreicht man den Marktplatz, hält sich dort rechts und kommt auf den Schlossplatz mit der Tourist-Information. Gegenüber steht unübersehbar das Kurmainzer Schloss, in dem das Spessartmuseum untergebracht ist. Die reichhaltigen Sammlungen zum Thema Mensch und Wald lassen die Vergangenheit wieder lebendig werden. Alte Handwerke, die Glasherstellung und bäuerliche Lebenswelten in alten Zeiten sind nur einige der Aspekte, die hier ausführlich und anschaulich präsentiert werden (Mo geschlossen).

Das Naturpark Spessart-Informationszentrum in **Gemünden am Main** ⓫ im ehemaligen Huttenschloss ist die passende Anlaufstelle, möchte man sich über den Naturpark Spessart informieren. Die Ausstellung im Untergeschoss zeigt die Natur- und Lebensräume des Gebietes, mit den Tierarten, die man mit etwas Glück sehen kann: z. B. den Biber, der sich an verschiedenen Stellen, u. a. im Sinntal, wieder angesiedelt hat.

In der Altstadt von Lohr am Main kann man das Fachwerkambiente am besten bei einer Tasse Kaffee genießen.

Naturpark Hessischer Spessart

Herbstlich farbenfrohe Wälder, liebliche Bachtäler, ein »märchenhaftes« Städtchen und eine der schönsten Tropfsteinhöhlen Deutschlands – damit und mit vielen anderen Attraktionen kann der hessische Teil des Spessarts aufwarten. Und dazu findet man hier auch noch Waldeinsamkeit.

SERVICE

Anfahrt: Auf der A 66 bis Schlüchtern-Nord oder -Süd; nächstgelegene ICE-Bahnhöfe in Fulda und Frankfurt

Lage: Im Norden begrenzt vom Kinzigtal und der Bahnlinie zwischen Schlüchtern und Hanau, im Osten, Süden und Westen von der hessisch-bayerischen Landesgrenze

Größe: 730 km²

Höchste Erhebung: Hermannskoppe (567 m)

Gründung: 1964

Information: Zweckverband Naturpark Hessischer Spessart Barbarossastraße 24 63571 Gelnhausen

Telefon: 06051/88 35 42

Infohaus: in Bad Orb/Wegscheide

Internet: www.naturparke.de

TOP TIPP

❷ Landschaftspark Ramholz
Englischer Landschaftspark mit reizvollen Wegen

❹ Teufelshöhle
Eine für den hessischen Spessart einzigartige Tropfsteinhöhle

❺ Steinau an der Straße
Geburtsstadt der Brüder Grimm mit Museum, historische Altstadt mit Märchenbrunnen

❼ Jossatal
Botanisch interessantes Tal mit vielen Wandermöglichkeiten

❾ Gelnhausen
Stadt mit Kaiserpfalz und prächtigen alten Fachwerkhäusern

Majestätisch thront die Burgruine Schwarzenfels über dem Tal der Schmalen Sinn und bietet einen grandiosen Ausblick.

Der Naturpark liegt im nördlichen Buntsandstein-Spessart, einem der größten zusammenhängenden Waldgebiete Deutschlands. Obwohl nur wenige Berge 500 m übersteigen, ist das Klima verhältnismäßig rau. Daher und wegen der recht unfruchtbaren Böden findet kaum landwirtschaftliche Nutzung statt. Menschlicher Eingriff hat die ursprünglichen Laubwälder zwar zurückgedrängt, doch seit dem 18. Jahrhundert wurden sie wieder aufgeforstet – und so finden sich heute neben Kiefern, Fichten und Lärchen auch Rotbuchenbestände und die für den Spessart typischen Eichenwälder. Beerensammler kommen hier auf ihre Kosten, denn zur charakteristischen Vegetation zählt neben Heidekraut, Waldmeister und Besenginster auch die Heidelbeere, die als Bodendecker weit verbreitet ist. Seltenheiten kann man ebenfalls entdecken, so

etwa Fingerhut und Schachblume in den Auwiesen. In den Wäldern leben vornehmlich Rot- und Damwild, ab und zu zeigen sich Dachs, Marder oder Fuchs. Auch Wildkatze und Biber sind im Spessart wieder heimisch. Das scheue Schwarzwild ist in der Nacht aktiv und verrät sich lediglich durch Fraßspuren. Neben Bussarden und Habichten sind es unter den Vögeln die Spechte, die man besonders häufig sehen und hören kann – schließlich ist der Schwarzspecht auch das Wappentier des Naturparks.

Ein englischer Park mitten im Spessart

Bis zurück ins 8. Jahrhundert reichen die Wurzeln des Luftkurortes **Schlüchtern ❶** nordöstlich des Kinzigstausees. Um diese Zeit gründeten Benediktiner hier ein Kloster, dessen Ausbau über die folgenden Jahrhunderte vielfältige bauliche

Die Teufelshöhle bei Steinau an der Straße ist mit ihren langsam wachsenden Tropfsteinen eine Seltenheit.

Zeugnisse verschiedener Epochen hinterließ. Die karolingische Krypta etwa stammt noch aus den Gründerjahren und gilt als einer der ältesten erhaltenen Sakralbauten Deutschlands. Traditionen humanistischer Bildung pflegten die hiesigen Gymnasiasten im 16. und 17. Jahrhundert auch im Waldpark Acisbrunnen, der am Südwestrand der Stadt hinter dem Bahnhof liegt. Die Acisquelle diente den älteren Gymnasiasten zur »Taufe« ihrer jüngsten Mitschüler. Das weitläufige Erholungsgebiet bietet heute neben Wildgehege, Tümpel, Spielplatz und Kneippbecken auch einen Naturerlebnispfad sowie mehrere gemütliche Rundwanderwege unterschiedlicher Länge. Interessantes und Anschauliches zu Geschichte von Stadt und Kloster sowie eine Ausstellung zu den Märchen-Brüdern Grimm bietet das Bergwinkelmuseum im sogenannten Lauterschen Schlößchen (Information: Verkehrsbüro Schlüchtern, Krämerstraße 2, 36381 Schlüchtern, Telefon: 06661/8536 0).

Abgelegen, fast versteckt in einem kleinen Tal liegt Ramholz, das man von Schlüchtern aus über den Stadtteil

Vollmerz erreicht. Wie ein Herrschaftssitz aus längst vergangenen Zeiten präsentiert sich das Schloss mit den weitläufigen Wirtschaftsgebäuden dem heutigen Besucher.

TOP TIPP Der englische Einfluss zeigt sich vor allem auch in dem reizvollen **Landschaftspark Ramholz** ❷, den der Schlossherr – ganz nach den Ideen und Idealen seines großen Vorbildes Heinrich Fürst von Pückler-Muskau – als englischen Landschaftsgarten gestaltete. Prächtige Solitärbäume, darunter ein Mammutbaum, Alleen, Obstwiesen und Weiher verleihen dem Park seinen eigenen Charakter. Die Wege führen u.a. vorbei an den leider vom Verfall bedrohten Gewächshäusern, dem Flora-Tempel, der Kegelbahn, dem Teehaus und der Familiengruft.

Wo der Teufel und Märchengestalten ihre Spuren hinterlassen haben

Hoch über dem Tal der Schmalen Sinn thront die Burgruine **Schwarzenfels** ❸ auf einem schwarzen Felsen. Eine erste Burg ließen die Herren von Hanau im 13. Jahrhundert dort errichten und im 16. Jahrhundert im Stil der Renaissance erweitern. Geblieben ist vom einstigen Glanz nicht mehr sehr viel: Der Bergfried wurde saniert und dient heute als Aussichtsturm, die Vorburg wird als Kinderschullandheim und als Veranstaltungsraum für Weihnachtsmarkt und Kulturtage genutzt – es empfiehlt sich, im Örtchen Schwarzenfels zu parken.

Als 1584 eine Kuh wie vom Erdboden verschluckt **TOP TIPP** in der **Teufelshöhle** ❹ verschwand, hielt man dies für

WANDERTIPP

DER ESELSWEG
Auf den Spuren eines wahrscheinlich schon 2000 Jahre alten Salzhandelsweges verläuft der Eselsweg (Markierung: schwarzes E auf weißem Grund), der am Bahnhof von Schlüchtern ❶ beginnt und 111 km lang ist. Wo schon keltische Krieger, römische Kaufleute, kaiserliche Gesandte wie auch einfache Handwerker ihres Weges gingen, wandert man in sechs Tagen über mehrere Stationen (»Wandern ohne Gepäck«) nach Miltenberg am Main, wo die Salztransporte damals von Eselsrücken auf Schiffe verladen wurden. Natürlich kann man die Strecke auch in Teilen als Tageswanderung, etwa ab Schlüchtern, in Angriff nehmen.

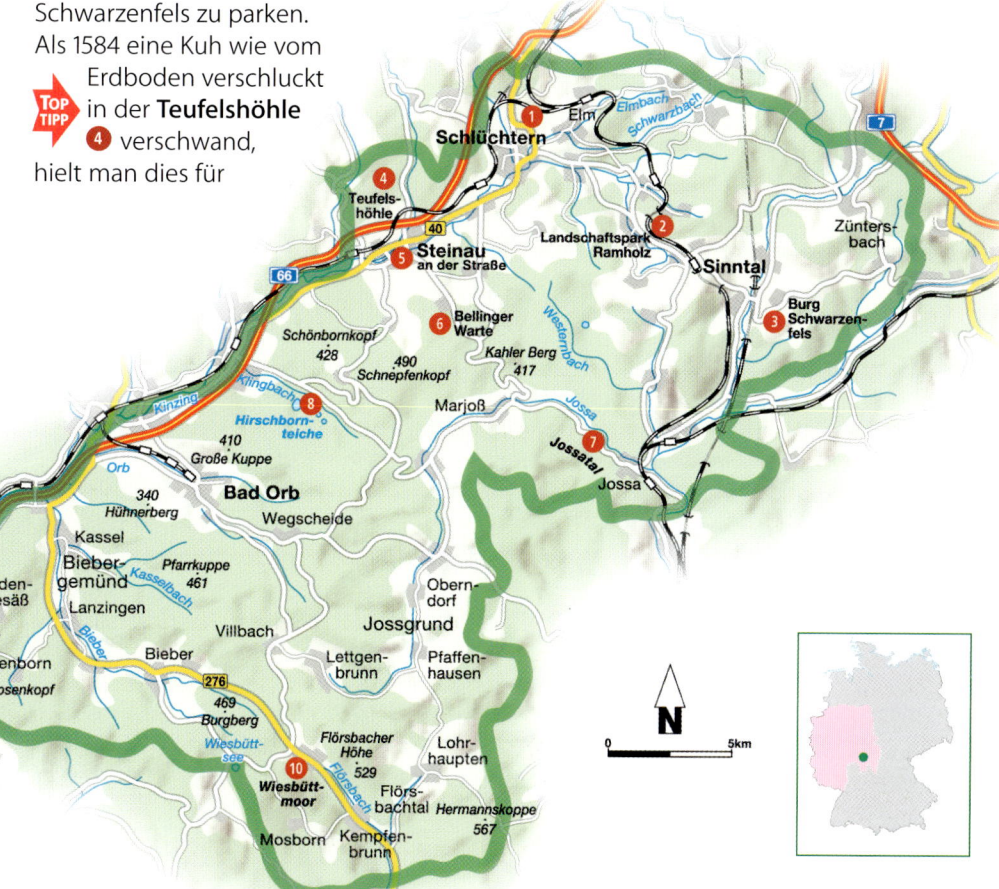

TIPP FÜR KINDER

SPASS FÜR GROSS UND KLEIN

Der Thalhof-Park bei Steinau an der Straße ❺ bietet Freizeitspaß für die ganze Familie: über 150 Tierarten und mehr als 1000 Tiere, Fahrgeschäfte sowie Spielgeräte für Kinder. Der »Steinau-Express«, eine Panoramabahn, führt zu Attraktionen wie der Sommerrodelbahn »Spessart-Flitzer«, der »Albatros-Bahn« (Bild), dem Fliegenpilz-Wellenflugkarussell und der Riesentrampolin-Anlage. Auf dem Spielplatz für Kleinkinder

gibt es u. a. ein Kinderkarussell und einen Minisandbagger. Auch botanische Sehenswürdigkeiten sind zu bewundern, je nach Jahreszeit blühen Tulpen, Narzissen, Dahlien sowie Fuchsien in seltener Pracht. Der Bezug zur Natur spielt hier eine wichtige Rolle, so gibt es einen Landwirtschaftlichen Lehrpfad und ein Landwirtschaftliches Museum. In der Tierkinderstube können Kinder die ganz Kleinen beobachten (geöffnet Anfang April bis Anfang Okt; Thalhof-Park, 36396 Steinau an der Straße, Telefon: 06663/6889).

Mit etwas Glück kann man bei einer Wanderung durch das reizvolle Jossatal seltene Vögel beobachten.

ein Werk des Bösen: So kam die etwa 2,5 Millionen Jahre alte Höhle zu ihrem Namen. Im Unterschied zu den Höhlen der Fränkischen und der Schwäbischen Alb erstreckt sich diese Grotte nicht im Weißen Jura, sondern im unteren Muschelkalk. Ein bedeutender Unterschied, denn hier wachsen Tropfsteine wesentlich langsamer: Braucht ein Tropfstein dort für 1 cm mehr als zehn Jahre, so dauert dies im Muschelkalk bis zu 300 Jahre! Zu den Attraktionen der 30-minütigen Führung zählen der 16 m hohe »Dom« mit 11 m Durchmesser, die »Kapelle« mit schleierförmigen Tropfsteinen und ein Stalagmit in Form eines Bienenkorbes. Um zur Höhle zu gelangen, fährt man von Steinau Richtung Ürzell und folgt der Beschilderung zum Höhlenparkplatz (geöffnet Ostern – Okt Sa 13 – 18, So 9 – 18 Uhr).

TOP TIPP »Es war einmal …«, so müsste eigentlich eine Broschüre über den Ort **Steinau an der Straße** ❺ beginnen. Zwar ist das nicht der Werbespruch dieses charmanten Städtchens, dennoch ist hier vieles geprägt von dessen berühmtesten Söhnen, den Brüdern Grimm. Durch verwinkelte Gässchen, vorbei an reizenden Fachwerkgiebeln, erreicht man den Marktplatz mit dem modernen Märchenbrunnen, verziert mit klassischen Märchenmotiven. In der ehemaligen Burg, Mitte des 16. Jahrhunderts zum Renaissanceschloss umgebaut, informiert eine Ausstellung über Leben und Werk der »Märchenbrüder« (Mo Ruhetag). Gegenüber dem Marionettentheater, im Marstall, findet sich thematisch passend das Puppentheatermuseum (geöffnet April – Aug täglich außer Mo, Sep bis März Sa, So nachmittags). Einen Besuch lohnt das

nur wenige Gehminuten entfernte alte Amtshaus von 1562, in dem die Brüder Grimm einige Jahre wohnten. An sie erinnert eine Gedenkstätte, außerdem sind hier das Heimatmuseum sowie auch das Deutsche Ordensmuseum untergebracht (geöffnet Mo – Fr 9 – 12, 13 – 17, Sa, So 14 bis 17 Uhr).

Von der **Bellinger Warte** ❻ aus, einem mittelalterlichen Wehrturm, bietet sich eine der besten Aussichten über den nördlichen Spessart, hinab ins Tal der Kinzig und hinüber zum Vogelsberg. Auf dem Rastplatz am Turm kann man auch grillen. Von Steinau kommend, parkt man nach etwa 2 km rechts der Straße, von dort sind es noch rund 15 Minuten Fußweg.

Herrliche Täler mit seltener Flora und Fauna

Eine Vielzahl Feuchtigkeit liebender Pflanzen und Tiere lässt sich bei einer Wanderung **TOP TIPP** durchs herrliche **Jossatal** ❼ entdecken, darunter manche seltene Art. In diesem Tal sieht man noch verschiedene Krötenarten und Molche, vor allem aber Raritäten der Vogelwelt wie Bekassine und Wachtelkönig, die hier noch optimale Lebensbedingungen vorfinden. Mittels eines ausgeklügelten Bewässerungssystems konnten die Bauern die sogenannten Wässerwiesen früher bis zu siebenmal im Jahr mähen. Das ist an der Oberflächenform der Wiesen heute noch zu erkennen: Sie sehen wie hoch gewölbte Beete aus, am Scheitelpunkt kann man manchmal noch die Mulden der Bewässerungsgräben erahnen. Durch das Tal führt ein Wanderweg (Markierung: rotes Kreuz), der von verschiedenen Wanderparkplätzen aus, u.a. vom Parkplatz Müsbrücke, gut ausgeschildert ist.

Bei Bad Soden mündet der Klingbach in die Kinzig. In seinem idyllischen Tal liegen die **Hirschbornteiche** ❽. Dieses Naturschutzgebiet erkundet man am besten auf einem 60-minütigen Rundweg, der auf einer informativen Wandertafel am Parkplatz »Mühlwiese«, an der Straße Salmünster–Mernes, beschrieben wird. Hier ist auch alles für eine Rast und für Freizeitaktivitäten vorhanden: eine Grillanlage, ein Kinderspielplatz sowie ein Trimm-dich-Pfad.

Von der Kaiserpfalz zum Quellmoor

TOP TIPP Ihre Entstehung Ende des 12. Jahrhunderts verdankt die Stadt **Gelnhausen** ❾ dem Stauferkaiser Friedrich I. Barbarossa. Damals bedeutende Handelswege trafen hier aufeinander, und so ließ der Kaiser auf einer Insel in der Kinzig eine Pfalz errichten. Dazu musste allerdings erst noch mit über 20 000 Eichenstämmen der Untergrund gesichert werden. Zehn Jahre dauerte der Bau vermutlich und wurde 1180 fertiggestellt. Man bekommt einen Eindruck von der einstigen Pracht dieser Anlage, wenn man die erhaltenen Reste besichtigt: die Torhalle, den Palas, den Turm und die mächtige Ringmauer. In dem kleinen Museum zeigt ein Modell, wie die Pfalz früher einmal ausgesehen hat (täglich geöffnet).

Für einen Besuch der Altstadt sollte man sich bei der Touristinformation im Rathaus (Mo – Fr 8 – 12 und 14 – 16 Uhr, Sa 9 – 12 und 14 – 16 Uhr, So 14 bis 16 Uhr) einen kleinen Prospekt mit einem Rundgang holen. Der Weg führt dann vorbei an den prächtigen Fachwerkbauten des Obermarktes zu den wichtigsten historischen Punkten, etwa dem Denkmal für Johann Philipp Reis, einem berühmten Sohn der Stadt und Erfinder des Telefons. Auf dem Weg hinunter Richtung Kinzig kommt man am Geburtshaus der zweiten Gelnhausener Berühmtheit vorbei: Johann Jakob Christoffel von Grimmelshausen wurde hier 1622 geboren, dessen »Simplicissimus« vom grausamen Alltag des Dreißigjährigen Krieges berichtet. Weitere Informationen zu diesen beiden Persönlichkeiten sowie zur Geschichte Gelnhausens vermittelt das Heimatmuseum (Am Obermarkt, Augustaschule; Telefon: 06051/83 03 00; täglich geöffnet, So nur nachmittags).

Eine Seltenheit im Spessart, dessen sandige Böden sonst das Wasser schnell versickern lassen, ist das **Wiesbüttmoor** ❿. Es steht bereits seit 1953 unter Naturschutz – Beweis seiner Besonderheit, denn viele kleine Quellen schufen in Jahrtausenden diese Natursehenswürdigkeit. Es handelt sich um ein Quell- oder Hangmoor, etwa 1 km lang und zwischen 20 und 100 m breit. Vom Parkplatz oberhalb des Wiesbüttsees geht man am Moor entlang und erreicht einen Beobachtungssteg. Von dort bietet sich ein guter Blick auf die Moorvegetation, und ein geübtes Auge erkennt die unterschiedliche Wasserversorgung an den Grasarten und -färbungen. Keine Frage, hier sind Pflanzenliebhaber gefragt – und begeistert: Rundblättriger Sonnentau, Sumpfveilchen, Siebenstern und Weiße Waldhyazinthe sind hier zu entdecken. Natürlich nur von den ausgewiesenen Wegen aus, denn Betreten ist aus Schutzgründen strengstens verboten!

▶ **TIPP FÜR KINDER**

IM »ZAUBERWALD«
DER BURG BRANDENSTEIN

In der Nähe von Schlüchtern ❶ steht schon seit dem 13. Jahrhundert eine Burg. Viele An-, Um- und Neubauten haben die heutige Form entstehen lassen. Nur staubige Geschichte? Nein, diese Burg lebt! Unter dem Motto »Von der Wäscheklammer bis zum Pflug« kann man im Holzgerätemuseum mehr als 800 hölzerne Gerätschaften und Gegenstände aus alten Zeiten be-

sichtigen (Anmeldung notwendig). Der Burgvogt bietet neben allgemeinen Führungen auch spezielle Veranstaltungen für Kinder an, etwa das Hüten der Ziegenherde oder das Basteln im »Zauberwald«, das Keltern von Apfelsaft, das Suppekochen (Bild) oder das Backen im Lehmofen. Man sollte es sich auch nicht nehmen lassen, die Burg einmal zu umrunden, denn schon beim Aufstieg vom nahen Parkplatz bietet sich ein herrlicher Blick über die bewaldeten Spessarthügel (Burg Brandenstein, 36381 Schlüchtern, Telefon: 06661/38 88, www.burg-brandenstein.de).

Heute noch so imposant wie zu Zeiten des Stauferkaisers Friedrich I. Barbarossa: die Kaiserpfalz in Gelnhausen.

Zahllose Brüche prägen die Erdkruste.

Felswände über tektonischen Decken beherrschen die Geologie der Alpen.

Eine der aktivsten Erdbebenzonen verläuft durch die Schwäbische Alb. 1978 hinterließ hier ein Beben schwere Gebäudeschäden.

Vulkanische Aschen in der Eifel bei Mendig.

Granit verwittert oft zu bizarren Klippen.

Deutschlands Sturm- und Drangjahre

Die Mitte Europas ist geologisch gesehen ein relativ ruhiges Pflaster. Aktive Vulkane fehlen ganz, Erdbeben kommen zwar hin und wieder vor, sind aber eher schwach. Deutschland hat seine tektonisch turbulentesten Jahre hinter sich – oder vielleicht doch noch vor sich?

Es muss um das Jahr 10 900 v. Chr., gegen Ende der jüngsten Eiszeit, gewesen sein: In der östlichen Eifel, beim heutigen Mendig, kommt es zu einem gigantischen Vulkanausbruch. Eine bis zu 40 km hohe Eruptionswolke steigt auf, rund 16 km³ Asche werden ausgeworfen – genug, um ganz Rheinland-Pfalz unter einer fast 1 m dicken Schicht zu begraben. Feinste Aschenteilchen gelangen mit den Winden sogar bis nach Italien und Schweden. Glutlawinen rasen von dem Krater, den heute der Laacher See füllt, durch die Täler bis an den Mittelrhein hinab.

Der Laacher-See-Ausbruch, ein Inferno, das heute in einem dicht besiedelten Land unvorstellbare Folgen hätte, ist der letzte, lauteste Paukenschlag innerhalb einer Serie von Eruptionen, die Mitteleuropa in der Erdneuzeit, vor allem im jüngeren und mittleren Tertiär vor etwa 10 bis 40 Millionen Jahren, erlebte. Die Feuerberge, die in diesem Zeitraum im heutigen Deutschland tätig waren und dabei die jungen Vulkanfelder vom Hegau und Kaiserstuhl im Süden über das Siebengebirge und den Vogelsberg in der Mitte bis zu den über 1000 Schloten in Nordhessen und Südniedersachsen geschaffen haben, gehörten zum Typ der kontinentalen Intraplattenvulkane. Normalerweise laufen die Ausbrüche bei diesem Vulkantyp relativ ruhig und glimpflich ab, kritisch wird es nur, wenn die bis über 1000 °C heißen Schmelzen auf Grundwasser treffen. Dann verdampft das Wasser explosionsartig, und der Wasserdampf sprengt tiefe Kessel in den Boden, wie z. B. die trockenen und mit Wasser gefüllten Maare der Eifel.

Nahezu über das gesamte Erdmittelalter hinweg ruhte der Vulkanismus in Deutschland. Dafür waren die Vulkane im Erdaltertum besonders aktiv, vor allem im Perm und im Devon. Die Vulkanbauten dieser Perioden sind allerdings längst von der Abtragung ausradiert worden. Das Perm (vor 251 bis 296 Millionen Jahren) war wohl der Zeitabschnitt der Erdgeschichte, in dem die Feuerberge auf deutschem Boden am heftigsten wüteten: mit explosiven Eruptionen von der Art und Intensität, die die USA im Mai 1980 beim Ausbruch des Mount Saint Helens erlebten, mit Glutlawinen und Aschenregen, die das Leben in weiten Landstrichen beinahe auf einen Schlag auslöschten. Spuren dieser Ausbrüche reichen vom Saar-Nahe-Gebiet bis nach Thüringen und Sachsen. Im Devon (vor 354 bis 417 Millionen Jahren) bis ins folgende Karbon hinein spuckten die Vulkane gleichfalls fleißig Lava und Asche aus, jetzt jedoch hauptsächlich unter Wasser, am Grund des Ozeans, aus dem gegen Ende des Erdaltertums das Variskische Gebirge hervorgehen sollte.

Das Erdmittelalter war in Deutschland eine relativ ruhige Zeit. Die Buntsandsteinschichten sind daher meist kaum gestört.

Vier Milliarden Jahre deutscher Erdgeschichte

Auch in den Zeiträumen, in denen es wie heute zu keinen spektakulären Vulkanausbrüchen in Mitteleuropa kommt, tut sich in der Erdkruste etwas. Sie wird je nach Region gehoben oder ge-

Die Säulenbasalte der Rhön entstanden vor rund 20 Millionen Jahren bei der Abkühlung und Schrumpfung der Lava.

GUT ZU WISSEN

TEKTONIK VON A BIS Z

ANTIKLINALE Nach oben, zur Erdoberfläche hin gewölbter Teil einer Falte, auf dem der Faltenscheitel verläuft
BRUCHSCHOLLE Bruchstück der Erdkruste, das ringsum von Verwerfungen begrenzt ist
DECKE Gesteinsmasse, die auf einer Gleitbahn über weite Entfernungen auf andere, oft jüngere Gesteine verlagert wurde, typisch z. B. für die Alpen
DECKGEBIRGE Jüngere, in ihrer ursprünglichen Lagerung kaum gestörte Gesteinsschichten über dem Grundgebirge
FALTEN Wellen-, zickzack- oder fächerförmige Verbiegungen ursprünglich etwa horizontal gelagerter Gesteinsschichten
GANG Mit anderem mineralischen Material gefüllte Spalte innerhalb einer Gesteinsmasse
GRABEN Streifen der Erdkruste, der zwischen zwei annähernd parallelen Verwerfungen oder Flexuren abgesunken ist
GRUNDGEBIRGE Gefaltete, oft metamorphe und von magmatischen Gesteinen durchzogene Schichten des Erdaltertums
HORST Längliche, von annähernd parallel verlaufenden Verwerfungen oder Flexuren begrenzte Bruchscholle, die gegenüber ihrer Umgebung gehoben worden ist
KLUFT Feiner Riss, kaum geöffnete Fuge durch ein Gestein
PLATTEN Bruchstücke der festen Erdrinde, die oft die Größe von Kontinenten erreichen
SYNKLINALE Nach unten, zum Erdinnern hin gewölbter Teil einer Falte
VERWERFUNG Bruchfläche innerhalb einer Gesteinsserie, an der Schollen gegeneinander verschoben worden sind
ZERRÜTTUNGSZONE Erdkrustenzone, von Klüften und Verwerfungen durchzogen

senkt, zwar meist nur um wenige Millimeter pro Jahr, aber doch so stark, dass die Bewegungen mit hochpräzisen Instrumenten zu messen sind. Die Bewegungen verlaufen nicht reibungslos; zuweilen entladen sich die Spannungen, und die Erde bebt, in unserem Land am häufigsten im äußersten Südwesten und am Niederrhein.
Überhaupt nicht zu spüren ist die Umwandlung der Gesteine im tiefen Untergrund durch Hitze und hohen Druck. Die Zirkonkristalle eines Gneises, eines metamorphen Gesteins, im Regensburger Wald weisen ein Alter von über 3,8 Milliarden Jahren auf. Sie sind damit die ältesten Gesteinsbestandteile, die Geologen bisher in Deutschland entdeckten. Rund 3,4 Milliarden Jahre später begann die Gebirgsbildung, die in 100 Millionen Jahren das Variskische (oder Variszische) Gebirge geschaffen hat. Es ist gewissermaßen das geologische Rückgrat Deutschlands und gliedert sich in drei große Zonen, die annähernd von Südwesten nach Nordosten durch das Land verlaufen. Nahezu alle höheren Mittelgebirge wie Rheinisches Schiefergebirge, Harz, Thüringer Wald und Fichtelgebirge gehören zu diesem aus einer Vielzahl unterschiedlicher Krustensplitter aufgebauten Gebirgsbogen, der trotz der Bezeichnung »Karbonische Alpen« niemals ein wirkliches Hochgebirge war, sondern bereits am Ende des Erdaltertums eine flachwellige, kaum über dem Meeresspiegel gelegene Ebene. Ebenen verschleiern mitunter den Aufbau des geologischen Untergrundes. Wer hätte gedacht, dass unter dem Norddeutschen Tiefland neben den Bruchschollen des begrabenen Variskischen

Gebirges bis zu 3000 m hohe Gebirge und Berge aufragen? Sie bestehen vorwiegend aus einem äußerst mobilen Gestein, Steinsalz, das in Salzstöcken und Salzmauern langsam aus der Tiefe aufdringt und dabei die Schichten verformt.
In den deutschen Mittelgebirgen, zumindest in denen nördlich der Mainlinie, spielt die Salztektonik ebenfalls eine wichtige Rolle. Ihre Arbeit wird jedoch immer durch die Zerlegung des Deck- und des Grundgebirges in zahllose, von Verwerfungen begrenzte Bruchschollen erleichert. Den größten geologischen Riss, der sich durch Deutschland zieht, kann man auf der Landkarte deutlich erkennen: den Oberrheingraben, Teil eines Grabensystems, das vom Mittelmeer bis nach Norwegen quer durch Europa verläuft. Geologische Gräben entstehen durch Dehnung und Absenkung der Erdkruste, Kettengebirge dagegen durch intensive Einengung und Hebung. An einem solchen Gebirge hat Deutschland einen zwar nur kleinen, aber von der Alpidischen Gebirgsbildung am stärksten geprägten Anteil. Die Geschichte der Alpen, die mit ihren tektonischen Decken einen in unserem Land einzigartigen geologischen Baustil aufweisen, begann vor fast 200 Millionen Jahren, in der Zeit, in der die Afrikanische und die Eurasische Platte auseinander drifteten und Ozeanbecken entstanden, in denen sich mächtige Sedimentschichten ablagerten. Seit etwa 70 Millionen Jahren driften die Platten wieder aufeinander zu, pressen die Schichtenstapel zusammen und auf das nördliche Vorland der Alpen. Tektonische Kräfte kennen eben keine Ruhepausen.

SERVICE

Anfahrt: Auf der A7 oder der A66 bis Fulda und weiter auf der B27 und B84 zum Stallberg, aus Nordosten auf der A4 bis Bad Hersfeld und weiter südwärts auf der B27 nach Hauneck-Sieglos und über Eiterfeld zum Stallberg; nächstgelegener ICE-Bahnhof in Fulda, von dort mit der Regionalbahn nach Gersfeld

Lage: Östlich von Fulda an der Grenze zu Bayern und Thüringen; ein großer Teil des Parks gehört seit 1991 zum länderübergreifenden Biosphärenreservat Rhön

Größe: 700 km²

Höchste Erhebung:
Wasserkuppe (950 m)

Gründung: 1963

Information:
Groenhoff Haus Wasserkuppe
36129 Gersfeld
Telefon: 06654/91120
Internet: www.landkreis-fulda.de

TOP TIPP

❶ Stallberg
Basaltkegel mit ungewöhnlich reicher Flora

❼ Milseburg
Sagenumwobenes Felsmassiv mit Ringwallanlage aus der Keltenzeit

⓫ Wasserkuppe
Berg der Flieger und höchster Berg der Rhön

⓬ Schafstein
Einzigartiges Blockmeer, eines der bedeutendsten geologischen Denkmäler Deutschlands

⓭ Rotes Moor
Größtes Moor der hessischen Rhön und Lebensraum seltenster Tier- und Pflanzenarten

Naturpark Hessische Rhön

»Buchonia« wird das Bergland im Grenzsaum von Hessen, Thüringen und Bayern in alten Karten genannt. Doch bedeutet der Name Buchen- oder Buckelland? Beides ergibt einen Sinn, denn sowohl artenreiche Bergbuchenwälder als auch weitläufige Kuppen beherrschen das Landschaftsbild.

Fast schon ein Volkssport im Naturpark Hessische Rhön: Paragliding am höchsten Berg, der Wasserkuppe.

Wie der Vogelsberg, mit dem sie durch den Hessischen Landrücken verbunden ist, erlebte die Rhön im Tertiär, genauer vor 25 bis 11 Millionen Jahren, eine lange Serie vulkanischer Eruptionen. Im Unterschied zu ihrem Vetter im Westen nehmen jedoch Basalt, Phonolith, Trachyt und eine Vielzahl anderer vulkanischer Gesteine in der Rhön insgesamt nur einen relativ kleinen Anteil der Erdoberfläche ein, lediglich im Südosten, in der Langen Rhön, bilden sie recht geschlossene Areale. Sonst tritt das Lavagestein vor allem in den Schichten des Buntsandsteins und Muschelkalks inselartig zutage und formt die hohen Bergkegel der Kuppenrhön. Wo so unterschiedliche Gesteinsarten wie Sand-, Kalk- und Tonstein sowie Basalt aufeinandertreffen, gibt es naturgemäß die gegensätzlichsten Lebensräume und Pflanzengemeinschaften, von bodensauren Bu-

chenwäldern über Kalkmagerrasen bis hin zu der Felsvegetation der Basaltklippen und Blockhalden. Und jedes Biotop beherbergt seine eigene Tierwelt mit so seltenen Arten wie dem Wachtelkönig oder der Alpenspitzmaus, dem Birkhuhn und einem unscheinbaren Käfer, der in Mitteleuropa nur in der Rhön vorkommt. Gerade in der Hessischen Rhön ist das Mosaik der Biotope besonders bunt und abwechslungsreich.

Reich an Kuppen, Steinen und historischen Zeugnissen

Je weiter man vom Kern der Hohen Rhön nach Norden kommt, umso weiter rücken die Kuppen auseinander und erheben sich über ausgedehnte, flachwellige Hochflächen – so der **Stallberg ❶**, der unmittelbar nördlich der B84 Hünfeld–Vacha 553 m hoch aufragt. Der

Das typische Rhöner Fachwerkhaus ist im Museumsdorf in Tann zu bewundern.

bewaldete Bergkegel ist eine Vulkanruine, die im Inneren noch einen Pfropfen aus hartem Basaltfels enthält. Am Gipfel tritt das dunkle Lavagestein in zerklüfteten Klippen an die Oberfläche, die Hänge sind mit Blöcken aus frostverwittertem Basalt bedeckt. In den Blockhalden gesellen sich zu den Rotbuchen, die auf dem Kegel in naturnahen Beständen vorkommen, Ulmen, Linden, Elsbeeren und weitere Edellaubhölzer. Unter ihrem Kronendach gedeiht eine reiche Flora mit Seidelbast, Bärlauch und Aronstab. Eine kulturgeschichtliche Besonderheit ist der Ringwall, der in der Eisenzeit von der damaligen Bevölkerung auf dem Gipfel als Fluchtburg angelegt wurde.

Die B 84 folgt in der nördlichen Kuppenrhön der uralten Heer- und Handelsstraße »Antsanvia« von Mainz nach Eisenach. Eine solche Straße brachte Wohlstand, aber auch Gefahren, wie der in Hessen einzigartige Wehrfriedhof von **Rasdorf** ❷ zeigt. Seine hohen Mauern und Wehrtürme boten den Einwohnern in kriegerischen Zeiten Schutz. Das heute friedliche Dorf besitzt in der Stiftskirche, die frühromanische Säulen und Kapitelle enthält, eine der bedeutendsten Dorfkirchen der Rhön. In barocken Formen zeigt sich die Wallfahrtskapelle zu Ehren der 14 Nothelfer auf dem nahen Gehilfersberg.

Die B 84 führt weiter ostwärts zur hessisch-thüringischen Grenze und zu einem beeindruckenden Denkmal der jüngsten deutschen Geschichte: dem von der US-Armee an der damali-

gen Zonengrenze errichteten Beobachtungsstützpunkt **Point Alpha** ❸. Während des Kalten Krieges war die nach der Wende zu einer Gedenkstätte umgestaltete Anlage mit dem hohen Beobachtungsturm einer der heißesten Orte im Machtkampf zwischen NATO und Warschauer Pakt. Das Museumsareal umfasst neben dem ehemaligen Stützpunkt und dem »Haus auf der Grenze«, das als Informationszentrum dient, ein Freigelände, in dem man die Grenzanlagen des Eisernen Vorhangs, aber auch die Natur entlang des Grünen Bandes der einstigen innerdeutschen Grenze kennenlernen kann.

Das 400-Seelen-Dörfchen **Haselstein** ❹ schmiegt sich an den gleichnamigen Felsen, einen Vulkanschlot aus dem »Klingstein« Phonolith, der durch Abtragung der weicheren Keuperschichten herausmodelliert wurde. Auf dem markanten Felsen, der bereits Ende des 8. Jahrhunderts als »Hasalahastein« und später als berüchtigtes Raubritternest erwähnt wird, stehen noch Reste

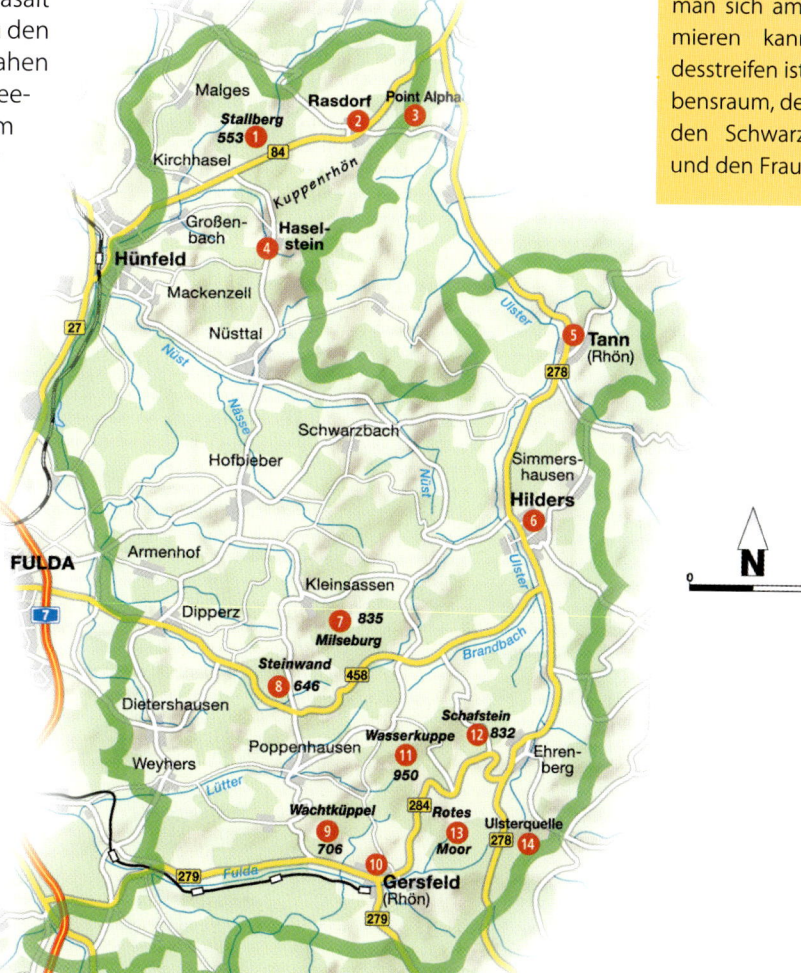

KULTURTIPP

FULDA

Die alte, knapp außerhalb des Naturparks gelegene Bischofsstadt (westlich von ➐) hat die Entwicklung der Kulturlandschaft in der Rhön entscheidend geprägt. Ihr eigenes Bild wird vor allem von glanzvollen Bauten des Barock beherrscht, wie dem nach dem Vorbild des Petersdoms in Rom errichteten Dom (Bild), dem Stadtschloss oder dem südlich der Stadt gelegenen Barockschloss Fasa-

nerie-Adolphseck. Fuldas historische Keimzelle war das im 8. Jahrhundert durch Bonifatius gegründete Benediktinerkloster. Der »Apostel der Deutschen«, der vom Kloster aus die Missionierung vorantrieb, ruht in der Krypta des Doms. Weitaus älter als diese ist die karolingische Krypta der Anfang des 9. Jahrhunderts erbauten Michaelskirche mit ihrer dem Felsendom in Jerusalem nachempfundenen Rotunde.

der Burg. Auf einem schmalen Pfad steigt man vom Wanderparkplatz an der südwestlichen Flanke durch Gebüsche gut 80 m zu ihr hinauf, vorbei an so seltenen Gewächsen wie der rosaroten Sprossenden Felsennelke oder der weißen Astlosen Graslilie, die zur charakteristischen Flora der Phonolithfelsen in der Rhön zählen.

Verträumte Städtchen und markante Felsen

Die Rhön galt als ein Land der armen Leute; die drei Anwesen, die aus verschiedenen Orten umgesiedelt wurden und nun im sehenswerten Rhöner Museumsdorf in **Tann** ➎ stehen, gehören daher mindestens zur Mittelklasse der regionalen ländlichen Architektur. Ebenfalls in Tann kann man im Rhöner Naturmuseum den längst ausgerotteten Braunbären in einem Diorama bewundern. Andere Lebensraummodelle zeigen die für das Gebirge charakteristische Feld- und Weidelandschaft oder einen Ausschnitt von »Buchonia«: den herbstlichen Buchenwald.

In Natura kann man die typische Rhöner Landschaft vielleicht am besten rund um die hübsche Marktgemeinde **Hilders** ➏ erleben, die sich mit ihrer stattlichen Barockkirche zu Füßen des Buchschirmbergs erstreckt. Knorrige alte Hudebuchen, Zeugen der früher betriebenen Waldweidewirtschaft, sind am Battenstein zu sehen, gleich neben der Wallfahrtskapelle St. Maria, wo ein Kreuzweg zum Gipfel der Basaltfelsengruppe hinaufführt. Die Kapelle mit dem »Armenseelenhäuschen« ist vom Ortszentrum aus über die Extratour »Der Hilderser« zu erreichen.

TOP TIPP Ein archäologischer Wanderpfad erschließt die **Milseburg** ➐, den höchsten Berg (835 m) der hessischen Kuppenrhön und mit den kantigen, sargdeckelförmigen Umrissen eine der sonderbarsten Berggestalten ganz Deutschlands. Kein anderer Berg der Rhön bietet auf engstem Raum so viel Sehenswertes wie das Phonolithmassiv, unter dem der Sage nach der Riese Mils begraben liegt: Reste eines keltischen Oppidums, großflächige Blockhalden, eine überaus reiche Flora mit allein mehr als 200 Moosarten und botanischen Kostbarkeiten wie der Türkenbundlilie oder der Pfingstnelke und auf dem kahlen Gipfel die Gangolfskapelle, von der man einen atemberaubenden Ausblick auf das ganze Mittelgebirge hat.

Ebenfalls aus grauem Phonolith bestehen die bis zu 28 m hohen Felsen der **Steinwand** ➑, die am Hochrhön-Ring beim gleichnamigen Gasthaus über die Baumwipfel ragen. Das frostige Klima des Eiszeitalters hat Klippen herauspräpariert und so natürliche Kletterwände geschaffen.

Der Weiler **Wachtküppel** ➒, ein Gersfelder Ortsteil, hat seinen Namen von der Basaltkuppe, die das flache Gelände am Fuß um bescheidene 50 m überragt. Ein Berg, der so heißt, muss einen hervorragenden Ausblick bieten, einst für die Burgmannen der Ebersburg, heute für die Wanderer, die nach einem leichten Anstieg die schönste Sicht auf Hessens höchsten Berg genießen möchten. Hier, am Westrand, ist das breite, behäbige Massiv der Wasserkuppe in einzelne Berge wie den Pferdskopf und den Eubeberg gegliedert, die zwischen sich den Guckaikessel mit

Auf der Wasserkuppe zeugen Basaltaufschlüsse vom vulkanischen Ursprung der Rhön.

Tiefdunkle, geheimnisvoll anmutende Tümpel prägen das Antlitz des Roten Moores nordöstlich von Gersfeld.

dem Guckaisee, die geologische Sphinx der Rhön, einschließen. War dieser Kessel vielleicht doch ein eiszeitliches Kar?

Sicher ist, dass **Gersfeld** ⑩ zu den ältesten und sehenswertesten Orten in der Hohen Rhön gehört. Das Städtchen am Oberlauf der Fulda besitzt gleich drei schmucke, in einen schönen, 1740 angelegten Park eingebettete Schlösser, dazu ein altes Fachwerk-Rathaus, das ursprünglich ein Wirtshaus war, und die 1785 vollendete Pfarrkirche, eine der bedeutendsten protestantischen Barockkirchen Hessens mit vorzüglicher Ausstattung aus der Zeit ihres Entstehens.

Auf kürzestem Weg in die Eiszeit

TOP TIPP Gut 1100 Liter Wasser gehen im Jahresdurchschnitt auf der **Wasserkuppe** ⑪ als Regen und Schnee auf jeden Quadratmeter Erdboden nieder – sie macht ihrem Namen also alle Ehre. Das reichlich vorhandene Wasser speist die Quellen von rund 30 Bächen und Flüssen, darunter der Fulda, die direkt unterhalb des Hochrhön-Rings an der Grenze zwischen wasserstauenden Basaltdecken und wasserstauenden Tuffschichten entspringt, um sich dann mit der Werra zu vereinen und als Weser stromabwärts von Bremen in die Nordsee zu ergießen. An mehr als 250 Tagen im Jahr verhüllen Wolken und Nebelschwaden den breit aufgewölbten höchsten Gipfel Hessens, der mit weiten, sanft abfallenden Grashängen nicht eben zu den aufregendsten Bergen unseres Landes zählt. Doch gerade die offenen Grasflächen machen ihn zum »Berg der Flieger« und zur Wiege des Segelflug-

sports, als die die Wasserkuppe berühmt ist. Bei intensiver Sonneneinstrahlung erwärmen sich die Grashänge sehr stark und erzeugen die Thermik, die die Segelflieger für ihre Höhenflüge benötigen. Das wohl größte Segelflugmuseum der Welt informiert hier oben über diese Facette der Wasserkuppe, das von der Verwaltung des Biosphärenreservats Rhön eingerichtete »Groenhoff-Haus« behandelt dagegen die Natur- und Kulturgeschichte der gesamten Rhön.

TOP TIPP Der **Schafstein** ⑫, ein östlicher Ausläufer des Wasserkuppenmassivs oberhalb von Wüstensachsen, führt den Wanderer, der auf schmalem Steig zu der 832 m hohen Basaltkuppe hinaufklettert, auf kürzestem Weg in die Eiszeit. Unter frostigem Klima entstandene Blockhalden und -felder findet man an vielen Orten der Rhön, doch hier erstreckt sich ein wahres Blockmeer: Der Nordhang ertrinkt förmlich im Gesteinsschutt. Vielleicht hat ein Blockgletscher den frostverwitterten Fels vor über 10 000 Jahren talwärts verfrachtet; eine ungewöhnlich kalte Ecke ist das größte Blockmeer der Rhön jedenfalls bis heute geblieben. Selbst an heißen Hochsommertagen ist die Luft zwischen den Blöcken manchmal eiskalt.

Auf den höchsten Höhen des Gebirges ist es im Durchschnitt 5 °C kühler als im benachbarten Tiefland, und kühle Temperaturen vereint mit hohen Niederschlägen sind beste Bedingungen für die Entstehung von Mooren. Das **Rote**

TOP TIPP **Moor** ⑬, das auf einem 1,3 km langen Bohlenpfad erkundet werden kann, ist das ausgedehnteste und – trotz der langen Nutzung durch Torfabbau – ursprünglichste Hochmoor im hessischen Anteil der Rhön. Von den größten Karpatenbirkenwäldern Mitteleuropas sowie von Feuchtwiesen und Sümpfen umgeben, wird die Moorlandschaft gegenwärtig renaturiert, um den Lebensraum des Wachtelkönigs, der Bekassine und des Birkhuhns zu erhalten.

Jenseits des Ottiliensteins, der die Geländemulde mit dem Roten Moor im Osten begrenzt, liegt nahe der bayerischen Grenze südlich von Wüstensachsen ein ausgeprägter Quellkessel. Dort befindet sich die **Ulsterquelle** ⑭, die den Fluss an der hessisch-thüringischen Grenze speist. In dem nach Norden geöffneten kühl-feuchten Quellgebiet, dem Kesselrain, ist eine Vielzahl unterschiedlicher Waldgesellschaften verbreitet. In ihnen kommen auch seltene und gefährdete Tier- und Pflanzenarten vor, z. B. die Alpenspitzmaus und die Wasserspitzmaus, der Schwarze Apollo, ein Falter, oder der Alpen-Milchlattich und die Breitblättrige Glockenblume, die wie ihre meisten alpinen Verwandten kühle, schattige Standorte bevorzugt.

SERVICE

Anfahrt: Auf der A 4 Bad Hersfeld–Eisenach bis Ausfahrt Friedewald; nächster ICE-Bahnhof in Bad Hersfeld
Lage: Im nördlichen Bayern, östlichen Hessen und südwestlichen Thüringen zwischen Werra, Fränkischer Saale, Fulda und Bad Brückenau; die Naturparks Hessische Rhön und Bayerische Rhön gehören größtenteils zum Biosphärenreservat
Größe: 1849 km²
Höchste Erhebung:
Wasserkuppe (950 m)
Gründung: 1991
Information:
Bayerische Verwaltungsstelle
Oberwaldbehrunger Straße 4
97656 Oberelsbach, Tel. 09774 / 910 20;
Hessische Verwaltungsstelle
Groenhoff Haus Wasserkuppe
36129 Gersfeld, Tel. 06654/961 20;
Thüringische Verwaltungsstelle
Mittelsdorfer Straße 23
98634 Kaltensundheim,
Tel. 036946/3820
Internet:
www.biosphaerenreservat-rhoen.de

TOP TIPP

1. **Dreienberg**
   Naturschutzgebiet mit reicher Muschelkalkflora
7. **Ibengarten**
   Das wohl älteste Eibenvorkommen Deutschlands
10. **Gebaberg**
    Einmalige Wacholderheiden und Kalkmagerrasen
12. **Bad Kissingen**
    »Königliches Heilbad« am Rand der Bayerischen Rhön
13. **Hammelburg**
    Älteste Weinstadt Frankens

Biosphärenreservat Rhön

Drei Bundesländer – ein Biosphärenreservat. Woher der Name »Rhön« stammt, ist unbekannt; vielleicht vom isländischen Wort für Lavawüste oder vom keltischen Begriff für Grenzgebirge. Und eben diese Grenzen werden in diesem Biosphärenreservat seit 1991 überschritten.

Blühende Wiesen – wie hier nördlich von Hammelburg – und sanfte Hügel gehören zum Bild des Biosphärenreservats.

Drei Bundesländer berührt das Reservat und auch die drei großen Naturräume der Rhön: die flachwelligen Hochflächen, breiten Täler und Senken des Rhönvorlands, das abwechslungsreiche Bergland der Kuppenrhön und die herben Hochplateaus der Hohen Rhön. Jeder dieser Naturräume hat seine eigene Erd- und Landschaftsgeschichte, seine charakteristischen Gesteine und Böden sowie sein spezielles Klima. Die unterschiedlichen Standorte spiegeln sich in einer Vielfalt von Pflanzengesellschaften wider, die oft in Sichtweite nebeneinanderliegen: Moore mit botanischen Relikten aus dem Eiszeitalter und Steppenheiden mit südlicher Flora, schattige, feuchte Schluchtwälder und von der Sonne überflutete Felsen. Und wo die Lebensräume so gegensätzlich sind, öffnen sich zahlreiche ökologische Nischen für die verschiedensten Tierar-

ten. Allein auf den Hochplateaus der Langen Rhön kommen über 3000 Spezies vor, im gesamten Biosphärenreservat schätzungsweise etwa 20 000, darunter häufige Arten wie der Fuchs und der Feldhase, aber auch seltenste wie das Birkhuhn oder die Sumpfspitzmaus, ein Winzling, der höchstens 16 g auf die Waage bringt. Das Gebiet des Biosphärenreservats Rhön überschneidet sich zum Teil mit den Naturparks Bayerische Rhön und Hessische Rhön. Attraktionen, die hier nicht beschrieben werden, sind daher eventuell bei einem der Naturparks zu finden.

Kegelspiel in XXL

»Hessisches Kegelspiel« wird der nördlichste Ausläufer der Rhön genannt, wegen der majestätischen Bergkegel, die hier wie auf einer gigantischen Kegelbahn angeordnet stehen und alle einen harten Kern aus Lavagestein besitzen. Der **Dreienberg** ❶ bei Friedewald wird nur an einer einzigen Stelle von einem Vulkanschlot durchzogen, sonst besteht er aus hellgrauem Muschelkalk, der über den meist roten, tonigen Schichten des Röt lagert. An den Hängen von Bergen mit einem solchen geologischen Aufbau kommt es häufiger zu Rutschungen, wobei sich breite Zerrspalten öffnen, wie beim »Alten Keller« an der Südostecke, über dem einst die Dreienburg stand. Auf den abgerutschten Muschelkalkschollen breiten sich heute nach aufwändiger Renaturierung wieder artenreiche Kalkmagerrasen aus, weiter oben wachsen verschiedene Buchenwaldgesellschaften, u.a. der seltene Orchideenbuchenwald, in dem das Rote Waldvöglein, die Fliegen-Ragwurz und etliche andere Orchideen gedeihen.

Die Steinbrüche am Fuß des Dreienbergs beim Gut Weißenborn liefern den international bekannten Friedewalder Sandstein, einen harten Quarzsandstein, der vor allem als Werkstein für Bildgrabdenkmäler diesen Teil der Rhöner Kulturlandschaft geprägt hat. Auf dem historischen christlichen Friedhof von **Schenklengsfeld** ❷, der sich gleich an den heutigen anschließt, stehen nicht weniger als 275 Grabdenkmäler aus dem 17. bis 19. Jahrhundert. Nach dem Motto »Ein Bild sagt mehr als tausend Worte« verraten sie viel über die Kulturgeschichte und Handwerkskunst einer Rhöner Gemeinde, die im Zentrum einen weiteren Schatz besitzt: die 1000-jährige Linde von Schenklengsfeld. Ob der Baumveteran, dessen Krone einen Umfang von 30 m aufweist, tatsächlich so alt ist, weiß niemand genau. Vermutlich blühte die Linde schon im 13. Jahrhundert, als die Burg Hauneck bei **Oberstoppel** ❸ erbaut wurde. Nach bewegter Geschichte steht ihre romantische Ruine heute noch auf dem höchsten Punkt des Stoppelsbergs und erlaubt vom Bergfried aus einen herrlichen Blick auf die nördliche Kuppenrhön mit dem »Hessischen Kegelspiel«. Die Burgruine erreicht man vom südlichen Ortsrand von Oberstoppel, die »Langen Steine« dagegen am sichersten auf dem ausgebauten Feldweg, der am nördlichen Ortsrand von Unterstoppel westwärts zum Wald führt. Wo gibt es derartige Steinkolosse von über 13 m Länge und mehr als 100 t Gewicht sonst noch in der Rhön zu sehen?

Der **Soisberg** ❹ bei Wehrshausen gilt mit seiner stolzen Höhe von 630 m als der »König« im Neunerfeld des »Hessischen Kegelspiels«. So ebenmäßig geformt wie der Fuji-san, sein aktiver Vetter in Japan, ragt der bewaldete, längst erloschene und bis auf das Skelett abgetragene Vulkan über die Buntsandsteinflächen und Muschelkalkrücken empor. Die meisten Besucher steigen auf ausgeschilderten Wegen zum Aussichtsturm hinauf. Von dort sind die Hohe Rhön, der Thüringer Wald und mitunter sogar der Habichtswald zu erkennen. Lohnend ist auch der Blick auf die üppige Flora am Wegesrand, besonders im zeitigen Frühjahr, wenn sich der nährstoffreiche Basalt mit einem Blütenteppich aus Hohlem Lerchensporn und anderen Frühblühern überzieht. **Mansbach** ❺, am Fuß der von einem Ringwall geschützten

RUND UM DEN DREIENBERG

Ein Panoramarundweg umrundet den Dreienberg ❶, den nördlichsten Vorposten der Rhön. Die mit einem »P« markierte Rundtour ist von den Parkplätzen bei Friedewald oder Lautenhausen aus auf fast durchgehend ebenen Waldwegen in 2,5 Stunden mühelos zu bewältigen. Von der Nordwestecke schaut man weit über die von einzelnen Basaltkuppen und -rücken gekrön-

ten Sandsteinberge des Fulda-Werra-Berglands; noch schöner ist der Ausblick, der sich im Südwesten an einer Schutzhütte auf das »Hessische Kegelspiel« bietet. Im Grenzsaum zwischen dem kalkigen Muschelkalk und dem tonigen Röt, durch den der Weg meist verläuft, gedeiht eine ungewöhnlich artenreiche Flora. Es lohnt sich hier also, auf botanische Kostbarkeiten am Wegesrand zu achten.

Dreienberg
524
Friedewald
62
Schenklengsfeld
Oberstoppel
630
Soisberg
Mansbach
Grüsselbach
84
Rasdorf
Geisa
Bernshäuser Kutte
Hünfeld
Haselstein
Ibengarten
Zella
Hofaschenbach
Tann
Kaltennordheim
Obernüst
Kaltenwestheim
Naturpark
278
Ellenbogen
816
Wohlmuthausen
Gebaberg
751
Hofbieber
Hilders
285
Frankenheim
Hessische
Dipperz
485
Wasserkuppe
950
Fladungen
Poppenhausen
Ehrenberg
Rhön
284
Naturpark
Ostheim vor der Rhön
279
Gersfeld
279
Motten
Bischofsheim
Bayerische
Schönau
27 Kothen
Wildflecken
Sandberg
Bad Neustadt an der Saale
Langenleiten
11
7
Rhön
286
Bad Brückenau
Bad Bocklet
N
0 5km
13
Hammelburg
12 Bad Kissingen

Ein imposanter Baumveteran und erholsamer Rastplatz für Spaziergänger: die 1000-jährige Linde von Schenklengsfeld.

frühgeschichtlichen Grasburg und nahe der hessisch-thüringischen Grenze gelegen, schmückt sich mit Schlösschen und Herrenhäusern des Landadels. Die Dorfkirche haben jedoch deren Untertanen errichtet und hinter den dicken, wehrhaften Mauern im schönsten osthessischen Bauernbarock ausgestattet.

Mittendrin im deutschen Garten …

… liegt die Rhön, und im thüringischen Anteil des Gebirges hat dieser Garten eine bunte Flora, besonders auf den Schichten des Muschelkalks, die dort größere Flächen einnehmen. Unter dem Muschelkalk lagert der Buntsandstein und darunter der Zechstein mit seinen Salzlagerstätten. Dem Salz verdankt die Rhön ihre wenigen Seen, denn das Steinsalz löst sich im Grundwasser, hinterlässt Hohlräume, die irgendwann einstürzen und Erdfallseen schaffen. Auf diese Weise ist die idyllische **Bernshäuser Kutte** ➏ entstanden. »Grüne Kutte« wird das stille, 45 m tiefe Gewässer wegen der grünen Wasserlinsendecke auch genannt. Diesen größten See der Rhön kann man auf einem teilweise recht steilen Rundweg erkunden; das Baden im See ist aufgrund seines empfindlichen ökologischen Gleichgewichts seit einiger Zeit verboten.

TOP TIPP Ist der **Ibengarten** ➐, der eine Viertelstunde Fußmarsch südlich des Dörfchens Glattbach am Rand des Feldatals liegt, einst angepflanzt worden? Man weiß es nicht. Eiben wurden jedenfalls wegen ihres sehr harten Holzes früher oft gepflanzt. Über 300, bis 12 m hohe Eiben umfasst dieses Vorkommen des immergrünen Nadelbaums, und mit einem Alter von

bis zu 600 Jahren sind sie die wohl ältesten Deutschlands. Der Ibengarten geht auf der einen Seite nahtlos in Kalkmagerrasen mit Wacholder- und Orchideenbeständen, auf der anderen Seite in einen Buchenwald über. Im Wald ist Muffelwild heimisch, und wie es heißt, soll dort einst der legendäre Räuber »Rhön-Paulus« sein Unwesen getrieben haben.

In schönstem Rhön-Barock präsentiert sich in **Zella** ➑ die 1732 vollendete Propsteikirche Mariä Himmelfahrt auf einer Anhöhe über der Felda. Das außen reich gegliederte und im Innern üppig ausgestattete Gotteshaus trägt die Handschrift des Fuldaer Hofbaumeisters Andrea Galasini, der 1715 mit dem Bau der Propstei beauftragt wurde. Zur altehrwürdigen Anlage gehört auch ein malerischer Garten mit Mariengrotte.

Der **Ellenbogen** ➒, höchster Berg (816 m) der Thüringischen Rhön, lässt sich bis zum flachen Gipfel bequem »erfahren«. Erwandern kann man die behäbige Höhe der Langen Rhön am besten auf dem Wald-Naturlehrpfad, der bei der Berggaststätte »Eisenacher Haus« beginnt und auf 4,5 km langer Strecke zu Standorten mit Informationstafeln führt. Sie vermitteln viel Wissenswertes über die Lebensräume des Gebirges und seine Entstehung, etwa über die sturmzerzausten Hudebuchen, die ahnen lassen, wie rau das Klima der Rhön ist, oder die im Frühsommer blütenreichen Bergwiesen.

TOP TIPP Mit seinen 751 m ist der **Gebaberg** ➓ mit dem im Süden oberhalb von Helmershausen vorgelagerten Neidhardskopf zwar nicht sehr viel niedriger als der Ellenbogen, doch die Straße hinauf zum Ort Geba führt in eine vollkommen andere Welt.

Fast die gesamten Hänge beiderseits der Straße werden von Wacholderheiden und Kalkmagerrasen eingenommen, die in Art und Ausdehnung in Deutschland einmalig sind. Die durch jahrhundertelange Nutzung als Schafweide entstandenen Biotope beherbergen seltenste Pflanzen wie die Einknollige Honigorchis und das Ohnhorn und sind auch der Lebensraum des ebenso seltenen Randring-Perlmutterfalters und der Berghexe, eines Augenfalters. Im Rhönkulturgarten auf dem bis zur Wende als Militärgelände genutzten Gebaplateau erfährt der Besucher, wie eng Natur und Kultur in der Rhön miteinander verflochten sind.

Traditionsreiche Heilbäder und die älteste Weinstadt Frankens

Von jeher ist **Bad Neustadt an der Saale** ⑪ untrennbar mit dem Salz in der Tiefe verbunden: durch den Namen des Flusses, an dem es liegt, und durch die Salzburg, eine mächtige Burganlage aus dem 12. Jahrhundert, von der aus der umliegende Salzgau verwaltet wurde. Den historischen Kern der Stadt betritt man stilvoll durch das Hohntor, Teil der 1,5 km langen, nahezu unversehrt erhaltenen Wehranlage und 34 m hohes Wahrzeichen der alten »Neuen Stadt«. Hinter ihm drängen sich um den Markt mit der Quellnymphe »Marktbärbel« schmucke Adelshöfe und Patrizierhäuser aneinander, oft in den Formen des Barock. In lupenreinem klassizistischem Stil wurde die im Inneren mit korinthischen Säulen geschmückte Stadtpfarrkirche Mariä Himmelfahrt errichtet, während die Karmelitenkirche, ein architektonisches Juwel Fran-

kens, wiederum mit prachtvollem barockem Inventar (z. B. Orgel, Altäre, Kanzel) ausgestattet ist. Der Kurbetrieb in Bad Neustadt reicht bis in die Mitte des 19. Jahrhunderts zurück – da hatte **Bad Kissingen** ⑫, ein weiteres Glied in der Kette der Heilbäder am Rand der Bayerischen Rhön, bereits eine gut 300-jährige Tradition als Kurort und war zum »königlichen Bad« des europäischen Hochadels aufgestiegen. Aus dieser Glanzzeit sind eine ganze Reihe prachtvoller Bauten erhalten, allen voran der Regentenbau mit seinen herrlichen Sälen, der mit Figuren der antiken Mythologie verzierte Schmuckbau, der Luitpoldbau mit seinen fantasievollen Jugendstil-Glasmalereien, die Arkaden und das Rendezvous-Gärtlein. Aus jüngerer Zeit stammen der vom Duft der Rosen erfüllte Rosengarten und das Gradierwerk in seiner heutigen Gestalt, das einen Hauch salzhaltiger Meeresbrise in die Rhön bringt.

Heilkräftiges Mineralwasser ist der Schatz der Heilbäder; **Hammelburg** ⑬ verdankt seinen Ruf dagegen eher dem herben, trockenen Wein, der seit mindestens 1200 Jahren aus den Trauben der Rebgärten auf den »hitzigen« Muschelkalkböden an den Ufern der Fränkischen Saale bereitet wird. Die Altstadt-Runde informiert über die Bedeutung des Weins für die Stadt und führt zugleich zu ihren sehenswertesten Bauwerken wie dem Rathaus mit dem schönen Renaissance-Marktbrunnen, dem barocken, nach den Plänen Andrea Galasinis erbauten Kellereischloss oder der spätgotischen Spitalkirche St. Nikolaus. Hoch über der Weinstadt thront das Schloss Saaleck.

TOP TIPP

Das Kurhaus von Bad Kissingen in der Dämmerung: In diesem Heilbad fühlten sich auch Könige wohl.

▶ TIERE

RHÖNSCHAF
(Ovis gmelini aries)

»Das gewöhnliche Schaf des Rhönlandwirtes ist ein gemeines teutsches Schaf in einer eigenthümlichen Art, welches selbst im Ausland unter dem Namen ›Rhönschaf‹ bekannt wird« – so beschreibt eine Akte aus dem Jahr 1844 den wolligen Vierbeiner, der einer der ältesten Nutztierrassen Deutschlands angehört. Eigentümlich und daher unverwechselbar ist vor allem der

schwarze, bis hinter die Ohren unbewollte Kopf. Das Rhönschaf liefert zwar nicht besonders gute Wolle, aber Fleisch von hoher Qualität, die selbst die verwöhnten Franzosen im 19. Jahrhundert überzeugte. Nach einem Rückgang erleben die »weißbeinigen Schwarzköpfe« derzeit wieder eine Renaissance, nicht nur in der Gastronomie, sondern vor allem in der Landschaftspflege, wo die an das raue Klima angepassten Schafe unverzichtbare Arbeit leisten.

SERVICE

Anfahrt: Auf der A 7 Kassel–Würzburg zur Ausfahrt Bad Brückenau-Wildflecken, von dort über Bischofsheim auf die Hochrhönstraße Richtung Fladungen; nächster ICE-Bahnhof in Fulda
Lage: Nördlich von Würzburg im Dreiländereck Bayern / Hessen / Thüringen; ein großer Teil des Parks gehört seit 1991 zum länderübergreifenden Biosphärenreservat Rhön
Größe: 1250 km²
Höchste Erhebung: Kreuzberg (928 m)
Gründung: 1967
Information:
Naturpark und Biosphärenreservat Bayerische Rhön e. V.
Oberwaldbehrunger Straße 4
97656 Oberelsbach
Telefon: 09774 / 91 02 50
Infohäuser: In Oberelsbach und in Wildflecken-Oberbach
Internet:
www.naturpark-rhoen.de

TOP TIPP

1 Schwarzes Moor
Größtes und ökologisch wertvollstes Hochmoor der Rhön

4 Gangolfsberg
Botanisch abwechslungsreiche Kuppe mit einzigartigem Säulenbasaltvorkommen

5 Ostheim vor der Rhön
Altertümliches Städtchen mit Deutschlands größter und besterhaltener Kirchenburg

8 Kreuzberg
»Heiliger Berg der Franken« und Wallfahrtsort

11 Bad Brückenau
Traditionsreiches Heilbad am Fuß der Hohen Rhön

Naturpark Bayerische Rhön

Nur ungefähr ein Drittel der Rhön zwischen der Fränkischen Saale im Süden und der Werra im Norden trägt ein Waldkleid. Im größten Teil des Gebirges schweift der Blick frei über Felder, Wiesen und Weiden. Nicht umsonst nennt man die Rhön deshalb auch das »Land der offenen Fernen«.

Wanderer im Schwarzen Moor: Ein Bohlenpfad erschließt das ökologisch wertvollste Moor der Rhön.

Der Naturpark erstreckt sich vom Schwarzen Moor zu den Schwarzen Bergen, schließt aber den Truppenübungsplatz Wildflecken aus, der Naturschützern und Anwohnern ein Dorn im Auge ist. Wer auf der A 7 von Westen oder Süden in diesen Teil der Rhön reist und dabei die hohen Kuppen und Kämme im Hintergrund bewusst übersieht, erlebt ein Landschaftsbild, das sich von dem in weiten Teilen des deutschen Mittelgebirgsraums kaum unterscheidet: ausgedehnte, mit Wäldern bedeckte, mehr oder minder tief durch Täler zerschnittene Hochflächen auf den Schichten des Buntsandsteins oder von fruchtbarem Lösslehm verkleidete Muschelkalkplateaus. Zum Kern des Gebirges hin ändert sich das Bild der Landschaft jedoch schroff. Es geht in ein Bergland von hohen Bergkuppen und -rücken über, die eigentliche Hohe Rhön, die mit ihren Rasenflächen, der schütteren Bewaldung und den Blockfeldern der südlichste Vorposten der skandinavischen Fjells sein könnte. Hier bilden die Lavadecken meist geschlossene Flächen, viel stärker als das längst erstarrte Magma hat hier allerdings der eiszeitliche Frost das Landschaftsbild geprägt: Er hat durch Bodenfließen die sanft geglätteten Bergflanken geschaffen und an anderen Stellen mit der Frostsprengung an den zerklüfteten Felsklippen genagt. Die Hohe Rhön ist demnach in großen Teilen noch eine Eiszeitlandschaft, und ihre eisige Vergangenheit zeigt sich deutlich in der Flora und Fauna.

Strangmoor und Prismenwand

Mit Lehrpfaden und Rundwanderwegen hat die Naturparkverwaltung ihren Park reichlich ausgestattet. Der wohl interessanteste Pfad führt von

Auch wenn sein Name düster klingt: Das Schwarze Moor empfängt Besucher mit blühenden Feuchtwiesen.

dem großzügig angelegten Rastplatz »Schwarzes Moor« durch das mit rund 60 ha größte und ökologisch wertvollste Hochmoor der Rhön, das **Schwarze Moor** ❶, das sich in rund 800 m Höhe als Strangmoor auf einer Hochfläche ausbreitet. Für den gut 2 km langen, auch für Rollstuhlfahrer geeigneten und mit knapp zwei Dutzend Informationstafeln bestückten Bohlenpfad sollte man mindestens eine Stunde einplanen. Wer es einrichten kann, wählt für die Tour am besten den Herbst, wenn durch die unterschiedliche Laubfärbung der Bäume und Sträucher die Vielfalt der Lebensräume eines Hochmoors sichtbar wird. Dunkle, von weißen Wollgräsern gesäumte Mooraugen wechseln mit Inseln aus strahlend gelb verfärbten Karpatenbirken oder tiefroten Beerensträuchern. Seltene Tiere wie das Birkhuhn oder die Bekassine haben in dieser Wildnis ein Rückzugsgebiet gefunden – sie sollten nicht gestört werden.

Die Streuobstwiesen im Tal der Streu bei **Fladungen** ❷ präsentieren sich dagegen im Frühjahr während der Obstblüte im schönsten Gewand. Das fränkische Städtchen besitzt seit dem 14. Jahrhundert die Stadtrechte, und sein altertümliches Bild hat es im Kern bis heute bewahrt. An die Zeit, als es zu Würzburg gehörte, erinnert das Renaissance-Rathaus, ehemals Amt- und Zenthaus. Erst nach dem verheerenden Stadtbrand von 1635 entstanden die mit wundervollem Schnitzwerk geschmückten Fachwerkhäuser. Mittelalterlich sind die in weiten Teilen erhaltenen und sorgfältig restaurierten Stadtbefestigungen, die von mehreren Türmen überragt werden, darunter der »Maulaffenturm«, an dem eine kleine, freche Steinfigur steht. Die katholische Pfarrkirche St. Kilian, in spätem Rokoko ausgestattet, und die St. Gangolfskapelle, die eine Kreuzigungsgruppe und ein Bildstock als typische Elemente der Rhö-

ner Kulturlandschaft zieren, sind die sehenswertesten Gotteshäuser Fladungens.

Vom Parkplatz »Schornhecke« aus führt auf dem mit einem roten Tropfen markierten Weg durch die Matten ein nur viertelstündiger Aufstieg zum 926 m hohen **Heidelstein** ❸ bei Wüstensachsen, dem höchsten Punkt der Langen Rhön, den ein Sendemast um gut 200 m überragt. Grandios ist der Ausblick auf den Quellkessel der Ulster im Norden und noch mehr auf die kargen Borstgrasrasen der Langen Rhön im Süden. An einer dunkelgrauen Basaltklippe als würdigem Rahmen befindet sich auf dem Gipfel ein Ehrenmal des Rhönklubs. Von der Front der Klippe sind im Eiszeitalter mehrere Gesteinsblöcke auf dem gefrorenen Untergrund als Kette von Wanderblöcken den Hang hinabgewandert.

Das »Haus der Langen Rhön«, Informationszentrum des Biosphärenreservats Rhön, steht in der hübschen Marktgemeinde Oberelsbach (Unterelsbacher Straße 4). Bei der Wanderung auf dem Lehrpfad am nahe gelegenen **Gangolfsberg** ❹ besteht die Gelegenheit, die zuvor erhaltenen Einblicke in die Natur und Kultur des Gebirges zu vertiefen. Höhepunkte der etwa 2,5 km langen Rundtour, die am »Schweinfurter Haus« beginnt und endet, sind neben

Beeindruckende Säulenbasaltformationen, wie hier am Gangolfsberg, faszinieren Geologen und Wanderer.

FLADUNGER MUSEEN

Im bayerischen Teil der Rhön besitzt Fladungen ❷ die bedeutendsten Museen. Das im ehemaligen Amtshaus eingerichtete Rhönmuseum gewährt einen umfassenden Einblick in die Kulturgeschichte des Gebirges, von Funden aus der Steinzeit bis hin zu Schätzen der Rhöner Handwerkskunst. Im Fränkischen Freilandmuseum Fladungen (Bild) stehen dagegen die ländliche Architektur und das Alltagsleben der

Bauern in früheren Jahrhunderten im Mittelpunkt. Im Lauf der Zeit ist hier ein weitläufiges Museumsdorf entstanden – mit allem, was dazugehört: Kirche, Dorfwirtshaus, Brauhaus und sogar einem Bahnhof, von dem an Wochenenden und Feiertagen das »Rhönzügle« nach Ostheim dampft.

der artenreichen Vegetation der Basaltkuppe zweifellos die »Prismenwand« und der »Teufelskeller«. Die Frage, warum die »Prismenwand« so heißt, beantwortet sich von selbst beim Blick auf die perfekt geformten Basaltsäulen, die wie Prismen aus der Felswand ragen. Den Namen des »Teufelskellers«, einer der wenigen Höhlen in der Rhön, erklärt eine alte Sage damit, dass hier einst der Teufel eine Grotte für sein finsteres Treiben errichtet habe.

Kirchenburg und »Heiliger Berg«

Als Grenzgebirge war die Rhön in der Vergangenheit oft genug Kriegsschauplatz. Daran erinnern die vielen Burgen der weltlichen Herrscher, aber auch die Wehrkirchen, die in kriegerischen Zeiten der Bevölkerung Schutz boten. Unter ihnen ragt die im 17. Jahrhundert errichtete, stark befestigte Pfarrkirche St. Michael in **Ostheim vor der Rhön** ❺ heraus. Sie ist mehr als eine Wehrkirche – eine echte Kirchenburg, die größte und besterhaltene Deutschlands. Ein doppelter Mauerring mit vier mächtigen Türmen und einem Wehrgang umschließt das u. a. mit schönen Bildnisgrabsteinen ausgestattete Gotteshaus. Die imposante Anlage enthält auch Gaden, kellerartige Vorratsräume für Notzeiten. Nach dem Besuch lohnt sich ein Bummel durch den historischen Stadtkern, wo man Bürgerhäuser, Adelshöfe und ein stattliches Rathaus bewundern kann.

Der südliche Teil der Langen Rhön wird durch den **Naturkundlichen Wanderpfad Bauersberg** ❻ erschlossen. Die rund 10 km lange Tour geht

vom rechts der Straße Bischofsheim–Fladungen gleich in der Nähe des Rothsees und eines aufgelassen Bergwerksstollens gelegenen Parkplatz aus. Besonders eindrucksvoll ist der Kontrast zwischen den herben, häufig durch Stürme gepeitschten Weiden und den Schluchtwäldern im wildromantischen Schwarzbachtal, wo sich nur selten einmal ein Lüftchen regt.

Unter den Bio- und Geotopen der Bayerischen Rhön ist der **Frickenhäuser See** ❼ eine absolute Ausnahme: Er gilt als der einzige natürliche See Nordbayerns. Das annähernd kreisrunde Gewässer am südöstlichen Rand von Frickenhausen, mit einem Durchmesser von gut 100 m und knapp 30 m Tiefe gewiss kein Riese, ist ein belebender Farbtupfer in der Landschaft und eine beliebte Freizeitstätte. Wie seine wenigen Vettern in der übrigen Rhön ist er durch Auslaugung der Salzschichten im tiefen Untergrund entstanden. Und wie Sagen behaupten, soll er eine unterirdische Verbindung zum Meer besitzen und rätselhafte Riesenfische beherbergen.

Der 928 m hohe **Kreuzberg** ❽, erhabene Höhe und »Heiliger Berg der Franken«, geriet kaum einmal in die Kriegswirren in den Niederungen, doch dafür erlebt er fast das ganze Jahr über einen heftigen Ansturm von »Pilgern« der unterschiedlichsten Art: Autotouristen, deren Fahrt an dem gebührenpflichtigen Parkplatz endet, Mountainbiker, für die das Kloster auf dem Berg ein beliebter Treffpunkt ist, und Wanderer, von denen die konditionsstärksten über die sogenannte Kniebreche von Sandberg heraufsteigen und oben gleich noch eine Tour auf einem

Die Pfarrkirche St. Michael in Ostheim vor der Rhön vermittelt einen sehr wehrhaften Eindruck – eine wahre Kirchenburg.

der über zehn Rundwanderwege zu den Basaltblockhalden, zur Kreuzigungsgruppe und den Aussichtspunkten des Gipfels anhängen. Und alle treffen sich dann in der Klosterschänke beim süffigen, dunklen Bier, zu dem traditionell ein Käsebrot gehört.

Weißes Gold und Schwarze Berge

Stein- und (seit der Einführung des Mineraldüngers) Kalisalze zählen zu den wenigen wirklichen Bodenschätzen der Rhön. Der Salzforst bei **Burgwallbach** ❾ war etliche Jahrhunderte lang ein wildreiches Jagdrevier des Hochadels, aber ebenso auch eine ergiebige Quelle von Brennholz, das die Salinen in großen Mengen verschlangen. Inzwischen hat sich das nur von wenigen Rodungsinseln unterbrochene Waldgebiet zwischen der Hohen Rhön und der Fränkischen Saale von den Umweltschäden der Vergangenheit zwar erholt, doch dafür leidet es unter der heutigen Luftverschmutzung. Der 8 bzw. 10 km lange Naturlehrpfad Salzforst, der von dem Wanderparkplatz an der Straße Burgwallbach–Windshausen ausgeht, gibt mit Schautafeln einen umfassenden Einblick in Natur und Geschichte der Region.

Für den eiligen Reisenden gewährt der **Volkersberg** ❿, ein Bergkegel oberhalb der A 7 Kassel–Würzburg, eine Art Schnupperstunde zum Thema »Rhön«. Ein sehenswertes Ensemble von sakralen Bauten, von der barocken Kirche Heiliges Kreuz bis zu den 14 Kreuzwegstationen, umgibt das 1658 anstelle einer Einsiedelei von 1113 gegründete Franziskanerkloster. Die Aussichtsterrasse öffnet einen wundervollen Blick auf die Kuppen der Hohen Rhön. Der Ort Volkers gehört zum Bayerischen Staatsbad **Bad Brückenau** ⓫, das seinen Ruf als mondänes Heilbad wiederum dem durch die Salzlager im Untergrund salzhaltigen und durch den Rhönvulkanismus kohlensäurereichen Wasser verdankt. Das noble Staatsbad-Ensemble im Tal der Sinn glänzt mit etlichen Bauwerken aus der historischen Blütezeit im 19. Jahrhundert, jedes mit dem Prädikat »kaiserlich«, »königlich« oder zumindest »fürstlich«, wie das klassizistische Bellevue, der erste Bau des Bayernkönigs Ludwig I. in Brückenau, der als fürstliche Sommerresidenz erbaute Fürstenhof oder der Elisabethenhof, dem Kaiserin Elisabeth von Österreich (Sissy) den Namen verliehen hat.

Bei schwarzen Bergen oder Gebirgen denkt man zuerst an die von dunklen Tannenwäldern gekrönten Höhen des Schwarzwaldes. Tannen, Fichten oder andere Nadelhölzer sind freilich von Natur aus in der Rhön nicht heimisch. Die **Schwarzen Berge** ⓬ bei Riedenberg, wo im Nachbarort Oberbach das Infozentrum »Haus der Schwarzen Berge« steht (Rhönstraße 97), tragen als natürliches Waldkleid vielmehr buchengrüne Laubmischwälder und bringen hauptsächlich durch die Basaltblockhalden dunkle Farbtöne ins Landschaftsbild. Eine Wanderung vom »Berghaus Rhön« zur »Kissinger Hütte« und zurück (insgesamt ca. 4 Stunden), vorbei an vom Steinbruchbetrieb geschaffenen »Basaltseen« und über aussichtsreiche Kämme, ist der beste Einstieg in die Welt der Schwarzen Berge.

SERVICE

Anfahrt: Auf der A 62 und der B 41 über Idar-Oberstein und Kirn nach Schneppenbach und Bundenbach; nächstgelegener ICE-Bahnhof in Bingen

Lage: In Rheinland-Pfalz, umrahmt von Nahe, Rhein und Mosel

Größe: 736 km²

Höchste Erhebung: Simmernkopf (653 m)

Gründung: 2005

Information:
Naturpark Soonwald-Nahe
Salinenstraße 47
55543 Bad Kreuznach
Telefon: 0671/803370
Internet: www.soonwald-nahe.de

Naturpark Soonwald-Nahe

Dieser Landstrich hat viel zu erzählen: von Räubern, die im Wald ihr Unwesen trieben, von Kelten, die sich einst auf den kargen Hochflächen des Hunsrücks ansiedelten, von fleißigen Bergleuten – und natürlich vom Wein aus dem Nahetal, der hier schon zu Römerzeiten gekeltert wurde.

Ein wunderschöner Panoramablick auf den Naturpark bietet sich vom Rotenfels bei Ebernburg an der Nahe.

TOP TIPP

1 Hahnenbachtal
Sehenswertes Tal mit Burgruine, keltischer Siedlungsanlage und Schaubergwerk

2 Schloss Wartenstein
Schönes Schloss mit natur- und kulturgeschichtlichen Museen

4 Schloss Simmern
Hunsrück-Museum mit vielen Informationen zur Natur- und Kulturgeschichte der Region

Mitten im Naturparkgebiet liegt der Soonwald, nach dem Pfälzer Wald das größte Waldgebiet im Westen Deutschlands. Sein Wildreichtum machte ihn früh zum beliebten Jagdrevier. Die Bergrücken des Soonwaldes schützen die südlich gelegenen sonnigen Weinberghänge des Nahetales. Diese Lagen sind in Kennerkreisen für hervorragende Qualität ihrer Weine bekannt.
Von den Hochflächen des Hunsrücks im Nordosten bis zu den Kurstädten Bad Kreuznach, Bad Münster am Stein und Bad Sobernheim durchstreift man die unterschiedlichsten ökologischen Lebensräume. Farbenfrohe Waldwiesen wechseln sich ab mit Wacholderheiden und Trockenrasen. Naturnahe Bachläufe speisen Moore mit mannigfaltiger Flora, und in den Weinbergbrachen an den Talhängen lässt sich manch seltene Orchidee entdecken. Als Zeugen einer langen Besiedlungsgeschichte ragen dazwischen mächtige Burgen und Schlösser auf.

Steine, Burgen, Schlösser

Mehrere reizvolle Ausflugsziele liegen im **Hahnenbachtal 1** zwischen Schneppenbach und Bundenbach. Sehenswert ist die weitläufige Ruine der Schmidtburg bei Schneppenbach, deren Geschichte bis ins Jahr 926 zurückreicht. In den 1980er-Jahren wurde ihr völlig überwuchertes Mauerwerk freigelegt und saniert, sodass man seitdem die einstige Bedeutung der Schmidtburg als Festung wieder erahnen kann. Man erreicht sie vom Ortsrand von Schneppenbach aus (Parkplatz) – der Weg ist beschildert.
Nicht weit entfernt, bei Bundenbach, liegt die Altburg, eine keltisch-treverische Höhensied-

Am Massiv des Rotenfels können sich Wanderer an Wegen verschiedener Schwierigkeitsgrade erproben.

lung, die von 170 bis 50 v. Chr. bewohnt war. Ein Spaziergang vorbei an den kleinen, mit Lehm verputzten keltischen Wohnhäusern und knorrigen Palisadenzäunen ist auch für Kinder ein besonderes Erlebnis. Die Anlage konnte in den 1970er-Jahren teilweise recht genau rekonstruiert werden, da sämtliche Stütz- und Wallpfeiler in das Schiefergestein im Boden eingesenkt waren und diese Senklöcher bei der Rekonstruktion wieder verwendet werden konnten (geöffnet April – Okt, täglich 10 – 13, 14 – 17 Uhr).

Einblicke in die Geschichte des Schieferbergbaus im Hunsrück vermittelt das Schaubergwerk Herrenberg, ebenfalls bei Bundenbach. Besucher können hier selbst mit Hammer und Meißel nach fossilen Einschlüssen suchen (geöffnet April – Okt, täglich 10 – 13, 14 – 17 Uhr).

TOP TIPP Auch das nächste Ausflugsziel hat mit geschichsträchtigen Steinen zu tun: **Schloss Wartenstein ❷** geht auf eine Veste aus dem 14. Jahrhundert zurück. Man parkt am besten in Oberhausen oder Hennweiler und gelangt von dort, den Schildern folgend, in circa 30 Minuten hinauf zum Schloss, das umringt von dichten Wäldern auf einem Hügel thront.

Hier informieren Ausstellungen über die Natur und Bewirtschaftung des Lützelsoons: Der für die Gegend typische Niederwald und die Gewinnung von Lohrinde, die früher zur Lederherstellung benötigt wurde, sind Themen im ehemaligen Stall und im Kavaliershaus. Mit längst ausgestorbenen Tieren beschäftigt sich die Ausstellung im Gewölbekeller. Großillustrationen, Fossilien und Gesteine ermöglichen hier eine Reise durch die Erdgeschichte des Hunsrücks (geöffnet Di – So 10 bis 17 Uhr).

Wer geologische Phänomene lieber in freier Natur bestaunt, sollte die **Oberhauser Felsen ❸** besuchen. Ihr schroffes Profil entstand durch Erosion, die über Jahrmillionen das weiche Mantelgestein abgetragen hat. Übrig blieben die markanten Zacken des Quarzitgesteins. Von den Oberhauser Felsen bietet sich ein herrlicher Talblick, der den Aufstieg lohnt. Ein ausgeschilderter Weg führt vom Parkplatz am Sportplatz in Oberhausen in nur wenigen Minuten durch den Wald hinauf zu den »Dolomiten«.

Räuber und rote Felsen

TOP TIPP Eine Attraktion an der Nordwestgrenze des Naturparks ist das umfassend ausgestattete Hunsrück-Museum im **Schloss Simmern ❹**. Es dokumentiert in seiner Filmabteilung die Entstehung der in den 1980er-Jahren viel gesehenen Fernsehserie »Heimat«. Weitere Abteilungen widmen sich dem Leben des hier ansässigen legendären Räubers Schinderhannes, dem in der Vergangenheit oft schweren Leben der Hunsrückbewohner, aber auch dem Druckereiwesen in der Region sowie der Natur und Landschaft (geöffnet Di – Fr 15 – 17, Sa, So 14 – 17).

Zum Abschluss folgt ein Naturerlebnis: Als über 1 km langes Felsmassiv ragt der **Rotenfels ❺** bei Bad Münster am Stein-Ebernburg steil am Hang des Nahetals auf. Er besteht aus rötlichem Rhyolith, einem Porphyr-Gestein mit feinkörnig kristalliner Struktur. Vom markantesten Aussichtspunkt, der Bastei, reicht der Blick über den südlichen Teil des Naturparks bis zum Nordpfälzer Bergland. Am Rotenfels bieten sich zahlreiche Wandermöglichkeiten verschiedener Schwierigkeitsgrade. In Traisen ist die Zufahrt ausgeschildert.

TIPP FÜR KINDER

VÖLLIG VON DEN SOCKEN!

Natur mal barfuß erkunden? Auf dem Barfußpfad in Bad Sobernheim (südwestlich von ❺) lässt sich das erleben. Das kribbelt, kratzt, schmeichelt und streichelt, je nachdem, was einem da unter die Füße kommt auf dem fast 4 km langen Weg zur Nahefurt. Über den Fluss hangelt man sich dann an Halteseilen entlang über die Hängebrücke, mit 40 m die längste Deutschlands. Auch das Lehmstampfbecken (Bild)

bietet ganz neue Erfahrungen. Die Füße kann man anschließend in der Fußwaschanlage reinigen (geöffnet Mai – Sep 9 – 20 Uhr).

Saar-Hunsrück

Anfahrt: Auf der A 8 bis Merzig und weiter auf der B 51 entlang der Saar bis Saarburg; nächstgelegener ICE-Bahnhof in Trier

Lage: Im Saarland und in Rheinland-Pfalz, etwa im Städteviereck Trier–Idar-Oberstein–Neunkirchen–Saarlouis

Größe: 2055 km²

Höchste Erhebung: Erbeskopf (818 m)

Gründung: 1980

Information:
Naturpark Saar-Hunsrück e. V.
Trierer Straße 51
54411 Hermeskeil
Telefon: 06503 / 92 14 0
Internet: www.naturpark.org

TOP TIPP

3 Perl
Reiche Relikte aus der Römerzeit, darunter die schönsten Bodenmosaiken nördlich der Alpen

4 Orscholz
Von der Cloef grandioser Ausblick auf die Saarschleife

11 Hermeskeil
Vielfältige Museen zu Luftfahrt und zur Natur

13 Nonnweiler
Über dem Ort der keltische Ringwall, eine der eindrucksvollsten frühgeschichtlichen Befestigungsanlagen Europas

17 Mörschied
Ausgangspunkt für den Aufstieg zum Wildenburger Rücken, dem landschaftlichen Highlight des Hunsrücks

Naturpark Saar-Hunsrück

Die Fahrt durch den Naturpark im äußersten Südwesten Deutschlands ist eine wahre Entdeckungsreise: schäumende Kaskaden inmitten einer Stadt, eine Einsiedlerklause, die sich an Felsen schmiegt, prachtvolle Mosaiken aus römischer Zeit und sogar eine »Stadt der Wölfe«.

Abrupte Kehrtwende: Die Saarschleife bei Orscholz gehört zu den landschaftlich reizvollsten Partien des Naturparks.

Der Naturpark zwischen Mosel, Nahe und Saar zählt zu den größten in unserem Land. Er könnte durchaus ein kleineres Bundesland füllen. Von Rheinland-Pfalz erstreckt er sich bis in das nördliche Saarland und an die Grenze zu Frankreich. Ein geringer Teil gehört zum Naturraum Saar-Nahe-Bergland, ein größerer Teil wird vom Saargau mit dem Saartal, der größte vom Hunsrück eingenommen. Der Saargau und der Hunsrück sind die landschaftlichen Gegenpole. Das nach einer fränkischen Gaugrafschaft benannte Schichtstufenland an der Saar ist Weinkeller und Kornkammer, von den Landschaftsformen her eher beschaulich, mit sanft gewellten, offenen Hochflächen, die alle paar Kilometer von bewaldeten Steilstufen und entlang der Flüsse von schroffen Talhängen unterbrochen werden. Ob der Hunsrück seinen Namen vom ältesten

Gefährten des Menschen hat, ist unter den Gelehrten umstritten. Der lang gestreckte, fast geschlossen bewaldete Bergrücken erinnert, aus der Ferne betrachtet, in der Tat an den Rücken eines laufenden Hundes. Genauer betrachtet, hat dieser Teil des Rheinischen Schiefergebirges mehrere markante Rücken auf hartem Gestein, den Schwarzwälder Hochwald, den Osburger Hochwald und den Idarwald, die – wie der Name sagt – bewaldet sind und von Feld- und Wiesenfluren über weicherem Schiefergestein unterbrochen werden.

Der Saargau – Höhen und Tiefen einer Landschaft

Die Burg, die der romantischen Wein- und Glockengießerstadt **Saarburg** ❶ den Namen verliehen hat, thront hoch über dem Fluss. Graf Sieg-

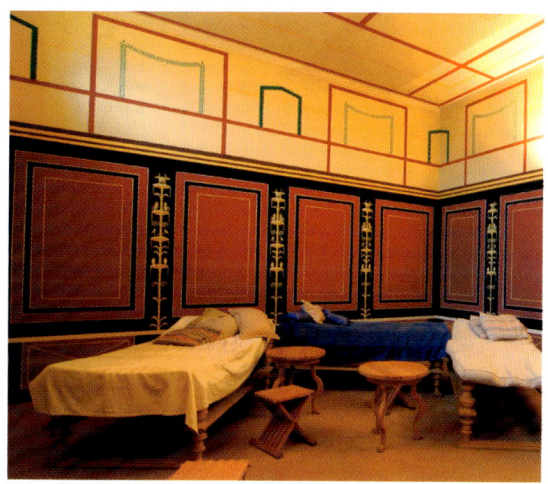

Einen originalgetreuen Eindruck von den Zeiten der alten Römer vermittelt die prächtige Villa Borg in Perl-Borg.

fried von Luxemburg ließ die mächtige Veste vor über 1000 Jahren erbauen. Unten reihen sich in Saarburgs »Klein-Venedig« beiderseits des Leukbachs malerische Fischer- und Schifferhäuser auf. Der Bach bescherte der Stadt ein einzigartiges Naturschauspiel: einen Wasserfall, der vor allem bei Hochwasser mit gewaltigem Schwall etwa 20 m tief über Tonschieferfelsen herabstürzt. Ganz natürlich ist dieses Schauspiel jedoch nicht: Der Bach wurde bereits im 13. Jahrhundert künstlich abgelenkt, um die Stadt im Brandfall mit genügend Löschwasser zu versorgen und die Mühlräder im Tal anzutreiben. In der ehemals kurfürstlichen Mühle von 1657 befinden sich das städti-

sche Museum »Amüseum« sowie eine Vinothek. Gut 200 m erhebt sich bei **Kastel-Staadt ❷** ein schroffer Buntsandsteinfelsen über dem linken Ufer der Saar. Den Kelten und Römern diente der Felsen als natürliche Festung, Einsiedler und Sonderlinge hausten wohl schon seit Urzeiten in den in den Sandstein gegrabenen Grotten; die eigentliche Tradition des Kasteler Felsens als Eremitendomizil begann jedoch erst mit dem Franziskanerpater Romery, der um 1600 eine Kapelle mit Klausnerwohnung erbaute. Die Tradition endete mit der Französischen Revolution. Von der atemberaubenden Lage angetan, ließ Preußenkönig Friedrich Wilhelm IV. 1835 an diesem Ort die Grabkapelle für den fast 500 Jahre zuvor in einer Schlacht gefallenen König Johann von Böhmen erbauen. Auf einem archäologischen Lehrpfad kann man die wechselvolle Geschichte von Kastel-Staadt, auf dem Felsenweg den Klausfels erleben.

Dem landschaftlichen Highlight des Felsens über der Saar stehen im Westen des Naturparks zahlreiche Höhepunkte römischer Baukunst gegenüber. Vor allem die

TOP TIPP Moselgemeinde **Perl ❸** besitzt davon zwei herausragende: die

VIEZ

Diese kulinarische Spezialität des Weinlandes an Mosel, Saar und Ruwer ist ein Apfelwein (oder auch -most, ähnlich dem südhessischen Äbbelwoi), der aus den Früchten der in der Region (Bild) noch weit verbreiteten Streuobstwiesen gekeltert wird. Nach dem Motto »Sauer macht lustig« verwendet man dafür hauptsächlich kleine, säurereiche, aromatische Apfelsorten. Ursprünglich ein Getränk der armen Leute, gehört

der Viez heute als Hauptattraktion von Viezfesten und -partys sämtlicher Schichten. Zu dem kalorienarmen Wein passt am besten ein dick mit Griebenschmalz bestrichenes und mit Zwiebeln belegtes Brot oder der süße Viezkuchen, der die Säure etwas mildert. Die Hochburgen saurer – und wie es heißt: gesunder – Genüsse reihen sich entlang der Viezstraße zwischen dem Mosel- und Saartal über den Saargau bis zum Saar-Niedgau auf.

Für hiesige Breiten ungewöhnlich ist die als Oktogon um das Jahr 990 erbaute Marienkirche in Mettlach.

VÖLKLINGER EISENHÜTTE

Als weltweit einzigartiges Denkmal des Industriezeitalters, das heute zum Weltkulturerbe der UNESCO gehört, präsentiert die Völklinger Eisenhütte (Bild, südöstlich von ❻) die Geschichte des Saarlandes aus einem ganz anderen Blickwinkel als die zahlreichen Kulturdenkmäler der Region. Von den im 19. und 20. Jahrhundert in Westeuropa und Nordamerika errichteten Eisenhütten ist die 1873 gegründete Völklinger Hüt-

te als einzige noch vollständig erhalten. Alle wichtigen Produktionsbereiche und Maschinen eines historischen Eisenwerks können in der Anlage, die einst 20 000 Stahlkochern Arbeit bot, besichtigt werden: vom Erzbunker über die Kokerei, die Hochofengruppe und die Gasgebläsehalle bis hin zur Walzenzugmaschine.

Römische Villa Borg, eine originalgetreu mit Wandelhalle, Badehaus, Taverne, Gärten, Wohn- und Wirtschaftsgebäuden rekonstruierte »Villa Rustica«, in der Funde aus römischer und keltischer Zeit ausgestellt sind, und – vielleicht noch beeindruckender – die herrlichen römischen Mosaiken in Perl-Nennig, auf die 1862 ein Bauer beim Pflügen seines Acker stieß. Die Abbildungen, die zu den bedeutendsten und besterhaltenen Dokumenten römischer Kunst nördlich der Alpen zählen, zeigen Kampfszenen in einem römischen Amphitheater.

So verschlungen wie antike Ornamente verläuft der Lauf der unteren Saar. Etwa auf halber Strecke zwischen Merzig und Mettlach strömt der Fluss zunächst nach Nordwesten, macht **TOP TIPP** dann aber bei **Orscholz** ❹ abrupt kehrt und wendet sich nach Südosten. Genau im Scheitel der Flussbiegung ragt die Cloef 130 m über den Talgrund auf. Die »Klippe«, von der aus sich das einmalige Flusspanorama in voller Schönheit präsentiert und die vom Ort aus auf beschildertem Weg bequem zu erreichen ist, besteht aus Taunusquarzit. Das harte Gestein hat den Fluss vor Millionen von Jahren, als die Saar noch durch ein nahezu ebenes Land floss, zu dieser und anderen Schleifen gezwungen. Es bildete nämlich einen Riegel, der das Gefälle verringerte und hinter dem sich der Fluss in weiten Mäandern durch die Ebene schlängelte. Als dann der Hunsrück und der Saargau in jüngeren Epo-

chen der Erdgeschichte langsam gehoben wurden, behielt die Saar ihren gewundenen Lauf bei, schnitt sich in den Untergrund ein und war schließlich in den Talmäandern gefangen.

Hundeartige, Höhlen und Heiligtümer

Die Saarschleife, eine eindrucksvolle Flussbiegung oberhalb von **Mettlach** ❺, ist als »Nationales Geotop« ausgezeichnet worden. Der günstigen Lage an der Wasserstraße verdankt der uralte Ort die Keramikindustrie, die seit mehr als 200 Jahren das Wirtschaftsleben beherrscht und sich in der »Erlebniswelt Keravision bei Villeroy & Boch« und im Keramikmuseum vorstellt. Beide Sammlungen befinden auf dem Gelände der ehemaligen Benediktinerabtei, deren Kirche jahrhundertelang das Ziel einer blühenden Wallfahrt war. Von der im 7. Jahrhundert gegründeten Klosteranlage ist als kostbarster Schatz der sogenannte Alte Turm (im Kern um 1000), die in romanische Formen errichtete Grabstätte des Klostergründers, erhalten geblieben. Auch das römische Martiacum besitzt in der ehemaligen Stiftskirche St. Peter einen imposanten Bau der Romanik, dazu im Stadthaus einen der bedeutendsten Bauten der Spätrenaissance im Saarland und etliche Bürgerhäuser in barockem Stil.

Die größte Attraktion von **Merzig** ❻ ist der außerhalb der Kernstadt bei Besseringen gelegene Wolfspark. Ihm verdankt die Stadt den Beinamen »Stadt der Wölfe«. Der Park, der bei Tageslicht frei zugänglich ist, wurde von dem Tier- und Verhaltensforscher Werner Freund vor mehr als 30 Jahren geschaffen. Als ranghöchster (Alpha-) Wolf unter Wölfen lebt der Forscher in den Rudeln mit Wölfen aus der Arktis, Sibirien, Kanada, Indien und Europa zusammen (Informationen unter www.wolfspark-wernerfreund.de).

Hart an der saarländisch-lothringischen Grenze liegt **Niedaltdorf** ❼, geologisch dem Lothringer Stufenland zugehörig. Die Schichtenfolge enthält dort auch den Muschelkalk mit leicht löslichem Kalkstein. In dieser Formation hat sich die 1880 beim Ausschachten einer Baugrube erstmals entdeckte Niedaltdorfer Tropfsteinhöhle gebildet. Sie besteht aus zwei Gängen, dem 15 m langen Westgang und dem 42 m langen Ostgang; beide Gänge sind durch zwei künstliche Stollen zu einem Rundgang verbunden. Die Höhle ist aus zwei Gründen eine bemerkenswerte Ausnahme unter den deutschen Höhlen: Zum einen betritt man sie durch den Keller eines Hauses (Neunkircher Str. 10), zum anderen ist sie im Unterschied zu den sekundären Karsthöhlen nicht durch Lösung und Auswaschung des Kalksteins, sondern als primäre Höhle gerade umgekehrt durch die Ausscheidung von Kalksinter entlang einem Bach geformt worden.

Der Ihner Bach, der diese seltene Variante einer Tropfsteinhöhle seit rund 18 000 Jahren geschaffen hat, fließt durch eine typische Karstlandschaft mit kaum oberirdischen Fließgewässern abseits der Haupttäler, dafür jedoch mit einzelnen Karstquellen, die darin meist besonders kräftig sprudeln. In einer solchen Landschaft wird die Bedeutung des Wassers als Lebensquell offenkundig, werden Quellen zu heiligen Stätten, wie am Sudelfels am Fuß des Hirnbergs bei **Ihn** ❽, wo in einem Tempelbezirk die gallorömische Quell- und Heilgöttin Sirona verehrt wurde. Der Tempelbezirk aus dem 1. bis 4. Jahrhundert n. Chr. bestand neben dem Sirona-Brunnen aus drei Tempeln; seit über 100 Jahren werden in dem Grabungsgelände Funde freigelegt und Gebäudereste konserviert und rekonstruiert, etwa eine Landvilla der Römerzeit, in der es sich offenbar dank Fußbodenheizung und Kaltbad auch im öden Germanien ganz gut leben ließ.

Die Römer waren nicht in den Norden gekommen, um dort die angenehmen Seiten des Landlebens zu genießen. Wie alle Kolonisatoren und Konquistadoren hatten sie nur eines im Sinn: möglichst schnell reich zu werden. Ein gewisser Emilianus versuchte es wahrscheinlich im 3. Jahrhundert n. Chr. an den Hängen des Hansenbergs oberhalb **St. Barbara** ❾, Ortsteil von Wallerfangen, mit der Ausbeutung der Bodenschätze Germaniens. Und um seine Ansprüche auf diese Schätze zu unterstreichen, ließ er am Mundloch des oberen Emilianusstollens (von der Hauptstraße in der Ortsmitte auf einem Fußweg in wenigen Minuten zu erreichen) die Inschrift »Incepta Officina Emiliani Nonis Mart(is)« in das Gestein meißeln. Sie besagt, dass das Bergwerk des Emilianus in den Nonen des März eröffnet wurde. An keinem anderen Ort des Römischen Reiches ist eine derartige sogenannte Okkupationsinschrift erhalten geblieben. Aus dem Stollenmundloch wurden keine edlen Erze ans

SIBIRISCHE SCHWERTLILIE
(Iris sibirica)

Die Sibirische Schwertlilie ist mit ihren schmalen, frischgrünen Blättern und den graziösen, blauvioletten Blüten, die sie vom Mai bis Juni entfaltet, eine wahre Augenweide. Die stattliche, bis etwa 1 m hohe, mehrjährige Pflanze kommt von Norditalien über Mitteleuropa hinweg bis nach Sibirien vor, hauptsächlich auf Feucht- und Moorwiesen, vom Flachland bis ins Mittel-

gebirge. Durch Rheinland-Pfalz, wo es noch größere Bestände gibt, verläuft die westliche Grenze ihres Verbreitungsgebiets. Heute ist die Wiesen-Iris, wie die Sibirische Schwertlilie auch genannt wird, teilweise stark gefährdet, besonders durch die intensive Bewirtschaftung ihrer Standorte. Sie ist eine Giftpflanze. Schon aus diesem Grund sollte man sich mit ihrem Anblick begnügen.

Im Wolfspark in Merzig kann man den Verhaltensforscher Werner Freund bei der Arbeit mit seinen Tieren beobachten.

WANDERTIPP

SIRONAWEG
Der Wanderweg trägt den Namen der gallorömischen Göttin Sirona, deren Statue in einem Quellenheiligtum im Idarwald gefunden wurde. Sie galt als Gottheit der Heilkunst, man verehrte sie deshalb vor allem an Heilquellen. Der 107 km lange Weg führt dabei auf den Spuren der Kelten und Römer von der Altburg bei Bundenbach bis zur Altburg bei Weiersbach durch den Hunsrück und das Bergland an der oberen Nahe, vorbei an Menhiren, Göttersteinen, Ringwällen, Hügel-

gräbern und römischen Villen. Die Haupt- und die Verbindungsrouten berühren im Naturparkgebiet u.a. die Wildenburg bei Kempfeld (Bild, bei 17) und den keltischen Ringwall (bei 13) in der Nähe von Otzenhausen (Informationen unter: www.sironaweg.de).

Tageslicht befördert, sondern nur gewöhnlicher Azurit, ein azurblaues Kupfermineral, das allerdings zur Herstellung von Farben ausgesprochen gesucht war.

Auf den Spuren der Eiszeit an Deutschlands Hitzepol

Im extrem heißen August 2003 wurden im saarländischen Perl-Nennig als bundesweiter Rekord seit Beginn systematischer Wetteraufzeichnungen heiße 40,8 °C gemessen – oder waren es »nur« milde 40,2 °C? Die Stellen hinter dem Komma können nicht verschleiern, dass der Naturpark eine der heißesten Gegenden, wenn

noch bis in das 18. Jahrhundert hinein die Höhen des Osburger Hochwaldes mit ihren hohen Niederschlägen und nährstoffarmen Quarzitböden umschloss. Durch die gezielte Entwässerung wurden die ökologisch wertvollen Feuchtgebiete größtenteils zerstört.

Das Erlebnismuseum »Mensch und Landschaft« (im Naturpark-Informationszentrum) in **Hermeskeil** 11 bietet mit seinen Ausstellungen und einem angeschlossenen Lehrpfad und Freiluftklassenzimmer einen außergewöhnlichen Streifzug durch die Entstehung und Geschichte der Natur- und Kulturlandschaft des Hunsrücks. Wer sich mehr für die moderne Technik interes-

Früher ein gut zu verteidigender Felsenkamm, heute für Wanderer und Kletterer interessant: die Mörschieder Burr.

nicht gar der Hitzepol Deutschlands ist. Selbst in dieser heißen Ecke unseres Landes stößt man auf Spuren der Eiszeit, wenn auch in den Hohenlagen des Hunsrücks im bis über 700 m hohen Osburger Hochwald. Der **Weyrichsbruch** 10 bei Reinsfeld, ein Quellmoor am Südhang des Rösterkopfs (von Reinsfeld auf der Landstraße in Richtung Holzerath bis zum Parkplatz am höchsten Punkt der Landstraße und weiter auf dem ausgeschilderten Waldweg und dem Bohlenweg durch das Moor), beherbergt neben Wollgräsern, Moosbeerenzwergsträuchern und dem »Fleisch fressenden« Sonnentau urwüchsige, bis zu 140 Jahre alte Moorbirkenbestände und als Relikt der Eiszeiten den seltenen Siebenstern. Das Moor im Quellgebiet der Ruwer ist selbst ein Überbleibsel eines Kranzes von Mooren, der

siert, kommt in der Flugausstellung an der Hunsrückhöhenstraße auf seine Kosten. Mehr als 100 Flugzeuge und andere bekannte Flugobjekte werden auf dem riesigen Freigelände und in drei Hallen gezeigt. Bodenständige Exponate präsentiert das Dampflokmuseum im ehemaligen Bahnbetriebswerk Hermeskeil, nämlich über 50 Dampfrösser aus dem 20. Jahrhundert. Sie konnten nur mit Feuer in Fahrt geraten, im Feuerwehrmuseum am Bahnhof, das keine festen Öffnungszeiten hat, steht dagegen der Kampf gegen das Feuer im Mittelpunkt.

Die **Grimburg** 12, die von der Landstraße südlich des gleichnamigen Ortes über den Grimburger Hof auf steilem Pfad zu erreichen ist, wurde 1683 durch französische Truppen eingeäschert. Danach verfielen die Mauern der einstigen Landesburg der Trierer Erzbischöfe. Seit den 1980er-Jahren wird die trutzige Veste mithilfe eines Fördervereins wieder aufgebaut. Jetzt kann man vom Bergfried aus das weite Panorama vom Hochwald bis zum Saargau genießen. Beim Anblick des grauen Gemäuers, das ebenso gut irgendwo in den schottischen Highlands stehen könnte, liegt der Gedanke an grausame Hexenprozesse, die hier im 16. und 17. Jahrhundert stattfanden, nicht fern.

TOP TIPP **Nonnweiler** ⓭ schaut mit dem Planetenwanderweg und der Sternwarte Peterberg in den Weltraum, steht jedoch fest auf historischem Erdboden. Die Historische Nagelschmiede in Sitzerath und das imposante Ensemble der ehemaligen Eisenhütte Mariahütte sind Denkmäler des frühen Industriezeitalters. Aus der Eisenzeit stammt der keltische Ringwall oberhalb der L 147 nördlich des Ortsteils Otzenhausen. Mit den Hunnen hat die gewaltige, 20 ha große und von bis zu 12 m hohen Wällen aus grauen Gesteinsblöcken umschlossene Befestigungsanlage nichts zu tun. Sie ist ein Werk der Kelten, die hier eine ihrer Bergstädte und Fürstensitze uneinnehmbar machen wollten. Bis in die Zeit um 500 v. Chr. reicht die Geschichte des keltischen Oppidums an den Hängen des Dollbergs und über der heutigen Talsperre Nonnweiler zurück. Julius Cäsar beschreibt sie wegen ihrer mächtigen Trockensteinmauern als »murus gallicus«. Geblieben ist nach über 2000 Jahren eine der eindrucksvollsten frühgeschichtlichen Befestigungsanlagen Europas.

Ringwälle sind im Südwesten keine Seltenheit, ein anderer befindet sich im Pfaffenwald bei **Oberthal** ⓮. Eine ausgesprochene Rarität ist dagegen das Feuchtgebiet Oberthaler Bruch in der Senke zwischen dem Pfaffenwald und dem Leißwald (mit dem Auto bis zu dem Parkplatz am Ende der Scheuersbergstraße, dann weiter auf einem Waldlehrpfad, der die Fauna und Flora des Gebietes vorstellt). Da gibt es viel zu berichten, allein gut 80 Schmetterlings- und fast 50 Vogelarten sind in der Sumpf-, Wiesen-, Weiher- und Waldlandschaft heimisch, dazu die Arnika in großen Beständen und etliche Orchideen, insgesamt weit mehr als 200 Pflanzenarten.

Eine geologische Besonderheit der Region ist der Rötel, ein eisenhaltiger roter Ton, der u. a. im Leißwald vorkommt und den Bewohnern von Oberthal früher als Rohstoff von Farben Arbeit und Brot bescherte.

Wilde Narzissen, schroffe Rosseln

Wilde Pflanzen haben es nicht leicht, besonders wenn sie giftig und daher für das Weidevieh schädlich sind. Dann werden sie in nicht geschützten Gebieten erbarmungslos mit Stumpf und Stiel ausgemerzt, wie die Wilden Narzissen auf den Wiesen bei **Thiergarten** ⓯. Das mehrere Hektar große, im Frühjahr goldgelbe Blütenmeer ist daher seit den 1970er-Jahren erheblich geschrumpft, doch auch die Restbestände der schönen Frühlingsboten nahe der L 166 in Richtung Züsch sind noch sehenswert. Wo die Landwirtschaft vor allem durch Düngung nicht so massiv in den Naturhaushalt eingreift, beispielsweise an Wege- und Grabenrändern, an Böschungen und in Gebüschen, haben sich um Thiergarten herum etliche Tausend Wilde Narzissen gehalten. Große Narzissenbestände gibt es darüber hinaus noch im Ruwertal zwischen Mandem und Zerf.

Der höchste Berg des Hunsrücks, von Rheinland-Pfalz und des gesamten linksrheinischen Schiefergebirges drängt sich im Landschaftsbild nicht in den Vordergrund. Es bedurfte sehr sorgfältiger Vermessungen, um zu ermitteln, dass der Erbeskopf mit 817,7 m der höchste Gipfel des Gebirges ist. Man erreicht ihn am schnellsten von **Allenbach** ⓰ auf der B 422 in Richtung Thalfang, hinter der Kreuzung mit der B 269 dann weiter auf der Landstraße bis zum Wanderparkplatz »Hängende Birke« und von dort auf dem Wanderweg bzw. der Straße hinauf zum Kopf. Er selbst bietet mit seinen Radarkuppeln und Militärbaracken nicht gerade einen erhebenden Anblick, doch von der obersten Plattform des Aussichtsturms schweift der Blick bei guter Sicht weit hinein in die Eifel, ins Saar-Nahe-Bergland und bei besten Verhältnissen sogar bis zum Odenwald.

Viele Wege führen hinauf zum Wildenburger Kopf, der gut 150 m niedriger als der Erbeskopf ist, ihn mit seinen Quarzitfelsen und ausgedehnten Rosseln (Blockmeeren) von der Landschaftsszenerie her jedoch eindeutig übertrifft. Der **TOP TIPP** wohl schönste Aufstieg beginnt in der Kempfelder Straße in **Mörschied** ⓱, führt dann meist über die mit »M 1« und »H« markierten Wege und streckenweise auch über Kletterpfade. Der erste Höhepunkt ist die Mörschieder Burr, ein Felsenchaos und Naturschutzgebiet. Ebenfalls unter Naturschutz steht der eigentliche Wildenburger Rücken, der nach Südwesten hin in die Klippen und Felsmeere des Sandkopfes ausläuft. Der schmale, leicht zu verteidigende Felskamm bietet sich für Verteidigungswerke an. So trug er in den letzten Jahrtausenden nacheinander eine keltische Fliehburg (die teilweise rekonstruiert ist), ein römisches Heiligtum, eine spätrömische Festung und schließlich eine mittelalterliche Burg. Den geschichtsträchtigen Ort krönt ein Aussichtsturm, der ein grandioses Panorama bietet.

SERVICE

Anfahrt: Auf der A 63 von Mainz Richtung Kaiserslautern bis zur Ausfahrt Winnweiler und über Alsenbrück-Langmeil weiter nach Sippersfeld; nächster Bahnhof ist Langmeil an der Alsenztalbahn (Kaiserslautern – Bingen)

Lage: Im Süden von Rheinland-Pfalz an der Grenze zum französischen Naturpark Nordvogesen

Größe: 1780 km²

Höchste Erhebung: Kalmit (673 m)

Gründung: 1958, als Biosphärenreservat 1992

Information:
Naturpark Pfälzerwald
Franz-Hartmann-Straße 9
67466 Lambrecht

Telefon: 06325/95 52 0

Internet: www.pfaelzerwald.de

Naturpark und Biosphärenreservat Pfälzerwald

Das Zusammenspiel von artenreichen Wäldern, harmonisch gewachsenen Dörfern, von Teichen, Wiesentälern, bizarren Felsformationen und imposanten Burgruinen sowie der Kontrast zwischen Bergkuppen und sonnigem Rebland zu ihren Füßen prägt diese einzigartige Mittelgebirgslandschaft.

Der bekannteste Felsen der Pfalz: Der Teufelstisch wirkt tatsächlich, als sei er auf übernatürliche Weise entstanden.

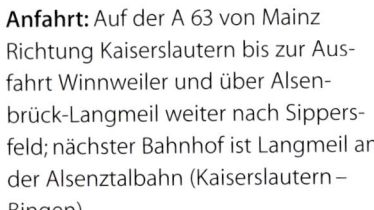

TOP TIPP

9 Karlstalschlucht
Wildromantische Schlucht

11 Kalmit
Höchster Berg des Pfälzerwaldes mit Ausblick und Felsenmeer

19 Teufelstisch
Bekanntester Felsen der Pfalz und Naturdenkmal

20 Altschlossfelsen
Ensemble aus Felstürmen mit spektakulären Verwitterungsformen

Der Naturpark Pfälzerwald ist der nördliche Teil des UNESCO-Biosphärenreservats Nordvogesen-Pfälzerwald. Pfälzerwald und Nordvogesen gehen als Naturräume nahtlos ineinander über. Sie bilden eine der ursprünglichsten Kultur- und Naturlandschaften Mitteleuropas und wurden 1998 als erstes grenzüberschreitendes Biosphärenreservat in Europa von der Weltkulturorganisation UNESCO anerkannt. Felstürme und Grotten, Aussichtskanzeln, Quellen, uralte Buchen, Eichen und Kiefern sowie die dem Straßenlärm entrückte Ruhe auf den Bergen machen Wanderungen im Naturpark zu unvergesslichen Erlebnissen. Der Pfälzerwald ist eines der größten geschlossenen Waldgebiete Deutschlands, doch immer wieder durchbrechen Buntsandsteinfelsen das Waldkleid und gewähren traumhafte Ausblicke auf das Felsen-, Burgen- und Waldreich zwischen Vogesen, Weinstraße, Westrich und Donnersberg. Ein Wahrzeichen für die Felsen des Pfälzerwaldes ist der Teufelstisch bei Hinterweidenthal, zu den sehenswertesten Burgen zählt das »Burgendreigestirn« Trifels, Anebos und Scharfenberg, im Volksmund Münz genannt.

Versteckte Wasser im nördlichen Pfälzerwald

Der Stumpfwald im äußersten Norden dieses Naturparks ist eine nur von wenigen Kuppen durchbrochene Buntsandsteintafel, die vollständig von Wald bedeckt ist. In einigen seiner Täler wurden Teiche aufgestaut, die nach dem gleichnamigen Ort als **Sippersfelder Weiher 1** bezeichnet werden und ein beliebtes Naherho-

Das »Deutsche Weintor« in Schweigen-Rechtenbach markiert das Ende der Deutschen Weinstraße.

in und an diesem nährstoffarmen Gewässer, an dem auch seltene Libellenarten eine Heimat gefunden haben. Faustkeilfunde belegen, dass sich auf dem plateauartig breiten Bergsporn zwischen Eckbach- und Krumbachtal schon in der Altsteinzeit Menschen wohlgefühlt haben. Im 13. Jahrhundert ließ Graf Friedrich III. von Leiningen die Burg Battenberg errichten, die 1689 von Soldaten des französischen »Sonnenkönigs« Louis XIV. zerstört wurde und als kolossale Ruine erhalten ist.

Interessant sind auch die »Blitzröhren« im Fels bei der Burg. Früher wurde angenommen, diese röhrenförmigen Gebilde seien durch Verhärtung bei Blitzschlag entstanden; tatsächlich ist der Sandstein hier mit Brauneisen und Ockererden angereichert und daher härter als der umgebende Sandstein. So ist der Ursprung der »Blitzröhren« nicht Blitzschlag, sondern Verwitterung.

KULTURTIPP

DAS TOR ZUM PFÄLZERWALD
Bockenheim (nördlich von ❷) ist der nördliche Ausgangsort der Deutschen Weinstraße. Ihren Eingang markiert das 1995 eröffnete Haus der Deutschen Weinstraße. Es ist einem Römerkastell nachempfunden, was andeutet, dass der Weinanbau in diesem Gebiet zur Zeit der Römer eingeführt wurde. Die obere Plattform bietet einen herrlichen Blick auf die Weinberge des Leiningerlandes und die Oberrheinebene bis zum Odenwald. Die Deutsche Weinstraße führt 85 km bis Schweigen-Rechtenbach.

lungsgebiet bilden. Die idyllische Teichlandschaft ist durch Wanderwege erschlossen, einige Teiche wie der Retzbergweiher und die Pfrimmweiher im Quellgebiet der Pfrimm stehen unter Naturschutz, andere wie der Eiswoog werden als Badeteiche genutzt. Der Retzbergweiher ist bekannt für seine Schwimm- und Wasserpflanzen. Geschützte Amphibien laichen hier, und über dem Wasser tanzen Libellen. Noch weiter in tiefen Wäldern verborgen liegt zwischen **Battenberg** ❷ und Bad Dürkheim der **Ungeheuersee** ❸ mit seinen Schwingrasen und der Hütte des Pfälzerwald-Vereins. Dieser wunderschöne See im abgeschiedenen Krumbachtal ist ein Ausflugsziel, zu dem aus allen Himmelsrichtungen Wanderwege führen. Straßen sucht man hier jedoch vergeblich, und auch die nächsten Wanderparkplätze liegen alle etwa eine Gehstunde entfernt. Deshalb erfreuen sich See und Hütte großer Beliebtheit bei allen, die in Ruhe die wilde Schönheit des Pfälzerwaldes genießen wollen. Torfmoose, Verlandungszonen, Sumpfgräser und Binsen prägen die Vegetation

Dick bemooste Steine sind ein Markenzeichen der urtümlichen Karlstalschlucht bei Trippstadt.

PFALZMUSEUM FÜR NATURKUNDE

Das Pfalzmuseum für Naturkunde (Pollichia-Museum, Bild) mit dem Informations- und Forschungszentrum Naturpark Pfälzerwald ist in der ehemaligen Herzogmühle (1736) im Bad Dürkheimer Ortsteil Grethen untergebracht (in der Nähe von ❹ und ❺). Ein Besuch im Museum vertieft in vielerlei Hinsicht das Verständnis für das Waldgebirge: Wann wurden die letzten Adler geschossen, wie sahen sie aus, wie erkennt man Versteinerungen und welche Typen gibt es, welche Pilze wachsen hier, wie heißen sie? Auf diese und zahllose weitere Fragen bekommt man im Museum anschauliche Antworten. Geologie, Zoologie, Botanik, Paläontologie, Landeskunde, Naturforschung, Naturschutz – kaum ein Gebiet wird ausgeklammert, auch zur Heidenmauer ❹ und zum angrenzenden Kriemhildenstuhl bietet das Museum eine Fülle von Informationen. Zudem gibt es eine Bibliothek zum Schmökern an Regentagen.

Aussichtsreiche Höhenziele und stimmungsvolle Täler

Die **Heidenmauer** ❹ ist eine frühkeltische Ring-wallanlage auf dem Kästenberg, der sich links der Isenach oberhalb von Bad Dürkheim erhebt und einen wundervollen Blick über die Oberrhein-ebene hinweg zum Odenwald bietet. Der von knorrigen Kiefern, mächtigen Eichen und alten Kastanien (»Kästen«) überragte Steinwall ist 2 km lang, bis zu 11 m hoch und erreicht eine Breite von bis zu 6 m. Ein Naturlehrpfad folgt der Wall-anlage durch stimmungsvollen Wald. Im Süden läuft die Heidenmauer gleichschenklig spitz zu, im Norden ist sie mondsichelförmig gerundet. Die Nord-Süd-Achse ist genau, die West-Ost-Achse annähernd exakt nach den Himmelsrich-tungen ausgerichtet. Anders als keltische Vier-eckschanzen weist die Heidenmauer ein Nordtor auf, wenige Gehminuten nördlich von hier liegt der Teufelsstein: ein 4 m hoher, sich nach oben verjüngender Buntsandsteinblock mit Näpfchen, Schalen und Rillen, die von den Krallen des Teu-fels stammen sollen. Wissenschaftler rätseln noch, ob Schale und Rinne auf dem Gipfel des Felsens eine Opferschale mit einer Abflussrinne für Blut darstellen und in der keltischen Hallstatt-bzw. La-Tène-Zeit in den Felsen eingetieft wur-den oder ob sie durch natürliche Verwitterung entstanden sind. Die Legende berichtet, dass aus dem Teufelsstein zuweilen »die weiße Frau« her-vorkomme und als »Mutter Gottes« dem Bösen entgegentrete. Sitzbänke laden an diesem Naturdenkmal zur Rast ein. Die interessante Wanderung rund um die Heidenmauer kann man direkt am Pfalzmuseum für Naturkunde an der Herzogmühle beginnen.

Ein anderes lohnendes Ziel bei Bad Dürkheim ist der ebenfalls nur zu Fuß erreichbare **Drachen-fels** ❺. Dieser Fels mit der Drachenhöhle und der Durchblickkammer ist das wuchtige, in Felswän-den abstürzende Gipfelplateau des Hohen Ber-ges. Die Sage bringt die Höhlen mit Fafnir in Verbindung, der hier in Drachengestalt den im-mensen Goldhort der Nibelungen gehütet ha-ben soll. Von der Waldbauern-Gaststätte »Sau-pferch« aus führt ein steiler Pfad im Wald aufwärts, und der Wanderer erreicht nach etwa 45 Minuten das Drachenfels-Gipfelplateau am Westfelsen, der einen hervorragenden Ausblick auf das Kuppenmeer des Pfälzerwaldes bietet. Vom Westfels führt der Weg weiter über das brei-te, von mehreren Hundert Jahre alten Eichen, Buchen und Kiefern geschmückte Felsplateau, das als Naturschutzgebiet ausgewiesen ist. Auch auf dem Südfelsen, der zahlreiche Schalen, Näpf-chen, Rinnen und Hörner im Buntsandstein auf-weist, öffnet sich eine wunderbare Aussicht auf die Umgebung.

Während Heidenmauer und Drachenfels aus-sichtsreiche Höhenziele sind, zählt das **Poppen-tal** ❻ bei Wachenheim an der Weinstraße zu den stimmungsvollsten Tälern des Pfälzerwaldes. Ein sanft ansteigender Pfad führt, dem Bach im bewaldeten Tal folgend, hinauf zur Steinernen Kelter, die als Naturdenkmal unter Schutz steht und ebenfalls als alter Opferstein gedeutet wird: In die tischähnlich flache Deckseite des Felsblocks ist eine rechteckige Vertiefung mit Abflussrinne eingehauen, die nahezu die gesamte Platte einnimmt. Eine auffällige Erscheinung bei der Keltenquelle, die man wenig später erreicht, ist ihr zeitweises Aussetzen: Ein Rumpeln im Berginneren kündigt das Aussetzen an, die Quelle hört auf zu fließen, wenig später ist das Wasser wieder da. An der Keltenquelle beginnt der schönste Abschnitt des Poppentals: Hier kann man nach Herzenslust endlos im Rauschen der Wälder wandern.

Je weiter westlich man durch den Pfälzerwald streift, desto ruhiger wird das Gelände: Lang gestreckte Höhenrücken, tief eingeschnittene Täler und weite Hochflächen prägen die Landschaft um **Johanniskreuz** **7**, das »Herz des Pfälzerwaldes« mit seinen uralten Eichen. Dort steht im Quellgebiet der Lauter die »Weltachs'«, ein Felsen, der den Mittelpunkt der Pfalz bezeichnet. Neben Burgruinen treten als lohnende Panoramapunkte mehrere Aussichtstürme, darunter der Luitpoldsturm auf dem **Weißenberg** **8**, in Erscheinung.

TOP TIPP Im Westen befindet sich mit der **Karlstalschlucht** **9** bei Trippstadt eines der urwüchsigsten Schluchttäler des Pfälzerwaldes. Das Naturschutzgebiet wartet mit von zahlreichen Pflanzen überwucherten Buntsandsteinfel-

sen auf, die wahrhaft wildromantisch anmuten. Man erreicht die Schlucht vom Parkplatz rechts an der Straße von Trippstadt nach Oberhammer aus.

Im Nordwesten gewährt die mächtige Sickingen-Burgruine **Nanstein** **10** hoch über Landstuhl einen hervorragenden Ausblick. Im 16. Jahrhundert herrschte der berühmte Reichsritter Franz von Sickingen auf der Burg, die im 12. Jahrhundert errichtet wurde und zu den vielen Burgen Kaiser Barbarossas zählte. Im Sommer finden hier stimmungsvolle Freilichtspiele statt, die an das Leben des »letzten Ritters« Franz von Sickingen erinnern.

Hinauf zu den höchsten Höhen des Pfälzerwaldes

Auf den vom Menschen genutzten Waldreichtum des Pfälzerwaldes verweist der ursprüngliche Name »Haardt«. Er bezeichnet bäuerlich genutzten Wald in bergigem Gelände und ist auch in Mittelgebirgsnamen wie Harz, Spessart und Rothaargebirge erhalten. Die Haardt-Wälder wurden in vergangenen Jahrhunderten als Waldweiden genutzt: Die hier lebenden Menschen entnahmen Holz als Brenn- und Baumaterial, sie harkten Nadeln und Laub zusammen und verwendeten beides als Einstreu in den Ställen sowie als Viehfutter. Darüber hinaus lieferten die Kastanienwälder in den unteren Lagen des Ostabbruches der pfälzischen Haardt seit römischer Zeit dem Weinbau Stangen für den Kammertbau (siehe »Gut zu wissen«). Als 1843 der Naturraum

KAMMERTBAU – HISTORISCHE REBENERZIEHUNG

Der Kammertbau ist die älteste Art der Rebenerziehung: Bis zum Aufkommen des Drahtes wurden die Weinreben an Holzgerüsten »erzogen«, danach wurde der Kammertbau durch die Drahtrahmenerziehung fast völlig verdrängt. Die Bezeichnung »Kammert« geht auf die Römer zurück, die diese Art des Weinanbaus hier heimisch machten: Die Wachsrichtung der Rebe

wurde durch vier senkrecht angeordnete Pfähle mit aufgelegten Balken vorgegeben. Das kammerartige Gebilde (lat. *vinea camerata*, Weinkammer) wurde namengebend für den Kammertbau, der außer den eigentlichen »Kammern« die unterschiedlichsten Formen der Erziehung umfasste – von der geschlossenen bis zur offenen Kammer, von der Einpfahlerziehung bis zur Pergola. Die historische Weinberganlage »Kalmitwingert« in Ilbesheim (westlich von Landau) an der Deutschen Weinstraße zeigt zahlreiche Varianten des Kammertbaus. Südlich vom Hambacher Schloss **13** liegt bei Edenkoben der mit etwa 300 Jahren älteste Weinberg (Bild) Deutschlands.

Ort der Legenden: In einer Höhle im Drachenfels soll der Goldschatz der Nibelungen verborgen gewesen sein.

ALTDAHN – MUSTERBEISPIEL EINER FELSENBURG

Die Buntsandsteinvogesen und der südliche Pfälzerwald sind das klassische Land der Felsenburgen. Die aussichtsreiche Burg Altdahn (südlich von 15, Bild) ist das Musterbeispiel einer solchen Architektur. Die Felsenburgen waren eine Verbindung aus Felsriff, Holzbauten und Mauerwerk: In der Berglandschaft isoliert aufragende, schwer ersteigbare Felsmassive wurden als Stand-

orte für diesen Burgentyp genutzt, der bis zum Aufkommen von Feuerwaffen so gut wie uneinnehmbar war. Die senkrecht abstürzenden Felswände fungierten als natürliches Festungswerk, in exponierten Lagen wurden Treppenstufen, Balkenauflagen und Räume in der Art von »Höhlenwohnungen« aus dem Felsen herausgeschlägelt, weitere Räumlichkeiten und Türme wurden aufgemauert. Beste Voraussetzungen zur Errichtung solcher Felsenburgen bot der vergleichsweise weiche Sandstein.

Pfälzerwald festgelegt wurde, blieb die Bezeichnung »Haardt« für den östlichen Teil des Pfälzerwaldes nördlich des Queichtales erhalten.

Dort erhebt sich hoch über der Deutschen Weinstraße mit 673 m die **Kalmit** 11, der höchste Berg des Pfälzerwaldes. Der Name leitet sich von dem lateinischen Begriff »calvus mons« (kahler Berg) ab. Die einstige »Kahlheit« ist inzwischen dichter Bewaldung gewichen, doch von der Terrasse vor dem Kalmithaus bietet sich eine wunderbare Aussicht über die Rheinebene hinweg. Von der Totenkopfstraße aus ist die Kalmit auf mehreren Wanderwegen zu erreichen, von denen einer durch das Felsenmeer auf dem Hüttenberg, einem steil nach Osten abfallenden Kammausläufer der Kalmit, führt: Dieses Felsenmeer ist ein von naturnahen Laubwäldern überdachtes Ensemble aus Einzelfelsen. Es entstand durch Frostsprengung und andere Verwitterungsvorgänge, durch die ein hier anstehendes, etwa 750 m langes Buntsandstein-Felsenriff zerlegt wurde; die abgesprengten Felstrümmer gerieten in Bewegung und rutschten die Hänge hinab.

Das Gebiet nördlich der Queich lockt mit einer Vielzahl spannender, abwechslungsreicher Ausflugsziele und Wandermöglichkeiten, die neben Natur auch zahlreiche Kulturdenkmäler einbeziehen: Die Ruine **Neuscharfeneck** 12 und der Orensfelsen mit fantastischem Blick über das Queichtal, der wunderschöne Aufstieg vom Weindorf St. Martin über den Ottilienberg und durch das Felsenmeer zur Kalmit, die Waldwanderung zum berühmten Hambacher Schloss und auf die Hohe Loog.

Das weithin sichtbare **Hambacher Schloss** 13 auf dem ringumwallten Kästenberg, einem aus der Haardtkette ins Rebland vorspringenden Kegel oberhalb von Diedesfeld, ist eine der bekanntesten Symbolstätten für die Entstehung der deutschen Demokratie. Das »Hambacher Fest« im Jahr 1832, an dem 20 000 bis 30 000 Menschen aus dem In- und Ausland teilnahmen, war die größte politische Protestkundgebung für ein freies, republikanisches Deutschland vor der Revolution von 1848. Auf der Veranstaltung wurden gewählte Volksvertretungen und die Errichtung der »Vereinigten Freistaaten Deutschlands« in einem konföderierten republikanischen Europa gefordert. Glockengeläut und Böllerschüsse leiteten das Fest am Morgen ein. Danach zogen die Teilnehmer – darunter auch zahlreiche Gäste aus Polen und Frankreich – in geordneten Festzügen vom Marktplatz in Neustadt an der Weinstraße zum Hambacher Schlossberg, schwarz-rot-goldene Abzeichen tragend. Wie es sich für eine ordentliche Demonstration gehört, gab es auch gut zu essen: Das für 1000 Personen vorbereitete Festessen war für die meisten Teilnehmer allerdings unerschwinglich. 1965 bis 1969 und 1979 bis 1982 wurde das Hambacher Schloss restauriert und umgebaut als museale Gedenkstätte des Hambacher Festes und als Ort für politische und kulturelle Veranstaltungen.

Ehrwürdige Vergangenheit: Das Hambacher Schloss gilt als eine Wiege der Demokratie in Deutschland.

Das Dahner Felsenland lockt nicht nur mit ungewöhnlichen Felsformationen, sondern auch mit weiten Wäldern.

Wasgau – hier residieren die Fürsten der Felsen

Südlich der Queich liegt eine der bizarrsten Buntsandsteinlandschaften Deutschlands: der ohne naturräumliche Grenze mit den Nordvogesen verbundene Wasgau – oftmals auch als Wasgenwald bezeichnet – mit dem Dahner Felsenland. Hier befinden sich neben dem Teufelstisch und den Altschlossfelsen die bekanntesten Felsen der Pfalz, darunter der **Trifels** (14) mit der »Burgendreifaltigkeit« hoch über dem Queichtal, der **Dahner Jungfernsprung** (15) über dem Wieslautertal, der **Drachenfels** (16) bei Busenberg mit seiner gewaltigen Felsenburganlage, die wieder aufgebaute Mittelalterburg **Berwartstein** (17), das »Neuschwanstein« des Pfälzerwaldes, und die **Wegelnburg** (18), die höchstgelegene Burg der Pfalz mit entsprechend einmaligem Ausblick. Diese Plätze zählen allesamt zu den Traumzielen des Wasgaues.

TOP TIPP Der berühmteste Fels der Pfalz ist der nachts spektakulär beleuchtete **Teufelstisch** (19) bei Hinterweidenthal. Geradezu wie im Lehrbuch zeigt dieser sagenumwobene Tischfelsen – der Legende zufolge errichtete ihn der Teufel, um darauf Mahlzeit zu halten – die Verwitterungsvorgänge im Buntsandstein: Die tischplattenähnlich verwitterte Schicht aus massivem, verkieseltem, fest verbundenem Sandstein widersteht der Erosion erfolgreicher als die darunterliegende Schicht aus weicherem Sandstein, der zu einem »Sockel« geschrumpft ist und eines Tages in Jahrmillionen ganz verschwunden

sein wird. Dass auch die »Tischplatte« langsam verwittert, zeigen deutlich die herabgestürzten Felsbrocken, die überall zu Füßen des Teufelstisches liegen.

TOP TIPP Bei Eppenstein kann das großartige Felsenriff der **Altschlossfelsen** (20) bestaunt werden. Es ist das längste Buntsandsteinriff der Pfalz und eines der beeindruckendsten Naturwunder im Biosphärenreservat Nordvogesen-Pfälzerwald. Das 1,5 km lange Ensemble mit bis zu 35 m hohen Felstürmen in der Ostflanke des Brechenberges zeigt in spektakulären Formen nahezu alle Verwitterungsformen im rotem Buntsandstein des Wasgaues: Türme, Überhänge, Höhlen, Quergänge, Kamine und Kugelsteinbildungen, hinzu kommen feinste Farbschattierungen und luftwurzelige Bäume – zu jeder Jahreszeit bieten sich hier unvergessliche Farbschauspiele und Naturerlebnisse. Die Altschlossfelsen liegen am Wanderweg vom pfälzischen Luftkurort Eppenbrunn in das lothringische Kirchdorf Roppeviller; der grenzüberschreitende Wanderweg trägt den Namen des aus der Pfalz stammenden Altbundeskanzlers Helmut Kohl, der diese herrliche Wanderung privat oftmals unternahm.

Der Erholungsort **Silz** (21) liegt im Wasgau im Klingbachtal und ist über die B 48 Bad Bergzabern–Annweiler am Trifels zu erreichen (in Klingenmünster abzweigen). Südlich von Silz befindet sich der sehenswerte Wild- und Wanderpark Südliche Weinstraße – ein Ausflugsziel für die ganze Familie.

▶ **TIPP FÜR KINDER**

WILD- UND WANDERPARK BEI SILZ
Der Pfälzerwald geizt zwar nicht mit Naturerlebnissen – die scheue Tierwelt allerdings flieht meist vor den Menschen. Deshalb lohnt sich ein Besuch im Wild- und Wanderpark Südliche Weinstraße bei Silz (21). Auf zwei Rundwanderwegen kann man hier ganzjährig einheimische Tiere in freier Wildbahn beobachten, ohne Zäune und Gitter: kapitale Hirsche (Bild), Bergziegen, Mufflons und Esel – nur die Wildschweine und Wölfe sind durch einen Zaun vom etwa 8 km langen Wanderweg getrennt. Der Wegverlauf in dem rund 100 ha großen Gelände richtet sich u. a. nach der Jahreszeit: Brunftzeit der Hirsche im Herbst, Fütterungen im Winter, Aufzucht der Lämmer, Kälber und Frischlinge in Frühjahr und Frühsommer. Informationen unter www.wildpark-silz.de

DER OSTEN

Zwischen dem Lappwald, dem Spreewald und dem Steinwald breitet sich im Osten Deutschlands ein vielfältiges Landschaftsmosaik aus. Keineswegs nur Waldlandschaften, sondern auch Heiden, Teiche, Hochmoore und wildromantische Felsgebirge, die in Europa, ja in der gesamten Welt einzigartig sind.

Skulpturen von Hand der Natur: die Bastei vor dem Tableau des Elbsandsteingebirges.

Naturpark Elm-Lappwald

SERVICE

Anfahrt: Auf der A 2 Hannover– Berlin, Ausfahrt Helmstedt-Zentrum, über die B 244 nach Schöningen; Bahnhöfe in Helmstedt und Königslutter
Lage: Südöstliches Niedersachsen an der Grenze zu Sachsen-Anhalt
Größe: 470 km²
Höchste Erhebung:
Eilumer Horn (323 m)
Gründung: 1976
Information:
Naturpark Elm-Lappwald
Bahnhofstraße 11
38300 Wolfenbüttel
Telefon: 05331/84 46 3
Internet: www.elm-lappwald.de

Gemächlich schwingen sich aus der Norddeutschen Tiefebene die ersten Erhebungen auf, hügelig und sanft, sie heißen Asse und Dorm, Elm und Lappwald. Es sind keine Gebirge, sie bilden aber erdgeschichtlich, kulturell und naturkundlich einen außerordentlich bedeutsamen Landstrich.

Mystik pur umgibt die Lübbensteine, vorgeschichtliche Megalithgräber auf dem St. Annenberg bei Helmstedt.

TOP TIPP

❶ Schöningen
Speerfunde als älteste Zeugnisse menschlicher Kultur
❺ Königslutter
Kaiserdom, eine romanische Basilika als Grabstätte für Kaiser Lothar III.
❼ Lübbensteine
Ein deutsches Stonehenge
⓬ Reitlingstal
Wanderung durch das schönste Bachtal im Elm

Zwischen den bewaldeten Bergrücken des Lappwaldes und des Elms stößt man auf steinalte Burgen, romanische Dorfkirchen und den ehrwürdigen Kaiserdom zu Königslutter. Noch weiter zurück in die Vergangenheit weisen die zahlreichen Steinsetzungen und Grabhügel, unter denen Gräber von Fürsten aus vorgeschichtlicher Zeit vermutet werden. Die Hügelgräber liegen in Sichtweite zueinander auf Anhöhen, oft von einer Linde bekrönt, oder sie erheben sich mitten im Dorf wie der 4000 Jahre alte Tumulus von Evessen. Die Lübbensteine vor den Toren der Stadt Helmstedt erinnern gar an ein kleines Stonehenge. Auf wie viele Jahrtausende dieses Land zurückblicken kann, beweisen auch **TOP TIPP** die Speerfunde von **Schöningen ❶** (siehe »Kulturtipp«, rechte Seite). In einem Braun-

kohlentagebau wurde 1994 ein altsteinzeitlicher Jagdplatz freigelegt: acht etwa 400 000 Jahre alte Wurfspeere aus Holz inmitten von Skeletten wilder Pferde; die Speere sind eines der ältesten Zeugnisse menschlicher Kultur.

Der Dorm – Geheimnisse der Erdgeschichte

Groß Steinum ❷ am Dorm macht seinem Namen alle Ehre, mächtige Knollenquarzitblöcke prägen das Ortsbild. Wippstein und Bockshornklippe heißen zwei markante, sagenumwobene Felsformationen am Rande des alten Dorfkerns, die Kirche steht weithin sichtbar auf felsigem Untergrund. Drei Großsteingräber aus der jüngeren Steinzeit um 3500 v. Chr. sind in Dorfnähe archäologisch erschlossen worden. Die monu-

Uralte Linden umgeben den ehrwürdigen romanischen Kaiserdom von Königslutter.

mentalen Gräber aus großen Gesteinsblöcken waren die gemeinsamen Bestattungsplätze einer urzeitlichen Sippe. Das Freilichtmuseum »Baustelle Großsteingrab« zeigt in sechs Stationen den Bau eines riesigen Steingrabes von der Auswahl der Steine bis zur äußeren Gestaltung des Monuments.

Nördlich von Groß Steinum startet eine Geo-Route (geologischer Pfad) in den **Dorm** ❸. Zu sehen sind symmetrische Strukturen, die durch den Aufstieg von Zechsteinsalzen im Perm entstanden, die Schichten der Trias sind quer gestellt. Der Parkplatz an der Bockshornklippe ist Ausgangspunkt für Autofahrer; eine Bushaltestelle befindet sich in Groß Steinum.

Die etwa 5,2 km lange Rundwanderung weist zwei Steigungen auf und dauert rund drei Stunden.

In Rieseberg führt vom Parkplatz am Sportplatz ebenfalls eine 4,6 km lange Geo-Route zum 156 m hohen Rieseberg im Südwesten. Aufgrund des Muschelkalkbodens gedeihen Laubmischwald sowie zahlreiche Kalk und Wärme liebende Pflanzen, darunter auch viele Orchideenarten.

Im **Rieseberger Moor** ❹ finden Grauweiden, Birken und Erlen beste Lebensbedingungen. In einer großen Bodensenke (1 x 1 km) südöst-

lich von Rieseberg hat sich in Jahrtausenden eine 1 bis 2 m starke Torfschicht gebildet. Wirtschaftlich genutzt wurde das Moor seit 1744 für den Torfstich und später zur Gewinnung von Moorsole. Seit 1955 steht es unter Naturschutz und kann nur auf zwei schmalen Knüppeldämmen durchquert werden. Der Zugang zum Moor ist nicht ausgeschildert und schwer zu finden.

Ehrfurcht gebietende Kaiserbasilika

TOP TIPP Weithin sichtbar erhebt sich der Kaiserdom in **Königslutter** ❺ am nördlichen Rand des Elms. In der Basilika ruhen der deutsche Kaiser Lothar III. von Süpplingenburg (1075 – 1137), seine Gemahlin und seine Familie. Die Grablege ist ein Kleinod romanischer Baukunst. Besondere Bedeutung erlangt die Stiftskirche St. Peter und Paul, wie der Kaiserdom auch heißt, durch seinen reichen künstlerischen Schmuck: Das rätselhafte Jagdfries an Außenwand der Hauptapsis zeigt zwei Hasen, die einen liegenden Jäger fesseln, das romanische Hauptportal an der Nordseite wird von zwei grimmigen Löwen bewacht, zehn kunstvoll gestaltete Säulen akzentuieren den wunderbaren Kreuzgang an der Südfront des Doms. Die dreischiffige Pfeilerbasilika folgte zunächst dem Bauschema der Hirsauer Schule, nach

KULTURTIPP

SPEERFUNDE VON SCHÖNINGEN

Sie werden auf das Ende einer Warmzeit vor 400 000 Jahren datiert und zählen zu den ältesten archäologischen Zeugnissen in Europa: bei Schöningen ❶ gefundene Jagdspeere, mit denen man in der Altsteinzeit Wildpferde zur Strecke brachte. An Ort und Stelle wurde die Beute zerlegt. Dieser Fund widerlegt die Lehrmeinung einiger Paläoanthropologen, der frühe Mensch sei im Wesentlichen ein

Aasesser gewesen. Die Herstellung der Jagdwaffen setzt ein komplexes Denken voraus. Die bis zu 2,50 m langen und 5 cm starken Speere funktionierten wie die heutigen Wettkampfspeere und sahen auch fast genauso aus; sie waren schlank und flogen weit. Der Braunkohlentagebau in Schöningen kann besichtigt werden, allerdings ist von der Fundstelle selbst wenig zu sehen. Eine hochinformative Ausstellung (Bild) befindet sich im alten Gefängnis von Schöningen, gleich neben dem Schloss. Die Originale sind im Niedersächsischen Landesmuseum in Hannover ausgestellt.

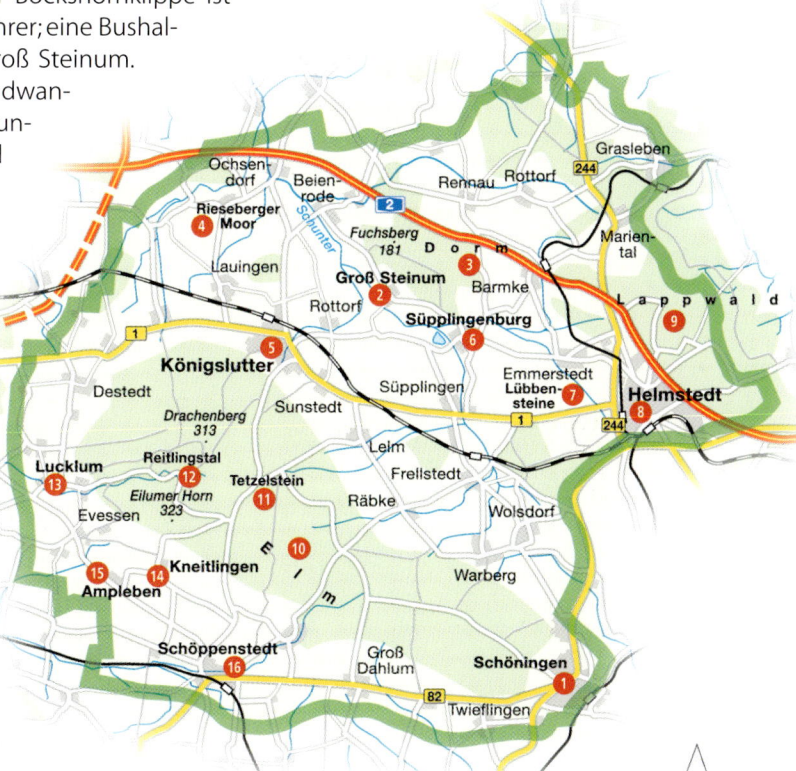

FLIEGENRAGWURZ

(Ophrys insectifera)

Gar nicht so einfach, diese kleine Orchidee zu entdecken – trotz ihrer eigentümlichen Blütenform und obgleich sie in den Kalkgebieten Deutschlands noch verhältnismäßig häufig vorkommt. Auf dem Elm wächst sie auf Halb-Trockenrasen und auch in lichten Kiefernwäldern. An ihrem aufrechten Stängel blühen von Mai bis Juni nacheinander rotbraune insektenähnlich gestaltete Blüten auf. Wie bei den meisten Ragwurzarten werden zusätzlich Pheromone, Sexuallockstoffe, gebildet, die männliche Insekten anlocken. Diese versuchen, das vermeintliche Weibchen zu begatten und befruchten dabei die Pflanze.

Die auf dem Elm vorkommende Fliegenragwurz, eine Orchideenart, bildet an Insekten erinnernde Blüten.

TILL-EULENSPIEGEL-MUSEUM

Welches Kind möchte nicht auch so pfiffig und frech wie Till Eulenspiegel sein? Nachhilfeunterricht gibt es in Schöppenstedt. Der Schalk wurde nämlich ganz in der Nähe geboren und getauft. Auf der »Tills-Tauf-Tour« wandert man vom Museum in Schöppenstedt ⑯ nach Kneitlingen ⑭ und Ampleben ⑮. Kinder basteln an ihrem Geburtstag Eulenspiegelmasken und bemalen T-Shirts mit bunten Farben. Leseratten werden in die vielen Bücher über den Schelm schauen, das älteste wurde bereits 1510 in Straßburg gedruckt (www.eulenspiegel-online.de).

dem Tod des Kaisers 1137 wurde das Bauwerk nach vereinfachten Plänen vollendet. Diese Bauweise wirkte als Vorbild für viele Sakralbauten im südlichen Niedersachsen und in den angrenzenden Gebieten an Elbe und Saale. Die historische Bedeutung Lothars III. mag heute in Vergessenheit geraten sein, doch im 15. Jahrhundert begaben sich die Menschen an St. Peter und Paul (29. Juni) zur Wallfahrt nach Königslutter.

Wie der Beiname vermuten lässt, stammte Kaiser Lothar III. aus dem nahen **Süpplingenburg** ⑥. Seine einstige Stammburg existiert heute nicht mehr, erhalten blieb nur die zur Burg gehörende romanische St. Johanniskirche, ein schlichter, aber anmutiger dreischiffiger Bau.

Vom St. Annenberg westlich von Helmstedt hat man einen weiten Blick über das Landschaftsbecken zwischen Elm und Lappwald. Versunken betrachten die Helmstedter den Sonnenuntergang und scheinen die mächtigen Findlinge auf dem Hügel kaum wahrzunehmen. Die **Lübbensteine** ⑦ sind zwei Großsteingräber, die im 4. Jahrtausend v. Chr. von bäuerlichen Siedlern der Jungsteinzeit (Trichterbecherkultur) errichtet worden sind. Die Anlage besteht aus einer rechteckigen Grabkammer mit einem Zugang und einer Steinumfassung, die ursprünglich den Erdhügel über der Kammer begrenzt hat. Aufgrund alter Aufzeich-

nungen nimmt man an, dass einst sogar vier Gräber auf dem Hügel weithin sichtbar das Landschaftsbild bestimmten. Die Lübbensteine sind direkt von der B1 aus erreichbar, etwa 300 m vor dem westlichen Ortsrand Helmstedts. Die ehemalige Universitäts- und Hansestadt **Helmstedt** ⑧ wartet mit eindrucksvollen Bauwerken aus Romanik und Renaissance auf; hervorzuheben sind vor allem die sogenannten Professorenhäuser aus der frühen Neuzeit.

Der angrenzende **Lappwald** ⑨ ist ein 20 km langer und bis zu 5 km breiter bewaldeter Höhenzug. Er erstreckt sich von Helmstedt aus nach Norden. Idyllisch ist vor allem das Brunnental bei Bad Helmstedt. Der Lappwald war über viele Jahrhunderte ein Grenzforst zwischen braunschweigischem und preußischem Staatsgebiet. Den lebhaften Grenzschmuggel suchte man seinerzeit von Wachtürmen aus zu unterbinden. Von diesen sind die 1. und 2. Walbecker Warte erhalten geblieben.

Vom Tetzelstein über den buchenbestandenen Elm

Über 25 km lang und bis zu 8 km breit erstreckt sich der bewaldete Bergzug **Elm** ⑩ von Königslutter in südöstlicher Richtung bis Schöningen. Seine maximale Höhe von 323 m erreicht er am Eilumer Horn unweit vom Kuxberg. Den weitgehend siedlungsfreien Bergrücken bedeckt der größte Buchen-Hochwald Norddeutschlands. Geologisch baut sich der Elm hauptsächlich aus

TOP TIPP

fossilienreichem Muschelkalkgestein auf, seit dem Mittelalter ein begehrter Baustoff. In Nord-Süd-Richtung überquert die Elm–Hochstraße den schmalen Höhenzug. Beliebter Rastplatz und Treffpunkt für Wanderer ist der **Tetzelstein** ⑪. Hier beginnen viele schöne Spazierwege durch den Elm, von denen man sich bei der Rückkehr in der beliebten Ausflugsgaststätte erholen kann. Laut Sage liegt unter dem nicht sonderlich großen Stein der berühmt-berüchtigte Ablassprediger Johann Tetzel (1465–1519) begraben, der hier auf dem Elm unter mysteriösen Umständen zu Tode gekommen sein soll. In der Tat war Tetzel wegen seiner finanziellen Machenschaften nicht sonderlich wohlgelitten, gestorben ist er aber eines natürlichen Todes – und zwar in Leipzig.

TOP TIPP Am Tetzelstein zweigt auch die Straße in das liebliche **Reitlingstal** ⑫ ab, ein weitgehend naturbelassener Lebensraum für Wildpflanzen und Singvögel rund um die Teiche des Reitlinger Weidhofs. Ein bequemer und interessanter Rundwanderweg beginnt an der Gaststätte »Reitling«; er folgt dann einem uralten Schmugglerpfad ins Quellgebiet der Wabe. Zurück geht es durch die Teufelsküche, hier verschwindet der kleine Bach Mönchespring in einem von Bärlauch gesäumten Erdtrichter (Doline). Von dem 4,5 km langen Rundweg zweigen an drei ausgeschilderten Stellen »Pirschgänge« ab, für die robuste Schuhe und Kleidung erforderlich sind.

Kulissen wie für einen Ritterfilm – die Burgen im Elm

Im Mittelalter standen zahlreiche Ritterburgen auf dem Elm, so die Höhenburg Warberg, die Elmsburg und Burg Langeleben, eine Wasserburg des Deutschritterordens im Reitlingstal. Leider sind nur noch Mauerreste erhalten. Unzerstört blieb jedoch die Kommende in **Lucklum** ⑬, westlich des Elms. Der Deutsche Ritterorden war seit etwa 1213 in diesem Gebiet ansässig. Ihm gehörten hier mehrere Burgen, in Lucklum errichtete er seinen Ordenskonvent (Kommende). Das ausgedehnte Gelände ist von einer noch heute erhaltenen Steinmauer umgeben. Kirche, Herrenhaus und Wirtschaftsgebäude begrenzen den quadratischen Innenhof. Den Zugang zum spielfilmreifen Ensemble bildet eine vierreihige Lindenallee mit über 200 Jahre alten Bäumen. Ebenfalls aus der Zeit der Ritterorden stammen zwei schöne romanische Dorfkirchen. St. Nikolaus in **Kneitlingen** ⑭, ein fast quadratischer Saalbau mit halbrunder Apsis, wurde 1141 von den Tempelrittern gegründet. In Kneitlingen soll Till Eulenspiegel auf die Welt gekommen sein, im Nachbarort **Ampleben** ⑮ wurde er getauft. Allerdings nicht in der prächtigen spätromanischen Kirche aus dem 13. Jahrhundert, sondern in der Schlosskapelle seines Taufpaten Till von Ütze, eines berüchtigten Raubritters. Genaueres über den einfallsreichen Narren und seine Späße erfährt man im Eulenspiegelmuseum in **Schöppenstedt** ⑯ (siehe »Tipp für Kinder«, linke Seite).

(siehe »Tipp für Kinder«, linke Seite).

GUT ZU WISSEN

MEGALITH- UND HÜGELGRÄBER
Als Megalithen bezeichnet man große, oft unbehauene Steinblöcke, die als Bausteine für Grab- und Kultanlagen aufgerichtet wurden. Großsteingräber wie die Lübbensteine ⑦ oder die Anlagen von Süpplingenburg ⑥ und Groß Steinum ② waren der gemeinsame Bestattungsplatz einer Siedlungsgemeinschaft in der Mittleren Steinzeit. Sie galten als heilige Plätze, an denen Rituale abgehalten wurden. Der Bau solcher

Monumente war nur in einer gewaltigen, gemeinsamen Anstrengung zu leisten, wie die »Baustelle Großsteingrab« bei Groß Steinum deutlich macht. Südlich des Elms finden sich auch mehrere Hügelgräber; das markanteste Beispiel ist der Tumulus (Bild) im Dorf Evessen, den eine 800 Jahre alte Gerichtslinde krönt. Ein Hügelgrab ist eine Erdaufschüttung, unter der sich eine Grabstätte befindet; nicht selten ist es die letzte Ruhestätte eines Häuptlings oder Fürsten.

Das liebliche Reitlingstal inmitten der Wälder des Elms verlockt nicht nur im Frühjahr zu langen Spaziergängen.

Naturpark Hoher Fläming

SERVICE

Anfahrt: Auf der A 9 Berlin–München bis zur Ausfahrt Klein Marzehns, dann der Ausschilderung zum Naturparkzentrum Rabenstein folgen; Bahnhöfe in Belzig und Wiesenburg, von dort Bustransfer zum Naturparkzentrum nach Voranmeldung
Lage: Zwischen Elbe, Dahme und Baruther Urstromtal im Bundesland Brandenburg
Größe: 827 km²
Höchste Erhebung: Hagelsberg (200 m)
Gründung: 1997
Information:
Naturparkzentrum Alte Brennerei
Brennereiweg 45
14823 Rabenstein/Fläming
OT Raben
Telefon: 033848/60004
Internet: www.flaeming.net

Einem Bergwall gleich erheben sich die Garzer Höhen 60 m hoch aus dem Baruther Urstromtal. Vom flachen Umland aus gesehen trägt der Höhenrücken seinen Beinamen durchaus zu Recht: Mit immerhin 200 m Höhe wird der Hohe Fläming liebevoll das »kleine Mittelgebirge« genannt.

Der englische Landschaftspark des Schlosses Wiesenburg verspricht erholsame Spaziergänge unter alten Bäumen.

Vor 150000 Jahren bewegten mächtige Eiszeitgletscher Sand, Lehm, Kies und Gestein und türmten den Hohen Fläming als Teil einer 700 km langen Endmoränenkette von Schleswig-Holstein bis Polen auf. Die eiszeitliche Herkunft verraten zahlreiche Findlinge und Schmelzwasserrinnen, die so genannten Rummeln. Doch prägen den Hohen Fläming nicht alleine seine interessanten geologischen Strukturen. Vier stolze Burgen, die das schöne Land mit seinen sanften Hügeln, grünen Wäldern und weiten Wiesen überragen, sind nicht zu übersehen. Kleine Dörfer sammeln sich um alte romanische Kirchen, die im Mittelalter aus reichlich zu findenden Feldsteinen errichtet wurden. Im 12. Jahrhundert holte Brandenburgs Markgraf Albrecht der Bär Flamen in das Gebiet. Die vielen Mühlen zeugen von den Lebensgewohnheiten der neuen Siedler, ihnen verdankt der Fläming seinen Namen. Neben forstwirtschaftlich genutzten Kiefernforsten gibt es naturnahe Buchen-Eichen-Mischwälder, in denen der Mittelspecht, das Wappentier des Naturparks, nicht zu überhören ist. Obgleich der Hohe Fläming nicht sehr wasserreich ist, entspringen in einer Höhe von 80 bis 100 m zahlreiche Quellen. In klaren Bächen leben Bachforelle, Bachneunauge und sogar der sehr seltene Edelkrebs. Die Belziger Landschaftswiesen am Fuß des Flämings sind Lebensraum der Großtrappen und ein idealer Rastplatz für ziehende Enten und Gänse.

Burgen und Täler

Den unwegsamen Fläming überquerten in alten Zeiten nur wenige Straßen. Eine führte von Brandenburg an der Havel südwärts nach Wittenberg

Um die Brautrummel, das bekannteste eiszeitliche Trockental im Fläming, rankt sich eine Sage.

an der Elbe. Mit der um 1190 errichteten **TOP TIPP** **Burg Rabenstein** ❶ überwachten die Belziger Herren diese wichtige Route. Der Name leitet sich von »Rauer Stein« ab. Die alte Wehranlage erlebte im Lauf der Jahrhunderte viele Veränderungen, geblieben ist der runde Bergfried mit seinem schönen Ausblick auf die naturnahen Wälder des umliegenden Naturschutzgebiets. Eine Gaststätte im Innenhof und eine kleine Bäckerei, die frisches Vollkorngebäck anbietet, laden zur Rast ein. Die Burg ist von der Abfahrt Klein Marzehns der Autobahn A 9 ausgeschildert und rasch zu erreichen.

In der »Alten Brennerei« im Dorf **Raben** ❷ zu Füßen des Rabensteins ist das Naturparkzentrum untergebracht. Angeboten werden ausführliche Informationen zum Naturpark sowie zahlreiche Führungen und Veranstaltungen. Im Mittelpunkt des Dorfes steht die alte, im 13. Jahrhundert erbaute Feldsteinkirche mit schmückenden Bauernmalereien.

Nordwestlich von Raben liegt das **Planetal** ❸. Ebenso wie die Trockentäler des Flämings, die Rummeln, entstand diese Schmelzwasserrinne in der Eiszeit. Jedoch schäumt die Plane das ganze Jahr über recht ungestüm zu Tal, mehr noch: Auf weiten Strecken treten an den steilen Talrändern kleine Quellen zutage, die auch während trockener Perioden nicht versiegen. In dem feuchten Quellgebiet haben sich bis zu 1 m starke Hangmoore ausgebildet. Das Wasser der Plane ist ungewöhnlich sauber und bietet nicht nur Bachforelle und Bachneunauge besten Lebensraum. Ein Wanderweg führt am Flüsschen Plane entlang nach Rädigke.

Riesenstein & Co.: beeindruckende Findlinge

Etwa 1 km nördlich von Gubo in Richtung Belzig (Parkplatz) kann ein 12 m tiefes Tal, der **Braut-** **TOP TIPP** **rummel** ❹, durchwandert werden. Seinen Namen verdankt das Tal einer Sage, die erzählt, dass dort vor langer Zeit eine junge Braut im abfließenden Wasser eines niedergegangenen Wolkenbruchs ertrunken sei. Am Ende des Brautrummels liegt etwas abseits auf offenem Feld der Riesenstein, oder richtiger gesagt: Er verbirgt sich. Denn von dem gewaltigen roten Granitblock, den die Gletscher von Skandinavien bis hierher trugen, sind über der Erde nur 70 cm zu sehen.

Belzig ❺, das urbane Zentrum des Flämings, blickt auf eine über tausendjährige Geschichte zurück. Ein schlimmes Kapitel der

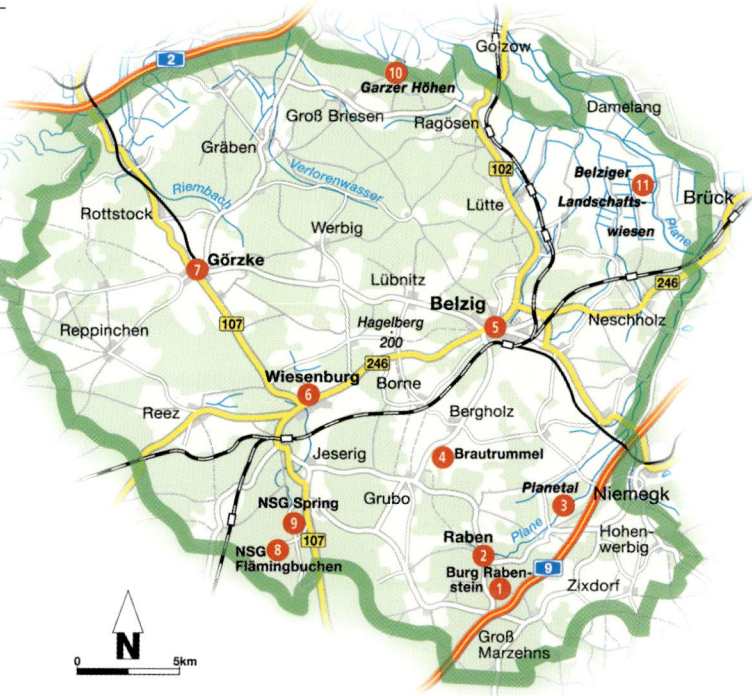

Stadtgeschichte war der Dreißigjährige Krieg, als die kleine Stadt, wie viele andere Orte des Flämings auch, fast vollständig verwüstet wurde. Nur vierzig Menschen überlebten. Auch die mächtige Burg Eisenhardt wurde – 1636 – von den Schweden zerstört. Erst 50 Jahre später konnte man mit dem Wiederaufbau beginnen.

Seit 1990 ist Belzig Heilquellenkurbetrieb.

TOP TIPP Im benachbarten **Wiesenburg** ❻ etablierte sich die Zerbster Herrschaft. Im 13. Jahrhundert wechselte Wiesenburg in den Besitz des Erzbistums Magdeburg. Die mittelalterliche Burg wurde im Schmalkaldischen Krieg niedergebrannt und noch im selben (16.) Jahrhundert wiederaufgebaut. Nach dem Dreißigjährigen Krieg verfiel das Schloss, der Wiederaufbau dauerte bis in das 18. Jahrhundert hinein. Der 48 m hohe Turm bestimmt noch heute das Stadtbild Wiesenburgs, und der weitläufige englische Landschaftsgarten führt in eine romantische Welt mit Grotten, Wasserspielen und bizarren Mauern. Naturliebhaber entdecken seltene Nadelgehölze aus China und Japan. Besonders reizvoll ist die Blütezeit der zahllosen Rhododendren, die noch aus der Gründungszeit des Parks stammen.

In **Görzke** ❼ siedelten sich im 7. Jahrhundert slawische Stämme in den durch die Völkerwanderung weitgehend verlassenen Gebieten an. Mit dem Slawenaufstand im Jahr 983 begannen 150 Jahre kriegerische Auseinandersetzungen zwischen Slawen und Deutschen. Ein slawischer Burgwall aus dieser Zeit kann in der Nähe der Görzker Kirche ausgemacht werden. Die Kirche mit ihrem schönen romanischen Portal versteckt sich unter uralten Linden. Darüber hinaus ist Görzke für seine traditionsreiche Töpferei und den Töpfermarkt zu Ostern bekannt.

Buchen und Bäche

Zu den ältesten Beständen der Flämingbuchen mit bis zu 200 Jahre alten Bäumen führt ein Wanderweg, von der Ortschaft Medewitz kommend, in das **Naturschutzgebiet Flämingbuchen** ❽. Auf den sandigen Böden Brandenburgs wachsen meist Kiefern- oder Eichenmischwälder; die Rotbuchenwälder des Flämings bilden da eine Ausnahme. Voraussetzung für das Gedeihen der hier als Flämingbuche bezeichneten Rotbuche ist der Regen, der an den Hängen des Flämings niedergeht. Die Baumart benötigt mindestens 550 mm Niederschlag pro Jahr und eine ausreichende Bodenfruchtbarkeit. Fast die Hälfte des Naturparks ist heute bewaldet. Das war nicht immer so: Um 1800 waren die Wälder durch jahrhundertelangen Raubbau beinahe verschwunden. Weite Landstriche verheideten, Wanderdünen bedrohten ganze Ortschaften.

Lichte Birken- und Kiefernwälder bedecken die Garzer Höhen, die den Hohen Fläming nach Norden hin begrenzen.

Die sanften Höhen des Flämings zieren betagte Windmühlen, Zeugen der früheren Besiedelung durch die Flamen.

Im **Naturschutzgebiet Spring** ⑨ kann man ein schönes Beispiel eines »Schwindbachs« verfolgen: Schon nach wenigen Kilometern verläuft das Wasser buchstäblich im Sand. Das Springer Fließ beginnt als Seegraben bei Wiesenburg und fließt in das Rummelsystem bei dem kleinen Ort Spring, wo es schließlich in den wasserdurchlässigen Bodenschichten versickert. Der Fläming gehört neben der Schwäbischen Alb zu den wasserärmsten Gebieten Deutschlands, nach Stillgewässern sucht man meist vergebens. Lediglich ein lockeres Netz kleiner Bäche (Flämingfließe) ziert den Naturpark – diese Bäche haben es jedoch in sich. Gefährdete und schützenswerte Tiere wie Bachforelle, Wasseramsel, Bachneunauge und Edelkrebs tummeln sich im sauberen Wasser. Der Schwarzstorch lebt verborgen in den großen feuchten Laubwäldern mit altem Baumbestand. Doch schon kleine Störungen führen zum Verlassen des Nestes und dem

Burg Eisenhardt in Belzig: Start und Ziel des Burgenlaufs.

Verlust der Brut. Seine Nahrung findet er in fischreichen Gewässern und auf feuchten Wiesen.

Im Urstromtal

Im Norden des Flämings fallen die **Garzer Höhen** ⑩ steil zum Baruther Urstromtal ab. Von dem Örtchen Klein Briesen, das nur aus einer Handvoll Häusern und einem Hotel besteht, führt ein Wanderweg zu einem Aussichtsturm am Rande der Geländekante. Über den Wipfeln der Kiefern- und Birkenwälder wirken die 60 m Höhenunterschied zur sonst so flachen Landschaft besonders eindrucksvoll.

TOP TIPP Weit geht der Blick in die Niederungslandschaft der **Belziger Landschaftswiesen** ⑪ (EU-Vogelschutzgebiet). Sie entstanden nach dem Abklingen der letzten Eiszeit, als die Schmelzwässer der Gletscher Richtung Nordsee gespült wurden. Zurück blieb ein flaches, mit Bruchwäldern bestandenes Moor. Die dichten Sumpfwälder wurden gerodet und ein engmaschiges Netz kleiner, flacher Gräben entstand. Die 76 km² große feuchte Niederung, häufig in Nebel von großer Ausdauer gehüllt, gehört zum mächtigen Baruther Urstromtal und ist ein ideales Brutgebiet für die Großtrappe, einen der größten Vögel Europas. Der »Märkische Strauß« teilt sie sich mit 110 anderen Vogelarten, die ebenfalls in den Belziger Landschaftswiesen brüten, sowie mit Tausenden von durchziehenden oder überwinternden Vögeln.

TIERE

GROSSTRAPPE
(Otis tarda)
Die Großtrappe ist der schwerste flugfähige Vogel der Erde. Für die auffällige Bodenbalz im Frühjahr verwandeln sich die Männchen in bizarre, weiße Federbälle. Großtrappen sind bis zu 17 kg schwer und 1 m groß; sie sind gute Läufer, können aber auch weite Strecken fliegen. Ursprünglich bewohnte die Großtrappe die offenen Steppen Osteuropas, wanderte aber um 1800 auch in die feuchten Niederungen Brandenburgs ein. Durch die Intensivierung der Landnutzung nahmen die Bestände seit dem Zweiten Weltkrieg drastisch ab. Im Naturpark wurden 2001 nur noch 48 Großtrappen gezählt – immer noch das größte Vorkommen in Deutschland. Großtrappen leben gesellig, häufig aber nach Geschlechtern getrennt. Die Küken sind Nestflüchter und nur in den ersten Lebenstagen auf die Mutter angewiesen. Die ebenso seltsamen wie seltenen Vögel werden bis zu 25 Jahre alt.

Naturpark Fläming / Sachsen-Anhalt

Reiterpfade, Wanderwege, Nordic-Walking-Routen und Radpisten über leicht gewelltes Land, durch schattige Wälder, entlang kühlender Bäche und wogender Ährenfelder: Sanfte Erholung und stilles Naturerleben liegen hier, zu Füßen des Hohen Flämings, nahe beieinander.

SERVICE

Anfahrt: Auf der A 9 Berlin–Leipzig bis zur Ausfahrt Coswig, weiter über die B 187 nach Wittenberg; Wittenberg, Coswig und Roßlau sind auch mit der Bahn zu erreichen, von dort Regionalverbindungen in den Naturpark

Lage: Zwischen dem Hohen Fläming und der Elbe in Sachsen-Anhalt

Größe: 824 km²

Höchste Erhebung:
Michelsberg (184 m)

Gründung: 2003

Information:
Naturpark Fläming
Rotdornstraße 12
06882 Jeber-Bergfrieden
Telefon: 034907/307 45
Internet:
www.naturpark-flaeming.de

Nektar für Schmetterlinge und Kinderseelen bietet die Tropenlandschaft des Schmetterlingsparks in Wittenberg.

TOP TIPP

❶ **Lutherstadt Wittenberg**
Zentrum der Reformation mit Schmetterlingspark und Tiergehege

❷ **Skulpturenpark Bülzig**
Kunstprojekt »Gastmahl der Engel« inmitten von Wiesen

❺ **Jeber-Bergfrieden**
Naturlehrpfad Flämingwald mit neuem Naturlehrpfadhaus

Über wohlbestellten Feldern, saftigen Wiesen und dichten Wäldern wölbt sich blauer Himmel, von weißen Wolken durchsetzt. Ein paar wenige Dörfer scharen sich um betagte, aus Feldsteinen errichtete Kirchen. Natur- und Kulturlandschaften stehen gleichberechtigt nebeneinander. Elf Landschaftsschutzgebiete wurden zu einem der jüngsten Naturparks zusammengefasst. Der erst 2003 gegründete Naturpark/Fläming Sachsen-Anhalt schließt sich im Westen an den Naturpark Hoher Fläming an und umfasst die Regionen des West- und des Vorflämings bis zum östlichen Elbufer.

»Ein Apfelbäumchen pflanzen« – Naturbegeisterung heute

TOP TIPP An den südlichen Ausläufern des Flämings liegt die **Lutherstadt Wittenberg** ❶, die Wiege der Reformation. Hier schlug Luther am 31. Oktober des Jahres 1517 seine berühmten Thesen an die Tür der Schlosskirche. Noch heute werden diese und noch weit mehr das Haus, in dem Luther mit Frau und Kindern lebte, von zahlreichen Besuchern gewürdigt. Weitere bedeutende Sehenswürdigkeiten sind das Melanchthonhaus, das Cranachhaus und die Stadtkirche. Von Martin Luther stammt der Satz: »Wenn morgen der jüngste Tag wäre, würde ich heute noch ein Apfelbäumchen pflanzen.« In diesem Sinne kommen naturbegeisterte Familien in der Lutherstadt voll auf ihre Kosten. Westlich des Stadtzentrums liegt der Schmetterlingspark Wittenberg (Ausschilderung folgen). In der rund 1000 m² großen Tropenlandschaft flattern die schönsten exotischen und heimischen Schmetterlinge frei umher.

»Gastmahl der Engel« – eine Skulpturengruppe aus Holz und Metall in der offenen Landschaft des Flämings.

Durch ein Tiergehege führt der 3 km lange Naturlehrpfad des Stadtwaldes Wittenberg. 80 Arten heimischer Wildtiere wie Mufflons, Wildschweine und Damwild werden hier betreut. Bei Kindern sehr beliebt sind die Streicheltiere. Das Elbe-Elster-Aquarium im Tierpark Wittenberg im westlichen Stadtzentrum zeigt bekannte Arten wie Flussbarsch, Plötze, Zander, Hecht und Aal, aber auch eher unbekannte Fischarten wie Blei, Ukelei, Güster, Kaulbarsch, Döbel und Rapfen.

Von Wittenberg sind es nur wenige Kilometer in nordöstlicher Richtung zum **Skulpturen-**
TOP TIPP **park Bülzig** ❷, einem Landschafts- und Kunsterlebnis der besonderen Art. Inspiriert vom Thema »Gastmahl der Engel« arbeiteten im Sommer 1993 junge Bildhauer, Metallplastiker und Grafiker im Rahmen eines Künstlersymposiums in Bülzig. Die aus Stein, Metall und Holz gefertigten Skulpturen wurden auf renaturiertem Wiesenland aufgestellt. Den nicht ausgeschilderten Skulpturenpark erreicht man nördlich vom Bahnhof Bülzig nach 500 m auf einem Feldweg.

Im Mittelpunkt des Städtchens **Zahna** ❸ stehen das markante, 1897/98 erbaute Rathaus und die romanische Kirche St. Marien, der größte und älteste romanische Sakralbau im Fläming. In einem alten flämischen Bauernhof aus dem Jahr 1730 am Ostende der Stadt ist das Bauernmuseum Zahna untergebracht. Neben einer umfangreichen Traktorensammlung sind hier auch eine Schmiede und verschie-

dene Ackergeräte zu sehen, Einblick in das alltägliche Leben einer Bauernfamilie vermittelt eine Wohnung von 1920.

Ein Wasserschloss, das einst einen berühmten Gast beherbergte

In **Schloss Kropstädt** ❹ nächtigte – im Jahr 1806 – schon Napoleon. Das Wasserschloss (heute Restaurant und Hotel) liegt in einem herrlichen, 10 ha großen Landschaftspark, an den sich nördlich die Kropstädter Heide anschließt. Seit den Tagen des Imperators muss die Heide jedoch zugewuchert sein, nur an wenigen Stellen im dichten Wald ist sie noch zu erahnen.

Durch einen typischen Flämingwald mit Eichen und Kiefern führt der Naturlehrpfad Flä-
TOP TIPP mingwald in **Jeber-Bergfrieden** ❺. Das neue Naturlehrpfadhaus mit dem grünen Klassenzimmer unter freiem Himmel unterrichtet über Naturschutz, Forstwirtschaft und Jagd. Das Flüsschen Rossel strömt von den Hängen des Flämings zur Elbe und treibt seit über 400 Jahren den **Kupferhammer Thiessen** ❻ an. Das technische Denkmal im grünen Rosseltal wurde 1983 renoviert und kann besichtigt werden. Wo die Rossel in die Elbe mündet, entstand im 12. Jahrhundert die **Wasserburg Rosslau** ❼. Die denkmalgeschützte Burg wartet auf ihre Renovierung und verdingt sich zwischenzeitlich als überaus stilechte Kulisse für ein fröhliches Mittelalterspektakel im Frühjahr.

Am Ortsausgang von **Coswig** ❽ Richtung Möllendorf beginnt der 7 km lange Bismarcksteig. Er führt am Wörpener Bach entlang durch eine typische Fläminglandschaft. Ein 1,8 km langer Abschnitt wurde als Waldlehrpfad angelegt. Auf dem 142 m hohen Hubertsberg lugt der Bismarckturm aus dem Wald.

WANDERTIPP

FAHRRADTOUR FLÄMING

Von Wittenberg ❶ fährt man auf dem internationalen Radweg R4 in nordöstlicher Richtung über Zörnigall nach Bülzig durch die traditionsreiche Fläminglandschaft (Bild). Die Tour führt hinter Bülzig direkt durch den Landschafts- und Skulpturenpark ❷, der 1993 bei einem Künstlersymposium unter dem Thema »Gastmahl der Engel« entstand.

Weiter geht es auf dem R4 durch den Kienbergforst, vorbei am Wildgatter. Nach 4 km ist die Stadt Zahna ❸ mit der ältesten romanischen Kirche des Flämings erreicht. Hier sollte auf jeden Fall auch dem Bauernmuseum ein Besuch abgestattet werden. Auf dem Wanderweg »Bauernmuseum Zahna-Euper« geht es nach Wittenberg zurück. Alternativ kann man mit dem Zug (alle zwei Stunden) bei kostenfreier Fahrradmitnahme nach Wittenberg zurückfahren (Streckenlänge Wittenberg–Zahna rund 12 km).

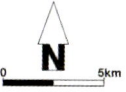

Naturpark Nuthe-Nieplitz

SERVICE

Anfahrt: Auf der A 10 (südlicher Berliner Ring) bis Ausfahrt Michendorf, weiter auf der Landstraße über Freesdorf und Stücken nach Blankensee; die Bahn (RE 3) fährt von Berlin nach Beelitz und Treuenbrietzen
Lage: Südwestlich von Berlin im Bundesland Brandenburg
Größe: 623 km²
Höchste Erhebung:
Planitzhöhe (105 m)
Gründung: 1999
Information:
Naturpark Nuthe-Nieplitz
Beelitzer Straße 24
14947 Nuthe–Urstromtal
Telefon: 033732 / 506 10
Internet:
www.grossschutzgebiete.
brandenburg.de

Zwei kleine Flüsse verwandeln die märkische Sandlandschaft südwestlich von Berlin unerwartet in ein Wasserparadies. Das »märkische Zweistromland« bietet nicht nur Wasservögeln und -pflanzen ein Refugium, auch der Mensch findet hier Erholung vom Alltag in der Großstadt.

Zwischen den Flussläufen von Nuthe und Nieplitz breitet sich eine feuchte Wiesen- und Auenlandschaft aus.

❷ Stangenhagen
Nach 1991 neu entstandener See mit reicher Vogelwelt
❺ Glauer Tal
Frei lebendes Dam-, Rot- und Muffelwild in einem eingezäunten Areal
❻ Wanderdüne Jüterbog
9 ha große Binnendüne auf ehemaligem Militärgelände

Südwestlich von Berlin treffen bei Jütchendorf zwei kleine Flüsschen aufeinander: Nuthe und Nieplitz. Sie haben auf ihrem Lauf eine Kette flacher Seen durchströmt und zahlreiche überflutete Wiesen zurückgelassen. In den vergangenen Jahrhunderten waren die Niederungen an Nuthe und Nieplitz häufig von heftigen Überschwemmungen heimgesucht worden. Doch schon im 18. Jahrhundert wurden die Flüsse begradigt und reguliert. Das brachte bessere Ernten, andererseits verringerten die sinkenden Wasserstände den Fischfang. Diese systematische Entwässerung wurde nach 1991 aufgegeben. In kurzer Zeit stieg der Wasserspiegel deutlich an, weite Wiesengebiete sind heute ganzjährig überflutet, bei Stangenhagen bildeten sich Flachwasserseen. Die wieder entstandene Auenlandschaft wurde alsbald von Störchen und Gänsen, Kranichen und Seeadlern, Fröschen und Kröten in Besitz genommen. Einen Gegensatz zu der Feuchtwiesenlandschaft bildet die 9 ha große Flugsanddüne im südlichen Zipfel des Naturparks auf dem Gelände eines ehemaligen Truppenübungsplatzes.

Neue und alte Gewässer

Am Ufer des größten Sees im Naturpark liegt das gleichnamige Örtchen **Blankensee ❶**, vom Wasser durch einen bis zu 300 m breiten Schilfgürtel getrennt. Auch ohne Fernglas lassen sich von einem langen Bohlensteg aus unzählige Wasservögel beobachten. Anmutig ist der nahe Park des Schlosses Blankensee, vom preußischen Gartenbaumeister Peter Josef Lenné angelegt. Der letzte Schlossherr, der Dramatiker Hermann Sudermann, schmückte ihn nachträglich mit

Die schmucke Sabinchenstadt Treuenbrietzen.

Kunstschätzen, die er auf seinen Reisen gesammelt hatte. Ursprünglich gehörte das Gut der Familie von Thümen, einem Adelsgeschlecht, das 500 Jahre lang die Region beherrschte. In der Nähe des Parktores steht ein historisches Bauernhaus von 1649. Das typisch märkische Mittelflurhaus beherbergt ein ausgesprochen informatives Bauernmuseum.

TOP TIPP **Stangenhagen** ❷ könnte man als Herzstück des Naturparks bezeichnen. Nach 1991 entstand hier der etwa 200 ha große Schwanensee – an einer Stelle, an der sich bereits vor 15 000 Jahren ein größerer See ausgebreitet hatte, der aber mehr und mehr vermoorte und schließlich trockengelegt wurde. Nachdem 1991 der Betrieb des Schöpfwerks in Stangenhagen eingestellt wurde, entstand der neue See, von Rohrkolben, Großseggen und Weidenbüschen gesäumt. Es wird sich, wenn auch nur langsam, hier wieder ein Moor bilden. Die faszinierende Welt der Wasservögel lässt sich am besten von einem eigens dafür errichteten Turm aus beobachten.

Die im Oberlauf besonders malerische Nieplitz durchfließt **Treuenbrietzen** ❸. Ursprünglich hieß die kleine Stadt einfach Brietzen, durch ihre Treue zu den Wittelsbachern erhielt sie den Namenszusatz »Treuen«. Treuenbrietzen setzte seinem »Frauenzimmer« Sabinchen, das in der bekannten Moritat einem treulosen Schuhmacher erliegt, ein Denkmal. So ist die Sabinchenstadt nicht einfach nur ein schönes Städtchen mit mittelalterlichem Grundriss und erhaltener Stadtbefestigung.

3 km östlich von Treuenbrietzen erstreckt sich der **Zarth** ❹, eine abwechslungsreiche Gegend mit Wäldern, Wiesen, Sümpfen und offenen Wassern, die vielen seltenen Vögeln Lebensraum bietet.

Die Landschaft an Nuthe und Nieplitz ist keineswegs nur flach. Die letzte Eiszeit hat zwischen Blankensee und Glau eine Endmoräne hinterlassen, die Glauer Berge, die teilweise in das **TOP TIPP** Wildschutzprojekt **Glauer Tal** ❺ einbezogen wurden. Auf einer Fläche von 160 ha hält das hier frei lebende Dam-, Rot- und Muffelwild durch Verbiss und Tritt die Freiflächen zwischen den Wäldern offen. Die Tiere werden nicht gefüttert und legen daher ihre Scheu gegenüber dem Menschen nicht ab. So kann man sie von einem 5 km langen Wanderweg unter natürlichen Bedingungen beobachten. Besonders eindrucksvoll ist die Brunft der Rothirsche Ende September. Angeboten werden neben naturkundlichen Führungen auch Kremserfahrten. Der Zugang zu dem eingezäunten Wildgehege liegt an der Straße von Blankensee nach Glau.

Neuer Lebensraum entsteht

TOP TIPP Flugsanddünen sind im deutschen Binnenland äußerst selten, die **Wanderdüne Jüterbog** ❻ ist 9 ha groß. 160 Jahre lang wurde das Gelände westlich der Stadt militärisch genutzt. Mahlende Panzerketten und Flächenbrände zerstörten einerseits die Landschaft, andererseits konnten sich auf den entstandenen freien Flächen Dünenlandschaften ausweiten und Tiere und Pflanzen ansiedeln, die sonst keine geeigneten Lebensbedingungen mehr finden. Dieser schützenswerte Lebensraum kann nur durch menschliche Eingriffe erhalten werden. In Zukunft sollen Wander-, Rad- und Reitwege die Randbereiche auch zugänglich machen.

GUT ZU WISSEN

SPARGEL

Feinschmecker kennen Beelitz und den hervorragenden Spargel dieser Region. Das Örtchen Schlunkendorf zwischen Beelitz und Stangenhagen ❷ ist im Frühsommer von hohem Spargelkraut umschlossen; das hier ansässige Spargelmuseum (Kietz 36, 14547 Schlunkendorf) informiert über das wohlschmeckende Edelgemüse (geöffnet Anfang April bis Ende Juni 10 – 16 Uhr, sonst nach Anmeldung). Die Landschaft

um Beelitz gehört zur flachwelligen Hochfläche der Zauche (wendisch: »trockenes Land«). Die typisch märkischen Sand- und Heideflächen eignen sich hervorragend für den Obst- und Gemüseanbau; Spargel kann man direkt beim Erzeuger oder auf dem Wochenmarkt in Beelitz (Bild) kaufen.

Naturpark Dahme-Heideseen

SERVICE

Anfahrt: Auf der A 13 Berlin–Dresden bis zur Ausfahrt Teupitz; ab Bahnhof Königs Wusterhausen mit Bus 724 zum Naturschutzzentrum Prieros
Lage: Der Naturpark liegt rund 30 km südöstlich von Berlin in Brandenburg
Größe: ca. 600 km²
Höchste Erhebung:
Blocksberge (110 m)
Gründung: 1998
Information:
Naturparkverwaltung
Dahme-Heideseen
Arnold-Breithor-Straße 8
15754 Prieros
Telefon: 033768 / 969 0
Internet:
www.grossschutzgebiete.
brandenburg.de

Theodor Fontane verdanken wir die wunderbaren Reisebeschreibungen seiner »Wanderungen durch die Mark Brandenburg«. Er besuchte auch die Seenlandschaft entlang dem Flüsschen Dahme, eine abgelegene, sehr reizvolle Landschaft von enormem Charme.

Abendkühle senkt sich nach einem warmen Herbsttag über den Schafer See bei Teurow.

TOP TIPP

❶ Teupitz
Idyllischer Ausgangspunkt für große und kleine Dampferfahrten
❹ Prieros
Mittelpunkt des Naturparks mit Besucherzentrum, Museum und Biotopgarten
❼ Fischerei Köllnitz
Fischereimuseum, Fischrestaurant und Dokumentationszentrum der Heinz-Sielmann-Stiftung

Der große Schriftsteller Theodor Fontane war nicht der Erste, der zu Fuß und mit dem Schiff durch die Mark Brandenburg wanderte, doch seine Schilderungen haben immer noch Bestand. Im vierten Teil seiner Reisebeschreibung schreibt er: »Das Land Beeskow-Storkow ist ein wenig bekannter Winkel, der nichtsdestoweniger seine Schönheit und Geschichte hat.« Eine Wertung, die viele Großstadt-Berliner zu Beginn des 20. Jahrhunderts begeistert aufgriffen. Die Wanderung »raus in't Jrüne« begann, zunächst nur am Wochenende. Später errichteten Berliner ihre Wochenendhäuser entlang dem Flüsschen Dahme, richtige Siedlungen entstanden allmählich. Am Drang ins Grüne hat sich bis heute nichts geändert. Die Dahme durchfließt eine ganze Kette von Seen, ideal für Wassersportfreunde aller Couleur und natürlich für Badefreu-

dige, die im Sommer gerne an die Heideseen strömen. Heide war früher eine häufige Flurbezeichnung und kennzeichnete nicht etwa eine idyllische Heidelandschaft, sondern sandige und wenig ertragreiche Gebiete.

Auf den Spuren Fontanes

Theodor Fontane unternahm auch eine Dampferfahrt auf der Dahme, einem Nebenfluss der Spree, von Köpenick nach **Teupitz ❶**. Der malerische Ort mit einem Schloss auf einer Halbinsel, idyllisch im See gelegen, ist Ausgangspunkt einer Schifffahrt auf Fontanes Spuren. Am Anlegesteg »Bohrs Brücke« in Teupitz kann man zwischen verschiedenen Routen wählen: die einfache Rundfahrt über den Teupitzer See, die klassische Tour über vier Seen, eine Sieben-Seen-Fahrt mit Passage der Zugbrücke bei

Fischfang hat Tradition auf dem Groß Schauener See.

Groß Köris sowie die Große Rundfahrt, die zehn Seen durchquert und fünf Stunden dauert.
Mit Stolz zeigt man in **Groß Köris** ❷ die 1855 erstmals erwähnte Zugbrücke. Das technische Baudenkmal regelt noch heute die Durchfahrt für größere Schiffe zwischen dem Klein Köriser und dem Teupitzer See. Zum Backofenfest in Groß Köris wird jedes Jahr im Sommer der große Backofen zum Brot- und Kuchenbacken angeheizt. Im benachbarten **Klein Köris** ❸ sollte man sich die Ausgrabungen eines Germanendorfs anschauen (siehe »Kulturtipp« rechts).

Heimatkunde und blühende Gärten

Inmitten von Gewässern und uralten Wäldern mit selten gewordenen Traubeneichen liegt das märkische Runddorf **Prieros** ❹. Die Dubrow-Forste dienten schon den preußischen Königen als Jagdrevier, die den Wert dieser Eichenwälder erkannten. Prieros beherbergt in seiner alten Dorfschule heute das Besucherzentrum der Naturparkverwaltung. Bäuerliche Lebensweise und altes Handwerk vermittelt das Heimatmuseum in einem über 250 Jahre alten schilfgedeckten Fachwerkhaus. Früher blühte in der Region die Ton- und Ziegelindustrie; der nach historischem Vorbild errichtete Freibrandofen in Prieros erinnert noch daran und wird auch heute gern zum Schürbrand angefacht. Hobbygärtner erfreuen sich an dem 1995 eröffneten Biogarten, der naturnahen Gartenbau praktisch veranschaulicht. Sehenswert sind auch der Gewürz- und Heilkräutergarten sowie der sich anschließende Botanische Garten.
Von Prieros führt ein Wanderweg über den Streganzer Berg – mit 94 m Höhe immerhin die zweithöchste Erhebung des Naturparks – nach **Streganz** ❺, einer Gründung westslawischer Wenden. Ihre Rundlingsdörfer legten sie meist

am Rande von Gewässern an. In Orten wie Streganz oder **Pätz** ❻ ist die ursprüngliche Anlage der Dörfer mit ihren baumbestandenen Dorfangern noch gut zu erkennen.
Auf eine noch längere Tradition kann die **Fischerei Köllnitz** ❼ bei Groß Schauen zurückblicken. Sie wurde bereits 1209 in einer Urkunde von Kaiser Otto IV. genannt. Der Fischfang war für die Bewohner rings um die Groß Schauener Seenkette immer von größter Bedeutung. Noch heute tuckern flache Kähne hinaus zu den Reusen. Fangfrischer Fisch wird in den Köllnitzer Fischerstuben serviert. Das Fischereimuseum zeigt Gerätschaften aus vielen Jahrhunderten und informiert über die Geschichte des Fischfangs. Mit Rastplatz, Restaurant, Museum und Landhotel zählt die Fischerei Köllnitz zu den beliebtesten Ausflugszielen im Naturpark Dahme-Heideseen. Sie liegt an der B 246 nahe Storkow. Zur Seenkette gehören auch Schaplowsee, Groß Schauener See, Großer Wochowsee, Großer Selchower See, Schweriner See und Bugker See. Ihre Ufer sind durch breite Schilfgürtel, Röhricht und ausgedehnte Verlandungszonen oft nicht zugänglich. Dort fühlen sich nicht nur Wasservögel wohl, auch der Fischotter hat hier seine Heimat, ebenso wie seltene Insekten und viele geschützte Pflanzen. Um diesen wertvollen Naturraum zu erhalten, erwarb der berühmte Naturfilmer Heinz Sielmann im Jahr 2002 die gesamte Seefläche. Ein Dokumentationszentrum auf dem Gelände der Fischerei Köllnitz informiert über die Aktivitäten seiner Stiftung.

KULTURTIPP

GERMANENDORF KLEIN KÖRIS

Vor den Slawen siedelten Germanen im Dahmegebiet, die jedoch mit der Völkerwanderung wieder abzogen. Zurück blieb eine Siedlung bei Klein Köris ❸, die 1971 entdeckt wurde. Nach jahrzehntelangen archäologischen Ausgrabungen wird das Dorf nun von einem Verein am Fundort als Freilichtmuseum wieder aufgebaut.
Wie lebten die Dorfbewohner vor über 1500 Jahren? Auf diese und andere Fragen bietet das Freilichtmuseum Antworten. An jedem ersten

Sonntag im Monat werden Führungen angeboten. Das Museum befindet sich am östlichen Ortsrand von Klein Köris (Parkmöglichkeiten vorhanden).

Biosphärenreservat Spreewald

SERVICE

Anfahrt: Auf der A 13 Berlin–Dresden bis zur Ausfahrt Duben und weiter auf der B 87 nach Lübben; die Städte Lübbenau und Lübben sind auch mit der Bahn zu erreichen

Lage: Im südlichen Brandenburg, rund 100 km südöstlich von Berlin

Größe: 475 km²

Höchste Erhebung: Wehlaberg (144 m)

Gründung: 1990

Information:
Haus für Mensch und Natur
Schulstraße 9
03222 Lübbenau

Telefon: 03542/89 210

Internet: www. grossschutzgebiete.brandenburg.de

Fast ein Urwald, durchzogen von einem Gewirr natürlicher Fließe und angelegter Wasserarme, dazwischen Gemüsefelder und Streuobstwiesen mit einsamen Gehöften aus tiefdunklem Holz: Die Idylle Spreewald ist eines der beliebtesten und schönsten Naherholungsgebiete in Deutschland.

Die klassische Kahnpartie durch verzweigte Flussreviere bildet den romantischen Höhepunkt jeder Spreewaldreise.

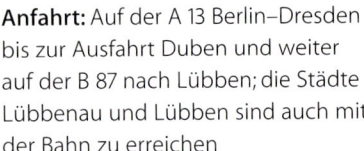

❷ Lübbenau/Lubnjow
Historische Altstadt mit Schloss und großem Kahnhafen

❸ Lehde
Ein bäuerliches Klein-Venedig

❻ Burg/Borkowy
Ursprüngliche Streusiedlung mit zahlreichen alten Blockhäusern

❾ Schlepzig/Slopisca
Drei Naturlehrpfade erschließen Fauna und Flora des Unterspreewalds

Spreewald – die Sorben nennen ihn Blota, was Sumpf bedeutet. Seit dem Mittelalter leben sie auf den wenigen hochwasserfreien Stellen des Spreewalds, erst im 18. Jahrhundert wurden auch die Niederungen besiedelt. Der Spreewald bildet ein Delta, ähnlich der Mündung großer Ströme am Meer. Das natürliche Binnendelta der Spree und ihrer Zuläufe hat eine Gesamtlänge von beachtlichen 1550 km. Von fast jedem erreichbaren Ort starten Kähne zu Fahrten durch die geheimnisvollen, von Schwarzerlen beschatteten und mit Blutweiderich und Schwanenblumen gesäumten Wasserkanäle. Wie ein venezianischer Gondoliere stakt der Bootsführer durch das labyrinthische Flussrevier. Die bei den Besuchern beliebten Kahnpartien sind längst zu einem festen Bestandteil der spreeländischen Wirtschaft geworden. Bis zu 4 Millionen Touris-

ten besuchen jedes Jahr das Biosphärenreservat. Das Gewässernetz des Spreewalds ist nicht als reines Naturschutzgebiet ausgewiesen, sondern wird nach wie vor für den Anbau von Kürbissen, Zwiebeln, Meerrettich und vor allem der begehrten Spreewaldgurken genutzt. Wie erfolgreich Naturschutz, Landwirtschaft und Tourismus zusammenarbeiten können, beweist die Spree selbst. Ihr Wasser fließt aus dem Spreewald in besserer Qualität heraus, als es ihn erreicht hat.

Geliebter Oberspreewald

An der Stelle, wo die Spreeniederung aufgrund der natürlichen Talverengung schon von alters her am günstigsten zu durchqueren war, liegt **Lübben/Lubin ❶**. Sehenswert sind die teilweise erhaltene Stadtbefestigung sowie das Schloss, in dem das Stadt- und Regionalmuseum unterge-

Die Holländermühle in Straupitz ist die einzige sich noch drehende Dreifachmühle in ganz Europa.

bracht ist. Von Lübben aus kann man Kahnfahrten sowohl in den Unter- als auch in den Oberspreewald unternehmen, zahlreiche Rad- und Wanderwege nehmen ebenfalls hier ihren Ausgangspunkt.

TOP TIPP Dreh- und Angelpunkt im Biosphärenreservat ist das Städtchen **Lübbenau/Lubnjow** ➋. In der historischen Altstadt präsentiert das »Haus für Mensch und Natur« eine Ausstellung zur Entstehung der Kulturlandschaft des Spreewalds. Das Spreewaldmuseum im Gerichtsgebäude zeigt typische Trachten und informiert über die Geschichte der Region. Von der Altstadt zu den Kahnhäfen sind es nur ein paar Schritte. Die bekannteste der vielen Ablegestellen für die Spreewaldgondeln ist der Große Hafen in der Dammstraße. 50 und mehr Kähne warten auf ihre Kundschaft.

TOP TIPP Bevorzugtes Ziel ist das nahe Spreewalddorf **Lehde** ➌. Es gilt als das Klein-Venedig des Spreewalds: Romantik pur. Die Holzhäuser des kleinen Dorfes erheben sich auf Inselchen, die durch zahlreiche Kanäle voneinander getrennt sind, und die man über Holzbrücken erreicht. Parkplätze sind rar in Lehde, und so nähern sich die meisten Besucher entweder per Kahn oder zu Fuß dem Idyll. Der beliebte, nur 2 km lange Wanderweg beginnt am Lübbenauer Kahnhafen und führt zuerst zum Lübbenauer Schloss, das als Restaurant und Hotel dient. Die Orangerie wird für kulturelle Veranstaltungen

genutzt. Vor der klassizistischen Schlossanlage steht das ältestes Haus der Stadt, ein zweistöckiger Fachwerkbau. In Lehde erwartet den Spaziergänger außer zahlreichen Gasthäusern ein Gurken- und Bauernmuseum, ein Aquarium mit heimischen Fischen und das sehenswerte Freilandmuseum.

In Lehde beginnt ein rund 6 km langer Wanderpfad zum östlich gelegenen Spreewalddorf Leipe. Der Weg führt am **Hochwald** ➍ vorbei, dem Rest des ursprünglichen Erlenwaldes, der einst fast den ganzen Oberspreewald überzog. Ein kleiner Teil wurde zur Schutzzone erklärt. Hier kann sich der Wald noch natürlich entwickeln: Alte und kranke Bäume sterben ab und bleiben für Pilze, Pflanzen und Tiere als Lebensraum erhalten. Traubenkirsche, Faulbaum, Johannis- und Brombeere sowie Brennnesseln machen den Wald undurchdringlich. Eine naturnahe Bewirtschaftung des Hochwaldes ist hier angestrebt: Kahlschläge werden vermieden, Totholz verbleibt im Wald, auf die Brut- und Aufzuchtzeiten bedrohter Vogelarten wird Rücksicht genommen. Das geschlossene Waldgebiet kann nur über Kanäle und Fließe erreicht werden. Tagestouren werden z. B. ab dem Großen Fährhafen in Lübbenau angeboten.

Inseln im Delta – per Rad, Boot oder zu Fuß unterwegs

Der kleine Ort **Leipe** ➎ liegt auf einer Grundmoräneninsel und konnte bis zum Jahr 1936 nur mit dem Kahn erreicht werden. Erst dann wurde der Fußweg von Lehde zu dem 1315 gegründe-

KULTURTIPP

FREILANDMUSEUM LEHDE

Das Museum im idyllischen Spreewalddorf Lehde ➌ zeigt original sorbische Einrichtungen und Traditionen aus dem 19. Jahrhundert. In drei Gehöften wird gezeigt, welche sozial und regional unterschiedlichen Lebensweisen im Spreewaldgebiet anzutreffen waren. Im Hof Lehde steht das große Familienbett im einzigen Raum – Schlafstatt für drei Generationen, oft sechs Personen. Eine Hofanlage aus Burg zeigt

sich mit Doppelstubenhaus, großer Stallscheune und Kahnschuppen schon komfortabler. Das Fachwerkhaus aus dem Randgebiet des Spreewalds beherbergt heute eine Kunstgalerie sowie eine Blaudruck- und eine Töpferwerkstatt. Am schönsten ist ein Museumsbesuch zu Feiertagen und Festen. Männer und Frauen zeigen Traditionshandwerk, Kinder in reich verzierter Tracht (Bild) singen sorbische Lieder und tanzen nach altem Brauch.

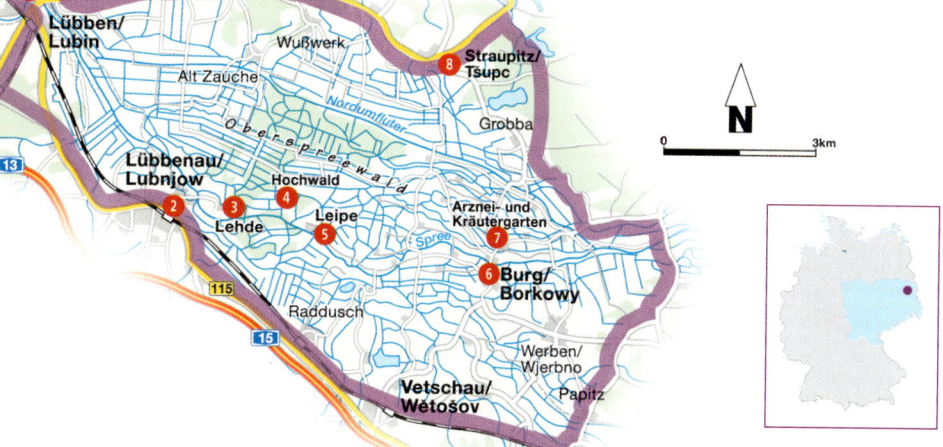

SPREEWALDGURKEN

Der Anbau beginnt mit dem Pflanzen der Setzlinge. Die feuchten, humusreichen Böden und das Klima im Spreewald tragen zum guten Wachstum der Gurken bei. Der eigentliche Grund ihres delikaten Geschmacks ist jedoch in der besonderen Art ihrer Verarbeitung zu finden. Früher dauerte die Gärung in großen Fässern mehrere Wochen. Heute werden die Gurken unter Zugabe von Natronlauge auf 70 °C erhitzt und gelangen sofort in den Handel. Die Zusammensetzung der Zutaten – wie Basilikum, Zitronenmelisse, Wein-, Kirsch- oder Nussblätter – bleibt ein wohlgehütetes Geheimnis. Spreewaldgurken sind seit März 1999 ein EU-weit geschütztes Markenzeichen. Und sie dienen als Namengeberin für den Gurken-Radweg, eine Rundtour durch den gesamten Spreewald.

Sorbische Trachten und natürlich die Spreewaldgurken gehören zum traditionellen Trachtenfest des Amtes Burg.

SCHWANENBLUME
(Butomus umbellatus)

Die Sumpfpflanze ist selten, aber nicht gefährdet. Inmitten ihrer gras-

artigen, bis 150 cm langen Blätter erhebt sich der doldige, rosa-weiß gefärbte Blütenstand auf hohem Stiel. Die Wärme liebende Schwanenblume wächst in Auengewässern, sie verträgt stark wechselnde Wasserstände. Der schwanenhalsartig geformte Fruchtknoten gab der Pflanze ihren schönen Namen.

ten Dorf angelegt. Heute ist Leipe – inmitten der typischen kleinräumigen Spreewaldlandschaft aus Wiesen, Weiden, Feldern und Wald gelegen – ein beliebtes Etappenziel für Paddler, Wanderer und Radler.

TOP TIPP In der Umgebung von **Burg/Borkowy** ➏ stehen heute noch über 1000 Häuser und Ställe in Blockbauweise, der traditionellen Bauform des Spreewaldes. Verwendet wurde meist Erlenholz, das man im moorigen Wasser lagerte und es so gegen Wurmfraß und Fäulnis widerstandsfähig machte. Daher rührt auch die typische dunkle Färbung der Häuser. Burg ist keine geschlossene Ortschaft, sondern eine Streusiedlung mit Burg-Dorf sowie den Ortsteilen Kauper und Kolonie. Die alten Blockhäuser stehen verstreut zwischen Gemüsefeldern und Obsthainen – besonders während der Blüte im Frühjahr ein überaus reizvoller Anblick.

Hochwasser war in Burg wie im gesamten Spreewald Segen und Fluch zugleich. Das gefürchtete Sommerhochwasser konnte ganze Ernten vernichten. Bis zum Bau des Nordumfluters war die Spree unberechenbar. Allein in den Jahren 1891 bis 1933 zählte man 124 Überflutungen, davon 46 im Sommer. Die ständig feuchten Wiesen konnten oft erst im Herbst gemäht werden, das Heu wurde den Winter über auf Heuschobern gelagert. Diese charakteristischen Heuschober, die

noch heute auf den Wiesen zu sehen sind, lassen das Regenwasser an der Oberfläche abtropfen, das Innere des Schobers bleibt trocken.

Etwas außerhalb des Dorfes Burg liegt an der Straße nach Straupitz der Schlossberghof, ein Informationszentrum des Biosphärenreservates. Über die Natur im Spreewald informiert auf sehr anschauliche Weise die behindertengerechte »Natur-Erlebnis-Uhr« inmitten einer Streuobstwiese. Stunde für Stunde lässt sich die Spreewaldnatur schmecken und riechen, fühlen und hören. In dem sehenswerten **Arznei- und Kräutergarten** ➐ gedeihen über 400 verschiedene Arten: Heilpflanzen wie Baldrian, Schöllkraut und Kamille, beliebte Küchenkräuter wie Salbei, Rosmarin, Melisse, Minze, Oregano und Thymian bis hin zu Lein, der früher im Spreewald zur Herstellung des Leinöls angebaut wurde. Kartoffeln mit Leinöl, das typische Gericht des Spreewaldes, wird heute noch serviert. So beispielsweise in der Gaststube der Holländerwindmühle **Straupitz/Tsupc** ➑, wenige Kilometer nördlich von Burg. Die Straupitzer Mühle ist die letzte ihrer Art. Die Windenergie wird hier dreifach zum Mahlen, Sägen und als Ölmühle verwendet. Das Leinöl kommt also ganz frisch auf den Tisch. Die denkmalwürdige Dreifachmühle war lange Zeit einsturzgefährdet und konnte nach aufwändiger Restaurierung 2003 wieder eröffnet werden.

Unterspreewald –
Stille und ungestörtes Naturerlebnis

Anders als im Oberspreewald finden sich im Unterspreewald noch große Waldgebiete. Zentrum ist das Storchendorf **Schlepzig/ Slopisca** ❾. In der alten Mühle am Hafen zeigt das Biosphärenreservat Spreewald die spannende Austellung »Unter Wasser unterwegs«. Man taucht förmlich in die Lebenswelt eines Spreewaldfließes ein: ein großer Hecht schwebt durch den Raum, Wasserflöhe sind in 150-facher Vergrößerung zu sehen.

Auf Naturlehrpfaden kann man in Schlepzig Natur auch live erleben. Der 6 km lange Rundweg durch das **Naturschutzgebiet Buchenhain** ❿ beginnt an der Zerniasfließbrücke, einen knappen Kilometer in Richtung Kriegbusch. Der Pfad führt über den Archendamm, den ältesten Deich des Spreewalds – er stammt noch aus dem 14. Jahrhundert. Die kleinen Tümpel zu seiner Seite sind wertvolle Biotope. Ohne diesen angelegten Pfad wäre der feuchte Erlenbruch nicht zu betreten. Einige Abschnitte stehen das ganze Jahr unter Wasser. Mooskissen bedecken die ständig nassen Wurzelstöcke der Schwarzerlen.

Auf dem 8 km langen Ornithologischen Lehrpfad, der von Schlepzig zu zwölf Fischteichen und einem alten Hutewald führt, lassen sich See- und Fischadler, Kormoran, Milan sowie Schwarz- und Weißstorch beobachten.

Vor allem Weißstörche brüten in Schlepzig in großer Zahl. Die 5 km lange Wanderung durch die Kulturlandschaft Pauck wird somit zur Entdeckungstour im Lebensraum des Weißstorchs. Die Naturwacht bietet Führungen an, auf denen man viel über den eleganten Vogel erfahren kann. Südlich von Schlepzig liegt der **Kriegbusch** ⓫. Er wurde wegen der zahlreichen, auf Bäumen nistenden Weißstörche bereits 1938 unter Naturschutz gestellt. Auch Kraniche, der seltene Schwarzstorch und das noch viele seltenere Blaukehlchen brüten hier.

Nach Norden begrenzt den Spreewald ein eiszeitlicher Endmoränenbogen. Die **Krausnicker Berge** ⓬ bilden mit dem 144 m hohen Wehlaberg die höchste Erhebung des Biosphärenreservats. Zahlreiche Wanderwege erschließen diese reizvolle Region.

Ganz im Norden des Biosphärenreservats liegt der **Neuendorfer See** ⓭. Zusammen mit dem Köthener See und dem etwas weiter entfernten Schwielochsee bietet er beste Möglichkeiten zum Baden, Rudern, Segeln, Surfen, Angeln oder auch zum Wandern. Am Köthener See erwartet eine beliebte Jugendherberge junge Naturfreunde. Auch die vier Campingplätze am Neuendorfer See eignen sich für einen Urlaub in schönster Umgebung. Vom Schwielochsee fährt ein Fahrgastschiff die Spree abwärts bis nach Beeskow.

WANDERTIPP

KAHNFAHRT
Kahnfahrten werden an zahlreichen Stellen im Ober- und Unterspreewald angeboten. Die größten Kahnhäfen befinden sich in Schlepzig ❾, Lübben ❶, Lübbenau ❷ und Burg ❻. Auf 250 km der Fließgewässer sind die Touristenkähne unterwegs. Meist geht es recht fröhlich und

feucht zu, gerne wird ein Piccolo oder ein Bierchen serviert. Der Gondoliere erzählt Geschichten aus dem Spreewald und weist auf seltene Tiere und Pflanzen hin. Zwischen Lübbenau und Lehde ❸ findet zeitweise ein regelrechter Linienverkehr per Boot statt. Haltestationen sind die vielen Gaststätten, dort hängen auch die Fahrpläne aus. Wer die Natur des Spreewalds intensiver kennenlernen möchte, kann sich an den Kahnhäfen ein Paddelboot mieten. Damit kommt man dem Lebensgefühl der Spreewälder wohl am nächsten. Noch heute staken die Einheimischen zur Erledigung von Alltagsgeschäften auf ihren flachen Gondeln durch die Kanäle.

Die charakteristische Blockbauweise wie hier im idyllischen Lehde findet sich noch in vielen Dörfern des Spreewalds.

Naturpark Schlaubetal

SERVICE

Anfahrt: Auf der A 12 Berlin–Frankfurt/Oder bis zur Ausfahrt Müllrose; mit der Bahn über Frankfurt/Oder nach Müllrose (Fahrradverleih)

Lage: In der Region Oder-Neiße im Osten des Bundeslandes Brandenburg, südwestlich von Frankfurt/Oder

Größe: 227 km²

Höchste Erhebung:
Bei Reicherskreuz (127 m)

Gründung: 1995

Information:
Naturschutzstation Wirchensee
15898 Treppeln

Telefon: 033673/422

Internet:
www. grossschutzgebiete.
brandenburg.de
www.naturpark-schlaubetal.de

Am östlichsten Rand des Landes Brandenburg hat sich die Schlaube ein bemerkenswertes Flussbett geschaffen. Dichter Wald auf hohen Uferböschungen, kräftig-satte Wiesen mit Orchideen und blühende Ufersäume bieten vielen bedrohten Tier– und Pflanzenarten günstige Lebensräume.

Urwüchsig und abgeschieden: Das Tal der Schlaube, hier bei Bremsdorf, ist eine Schatzkammer für Pflanzen und Tiere.

TOP TIPP

2 Bremsdorfer Mühle
Ausflugsgaststätte und
Jugendherberge

3 Tal der Schlaube
Naturerlebnis pur

6 Kloster Neuzelle
Barockkloster mit eigener
Brauerei und Lustgarten

9 Findlingspark Henzendorf
Kunst der Steine

11 Reicherskreuzer Heide
Eines der größten und schönsten
Heidegebiete in Deutschland

Einsamkeit und Stille umgibt den Wanderer im Schlaubetal, durch das Laub der Bäume bricht karges Licht. Nur spärlich ist dieses Naturparkgebiet besiedelt – ein paar Dörfer, eine mittelalterliche Kleinstadt, kaum ein Fünftel der Fläche wird landwirtschaftlich genutzt. Die urtümliche Landschaft des Schlaubetals bildete sich vor rund 90 000 Jahren in der Weichsel-Eiszeit, und fast hat es den Anschein, als hätte die Zeit dieses Tal einfach vergessen. Durch das Abtauen des Eispanzers entstanden Schmelzwasserrinnen, die heute die Flussbetten von Schlaube, Oelse, Dorche und Demnitz bilden und die eine außerordentlich vielseitige Landschaft mit Tälern, Wäldern, Mooren, Seen und Heiden mit Binnendünen hinterließen. Über 1000 Pflanzen-, 720 Großschmetterlings- und 200 Brutvogelarten leben hier – allein 13 Tier- und Pflanzenarten kommen im ganzen Bundesland Brandenburg nur hier vor. Eine alte Sage der Gegend erzählt von einer Schlangenkönigin, die einen Bauernjungen mit einem großen Goldstück beschenkte. Doch der Reichtum des Schlaubetals lässt sich nicht in Gold aufwiegen. Einheimische und Besucher schätzen die Schönheit und Ursprünglichkeit dieser abgelegenen Landschaft, in der sich Mensch und Natur noch begegnen können.

Abwechslungsreiche Seenlandschaft

Für den von Norden kommenden Besucher ist das um 1260 gegründete Städtchen **Müllrose** ① das Tor zum Schlaubetal. Der historische Stadtkern mit der barocken Pfarrkirche von 1746, vor allem aber die schönen Seen der Umgebung locken zahlreiche Erholungsuchende in den staatlich anerkannten Kurort. Der Große Müllro-

Das Rad der Bremsdorfer Mühle dreht sich bis heute.

ser See mit Insel, Promenade, Strandbad, Bootsverleih, Campingplatz und Naturlehrpfad bietet viel Abwechslung.

Unablässig dreht sich noch immer das Wasserrad der **Bremsdorfer Mühle** ❷; doch gemahlen wird hier schon lange nicht mehr. Die alten Mühlen im Schlaube-, Oelse- und Dorchetal sind bemerkenswerte Zeugnisse der Kulturgeschichte. Viele der Mühlen wurden bereits im Mittelalter errichtet. Wer damals kein Korn mahlen konnte, musste als Bauer auf den wenig ertragreichen, sandigen Böden ein hartes Leben fristen. Heute sind die Mühlen zum Teil denkmalgeschützt und gern besuchte Ausflugsziele im Naturpark.

Die freundliche Wirtsfamilie der Bremsdorfer Mühle hält für müde Wanderer immer eine gute Mahlzeit, Getränke, Kaffee und selbst gebackenen Kuchen bereit. Besonders beliebt sind die Lachsforellen direkt aus der Räucherkammer nebenan. Man kann sie gleich in der gemütlichen Wirtsstube verzehren oder mit nach Hause nehmen. Mitten im Schlaubetal, neben der Bremsdorfer Mühle, bietet die modernste Jugendherberge Brandenburgs für Kinder, Jugendliche und natürlich auch für Gruppen ein vielseitiges Programm auf den Spuren der Natur: vom Graslöwenabenteuer (für kleine Umweltschützer) über das Bogenschießen bis zum Bau von Nistkästen (Informationen unter www.jh-bremsdorfer-muehle.de).

Zauberhafte Welt der Schlaube

Die Reicherskreuzer Heide und das **Tal der Schlaube** ❸ bilden das Herz des Naturparks. Die zauberhafte Welt des Schlaubetals sollte zu Fuß oder mit dem Fahrrad entdeckt werden. Nur an wenigen Stellen kreuzen Straßen den Flusslauf. Der eindrucksvollste Talabschnitt zwischen Treppelsee und Wirchensee lässt sich

am besten von der Bremsdorfer Mühle aus erwandern (Parkplätze an der B 246 Eisenhüttenstadt–Beeskow).

Die Schlaube entspringt mehreren Quellen südlich des Wirchensees, durchfließt diesen See sowie Großen Treppelsee, Hammersee, Langen See, Großen Müllroser See und andere und mündet schließlich bei Brieskow in die Oder. Auch einige unverbaute Seitenbäche strömen der Schlaube zu: Klautzkefließ, Kesselfließ, Boberschenk und weiter nördlich das Planfließ. Bis zu 30 m tiefe Senken verleihen dem Schlaubetal einen eigentümlich abgeschiedenen Charakter. Erlenbrüche, Buchen und Hainbuchen säumen den Oberlauf, im Naturschutzgebiet Teufelssee bei Schernsdorf wachsen natürliche Mischwälder mit Kiefern und Traubeneichen. Weiter nördlich wird die Schlaube zu einem Wiesenbach, der hier zahlreiche Moore speist. Nur wenig abseits des Flusslaufs liegt am Belenzsee ein einzigartiges Braunmoosmoor mit Binsen- und Seggenrieden.

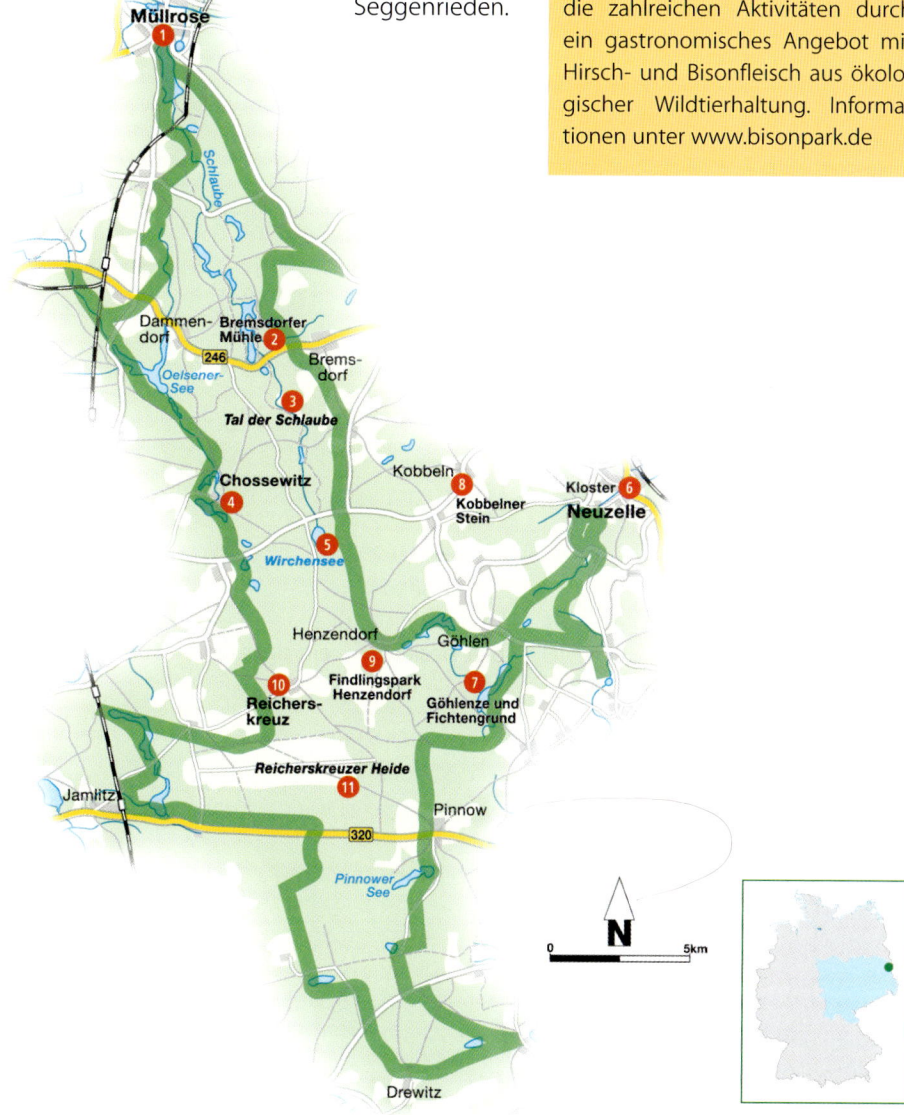

Eine originelle Idee: Ausgegraben, durch Künstlerhand nach alten Vorlagen gestaltet und in der Nähe von Henzendorf im Findlingspark kunstvoll arrangiert.

KLOSTERBRAUEREI NEUZELLE

Ein Zisterzienserkloster ohne eigenes Brauhaus ist fast undenkbar. In Neuzelle gibt es die Brauerei aus

dem 16. Jahrhundert auch heute noch, unmittelbar an der Zufahrt zum Kloster Neuzelle ⑥ gelegen. Das nach handwerklicher Tradition gebraute Bier verkostet man am besten gleich vor Ort, entweder direkt im historischen Braugebäude oder in einer der gemütlichen Gaststätten im Umkreis des Klosters. Im Bild ein einladendes Wirtshausschild.

Am Chossewitzer See liegt das Angerdorf **Chossewitz** ④ mit seiner Fachwerkkirche aus dem 18. Jahrhundert. Von hier führt ein herrlicher Wanderweg entlang der Oelse zu weiteren Seen. Zwar dreht sich das Wasserrad der Klingemühle schon lange nicht mehr, doch der Natur ist man unmittelbar auf der Spur.

Die Schlaube entspringt in den Wirchenwiesen oberhalb des **Wirchensees** ⑤. Am waldumkränzten Ufer des fischreichen, etwa 36 ha großen und stellenweise 16 m tiefen Gewässers entstand 1990 eine Naturschutzstation des Landesumweltamtes, die heute die Verwaltung des Naturparks Schlaubetal beherbergt. Eine Ausstellung und der 4 km lange Wanderlehrpfad am See vermitteln Wissenswertes über Natur und Landschaft, Pflanzen und Tiere. Naturparkverwaltung und Naturwacht bieten ein umfangreiches Programm mit Exkursionen, Seminaren, Vorträgen und Führungen an.

Kunst, Natur, Erholung – und faszinierende Findlinge

TOP TIPP Die Geschichte der Region ist eng mit dem **Kloster Neuzelle** ⑥ am östlichen Rand des Naturparks verbunden. Nicht weit von der Oder entfernt errichteten 1268 Zisterziensermönche auf einem Bergsporn ein Kloster; Stifter war Heinrich der Erlauchte, Markgraf von Meißen. Von hier besiedelten die Mönche den Landstrich. Mittelpunkt der vollständig erhaltenen Anlage ist die reich ausgestattete Klosterkirche. Die ursprünglich gotische Hallenkirche wurde im 17. und 18. Jahrhundert zu einer Barockkirche umgebaut. Zum Kloster gehören zahlreiche weitere

Gebäude, darunter die Klosterbrauerei, sowie eine repräsentative Gartenanlage, ebenfalls aus der Zeit des Barock. Den »Herrschaftlichen Lustgarten« des Abtes trennt eine hohe Mauer vom Konventgarten der einfachen Mönche, doch beide sind mit Terrassen, Treppen, einem Spiegelbassin sowie der Orangerie kunstvoll gestaltet und wurden 2004 nach aufwändiger Rekonstruktion wieder eröffnet.

Südlich von Henzendorf (ca. 4 km Fußweg) liegen im Naturschutzgebiet **Göhlenze und Fichtengrund** ⑦ mehrere Klarwasserseen mit bemerkenswerter Wasserqualität. Hier hat die Niederlausitzer Tieflandfichte ihr nördlichstes Vorkommen. Fichten bevorzugen Feuchtigkeit und Kälte und sind von Natur aus nur in größeren Höhen anzutreffen. Hier scheinen sie sich jedoch wohlzufühlen und erreichen Stammdurchmesser von bis zu 1 m.

Die Barockkirche des Neuzeller Zisterzienserklosters.

Steine, gleich welcher Größe, muss man im Naturpark Schlaubetal nicht lange suchen. Der größte Findling, der **Kobbelner Stein** ❽, erreicht einen Umfang von fast 19 m, wiegt geschätzte 300 t und wurde von den Eiszeitgletschern von der Ostseeinsel Bornholm an seinen heutigen Platz in Kobbeln verfrachtet. Andere Findlinge wie der Teufelsstein am Weg von Kieselwitz nach Treppeln, die Riesensteine und der Nischenstein stehen ihm nicht viel nach.

Stumme Zeugen der Vergangenheit

Besonders viele Findlinge wurden im Braunkohlentagebau Nochten im Süden Brandenburgs zutage befördert. Etliche außergewöhnliche Exemplare sind im **Findlingspark Henzendorf** ❾ am Rand der Reicherskreuzer Heide zu besichtigen. Aus den bearbeiteten Steinen sprechen vergessene Kulturen. Es finden sich hethitische Kriegerstatuen, indianische Standbilder, Reliefdarstellungen mystischer Wesen wie Einhorn und Drachen, aber auch nackte Frauenkörper und geheimnisvolle keltische und germanische Schriftzüge. Von Henzendorf führt ein befahrbarer Feldweg zu dem etwa 1,5 km entfernten Findlingspark. Am Parkplatz erläutern Schautafeln die Bedeutung der Steine.

Die Fahrt auf den einsamen Straßen zum Dorf **Reicherskreuz** ❿ im südlichen Teil des Naturparks Schlaubetal lohnt sich nicht allein wegen der dort blühenden Heide. Die meisten Häuser des abgelegenen Dorfes aus dem 15. Jahrhundert sind aus Feldsteinen errichtet worden. Die Äcker von den lästigen Steinen zu befreien war und ist für die Bauern eine Plage. Doch sie machten aus der Not eine Tugend und verwendeten Feldsteine als billiges Baumaterial für ihre Häuser. Viele der schönen Gemäuer wurden inzwischen wieder zum Leben erweckt und ansprechend restauriert.

Sie will erst einmal entdeckt werden, die **Reicherskreuzer Heide** ⓫. Versteckt liegt sie im Dreieck der Dörfer Reicherskreuz, Henzendorf und Pinnow. Die Sandflächen wurden jahrzehntelang als Schießplatz und Panzerübungsgelände genutzt. Auf der trockenen, nährstoffarmen Heide duftet im Mai der Ginster, und im Spätsommer und Herbst leuchtet intensiv das Heidekraut. Im Naturschutzgebiet leben Ziegenmelker, Wiedehopf, Brachpieper, Smaragdeidechse und andere seltene Tierarten. Von Henzendorf führt ein 4 km langer Wanderweg am Findlingspark vorbei zu einem Aussichtsturm im Herzen der Heide, die von 400 Heidschnucken und durch Entbuschen offen gehalten wird. Mit einer Größe von 30 km² umfasst sie mehr Fläche als die Lüneburger Heide. Ein Wanderlehrpfad weist auf die Heidelandschaften mit ihrer Tierwelt und deren Lebensbedingungen hin.

Die Reicherskreuzer Heide im Herbst, eines der schönsten und größten Heidegebiete in Deutschland.

SERVICE

Anfahrt: Auf der A 7 Hannover–Kassel bis zur Ausfahrt Rhüden (Harz), weiter auf der B 82 nach Goslar; Bahnverbindungen nach Goslar, Wernigerode, Quedlinburg u. a., Harzquerbahn von Wernigerode nach Nordhausen

Lage: In den Bundesländern Niedersachsen und Sachsen-Anhalt, zwischen Norddeutscher Tiefebene und Goldener Aue

Größe: 2522 km²

Höchste Erhebung: Brocken (1142 m)

Gründung: 1960 bzw. 1993

Information:
Naturpark Harz
Hohe Straße 6
06484 Quedlinburg
Telefon: 03946 / 96 410
Internet: www.harzregion.de

TOP TIPP

② Kaiserpfalz Goslar
Größter romanischer Palast Deutschlands

⑤ Kästeklippe
Wandergebiet mit reizvollen Granitfelsen über dem Okertal

⑪ Wernigerode
Großartiges Fachwerk-Ensemble

⑮ Teufelsmauer
Erdgeschichtliches Monument und ökologische Nische

⑯ Quedlinburg
Weltkulturerbe-Städtchen aus dem frühen Mittelalter

⑰ Rosstrappe
und Hexentanzplatz
Beliebter Aussichtspunkt und Schauplatz der Walpurgisnacht

Naturpark Harz

Wildromantische Landschaften, ehrwürdige alte Reichsstädte und traditionsreicher Bergbau mit einem System künstlich angelegter Teiche, Bäche und Seen: Die Zeugnisse einer über tausendjährigen Geschichte prägen das nördlichste Mittelgebirge Deutschlands, den Harz.

Die Morgensonne bringt den gewaltigen Felswall der Teufelsmauer eindrucksvoll zur Geltung.

Der Harz ist das nördlichste der deutschen Mittelgebirge. Das 95 km lange und 35 km breite Gebirgsmassiv steigt im Norden und in Westen steil aus dem flachen Harzvorland empor. Die Höhen sind dicht bewaldet, nur der Gipfel seines höchsten Berges, des sagenumwobenen Brocken, liegt über der Baumgrenze. Nach Süden und Osten fällt der Gebirgsstock flacher zur Goldenen Aue ab. Die Nord-West-Region wurde bereits 1960 zum Naturpark erklärt, ein Status, den die Süd-Ost-Region 1993 erhielt.

Rau und mild: Ober- und Unterharz

Der niedersächsische Teil umfasst den rauen Oberharz mit viel Regen und Wind, der im Winter aber ausgezeichnete Wintersportmöglichkeiten bietet. Seit je prägt der Bergbau diese Gebirgslandschaft, auch wenn man den zahlreichen künstlichen Seen, Teichen und Wasserläufen ihre Entstehung längst nicht mehr ansieht. Der Sachsen-anhaltinische Teil liegt im wesentlich milderen und trockeneren Ostharz, auch Unterharz genannt. An den Rändern erheben sich mittelalterliche Städte; Burgen, Kirchen und Klöster wachen über die Täler und erzählen von einer tausendjährigen Siedlungsgeschichte. In der für Mitteleuropa einzigartigen Karstlandschaft des Südharzes gibt es sagenhafte Höhlen, nahezu unberührte Naturlandschaften, tief eingeschnittene Täler mit wilden Flussläufen, ausgedehnte Wälder, kaum genutzte Hochflächen und wahrhaft teuflische Felsgebilde. Streuobstwiesen und Trockenrasenflächen begünstigen die Artenvielfalt. Zwischen den beiden Teilen des Naturparks erhebt sich die als Nationalpark ausgewiesene Region des Brocken (siehe ab Seite 336).

Goslars Altstadt und die Kaiserpfalz erhielten von der UNESCO das Prädikat »Weltkulturerbe« verliehen.

Silberner Glanz: Kaiserstadt Goslar

Die größte Stadt des Harzes, **Goslar** ❶, liegt am Nordwestrand des Gebirges im Tal der Gose. Ihre Gründung verdankt die alte Kaiserstadt den ungewöhnlich reichhaltigen Silberfunden am nahen Rammelsberg. Kaiser Heinrich II. verlegte nach der ersten Jahrtausendwende seine Pfalz hierher. Im 13. Jahrhundert wurde Goslar Mitglied der Hanse, doch im 16. Jahrhundert verlor es die Nutzungsrechte am Silberbergbau, und ein allmählicher Niedergang setzte ein. Geblieben sind zahlreiche bedeutende Bauwerke und verzierte Fachwerkhäuser. 1992 erhielt Goslar die Anerkennung als Weltkulturerbe. Im Mittelpunkt der schönen Altstadt stehen das gotische Rathaus, das Gildehaus mit seinen Kaiserfiguren und –

etwas weiter abseits – die Neuwerkkirche. Das Pflaster des vielbesuchten Marktplatzes allerdings verglich der Dichter Heinrich Heine einst mit holprigen Versen.

TOP TIPP Ein wenig außerhalb der alten Stadtmauer liegt die **Kaiserpfalz** ❷. Die Reiterstandbilder der Kaiser Barbarossa (12. Jahrhundert) und Wilhelm I. (19. Jahrhundert) haben vor dem prächtigen Gebäude Posten bezogen. Der heutige Bau ist eine Rekonstruktion aus dem 19. Jahrhundert. Am Hausberg Goslars, dem 635 m hohen **Rammelsberg** ❸, wurde schon im 3. Jahrhundert n. Chr. Erz abgebaut. Das Bergwerk zählt zu den ältesten der Welt und kann auf über tausend Jahre ununterbrochene Förderung zurückblicken. Seine Silbervorkommen trugen im Mittelalter wesentlich zu Aufstieg und Macht

HARZER BERGBAU

Der Oberharz mit seinen sieben einst freien Bergstädten bildete von der frühen Neuzeit bis zum Anfang des 20. Jahrhunderts ein weitgehend in sich geschlossenes Industriegebiet, das dadurch wirtschaftlich, sozial und kulturell landesweit eine Sonderstellung einnahm. Rund 400 Jahre lang zielte hier alles auf die Gewinnung der Metalle Silber, Blei, Zink, Kupfer und Eisen. Nachvollziehen lässt sich die Ära des Harzer Bergbaus in folgenden Einrichtungen:

- Weltkulturerbe Rammelsberg
  Museum und Besucherbergwerk
  Bergtal 19
  38640 Goslar
- Samson
  Bergwerksmuseum und Grube
  Am Samson 2
  37444 Sankt Andreasberg
- Oberharzer Bergwerksmuseum
  und Ottiliae-Schacht
  Bornhardtstraße 16
  38678 Clausthal-Zellerfeld
- Schachtanlage Knesebeck
  37539 Bad Grund
  Lautenhals Glück
- Röhrigschacht
  Bergbaumuseum und Schacht
  06528 Wetterode

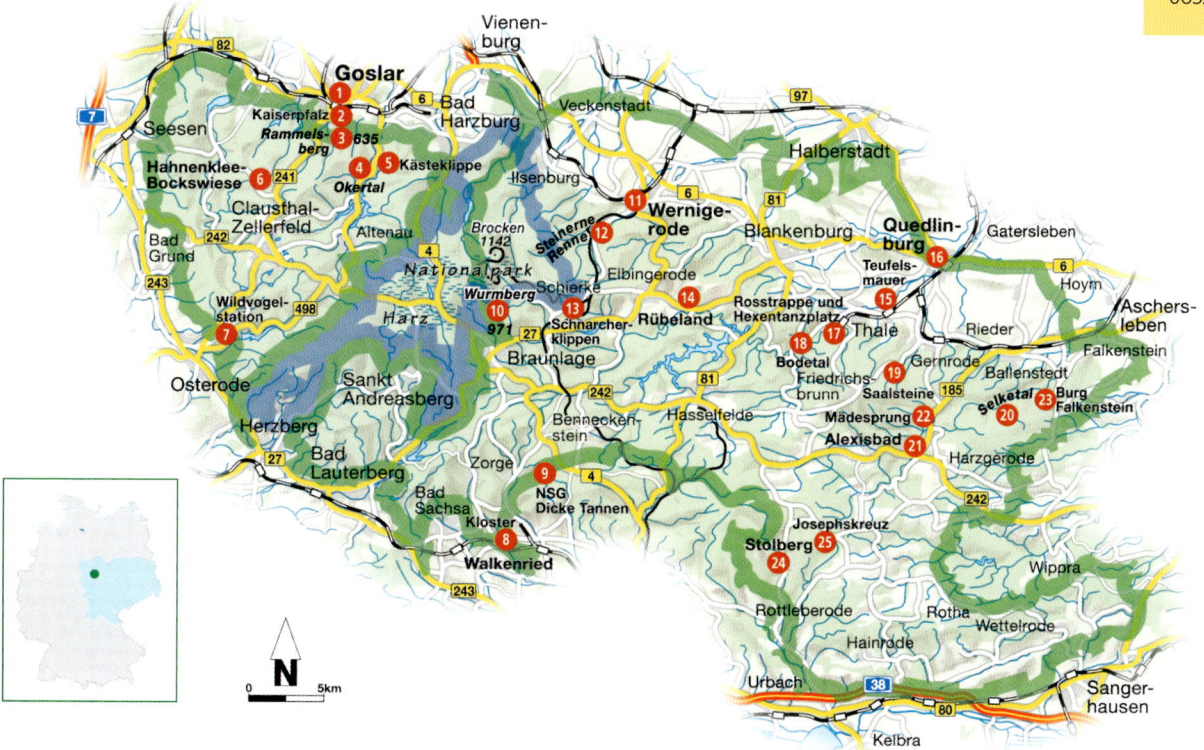

OBERHARZER WASSERREGAL

Das technische Wunderwerk, das als Kulturdenkmal in großen Teilen funktionsfähig gehalten wird und geschützt ist, umfasst über 120 Teiche, 500 km Wassergräben und 30 km unterirdische Wasserläufe. Auf Teile dieser gewaltigen Anlage stößt man immer wieder bei Wanderungen durch den Oberharz, vor allem im Gebiet der alten Bergbaustädte Clausthal-Zellerfeld, Hahnenklee ❻ und Sankt Andreasberg. Der Berg-

bau hat im Harz eine sehr lange Geschichte. Bereits in der Frühzeit der Erde entstanden infolge gewaltiger tektonischer Bewegungen im Bergstock klaffende Spalten. Der beginnende Bergbau folgte diesen oft nur wenige Meter mächtigen Erzgängen. Später baute man Schächte, um an das Erz zu gelangen. Als Energie für die Förderung verwendete man seit dem frühen 16. Jahrhundert Wasserkraft. Mittels großer Wasserräder wurden Erz oder Abraum ans Tageslicht gebracht. Eines dieser Wasserräder ist im Waldkurpark Clausthal-Zellerfeld (Bild) zu sehen.

Goslars bei. Die Silbergrube mit dem historischen Röderstollen und den gewaltigen Wasserrädern kann seit 1989 besichtigt werden. Das stillgelegte Bergwerk zählt ebenfalls mit zum UNESCO-Weltkulturerbe.

Beten und Arbeiten, Bergwerke und Wasserkraft

Südlich von Goslar öffnet sich das **Okertal** ❹. Zwischen felsigen Wänden sprudelt der Fluss durch ein reizvolles Tal bis zur Okertalsperre, bei deren Flutung im Jahr 1956 das Dorf Schulenberg versank. Der Stausee erfreut sich bei Seglern und Surfern großer Beliebtheit, Kanuten hingegen stechen ihre Paddel lieber in die wildschäumenden Wasser der Oker.

Vom Parkplatz Romkerhalle an der B 498 führen mehrere schöne Wanderwege und ein geologischer Lehrpfad zu den Felsen über dem Tal. Die bekannteste Felsformation gruppiert sich um die **Kästeklippe** ❺. Neben dem künstlich angelegten 60 m hohen Romkerhaller-Wasserfall führt der Weg recht steil bergan. Von der Feigenbaumklippe fällt der Blick westwärts ins Okertal, ostwärts auf das Nationalparkgebiet Harz. Wenige Schritte weiter trifft man auf die »Mausefalle«, einen Felsbrocken, der nur durch eine dünne Steinplatte vor dem Absturz be-

TOP TIPP

wahrt wird. An der »Hexenküche« kann man die Geologie der Harzer Klippen bestens studieren: Wind und Wetter legen den zerklüfteten Okergranit frei und runden seine Kanten. Wird der anfallende Verwitterungsgrus weggespült, entstehen bizarre Klippen aus scheinbar lose aufeinander getürmten Felsblöcken.

Den spektakulärsten Ausblick genießt man von der Kästeklippe, an der die gemütliche Berghütte »Kästehaus« zu einer Verschnaufpause einlädt. Von April bis Oktober kann man die Kästeklippe bequem mit dem Bus von Bad Harzburg aus erreichen. Mittwochs verkehren auch Pferdekutschen.

Der zusammengewachsene Ort **Hahnenklee-Bockswiese** ❻ ist ein beliebter Wintersportort. Sein Wahrzeichen, eine Stabkirche nach dem norwegischen Vorbild in Borgund, hat das heilklimatische Kurbad über die Grenzen des Harzes hinaus bekannt gemacht. Eine Holzkirche schien den Gläubigen in Hahnenklee am besten zur Oberharzer Landschaft zu passen. Stilelemente wie die Drachenköpfe an den Giebeln oder die Mitgardschlangen am Dachfirst verweisen auf Wikingerschiffe. Vermutlich leitet sich auch die Bezeichnung »Kirchenschiff« davon ab. Nach nur zehn Monaten Bauzeit wurde die Kirche am 28. Juni 1908 eingeweiht.

Von dem Aussichtspunkt auf der gerne besuchten Feigenbaumklippe kann der Lauf der Oker gut verfolgt werden.

Die Stabkirche in Hahnenklee-Bockswiese, eine Attraktion in Mitteleuropa, wurde nach norwegischem Vorbild erbaut.

Die **Wildvogelstation** ➐ bei Osterode ermöglicht es Besuchern, heimische Vögel einmal ganz aus der Nähe zu betrachten. Der kleine, liebevoll betreute Tierpark befindet sich in einem Wald an der B 492 von Osterode zum Sösestausee. Attraktion des Geheges ist ein zahmer Waldkauz, der dem Besitzer auf die Hand fliegt.

Das **Kloster Walkenried** ➑ besteht im Wesentlichen aus wenigen, allerdings überaus eindrucksvollen Ruinen. Den Grundriss der gotischen Klosterkirche kann man nur noch anhand der Steinplatten, die sich ins Gras schmiegen, nachvollziehen. Erhalten geblieben sind hingegen der Kreuzgang und das Dormitorium. In dem wiederaufgebauten Schlafsaal der Mönche befindet sich ein Museum zur Geschichte der 1120 als dritte Zisterzienserabtei in Deutschland gegründeten Klosteranlage. Der erste Bau wurde im romanischen Stil errichtet, aber nur 80 Jahre nach der Gründung waren die Mönche in der Lage, den bereits fertigen Bau durch einen – noch größeren – gotischen Neubau zu ersetzen. Während der Bauernkriege des 16. Jahrhunderts erlitt die Abtei schwere Schäden. 800 Bauern besetzten und plünderten das Kloster, der Dachreiter wurde abgerissen und dadurch der Verfall der Klosterkirche eingeleitet. Im 17. und 18. Jahrhundert wurde sie gar als Steinbruch genutzt.

Einzigartig ist der doppelte, gotische Kreuzgang, der in den Sommermonaten als Konzertsaal genutzt wird. Klosterführungen bei Kerzenschein mit einem »Harzer Kniesteressen« werden im Winter jeweils samstags angeboten (Anmeldung unter Tel. 05525/1354).

Das Naturschutzgebiet **Dicke Tannen** ➒ erstreckt sich über die steilen Hänge des Wolfbachtals südlich von Hohegeiß. Von Hohegeiß erreicht man es über die Straße nach Zorge. Vom Waldhotel »Dicke Tannen« führt ein ausgeschilderter Weg ins Naturschutzgebiet, das seinen Namen wahrlich zu Recht trägt. Bis zu 4,7 m Stammumfang weisen die etwa 50 m hohen Bäume auf. Hinzu gesellen sich Eschen, Bergahorn und Buchen. So also sieht ein natürlicher Fichtenwald aus! Bei den etwa 60 unter Naturschutz stehenden Bäumen handelt es sich um Rottannen *(Picea abis),* landläufig auch Fichten genannt. Dass die Baumriesen ein Alter von über 300 Jahren erreichen konnten, verdanken sie der Unzugänglichkeit des Wolfbachtales.

Mit 971 m ist der **Wurmberg** ➓ der zweithöchste Berg des Harzes und der höchste Berg Niedersachsens. Der Gipfel befindet sich genau südlich des Brockens und etwa 400 m Luftlinie südlich der Landesgrenze zu Sachsen-Anhalt. Er wird von der weithin sichtbaren Wurmbergschanze

MOOSBEERE

(Oxycoccus palustris)

Unter den Zwergsträuchern, die im Harz vorkommen, ist keine Art so unscheinbar wie die Moosbeere. Ihre dünnen, kriechenden Stängel erreichen eine Länge von 80 cm. Die wintergrünen Laubblätter sind ledrig derb und eiförmig mit glattem Blattrand, auf der Oberseite dunkelgrün, die Unterseite bläulich bereift. Die Blüten (Bild) erscheinen zwischen Juni und August, nur der geschulte Blick findet sie auf Anhieb. Die 1 cm großen, gelb bis rot gesprenkelten Beeren jedoch entdeckt der Wanderer leicht. Die Blätter der Moosbeere sind so hart und unappetitlich, dass sie von den meisten Pflanzenfressern verschmäht werden und der Pflanze daher mehrere Jahre erhalten bleiben. Die wachsige Blattunterseite und die eingerollten Ränder der herzförmigen Blätter schützen gegen Wasser-

verluste im Winter. Die Moosbeere ist potenziell gefährdet; ihre Früchte sollten nicht gepflückt werden.

KULTURTIPP

RATHAUS IN WERNIGERODE

Wer in der Region Heiratspläne hegt, denkt gerne an Wernigerode 11: Dessen Rathaus gilt als höchst beliebte Kulisse für das Brautfoto. Seine berühmte Silhouette wird von zwei vorgesetzten Erkern gebildet, die sich zu spitzen Türmchen verjüngen. Erbaut als Spelhus (Spielhaus), wird es 1277 erstmals erwähnt. Bis zum Ausgang des Mittelalters nutzte man den Bau als herrschaftliches Gemeindehaus. In der ersten Hälfte des 15. Jahrhunderts folgte der Abriss. Ein zweistöckiges Gebäude aus Bruchsteinmauerwerk wurde auf dem verbliebenen Kreuzgratgewölbe errichtet. Zwischen 1494 und 1498 erhielt dieses unter der Leitung von Andreas Sprengel ein Fachwerkgeschoss. Das Rathaus ist mit 33 feingearbeiteten Holzfiguren (Bild) verziert. Den Augen der Jungfrauen, Jünglinge und Heiligen entgeht nichts, was auf dem Markt passiert.

Der winterliche Harz um den Wurmberg mit seiner markanten Sprungschanze zieht Sportbegeisterte an.

gekrönt, Austragungsort internationaler Sprungwettbewerbe. Der Wurmberg ist eines beliebtesten und schneesichersten Skigebiete des Harzes. Von Braunlage gelangt man mit der 2,8 km langen Luftseilbahn über eine Mittelstation bequem bis zum Gipfel. Von der Mittelstation kann man ganz flott auf der bereits 1908 eröffnete Rodelbahn zurück ins Bodetal rutschen, direkt zur Talstation. Und dann wieder hoch, auf ein Neues.

Bunte Stadt, schwindelnde Höhen, märchenhafte Höhlen

TOP TIPP Der Heimatdichter Hermann Löns nannte Wernigerode 11 einst die »bunte Stadt am Harz« – ein Urteil, das mit Blick auf die farbenfrohen Häuser des Städtchens einleuchtet. Sie scharen sich um das berühmte Rathaus (siehe Kasten links). In den angenehmen Cafés am Marktplatz ist gut verweilen. Hier beginnt die Breite Straße mit den bedeutendsten Fachwerkhäusern der Stadt, z. B. dem 1538 erbauten Café Wien oder dem Krummelschen Haus von 1674, dessen Holzschnitzerei an der Fassade alle Erdteile und Urelemente sinnbildlich darstellt.

Wie eine Krone thront das Wernigeroder Schloss über der Altstadt. 1120 als kaiserliche Burg errichtet, wurde es 1862–83 im neugotischen Stil wieder aufgebaut und bietet nicht nur wundervolle Ausblicke auf den Harz, sondern auch Einblicke in die Wohnkultur des Hochadels im 19. Jahrhundert. Der Bauherr Graf Otto zu Stolberg-Wernigerode war Vizekanzler Bismarcks.

Mit der Harzquerbahn gelangt der Wanderer von Wernigerode zur nahen **Steinernen Renne** 12, einem ausgewaschenen Flusstal. Der Weg führt an Wasserfällen vorbei, eiserne Leitern ermöglichen den Aufstieg zur Rennklippe oder den 548 m hohen Ottofels (mittlere Wanderung).

Eine ganz ungewöhnliche Struktur weisen die **Schnarcherklippen** 13 bei Schierke auf. Wenn der Südostwind durch die Spalten im Gestein fährt, kann man ein Schnauben vernehmen – die Klippen scheinen zu schnarchen. Die beiden 26 m hohen Granittürme sind ein gutes Beispiel für die harztypische »Wollsackverwitterung«: Felsen verwittern zu aufeinander gestapelten, gerundeten Blöcken mit tiefen Spalten – eine beliebte Herausforderung für Kletterkünstler.

Die Baumannshöhle in **Rübeland** 14, 1536 vom Steiger Baumann auf der Suche nach Erz entdeckt, zählt zu den schönsten Tropfsteinhöhlen Deutschlands. In der Schauhöhle kann man nicht nur märchenhafte Tropfsteingebilde bewundern, sondern auch den 64 m langen und 55 m breiten »Goethesaal«, in dessen Mitte sich ein funkelnder See befindet. Dank ihrer unglaublichen Akustik wird die Höhle gern für Konzerte genutzt. Doch die Baumannshöhle blieb nicht die einzige im Rübeland: 1866 stieß man bei Stra-

ßenbauarbeiten auf die noch größere Hermannshöhle. Hier faszinieren vor allem die Kristallkammer und der Olmensee mit seinen Bewohnern, den Grottenolmen. Die sprichwörtlich gewordene Lurchart kommt eigentlich nur in kroatischen Karsthöhlen vor, wurde aber schon vor Jahrzehnten in der Rübeländer Höhle ausgesetzt.

Teufel und Kaiser

Das neben dem Brocken sicherlich beeindruckendste erdgeschichtliche Monument des Harzes ist die **Teufelsmauer** 🚩 zwischen Thale und Weddersleben. Von einem Parkplatz bei Neinstedt führt ein Rundweg zu den schönsten Partien der Teufelsmauer: Königsstein, Mittelstein und Papenstein.

Bereits von der Teufelsmauer lässt sich **Quedlinburg** 🚩 mit seinem auf felsiger Höhe gelegenen Schloss und den spitzen Türmen der Stiftskirche erkennen. Die Fachwerkstadt zählt zu den beliebtesten Reisezielen Deutschlands, sie wurde als Weltkulturerbestätte ausgezeichnet. Ein Spaziergang durch die Gässchen der historischen Altstadt, vorbei an restaurierten Fachwerkhäusern, alten Kirchmauern und über den erstaunlich großzügigen Markt mit dem beeindruckenden Renaissance-Rathaus und der Klosterkirche St. Wiperti ist ein wahres Vergnügen. Beim Schloss befinden sich das Ge-

burtshaus des Odendichters Friedrich Gottlieb Klopstock sowie eine Galerie mit Grafiken des Bauhauslehrers Lyonel Feininger. Der wahre Schatz Quedlinburgs jedoch ruht in der Stiftskirche hoch auf dem Schlossberg: mehrere Reliquienschreine, zwei kostbar ausgestattete Evangeliare, ein Codex aus der Zeit Karls des Großen. Der Schatz war am Ende des Zweiten Weltkriegs als Beutekunst in den USA verschwunden und fand erst 1993 an seinen Ursprungsort zurück. Heinrich I., der erste deutsche König, stiftete 922 an dieser Stelle eine Pfalzkapelle. Damit begann der Aufstieg der kleinen Stadt, die ihre frühmittelalterliche Würde durch die Jahrhunderte hindurch bewahren konnte. Alljährlich zu Pfingsten gedenkt man mit dem »Kaiserfrühling« der Quedlinburger Geschichte: Eine Reichstagsszene, der Einzug der Fürsten und eine kaiserliche Tafel werden nachgespielt.

Wo die Hexen noch immer tanzen

Oberhalb von Thale liegen die **Rosstrappe** und der **Hexentanzplatz** 🚩, zwei der beeindruckendsten Aussichtspunkte des Harzes. Das hört sich nach alten Sagen und faustischen Nächten an, und so ist es auch. Doch bedarf es nicht eines Rittes auf dem Besenstiel, um einen Blick in das tief eingeschnittene **Bodetal** 🚩 zu werfen. Beide Aussichtspunkte sind bequem mit der Seilbahn oder auf gepflegten, wenn auch

TEUFELSMAUER

Schon 1833 wurde die Teufelsmauer 🚩 (Bild) bei Weddersleben als »ein Gegenstand der Volkssage und eine als seltene Naturmerkwürdigkeit berühmte Felsgruppe« unter Schutz gestellt. 1935 wies man sie als Naturschutzgebiet aus. Geologisch gesehen schiebt sich, im Zeitraff-Verfahren erzählt, das Gebirgsgestein des Harzes über das flache Harzvorland, nimmt ältere Gesteinsschichten mit und türmt sie zu der bizarren Teu-

felsmauer auf. Fachleute sprechen von der Harz-Nordrandstörung, die an einigen Stellen zwischen Blankenburg und Ballenstedt besonders auffällig in Erscheinung tritt. Die Hebung des Harzes begann bereits vor vielen Millionen Jahren im Jura, die heutige Formation hat sich zum Ende der Dinosaurierzeit (Kreide) gebildet. Die zerklüftete Felswand bietet seltenen Pflanzen wie Nordischer Krustenflechte, Franzenenzian und Mondraute günstige Lebensbedingungen; auch Tiere wie Kreuzkröte, Turmfalke, Mausohr-Fledermaus und Glattnatter finden hier Rückzugsmöglichkeiten.

Das Rathaus in Quedlinburg – von Wildem Wein umrankt und von Besuchern aus aller Welt bewundert.

▶ **KULTURTIPP**

HEXENTANZPLATZ

In der Walpurgisnacht (30. April/ 1. Mai) reiten Hexen auf Besen, Mistgabeln, Schweinen, Böcken oder Kälbern zum Hexensabbat auf den Hexentanzplatz ⑰, so erzählt es die Sage. Vor dem Luftritt streichen die Hexen ihr Fluggerät und sich selbst mit »Hexensalbe« aus den Rauschgiften von Nachtschatten, Tollkirsche, Schierling und anderen narkotisierenden Pflanzenstoffen ein. Dann wird so heiß getanzt, dass der Schnee schmilzt. Der Teufel persönlich begrüßt seine Gäste, hält ihnen seinen Pferdefuß zum untertänigsten Kuss entgegen, Opfer werden gebracht, u.a. die zuletzt auf dem Felsenplateau gelandete Hexe. Mit der schönsten Hexe hält der Teufel Hochzeit. Erst im Morgengrauen reitet die wüste Bande heimwärts. Das ganze Jahr über erinnern auf dem Hexentanzplatz die skurrilen Skulpturen (im Bild eine Hexe) des Quedlinburger Künstlers Jochen Müller an die Walpurgisnacht.

Moderne Besenstiele: Aus dem schattigen Talgrund der Bode fliegen Besucher per Gondel auf den Hexentanzplatz.

steilen Wanderwegen von Thale aus zu erreichen. Auf der Rosstrappe ist im Felsen der Hufabdruck eines sagenhaften Pferdes zu bewundern. Der Ritter Bodo konnte sich seinen Verfolgern nur durch den Riesensprung seines Pferdes über das Tal entziehen, so die Sage. Fröhlicheres ist über den Hexentanzplatz zu berichten: In der Nacht zum 1. Mai wird die Walpurgisnacht nach alter Tradition zelebriert, ein Spektakel der ganz großen Art. An den übrigen Tagen ist der Auftrieb allerdings kaum geringer: Die schöne Aussicht, zahlreiche Gaststätten und Verkaufsbuden, der Tierpark und eine Sommerrodelbahn locken Besucher aus nah und fern. Der Abstieg hinab ins tiefe Tal bringt wieder Stille, nur unterbrochen vom Rauschen der Bäume und dem Plätschern der flink über die Steine springenden Bode.

Will man den Spuren der Hexen folgen, so führt der Hexenstieg, ein etwa 100 km langer markierter Wanderweg, quer durch den Harz. Er beginnt in Thale und folgt dem Lauf der Bode bis Königshütte; über Drei Annen Hohne und Schierke geht es hinauf zum Brocken. Der Abstieg erfolgt über den Goetheweg nach Torfhaus, weiter verläuft der Hexenstieg über Altenau und Buntenbock bis zum Endpunkt Osterode. Eine kleine Hexe auf ihrem Besen fliegt als Wegzeichen voran.

Die Grenze zwischen dem Herzogtum Anhalt und dem Königreich Preußen markieren die **Saalsteine** ⑲. Der Preußische Saalstein befindet sich auf der linken Seite des Kalten Tales zwischen Friedrichsbrunn und Bad Suderode. Wie der gegenüberliegende Anhaltinische Saalstein ist der Preußische Saalstein eine imposante Granitklippe mit Blockschutthalde.

Friedrichsbrunn ist Ausgangs- und Endpunkt des als Rundweg angelegten 8,5 km langen Köhlerhüttenweges. Dieser führt an Zeugnissen des

Anziehungspunkt im Südharz: die Stadt Stolberg.

Nicht so berühmt wie das Bodetal, jedoch nicht minder reizvoll ist das Tal der Selke im sonnigen Herbst.

TIERE

FEUERSALAMANDER
(Salamandra salamandra)
Die glatte, tiefschwarze Haut des Feuersalamanders wird auf dem Rücken durch eine gelbe, gelegentlich auch orangefarbene bis rote Zeichnung aus Punkten und/oder Linien unterbrochen. An der Variabilität dieses Musters kann man die Tiere individuell unterscheiden. Ausgewachsene mitteleuropäische Feuersalamander erreichen eine Körperlänge von 23 cm und ein Gewicht von etwa 40 g, das allerdings beträchtlich schwanken kann, weil Feuersalamander zuweilen übermäßig viele und große Beutetiere fressen. Im Frühjahr tragen die ausgewachsenen Weibchen viele Jungen aus und legen stark an Masse zu. Feuersalamander haben einen guten visuellen Orientierungssinn: Ihre Quartiere und Laichplätze suchen sie ganz gezielt auf. Sie sind standorttreu und führen ein verborgenes Dasein in Höhlen, Totholz, unter flachen Steinen, zwischen Felsspalten, unter Baumwurzeln oder im Lückensystem des Bodens, z. B. in den Gängen von Kleinsäugern. Von Oberflächengewässern sind sie weitgehend unabhängig. Ihr Lebensraum im Harz reicht in Höhen bis zu 650 m.

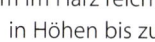

Köhlerhandwerkes, der Forstwirtschaft und des Altbergbaus (Pingen, Schachtlöcher und andere Zeugnisse sind noch zu sehen) vorbei. Die Wegführung ist mit dem Symbol der Köhlerhütte markiert.

Geliebter Südharz

Kenner schätzen das **Selketal** 20 als eines der schönsten und ruhigsten Täler im Harz. Bereits um 1820 wurde der Kur- und Badeort **Alexisbad** 21 gegründet, von keinem Geringeren als dem großen preußischen Architekten Karl Friedrich Schinkel konzipiert. Das Selketal ist reich an Wiesengründen, zwischen Alexisbad und **Mädesprung** 22 engt es sich ein. Auch hier wurde in zahlreichen Bergwerken Erz gefördert und in den Hammerschmieden am Fluss verarbeitet. Von Mädesprung führt eine Stichstraße zum Gasthaus Selkemühle, ein guter Ausgangspunkt für eine Wanderung durch das Selketal zur 7 km entfernten **Burg Falkenstein** 23. Die Burg, hoch auf einem Bergsporn gelegen, wurde nie erstürmt. Die dreiflügelige Anlage mit sieben Toren, Zwinger und drei Halsgräben entstand zwischen 1115 und 1120 und zählt zu den wehrhaftesten Burgen des Harzes. Auf ihr lebte zeitweise Eike von Repgow, der das mündlich überlieferte Gewohnheitsrecht seiner Zeit im berühmten »Sachsenspiegel« schriftlich zusammengefasst hat. Das mittelalterliche **Stolberg** 24 schmiegt sich in vier enge Täler des Südharzes. Schmale Straßen, ein mächtiges Schloss, alte Fachwerkhäuser und die Erinnerung an den Reformator Thomas Müntzer, der hier 1489 geboren wurde, locken Gäste. Das Schloss war ursprünglich eine mittelalterliche Burg, wurde aber in der Zeit der Renaissance zur Residenz umgebaut.

Auf dem Markt von Stolberg steht das Denkmal des größten Sohnes der Stadt: Thomas Müntzer war nicht nur Prediger; als Anführer der aufständischen Bauern versuchte er, seine Reden auch in die Tat umzusetzen. Auch Martin Luther predigte 1525 in der Martinikirche – ausgerechnet in der Geburtsstadt seines ärgsten Kontrahenten. Neben der Kirche steht das Rathaus von Stolberg, das 1452 errichtet wurde; die höheren Stockwerke dieses kuriosen Bauwerks sind nur über Außentreppen zu erreichen.

5 km östlich der Stadt liegt der Auerberg, von einem 38 m hohen **Josephskreuz** 25 gekrönt, das 1896 nach einem Entwurf von Karl Friedrich Schinkel gefertigt wurde. Von der Aussichtsplattform reicht der Blick bei guten Bedingungen vom Kyffhäuser im Süden bis zum nordwestlich gelegenen Brocken.

Nationalpark Harz

Eine sagenumwobene, geheimnisvolle Bergwildnis kennzeichnet den Nationalpark Harz. Lichte Buchenwälder und dunkle Fichtenforste, dazwischen inselartig die in Mitteleuropa einmaligen Harzer Hochmoore – ein vielgestaltiger Lebensraum für seltene Tiere und Pflanzen.

SERVICE

Anfahrt: Auf der A 395 Braunschweig–Bad Harzburg bis nach Bad Harzburg, dann auf der B 4 bis Torfhaus, von dort Aufstieg zum Brocken; Bahnverbindungen nach Wernigerode, von dort mit Harzquerbahn und Brockenbahn zum Brocken

Lage: Der Nationalpark Harz liegt in den Bundesländern Niedersachsen und Sachsen-Anhalt zwischen Bad Harzburg im Norden und Herzberg im Süden

Größe: 247 km²

Höchste Erhebung: Brocken (1142 m)

Gründung:

1990 und 1994, vereinigt 2006

Information:

Nationalparkhaus Altenau-Torfhaus
Torfhaus 21
38667 Torfhaus
Telefon: 05320/263
Infohaus: in St. Andreasberg
Internet: www.nationalpark-harz.de

① Brocken
Sibirisches Klima, aber bei Sonne wunderbare Fernsicht

② Brockenbahn
Nostalgische Alternative, nicht nur für Dampflok-Fans

③ Brockengarten
Seltene Hochgebirgspflanzen

⑥ Ilsetal
Auf den Spuren Heinrich Heines durch das romantische Bachtal wandern

⑯ Hohneklippen
Imposante Felsformationen aus der Urzeit des Nationalparks

So sanftmütig sieht er nicht allzu oft aus – der Brocken mit seinem sehr rauen und fast schon alpinen Klima.

Das nördlichste Mittelgebirge in Deutschland, der Harz, unterscheidet sich spürbar von anderen Mittelgebirgen. Das Klima kann rau, fast nordisch genannt werden. Der Brocken ist für seine hohen Windgeschwindigkeiten bekannt, es regnet viel, und ebenso häufig schneit es. Dennoch zählt der Nationalpark Harz, der 2006 durch die Zusammenlegung der Nationalparks Harz und Hochharz entstand, zu den beliebtesten und meistbesuchten Parks in Deutschland. Wenn die Sonne scheint, und das geschieht öfter als man denkt, offenbart sich zu allen Jahreszeiten eine wunderbare Landschaft, die zwei der bedeu-

tendsten Dichter Deutschlands – Johann Wolfgang von Goethe und Heinrich Heine – zu enthusiastischen Reisebeschreibungen veranlasst hat. Der Harz zeigt sich ausgesprochen vielgestaltig: Steile Bergzüge, Hochebenen und schmale Täler geben der Landschaft ihren außergewöhnlichen Charakter. Die Vegetation wechselt mehrfach auf engem Raum. Je nach Höhenlage durchwandert der Besucher große Buchenwälder oder naturnahe Bergfichtenwälder. Die »Klippen« genannten Felsen gelten als die Edelsteine des Harzes. Die eigentümlichen Granitgebilde setzen Akzente und verweisen auf einen frühe-

Preiselbeeren – wie leuchtende Perlen im Unterholz.

ren Harzvulkanismus. Die schönsten der bizarren Felsen findet man im Gebiet von Schierke und Drei Annen Hohne.

Hier stößt der Wald an seine Grenze

Der markante Höhepunkt des Nationalparks und die einzige Erhebung im deutschen Mittelgebirgsraum mit einer natürlichen Waldgrenze ist der **Brocken** ❶ (1142 m). Auf dem Brocken herrschen sibirische oder isländische Wetterbedingungen. Eine Jahresdurchschnittstemperatur von 2,9 °C und über 1600 mm Niederschlag sowie die ständigen starken Winde (1984 wurden 264 km/h gemessen) verhindern das Entstehen eines geschlossenen Waldes auf dem Plateau. Lediglich eine subalpine Zwergstrauchheide mit Besenheide, Heidel- und Preiselbeeren sowie die Brockenanemone und das Habichtskraut haben Überlebenschancen. Das Vorkommen dieser sehr lichtbedürftigen Arten ist auch ein Indiz

für die Waldfreiheit des Brockenplateaus in den letzten 10 000 Jahren seit der Eiszeit. Doch kurz unterhalb des Gipfels nehmen widerstandsfähige Fichten den Kampf mit den Elementen auf. Der Bergfichtenwald des Brockens ist einzigartig. Die bis weit über 300 Jahre alten Baumgestalten sind nur wenige Meter hoch und von Wind und Wetter gezeichnet.

Trotz der 200 Nebeltage im Jahr ist die Besteigung des Brockens auf den Spuren von Johann Wolfgang von Goethe oder Heinrich Heine der Höhepunkt einer Harzreise. Schneller geht es mit der **Brockenbahn** ❷, die auf einer Länge von 19 km von Drei Annen Hohne über Schierke bis zum Brockengipfel dampfend und fauchend 588 Höhenmeter überwindet. Seit 1991 rollen wieder Dampflokomotiven im Ausflugsverkehr zum Gipfel. Nicht zuletzt die weite Sicht nach allen Himmelsrichtungen lockt die Besucher: An guten Tagen kann man in der Ferne die Städte Magdeburg und Halle oder die Gipfel des Großen Inselsbergs im

BROCKENANEMONE
(Pulsatilla alpina)

Die Charakterpflanze des Brockens (auch Alpen-Kuhschelle oder Alpen-Küchenschelle) gehört der Familie der Hahnenfußgewächse *(Ranuncula ceae)* und der Gattung der Kuhschellen *(Pulsatilla)* an. Auf die haarigen Fruchtköpfchen gehen originelle volkstümliche Namen zu-

rück: Petersbart, Teufelsbart, Haarige Männle, Wilde Männle, Grantiger Jager, Strublbuabn, Bocksbart oder Hexenbesen. Die behaarte Staude wird 20 bis 50 cm hoch, die Grundblätter sind zu Beginn der Blütezeit (Mai bis Juli) noch wenig entwickelt. Die Blütenhülle besteht aus sechs weißen oder gelben Blütenhüllblättern, die außen oft blau überlaufen sind. Die Alpen-Kuhschelle war in ihrem Bestand stark gefährdet; der Nationalpark Hochharz führt ein Artenschutzprogramm für ursprüngliche Brockenarten durch, sodass der Erhalt der Brockenanemone gesichert ist.

Endlose Weite: Gerade die klare Luft an kalten Wintertagen ermöglicht fantastische Harzer Fernblicke wie diesen.

Thüringer Wald und des Kahlen Asten im Sauerland ausmachen. Bereits 1736 entstand auf dem Gipfel eine Zuflucht für müde Wanderer – mit dem schönen Namen »Wolkenhäuschen«. Es folgten um 1800 das erste Wirtshaus, 1895 die älteste Wetterstation Deutschlands und 1938 der erste Fernsehturm. Während des Kalten Krieges kamen zahlreiche militärische Anlagen hinzu. Mit der Gründung des Nationalparks Hochharz wurde die bebaute Fläche reduziert und das Nationalpark-Brockenhaus eingerichtet, das 365 Tage im Jahr von 9.30 bis 17 Uhr geöffnet hat. Der bereits 1890 angelegte **Brockengarten ❸** beherbergt über 1600 Pflanzen aus vielen Hochgebirgsregionen der Welt. Der botanische Garten ist während der Saison der Öffentlichkeit zugänglich, dient aber vor allem Forschungszwecken. Die Namen der nahen Granitklippen, Teufelskanzel und Hexenaltar, erinnern an die sagenumwobene Walpurgisnacht, der Goethe in seinem »Faust« ein literarisches Denkmal gesetzt hat. Wer genauer hinschaut, entdeckt auf dem Granit bunte Flechten, (»Landkartenflechten«), die trotz des für sie günstigen Klimas nur sehr langsam wachsen und ausgesprochen empfindlich sind.

Der Hirtenstieg führt vom Großen Brocken zu dem 1019 m hohen **Kleinen Brocken ❹** – eine kurze Reise durch alle Vegetationsstufen von der Zwergstrauchheide über verkrüppelte Gipfelfichten bis hin zum natürlichen Bergfichtenwald. Auch Hochgebirgsraritäten wie den Alpenflachbärlapp, die Alpenspitzmaus oder die Ringdrossel entdeckt der aufmerksame Beobachter.

Goethe oder Heine – durch das Ilsetal zum Brocken

Der klassische Aufstieg auf den Brocken folgt den Spuren Goethes und trägt auch seinen Namen: **Goetheweg ❺**. Vom Parkplatz Torfhaus an der B 4 zwischen Braunlage und Bad Harzburg bis zum Gipfel müssen 350 Höhenmeter überwunden werden. Goethes jüngerer Kollege Heinrich Heine wählte einen anderen Weg: »Es ist unbeschreibbar, mit welcher Fröhlichkeit, Naivität und Anmut die Ilse sich hinunterstürzt über die abenteuerlich gebildeten Felsstücke, die sich in ihrem Lauf finden, sodass das Wasser hier wild empor zischt und schäumend überläuft ... Ja, die Sage ist wahr, die Ilse ist eine Prinzessin, die lachend und blühend den Berg hinabläuft.« Schöner kann man es nicht sagen; und als ob sich diese Worte ins kollektive Gedächtnis eingegraben hätten, wandern viele Naturfreunde von Ilsenburg durch das schöne **Ilsetal ❻** zum Brocken hinauf.

Die Ilse zählt aufgrund ihres starken Gefälles zu den typischen Harzer Gebirgsbächen. Ihr Wasser strömt reichlich, doch der Abfluss unterliegt starken Schwankungen. Die Hälfte der jährlichen Wassermenge fließt an nur 60 Tagen im Jahr ab. Die Ilse ist recht kalt, im Durchschnitt 5 °C, kann aber an heißen Sommertagen auch 15 bis 17 °C erreichen. Aufgrund der hohen Fließgeschwindigkeit und der starken Durchwirbelung ist das Wasser der Gebirgsbäche sehr sauerstoffhaltig. Der Aufstieg beginnt am Nationalparkhaus in Ilsenburg (Parkplatz und Wohnmobilstellplatz), das Flüsschen gibt die Richtung vor. Der Weg nimmt seinen Anfang unter Schatten spendenden Buchen, vorbei am Ilsestein. Dann wird er steiler; Fichten, Erlen, Eschen und Birken begleiten nun den Pfad. Die Ilse springt dem Wanderer in zahlreichen kleinen Wasserfällen munter entgegen, weiter bergauf entzieht sie sich den Blicken. Das Wasser sucht versteckt seinen Weg zwischen großen, rundgeschliffenen Granitbrocken, gurgelt und rauscht eine seltsame Melodie. Es ist der reizvollste Abschnitt des Ilsetals. Auf 900 m Höhe findet man eine moorige Senke, das Brockenbett. Hier nimmt das Bächlein seinen Lauf. Bis zum Gipfel ist es nun nicht mehr weit.

Rückkehr eines stillen Jägers

Zu den Aufgaben, die sich der Nationalpark gesetzt hat, gehört auch die Wiedereinbürgerung des Luchses. Früher war die große, hochbeinige Wildkatze in ganz Europa anzutreffen,

doch bereits 1818 wurde im Harz der letzte Luchs zur Strecke gebracht. In Tschechien und Frankreich konnte das Tier in Teilen seines ehemaligen Siedlungsgebietes wieder heimisch werden. Auch im Bayerischen und im Pfälzer Wald setzt die Raubkatze ihre Fährte. Im **Luchsgehege Rabenklippe** ⑦ bei Bad Harzburg (vom Parkplatz an der B 4 eine 5-km-Wanderung) gewöhnen sich die Tiere an die umliegende Landschaft, bevor sie in die Freiheit entlassen werden. Drei bis fünf Luchse gelangen so jedes Jahr in die freie Wildbahn. Mit etwas Glück kann man die sehr scheuen Tiere in dem natürlichen, reizvollen Tiergehege beobachten. Ein ausgewachsener Luchs erreicht eine Schulterhöhe von 60 bis 75 cm und wiegt mit 18 bis 20 kg so viel wie ein Reh. Typisch sind seine Pinselohren, die antennenartig in die Höhe ragen; sprichwörtlich ist die Sehfähigkeit des Luchses. Luchse sind Einzelgänger und beanspruchen ein mit 5 bis 150 km² sehr großes Jagdgebiet. Neben Mäusen, Füchsen und Hasen erbeuten sie auch Rehe. Heute hat man die Bedeutung der Raubkatzen für das Ökosystem und die Artenvielfalt erkannt und bemüht sich um die Wiederansiedlung.

Auf dem Acker ⑧ wird der lange, bis 860 m hohe Bergzug zwischen Sieber- und Sösetal genannt. Die Kammlage ist moorig. Den alten Höhenweg hat man gesperrt, doch unterhalb des Hochmoors führt ein 13,5 km langer Rundwanderweg vom Parkplatz Stieglitzecke bis zum Gasthaus »Hanskühnenburg« auf dem Acker –

HARZER SCHMALSPURBAHNEN
Die Streckenlänge der eigentlichen Brockenbahn ② beträgt nur 19 km. 1898 erfolgte die feierliche Grundsteinlegung am Brockenbahnhof, dem mit 1125 m höchstgelegenen Schmalspur-Bahnhof Deutschlands. Nur wenige Monate später, im März 1899, wurde die Strecke eingeweiht. Schon bald fuhren die Touristen in großer Zahl auf den höchsten Gipfel des Harzes. Der Schienenstrang der Brockenbahn liegt ganz auf dem

Gebiet des Nationalparks Harz. Die Bahn fährt vom kleinen Harzort Drei Annen Hohne über Schierke ⑮ bis zum Gipfel des Brockens ①. Man kann aber auch von allen anderen Bahnhöfen der Selketal- und der Harzquerbahn bis auf den Brockengipfel fahren.

Auch die Reize des Selketals erfährt man am schönsten und bequemsten mit der Eisenbahn. Die älteste der Harz–Schmalspurbahnen rollt bereits seit 1887 durch das Selketal, in Stiege wird der höchste Punkt der Strecke erreicht. Mit der Harzer Schmalspurbahn gelangt man von Wernigerode in rund 2,5 Stunden in das thüringische Nordhausen. Die 60 km lange Fahrt führt durch die schönsten Teile des Naturparks Harz.

Das schon von Heinrich Heine gepriesene Ilsetal verzaubert mit Felsen und Wasserfällen die Wanderer bis heute.

AUERHUHN
(Tetrao urogallus)

Das Wappentier des Parks gehört zur Familie der Fasanenartigen *(Phasianidae)* und zur Ordnung der Hühnervögel *(Galliformes)*. Es gilt als sehr scheu und stellt große Anforderungen an seine Umgebung. In Europa ist es nur noch selten und ausschließlich in alten, unberührten Bergwaldregionen anzutreffen.

Die für die Höhenlage typischen

natürlichen Fichtenwälder und die in den tieferen Lagen anzutreffenden Buchenwälder werden im Übergangsbereich zu natürlichen Bergmischwäldern. Wo diese nicht durch reine Fichtenanpflanzungen ersetzt wurden, findet das Auerhuhn seinen Lebensraum. Die farbenprächtig gefiederten Hähne erreichen Spannweiten von 90 cm und wiegen bis zu 5 kg. Inzwischen ist die vom Aussterben bedrohte Art wieder Brutvogel im Harz. Bereits seit den 1970er-Jahren wird der Bestand im Nationalpark durch das Gehege in dem abseits gelegenen Walddorf Lonau gefördert.

eine Wanderung mit grandiosen Aus- und tiefen Einblicken in Ökologie und Umwelt. Noch vor wenigen Jahrzehnten dominierten auf dem Acker geschlossene Bergfichtenwälder, die dem »sauren Regen« zum Opfer fielen. An ihre Stelle traten ein niedriger Buschwald und Sauergras.

Das Gipfelmoor des **Bruchbergs** ❾ ist das letzte seiner Art in Mitteleuropa. Aus der mit Heide- und Beerensträuchern bewachsenen, teilweise 4 m starken Moosschicht quillt dunkles Wasser. Manche Torfmoosarten können das 20- bis 25-fache ihres Trockengewichtes an Wasser speichern. In Trockenperioden verdunsten die Pflanzen das gespeicherte Wasser und wechseln dabei die Farbe: Sie werden blass. Man spricht daher auch von Bleich- oder Weißmoosen. In der Gipfellage des Bruchberges (927 m) durchbrechen Felsklippen aus Quarzit die Torfschicht. Der »Wolfswarte« genannte Stein verdankt seinen Namen den Wölfen, die einst im Harz ebenso zahlreich anzutreffen waren wie Bären und Luchse. Vom Parkplatz »Steile Wand« an der Straße Torfhaus–Altenau führt ein Wanderweg zu Wolfswarte und Bruchberg.

Nur etwas für Spezialisten

Das **Sonneberger Moor** ❿ entstand vor etwa 4000 Jahren; seither ist die Torfschicht an einigen Stellen auf mehr als 5 m angewachsen. Die extremen Lebensbedingungen der Oberharzer Moore bieten nur angepassten Pflanzen- und

Tierarten eine Lebenschance. Umgekehrt sind diese Arten dann aber an diesen Lebensraum gebunden. Das macht den Erhalt der Moore für diese Arten so bedeutsam. Typisch sind die kugeligen, weißen Fruchtstände des Wollgrases, die uns im Frühsommer in vielen Hochmooren des Harzes entgegenleuchten. Eine weitere Charakterpflanze der Hochmoore ist der Rundblättrige Sonnentau; die fleischfressende Pflanze hat sich speziell an die extremen Lebensbedingungen in den Mooren angepasst. Eine Heimat bietet das Moor auch der seltenen Alpen-Smaragdlibelle. Aus Gründen der Sicherheit und des Naturschutzes gibt es keine Wege durch das Sonneberger Moor; so wurde es bislang kaum durch menschliche Nutzung beeinträchtigt. Entlang dem Moor führt ein Bohlensteg vom Parkplatz des Ortes Sonneberg bis zum Oderteich, der einen guten Eindruck von der Ursprünglichkeit dieser Naturlandschaft vermittelt.

Nirgends im Harz hat die Eiszeit so deutliche Spuren hinterlassen wie im **Odertal** ⓫. Eine Wanderung führt vom Parkplatz an der Oderteichstaumauer (Straße Torfhaus–Sonneberg) durch einen Grund mit Moränenwellen und Schmelzwasserrinnen, die hier zurückblieben. In dem eiszeitlichen Tal wurde bereits 1714 bis 1721 der erste Stausee Deutschlands, der **Oderteich** ⓬, angelegt. Den 18 m hohen Damm errichteten die Harzer Bergknappen mit Schaufel und Kiepe noch in Handarbeit.

Der Harz – ein Wintermärchen: Der Aufstieg zum schneebedeckten Gipfel der Achtermannshöhe lohnt die Mühe.

Wie ein Gemälde des romantischen Malers Caspar David Friedrich: die Leistenklippe oberhalb von Drei Annen Hohne.

Zauberlandschaften und ein urzeitliches Ensemble

Die **Achtermannshöhe** ⑬ ist einer von vielen Ausläufern des Brockens und mit 925 m bei weitem nicht der höchste. Vom Parkplatz »Königskrug« an der B 4 lässt sich der Anstieg leicht bewältigen. Nach kurzer Wanderung durch dichten Fichtenwald erhebt sich aus dem Forst ein steiler Fels- und Geröllkegel. Das »Hornfels« genannte Gestein verwittert im Gegensatz zu Granit nur sehr langsam und bewahrt die eigentümliche Gipfellandschaft vor der Abtragung durch Wind und Wetter.

Zwischen Achtermannshöhe und dem bei Wintersportlern beliebten Wurmberg liegen die Täler der Großen und der Kleinen Bode. Im **Bodetal** ⑭ stürzen die Bäche über den Bodefall in den typischen Kaskaden der Harzgewässer zu Tal. Kurz darauf vereinen sie sich zur Warmen Bode, die weiter flussabwärts durch eine tiefe Schlucht schäumt (Hexentanzplatz und Rosstrappe siehe Seite 333).

Südlich des Brockens liegt der beliebte Luftkurort **Schierke** ⑮, Station der Brockenbahn und Ausgangspunkt schöner Wanderungen, die z. B. zu der eigentümlichsten Landschaft im Nationalpark, zu den **Hohneklippen** ⑯, führen. Bleiche Baumgerippe strecken ihre dürren Äste in den Himmel, graue Granitfelsen türmen sich zu merkwürdigen Gebilden auf – ein Bild mitten in Deutschland, das einem nordamerikanischen Nationalpark entstammen könnte. Granitklippen gibt es überall im Harz, aber nirgends bilden sie eine so beeindruckende Formation wie am Hohnekopf.

Die Wanderung durch die Urzeit des Nationalparks kann man auch vom Nationalparkhaus bzw. Bahnhof Drei Annen Hohne (zwischen Schierke und Wernigerode, Parkmöglichkeiten) in Angriff nehmen. Nach einer guten halben Stunde erreicht man den Trudenstein, ein malerisches Gebilde, das der berühmte romantische Maler Caspar David Friedrich bemerkenswerterweise als Vordergrund für sein Gemälde *Watzmann* verwendete.

Nach einem steilen Anstieg auf 900 m Höhe gelangt man zu den Felsformationen Hohnekopf, Bärenklippe und Leistenklippe. Die Felsen zählen nicht nur zu den prägenden Landschaftselementen des Harzes, sie bieten auch unberührten Lebensraum. Aufgrund der enormen Temperaturschwankungen im Gestein und des Wassermangels gedeihen hier nur seltene Moose und Flechten. Auch der Wanderfalke schätzt die steil aus der Landschaft herausragenden Felsen, die ihm freien An- und Abflug gewähren. Der stark gefährdete Greifvogel ist im Harz wieder heimisch.

Wenn sich in den Felsspalten genügend feine Erde abgelagert hat, können hier auch Blütenpflanzen und Farne sowie Draht-Schmiele und Wald-Reitgras Fuß fassen.

GUT ZU WISSEN

GEOLOGIE DES HARZES

Wo sich einst ein urzeitliches Meer ausbreitete, faltete sich im Karbon, vor 200 Millionen Jahren, der Urharz auf; das aufsteigende Magma erreichte jedoch nicht die Oberfläche, sondern kühlte in 2000 m Tiefe langsam ab. Die Harzscholle stieg weiter auf, zugleich aber wurde durch Erosion immer mehr von der Oberfläche abgetragen. So entstanden die für den Harz so typischen Klippen,

die als Reste eines frühen Harzvulkanismus zutage traten. Durch physikalische und chemische Prozesse erodiert das harte Granitgestein der Klippen allmählich zu Gesteinsblöcken mit abgerundeten Kanten, die an Matratzen, Kissen oder Wollsäcke erinnern (Bild) – daher der Name Wollsackverwitterung. Letzendlich zerfallen die Klippen zu den für den Brocken typischen Blockfeldern.

Naturpark Unteres Saaletal

SERVICE

Anfahrt: Auf der A 14 Halle–Magdeburg bis zur Ausfahrt 13 Löbejün, von dort auf der Landstraße über Domnitz nach Rothenburg; nächstgelegene Bahnhöfe in Halle und Magdeburg
Lage: Nördlich von Halle im Bundesland Sachsen-Anhalt
Größe: 410 km^2
Höchste Erhebung:
Neehäuser Hügel (200 m)
Gründung: 2005
Information:
Naturpark Unteres Saaletal
Am Kindergarten 11
06420 Rothenburg / Saale
Telefon: 034691 / 21 16 5
Internet: www.unteres-saaletal.de

Die Saale dürfte nach dem Rhein der meistbesungene Fluss Deutschlands sein. Die Schönheit des unteren Saaletales ist trotzdem weniger bekannt: Erst wenn er die Industriegebiete bei Merseburg und Halle hinter sich lässt, offenbart sich der Fluss einmal mehr als ein wahres Naturjuwel.

So schön kann der Blick von der alten Burg Wettin auf die Saale sein, wenn Morgentau die Flusslandschaft versilbert.

6 Wettin
Altes Städtchen mit großer Tradition
7 Mücheln
Templerkapelle als einzigartiges Zeugnis frühgotischer Baukunst
9 Porphyrlandschaft Gimritz
Weltenferne Naturlandschaft ohne Pfad und Wegweiser

Ein letztes Mal vor ihrer Mündung in die Elbe durchbricht die Saale einen Gebirgsrücken, die sogenannte Halle-Hettstedter-Gebirgsbrücke, einen östlichen Ausläufer des Harzes. Der landschaftliche Reiz des unteren Saaletales hat mit den abwechslungsreichen geologischen Verhältnissen zu tun: Das Nebeneinander unterschiedlicher Gesteine und eine kontrastreiche Geländeformung beeinflusst nicht zuletzt Fauna und Flora maßgeblich. Noch vor dem Saaledurchbruch, zwischen Döblitz und Mücheln, erstreckt sich eine fremdartig anmutende Porphyrlandschaft. In den Lössboden der ebenen Hochfläche haben Abflüsse zur Saale, von Regen und Schmelzwasser genährt, tiefe Erosionstäler gegraben. Hier tritt der tiefer liegende Porphyr zutage, ein Ergussgestein vulkanischen Ursprungs. Bei Brachwitz schwingt sich die Hallesche

Porphyr-Hügellandschaft gar zu den »Brachwitzer Alpen« auf. In Rothenburg dann rücken die schroffen Hänge näher an das Flussufer.

Artenreiche Flusslandschaft

Seinen Namen trägt **Rothenburg** ❶ nicht von ungefähr: Rot ist der Karbonsandstein der Umgebung, aus rotem Porphyr erbauten die Rothenburger ihre Kirche. Über der Stadt liegen die Reste der Sputinesburg, von der sich nur die Ringwälle erhalten haben. Das weithin sichtbare Schifffahrtssignal wurde um 1820 auf dem Burgberg errichtet. Eine Wanderung flussabwärts führt zum Naturschutzgebiet **Teufelsgrund und Saalehänge** ❷, das über 50 Vogelarten Brutplätze bietet. Über die westlichen Saalehänge erstreckt sich das Naturschutzgebiet Zickeritzer Busch mit seinem urtümlichen Baumbestand

Porphyrlandschaft: Zwischen Gimritz und Döblitz ragen imposante Felsen empor.

von Eschen, Eichen und Hainbuchen. Das Renaissanceschloss **Friedeburg** ❸ vom Ende des 16. Jahrhunderts blickt über die schöne Flusslandschaft. Trotz der baulichen Veränderungen im 19. Jahrhundert ist es ein ansehnlicher Bau geblieben. Der Dichter Friedrich Gottlieb Klopstock (1724 – 1803) verbrachte seine Kindheit auf dem Gut Friedeburg. Nicht weit flussaufwärts, etwas schwer zu finden, trifft man auf die Weiße Wand am Dorfrand von **Dobis** ❹. Auf dem steilen, hellen Hang sind außergewöhnliche Schichten von weißen (Zechsteinkalk) und roten Gesteinen (Rotliegendem) zu erkennen.

Nicht immer fließt die Saale ruhig dahin. Seit je tritt sie regelmäßig über ihre Ufer und schwemmt fruchtbaren Boden an. Die ertragreiche Erde veranlasst Menschen, trotz der Hochwassergefahr hier zu siedeln. Auch die Vogelwelt schätzt die feuchte Auenlandschaft. Bei **Kloschwitz** ❺ sind Graureiher und andere geschützte Vogelarten zu beobachten.

Tödlicher Atem

TOP TIPP Ein berühmtes Adelsgeschlecht stammt aus dem Städtchen **Wettin** ❻, doch die Anwesenheit der Wettiner an ihrem Ursprungsort endete schon im hohen Mittelalter. Die hoch über der Saale thronende Stammburg von Sachsens legendärer, weit verzweigter Herrscherdynastie schützte den Saaleübergang, der noch heute von einer emsig wechselnden Fähre bedient wird. Wettin scheint regelrecht am Burgberg zu kleben. Steil und schmal sind die Straßen, die zum prunkvollen Renaissance-Rathaus von 1660 führen. Ein beliebter Spazierweg führt durch das Schweizerling-Wäldchen zum 21 m hohen Bismarckturm. Flussaufwärts liegt

TOP TIPP das Dorf **Mücheln** ❼ mit seiner sehenswerten Templerkapelle.

Eines der ältesten Dörfer auf den Hochflächen östlich der Saale ist das schon im 4. Jahrhundert gegründete **Neutz** ❽. Der romanische Kirchenbau aus dem frühen 14. Jahrhundert versteckt

sich unter efeuumrankten Bäumen, von verwitterten Grabsteinen umringt. Mit der Kirche verbindet sich eine schaurige Sage: Beim Bau stieß man auf einen Basilisken, ein drachenartiges Fabeltier, das mit seinem giftigen Atem mehrere Menschen tötete. Erst mittels eines Spiegels, in den sich das Ungeheuer wütend verbiss, konnte man es letztendlich besiegen. Seine Eier jedoch hatte der Basilisk in einer Steinplatte mit 15 Vertiefungen, dem noch heute zu sehenden Neutzer Näpfchenstein, abgelegt.

TOP TIPP Zwischen Gimritz und Döblitz an der Saale liegt die **Porphyrlandschaft Gimritz** ❾. Steinbrüche, Halden und zugewachsene Gruben zeugen von 500 Jahren Bergbau. Porphyre sind vulkanisches Magmagestein. Wer die einsamen Erosionstäler Scharmgrund, Teichgrund, Lauchengrund und Pfaffenmagd durchstreift, findet auf den Trockenwiesen zwischen den Felsen zahlreiche, vom Aussterben bedrohte Pflanzen und Tiere. Das Gebiet zählt zu den niederschlagärmsten in Deutschland. Hier konnten sich Pflanzengesellschaften ansiedeln, die sonst nur in Steppengebieten vorkommen.

KULTURTIPP

TEMPLERKAPELLE

Hinter den alten Feldsteinmauern eines ehemaligen Gutshofes in Mücheln ❼ verbirgt sich die »Kapelle Unserer Lieben Frauen« der einst hier ansässigen Kommende des mittelalterlichen Templerordens. Errichtet wurde das turmlose Gotteshaus im späten 13. Jahrhundert, diente jedoch später als Korn- und Rübenspeicher. Ein polygonaler Chor (Bild) schließt die einschiffige Saalkirche nach Nordosten hin ab. Durch sie-

ben Spitzbogenfenster dringt Licht in den den rippengewölbten Kirchenraum – ein schönes Beispiel frühgotischer Baukunst. Seit einigen Jahren wird die restaurierte Kirche für Ausstellungen und Konzerte genutzt.

Naturpark Kyffhäuser

Im wahrsten Sinne ein »sagenhafter« Berg: Tief im Inneren verborgen soll der alte Stauferkaiser Barbarossa auf seine Wiederkehr warten. Das kleine, geschichtsträchtige Gebirge mit Reichsburg und Königspfalz ist aber auch eine bemerkenswerte Naturlandschaft mit vielfältigen Lebensräumen.

SERVICE

Anfahrt: Über die noch nicht ganz fertig gestellte A 38 Göttingen–Halle (teilweise über die parallel verlaufende B 80) bis zur Ausfahrt Roßla oder Berga-Kelbra; mit der Bahn erreicht man Bad Frankenhausen
Lage: Im Bundesland Thüringen, südlich des Harzes zwischen Göttingen und Halle a. d. Saale
Größe: 305 km²
Höchste Erhebung: Kulpenberg (477 m)
Gründung: 1998
Information:
Naturpark Kyffhäuser
Barbarossastraße 39a
06567 Rottleben
Telefon: 034671/514 0
Internet: www.naturpark-kyffhaeuser.thueringen.de

Wie eine Pickelhaube krönt das Denkmal für die Kaiser Wilhelm I. und Friedrich I. Barbarossa das Kyffhäusergebirge.

TOP TIPP

❸ **Kyffhäuser-Denkmal**
Monumentales Denkmal für zwei Kaiser mit atemberaubendem Ausblick
❺ **Barbarossahöhle**
Einzigartige Gipssteinhöhle mit dem Grab Kaiser Barbarossas
❻ **Panorama-Museum**
Gigantisches Rundbild zur Bauernschlacht von 1525 bei Bad Frankenhausen

Die Faszination kleiner Gebirge: Auf engstem Raum finden unterschiedlichste Biotope zueinander, Refugien für Tiere und Pflanzen. Der Naturfreund kann sie in einem Tag erkunden, er kann sich aber auch viel länger bezaubern lassen. Ein solches Gebirge ist der Kyffhäuser. Das unterschiedliche Grundgestein bedingt die Vielfalt eigentümlicher Lebensräume. Starke Reliefgliederungen, geringe Niederschläge und geologische Besonderheiten ließen eine bemerkenswerte und artenreiche Flora und Fauna entstehen. Auf den Gipsen des Zechsteins am Südhang des Kyffhäusergebirges finden sich Magerrasen und Heide. Bergsteinkraut und Edelgamander bewachsen die Felsheiden der rund hundert Meter hohen Hänge.

Das aus den Zechsteinschichten gelöste Salz tritt in Salzquellen an die Oberfläche; an diesen Binnensalzstellen gedeihen Salz liebende Pflanzen wie Strandaster und Queller.

Ein Paradies für Vögel

An der nördlichen Naturparkgrenze wird die Helme durch die **Talsperre Kelbra** ❶ zu einem 600 ha großen Stausee angestaut. Er bietet nicht nur Erholungsmöglichkeiten für Besucher aus nah und fern; auch viele Wasser-, Rast- und Brutvögel werden von dem See magisch angezogen. Noch vor 40 Jahren floss die Helme im Sommer gemächlich durch ihre Auen. Doch zur Schneeschmelze drängten die Wassermassen aus dem Harz talwärts Richtung Osten und überfluteten oft Dörfer, Felder und Weideland. Zum Schutz vor Überschwemmungen wurde 1962–66 ein etwa 4 km langer und bis zu 7,5 m hoher Damm errichtet; ein Stausee entstand. Bei Hochwasser

Die Helme-Aue und die Talsperre Kelbra lassen sich gut per Rad erkunden.

kann sich die Fläche der Talsperre Kelbra mehr als verdoppeln und rund 1400 ha Land bedecken. Die Dörfer östlich von Kelbra bleiben seitdem von Überschwemmungen verschont; für Kraniche und andere Zugvögel ist hier der bedeutendste Binnenrastplatz in Deutschland entstanden.

Schon viele aufmerksame Besucher der **Helme-Aue** ❷ haben sich gewundert: Plötzlich stehen sie vor Pflanzen, die ihnen aus dem Urlaub an der Ost- oder Nordsee bekannt sind. Tatsächlich quillt hier aus den Tiefen der Erde salzhaltiges Wasser und schafft diese einmaligen Lebensräume im Binnenland. Die seltene Kombination von Binnensalzstellen, den offenen Wasserflächen des Stausees und der Fischteiche, den Röhrichten und feuchten Wiesen macht die Helme-Aue zu einer besonders wertvollen Naturlandschaft.

Der Berg der Kaiser

In den Ruinen der alten Reichsburg auf dem Kyffhäuser errichtete man zum Gedenken an den Hohenzollernkaiser Wilhelm I. das **Kyffhäuser-Denkmal** ❸.

Das am 18. Juni 1896 eingeweihte Monument erhebt sich über drei Terrassen und wird von dem 81 m hohe Turm gekrönt. Das Reiterstandbild Wilhelms I. sowie die Steinfigur Friedrichs I. Barbarossa sollten an deutsche Größe erinnern. Der grandiose Rundblick über die Goldene Aue, vom Harz bis zum Thüringer Wald, lohnt die Mühen des Aufstiegs über 232 Stufen. Die wechselvolle Geschichte der Reichsburg Kyffhausen von ihren Anfängen bis zum Verfall im 15. Jahrhundert dokumentiert das Burgmuseum.

Die **Königspfalz Tilleda** ❹ am Fuß des Kyffhäusers diente seit dem 10. Jahrhundert

den deutschen Königen als zeitweilige Residenz. Von den historischen Befestigungswällen und den Gebäuden sind nur Reste erhalten geblieben, aber eine Reihe nachempfundener Holzhäuser mit Strohdach sowie eine kleine Ausstellung vermitteln ein anschauliches Bild des Lebens im frühen Mittelalter.

TOP TIPP Am Westhang des Kyffhäusers verbirgt sich die **Barbarossahöhle** ❺. Im Verlauf von Jahrtausenden verwandelten die Wasser des Gebirgsinneren den seltenen, hier vorkommenden Anhydritstein zu Gips. Entdeckt wurde die Höhle 1865 bei der Suche nach Kupferschiefer. Sie ist rund 700 m lang, unter den teils kuppelartig hohen, teils weitgespannten Gewölben breiten sich kristallklare Seen aus. Bekannt wurde sie vor allem durch die Barbarossasage: An einem steinernen Tisch sitzt Stauferkaiser Friedrich I. Barbarossa (1152–1190) und wartet auf die deutsche Einheit; sein Bart ist inzwischen durch den Steintisch gewachsen. Eine Führung durch die einzige touristisch erschlossene Gipshöhle Deutschlands dauert eine knappe Stunde.

TOP TIPP Das oberhalb des Kurortes Bad Frankenhausen gelegene **Panorama-Museum** ❻ zeigt ein einmaliges Monumentalgemälde mit über 3000 Figuren zum Thema »Frühbürgerliche Revolution in Deutschland«. Auf 123 x 14 m Leinwand stellt der Leipziger Maler Werner Tübke die Bauernschlacht bei Frankenhausen am 15. Mai 1525 dar. Die Anfahrt zu allen Sehenswürdigkeiten des Kyffhäusers ist gut ausgeschildert. Für Denkmal, Panorama-Museum und Barbarossahöhle kann man eine preisgünstige Kombikarte erwerben.

WANDERTIPP

GEOLOGISCH-BOTANISCHER WEG
Fotoapparat und ein botanisches Bestimmungsbuch einpacken! Start für den 6 bzw. 10 km langen ausgeschilderten Rundweg ist am Nordrand von Bad Frankenhausen gegenüber dem Stadtpark an der B 85. Zur Naturparkstation geht es durch Orchideenwälder, vorüber an sonnigen Hängen, zu Steinbrüchen mit Gipskarst, zurück entlang der Kleinen Wipper. Der Abstecher zur geologisch sehr interessanten Barbarossahöhle ❺ lohnt sich. Ohne Pausen ist man auf der großen Runde etwa 2,5 Stunden unterwegs.

Im Frühjahr kann man hier das schöne Frühlings-Adonisröschen *(Adonis vernalis,* Bild) entdecken, das Wärme, Licht und kalkigen Boden bevorzugt – und genau diese Bedingungen bietet das Kyffhäusergebirge. Die giftige Pflanze ist selten geworden.

Naturpark Eichsfeld-Hainich-Werratal

Die Hügelketten und Buchenwälder Westthüringens werden auch das »grüne Herz Deutschlands« genannt. Naturfreunde lieben diese unendlichen Wälder, die tief eingeschnittenen Täler, die überraschenden Ausblicke und die ausgedehnten Wanderungen im Werratal.

SERVICE

Anfahrt: Auf der A 7 Göttingen–Kassel bis Dreieck Drammetal und A 38 Richtung Halle bis zur Ausfahrt Friedland, dann über die B 27 und die Landstraße nach Bornhagen zur Ruine Hanstein; mit der Bahn nach Heiligenstadt bzw. Leinefelde, Mühlhausen, Eisenach oder Bad Langensalza, von dort weiter mit Bussen in die Naturparkregion
Lage: In Westthüringen zwischen Heiligenstadt und Eisenach
Größe: 870 km²
Höchste Erhebung: Goburg (543 m)
Gründung: 1990
Information:
Naturpark Eichsfeld-Hainich-Werratal
Dorfstraße 40
37318 Fürstenhagen
Telefon: 036083 / 466 3
Internet:
www.naturpark-ehw.thueringen.de

Die Werra hautnah erleben – das kann man beispielsweise bei einer Kanu-Partie ab Brücke Creuzburg nach Treffurt.

TOP TIPP

❷ Teufelskanzel
Großartiger Ausblick über das Werratal
⓬ Mühlhausen
Die Stadt des Reformators Thomas Müntzer
⓯ Treffurt
Romantische Altstadt zwischen Burg Normannstein und dem Hausberg Heldrastein
⓴ Creuzburg
Orchideenwanderung auf den Wisch über dem Werratal
㉒ Wacholderheide
Weitläufiges Heidegebiet in der Nähe von Craula

Formen einer Landschaft, wie sie unterschiedlicher nicht sein können, zu einem großen Naturpark vereint: Es gibt Interessantes und Vielfältiges zu entdecken. Das Eichsfeld im Norden ist ein großflächiges Muschelkalkplateau mit tief eingeschnittenen Tälern; an steilen Abbruchkanten tritt deutlich das poröse, weiße Kalkgestein hervor und hebt sich vom satten Grün der Auen, weiten Felder und bewaldeten Hügel ab. Das größte zusammenhängende Waldgebiet Mitteldeutschlands, der Hainich, schließt sich im Südosten an und umfasst den Nationalpark Hainich. Natürlicher und zum Teil ursprünglicher Buchen- und Laubmischwald, aber auch eine der wenigen großen Wacholderheiden Deutschlands in einer wenig besiedelten Region sind etwas Besonderes für Liebhaber und Kenner der Natur.

Teil Drei des Naturparks, die völlig andere Landschaft des Werratals, liegt im Südwesten. Der Fluss windet sich zwischen steilen Felswänden aus Kalkstein und naturnahen Auenlandschaften der Weser entgegen, gesäumt von schönen Burgen und Schlössern – so romantisch, als ob die Werra der Saale den Rang ablaufen wollte. Eine Vielzahl baulicher Sehenswürdigkeiten mit spannenden Geschichten dazu gibt es in den Ortschaften zu entdecken, romantische Burgen und Kirchen, gut erhaltene alte Stadtkerne und aufschlussreiche Museen.

Für Kenner eine echte Alternative

Die **Ruine Hanstein** ❶ bei Bornhagen, auf einer Buntsandsteinkuppe oberhalb der Werra gelegen, gilt als eine der schönsten Burgruinen

Bei Wanderungen durch das katholische Eichsfeld trifft man häufig auf solche Wegkreuze wie hier bei Uder.

Mitteldeutschlands. Die Burg wurde im 11. Jahrhundert auf einer älteren Anlage erbaut, doch bereits 1070 in den Kämpfen zwischen König Heinrich IV. (1056–1106) und Otto von Northeim zerstört und anschließend wieder aufgebaut. Der Hanstein überstand einige Belagerungen und wurde auch im Bauernkrieg nicht zerstört; dennoch gab man die Veste um 1550 auf. Trotz verschiedener Sicherungsmaßnahmen im 17. und im 19. Jahrhundert verfiel die Burg. Heute finden im Palas der Ruine regelmäßig Ausstellungen und Konzerte statt. Einen weiteren Höhepunkt bildet das alljährliche Mittelalterfest im August. An schönen Tagen genießen die Besucher vom 24 m hohen Nordturm den Rundblick über das Eichsfeld zum Hohen Meißner und bis zum Brocken. Parkplätze gibt es in Bornhagen; von dort ist es nur ein kurzer Spaziergang zur Burg hinauf.

Eine Wanderung führt von der Ruine Hanstein zur 2,5 km entfernten, 452 m hohen **Teufelskanzel** ❷. Der Sage nach hat der Teufel versucht, den Sandsteinfelsen vom Brocken zum Hohen Meißner zu bringen, musste ihn aber hier absetzen. 350 m unterhalb der Teufelskanzel zieht die Werra eine Hufeisenschleife. An ihrem rechten Ufer liegt das 250-Seelen-Dorf Lindewerra, in dem sich das selten gewordene Stockmacher-Handwerk noch immer hält. Der Abstieg von der Teufelskanzel in das Werratal lohnt sich.

Die Seele des Eichsfelds

Große Kirchen prägen das Stadtbild von **Heiligenstadt** ❸. Hier wurde 1460 der berühmte Holzschnitzer Tilman Riemenschneider geboren,

der Poet Heinrich Heine empfing in der katholischen Stadt die Taufe, und der Erzähler und Lyriker Theoder Storm wirkte acht Jahre lang als Kreisrichter. Besonders sehenswert sind Martinskirche und Marienkirche; das Literaturmuseum widmet sich dem Werk Storms.

Im ehemaligen Bahnhofsgebäude von **Fürstenhagen** ❹ sitzt die Naturparkverwaltung. Informationen zum Naturpark sind im alten Wasserturm zu finden. Ein Naturlehrpfad führt zu den **Dieteröder Klippen** ❺, mit 520 m einer der höchsten Punkte im oberen Eichsfeld. Der 8,2 km lange Rundwanderweg bietet grandiose Ausblicke über das Eichsfeld und macht mit den wichtigsten Lebensräumen des Naturparks vertraut. Großflächige Muschelkalkplateaus mit tiefen Tälern bestimmen das Landschaftsbild. An der steilen Abbruchkante erkennt man deutlich das helle Kalkgestein. Ab dem Parkplatz an der Dieteröder Höhe (oberhalb von Dieterode) führt ein barrierefreier Wanderpfad für Rollstuhlfahrer und Eltern mit Kinderwagen zu den Dieteröder Klippen.

Der dicht bewaldete Höhenzug **Gobert** ❻ mit der höchsten Erhebung des Eichsfeldes, der Goburg (543 m), zählt zu den

Eingebettet in Buchenwald und Hügel liegt ein Fachwerk-Juwel: Kloster Zella aus dem 17. Jahrhundert.

▶ GUT ZU WISSEN

KZ–GEDENKSTÄTTE

Vor Mühlhausen ⑫ liegt der zum Naturpark gehörende Mühlhäuser Stadtwald, der mehr als ein Naherholungs- und Wandergebiet ist: Während des Zweiten Weltkrieges war dort die »Gerätebau GmbH« versteckt, eine teils unterirdisch angelegte Waffenfabrik. Von 1940/41 bis 1945 arbeiteten hier etwa 700 Frauen, die aus dem KZ Buchenwald zum Barackenlager am Rand des Stadtwaldes gebracht wurden. An das Leid der jüdischen Häftlinge erinnert seit 2003 eine Gedenkstele (Bild) des Langensalzaer Bildhauers Harald Stieding.

schönsten Wandergebieten im Eichsfeld. Ein Stück unberührter Natur mit artenreicher Flora, darunter seltene Enziane und Tausendgüldenkraut. Wundervolle Fernblicke von der Hochfläche und von den Steilhängen in das Eichsfeld und in das Werratal lohnen den Aufstieg, der am besten in Volkerode beginnt. Als Ausgangspunkt bietet sich das ca. 1,5 km von Volkerode entfernte Gasthaus »Hühnermühle« an.

Für Eisenbahn- und Brückenfreunde

Über dem malerischen **Lengenfeld unterm Stein** ⑦ schwebt in 23 m Höhe ein Eisenbahnviadukt, das einen 253 m langen Bogen beschreibt und eine Besonderheit, eine sogenannte Fischbauchträgerbrücke aufweist. Nach dem Deutsch-Französischen Krieg im 19. Jahrhundert planten die Preußen eine strategische Heerstraße per Schiene zwischen Berlin und Bebra. Daraus wurde nichts, die Steigungen im Eichsfeld waren zu groß, und die Strecke diente ausschließlich zivilen Zwecken. 1994 legte man die gut frequentierte Nahverkehrsstrecke still. An schönen Wochenenden jedoch kann man die Brücke mit einer Draisine befahren: Vom Lengenfelder Bahnhof muss ein 3 km langes Stück aus eigener Kraft bewältigt werden (Anmeldungen unter Tel. 036027/78 08 59).

Ganz natürlichen Ursprungs ist der schluchtartige Einschnitt, durch den der eher unscheinbare Bach Lutter seinen Weg nimmt. Während der Schneeschmelze oder auch nach starken Regengüssen verwandelt sich der ansonsten friedliche Bach in ein reißendes Wildwasser, das bei Großbartloff über den **Lutterwasserfall** ⑧ 10 m in die Tiefe stürzt. Der Wasserfall, der durch Kalksinterablagerungen weiter wächst, liegt etwas versteckt am Ortsausgang von Großbartloff, etwa 250 m von der Straße entfernt.

Wallfahrtsstätten gibt es im frommen Eichsfeld – einer weitgehend katholischen Enklave im protestanischen Umfeld – zwar nicht wenige, doch der 444 m hohe, von stattlichen Bäumen bestandene **Hülfensberg** ⑨ wird gerne als das »Altötting des Eichsfeldes« angesehen. Wallfahrten zum »Berg der heiligen Hülfe« finden nicht nur an besonderen kirchlichen Feiertagen statt; im Sommer wird an jedem Mittwochnachmittag auf dem Berg auch die Messe gelesen. Die Prozessionen hingegen beginnen frühmorgens in Geismar.

Die Geschichte des Ortes reicht bis in die Zeit der Germanen zurück. In der jahrhundertealten gotischen Wallfahrts– und Klosterkirche erfährt das romanische Hülfenskreuz besondere Verehrung. Dieses Kreuz, im Jahre 1991 rekonstruiert und neu aufgestellt, gilt als Zeichen der Glaubenstreue und der Heimatverbundenheit aller Eichsfelder. Es ist das älteste und bedeutendste sakrale Kunstwerk der Region.

Das ehemalige **Kloster Zella** ⑩ betritt man von der schattigen Waldseite her durch ein hohes barockes Tor. Um die kleine romanische Kirche gruppieren sich Wohn- und Wirtschaftsräume aus dem 17. Jahrhundert, überwiegend in Fachwerk ausgeführt – in seiner Geschlossenheit ein beeindruckendes Ensemble. Zella wurde als Doppelkloster für Männer und Frauen um 1100 gegründet. Die Benediktinerinnenabtei existierte noch bis 1810. In den letzten Jahren fügte man behutsam einige moderne Bauteile in das architektonische Juwel ein, denn das Kloster beherbergt heute ein Alten- und Pflegeheim.

Heimat, Kirche, Haus und Hof – das sind die nicht alltäglichen Themen des 6 km langen **Kultur-Landschaftspfads Faulungen** ⑪. Schritt für Schritt wird man mit 50 kleinen Hinweisschildern und 5 großen Infotafeln in die Geschichte des Dorfes eingeführt und erfährt, wie und warum diese Eichsfelder Kulturlandschaft entstanden ist. Die Rundwanderung beginnt mit einem besinnlichen Aufenthalt in der Mariengrotte.

Der große Reformator

TOP TIPP In der Thomas-Müntzer-Stadt **Mühlhausen** ⑫ erinnert alles an den Reformator, der hier 1524/25 lebte, predigte und schließlich als Anführer der Bauernkriege auch hingerichtet wurde. Eine Gedenkstätte in der St. Marienkirche ruft die Geschichte der Reformationszeit ins Gedächtnis, die Kornmarktkirche beherbergt das Bauernkriegsmuseum.

In der gotischen Pfarrkirche Divi Blasii spielte einst Johann Sebastian Bach die Orgel, hier entstand seine berühmte *Toccata und Fuge in D-moll*. Mühlhausen ist eine lebhafte und historisch interessante Stadt – 400 Fachwerkhäuser stehen unter Denkmalschutz, auf der weitgehend erhaltenen Stadtmauer kann man spazieren gehen und von den Wachtürmen über die Dächer der Stadt sehen. Der vor den Toren Mühlhausens gelegene Stadtwald gehört zum Naturpark und ist ein beliebtes Erholungs- und Wandergebiet. Zu Fuß führt der Weg von Mühlhausen am Schwanenteich und dem Popperoder Brunnenhaus vorbei, mit dem Auto fährt man auf der B 249 in Richtung Eschwege, bis linkerhand der Parkplatz »Stadtwald« ausgewiesen ist.

Der **geografische Mittelpunkt Deutschlands** ⑬ liegt südlich von Mühlhausen in Niederdorla. Zwar gibt es zur Festlegung des Mittelpunkts unterschiedliche Berechnungsmethoden und entsprechend reklamieren mehrere Orte den Ehrentitel für sich, aber die 1991 in Niederdorla gepflanzte Mittelpunktslinde steht immerhin auf historischem Boden. Schon im 6. Jahrhundert v.Chr. befand sich hier eine Kultstätte. Ein rechteckiger Opferaltar aus Kalk und eine Stele aus Stein stammen aus dieser Zeit. 500 Jahre später legten die Hermeduren um den Heiligen See ein Rundheiligtum mit Opferplatz an. Selbst in christlichen Zeiten wurden zur Besänftigung der alten Götter noch Menschen dort im Moor ertränkt. Das Museum »Opfermoor« zeigt die

TIPP FÜR KINDER

VOGELSCHUTZWARTE SEEBACH
Zwischen Mühlhausen ⑫ und Bad Langensalza ㉓ (B 247) ist die älteste Staatliche Vogelschutzwarte in Deutschland in einer Wasserburg aus dem 12. Jahrhundert (Bild) untergebracht, die 1911–14 zur Vogelstation umgebaut wurde. Der 2 ha große Park mit Vogelvolieren und Schautafeln direkt an der Burg lädt zu einem interessanten Rundgang ein. Den in der Nähe liegenden See nutzen Zugvögel zur Rast. Be-

sonders viele Besucher kommen im Sommer, um die angebotenen Führungen und Veranstaltungen zu erleben. Es gibt auch Workshops zum »Erlebbaren Vogelschutz«. Am 1. April 2008 begeht die Vogelschutzwarte in Seebach ihr 100-jähriges Jubiläum.

Bei den Ebenauer Köpfen nahe Creuzburg hat sich die Werra ein tiefes Flussbett in das Muschelkalkplateau gegraben.

Die Burg Normannstein oberhalb von Treffurt bewachte im Mittelalter gleich drei wichtige Furten durch die Werra.

WANDERTIPP

VON CREUZBURG AUF DEN WISCH

Vom Parkplatz »Schützenhaus« am Ortsausgang von Creuzburg 20 nach Mihla 18 windet sich ein schmaler Pfad auf den Bergrücken des Wisch. Viele Orchideenarten, die sich an den Hängen des Muschelkalks angesiedelt haben, säumen den Weg. Das wärmespeichernde Gestein sorgt für ein günstiges Klima. Bereits im Frühjahr glänzt das Purpurknabenkraut, im Sommer lassen sich bis zu einem Dutzend weitere Orchideenarten entdecken. An zwei Aussichtspunkten blickt man auf die Werra, die sich zwischen den

Ebenauer Köpfen 21 und den gegenüberliegenden Nordmannsteinen ein tiefes Flussbett in das Muschelkalkplateau gegraben hat. Orchideenwanderungen werden von der Naturparkverwaltung angeboten (Bild: Rast an der Schutzhütte auf dem Wisch).

Fundstücke; auf einem Freigelände wurde eine germanische Siedlung nachgebaut.

Wo die Furten sich treffen

Unterhalb des mystischen Berges **Heldrastein** 14 führten gleich drei treffliche Furten durch die Werra. An dieser Stelle entstand das Städtchen **Treffurt** 15 . Die dreifache Passage wurde seit dem 11. Jahrhundert durch die Burg Normannstein, auf der wiederum Vertreter dreier Lehnsherren (Thüringen, Hessen, Mainz) residierten, bewacht und gesichert. Erhalten geblieben sind neben dem Bergfried zwei Wohntürme. Nicht weniger romantisch zeigt sich Treffurts historische Altstadt. Die Gassen haben noch ihr uraltes Kalksteinpflaster, die vielen Fachwerkhäuser sind restauriert, das Rathaus gehört zu den schönsten Fachwerk-Rathäusern der Renaissance. Vom Hausberg, dem 503 m hohen Heldrastein, genießt man einen weiten Blick ins Tal der Werra, die hier mal in weiten, mal in engen Bögen fließt, vorbei an hohen Klippen oder durch feuchte Auen.

Reizvoll ist eine Wanderung oder Radtour vom Treffurter Ortsteil Falken nach **Probsteizella** 16 . In dem idyllischen Tal hat der Mönch Martin, Gefolgsmann des heiligen Bonifatius, schon im Jahr 777 eine Einsiedelei gegründet. Dieses Probsteizella existierte bis in die Reformationszeit und wurde dann als Forsthaus genutzt. Heute steht hier ein Gasthof, der auch Boote für

eine Kanutour auf der Werra anbietet. Der Gasthof ist von Frankenroda (bei Mihla) auch mit dem Auto zu erreichen.

Die Werraschleife zwischen Frankenroda und Falken überragen die **Falkener Klippen** 17 . Die Muschelkalkfelsen ragen hier bis zu 60 m empor. Besonders eindrucksvoll ist die Sicht auf diese Felskulisse vom Lehrpfad Werraaue, der am linken Flussufer verläuft.

Die Stelle, an der das Flüsschen Lauter in die Werra mündet, wird häufig überflutet. Im Mittelalter jedoch bot das Überschwemmungsgebiet einen sicheren Standort. Im 13. Jahrhundert entstand in **Mihla** 18 eine Wasserburg, Reste der Wassergräben wurden 1993 freigelegt. 1536 baute man die alte Wasserburg zum wohnlichen Schloss im Renaissancestil um. Aufgrund des verwendeten Kalksteins setzte sich die Bezeichnung »Graues Schloss« durch. Seit 1971 wird hier Thüringer Gastlichkeit geboten, später kamen Hotelzimmer hinzu.

Vom Ortsteil Lauterbach führt eine ausgewiesene Straße zum Parkplatz **Harsberg** 19 , der auch als Ausgangspunkt für Wanderungen in den Nationalpark Hainich genutzt wird. Ein Wiesenhang in unmittelbarer Nähe blüht im Sommer violett auf: Das Mannsknabenkraut *(Orchis mascula)* oder Stattliches Knabenkraut gehört zwar zu den häufigeren einheimischen Orchideenarten, ist aber zunehmend selten geworden und darf natürlich auch nicht gepflückt werden. Auch

Raritäten wie der Deutsche Enzian und der Gefranste Enzian sind zu entdecken.

TOP TIPP Zur Sicherung der Ostgrenze des Frankenreichs entstand 508 die Festung **Creuzburg** ㉒. Im Zuge der Christianisierung durch Bonifatius wurde auf dem Kreuzberg ein Benediktinerkloster gegründet. Ludwig II. von Thüringen baute das Kloster zur Burg um, dem bevorzugten Aufenthaltsort der Landgräfin Elisabeth. Sie ist eine der berühmtesten Frauen des Mittelalters und wurde wegen ihrer Fürsorge um Kranke und Arme heilig gesprochen. Von der romanischen Burg sind nur noch die Ringmauer, das Turmhaus, Teile des Palas und der Burgbrunnen erhalten.

Den Werraübergang an der Creuzburg sicherte 1223 der Thüringer Landgraf Ludwig IV.: Er ließ aus Natursteinen eine Brücke mit sieben Bögen errichten, die über Jahrhunderte hinweg Handel und Verkehr zwischen Ost und West erleichterte. Nach dem Zweiten Weltkrieg wurde die älteste Natursteinbrücke Ostdeutschlands in ihrer alten Form wieder aufgebaut, ebenso die 1499 errichtete Brückenkapelle, die dem hl. Liborius geweiht ist.

Von der Brücke fällt der Blick flussabwärts auf die **Ebenauer Köpfe** ㉑, eine markante Gruppe der für das Werratal typischen Muschelkalkfelsen. Zusammen mit den Höhen Wisch (siehe Wandertipp linke Seite) und Wallstieg umgeben sie Creuzburg wie eine großartige Kulisse.

Naturparadies Wacholderheide

Während viele Vogelarten in der kalten Jahreszeit nach Süden ziehen, bevölkern Schwärme von Wacholderdrosseln von Oktober bis **TOP TIPP** März die **Wacholderheide** ㉒ bei Craula. Auf der Suche nach Beeren und Früchten schwärmen sie umher und verachten auch die Kleintiere des Bodens nicht. Die ausgedehnte Wacholderheide ist ein immer noch wenig bekannter, aber besonders schöner Abschnitt des Naturparks; sie ist zu jeder Jahreszeit von einem ganz besonderen Reiz. Wacholderheiden sind heute selten geworden und in diesem Ausmaß in Deutschland kaum noch vorhanden. Man erreicht die Wacholderheide über die Bundesstraße B 84 Bad Langensalza–Eisenach, von der in Behringen die Straße nach Craula abzweigt. Vom Nationalpark-Parkplatz »Craulaer Kreuz« (in Craula ausgeschildert) erkennt man bereits die grünblau schimmernden Wacholderbüsche.

Das verträumte Kurstädtchen **Bad Langensalza** ㉓ wartet nicht nur mit altem Fachwerk, schönen Portalen und dem lieblichen Friederiken-Schlösschen auf. Zum Kurpark gesellen sich mehrere Themengärten, von denen der Rosengarten und der Japanische Garten die interessantesten sind. Die Blumen- und Rosenzucht war in Langensalza immer von Bedeutung, so sind im Rosengarten neben Raritäten aus aller Welt auch eigene Züchtungen zu bestaunen. Gärten und Parkplätze sind ausgeschildert.

KULTURTIPP

JAPANISCHER GARTEN

Der Japanische Garten »Kofuku-no-niwa« in Bad Langensalza ㉓ entführt Besucher in die Gedankenwelt des Fernen Ostens. Der »Garten der Glückseligkeit«, so die wörtliche Übersetzung, wurde als Rundgang durch den Tag und durch ein ganzes Jahr angelegt, mit Wasserfällen, Teichen, Azaleengärten, Bambushain und einem Torii (Bild), dem traditionellen japanischen Torbogen. Das Frühjahr wird mit dem Hanami, dem traditionellen japanischen Kirschblütenfest, gefeiert. Beson-

ders erlebenswert ist eine japanische Teezeremonie, die das ganze Jahr über zweimal monatlich im Teehaus zelebriert wird. Farblich besonders reizvoll wirkt der »Garten der Glückseligkeit« im Herbst, wenn sich die Ahornblätter rot färben.

Die Wacholderweide bei Craula, ein besonders schöner Teil des Naturparks, ist zu jeder Jahreszeit eine Augenweide.

▶ **SERVICE**

Anfahrt: Auf der A 9 Berlin–Leipzig bis zur Ausfahrt Dessau-Ost, weiter auf der Landstraße über Oranienbaum und Radis nach Kemberg; mit der Bahn gelangt man nach Bad Düben sowie nach Bad Schmiedefeld

Lage: Im Nordwesten Sachsens und im Südosten Sachsen-Anhalts zwischen Wittenberg, Eilenburg und Torgau

Größe: 750 km^2

Höchste Erhebung:
Hohe Gieck (193 m)

Gründung: 1991

Information:
Naturpark Dübener Heide
Krinaer Straße 2
06774 Tornau

Telefon: 034243/ 50 88 1

Infohäuser: In Kemberg, Pressel

Internet: www. naturpark-duebener-heide.com

Naturpark Dübener Heide

Den Menschen der Industriestandorte an Elbe und Mulde bietet die Hügellandschaft der Dübener Heide von jeher Erholung und Entspannung. Grüne Kiefernwälder und weiße Birkenhaine, gemütliche Heidedörfer und Windmühlen prägen ein Landschaftsbild wie aus alten Zeiten.

Prächtiges Farbenspiel – das Rote Ufer bei Bad Düben und die Mulde, in der sich das Blau des Himmels spiegelt.

TOP TIPP

❸ **Wasserschloss Reinharz**
Barockschloss in verwunschenem Park

⓫ **Rotes Ufer**
Beeindruckendes Steilufer im Flusstal der Mulde bei Düben

⓬ **Authausen**
Hier stehen zwei alte, gut erhaltene Bockwindmühlen

⓮ **Presseler Heidewald**
Einzigartiger Heidewald mit Erlenbrüchen

Wer durch einsame Kiefernforste wandert und über die weit geschwungenen Höhen blickt, kann sich kaum vorstellen, dass nur wenige Autominuten entfernt in großen Tagebauen Braunkohle gefördert wird. Der Naturpark spiegelt nicht das Bild blühender Heidelandschaften wider, wie man es von der Lüneburger Heide kennt. Eher könnte die Dübener Heide als eine Waldheide mit herrlichen Sümpfen bezeichnet werden. Im Mittelalter verstand man unter Heide unbebautes, wildgewachsenes Land; viele arme und karge Landstriche in Mitteldeutschland tragen diese Bezeichnung. So geht die Dübener Heide fließend in die Dahlener Heide, die Noitzscher Heide und die Torgauer Heide über. Erst seit dem letzten Jahrhundert nennt man das Gebiet Dübener Heide. Sie entstand vor etwa 250 000 Jahren in der Saaleeiszeit und wurde erstmals von Hermunduren besiedelt. Ab dem 7. Jahrhundert ließen sich Slawen in der Region nieder. Im Mittelalter kam die Dübener Heide zu Kursachsen, heute gehören zwei Drittel zu Sachsen-Anhalt, ein Drittel zum Freistaat Sachsen. Die ursprüngliche Vegetation mit Traubeneichen und Hainbuchen oder Birken und Kiefern wich einem fast reinen Kiefernbestand. In den noch vorhandenen Feuchtgebieten wie der Presseler Heide oder dem Wildenhainer Bruch gedeihen Erlen und Eschen.

Städte, Schlösser und Gärten

Den beschaulichen Marktplatz des mittelalterlichen Städtchens **Kemberg** ❶ beherrschen das dreigiebelige Renaissancerathaus, die alte Brauerei und der mächtige Turm der Pfarrkirche »Unsere Lieben Frauen«. Stattliche Bürgerhäuser

Wasserschloss Reinharz, ein idealer Ort für Sterngucker.

aus dem 17. und 18. Jahrhundert gesellen sich hinzu, eingerahmt von einer erhaltenen Stadtmauer aus dem 15. Jahrhundert. Der wahre Schatz des Städtchens – ein Flügelaltar von Lucas Cranach d. J. in der Pfarrkirche, fiel 1994 einem Schwelbrand zum Opfer.

Etwas außerhalb des Naturparks bei **Altjeßnitz** ❷ liegt Deutschlands ältester barocker Irrgarten. Er befindet sich inmitten eines landschaftlich gestalteten Gutsparks mit altem Baumbestand. Das in Größe und Form einzigartige Labyrinth erstreckt sich über 2600 m². Bei einem Gang durch die grünen Heckenschluchten lässt sich leicht nachempfinden, welchen Zauber die Landschaftsgärten auf unsere Vorfahren ausübten. Der in der ersten Hälfte des 18. Jahrhunderts angelegte Park und der Irrgarten wurden 2004 aufwändig saniert; erwähnenswert ist auch die im Park gelegene, im romanischen Stil erbaute kleine Kirche, die von mächtigen alten Bäumen umrahmt wird. In einem Waldgebiet westlich von Bad Schmiedeberg liegt das 1690 – 1701 er-

TOP TIPP richtete **Wasserschloss Reinharz** ❸.

Auffallend ist sein 68 m hoher Turm, der dem früheren Besitzer des Schlosses zum Ausprobieren selbst angefertigter astronomischer Instrumente diente. Nach 1850 entstand der um das Schloss angelegte Landschaftspark; er integriert einzelne barocke Elemente, darunter einen Laubengang aus Hainbuchen, der sich längst zu einer Allee ausgewachsen hat. So schlummert das in die Jahre gekommene Wasserschloss verborgen in der Dübener Heide.

Ein Kurort zum Wohlfühlen

Geschätzt und gern besucht wird das Moor- und Mineralbad **Bad Schmiedeberg** ❹. Das Bild der Stadt wird von Wohnhäusern des 16. bis 18. Jahrhunderts geprägt; Stadtkirche und Rathaus stammen aus dem Barock, sind aber älteren Ursprungs. Schmiedeberg ist bereits seit 1878 anerkannter Kurort, sein Kurhaus wurde um 1900 im Stil der Neorenaissance errichtet. Ein modernes Freizeitbad, die »Schwimmoase Basso«, ergänzt das Angebot des Kurbades. Als Ausflugsziel lockt der Wurzberg die Kurgäste vor die Tore der Stadt. Mit 182 m ist er eine der höchsten Erhebungen der Dübener Heide (rechnet man den Aussichtsturm hinzu, sicherlich die höchste). Die Gaststätte zu Füßen des Turms trägt den Namen »Schöne Aussicht« ganz zu Recht.

An der Elbe liegt das Eisenmoorbad **Pretzsch** ❺. Wer mit der Fähre übersetzt, hat einen schönen Blick auf das imposante Renaissanceschloss von 1574, das sich glanzvoll aus dem satten Grün der Elbauen erhebt. Den Schlosspark, vom Baumeister des Dresdner Zwingers Daniel Pöppelmann gestaltet, zieren die typischen barocken Elemente eines Landschaftsgartens. Heute ist im Schloss eine Schule mit Internat für hilfsbedürftige Jugendliche untergebracht. Weitere Sehenswürdigkeiten sind ein Rathaus aus dem 18. Jahrhundert und eine spätgotische Hallenkirche.

TIERE

BIBER

(Castor fiber)

Das Wappentier der Dübener Heide war ursprünglich fast überall in Europa zu finden. Dichte Biberfelle, aber auch das Fleisch des Nagers waren begehrt und führten zur intensiven Bejagung. Noch gefragter war das Bibergeil, der Duftstoff, mit dem die Tiere ihr Revier markieren. Biber leben immer in der Nähe von Gewässern, an deren Ufer sie aus abgenagten Ästen und Zweigen sowie Schlamm ihre Burgen bauen. Der günstigste Lebensraum sind Flüsse und Seen mit ausgedehnten Weichholzauen. Biber sind für ihre Dammbauten bekannt, mit denen sie Bäche aufstauen und künstliche Teiche anlegen. Die Dämme regulieren den Wasserstand und stellen sicher, dass der Eingang zur Biberburg ständig unter der Wasseroberfläche liegt. Gleichzeitig wachsen im Teich Wasserpflanzen und im gerodeten Uferbereich junge Weichhölzer, die dem Biber als Nahrung dienen. Im Winter, wenn die Teichoberfläche gefriert, kann der Biber die im Herbst gefällten Äste unter dem Eis erreichen und sich von der Rinde ernähren. Europäische Biber bringen für gewöhnlich zwei bis drei Junge zur Welt.

In der zarten Morgenröte verschmelzen die Konturen in der Dübener Heidelandschaft bei Bad Schmiedeberg.

Alljährlich heißt es im Spätherbst rund um die Dübener Heide: Abfischen! An den **Lausiger Teichen** ❻ südlich von Pretzsch haben die Fischer Hochsaison. Die Netze werden ausgelegt und mit viel Kraft und Geschick ans Ufer gezogen. Gefüllt sind sie vor allem mit Karpfen, aber auch Welse, Hechte, Schleien und Zander verfangen sich im Maschenwerk. Keinesfalls fehlen darf nach jeder Fischernte natürlich der Verkauf und das Verkosten von schmackhaftem Frisch- und Räucherfisch – ein Erlebnis!

Historische Streitgespräche

Zu Martin Luthers Zeiten bewegte man sich meist auf Schusters Rappen durch die Lande. Also marschierte auch der Reformator durch die Heide bei Düben, als er 1519 nach Leipzig zu seinem Kontrahenten Doktor Johann Eck eilte. An einem markanten Findling in der Heide, dem heutigen **Lutherstein** ❼, traf Luther seine Studenten und soll mit ihnen manch angeregtes Gespräch geführt haben. Dieser Stein befindet sich an der heutigen Bundesstraße 2, nördlich der Ortschaft **Tornau** ❽. In unmittelbarer Nähe des Luthersteins kann im Ortsteil Eisenhammer eine Köhlerei besichtigt werden. Einst waren Köhlereien in der Dübener Heide keine Seltenheit; überlebt hat nur diese. Die Anlage trägt zwar durchaus neuzeitliche Züge, doch der angenehme Geruch schwelenden Holzes erinnert an romantische Lagerfeuer und gemütliche Grillabende. Hier kann man Holzkohle direkt vom Erzeuger erwerben. Der Inhaber der Köhlerei betreibt auch einen kleinen Wildpark, sehr zur Freude der Kinder.
Beim Spaziergang zu einer nur wenige hundert Meter entfernten Beobachtungsstelle entdeckt man an den Bäumen die typischen Nagespuren

der Biber. In den Abendstunden können von einem Holzturm herab die sehr scheuen, nachtaktiven Tiere beobachtet werden. Der Biber ist das Wahrzeichen der Region und des Naturparks Dübener Heide.
Sanft wölben sich die Hügel der Moränenlandschaft um Gniest – dass man die Gegend als **Gniester Schweiz** ❾ bezeichnet, scheint fast ein wenig übertrieben. Dennoch: Die von Wiesen und Wäldern bedeckten Kuppen mit ihren eingestreuten Seen eignen sich vorzüglich für entspannte Wanderungen. Als Ausgangspunkt dient die Waldgaststätte am Ochsenkopf an der Straße von Radis zur B 2.
Bad Düben ❿ liegt nicht nur in schöner Landschaft, es ist auch kulturell und historisch interessant. Die über 1000 Jahre alte Burg mit dem Landschaftsmuseum gilt als Wahrzeichen der Stadt. 1533 wurde auf der Burg der legendäre Rechtsstreit zwischen Hans Kohlhaas aus Cölln und dem Junker Günther von Zaschnitz verhandelt, ein Prozess, der fast zehn Jahre ganz Sachsen in Unruhe versetzte und der die historische Vorlage für die berühmte Novelle »Michael Kohlhaas« Heinrich von Kleists war. 1669 fand in Düben einer der letzten Hexenprozesse statt,

Gemütliches Radwandern im Wildenhainer Bruch.

und 1813 diente die Stadt Napoleon als Hauptquartier, bevor er in die Völkerschlacht bei Leipzig zog. Seit 1953 ist in der restaurierten Burg das Landschaftsmuseum zu besichtigen: Es zeigt Spannendes aus der tausendjährigen Geschichte Dübens und dokumentiert ihre Entwicklung von einer Ackerbürgerstadt zur Kurstadt.

Stadt und Burg Bad Düben stehen unmittelbar an der Mulde, einst Flussübergang einer alten Handelsstraße – eine ausgesprochen günstige Lage. Die Auenlandschaft der Mulde ist weitgehend unverbaut. Der Fluss kann sich in dem weiten Tal frei entfalten: In den Flachwasserzonen sind Schilf, Rohrkolben und Schwertlilien zu sehen, auf lang gestreckten Kiesbänken brüten Flussregenpfeifer und Flussläufer. An einigen Stellen haben sich steile Prallhänge ausgebildet.

TOP TIPP Am beeindruckendsten ist das bis zu 15 m hohe **Rote Ufer** ⑪ im Gebiet des Dübener Stadtteils Alaunwerk. Die rote Farbe kommt übrigens vom Färb- und Gerbstoff Alaun, der hier abgebaut wurde.

In der flachen Landschaft der Heide standen früher viele Windmühlen. Die freien Flächen im Norden Sachsens waren und sind ideal für die Gewinnung von Windenergie. Die Bockwindmühle, auch Deutsche Windmühle genannt, ist der älteste Windmühlentyp in Europa. Der ganze hölzerne Mühlenkasten wird mittels eines Auslegerbaums so gedreht, dass die Mühlenflügel »in den Wind stehen«. In **Authausen** ⑫ **TOP TIPP** sind zwei dieser urigen Konstruktionen erhalten. Die Mühle Fiehn wurde 1846–48 von der Familie Martin erbaut und war bis 1963 in Betrieb, als ein Sturm ihre Flügel zerstörte. Noch älter ist die Mühle Ludwig, die bereits 1713 errichtet und sogar bis 1985 betrieben wurde, in den letzten Jahren allerdings mit Hilfe eines Elektromotors. In der Fiehn-Mühle erläutert eine Ausstellung den Weg vom Getreidesamen bis zum fertigen Brot; die Ludwig-Mühle wird nach Abschluss der Restaurierungsarbeiten wieder Korn mahlen und einen Einblick in das traditionsreiche, schwere Müllerhandwerk vermitteln.

Das Herz der Heide

Das ruhige Dorf **Pressel** ⑬ scheint außer dem Gustav-Kögel-Wanderweg (siehe Kasten rechts) und einem herrlichen Badesee nur wenige Attraktionen zu bieten – und in der Tat will das so nahe gelegene Juwel der Heide entdeckt werden. Kein Schild weist den Weg zum einsamen **Presseler Heidewald** ⑭. Eher zufällig **TOP TIPP** stößt man beim Wandern oder Pilzesammeln in der Nähe der winzigen Siedlung Torfhaus auf die Reste einer faszinierend-ursprünglichen Heidelandschaft. Aber auch sie wird mehr und mehr von Birken und Kiefern erobert, es entsteht ein wilder Heidewald. 169 Vogelarten wurden in diesem Gebiet gezählt, von denen 114 hier brüten, darunter 10 Kranichpaare.

Der angrenzende **Wildenhainer Bruch** ⑮ zwischen Torfhaus und Wildenhain, ein Feuchtgebiet mit Pappeln und Erlen, mit Moorfröschen und Tausenden von Erdkröten, kann auf festen Pfaden mit dem Fahrrad erkundet werden.

WANDERTIPP

GUSTAV-KÖGEL-WEG

Gustav Kögel (1860–1947) aus Pressel ⑬ umwanderte 1894–96 als Erster den Erdball. Von der Dübener Heide aus ging er nach Nordamerika, wo er 1894 eine Wette annahm, die Welt in zwei Jahren zu umwandern. Als Preisgeld winkten 10 000 Dollar. Zu den Stationen seiner Reise zählten u.a. San Francisco, New York, London, Lissabon, Madrid, Monaco, Mailand, München, Berlin, Wien, Istanbul, Baku, Mumbai (Bombay), Singapur, Shanghai, Tokio und wieder San Francisco.

Der Fremdenverkehrsverband Dübener Heide hat dieser großartigen Leistung ein Denkmal gesetzt: Rund um Pressel vollzieht ein Wanderweg die Weltreise nach. Die Route beginnt in der Nähe von Gustav Kögels Geburtshaus, ein Gedenkstein und eine Informationstafel markieren Anfang und Ende. 15 Findlinge auf dem 6 km langen Rundgang tragen die Namen der wichtigsten Stationen auf seinem Weg rund um die Erde.

Verborgenes Paradies: Kein Wegweiser führt zum unberührten, urwüchsigen Presseler Heidewald.

Naturpark Niederlausitzer Heidelandschaft

SERVICE

Anfahrt: Auf der A 13 Berlin–Dresden bis zur Ausfahrt Bronkow und weiter über Finsterwalde nach Doberlug-Kirchhain; mit der Bahn zu erreichen sind u. a. Doberlug-Kirchhain, Bad Liebenwerda, Elsterwerda und Hohenleipisch
Lage: Im südlichen Brandenburg, nördlich der Schwarzen Elster
Größe: 484 km²
Höchste Erhebung:
Güterbank (153 m)
Gründung: 1996
Information:
Naturpark
Niederlausitzer Heidelandschaft
Markt 20
04924 Bad Liebenwerda
Telefon: 035341/615 0
Internet:
www.grossschutzgebiete.
brandenburg.de

Sich verlierende Wege durch weißen Sand und Teppiche, gewebt aus blühender Callunaheide und trockenen Silbergräsern, dazwischen dunkelgrüne Kiefern im Wechsel mit zarten Birken – was gibt es Schöneres, als im milden Spätsommer über die blühende Heide zu wandern?

Die weite Callunaheide bei Hohenleipisch im Zentrum des Naturparks ist zur Blütezeit eine wahre Pracht.

❶ Doberlug-Kirchhain
Barocke Stadt mit bedeutender Klosterkirche der Zisterzienser
❹ Hohenleipisch
Ausgedehnte Callunaheide zum Wandern und Radfahren
❻ Döllingen
Interessanter Schau- und Lehrgarten für Obstfreunde

Die Heide gehört fest zum deutschen Landschaftsbild. Und gerade die Niederlausitzer Heide entspricht unserer Idealvorstellung einer Heidelandschaft. Dabei kennzeichnet das Wort »Heide« (vom gotischen *haithi* = Feld) einen Rechtsbegriff, nämlich die von allen Dorfbewohnern genutzten mageren Weiden und Wälder. Der alte Begriff »Heide« ist also nur begrenzt mit einer Ende August violett aufleuchtenden Heidelandschaft identisch. Diese meist großflächig von Zwergsträuchern wie Erica oder Calluna besiedelten Flächen entstehen durch menschliche Nutzung wie Rodung, Beweidung oder in modernerer Zeit durch militärische Übungen. Wird die menschliche Nutzung aufgegeben, verbuscht die Heide; bald wachsen dann auch wieder Bäume, und die Heide wird zum Heidewald. Pflegemaßnahmen wie der Einsatz von Schafen,

aber auch das regelmäßige Entbuschen verhindern ein Zuwachsen der Heideflächen. Der Naturpark wurde auch viele Jahre lang nachhaltig durch den Braunkohlentagebau geprägt, besonders im Nordteil entstanden große steppenartige Bergbaufolgelandschaften.

Vielseitige Altmoränenlandschaft

Die Gründung des Zisterzienserklosters **Doberlug-Kirchhain ❶** im 12. Jahrhundert spielte eine entscheidende Rolle bei der deutschen Kolonisierung der vormals slawischen Region. Auch stammen viele andere Kirchen im nördlichen Teil des Naturparks aus der Zeit der Zisterzienser. Das barock geprägte Doberlug entstand erst 450 Jahre später. Da erhielt auch die zur Schlosskapelle umgewandelte Klosterkirche ihre barocke Ausstattung.

Rund 150 alte und neue Obstsorten sind im Schau- und Lehrgarten bei Döllingen zu finden.

Am **Rothsteiner Felsen** ❷ durchbricht das Grundgestein die eiszeitlichen Ablagerungen – eine geologische Besonderheit, die gefeiert werden will, und zwar an jedem zweiten Juliwochenende mit dem Rothsteiner Felsenfest.

Nach Süden setzt das Urstromtal der Schwarzen Elster dem Naturpark seine natürliche Grenze. Wo die Kleine Elster in die Schwarze Elster mündet, hat sich eine ausgedehnte Niederung mit Bruchwald, Wiesen und Mooren gebildet. Wegen der verschlungenen Altarme und Auwälder wird das Gebiet auch **Kleiner Spreewald** ❸ genannt. Selbst Kahnpartien wie im »richtigen« Spreewald werden hier angeboten. Eine Wanderung führt von der Elsterbrücke bei Wahrenbrück zum linken Flussdamm und zu einem 2 km langen Wanderweg durch den Kleinen Spreewald (Markierung: blauer Schrägbalken auf weißem Grund).

Wege in die Heide

Die eigentliche Heidelandschaft liegt zwischen **TOP TIPP** **Hohenleipisch** ❹ und Friedersdorf und kann über einen asphaltierten Weg zwischen den beiden Orten erreicht werden. Vom waldgesäumten Weg führen kurze Stichstraßen ins Heidegebiet. Reizvoller ist jedoch der parallel verlaufende Sandweg, eine lange Birkenallee für Wanderer und Radfahrer, der unmittelbar an der Heide entlangführt. Den Boden bedeckt weitflächig eine nur etwa 20 cm hohe Callunaheide, auch Besenheide genannt, die vereinzelt nicht nur rotviolett, sondern auch weiß blüht. Mit etwas Glück begegnet man einem

Schäfer, der hier seine Heidschnucken hütet. Der Bereich des ehemaligen Truppenübungsplatzes selbst darf allerdings nicht betreten werden, da in dem Gebiet vereinzelt noch Munition zu finden ist. Auf dem Militärgelände erhalten blieb auch einer der größten zusammenhängenden Traubeneichenwälder Deutschlands, der **Prösaer Forst** ❺, mit bis zu 300 Jahre alten Bäumen. Von Hohenleipisch fahren an Sonn- und Feiertagen Kremserkutschen zum Forsthaus Prösa.

TOP TIPP **Pomologischer Schau- und Lehrgarten Döllingen** ❻ klingt sehr wissenschaftlich, man kann aber auch schlicht Streuobstwiesen-Lehrpfad sagen. Pomologie ist die Obstkunde. Die wilden Vorfahren unserer Äpfel, Birnen und Pflaumen stammen aus Mittelasien, die Kirsche gar aus Japan. Schon die alten Römer führten sie in Deutschland ein. Aber erst Anfang des 19. Jahrhunderts begann man mit der systematischen Kultivierung und Züchtung von Obstsorten. Der Obstgürtel zwischen Döllingen und Hohenleipisch ist das größte Streuobstanbaugebiet in Brandenburg. Heute begeistert der Schaugarten besonders Gartenfreunde und Feinschmecker.

Wo einst »schwarzes Gold« gefördert wurde, befindet sich seit 1977 das Naherholungsgebiet **Grünewalder Lauch** ❼ mit Stränden, Zeltplätzen und einer Feriensiedlung. Ein 100 ha großer See lädt zu Bad und Wassersport ein, die kleineren Gewässer lassen sich auf interessanten Naturwanderwegen erkunden.

WANDERTIPP

ELSTER-RADWANDERWEG

Mit einer schwarzen Elster markiert, begleitet der Weg den ruhig dahinfließenden gleichnamigen Fluss durch den Naturpark. Die Schwarze Elster entspringt am Nordrand des Sybillensteins bei Elstra und mündet nach 190 km in die Elbe. Den Radler erwartet eine abwechslungsreiche, einfach zu fahrende Tour durch verschiedenste Landschaftsräume und typische Städte wie Elsterwerda und Bad Lieben-

werda und der Kleine Spreewald ❸ bei Wahrenbrück. Als Zwischenstation beliebt ist die Elstermühle bei Plessa (Bild) mit ihrem 6 m großen Wasserrad und einer rustikalen Schenke.

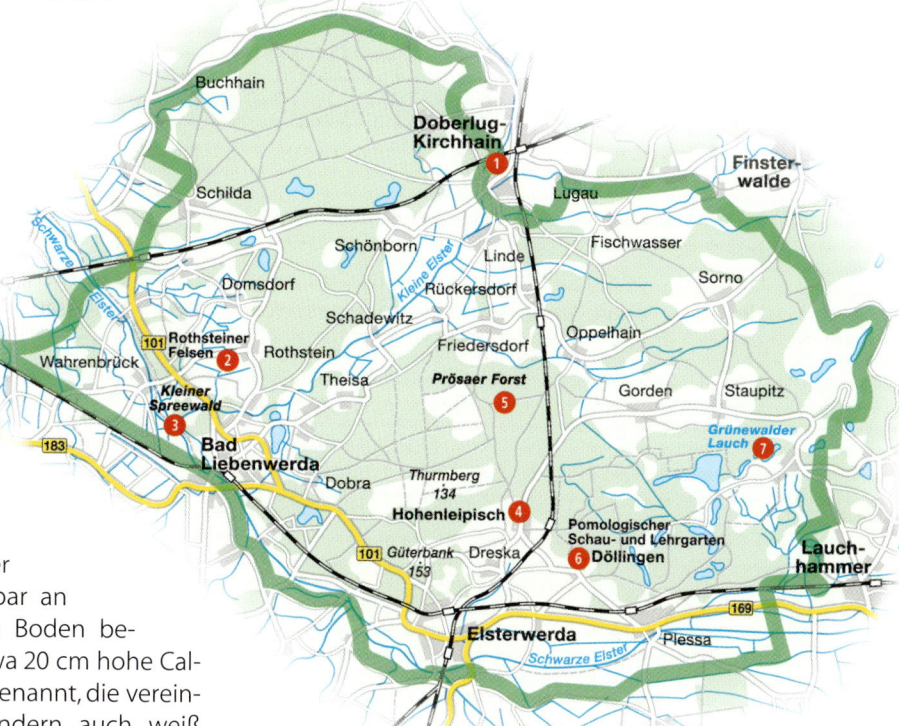

Naturpark Niederlausitzer Landrücken

Sie erinnern an Mondlandschaften, die ehemaligen Kohlentagebaue der Niederlausitz. Unbelebt sind sie jedoch nicht, schnell hat sich ein Paradies für Fauna und Flora entwickelt: Fische und Amphibien, unzählige Insekten und Vogelarten sowie spezialisierte Pflanzen erobern diese Lebensräume.

SERVICE

Anfahrt: Auf der A 13 Berlin–Dresden bis zur Ausfahrt Bathow/Calau, von dort in Richtung Luckau und weiter nach Langengrassau, oder auf der B 102 Jüterbog–Luckau nach Langengrassau; Bahnverbindungen nach Luckau und Calau-Plieskendorf

Lage: Im südlichen Brandenburg

Größe: 580 km²

Höchste Erhebung:
Kesselberg (161 m)

Gründung: 1997

Information:
Besucherzentrum und Verwaltung Naturpark Niederlausitzer Landrücken
Gärtnereihaus Fürstlich Drehna
Alte Luckauer Straße 1
15926 Luckau

Telefon: 035324/305 0

Internet:
www.grossschutzgebiete.brandenburg.de

Silbergräser auf dünenartigen Sandflächen an den Seeufern bereiten den Boden für bunt blühende Sandheiden.

 TOP TIPP

❷ Luckau
Altes Städtchen mit viel Charme

❸ Kranichbeobachtungsturm
Idealer Platz für Vogelfreunde im Herbst

❹ Wanninchen
Heinz-Sielmann-Naturparkzentrum zur Renaturierung des Braunkohlentagebaus

❺ Fürstlich Drehna
Wasserschloss inmitten eines anmutigen Landschaftsparks

Auf dem Niederlausitzer Landrücken scheint sich eine Besorgnis erregende Erblast nun doch zum Guten zu wenden – es wird viel getan, die Konturen der künftigen Landschaften werden erkennbar. Teilbereiche des durch Kohlenabbau seit 1865 stark geschädigten und entstellten Gebietes werden bereits wieder von der Land- und Forstwirtschaft genutzt, mehr und mehr nehmen auch geflutete Tagebaue ihre endgültige Form an. Hier entstehen Erholungsbereiche an weiten Seen, aber auch Rückzugsräume für die Pflanzen- und Tierwelt. Biologen erkannten sehr früh, dass diese nährstoffarmen, großflächigen und störungsfreien Gebiete ein enormes Potenzial für die Natur haben, und bemühten sich, ihre Vorstellungen in den Sanierungsprozess einzubringen. Inzwischen sind hier wieder Arten vertreten, die andernorts längst verschwunden sind. Etwa ein Viertel des deutschen Bestandes an Schwarzkopfmöwen, einer europaweit gefährdeten Art, brüten hier. Der Grundwasserspiegel steigt ständig und verwandelt die trockenen Bergbaukippen in eine Landschaft mit Seen, in der sich Tümpel und Sümpfe bilden.

Gestern, heute, morgen

Über zwei Jahrhunderte in die Vergangenheit versetzt uns der **Höllberghof ❶** bei Langengrassau. Ein für das Ende des 18. Jahrhunderts typisches Ensemble aus Dreiseithof, Scheune und Backhaus wurde am Rand der Höllberge nachgebaut. Im Kossätenhaus (Kleinbauernhaus) sind das Informationsbüro und die Höllbergschänke untergebracht. Von März bis Oktober, täglich von 11 bis 21 Uhr, verwöhnt sie ihre Gäste mit regionalen und hofeigenen Spezialitäten.

Wasserschloss Fürstlich Drehna, die Perle der Region.

TOP TIPP Auf Vergangenes stößt man auch in **Luckau** ❷. Den historischen Stadtkern umschließt die mittelalterliche Mauer. Sie hütet die barocken Bürgerhäuser am Markt, die Nikolaikirche und die Georgenkapelle mit ihrem herrlichen Netzgewölbe am achteckigen Hausmannsturm. Hier stört keinerlei Hektik den kleinen Rundgang durch das alte Städtchen.

TOP TIPP Auch der **Kranichbeobachtungsturm** ❸ im Naturschutzgebiet Borcheltsbusch zwischen Goßmar und Freesdorf ist in friedvolle Stille getaucht – außer zur jährlichen Herbstrast der Vögel. Dann sollen vom 15 m hohen Turm innerhalb einer Stunde bis zu 50 000 Stare, 20 000 nordische Gänse und 2000 Kiebitze zu sehen sein. Die Lieblinge der Vogelfreunde sind jedoch Tausende Kraniche, die hier auf den weiten Feldflorafflächen rasten.

Die Natur erholt sich

TOP TIPP Wo einst das Dorf **Wanninchen** ❹ der Braunkohlenförderung weichen musste, steht heute das Heinz-Sielmann-Naturparkzentrum. Über 3000 ha des Abbaugebietes inmitten des Naturparks erwarb die Stiftung, um eine ungestörte Entwicklung für Fauna und Flora zu sichern. Eine unglaubliche Dynamik hat inzwischen eingesetzt, und mit Spannung kann man von verschiedenen Fuß- und Radwanderwegen aus erleben, wie sich neues Leben in dieser geschundenen Natur entwickelt. Im Findlingspark, gleich hinter dem Infozentrum gelegen, erhebt sich ein Beobachtungsturm. Er ermöglicht einen weiten Blick über den Schlabendorfer See. Auch hier soll in Zukunft die Natur zu ihrem Recht kommen.

Der Stöbritzer See, der Stiebsdorfer See (Angeln erlaubt), der Lichtenauer See und der kürzlich geflutete Drehnaer See sind ebenfalls für die Natur reserviert. Ein Teil des Schlabendor-

TOP TIPP fer Sees bleibt jedoch der Erholung vorbehalten. Auch der Drehnaer See bei **Fürstlich Drehna** ❺ mit seinem idyllischen Wasserschloss (1480) in einem herrlichen Lenné-Landschaftspark wird Besuchern zugänglich gemacht. Durch den umliegenden Tagebau von den benachbarten Dörfern abgeschnitten, verlor das Schloss an Bedeutung und erlebt heute sein Comeback. Der barocke Gasthof »Zum Hirsch« hat sich zu einem beliebten Fest- und Veranstaltungsort entwickelt, die Brauerei braut nach alten Rezepturen und deutschem Reinheitsgebot das Heimatbier »Schlossbräu«. Das Besucherzentrum des Naturparks ist im Gärtnereihaus untergebracht. Am erst kürzlich gefluteten Drehnaer See entstehen Freizeitanlagen mit einer Motocross-Strecke – ein Spektakel, das in Fürstlich Drehna schon seit 40 Jahren Tradition hat.

Eine schmackhafte Spezialität

Ein Ausflug führt zu den **Plinsdörfern** ❻ Gosda, Zwietow und Weißag südlich von Calau. Der Name verweist auf Buchweizenplinsen, die in dieser armen Gegend früher in vielen Familien täglich auf den Tisch kamen. Waren die Plinsen einst ein Arme-Leute-Essen, werden sie heute als schmackhafte Spezialität in zahlreichen Gaststätten angeboten. Von den Plinsdörfern aus lässt sich die reizvolle **Calauer Schweiz** ❼ auf markierten Wanderwegen erkunden. Das Naturschutzgebiet beeindruckt durch sein bewegtes Gelände, das sich am Kesselberg bis zu 161 m erhebt. Die schönen Wälder mit alten Kiefern und Traubeneichen zeichnen sich durch ihren Pilzreichtum aus.

WANDERTIPP

NATURERLEBNISPFAD WANNINCHEN–HÖLLBERGHOF

Der Weg verbindet auf 16 km Länge sieben schöne Naturlandschaften im Naturpark. Ausgangspunkt ist das Informationszentrum **Wanninchen** ❹. Zur ersten Rast lädt der Görlsdorfer Park mit seinem Gutshaus ein, und in Luckau-Freesdorf gilt es, einen slawischen Burgwall aus dem 6./7. Jahrhundert zu erkunden. Nach einem Rundblick vom **Kranichbeobachtungsturm** ❸ gelangt man zum Gehren-Großmarer-Mühlenfließ, einem Naturschutzprojekt zum Erhalt der Mühlentradition. Vom Aussichtspunkt Voßkieten überblickt man die Wal-

tersdorfer Flur mit ihren Obstbäumen, Hecken und Kleingewässern. Im Heidegarten sind auf engstem Raum die typischen Pflanzen der Niederlausitzer Moore und Heiden zu sehen. Mit einer Stärkung im Kossätenhaus wird der Wanderer am Ziel, dem Höllberghof ❶ (Bild), belohnt.

Biosphärenreservat Oberlausitzer Heide- und Teichlandschaft

SERVICE

Anfahrt: Auf der A 4 Dresden–Görlitz bis zur Ausfahrt Bautzen-Ost und weiter nach Uhyst; mit der Bahn sind Uhyst, Mücka und Niesky zu erreichen

Lage: In Ostsachsen, nördlich der Stadt Bautzen

Größe: 301 km²

Höchste Erhebung: Dauban (176 m)

Gründung: 1994

Information:
Biosphärenreservatszentrum Guttau
Dorfstraße 29
02694 Guttau, OT Wartha

Telefon: 035932/365 14

Infohaus: In Friedersdorf

Internet: www.
biosphaerenreservat-oberlausitz.de

Ein weites und flaches Land, einsame Dörfer in der Heide und stille Gewässer, wogende Getreidefelder, sorbische Trachten und fromme Prozessionen: In der Oberlausitz scheint die Zeit stehen geblieben zu sein. Ein einzigartiges Reservat für die Natur, aber auch für den Menschen.

Stille Gewässer wie der Altdubinteich zwischen Guttau und Wartha beherrschen das Landschaftsbild.

TOP TIPP

❸ **Milkeler Heide**
Schöne unberührte Heidelandschaft

❽ **Wartha/Stróza**
Biosphärenreservatszentrum mit einem interessanten Naturerlebnispfad durch die Guttauer Teichlandschaft

❾ **Guttau/Hucina**
Liebevoll eingerichtetes Informationszentrum zur Sächsischen Teichwirtschaft

⓫ **Bautzen/Budišyn**
Zentrum sorbischer Kultur mit einer sehenswerten historischen Altstadt

Teiche prägen die flache Kulturlandschaft, nur in der Ferne schimmern blau die Höhen des Zittauer Gebirges und des Oberlausitzer Berglandes. Unter sommerlichem Himmel reift das Korn, durchbrochen werden die goldgelben Felder und grünen Wälder immer wieder von Seen und Weihern. Diese Heide- und Teichlandschaft entstand durch menschliche Nutzung. Bereits für das Jahr 1248 ist die Anlage eines Fischteiches urkundlich nachgewiesen. 343 Teiche zählt man allein im Biosphärenreservat, über 1000 sind es im gesamten Gebiet. Es bildet damit die größte Teichlandschaft Deutschlands. Die Kleine Spree und die Spree fließen durch das Biosphärenreservat, speisen einen Teil der Teiche mit ihrem Wasser und ermöglichen Flussbarsch, Barbe, Hecht, Aal und dem vom Aussterben bedrohten Steinbeißer zu wandern. Es waren Slawen, die als Erste das Land kultivierten. Noch heute wird in der Oberlausitz neben Deutsch eine slawische Sprache gesprochen: das Sorbische. Alle Orts- und Straßenschilder sind zweisprachig, viel Wert wird auf die Pflege der sorbischen Tradition gelegt.

Braunkohlenabbau und Binnenfischerei

Die Gemeinde **Uhyst/Delny Wujezd** ❶ liegt am Rande eines gewaltigen Braunkohlentagebaus, der seit 1997 geflutet wird. 2007 soll der Bärwalder See 1300 ha umfassen und mit dem geplanten Gesundheitspark und einer Erlebnisbahn, mit Campingplätzen, Wohn- und Ferienhaussiedlungen sowie einem Landschaftskunstprojekt ein Anziehungspunkt für Besucher werden. Südlich des Ortes liegen die Drehnaer Teiche, eine typi-

Wie in alten Zeiten: In Guttau und anderen Dörfern bauen Störche auf Schornsteinen ihre Nester.

sche Anlage der Oberlausitzer Teichlandschaft. Auch auf dem Gebiet der Gemeinde **Königswartha/Rakecy** ❷ gibt es über 80 Karpfenteiche mit reicher Vogel-, Tier- und Pflanzenwelt. Das 1350 als königliche Warte zwischen Bautzen und Hoyerswerda gegründete Städtchen blickt auf eine Besiedlung schon während der Bronzezeit zurück. Östlich des Ortes hat man ein prähistorisches Gräberfeld entdeckt. Aus dem Jahr 1780 stammt das im klassizistischen Stil erbaute Schloss, das heute die einzige ostdeutsche Berufsschule für Binnenfischerei beherbergt. In der Oberlausitz ist Fischerei ein traditionelles Gewerbe. Im Herbst werden die Karpfenteiche abgefischt, eine harte Arbeit. Auch Seeadler, die über dem Biosphärenreservat ihre Kreise ziehen, wissen sich dann ihren Anteil zu sichern. Königswartha feiert das Abfischen jedes Jahr mit einem großen Volksfest, bei dem Räucherfisch und Fischsuppe zu den kulinarischen Höhepunkten gehören.

Zwischen Heide und Schlosspark

Östlich von Königswartha erstreckt sich die **Milkeler Heide** ❸, ein weitgehend unbesiedeltes Gebiet. Während die Gewässer überall gegenwärtig sind, scheint sich die Heide hinter den Kiefernwäldern zu verstecken. Ein schöner Spazierweg führt von Halbendorf in die Heide. Am Ortsausgang Richtung Klix biegt man rechts in eine Wohnstraße ab, 200 m sind es bis zu einem mit

Linden bestandenen Rondell. Ein sandiger, etwa 1 km langer Weg führt dann am Waldrand entlang bis zur Heide. Besonders beeindruckend ist dieser Spaziergang im August und September, wenn das tiefe Violett der Heideblüte das Weiß der Birken noch intensiver aufleuchten lässt.
In die Heidelandschaft übergehend wurde der Schlosspark von **Milkel/Minakal** ❹ angelegt, ganz im Sinne des berühmten Gartenarchitekten und Schriftstellers Fürst Pückler-Muskau (1785–1871). Mit seinem schönen Altbaumbestand ist der Park ein Kleinod in der Heide- und Teichlandschaft. Und das dazu gehörende Schloss – seine beiden Rundtürme erinnern an die Moritzburg bei Dresden – kann als eines der schönsten in der Oberlausitz gelten. Es entstand um 1720 an der Stelle einer Wasserburg aus dem 12. Jahrhundert. Seit 1998 befindet sich das Schloss in Privatbesitz, der Park bleibt aber weiterhin für die Öffentlichkeit zugänglich.
Zwischen den Ortschaften **Mücka/Mikow** ❺ und **Kreba/Chrjebja** ❻ wurde ein Naturerlebnispfad zur Landschaftsgeschichte der Oberlausitz angelegt. Zu entdecken sind auf dem insgesamt 8,5 km langen Rundwanderweg u.a. eine verschwundene Flussschlinge, die Überreste eines Mammuts und die natürliche »Klimaanlage« eines Erlenbruchwaldes. An der Station »Zeitreise« in Mücka werden auf einer Strecke von 400 m die letzten 160 000 Jahre anschaulich zusammengefasst. Der Erlebnispfad kann auch in kürzeren Teilabschnitten erkundet werden, die für Kinderwagen und Rollstuhlfahrer gleichfalls geeignet sind.

GUT ZU WISSEN

BADESEEN

So viel Wasser wie in der Oberlausitz verlockt natürlich zum Baden. Doch eignen sich die Teiche nur bedingt für einen Sprung ins kühle Nass. Zum Glück gibt es aber mehrere Baggerseen mit sauberem Wasser und herrlichen Sandstränden. Be-

liebt ist der Olbasee (Bild) bei Wartha ⑧, der sich auch zum Segeln und Surfen eignet. In einer ehemaligen Kaolingrube bei Großdubrau lockt die »Blaue Adria« mit ihrem Sandstrand.

WANDERTIPP

FAHRRADTOUREN

Die Oberlausitz ist ein echtes Radlerparadies. Zwei interessante Routen durch das Biosphärenreservat hat die Verwaltung zusammengestellt. Die 31 bzw. 34 km langen Rundfahrten beginnen in Niesky (Bahnanschluss) östlich von Mücka ⑤. Ein ausführlicher Prospekt mit Wegbeschreibung und Karte ist bei der Reservatsverwaltung erhältlich. Die flache Topografie stellt keine besonderen Anforderungen an die Fahrer.

Wunderschöne Herrensitze und Schlösser, wie hier in Milkel, stehen im Mittelpunkt mancher Oberlausitzer Dörfer.

Faszinierende Wasserwelten

Eine gute Gelegenheit zur Vogelbeobachtung bietet der **Tauerwiesenteich** ⑦. Von einem Beobachtungsturm sind u.a. die Brutplätze von Seeschwalben auf einer kleinen Insel zu entdecken. Der Turm ist von dem hübschen Dorf Förstgen in Richtung Tauer zu erreichen. Nach etwa 1 km zweigt nach links ein Waldweg ab. Die Abzweigung ist an drei Birken zu erkennen, ausgeschildert ist die Beobachtungsstelle nicht.

TOP TIPP Einen sehr informativen Naturerlebnispfad zur Teichwirtschaft kann man in **Wartha/ Stróza** ⑧ erkunden. Ausgangspunkt ist der Parkplatz des Biosphärenreservatszentrums. Der insgesamt 8,3 km lange Weg führt durch die Guttauer Teichlandschaft. Der besonders interessante Bereich für Naturbeobachtungen kann auch von Rollstuhlfahrern erreicht werden (Streckenlänge 2,6 km, ca. 2 Stunden). Welcher Naturliebhaber wäre hier nicht begeistert, am frühen Abend von einem Holzsteg tief im Röhricht den Schilfrohrsängern zu lauschen und im dichten Schilf Frösche zu entdecken? Beobachtungstürme und -schirme ermöglichen Einblicke in diese verzauberte Wasserwelt mit Seerosen, Wasserhahnenfuß und Tausendblatt, mit Haubentauchern und Fischreihern, die nach ihrer Abendmahlzeit spähen. Weitere thematische Bereiche des Lehrpfades informieren über die Teichwirtschaft (auch von Guttau aus zu erkunden) und die dafür umgestaltete Landschaft. Dieser Teil des Naturlehrpfades erläutert, wie ein be-

nachbarter Braunkohlentagebau rekultiviert wurde, heute erfreut er sich unter dem Namen Olbasee großer Beliebtheit als Freizeitanlage.

Ein Klassenzimmer im sorbisch-deutschen Schulmuseum in Wartha/Stróza, nach historischen Vorlagen in Form, Farbe und Gestaltung als Klassenraum vom Ende des 19. Jahrhunderts rekonstruiert, dürfte die Neugier von Schülern und Lehrern wecken.

Eine Erkundung der Guttauer Teiche wäre nicht vollständig ohne den Besuch des Informationszentrums Sächsische Teichwirtschaft in **Guttau/Hucina** ⑨. 1999 öffnete das Fischereimuseum in der Nähe von Herrenhaus und Kirche in der Dorfmitte seine Pforten. Den Schlüssel zur Ausstellung erhält man in der Verkaufsstelle des Ortes, hinter der Kirche. Die kleine Mühe lohnt sich, da die Ausstellung nicht nur liebevoll gestaltet ist, sondern auch ausgesprochen informativ über die Teiche, Zucht und Abfischen, das Verarbeiten der Karpfen, aber auch über das Leben und die Geschichte der Oberlausitzer Fischer berichtet. Die Guttauer Teiche werden vom Löbbauer Wasser und vom Alten Fließ durchströmt, der Wasserzufluss zu den unterschiedlich großen und tiefen Aufzuchtteichen kann reguliert werden. Am Zulauf befinden sich die Wärmeteiche, die das Wasser für die kleinen, mit Gras und Wasserpflanzen bewachsenen Laichteiche vorwärmen. Zur Aufzucht der Karpfen sind die Teiche etwa 1 m tief, für die Überwinterung der Setzfische müssen sie allerdings eine Tiefe von 3 m besitzen. Auch der Naturschutz ist hier ein Thema: Um die Wanderung verschiedener Fischarten zu ermöglichen, hat man zahlreiche Wasserwehre durch »raue Rampen« ersetzt oder Fischtreppen angelegt. Führungen sind auf Anfrage möglich (Telefon: 035932/302 02).

Von der Lausitzer Natur zur sorbischen Kultur

Die Teiche in der Oberlausitz sind eine Kulturlandschaft, also von Menschenhand geschaffen. Doch wird diese Wasserwelt von zahlreichen, auch selten gewordenen Tieren gerne angenommen. Fischotter und Eisvogel leben hier, an kleinen Fließgewässern brütet sogar die seltene Gebirgsstelze, eine enge Verwandte der bekannten Bachstelze. Durch die leuchtend gelbe Brust ist die Gebirgsstelze aber leicht von jener zu unterscheiden. Und in fast jedem Ortsteil der 14-Dörfer-Gemeinde **Malschwitz/Malesecy** 🔟 am südlichen Rand des Biosphärenreservats brü-

Eine Ausstellung über die Fischerei ist im Informationszentrum Sächsische Teichwirtschaft in Guttau zu sehen.

tet jedes Jahr ein Weißstorchpaar. Das Wahrzeichen der Gemeinde jedoch ist die über 800 Jahre alte Rieseneiche an den Niederguriger Teichen. Sie beeindruckt mit einem Stammdurchmesser von 9,50 m. An der B 156 Bautzen–Uhyst liegt vor der Brücke Niedergurig rechts ein kleiner Parkplatz, von dort sind es nur 300 m bis zu dem Naturdenkmal.

TOP TIPP Auch **Bautzen** / **Budyšin** ⓫, das sorbische Zentrum der Oberlausitz, ist eng mit dem Biosphärenreservat verbunden. Ein markanter Blickfang der 1000-jährigen Stadt sind die vielen Türme, die hoch über das Tal der Spree aufragen. Der schönste Turm ist die »Alte Wasserkunst« von 1558. Er versorgte die Stadt mit Wasser, denn

Verschlungene Wege zwischen Heide, Wäldern und Teichen laden bei Malschwitz zu Wanderungen ein.

der mächtige Granitfelsen, auf dem die Altstadt erbaut wurde, machte das Graben eines Brunnens unmöglich. Durch ein ausgeklügeltes System wurde Wasser aus der Spree durch hölzerne Rohrleitungen bis in einen Brunnen in der Nähe des Rathauses und des Domes gepumpt. Nach dem Überlaufprinzip in etliche tiefer gelegene Brunnen und Zisternen konnte das Wasser dann in der Stadt verteilt werden. Diese technische Glanzleistung zeigt, dass man schon früh in der Oberlausitz die Bedeutung des Wassers erkannte und nutzte. Erst 1965 wurde die »Alte Wasserkunst« stillgelegt und 1982–84 restauriert; heute kann sie als technisches Museum besichtigt werden. Der schöne Ausblick auf die liebevoll sanierte Altstadt mit ihren verwinkelten Gassen, dem Hauptmarkt mit dem barocken Rathaus und schönen Patrizierhäusern sowie die 1000-jährige Ortenburg lockt auf die Zinnen des Turmes.

Im Sommer präsentiert sich im Schlosshof der »Bautzener Theatersommer« mit einem bunten Sommerprogramm. Das Programm des Deutsch-Sorbischen Volkstheaters ist im Bautzener Theater zu sehen. Unbedingt anschauen sollte man sich das Sorbische Museum. Es befindet sich seit 2003 im alten Salzhaus am südlichen Zugang zur Altstadt. Auf drei Etagen unterrichtet es anschaulich über die Geschichte, das Leben und die Kultur der Sorben.

TIERE

WOLF

(Canis lupus)

In der Muskauer Heide, die sich nordöstlich an die Oberlausitzer Heide- und Teichlandschaft anschließt, leben wieder Wölfe. Der Wolf als frei lebendes Wildtier galt in Deutschland als schon lange ausgestorben. Doch seit Sommer 2000 ist das anders. In der Muskauer Heide brachten Wölfe erstmals nach 150 Jahren Nachwuchs zur Welt. Seitdem haben die Tiere, die aus dem Osten wieder eingewandert waren, jedes Jahr drei bis fünf Welpen herangezogen. Die Anwesenheit der Wölfe gilt als Anzeichen für eine intakte Natur und Umwelt. Naturschützer rechnen mit einer weiteren Verbreitung der Lausitzer Wölfe. Sie haben den »Aktionsplan Wolf« initiiert, der das Zusammenleben von Mensch und Wildtier für beide Seiten möglich machen soll. Fürchten muss man die extrem scheuen Tiere keineswegs. Begegnungen mit dem Wolf sind äußerst selten, die Tiere meiden Menschen.

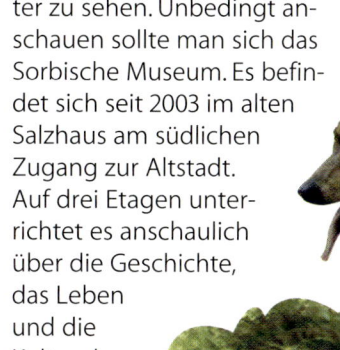

SERVICE

Anfahrt: Auf der A 2 Berlin–Leipzig bis zur Ausfahrt Naumburg, dann auf der B 180 nach Naumburg und weiter auf der B 180 und der B 176 oder entlang der Unstrut nach Memleben; von Naumburg ist sowohl das Saaletal flussaufwärts als auch das Unstruttal mit der Bahn zu erreichen

Lage: In Sachsen-Anhalt südlich von Halle / Saale im Gebiet der Landkreise Weißenfels, Merseburg-Querfurt und des Burgenlandkreises

Größe: 710 km²

Höchste Erhebung: Orlas (305 m)

Gründung: 1991

Information:
Naturpark Saale-Unstrut-Triasland
Unter der Altenburg 1
06642 Nebra

Telefon: 034464 / 22 08 6

Infohaus: In Freyburg

Internet:
www.naturpark-saale-unstrut.de

TOP TIPP

❶ Memleben
Erhaltene romanische Krypta der Klosterkirche

❹ Himmelsscheibe von Nebra
Wanderung zum Fundort und zum Besucherzentrum »Arche Nebra«

❺ Forst Bibra
Naturschutzgebiet mit seltenen Laubgehölzen und heimischen Orchideen

❾ Naumburger Dom
Besonders sehenswert: die berühmten Stifterfiguren

⓬ Rudelsburg und Saaleck
Malerische Burgruinen hoch über der Saale

Naturpark Saale-Unstrut-Triasland

Weinkennern sind die Flüsse Unstrut und Saale ein Begriff. Im nördlichsten Weinbaugebiet Deutschlands gedeiht jedoch nicht nur ein spritziger Tropfen – Wärme und Sonne lieben auch unsere einheimischen Orchideen, die in dieser alten Kulturlandschaft noch in großer Zahl vorkommen.

Hoch über dem grünen Saaletal künden die stolzen Burgruinen Saaleck und Rudelsburg von vergangenen Zeiten.

Eine wahrhaft bemerkenswerte Landschaft. Die Ausläufer der Mittelgebirge schwingen allmählich aus, und zwei geschichtsträchtige Flüsse treffen zusammen: die Saale, über Jahrhunderte Grenze zwischen Germanen und Slawen, und die Unstrut, einst wichtige Marschroute für Völkerschaften und Heere sowie Schauplatz zahlreicher Schlachten. Die Landschaft an Saale und Unstrut präsentiert sich ausgesprochen vielfältig: Da gibt es naturnahe Wälder neben Weinbergen und Streuobstwiesen, Feuchtgebiete in Flusstälern und trockene Lebensräume an den Talhängen. Hier gedeiht eine erstaunliche Vielfalt von einheimischen Orchideen und anderen Wärme und Trockenheit liebenden Pflanzen. Auch die Fledermäuse fühlen sich hier wohl. An vielen Stellen dominiert eine über Jahrhunderte entstandene Kulturlandschaft, besonders der Wein-

bau prägt weithin das Bild. In der sehr geschichtsreichen, aber vorwiegend ländlichen Region finden sich wertvolle Baudenkmäler von internationalem Rang wie der Naumburger Dom, die Krypta des Klosters Memleben, die Doppelkapelle Neuenburg und die Klosterkirche Schulpforta.

Frühe Kaiser und Astronomen

Die sogenannten ersten Kaiser regierten das Land von der uralten Kaiserpfalz **Memleben ❶** aus. Die Kaiserpfalz selbst existiert nicht mehr, doch das Außergewöhnliche des Ortes vermittelt noch immer die nahe Ruine der Klosterkirche, die mit 82 m Länge der Ausdehnung des Magdeburger Doms entspricht. Seit dem 17. Jahrhundert verfallen die Gebäude. Bren-

Die romanische Krypta der ehemaligen Klosterkirche in Memleben, die zur Kaiserpfalz Ottos I. gehörte.

nende Kerzen verleihen der erhaltenen dreischiffigen Hallenkrypta eine fast mystische Atmosphäre.

Die 192 km lange Unstrut, ein Nebenfluss der Saale, fließt ab Memleben durch ein enger werdendes Tal. Noch säumen nicht Weinberge, sondern ein langes rotes Band aus Buntsandstein die Ufer. Bei Wangen hat der Fluss in weitem Bogen den **Steilhang Steinklöbe** ❷ aus dem Gelände modelliert. Auf einem Uferweg von Wangen her ist der Hang gut sichtbar, ein Teil der hier wachsenden Wärme liebenden Pflanzen sind für diese Breiten eine echte Seltenheit. Im Frühling blühen Adonisröschen, im Sommer heimische Orchideen, selbst der stark duftende Diptam ist auf großen Flächen verbreitet. Flussabwärts hinter Nebra setzt sich das bunte Felsband in den **Vitzenburger Hängen** ❸ fort. Auch hier tritt nach Süden der Wärme speichernde Buntsandstein hervor. Wärme und Trockenheit bevorzugende Pflanzen haben für diese nördlichen Breiten einen ungewöhnlichen Lebensraum erobern können.

Im Ziegelrodaer Forst, nur 7 km vom Sitz der Naturparkverwaltung Saale-Unstrut-Triasland entfernt, fand man 1999 die **Himmelsscheibe von Nebra** ❹ – eine archäologische

Weltsensation, zeigt sie doch die älteste konkrete Himmelsdarstellung der Menschheitsgeschichte. Der Weg dieses Schatzes vom privaten Finder in die Hände der Öffentlichkeit wurde zu einem spannenden Krimi, der durch die Medien ging. Erst im Februar 2002 gelang es, den Fund in Basel sicherzustellen. Die 32 cm große Bronzescheibe ist rund 3600 Jahre alt und diente nach jüngsten Erkenntnissen der Bestimmung von Sonnen- und Mondjahr. Offenbar besaß der Mensch bereits in der Bronzezeit weitreichende astronomische Kenntnisse. Die Scheibe wurde in einer kreisförmigen Wallanlage mit 200 m Durchmesser gefunden. Diese Anlage gilt als das älteste vorgeschichtliche Observatorium und steht in einer Reihe mit der Steinkreisanlage von Stonehenge. Von April bis Oktober finden samstags und sonntags um 13.30 Uhr geführte Wanderungen von Kleinwangen zum Fundort der Himmelsscheibe statt. Treffpunkt ist die Straße »An der Klöbe«, die Wegstrecke beträgt 3,8 km. Die Scheibe selbst wird im Museum für Vorgeschichte in Halle aufbewahrt und soll dort ab Frühjahr 2008 zu besichtigen sein.

Das Naturschutzgebiet **Forst Bibra** ❺ liegt in der reizvollen Landschaft am Höhenzug der Finne mit ihren Muschelkalkhängen zwischen Bad Bibra und Krawinkel. Hier wachsen naturnahe Laubmischwälder, in

KULTURTIPP

GLOCKENMUSEUM LAUCHA

In der alten Glockengießerwerkstatt des Meisters Ulrich und seiner Nachkommen wurden seit 1732 über 5000 Bronzeglocken aus der Grube gehoben, so auch das Geläut des nahen Naumburger Doms. Als man 200 Jahre später das Glockenmuseum Laucha (im Bild die Glockengrube) eröffnete, musste man eigentlich nur aufräumen, die Glo-

ckengrube freischaufeln und Anschauungsmaterial zusammenstellen. Das Museum liegt in Laucha an der B 176 (zwischen Bad Bibra ❺ und Freyburg ❼).

SAALE-UNSTRUT-WEIN

Schon vor 1000 Jahren schätzten die deutschen Kaiser den Wein vor ihren Pfalzen. Das Weinbaugebiet Saale-Unstrut liegt am 51. Grad nördlicher Breite, für Weinbauern fast schon am Polarkreis. Doch die Natur beschert der Region eine ausgewogene Mischung von Sonne und Kühle, die Jahresdurchschnittstemperatur liegt bei 9,1 °C – bei 1600 Sonnenstunden pro Jahr. Mit nur rund 500 mm Niederschlag jährlich zählt die Weinbauregion zu den niederschlagsärmsten Gebieten in Deutschland. Der Untergrund, meist Muschelkalk, trägt ebenfalls zum Gelingen des Weines bei. Dem Kloster Memleben wurden im Jahr 998 sieben Orte mit Land und Weinbergen geschenkt. In der Folge waren es vor allem die Mönche des Zisterzienserklosters Sancta Maria Schulpforta, gegründet 1137, die den Weinbau an der Saale weiterentwickelten. Durch Kriege und Klimaverschlechterung, später auch durch Mehltaupilze und Reblaus, verlor der Weinbau an Bedeutung. Doch heute erblühen die Rebstöcke an Saale und Unstrut erneut auf etwa 600 ha Anbaufläche.

Im lieblichen Tal der Unstrut liegt die »Rotkäppchen-Stadt« Freyburg, bewacht vom stolzen Bergfried der Neuenburg.

denen die seltene Elsbeere mit ihrem sehr harten Holz noch häufig vertreten ist. Sie liebt wie die einheimischen Orchideen die Wärme und einen kalkigen Untergrund. Diese oft wenig auffälligen Blumen lassen sich am besten bei einer geführten Wanderung entdecken. Orchideen-Exkursionen werden sowohl vom Fremdenverkehrsverein Bad Bibra (Anmeldung: Tel. 034465 / 6030) als auch von der Naturparkverwaltung angeboten.

Prachtbauten vor herrlicher Landschaftskulisse

Schloss Burgscheidungen ❻ wurde auf den Grundfesten einer mittelalterlichen Burg errichtet und mehrfach umgebaut. Mit seinem italienischen Park ist es ein beeindruckendes Ensemble aufeinander abgestimmter Architektur des Barock. Den großen Balkon des Schlosses mit Blick in das Unstruttal tragen grinsende Steinhäupter. Terrassenförmig geht der Park allmählich in die natürliche Landschaft des Unstruttals über, geschmückt mit Skulpturen sowie einer künstlichen Grotte. Flussabwärts verengt sich das Tal der Unstrut, die Hänge rücken näher an das Ufer, auf schmalen Terrassen wächst Wein.

Das Zentrum des Weinanbaus an Saale und Unstrut ist **Freyburg** ❼. Im Keller des kleinen Freyburger Doms lagert ein 120 000-Liter-Weinfass. Der ostdeutsche »Champagner«, Sekt der

Rotkäppchen-Kellerei, gilt als Wahrzeichen der Stadt. Weniger bekannt ist Freyburg als Heimat des Turnvaters Friedrich Ludwig Jahn; in seinem ehemaligen Wohnhaus wurde ein Museum zu seinem Gedenken eingerichtet. Hoch über Freyburg erhebt sich die mächtige Neuenburg mit dem weithin sichtbaren Bergfried »Dicker Wilhelm«. Sie ist die größere Schwester der Wartburg, wurde zwischen 1080 und 1090 errichtet und 100 Jahre später erweitert. Sehenswert sind besonders die spätromanische Doppelkapelle, der Fürstensaal und das Museum im Bergfried, in dem auch Dokumente zum Weinbau ausgestellt sind.

Bei **Großjena** ❽ mündet die Unstrut in die Saale. Wie eine Krone ruht über den Weinbergen das Haus des Bildhauers und Malers Max Klinger (1857–1920), dessen Atelier besichtigt werden kann. Ein 200 m langes Bandrelief am Fuß des Felsens, das »Steinerne Bilderbuch« von 1722, illustriert die Geschichte des Weinbaus.

Südlich der Unstrutmündung liegt die durch ihren Dom berühmt gewordene Stadt **TOP TIPP** **Naumburg** ❾. Die spätromanische viertürmige Basilika des Naumburger Doms wurde 1213 begonnen und 1242 fertiggestellt. Weltberühmt sind die lebensgroßen, in Kalkstein gehauenen zwölf Stifterfiguren im Westchor. Der Dom erhebt sich im Nordwesten der Innenstadt, außerhalb des Stadtrings.

Schon 1630 entdeckte man bei **Bad Kösen** ⑩ Solequellen – es dauerte jedoch noch 100 Jahre, bis diese für Kurzwecke genutzt wurden. Das 320 m lange und 20 m hohe Gradierwerk und andere Soleförderungsanlagen bilden als Ensemble ein einzigartiges technisches Denkmal. Das Gradierwerk diente ursprünglich der Erhöhung der Solekonzentration und wird heute von den Kurgästen zur Freiluftinhalation genutzt. Aus dem 11. Jahrhundert stammt das Romanische Haus, einer der ältesten Wohnbauten Mitteldeutschlands. Die angrenzende Kunsthalle zeigt die Puppensammlung von Käthe Kruse, die von 1912 bis 1950 in Bad Kösen lebte.

In der Klosterschule **Schulpforta** ⑪ bei Bad Kösen haben deutsche Geistesgrößen wie Johann Gottlieb Fichte, Friedrich Gottlieb Klopstock und Friedrich Nietzsche ihre Lateinlektionen gelernt. Be-sonders sehenswert ist die gotische Kirche des ehemaligen Zisterzienserklosters.

»An der Saale hellem Strande stehen Burgen stolz und kühn« – der Verfasser dieser Zeilen, Franz Kugler, wird dabei vor allem an die Ruinen der Burgen **Rudelsburg und Saaleck** ⑫ gedacht haben. Die Rudelsburg, erstmals 1172 erwähnt, wurde zum Schutz des Saaletals und der hier verlaufenden alten Handelswege

TOP TIPP

Wie eine Krone über den Weinbergen: das Haus des Künstlers Max Klinger bei Großjena.

errichtet. Erhalten geblieben sind von der Anlage nur die beiden Bergfriede. Der schattige Burghof des Restaurants auf der Rudelsburg lädt zu einer Rast ein. Man erreicht die Burg mit Kutsche oder Auto.

Die ebenfalls aus dem 12. Jahrhundert stammende Burg Saaleck wechselte bis zur Reformation viele Male den Besitzer. Dann begann der Verfall. Die Rundtürme erheben sich jedoch noch immer stolz und kühn über das Saaletal.

▶ **WANDERTIPP**

TOTE TÄLER
Die Liebhaber einheimischer Orchideen schätzen die Unstrut als Standort vieler seltener Arten. In den abgelegenen Seitentälern, den »Toten Tälern«, haben diese Orchideen ungestörte Entfaltungsmöglichkeiten. Darunter auch das Helmknabenkraut (Bild). Um die Biotope nicht zu beeinträchtigen, erkundet man das Naturschutzgebiet (in der Nähe von Freyburg ⑦) am besten im Rahmen der von der Naturparkverwaltung angebotenen Führungen im Sommer (Termine unter www.naturpark-saale-unstrut.de).

Von Schloss Burgscheidungen genießt man die Aussicht auf den italienischen Schlosspark und das weite Unstruttal.

Nationalpark Hainich

SERVICE

Anfahrt: Auf der A 4 Dresden–Bad Hersfeld bis zur Ausfahrt Eisenach-Ost und weiter auf der B 84 bis Reichenbach, von dort über Craula zum Baumkronenpfad; mit der Bahn nach Bad Langensalza und weiter mit Wanderbussen in den Nationalpark

Lage: Im Westen Thüringens zwischen Eisenach im Süden, Bad Langensalza im Osten, Mühlhausen im Norden und Eschwege im Westen

Größe: 76 km²

Höchste Erhebung:
Alter Berg (492 m)

Gründung: 1997

Information:
Nationalpark-Information
Bei der Marktkirche 9
99947 Bad Langensalza

Telefon: 03603/39 07 28

Infohäuser: In Kammerforst, Berka und Behringen

Internet:
www.nationalpark-hainich.de

TOP TIPP

❶ Baumkronenpfad
Ein Ausflug in die geheimnisvolle Welt der Baumwipfel

❷ Brunstal
Barrierefreier Lehrpfad, der mit den Geheimnissen des Buchenwaldes vertraut macht

❸ Hünenteiche
Gelber Blütensaum von Wasserschwertlilien im Frühsommer

❻ Betteleiche
(Fast) alle Wanderwege führen zu diesem markanten Baum

Als würden wir abheben: Man entführt uns über die Wipfel der Bäume hinweg in eine unbekannte Welt. Der abgelegene Nationalpark im Westen Thüringens erlebt einen wahren Besucheransturm – doch nicht alle seine Geheimnisse gibt der Hainich gleich beim ersten Besuch preis.

Wunderbare Aussichten: Der Baumkronenpfad wurde rasch zur Attraktion Nummer eins im Nationalpark Hainich.

Sie wird die »Mutter des Waldes« genannt: silbrig grau der glatte Stamm, spitzgeformte, dunkelgrüne Blätter, eine igelige Hülle um den dreieckigen Samen – die Rotbuche. Das Rot im Namen bezieht sich auf die leicht rötliche Färbung des Holzes, im Unterschied zur Weiß- oder Hainbuche, die einer anderen Familie angehört.

Die Buche wird von zahlreichen Frühjahrsblühern wie Märzenbecher und Buschwindröschen, Haselwurz und Seidelbast begleitet. Im April breitet sich ein Teppich von Bärlauch unter den unbelaubten, mächtigen Kronen aus, der würzige Duft von Knoblauch liegt in der Luft. Seit etwa 4000 Jahren gibt die Buche in Deutschland den Ton an, zeitweise waren zwei Drittel des Landes von ihr bedeckt.

Der größte zusammenhängende Rotbuchenwald in Mitteleuropa liegt auf dem Höhenzug des Hainich in Westthüringen, der 1997 als Nationalpark ausgewiesen wurde. Anders als in zu vielen anderen Waldgebieten Mitteleuropas sind im Hainich die Waldbestände trotz jahrhundertelanger Nutzung relativ naturnah geblieben. Eingeschlagen wurden nur einzelne, ausgewachsene Buchen, sodass junger Wald nachwachsen konnte. Dieser sogenannte Plenterwald umfasst

Der Buchenwald in der Kernzone Weberstedter Holz ist eine Besonderheit, die Besucher als solche kaum wahrnehmen.

Buchen aller Alterstufen, aber auch zahlreiche andere Laubbaumarten wie Esche, Ahorn, Linde und die seltene Elsbeere.

Zartgrüner Schleier über dem Kronenmeer

TOP TIPP Die Attraktion des Sommers 2005 war die Einweihung des **Baumkronenpfades** ❶. Einen Urwald aus der Vogelperspektive betrachten zu können ist einmalig in Deutschland. Der 44 m hohe Baumturm macht einen bisher unbekannten Lebensraum zugänglich und ermöglicht zu jeder Jahreszeit ungeahnte Erlebnisse – wenn Raureif die Zweige der Realität entrückt und alles märchenhaft verträumt erscheint oder wenn der Frühling einen zartgrünen Schleier über die Kronen der Bäume legt. Besonders aber ist der Herbst mit seinen glühenden Farben ein unvergessliches Erlebnis. Der 308 m lange Rundkurs beginnt am Turm in einer Höhe von 10 m und macht mit neun unterschiedlichen Laubbaumarten bekannt. An mehreren »Ruhezonen« geben Tafeln Auskunft über die verschiedenen Lebensräume und ihre Bewohner. Am Ende mündet der Pfad auf einer Höhe von 24 m wieder in den Baumturm. Hier hat man die oberste Kronenschicht erreicht. Ein

zusätzlicher Ausleger in einer Höhe von 21 m ragt vom Turm bis in die Wipfel mächtiger alter Rotbuchen. Der Baumkronenpfad befindet sich unmittelbar an der Thiemsburg im südöstlichen Teil des Nationalparks, etwa 10 km westlich der Stadt Bad Langensalza in Richtung Craula. Vom Parkplatz an der Thiemsburg (mit Gastronomie) sind es nur wenige Hundert Meter bis zum Baumkronenpfad.
Nach einem Rundgang in luftiger Höhe sieht man den Wald mit ganz anderen Augen. Die neue Perspektive lässt sich gleich vor Ort überprüfen. Markantestes Beispiel ist eine Traubeneiche in unmittelbarer Nähe zum Baumkronenpfad.

WANDERTIPP

KÄFEREXKURSION
Schier unüberschaubar ist die Vielfalt der Käfer im Hainich, sie sind das »Aufräumkommando« des Waldes. Unter ihnen findet man zahlreiche holzbewohnende Arten, die besonders wichtig für die Zersetzung der alten, umgestürzten Bäume und somit für die Erneuerung des Waldes sind. Für über 400 der bisher rund 1860 im Nationalpark Hainich nachgewiesenen Arten sind die totholzreichen Bestände ein wahres Paradies. Der Nationalpark bietet jedes Jahr zahlreiche geführte Wan-

derungen an, die bereits ab Februar beginnen: eine »Wildnistour mit der Nationalparkwacht«, »Brainwalk im Urwald«, die »Natur im Winterkleid«, eine »Nachtwanderung«, »Spechte – Baumeister des Waldes« oder eine »Käferexkursion«, bei der die Insekten mit dem Schlagschirm (Bild) gesammelt und bestimmt werden.

BÄRLAUCH
(Allium ursinum)

Im Volksmund wird die mit Zwiebel, Schnittlauch und Knoblauch verwandte Pflanze auch Rams, Wilder Knoblauch, Waldknoblauch, Hexenzwiebel oder Latschenknofel ge-

nannt. Mit einer Höhe von etwa 20 bis 50 cm und den vielen weißen, sternförmigen Blüten ist der Bärlauch kaum zu übersehen, noch weniger zu überriechen. Für Bären war diese Pflanze eine erste Nahrung nach dem Winterschlaf, davon leitet sich wohl der Name ab. Ein typischer Frühjahrsgeophyt (Bodenblüher), endet sein Wachstumszyklus nach dem Abblühen, und die Pflanze zieht sich allmählich wieder in die Erde zurück. Seit einigen Jahren erlebt der Bärlauch eine Renaissance; genutzt werden vorwiegend die frischen Blätter, als Gewürz oder Gemüse in der Frühjahrsküche, denn durch Erhitzen verliert der Bärlauch viele Geschmacksstoffe und büßt seinen hohen Vitamin-C-Gehalt ein.

Mit einem Umfang von stolzen 5,45 m und einem Durchmesser von 1,75 m ist sie der mächtigste und auch einer der ältesten Bäume des Nationalparks. Schon vor 500 Jahren, als Kolumbus nach Amerika segelte, war diese Eiche ein stattlicher Baum.

Auch führen vom Parkplatz Thiemsburg unterschiedlich lange Wanderwege in die Wildnis. Neben dem 4,5 km langen Eichbergweg und dem 10,5 km langen Steinbergweg empfiehlt sich vor allem ein Rundgang auf dem gut ausgebauten, 3,6 km langen **Naturpfad Thiemsburg** ➋. In nur etwa anderthalb Stunden lernt man den Bereich rund um den Baumkronenpfad näher kennen. Holztäfelchen mit einen geschnitzten Eichenblatt weisen den Weg. Zudem sind am Parkplatz Faltblätter mit einer Wegbeschreibung erhältlich. Sie liegen mit einem massiven Holzdeckel geschützt in einem hohlen Baumstumpf.

Mit allen Sinnen den Wald entdecken

TOP TIPP Eines der schönsten Täler im Hainich ist das **Brunstal** ➌ mit einem Erlebnispfad besonders für behinderte Menschen; die Erläuterungen sind auch in Blindenschrift wiedergegeben. Der Pfad ist vom Parkplatz »Fuchsfarm« bei Mülverstedt durchgängig barrierefrei ausgebaut. In der »Wildkatzenhöhle« werden dem Besucher diese scheuen Waldbe-

wohner nähergebracht, eine freiliegende Baumwurzel, die Stämme verschiedener Bäume, ihr Holz und die Rinde lassen sich ertasten und nach dem Geruch unterscheiden. Oder man geht auf Spurensuche und lernt die Fährten von Wildtieren wie Dachs, Wildschwein und Reh kennen.

Im Frühjahr breitet sich unter den Buchen in der vom Schmelzwasser noch feuchten Senke ein weißer Teppich aus: Hier blühen ungewöhnlich viele Märzenbecher. Gleichzeitig sind Buschwindröschen und Bärlauch aus dem Winterschlaf erwacht; Leberblümchen, Lerchensporn und Schlüsselblumen setzen bunte Farbakzente. Der Weg durch das Brunstal hat eine Länge von 3 km, für die man mindestens zwei Stunden einplanen sollte. Nur für gute Läufer geeignet ist der weiter führende Rundwanderweg Saugraben (10,5 km), der durch die ursprünglichsten Partien des Buchenwald-Nationalparks führt. Hier erinnern umgestürzte Baumriesen an einen Urwald – Zunderschwamm, Brandkrustenpilz, Buchenstreckfuß und Buchen-Schleimrübling dienen sie als Nährboden. Hat eine gefallene Buche ein Loch in das Blätterdach gerissen, streben bald unzählige junge Buchenschösslinge dem Licht entgegen.

TOP TIPP Ein dritter Pfad führt ebenfalls vom Parkplatz »Fuchsfarm« zu den **Hünenteichen** ➍, deren Ufersäume im Sommer gelbe Wasserschwertlilien schmücken. Auch für Amphibien sind die Teiche ein angenehmer Aufenthaltsort.

Gelbe Wasserschwertlilien säumen die Hünenteiche, eine bemerkenswerte Besonderheit im wasserarmen Hainich.

Mit den ersten wärmenden Sonnenstrahlen erblühen auf dem dunklen Waldboden die weißen Märzenbecher.

Im flachen Wasser kann man Berg- und Teichmolche sowie Gras-, Laub- und Wasserfrösche beobachten. Als ganzjährig wasserführendes Stillgewässer sind die Hünenteiche eine Ausnahmeerscheinung im Hainich, wo selbst Bäche aufgrund der Bodenbeschaffenheit (Muschelkalk) nur während der Schneeschmelze oder nach Regengüssen Wasser führen. Die Hünenteiche sind nicht natürlich entstanden; vermutlich waren sie ursprünglich die Fischteiche der längst aufgegebenen Siedlung Gräverode. Bis zum Dreißigjährigen Krieg gab es im Hainich zahlreiche Dörfer. Mit einiger Fantasie kann man in der Nähe der Hünenteiche die Reste der alten Wallanlage Hünenburg erkennen. Die südlichen und nördlichen Waldsäume des Hainichs gehen in weite Freiflächen über. Sie entstanden durch militärische Nutzung und wurden jahrzehntelang durch Schafbeweidung offen gehalten. Das ehemalige Übungsgelände ist sorgsam von Munition geräumt und dient nun als Kinderstube für einen künftigen natürlichen Buchenwald. **Am Zollgarten** ❺ lässt sich verfolgen – wenn auch in Zeitlupe –, wie nach und nach ein Wald entsteht: Zuerst wurden die Freiflächen von Gräsern und Sträuchern besiedelt; inzwischen haben sich neben den Büschen und Hecken junge Bäume einen Platz sichern können, hier

ein Obstbaum, dort in einer feuchten Senke eine junge Esche, an den Waldrändern die ersten Buchenschösslinge. Es wird jedoch noch ein halbes Menschenleben dauern, bis man hier durch einen natürlich gewachsenen Buchenwald wandern kann.

Sagenhafte Artenvielfalt

Von der geräumigen Beobachtungskanzel der Freifläche Zollgarten genießt man den Blick weit über das Thüringer Becken, vom Gesang der Feldlerche und Goldammer untermalt. Im dornigen Gesträuch entdecken Vogelfreunde den Neuntöter; auch sein seltener Verwandter, der Raubwürger, wird im Hainich noch relativ oft angetroffen. Vom Blütenreichtum der Freiflächen profitieren Stieglitz und Bluthänfling. Im Winter sind die Wiesen den umherziehenden Vogelschwärmen eine willkommene Nahrungsquelle. An warmen Standorten hat sich Halbtrockenrasen gebildet, hier wachsen Echte Primel, Silberdistel, Thymian, Fransenenzian und Tausendgüldenkraut; der Große Eisvogel und der Große Schillerfalter gaukeln über das Blütenmeer. Weitere interessante Freiflächen sind von den Parkplätzen »Weberstedt« (Erlebnispfad Weberstedt 4,5 km), »Thiemsburg« (Steinbergweg 10,5 km) und »Kindel« nördlich von Eisenach

An der eigentümlich gewachsenen Betteleiche treffen sich mehrere über die Höhen des Hainichs führende Wege.

BILDHAUERSYMPOSIUM

In den 10 Jahren seiner Existenz als Nationalpark hat ein Bildhauersymposium am Rande des Hainichs beachtliche Akzente gesetzt. Jeden Sommer finden sich Künstler aus Europa und der ganzen Welt in Hüt-

scheroda zusammen, um in einer Woche ein vorgegebenes Thema gestalterisch umzusetzen. Im Jahr 2003 lautete es beispielsweise »Land Art am Nationalpark«. Im Bild die Performance »Wandlung« von Martin Ekrich. Es geht um völlig unterschiedliche Werke: Manche vergehen schon wieder im Moment des Entstehens, andere haben Bestand und sind auf dem Skulpturenpfad Behringen ❾ auch Jahre später noch zu bewundern. Termine unter www.Bildhauersymposium.de

(Nachtigallenweg 2,5 km) zu erreichen. Schier unüberschaubar ist die Vielfalt bei den Käfern. Für holzbewohnende Käferarten, zu denen über 400 der 1860 im Nationalpark nachgewiesenen Arten gehören, ist der Hainich ein wahres Dorado. Wiederfunde ausgestorben geglaubter Arten und viele Arten der Roten Listen belegen eindrucksvoll die Bedeutung von Totholz.

Ausgerechnet eine Eiche

Das Wahrzeichen des Buchenwald-Nationalparks ist – eine Eiche. Der skurril geformte Baum wird **Betteleiche** ❻ genannt und steht nahe der historischen Rodungsinsel Ihlefeld auf der Hochfläche des Hainichs. Von 1443 bis 1525 bestand hier eine Außenstelle des St. Katharinenklosters in Eisenach. Um die milden Gaben der Reisenden bittend, brachten die Bettelmönche an der Eiche einen Kasten an – daher der Name. Auf den Grundmauern des Klosters wurde später ein Forsthaus errichtet, eine kleine Siedlung entstand. 50 m von der Betteleiche ent-

fernt bietet eine Hütte Schutz und an Wochenenden von April bis Oktober auch eine einfache Verköstigung.

Der Hainich war keineswegs immer ein abgelegenes Waldgebiet. Schon aus der Zeit der fränkischen Könige vom 6. bis zum 10. Jahrhundert sind acht Fluchtburgen bekannt, Wallanlagen mit sichernden Dornenhecken umgeben. Auch im weiteren Verlauf des Mittelalters gab es zahlreiche Siedlungen, die dann aber im Zuge einer Klimaverschlechterung oder von Ereignissen wie dem Dreißigjährigen Krieg wieder verlassen wurden. Als Zeugen der Besiedlung sind einige Steinkreuze geblieben. Das größte und am besten erhaltene liegt in einem Waldstück, etwa 1 km östlich der Betteleiche. Das **Ihlefelder Kreuz** ❼ ist 1,80 m hoch und wurde um 1400–1450 errichtet. Das Relief auf der Vorderseite zeigt eine Jagdszene mit einem Bären. Den Bären gibt es hier schon lange nicht mehr, auch Luchs und Biber wurden früh ausgerottet. Den Wolf hingegen jagte man im Hainich bis ins 19. Jahrhundert.

Heute trifft man häufig auf Damwild und Wildschweine, auch auf eine kleine Population von zugewandertem Rotwild. Neben den für Laubwälder typischen Bewohnern wie Dachs, Fuchs und Steinmarder findet man in den totholzreichen Gebieten dreizehn Fledermausarten sowie die scheue Wildkatze.

Oberhalb der Nationalparkgemeinde Berka befindet sich der schon im 13. Jahrhundert urkundlich erwähnte Gerichtsplatz **Mallinde** ⑧. Nach altem germanischen Brauch wurden im Mittelalter Gerichtsversammlungen unter freiem Himmel bei einer Linde abgehalten. Von der Mallinde führt der Erlebnispfad »Silberborn« zur Silberbornlinde – ein eindrucksvoller, uralter Baum, in seiner Mitte schon völlig ausgehöhlt. Unterhalb des steilen Hanges lag einst die Siedlung Sulzrieden (»salziges Moor«). Das Trinkwasser lieferte die oberhalb liegende Quelle Silberborn. Archäologische Ausgrabungen deuten darauf hin, dass es sich um eine der wenigen slawischen Siedlungen in Westthüringen handelt, 1197–1299 urkundlich als »Berca minor« bestätigt. Im 16. Jahrhundert wird Sulzrieden in Lehnbriefen aber schon als wüst, d. h. aufgegeben, beschrieben. Von Sulzrieden lässt sich eine Wanderung durch das Lange Tal und rund um den Burgberg unternehmen. Nicht nur die grazile Herbstzeitlose, auch Seidelbast, Märzenbecher, Leberblümchen und Anemonen sind eine Augenweide.

Entlang dem alten Eilbotenweg von Hütscheroda nach **Behringen** ⑨ entstanden zahlreiche Skulpturen, die sich mit dem Thema »Natur« auseinandersetzen. Sie entstanden auf dem seit 1997 jährlich abgehaltenen Bildhauersymposium in Hütscheroda. Der 6,5 km lange Skulpturenpfad beginnt im Schlosspark Behringen (an der B 84), nahe der Nationalparkinformation, und führt bis nach Hütscheroda.

In der Ferne grüßt die Wartburg

Zum kleinen **Silbersee** ⑩ im südlichen Hainich führt der Nachtigallenweg. Er trägt seinen Namen wahrlich zu Recht: Fünf Brutpaare der »Königin der Nacht« werden gezählt, die in dichtem, dornentragendem Gebüsch guten Lebensraum vorfinden. Ihr Schlagen erfüllt die warmen Sommernächte. Der Silbersee ist das größte Gewässer im Nationalpark und ein Vogelparadies. Neben Enten, Bless- und Teichhuhn baut auch die Beutelmeise ihre kunstvollen Nester am Ufer des Sees, Zugvögel machen hier Zwischenstation auf ihrer langen Reise. In den kleinen Tümpeln rund um den See tummeln sich die seltene Gelbbauchunke und der Laubfrosch. Der Weg führt über offene, grasbewachsene Flächen, frei reicht der Blick bis hinüber zu den blauen Bergketten des nahen Thüringer Waldes mit dem Inselsberg und der markanten Silhouette der Wartburg.

Das Ihlefelder Kreuz – ein mannshohes Steinkreuz mit einer geheimnisvollen Geschichte und rätselhaften Zeichen.

Naturpark Thüringer Wald

Diesen Weg auf den Höhen kann man nicht oft genug gehen: Der Rennsteig ist der beliebteste Wanderweg Deutschlands. Hier findet die deutsche Seele alles, was sie begehrt: Wälder, Berge, Burgen, Goethe und vor allem die viel gepriesene Thüringer Gastlichkeit.

TOP TIPP

1 Wartburg
Kunst, Kultur und Geschichte auf dem Höhepunkt

2 Drachenschlucht
Romantische Klamm unterhalb der Wartburg

5 Großer Inselsberg
Nicht der höchste, aber der imposanteste Berg des Thüringer Waldes

7 Lauchagrund
Ausgedehnte Wanderungen in einem abgelegenen Tal

14 Kickelhahn
Auf Goethes Spuren über den Gipfeln

15 Kloster Paulinzella
Sinnbild Thüringer Romantik

Stolze Schönheit – die viel besuchte und oft besungene Wartburg, seit 1999 Teil des UNESCO-Weltkulturerbes.

Die Thüringer lieben ihren Thüringer Wald als Urlaubsregion und als Wintersportgebiet – und unzählige Gäste lieben ihn auch. Sie genießen die Natur, die Stille, die zahlreichen Möglichkeiten, zu wandern und Kultur zu schnuppern. Der Name »Thüringer Wald« bezeichnet den etwa 120 km langen Gebirgszug, der sich von Nordwest nach Südost erstreckt und in das Thüringer Schiefergebirge, die Obere-Saale-Region und den Frankenwald übergeht – in erhabene Wälder eingebettet liegt hier auch das Biosphärenreservat Vessertal. Die Scholle des Gebirges misst an der breitesten Stelle nur 20 km, bei Eisenach erreicht sie eine Höhe von etwa 500 m, berührt am Großen Beerberg (982 m) fast die 1000-m-Marke und senkt sich im weiteren Verlauf wieder auf 800 m und darunter. Den Kamm des Gebirges krönt der Rennsteig, der auch die Wasserscheide bildet. Hier weht immer ein kühles Lüftchen, hier trifft man immer auf Wanderfreunde und auf die gemütlichen, bewirtschafteten Bauden, die Berghütten mit der sprichwörtlichen Thüringer Gastlichkeit.

Das Tor zum Thüringer Wald

Man kann sich dem Thüringer Wald auf unterschiedlichste Weise nähern. Eine spektakuläre Aussicht bietet sich von den Türmen der **TOP TIPP** **Wartburg 1**, seit 1999 Teil des Weltkulturerbes, die weithin sichtbar über dem Städtchen Eisenach thront. Mit Bus oder Auto gelangt man zum Parkplatz unterhalb der Burg. Von dort führt ein viertelstündiger, steiler Treppenanstieg hinauf. Traditioneller überwindet man die Höhe auf dem Rücken eines Esels (Eselstation am Parkplatz). Durch eine dreitorige Halle gelangt man in die enge Vorburg. Die Fachwerkbauten und die alte Ringmauer mit aufgesetzten Wehrgängen aus dem 14. und 15. Jahrhundert ragen steil in den Himmel. Der mittlere Gebäudekomplex aus Neuer Kemenate, Torhalle und Dirnitz (beheizbarer Saal) entstand in den 1850er- und 1860er-Jahren im historisierenden Stil und trennt Vor- und Hofburg. Etwa gleichaltrig ist der alles überragende Bergfried mit dem Kreuz. Wie alle jüngeren Bauwerke steht auch er auf den Fundamenten einstiger Vorgänger. Der Süd- oder auch Pulverturm hingegen dürfte aus dem 14. Jahrhundert stammen. Er kann bestiegen werden und bietet einen herrlichen Blick auf den Thüringer Wald.

Der Palas wurde 1157–70 als Repräsentiv- und Wohnbau der Landgrafen errichtet. Die Innenräume mit den Fresken von Moritz von Schwind (19. Jahrhundert) können im Rahmen einer Führung besichtigt werden. Das Museum in den Räumen der Neuen

Eisig und klamm: die Drachenschlucht bei Eisenach.

Auf Drachensuche zwischen hohen Felswänden

TOP TIPP Die **Drachenschlucht** ❷ südlich der Wartburg beginnt hinter dem Ortsausgangsschild an der B 19 am Waldparkplatz »Sophienaue«. Das anfänglich offene Kerbtal verengt sich zu einer von 10 m hohen Felswänden gesäumten Schlucht. Seit 1832 kann man sie auf einem Bohlenweg über dem brausenden Bach durchwandern. Auch wenn hier keine Drachen lauern, fällt es nicht schwer, sich den Ort als Schauplatz für ein Ritterabenteuer vorzustellen. An der schmalsten Stelle misst der Durchgang nur noch 73 cm. Die Schlucht verdankt ihr Entstehen der Erosion. Der Marienbach hat

KULTURTIPP

GESCHICHTE DER WARTBURG

Der Legende nach wurde die Wartburg ❶ 1067 von Graf Ludwig dem Springer gegründet. Wachsende Macht und Einfluss ermöglichten um 1155 den Bau eines Palas (Bild), des Hauptgebäudes der Burg. Er gilt als der besterhaltene romanische Profanbau nördlich der Alpen. Der Palas war im Jahr 1206 Schauplatz jenes legendären Sängerstreites, den Richard Wagner zum Thema seiner Oper »Tannhäuser« machte. Zu dieser Zeit lebte die Landgräfin Elisabeth am Hof. Sie führte ein Leben in Hingabe an die Armen und Kranken und wurde nur vier Jahre nach ihrem frühen Tod heilig gesprochen. Der geächtete und gebannte Reformator Martin Luther versteckte sich 1521 auf der Wart-

burg und übersetzte das Neue Testament ins Deutsche. Goethe regte den Wiederaufbau (1838–90) der seit ungefähr 1600 verfallenden Gemäuer an.

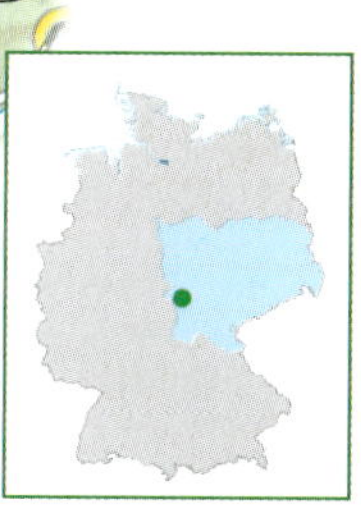

Kemenate und der Dirnitz präsentiert u. a. ein reich verziertes Reliquienkästchen, den einzigartigen Dürerschrank sowie Gemälde von Lucas Cranach d. Ä. Von dem Museum gelangt man über einen mittelalterlichen Wehrgang zur Vogtei. Und endlich: Da ist sie, die berühmte Lutherstube mit dem legendären Tintenfleck an der frisch getünchten Wand. Hier, so die Legende, soll sich der Reformator mit dem Wurf seines Tintenfasses gegen eine nächtliche Teufelserscheinung verteidigt haben.

RENNSTEIG

Die meistbesungene Wanderstrecke Deutschlands folgt dem Kammweg des Thüringer Waldes. Jedes Jahr machen sich Abertausende Naturfreunde auf den immerhin fast 169 km langen Weg. Fünf Tage sollte man für folgende Etappen veranschlagen:

1. Hörschel–Großer Inselsberg **5** (31,9 km)
2. Großer Inselsberg–Oberhof **12** (29,9 km)
3. Oberhof–Masserberg (37,0 km)
4. Masserberg–Ernstthal (24,6 km)
5. Ernstthal–Blankenstein (45,1 km).

Ein gut sichtbares »R« weist die Route bestens aus (Bild); und an Übernachtungsmöglickeiten, Gaststätten sowie Parkplätzen mangelt es nicht. Der Artillerieoffizier Julius von Plänckner (1791–1858) aus Gotha lief den Rennsteig erstmals in seiner ganzen Länge ab. Sein Bericht über die Wanderung von der Werra bis zur Saale, damals noch ein richtiges Abenteuer, löste eine regelrechte Wanderbewegung aus, die in der Gründung des Rennsteigvereins 1896 gipfelte und bis heute keineswegs abgeklungen ist.

Der steile Anstieg auf den Aschenbergstein wird mit einem grandiosen Ausblick über den Lauchagrund belohnt.

sie in das harte, 225 bis 245 Millionen Jahre alte Konglomeratgestein hineingefressen. Die Spuren der Wasserkraft sind an den Auskolkungen und Strudelnischen in der Klamm gut zu erkennen. Wer Glück hat, bekommt doch noch einen kleinen Drachen zu Gesicht: Der selten gewordene Feuersalamander hält sich gern zwischen den feuchten und schattigen Felsen auf. Von der Gaststätte »Hohe Sonne« am Rennsteig (über die B 19 zu erreichen) führt ebenfalls ein Wanderweg zur Drachenschlucht.

Man sollte **Eisenach** **3** nicht verlassen, ohne einen Blick in die Stadt zu werfen. Martin Luther und Johann Sebastian Bach gingen hier zur Schule, wenn auch in verschiedenen Jahrhunderten. Von besonderem Interesse sind das Bach- und das Luther-Haus, die Einblicke ins Leben und Werk der beiden vermitteln.

Über allen Gipfeln ist Ruh'

Unterhalb von **Gerberstein** (729 m) und **Glöckner** (619 m) **4** türmen sich Blockmeere aus mannshohen Granitfelsen auf, mit Buchen, Ebereschen und Ahorn bewachsen. Die Spitze des Gerbersteins überragt die Baumkronen und ermöglicht bei guter Sicht den Blick bis zur Rhön. Beide Gipfel erreicht man vom Parkplatz »Glasbachwiese«, wo die Straßen von Ruhla, Bad Liebenstein und Brotterode aufeinandertreffen. Ab hier folgt man dem Rennsteig ostwärts und erreicht nach 600 m den Gerberstein; westwärts zum Glöckner sind es 900 m.

Der Rennsteig zieht sich wie ein roter Faden durch den Thüringer Wald. Er führt auch **TOP TIPP** über den **Großen Inselsberg** **5**, den prominentesten, wenn auch nicht höchsten der Thüringer Berge. Diesen Titel kann der Große Beerberg mit 982 m für sich in Anspruch nehmen. Der Große Inselsberg mit 916 m jedoch bietet bei klarem Wetter einen fantastischen Blick bis zur Wasserkuppe in der Rhön und nach Norden über das Thüringer Becken hinweg bis zum Brocken im Harz. Seine kahle Kuppe mit Sendeanlagen ist unschwer von allen Seiten auszumachen. Der Rennsteig verläuft unmittelbar über die Kuppe des Inselsbergs, ursprünglich lag hier die Grenze des Herzogtums Sachsen-Coburg und Gotha zu Preußen. Im 19. Jahrhundert, zu Beginn der Rennsteigwanderbewegung, entstanden daher auf beiden Seiten der Grenze Gasthöfe, wovon Besucher und Wanderer noch heute profitieren. An der Landstraße zwischen Tabarz und Brotterode zweigt eine ausgeschilderte Straße zum Inselsberg ab. Möglich ist auch die Anfahrt mit dem Inselsbergexpress von Tabarz und vom Parkplatz »Grenzwiese« aus (Oldtimerbus und Ausflugsbahn). Alle gastronomischen Einrichtungen auf dem Inselsberg haben täglich geöffnet; unterhalb der Kuppe am Parkplatz »Grenzwiese« gibt es eine weitere Gaststätte sowie eine Sommerrodelbahn.

Das Örtchen **Tabarz** **6** am Fuß des Thüringer Waldes ist in Thüringen von jeher ein beliebter Ferienort. Einer der Gründe liegt wohl in der bequemen Zugänglichkeit: Von Gotha gelangt man mit der Straßenbahn, der Thüringer Waldbahn, direkt hierher. Bei Tabarz öffnet sich eine Gebirgslandschaft, die selbst vielen Thüringern unbekannt geblieben ist. Von der Endstation der Thüringer Waldbahn wandert man in Richtung **Lauchagrund** ❼, mit dem Auto fährt man bis zum Schweizer Haus, wo es Parkmöglichkeiten gibt. Anfangs steigt der Weg durch den Lauchagrund nur sanft an; zwischen den Tannen werden hohe Porphyrfelsen sichtbar. Links zweigt ein Weg zum Roten Turm, einer Felsnadel, ab; der jetzt steile Pfad führt zwischen Schluchten und über Felskuppen in eine fantastische Gebirgswelt. Schon nach einem Kilometer Anstieg erreicht man den Gipfel des Aschenbergsteins. Der Ausblick von der 60 m hohen Felswand in das Tal und auf den Inselsberg ist überwältigend. Auch Freunde des Klettersports kommen an den Felstürmen des Lauchagrunds auf ihre Kosten. Wanderer können die Höhen über Treppen erklimmen. Weitere Wege führen zu einer Höhle, dem »Backofenloch«, und zum Felsentor des Torsteins.

Von 1778 bis 1903 wurde in der **Marienglashöhle** ❽ Gips abgebaut und zu Stuckgips weiterverarbeitet. Schon seit 150 Jahren begeistern sich Besucher für die unterirdische Schatzkammer, den Höhlensee und die Kristallgrotte. Der Abbau war 1848 gestoppt worden, um die Pracht der ungewöhnlich langen und transparenten Gipskristalle zu erhalten. Der Name der Höhle geht auf den alten Brauch zurück, Marienbilder mit durchschimmernden Gipsplättchen zu belegen. Die Höhle liegt an der B 88, zwischen Friedrichroda und Tabarz. Es gibt einen Parkplatz und eine Haltestelle der Thüringer Waldbahn.

Der **Tobiashammer** ❾ in Ohrdruf zeigt ein Stück früher Industriegeschichte. Im Thüringer Wald setzte man zu Beginn der Industrialisierung auf die reichlich vorhandene Wasserkraft. Vier riesige Wasserräder bewegen das Hammerwerk noch heute. Dampfmaschinen brachten den Fortschritt; mit 305 t Gewicht und einer Leistung von 12 000 PS ist die Dampfmaschine des Tobiashammers eine der größten in Europa. Das Technische Denkmal steht an der B 247 in Richtung Oberhof / Suhl mit großem Parkplatz vor der Anlage.

Ein Meer aus Stein und Blüten

Die schönste Bergwiese des Thüringer Waldes konnte früher nur auf einem Knüppeldamm betreten werden. Denn die **Ebertswiese** ❿, 24 ha groß und seit 1936 unter Schutz gestellt, ist sumpfig. Sie weist in 900 m Höhe eine sehr abwechslungsreiche Vegetation auf; hier wächst auch das nur in Quellmooren zu findende Breitblättrige Knabenkraut. Benannt wurde die Wiese nach dem ersten Abt des Klosters Georgenthal, Eberhardt, der im Mittelalter die Waldrodung veranlasst hat. Die Ebertswiese entwässert sich in den Bach Spitter, der den 20 m hohen Spitterfall bildet – den höchsten natürlichen Wasserfall im Thüringer Wald. Nach heftigen Regengüssen

PFLANZEN

ARNIKA
(Arnica montana)

Die aromatisch duftende, gelb blühende Wappenpflanze des Thüringer Waldes besitzt einen etwa 20 bis 60 cm hohen Stängel mit ein bis drei gegenständigen Blattpaaren. Anzutreffen ist die Arnika in Höhen von 500 m bis von 2800 m; sie bevorzugt saure und magere Wiesen und meidet Kalkböden. Als entzün-

dungshemmendes und wundheilendes Mittel wurde sie erst seit Ende des Mittelalters genutzt; ihre volkstümlichen Namen (Wolfsbanner, Donnerwurz, Johannisblume, Bergwohlverleih) deuten jedoch darauf hin, dass sie schon lange davor als Zauberpflanze galt. So spielte sie im Kult der Sommersonnenwende eine Rolle. Am Johannistag (24. Juni, Sonnenwende) gesammelte Blüten galten beispielsweise als besonders heilkräftig. Auch Hildegard von Bingen schrieb im 12. Jahrhundert der Arnikapflanze beachtliche magische, größtenteils liebesfördernde Kräfte zu. Doch Achtung: Alle Teile der geschützten Pflanze sind giftig!

Fachwerk, wohin das Auge reicht: In Schmalkaldens denkmalgeschützter Altstadt scheint die Zeit stillzustehen.

GOETHEWANDERWEG

Auf dem Kickelhahn ⑭ steht man über der Welt, die mit ihrem Treiben und ihren Aufregungen ferner nicht sein könnte. Das empfand Johann

Wolfgang von Goethe, der hier eines der schönsten Gedichte der Deutschen Literatur, »Wanderers Nachtlied«, verfasst haben soll. Auch in Stützerbach kommt man an Goethe nicht vorbei, dort weilte er gleich 17-mal. Der Wanderweg beginnt in Ilmenau an der Goethe-Gedenkstätte und führt über Manebach, Jagdhaus Gabelbach, Kickelhahn und Hirtenwiese zum Stützerbacher Goethe-Museum im Gundelachschen Haus (Bild).

OBERWEISSBACHER BERGBAHN

Die Fahrt mit der historischen, 1919 bis 1923 erbauten Standseilbahn, ist ein Erlebnis für die ganze Familie. Die normalspurigen Waggons müssen 25 % Steigung überwinden, 18 Minuten dauert der Aufstieg vom Bahnhof Obstfelderschmiede im oberen Schwarzatal ⑯ bis zur Bergstation Lichtenhain. Von hier geht es mit einem Triebwagen weiter auf der sogenannten Flachstrecke bis nach Cursdorf, dem Ausgangspunkt einer schönen Wanderung zum 2,4 km entfernten Fröbelturm. Die komplett restaurierten Bahnen verkehren ganzjährig im Halbstundentakt (Informationen unter: www.oberweissbacher-bergbahn.com).

stürzt das Wasser in drei Kaskaden die Felsen aus Diabasgestein hinab. Ausgangspunkt einer Wanderung zur Ebertswiese und zum Spitterfall (3 km) ist der Berggasthof »Nesselhof« an der Landstraße von Tambach-Dietharz nach Floh-Seligenthal.

Der Ort **Schmalkalden** ⑪ ist manchem vielleicht aus dem Geschichtsunterricht in Erinnerung geblieben: Der Schmalkaldische Bund war der Zusammenschluss der protestantischen Fürsten gegen den habsburgischen Kaiser Karl V. im Jahre 1531, der mit einer Niederlage im Schmalkaldischen Krieg 1546/47 endete. Seit dieser Zeit scheint sich das Stadtbild wenig verändert zu haben, die gesamte Altstadt steht heute unter Denkmalschutz. Der schöne Altmarkt mit dem spätgotischen Rathaus und der Stadtkirche St. Georg bildet ein kraftvolles Ensemble. Über das Schicksal der Stadt wacht das weithin sichtbare Renaissanceschloss Wilhelmsburg.

Schon im Mittelalter wurde in der Nähe Schmalkaldens Eisenerz abgebaut. 2 km östlich der Stadt liegt im Ortsteil Asbach in den Asbacher Bergen das Schaubergwerk Finsterwalde. Auf 350 m Stollen, Strecken und Querschlägen kann sich der Besucher über die Geologie der Grube und die harte Arbeit unter Tage informieren.

Die Kammlagen des Thüringer Waldes sind im Winter sehr schneesicher und locken zahlreiche Wintersportfreunde nach **Oberhof** ⑫. Das weltweit bekannte Wintersportzentrum bietet nicht nur schwindelerregende Skisprungschanzen, ein großartiges Biathlonstadion und das architekto-

nisch reizvolle »Panorama-Hotel«. Die klimatischen Bedingungen in 860 m Höhe mit einer Jahresdurchschnittstemperatur von 4,2 °C sind auch ideal für Gebirgspflanzen aller Art und aus aller Welt. Ihnen widmet sich der **Rennsteiggarten** ⑬ in Oberhof. Auf dem 7 ha großen Gelände erblüht im Sommer die Felslandschaft, daneben gibt es einen Thüringer Naturschutzgarten, einen Rhododendrongarten und ein künstlich angelegtes Hochmoor. Im Informationshaus erfährt man alles Wissenswerte über die hier gedeihenden 4000 Pflanzenarten und den Thüringer Wald. Der Rennsteiggarten liegt etwas außerhalb von Oberhof in Richtung Zella-Mehlis, Parkplätze sind vorhanden.

Poetische Höhepunkte

TOP TIPP Der Gipfel der Poesie im Thüringer Wald ist und bleibt der **Kickelhahn** ⑭ bei Ilmenau. Hier kann man in luftiger Höhe die Seele baumeln lassen – wenn auch nicht mehr einsam und allein, denn das Gipfelhaus ist bewirtschaftet. Auch die Berghütte, in der Johann Wolfgang von Goethe sein »Wanderers Nachtlied« in die Bretter geritzt haben soll, steht noch bzw. nach einem Brand wieder. Vom nahen Aussichtsturm, den die Weimarer Großherzogin Maria Pawlowna 1855 errichten ließ, kann man heute wie damals die Ruhe und Gelassenheit der Höhen über alle Wipfel hinweg genießen.

Den Kickelhahn erreicht man von Ilmenau aus über die Landstraße Richtung Neustadt am Rennsteig. Am Waldparkplatz (nach 3 km) beim

Vom Frühling bis in den späten Herbst können Pflanzenliebhaber im Rennsteiggarten bei Oberhof lustwandeln.

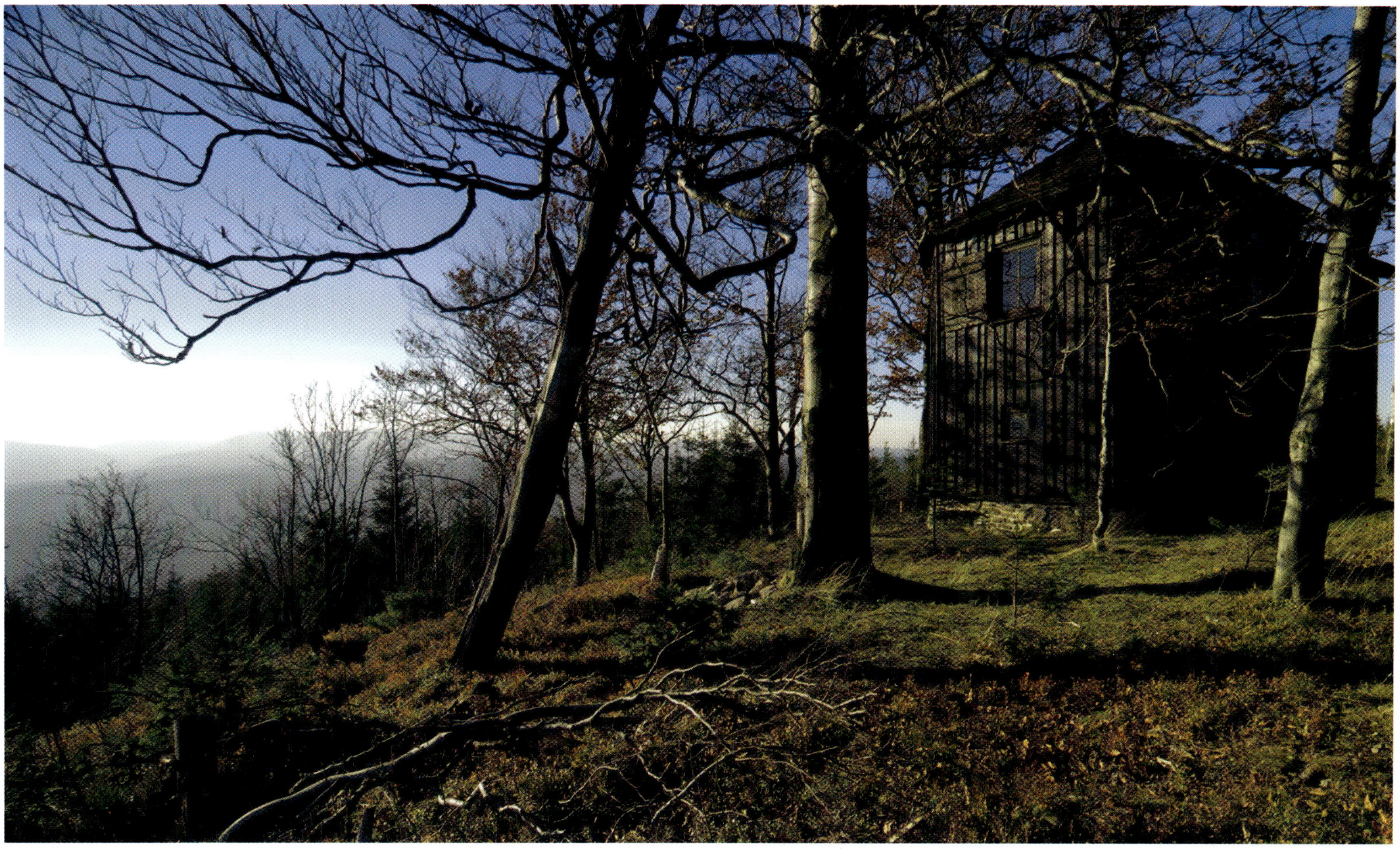

Das Goethehäuschen mit seinem Ausblick auf den Thüringer Wald versetzt in poetische Stimmung – Wanderer kommen immer wieder gern auf den Kickelhahn.

Forsthaus Gabelbach beginnt der steile Wanderweg zum Gipfel. Er ist 1,5 km lang und führt am Forsthaus mit dem Goethe-Museum vorbei.

TOP TIPP Unbedingt einen Besuch wert ist die Ruine des **Klosters Paulinzella** 15. Die romanische Säulenbasilika liegt rund 20 km östlich von Ilmenau und wurde nach dem Vorbild von Hirsau im Schwarzwald (Hirsauer Schule) errichtet. Im Jahr 1124 erfolgte die Weihe. Nach der Reformation wurde das Kloster vorerst aufgegeben und verfiel. Paulinzella gehörte den Grafen von Schwarzburg-Rudolstadt. Diese ließen auf dem Klostergelände im 16. Jahrhundert ein Jagdschloss errichten. Heute befindet sich im Schloss ein Museum zur Kloster-, Forst- und Jagdgeschichte des Ortes. Nach Paulinzella führt die Landstraße zwischen Rottenbach (B 88) und Stadtilm. Kloster und Jagdschloss liegen unübersehbar im Mittelpunkt des Dorfes. Parkmöglichkeiten sind vor dem Schloss vorhanden.

Das **Schwarzatal** 16 zwischen Schwarzburg und Blankenburg wurde vom Verband Naturfreunde Deutschlands zur Flusslandschaft des Jahres 2006/07 gekürt. Am Grund der Schwarza, des 50 km langen Nebenflusses der Saale, lebt auch die Westgroppe, der Fisch des Jahres 2006. Ausgiebig kennenlernen kann man das Kerbtal mit seinen steilen Schieferhängen auf dem 38 km langen Heinrich-Cotta-Naturlehrpfad. Wesentlich kürzer, aber ebenfalls sehr aussichtsreich ist der 3 km lange Anstieg von Schwarzburg auf den 504 m hohen **Trippstein** 17. Von hier hat man einen herrlichen Blick hinunter zur Schwarza und auf das sehenswerte, aber nur noch in Teilen erhaltene Schloss Schwarzburg, das sich stolz über dem Flusstal erhebt.

Ganz versteckt im Wald liegen hingegen die **Meurasteine** 18, eine der geologisch ältesten (eine halbe Milliarde Jahre) Felsformationen Thüringens. Man erreicht die Felsen über eine 700 m lange Wanderung ab dem Ort Meura.

In zahlreichen Glaswerkstätten des Ortes Lauscha kann man Glasbläsern über die Schulter schauen. Das **Glaskunstmuseum Lauscha** 19 stellt Thüringer Glas vom späten Mittelalter bis in die Gegenwart vor, hier wurde schließlich nicht nur die Weihnachtskugel erfunden. Rot glühendes Licht fällt aus den Hütten, wenn aus 1500 °C heißem Glas Kunstwerke in allen nur erdenkbaren Formen und Farben gegossen werden. Die einen nennen es Kitsch, die anderen nehmen gern ein Erinnerungsstück mit nach Hause.

KULTURTIPP

FAHRZEUGMUSEUM SUHL

Motorräder, Fahrräder und auch Autos entstanden 150 Jahre lang südlich von Oberhof 12 im Thüringer Wald. Auf 1030 m² Fläche werden auf dem ehemaligen Werksgelände in Suhl (an der Straße nach Meiningen) 170 Ausstellungsstücke (im Bild Geländesport-Motorräder) gezeigt und die Geschichte der Traditionsfirma Simson seit ihrer Gründung 1851 nacherzählt.

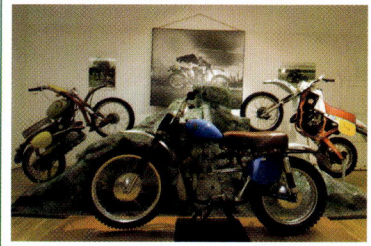

Biosphärenreservat Vessertal

SERVICE

Anfahrt: Auf der A 4 Bad Hersfeld–Dresden bis zur Ausfahrt Gotha, auf der B 247 nach Oberhof und weiter Richtung Schmiedefeld bis zur Schmücke; Schmiedefeld ist auch mit der Bahn zu erreichen

Lage: Im Herzen des Thüringer Waldes, zwischen Ilmenau und Suhl

Größe: 170 km²

Höchste Erhebung: Großer Finsterberg (944 m)

Gründung: 1979

Information:
Verwaltung
Biosphärenreservat Vessertal
Waldstraße 1
98711 Schmiedefeld am Rennsteig.

Telefon: 036782/6660

Internet: www.biosphaerenreservat-vessertal.de

Im Herzen des Thüringer Waldes liegen neun Naturschutzgebiete, die bereits 1979 als Biosphärenreservat von der UNESCO ausgezeichnet wurden. Zu der geschlossenen Waldlandschaft mit Mooren auf den Bergkuppen gehört auch das liebliche Vessertal, das der Region den Namen gibt.

Anmutig schlängelt sich die Vesser durch die stimmungsvolle Landschaft des Biosphärenreservats.

TOP TIPP

1 Schmücke
Wanderungen zu den Gipfelmooren am Großen Beerberg und am Schneekopf

4 Schmiedefeld
Urlauberzentrum im Biosphärenreservat Vessertal

6 Vesser
Idyllischer Ausgangspunkt für Wanderungen im Vessertal, besonders geeignet für erholsame Aufenthalte

Der Große Beerberg ist die höchste Erhebung des Thüringer Waldes. Von seinen fast 1000 m bis in die tiefen Täler wachsen Fichten dicht an dicht. Nur an wenigen Stellen weitet sich der Forst und lässt Raum für Wiesen und Dörfer, deren Häuser mit schwarzem Schiefer ummantelt sind. Dunkle Moore und muntere Bachläufe gestalten diese bemerkenswerte Mittelgebirgslandschaft. Schon 1939 wurde das Gebiet mit den Gipfelmooren des Beerberges und des benachbarten Schneekopfes sowie das eigentliche Vessertal unter Schutz gestellt. Weitere Gebiete kamen im Laufe der 1960er-Jahre hinzu: Seiffartsburg, Erbskopf, Reifberg, Marktal und Morast, Harzgrund und der Oberlauf der Gabeltäler. Bis 1979 wurden so neun Naturschutzgebiete mit einer Gesamtfläche von 17000 ha als Biosphärenreservat anerkannt. Als Naherholungsgebiet erfreut es sich seitdem größter Beliebtheit.

Die ersten Sommerfrischler

TOP TIPP Am wald- und wiesenreichen Gebiet der **Schmücke 1** kreuzen sich die Straße von Oberhof oder Schmiedefeld sowie von Gehlberg und Goldlauter kommend mit dem Rennsteig. Vom Parkplatz sind die Gipfel des Großen Beerbergs und des Schneekopfs gut zu erwandern. Ihre hochliegenden Moore werden von Regenwasser gespeist, sie bestehen aus baumlosen Moorflächen mit Wasserlöchern. Das Schneekopfmoor trocknet allmählich aus und wandelt sich langsam zur Heide um.

Neben drei weiteren kleinen Naturschutzgebieten sind im östlichen Teil der Biosphäre vor allem

Schieferdach auf Fachwerk – die kleine Kirche in Vesser.

die beiden abgelegenen Naturschutzgebiete **Oberlauf der Gabeltäler** ❷ sowie **Marktal und Morast** ❸ erwähnenswert. Mehrere Quellbäche winden sich durch Wiesen mit hohem Pfeifengras, mit Blutweiderich und Pestwurz, im Unterlauf fließen sie radial zusammen. Der »Morast« oberhalb des Marktals ist ein etwa 1 m starkes Hochmoor im Anfangsstadium. Diese interessanten Naturschutzgebiete erreicht man vom Parkplatz »Dreiherrenstein« an der Straße Ilmeau–Neustadt.

TOP TIPP Der bekannte Urlaubsort **Schmiedefeld** ❹ am Rennsteig liegt auf einer Höhe zwischen 680 und 944 m. Er kann auf eine 600-jährige Geschichte zurückblicken. Bereits vor 100 Jahren trafen die ersten Sommerfrischler mit der eben gebauten Eisenbahn hier ein. Aber auch für Wintersportler ist Schmiedefeld ein lohnendes Ziel, ebenso wie für die Teilnehmer des Rennsteiglaufs, eines alljährlichen Crosslaufs über die doppelte Marathondistanz. Der Infogarten des Biosphärenreservats Vessertal in Schmiedefeld ist von Anfang Mai bis Ende September geöffnet; dort können sich Besucher über das Biosphärenreservat, seine Natur und über Erlebnismöglichkeiten informieren.

Die Kernzone des Biosphärenreservats **Vessertal** ❺ ist vollständig geschützt, also von jeglicher Bewirtschaftung ausgenommen. Sie liegt in 420 m Höhe und umfasst 246 ha. Die Vesser entspringt am Großen Eisenberg und erreicht rasch das Örtchen Vesser, das sich in steil abfallende Wiesen schmiegt. Auf den Hängen ragen beeindruckende Buchenhallen- und Bergmischwälder empor. Hier wird Stille hörbar.

TOP TIPP Das anheimelnde Dorf **Vesser** ❻ bietet sich als Ausgangspunkt für Wanderungen und Touren durch das Biosphä-

renreservat an. Die schiefergedeckte Fachwerkkirche bildet den Dorfmittelpunkt, einladende Wirtshäuser locken die Gäste mit bester Verpflegung und Unterkunft. In der Kirche von Vesser regt eine Ausstellung an, das Gebiet einmal mit anderen Augen zu entdecken. Dazu gibt es Tipps zum eigenen Erleben der Landschaft. Die Kirche ist von Anfang April bis Ende Oktober täglich von 10 bis 16 Uhr geöffnet.

Auf den Spuren des Bergbaus

Eine Wanderung auf dem **Bergbaupfad** ❼ entlang des oberen Vessertals vermittelt Spannendes. Aufgrund der geologischen Eigenschaften des Gebietes lohnte sich im Vessertal der Abbau von Erzen. Bereits im Jahr 1406 wird ein Eisenhammer an der Vesser bei Breitenbach erwähnt. Bis ins 19. Jahrhundert gewannen die »Crux« genannten Gruben an Bedeutung. Die »Gelbe Crux« baute Schwefelkies ab, die »Rote Crux« Roteisenstein, in der »Schwarzen Crux« gewann man Magneteisenstein. Hier befindet sich heute eine beliebte Ausflugsgaststätte, die mit dem Auto auch von der Landstraße Suhl–Schmiedefeld erreicht werden kann.

Am Ende des Vessertals, am Ortseingang von **Breitenbach** ❽, steht die ehemalige Sensenhammermühle, heute ein Forsthaus. Breitenbach war in früheren Zeiten ein sogenannter Waldort. Noch bis in das 20. Jahrhundert hinein lebten die Bewohner des schon 1144 erwähnten Dorfes hauptsächlich von Waldarbeit, Köhlerei, Landwirtschaft und Weberei.

WANDERTIPP

NATURLEHRPFAD VESSERTAL
Ein schöner Naturlehrpfad führt in die Kernzone des Vessertals und erläutert die Besonderheiten der Pflanzen- und Tierwelt. Der Weg von Vesser ❻ nach Breitenbach ❽ (6 km) ist breit und mit dem Rad gut zu befahren. Gleich hinter dem Ortsausgang von Vesser wurde 1950/51 eine Skisprungschanze in den Hang gebaut. Eine Tafel berichtet von rasanten Schanzenrekorden und verrät, dass

die 100-Meter-Marke noch erobert werden kann – der Rekord von 2002 liegt bei 99 m. Das abwechslungsreiche Tal säumen Buchenhänge. Am Bachlauf stehen üppige Stauden wie die Pestwurz (Bild), so dass man das Wasser manchmal kaum ausmachen kann.

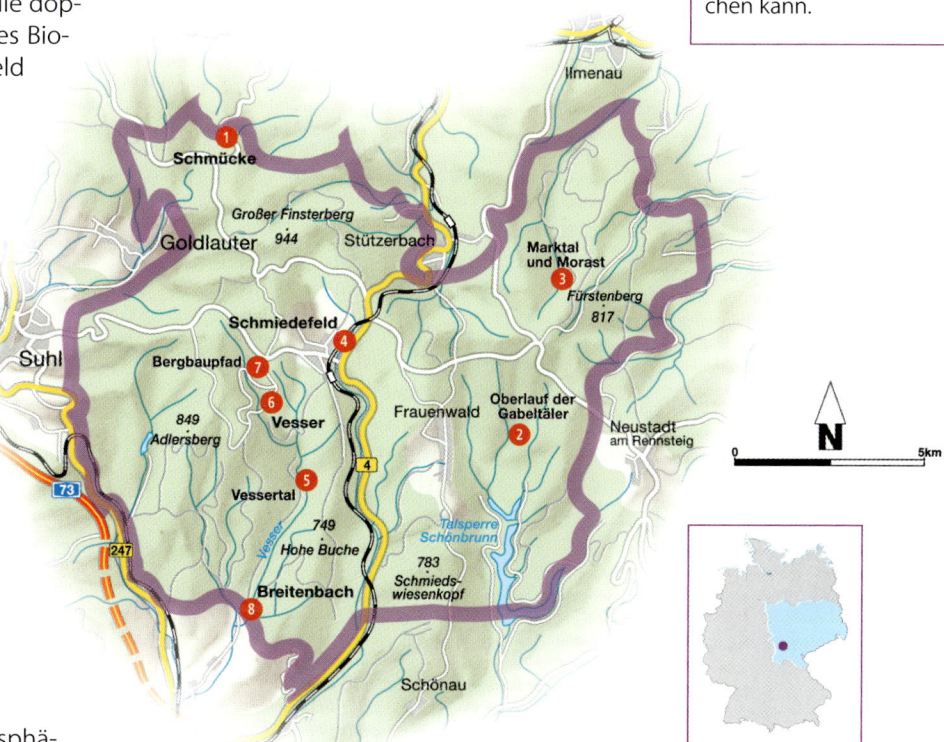

SERVICE

Anfahrt: Auf der A 71 Schweinfurt–
Erfurt bis zur Ausfahrt Bad Neustadt
a. d. Saale, weiter auf der B 279 nach
Bad Königshofen-Ipthausen; mit der
Bahn erreicht man Zeil am Main
Lage: Im nördlichen Bayern zwischen
Thüringer Wald, Rhön und Maintal
Größe: 804 km²
Höchste Erhebung:
Nassacher Höhe (506 m)
Gründung: 1974
Information:
Naturpark Haßberge
Am Herrenhof 1
97437 Haßfurt
Telefon: 09521 / 27 22 4
Infohaus: in Eltmann
Internet:
www.naturpark-hassberge.de

Naturpark Haßberge

Waldlandschaften, von Wiesengründen durchzogen, Felsengärten mit bizarren Sandsteinformationen, von Hecken gesäumte Acker und Wege, sonnenüberflutete Weinberge und Streuobstwiesen, Burgen, Ruinen, prächtige Schlösser und Kirchen – die Haßberge sind zum Verlieben schön.

Im Herzen der Haßberge liegt Altenstein mit der schönsten Burgruine des Frankenlandes.

TOP TIPP

⑦ **Schwedenschanze**
Moderner Aussichtsturm
auf uralter Wallanlage
⑩ **Königsberg in Bayern**
Fachwerk-Altstadt, Stauferburg
und Naturlehrpfad für die ganze
Familie
⑮ **Felsenlabyrinth Lichtenstein**
Imposanter natürlicher Irrgarten
⑯ **Altenstein**
Schönste Burgruine Frankens

Wie die Haßberge zu ihrem Namen kamen, ist umstritten; die meisten Heimatkundler neigen zu der Ansicht, dass die Bezeichnungen »Haß-gau« und »Haßberg« wohl von den Hessen herrühren muss, die bei der Besiedlung dieser Landschaft ohne Zweifel beteiligt waren. Die ursprüngliche Bezeichnung des Volksstamms war »Hassi«. Der Haßgau mit seinen gleichnamigen Bergen ist eine unspektakuläre, aber schöne Landschaft, auch fromm, wie die zahlreichen Wegkreuze und Marienstatuen an den Häusern bezeugen. In sanfte Hügel schmiegen sich Dörfer, die Ruhe und Vertrautheit ausstrahlen. Jahrzehnte zollte man diesem Stück Land wenig Aufmerksamkeit, es blieb vergessen und verlassen. Jetzt holen die naturbegeisterten Freunde, Radwanderer und Mountainbiker die Haßberge aus ihrem Schattendasein, entreißen sie ihrem Dornröschenschlaf – ein großes Plus für eine Region fernab von Hektik und großen Industrien, von der Hast des Alltags und dem Lärm des ständigen Verkehrs. Die Haßberge bilden die Fortsetzung des Brudergebirges Steigerwald südlich des Mains. Die beiden bewaldeten Höhenzüge sind von gleichem Gestein, dem Keupersandstein. An ihrem Südrand, in den mächtigen Steinbrüchen von Zeil und Eltmann, wird er abgebaut. Für den Westtrauf und das Maintal sind die Wärme liebenden Eichen-Hainbuchen-Wälder und kleine Weinberge charakteristisch. Hier finden sich seltenste Pflanzenarten. Die Flüsse Baunach und Weisach leiten über zum sogenannten Itz-Baunach-Hügelland mit seinem imposanten Anstieg zum Rhät, jenen bizarren Sandsteinfor-

Unter zahlreichen Schlössern und Burgen besonders bemerkenswert: das Wasserschloss Brennhausen.

mationen mit dem Felsengarten von Lichtenstein. Im Osten werden die Waldlandschaften von den Wiesengründen der kleinen Flüsse Ermetz und Lauter durchzogen. Mehr als die Hälfte der Fläche des Naturparks ist mit Wald bedeckt.

Burgen, Schlösser und Kirchen wie Perlen am Wegesrand

Den von Norden kommenden Besucher begrüßt am Rande des Naturparks ein wahres Kleinod fränkischer Rokokokunst: die **Wallfahrtskirche Maria Hilf** ❶ in Ipthausen (einem Ortsteil von Bad Königshofen). Äußerlich sehr schlicht, überrascht sie mit ihrem festlich strahlenden Innenraum. Die Deckengemälde von Georg Anton Urlaub (1713–1759), einem fränkischen Maler im Banne des großen Barockmeisters Tiepolo, erzeugen einen illusionistischen Effekt. Weitere Kostbarkeiten sind eine Pietà (17. Jahrhundert) und das Vortragekreuz für Prozessionen. Im benachbarten **Eyershausen** ❷ wurde die katholische Pfarrkirche vom selben Künstler kaum weniger prächtig ausgestaltet. **Bad Königshofen** ❸, das vor den Grenzen des Naturparks liegt, ist mit seinem historischen Marktplatz und dem Vorgeschichtsmuseum unbedingt einen Besuch wert. Im Museum erhält man einen umfassenden Überblick über die Vor- und Frühgeschichte des östlichen Unterfranken. Glanzpunkte der Sammlung sind die reichen Grabausstattungen der Hallstattzeit und Funde von befestigten Höhensiedlungen. Spielend werden Kinder mit der Geschichte vertraut gemacht, sie können aus Kupferdraht keltischen Spiralschmuck nachbilden oder Fibeln basteln.

Die Hochflächen der Haßberge schmücken artenreiche Buchen-Mischwälder; schmale Wie-

sentäler durchziehen sie von Ost nach West. Wollgras, Feuchtwiesen-Knabenkräuter und andere Orchideen sind hier zu finden, und für die Reinheit der Gewässer sprechen die in den Bächen immer noch vorkommenden Steinkrebse. Eine unbereinigte Kulturlandschaft in kleinen Parzellen, mit einem Wechsel von Wiesen und Hecken, Weinbergen und Streuobstwiesen – Mensch und Natur sind im Gleichgewicht.

In dieser abgelegenen Landschaft ist auch das sehenswerte **Wasserschloss Brennhausen** ❹ zu finden. Das Schloss mit seinen Ursprüngen im 13. Jahrhundert, der Sage nach als Kloster erbaut, erinnert in seiner Kargheit an schottische Towerhouses. Es kann leider nicht besichtigt werden, doch lohnt sich ein Spaziergang um die dreiflügelige Anlage. Der Weg dorthin ist nicht ausgeschildert (von Sulzdorf in Richtung Königshofen, 200 m vor dem Ortsausgangsschild links in die Brennhauser Straße abbiegen, dann noch 4 km). Westlich von Sulzdorf liegt der größte natürliche Binnensee Unterfrankens, der **Reutsee** ❺, eine Freizeit- und Badeoase. Wahrhaft steinalt ist die **Gerichtslinde von Birnfeld** ❻ auf der anderen Seite der Haßberge. Den mächtigen Baum umgeben zwei Steinkränze mit 6 und 12 Säulen. Unter dieser alten Linde fällte bereits vor über 1000 Jahren das Dorfgericht seine Urteilssprüche. Zu den landschaftlichen Höhepunkten der Haßberge zählt zweifellos die **Schwedenschanze** ❼. Den Berggipfel umgeben ein bis zu 7 m tiefer Graben und ein gut erkennbarer Steinwall, der aus der La-Tène-Zeit (ab 500 v. Chr.) stammt. Ausgrabungen wiesen auch ein keltisches Dorf (Oppidum) nach. Noch im Dreißigjährigen Krieg

TOP TIPP

WANDERTIPP

RENNWEG

Der Rennweg, ein historischer Eilboten- und Kurierweg, verläuft über 65 km Strecke hinweg stets auf den Höhen der Haßberge und meidet Hänge, Täler und Ansiedlungen. Auf naturbelassenen Wegen durch ruhige, schattige Wälder beschert er immer wieder großartige Ausblicke auf weite Tal- und Wiesengründe des Naturparks mit zahlreichen malerisch gelegenen Dörfern und Schlössern. Immer wieder stößt man während der Wanderung auf die Ruinen der im 10. Jahrhundert

auf den Höhen angelegten Burgenkette, die dem Schutz des fränkischen Siedlungsgebietes diente. Der Rennweg beginnt in Sulzfeld/ Grabfeldgau führt über die Schwedenschanze ❼ sowie die Urwiese ❽ bei Unfinden und endet bei Hallstadt/Bamberg. Da er fast gänzlich durch den Wald verläuft und keine Ortschaften streift, muss man zum Übernachten und zur Einkehr jeweils ein Stück vom Pfad abweichen.

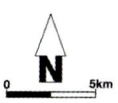

FLUSSKREBS

(Astacus astacus)

Der Edelkrebs oder Europäische Flusskrebs ist die größte unter den in Europa heimischen Krebsarten. Die Tiere werden 15 bis 20 Jahre alt. Flusskrebse sind dämmerungs- und nachtaktive Einzelgänger. Früher waren die meisten Binnengewässer von Flusskrebsen besiedelt. Der Bestandsrückgang ist auf naturfernen Ausbau und die Schadstoffbelastung vieler Gewässer sowie das Auftreten der Krebspest zurückzuführen. Heute ist der Flusskrebs vom Aussterben bedroht.

Gut zu finden: die mit Orchideen geschmückte Urwiese bei Unfinden, ein natürliches Kleinod inmitten der Haßberge.

wurde die 250 m lange und 2,5 ha große Wallanlage als Schutzsiedlung genutzt. 1928 errichtete man einen ersten Aussichtsturm aus Stein und Holz, der 2002 durch eine moderne 29 m hohe Eisenkonstruktion mit bugförmiger Holzverkleidung ersetzt wurde. Nach einer Wanderung entlang des Rennweges, der über diese Bergkuppe führt, empfiehlt es sich, die letzten Kräfte für den Aufstieg auf den Turm zu sammeln. Kein Lüftchen regt sich in der Höhe. Dort, wo sich die Bergketten der Rhön und des Thüringer Waldes in der blauen Ferne verlieren, steigen gewaltige weiße Wolken auf. Aus der Dr.-Krahmer-Hütte am Fuß des Turmes (am Wochenende und an Feiertagen eine willkommene Rastmöglichkeit) tönt Gläserklingen herauf und macht durstig. Vom Ort Eichelsdorf erreicht man die Schwedenschanze auf einer 4,5 km langen Wanderung. Mit dem Auto biegt man am Gasthaus Schwedenschanze (an der Straße Eichelsdorf–Schweinshaupten) auf eine 3 km lange, einspurige Straße ab, die sich durch den Wald bis zum Parkplatz windet.

Was das Herz begehrt: Natur und fränkischer Wein

Weiter auf dem Rennweg in südöstlicher Richtung stößt man auf einen Felsbrocken. »1317 stand hier Zeysendorf« ist zu lesen. Der Ort wurde im Dreißigjährigen Krieg verlassen, es entstand eine große **Urwiese** ❽, auf der die Pyrami-

den-Spitzorchidee und das Stattliche Knabenkraut blühen und heimische Vögel brüten. Über einen tief eingeschnittenen Hohlweg gelangt man zu dem unter Denkmalschutz stehenden Ort **Unfinden** ❾, das Dorf der Maler und Dichter. Historische Zunft- und Familienwappen zieren Fachwerkfassaden. Hier wird seit Jahrhunderten Weinbau betrieben. Eine erste Möglichkeit, fränkischen Wein zu verkosten, wenn man von Norden kommt – oder die letzte Gelegenheit vom Main aus gesehen. Die Urwiese erreicht man nur zu Fuß über den Rennweg, von Unfinden führt der 8 km lange Rundwanderweg (Markierung: Marder) ebenfalls an der Urwiese vorbei.

Über diesen Weg gelangt man auch nach **TOP TIPP** **Königsberg in Bayern** ❿, die Stadt des Regiomontanus (1437–1476). Der Mathematiker, Astronom und Erfinder hieß eigentlich Johannes Müller und verfasste schon im ausgehenden Mittelalter ein Lehrbuch der Trigonometrie, gründete in Nürnberg die erste deutsche Sternwarte und sagte Mond- und Sonnenfinsternisse richtig voraus. Das Geburtshaus und sein Denkmal zieren den malerisch ansteigenden Salzmarkt. Die gesamte Altstadt von Königsberg mit ihren dekorativen Fachwerkhäusern und schönen Stadttoren steht unter Denkmalschutz. Über ihr thront die Ruine einer alten Stauferburg. Den kurzen Anstieg auf den Schlossberg belohnt ein Besuch in der Burgschenke.

Nicht weit entfernt, an der Straße nach Hohnhausen, erweist sich der **Naturerlebnispfad »Natur Haßberge«** ⓫ als für Familien ideal. An 13 Erlebnisstationen können Kinder springen, klettern, auf verschiedenen Untergründen barfuß laufen, Steine bearbeiten, Musik machen und viel über Wald und Natur erfahren.

Königsberg ist bei weitem nicht die einzige geschichtsträchtige Stadt in den Haßbergen. Etwas weiter südlich am Main liegt **Haßfurt** ⓬. Wahrzeichen und bedeutendstes Bauwerk ist die spätgotische Ritterkapelle von 1390. Die etwa gleichzeitig entstandene Pfarrkirche beherbergt wertvolle Holzskulpturen des berühmten Künstlers Tilman Riemenschneider.

Den Marktplatz in **Zeil am Main** ⓭ säumen barocke Bürgerhäuser und das Renaissance-Rathaus, eine würdige Kulisse für das weithin bekannte Zeiler Weinfest im August. Der bedeutendste Sohn der Stadt, Abt Alberich Degen, führte 1665 die Silvanerrebe in Franken ein. Seitdem gedeiht der vorzügliche Frankenwein auf den sonnigen Südhängen rund um Zeil.

An der Wallfahrtskirche Zeiler Käppele oberhalb von Zeil (dort gibt es mehrere Parkmöglichkeiten) beginnt der **Abt-Degen-Steig** ⓮, der mit zahlreichen schönen Ausblicken auf das Maintal bis zu den bereits im Jahr 1335 erwähnten Weinbauanlagen Pfaffenberg und Nonnenberg führt. Mehrere Trockenmauern, die wie die Gräten eines Fisches angelegt wurden, gliedern die extrem steilen Hänge. Durch die Flurbereinigungen nach dem Zweiten Weltkrieg drohten die alten Weinbergmauern zu verfallen, doch 1986 stellte man die historischen Rebfluren, die nach wie vor von Hand bewirtschaftet werden, unter Naturschutz.

Zeugnis frühgeschichtlicher Kulte: keltischer Drudenfuß am sagenumwobenen Veitenstein.

Rätselhafte Felsen, sagenumwobene Ruinen

Zwanzig vorgeschichtliche Fliehburgen und Wallanlagen, 15 Burgen und 26 Schlösser hat man in den Haßbergen gezählt. In Lichtenstein liegt unterhalb der Ruine der einzigartige Rhätsandstein-Felsengarten. Die Doppelburg teilt sich in die gut erhaltene und bewohnte Südburg und die Ruine der Nordburg, die an Wochenenden gegen Eintrittsgeld besichtigt werden kann. **TOP TIPP** Der Zugang zum **Felsenlabyrinth** ⓯ liegt gleich neben der Ruine. Besonders imposant ist der »Walfischfelsen«, in dessen aufgeklapptem Maul man deutlich die wabenförmige Verwitterung des Sandsteins studieren kann. Weiter führt der Weg zum »Teufelsstein« mit einem in den Fels geritzten Mühlespiel. Der Burgsage nach hat ein Lichtensteiner Ritter durch eine List an diesem Spielbrett den Teufel besiegt. Nach etwa 2,5 km Wanderung gelangt man zurück zum Dorf. In Lichtenstein beginnt auch der 40 km lange »Burgenkundliche Lehrpfad«, der zu acht Burgen und Ruinen führt. Alle Stationen dieses Rundkurses sind mit Informationstafeln zur Geschichte und Architektur der mittelalterlichen Wehranlagen ausgestattet.

TOP TIPP Die schönste Burgruine Frankens liegt in **Altenstein** ⓰. Leider steht sie auf sehr instabilem Rhätsandstein-Untergrund. Das Gemäuer der spätgotischen Burgkapelle möchte man am liebsten stützen, so beängstigend aus dem Lot geraten ruht es am Rande des tiefen Felsabgrundes. Die vorbildlich gesicherte und erschlossene Burg kann tagsüber kostenlos besichtigt werden. Altenstein ist ein guter Ausgangspunkt für Wanderungen, etwa zum 3,5 km nordöstlich gelegenen Herthasee oder zu der 2,5 km entfernten Felsengruppe »Diebskeller«.

Eine frühgeschichtliche Kultstätte darf man auf dem **Veitenstein** ⓱ vermuten. Der von Spalten und Höhlen durchzogene Sandsteinfelsen liegt östlich des Lautertals bei Lußberg. Durch geologische Verschiebungen hat sich der vordere Teil des 15 m hohen Felsens vom 460 m hohen Gipfel des Lußbergs abgespalten und eine etwa 1,5 m breite Kluft gebildet, die sich im Inneren des Berges senkrecht fortsetzt. Offenbar wurde die Höhle zu kultischen Zwecken erweitert. Bemerkenswert ist eine enge Lichtöffnung, die der Sage nach von Querkeln (Zwergen) geschaffen wurde. Keltische Schriftzeichen am Querkelloch verweisen auf ein heidnisches Heiligtum. Eine massive Holztür versperrt die Höhle (Führungen unter Tel. 09536/1012). Die Wanderung zum Veitenstein beginnt am Parkplatz des Ortes Lußberg, 1,5 km mit steilem Anstieg, Rückweg (2,5 km) über das Jungfernkreuz nach Lußberg.

Naturpark Thüringer Schiefergebirge/Obere Saale

Den »blauen Naturpark« möchte man das Gebiet Thüringer Schiefergebirge und Obere Saale nennen, denn blau schlängelt sich die Saale durch ihr sonniges Tal, blau glänzt der Schiefer, der hier an vielen Stellen zutage tritt, und auch der Himmel erstrahlt öfter als anderswo im schönsten Königsblau.

SERVICE

Anfahrt: Auf der A 4 Bad Hersfeld–Dresden bis zur Ausfahrt Weimar und weiter über die B 88 nach Saalfeld; Saalfeld und zahlreiche weitere Orte im Naturpark sind auch mit der Bahn zu erreichen

Lage: In Ostthüringen im Stauseengebiet der Saale

Größe: 800 km²

Höchste Erhebung: Wetzstein (793 m)

Gründung: 1990

Information:
Naturparkhaus Thüringer Schiefergebirge/Obere Saale
Wurzbacher Straße 16
07338 Leutenberg
Telefon: 036734/23 09 0
Internet: www.thueringer-schiefergebirge-obere-saale.de

Die Feengrotten – Wunderland, Märchenland, Traumland – sind immer wieder ein Erlebnis im Erdinneren bei Saalfeld.

TOP TIPP

1 Feengrotten
Vier märchenhafte Grotten tief in der Erde

4 Plothener Teiche
Idyllisches Vogelparadies im »Land der 1000 Teiche«

7 Schieferbergwerk Lehesten
Einst der größte Schiefertagebau Europas

8 Schloss Burgk
Mittelalterliche Burganlage hoch über einer Saaleschleife

9 Bleilochtalsperre
Freizeitparadies in vielfältiger Naturlandschaft

Reizvolle gegensätzliche Landschaftsbilder in fünf sehr unterschiedlichen Naturräumen treffen in einem kleinen Gebiet aufeinander – die Besonderheit dieses Naturparks. Tief eingeschnitten sind die Täler der Schwarza-Sormitz-Region, weit die Hochflächen des zentral gelegenen Oberlandes. An norwegische Fjorde erinnern die Stauseen des oberen Saaletales, das hohe Thüringer Schiefergebirge ist ausgesprochen waldreich. Etwas ganz Besonderes aber sind die Himmelsteiche bei Plothen. Während der nordwestliche Teil des Thüringer Waldes ein Horstgebirge aus sehr altem Gestein ist, tritt im Südosten Schiefer zutage, der dem Naturpark nicht nur den Namen gegeben hat, sondern auch seit Jahrhunderten als hochwertiger Dach- und Wandschiefer abgebaut wird. Dadurch entstand eine charakteristische Landschaft, geprägt von kleinen Ortschaften mit blaugrauen Schieferdächern und -fassaden sowie von berghohen Schieferhalden, bewachsen mit Moosen, Flechten und Kräutern. Diese in Deutschland einzigartige Region des Schieferbergbaus lernt man bei einer Wanderung auf dem neu angelegten Schieferlehrpfad bei Probstzella näher kennen.

Ins Innere der Erde

TOP TIPP Ein Höhepunkt des Schiefergebirges liegt unter Tage. Die Saalfelder **Feengrotten** 1 zählen zu den farbenreichsten Höhlen der ganzen Welt. Zugleich sind sie ein eindrucksvolles Zeugnis einstigen Bergbaus. Seit der Eröffnung für das Publikum 1914 zogen die Feengrotten mehr als 17 Millionen Besucher aus aller Welt in ihren Bann. Der Abbau des Schiefers begann im Gebiet der heutigen Feengrotten um 1530.

Die Plothener Teiche, ein Paradies für Freunde der Natur.

Durch Auslaugung des grauschwarzen Gesteins gewann man Alaun zum Gerben von Leder sowie grünes Vitriol zur Unkrautbekämpfung und blaues Vitriol zur Holzkonservierung. Mit Beginn der Industrialisierung der Wirtschaft kam der Abbau um 1850 zum Erliegen.

Als der Stollen des fast vergessenen Bergwerkes um 1910 wiederentdeckt wurde, offenbarte sich den Betrachtern eine unterirdische Wunderwelt. Das mineralhaltige Tropf- und Quellwasser hatte in weniger als 300 Jahren ein faszinierendes Labyrinth in prächtigsten Formen und Farben geschaffen. Auch heute unterliegen die Grotten einem ständigen natürlichen Wandel. Im »Märchendom« der Feengrotten darf man sogar den Bund fürs Leben schließen (Anfragen unter www.feengrotten.de.)

Die Höhlen erreicht man von Saalfeld auf der B 281 in Richtung Neuhaus. Im Ortsteil Garnsdorf links der Ausschilderung folgen. Kostenlose Parkplätze sind in genügender Anzahl vorhanden (Öffnungszeiten: April bis Okt täglich 9.30 – 17.00 Uhr; Nov bis März täglich 10.30 – 15.30 Uhr).

Wie in einem Buch kann man am **Obernitzer Bohlen** ❷ die Erdgeschichte Thüringens studieren. Die 700 m lange und bis zu 120 m hohe Steilwand liegt südlich von Saalfeld, unmittelbar an der B 85. Das unter Naturschutz stehende Geotop wird in Geologielehrbüchern als Beispiel für »variszische Diskordanz« angeführt – so bezeichnen Fachleute die gefalteten Steinschichten der Bohlenwand. Der Aufstieg zur Bohlenwand beginnt im Saalfelder Ortsteil Köditz (durch die Unterführung des Bahndamms) und endet in Obernitz an der B 85.

Bei vielen beliebt: Thüringer Wasserparadiese

Die liebevolle Titulierung »Thüringer Meer« für die fast 80 km lange, fünfmal gestaute Saalekaskade, das größte zusammenhängende Stauseegebiet Deutschlands, ist wohl angemessen. Der **Hohenwarte-Stausee** ❸ mit 27 km Länge, mit malerischen Buchten in steil abfallende bewaldete Hänge gebettet, erfreut sich bei Seglern und anderen Wassersportlern großer Beliebtheit. Auch für Wanderer stellt er eine reizvolle Herausforderung dar, denn der immerhin 75 km lange Stausee-Rundwanderweg beginnt an der Hohenwarte-Sperrmauer und überwindet Höhenunterschiede von bis zu 300 m.

TOP TIPP Das beschauliche Idyll rund um die **Plothener Teiche** ❹ im Osten des Naturparks ist nicht nur für die Vogelwelt ein Paradies. Die 600 Teiche wurden im Mittelalter von Mönchen zur Fischzucht angelegt. Da sie nicht von Quellwasser, sondern nur durch Niederschläge gespeist werden, tragen sie auch den schönen Namen »Himmelsteiche«. Auf 75 km² sollen es 1000 Teiche sein, die zum größten Teil untereinander verbunden sind. Ein 7,8 km langer Naturlehrpfad mit Beobachtungsturm lädt dazu ein, die Bewohner der Teichlandschaft näher kennenzulernen: Wasserralle, Rotschenkel, Kampfläufer oder auch die Plattbauchlibelle. Das sich jährlich Anfang Oktober wiederholende Naturschauspiel der ins

PFLANZEN

ASTLOSE GRASLILIE

(Anthericum liliago)
Beste Lebensbedingungen findet die in Mittel- und Südeuropa heimische Pflanze auf Halbtrockenrasen, an nach Süden gerichteten warmen Waldrändern und in Trockengebüschen. Allerdings kommt sie sehr selten vor. Der wärmespeichernde Schiefer im Naturpark bietet ihr gute Wachstumsvoraussetzungen.

Ihre zarten, weißen Blüten sitzen an einem unverzweigten Blütenstand. Sie wird 30 bis 70 cm hoch und blüht zwischen Juni und August.

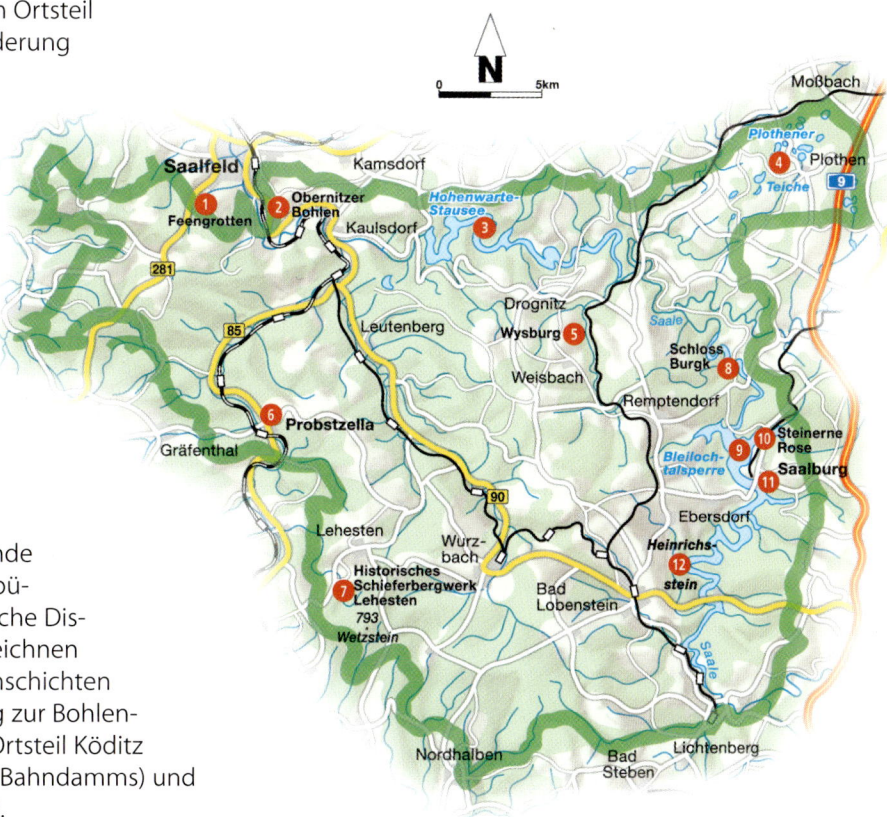

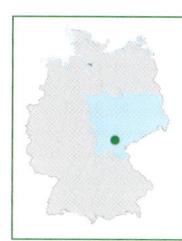

WILDNISTRAINING

Die Jugendherberge »Am Hausteich« in der Plothener Teichlandschaft ❹ widmet sich besonders der Natur- und Umwelterziehung. So können hier Jugendliche, die bisher wenig Möglichkeiten hatten, die Natur richtig kennenzulernen, durch ein spannendes Wildnistraining Verständnis für die Umwelt sowie Naturverbundenheit entwickeln. Exkursionen in die Plothener Teichlandschaft (Bild) und ausgedehnte Wanderungen mit stimmungsvollen Abenden am Lagerfeuer gehören zum Programm. Man lernt auch, mit dem Drillbogen Feuer zu machen und Stockbrot zu rösten, es gibt ein Wildnisspiel, eine Zeitreise durch die Erdgeschichte und Wildnis-Workshops zu den Themen »Schutz«, »Feuer«, »Wasser«

und »Nahrung«. Die Wildnisschule wird als eintägiger Schnupperkurs und als drei- oder fünftägiges Programm angeboten, wobei man in der Jugendherberge übernachtet. Termine und weitere Angebote unter: www.djh-thueringen.de oder telefonisch unter 036648/22329.

Orgelkonzerte, Ausstellungen, Burgspiele oder Hochzeitsfeste – Schloss Burgk hat viel zu bieten.

Schilf einfallenden Stare hat als »Starenwunder« einen gewissen Bekanntheitsgrad erlangt. Die Jugendherberge in der Nähe von Plothen bietet geführte Wanderungen an. Zwischen Plothen und Debra wurden an mehreren Stellen Parkplätze angelegt. Von dort kann man die Teichlandschaft zu Fuß erkunden.

Östlich von Neuenbeuthen, gegenüber der Ziemestalbrücke, finden sich in der Weisbacher Flur auf der »Schlosskuppe« die Überreste einer Burg, vermutlich aus dem Mittelalter. Der Volksmund nennt sie »Hohewaldsburg« oder **Wysburg** ❺. Eine spannende Sage rankt sich um diese Ritterburg: Dabei geht es um ein verloren gegangenes goldenes Kegelspiel, das heute noch Schatzsucher anlockt – doch bis jetzt waren alle Mühen umsonst, das Gold bleibt verschollen. Die Wysburg liegt etwa 1,5 km von dem kleinen Ort Weisbach entfernt.

Schiefer – das blaue Gold

Alle Dächer, selbst Fassaden und Kirchtürme spiegeln das Licht blaugrau wider – das Charakteristikum einer Gegend, die von kleinen Dörfern zwischen von Birken bewachsenen Schieferhalden geprägt ist. Das »blaue Gold« wird seit Jahrhunderten im Schieferbergbaugebiet zwischen Probstzella, Lehesten und Ludwigsstadt abge-

baut. Noch heute sind im Raum Lehesten und Unterloquitz Gruben in Betrieb.

Vom Marktplatz in **Probstzella** ❻ führt ein Schieferlehrpfad über die Schieferstadt Lehesten bis zum Schiefermuseum in Ludwigsstadt. Auf der 30 km langen Strecke geben 30 Informationstafeln Auskunft über den Schieferbergbau und versäumen auch nicht, auf Naturbesonderheiten hinzuweisen. Kürzer ist der Schiefer-Rundwanderweg (zwei Stunden) bei Probstzella, der ebenfalls am Marktplatz beginnt.

Ein besonderes Erlebnis ist ein Besuch des **TOP TIPP Historischen Schieferbergwerks Lehesten** ❼. Als gigantischer Krater präsentiert sich der einst größte Schiefertagebau Europas. Er ist das Resultat jahrhundertelanger Schürfarbeiten an ursprünglich mehreren Stellen, die im Laufe der Zeit zusammenwuchsen. Die Teiche und trockenen Hänge des 1999 stillgelegten Steinbruchs stehen unter Naturschutz; hier haben sich seltene Tierarten angesiedelt. Sehenswert sind auch die noch vorhandenen Bergbauanlagen. Obwohl ursprünglich offene Tagebaue, gibt es hier auch Schachtanlagen, die in die offene Grube und seit 1935 außerdem in unterirdische Stollen führen. Die historische Göpelschachtanlage sowie die Spalt- und Zuschneideanlagen können im Rahmen von Führungen besichtigt werden. Die Schieferstadt Lehesten liegt an der Landstraße zwischen Wurzbach und dem bayerischen Ludwigsstadt, rund 20 km südlich von Saalfeld. In Lehesten gibt es mehrere Schieferbrüche, deshalb den Schildern zum Schieferpark und zum historischen Schieferbergbau folgen. Parkmöglichkeiten sind vor Ort vorhanden. Öffnungszeiten der Bergbauanlagen: täglich von 8 – 16 Uhr (am Wochenende ab 9.30 Uhr, im Winter geschlossen). Weitere Auskünfte unter Telefon 036653/ 26011 und im Internet (www.erholungspark-thueringen.de).

Das blaue Band der oberen Saale

Über einer besonders engen Saalebiegung thront auf einem schmalen Felsgrat eine der schönsten Burgen Thüringens: **Schloss Burgk** 🔴8. Das imposante, fast 600 Jahre alte Burganlage kann nur über eine Zugbrücke erreicht werden. Die ganze Pracht dieser Jahrhunderte entfaltet sich in den Wohnräumen und in der reich geschmückten Kapelle mit einer Orgel des berühmten sächsischen Orgelbaumeisters Gottfried Silbermann.

Der beeindruckendste Platz auf Schloss Burgk jedoch ist der kleine Park auf dem Felssporn hinter der Burganlage. Steil fallen dort die Felsen zur Saale ab, hinter den Ahornbäumen kann man das Schloss nur noch erahnen. Ein Pavillon zeugt von der Musikbegeisterung der Fürsten von Reuß, die Schloss Burgk als Sommerresidenz und für die Jagd nutzten. Noch heute wird hier gern

und oft musiziert. Schloss Burgk ist weiträumig ausgeschildert, Parkplätze gibt es im Ort.

Der erste von insgesamt fünf Saalestauseen, die **Bleilochtalsperre** 🔴9, ist zugleich der schönste und mit einer Fläche von 9,2 km² auch die größte Talsperre in Deutschland. Vor der Aufstauung baute man in »Bleilöchern« Blei ab. Bei Gräfenwarth versteckt sich in der Nähe des Stausees eine geologische Kostbarkeit: eine **Steinerne Rose** 🔴10 aus Diabas. Das Naturdenkmal ist bei einer Brücke an der Straße Saalburg–Gräfenwarth zu finden. Da man dort schlecht halten kann, sollte man einen kurzen Fußweg einplanen.

Die mächtige Staumauer bei **Saalburg** 🔴11 erreicht eine Höhe von 60 m. Auf 28 km staut sich die Saale flussaufwärts – eine bei Wassersportlern beliebte Strecke. In Saalburg legen Motorschiffe zu Linien- und Rundfahrten ab. Auf Wanderungen entlang den bewaldeten Talhängen offenbaren sich überraschende Ausblicke auf die imposanten Schleifen, Drehungen und Windungen des Flusses.

Das schönste Panorama bietet der **Heinrichsstein** 🔴12 südlich von Ebersdorf. Der Weg zum Heinrichsstein ist zwar nicht ausgeschildert, dennoch lohnt sich die etwa 3 km lange Wanderung von Ebersdorf nicht nur wegen des Saaleblicks. In den Wäldern an den Ufern des Stausees gibt es einige botanische Raritäten zu entdecken, darunter die Astlose Graslilie, die Türkenbundlilie oder den Gelben Eisenhut.

GEOLOGIE

Neben dem Schiefer tritt im Naturpark häufig ein älteres, weniger bekanntes Gestein zutage: Diabas ist ein vulkanisches Ganggestein, das vor rund 380 Millionen Jahren erstarrte und häufig in konzentrischen Formationen verwittert. In der Tat erinnern die übereinandergelagerten Diabasschalen der Steinernen Rose 🔴10 (Bild) an eine Blüte. Schiefer entstand vor ca. 350 Millionen Jahren aus sehr feinen Ablagerungen

im Meer. Die ursprünglich außerordentlich tief gelegene Sedimentsschicht trat durch Gebirgsfaltungen an die Oberfläche. Dabei veränderte sich das Gesteinsgefüge, und es entstanden die typischen flachen, leicht brechenden Steinplatten. Das spaltbare blaugraue Gestein ist seit dem 13. Jahrhundert ein Exportschlager. Als wetterbeständiges Baumaterial verleiht es den Städten und Dörfern der Region ihr typisches Aussehen.

Frisches Grün überzieht die stillgelegten Steinbrüche von Lehesten im Thüringer Schiefergebirge.

Naturpark Frankenwald

Als Flößer oder Schneidmüller, Handweber, Köhler oder im Bergbau fanden hier die Bewohner einst ihr Auskommen. Bis heute werden in der stillen Landschaft der gerodeten Hochflächen, der bewaldeten Hänge und der anmutigen Wiesentäler Tradition und Brauchtum liebevoll gepflegt.

SERVICE

Anfahrt: Auf der A 4 bis Jena, von dort auf der B 85 nach Lauenstein; Ludwigsstadt, Kronach, Marktschorgast und weitere Orte des Naturparks sind mit der Bahn zu erreichen
Lage: Im bayerischen Oberfranken an der Grenze zu Thüringen
Größe: 1022 km²
Höchste Erhebung: Döbraberg (794 m)
Gründung: 1973
Information:
Naturpark Frankenwald
Güterstraße 18
96317 Kronach
Telefon: 09261/67 82 40
Infohäuser: In Bad Steben-Bobengrün, Lichtenberg, Ludwigsstadt, Marktschorgast, Stadtsteinach, Steinwiesen, Tettau
Internet:
www.naturpark-frankenwald.de
www.frankenwald-tourismus.de

Anmutig und heiter wie ein sonniger Frühlingsmorgen: die Landschaft des Frankenwaldes bei Steinbach a. d. Haide.

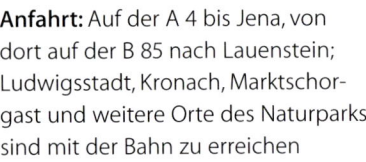

TOP TIPP

2 Steinbach an der Haide
Ursprüngliches Rundangerdorf mit freskengeschmückter Kirche und Blumenanger

6 Höllental
Imposantes, bis zu 170 m tiefes Schluchttal

12 Kronach
Mittelalterliche Stadt und Geburtsort Lucas Cranachs d. Ä.

14 Steinachtal
Romantisches Tal mit Mühlen, Burgruine und üppiger Flora

Der Blick schweift weit über die schwingenden Höhen, blühende Wiesen heben sich gegen die dunklen Fichtenwälder ab und ziehen sich hinunter bis in die Talsenken. Auf saftigen Wiesengründen, von Flüsschen und Teichen durchzogen, setzen Hahnenfuß, Vergissmeinnicht und Ehrenpreis farbige Akzente. Der Frankenwald gehört seit je zu Oberfranken und wird zu Recht die »grüne Krone Bayerns« genannt. Zusammen mit den Naturparks Thüringer Wald und Thüringer Schiefergebirge/Obere Saale bildet er eine geografische Einheit – ein Schutzgebiet für die Natur mit einer Gesamtfläche von rund 400 km². Die Übergänge zum nördlich gelegenen Thüringer Wald sind kaum spürbar, vielleicht ist der Frankenwald aber noch grüner, noch stiller und abgeschiedener. Besiedelt wurde er erst im Mittelalter, als Rodungsinseln entstanden und

auf ihnen die ersten Siedlungen mit den heute noch erkennbaren Siedlungsformen des Waldhufen- oder Rundangerdorfes. Erst später fand auch die Bebauung der Täler statt. Die Wälder waren der Reichtum des Landes und sind es heute noch. Große Bedeutung besaß die Rodach, auf der jahrhundertelang geschlagenes Holz bis nach Frankfurt und weiter nach Holland geflößt wurde. Bis vor nicht allzu langer Zeit stieg noch der Rauch von Holzmeilern über die Baumkronen empor.

Geschichte und Geschichten aus dem Frankenwald

Das zu Stein gewordene Sinnbild der »grünen Krone Bayerns« ist die **Burg Lauenstein** aus dem 12. Jahrhundert. In den blutigen Fehden des 14. Jahrhunderts wurde sie stark beschädigt.

Die Burg Lauenstein blickt auf eine lange Historie zurück.

Danach verewigten sich emsig mehrere Bauherren: Den heute noch zu besichtigenden Orlamünde-Bau mit seinen Glasgemälden errichtete Graf Otto von Orlamünde; Heinrich von Thüna ließ 1506 eine Burgkapelle, sein Nachfolger Christoph von Thüna d. Ä. den prächtigen mehrgeschossigen Schlossbau mit sterngewölbtem Rittersaal erbauen. Der Hallenser Dr. Ehrhard Meßmer erwarb Burg Lauenstein 1896. Bei ihrer Instandsetzung spielten Gestaltung und Kunstauffassung des Historismus und beginnenden Jugendstils eine tragende Rolle. Meßmer erweiterte die Anlage um ein Hotel und empfing namhafte Gäste wie den Poeten Joachim Ringelnatz. Die Erben verkauften die Burg 1962 an den Freistaat Bayern, der die Anlage aufwändig restaurieren ließ. Die interessante Burg mit Rüstungen aus dem 16. und 17. Jahrhundert kann nur im Rahmen einer Führung besichtigt werden.

TOP TIPP Das Rundangerdorf **Steinbach an der Haide** ❷ gehörte im 16. Jahrhundert zum Herrschaftsbereich der Burg Lauenstein. Sein Ursprung liegt jedoch wesentlich weiter zurück. Dichter Urwald bedeckte zur Zeit der mittelalterlichen Jahrtausendwende die Höhen des Frankenwaldes. Es waren Mönche des Benediktinerklosters Paulinzella in Thüringen, die mit der Rodung und Besiedlung des wilden »Nortwalds« begannen. Steinbach dürfte um 1100 gegründet worden sein; um 1250 weihten Mönche aus dem nahen Probstzella der hl. Elisabeth von Thüringen (1207–31) eine Kapelle. Bei deren Renovierung 1963 legte man mittelalterliche Wandmale-

reien frei. Die ältesten Fresken, eine Gerichtsszene an der Ostwand hinter dem Altar, stammen noch aus der Entstehungszeit der Kapelle. Zu sehen ist auch die verehrte Elisabeth, die schon bald nach ihrem frühen Tod heiliggesprochen wurde. Ebenfalls erhalten blieb eine Darstellung der Burg Lauenstein. Auf dem weiträumigen Anger oberhalb der kleinen Kirche leuchtet ein Blumenmeer. Als Anger bezeichnete man einen Dorfplatz in Gemeinbesitz, den alle Bewohner nutzten. Oft wurde das Vieh über Nacht auf dem Anger in Sicherheit gebracht. Doch zur Zeit des Zweiten Weltkrieges wuchsen hier Kraut, Rüben und Hopfen für die örtliche Brauerei: Krautsteinbach nennt der Volksmund seitdem diesen Ort.

Abstieg in niedere Gefilde – Höllental und Höllenfahrt

Unmittelbar an der Grenze zu Thüringen verläuft die **Saale-Panoramastraße** ❸. Die ursprünglich nur 10 km lange Strecke entlang der Saale bietet wunderbare Aussichten auf den Fluss und den benachbarten Naturpark Thüringer Schiefergebirge/Obere Saale. Inzwischen führt die Panoramastraße von Bad Steben über 40 km bis nach Hof. Zu den Sehenswürdigkeiten der Panoramastraße

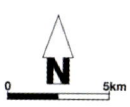

KULTURTIPP

EUREGIO EGRENSIS

Mit der 1991 gegründeten Arbeits-gemeinschaft »Euregio Egrensis« fördern die Tschechische Republik und die Bundesländer Bayern, Sachsen und Thüringen ihre Freundschaft und Zusammenarbeit im Sinne guter Nachbarschaft. Eines der Projekte ist ein 500 km langer Radfernweg, auf dem man die Regionen grenzüberschreitend kennenlernt. Der Radfernweg ist in sieben Abschnitte mit einer Länge zwischen 53 und 90 km aufgeteilt und kann in beiden Richtungen befahren werden. Im Frankenwald führt er u. a. durch das Höllental **6** und das Steinachtal **14**.

Mit der stetigen Kraft des Wassers hat das Flüsschen Selbitz das wilde und romantische Höllental geschaffen.

PFLANZEN

SCHMALBLÄTTRIGES WEIDENRÖSCHEN

(Epilobium angustifolium)
Die Pionierpflanze ist an Waldrändern, auf Lichtungen und Wiesen zu finden und vermehrt sich stark nach Waldschlägen oder Waldbränden.

Sie zählt zu den Nachtkerzengewächsen, blüht im Hochsommer und ist in Europa weit verbreitet. Ihre zarten Blüten und Blätter kann man in den Westalpen sogar bis in Höhen von 2500 m entdecken.

zählt der **Friedrich-Wilhelm-Stollen 4** bei Lichtenberg. Im Besucherbergwerk wandelt man auf den Spuren Alexander von Humboldts, der den Stollen zu Forschungszwecken projektierte.

In unmittelbarer Nähe im ehemaligen Lichtenberger Bahnhof in Blechschmidtenhammer befindet sich das **Naturpark-Infozentrum 5** (Blechschmidtenhammer, 95192 Lichtenberg, Telefon: 09288/76 51). Auf den alten Gleisen stehen Waggons der Höllentalbahn, als würde der Schaffner gleich das Signal zur Abfahrt geben. Doch die Eisenbahn rattert nur noch im Modell durch das naturgetreu nachgebaute Höllental in den Räumen des Infozentrums. Empfehlenswert ist es, das schönste Tal des Frankenwaldes gleich hier vom Infozentrum aus zu erkunden.

TOP TIPP Im **Höllental 6** entwickelt das kleine Flüsschen Selbitz eine erstaunliche Kraft; bis zu 170 m tief hat es sich in das vulkanische Diabasgestein gegraben. Die Quelle liegt auf 605 m Höhe bei Wüstenselbitz, nach 40 km mündet das Flüsschen bei Blankenstein in die Saale. Im etwa 4 km langen Höllental verliert die Selbitz gleich 50 m an Höhe; das Wasser strömt schneller und erzeugt genug Kraft für den Betrieb eines kleinen Kraftwerks, das schon seit 1888 Energie erzeugt. Die Wasserqualität im Höllental ist so gut, dass man aus Tiefenquellen Mineralwasser gewinnt.

Enge Täler prägen den Frankenwald. Von besonderer wirtschaftlicher Bedeutung war einst die Rodach, ein rechter Nebenfluss des Mains. Sie hat zwei Quellflüsse: Die Rodach entspringt 690 m

hoch am Rennsteig, die Wilde Rodach am Südhang des **Döbraberges 7**, der mit 794 m höchsten Erhebung des Frankenwaldes. Vom Aussichtsturm auf dem Gipfel genießt man einen grandiosen Rundblick. In früherer Zeit wurde die Rodach für die Flößerei genutzt. Der Titschendorfer Floßteich (bei Nordhalben) und der Floßteich beim heutigen Gasthof »Bischofsmühle« (unterhalb des Döbraberges) waren Ausgangspunkte, von denen Holz aus dem Frankenwald über Kronach und Frankfurt bis in die Niederlande transportiert wurde. In **Wallenfels 8** an der Wilden Rodach kann man eine Floßfahrt ohne die damaligen Strapazen hautnah erleben: Jeweils samstags, von Mitte Mai bis Mitte September, schaukeln erfahrene Flößer auf den wackligen Stämmen Touristen etwa 5 km von Schnappenhammer nach Wallenfels. Auf ihren schmalen Flößen nehmen sie bis zu 30 Gäste mit; Brücken und Wehre wollen gemeistert werden – da bleibt kein Hemd trocken (Anmeldungen unter www.wallenfels.de).

Es hat nicht Ruh' bei Tag und Nacht

Die Wasserkraft nutzte man früher auch für die zahlreichen Sägewerke an der Wilden Rodach, so etwa die Dorschenmühle und die Rauschenhammermühle. In **Steinwiesen 9** an der Rodach ist die seit 1122 bestehende Teichmühle noch heute voll funktionsfähig. Bei einer Besichtigung der Museumsmühle werden Funktionsweise und der Betriebsablauf an einem Schneidtag vorgestellt, man erhält Einblicke in das harte Leben und die kargen Wohnbedingungen eines Schneidmüllers.

Der Steilabfall des Frankenwaldes zum Obermainischen Hügelland markiert eine geologische Verwerfungsspalte, die »Fränkische Linie«. Bei Zeyern tritt am Prallhang der Rodach dieses geologische Phänomen sichtbar zutage. An diesem natürlichen Aufschluss erkennt man die gesamte Schichtenfolge des Unteren Muschelkalks. Die **Zeyerner Wand** ⑩ steht seit 1985 unter Naturschutz und lässt sich auf einer 5 km langen Wanderung erkunden (von der B 173 Richtung Roßlach abbiegen, am Ortsausgang das Fahrzeug auf dem geschotterten Platz parken, von dort auf den Flößerweg entlang der Rodach).

Folgt man dem Weg weiter, gelangt man zu dem **Flößermuseum Unterrodach** ⑪. Es ist in einem ehemaligen Floßherrenhaus untergebracht, von denen in Unterrodach noch einige zu sehen sind. Sie zeigen, dass man es mit der für den Frankenwald so bedeutsamen Flößerei durchaus zu Wohlstand bringen konnte.

Aus dem Waldesdunkel ans Licht

TOP TIPP Kulturelles Glanzlicht des Frankenwaldes ist die Stadt **Kronach** ⑫, über der die mächtige Festung Rosenberg aus dem 13. Jahrhundert thront. Die schöne Altstadt schmiegt sich an den Burgberg und wird von der erhalten gebliebenen Stadtmauer umschlossen. Das Haus »Zum Scharfen Eck« galt lange als Geburtshaus (1472) von Lucas Cranach d. Ä., der sich nach seiner Hei-

matstadt benannte und dessen Bilder in der Fränkischen Galerie auf der Festung Rosenberg ausgestellt sind. Wenige Kilometer vor den Toren Kronachs (in Richtung Mitwitz/Coburg) erhebt sich auf dem Wolfsberg eine der ältesten Steinbefestigungen in Mitteleuropa, die **Heunischenburg** ⑬. Sie wird in die Bronzezeit datiert. Eine rekonstruierte Torgasse mit Ausfallpforte und hölzernem Turm kann besichtigt werden.

Zwischen Wildenstein und Stadtsteinach hat sich die Steinach, ein Zufluss der Rodach, **TOP TIPP** das romantische **Steinachtal** ⑭ gegraben. Munter dreht sich das Wasserrad der alten Schneidmühle von 1865. Sie wurde 1982 von Studenten der Fachhochschule Düsseldorf restauriert und wieder in Gang gebracht. Nur wenig weiter erhebt sich die Ruine Nordeck inmitten eines Naturreservates. Nur der Stumpf des Bergfrieds blieb erhalten. Prächtig ist jedoch der Pflanzenreichtum zu ihren Füßen: Storchenschnabel, Maiglöckchen, Haselwurz, duftende Minze, Kleines Immergrün und schmackhafte Walderdbeeren sind hier zu finden. Vom Fischreichtum der Steinach kann man sich in der Räucherei unterhalb der Burgruine überzeugen.

Schließlich verengt sich das Tal bei Wildenstein zu einer Klamm, an der sich mächtige Quarzfelsen gegenüberstehen. Um die **Steinachklamm** ⑮ ranken sich Legenden: Als die Steinach an einer großen Felswand nicht weiterkam, bat sie den Gott Thor, den Weg mit seinem Hammer frei zu machen. Zum Dank musste die Steinach die Waffenschmiede des Gottes antreiben.

WANDERTIPP

HÖLLENTAL-ERLEBNISPFAD

Die Schlucht hat die Selbitz bis zu 170 m tief in das uralte Vulkangestein des Frankenwaldes gegraben. Das wildromantische Höllental ⑥ ist von verschiedenen, ausgeschilderten Parkplätzen gut zugänglich. Ein 7,2 km langer geologisch-bergbaukundlicher Erlebnispfad führt ab dem Naturpark-Infozentrum Blech-

schmidtenhammer ⑤ über die Selbitzer Mühle und das alte Kraftwerk Höllental, vorbei an steil aufragenden Diabasfelsen, bis zum Teufelssteg (Bild). Ab hier führt der Pfad über den Höhenweg zurück zum Ausgangspunkt. Es gibt mehrere Varianten und Abkürzungen. Bis auf den kurzen Anstieg zum Höhenweg ist der Erlebnispfad ohne große Anstrengungen zu bewältigen (Wanderzeit ca. 2 Stunden).

Die Schneidmühle im Steinachtal wurde 1982 von Düsseldorfer Studenten sorgfältig und fachgerecht restauriert.

Zwergstrauchheiden ersetzten Wälder.

Landgewinnung und Eindeichung haben an der Nordseeküste neue Biotope geschaffen.

Bei der Flurbereinigung wurden in Deutschlands Weinbergen vielerorts die alten, kleinen Anbauterrassen durch große ersetzt.

Sylt: vom Menschen ausgelöste Winderosion.

Land unter: das Oderhochwasser 1997.

Natur von Menschenhand

In einem Land, das seit Urzeiten besiedelt ist, finden sich zwangsläufig die verschiedensten Beispiele für Umweltbelastung, zugleich aber auch Ecken, in denen gerade durch Eingriffe des Menschen die Pflanzen- und Tierwelt bereichert und neue, schützenswerte Lebensräume geschaffen wurden.

Um die Mitte des ersten Jahrtausends unserer Zeitrechnung lebten im Gebiet des heutigen Deutschland schätzungsweise 500 000 bis 700 000 Menschen, also etwa zwei Einwohner auf jedem Quadratkilometer. Das sind weniger Einwohner als im heutigen Island, das dem Besucher aus Mitteleuropa geradezu menschenleer erscheint. Inzwischen ist die Einwohnerdichte in Deutschland über 100-mal größer als damals: Gut 82 Millionen Menschen bevölkern das relativ kleine Land. Eine derartige Zunahme der Bevölkerung muss zwangsläufig Spuren in der Umwelt hinterlassen. Menschen brauchen Gebäude, in denen sie wohnen und arbeiten können, sowie Verkehrswege, um sich von einem Ort zum anderen zu bewegen. Und damit nimmt die Bodenversiegelung zu, gegenwärtig eines der gravierendsten Umweltprobleme. Insgesamt sind heute über 20 000 km², mehr als die Fläche des Bundeslandes Hessen, versiegelt, d. h. durch Beton und Asphalt für Wasser und Luft undurchlässig. Täglich kommen mindestens 50 ha hinzu. Die Undurchlässigkeit der Trennschichten zwischen Lufthülle und Erdboden hat erhebliche Konsequenzen für die gesamte Umwelt, etwa indem sie in den Innenstädten, wo der Versiegelungsgrad oft mehr als 90 % beträgt, das Klima drastisch verändert und die für die Versorgung mit Trinkwasser wichtige Grundwasserneubildung behindert. Auf der anderen Seite erhöht sich der Anteil des Niederschlagswassers, der an der Oberfläche abfließt, wodurch nach heftigen Regengüssen die Hochwassergefahr immer stärker wird.

»Jahrhunderthochwasser« – keine Seltenheit mehr

Eine gut gemeinte Maßnahme gegen großräumige Überflutungen wie die der jüngsten »Jahrhunderthochwässer« an Oder und Elbe sind die Flussbegradigung und der Ausbau der Ufer. Doch leider hat sich diese Maßnahme längst als

Fehlschlag erwiesen. In eingedeichten, begradigten Flüssen, die nicht mehr in die Talaue ausufern können, nimmt die Höhe der Hochwasserscheitel zu, in dem verkürzten Flusslauf schreitet die Hochwasserwelle zugleich schneller voran. Vor den ersten Deichbauten konnte z. B. die Oder frei in ihrer 2 bis 7 km breiten Talaue hin und her pendeln, das natürliche Überschwemmungsgebiet der mittleren Elbe hatte vor den ersten Deichbauten um 1100 eine Breite von 10 bis 20 km, im Mündungsbereich der Havel sogar von 44 km. Heute sind beide Ströme in ein enges Korsett gezwängt, aus dem sie sich hin und wieder befreien. Das größte Wasserbauprojekt des

Skyline von Frankfurt am Main: In vielen Innenstädten sind über 90 % des Bodens versiegelt.

19. Jahrhunderts, die Regulierung des Oberrheins nach 1817, konnte die Hochwassergefahr verringern, doch durch den um rund 100 km kürzeren Lauf nahm das Gefälle zu, der Strom schnitt sich daher um bis zu 5 m tiefer in den Untergrund ein, der Grundwasserspiegel sank und ein breiter Landstreifen beiderseits des Rheins versteppte.

Ursprünglich waren die Börden von Laubmischwäldern bedeckt. Heute sind sie »ausgeräumte« Agrarlandschaften.

Die Binnengewässer und Feuchtgebiete mit ihren wertvollen Biotopen sind ohnehin am stärksten und nachhaltigsten vom Menschen verändert worden. Allein in Mitteleuropa dürften in dem Zeitraum, in dem der *Homo sapiens* hier ansässig ist, mehrere 10 000 Seen verschwunden sein – durch die natürliche Verlandung, mehr aber noch durch die künstliche Entwässerung. Der Anteil der Moore im bodenkundlichen Sinn beträgt in Deutschland rund 5 %, immerhin ein Areal von der Größe des Freistaates Thüringen, doch die verschiedenen Formen der Moornutzung haben die Fläche naturnaher Hoch- und Niedermoore auf winzige Flecken schrumpfen lassen. In Niedersachsen, dem an Mooren reichsten Bundesland, werden beispielsweise 96 % der Niedermoore land- und forstwirtschaftlich genutzt, lediglich 3 % der Hochmoorfläche gelten als naturnah; fast 5-mal größer ist die Fläche, auf der Torf abgebaut wird. Vielerorts wird versucht, die Moore als Lebensräume einer einzigartigen Flora und Fauna zu renaturieren – was allerdings Jahrhunderte dauern dürfte.

Vom Schaden des Nutzens – und umgekehrt

Der Erschließung neuer Nutzflächen in den Feuchtgebieten des Binnenlandes, die im 18. und 19. Jahrhundert bei dem raschen Bevölkerungswachstum verstärkt in Angriff genommen wurde, steht die Landgewinnung an der Küste gegenüber. Seit dem Bau der ersten Deiche im späten 11. Jahrhundert haben die Küstenbewoh-

ner – von empfindlichen Rückschlägen bei Sturmfluten unterbrochen – der Nordsee gewaltige Flächen abgerungen. Gut 6200 km² umfassen die Marschen, ein stellenweise über 10 km breiter Landstreifen, der ohne den Schutz der Deiche, Siele und Sperrwerke bei schweren Sturmfluten ein vollständiges »Landunter« erleben würde. Gerade die Jungmarschen mit ihrem regelmäßigen Raster von Feldern, Weiden und Gräben wirken wie Landschaften vom Reißbrett. Die ursprüngliche Küstenlinie ist nur noch in sehr groben Umrissen erhalten.

In den Waldlandschaften im küstenfernen Binnenland waren die Umweltveränderungen weniger spektakulär, ihre Folgen sind jedoch noch deutlich sichtbar. Eine entscheidende Rolle spielte hier die historische Waldweidewirtschaft. Der Wald war früher weit mehr als nur ein Lieferant von Bau- und Brennholz; er diente in großem Umfang auch als Weideland für Rinder, Schweine, Schafe und Ziegen. Im Gebiet des heutigen Deutschland weideten im Sommerhalbjahr schätzungsweise acht Millionen Haustiere in den Wäldern. Zusammen mit Axt und Feuer hat die jahrhundertelange Waldweide schwere Umweltschäden angerichtet, zugleich aber auch neue Biotope geschaffen, die heute von den Naturschützern mit größter Sorgfalt gepflegt werden. Denn was wäre Deutschland ohne seine urigen Hutewälder oder die Magerrasen, deren Name zwar an Armut erinnert, die aber zu den reichsten und wertvollsten Lebensräumen unseres Landes gehören.

DEUTSCHLANDS BIOTOPE

Der Anteil der Naturschutzgebiete an der Landesfläche beträgt in Deutschland rund 3 %. Die deutschen Naturschutzgebiete sind relativ klein: Knapp zwei Drittel sind kleiner als 50 ha und nur ungefähr ein Sechstel der Naturschutzgebiete umfassen eine Fläche von 200 ha und mehr.

Der ökologische Wert eines Schutzgebietes hängt jedoch nicht allein von der Größe ab; gerade die kleinen Biotope sind oft besonders schützenswert. Und unter diesen kleinen, in der intensiv genutzten Landschaft verstreuten Oasen gibt es zahlreiche, die der Mensch geschaffen hat.

Alte, knorrige SOLITÄRBÄUME bereichern die Landschaft nicht nur ästhetisch, sie bieten auch Brut- und Nahrungsplätze für viele Vogelarten, etwa für Tauben und Meisen. WALLHECKEN (Knicks) haben im waldarmen Norddeutschland eine enorme Bedeutung als Lebensräume und Korridore, die Naturoasen miteinander verbinden. In einer einzigen Wallhecke können bis zu 7000 Tierarten vorkommen. Rund 400 Tierarten sind auf die vor allem in den Lössgebieten verbreiteten HOHLWEGE angewiesen. Der schroffe Wechsel zwischen besonnten und schattigen Böschungen macht darüber hinaus ihre Flora besonders vielfältig.

Enten, Rallen, Taucher und andere Wasservögel werden von den WEIHERN angezogen, die beispielsweise in Mittelfranken über weite Stecken hinweg das Landschaftsbild prägen. Und selbst die als Kulturdenkmäler erhaltenen RUINEN sind für die verschiedensten Vögel, Echsen und Insekten attraktive Lebensräume.

SERVICE

Anfahrt: Auf der A 9 Nürnberg–Leipzig bis zur Ausfahrt Gefrees, auf der Landstraße weiter in Richtung Selb, hinter Weißenstadt links zum Großen Waldstein; nächstgelegener ICE-Bahnhof in Nürnberg

Lage: Im Nordosten Bayerns an der Grenze zu Tschechien, zwischen Hof, Bayreuth und Mitterteich

Größe: 1020 km²

Höchste Erhebung:
Schneeberg (1051 m)

Gründung: 1971

Information:
Naturpark Fichtelgebirge
Jean-Paul-Straße 9
95632 Wunsiedel

Telefon: 09232 / 80 423

Internet: www.
naturpark-fichtelgebirge.org
www.ti-fichtelgebirge.de

TOP TIPP

1 Großer Waldstein
Der interessanteste Gipfel des Naturparks mit Saalequelle, Felsenmeer und Burgruine

9 Fichtelseemoor
Reizvolles, artenreiches Hochmoor mit beliebtem Badesee

13 Fichtelgebirgsmuseum
Die Schatzkammer des Fichtelgebirges

14 Felsenlabyrinth Luisenburg
Gigantischer Steingarten

18 Häuselloh
Sehenswerter Schausteinbruch, alte Köhlerei und Moorgebiet

Naturpark Fichtelgebirge

»Herzbrunnen Europas« nannte man in früherer Zeit das Fichtelgebirge, denn hier entspringen vier bedeutende Flüsse, die in vier Himmelsrichtungen fließen: Weißer Main, Sächsische Saale, Eger und Fichtelnaab – die Europäische Hauptwasserscheide zwischen Nordsee und Schwarzem Meer.

Wälder, Fluren und auf den Höhen Städtchen wie Hohenberg an der Eger sind charakteristisch für das Fichtelgebirge.

»Der Granit lässt mich nicht los«, befand Dichterfürst Goethe, als er 1785 zum ersten Mal das Fichtelgebirge besuchte. Granit-Felstürme, Blockmeere und das Luisenburg-Labyrinth sind die Wahrzeichen des mächtigen Gebirgszuges in Oberfranken. Selten gewordene Pflanzen wie Arnika, Bärwurz und Knabenkraut gedeihen prächtig, aber auch große, weiß leuchtende Margeritenwiesen schmücken die Landschaft. Mit etwas Glück lässt sich sogar ein Auerhahn beobachten, der sich bevorzugt mit den Blaubeeren des Waldes stärkt. Nach Osten flacht das Fichtelgebirge sanft ab. Die Flüsse Eger und Röslau durchströmen romantische Täler; ihre Ufer sind von binsenreichen Nasswiesen und Mädesüßfluren gesäumt. Solche naturnahen Talräume sind eine wahre Schatzkammer; sie bieten Lebensraum für Eisvogel, Biber und Fischotter. Im schnell fließenden, kühlen Wasser lebt die sehr seltene Flussperlmuschel. So viel Natur – trotzdem kommt die Kultur keineswegs zu kurz. Schöne Stadtsilhouetten wie beispielsweise die von Thierstein und von Hohenberg schmücken die Hügel, eine vielfältige Kulturlandschaft mit Hohlwegen, Felsenkellern, Hutungsresten und Steinmauern ziert das Gebirge. Die Menschen spüren die starken Kräfte der Erde, sie fühlen sich vom Fichtelgebirge magisch angezogen.

Alte Felsen und historische Mauern

Zu Recht trägt der Waldstein den Zusatz »Groß«. Auch wenn die höchsten Berge des Fichtelgebirges die 1000-m-Marke übertreffen, zählt der **TOP TIPP** **Große Waldstein 1** mit einer Höhe von 877 m zu den schönsten und meistbesuchten Gipfeln in Oberfranken. Bietet er doch mit

Ein Buchfink ruht sich auf einer blühenden Fichte aus.

einer von mächtigen Steinquadern übersäten Bergkuppe, der Ruine »Rotes Schloss«, der nahen Saalequelle und den schönen Ausblicken alles, was das Fichtelgebirge ausmacht. Die historischen Zeugnisse des Großen Waldsteins reichen zurück bis in die Jungsteinzeit, besiedelt war er etwa seit dem 8. Jahrhundert. Das »Rote Schloss« wurde während der Bauernkriege 800 Jahre später vom Schwäbischen Bund zerstört. Dass das unterhalb des Gipfels liegende Waldsteinhaus auch mit dem eigenen Fahrzeug angesteuert werden kann, dürfte die Beliebtheit des Berges nur fördern. Die kurze Wanderung zur Saalequelle (2,5 km) führt durch einen reizvollen, farnreichen Bergahorn-Buchenwald.

Ein Gebirge wird geboren

Am Großen Waldstein und am 3,5 km nördlich liegenden **Kleinen Waldstein** ❷ (829 m) lässt sich die Entstehungsgeschichte des Fichtelgebirges studieren. In vier Schüben stiegen die markanten Granite in dieser Region an die Erdoberfläche. Auffallend sind die Schüssel oder auch Opferkessel genannten Aushöhlungen, die durch natürliche Erosion entstanden. Die größte dieser »Schüsseln« krönte einst den Aussichtsfelsen auf dem Großen Waldstein. In Erwartung eines Besuchs des bayerischen Königs Max II. im Jahr 1851 meißelte man jedoch kurzerhand ihre Ränder ab und installier-

te eine überdachte Aussichtskanzel. Besser überstanden hat diesen königlichen Besuch der sogenannte Teufelstisch, ein imposanter Granitklotz, auf dem der Sage nach Kobolde mit eisernen Karten spielen.

Südlich vom Großen Waldstein erhebt sich der **Rudolfstein** ❸ bis auf eine Höhe von 866 m, eines der beliebtesten Wanderziele im Fichtelgebirge. Auch dieser Berg ist mit Granitfelsen gepflastert, auch hier wachte einst eine Höhenburg, das »Alte Schloss«. Vom Wanderparkplatz in der Ortschaft Meierhof führt ein etwa 2 km langer Weg zum Gipfel (Anstieg 200 m). Zurück geht es an hoch aufragenden Granittürmen, »Drei Brüder« genannt, vorbei (ca. 3,5 km; Alternative: Wanderparkplatz bei Schönlind).

Der **Geologische Lehrpfad Leupoldsdorf** ❹ beginnt einen Ort weiter an der Vordorfer Mühle (Wanderparkplatz) und führt zum Leupoldsdorfer Hammer und durch das Röslautal zurück. Besucht werden der Steinbruch Fuchsbau und ein ehemaliges Zinnbergbaugebiet. Über Geologie und die einst bedeutende bergbauliche Nutzung wird an 28 Stationen des Weges berichtet. Der bequeme Rundwanderweg eignet sich auch für Familien mit Kindern.

Wer mehr Gipfel im Fichtelgebirge erobern möchte, kann sich im Dorf Röslau einen Überblick verschaffen. Unmittelbar am Ortsausgang

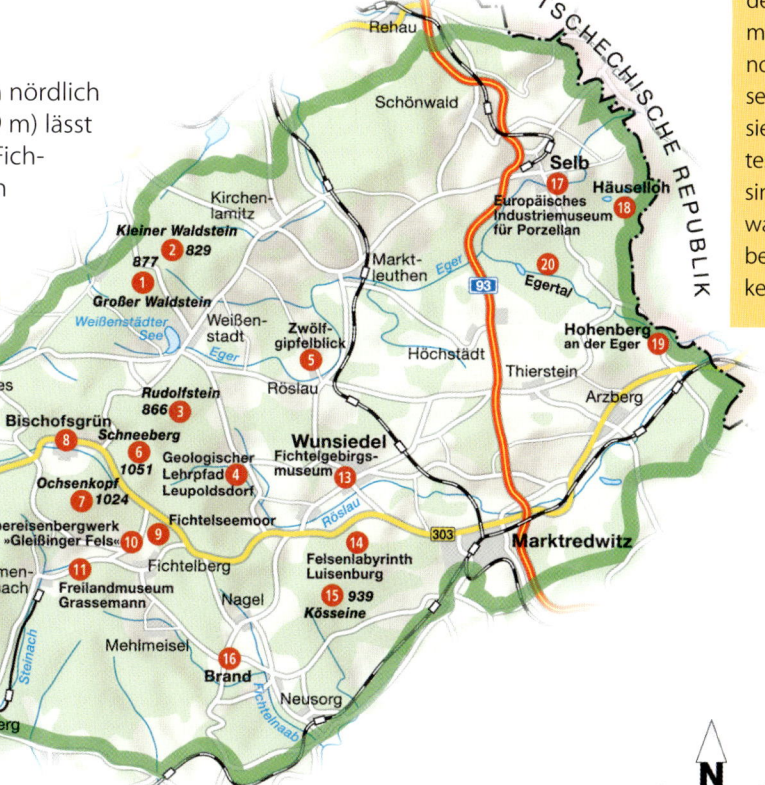

FLUSSPERLMUSCHEL

(Margaritifera margaritifera)
Die Flussperlmuschel ist eine unscheinbare, meist dunkelbraune bis schwarze Muschel. Sie wird 10 bis 13 cm lang. Flussperlmuscheln können 80 bis 100 Jahre alt werden, ihre Fortpflanzungsfähigkeit erreichen sie allerdings erst mit 15 bis 20 Jahren. Sie bilden Perlen von teilweise sehr hoher Qualität. Ihr Bestand ist jedoch durch zunehmende Gewässerbelastung stark dezimiert worden. War die Flussperlmuschel in Europa einst weit verbreitet, kommt sie in Deutschland heute nur noch in Restbeständen vor, etwa im Fichtelgebirge.
Noch vor 300 Jahren bildeten Flussperlmuscheln in klaren Bächen ganze Perlmuschelbänke. Stellenweise waren die Bestände mit über 1000 Tieren pro Quadratmeter so dicht, dass die Muscheln sogar aufeinander saßen.

Tief verschneite Wälder mit gut gespurten Loipen – im Winter ist der Naturpark ein Paradies für Langläufer.

erhebt sich 605 m hoch ein Hügel, von dem bei guter Sicht der Blick auf die wichtigsten Berge des Gebirges fällt und daher **Zwölfgipfelblick** ❺ getauft wurde.
Die Krone des höchsten Berges gebührt dem **Schneeberg** ❻ mit 1051 m, leicht zu erkennen an seinem massiven Turm. Das einstige Militärgelände wird derzeit renaturiert, der Aussichtsturm »Backöfele« ist wieder frei zugänglich.
Auf der Beliebtheitsskala ganz oben steht der **Ochsenkopf** ❼. Bequem und wettergeschützt schwebt die ganze Familie mit der Seilbahn von

Bischofsgrün-Fleckl auf den 1024 m hohen Gipfel, zu Goethefelsen und Sendeturm. Nervenkitzel für Jung und Alt garantieren die zehn Steilkurven der 1000 m langen Sommerrodelbahn bei Bischofsgrün (ab Zwischenstation Seilbahn). Im Winter hingegen lockt der Ochsenkopf Ski- und Snowboard-Fahrer auf die Abfahrtsstrecke Nord (ca. 2300 m) bzw. Süd (ca. 1900 m). Langläufer finden ein Netz von markierten und gut präparierten Loipen vor.
Im heilklimatischen Kurort **Bischofsgrün** ❽ lohnt sich ein Spaziergang durch den Natur-Kurpark, dem die Stadtwerbung gar geheimnisvolle spirituelle Kräfte zuschreibt. Im Park wurden mehrere ergometrisch vermessene Kurwege verschiedener Schwierigkeitsgrade angelegt. Die Seele der Naturfreunde erwärmen im Juni die blühenden Wildkräuterwiesen des Natur-Kurparks. Die inzwischen vielerorts selten gewordenen Margeriten wachsen im unteren Teil der Kurparkanlage noch in großer Anzahl.

Mit Bergmannshelm und Grubenlampe

Als idealer Ausgangspunkt für die Erkundung des Fichtelgebirges dient seit über 1000 Jahren der Luftkurort Fichtelberg. Hier verläuft die Europäische Wasserscheide mit den Quellflüssen des Mains und der Naab. Die Naab fließt nach Süden Richtung Donau, der Main nach Westen zum Rhein. Der Sage nach hatten beide Flüsse einst

Ruhe und Entspannung bietet der Kurpark von Bad Berneck mit der schönen Neuen Kolonnade von 1889.

Noch sind solche blühenden Margeritenwiesen zu finden, beispielsweise im Natur-Kurpark von Bischofsgrün.

TOP TIPP einen gemeinsamen Ursprung in einem wasserreichen Hochmoor. Das **Fichtelsee-moor** ❾ ist auf einer Fläche von 54,6 ha geschützt, ohne jede forstwirtschaftliche Nutzung und Pflege. Mit dieser Maßnahme gelang es, Zwergsträucher, Kräuter, Gräser und Torfmoose sowie den Bestand der Sumpfföhre (Spirke) wirkungsvoll zu schützen. Den südlichen Teil bildet der künstliche, rund 10 ha große Fichtelsee, der gerne als Naturfreibad genutzt wird. Einen Blick in das Innere des Fichtelgebirges gestattet der Besuch des **Silbereisenbergwerks »Gleißinger Fels«** ❿. Mit Grubenlampe und Bergmannshelm geht es durch schulterenge Stollen in die Tiefe. Wenn sich der Stollen weitet, sind silberglänzende Schichten und 20 Millionen Jahre alte Gesteinszeichnungen zu sehen. Das Besucherbergwerk liegt im Fichtelberger Ortsteil Neuhaus, in Richtung Oberwarmensteinach.

In Oberwarmensteinach berichtet das **Freilandmuseum Grassemann** ⓫ über das harte Leben der Bergbauern im Fichtelgebirge. Das Schwärzer-Haus wurde 1698 als schindelgedeckter Blockbau errichtet und blieb samt Inventar bis heute erhalten. Wegen des rauen Klimas war der Ertrag der Landwirtschaft gering, die Bewohner von Grassemann mussten sich zusätzlich als Berg- und Waldarbeiter verdingen. Zum Museum gehört eine Naturpark-Information (Telefon: 09277/61 05), Nov–Dez geschlossen).

Am Westhang des Ochsenkopfs liegt der Kurort **Bad Berneck** ⓬, in dem der Kurpark mit seinen schönen Kolonnaden zu einem Besuch einlädt. Im Dendrologischen Garten, nach seinem Gründer auch »Rothers Park« genannt, wachsen zahlreiche exotische und heimische Baumarten. Führungen werden angeboten.

Zwischen Natur und Kunst

TOP TIPP Im ehemaligen Spital des Städtchens Wunsiedel ist das **Fichtelgebirgsmuseum** ⓭ untergebracht. Seit 1908 sammelt man in dieser Schatzkammer die Zeugnisse einer traditionsreichen Landschaft. Auf insgesamt vier Stockwerken werden die Themen Handwerk, Wohnkultur, Regional- und Naturgeschichte behandelt. Besonders beeindruckend ist die Mineraliensammlung mit fluoreszierenden Steinen. Dieser Effekt tritt nicht nur bei radioaktiven Uranmineralien auf, sondern findet sich auch bei den Gesteinen Calcit, Apatit, Scheelit und Willemit.

Ein kleiner Raum widmet sich dem berühmtesten Sohn der Stadt, dem Dichter Jean Paul. Nur wenige Häuser entfernt wurde er 1763 als Johann Paul Friedrich Richter geboren, ein Zeitgenosse Goethes. Jean Paul wuchs in ärmlichen Verhältnissen auf und hinterließ zahlreiche, seinerzeit viel gelesene Romane, die gerne in einem altfränkischen Milieu spielen. Seine eigenwillige, oft humoristische Erzählkunst ragt jedoch weit über

»Drei Brüder« – so nennt man Goethefelsen, Tränengrotte und Hardenberggrotte im Felsenlabyrinth Luisenburg auch.

die volkstümliche Literatur mit Lokalkolorit hinaus. Er starb 1825 erblindet in Bayreuth.

TOP TIPP Sein Kollege Johann Wolfgang von Goethe begeisterte sich für das **Felsenlabyrinth Luisenburg** 14 bei Wunsiedel, dessen »…ohne alle Richtung und Ordnung übereinander gestürzte Felsen mir einen Anblick gaben, dessengleichen mir auf allen meinen Wanderungen nicht wieder vorgekommen«. Schrieb's und fügte eine wissenschaftliche Erkenntnis des Entstehungsmechanismus hinzu: »Der aus großen Tiefen nach oben drängende Granit hatte das Deckgebirge angehoben; durch Verwitterung verschwand dasselbe im Laufe von Jahrmillionen, während der harte Granit stehen blieb.« Erst 1790 machte man den wilden Nordostteil des Kösseine-Massivs begehbar und nannte ihn nach der preußischen Königin Luise; Felsen und Grotten erhielten die Namen von Königen und Dichtern. Eine Kletterpartie durch das Labyrinth dauert eine Stunde. Die erste Freilichtbühne Deutschlands, zusammen mit dem Felsengarten eröffnet, bietet ein buntes Sommerprogramm. Sportlich Interessierte können rund um die Luisenburg die Stöcke schwingen. Acht Routen unterschiedlicher Schwierigkeit sowie Einsteigerkurse und Nachtläufe organisiert das Nordic-Walking-Zentrum Luisenburg.

Durch das Felsenlabyrinth gelangt man auch zur **Kösseine** 15. Kürzer ist der Weg vom Wander-

parkplatz Fahrenbach (zwischen Nagel und Tröstau). Den 939 m hohen Gipfel schmückt ein Aussichtsturm und das ganzjährig bewirtschaftete Kösseinehaus des Fichtelgebirgsvereins. Übernachtungen sind möglich. Südlich der Kösseine steht in **Brand** 16 das Geburtshaus Max Regers (1873–1916). Hier schrieb er 1898–1901 einen Teil seiner Kompositionen – Musik, die als schwierig für Hörer und Interpreten gilt. Seine bekanntesten Werke, die Mozartvariationen und Klarinetten-Quintette, entstanden in seinen letzten Lebensjahren. Das Max-Reger-Gedächtniszimmer kann nur nach Vereinbarung besichtigt werden.

Vom rohen Stein zum Porzellan

Das Städtchen Selb, nahe der tschechischen Grenze, ist bekannt für seine herausragenden Porzellane. Im **Europäischen Industriemuseum für Porzellan** 17 kann man sich auf eine Zeitreise durch die Geschichte der Porzellanherstellung begeben. Das Museum ist in einer alten Porzellanfabrik von 1866 eingerichtet, etwas außerhalb von Selb (Richtung Schönfeld).

Nicht weniger traditionsreich sind die Techniken der Stein- und Holzkohlegewinnung, die **TOP TIPP** man in **Häuselloh** 18, einem südöstlich gelegenen Stadtteil Selbs, kennenlernen kann. Der Schausteinbruch Häuselloh zeigt die Kunst des Steinbrechens und der anschließenden Bearbeitung. Bis 1976 wurde hier ein Granit gewonnen, aus dem wegen seiner Feinkörnigkeit und Eisenarmut die Kollergänge (Mahlwerke) für die Porzellanindustrie hergestellt wurden. Eng verbunden mit dem Schausteinbruch ist das alljährliche Meilerfest der nahen Köhlerei Häuselloh. Im waldreichen Fichtelgebirge war Holzkohle ein natürlicher und effektiver Energielieferant. Sie wurde in Meilern – schwelende, mit Erde bedeckte Holzhaufen – gewonnen. An die einhundert Meilerplätze sind bekannt. Der Meiler der Köhlerei Häuselloh wird jedes Jahr im Mai aufgebaut und im Juni angezündet.

Zum Programm gehört eine 2,5-stündige Exkursion ins nahe Häusellohmoor. 150 Jahre lang wurde hier Torf abgebaut, zunächst als Brennstoff, später auch als Heiltorf. Seit 1991 wird das 66,5 ha große Naturschutzgebiet renaturiert und bietet vielen Tier- und Pflanzenarten (50 davon auf der Roten Liste) Lebensraum. Vom schmatzenden Untergrund trennen den Naturfreund lediglich einige dünne Planken. Über den Spirken (Sumpfföhren) schweben seltene Alpenprachtlibellen. Bei diesen Übergangsmooren tritt nicht die typische Oberflächenwölbung auf, da stets eine Verbindung zum Grundwasser bestand. Häuselloh ist von der Stadtumfahrung Selb ausgeschildert. Vom Wanderparkplatz sind es 1,3 km zum Meilerplatz, zum Moor weitere 300 m (nicht ausgeschildert). Weiter südlich liegt das ver-

träumte Städtchen **Hohenberg an der Eger** [19]. Die berühmteste Selber Porzellanfabrik hat hier ihren Ursprung. Carl Magnus Hutschenreuther gründete 1822 die erste Porzellanmanufaktur, nachdem er jahrelang mit der Herstellung des »Weißen Goldes« experimentiert hatte. Das Deutsche Porzellanmuseum Hohenberg dokumentiert 200 Jahre Porzellankultur.

Durch das romantische Egerland

In der alten staufischen Burg Hohenberg aus dem Jahr 1222 ist neben einer Jugendherberge und einem Schullandheim eine Ökologische Bildungsstätte eingerichtet worden. Diese unternimmt grenzüberschreitende Exkursionen in das **Egertal** [20]. Die gefundenen Objekte werden im hauseigenen Labor untersucht (Informationen unter www.oekoburg.de).

Die Eger entspringt am Nordwesthang des Schneeberges in 752 m Höhe und fließt 291 km ostwärts zur Elbe. Der Name ist keltischen Ursprungs und bedeutet so viel wie schnell, flink. Zwischen Schwarzenhammer und Hohenberg liegt der landschaftlich reizvollste Abschnitt des Tales. Von der Quelle bis zur tschechischen Grenze verläuft am Fluss entlang ein Wanderweg. Eine kurze Wanderung zu den romantischsten Plätzen ist im Wandertipp (Kasten rechts) beschrieben.

WANDERTIPP

DAS EGERTAL

Ausgangspunkt für Wanderungen in zwei verschiedene Richtungen durch das Egertal [20] ist der Wanderparkplatz »Wellerthal« bei Silberbach. Flussaufwärts begleitet ein schattiger Weg den Wasserlauf bis zur Siedlung Blumenthal: eine Handvoll Häuser, dazu die fischreichen Mühlenteiche (Bild) und ungewöhnliche Stille. Hier kann man seine Angelleidenschaft befriedigen. Dann weitet sich das Tal, und

alsbald ist der kleine Stausee Leupoldshammer erreicht. Unterhalb des Kraftwerks überquert ein Holzbrückchen die Eger, auf der gegenüberliegenden Seite des Flusslaufs gelangt man zum Ausgangspunkt zurück (4 km, einfach zu gehen). Flussabwärts erreicht man rasch den Granitfelsen Hirschsprung, von Schwefelflechten gelb gefärbt. Erlen und Weiden säumen das Ufer, hell hebt sich im Frühjahr blühende Pestwurz gegen das dunkle Wasser ab. Weitere 2 km sind es am Egerstau vorbei bis zur Königsmühle. Derselbe Weg führt wieder zurück.

Hohenberg an der Eger schätzt man nicht nur als Ausgangspunkt für schöne Wanderungen in das herrliche Egerland.

SERVICE

Anfahrt: Auf der A 93 Hof–Regensburg bis zur Ausfahrt Falkenburg, dann nach Erbendorf und von dort weiter nach Pfaben; mit der Bahn nach Wiesau

Lage: Im nördlichen Bayern zwischen Fichtelgebirge und Oberpfälzer Wald

Größe: 246 km^2

Höchste Erhebung: Platte (946 m)

Gründung: 1970

Information:
Naturpark Steinwald
Bräugasse 4
92681 Erbendorf
Telefon: 09682 / 92 10 0
Internet:
www.naturpark-steinwald.de

Naturpark Steinwald

Eingebettet zwischen Fichtelgebirge und Oberpfälzer Wald erhebt sich der Steinwald, eine markante Landschaft der nördlichen Oberpfalz. Aus hartem Urgestein haben Wind und Wetter bizarre Felsengruppen geformt: Räuberfelsen, Vogelfelsen, Saubadfelsen und Tannenzapfenfelsen.

Wo die Felsen nicht nur beeindruckende Namen, sondern auch Gesichter tragen: die Tannenzapfenfelsen im Steinwald.

❷ Tannenzapfenfelsen
Die imposanteste der zahllosen bizarren Felsformationen

❺ Oberpfälzer Turm
Wanderung zum schönsten Ausblick der Oberpfalz

❾ Pfarrkirche Waldeck
Mit Fresken im Stil der bayerischen Malerbrüder Asam

Mächtige Granitfelsen, einzeln und in Gruppen, überragen die dicht mit Nadelhölzern, Rotbuchen und Ebereschen bewaldeten Hänge und den windzerzausten Bergrücken. Sie gaben dem Steinwald den Namen – einem wahren Märchenwald, der seine Geheimnisse hinter Wildheit, Strenge und manch kühlem Regenschauer versteckt und sie erst nach und nach preisgibt. Selbst viele Pflanzen blühen im Verborgenen, neben zahlreichen Farnen und Moosen auch der Siebenstern. In den Baumwipfeln verstecken sich Spechte, Habichte und Waldkäuze. Sogar Auerwild und Schwarzstörche gibt es hier, wenn auch in geringer Zahl. Das kleine Gebirgsmassiv zieht sich als Ausläufer des Fichtelgebirges von Südwesten nach Nordosten. Sein tiefster Punkt liegt mit 483 m an der Fichtelnaab, seine höchste Erhebung bildet die Platte, die mit 946 m zugleich höchster Punkt der nördlichen Oberpfalz ist. Der kleinste der bayerischen Naturparks erfreut sich aufgrund seiner Abgeschiedenheit und seiner Urwüchsigkeit bei Naturfreunden besonderer Beliebtheit.

Märchenwald zwischen bizarren Felstürmen

Das Walddorf **Pfaben** ❶ hat sich dank seiner Wanderwege und Loipen in reizvoller Landschaft einen Namen gemacht. Mehrere schöne Rundwanderwege führen von hier durch den Steinwald. Die **Tannenzapfenfelsen** ❷, die imposanteste der Felsformationen, sind nur wenige hundert Meter vom Parkplatz entfernt. Ein blaues Rechteck auf weißem Grund

Eine Wanderung über die Höhen des Naturparks erschließt die Geheimnisse des Märchenwaldes.

kennzeichnet den Weg, der als Waldlehrpfad weiter bergan bis zum Oberen Saubadfelsen führt. Handgemalte Schilder berichten von der Entstehung dieser Wald- und Steinlandschaft, ferner über die Tier- und Pflanzenwelt. Umgestürzte Bäume behindern den Vorwärtsdrang des Wanderers. Der Pfad ist nicht immer leicht zu finden, denn der Fichtenwald bleibt sich hier selbst überlassen.

Vom **Oberen Saubadfelsen** ❸, der über eine steile Treppe erklommen werden kann, hat man einen weiten Blick auf die sich im Abendlicht rötenden Felsen des Steinwaldes: in der Ferne die Kuppen des Fichtelgebirges, näher die Vulkankegel von Armesberg und Rauhem Kulm. Wem das nicht genügt, der wird weiterwandern zu den Huberfelsen, den Räuberfelsen oder zum Durchbrochenen Felsen.

Unweit des Oberen Saubads liegen das Waldhaus und ein **Rotwildgehege** ❹. Kinder können sich auf einem Spielplatz austoben. Das 4 ha große Gehege besteht schon seit 1970; zum Rudel gehören hell getupfte Jungtiere, die im Frühjahr zur Welt gekommen sind. Zur Brunftzeit, ab Mitte September, ist das laute Röhren der Hirsche schon von weitem zu vernehmen.

Am Waldhaus zweigt der Weg zur Platte ab. Von Pfa-

TOP TIPP ben bis zum Aussichtspunkt **Oberpfälzer Turm** ❺, hoch oben auf der Platte, sind es 8 km (Ausschilderung »Oberpfälzer Turm«). Der alte Turm, Wahrzeichen der Oberpfalz, wurde wegen Baufälligkeit im Jahr 2000 durch einen 33 m

höheren Neubau ersetzt. Der Ausblick gilt als der schönste der Oberpfalz. Vom Oberpfälzer Turm ist es etwa eine halbe Wegstunde bis zur **Ruine Weißenstein** ❻, die sich rascher vom Parkplatz an der Straße Friedenfels–Poppenreuth erreichen lässt. Von der 1279 erstmals erwähnten Burg waren bis zum Jahr 1995 kaum mehr als der auf einer hohen Felsenklippe errichtete Bergfried sowie zwei einsturzgefährdete Mauerreste erkennbar. Nach umfangreichen Restaurierungsarbeiten bietet sie heute eine romantische Kulisse für Konzerte, Theateraufführungen und andere Kulturereignisse.

Quellen und Weiher – ein wasserreiches Land

Der Steinwald ist reich an Quellen. Das Wasser sprudelt aus Felsspalten und hat eine gute Qualität. Hier findet man eine der eisenreichsten Quellen in ganz Europa: Das König-Otto-Bad bei **Wiesau** ❼ war bis in das letzte Jahrhundert hinein ein Kurbad und wird noch heute als Mineralwasserbrunnen genutzt.

Röhricht und Schilf säumen die naturnahe **Weiherlandschaft** ❽ um Muckenthal und entlang der Bahnlinie Reuth–Wiesau. Viele dieser wertvollen Naturräume entstanden als Fischteiche bereits im Mittelalter. Im Süden und Osten ist der Steinwald von den Basaltkuppen des Kemnather Landes und des Nördlichen Steinwaldes umgeben, deren markanteste Erhebungen der Parkstein bei Weiden und der Rauhe Kulm bei Kemnath sind. Der 641 m hohe Schlossberg bei

TOP TIPP **Waldeck** ❾ und der 731 m hohe **Armesberg** ❿ sind begehrte Ausflugsziele im Naturpark Steinwald.

PFARRKIRCHE WALDECK

Der äußere Anblick der 1731 geweihten Kirche St. Johannes Nepomuk in Waldeck ❾ lässt kaum erahnen, welche barocke Pracht sich im Kircheninneren entfaltet. Als 1794 der Marktflecken Waldeck samt Kirche niederbrannte, wurde das Dorf um St. Johannes Nepomuk, damals nur eine nahegelegene Wallfahrtskapelle, wieder aufgebaut. Die Kapelle war von ansehnlicher Größe. Ihre prächtigen Fresken von Otto Geb-

hard erinnern an die Werke des berühmten Rokokomeisters Cosmas Damian Asam, bei dem Gebhard als junger Mann gearbeitet hatte. Das Deckenfresko (Bild) berichtet vom Märtyrertod des 1729 heiliggesprochenen Johannes Nepomuk (1350–1393), der in Prag von der Brücke in die Moldau gestoßen wurde und noch heute als Brückenheiliger verehrt wird.

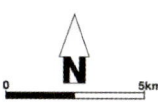

Naturpark Erzgebirge / Vogtland

Das Erzgebirge hat das ganze Jahr Saison – ob nun die Schmelzwasser zu Tal rauschen, der Sommer mit bunten Waldwiesen lockt, im Herbst knallrote Vogelbeeren aufleuchten oder Schneeflocken die alles beherrschende, stimmungsvolle Zeit der Erzgebirgler Weihnacht ankündigen.

SERVICE

Anfahrt: Eine direkte Autobahnverbindung zum lang gestreckten Naturpark gibt es nicht; über die A 72 Hof–Chemnitz, Abfahrt Plauen Süd, und die B 92 gelangt man nach Bad Elster; viele Ortschaften im Naturpark lassen sich auch mit der Bahn erreichen

Lage: Im südlichen Sachsen an der Grenze zu Tschechien

Größe: 1495 km²

Höchste Erhebung:
Großer Fichtelberg (1214 m)

Gründung: 1990

Information:
Naturpark Erzgebirge / Vogtland
Schlossplatz 8
09487 Schlettau
Telefon: 03733 / 62 21 06
Internet: www.
naturpark-erzgebirge-vogtland.de

Schöne Aussichten auf den Fichtelberg und den Stausee Cranzahl genießt man vom 896 m hohen Bärenstein.

TOP TIPP

5 Schneckenstein
Einzigartiger Edelsteinfelsen

6 Morgenröthe
Neues Raumfahrtmuseum im Geburtsort des ersten deutschen Kosmonauten

14 Großer Fichtelberg
Die Spitze des Erzgebirges – in jeder Hinsicht

22 Hirtstein
Erstaunliches aus der Urgeschichte des Gebirges

25 Seiffen
Ewige Weihnacht im berühmten Spielzeugdorf

Die Bilder von einst haben ihre Gültigkeit verloren. Traurige Bekanntheit erlangte das Erzgebirge durch seine vom sauren Regen zerstörten Wälder und Berghänge. Aber die Natur stellt ihre Selbstbehauptungskräfte eindrucksvoll unter Beweis: Allerorten hat ein junger, naturnaher Bergwald die alten Monokulturen ersetzt, in den urtümlichen Quell- und Hochmooren finden selbst Relikte aus der Eiszeit eine Zuflucht, und die Bergwiesen betören durch ihre bunte Blumenpracht.

Von Norden, von der sächsischen Seite her, steigt das Erzgebirge nur langsam an. Oftmals teilt sich der Eindruck einer Hochfläche mit, obgleich der Gebirgszug von eingeschnittenen Tälern zerteilt wird und die Berge eine beträchtliche Höhe erreichen. Nach Süden, nach Tschechien, fällt das 130 km lange und bis zu 40 km breite Gebirge steiler ab. Die Trennlinie zwischen dem Erzgebirge und dem Vogtland markiert mit einem Höhenunterschied von bis zu 200 m die Schönecker Landstufe.

Der aufmerksame Naturfreund entdeckt auf seinen Wanderungen durch Erzgebirge und Vogtland allenthalben glitzerndes Gestein. Der Name verrät es: Der Reichtum des Erzgebirges liegt tief in der Erde und wurde durch den im späten Mittelalter beginnenden Bergbau ans Tageslicht befördert: Silber, Blei, Zinn, Eisen. Als das Gebirge zwischen Sachsen und Böhmen noch von einem zusammenhängenden, fast undurchdringlichen Wald bedeckt war, nannte man es »Miriquidi« (dunkler Wald). Besiedelt wurde das Gebiet ab dem 12. Jahrhundert. Harzer Bergleute brachten die Kunst des Bergbaus in diese Region, der im 15. Jahrhundert seinen Höhepunkt erreichte. Seit

Wie eine riesige Spielzeugkiste – buntes Schnitzwerk ziert Balkone und Fassaden in Seiffen.

dem 17. Jahrhundert ging die Förderung der Bodenschätze zurück, erlebte aber durch den Uranabbau im 20. Jahrhundert eine Renaissance.

Klingendes Vogtland

Bad Elster ❶, ein altes Moorheilbad, liegt im Tal der Weißen Elster im Dreiländereck zwischen Tschechien, Bayern und Sachsen. Bis zu 650 m steigen die umliegenden Berge an, von idyllischen Wäldern bedeckt. Die Weiße Elster wird von zahlreichen kleinen Bächen gespeist, so entsteht zu allen Jahreszeiten ein mildes Reizklima. Der weitläufige Kurpark mit seinen Quellen und Bademöglichkeiten zählt zu den schönsten in Deutschland. 46 km ausgeschilderte Wanderwege laden zu ausgedehnten Spaziergängen ein. Die höchste Erhebung des kleinen Elstergebirges auf der deutschen Seite ist der 765 m hohe **Kapellenberg** ❷, der – geologisch betrachtet – zum viel weiter entfernten Fichtelgebirge gehört. Vom Aussichtsturm (montags geschlossen) oberhalb Schönbergs, der anhand alter Baupläne 1993 neu errichtet wurde, reicht der Blick weit bis in das Vogtland hinein.

Markneukirchen ❸, stolz das »sächsische Cremona« genannt, erlangte wie die oberitalienische Stadt seinen Weltruf durch den Geigenbau. Bereits im Jahr 1677 gründeten zwölf Geigenbauer aus dem

benachbarten Böhmen die erste Geigenmacherinnung Deutschlands. Seither singt und klingt es über die Berge im Vogtländischen Musikwinkel. Das Musikinstrumentenmuseum im Paulusschlössel zeigt über 3000 Instrumente aus aller Welt. Aus dem Innenhof des spätbarocken Bürgerhauses klingen an Sonntagen die wunderbarsten Konzerte durch die Sommerabende.

Es muss nicht immer die große Oper sein, im traditionsbewussten Vogtland und Erzgebirge ist auch die Volksmusik zu Hause. In **Klingenthal** ❹ hat man sich auf den Bau von Akkordeon, Harmonika, Concertina und Bandoneon spezialisiert. In der »Schaumanufaktur Akkordeonbau« darf man den Instrumentenmachern bei der Arbeit über die Schulter schauen. Drei Führungen werden je Werktag für Gruppen angeboten. Besonderes Ansehen genießt jährlich der Internationale Akkordeonwettbewerb im Mai. Ein Preisträger in Klingenthal gewesen zu sein, war für viele meisterhafte Akkordeonisten der Anfang ihrer Karriere.

Schätze der Erde und Schätze der Sterne

TOP TIPP Nördlich von Klingenthal erhebt sich der 883 m hohe **Schneckenstein** ❺. Mit dem Besucherbergwerk »Grube Tannenberg«, dem sehenswerten Mineralienzentrum und seinem kleinen Skilift wäre es wohl nicht mehr als ein beliebtes lokales Ausflugsziel. Die Natur lieferte jedoch eine Attraktion, den 23,7 m hohen Topasfelsen, einzigartig in Europa. Einen weiteren Stein dieser Art

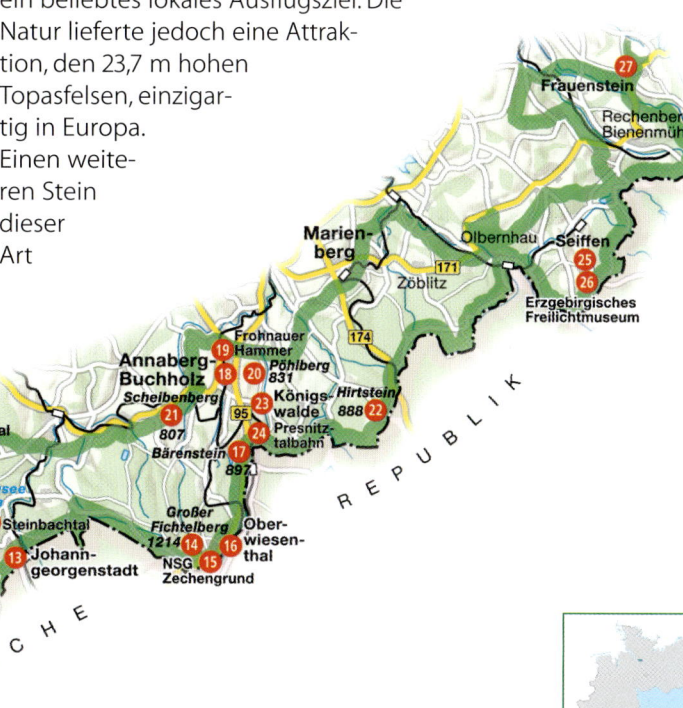

▶ **WANDERTIPP**

KÖHLERWEG

Zwei Rundwanderwege bei Sosa bilden den sogenannten Köhlerweg. Auf beiden Routen sind alte Meilerstätten des historischen Köhlerhandwerks zu entdecken. Mit dem Bergbau entstanden im Erzgebirge viele Hammerwerke. Die zum Schmelzen der Metalle erforderliche Holzkohle stellten die Köhler

der Umgebung her. Zwei dieser Meiler sind sogar noch in Betrieb. Bei der Köhlerei Marggraf (Bild) am Parkplatz Stausee Sosa ❾ beginnt die 7 km lange Südschleife, an der Straße zwischen Sosa und Schwarzenberg liegt die Köhlerei Gläser, Ausgangspunkt der 3 km langen Nordschleife. Beide Wege bieten zudem schöne Panoramasichten über das waldreiche Westerzgebirge und das kleine Städtchen Sosa. In einer der verschiedenen Gaststätten des Ortes kann man eine Verschnaufpause einlegen.

gibt es nur noch auf der anderen Seite der Erde: den Mount Bischoff in Tasmanien. Wie der Name vermuten lässt, wurden im Topasfelsen Edelsteine gefunden. Seit 1724 brach man die gelben Halbedelsteine aus dem Felsen, zuerst unerlaubt, dann im Auftrag des sächsischen Kurfürsten. Die größten Topase waren beachtlich: 10 cm lang und 5 cm breit, zu besichtigen im »Grünen Gewölbe« in Dresden. Die englische Königskrone zieren 485 Topase vom Schneckenstein. Der Abbau der Zeche »Königskrone« war so ertragreich, dass der Felsen bis 1800 um zwei Drittel geschrumpft war. Seit 1937 steht er nun unter Naturschutz und kann gegen einen geringen Obulus besichtigt und bestiegen werden. Der Fels liegt nur wenige hundert Meter vom Parkplatz der Siedlung Schneckenstein entfernt im Wald.

TOP TIPP Im Falle des verträumten Ortes **Morgenröthe** ❻ liegt das Besondere nicht in der Erde, sondern im Himmel. Kenner wissen es: Morgenröthe ist der Geburtsort des Kosmonauten Sigmund Jähn, der am 26. August 1978 mit der Raumkapsel Sojus 31 in den Weltraum flog und sieben Tage auf der sowjetischen Orbitalstation Saljut-6 verbrachte. Später promovierte der erste Deutsche im All im Fach Physik. All dies und viele weitere Informationen zur bemannten Raumfahrt erhält man in der **Deutschen Raumfahrtausstellung** ❼ in Morgenröthe-Rautenkranz. Bislang war diese Ausstellung in einem stillgelegten Bahnhof untergebracht, 2007 wird

Sehr beliebt: Canyoning im Blauenthaler Wasserfall.

wegen des großen Besucherandrangs ein neues, großes Ausstellungsgebäude eingeweiht.

Fallende Wasser und Raritäten in Wald und Flur

Das Erzgebirge ist durchaus reich an Fließgewässern. Stehende Gewässer hingegen sind selten, die meisten größeren Seen wurden von Menschenhand geschaffen. Auch der **Wasserfall in Blauenthal** ❽ ist keine Laune der Natur. Nach dem Ersten Weltkrieg wurde oberhalb der Felswand ein Wassergraben für eine Papierfabrik angelegt. An Feiertagen und am Sonntag standen die Maschinen still, das umgeleitete Wasser stürzte über eine Felswand zu Tal. Seither besteht dieses schöne Ausflugsziel (von Blauenthal ein kurzes Stück in Richtung Zimmersachermühle). Die neue Trendsportart hier heißt Canyoning: Man seilt sich inmitten des strömenden Wassers ab, sogar im Winter ersteigen verwegene Kletterfreunde den bizarr gefrorenen Wasserfall. Wer es weniger aufregend mag, wandert nach kurzem Aufstieg den beschriebenen Wassergraben entlang (ca. 30 Minuten); der Abstieg ins Tal führt an mehreren romantischen Fischteichen vorbei.

Einen schönen Blick auf den **Stausee Sosa** ❾ und den Auersberg, den zweithöchsten Gipfel des Erzgebirges, hat man von der Freilichtbühne Sosa oder von der Staumauer aus, die in den Jahren 1949 bis 1952 errichtet wurde (ab Parkplatz »Sosa-Stausee«).

Der Gipfel des 1018 m hohen **Auersbergs** ❿ lässt sich bequem mit dem Auto ansteuern. Unterhalb von Aussichtsturm und Berghotel erfreut im Sommer ein Botanischer Berggarten die Pflanzenliebhaber, im Winter schnallt man sich die Bretter unter, zu einer Talfahrt (Lifte sind vorhanden) oder zum Skiwandern.

Eine der schönsten Wanderungen am Auersberg führt in das **Steinbachtal** ⓫. Der Rundwanderweg ist als Naturlehrpfad angelegt und beginnt in Steinbach (Parkmöglichkeit), westlich von Johanngeorgenstadt. Schon nach 2 km erreicht man die Teufelssteine; die 30 m hohen Granitfelsen rücken dicht an das Bachbett heran. Niederschläge und Frost furchen Klüfte und Spalten in den groben Stein und verleihen ihm markante Formen. Südlich von Steinbach erreicht man nach 2 km Weg den **Kleinen Kranichsee** ⓬, ein völlig intaktes Hochmoor auf über 930 m Höhe. Ein Holzsteg führt zu einem kleinen Aussichtsturm, der einen tieferen Blick in das Moor erlaubt: Wollgräser, krumm gewachsene Moorkiefern, Krussel genannt, auf federndem Torf. Der äußerst seltene Hochmoor-Gelbling, ein Relikt aus der Eiszeit (siehe Kasten Seite 408), auch Smaragd-

Das Städtchen Sosa mit Kirche und einigen Fachwerkhäusern kuschelt sich in eine heitere Erzgebirgslandschaft.

libellen und die Hochmoor-Mosaikjungfer fühlen sich hier wohl. Ungewöhnlich sind die Schlenken in der bis 9 m starken Torfschicht. Die mehrere Meter langen Wassergräben entstehen durch die Bewegung der Moorschichten zueinander, sie verändern sich und wandern. Das Kleine Kranichmoor kann auch von der nahen Gaststätte »Henneberg« (Anfahrt über Johanngeorgenstadt, Ortsteil Jugel) erreicht werden. Der freundliche Wirt ist zugleich Naturschutzwart und erläutert gern das Einzigartige des Moors und seiner Bewohner; er weiß alles über botanische Raritäten aus Wald und Flur.

Fichtelberg – die Natur erholt sich

Johanngeorgenstadt ⑬ gilt als Ursprungsort des Schwibbogens, der erzgebirgische Weihnachtsbräuche mit bergmännischem Gedankengut vereint. Zu Weihnachten erstrahlt dieser typische Lichterbogen in allen Fenstern, in Vorgärten, auf Balkonen und Märkten im tief verschneiten Erzgebirge und vermittelt ein Gefühl von Wärme und Geborgenheit. Ein Besuch des Schaubergwerks »Glöckl« (in unmittelbarer Nähe des Grenzübergangs) lohnt sich.

TOP TIPP Der **Große Fichtelberg** ⑭ ist nicht nur der höchste Berg Sachsens, sondern auch das beliebteste Ausflugsziel im Erzgebirge. Die schöne Anfahrt und die weite Aussicht locken im Sommer Tausende auf den Gipfel, im Winter auf die Abfahrtspisten oder auf die Loipen im glit-

zernden Pulverschnee. Wer es noch kühner mag, fliegt wie Jens Weißflog über den Schanzentisch. In den 1970er- und 1980er-Jahren wurde der Fichtelberg jedoch vom Baumsterben heimgesucht. Der einstmals bewaldete Gipfel glich zusehends der schütteren Haarpracht eines alten Mannes. Nur vereinzelt trotzten ein paar verkrüppelte Nadelbäume den Industrieabgasen. Auf dem Fichtelberg erlebt man, wie rasch sich die Natur erholt: Junger Bergwald wächst nach, und wenn der Mensch seine Eingriffe klug beschränkt, wird in wenigen Jahrzehnten wieder ein dichter Hochwald den Gipfel umkränzen. Einen guten Einblick in den Naturzustand des Erzgebirges gibt das **Naturschutzgebiet Zechengrund** ⑮ südwestlich von Oberwiesental. In dem idyllischen Kerbtal dominieren Bergwiesen, Quellfluren und Waldflächen mit Fichten und Ebereschen, zwei typische Baumarten für das hohe Fichtelgebirge. Auf einem 2,4 km langen Weg informieren 17 Schautafeln über Wissenswertes zu Natur und Naturschutz. Ausgangspunkt ist der Parkplatz »Hotel Am Fichtelberg« (an der B 95).

Der bekannte Kurort **Oberwiesenthal** ⑯ liegt zu Füßen des Fichtelberges. Eine Gondelseilbahn schwebt zum Gipfel hinauf, berühmt sind die Sprungschanzen, aber auch andere bergtypische Freizeitattraktionen wie der Hochseilgarten für Kletterfreunde und ihren Nachwuchs. Den schönsten Blick auf den Fichtelberg und die weitläufige Gebirgslandschaft mit dem Cranzah-

BERGWIESEN

Bergwiesen sind artenreiche, extensiv genutzte Wiesen auf mäßig feuchten Standorten ab einer Höhe von 500 m. Auf insgesamt 2000 ha sind sie in Sachsen vorwiegend in Erzgebirge und Vogtland, aber auch in der Sächsischen Schweiz und im Zittauer Gebirge zu finden. Charakteristisch für die blütenreichen Wiesen sind Wald-Storchschnabel, Perücken-Flockenblume, Berg-Platterbse, Bärwurz, und Verschiedenblättrige Kratzdistel oder Alantdistel, auf trockenen Stellen auch Arnika. Hinzu kommen allerlei Gräser. Zum Erhalt dieser wertvollen Naturlandschaften hat man 2002 in Sachsen das »Bergwiesenprojekt« ins Leben gerufen. Es unterstützt Modelle zum Bergwiesenschutz und veranstaltet Wettbewerbe, bei denen die schönste Bergwiese gekürt und mit einem großen Fest gefeiert wird.

HOCHMOORGELBLING

(Colias palaeno)
Der Falter ist durch das Verschwinden natürlicher Hochmoore sehr gefährdet. Seine Raupe lebt aus-

schließlich an der Rauschbeere, die nur in Hochmooren oder ähnlichen Biotopen vorkommt. Er fliegt von Juni bis August. Die Grundfarbe von Ober- und Unterseite des Männchens ist zitronengelb, die Oberseite des Weibchens weiß.

Mit einem Palmwedel vergleichen Geologen die ungewöhnliche Basaltformation auf dem Hirtstein.

ler Stausee hat man vom etwa 10 km nördlich gelegenen **Bärenstein** ⑰ . Der fast 900 m hohe Tafelberg ist jedoch auch aus biologischer Sicht interessant. Bedingt durch die klimatischen und geologischen Verhältnisse weist die hier häufige Eberesche ungewöhnliche Wuchsformen auf. Farne, Goldnesseln und Alpenmilchlattich, Kreuzottern und Waldeidechsen finden ihre Lebensräume, Turmfalken und Raufußkäuze beherrschen die Lüfte (Anfahrt zum Gipfel mit Gaststätte und Parkplatz über Bärenstein).

Das Städtchen **Annaberg-Buchholz** ⑱ gilt als kulturelles und wirtschaftliches Zentrum des Erzgebirges. In seiner Glanzzeit war Annaberg größer und reicher als Leipzig. Wie wohlhabend das Erzgebirge während der Hochphase des Bergbaus, des »Bergkgeschreys« war, zeigt die von 1499 bis 1525 errichtete St.-Annen-Kirche. Äußerlich schlicht, ja abweisend, offenbart sich der spätgotische Bau im Inneren aber als grandios – mit herrlichem Rippengewölbe und prächtiger Ausstattung. Das reiche Annaberg-Buchholz war die Heimat des großen Rechenmeisters Adam Ries (1492 – 1559), dem hier ein Museum (Johannisgasse 23) gewidmet ist.

Das älteste Museum der Stadt ging aus einer 1436 errichteten Getreidemühle hervor, dem **Frohnauer Hammer** ⑲ . Bis 1904 diente die Anlage als Münze und Hammerschmiede – eines der wenigen original erhaltenen Hammerwerke, drei Schwanzhammer und die Blasebalganlage sind

bis heute funktionstüchtig (Ortsteil Frohnau, Schmatalstraße 3, täglich Führungen).

Butterfässer, Orgelpfeifen, Palmwedel

Ins Erzgebirge haben es die Annaberger nicht weit. Der Hausberg, Erosionsrest eines ehemaligen Lavastroms, liegt unmittelbar östlich der Kreisstadt. Der **Pöhlberg** ⑳ besteht wie seine Nachbarn Bärenstein und Scheibenberg überwiegend aus Basalt. Seine imposanten Basaltsäulen wurden vom Volksmund »Butterfässer« getauft. Auf dem 831 m hohen Pöhlberg befinden sich eine Ausflugsgaststätte und ein Aussichtsturm, im Annaberger Stadtwald, zu seinen Füßen, wurde ein Wildtiergehege angelegt.

Am **Scheibenberg** ㉑, nahe der gleichnamigen Stadt, ragen die Basaltpfeiler wie Orgelpfeifen in die Höhe. Sie tragen auch diesen Namen. Der ehemalige Steinbruch liegt in umittelbarer Nähe zur Skisprungschanze. Der moderne Aussichtsturm auf dem Scheibenberg ist mit seinem achteckigen Grundriss den Basaltsäulen nachempfunden. Mit seiner Höhe von 22,4 m steht er den Orgelpfeifen nicht nach.

Am südöstlich gelegenen **Hirtstein** ㉒ weist der ▶ Basaltaufbruch eine Fächerform auf. Das **TOP TIPP** Geotop erhielt den passenden Namen »Palmwedel«. Andere Stellen erscheinen wie eine Riesentreppe. Diese Zeugnisse des Vulkanismus im Erzgebirge befinden sich gleich

unterhalb von Parkplatz und Gaststätte am Hirt-
steingipfel.

Hohe Berge und tiefe Täler, da lässt sich vortreff-
lich wandern, so etwa in **Königswalde** ㉓ im
schönen Pöhlatal. Ein Kulturlandschaftspfad
führt auf verschiedenen, 5 bis 12 km langen The-
menrouten über alte Steinbrücken, vorbei an
klappernden Mühlen und betagten Bauernhöfen. Ausgangspunkt ist der Parkplatz »Brettmüh-
le« im Pöhlatal. Vom stilvollen Bahnhof in Jöhl-
stadt dampft eine alte Museumsbahn durch das
reizvolle Presnitztal bis nach Steinbach. Die
Presnitztalbahn ㉔ verkehrt allerdings nur an
Wochenenden und Feiertagen.

TOP TIPP An zwölf Monaten im Jahr ist **Seiffen** ㉕ für
die Weihnachtstage gerüstet. Nussknacker,
Räuchermännchen, Lichterpyramiden und Kerzen tragende Engel dekorieren das Städtchen zu
jeder Jahreszeit. In weit über 100 Schauwerkstät-
ten und privaten Handwerksbetrieben unter
spitzgiebeligen Häusern schnurren Drechsel-
bänke, wirbeln Hölzspäne, werden Spielzeuge
und Weihnachtsfiguren gefertigt, bemalt, ver-
packt und in alle Welt gesandt. Stolz nennt sich
Seiffen das Spielzeugdorf im Erzgebirge.

Das Drechseln hatte in der holzreichen Erz-
Region schon immer große Bedeutung, eine
Schule widmet sich der Ausbildung des Nach-
wuchses für dieses traditionsreiche Handwerk.
Einen Überblick über die Spielzeugproduktion
gibt das Spielzeugmuseum in der Hauptstraße 73 (siehe Kasten rechts). Aber auch andere
Traditionen wie die Bergknappschaft spielen in
Seiffen eine wichtige Rolle. Im **Erzgebirgischen
Freilichtmuseum** ㉖ (Hauptstraße 203) stehen
historische Häuser, Schuppen und Scheunen,
sogar eine alte Trafostation von 1903; in den Bauerngärten blühen Lupinen, Stockrosen und
Schwertlilien. Einem Reifendreher darf man bei
der Arbeit zuschauen, seine Drechselbank wird
von einer Wasserkraftanlage von 1760 angetrieben. Im Teich wartet angeflößtes Holz auf seine
Verarbeitung. Am schönsten ist es hier jedoch
immer zur Weihnachtszeit, wenn der tief verschneite Ort mit seiner achteckigen Kirche im
hellen Lichterglanz des erzgebirgischen Weih-
nachtsschmucks erstrahlt.

Und wieder Musik –
silberne Orgelklänge

Der Name Silbermann hat in Sachsen einen ganz
besonderen Klang, Silbermannorgeln gelten als
die Meisterwerke des barocken Orgelbaus. Von
46 Orgeln aus der Silbermann-Werkstatt in Frei-
berg sind noch 31 erhalten.

Für den Wiederaufbau der Dresdner Frauenkir-
che wurde die originale Silbermannorgel aufwändig rekonstruiert. In der Heimatstadt Gottfried Silbermanns (1683–1752), in **Frauenstein** ㉗,
informiert ein nicht nur für Musikliebhaber sehenswertes Museum über Leben und Werk der
hochbegabten Handwerkerfamilie.

So idyllisch wie im Erzgebirgischen Freilichtmuseum in Seiffen sah es früher fast überall im Erzgebirge aus.

Nationalpark Sächsische Schweiz

Wind und Wasser haben die in Deutschland einzigartige Landschaft aus Tafelbergen, Klippen, Wäldern und Tälern geschaffen, die sich in der Nähe von Dresden auftürmt. Mit ihren mächtigen Canyons erinnert sie eher an die Nationalparks in den USA als an ein hiesiges Mittelgebirge.

SERVICE

Anfahrt: Am Autobahn-Dreieck Dresden-West von der A 4 auf die A 17 (Richtung Prag) bis zur Abfahrt Pirna und weiter über Lohmen zur Bastei; mit der Bahn fährt man nach Oberrathen an der Bastei

Lage: Teil des Elbsandsteingebirges in Sachsen, 30 km südöstlich von Dresden

Größe: 93 km²

Höchste Erhebung:
Großer Winterberg (556 m)

Gründung: 1990

Information:
Nationalparkhaus Sächsische Schweiz
Dresdner Straße 2 B
01814 Bad Schandau

Telefon: 035022/50230

Internet:
www.nationalpark-saechsische-schweiz.de

TOP TIPP

❶ Bastei
Das Muss im Nationalpark – aus gutem Grund vielbesucht

❺ Schwedenlöcher
Natur pur – nur wenige Wegminuten vom großen Rummel

❻ Polenztal
Geologisch und ökologisch hochinteressantes Tal

❽ Lilienstein
Markanter Tafelberg, von der Elbe umschlungen

⓰ Obere Schleuse
Bootsfahrt durch die enge Kirnitzschklamm

⓲ Schrammsteine
Zentnerweise Glücksgefühle für Wanderer und Naturliebhaber

Der klassische Blick von der Bastei über die Elbe bis hin zum Lilienstein: Impression bei Sonnenaufgang.

Wer sehnt sich nicht nach diesem erhebenden Gefühl des Einsseins mit der Natur? Hier im Nationalpark Sächsische Schweiz wird es erlebbar, wenn man in aller Frühe die Felsen der Schrammsteine über steil ansteigende Pfade, Treppen und Eisenleitern erklimmt und plötzlich auf der schmalen Torsteinaussicht vor einer überwältigenden Kulisse steht. Die verwitterten Felsen des Schrammsteintores wandeln ihre Farben beständig im seidigen Glanz der aufgehenden Sonne, in blauer Ferne erheben sich majestätisch die merkwürdig anmutenden Tafelberge des Liliensteins und des Königsteins; eine kleine Birke, die ihren Lebensraum dem kargen Felsen abtrotzt, glitzert im Frühtau. Das Elbsandsteingebirge ist eigentlich gar kein Gebirge: Vor rund 100 Millionen Jahren hinterließ das abfließende Kreidemeer eine 600 m starke Sandschicht, den

Meeresgrund, zurück. Der Boden verfestigte sich. Über Jahrmillionen zerklüftete die Erosion diese Schichttafel; Elbe und kleinere Flüsse fraßen sich ein und hinterließen eine Ruinenlandschaft aus Quadersteinen, die allmählich zu Sand zerfällt. Es bildeten sich drei Stockwerke: Zu den Tafelbergen und der Ebene kommen die markanten Täler, Gründe und Schluchten. Höhenunterschiede bis zu 450 m geben dieser Sandsteinlandschaft ein ganz eigenes Gepräge, ergänzt von kegelförmigen Basaltbergen und angrenzenden Hanglagen aus Granit.

Gelegenheit zur Besiedlung boten im Mittelalter nur die Talmulden sowie die Höhen zur Anlage von Burgen. Im späten Mittelalter verkamen die ritterlichen Herrschaften jedoch zu Raubrittern und wurden von ihren Sitzen vertrieben. Die unzugänglichen Felsgebiete boten der Bevölke-

Eine Aussichtsplattform in mehreren Etagen – die Bastei.

rung Rückzugsmöglichkeiten und Versteck während kriegerischer Auseinandersetzungen, so die Schwedenlöcher und der Große Kuhstall.

Der 1990 gegründete Nationalpark umfasst zwei Teile: Das Gebiet der viel besuchten Bastei, zu dem auch der Lilienstein gehört, und flussaufwärts das Elbtal und das Kirnitzschtal, die das Felsgebirge der Schrammsteine umfassen.

Schroffe Felsen, wilde Schluchten

TOP TIPP Von Abgeschiedenheit und besinnlicher Stille in erhabener Natur kann auf der **Bastei** ❶ nun wirklich nicht die Rede sein. Dennoch gilt dieses 305 m hoch aufragende

Fels-Ensemble mit Recht als der Höhepunkt eines Nationalparkbesuches. Über die steinerne Basteibrücke gelangt man vom Tummelplatz der Kioske, Restaurants und Buden ganz bequem zu der märchenhaften Felswelt mit ihren bekannten Aussichtspunkten. Senkrecht fallen die Basteiwände fast 200 m zur Elbe ab. Die an ganz andere Weltgegenden erinnernde Silhouette der Tafelberge Lilienstein, Pfaffenstein und Königstein begrenzt das Flusspanorama. Auf der anderen Seite bietet der Rathener Felsenkessel ein noch eindrucksvolleres Bild. Die engen Schluchten münden vielfach in größere, zum Teil durch Felsstürze entstandene Gründe, die sich zum kesselartig geformten Amselgrund hin öffnen. Zahlreiche Einzelfelsen stehen herausgelöst, isolierte Massive mit fantasievollen Namen wie Große und Kleine Gans, Lamm, Lokomotive, Bienenkorb oder Storchennest. Die Verwitterung macht nicht Halt, Felsabgänge sind keine Seltenheit. 1948 brach der Obere Ganskopf ab und stürzte in die Schlucht.

Die Unzugänglichkeit der Basteifelsen war im Mittelalter Anlass zum Bau von Befestigungsanlagen. Reste der **Felsenburg Neurathen** ❷ mit ihren schwindelerregenden Brückenstegen können gegen Eintritt besichtigt werden. Ansonsten ist der Zutritt zur Bastei, abgesehen von Parkplatzgebühren, kostenlos. Die Anfahrt erfolgt über Lohmen oder Hohnstein.

Wer von der Bastei den Weg in Richtung Rathen hinabsteigt, kann schon nach wenigen Metern den Rummel hinter sich lassen und die wildromantische Landschaft genießen.

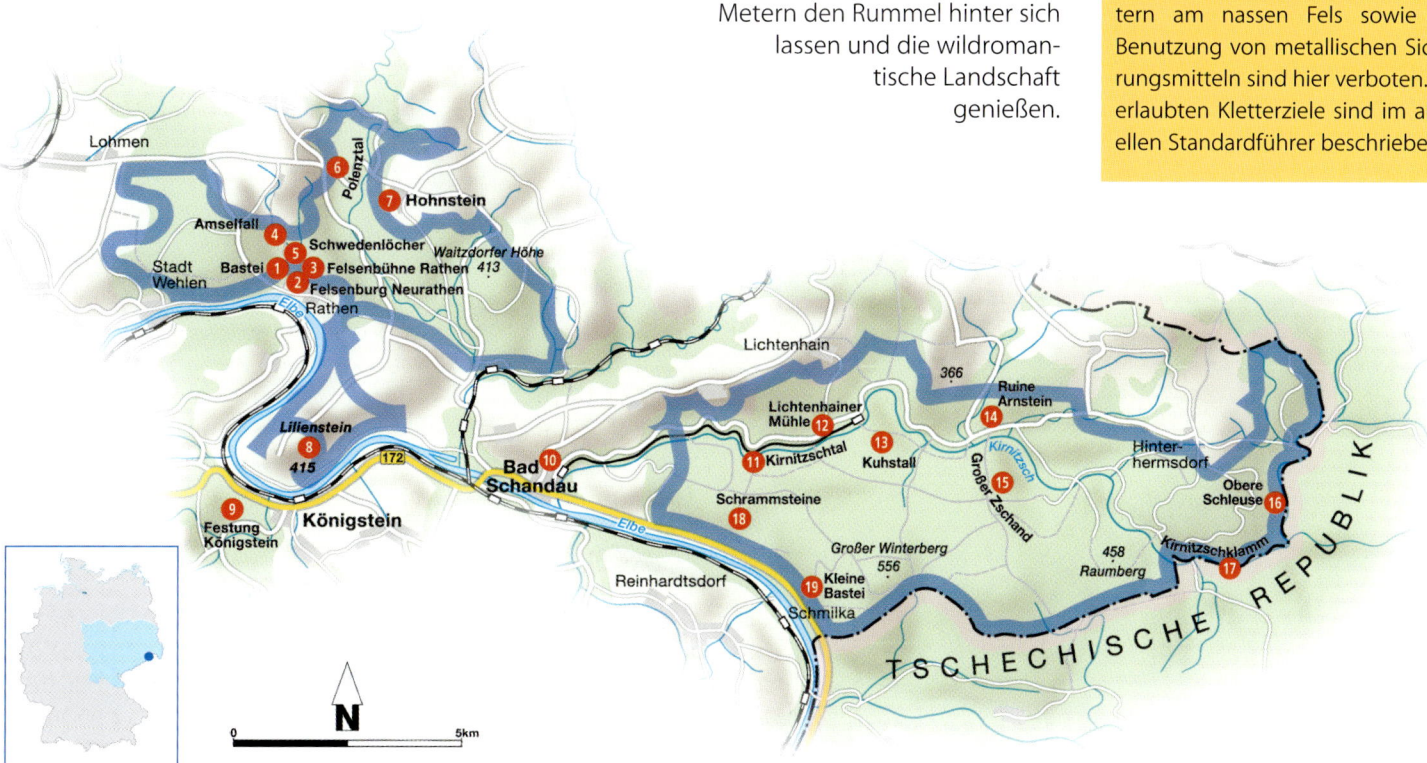

FLECHTEN

Selbst Naturfreunde wissen wenig über diese interessante Pflanzengruppe. In Mitteleuropa gibt es etwa 2000 Flechtenarten, weltweit sind es zehnmal so viele. Sie entwickeln einen unglaublichen Formen- und Farbenreichtum. Auch trichterförmige Strukturen wie bei der Trompetenflechte (*Cladonia fimbriata*, Bild) sind nicht selten. In der Sächsischen Schweiz wurden bisher 367 Arten nachgewiesen. Am leichtesten zu entdecken ist die gelbe Schwefelflechte (*Chrysothrix chlorina*). Von der Wolfsflechte (*Letharia*

vulpina) ist in Deutschland nur ein einziger Fundort bekannt, in der hinteren Sächsischen Schweiz.

Ob Schiller die Naturkulisse der **Felsenbühne Rathen** ❸ gekannt hat? Für seinen »Wilhelm Tell« jedenfalls ist diese grandiose Naturbühne unterhalb der Bastei, unweit des Städtchens Rathen, eine Traumkulisse. Bekannter jedoch sind die hiesigen »Winnetou«-Dramen. Bis zu 2000 Besucher fasst die Felsarena, geboten wird ein vielfältiges Programm mit Inszenierungen von »Ronja Räubertochter« bis zu den »Carmina Burana«.

Von der Felsenbühne führt ein Waldpfad am Grünbach entlang zum Amselsee (Bootsverleih) und weiter zum **Amselfall** ❹. Letzterer entstand an einer Einsturzhöhle, in der sich Strudelköpfe und Auskolkungen gebildet haben. Ganz in der Nähe, in der Amselfallbaude, befindet sich eine Informationsstelle des Nationalparks (von April bis Oktober täglich geöffnet).

Auf der Flucht vor den brandschatzenden Soldaten des Schwedenkönigs im Dreißigjährigen Krieg suchte die Bevölkerung Schutz im unzugänglichen Gelände bei den **Schwedenlöchern** ❺. Unterhalb des Amselfalls beginnt der Aufstieg durch diese Felsengruppe hinauf zur Bastei. Anfangs führt der Steg über eine blockreiche Halde, dann über 800 Stufen durch dämmrige, schulterenge Felsgassen und Tunnel. Totholz verteilt sich kreuz und quer über Abgründen und Felsüberhängen, abgestürzte Felsbrocken versperren den Weg. In diese feuchten Schluchten verirrt sich nur selten ein Sonnenstrahl. Sie bieten zahlreichen Farnen und Moosen Lebensraum. Auch die leuchtend gelbe Schwefelflechte breitet sich an den Felsen aus.

Urig geformtes Urgestein

Geologische Seltenheiten im Nationalpark Sächsische Schweiz sind im **Polenztal** ❻ zu entdecken. Der tiefe Bachlauf der Polenz führt von einem Granit- in ein Sandsteingebiet. Die Wasser haben sich im Granit v-förmig eingeschnitten, während sie im weicheren Sandstein ein U-förmiges Tal hinterließen. An diesen Uferabschnitten der Polenz ragen bis zu 100 m hohe Felswände und -türme schroff empor.

Zur Erkundung des Polenztals bietet sich als Ausgangspunkt **Hohnstein** ❼ an, ein schmucker Ort mit Fachwerkhäusern und einer Burg aus dem 12. Jahrhundert. Ein 6 km langer Lehrpfad berichtet von den kulturhistorischen und geologischen Besonderheiten der Gegend.

Die Wanderung führt von der Burg Hohnstein hinab ins Polenztal und hinauf zum Hockstein, folgt der geologisch hochinteressanten Wolfsschlucht bis zur Gautschgrotte, einem riesigen Felsüberhang aus besonders widerstandsfähigem Sandstein, und erreicht wieder die Burg in Hohnstein.

Aus einem Kiefernwald ragt der 415 m hohe **Lilienstein** ❽ empor, der schönste Tafelberg der Sächsischen Schweiz. Seine Fels-

Wenn über der Bastei der Mond aufgeht, versinkt der Lilienstein im blauen Dunst des Abendlichts.

Vom freundlichen Ort Hohnstein aus kann man schöne Wanderungen ins Polenztal unternehmen.

wände erheben sich 60 bis 70 m über seinem Schottergürtel. Die Elbe muss sich in einer gewaltigen 180-Grad-Schleife um den Berg herumwinden. Zur Besteigung des Liliensteins setzt man von der Stadt Königstein mit der Fähre über die Elbe und folgt den blauen Wegzeichen bis zur Berggaststätte am Gipfel. Auf der Wanderung sind die schrillen Schreie der Wanderfalken nicht zu überhören. Die in der Sächsischen Schweiz bereits ausgestorbenen Greifvögel konnten in den letzten Jahren wieder erfolgreich angesiedelt werden.

Durch seine ungewöhnliche Form ist der Lilienstein sofort zu erkennen, ganz gleich aus welcher Himmelsrichtung man sich nähert. Von der gegenüberliegenden **Festung Königstein** ❾ aus, die auf dem gleichnamigen Tafelberg thront, wirkt der Lilienstein besonders eindrucksvoll. Der Königstein liegt nicht mehr im Gebiet des Nationalparks, ist aber dank seiner imposanten Festung als Ausflugsziel sehr beliebt und wegen der hervorragenden Sicht auf die Sächsische Schweiz einen Besuch wert. Aufstieg vom Parkplatz an der B 172 Pirna–Königstein.

Zwischen den Wassern der Elbe, die ruhig strömt, und den steil aufsteigenden bewaldeten Höhen des Elbsandsteingebirges liegt der Kneipp-Ort **Bad Schandau** ❿. Bei der Nationalparkinformation geben Schautafeln, reichlich Prospekte und natürlich die freundlichen Natio-

nalparkwächter Auskunft über die Besonderheiten ihrer Region. Das Fachwerk-Städtchen ist quasi das Tor zu Teil zwei des Nationalparks.

Mit der Straßenbahn in die Natur

Die erste Überraschung erwartet den Gast gleich in Bad Schandau: Welcher Nationalpark hat schon eine eigene Straßenbahn? Die Kirnitzschtal-Bahn bringt die Besucher durch das anmutige Tal direkt in die Natur zum Lichtenhainer Wasserfall. Den 60 m höher gelegenen Stadtteil Ostrau kann man auch mit einem frei stehenden Aufzug aus dem Jahr 1904 erreichen.

Die Kirnitzsch entspringt in Nordostböhmen und mündet nach 45 km bei Bad Schandau in die Elbe. Sie strömt an steilen Sandsteinwänden entlang, im Unterlauf wird das Tal breiter, die Felsböschungen sind hier flacher. Bis ins letzte Jahrhundert hinein nutzte man die Kirnitzsch zum Triften gefällter Baumstämme; ein fischreiches Gewässer ist sie immer noch. Früher fing man hier Lachse, heute sind es vor allem Forellen und Äschen.

Über den Flößersteig lässt sich das **Kirnitzschtal** ⓫ zu Fuß erkunden, wobei man auf dem heimatkundlichen Lehrpfad viel vom Leben der Flößer und Waldarbeiter, aber auch über Geologie und Botanik erfährt. Der 20 km lange Weg führt von Bad Schandau bis zur Neumannmühle, einem technischen Naturdenkmal, das man auch mit

BESONDERHEITEN DES KLIMAS
Die stark ausgeprägte Höhengliederung des Elbsandsteingebirges bedingt eine hochinteressante ökolo-

gische Besonderheit: Im Sommer sind die Gründe kühl und feucht (»Kellerklima«), in den höheren Lagen und auf den Felsen ist es warm und trocken. Die landläufige Verbreitung von Vegetation und Tieren kehrt sich um: Gebirgsbewohner siedeln im Keller, Flachländer erobern die Gipfel. Wissenschaftler sprechen von einer »klimatischen Inversion«, der Umkehrung mitteleuropäischer Waldhöhenstufen. Zu beobachten ist sie unter anderem an der Gautschgrotte (Bild) im Polenztal ❻.

Grandioses Naturmonument: Der Felstunnel Kuhstall diente in Kriegszeiten als Versteck für das Vieh.

INSPIRATION FÜR KÜNSTLER

So wie die Kreidefelsen auf der Insel Rügen inspirierte und inspiriert die ungewöhnliche Landschaft der Sächsischen Schweiz seit je Maler und Grafiker, aber auch Literaten, Musiker und Fotografen, wie hier auf dem Bild über dem Elbtal. Schon der Romantiker Caspar David Friedrich schuf dieser Landschaft vor 200 Jahren mit seinen Gemälden einen Platz in der Kunstwelt. Weit spannt sich der Bogen der künstlerischen Darstellungen bis in unsere Zeit zu Gerhard Richter, dessen Gemälde »Der Fels« seit 2004 in Dresdens

Albertinum zu sehen ist. Davor gab es zahlreiche Reiseschilderungen, Hans Christian Andersen verewigte die Region 1831 in Gedichten, und Carl Maria von Weber sicherte der Elbsandsteinlandschaft einen Platz in der Musikgeschichte. Richard Wagners »Lohengrin« ist untrennbar mit dem Liebethaler Grund verbunden. Eine Gedenktafel an einem der Basteifelsen ist Hermann Krone gewidmet. Mit seinen Bildern, während seiner Streifzüge durch das Elbsandsteingebirge entstanden, schrieb der Pionier (1827–1916) einprägsame Fotografiegeschichte.

dem Auto erreichen kann. Die Mühlen im Kirnitzschtal – **Lichtenhainer Mühle** ⑫, Felsenmühle, Neumannmühle, Buschmühle und Niedermühle – bemühen sich alle um das leibliche Wohl der Nationalparkbesucher. In Lichtenhain stürzt nicht nur ein (künstlicher) Wasserfall über die Felsen, hier gibt es auch unter einer ehrwürdigen Kastanie einen schattigen Rastplatz. Beste Gastronomie verwöhnt müde Wanderer. Die Endstation der Straßenbahn ist ein guter Ausgangspunkt für Wanderungen.

Die recht kurze Tour zu den Sandsteinfelsen Neuer Wildenstein führt in ein Gebiet mit zahlreichen Grotten und Überhängen. Die größte dieser Höhlen, der sogenannte **Kuhstall** ⑬, diente den Bewohnern von Lichtenhain im Dreißigjährigen Krieg als Versteck für ihr Vieh. Der 24 m lange Felstunnel ist 11 m hoch und 17 m breit. Das gigantische Felsenfenster umrahmt den Ausblick auf den Kleinen Winterberg und den Winterstein. Das Gipfelplateau des 336 m hohen Neuen Wildensteins ersteigt man über die 108 Stufen der »Himmelsleiter«.

Nicht wegen der Mauerreste der mittelalterlichen Raubritterburg nimmt man den schwierigen Anstieg auf die **Ruine Arnstein** ⑭ in Angriff. Wieder ist es der Blick auf weitere Felsen, auf die nächsten Naturattraktionen, der uns belohnt

und unsere Neugier beflügelt. Die weiträumige Sandsteinlandschaft **Großer Zschand** ⑮ wird durch zahlreiche Schluchten gegliedert. Steilwände und bewaldete Hangzonen wechseln in Abhängigkeit von den Gesteinsformationen. In reinen Sandsteinbereichen dominieren schroffe Felsformen. Jenseits der Torwälder Wände fallen die sowohl auf sächsischem als auch auf tschechischem Gebiet liegenden Kuppen der jungvulkanischen Basalte und Phonolithe auf. Letztere sind vulkanisches Ergussgestein, das beim Anschlagen einen Klang von sich gibt.

Bootsfahrten durch die Schlucht

Für das Triften von Holz auf der Kirnitzsch war im Oberlauf der Bau von Stauanlagen erforderlich. Schon im 16. Jahrhundert entstand die **Obere Schleuse** ⑯. Zuerst aus Holz bestehend, wurde sie 1816/17 in Stein ausgeführt. Die heutige Sperre aus dem Jahr 1931 mit einer Höhe von 7 m und einer Breite von nur 3 m staut die Kirnitzsch auf 700 m Länge auf.

Den in der engen Steinschlucht entstandenen See nutzt man bereits seit 1879 zu touristischen Bootsvergnügungen. Vom Parkplatz in Hinterhermsdorf bis zur Bootsstation läuft man gut eine halbe Stunde. Die Boote fahren von Mai bis Oktober.

Die **Kirnitzschklamm** ⑰ verläuft entlang der tschechischen Grenze. Auf schwindelerregendem Pfad durchwandert man hoch über dem rauschenden Bach die Klamm. Im Grund des engen Tals herrscht wie auch im Polenztal oder im Felsgebiet des Großen Zschand ein Kellerklima: Auch im Sommer bleibt es hier kühl. In der Talsohle wachsen Fichten, an den Steilwänden Buchen und Tannen, während die Felsriffe von Kiefern bestanden sind. Fichten und Tannen können hier bis zu 300 Jahre alt werden und Höhen von bis zu 50 m erreichen.

»Etwas mächtig Ergreifendes«

Vielleicht ist es der Wechsel zwischen den schroff aufragenden Felsen und den sanften Tälern oder der Blick über das Meer der Bäume einer eigentlich überschaubaren Felslandschaft, der uns in der Sächsischen Schweiz fasziniert. Der dänische Märchendichter Hans Christian Andersen erinnert sich nach einer Wanderung im Sommer 1831: »Wie ein versteinertes Meer lagen die Berge vor mir. Es liegt etwas mächtig Ergreifendes darin, auf solche Weise über ein großes Land hinzuschauen.« Die **Schrammsteine** ⑱ sind wohl das imposanteste Ensemble im Nationalpark. Selbst auf kleineren Wanderungen stößt man immer wieder auf eigenartige, durch Verwitterung des Sandsteins entstandene Formen. Steingitter, Eisenbänder, Waben, Sanduhren und Höhlungen haben sich gebildet und sind ständig weiteren Veränderun-

gen unterworfen. Kurz vor dem Grenzübergang nach Tschechien, vom Ort Schmilka aus, führt ein steiler Pfad über 160 Höhenmeter über Wurzeln, Treppchen und Gestein, durch mannshohen Farn hinauf zur **Kleinen Bastei** ⑲. Beim Anblick

Naturnaher Buchenmischwald an der Kleinen Bastei.

der weitläufigen Elblandschaft mit dem Lilienstein vergisst man rasch die zitternden Knie. Eigenwillige Felsenformationen begleiten das tief eingeschnittene Elbtal: zerklüftete Steintürme, von Wind und Wettern geformt, die Kronen der mächtigen Buchen, Eichen und Fichten überragend, sprudelnde Bäche und sanfte Wiesen stehen in erstaunlichem Kontrast zu dieser Felsen-Inszenierung.

WANDERTIPP

SCHRAMMSTEINE

Die lang gestreckte, urwüchsige Felsgruppe der Schrammsteine ⑱ östlich von Bad Schandau begrenzt im Norden das Kirnitzschtal, im Süden das Elbtal und im Osten die beiden Winterberge. Drei mächtige Einschnitte bilden die Schrammtore, die in ihrer Formenvielfalt ein besonderes Zeugnis der jahrmillionenlangen Verwitterung sind. Ausgangspunkt einer Wanderung ist der Parkplatz an der Schrammsteinbaude zwischen Ostrau und Postel-

witz; dann heißen die Stationen: Lattengrund – Großes Schrammtor – Jägersteig – Schrammstein-Aussicht (Bild) – Schrammsteinweg (Gratweg) – Breite Kluft. Abstieg und Rückweg führen durch das Elbtal (12 km, 4 bis 5 Stunden, 350 m Höhenunterschied). Diese mittelschwere Wanderung mit beschwerlichem Felsaufstieg verläuft zum Teil über Metallleitern und durch enge Felsspalten.

Eine Wanderung über die Schrammsteine führt zur Breiten Kluft: Weit kann hier der Blick dem Lauf der Elbe folgen.

DER SÜDEN

Die höchsten Berge und die tiefsten Höhlen, die ältesten Gesteine und die letzten Gletscher unseres Landes, Weinberge und Waldberge, die Lebensräume von Alpenspitzmaus und Zilpzalp, architektonische Kleinode des Barock und des Rokoko liegen südlich des Mains dicht beisammen.

Alpiner Kontrast der Extreme: der Königssee zu Füßen des Watzmann-Massivs.

Naturpark Bergstraße-Odenwald

Der Name sagt es: eine waldreiche Gegend, und doch gibt es viel mehr zu sehen zwischen dem Maintal im Osten und den lebendigen Weinstädtchen im Westen entlang der Bergstraße. Dazwischen ist es erholsam ländlich. Aber es gibt auch einige Orte, in denen es richtig lebendig zugeht.

SERVICE

Anfahrt: Auf der A 67 bis zur Ausfahrt Lorsch; nächstgelegene ICE-Bahnhöfe in Heidelberg und Darmstadt
Lage: In den Bundesländern Hessen und Bayern, südöstlich von Darmstadt und nördlich von Heidelberg; begrenzt durch den Rhein im Westen, den Main im Osten sowie Darmstadt im Norden
Größe: 2517 km²
Höchste Erhebung: Melibokus (517 m)
Gründung: 1960
Information:
Naturpark-Geschäftsstelle Lorsch
Nibelungenstraße 41
64653 Lorsch
Telefon: 06251/70 79 90
Internet: www.geo-naturpark.de

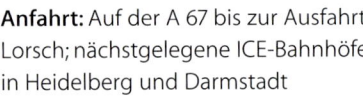

TOP TIPP

1 Lorsch
Städtchen mit Königshalle und Museumszentrum

2 Kühkopf und Knoblochsaue
Die schönste Rheinaue, ein Naturschutzgebiet mit seltenen Vögeln

5 Fürstenlager
Prächtiger Staatspark im englischen Stil mit exotischen Bäumen und Infozentrum

8 Grube Messel
Deutschlands einzige Weltnaturerbestätte mit urzeitlichen Funden

10 Michelstadt
Berühmtes gotisches Rathaus, Odenwald- und Spielzeugmuseum, prächtige Altstadt

Nicht nur für Kinder ein kleines Kletterparadies: das beeindruckende Felsenmeer in Lautertal-Reichenbach.

Diesen Teil des Odenwaldes teilen sich Bayern und Hessen. Er schließt nördlich an den Naturpark Neckartal-Odenwald an. Den Westrand bilden Rhein und Hessisches Ried, dahinter folgen die Bergstraße und der Vordere Odenwald, der in den Buntsandstein-Odenwald übergeht.
Während die Bergstraße durch ihre frühe Blütenpracht und ihre guten Weinlagen begeistert, bieten die waldreichen Hochflächen des Odenwaldes viele Gelegenheiten zum Wandern, auch Erholungssuchende finden hier das Passende.
Der ursprüngliche Laubwald ist inzwischen vielerorts von Misch- oder Nadelwald durchsetzt. Interessante geologische Einblicke ermöglichen die im Grenzbereich zwischen Vorderem und Hinterem Odenwald vorkommenden Felsenmeere. Vor allem der östliche Teil des Odenwaldes beheimatet einen großen Wildbestand.

Außer Reh-, Rot- und Schwarzwild kommen auch die meist versteckt lebenden Marder, Iltisse, Wiesel und Siebenschläfer recht häufig vor.
Seit 2004 ist der Naturpark Mitglied im »Global Network of Geoparks« der UNESCO. Unter dem Motto »Zwischen Granit und Sandstein – Kontinente in Bewegung« stellt diese Region ein einzigartiges Fenster in über 500 Millionen Jahre wechselvoller Erdgeschichte dar. Das geologische Erbe ist Fundament und Vorbedingung zugleich für die Besiedlung und Nutzung der Region wie auch für die vielfältige Kultur, die sich daraus entwickelt hat. Dieses Potenzial macht der Geopark erlebbar: Ziel ist es, das Zusammenwirken geologischer, naturräumlicher und kultureller Prozesse und ihre Bedeutung für die Umwelt und unser tägliches Leben anschaulich und verständlich zu vermitteln.

Königin unter den Rheinauen

Ein besonderes Juwel hat das in der Rhein-ebene gelegene Städtchen **Lorsch** ❶ vor-zuweisen: die Königshalle. Seit 1991 ist dieses Bauwerk Weltkulturerbestätte der UNESCO. Die Königshalle und die Reste einer romanischen Kir-che sind die letzten Überbleibsel des einst so prächtigen Klosters Lorsch. Die Entstehungszeit des Portalbaus vermuten Wissenschaftler im 9. Jahrhundert. Sein heutiges Aussehen stammt aus dem 14. Jahrhundert. Der einstige Zweck des Bauwerkes ist nicht genau zu klären: War es eine Bibliothek oder vielleicht eine Schauhalle für Reliquien? Wer sich über die Königshalle und das Kloster kundig machen will, dem sei der Weg ins Museumszentrum Lorsch empfohlen. Im Kloster-museum zeigt eine Computersimulation, wie die Anlage früher einmal ausgesehen haben mag. Zwei weitere Museen sind hier untergebracht: Das Tabakmuseum dokumentiert, welche wichti-ge Rolle der Tabakanbau und die Tabakverarbei-tung in Lorsch und Umgebung vom Ende des 17. bis zum Ende des 20. Jahrhunderts gespielt haben. Um die Alltagskultur Hessens in vergan-genen Zeiten geht es in den Ausstellungsräu-men des Museums für Volkskunde (geöffnet Di bis So 10–17 Uhr).

Eine etwa 16 km lange Schlinge des Altrheins zwischen Stockstadt und Erfelden umschließt das mit 2400 ha größte Naturschutzgebiet Hessens: **Kühkopf und Knoblochsaue** ❷. Eine Rheinbegra-digung 1828/29 trennte das Gebiet vom Rheinver-lauf ab und ließ eine große Mäanderstromaue entste-hen. Bei Hochwasser wird das Naturschutz-gebiet immer wieder überflutet – so ent-steht ein Lebensraum mit einem unglaub-lichen Artenreichtum von Pflanzen und Tieren: So gibt es mehr als 250 Vogelarten, darunter den sel-tenen Mittelspecht, die Nachtigall und den Schwarzmilan. Einen Aus-flug ins Kühkopfgebiet beginnt man am besten am Parkplatz »Stock-städter Brücke« nördlich von Stockstadt. Hier befindet sich auch das Informationszentrum Kühkopf, das alles Wissenswerte zum Natur-schutzgebiet und den Wegeverlauf dokumen-tiert. Sieben Rundwanderstrecken unterschied-licher Länge führen auf befestigten Wegen durch das Naturschutzgebiet – wegen des emp-findlichen Untergrundes dürfen sie nicht verlas-sen werden. In die Knoblochsaue gelangt man von Erfelden aus, Parkplätze und Wanderwege sind ausgeschildert.

Wo einst die Fürsten lagerten

Drei Sehenswürdigkeiten liegen im westlichsten Winkel des Naturparks eng beieinander: Melibo-kus, Schloss Auerbach und Fürstenlager. Die Tour beginnt in Bensheim-Auerbach, auf Serpentinen geht es bergauf bis zum Wanderparkplatz »Not Gottes«. Ein Rundweg (Nr. 6) führt zum Aussichts-turm auf dem kristallinen Kegel des **Melibokus** ❸. Der Blick von hier reicht weit über die Höhen des Odenwaldes bis zu den Bergzügen des Spes-sarts. Für den Rundweg sollte man 1,5 Stunden einplanen. Anschließend geht die Fahrt auf der-selben Straße ein kleines Stück zurück zum **Schloss Auerbach** ❹. Auch von dessen Aus-sichtsterrasse kann man den Ausblick in die Rheinebene genießen. Die gut erhaltene Ruine beherbergt ein Restaurant, das u. a. Rittermahle und -spiele anbietet.

WANDERTIPP

GEOPARK-THEMENPFAD »MÜHL-TALS MÜHLEN – MÜLLERS LUST«
Ganz im Sinne des alten Volkslieds »Das Wandern ist des Müllers Lust« widmet sich ein Themenpfad der bedeutenden Rolle der Wasser-mühlen in vergangenen Zeiten. An elf Stationen vermitteln ausführ-liche Informationstafeln Einblicke in die Entstehung, den Betrieb, die wirtschaftliche Bedeutung und schließlich auch den Untergang der Wassermühlen hier im Tal. Der Weg beginnt in Mühltal südlich von Darmstadt und führt entlang klarer Gewässer, grüner Auen und durch schattige Wälder. Für die etwa 10 km sollte man rund drei Stunden ein-planen, man kann sich aber auch Teilstrecken vornehmen. Eine aus-führliche Broschüre zum Mühlen-weg ist in Mühltal oder auch im Naturparkinformationszentrum in Lorsch ❶ erhältlich.

WILDTIERPARK EULBACH

In den weitläufigen Gehegen des Tierparks südöstlich von Michelstadt ⑩ tummeln sich allerlei einheimische Wildtierarten, etwa Rot-, Muffel- und Schwarzwild. An den Spazierwegen durch den Landschaftspark mit seinen mächtigen Solitärbäumen finden sich immer wieder römische Relikte, die man hier zusammengetragen hat. Eine besondere Attraktion ist das Gehege mit Wisenten, einer Tierart, die

ohne Nachzüchtungen inzwischen wohl ausgestorben wäre. Der Wildtierpark ist von Michelstadt über Erbach gut ausgeschildert (ganzjährig geöffnet).

Die Sommerresidenz derer zu Hessen-Darmstadt kann man im Staatspark Fürstenlager bei Bensheim bewundern.

Bergabwärts führt die Straße dann ins Tal, wo man nach wenigen Minuten links zum Staatspark **Fürstenlager** ⑤ abbiegt. Am Anfang der Entstehung des Fürstenlagers im Jahr 1739 stand eine mineralische Quelle. Doch erst 1790, unter Ludwig X., einem der Landgrafen von Hessen-Darmstadt, begann man mit dem Ausbau der Anlage zur Sommerresidenz. Der im englischen Stil angelegte Landschaftspark erhielt im 19. Jahrhundert exotische Bäume, heute mächtige Exemplare. Spazierwege führen u. a. an Libanonzedern, Sumpfzypressen und an einem Riesen-Lebensbaum vorbei. Im »Fremdenbau« befindet sich ein Infozentrum des Naturparkvereins und eine Ausstellung zur Geschichte des Fürstenlagers.

Felsenmeer, Bergtierpark und Fenster zur Urzeit

Ein eindrucksvolles Naturdenkmal kann man im Lautertaler Ortsteil Reichenbach erwandern: das **Felsenmeer** ⑥. Tausende von mehr oder weniger runden Steinblöcken aus Diorit bedecken die Hänge des Felsberges. Ursprünglich bildete das Tiefengestein ein großes Massiv, das verwitterte und ausgewaschen wurde. Übrig blieben die abgeschliffenen Gesteinskerne. Vom ausgeschilderten Parkplatz bei Lautertal-Reichenbach erreicht man in wenigen Minuten den unteren Rand des Felsenmeeres. Einige Felsblöcke zeigen noch die Bearbeitungsspuren römischer Steinmetze. Während die Erwachsenen die Felsformationen am geologischen Lehrpfad studieren, können Kinder auf den Steinen klettern oder den schön angelegten Spielplatz besuchen.

Der **Bergtierpark Erlenbach** ⑦ oberhalb des gleichnamigen Ortes, zeigt Tiere von fünf Kontinenten. Einheimisches ist mit Damhirsch, Gämse und Alpensteinbock vertreten, ansonsten beeindrucken Känguru, Mähnenspringer, Yak und Tahr (geöffnet Mo – Sa 10 – 19, So 9 – 19 Uhr, im Winterhalbjahr bis Einbruch der Dunkelheit).

»Das Fenster zur Urzeit«, so wird die **Grube Messel** ⑧ auch genannt. Deutschlands einzige Naturwelterbestätte steht seit 1995 auf der Liste der UNESCO. Man erreicht sie von Messel aus, das an der Straße von Darmstadt nach Rödermark liegt, sie ist sehr gut ausgeschildert. Vor 47 Millionen Jahren fand hier ein Vulkanausbruch statt. Der Krater füllte sich zuerst mit Schuttmassen des Kraterwalls, dann mit Wasser. Unter tropischen Bedingungen setzten sich feinste Partikel und abgestorbene Algen am Seegrund ab. Das machte die Verhältnisse dort lebensfeindlich, und der See wurde für zahlreiche Lebewesen zu einer tödlichen Falle. Aufgrund des Fehlens von Sauerstoff fanden keine Zersetzungs- oder Fäulnisprozesse statt. Durch die Überdeckung mit abgesunkenen Algen wurden die Lebewesen als »Zeitzeugnisse« im Faulschlamm gesichert; das Wasser sickerte ab, fester Ölschiefer entstand. Etwa 1,5 Millionen Jahre Artenentwicklung konservierte der See, bevor er vollständig verlandete. Die berühmtesten Funde sind das Große und das Kleine Urpferdchen. Der bisher in der Grube Messel identifizierte Bestand umfasst mehrere hundert Arten aus den Gattungen Pflanzen, wirbellose Tiere, Fische, Amphibien, Reptilien, Vögel und Säugetiere. Zum Teil handelt es sich dabei um Vorläufer der heutigen

Tierwelt, aber auch um Tiergruppen aus der Saurierzeit. Fundstücke aus der Grube sind im Heimatmuseum Messel zu besichtigen (geöffnet April – Okt Di – So 14 – 17, So 10 – 12, 14 – 17, Nov – März Sa 14 – 16, So 10 – 12, 14 – 16 Uhr). An der Grube selbst kann man von einer Aussichtsplattform einen Blick in die Erdgeschichte werfen. Im Besucherzentrum gibt es Infos rund um die Grube (geöffnet April – Okt 11 – 16 Uhr).

Von Orgelklang und Parzival

Das ist wirklich ein schöner Platz zum Bauen, hat sich der Bauherr wohl gesagt: Vor etwa 1800 Jahren ließ ein Römer eine »villa rustica« (im Landhausstil) auf einem aussichtsreichen Fleck bei Hummetroth errichten. Die **Villa Haselburg** 9 ist gut ausgeschildert. Anhand der freigelegten Grundmauern kann man sich eine Vorstellung von diesem luxuriösen Bau machen: Sanitäranlage, Badehaus und Heizung sind gut zu erkennen. Ein ausgelegtes Faltblatt führt durch die Anlage und ein Modell des Gutshofes zeigt, wie er vielleicht einmal ausgesehen hat.

Nicht ganz so alt, dafür weit bekannter und gut erhalten ist das gotische Rathaus von **Michelstadt** 10, das 1484 erbaut wurde. In der offenen Rathaushalle fanden einst die Sitzungen des Zehntgerichtes statt, im Obergeschoss hingegen tagte das »Ehrbare Gericht«. Durch die Fußgängerzone erreicht man die Kellerei, die zwei Museen beherbergt: Das Odenwaldmuseum widmet sich der Geschichte der Region und dem Thema »Römer im Odenwald«. Das Spielzeugmuseum begeistert die kleinen Besucher mit historischem Spielzeug (geöffnet täglich 10 – 17 Uhr). Im Michelstadter Ortsteil Steinbach sollte man die Einhardsbasilika besu-

Zu einer kleinen Stärkung lädt das Stadtcafé am Lindenplatz in Michelstadt die Besucher des Naturparks.

chen. Sie gilt als eines der am besten erhaltenen Bauzeugnisse der Karolingerzeit (geöffnet April – Sept 10 – 12, 13 – 18, März, Okt 10 – 12, 13 – 17, Nov – Feb 10 – 12, 13 – 15 Uhr). Am Parkplatz der Basilika beginnt ein kulturhistorischer Wanderweg.

Wenn aus Pfeifen Töne kommen, kann das schon ein echtes Erlebnis sein! Lassen Sie sich verzaubern in der Abteikirche zu **Amorbach** 11. Die klangprächtige Barockorgel, von den berühmten Orgelbauern Gebrüder Stumm in acht Jahren ab 1774 geschaffen, lässt mit ihren 5116 Pfeifen und einem Glockenspiel die hervorragende Akustik des Gotteshauses voll zur Geltung kommen. Mit etwas Glück kann man das bei einer Führung durch den Grünen Saal, die Bibliothek und die Abteikirche selbst erleben (geöffnet März – Okt Di – Sa 10 – 17, So, Feiertag 11 – 17.30 Uhr, Konzerte: Di – Sa 11, 15, So, Feiertag 12, 15 Uhr).

Wolfram von Eschenbach soll auf der **Ruine Wildenburg** 12 bei Preunschen gedichtet haben, tief im Odenwald. Geblieben ist von des mittelalterlichen Dichters Ort nur eine Ruine, aber eine eindrucksvolle. Steht man vor den Resten des großen Kamines im Palas, kann man sich vorstellen, dass Wolfram sie in seiner Parzivaldichtung als Vergleich zum riesigen Kaminfeuer in der Gralsburg heranzog. In Preunschen folgt man der Beschilderung zum Watterbacher Haus und dessen Parkplatz. Hier beginnt auch der gut 15-minütige Weg zur Wildenburg (Markierung »rote liegende Raute«). Wahrscheinlich handelt es sich beim Watterbacher Haus um das älteste Bauernhaus des Odenwaldes: erbaut 1475, zweimal versetzt, bis es schließlich Mitte der 1990er-Jahre als Waldmuseum hier in Preunschen seine letzte Nutzung fand. Im Mittelpunkt stehen der Wald, seine Bewirtschaftung und natürlich die Geschichte des Watterbacher Hauses selbst (geöffnet April – Sept Sa, So 11 – 17, Okt – März Sa, So 12 – 16 Uhr, Gemeinde Kirchzell, Telefon: 09373 / 974 30).

Seine Lage am wichtigen Handelsweg zwischen Frankfurt und Nürnberg machte **Miltenberg** 13 im Schutz der um 1200 erbauten Mildenburg früh zu einer florierenden Stadt. Zeugnis dieser Zeiten ist die schöne Altstadt, die man von Westen durch das Würzburger Tor betritt. Hier steht auch das wohl älteste Gasthaus Deutschlands: »Zum Riesen« stammt aus dem Jahr 1590. Einen herrlichen Blick über das Maintal und auf die andere Talseite zum Kloster Engelburg erwandert sich, wer den Weg durch das »Schnatterloch« zur Mildenburg wählt. Zwei schöne Wanderwege seien noch empfohlen: der Römerweg und die Wanderung zum Kloster Engelberg (Informationen bei der Touristinformation Miltenberg am Engelplatz, Telefon: 09371 / 404119).

S E R V I C E

Anfahrt: Auf der A 6 und der A 5 nach Weinheim; nächstgelegene ICE-Bahnhöfe in Heidelberg und Darmstadt

Lage: In Baden-Württemberg östlich von Heidelberg und nördlich von Heilbronn; im Norden schließt sich der Naturpark Bergstraße-Odenwald an

Größe: 1300 km²

Höchste Erhebung: Katzenbuckel (626 m)

Gründung: 1980

Information:
Naturparkzentrum Eberbach
Kellereistraße 36
69412 Eberbach

Telefon: 06271/729 85

Internet: www.naturpark-neckartal-odenwald.de

Naturpark Neckartal-Odenwald

Gesäumt von prächtigen Burgen durchschneidet das Tal des Neckars den südlichen Odenwald. Im Westen liegt die sonnenreiche Bergstraße, große Waldgebiete prägen den Hinteren Odenwald im östlichen Teil, stille Dörfer finden sich im badischen Bauland im Südosten des Naturparks.

Die bezaubernde Altstadt von Weinheim bietet dem Naturparkbesucher auch zahlreiche kulturelle Attraktionen.

TOP TIPP

1 Weinheim
Sehenswerte Stadt mit Exotenwald, historischem Marktplatz und Stadtmuseum

6 Königstuhl und Felsenmeer
Panoramaberg und geologisches Naturdenkmal

7 Feste Dilsberg
Mächtige Burgruine bei der Fachwerkstadt Neckargemünd

11 Odenwälder Freilandmuseum
Großes Ausstellungsgelände mit historischen Bauernhäusern

13 Eberstadter Tropfsteinhöhle
Höhle mit beeindruckenden Tropfsteininformationen

Sehr unterschiedliche Landschaften bilden den Naturpark. Im Westen liegen die sonnigen Weinberge der Bergstraße mit den schmucken Städtchen Weinheim, Schriesheim und der weltbekannten Heidelberger Altstadt. Dahinter folgen die Höhen des Vorderen Odenwaldes, der sich im nördlich angrenzenden Naturpark Bergstraße-Odenwald fortsetzt. Die Landschaftsformen sind geprägt vom geologischen Untergrund. Während sich im Grundgebirge aus Gneis und Granit sanfte Muldentäler gebildet haben, ist dies im Buntsandstein eher selten. Hier sind es meist waldreiche Hochflächen, die das Landschaftsbild bestimmen. Die wenig ertragreichen Böden des Buntsandsteins machten Rodungen unwirtschaftlich. Ursprünglich herrschten hier Laubwälder vor, die inzwischen durch Misch- oder Nadelwälder verdrängt wurden.

So vielgestaltig die Landschaft, so vielfältig ist auch ihre Tier- und Pflanzenwelt. Die Wälder beheimaten die häufigen Wildarten Hirsch, Reh und Wildschwein. Hier ist auch der Siebenschläfer noch oft anzutreffen, seltener bekommt man den Gartenschläfer und die Haselmaus zu sehen. Die Vogelwelt präsentiert als Besonderheit die in den Steinbrüchen brütenden Wanderfalken und Uhus. Die größte Rarität des Naturparks aber ist die ungiftige Äskulapnatter.

Ein wenig mediterran

Sind es die exotischen Baumriesen und engen Gässchen, oder ist es die Lage des Marktplatzes mit seinen Straßencafés? Denn ein wenig mediterrane Stimmung kommt schon auf in

TOP TIPP Weinheim **1**. Man parkt am besten auf den ausgeschilderten Flächen nahe dem Rathaus. Dort befindet sich auch der Eingang des Weinheimer Schlossparks mit dem kleinen Anlagensee, Vogelvolieren und Kinderspielplatz. Im sich anschließenden Exotenwald sind rund 140 verschiedene Baumarten zu bewundern. 1872 ließ Freiherr von Berckheim hier kleine Wäldchen mit exotischen Baumarten pflanzen, die auf drei unterschiedlich langen, ausgeschilderten Rundwegen erkundet werden können. Am Rathaus – dem ehemaligen Schloss – vorbei führt der Weg in die Weinheimer Altstadt. Über den historischen Marktplatz erreicht man durch heimelige Gassen das ausgeschilderte Stadtmuseum im ehemaligen Deutschordenshaus. Hier erfährt der Besucher Wissenswertes zur Weinheimer Geschichte (geöffnet Di – Sa 14 – 17, So 10 – 17 Uhr).

Bilderbuchruinen, tiefe Stollen und ein Felsenmeer

Im Weinstädtchen **Schriesheim** ❷ gibt es nicht nur einen guten Tropfen und eine sehenswerte Altstadt, sondern auch viel zu besichtigen. Am besten parkt man am Rathaus. Von dort sind es etwa 20 Minuten durch die Talstraße zum Besucherbergwerk »Grube Anna-Elisabeth«. Schon vor über 500 Jahren suchten Bergleute dort nach Silber und später nach Eisenvitriol. Führungen vermitteln einen Eindruck vom Arbeiten unter Tage, besonders interessant ist die »Erlebnisführung«, die in die tiefste Sohle führt. Dafür allerdings sollte man unempfindliche Kleidung und festes Schuhwerk mitbringen (geöffnet Ende März – Ende Okt So und Feiertage 11 – 16.30 Uhr). Hoch über Schriesheim thront die **Strahlenburg** ❸, heute ein Gasthof mit herrlicher Aussichtsterrasse. Eigentlich gibt es nur noch die halbe Burg: Im 15. und 16. Jahrhundert suchten Feuer und Feinde das Festungswerk heim. 1733 erlaubte der Kurfürst den Abbruch, um mit dem Baumaterial die Weinberge zu schützen. Der Weg zur Burg ist in Schriesheim ausgeschildert. In der **Schwerspatschlucht** ❹ baute man unter Tage und auch im Tagebau Baryt ab, ein Mineral, das in der Farbenindustrie verwendet wird. Für den Weg zur Schlucht gibt

es im Rathaus eine Karte, zunächst führt der Weg zum Naturfreundehaus. Unterwegs trifft man auf das ehemalige Kompressorhäuschen. Weiter auf dem Weg und rund 20 m vor der nächsten Kreuzung achtet man linkerhand auf einen schmalen Weg, der in kleinen Serpentinen den Hang hinaufführt. Nach einem kurzen Aufstieg ist die imposante Schwerspatschlucht erreicht. Auf einer beachtlichen Länge haben Bergleute bis zu 10 m tief eine Klamm in den Berg gegraben.

In **Heidelbergs** ❺ Altstadt treffen sich Touristengruppen aus aller Welt, denn die Stadt in herrlicher Neckarlage steht auf den Reiseplänen vieler Veranstalter. Einen Rundgang sollte man sich nicht entgehen lassen. Den besten Blick über die Stadt genießt man von den Terrassen des Heidelberger Schlosses. Mit der Zahnradbahn geht es steil den Berg hinauf. Im Schloss selbst ist das wahrscheinlich größte Fass der Welt zu besichtigen, das allerdings nie so richtig dicht war. Außerdem beherbergt das Schloss das »Deutsche Apothekenmuseum« mit einigen originalgetreuen Apothekeneinrichtungen vergangener Zeiten (geöffnet täglich 10 – 17.30 Uhr). Von den schönen Spazierwegen des Schlossgrabens aus kann man immer wieder einen Blick hinunter ins Neckartal und auf Teile Heidelbergs werfen.

Zwei Attraktionen, die nur eine Zahnradstation weiter erreicht werden, sind **Königstuhl und Felsenmeer** ❻. Der 568 m hohe Königstuhl bietet mit seinem Aussichtsturm einen schönen Blick über die Stadt sowie über den Odenwald. Zu den beeindruckenden Felsformationen des Naturschutzgebietes Felsenmeer führt eine ca. einstündige Wanderung, die am Parkplatz »Königstuhl« beginnt. Auf bis zu 300 m Breite bedecken Buntsandsteinblöcke den

GUT ZU WISSEN

HOMO HEIDELBERGENSIS

Der Neckar hat ihn in einer Eiszeit hierher getragen: einen menschlichen Unterkieferknochen. Der 1907 in einer Sandgrube bei Mauer (in der Nähe von Heidelberg ❺) entdeckte Knochen gilt bis heute als das älteste Zeugnis menschlichen Lebens in Europa. Sein Alter wird auf 600 000 Jahre geschätzt. Obwohl bei der Namensgebung schmählich übergangen, kann das Städtchen Mauer einen Abguss des Fundstückes in seinem Urgeschichtlichen Museum präsentieren. Die Vitrinen bergen zahlreiche weitere Fundstücke aus den Mauerer Sanden, Schautafeln erklären die Geologie und die Tierwelt des Pleistozäns (geöffnet Mo 8–18.30, Di, Do 8–16, Fr 8–12 Uhr, Führungen auf Anfrage, Telefon: 06226/92 20 11).

WILDPARK SCHWARZACH

Der Wildpark befindet sich in Schwarzach, das an der Straße von Eberbach ⑧ nach Aglasterhausen liegt. Hier ist auf 5 ha einiges geboten! Kinder können in Gehegen gehaltene einheimische Tiere wie Wildschweine, Hirsche und Heidschnucken beobachten. Die exotische Abteilung zeigt Zebras (Bild), Dromedare, Lamas und afrikanische Zwergrinder. Noch mehr Spaß versprechen ein Spielplatz und die Kin-

dereisenbahn. Einen Einblick in die Natur, vor allem die Pflanzenwelt, vermittelt ein Themen-Erlebnispfad (geöffnet Mitte März – Mitte Nov 10 – 18 Uhr).

Im Odenwälder Freilandmuseum in Gottersdorf erfährt man alles darüber, wie sich das Landleben früher gestaltete.

Nordhang des Berges. »Via naturae« – Weg der Natur: So heißt der 8 km langen Walderlebnispfades, der ebenfalls am Parkplatz beginnt. Mit vielen Bildtafeln versucht er, dem Menschen den Wald als Teil der eigenen natürlichen Lebensgrundlage näherzubringen.

TOP TIPP Eine der prächtigsten Burgen des Neckartals in schöner Lage ist die **Feste Dilsberg** ⑦ bei Neckargemünd. Erstmals 1208 erwähnt, wurde sie im 15. Jahrhundert zu einer mächtigen Festung ausgebaut. Sie widerstand denn auch manchen Angriffen, aber 1826 schien ihr Schicksal besiegelt: Da keine Nutzung in Aussicht war, gab die badische Domänenkammer die Burg zum Abbruch frei. Die Rettung brachte die Romantik: Der Schriftsteller Mark Twain und der Maler William Turner entdeckten die Feste und machten das mauerumgürtete Dilsberg (Stadtteil von Neckargemünd) mit seiner mächtigen Ruine zum beliebten Ausflugsziel. Empfohlen sei noch ein Gang durch die Neckargemünder Altstadt zum fachwerkgesäumten Marktplatz.

Auch die Altstadt von **Eberbach** ⑧ ist sehenswert. Zwei Türme der Stadtbefestigung sind noch erhalten und können zu einem Blick über die Stadt bestiegen werden. Neben der Stadtgeschichte und der Geologie der Region widmet sich das Stadtmuseum u. a. der Neckarschifffahrt und dem Fischfang (geöffnet Di – Fr 15 – 17, Sa, So 14 – 17 Uhr). Wer Näheres über den Naturpark und seine Eigenheiten erfahren möchte, besucht das Naturpark-Zentrum im Thalheim'schen Haus, dem ältesten Steinhaus in Eberbach. Auf mehreren Stockwerken sind Lebensräume, landschaftliche und geologische Besonderheiten anspre-

chend dargestellt. Für Kinder gibt es viel zu probieren (geöffnet Di – Do 14 – 16.30 Uhr).

Ein erloschener Vulkan und Museen der besonderen Art

Mit 626 m ist der **Katzenbuckel** ⑨ die höchste Erhebung des Odenwaldes. Die »Ruine« des längst erloschenen Vulkanes lässt interessante Rückschlüsse auf die frühere geologische Beschaffenheit des Mittelgebirges zu. In einem Steinbruch fanden sich Reste von Juragestein, das sonst in dieser Landschaft nicht vorkommt. Vor Urzeiten muss eine andere, mehrere 100 m mächtige Gesteinsschicht über dem heute dominierenden Buntsandstein gelegen haben, die in Jahrmillionen abgetragen wurde. In Waldkatzenbach folgt man der Beschilderung »Katzenbuckel« bis zum Parkplatz »Burgschenke«. Von dort führt der Weg in etwa zehn Minuten zum Gipfel. Hier hat man neben einer herrlichen Rundumsicht, die manchmal sogar den Stuttgarter Fernsehturm einschließt, auch die Möglichkeit, den »Wald- und Naturlehrpfad Katzenweg« einzuschlagen, der in etwa 1,5 Stunden zurück nach Waldkatzenbach führt.

Auf dem Weg durchs Neckartal fällt zuerst die prächtige Zwingenburg ins Auge. Dass sich neben der Burg auch noch die **Wolfsschlucht** ⑩ bei Zwingenberg erkunden lässt, wird erst bei einer Wanderung auf den Burgberg deutlich (Wanderwegetafel am Bahnhof Zwingenberg). Die Burg selbst ist leider nur zu Festspielzeiten bei Führungen zu besichtigen. Am Burgeingang geht es rechts hinab in die wildromantische Klamm, die der Bach über Jahrmillionen in den

Buntsandstein gegraben hat. Umgestürzte Bäume, rieselndes Wasser und mächtige Farne zeigt diese urtümlich wilde Natur.

TOP TIPP »Wie lebte man einst auf dem Land?« Diese Frage wird im **Odenwälder Freilandmuseum 11** trefflich beantwortet. Es weist eine Vielzahl an Gebäuden vor, die hier in Gottersdorf originalgetreu wieder aufgebaut und zumeist mit der Originalausstattung versehen wurden. Es gibt zwei »Ortschaften«, eine dritte ist geplant. Außerhalb des Geländes liegen das Großbauernhaus Schüßler und ein Kleinbauernhof mit wechselnden Sonderausstellungen. Entlang eines großen Fischweihers gelangt man auf das Gelände des Museums (geöffnet Mai–Sept 10–18, April, Okt 10–17 Uhr).

Ein Museum anderer Art kann man im benachbarten **Walldürn 12** besuchen. Das Stadt- und Wallfahrtsmuseum hat neben der Stadtgeschichte einen weiteren Schwerpunkt: Vergangenheit und Gegenwart der Wallfahrt. Das überrascht eigentlich nicht in einem Ort, dessen Wallfahrt zum Heiligen Blut seit 600 Jahren begangen wird und zu der jährlich über 100 000 Pilger nach Walldürn kommen. Die reichhaltige Dauerausstellung informiert über die Entstehung der Wallfahrt im Mittelalter, ihre Entwicklung bis heute sowie über die wirtschaftliche Bedeutung für die einheimische Bevölkerung. Zielort der Wallfahrt zum Heiligen Blut ist die Walldürner Basilika, entstanden in ihrer heutigen Form in der Zeit zwischen 1698 und 1728. Mit ihrer prächtigen Innenausstattung zählt sie zu den schönsten Barockbauten im Rhein-Main-Gebiet.

Tiefe Höhle, schroffe Schlucht

TOP TIPP 1971 wurde ein Zugang zur **Eberstadter Tropfsteinhöhle 13** entdeckt. Das Alter der Höhle schätzen Wissenschaftler auf 1 bis 2 Millionen Jahre, denn diese Zeit brauchen Stalagmiten und Stalaktiten, bis sie zu solch beeindruckenden Formationen angewachsen sind. Ohne Stufen (für Rollstuhlfahrer geeignet) führt der ca. 600 m lange Weg an sehenswerten Tropfsteinformationen vorbei (geöffnet März–Okt 10–16, Nov–Feb Sa, So 13–16 Uhr). Wer sich über Geologie und Natur rund um die Tropfsteinhöhle schlau machen will, dem sei der Geologische bzw. der Naturlehrpfad empfohlen. Eine Tafel am Parkplatz zeigt den Wegeverlauf.

Bei Neckargerach hat das Wasser des Flursbaches ein grandioses Naturdenkmal geschaffen: die **Margaretenschlucht 14**. Auf einer Länge von 450 m fällt der Bach über 130 m in die Tiefe. Mächtige Felsformationen hat er aus dem Gestein gespült und in der feuchten Luft gedeiht eine an Moosen und Farnen reiche Flora. Allerdings ist Vorsicht geboten: Warnschilder weisen auf die Unsicherheit der Wege, der Halteseile und die Notwendigkeit guter Ausrüstung hin. Ein Besuch lohnt sich trotzdem, denn der Weg zur Schlucht (ausgeschildert: unter der Bahnlinie hindurch, dann zweimal links halten; parken im Wohngebiet) führt am Hang entlang mit schönen Ausblicken hinab ins Tal auf einem fast historischen Weg zum unteren Schluchteingang. Schon allein dieser 20-minütige Spaziergang ist wunderschön. Wer dann in die Schlucht einsteigen möchte, tut dies auf eigene Verantwortung.

WANDERTIPP

BURGENWANDERWEG

Was liegt näher, als im burgenreichen Naturpark eine Wanderung von Burg zu Burg zu unternehmen? Gegenüber von Neckargerach (südlich von Zwingenberg an der B 37), nicht weit von der Margaretenschlucht **14** entfernt, liegt die imposante Minneburg (Bild). Zwei ausgeschilderte Wanderparkplätze sind der Ausgangspunkt für den Weg hinauf zu dieser gut erhaltenen Ruine. Der weiträumige Palas ist mit

repräsentativen Räumen auf drei Etagen zu besichtigen und vermittelt eine Vorstellung vom Wohnen und Leben im Mittelalter. Der markierte Burgenwanderweg führt dann über 8,5 km auf der Höhe am westlichen Talrand flussabwärts hinüber zur Ruine Stolzeneck.

Beim Wandern in der Margaretenschlucht bei Neckargerach ist Vorsicht geboten: Seile bieten stellenweise einen Halt.

Naturpark Steigerwald

Ein Naturpark zwischen Unter-, Mittel- und Oberfranken – das klingt nach urigen Wäldern und Feuchtwiesen, aber auch nach Weingenuss und malerischen Winzerdörfern. Kein Wunder, dass sich hier Urlauber sowie seltene Tiere und Pflanzen gleichermaßen wohlfühlen.

SERVICE

Anfahrt: Auf der A 70 bis Haßfurt, dann über Donnersdorf, Falkenstein und Hundelshausen zum Zabelstein; nächstgelegene ICE-Bahnhöfe in Bamberg und Würzburg
Lage: In Bayern zwischen der Aisch im Süden, dem Main im Norden, dem Steigerwaldvorland im Westen und dem Mittelfränkischen Becken im Osten
Größe: 1280 km²
Höchste Erhebung: Scheinberg (498 m)
Gründung: 1971
Information:
Tourist-Information Steigerwald
Hauptstraße 1
91443 Scheinfeld
Telefon: 09162 / 124 24
Internet:
www.steigerwald-info.de

TOP TIPP

❷ Böhlgrund
Nahezu unberührtes Wiesental inmitten einer Waldregion
❸ Eltmann
Aussichtswarte mit Blick auf das Maintal und Bayerns größte Graureiherkolonie
❹ Ebrach
Ehemalige Zisterzienserabtei und barocke Klosteranlage
❻ Iphofen
Reizendes Weinstädtchen, das sein mittelalterliches Bild bewahrt hat
⓫ Bullenheimer Berg
Aussichtsberg über dem »Bullenheimer Paradies«

Die Kirche St. Rochus südlich von Kloster Ebrach inmitten einer sommerlich blühenden Blumenwiese.

Von Westen her gesehen bietet das multi-fränkische Gebirge einen imposanten Anblick: Steil ragen seine im unteren Teil mit Rebgärten, darüber mit Wäldern bedeckten Flanken vom flachwelligen Vorland rund 200 m bis zu den höchsten Höhen auf, die knapp 500 m erreichen. Von Osten her steigt das Gelände dagegen ganz sanft, fast unmerklich an, so wie es sich für die Rückseite einer Schichtstufe gehört. Der markante Steigerwald zieht sich durch Franken und Schwaben. Hier wird die Landschaft von festen Sandsteinen des Keupers gebildet, die über weicheren Mergelschichten derselben Formation lagern. Die Sandsteine verwittern zu armen Böden, gut ein Drittel bis die Hälfte des Steigerwalds ist daher Waldland geblieben. Buchen, darunter 200-jährige Baumveteranen, haben noch einen stattlichen Anteil, auch alte Eichen, an

deren Früchten sich die Wildschweine laben und in deren Kronen seltene Greifvögel wie der Rote Milan oder der Wespenbussard horsten. Am artenreichsten sind Flora und Fauna im Grenzsaum, in dem die Waldberge in die Weinberge übergehen, sich auf den besonnten Hängen dichte Hecken aus Weißdorn, Liguster und Pfaffenhütchen ausbreiten. Und innerhalb der Wälder bilden wiederum die Gründe und Täler mit ihren Weihern und Feuchtwiesen besonders wertvolle Lebensräume.

Franken aus der Vogelschau

Am größten sind die Höhenunterschiede zum Vorland dort, wo sich der Main nahe an das Gebirge drängt und zusammen mit seinen Nebenflüssen schroffe Bergsporne aus der Sandsteinplatte gesägt hat, z. B. den **Zabelstein** ❶

Das Innere der Klosterkirche von Ebrach beeindruckt mit seiner in üppigem Barock gehaltenen Ausstattung.

oberhalb von Hundelshausen. Der nordwestlichste Ausläufer des Steigerwaldes bietet aus luftiger Höhe (488 m) vom Aussichtsturm einen Panoramablick auf das Maintal und das westliche Steigerwaldvorland, bei klarem Wetter ist in der Ferne sogar die Rhön zu erkennen. Die Burgmannen der Ende des 17. Jahrhunderts zerstörten Veste Zabelstein konnten also Feind oder Beute rechtzeitig sichten. Der schweißtreibende Anstieg zur Höhe bleibt einem heute erspart; von Hundelshausen führt eine Straße zum Wanderparkplatz am Nordhang des Nußberges hinauf; von dort spaziert man auf dem fast ebenen Waldweg in einer knappen halben Stunde zur Burgruine und zum Aussichtsturm.

Der kaum niedrigere Ebersberg reckt sich über dem hübschen Ort Zell und der Burgruine Ebersberg an seinem Fuß empor. Lohnender als der Aufstieg ist jedoch eine Wanderung vom Parkplatz am südlichen Ortsrand durch den

TOP TIPP **Böhlgrund** ❷. Das offene Wiesental mit seinem naturnahen Bachlauf, den Flachmooren und Feuchtwiesen, urwüchsigen Schluchtwäldern und ausgedehnten Buchenwäldern mit einem großen Anteil von Totholz gilt als eines der ursprünglichsten Täler im Steigerwald und als Waldregion von internationaler Bedeutung. Hier ist der bunt schillernde Eisvogel zu Hause, und in den von den Spechten gezimmerten Baumhöhlen findet die seltene Bechsteinfledermaus, eine echte Waldfledermaus, Unterschlupf. Maximal 30 cm Flügelspannweite weist der rund 10 g leichte Winzling auf; die blaugrau gefiederten Graureiher, die über dem Maintal stromaufwärts von

TOP TIPP **Eltmann** ❸ kreisen, spannen hingegen ihre Flügel mehr als 1,5 m weit. Die als Fischräu-

ber gescholtenen Schreitvögel besitzen in Dippach am Main ihre größte Brutkolonie in Bayern (in guten Jahren über 300 Paare). Vom Wallburgturm, Überbleibsel der nach 1777 bis auf den runden Bergfried abgetragenen mittelalterlichen Burg, erlebt man Franken selbst aus der Vogelschau; ein letztes Werk seines größten Baumeisters, die Wallfahrts- und Pfarrkirche Mariae Heimsuchung, steht wenige Kilometer stromabwärts am Maintalradweg. Balthasar Neumann hat das äußerlich schlichte, im Innern jedoch verschwenderisch im Stil des Rokoko ausgestattete Gotteshaus entworfen.

TOP TIPP Noch kostbarer ist die Kirchenausstattung der ehemaligen Zisterzienserabtei **Ebrach** ❹, die in ihrem Außenbau bruchlos spätromanische Bauelemente mit früher Gotik vereint. Das weitläufige barocke

KULTURTIPP

MAINTAL-STEIGERWALD-MUSEUM

Das hübsche Dorf Oberschwappach zu Füßen des Zabelsteins ❶ war einst Sommersitz der Äbte des Zisterzienserklosters Ebrach ❹. Ihr

Schloss, ein schmucker Dreiflügelbau aus den 1730er-Jahren, beherbergt heute ein Museum (Bild). Schwerpunkt der Präsentation ist das Barock, die Epoche, die zwischen Nordsee und Alpen vor allem in Franken großartige Werke hinterlassen hat. Die im Erd- und Obergeschoss ausgestellten Exponate stammen aus den Sammlungen der Diözese Würzburg. Gezeigt werden u. a. Gemälde, Skulpturen, Goldschmiedearbeiten, Möbel und Stickereien. Im Kellergewölbe des Schlosses gibt die archäologische Abteilung einen Überblick über die Kulturgeschichte der Region, und zwar von der Steinzeit bis ins 18. Jahrhundert.

Weit schweift der Blick vom Kapellberg über die Felder, Wiesen und Wälder des umgebenden Steigerwaldes.

WANDERTIPP

STEIGERWALD-HÖHENSTRASSE

Die Straße mit zahlreichen Wandermöglichkeiten erschließt den Naturpark gewissermaßen am Stück, auf rund 60 km Länge (plus diverse Abstecher) vom Main zur Aisch, vom Naturpark Haßberge im Norden bis zum Naturpark Frankenhöhe im Süden. Bergauf, bergab und mit ungezählten Kurven führt die Route zu einigen der bedeutendsten Sehenswürdigkeiten: so etwa nach Eltmann ❸, Ebrach ❹, München-

steinach ❿, Bad Windsheim ⓭ sowie zum Freizeitland Geiselwind (Bild). Für die relativ kurze Strecke sollte man einschließlich Besichtigungen und Wanderungen möglichst zwei Tage einplanen. Als Übernachtungsort bietet sich das noch von einer Stadtmauer umschlossene altertümliche Städtchen Schlüsselfeld an.

Kloster wurde 1687–1730 unter Mitwirkung von Balthasar Neumann erbaut, heute dient es zum Teil als Haftanstalt. Würzburgs Hofstuckateur Materno Bossi schuf gegen Ende des 18. Jahrhunderts die kunstvollen Stuckarbeiten der Klosterkirche, darunter den Hochaltar und zehn Seitenaltäre. Weitere Kostbarkeiten sind das prunkvolle Treppenhaus und der Kaisersaal. Ebrach liegt mitten im Buchenland. Einen der urigsten Bestände kann man bei der Wanderung durch das Naturwaldreservat »Brunnstube« kennenlernen (ab Wanderparkplatz »Dreibrunn« zwischen Ebrach und Neudorf).

In den Namen der Marktgemeinden und der wichtigsten Flüsse des Steigerwaldes steckt unverkennbar der Eberbach, genauso wie bei **Burgebrach** ❺, das als östliches Tor des Steigerwaldes gilt und im Rathaus mit dem markanten Bogen auch ein altehrwürdiges Tor besitzt. Die Grundmauern zur Pfarrkirche St. Veit wurden schon im Mittelalter gelegt, ihr Inneres präsentiert sich in fränkischem Barock. Den Kirchplatz ziert eine spätgotische Ölbergskulptur.

TOP TIPP Die Stadtpfarrkirche von **Iphofen** ❻ trägt gleichfalls den Namen des heiligen Veit (auch Vitus). Generationen haben an ihr gebaut und sie mit Kostbarkeiten wie der »Schönen Madonna von Iphofen« und Werken Tilman Riemenschneiders oder aus der Riemenschneiderschule geschmückt. Fast vollständig sind die Befestigungsanlagen mit ihren Türmen erhalten, darunter das an den Zwinger angebaute Rödelseer Tor. Unter den jüngeren Bauten zieht das stattliche Barockrathaus die Blicke auf sich. Die im

ehemaligen Messnerhaus der St. Veit-Kirche untergebrachte Vinothek lockt mit anderen Genüssen des fränkischen Weinstädtchens. Ein Besuch im Knauf-Museum zeigt, welche Kunstwerke aus ordinärem Gips geschaffen werden können – genau am richtigen Ort, denn der Keuper des Steigerwaldes enthält auch dicke Gipslager.

Der Gipskeuper ist nur eine von mindestens drei mächtigen Schichtenfolgen, die an den Hängen des **Schwanbergs** ❼ oberhalb von Iphofen zutage treten, über ihm folgen weiche Mergel und ganz oben die buchstäblich steinharten Sandsteine, die das Plateau mit dem im Inneren nicht zugänglichen Schloss tragen. Jede Gesteinsart spiegelt sich nicht nur in den Landschaftsformen, sondern im gesamten Ökosystem wider. Der Geo-Ökologische Lehrpfad am Schwanberg informiert oberhalb der Weinlage Kronsberg auf 1,4 km Länge mit 14 Informationstafeln über die Beziehungen zwischen Geologie und belebter Natur. Mit dem Auto fährt man von Rödelsee auf einer Serpentinenstraße zum Gipfel des wohl schon in frühgeschichtlicher Zeit besiedelten Berges hinauf.

Wo es Weinberge gibt, sind Burgen und Schlösser nicht weit. Der rund 1200-jährige malerische Winzerort **Castell** ❽ besitzt gleich mehrere davon: die Burgruine Alt-Castell, das Obere Schloss, von dem nur der Treppenturm erhalten ist, das Untere Schloss, ein nobler Barockbau mit schönem Schlosspark, das Schlösschen in Castell, das Kirchbergschlösschen und nicht weit davon entfernt, auf einer Terrasse wirkungsvoll in Szene gesetzt, die Pfarr- und Schlosskirche in kühlem

Klassizismus. Kühl sollten auch die meisten Weine getrunken werden, die von den örtlichen Weingütern angeboten werden, überwiegend trocken ausgebaute wie der Silvaner, die Traditionsrebe Frankens, oder der mildere Bacchus.

Der Steigerwald als Kunst- und Naturparadies

Am Stammsitz derer zu Castell-Castell beherrscht die Schlosskirche das Stadtbild, in **Scheinfeld** 9 hingegen die vieltürmige Silhouette von Schloss Schwarzenberg, dem die Grafen zu Schwarzenberg 1671 anlässlich ihrer Erhebung in den Reichsfürstenstand den Schwarzen Turm als höchste Warte hinzufügten. Der stolze, bis heute noch zeitweise vom Schlossherrn bewohnte und nur im Rahmen von Führungen zugängliche Renaissancebau umfasst herrliche Ahnensäle sowie als kunsthistorisches Kleinod des Schwarzenberger Landes die Schlosskapelle Hl. Drei Könige, in der der Stuckmarmor des Hochaltars die Brücke zum Gipskeuper schlägt. Neben diesem wahrhaft herrschaftlichen Schloss sind die nicht weniger majestätische Stadtpfarrkirche, das Alte Rathaus und das Kloster Schwarzenberg sehenswert. Von der ehemaligen Benediktinerabtei **Münchsteinach** 10, die 1528 aufgehoben wurde, ist nur wenig übrig geblieben: das Abtsschlösschen, einige Wirtschaftsgebäude im Klosterbereich sowie die einstige Klosterkirche Sankt Nikolaus, mit ihrem nadelspitzen Turmhelm und fein gemeißelten Kapitellen eine der schönsten romanischen Kirchen Frankens. Der schon 912 als »Steinaha« erwähnte Ort an der Steigerwald-Höhenstraße

Ein Besuch in Castell lohnt nicht nur wegen der Kirche und der Schlossanlagen, sondern auch wegen der Weine.

ist aber gerade wegen seiner bescheideneren Attraktionen wie den zahlreichen altfränkischen Fachwerkhäusern, der Klostermühle von 1736 und dem erst in den 1980er-Jahren angelegten Dorfteich so reizvoll. Viele Wege führen zum

TOP TIPP 450 m hohen **Bullenheimer Berg** 11 und dem mit ihm als Zeugenberg eng verbundenen, etwa gleich hohen Kapellberg: der Kelten-Erlebnisweg, der seinen Namen von einer keltischen Siedlung auf der Höhe hat, und der Kunigundenweg, der an die später heiliggesprochene Gemahlin Kaiser Heinrichs II. und die ihr zu Ehren errichtete Kapelle mit dem benachbarten Aussichtsturm erinnert. Durch das »Bullenheimer Paradies« führt der »Wein-Wald-Kultur-Lehrpfad«; unten im Kern des idyllischen Winzerortes, der sich um die wehrhafte Kirche und das prächtige Rathaus drängt, werden die köstlichen Tropfen der berühmten Weinlage kredenzt.

In Weinbauregionen ist zuweilen noch eine traditionelle Form der Waldnutzung erhalten: der Mittelwald, besonders schön auf den Hängen des **Scheinbergs** 12, den der mit einer Traube markierte Bocksbeutelweg quert. Er besteht hier hauptsächlich aus einzelnen hohen Eichen, die man als Stammholz nutzte. Darunter breitet sich eine zweite Schicht aus jüngeren Bäumen aus, die alle 30 bis 40 Jahre als Brennholz ausgehauen wurden. Diese Nutzungsform begünstigt Gehölze, die aus dem Wurzelstock stets neue starkwüchsige Schösslinge austreiben, wie Eiche, Hainbuche und Linde, dazu eine Fülle anderer Arten, z. B. die seltene Elsbeere oder den Speierling. Der zweischichtige Aufbau und die Artenfülle der Gehölzflora schaffen eine Vielzahl ökologischer Nischen für Tiere, beispielsweise für Kleiber, Schnäpper und Specht.

Aus dem äußersten Süden des Parks, der von der Aisch durchflossenen Windsheimer Bucht, ist der Wald fast ganz verschwunden. Hier kommt auch der Gipskeuper weitflächig an die Oberfläche, bildet Karsterscheinungen wie den Häfeleinsbrunnen oder trägt die seltene Gipssteppenflora der Külsheimer Gipshügel nördlich von **Bad Windsheim** 13, darunter botanische Kostbarkeiten wie Purpur-Schwarzwurzel, Frühlings-Adonisröschen oder Federgras.

Das schlossartige Rathaus des Heilbads besteht ebenfalls aus Gipsgestein; lang ist die Liste gepflegter Fachwerkhäuser, und die Evangelische Stadtpfarrkirche glänzt mit sehenswerten Stuckarbeiten. Kostbarstes Baudenkmal ist der alte Bauhof der Stadt, ein Meisterwerk der Zimmermannskunst. Er gehört zum Fränkischen Freilandmuseum Bad Windsheim, das auf dem Gelände am Rand der Altstadt gut 80 Gebäude aus Mittelfranken zeigt.

SERVICE

Anfahrt: Auf der A 7 bis Bad Windsheim, dann auf der B 470 bis Burgbernheim und weiter in Richtung Hornau zum Burgbernheimer Wald; nächstgelegener EC-/IC-Bahnhof in Ansbach

Lage: In Bayern, im Westen Mittelfrankens, zwischen der Windsheimer Bucht im Norden und der B 14 im Süden

Größe: 1104 km²

Höchste Erhebung: Sandberg (535 m)

Gründung: 1974

Information:
Naturpark Frankenhöhe
Crailsheimstraße 1
91522 Ansbach

Telefon: 0981 / 48 75 68 88

Infozentrum: In Colmberg

Internet:
www.naturpark-frankenhoehe.de

TOP TIPP

❷ Petersberg
Die Aussichtskanzel der Frankenhöhe, durch einen spannenden Lehrpfad erschlossen

❹ Rothenburg ob der Tauber
Natur und Wandern in der Stadt, in der das Mittelalter noch lebendig ist

❻ Windelsbach
Ausflug zu einem einsamen Waldsee und Biberrevier

❾ Wettringen
Ein Berg rutscht ab – und die Fledermäuse profitieren davon

❿ Schillingsfürst
Barock und Wasserkunst in einem alten Residenzstädtchen

Naturpark Frankenhöhe

In das Land der Franken fahren – nicht zum heil'gen Veit von Staffelstein und auch nicht an den Main; vielmehr zur Frankenhöhe, wo »der Wald grün steht, die Jagd gut geht, nicht nur zur schönen Sommerzeit«, wie es im heiter-beschwingten Frankenlied so einladend heißt.

Die mittelalterliche Silhouette von Rothenburg ob der Tauber ist weit über die Grenzen des Naturparks hinaus bekannt.

Im Frankenlied wird die Frankenhöhe nicht explizit erwähnt – dabei liegt sie genau in der Mitte, in Mittelfranken, wo die Schichten der Keuperformation zutage treten. Sie bilden keine geschlossene Schichtstufe wie im benachbarten Steigerwald, eher ein durch Buchten in einzelne, bis über 500 m hohe Massive aufgelöstes Waldbergland, das nach Westen und Osten hin in die offenen Gäulandschaften des Mittelfränkischen Beckens und Mainfrankens übergeht. Die Frankenhöhe zählt zu den am dünnsten besiedelten Gegenden des Landes, ist aber zugleich auch eine Kulturlandschaft, in der der Mensch seit Jahrtausenden die Natur geprägt und dabei neue Lebensräume geschaffen hat: artenreiche Laubmischwälder, in denen Specht und Baummarder ihren Platz finden; Streuobstwiesen, die nicht nur die Menschen, sondern auch die Tiere mit süßen Früchten versorgen; durch die Beweidung entstandene Magerrasen, über denen Schmetterlinge gaukeln und auf denen Wildblumen blühen; zahllose von Schilfdickichten gesäumte Weiher, aus denen der Graureiher und noch häufiger der Mensch seine Beute fischt.

Von der Altmühl zur Tauber

Die Frankenhöhe ist ein hydrografischer Kriegsschauplatz; die Schlachten werden dabei entlang der wichtigsten Wasserscheide Deutschlands ausgetragen – derjenigen zwischen dem Flussgebiet der Donau und des Rheins. Meist sind die Zuflüsse des Rheins die Sieger. Sie graben den Zuflüssen der Donau buchstäblich das Wasser ab, irgendwann wohl auch der Altmühl, die im **Burgbernheimer Wald** ❶ im lauschigen Hirschteich entspringt. Bis auf weniger als 500 m

Mit der Pferdekutsche kann man die historische Altstadt von Rothenburg ob der Tauber bequem erkunden.

hat sich der rheinische Tiefenbach bereits an das Revier der danubischen Altmühl herangearbeitet. Er entspringt am Burgbernheimer Wildbad, einem der ältesten Mineralbäder Deutschlands, heute ein beliebtes Ausflugsziel und Ausgangspunkt zu Waldwanderungen, etwa zum Markgrafenbau, einem ehemaligen Jagdschloss. Am Fuß der Höhe, bei Burgbernheim, zu dem man auf der Kreisstraße in Richtung Hornau gelangt, informiert der 4 km lange Natur- und Erlebnispfad »Im Gründlein« über die Lebensräume der Frankenhöhe, beispielsweise über die großflächigen Streuobstwiesen. Er beginnt am Freibad. Es lohnt sich aber auch ein Bummel durch den altertümlichen Ort Burgbernheim mit Rathaus, Seilersturm und Torbau sowie der spätgotischen St. Johanniskirche.

Im Burgbernheimer Wald verlaufen die Wanderwege unter dichten Baumkronen, vom **Petersberg** ❷ bei Marktbergel schweift dagegen der Blick frei über die Gäulandschaften Mainfrankens. Ein 3,5 km langer Lehrpfad mit 15 Stationen führt vom Parkplatz am Skate-Park an der B 13 zum sagenumwobenen Gipfel hinauf. Wer möchte, kann seinen Kopf in die Höhlung des Summsteins stecken, in verschiedenen Stimmlagen summen und sich in harmonische Vibrationen versetzen lassen. Spannender ist es, den Stimmen der Vögel zu lauschen, hier präsentiert sich der Chor mit Neuntöter, Feldschwirl, Wendehals und Heidelerche nämlich vielstimmiger als irgendwo sonst.

Und wenn am südwestlichen Ufer des als Hochwasserrückhaltebeckens geschaffenen Sees bei **Obernzenn** ❸ ein »tiri tiri tiri treck treck treck« aus dem Schilf ertönt, ist das der Teichrohrsänger. Eine Zone des beliebten Freizeitsees dient als Refugium für Wasservögel, die anderen können von Wassersportlern genutzt werden.

Auf dem Terrain einer mittelalterlichen Wasserburg stehen im Ort seit dem 18. Jahrhundert das Rote und das Blaue Schloss, noch heute Sitz der Familien von Seckendorff. Im Rahmen von Führungen darf man hinter die Fassaden schauen und das erlesene Stuckdekor sowie die Ahnenporträts im Bildersaal bewundern.

Wer in **Rothenburg ob der Tauber** ❹ Station macht, packt gewöhnlich nicht zuerst die Wanderstiefel aus. Zu lang ist die Liste der sehenswerten Türme, Tore, Brunnen, Plätze und Patrizierhäuser, die in der weltberühmten Stadt auf Besucher warten. Dabei kann man das Erlebnis von Kultur und Natur auf entspannende Weise miteinander verbinden, z. B. auf dem Bettenfeld-Jakobsweg (Wanderzeit 4,5 Stunden), der an der Schandtauberhöhle vorbei zum Wasserwirtschaftlichen Lehrpfad führt, oder auf dem Lindleinseeweg (Wanderzeit 2,5 Stunden). Der Große und der Kleine Lindleinsee waren einst Teile eines Verteidigungsbollwerks, das die Reichsstadt vor Angreifern schützte. Heute nisten hier

GIPS

Das wasserhaltige Kalziumsulfat ist als Mineral und Gestein in der Frankenhöhe innerhalb der Schichtenfolge des Keupers weit verbreitet, vor allem im Gipskeuper. Das Gestein entsteht durch Eindampfung salzhaltiger Lösungen unter heißtrockenem Klima oder aber durch Wasseraufnahme des wasserfreien Gipses Anhydrit unter feuchtem Klima. Da Gips in Wasser leicht löslich ist, bilden sich in Gipsschichten oft Höhlen, ähnlich wie in Kalksteinschichten. Gipsböden sind ebenfalls eng mit Kalksteinböden verwandt und tragen häufig Trockenrasen. In der Kunstlandschaft Frankens ist der Gips allgegenwärtig, entweder in Figuren aus Alabaster, einer rein weißen, feinkörnigen Variante des Gesteins, oder aber als Stuck und Stuckmarmor – beide Werkstoffe werden aus Gips hergestellt.

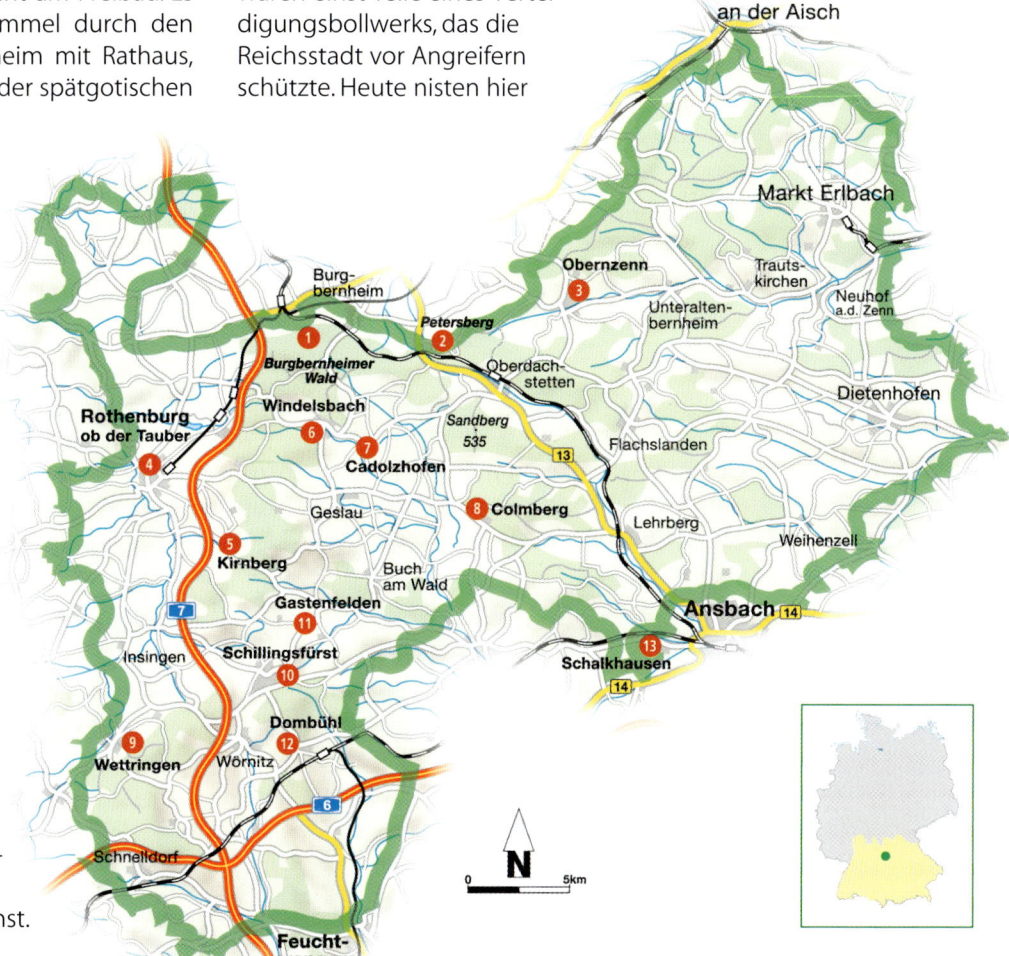

BAYERISCHER JAGDFALKENHOF SCHLOSS SCHILLINGSFÜRST

Die Jagd mit Greifvögeln ist eine uralte Form der Jagd, die früher vorwiegend dem Adel vorbehalten war. Beispielsweise unterhielt Karl Wilhelm Friedrich von Brandenburg-Ansbach im 18. Jahrhundert auf seinem Landsitz bei Ansbach eine der größten Falknereien Europas. Heute ist die prachtvolle Barockanlage von Schloss Schillingsfürst (bei ⑩) der würdige Rahmen für einen der

ältesten und renommiertesten Falkenhöfe Deutschlands (www.bayerischer-jagdfalkenhof.de). Hier kann man Adler, Falken, Milane und Geier am Boden in geräumigen Volieren und bei Vorführungen (Bild) im Flug bewundern. Jagd gemacht wird allerdings auf Beuteattrappen; ein wichtiges Anliegen des Falkenhofs ist die Nachzucht bedrohter Greifvogelarten.

Schwäne und Graureiher, und es sind Rohrammer und Wiesenweihe zu sehen – oder wenigstens zu hören.

Naturvielfalt auf kargen Böden

Bei Rothenburg hat sich die Tauber tief in das flache Vorland eingegraben. Zahlreiche Bäche fließen ihr vom Rand der bewaldeten Höhe her zu, darunter der Kirnberger Mühlbach, der seinen Namen vom alten Mühlenort **Kirnberg** ❺ hat, ein verträumtes Dorf mit einigen schönen Fachwerkhäusern, z. B. dem früheren Schulhaus und der malerischen Kirche. Kleinode der Natur sind die durch die Beweidung mit Schafen entstandenen Trockenrasen in der Umgebung, etwa am Wolfsberg an der Straße nach Gebsattel. Auf dem warmen, trockenen Boden blüht der Frühlingsenzian oder die Küchenschelle, und der Neuntöter jagt nach Insekten, von denen es hier reichlich gibt. Vollkommen andere Lebensräume sind die Buchenwälder und Eichen-Hainbuchen-Wälder auf der Höhe über dem Dorf. Dort befinden sich die Reviere der seltenen Mopsfledermaus und des ebenso raren Hirschkäfers.

Feuchte Wälder sind bekanntlich der Arbeitsplatz des Bibers, doch ist er bei uns in freier Wildbahn nur noch selten anzutreffen. Im Naturschutzgebiet Karrachsee, gleich hinter der **TOP TIPP** idyllisch bei **Windelsbach** ❻ im Klosterwald gelegenen Karrachmühle, ist die Chance, einem Biber zu begegnen, nicht schlecht; zumindest sieht man die Spuren, die er in die Bäume genagt hat. Doch mit seinen Weihern, Erlenfeuchtwäldern und Feuchtwiesen ist das Naturreservat ohnehin ein Erlebnis. Vom Wan-

derparkplatz am Nonnenweiher erreicht man den Karrachsee in einer halben Stunde, wenn man dem Wegweiser »Karrach« folgt.

Cadolzhofen ❼ gehört zur Gemeinde Windelsbach und die Cadolzhöfer Hut am Lenzenberg rund 1 km nördlich des Orts zu den schönsten Trockenrasengebieten der Frankenhöhe. Für die Nutzung als Ackerland ist der erodierte Boden an den Flanken des Hügels zu karg, also diente er jahrhundertelang als extensives Weideland für Schafherden – und er muss auch weiterhin beweidet werden, sonst breiten sich Sträucher in die Trockenrasen aus und überwuchern die vielen seltenen Kräuter, z. B. Knabenkraut und Enzian, die hier im Frühjahr besonders üppig blühen. Schafe halten als vierbeinige Landschaftspfleger den Strauchwuchs kurz und erhalten damit auch den Lebensraum des Distelfalters, der im Frühsommer aus dem Mittelmeerraum über die Alpen zu uns kommt. Wanderschäfer ziehen mit ihren Herden noch immer durch die Frankenhöhe, etwa in der Nähe des gepflegten Dörfchens Häslabronn, wo man den Wolltieren eine holzgearbeitete Tränke spendiert hat.

Wie wichtig die Schäferei für die Natur ist, zeigt die lebensgroße Figur des Schäfers, die den Besucher im Informationszentrum des Naturparks auf dem Kirchberg in **Colmberg** ❽ empfängt. Daneben erfährt der Besucher viel Wissenswertes über andere Themen und kann auf dem 3,5 km langen Colmberger Eichenwaldweg einen der ältesten Eichenbestände der Region in natura erkunden. Von der ehemaligen St. Ursula-Kirche blieb nur der gotische Turm erhalten. Der machtvolle runde Bergfried der Burg Colmberg ragt spätestens seit dem 14. Jahrhundert gegen-

Schilfdickichte und Feuchtwälder prägen das Naturschutzgebiet um den Karrachsee südwestlich von Windelsbach.

Nur die Gäste des Burghotels Colmberg haben Zugang zu der sehenswerten Burg aus dem 14. Jahrhundert.

über dem fachwerkbunten Ortskern auf. Heute können nur Gäste des Burghotels und -restaurants das Innere der trutzigen Veste besichtigen.

Ein Berg rutscht ab

Wenige Kilometer unterhalb des Ursprungs der Tauber steigt über dem rechten Ufer des Flusses bei **Wettringen** 9 ein steiler, bewaldeter Berghang bis auf über 500 m empor. Wie so viele Berge der Frankenhöhe besteht der Gailnauer Berg in den Gipfellagen aus Sandstein, darunter aus tonigen und mergeligen Schichten. Ein derartiger geologischer Aufbau hat früher oder später fatale Folgen. Durch den zerklüfteten Sandstein kann das Wasser rasch versickern und das tonige Gestein in einen Brei verwandeln. Im Februar 1958 ereignete sich deshalb auch auf etwa 120 m Länge ein großer Bergrutsch. Seine Wunden sind noch längst nicht vernarbt. Und da auf dem Chaos von Gesteinsblöcken keine forstwirtschaftliche Nutzung möglich ist, bleibt der Wald weitgehend sich selbst überlassen. Dies wiederum behagt den Fledermäusen, die im Totholz viele Schlupflöcher finden. Von Wettringen steigt man auf dem Wanderweg Tauber–Wörnitz zum Bergrutschgelände hinauf (Karte und Prospekt bei der Gemeindekanzlei).

An finanziellen Mitteln mangelte es den Bauherren, die über dem alten Residenzstädtchen **Schillingsfürst** 10 ihr wahrhaft fürstliches Barockschloss mit prunkvollen Sälen erbauen ließen, offenbar nicht. Aber den Grafen und Fürsten zu Hohelohe-Schillingsfürst fehlte in ihrer hoch gelegenen Residenz das Wasser. Daher beauftragten sie 1702 einen Nürnberger Brunnenmeister, der das Problem mit einer ebenso einfachen wie genialen Anlage löste: einem von Ochsen bewegten Tretscheiben-Pumpwerk, das sich die mechanischen Prinzipien von Hebel und schiefer Ebene zunutze machte. In zwölf Stunden konnte das technische Meisterwerk, das im historischen Bronnenhaus zu besichtigen ist, ungefähr 27 m³ Wasser zum 1,5 km entfernten Schloss fördern.

Auch für die Flora kann die Wasserversorgung zum Problem werden, besonders im Regenschatten der Höhen und auf flachgründigen Böden, wie im Becken von **Gastenfelden** 11. Der Lenzenberg, der am nördlichen Ortsrand den gedrungenen Turm der – im Inneren mit einem kunstvollen Kanzelaltar und einer romantischen Orgel geschmückten – St. Maria-Magdalena-Kirche überragt, trägt daher eine Trockenrasenvegetation. Da hier die Gesteine von Ton über Gips bis Sandstein kleinräumig wechseln, wechselt auch das Pflanzenkleid beinahe von Meter zu Meter – von artenreichen Enzian-Schillergrasrasen auf den sandigen zu Borstgrasrasen auf den sauren Böden. Diese Artenvielfalt in der Pflanzenwelt der Rasen ist, vor allem im Verbund mit den Streuobstwiesen, Hecken und Gebüschen, die beste Voraussetzung für eine vielfältige Fauna.

Der Schäferbrunnen ziert den Platz vor dem Rathaus der Marktgemeinde **Dombühl** 12. Es gilt als das kleinste Rathaus im Freistaat Bayern und war ursprünglich das Spritzenhaus. Die Wehrkirche St. Veit steht dahinter auf einem Hügel. Um die Mitte des 16. Jahrhunderts wurden die Mauern auf die Hälfte abgetragen. Seither leben auch keine Ordensschwestern mehr im ehemaligen Prämonstratenserinnenkloster Sulz, das von Dombühl aus zu Fuß in einer halben Stunde zu erreichen ist. Der schlanke Turm der Kirche mit dem charakteristischen Zwiebeldach ist im grünen Tal der Sulzach nicht zu übersehen.

Einen spitzen Helm trägt dagegen der Turm der St.-Nikolaus-Kirche in **Schalkhausen** 13 bei Ansbach. Sie birgt einen sehenswerten spätgotischen Flügelaltar. Durch die Hauptstraße und dann an der Bahnlinie rechts ab führt der Weg zum Scheerweiher, ehemals Mühlteich der Scheermühle und heute ein Dorado für die Tierwelt. Rund fünf Dutzend Vogelarten brüten in dem Mosaik von offenen Wasserflächen, Röhrichten, Feuchtwiesen, Auwäldern und an Totholz reichen Wäldern des benachbarten Bocksbergs. Hinzu kommen viele gefiederte Gäste, die hier rasten, und andere Tiere, die das Wasser lieben: Laubfrosch, Bekassine, Braunkehlchen, Drosselrohrsänger, Zwergtaucher …und in zwei alten Huteeichen allein über 80 Holzkäferarten.

TIERE

NEUNTÖTER
(Lanius collurio)

Er ist kein Massenmörder unter den Singvögeln, auch wenn sein zweiter Name, »Rotrückenwürger«, dies gleichfalls vermuten ließe. Der vom Frühling bis zum Frühherbst in Mitteleuropa heimische Zugvogel, bei dem die Männchen am Rücken und auf den Flügeln rotbraun gefärbt sind, verdankt seinen Namen seiner besonderen Jagdtechnik. Er stürzt sich fast wie ein Falke auf seine Beute (vor allem große Insekten), packt sie und spießt sie an den langen Dornen von Sträuchern auf oder klemmt sie an anderen »Schlachtbänken« wie Astgabeln ein. Auf diese Weise sorgt er für schlechte Zeiten vor. Die bevorzugten Lebensräume des Neuntöters, Gebüsche und Hecken, sind bei uns rar geworden, auf der Frankenhöhe gehört die Vegetation der Gipshügel dazu.

Naturpark Fränkische Schweiz - Veldensteiner Forst

SERVICE

Anfahrt: Auf der A 9 Bayreuth–Hof bis zur Anschlusstelle Münchberg-Nord und über Münchberg auf der B 289 nach Lichtenfels, oder auf der A 70 bis zur Anschlussstelle Bamberg und auf der B 173 nach Lichtenfels; nächster ICE-Bahnhof in Lichtenfels
Lage: Im Norden Bayerns zwischen Nürnberg, Bamberg und Bayreuth
Größe: 2300 km²
Höchste Erhebung: Ossinger (651 m)
Gründung: 1968
Information:
Naturpark Fränkische Schweiz - Veldensteiner Forst
Forchheimer Straße 1
91278 Pottenstein
Telefon: 09243/70816
Internet: www.fsvf.de
www.pottenstein.de

TOP TIPP

❹ Kleinziegenfelder Tal
Malerischer Bachlauf mit Kalkfelsen und seltenen Pflanzen
❺ Wonsees
Wanderweg zur Burg Zwernitz und zu einem Felsengarten
❽ Hirschbachtal
Klettergebiet mit »Norissteig« und »Höhenglückssteig«
❾ Oberes Püttlachtal
Wunderschönes Tal mit bizarren Felsen und vielen Orchideen
⓫ Teufelshöhle
Große Schauhöhle mit Tropfsteinen und fossilen Knochen
⓮ Druidenhain
Vermutlich Kultstätte der Kelten in reizvollem Waldgebiet

Flusstäler mit fantastischen Felsen, ein farbenfrohes Mosaik aus Wäldern, Wiesen und blühenden Obstgärten, dazu geheimnisvolle Höhlen und Burgen: Kein Wunder, dass sich so mancher Schriftsteller von der Fränkischen Schweiz inspiriert fühlte – ihre Landschaft ist so schön wie ein Gedicht.

Die zerklüfteten Felsen im Wiesenttal bei Streitberg eröffnen Wanderern immer wieder fantastische Ausblicke.

Schon Romantiker wie Ludwig Tieck oder Wilhelm Heinrich Wackenroder schwärmten von der Schönheit der Fränkischen Schweiz. Bereits aus der Ferne fallen ihre vielen Wälder, Felder, Wiesen und Obstgärten auf, die Anfang Mai in voller Blüte stehen. Goldgelbe Getreidefelder im Sommer und leuchtend gefärbte Laubbäume im Herbst verwandeln die Landschaft in ein Farbenmeer. Näher betrachtet, zeigt die Natur aber noch viel mehr Gesichter: In den Buchenwäldern blühen Buschwindröschen, Leberblümchen, Haselwurz, Seidelbast, Einbeere, Maiglöckchen, Akelei und Türkenbund sowie seltene Orchideen. Auf Dolomitfelsen und Wacholderheiden, wo Sonne und Trockenheit vorherrschen, siedeln Mauerpfeffer, Felsenhungerblümchen, Steinbrech, Kuhschelle, Glockenblume, Teufelskralle, Sonnenröschen, in den Spalten wachsen Mauerraute und Streifenfarn. Auch zahlreiche Vogelarten fühlen sich hier wohl, etwa Fasane, Rebhühner, Bussarde, Falken oder Eichelhäher, und auf den Wiesen flattern viele Schmetterlinge, darunter auch seltene Prachtstücke wie Schiller- und Segelfalter oder der Große Apollo.

Von Korbmachern und Kelten

Das nördliche Tor zum Naturpark ist die Stadt **Lichtenfels** ❶. Als Zentrum der Korbflechter bekannt, gibt es in der Innenstadt zahlreiche Geschäfte mit schönen Korbwaren. Neben stattlichen Bürgerhäusern und dem barocken Rathaus ist der Kastenboden sehenswert, ein Getreidespeicher, der 1555 als Stadtschloss errichtet wurde (Am Kastenboden 1). Wer mehr über Korb wissen möchte, findet in Michelau, 5 km nordöstlich von Lichtenfels, das Deutsche Korbmuseum.

In zahlreichen Prozessionen ziehen Gläubige das ganze Jahr über zur Wallfahrtskirche Vierzehnheiligen.

Südlich von Lichtenfels ist die **Wallfahrtskirche Vierzehnheiligen** ❷ sehenswert. Sie gilt als Glanzstück des fränkischen Barock und steht auf dem Grund des »Frankenthal«-Hofes, der durch Wunderberichte bekannt wurde. Nach Plänen des Weimarer Baumeisters Gottfried Heinrich Krohne und Balthasar Neumann errichtet, wurde 1741 der Grundstein für die große Basilika gelegt. Man betritt den lichtdurchfluteten Innenraum durch die großartige Zweiturmfassade und wird sofort vom prächtigen Gnadenaltar im Zentrum der Kirche gefangen. Genau hier – so wird erzählt – soll einem Schäfer 1445 ein Kindlein erschienen sein, beim dritten Mal sogar mit 14 anderen. Die Gründungslegende besagt, dass es sich dabei um das Jesuskind mit 14 Nothelfern handelte. Weiter südwestlich erhebt sich nahe der Stadt **Staffelstein** ❸ der Staffelberg mit 539 m, wo schon Kelten siedelten. Der Ausblick auf die Niederung des Maintales ist legendär, schon der Dichter und Schriftsteller Joseph Victor von Scheffel ließ sich hier im 19. Jahrhundert inspirieren. In keltischer Zeit befand sich auf dem Staffelberg ein Ringwall und im 1. Jahrhundert v. Chr. ein Oppidum. Es ist als Modell im Städtischen Museum (Kirchgasse 14) in Staffelstein zu sehen. Das Naturschutzge-

biet Staffelberg besticht durch seine vielseitige und artenreiche Vegetation. Mit Pionierrasen bewachsene Felsen und Kalkmagerrasen findet man hier ebenso wie Buchenwälder in unterschiedlichsten Ausprägungen. Besonders beeindruckend ist die Bodenflora im Frühling, wenn Schlüsselblumen, Leberblümchen, Buschwindröschen, Gelbe Windröschen und Lungenkraut in voller Blüte stehen. Etwas später folgen zahlreiche Orchideen sowie Berglauch und Badisches Rispengras in den Felsfluren. Nicht zuletzt prägen Kalktuffquellen und Niedermoore das Landschaftsbild dieses Gebietes.

Natur pur bietet auch ein Bachlauf zwischen Kleinziegenfeld und Wallersberg: das **Kleinziegenfelder Tal** ❹. Hochstaudenfluren und Erlen-Eschen-Auwälder säumen die feuchten Uferbereiche. Im klaren, sauerstoffreichen Wasser leben die seltene Koppe und das Bachneunauge. Die Umgebung dominieren Kalkfelsen, die als Klettergebiet

TOP TIPP

WANDERTIPP

FRANKENWEG

Seit 2004 führt der 520 km lange »Frankenweg« vom Frankenwald zur Schwäbischen Alb. Er beginnt bei Untereichenstein in der Nähe von Blankenstein an der Grenze zu Thüringen und nimmt ab Scheßlitz bei Bamberg Kurs auf die Fränkische Schweiz mit ihren Tälern, Höhlen, Mühlen und Burgen. Wanderfreunde können den Fernwanderweg beispielsweise ab Heiligenstadt begehen (Parkplatz am nordwestlichen Ortseingang). Die rund 75 km lange Etappe führt zunächst – vorbei an steilen Felsen, durch enge Schluchten und über herrliche Aussichtspunkte – nach Streitberg und Muggendorf ⓭. Weiter geht es dann über Gößweinstein ⓬ nach Pottenstein ⓾ und schließlich, vorbei an romantischen Burgruinen, ins südwestlich gelegene Gräfenberg (bei ⓱). Der Frankenweg ist vorbildlich markiert (Schilder mit rotem Balken und weißer Aufschrift); für die Route von Heiligenstadt nach Gräfenberg sollte man zwischen 4 und 6 Tage einplanen.

GUT ZU WISSEN

LAND DER VIELEN BIERE

Nirgendwo sonst in Deutschland gibt es so viele Brauereien wie in Franken. Die höchste Brauereidichte hat Aufseß (nördlich von ⑬), wo auf 1500 Einwohner vier Brauereien kommen, was dem Ort einen Eintrag im »Guinness-Buch der Rekorde« einbrachte. Die meisten Brauereien sind kleine Privatbetriebe, die ihr Bier in der eigenen Gaststätte ausschenken. Typisch ist dunkles Bier, aber auch Helles und Pils wer-

den hergestellt. Es waren vor allem Mönche, die im Mittelalter die Entwicklung des Brauereiwesens vorantrieben und den Gerstensaft weithin bekannt machten. Franken war als Standort für Brauereien begünstigt, weil sich in den Sandsteinlagen des Fränkischen Jura Keller graben ließen, in denen man gebrautes Bier länger lagern konnte. Die Geschichte des Biers wird anschaulich im Bamberger Brauereimuseum (Bild) auf dem Michaelsberg dokumentiert.

beliebt sind. Auf den Kalkmagerrasen gedeihen viele Orchideenarten, in den Felsspalten und auf Felsbändern siedeln Hungerblümchen, Felsschaumkresse, Gänsekresse, Steinnelke und der Grüne Streifenfarn.

Geheimnisvoller Felsengarten

TOP TIPP Hoch über der nördlichen Fränkischen Schweiz erhebt sich bei **Wonsees** ⑤ auf einem Felsmassiv der Turm von Burg Zwernitz, die bereits im 12. Jahrhundert erstmals urkundlich erwähnt wird. Die Markgrafen von Bayreuth ließen die Burg im 18. Jahrhundert modernisieren. Die Markgräfin Wilhelmine von Bayreuth fand vor allem an den merkwürdigen

Wäldern bedeckte Becken des **Ahorntales** ⑥. Besonders reizvoll ist es im engen Talbereich des Ailsbaches mit seinen charakteristischen Felstürmen – eine typische Juralandschaft. Auf schmalem Bergsporn erhebt sich die Burg Rabenstein. Im Greifvogel- und Eulenpark kann man über 70 Tag- und Nachtgreifvögel in großräumigen Volieren aus nächster Nähe betrachten. Besonders beliebt – nicht nur bei Kindern – sind die Flugvorführungen der Falknerei (im Sommer täglich, außer Mo, um 15 Uhr). Nur 15 Minuten entfernt thront auf einem nach drei Seiten steil abfallenden Dolomitfelsen die Klaussteinkapelle. Im Mittelalter die Kapelle der Burg Ahorn, glänzt sie inzwischen durch eine herrliche Barockausstat-

Tatsächlich »ohnegleichen« – das »Ruinentheater« im eindrucksvollen Felsengarten Sanspareil bei Wonsees.

Felsbildungen der Gegend Gefallen, die durch Schwämme des Jurameeres vor rund 130 Millionen Jahren entstanden sind. Sie rief: »C'est sans pareil!« (»Das ist ohnegleichen!«) und ließ einen Felsengarten anlegen – fortan hatte das Dorf zu Füßen der Burg seinen exotischen Namen »Sanspareil« und die Markgräfin einen zauberhaften Felsenpark unter Buchen. Der Humanist Friedrich Taubmann vergleicht die Schönheit des Haines in seinem 1604 erschienen Werk »Schediasmata poetica« mit der von Homer als Heimat des Odysseus beschriebenen Insel Ithaka. Taubmann wurde 1565 in Wonsees geboren und wirkte als »Fränkischer Eulenspiegel« am sächsischen Hof. Ihm wurde in Wonsees der Brunnen am Marktplatz gewidmet und am Rathaus erinnern zwei Gedenktafeln an den Dichter. Weiter südlich liegt das breite, von Wiesen und

tung aus dem 18. Jahrhundert. Nur in den Seitenmauern sind noch romanische Stilelemente sichtbar. Unter dem Felsmassiv der Klaussteinkapelle befindet sich der Eingang zur **Sophienhöhle** ⑦, die der Schlossgärtner des Grafen Erwein von Schönborn 1833 durch Zufall entdeckte: Er arbeitete in der davor liegenden Klaussteinhöhle und bemerkte am Ende des Raumes einen Luftzug. Hinter einer Felsspalte traten tropfsteingeschmückte Hallen zutage. Nachdem er die Entdeckung seinem Herrn mitgeteilt hatte, taufte der sie auf den Namen seiner Schwiegertochter, der Gräfin Sophie von Schönborn. Diese Höhle ist eine der größten Zerklüftungshöhlen in der Fränkischen Schweiz und gilt mit ihren wundervollen Tropfsteingebilden als besondere Attraktion. Berühmt sind der steinerne Wasserfall mit 5 m Höhe und »der Millionär«, ein einzeln stehender, 2,4 m hoher Stalagmit (geöffnet Ostern – Ende Okt täglich 9 – 18 Uhr).

Im seinem oberen Teil schon oberpfälzisch, wird das **Hirschbachtal** 8 vor allem aus touristischen Gründen noch zur namhaften Frankenalb gerechnet. Wichtigste Orte dieses Landstriches südlich von Pegnitz sind Königstein im Norden und Hirschbach im Süden. Zu den besonderen Attraktionen des Hirschbachtales gehören die Kletterwege wie die viel besuchte Mittelbergwand bei Hirschbach, der »Norissteig« oder der »Höhenglückssteig«. Im Gegensatz zu den meisten anderen Kletterfelsen, die echten Profis vorbehalten sind, können diese mit Drahtseilen gesicherten Steige auch von geübten Wanderern begangen werden. Ein Klettersteigset mit Karabinerhaken sollte man aber unbedingt im Gepäck haben.

Als eines der schönsten Täler im Naturpark Fränkische Schweiz gilt das **Obere Püttlachtal** 9 – eng, von üppiger Vegetation und interessanten Felsgebilden geprägt. Kurz vor Pottenstein ragt der Adamfelsen auf. Die Felsnischen dienten als steinzeitliche Wohnstätten und an anderen Stellen im Tal machte man viele prähistorische Funde. Die Flora ist hier besonders artenreich, auf dem Kalkstein gedeihen allein über 40 verschiedene Orchideen, von denen der Frauenschuh wohl zu den seltensten Arten gehört. Auch den Türkenbund kann man in den Laubwäldern und Gebüschen entdecken. Wo Püttlach, Haselbrunnbach und Weihersbach zusammenfließen, liegt **Pottenstein** 10, eine der

ältesten Stadtsiedlungen in der Fränkischen Schweiz. Hoch auf einem Bergsporn zwischen Püttlach- und Weihersbachtal thront die gleichnamige Burg, die 918 unter König Konrad als Befestigung gegen die Slawen und Magyaren gebaut wurde. Der Name des Ortes geht auf den Pfalzgrafen Botho von Kärnten (Bothostein) zurück, der die Feste im 11. Jahrhundert weiter ausbauen ließ. Auch die heilige Elisabeth von Thüringen, die nach dem Tod ihres Mannes 1228 aus Eisenach verjagt wurde, wohnte einst in dieser Burg. An der Brücke über die Püttlach hat man ihr ein Denkmal gesetzt. Von Pottenstein lohnt sich ein Abstecher ins malerische Tüchersfeld mit seiner imposanten Felsenkulisse. Hier ist ein Besuch im Fränkische-Schweiz-Museum zu empfehlen, das über den Landschafts- und Kulturraum Fränkische Schweiz informiert. Die angegliederte, original erhaltene Synagoge aus dem 18. Jahrhundert vermittelt zudem Informationen über den jüdischen Glauben und die Juden, die seit dem Mittelalter in Franken siedelten. Auf einem schönen Spazierweg gelangt man am Ufer des Weihersbaches entlang zum Schöngrundsee mit Bootsverleih und dem Felsenbad Pottenstein.

Höhlen, Kirchen und kostbares Holz

Hier muss man gewesen sein: Die **Teufelshöhle** 11 bei Pottenstein ist nicht nur die bekannteste, sondern mit einer erschlossenen Länge von 1,4 km auch die größte Schauhöhle der Fränkischen Schweiz und Fundort

Hier schmiegt sich Stein an Stein: Das romantische Fachwerkensemble in Tüchersfeld wird von steilen Felsen überragt.

FELSEN UND HÖHLEN

Vor rund 190 Millionen Jahren wurden im Jurameer verschiedene Gesteine als Schichten abgelagert und durch den Druck späterer Schichten verfestigt. Die obere Schicht besteht aus Kalkstein, der von Skeletten und Kalkschalen abgestorbener Kalkalgen, Schnecken und Muscheln stammt, die auf den Meeresboden sanken. Ohne Schichtung sind dagegen die Riffe von Schwämmen, die im mittleren Malm den Meeres-

boden besiedelten. Da in der Fränkischen Schweiz vor allem die Schwammriffe zu Dolomit umgewandelt wurden, konnten die weicheren Schichten ausgewaschen werden. Zurück blieben die beeindruckenden Felsformationen, wie z. B. auf dem Walberla ⑯ (Ehrenbürg) und an den Talhängen von Streitberg und Muggendorf ⑬. Durch die Lösungskraft von kohlensaurem Wasser entstanden im Gestein etliche Höhlen mit teilweise beeindruckenden Tropfsteingebilden (Bild).

zahlreicher fossiler Knochen. Besonders sehenswerte Tropfsteinbildungen sind »Wasserfall«, »Vorhang«, »Orgel«, »Goliath« und »Barbarossadom« (täglich 9 – 17 Uhr).

Bei Behringersmühle, kurz hinter der Mündung der Püttlach in die Wiesent, liegt der berühmte Wallfahrtsort **Gößweinstein** ⑫. Besonders sehenswert ist die Wallfahrtsbasilika »Zur Heiligsten Dreifaltigkeit«, 1730 – 39 von Balthasar Neumann erbaut. Hoch oben thront die Burg Gößweinstein, von der sich ein faszinierender Ausblick auf das Wiesenttal bietet. Als botanische Kostbarkeit gilt ein Eibenwald bei Gößweinstein, der hier auf einem Steilhang wächst (Wanderweg von Gößweinstein zur Martinswand und Stempfermühle). Eiben waren früher verbreitete Nadelbäume, wurden aber auf ihren natürlichen Standorten immer mehr durch Buchen und andere Laubgehölze verdrängt. Zum Verhängnis wurde der Eibe zudem ihr hartes, zähes Holz, aus dem schon im Mittelalter mit Vorliebe Bogen und Armbrüste gefertigt wurden. In Naturlandschaften sind die Bäume heute nur noch selten anzutreffen, nur an schwer zugänglichen Steilhängen konnten sie sich bis ins 20. Jahrhundert erhalten und wurden schließlich unter Schutz gestellt – so auch der Eibenwald bei Gößweinstein.

Folgt man der Wiesent weiter durch ein herrliches breites Tal, führt der Weg nach **Muggendorf** ⑬, bekannt durch die Reisewelle im 19. Jahrhundert. Damals kamen Forscher und vornehme Kurgäste in das »Muggendorfer Gebürg«, unter ihnen Prof. Rosenmüller, Entdecker der nach ihm benannten Höhle bei Muggendorf.

Vom Druidenhain zum Walberla – Wandern zu geheimnisvollen Orten

TOP TIPP Ganz in der Nähe befindet sich bei Wohlmannsgesees der **Druidenhain** ⑭, wo tonnenschwere, bemooste Felsblöcke scheinbar einer mysteriösen Ordnung folgend nebeneinander liegen. Handelt es sich hier um eine Kultstätte der Kelten oder ist diese Anordnung rein zufällig entstanden? Mehrere Wissenschaftler sind dieser Frage bereits nachgegangen. Eine bislang nicht bewiesene Hypothese lautet, dass es sich bei den Steinen um eine alte Sonnenkultstätte handelt, die einst astronomischen Berechnungen diente. So sollen z. B. an Sonnenwendtagen die ersten und letzten Sonnenstrahlen durch ein rundes Loch im Taufstein, einem 4 m langen und 40 cm dicken Fels, auf die umliegenden Felsblöcke geworfen werden. Wie dem auch sei, seine Anziehungskraft hat dieser geheimnisumwitterte Platz bis heute nicht eingebüßt.

Nichts zu verbergen hat hingegen der **Druidenstein** ⑮ – völlig exponiert steht die Felsnase am Naturlehrpfad »Langer Berg« bei Ebermannstadt. Der Pfad beginnt am Wasserschöpfrad von 1603 (Markierung »grüner Ring«) und verläuft als Rundweg unterhalb des Oberen Berges. Auf dem Druidenstein gedeihen viele Pflanzen, die Sonne und Trockenheit bevorzugen: Gelb blühender Mauerpfeffer, Immergrünes Felsenblümchen und Färber-Hundskamille sind nur einige der Arten. Viele der Pflanzen werden auf Tafeln am Lehrpfad vorgestellt, aber auch Schmetterlinge, Vögel und andere Tiere. Auffällig sind auch die zahl-

In üppigem Barock erstrahlt das Innere der von Balthasar Neumann erbauten Basilika von Gößweinstein.

Das Walberla, der bekannteste Berg des Naturparks.

reichen Hohlwege, die – trotz des harten Doggersandsteins – durch das Bremsen und Anfahren der Ochsenkarren entstanden sind.

Von der breiten Wiesentaue im Nordwesten begrenzt und vom Ehrenbach im Osten von der Frankenalb abgetrennt, erhebt sich die **Ehrenbürg** ⑯ über der Regnitzebene. Im Volksmund nur Walberla genannt, handelt es sich hierbei um einen mächtigen Felsklotz mit zwei Gipfeln, dem Rodenstein (532 m) und dem Walberla (514 m), die durch ein breites Plateau von 1500 m Länge und 300 m Breite voneinander getrennt sind. Diese Gegend war schon in der Bronzezeit um 1000 v. Chr. besiedelt, die Kelten errichteten hier eine Wallburg. Heute steht auf dem Hochplateau die im 16./17. Jahrhundert erbaute Walpurgiskapelle, die dem Berg seinen volkstümlichen Namen gab. Im Naturschutzgebiet wachsen zahlreiche geschützte Pflanzen, zu denen auch mehrere Orchideenarten gehören. Wandert man von der Niederung mit den Dörfern Schlaifhausen, Wiesenthau und Kirchehrenbach bergan zur Ehrenbürg, wird das Ackerland von einem Ring aus Wiesen abgelöst, in denen man immer wieder Quellen und sumpfige Stellen findet: Hier wachsen Sumpfdotterblumen, aber auch Kuckuckslichtnelken und Schlangenknöterich. Solche Wiesen bieten zudem Orchideen wie der Breitblättrigen Kuckucksblume ideale Bedingungen, die in der zweiten Maihälfte in Blüte stehen. Die Nordostseiten sind von Buchenmischwäldern mit Eschen und Spitzahorn bedeckt, wo in der Krautschicht Wiesen-Schlüsselblumen und das Wald-Bingelkraut vorkommen. In den Waldgebieten rund um das Gipfelplateau des Walberla gedeiht die Breitblättrige Stendelwurz, eine hier recht häufige Orchidee. Auf den Lich-

tungen rund um das Walberla kann man gelegentlich die Mücken-Händelwurz antreffen, die aber besonders häufig am Rodenstein vorkommt. Wo sich Eichenwälder ausbreiten, siedelt sie in Gemeinschaft anderer, wärmeliebender Pflanzen wie Pfirsichblättrige Glockenblume, Raues Veilchen und Echte Goldrute. Unterhalb der Dolomitfelsen am Walberla breitet sich ein Halbtrockenrasen aus, wo u. a. Kleines Habichtskraut, Gemeines Sonnenröschen, Karthäuser-Nelke und Zypressen-Wolfsmilch wachsen. Hier erfüllt auch der Duft des Arzneithymians die Luft und an weniger zugänglichen Stellen steht das kleine Brand-Knabenkraut, eine Orchidee.

Wandern und Klettern im Lillach- und im Pegnitztal

Schon lange kein Geheimtipp mehr sind die Kalktuffterrassen im **Lillachtal** ⑰ bei Weißenohe. Wenn sich Regenwasser mit dem Kohlendioxid der Luft anreichert, löst es als Kohlensäure den im Boden vorhandenen Kalk. Durch das Wirbeln und Sprudeln der Lillach entweicht das Kohlendioxid wieder, der Kalk fällt aus und lässt stockwerkartige Gebilde, die Kalktuffterrassen, entstehen. Sie wachsen im Jahr rund 2 mm. Von Weißenohe führt ein markierter Wanderweg zur Lillachquelle und weiter durch das reizvolle Lillachtal zu den Kalktuffterrassen. In diesem Biotop haben Feuersalamander und Gelbbauchunke sowie rund 100 Schmetterlingsarten ihren Lebensraum gefunden.

Der westlich von Weißenohe gelegene Veldensteiner Forst ist mit seinen 7000 ha Kiefernwald eines der größten zusammenhängenden Waldgebiete Frankens. Dolinen, Dolomitfelsen und Trockentäler bestimmen die Landschaft. Wo die Pegnitz den Veldensteiner Forst verlässt, liegt **Neuhaus** ⑱, malerisch zur Burg Veldenstein hin ansteigend. Diese Höhenburg liegt 56 m hoch über dem Tal auf einem Felssporn und wurde Anfang des 13. Jahrhunderts als Bamberger Amtssitz zum Schutz des Waldes erbaut. Im 15. und 16. Jahrhundert erweitert, blieb sie weitgehend unversehrt und überstand Hussiteneinfälle und Bauernkriege. Mit doppelter Ringmauer und zahlreichen Mauertürmchen, viereckigem Bergfried und zum Teil erhaltenem Palas ist sie die größte Burganlage des gesamten Pegnitztales.

Zu den schönsten Wanderungen im Veldensteiner Forst zählt der 7 km lange Weg von Spies nach Betzenstein über den **Eibengrat** ⑲. Dieser Klettersteig ist 1 km lang und führt durch einen herrlichen Laubwald zwischen Blockgestein zum idyllisch gelegenen Waldgasthof »Reuthof« und über Spitzberg und Teufelsgrund zurück nach Betzenstein.

Naturpark Nördlicher Oberpfälzer Wald

SERVICE

Anfahrt: Auf der A 93 bis zur Ausfahrt Windischeschenbach, von dort weiter über die B 22 und B 299 nach Hessenreuth; nächstgelegene ICE-Bahnhöfe in Nürnberg und Regensburg
Lage: Im Nordosten Bayerns an der tschechischen Grenze, in den Landkreisen Tirschenreuth, Neustadt an der Waldnaab sowie der Stadt Weiden i. d. OPf.
Größe: 1380 km²
Höchste Erhebung: Entenbühl (901 m)
Gründung: 1975
Information:
Naturpark Nördlicher
Oberpfälzer Wald
Stadtplatz 38
92660 Neustadt a.d. Waldnaab
Telefon: 09602/79318
Internet: www.naturpark-now.de

TOP TIPP

❷ Waldnaabtal
Kerbtal mit außergewöhnlichen Felsformen und Stromschnellen
❻ Neustadt an der Waldnaab
Einladende Altstadt mit zwei Schlössern und sehenswertem Stadtmuseum
❼ Flossenbürg
Malerische Burgruine auf einem Granitkegel mit herrlichem Blick über den Naturpark
❾ Pfrentschweiher
Reizvoller Moorsee, umgeben von urwüchsigem Wald
❿ Burgruine Leuchtenberg
Schönste Burgruine der Oberpfalz mit Burgfestspielen und wunderbarem Ausblick

Der Ostteil des Naturparks verschmilzt mit dem tschechischen Böhmerwald und bildet ein großes Waldgebirge, dessen stille Schönheit man auf zahlreichen Wanderungen entdecken kann. Den Westteil prägen sanfte Hügel und traditionsreiche Städte – ein Paradies für Natur- und Kulturfreunde.

Von der Burgruine Flossenbürg, dem Wahrzeichen des Naturparks, hat man einen wunderschönen Panoramablick.

Zwei große Waldgebiete prägen den Nordwesten des Naturparkgebiets: der Hessenreuther und der Manteler Wald. Unübersehbar ragt die Basaltkuppe des Parksteins mit seiner Wallfahrtskapelle über die Baumwipfel. Im Tal der Haidenaab im Süden mit seinen vielen Weihern und Tümpeln nisten zahlreiche Vogelarten. Eine hügelige Mittelgebirgslandschaft schließt im Nordosten der Oberpfalz an. Den östlichen Teil des Naturparkgebiets an der Grenze zu Tschechien bedecken weitläufige Wälder, in denen vornehmlich Fichten wachsen. Sie sind von einem gut ausgebauten Wanderwegenetz durchzogen. Als eine der markantesten Landmarken dieser Gegend gilt die Burgruine Flossenbürg, die zugleich Wahrzeichen des Naturparks ist.

Den Norden des Naturparks bestimmen bewaldete Bergrücken, unterbrochen von idyllischen Tälern und moorigen Wiesen. Alte Städtchen wie Vohenstrauß, Neustadt an der Waldnaab und Weiden laden zu einem Besuch ein. Ein oft besuchtes Ziel ist die Stadt Pleystein mit ihrem eindrucksvollen Rosenquarzfelsen mitten in der Altstadt, auf dem eine Kirche und ein Kloster thronen.

Auf den Spuren alter Vulkane

Der kleine Ort **Hessenreuth ❶** liegt mitten im nach ihm benannten Wald auf einer großen Lichtung. Das ausgezeichnete Wandergebiet rund um das benachbarte Städtchen Pressath lässt sich am besten von den Parkplätzen an der B 299 aus erkunden. Wanderwege führen auf den Hesserberg und den Schwarzberg, beides dicht bewaldete Höhenrücken. Nicht weit entfernt liegt auch der Kuschberg, ein ehemaliger Vulkan.

In Neustadt an der Waldnaab hat die Kunst der Glasbläserei eine lange Tradition und wird noch heute ausgeübt.

Der Aufstieg zum Gipfel lohnt sich – von hier hat man einen grandiosen Panoramablick.

TOP TIPP Im **Waldnaabtal** ❷ zwischen Windischeschenbach und Falkenberg kann man ein außergewöhnliches Naturphänomen besichtigen: Hier hat das Wasser ein richtiges Kerbtal in den Granit »gesägt« . Der Fachmann nennt dies ein antezendentes Durchbruchstal, der Laie genießt die blütenreichen Uferwiesen, plätschernden Stromschnellen und die faszinierenden Felsgebilde. Verschiedene Wander- und Radtouren sind in beiden genannten Orten ausgeschildert. Die **Gscheibte Loh** ❸ ist ein Naturwaldreservat, das sich im Übergangsstadium vom Nieder- zum Hochmoor befindet. Ihren Namen hat sie von der Lohe, die zum Gerben verwendet wurde und von der runden Scheibenform des langsam verlandenden Moorsees. Im 120 ha großen Naturschutzgebiet brüten über 60 Vogelarten, und es finden sich botanische Raritäten wie Sumpfweidenröschen, Schmalblättriges Wollgras und Rundblättriger Sonnentau. Eine Baumart fällt besonders ins Auge: die Spirke, eine aufrechte, meist einstämmige Form der Bergkiefer, die zum Ende des Eiszeitalters aus dem Vorland der Alpen hierher gelangte. Vom Ort Mantel fährt man nach Norden Richtung Hütten, kurz vor der Ortschaft biegt man rechts ab nach Parkstein. Nach rund 500 m erreicht man einen Wanderparkplatz mit einer Tafel, die über die markierten Wege durch das Naturwaldreservat informiert.

Fast 600 m hoch erhebt sich der **Parkstein** ❹ über die ansonsten sanft gewellte Hügellandschaft seiner Umgebung. Über einen gemütlichen Wallfahrtsweg erreicht man den Gipfel

des Basaltkegels mit der kleinen Kapelle. Nicht versäumen sollte man den Blick nach Süden und Osten über die Höhen des Oberpfälzer Waldes und auf die Stadt Weiden in der Oberpfalz. Eindrucksvolle Basaltskulpturen zeigt ein Aufschluss an der Südostseite des Berges, den man am besten vom Parkplatz an der Südseite aus erreicht. Fünf-, sechs-, ja bis zu achtkantige lange und schmale Säulen wurden hier garbenförmig ausgebildet und ließen eine mustergültige Vulkanruine entstehen. Das Richtung Oberfläche dringende Magma erstarrte vor der Eruption und bildete die Basaltformationen, die wir heute bewundern können.

Musik und Bleikristall

Durch das Untere oder das Obere Tor schlendert man hinein nach **Weiden in der Oberpfalz** ❺ zum Alten Rathaus. Durch die sehenswerte Altstadt mit manch prächtigem Renaissancegiebel gelangt man zum Alten Schulhaus. Das hier untergebrachte Stadtmuseum informiert über die Geschichte des Marktes Weiden. An den berühmtesten Sohn der Stadt erinnern die Max-Reger-Zimmer. Der Komponist Max Reger (1873 – 1916) verlebte hier seine Jugendjahre und schuf einige seiner berühmtesten Orgelwerke. Am Alten Rathaus beginnt auch »Der etwas andere Spaziergang durch die Stadt«. Dieser stadtökologische Lehrpfad vereint auf originelle Weise die Themenbereiche Wohnen, Leben und Natur. So erfahren Besucher etwa, welche Pflanzen sich in den Fugen der Weidener Stadtmauer angesiedelt haben oder warum so viele exotische Tiere die Gewölbe der Josefskirche zieren.

GUT ZU WISSEN

IN DIE TIEFEN DER ERDKRUSTE
Nach genau 1468 Bohrtagen war am 12. Oktober 1994 die Rekordtiefe erreicht: 9101 m! Die Bohrung bei Windischeschenbach (in der Nähe von ❷) brachte einige geowissenschaftliche Sensationen ans Tageslicht. Schon die Leistung an sich, das bislang tiefste, zugängliche Loch der Welt gebohrt zu haben, fand internationale Beachtung. Die Vorbohrung führte in rund 4000 m Tiefe. Mit einem neuen Verfahren und

neuen Bohrkernen gelang es anschließend, ein mehr als doppelt so tiefes, senkrechtes Loch zu bohren. Die spannende Geschichte dieser Tiefenbohrung ist im Informationszentrum der Bohranlage dokumentiert. Auch der Bohrturm kann bestiegen werden (geöffnet Mai – Okt 10 – 18 Uhr, Nov – April 10 – 16 Uhr).

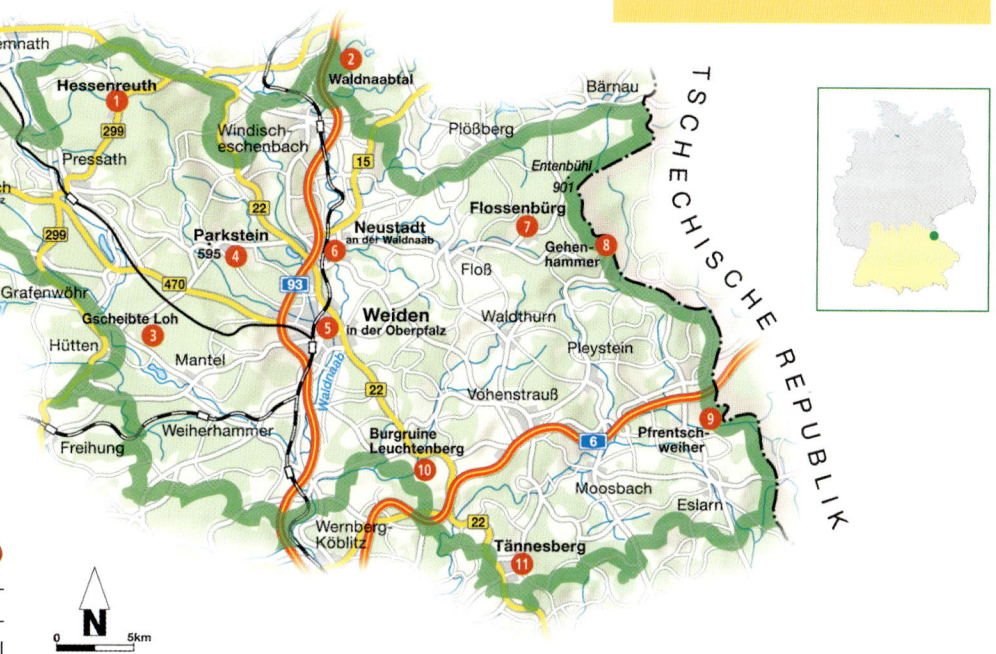

Markant ragt die Burgruine Flossenbürg auf einer Granitkuppe über dem Nördlichen Oberpfälzer Wald auf.

WANDERTIPP

DER BOCKL-RADWEG

Dieser mit über 48 km längste Bahntrassenradweg Bayerns verläuft fast ohne Steigungen auf der ehemaligen Bockltrasse von Neustadt an der Waldnaab (6) nach Eslarn und kann über die Grenze hinweg nach Tschechien fortgesetzt werden. Der Einstieg ist am ehemaligen Haltepunkt St. Felix (direkt am Tor der Fabrik F.X. Nachtmann). Besonders zu empfehlen ist der 24 km lange

Abschnitt zwischen Vohenstrauß und Eslarn. Mit dem Fahrrad lässt sich die Landschaft des Nördlichen Oberpfälzer Waldes entlang der Bahntrasse hervorragend erkunden. Der Bockl-Radweg kann übrigens auch von Wanderern und Rollstuhlfahrern sowie abschnittsweise von Inlineskatern genutzt werden. Im Winter eignet er sich für den Skilanglauf (Info: www.bocklradweg.de).

TOP TIPP Für die Kunst des Glasblasens war und ist **Neustadt an der Waldnaab** (6) berühmt. In der »Altbayerischen Krystall Glashütte« können die Besucher dieses Handwerk aus nächster Nähe bewundern und die entstandenen Kostbarkeiten auch erwerben (geöffnet Di – Fr 9.30 – 18, Sa 9.30 – 14 Uhr). Der alte Stadtkern wurde vom Fürstengeschlecht derer von Lobkowitz geprägt. Das Neue und das Alte Schloss am oberen Ende des Stadtplatzes gehen auf diese Familie zurück, die auch maßgeblich am Bau der Stadtpfarrkirche St. Georg mitgewirkt hat. Das Innere des Rokokobaues überrascht durch sein Wessobrunner Stuckwerk.

Gleich neben der Kirche ist im Alten Schulhaus das Stadtmuseum untergebracht. Die Ausstellung beschäftigt sich u.a. mit der Geschichte von Handwerk und Gewerbe, zeigt Schätze aus Bürgerhäusern, Kirchen und Klöstern und erzählt die Stadtgeschichte. Eine eigene Abteilung widmet sich mit prächtigen Ausstellungsstücken der Geschichte der Glasbläserei in der »Stadt des Bleikristalls« (geöffnet Di – Fr 10 – 12, 14 – 16, Sa und So 14 – 17 Uhr).

Von Neustadt an der Waldnaab aus sollte man unbedingt einen Abstecher zum nahe gelegenen Naturschutzgebiet Dost im engen Waldtal der Girnitz unternehmen. Das Naturschutzgebiet beeindruckt durch eine üppige Vegetation und vor allem durch riesige, in Jahrhunderttausenden glatt geschliffene Granitblöcke. Man fährt Richtung Floß, biegt nach Diepoltsreuth ab und erreicht nach wenigen Minuten den »Gollwitzerhof«. Von dort führt ein markierter Weg in etwa 15 Minuten zum Naturschutzgebiet.

Fernsicht bis zum Böhmerwald

TOP TIPP Für viele Geologen ist der Schlossberg von **Flossenbürg** (7) mit seiner weithin sichtbaren Burgruine die schönste Granitkuppe der Welt. Beim etwas mühevollen Aufstieg (im Ort ausgeschildert) sind die schuppenartigen Granitplatten nicht zu übersehen, die Aufschluss darüber geben, wie diese Kuppe einmal entstanden ist. Ein an die Oberfläche drückender Schmelzfluss blieb in wenigen Kilometern Tiefe in der Erdkruste stecken und erstarrte langsam zu hellem Granit. Die Deckschichten wurden abgetragen und legten die Granitschalen frei. Entlang dem neu angelegten »Weg des Granits« kann man besonders am Burgweiher bequem die faszinierenden Gesteinsfomationen bestauen. Die im 12. Jahrhundert als Grenzfeste erbaute Burg Flossenbürg fiel dem Dreißigjährigen Krieg zum Opfer und bietet vom einstigen Wohnturm aus eine atemberaubend schöne Sicht bis zum Böhmerwald.

Oberhalb des Ortes erinnern erschütternde Zeugnisse an ein dunkles Kapitel deutscher Geschichte. Ein Rundgang durch die Grab- und Gedenkstätte des ehemaligen Konzentrationslagers Flossenbürg führt die Gräueltaten der Nationalsozialisten drastisch vor Augen (geöffnet täglich 9–17 Uhr).

Die idyllisch gelegene Mühle **Gehenhammer** ❽ bei Georgenberg war einst eines von vielen Hammerwerken in der Oberpfalz. Bis 1971 trieb das große Wasserrad den Mühlstein zum Mahlen des Getreides an. Inzwischen dient die restaurierte Mühle als Museum und gemütliche Gaststube, die deftige Brotzeiten anbietet (geöffnet Mi–Mo 13–19 Uhr). An der Mühle beginnt auch der 78 km lange Glasschleiferweg, ein Rundweg, der durch reizvolle Bachtäler vorbei an Glasschleifereien und Eisenhämmern verläuft (Markierung »weißes Weinglas auf rotem Grund«). Die Tour führt über die Orte Pleystein, Moosbach, Waidhaus und Frankenreuth zurück nach Georgenberg.

Vom »Urwald« zur »Akropolis«

Eine besondere Attraktion erwartet den Wanderer in der Nähe von Pfrentsch: Hier kann **TOP TIPP** man am **Pfrentschweiher** ❾ einen naturbelassenen, sehr urwüchsigen Wald erkunden. Am Staatsgut beginnt ein 1,5 km langer landwirtschaftlicher Lehrpfad. Unmittelbar an

In der Nähe des Pfrentschweihers lohnt die Erkundung eines naturbelassenen, geradezu urwaldartigen Waldes.

der Grenze zu Tschechien liegt dieses sogenannte »Urwaldgebiet«, dessen Mittelpunkt ein Moorsee bildet, der zwar im 19. Jahrhundert trocken gelegt, inzwischen aber wieder geflutet wurde. Eine artenreiche Flora und Fauna hat sich auf den Moorwiesen angesiedelt.

TOP TIPP »Die Akropolis der Oberpfalz« nennt man hier die **Burgruine Leuchtenberg** ❿ – die schönste ihrer Art in der Oberpfalz. Stolz thront das im Stil mittelalterlicher Landgrafenburgen angelegte Bauwerk auf dem felsigen Grund. Am besten geht man vom Marktplatz in Leuchtenberg zur Ruine hinauf; dort sind ausreichend Parkplätze vorhanden. Alljährlich finden von Mai bis August die Leuchtenberger Burgfestspiele statt. Prunkstück der Anlage ist die romanische Schlosskapelle sowie der 24 m hohe Bergfried. Der Aufstieg lohnt sich, denn der Turm ist einer der schönsten Aussichtspunkte in der Oberpfalz: Von Nord nach West bietet sich dem Auge eine traumhafte Kulisse, die Fichtelgebirge, Steinwald, Böhmerwald, Oberpfälzer Wald und Bayerischen Wald sowie das Fränkische Jura umfasst.

Von Leuchtenberg aus empfiehlt sich ein kurzer Abstecher zur Wolfslohklamm. Zwar haben nur Oberschichten der eiszeitlichen Gletscher die Oberpfalz erreicht, doch hinterließen sie im nahen Lerautal mächtige Granitblöcke. Inzwischen vom Frost gesprengt und vom Wasser abgeschliffen, bilden sie nun die wilde Wolfslohklamm. Über die B 22 erreicht man den Parkplatz an der Sargmühle, von dort sind es nur etwa 200 m zum ausgewiesenen Naturschutzgebiet.

Der Markt **Tännesberg** ⓫ hat alljährlich am vierten Sonntag im Juli eine besondere Attraktion zu bieten: den St. Jodok-Ritt, eine prächtige Pferdewallfahrt. Zwei weitere Besuche sind in Tännesberg unabdingbar. Einmal der Weg hinauf auf den Schlossberg, dort können am Kreuzweg die Reste gleich zweier Burgen besichtigt werden. Zum andern sollte man die Einkehr in einem der vielen Gasthöfe nicht vergessen, denn die örtliche Küche hat so manches Schmankerl zu bieten. Auch zwei bemerkenswerte Naturerlebnispfade nehmen in Tännesberg ihren Anfang: Über 7 km verläuft Bayerns längster Obst-Naturerlebnispfad bis nach Vohenstrauß. Beim Spaziergang durch die Streuobstwiesen erfährt man alles Wissenswerte über Obstanbau, Obstsorten und vor allem auch über die ökologische Bedeutung der Streuobstwiesen. Ein geologischer Naturerlebnispfad führt über 1,3 km nach Osten und erklärt anhand ausführlicher Informationstafeln die Besonderheiten der verschiedenen Erdzeitalter. Zu beiden Naturerlebnispfaden gibt es Audio-Guides, die bei der Touristinformation Tännesberg erhältlich sind (www.taennesberg.de).

Naturpark Oberpfälzer Wald

Ein sanftes, waldreiches Hügelland, von abwechslungsreichen Flusstälern durchzogen – das ist die Landschaft dieses Naturparks im Nordosten Bayerns. Ruhige Wanderwege und Orte mit Geschichte machen einen Ausflug hierher zu einer lohnenden Angelegenheit.

SERVICE

Anfahrt: Auf der A 93 Regensburg–Weiden bis Nabburg; nächstgelegene ICE-Bahnhöfe in Regensburg und Nürnberg

Lage: In Bayern, nördlich von Regensburg und östlich von Amberg; grenzt im Süden an den Naturpark Oberer Bayerischer Wald und im Norden an den Naturpark Nördlicher Oberpfälzer Wald

Größe: 817 km²

Höchste Erhebung:
Weingartner Fels (896 m)

Gründung: 1985

Information:
Naturpark Oberpfälzer Wald e. V.
Wackersdorfer Straße 80
92421 Schwandorf
Telefon: 09431/47 13 37
Internet: www.naturpark-opf-wald.de

»Klein-Finnland« in Bayern: Die vielen Seen brachten dem Charlottenhofer Weihergebiet seinen Zweitnamen ein.

TOP TIPP

❶ **Oberpfälzer Freilandmuseum**
Schön angelegtes Freilichtmuseum mit fünf Baugruppen

❹ **Prackendorfer und Kulzer Moos**
Einer der größten Moorkomplexe in der Oberpfalz

❺ **Schönseer Land**
Abwechslungsreiche Landschaft und »Centrum Bavaria Bohemia« als kulturelle Verbindung

Der Naturpark umfasst den Süden des Hinteren und Vorderen Oberpfälzer Waldes und schließt im Süden an den Naturpark Oberer Bayerischer Wald an. Jedoch wird die Landschaft sanfter, steile Abhänge und tief eingeschnittene Täler kommen hier nicht vor. Die meisten Gipfel sind waldbedeckt, so auch der höchste im Park, der Weingartner Fels (896 m). Die ehemalige Grenzlage des Naturparkgebietes macht es für Wanderer und Erholungssuchende interessant. Fauna und Flora gedeihen gut in den abgelegenen Winkeln. Manche Besonderheit kann man hier noch entdecken, so die Schachbrettblume, den Lungenenzian und einige Orchideenarten.

Alltag, wie er früher einmal war …

 … so könnte das Motto des **Oberpfälzer Freilandmuseums** ❶ in Neusath-Perschen

bei Nabburg lauten. Gleich fünf kleine Dörfer mit 40 wiederaufgebauten Häusern machen einen Rundgang, der etwa zwei Stunden dauert, zu einem geschichtlichen Erlebnis. Rund 300 Jahre Wohnen und Wirtschaften in allen täglichen Anforderungen und Abläufen sind in diesem Freilichtmuseum dokumentiert oder werden vorgeführt. Nach dem Rundgang weiß man mehr über die Unterschiede des Alltagslebens in Mühlental, Stiftland-, Waldler-, Naabtal- und Juradorf (geöffnet Mitte März – Anfang Nov Di – So 9 – 18 Uhr, www.freilandmuseum.org).

Wer über die Landwirtschaft in früheren Zeiten noch mehr wissen will, dem sei ein Abstecher in die Ortschaft Perschen empfohlen. Das dortige Bauernmuseum im Edelmannhof, einem historischen Dreiseithof, ist komplett mit Gerätschaften und Einrichtungsgegenständen aus der damali-

Weit ragt der Turm des Doms von Nabburg über die idyllische Flusslandschaft, die das Städtchen umgibt.

gen Zeit ausgestattet (geöffnet Mitte März bis Anfang Nov Di–So 13–18 Uhr).

Schon aus der Ferne ist der Domturm der über 1000 Jahre alten Stadt **Nabburg** ❷ zu erkennen. Hoch über dem Fluss thront die Altstadt mit ihren Mauern und Türmen, den verwinkelten Gassen und eng gebauten Häusern. Verschiedene Ausstellungen, u. a. zum Thema »Von Menschen und Tieren«, zeigt das örtliche Stadtmuseum im ehemaligen Zehentstadel. Integriert ist auch das Bayerische Informationszentrum für Ameisenkunde (geöffnet So 14–17 Uhr und nach Vereinbarung, www.nabburg.de).

Auf dem Weg nach »Klein-Finnland«

Kostbarkeiten anderer Art kann man im **Charlottenhofer Weihergebiet** ❸ zwischen Schwandorf und Schwarzenfeld entdecken. Etwa 100 Seen sind es, die den Rest eines einst viel größeren Seengebietes bilden; dies brachte ihm auch den Beinamen »Klein-Finnland« ein. Mit rund 830 ha das größte Naturschutzgebiet der Oberpfalz, besitzt es große Bedeutung für die Vogelwelt. Hier sind noch Blaukehlchen, Tafelenten und Schwarzhalstaucher zu sehen. In den Uferzonen und den Dickichten brüten über 100 Wasservogelarten, und Zugvögel rasten hier auf ihrer Reise nach Süden oder Norden. Eines der größten Moorgebiete in der Oberpfalz erschließt sich auf dem **TOP TIPP** Moorlehrpfad durch das **Prackendorfer und Kulzer Moos** ❹. Der 3 km lange, gut markierte Rundweg (Startpunkt ist der ausgeschilderte Parkplatz an der Straße von Kulz nach Dautersdorf) führt durch einen urwüchsigen

Moorwald, vorbei an dunkel schimmernden Gewässern. Auf Schautafeln kann man viel über die Entstehung von Mooren sowie über deren frühere Nutzung erfahren.

TOP TIPP Das **Schönseer Land** ❺ und vor allem die Stadt Schönsee sind berühmt für die hohe Kunst des Spitzenklöppelns. Die schönsten Arbeiten sind im Jagdmuseum des Hotels »St. Hubertus« zu bewundern. Wer möchte, kann diese Kunst in Wochenendkursen erlernen.

Das »Centrum Bavaria Bohemia« (CeBB) in Schönsee bietet den Besuchern breit gefächerte und zweisprachige Informationen über Kulturangebote und das Kulturleben der bayerischen und tschechischen Nachbarregionen (Informationen im Internet unter www.bbkult.net). Einen guten Überblick über die abwechslungsreiche Gegend des Schönseer Landes sowie über den Oberpfälzer Wald und den Bayerischen Wald kann man sich mit einer Wanderung auf den Böhmerwald-Aussichtsturm verschaffen. Der 2 km lange »Turmsteig« mit der Markierung »42« beginnt in Stadlern direkt beim Sport- und Freizeitzentrum.

Am Zusammenfluss von Naab und Pfreimd liegt umrahmt von sanften Höhenzügen die Stadt **Pfreimd** ❻. Die sehenswerte barocke Stadtpfarrkirche Mariä Himmelfahrt und die Renaissancekirche in der Klosteranlage lohnen einen Besuch. Zwei Ausflüge bieten sich hier an: einmal zur einsam gelegenen Wallfahrtskirche Sankt Barbara auf dem nahen Eixlberg und zum anderen eine Wanderung in das idyllische Stelzlmühlbachtal.

▶ **WANDERTIPP**

PRÄDIKATSWANDERWEG »GOLDSTEIG«

Der Naturpark bietet ein weites Netz von Wanderwegen. Als eine regionenverbindende Route wurde 2006 das erste Teilstück des Prädikatswanderweges »Goldsteig« eröffnet. Er soll einmal auf 600 km Länge durch den Oberpfälzer und den Bayerischen Wald verlaufen. Sein Prädikat verdient er aufgrund der guten Wegebeschaffenheit, der

Naturattraktivität, der kulturellen Sehenswürdigkeiten sowie seines Wanderleitsystems. Im Naturpark Oberpfälzer Wald führt der Wanderweg mit dem Zeichen »gelber Weg auf weißem Grund« durch das Pfreimdtal ❻, vorbei an der Burg Trausnitz (Bild) bis nach Oberviechtach und weiter nach Neunburg vorm Wald (Informationen unter www.goldsteig-wandern.de).

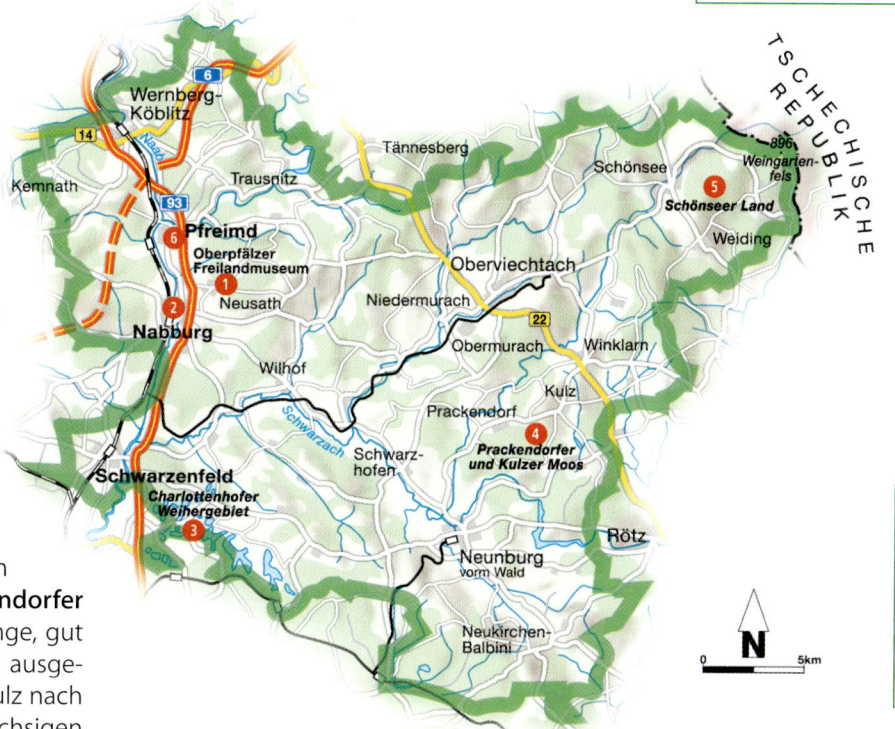

SERVICE

Anfahrt: Auf der A 3 Regensburg–Passau bis zur Ausfahrt Straubing, dann über Bad Kötzting nach Lam; Lam ist Endbahnhof der Oberpfalz-bahn Cham–Bad Kötzting–Lam, nächstgelegener ICE-Bahnhof in Regensburg

Lage: In Bayern, umfasst den Landkreis Cham in der Oberpfalz an der Grenze zu Tschechien

Größe: 1796 km²

Höchste Erhebung:

Osser (1293 m)

Gründung: 1973

Information:

Naturpark Oberer Bayerischer Wald

Rachelstraße 6

93413 Cham

Telefon: 09971 / 783 94

Internet: www.naturpark-obw.de

Naturpark Oberer Bayerischer Wald

Hier wird viel Interessantes geboten: der Osser als »Matterhorn des Bayerischen Waldes«, die Rauchröhren am Kaitersberg, die Idylle des Lamer Winkels, schwimmende Inseln im Kleinen Arbersee und der Schwarzeck-Kaitersberg-Kamm als die »Haute Route« des Bayerischen Waldes.

Nach einer ausgedehnten Wanderung durch den Naturpark kann man am Kleinen Arbersee Badefreuden genießen.

❶ Lamer Winkel
Landschaftlich großartigstes Tal des Bayerischen Waldes

❷ Kleiner Arbersee
Karsee mit »schwimmenden« Inseln

❸ Osser
»Matterhorn des Bayerischen Waldes« mit Panoramagipfel

❻ Schwarzeck-Kamm
Bergkamm mit »Zwölf-Tausender-Höhenwanderweg« und Zielen wie dem Kaitersberg

Er hat viele Gesichter, doch das verwundert nicht. Schließlich spannt sich der im Nordosten an Tschechien grenzende Naturpark nicht nur über den gesamten Landkreis Cham – das fast 2000 km² große Gebiet reicht vom südlichen Oberpfälzer Wald und vom Falkensteiner Vorwald über die Cham-Further Senke hinweg bis heran an den Arber, das höchste Bergmassiv des Bayerischen Waldes.

Dass der Naturpark so unterschiedliche Landschaftseinheiten umfasst und dennoch »nur« den Bayerischen Wald im Namen führt, liegt daran, dass rund um den Lamer Winkel im Hinteren Bayerischen Wald die Glanzlichter des Naturparks zu finden sind – Osser, Arber, Schwarzeck, Kaitersberg, um nur die wichtigsten zu nennen. Hier findet der Wanderer viele stille und aussichtsreiche Wege.

Lamer Winkel – Idyll zwischen Bayerwald und Böhmerwald

Die landschaftlich beeindruckendste besiedelte Talschaft des Bayerischen Waldes ist der **Lamer Winkel ❶**. Dieses vom Weißen Regen durchflossene Wald- und Wiesenidyll liegt zwischen Arbermassiv, Künischem Gebirge, Schwarzeck-Kaitersberg-Kamm und Hohem Bogen. Es ist ein beliebter Ausgangspunkt für Ausflüge zu einigen der höchsten Gipfel des Bayerischen und des Böhmerwaldes. Namengeber ist der Luftkurort Lam, einer der ältesten Fremdenverkehrsorte des Bayerischen Waldes.

In einer gut 30-minütigen Wanderung vom Parkplatz auf dem Brennessattel an der Straße von Bayerisch Eisenstein nach Lam ist der **Kleine Arbersee ❷** zu erreichen. Der unter Naturschutz stehende Quellsee des Weißen

Liefern Fleisch bester Qualität, Wolle – und schauen auch noch lieb aus: Schafe im Lamer Winkel.

Regens ist ein von schroffen Felswänden überragter Karsee in der Nordflanke des Arbermassivs. Im Lauf der Jahrtausende verlandete der bis zu 10 m tiefe See, ehe er 1885 zur Holztrift aufgestaut wurde. Bei diesem Eingriff lösten sich vom nassen Boden Schwingrasen, die seither auf der Wasseroberfläche treiben. Ein Rundweg führt um den etwa 9 ha großen See, an dessen Ostufer die Gaststätte »Seehäusl« zur Einkehr einlädt: Am »Seehäusl« beginnt der urige Wanderweg auf den Großen Arber, von dem aus man aus der Vogelperspektive die schwimmenden Moorteppiche des Kleinen Arbersees unter sich sieht und einen herrlichen Blick auf den Lamer Winkel und den Osser bis hin zum Hohen Bogen genießen kann.

Mit Leichtigkeit auf das »Matterhorn«

Der hoch über dem Lamer Winkel und dem Tal der Uhlavá auf dem Grenzkamm des Künischen Gebirges gelegene zweigipfelige **Osser** ❸ ist ein echtes Charakterhaupt des Bayerischen Waldes und des Böhmerwaldes: Von nahezu allen Bergen – selbst aus weiter Ferne – ist seine unverwechselbare Doppelgipfel-Silhouette erkennbar: Ein mondsichelförmig geschwungener Kamm verbindet die beiden Bergspitzen, deren höhere

1293 m erreicht, während die andere mit 1266 m nur unwesentlich niedriger ist. Auf böhmischer Seite wird diese Silhouette »Brust der heiligen Mutter Gottes« genannt, auf bayerischer Seite gilt der Kleine Osser als »Matterhorn des Bayerischen Waldes«: Steil wie eine Wand stürzt diese Glimmerschiefer-Felsbastion stellenweise in den Lamer Winkel ab, dessen Talsohle rund 700 m niedriger liegt, und gewährt eine einzigartige Aussicht auf den Lamer Winkel, den Arber, zum Schwarzeck und zum Kaitersberg sowie weit nach Böhmen hinein. Während der Kleine Osser als einzigen Schmuck ein Bergkreuz trägt, steht auf dem Großen Osser ein Gast- und Unterkunftshaus. Da auf dem Großen Osser die deutsch-tschechische Grenze verläuft, wird dieser Gipfel von beiden Länderseiten aus häufig besucht; der Aufstieg auf der tschechischen Seite erfolgt über den Schwarzen und den Teufelssee, zwei der berühmtesten Karseen des Böhmerwaldes. Zu den verschiedenen hervorragenden Wanderrouten, die am Osser ihren Ausgangspunkt nehmen, zählt der zum Zwercheck führende felsige Steig entlang der Grenze auf dem Kamm des Künischen Gebirges.

Zwischen Lamer Winkel und der Cham-Further Senke liegt der **Hohe Bogen** ❹. Er ist die nördlichste Bergbastion des Bayerischen Waldes und 1079 m hoch. Im Freizeitzentrum Hohenbogen im Wallfahrtsort **Neukirchen beim Heiligen Blut** ❺ kommen im Skate-Park vor allem Inlineskater auf ihre Kosten, der Fun-Park des Freizeitzentrums lockt mit

KULTURTIPP

FURTHER DRACHENSTICH
Der Further Drachenstich ist eines der bekanntesten Volksschauspiele im Bayerischen Wald: Ein strahlender Ritter »(er-)sticht« einen Feuer speienden Drachen und befreit die Menschen vom Bösen; Kirchenglocken verkünden den Sieg. 1952 verfasste der aus Taufkirchen stammende Bestsellerautor Josef Martin Bauer (»So weit die Füße tragen«) das bis heute aktuelle Skript und verlegte die Handlung in die Zeit der Hussitenkriege anfang des 15. Jahrhunderts. Auch der Drache hat im Lauf der Zeit viele Wandlungen durchgemacht, geblieben sind die Volksfeststimmung und der immer Ende August in den Gassen von Furth im Wald (nordwestlich von ❺) erschallende Ruf: »Der Drach' ist los!«

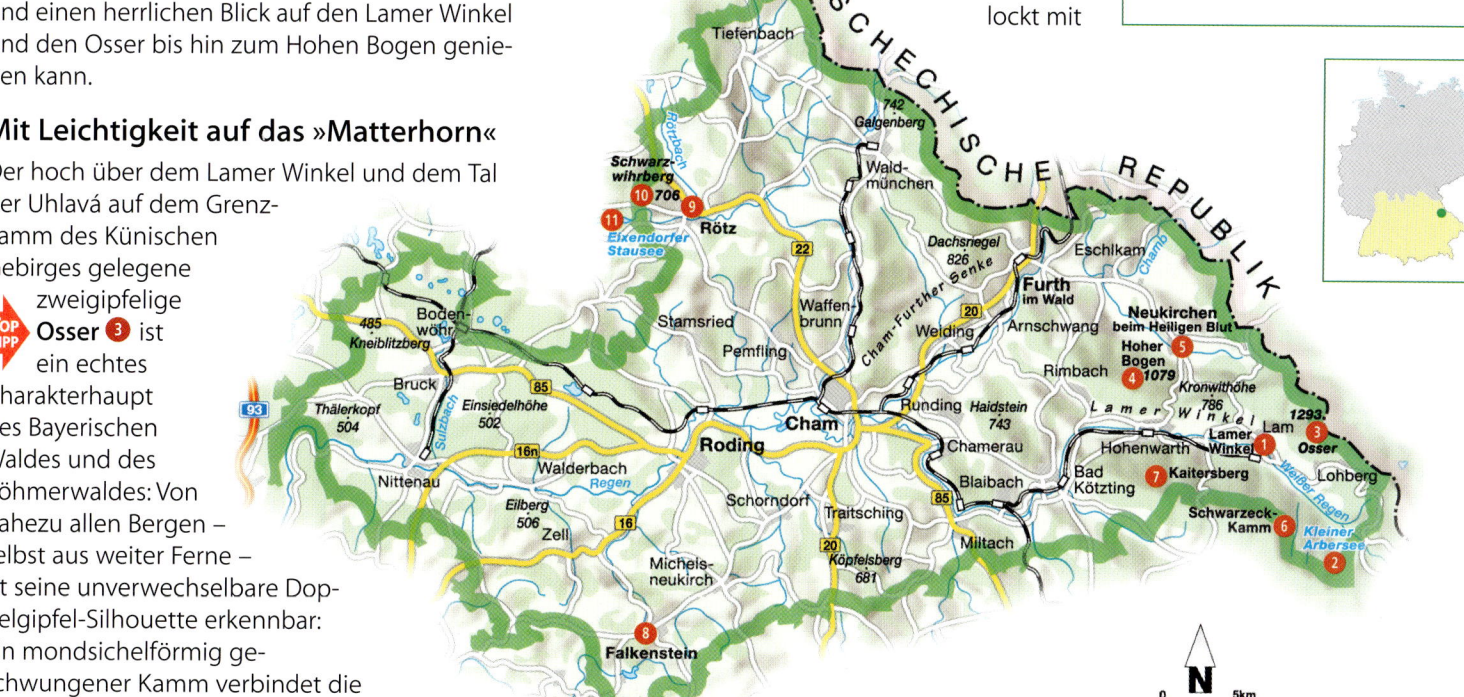

Unterhalb der Burg Falkenstein auf ihrem spektakulären Bergkegel lockt ein interessanter Natur- und Felsenpark.

KÖTZTINGER PFINGSTRITT

Der Kötztinger Pfingstritt ist eine Tradition, die bis ins frühe 15. Jahrhundert zurück reicht. Ziel der alljährlich am Pfingstmontag um 8 Uhr morgens beginnenden Bittprozession zu Pferd, an der in festlichem Schmuck mehrere Hundert Männer teilnehmen, ist die »Pfingstreiterkirche« Sankt Nikolaus in Steinbühl am Kaitersberg ❼ unterhalb des Mittagsteines. Nach der Pfingstreitermesse und dem anschließenden

Ausritt findet die – wahrscheinlich in einem uralten Fruchtbarkeitsritual wurzelnde – »Pfingsthochzeit« statt: Der mitreitende Pfarrer wählt die »Pfingstbraut« und den »Tugendbräutigam« aus und traut das Paar symbolisch.

Wasserrutsche und Sommerrodelbahn. Hier befindet sich auch die Talstation der Sesselbahn auf den Hohen Bogen: Sie überwindet auf ihrer Fahrt 393 Höhenmeter und ist mit 1358 m die längste des Bayerischen Waldes. An der Bergstation beginnen Wanderwege, die durch tiefe Wälder und zu Felsenmeeren führen und immer wieder herrliche Aussichten bieten: Unten zeigt sich Neukirchen mit der Wallfahrtskirche inmitten ausgedehnter Feld- und Wiesenflure, dahinter zeichnen sich die bewaldeten Kuppen im Grenzgebiet von Bayern und Böhmen ab.

Südwestlich des Hohen Bogens liegt am Weißen Regen der beliebte Kneipp-Kurort Bad Kötzting. Hoch über der Stadt, am aussichtsreichen Kreuzfelsen, beginnt der »Zwölf-Tausender-Wanderweg« über den **Schwarzeck-Kamm** ❻ zum Arber: die »Haute Route« des Bayerischen Waldes. Der erste Abschnitt führt über den Rücken des **Kaitersberges** ❼ zum Mittagstein (1034 m) und zur »Kötztinger Hütte« mit atemberaubendem Ausblick. Weiter geht es auf beschwerlichem Felsenpfad durch das Steinbühler Gesenke und das Klettergebiet der Rauchröhren bis zum Großen Riedelstein (1132 m), dann steil hinab zum Berggasthaus »Eck« auf dem Eck-Sattel. Hier kann man neue Kräfte sammeln, dann führen Wurzelwege und felsige Steige den Wanderer weiter über Mühlriegel (1080 m), Ödriegel, Schwarzeck (1238 m), Heugstatt, Enzian (1284 m) und Kleinen Arber (1364 m) zum Großen Arber (1456 m) – die ganztägige Höhenwanderung ist recht anstrengend, aber unvergesslich.

Natur- und Felsenpark Falkenstein – Wandern und Klettern vom Feinsten

Der für seine bizarren Felsformationen berühmte Burgberg des Luftkurortes **Falkenstein** ❽ ist Namengeber des Falkensteiner Vorwaldes, des westlichsten Ausläufers des Bayerischen Waldes. Die Verwitterungsformen im Granit dieses hervorstechenden Bergkegels, dessen Gipfel eine Burgruine aus dem 11. Jahrhundert trägt, sind so außergewöhnlich und spektakulär, dass das Gebiet unter Naturschutz steht und zugleich als Natur- und Felsenpark öffentlich zugänglich ist. Die mit fantasievollen Namen wie »Froschmaul« oder »Himmelsleiter« bedachten Felsen und Felsgruppen sind durch eine Vielzahl von Wegen und Steigen, Leitern und Brücken miteinander verbunden. Zu den markantesten Erscheinungen zählen die zahlreichen Schalensteine, die, glaubt man der Wissenschaft, Ergebnisse natürlicher Verwitterung sind. In alten Sagen werden sie hingegen als Opfersteine aus heidnischer Vorzeit gedeutet. Die Burg Falkenstein thront auf einem laubwaldgeschmückten Bergkegel. Die zinnenbekränzte Aussichtsplattform des im Kern romanischen Bergfriedes bietet ein hervorragendes Panorama weit über den Naturpark.

Der Falkenstein-Radweg zwischen Falkenstein und Gonnersdorf bei Regensburg ist mit 40 km zwar nur kurz, doch einer der schönsten Bahntrassenradwege Deutschlands; die Strecke ist auch mit kleinen Kindern problemlos zu schaffen. In den Ferien und am Wochenende kann die Anreise mit dem Radlbus erfolgen (Regensburg–

Falkenstein und zurück, mit zahlreichen Zwischenstationen). Die durchgehend markierte Strecke folgt der Trasse der 1984 stillgelegten Eisenbahnlinie Regensburg–Falkenstein, einer Lokalbahn (»Falkensteiner Bockerl«), die 1913 eröffnet wurde. Neben Sitzbänken, Picknickplätzen und Gasthäusern am Weg finden sich diverse Einrichtungen, die die Erinnerung an das alte »Bockerl« wachhalten: Bahnhöfe, Prellböcke, Rangiergleise, Kilometersteine, Brücken und Unterführungen.

Bewegte Geschichte – bewegende Landschaften

Die über 500 Jahre alte Stadt **Rötz** 9 liegt am Fuß des Schwarzwihrberges im Schwarzachtal, umgeben von den Bergen, Wäldern und Seen des romantischen Schwarzachberglandes, das sich von Rötz flussaufwärts bis in die Trenck-Festspielstadt Waldmünchen und weiter bis zur tschechischen Grenze erstreckt. Die mächtige Ruine der Schwarzenburg thront oberhalb von Rötz auf dem Gipfel des **Schwarzwihrberges** 10 (706 m), der zum Aussichtsturm ausgebaute Schwanenturm bietet einen herrlichen Rundblick auf das Schwarzachbergland, den Bayerischen und den Oberpfälzer Wald. Vom nahen Schellhof heraufwandernde Ausflügler stärken sich in der gemütlichen Berghütte. Die ausgedehnte, im Kern romanische Burganlage war ab dem 11. Jahrhundert Sitz der Schwarzenburger, unter deren Herrschaft der Marktort Rötz an der alten Handelsstraße nach Böhmen aufblühte. Im Jahr 1433 sammelte sich hier das bayerische Heer zur Abwehr der Hussiteneinfälle. 1506 erwarb der böhmische Adelige Heinrich von Guttenstein die Burg und verwandelte sie in die Schaltzentrale einer Raubritterherrschaft, unter der auch Rötz schwer zu leiden hatte. Als »der Guttensteiner« auf einem seiner Raubzüge Feuerwaffen erbeutete, ließ er seine eigene Burg beschießen, um ihre Standfestigkeit zu testen. Die Feuerwaffen erwiesen sich als überlegen, und er gab auf, als die Reichsstadt Nürnberg den Schwäbischen Bund im Kampf gegen den Raubritter zu Hilfe rief: 1510 verkaufte er die Burg an den Wittelsbacher-Kurfürsten Ludwig V. von der Pfalz. Die letzten Jahre der Herrschaft des Guttensteiners werden alljährlich im Sommer auf der Schwarzenburg in einem Freilichtspiel inszeniert.

Der **Eixendorfer Stausee** 11 zu Füßen des Schwarzwihrberges ist ein wahres Paradies für Wassersportler, Angler und Sonnenanbeter. Obwohl das Gebiet dieses 6,2 km langen Hochwasserrückhaltebeckens zur Stadt Rötz gehört, liegt es nicht mehr im Naturpark Oberer Bayerischer Wald, sondern im Naturpark Oberpfälzer Wald. Die Grenze zwischen den beiden Naturparks kreuzt den Zuflussbereich des Sees: Dort befindet sich in dem kleinen Ort Hillstett das Oberpfälzer Handwerksmuseum. In originalgetreu nachgebauten Werkstätten wird hier auf anschauliche Art und Weise die Arbeit traditioneller Handwerksberufe gezeigt, etwa die eines Drehers, eines Wagners, eines Kammmachers oder eines Sattlers.

GUT ZU WISSEN

TRENCK-FESTSPIELE UND PANDURENSTEIG

Seit 1950 führen Waldmünchener Laienschauspieler jedes Jahr im Juli/August das Freilichtfestspiel »Trenck der Pandur vor Waldmünchen« auf (Bild). Als Trenck mit seiner Soldateska Waldmünchen (nordöstlich von 9) bedrohte, konnte sich die Stadt in letzter Minute freikaufen. An die Pandurenzeit erinnert auch der Pandurensteig: Der Fernwanderweg führt auf 160 km von

der Ilzmündung in Passau nach Waldmünchen im Grenzgebiet von Bayerischem und Oberpfälzer Wald. Zu Beginn des Österreichischen Erbfolgekrieges stellte der preußische Offizier Franz Freiherr von der Trenck 1741 ein Korps aus Panduren auf, d. h. aus Soldaten aus dem ungarisch-kroatischen Raum. 1742 verwüstete diese Truppe das Gebiet, durch das der Pandurensteig führt. Dabei wurden u. a. die am Steig liegenden Burgen Dießenstein bei Perlesreut, Bärnstein bei Grafenau, Klebstein bei Schönberg und Weißenstein bei Regen zerstört.

Schwimmen, Boot fahren oder einfach nur die Sonne genießen: Der Eixendorfer Stausee ist ein wahres Freizeitparadies.

Oh, du schöner deutscher Wald …

»Waldwoge steht hinter Waldwoge, bis eine die letzte ist und den Himmel schneidet« – so hat Adalbert Stifter in seiner Erzählung »Der Hochwald« um die Mitte des 19. Jahrhunderts eine von vielen deutschen Waldlandschaften als Wunder der Natur in überschwänglicher Romantik beschrieben.

Schneeschlank: Fichten der Bergwaldstufe.

In jeder Jahreszeit hat unser Wald ein anderes Gesicht – das schönste wohl im Herbst.

Clever und tapfer: Das Wildschwein, ein Charaktertier der Wälder, ist für den Erhalt des Ökosystems unverzichtbar.

Waldsterben – hier im Oberharz.

Frische Waldluft verleiht neue Kraft.

Die »duftblauen Waldrücken« und das »trauernde Waldesdunkel« findet man noch reichlich in unserem Land. Das Statistische Bundesamt kommt nach seinen akribischen Untersuchungen im bundesweiten Durchschnitt auf eine Waldfläche von 29,8 %; dies ist weit mehr als der europäische Durchschnitt – in einzelnen deutschen Bundesländern und Landkreisen kann der Wald auch bis zu 50 % der Bodenfläche einnehmen. Und während weltweit die Waldfläche dramatisch schrumpft, in 25 Staaten der Welt die Wälder praktisch verschwunden sind, nimmt zwischen Nordsee und Alpen das Waldareal langsam, aber stetig zu.

Vom Urzustand sind Deutschlands Wälder allerdings inzwischen weit entfernt. Von Natur aus wären rund 95 % der Landesfläche bewaldet. Nur wenige Standorte, etwa die Küstendünen, die Hoch- und Übergangsmoore des Norddeutschen Tieflandes, die Schuttfluren im Mittel- und Hochgebirge sowie die alpinen Matten oberhalb der Waldgrenze, tragen natürlicherweise kein Waldkleid. Die ohnehin schon artenarme Gehölzflora hat sich darüber hinaus vor allem in den beiden letzten Jahrtausenden deutlich verändert. Das Klima Deutschlands begünstigt sommergrüne Laubbäume wie die Rotbuche und die beiden mitteleuropäischen Eichenarten Stieleiche und Traubeneiche; es gilt geradezu als »Buchenklima«. Buchenwälder und von Buchen beherrschte Mischwälder sowie Wälder, in denen die »deutsche Eiche« dominiert, wären daher die charakteristischen Pflanzengemeinschaften Deutschlands. Hauptsächlich von Nadelbäumen, Fichten, Tannen und Kiefern gebildete Wälder sind dagegen von Natur aus seltene Ausnahmen, denn Nadelhölzer können sich in Mitteleuropa nur in den Randgebieten für Laubhölzer mit extremen Klima- und Bodenverhältnissen durchsetzen. Da aber die schnellwüchsigeren, oft aus anderen Kontinenten eingebürgerten Nadelgehölze meist schnellere Erträge bringen,

wurden sie aus ökonomischen Gründen von der Forstwirtschaft in den beiden letzten Jahrhunderten bevorzugt und haben die vom Klima und Boden her standortgerechten Laubmischwälder vielerorts aus ihrem natürlichen Areal verdrängt. Dennoch ist Deutschland bis heute ein Waldland geblieben.

Jeder einzelne Baum, jede Baumgruppe stellt in der Agrarlandschaft eine ökologische und optische Bereicherung dar.

Schatzkammer deutscher Wald

Hinter dem Begriff »Wald« verbirgt sich in unseren Breiten eine Vielzahl von Pflanzengemeinschaften, die lediglich durch zwei Charaktermerkmale miteinander verbunden werden: Sie bestehen überwiegend aus Bäumen, die im Reifealter mindestens 7 m hoch werden und zumindest 10 % des Bodens überdecken, und sie sind, wenn man von den monokulturartigen Nadelholzforsten absieht, immer in Moos-, Kraut-, Strauch- und mehrere Baumschichten gegliedert. Das dichte, geschlossene und hohe Pflanzenkleid schützt den Boden vor Erosion, reguliert den Wasserhaushalt und erzeugt sein eigenes Klima. Die kleinräumige Gliederung schafft

Der submontane Orchideen-Buchenwald im Biosphärenreservat Rhön ist nur eines von vielen Waldbiotopen in unserem Land.

WALDSTOCKWERKE IN MITTELEUROPA

Zwischen Nordsee und Alpen unterscheidet man folgende Höhenstufen der natürlichen Waldvegetation:

PLANAR-KOLLIN: Ebenen- und Hügellandstufe, bis ca. 300 – 500 m; ursprünglich mit Wärme liebenden Eichenmischwäldern, Eichen-Hainbuchen-Wäldern und Kiefernwäldern

SUBMONTAN: Unterste Bergwaldstufe, bis ca. 500 – 1000 m; ursprünglich Buchenwälder, teilweise noch Eichen- und Hainbuchenwälder, gebietsweise auch Tannen; z. T. in Fichtenforste umgewandelt

MONTAN: Bergwaldstufe bis ca. 1400 – 1600 / 1800 m; ursprünglich in den ozeanischen Klimaprovinzen je nach Höhenlage Buchenwälder oder Buchen-Tannen-Fichten-Bergmischwälder, im oberen Grenzsaum der Höhenstufe teils reine Nadelwälder (mit Fichte), in den kontinentalen Klimaprovinzen auch nur Fichten-Lärchen-Wälder

SUBALPIN: Kampfwald- und Krummholzstufe bis ca. 1900 – 2200 (2400) m; ursprünglich mit Legföhren- und Grünerlengebüschen aufgelockerte Zirbenbestände

Jenseits der oberen **WALDGRENZE**, die in Deutschland von Norden nach Süden (Brocken im Harz ca. 1100 m, Rand der Deutschen Alpen ca. 1600 – 1800 m) ansteigt und in den Alpen deutlich höher verläuft, erstrecken sich **ALPINE** Zwergstrauchheiden und Matten, **SUBNIVALE** Pflanzenpolster und -teppiche sowie Felsschuttfluren der **NIVALEN** Schneestufe mit einzelnen Blütenpflanzenpionieren, Moosen und Flechten. Alle Höhenstufen der mitteleuropäischen Vegetation sind durch den Menschen verändert worden.

außerdem zahlreiche ökologische Nischen für die verschiedensten Pflanzen- und Tierarten. Knapp 7000 Tierarten sind allein in den deutschen Buchenwäldern heimisch, von den Wildschweinen, die als Charakterart der sommergrünen Laubwälder auf der Suche nach Nahrung den Boden durchwühlen und dabei für die natürliche Verjüngung der Waldbestände sorgen, bis zu den Spechten, die zusammen mit diversen Nachmietern in Höhlen abgestorbener Bäume hausen. Für den Menschen ist der deutsche Wald seit Jahrtausenden eine Rohstoffquelle, die sich ständig wieder erneuert. Über 50 Millionen Kubikmeter Holz werden in unseren Wäldern alljährlich geschlagen, hauptsächlich von Fichten, Tannen, Douglasien und Kiefern, untergeordnet von Buchen, Eichen und sonstigen Laubhölzern. Die Entnahme von Bau- und Brennholz war und ist dabei allerdings nur eine Form der Waldnutzung; Wälder liefern darüber hinaus eine ganze Reihe anderer Produkte, traditionell etwa Viehfutter, Dünger und Gerbstoffe. Die von der in früheren Jahrhunderten weit verbreiteten Waldweide durch Rinder, Schweine, Pferde, Schafe und Ziegen geprägten Hutewälder, vermeintliche »Urwälder«, erinnern daran. Aber ob nun der naturnahe Orchideenbuchenwald oder Schluchtwald, der von der Forstwirtschaft geschaffene Nadelholzforst oder der parkartig aufgelockerte Hutewald – jeder Wald, jeder Baum ist für die Menschheit ein Gewinn: Ein einzelner durchschnittlicher Laubbaum von 15 bis 20 m Höhe erzeugt pro Jahr 4000 kg organische Stoffe und bindet dabei das Treibhausgas Koh-

lendioxid. Dafür gibt er drei Millionen Liter Sauerstoff an die Atmosphäre ab und filtert mit seinem Laub 7000 kg Staub aus der Luft.

Waldfrevel – früher und heute

Mit einem ihrer kostbarsten Naturschätze sind die Deutschen noch nie besonders sorgsam umgegangen. Der Wald wurde abgeholzt oder im wahrsten Sinne des Wortes verheizt, etwa im Umkreis von Lüneburg oder im Rhöner Salzwald für den Betrieb der Salinen oder im Schwarzwald für die Glashütten. Und dies trotz drakonischer Strafen für Waldfrevler. So konnte ein Forstbeamter im Oberharz seinem Landesherrn in Braunschweig vor rund 200 Jahren auch nur resignierend melden: »Ich würde ja gerne jeden Übeltäter am nächsten Baum aufknöpfen, es gibt nur keine Bäume mehr …« Die zunehmende Nutzung fossiler Brennstoffe wie Kohle und Erdöl seit dem Beginn des 19. Jahrhunderts minderte deshalb den Druck auf die Wälder – begleitet allerdings von einer ständigen Luftverschmutzung, die dem deutschen Wald bis heute zusetzt, vor allem in Jahren, in denen die Bäume zusätzlich unter anderen Stressfaktoren wie sommerlicher Trockenheit leiden. Der seit 1984 von der deutschen Bundesregierung alljährlich vorgelegte Waldzustandsbericht enthält daher auch alarmierende Fakten über den Zustand des »Patienten Wald«: Fast drei Viertel der Bäume weisen sichtbare Schäden auf, besonders betroffen sind die für unsere Naturräume charakteristischen Laubbäume.

Naturpark Bayerischer Wald

Der in Niederbayern gelegene Naturpark weist eine reiche Landschaftsvielfalt auf: von den Donau-Auen bis zum Arber, von den höchsten Höhen des Vorderen Waldes bis zur Felsrippe des Pfahls und zum Steinernen Meer am Dreisesselberg im Dreiländereck von Bayern, Böhmen und Österreich.

Der höchste Gipfel des Bayerischen Waldes: der Große Arber mit seiner unverwechselbaren Silhouette.

Der Naturpark Bayerischer Wald zwischen Donau, Böhmerwald und Mühlviertel umfasst auf 3070 km² die in Niederbayern gelegenen Berg-, Tal- und Kulturlandschaften des nach dem Schwarzwald zweithöchsten deutschen Mittelgebirges. Weitere 242 km² dieses Mittelgebirges stehen im Nationalpark Bayerischer Wald unter Schutz, die oberpfälzischen Gebiete des Bayerischen Waldes liegen im Naturpark Oberer Bayerischer Wald.

Vom Dach des Bayerischen Waldes die sagenhafte Aussicht genießen

Der Arber ist als höchstes Bergmassiv des Bayerischen Waldes wie des Böhmerwalds ein bedeutendes Fremdenverkehrs- und Wintersportgebiet. Der in weitgehend unzugänglichen Wänden zu den Arberseen abstürzende, von Felsen durchbrochene Bergstock thront über den Tälern von Schwarzem und Weißem Regen und schickt nach Westen zwischen Lamer Winkel und Zellertal den Schwarzeck-Kaitersberg-Kamm in Richtung des Kurortes Kötzting. **TOP TIPP** Von fast überall aus ist der **Große Arber ❶** (1456 m) als die höchste Erhebung an seiner unverwechselbaren Silhouette erkennbar: Mächtige Gneisfelsen umgeben die waldfreie Gipfelverebnung wie die Bastionen einer natürlichen Burg. Der Große Arbersee in der Ostflanke und der Kleine Arbersee in der Nordflanke sind Karseen, die aufgrund ihrer Schönheit und ihres botanischen Reichtums zu den herausragenden Sehenswürdigkeiten des Bayerischen Waldes zählen. Wie viele hohe Berge trägt auch der Arber eine Grenze: Der Kleine Arbersee liegt in der Oberpfalz und im Naturpark Oberer Bayeri-

Die Rißloch- oder Rieslochfälle in der Nähe von Bodenmais sind die größten Wasserfälle im Bayerischen Wald.

scher Wald, der Große Arbersee hingegen in Niederbayern und im Naturpark Bayerischer Wald. Auch der vom Großen Arber westwärts ausstrahlende Kamm über Kleinen Arber, Enzian, Schwarzeck, Ödriegel und Ecksattel trägt bis zum Großen Riedelstein die Grenze von Niederbayern (südlich) und Oberpfalz – vielleicht hat genau diese Grenzlage dazu geführt, dass der so naturnahe Wanderweg über diesen Kamm zu den sicherlich schönsten im Bayerischen Wald zählt; seinem Verlauf folgt auch der Europäische Fernwanderweg 6.

Ein Rundgang auf dem durch Wanderwege sowie durch Sessellift und Gondelbahn erschlossenen Großen Arber vermittelt eine hervorragende Übersicht über den Bayerischen Wald und den Böhmerwald. Der höchste Punkt des im Besitz des Fürstenhauses Hohenzollern-Sigmaringen befindlichen Gipfels ist eine Gneisrippe mit hölzernem Bergkreuz und einer Aussicht, die an klaren Tagen bis zu den Alpen, zum Wienerwald, zum Fichtel- und zum Erzgebirge sowie zum Prager Hradschin reicht. Vom Südwestriegel-Felsen fällt der Blick mehr als 700 Höhenmeter hinab in die Mulde des oberen

Zellertals mit den Häusern von Bodenmais. Am Seeriegel-Felsen steht die Arberkapelle, an der alljährlich am Bartholomäustag, dem 24. August, die Arberkirchweih gefeiert wird. Der Felsen oberhalb der Kapelle bietet eine wundervolle Aussicht: Tief unten leuchtet der Große Arbersee, oberhalb ist auf der Seewand das Mittagsplatzl in Sicht, weiter links zeigt sich Zwiesel, noch weiter links erhebt sich das Falkensteinmassiv im Nationalpark und ganz links liegen im Regental die Städte Bayerisch und Böhmisch Eisenstein.

Der **Große Arbersee** ❷ in der Südostflanke des Arbermassivs ist der meistbesuchte Karsee des Bayerischen Waldes. Der Abschnitt auf der Seite der Straße kann mit Ruder- und Tretbooten befahren werden, während der verlandende Westuferbereich mit seinem Schwingrasen ebenso unter Naturschutz steht wie die dahinter aufragende Seewand. Vom Großparkplatz am Arberseehaus führt der 2 km lange Arbersee-Rundweg teilweise auf Bohlenwegen um den 8 ha großen eiszeitlichen Restsee.

Ein weiteres herausragendes Naturschutzgebiet sind die **Rißloch- oder Rieslochfälle** ❸. In einer Schlucht in der Südflanke des Arbermassivs oberhalb des Luftkurortes Bodenmais gelegen, sind sie die größten Wasserfälle des Bayerischen Waldes. In der tiefen, bewaldeten Schlucht, in die kaum einmal Sonnenlicht dringt, überwindet der Riesbach auf einer Länge von 1,6 km mehrere Gneisstufen, dreht sich in Strudeltöpfen und tost über mächtiges Blockwerk. Der höchste dieser Wasserfälle stürzt durch das Riesloch (Rißloch). Das feuchtkühle Kellerklima fördert ein üppiges Mooswachstum auf den Felsen.

▶ **KULTURTIPP**

SILBERBERG BEI BODENMAIS
Der Silberberg, der Hausberg von Bodenmais in der Nähe des Großen Arbers ❶, ist Bergbaumuseum, Panoramapunkt und Höhlentherapiestation zugleich. Von Bodenmais führt ein Sessellift auf den Bischofshaube genannten Gipfel (955 m) mit seiner herrlichen Aussicht. Das Innere des Berges durchzieht ein 20 km langes Stollensystem, von dem ein Teil als Schaubergwerk zu besichtigen ist (Bild); dieses Museum vermittelt einen hervorragenden Einblick in die Geschichte des Erzabbaus und der Abbautechniken.

BIKEPARK AM GEISSKOPF

Für Mountainbike-Enthusiasten eine Top-Adresse: der Bikepark am Geißkopf ❻. Der Hausberg von Bischofsmais ist durch einen Sessellift und mehrere Schlepplifte erschlossen und wartet mit rund einem Dutzend MTB-Routen unterschiedlicher Länge und Schwierigkeitsgrade auf: vom einfachen Trainings- und Kinderparcours bis zu Jump- und Freeride-Trails mit Wippen, Sprunghügeln und 2 m hohen

Drops. Der Aussichtsturm des Geißkopfes gewährt eine prachtvolle Rundschau. Mitte Mai findet das Geißkopffest statt, an Mariä Himmelfahrt (15. August) wird die Geißkopfkirchweih veranstaltet.

Auf dem höchsten Felsen des Pfahls thront die Burgruine Weißenstein; von hier aus bietet sich ein sagenhafter Ausblick.

Pfahl – eine malerische Felsrippe aus blendend hellem Quarz

Eine riffartig bis zu 30 m hoch herausgewitterte Härtlingsrippe aus Quarz durchzieht den Bayerischen Wald auf 150 km Länge und trennt den Vorderen vom Hinteren Wald: der **Pfahl** ❹. Dieses Naturdenkmal, dessen malerische Felsen auch zum Klettern aufgesucht werden, verläuft nahezu schnurgerade durch die beiden Naturparks Bayerischer Wald und Oberer Bayerischer Wald von Freyung über Regen, Viechtach und Cham bis Schwandorf am Südrand des Oberpfälzer Waldes. Während die umgebenden Gneise und Granite an der tektonischen Bruchlinie zwischen Hinterem und Vorderem Wald im Lauf von Jahrmillionen abgetragen wurden und auf diese Weise eine Senke (»Pfahlsenke«) entstand, blieb der bis zu 120 m breite Quarzpfahl stehen. Ab dem 19. Jahrhundert wurde das harte Gestein industriell abgebaut und u. a. zu Straßenschotter verarbeitet. Erhaltene Reste des Pfahles stehen unter Naturschutz, darunter der durch einen Rundwanderweg erschlossene Große Pfahl an der B 85 westlich von Viechtach; die weithin sichtbare, bizarre Felsmauer gilt als schönste erhaltene Partie des gesamten Pfahles. Auf dessen höchstem Punkt steht bei der Stadt Regen die malerische Burgruine **Weißenstein** ❺. Von der zinnenbekränzten Aussichtsplattform des Bergfrieds bietet sich ein faszinierendes Panorama beider Teile des Bayerischen Wal-

des: Der Blick schweift hinauf zu Lusen, Rachel und Falkenstein im Nationalpark auf dem Grenzkamm zu Böhmen ebenso wie zum Arber und zum Kaitersberg, während sich im Vorderen Wald der drachenkammartig herausgewitterte Felsgrat Teufelstisch bei Bodenmais und als höchste Erhebungen der Einödriegel und der **Geißkopf** ❻ oberhalb der Breitenau zeigen. Ein weiterer herausragender Aussichtsberg liegt wenig weiter westlich bei Sankt Englmar: Der **Hirschenstein** ❼ mit seinen mächtigen Felsfreistellungen gilt als »König des Vorderen Bayerischen Waldes«. Vom steinernen Aussichtsturm schweift der Blick zu Arber, Falkenstein, Rachel, Lusen und Dreisessel sowie auf die Breitenau am Geißkopf; bei entsprechendem Wetter reicht die Sicht bis zu den Alpen. Der **Brotjacklriegel** ❽ ist der südlichste Bergstock, den der Bayerische Wald der Donau entgegenstemmt. Er weist die für diese Region typische »Riegel«-Form auf: ein lang gezogener, breit ausladender Bergrücken. Auch er trägt einen Aussichtsturm, der bei klarer Sicht ein wundervolles Panorama bis hin zu den Alpen gewährt.

Donauauen und Inselberge am Fuß des Waldgebirges

Längs der Donau erheben sich am Südrand des Naturparks inselartige Berge, die wegen ihres botanischen Reichtums zum Teil geschützt sind, alte Burgruinen oder Kirchen tragen und eine

hervorragende Aussicht gewähren, darunter der Bogenberg, der »heilige Berg Niederbayerns«, der Natternberg oberhalb der Isarmündung bei Deggendorf sowie der Frauen- und der Rohrberg in Hengersberg gegenüber der Benediktinerabtei Niederaltaich. Sie alle sind Teil eines Gneisriegels, dessen hartes Gestein den Lauf des Flusses am Südrand des Waldgebirges lenkt. Der **Bogenberg** ❾ mit der gotischen Marienwallfahrtskirche ist eine von Laubwäldern und mediterranen Pflanzen besiedelte Gneiskuppe, die oberhalb der Stadt Bogen zwischen den hügeligen Südausläufern des Bayerischen Waldes und der flachen Gäubodenlandschaft des Dungaus 118 m aus dem Donautal aufragt und eine einzigartige Aussicht bis zu den Alpen, nach Österreich und zu den höchsten Höhen des Bayerischen Waldes gewährt.

Aufgrund der exponierten Lage empfängt der Bogenberg starke Sonneneinstrahlung und ist von Pflanzen besiedelt, die extreme Hitze, Trockenheit und Hunger vertragen können. Auch der Frühling beginnt hier früher als andernorts: Wenn die höheren Lagen des Waldgebirges noch schneebedeckt sind, blühen im Südhang des Bogenbergs Küchenschelle, Frühlingsfingerkraut, Hungerblümchen und Blaustern.

Die Anwesenheit von Menschen auf diesem markanten Landschaftspunkt, das Wahrzeichen einer ganzen Region, ist archäologisch seit der frühen Bronzezeit belegt. Wie die Legende berichtet, schwamm 1104 ein steinernes Marienbild donauaufwärts und landete am Bogenberg: Dieser wurde darauf als »Berg der heiligen Maria«

eines der bedeutendsten Wallfahrtsziele Niederbayerns. Das alte Gnadenbild steht in einer Nische rechts des Hochaltars in der Wallfahrtskirche: eine archaische steinerne Sitzmadonna mit Krone und Kind, die von Kunsthistorikern mit den Schwarzen Madonnen der Romanik verglichen wird. Das um 1400 geschnitzte neue Gnadenbild zeigt eine Maria in der Hoffnung: Der Bogenberg war ein bevorzugtes Wallfahrtsziel von Schwangeren und von Frauen, die sich Kinder wünschten. Von der Wallfahrtskirche leiten mehrere Wege mit herrlicher Aussicht durch die Südflanke dieses wundersamen Berges.

Auch in **Niederaltaich** ❿ verbinden sich Natur, Kultur und Legenden zu einem interessanten Ensemble. Die Benediktinerabtei mit der monumentalen Doppelturmfassade der barocken Abteikirche liegt links der Donau in einem ehemaligen Altarme- und Auengebiet, das noch der Name bewahrt: Altaich = Altaha = Altwasser. Der Agilolfinger-Herzog Odilo von Bayern gründete das Kloster 731 auf einer nur per Boot erreichbaren, hochwassersicheren Terrasse in der 3 bis 4 km breiten Donauaue mit ihren Altwassern, Inseln, Auwäldern und Sümpfen.

Die wilde Flusslandschaft unterhalb der Isarmündung ist seit der Donaukorrektur im 19. Jahrhundert und der Errichtung von Volldämmen ab 1938 einer Kanal- und Grabenlandschaft gewichen, in der einige bedeutende Relikte wie das Naturschutzgebiet Staatshaufen und das von der Alten Donau umflossene Naturdenkmal Gundelau an die einstige Lage von Altaich erinnern. Ziel der Klostergründung war es, den Nord-

ENGLMARISUCHEN

Am Pfingstmontag suchen die Einwohner des Luftkur- und Wintersportortes Sankt Englmar (nordwestlich von ❼) ihren Ortspatron. Eine lebensgroße Holzfigur des Seligen wird im Wald versteckt, Reiter in historischen Kostümen schwärmen aus, um sie zu suchen, darunter der »Graf von Bogen«, ein »Abt« sowie Knechte. Auf einem Ochsenkarren wird Englmari zurückgeholt. Dieses volkstümliche Spiel zieht alljährlich

Tausende von Schaulustigen an. Der Legende nach lebte in der Gegend um 1100 der Einsiedler Englmar unter dem Schutz des Grafen von Bogen; ein Knecht des Grafen brachte den seligen Mann um, weil er sich der lästigen Pflicht entledigen wollte, ihm das Essen zu bringen. Als Englmars Leichnam gefunden und auf einen Ochsenkarren geladen wurde, liefen die Ochsen selbstständig los und blieben erst dort stehen, wo heute die katholische Pfarrkirche (1656) von Sankt Englmar steht.

Malerisch – mit Blick auf die Donau – krönt die Marienwallfahrtskirche den »heiligen« Bogenberg.

wald urbar zu machen und zu christianisieren: Die systematischen Rodungen im Bayerischen Wald begannen um 1000, Niederaltaich wurde eines der reichsten Klöster und bedeutendsten Kulturzentren Altbayerns. Die archaische Verbindung zwischen Kloster und Fluss hat sich bis ins 3. Jahrtausend bewahrt: Jeweils am letzten Sonntag im Monat findet in Niederaltaich die feierliche Segnung der Donau statt; auch die Fronleichnamsprozession ist mit der Flusssegnung verbunden.

Alte Burgen in luftiger Höhe, Wildwasserfreuden auf der Ilzleiten

Das **Dreiburgenland** ⑪ bei Saldenburg und Tittling westlich der Ilzleiten zählt mit seinen drei Höhenburgen – Saldenburg, Englburg und Fürstenstein –, dem Museumsdorf Bayerischer Wald am Dreiburgensee und seinen zahlreichen wirklich außergewöhnlichen Granitformationen zu den herausragenden Ferien- und Freizeitgebieten der Region. Die **Ilzleiten** ⑫ bilden eine der bedeutendsten Wildwasserstrecken ganz Deutschlands. Die Landschaft des granitenen Dreiburgenlandes unterscheidet sich deutlich von den umgebenden Gneisgebieten, am augenfälligsten sind die bizarren Felsformationen mit ihrer charakteristischen Wollsackverwitterung. Der Diebstein bei Saldenburg, der Drei-Schalen-Stein auf der Rückseite des Saldenburger Burgberges, der Höhenberg östlich des Dreiburgensees und der Hohe Stein bei Fürstenstein sind eindrucksvolle Beispiele für diese ma-

lerischen Felsformationen, deren bekannteste der Wackelstein bei Solla ist. Dieser rund 50 t schwere, im Lauf der Jahrmillionen glattgeschliffene Block liegt auf einem leicht gewölbten Felspodium auf und lässt sich mit der Hand hin und her wackeln, wenn man den »Zauberpunkt« kennt. Wie alle Wackelsteine ist er derart positioniert, dass er ungeachtet seines Gewichts durch ein leichtes Drücken an der richtigen Stelle ins Schaukeln gebracht werden kann.

Das **Ilztal** ⑬ ist als Rückzugsgebiet für gefährdete Pflanzen- und Tierarten ein Traum für alle Naturliebhaber. Seit 1997 steht dieser landschaftlich großartige Abschnitt der Ilz als Naturschutzgebiet »Oberes Ilztal« zwischen der Ettlmühle bei Grafenau und der Mündung der Wolfsteiner Ohe bei Fürsteneck unter Schutz. Das vom Ilztalwanderweg und weiteren Wanderwegen durchzogene Kerbsohlental mit seinen felsendurchsetzten, von Burgruinen bekrönten Steilhängen – als Leiten bezeichnet – erweckt vielerorts den Eindruck einer Schlucht, doch ist die Talsohle meist relativ breit. Den Fluss begleiten Bruchweiden- und Schwarzerlen-Gehölze, Auenwiesen, lindenreiche Eichen-Hainbuchen-Wälder und naturnahe Tannen-Buchen-Wälder. Unter Kanu- und Kajakfahrern besonders bekannt ist die nach Burg Dießenstein benannte Dießensteiner Leite. Die bedeutendste Veranstaltung hier ist die alle zwei Jahre im Frühjahr veranstaltete Bayerwald-Wildwasserregatta.

Die Ilz entspringt im Nationalpark Bayerischer Wald in mehreren Quellbächen. Unterhalb von

Die imposante Englburg mit ihren barocken Turmhelmen stammt im Kern aus dem 11. Jahrhundert.

Die Stromschnellen der Ilzleiten sind für Wildwasser-kanuten eine sportliche Herausforderung.

Grafenau vereinigen sich Kleine und Große Ohe und Mitternacher Ohe zur Ilz, die nun das Naturschutzgebiet Oberes Ilztal durchfließt und an seinem Ende bei Fürsteneck als weiterer Wildbach die Wolfsteiner Ohe aufnimmt.

TOP TIPP Die Wolfsteiner Ohe hat in der **Buchberger Leite** ⑭ bei Ringelai ein wildes Schluchttal geschaffen: Vom Parkplatz am Ortsrand von Ringelai geht es bachaufwärts auf schmalen Wegen, Pfaden und Felssteigen durch den steilen, von prächtigem Mischwald bedeckten, felsendurchsetzten Hang – gelegentlich ist der Weg geländergesichert und an einer Stelle überspannt eine Hängebrücke den Bach. Nach Durchschreiten eines Felstunnels ist die von steilen Wänden umstandene Klamm der Buchberger Leite erreicht. Felsig und wurzelreich führt der Pfad weiter aufwärts. An einer malerischen Kaskade mit Strudeltöpfen laden Sitzbänke zur Rast ein, anschließend führt der Weg wieder in wildromantische Laubwälder mit mächtigen Felsen. Wenig später mündet der Saußbach ein: Hier vereinigen sich Reschbach und Saußbach zur Wolfsteiner Ohe.

Dieser Saußbach ist nicht zu verwechseln mit seinem Namensvetter, der sich bei Waldkirchen befindet: Die als Naturschutzgebiet ausgewiesene **Saußbachklamm** ⑮ ist eine tief in den Berg eingeschnittene Schlucht mit riesigen Granitblöcken. Von Waldkirchen aus führt ein bequemer Wanderweg hinauf in diese wildromantische Gegend.

Wo schon die Heiligen Drei Könige verweilten

Es gibt nur wenige Stellen im Bayerischen Wald und im Böhmerwald, um die sich derart viele Sagen ranken wie um die drei Sessel auf **TOP TIPP** dem **Dreisesselberg** ⑯ im Dreiländereck von Bayern, Böhmen und Österreich. Der am weitesten verbreitete Sagenstrang deutet die schalenförmigen Vertiefungen unter dem Aspekt der Dreiländerlage: »In der uralten Heidenzeit«, so heißt es in Adalbert Stifters Erzählung »Der Hochwald« (1844), »saßen auf ihm einmal drei Könige und bestimmten die Grenzen der drei Lande: Böheim, Baiern und Österreich – es waren drei Sessel in den Felsen gehauen, und jeder saß in seinem eigenen Lande.« Legenden berichten, dass hier die Heiligen Drei Könige gesessen hätten, als sie sich während ihrer Wanderung zum Christkind, dessen Geburtsstätte sie im Bayerischen Wald vermuteten, verirrt hatten. Der Dreisesselfels bietet einen wunderbaren Panoramablick zu Lusen und Rachel sowie zum Arber und westwärts zum Brotjacklriegel; bei klarer Sicht zeigen sich die Alpen. Der Dreisesselfels erhebt sich neben dem gleichnamigen Berggasthaus und kann auf einer schmalen Stufenanlage erstiegen werden. In Stifters historischem Böhmen-Roman »Witiko« (1865-67) erlebt die Hauptperson die Aussicht folgendermaßen: »Witiko kletterte über die Treppe empor, Wolf folgte ihm. Oben war ebener Stand und drei hohe Lehnen, über die man hinausblicken konnte. Witiko sah in das Land Bayern. Zu seinen Füßen sah er die großen Wälder, er sah dann den Inn, die Isar und die Donau, und an dem Rande sah er die Berge der Alpen. Er wendete sich dann um, und sah gegen Mitternacht und Morgen auf die dunkeln Häupter der nahen Wälder …«

Verbunden sind der Dreisesselberg und der nahe Plöckenstein – der höchste Böhmerwaldgipfel Tschechiens und Österreichs – durch den Nordwaldkammweg, der durch das sogenannte Steinerne Meer im Hang des Bayerischen Plöckensteins führt und ein Teil des Europäischen Fernwanderweges 6 ist, sowie durch den Kammweg zum »Dreiländereck«. Verknüpft sind sie ferner durch Adalbert Stifter, der 1805 in Oberplan (Horní Planá) im Moldautal östlich des Plöckensteins geboren wurde und seine Wanderungen in diesem Gebiet in »Der Hochwald« und »Witiko« literarisch verarbeitet hat. An ihn erinnern der Name »Adalbert-Stifter-Steig« für die Nordwaldkammweg-Passage vom Dreisesselberg durch das Steinerne Meer, das Denkmal des Erzählers über der Karwand des Plöckensteinsees und der »Witikosteig«, ein Wanderweg von Lackenhäuser zum Dreisesselberg.

WANDERTIPP

AUF SCHUSTERS RAPPEN DURCH DEN BAYERISCHEN WALD
Der Europäische Fernwanderweg E 6 im Bayerischen Wald ist ein naturnaher, abwechslungsreicher und spannender Bergwanderweg. Auf der Grenze der Naturparks Oberer Bayerischer Wald und Bayerischer Wald führt er zwischen Lamer Winkel und Zellertal über den Schwarzeck-Kamm zum Großen Arber ❶, tritt dann in den Nationalpark Bayerischer Wald ein und überschreitet mit Falkenstein, Rachel und Lusen an der Grenze zum tschechischen Nationalpark Sumava drei weitere herausragende Böhmerwaldberge, ehe er am Dreisesselberg ⑯ endet bzw. seine Fortsetzung im Nördlichen Kamm-

weg findet; Letzterer führt weiter nach Österreich. Wegen der zum Teil spürbaren Anstiege ist eine gute Kondition Voraussetzung für die Begehung, zudem wartet der Weg mit wurzeldurchsetzten, steinigen und zum Teil steilen Passagen auf. Außer den zahlreichen Unterkunftsmöglichkeiten in den Talorten gibt es an fast allen Gipfeln gasthofartige Berghäuser, so auch auf dem Dreisesselberg.

Nationalpark und Biosphärenreservat Bayerischer Wald

SERVICE

Anfahrt: Auf der A 3 Regensburg–Passau bis zum Kreuz Deggendorf, weiter auf der B 11 über Regen und Zwiesel ins Falkensteingebiet; Bahnverbindungen nach Zwiesel und Spiegelau

Lage: In den Landkreisen Regen und Freyung-Grafenau im Inneren Bayerischen Wald entlang der Grenze zur Tschechischen Republik, an den Naturpark Bayerischer Wald angrenzend

Größe: 243 km²

Höchste Erhebung:
Großer Rachel (1453 m)

Gründung: 1970; 1997 erweitert

Information:
Hans-Eisenmann-Haus
Böhmstraße 35
94556 Neuschönau

Telefon: 08558/96 15 0

Infohäuser: In Ludwigsthal, Neuschönau, Zwiesel

Internet: www.nationalpark-bayerischer-wald.de

TOP TIPP

① **Großer Falkenstein**
Schöne Wanderungen rund um das gewaltige Bergmassiv

⑤ **Schachten und Filze**
Erlebnisweg zu den Almen und Mooren im Bayerischen Wald

⑦ **Großer Rachel**
Höchster Gipfel im Nationalpark

⑩ **Seelensteig**
Zauberhafter Märchenwald

⑬ **Lusen**
Steiler Anstieg über die Himmelsleiter zur Granitkuppe

⑭ **Tierfreigelände**
Das Reich wilder Tiere auf einem Spaziergang erkunden

Wo Moore Filze heißen und Weideflächen Schachten sind, wo geheimnisvolle Bergfichtenwälder an die Märchen aus der Kindheit erinnern und glasklares Quellwasser eilig über Fels und Wurzelwerk hüpft, liegt eines der ältesten Gebirge der Erde und Deutschlands erster Nationalpark.

Wahrhaftiger Höhepunkt in wilder Berglandschaft: Der Aufstieg zum Gipfel des Großen Rachel ist ein Erlebnis.

Das »Wäldle«, wie es die Einheimischen nennen, birgt Schönheit und Größe. Damit sind weniger die riesigen Waldflächen – die größten in Mitteleuropa – gemeint als vielmehr die Erhabenheit und Stille der Natur, die Schönheit und Gelassenheit der Gebirgsregion. Entlang der deutsch–tschechischen Grenze türmen sich gewaltige Bergmassive auf: Falkenstein, Rachel, Lusen und Dreisessel.

Einst höher als die Alpen

Die Berge des Bayerischen Waldes waren im Erdaltertum höher als die der Alpen. Seit etwa zwei Millionen Jahren werden verwitterungsfähige Gesteinsschichten abgetragen und abgeschliffen, zurück bleiben tiefe Täler und hohe Gipfel aus dem harten Urgestein Gneis (Arber, Rachel), Granit (Lusen, Dreisessel), Glimmerschie-

fer (Osser) und Hornblendgestein (Hoher Bogen). Im jetzigen Stadium ist der Bayerische Wald das zweithöchste deutsche Mittelgebirge und die Heimat riesiger Nadelwälder. 80 Prozent seines Bestandes sind Fichten, die in den Hochlagen beste Wachstumsbedingungen finden. Ein uriger Wald, im wahrsten Sinne des Wortes, zerklüftete Felsen und schroff nach Süden abfallende Hänge, eingehüllt in dichten, dunklen Tannen- oder lichten Mischwald. Bäche plätschern über ihr Kiesbett, über bemooste Wurzeln und braune Tannennadeln und suchen ihren Weg mal über, mal unter ausgewaschenem Gestein. Der Waldreichtum, seine Lage außerhalb der großen Touristenströme, dazu eine an Großindustrie arme Region mit klarer Luft, begünstigen seine natürliche Entwicklung. Das Klima der Region ist rau. Lang anhaltende Nebel prägen wachsen Bergkiefern, auch Legföhre oder Latsche genannt. Da der Falkenberg nach Westen steil abfällt, bietet er eine ausgezeichnete Rundsicht auf die Nachbarn Arber, Rachel und Lusen. Der Aufstieg erfolgt vom Zwieslerwaldhaus (Parkplätze, Gaststätten) über verschiedene Routen (Höhenunterschied 600 m, Dauer je nach Route zwischen 2,5 und 4 Stunden).

Aufgrund des großen Erfolges des Tierfreigeländes am Hans-Eisenmann-Haus wurde 2006 am Haus der Wildnis (Ludwigsthal, 94227 Lindberg) das **Tierfreigelände II** ❷ mit den drei naturnah gestalteten Freigehegen für Luchse, Wölfe, Urpferde und Auerochsen eröffnet. Die Freiflächen in Sichtweite des Falkensteins sind dem natürlichen Gelände angepasst und zum Teil überdacht.

Das **Höllbachgespreng** ❸ unterhalb des Falkensteins ist eines der ältesten Naturschutzgebiete im Bayerischen Wald. In dieser felsigen Region stürzt sich der Höllbach als imposanter Wasserfall über haushohe Felsen, wahrlich ein furchterregender Ort. In grauer Vorzeit vermutete man in dieser einsamen, wilden Bergregion gar den Eingang zur Hölle – eine Vorstellung, die wegen der von der Schwefelflechte gelb gefärbten Felsüberhänge durchaus glaub-

GUT ZU WISSEN

IGEL-BUSSE
Jahrzehntelang galt der Bayerische Wald als finster und verlassen. Jetzt entdecken Wanderer, Skifahrer und Mountainbiker das wilde und unangepasste Gebiet. Ein hochwillkommenes Fortbewegungsmittel hier ist längst der sogenannte Igel-Bus. Diese modernen, erdgasbetriebenen Fahrzeuge leisten für Umwelt und Tourismus gleichermaßen einen wichtigen Beitrag. Viele der knapp zwei Millionen Besucher des Nationalparks gelangen bequem zu abseits liegenden Wanderzielen oder nach einer Wanderung durch die ausgedehnten Wälder wieder zurück zu ihrem Ausgangspunkt. Die meistgenutzten Strecken führen von Spiegelau ❻ ins Rachelgebiet, von Grafenau nach Waldhäuser (Lusen) ⑬ und von Spiegelau zum Nationalparkzentrum/Tierfreigelände ⑭. An den Bushaltestellen stehen reichlich Parkplätze zur Verfügung.

Wölfe und viele andere wilde Tiere sind in den beiden Tierfreigeländen zu beobachten.

November und Dezember; der Februar ist schneesicher und der Sommer nur kurz. Doch der Blütenreichtum in dieser Zeit ist üppig.
Der Nationalpark teilt sich in drei Gebiete auf, die von den Gipfeln des 1453 m hohen Rachel und des 1373 m hohen Lusen dominiert werden. Mit der Erweiterung des Nationalparks 1997 kam der 1315 m hohe Falkenstein im Norden hinzu. Auf 300 km ausgewiesenen Wanderwegen kann man alle drei Gebiete naturnah erleben.

Wilder Falkenstein

TOP TIPP Das wuchtige Gneismassiv des **Großen Falkensteins** ❶ bedeckt einen Urwald aus Fichten und Tannen. Im niederen Hangbereich werden die Nadelgehölze mit ihrem dunklen Geäst von Buche, Ahorn und Birke begleitet. Am Gipfel

LUCHS

(Lynx lynx)

Das Wappentier des Nationalparks Bayerischer Wald wird bis zu 1,30 m groß, bei einer Schulterhöhe von 65 cm – es ist die größte Katze Europas. Der Luchs lebt als Einzelgänger, der vor allem in der Dämmerung und nachts kleine und mittelgroße Huftiere jagt. Im Übrigen gehören zu seiner Beute praktisch alle im jeweiligen Lebensraum vorhande-

nen kleinen und mittelgroßen Säuger und Vögel. Das Leben als Einzelgänger geben die Luchse nur zur Paarungszeit zwischen Februar und April auf. Die zwei bis drei Jungen werden meist nach einer Tragzeit von zehn Wochen in einer Felsenhöhle geboren und bleiben bis zum nächsten Frühjahr bei der Mutter. Die Lebensdauer eines Luchses liegt bei zehn bis zwölf Jahren, es wird allerdings auch von älteren, bis zu vierundzwanzigjährigen Einzeltieren berichtet.

haft war. Der Aufstieg durch diese Landschaft verlangt Kondition und Trittsicherheit.
Erheblich einfacher zu laufen ist der **Urwald-Erlebnisweg Watzlik-Hain** ❹ zwischen Zwieslerwaldhaus und Schwellhäusl. Ein schmaler Pfad führt als etwa 2 km langer Erlebnisweg unter 50 m hohen Baumriesen durch den Watzlik-Hain. Die Kolosse haben bereits fünfhundert Winter überstanden.

TOP TIPP ▶ Der **Erlebnisweg Schachten und Filze** ❺ führt in das Falkensteingebiet. Auf die 1000 bis 1200 m hoch gelegenen Schachten, die Almen des Bayerischen Waldes, trieb man früher im Sommer Jungrinder und Ochsen. Die Waldhirten lebten in kleinen Holzhütten und waren ganz auf sich gestellt. Seit 1962 werden diese Waldweiden nicht mehr genutzt, sodass der Wald das ihm entrissene Land zurückerobern kann. Wie eine Kette reihen sich die Schachten in den höheren Lagen zwischen Falkenstein und Rachel aneinander, Inseln im Waldmeer mit uralten Exemplaren von Ahorn und Buche. Zwischen den Schachten blieben Hochmoore erhalten, die im Bayerischen Wald Filze genannt werden. An manchen Stellen verbindet ein naturschonender Holzbohlensteg die charakteristischen Schachten und Filze zu einem Erlebnisweg. Eine Tageswanderung beginnt am Parkplatz der Talsperre Frauenau und schlägt einen weiten Bogen nach Buchenau (Möglichkeit zur Einkehr); von dort 1,5 km Rückweg bis zur Talsperre.

Großer Rachel – imposanter Gipfel in glasklarer Luft

Bekannt ist der Urlaubsort **Spiegelau** ❻ für sein Kristallglas und seine glasklare Luft. Zahlreiche Wanderwege führen zu den schönsten Stellen des Bayerischen Waldes: zum zauberhaften Seelensteig, zum geheimnisvollen Aufichtenwald oder auf den Gipfel des Großen Rachel. Kinder fühlen sich im Waldspielgelände (siehe Tipp für Kinder) bestens aufgehoben. Die Tour auf den zweithöchsten Berg im Bayerischen Wald,

TOP TIPP ▶ den **Großen Rachel** ❼, beginnt am Parkplatz Gfäll, den die umweltfreundlichen Igel-Busse fast stündlich anfahren. Bis zum 1453 m hohen Gipfel sind 500 m Höhenunterschied zu bewältigen. In den niederen Hanglagen führt der Weg zunächst durch geschlossene Bergmischwälder: Fichten, begleitet von Weißtannen und Rotbuchen, herrschen vor, auf geschützten Hängen wachsen auch Bergahorn, Bergulme, Esche und Wildkirsche, mitunter selbst die seltene Eibe. Der Weg führt beständig bergan. Durch die Kronen der Bäume fallen goldene Lichtflecke auf den holprigen Pfad. Einen märchenhaften Wald bilden die Fichten in den höheren Berglagen. Bis auf den Waldboden reichen ihre struppigen Äste – verfilzt und undurchdringlich ist hier der Wald. Es gibt kaum Pflanzengrün außer vereinzelten Farnen, dafür im Unterholz aber Pilze in den vielfältigsten Formen und Farben. Bevor das flachgewölbte Gneisplateau des Rachel erreicht

Der Rachelsee mit seinem kristallklaren Wasser – ein gern besuchtes sommerliches Idyll in stiller Bergwelt.

Auf 1140 m Höhe liegt die erhaltene Berghütte des 1829 angelegten und 1962 aufgegebenen »Verlorenen Schachten«.

wird, verheißt die Rachelschutzhütte Erfrischung auf Holzbänken mit Fernsicht. Bis zum Gipfelkreuz ist es nur noch ein kurzer, aber steiler und steiniger Aufstieg. Sturm und Schnee machen der Pflanzenwelt in Gipfelnähe das Leben schwer. Hier halten sich Latschen und die widerstandsfähigen Vogelbeerbäume, Moose, Farne und Flechten überdecken Steine und Geröll. Auch Bärlapp, Siebenstern, Blauer Eisenhut und den Frühblüher Soldanelle, Bergglöckchen genannt, kann der aufmerksame Wanderer entdecken. Sogar der seltene und deshalb streng geschützte Ungarische Enzian ist zu finden. Vom Großen Rachel überblickt man die Berge des Böhmerwalds (auf Tschechisch: Sumava), der wie sein deutsches Pendant zum Nationalpark erklärt wurde.

Urwald in unwegsamem Gelände

Der Abstieg zur **Rachelkapelle** ❽ beginnt über steile Felsstufen. Vor langer Zeit, erzählt eine Geschichte, verweigerte das Pferd des Försters im dichten Nebel den Gehorsam und bewahrte so seinen Herrn vor dem Absturz von der Felswand. Zum Dank errichtete der Reiter diese kleine, ausgeschmückte Holzkapelle.

An der steil zum **Rachelsee** ❾ abfallenden Seewand hat sich ein urwüchsiger Wald gebildet. Die schroffen Felshänge, das abgestürzte Holz, verwitterte Wurzeln und überwuchertes Gestein sind ein bizarrer Kontrast zu der spiegelglatten

Wasserfläche des Sees, der sich im 14 m tiefen Bett eines eiszeitlichen Gletschers gebildet hat. Den See umgibt eine feierliche Stille, nur bisweilen vom fernen Klopfen eines Spechtes unterbrochen. Sein schwefelhaltiges Wasser lässt der Pflanzenwelt keine Chance. Über den Abfluss des Sees, die Große Ohe, trifteten früher Waldarbeiter Holz in das Gebirgsvorland. Informationstafeln und ein Lehrpfad erläutern die Spuren der letzten Eiszeit und machen mit der Waldentstehung im Rachelseegebiet bekannt.

Ein lokaler Gewittersturm verwüstete im Sommer 1983 die Bergmischwälder am Fuße des Rachel. Abertausende vom Wind geworfene Fichten türmten sich zu einem undurchdringlichen Verhau. Die Natur zauberte, was kaum jemand für möglich hielt, in nur zehn Jahren aus dem Chaos einen Märchenwald. Ein Holzsteg, genannt **Seelensteig** ❿, überquert gestürzte Bäume und Bachläufe und umgeht Unwegsamkeiten – die Erde wird von den Füßen der Naturliebhaber nicht berührt. Das Dunkel des tiefen Waldes, der Duft der Wildblumen, erdige Gerüche, das leise Rascheln von kleinen Waldlebewesen, all das schärft die Sinne. Zusammenhänge in der Natur und ihre Selbstheilungskräfte werden sichtbar. Hier hat das Wachsen, Werden und Vergehen uneingeschränkten Vorrang.

Auf den nassen Böden des weiten Tals bei Spiegelau wächst ein natürlicher **Aufichtenwald** ⓫.

TOP TIPP

TIPP FÜR KINDER

WALDSPIELGELÄNDE
Für Kinder hält das Waldspielgelände in Spiegelau ❻ ein umfangreiches Angebot bereit. »Natur begreifen mit allen Sinnen«, dazu lädt der 2 km lange Lehrpfad ein: Musizieren mit Naturmaterialien, Pflanzen ertasten, Wurzeln in den Himmel wachsen sehen oder sich bei der Station »Tieren auf der Spur« mit Tieren im Balancieren, Klettern und Weitsprung messen. Jeden Donnerstagnachmittag gibt es die kostenlose Führung »Walderlebnis für Groß und Klein«. Der Rundweg durch das Gelände ist auch für Kinderwagen und Rollstuhlfahrer geeignet. Das Spielgelände befindet sich nur wenige Gehminuten vom Ortskern von Spiegelau entfernt. Parkplätze sind vorhanden.

Lichter tanzen auf den Wassern der Kleinen Ohe, wenn sie sich ihren Weg durch das Granitgestein am Lusen bahnt.

PFLANZEN

BÄRWURZ

(Meum athamanticum)

Die lateinische Bezeichnung soll auf den römischen Naturforscher Plinius. d. Ä. (1. Jahrhundert) zurückgehen. Die weißen Blütendolden leuchten aus dem Wiesengrün, das Blattkraut ähnelt dem Dill: Bärwurz wird bis zu 60 cm hoch und blüht von Mai bis Juni auf Weiderasen mit durchlässigem, feuchtem Boden.

Das feine Laub und die Wurzeln haben einen kräftigen Geschmack. Im Bayerischen Wald werden die Wurzeln zum Brennen von Bärwurzschnaps verwendet und in die charakteristischen braunen Steingut-Flaschen abgefüllt.

Seinen Wurzeln bietet der weiche Untergrund nur wenig Halt, sodass es immer wieder zu Windwürfen kommt. Sie bestimmen die natürliche Entwicklung des Aufichtenwaldes. Ein Steg, der durch das Gebiet gelegt wurde, hält die Füße der Wanderer trocken und gewährt Einblicke in den positiven Ablauf der sich selbst überlassenen Natur.

Östlich von Spiegelau erstreckt sich ein großes Moorgebiet, **Großer Filz und Klosterfilz** 12 genannt. Auch dieses Hochmoor bleibt weitgehend sich selbst überlassen und darf im Kernbereich nicht betreten werden. Jedoch ermöglicht ein Aussichtsturm einen Blick auf das allmählich zuwachsende Hochmoor, auf dessen nährstoffarmer Torfschicht Sonnentau und Scheidiges Wollgras wachsen. Der Turm kann nach einem 20-minütigen Fußweg vom Parkplatz »Filzwald« an der Nationalparkstraße von Spiegelau nach Neuschönau erreicht werden.

Erhabener Lusen

TOP TIPP Der Aufstieg auf den mit 1373 m zweithöchsten Berg des Nationalparks, den **Lusen** 13, führt über den schnurgeraden Sommerweg zuerst mäßig bergan, dann aber über die steilen Steintreppen der »Himmelsleiter« direkt zum Gipfel. Der mühevolle Aufstieg wird bei entsprechendem Wetter mit einer grandiosen Fernsicht belohnt. Die kahle Kuppe bedecken wirr durcheinandergeworfene, kantige Granitbrocken. Während der Eiszeit hat der ständige Wechsel zwischen schneller Erwärmung und Abkühlung den Granitfelsen auseinanderbrechen lassen. Die alten Bergfichtenwälder am Lusen fielen ab 1995 dem Borkenkäfer zum Opfer; doch stirbt nicht der ganze Wald, nur einzelne alte Bäume gehen ein. Im Schutz der toten Bäume wächst stürmisch ein neuer, wilder Jungholzwald nach.

Das Lusenschutzhaus mit Einkehrmöglichkeit befindet sich nur wenige Meter unterhalb des Lusengipfels. Die Öffnungszeiten sind zu Beginn der Tour auf einer Infotafel des Nationalparks am Parkplatz zu erfahren. In der Regel wird die Berghütte im Sommer durchgehend bewirtschaftet, im Winter nur von Freitag bis Sonntag, ansonsten bei Bedarf. Der Abstieg erfolgt über den Winterweg, der von mächtigem Bergahorn und von Buchen gesäumt wird.

Der Ausgangspunkt für die Bergtour ist der Parkplatz Lusen, der im Sommer (Mitte Mai bis Ende Oktober) von 9 bis 16 Uhr nur mit den Igel-Bussen erreicht werden kann; im Winter ist die Straße ab Waldhäuser für Autos gesperrt (20 Minuten mehr Wegzeit). Die Tour erfordert festes Schuhwerk und Trittsicherheit (Länge 4,2 km, Höhenunterschied 250 m, zum Gipfel sehr steil auf der »Himmelsleiter«, Dauer etwa 2,5 Stunden).

Eine rund dreistündige Wanderung nimmt ebenfalls am Parkplatz Lusen ihren Anfang, führt aber ab der Wegkreuzung »Schutzhütte Böhmweg« zum sagenumwobenen Teufelsloch. In dieser tiefen Felsschlucht rauscht unter Tausenden Granitblöcken dumpf und geheimnisvoll das Wasser des Flüsschens Kleine Ohe. Am Weg blühen unzählige Blumen und Kräuter: Waldgeißbart, Alpenmilchlattich, Berghahnenfuß und Pestwurz. Über die »Wanderlinie Ranne« gelangt man zur Martinsklause, einem Teich, der im vorigen Jahrhundert zur Holztrift angelegt wurde. Von hier geht es zurück zum Parkplatz.

Bär, Wolf & Co.

Unter dem dichten Kronendach der Laub- und Nadelwälder wächst im spärlichen Sonnenlicht nur wenig Nahrung für große Tiere. So ist frei lebendes Wild im Naturwald schwer zu **TOP TIPP** beobachten. Das 200 ha große **Tierfreigelände** ⑭ bei Neuschönau erlaubt es dem Besucher dennoch, sich mit den 45 heimischen Tierarten vertraut zu machen, die vor etwa 150 Jahren hier noch in freier Wildbahn lebten. In den Freigehegen tummeln sich Bären, Wölfe, sogar Wisente und ein Luchspärchen, Biber, Otter und viele Greifvögel. Die Tiere lassen sich am frühen Vormittag und am späten Nachmittag am besten beobachten und fotografieren. Für den 7 km langen Rundweg sollte man sich mindestens drei Stunden Zeit nehmen. Die Wege eignen sich auch für Kinderwagen und Rollstuhl-

fahrer. Ausreichend Parkplätze gibt es am Informationszentrum Hans-Eisenmann-Haus.

Die kurze Wanderung zum **Felswandergebiet** ⑮ führt durch die Vorberge des Lusen. Die markantesten Felsen, Große und Kleine Kanzel, gewähren weite Ausblicke auf das Vorland. Steile Steintreppen aus Natursteinblöcken, schulterenge Felspassagen, Pfade auf federndem Waldboden und gigantische Wurzelteller riesiger umgestürzter Bäume rufen eine urzeitliche Stimmung hervor. Die Landschaft des Steinberges ist äußerst abwechslungsreich, beeindruckend und leicht zu erlaufen. Der Rundweg mit 170 m Höhenunterschied beginnt am Parkplatz »Felswandergebiet« an der Straße zwischen Neuschönau und Mauth. Im Sommerhalbjahr ist das Felswandergebiet auch mit Igel-Bussen erreichbar, die Wege sind im Winter nicht geräumt (etwa 1,5 Stunden Wanderzeit).

Wandern und lernen kann man auch im **Waldgeschichtlichen Wandergebiet** ⑯ bei Finsterau. Auf der 8,5 km langen Wanderung lernt man den Wald als Wirtschaftsraum im Laufe der Zeit kennen. Der Rundweg beginnt am Parkplatz Wistlberg und führt über das Finsterauer Filz zum Waldsee Reschbachklause und auf den Aussichtspunkt Siebensteinfelsen. Ein Besuch im Freilichtmuseum Finsterau mit zehn originalgetreu aufgebauten Waldhäusern rundet einen erlebnis- und wissensreichen Tag ab.

BORKENKÄFER

In den höheren Lagen strecken sich reihenweise bleiche Baumgerippe in den Himmel (Bild). Gegen den Borkenkäfer müsse man doch etwas unternehmen, lautet eine häufige Forderung. Nein, sagen die Naturschützer, der Borkenkäfer befalle nur kranke Bäume, besonders in Mono-

kulturen mit gleich großen, gleich alten und gleich labilen Fichten. Denn die Fichte liebt es kalt und feucht; in Mitteleuropa kommt sie natürlich erst ab Höhen von 900 m vor, ist also in den oberen Lagen des Bayerischen Waldes durchaus anzutreffen. Gesunde Fichten wehren sich mittels ihres zähflüssigen Harzes erfolgreich gegen den Befall durch die nur reiskorngroßen Insekten. Nach dem Motto »Natur Natur sein lassen« hat man nichts gegen den Borkenkäfer unternommen und den Wald auf 10 000 ha seinem Schicksal überlassen. Doch im Gegensatz zu den bewirtschafteten Forsten bleiben die toten Fichten stehen. Darunter wächst erstaunlich rasch, innerhalb weniger Jahre, ein neuer, artenreicher Bergwald heran. Das ist naturgemäßer und kostengünstiger, als befallene Fichten zu fällen und wieder aufzuforsten.

Der Gipfel des Lusen ist ein erhabener Ort zum Abschiednehmen von einem wunderbaren Wandertag.

Naturpark Stromberg-Heuchelberg

Weinberge, Wälder, Teiche und Streuobstwiesen zwischen Enz, Neckar und Kraichgau, aussichtsreiche Höhen und reiche Kultur in schmucken Fachwerkorten sowie das Weltkulturerbe Kloster Maulbronn – viel Abwechslung bietet der Naturpark Stromberg-Heuchelberg.

SERVICE

Anfahrt: Auf der A 6 bis zur Ausfahrt Sinsheim/Steinsfurt und weiter nach Eppingen, dort ist der Ottilienberg an der Straße nach Mühlbach ausgeschildert; nächstgelegene ICE-Bahnhöfe in Bruchsal und Stuttgart
Lage: Im westlichen Baden-Württemberg
Größe: 330 km²
Höchste Erhebung: Baiselsberg (477 m)
Gründung: 1980
Information:
Naturpark Stromberg-Heuchelberg
Brettener Straße 42
75447 Sternenfels
Telefon: 07045/3105
Internet: www.naturpark-sh.de

Kloster Maulbronn, Teil des Weltkulturerbes, stellt einen besonderen Anziehungspunkt im Naturpark dar.

Stromberg und Heuchelberg erheben sich über den Gäulandschaften von Kraichgau und Neckarbecken. Der Laubwald- und Vogelreichtum – der gesamte Stromberg ist Vogelschutzgebiet –, die zahlreichen Wander- und Radwege, die Weinberge und Streuobstwiesen, die teils als Naturschutzgebiete ausgewiesenen, teils als Badeparadiese genutzten Teiche, der Aussichtsreichtum in den Hochlagen und die Kulturattraktionen in den Fachwerkorten haben Strom- und Heuchelberg zu einem klassischen Naherholungsgebiet der Städte in der Umgebung werden lassen. Kultureller Höhepunkt ist das Kloster Maulbronn. Vier Bachtäler gliedern Strom- und Heuchelberg in markante Höhenrücken und Kuppen, die insgesamt die Form einer nach Nordosten ausgestreckten rechten Hand haben (daher auch das Logo des Naturparks). Zwischen dem Heuchelberg im Norden und dem Stromberg im Süden liegt in einer Talmulde die Gipskeuperlandschaft des Zabergäus.

Von der Pilgerkapelle zum Welterbe, vom Milchbrunnen zum Weindorf

 Auf der Eppinger Hardt liegt eine aussichtsreiche Sandsteinkuppe: der **Ottilienberg** ❶. Innerhalb eines keltischen Ringwalls erheben sich die Ruinen der spätgotischen Ottilien-Wallfahrtskapelle. Ihr Turm fungiert als Aussichtsturm und bietet einen erstklassigem Blick auf die Fachwerkstadt Eppingen im Elsenztal und auf die 1000 Hügel des Kraichgaus. Am Wanderparkplatz am Aufgang zum Ringwall beginnen herrliche Wanderwege in die umgebenden Laubwälder, darunter zum Kraichgaublick, auf dem Eppinger-Linien-Weg zum Hügelgräberfeld im Kopfrain sowie zum Jägersee, dem ehemaligen Klosterteich im Teufelsgrund am Fuß des Ottilienberges. Alljährlich im Frühjahr sind die Waldwege nördlich des Berges Schauplatz des am Kraichgaustadion beginnenden »Ottilienberglaufes«, eines von drei 10-km-Volksläufen um den Heuchelberg-Cup.

TOP TIPP

❶ **Ottilienberg**
Ringumwallter Gipfel mit prachtvoller Aussicht und Wanderwegen

❹ **Michaelsberg**
Wahrzeichen des Zabergäus mit wundervoller Aussicht

❻ **Maulbronn**
Klosteranlage, umgeben von Teichen, UNESCO-Welterbe

Die sehenswerte Ottilien-Wallfahrtskapelle auf dem Ottilienberg stammt aus spätgotischer Zeit.

Der größte Strombergrücken erstreckt sich von Sternenfels ostwärts zwischen Zabergäu und Kirbachtal bis fast an den Neckar, auf dem Rücken verläuft der »Rennweg«, ein als Rad- und Wanderweg genutzter mittelalterlicher Höhenweg. **Sternenfels** ❷, wo der Rennweg im Westen beginnt, ist das Weindorf an der Quelle der Kraich, die mitten im Ort entspringt und einer Region den Namen gab. Wer dem Bach ca. 15 Minuten talwärts folgt, gelangt zum Trinkwaldsee, zum Rotwildgehege und zum Kraichsee. Der Schlossbergturm ist das Wahrzeichen von Sternenfels. Er gewährt oberhalb der Weinberge einen prachtvollen Blick auf das Dorf und über den Kraichgau bis zum Odenwald und zur Pfalz. Der Schlossbergturm, bei dem sich ein Wanderparkplatz befindet, ist ein Ausgangspunkt für Wanderungen auf dem Rennweg, an dem die Ruinen der Stauferburg **Blankenhorn** ❸ ein viel besuchtes Ausflugsziel sind. Von der alten Wehranlage sind noch Teile erhalten. Die Burg ist von Wald umgeben, zwischen den Zweigen bietet sich jedoch eine reizvolle Aussicht ins Zabergäu. Unterhalb der Burg entspringt in der schluchtartigen Milchbrunnenklinge der Milchbrunnen: Sein Wasser ist so kalkhaltig, dass es oft milchweiß aussieht.

Der im Nordosten aus dem Kamm vorspringende **Michaelsberg** ❹ ist das Wahrzeichen des Zaber-

gäus. Seit dem Mittelalter trägt der rebengeschmückte Bergrücken eine dem Erzengel geweihte Wallfahrtskirche. Das ebenfalls auf dem Gipfel errichtete ehemalige Kapuzinerhospiz (1739) dient als katholisches Jugendhaus. Erreichbar ist der aussichtsreiche Gipfelbereich in knapp 15 Minuten vom ausgeschilderten Parkplatz an der Straße Cleebronn – Bönnigheim. Bei gutem Wetter reicht die Fernsicht bis zum Katzenbuckel im Odenwald, zu den Löwensteiner Bergen und zur Schwäbischen Alb.

Einen Ausblick über die Weinberge im Süden des Naturparks sowie über das Enztal hinweg zu den Höhen der oberen Gäue und des Schwarzwaldes bietet der Aussichtsturm der Eselsburg auf dem **Eselsberg** ❺ beim Wein- und Fachwerkdorf Ensingen.

Die ehemalige Zisterzienserabtei **Maulbronn** ❻ ist eine hervorragend erhaltene mittelalterliche Klosteranlage. 1993 nahm die UNESCO das von der Romanik bis zur Spätgotik entstandene Gebäudeensemble und die von Mönchen angelegten Teiche im Salzachtal in die Liste des Weltkulturerbes auf. Die Anlage stellt sich in der Art eines Freilichtmuseums dar – wie eine »Klosterstadt« mit Ringmauer, Türmen, Mühle, Spital, Schmiede, Scheune und Gesindehaus. Gegründet wurde die Abtei 1147 als Tochterkloster des elsässischen Zisterzienserklosters Neuburg. In der Folgezeit entstanden als bedeutendste Werke die Klosterkirche mit romanischer Westfassade, Paradies und Netzgewölbe; der gotische Kreuzgang mit der Brunnenkapelle; das Herrenrefektorium, der Kapitelsaal sowie das Parlatorium (Gesprächsraum). Das Weiher- und Grabensystem in der Umgebung des Klosters ist teilweise erhalten und ebenfalls Bestandteil des UNESCO-Welterbes.

WANDERTIPP

EPPINGER-LINIEN-WEG
Das Kraichgaustadion im Norden des Ottilienberges ❶ ist Ausgangspunkt dieses 40 km langen Höhenwanderweges. Die Eppinger Linien (Bild) sind eine historische Verteidigungslinie, die Ludwig Wilhelm I. von Baden-Baden 1695 – 97 während des Pfälzischen Erbfolgekrieges zum Schutz vor den Truppen des französischen »Sonnenkönigs« Louis XIV. zwischen Neckar und Enz errichten ließ. Am besten erhalten

ist diese aus einem Wall-Graben-System mit Wachtürmen bestehende Schutzlinie im Naturpark. Der Eppinger-Linien-Weg folgt dieser alten Verteidigungslinie von Eppingen bis Mühlacker. Markiert ist er mit einer Chartaque, dem charakteristischen Wachturm. Viele Infotafeln entlang der Strecke geben Auskunft über Entstehung und Geschichte der Eppinger Linien.

▶ **SERVICE**

Anfahrt: Auf der A 81 Stuttgart–Heilbronn bis zur Ausfahrt Ilsfeld, weiter nach Beilstein; nächstgelegene Bahnhöfe in Heilbronn und Backnang

Lage: Nordöstlich von Stuttgart im Nordosten Baden-Württembergs zwischen den Flüssen Neckar (Westen), Kocher (Norden und Osten) und Rems (Süden)

Größe: 904 km^2

Höchste Erhebung:
Hohe Brach (586 m)

Gründung: 1979

Information:
Naturpark
Schwäbisch-Fränkischer Wald e. V.
Naturparkzentrum
Marktplatz 8
71540 Murrhardt
Telefon: 07192 / 213 88 8
Internet: www.naturpark-sfw.de

TOP TIPP

3 Hohlenstein
Geologische Sensation: eine natürliche »Brücke« über eine kleine Schlucht

4 Römerturm bei Grab
Rekonstruierter Wachturm Limes

6 Murrhardter Felsenmeer
Imposantes Naturdenkmal aus mächtigen Felsblöcken

9 Brunnen- und Hägelesklinge
Verzweigte, tief eingeschnittene Klingen im Buntsandstein

10 Welzheim
Gemütliches Waldstädtchen mit einem römischen Kastell

Naturpark Schwäbisch-Fränkischer Wald

Von wildromantischen Klingen oder Schluchten durchzogene, einsame Wälder, liebliche Täler mit klappernden Mühlen, gemütliche Landstädtchen und Dörfer, dazu eine UNESCO-Weltkulturerbestätte: Das sind die Zutaten dieser erholsamen Landschaft am Rande der quirligen Region Stuttgart.

Beeindruckenden Felsformationen begegnet der Besucher des Naturparks immer wieder, wie hier am Hohlenstein.

Die Löwensteiner Berge im Nordwesten, die Waldenburger Berge im Nordosten, Mainhardter und Murrhardter Wald im Zentrum und schließlich der Welzheimer Wald im Süden bilden die Naturräume, die der Naturpark umfasst. Karg ging es hier einst zu, denn auf weiten Flächen eignen sich die Böden im Keuperbergland nicht zum Ackerbau. Reichlich gab es nur zweierlei: Holz und Wasser.

Was früher die Menschen zur Abwanderung trieb, lockt heute die Erholungsuchenden: Wem der Trubel im wirtschaftsstarken Großraum Stuttgart mit seinen 2,7 Millionen Einwohnern zu viel wird, der fährt gerne in das dünn besiedelte waldreiche Bergland nordöstlich der Landeshauptstadt zum Wandern, Radfahren, Schwimmen – oder zu genussreicher Einkehr.

Flugkünste, Fernblicke und eine natürliche Felsbrücke

Adler und Geier kreisen majestätisch über sonnenbeschienenen Rebhängen: Das ist das ebenso irritierende wie reizvolle Bild, das sich dem Besucher täglich bei der Burgfalknerei **Hohenbeilstein 1** bietet (Ende März–Anfang Nov Di–So 9–17 Uhr; www.falknerei-beilstein.de). Vom fachwerkgeprägten Städtchen Beilstein, das durchaus einen Bummel lohnt, fährt man bergan (weiträumig ausgeschildert) zum Großparkplatz. Am kurzen, gemächlichen Aufstieg zur Burg informiert ein Weinlehrpfad über verschiedene Aspekte der Rebpflege. Weit schweift der Blick ins Land, u. a. in das rebenreiche Bottwartal. Bald ist die um 1255 errichtete, weitgehend erhaltene bzw. rekonstruierte Burg erreicht, die auf eine

Neben schroffen Schluchten finden sich auch viele liebliche Gegenden, die sich ideal für Wanderungen eignen.

Befestigung aus dem 11. Jahrhundert zurückgeht. Im ehemaligen Burggraben sind heute die Volieren der etwa 100 Tag- und Nachtgreifvögel untergebracht; die faszinierenden Tiere werden hier nicht nur gehalten und gezeigt, sondern auch nachgezüchtet und (beispielsweise nach Verletzungen) aufgepäppelt. Den Höhepunkt eines Besuches stellt sicherlich die Flugschau dar (Di–Sa 15, So 11 und 15 Uhr), wenn der Falkner seine beeindruckenden Schützlinge aufsteigen lässt und Erläuterungen zur hohen Kunst der Falknerei gibt.

Von dem 22 m hohen, 1932 errichteten Turm auf dem **Juxkopf ❷** (533 m) genießt man einen wunderbaren Ausblick: auf die Löwensteiner Berge im Norden, den Mainhardter und den Murrhardter Wald im Osten sowie die Schwäbische Alb im Süden. Man stellt sein Auto auf dem Parkplatz am nördlichen Ortseingang von Jux (Haltestelle »Kindergarten«) ab und spaziert rund 400 m auf einer Landwirtschaftsstraße zum Turm hinauf. Er ist in den Sommermonaten sonntags geöffnet und bewirtschaftet, zu anderen Zeiten kann man sich den Schlüssel im Gasthaus »Zum Löwen« in Jux holen.

TOP TIPP Eine geologische Sensation stellt zweifellos der **Hohlenstein ❸** dar, ein geschütztes Naturdenkmal. Man parkt auf dem ersten Wanderparkplatz links der B 39 von Löwenstein nach Wüstenrot und nimmt dann den linken Weg, den durch Holzschilder markierten »Sommerrainweg«. Nach rund 1 km durch artenreichen Mischwald weist ein kleines Schild rechts steil bergab (gutes Schuhwerk!). Nach etwa 200 m steht man im schummrigen Halbdunkel des dichten Waldes vor dem zauberhaften Naturphänomen: Eine kleine Klinge mit einem Bächlein wird von einer natürlichen Brücke überspannt, die man – entsprechend vorsichtig – sogar betreten kann.

GUT ZU WISSEN

KLINGEN UND GROTTEN

Im Schwäbisch-Fränkischen Wald entdeckt man etliche typische Schluchten mit bizarren Felsformationen, die folgendermaßen entstanden sind: Aus einer Wasser führenden Schicht im vergleichsweise weichen Gestein tröpfelt ein winziges Bächlein, das sich nach und nach in den Untergrund einkerbt – für die Bildung einer Talsohle ist die Wassermenge aber zu gering. Das Wasser gräbt im Laufe der Jahrtau-

sende eine schroffe Klinge; ein besonders schönes Beispiel hierfür sind Brunnen- und Hägelesklinge ❾ (Bild). Liegt der Wasseraustritt unterhalb einer etwas härteren Schicht, bildet sich am Ende der Klinge eine Grotte. Erweist sich deren »Portal« als stabil, während das Dach einbricht, bleibt eine Naturbrücke wie der Hohlenstein ❸ stehen.

Von Römern und Riesen

Vom Südrand des Großerlacher Ortsteils ist er bereits zu erkennen: der **Römerturm bei Grab** ❹ auf dem Heidenbuckel (536 m). Man parkt, nachdem man sich den Turmschlüssel im Gasthof »Löwen« oder »Rössle« in Grab geholt hat, am Fuße des Berges und nimmt entweder den etwas längeren, auch für Rollstühle geeigneten Weg nach oben (zehn Minuten) oder den kürzeren, steileren Weg. Dort oben glaubt sich der Besucher wahrhaft zurückversetzt in die Römerzeit: Nicht nur der Wachturm wurde rekonstruiert, sondern auch Teile von Graben, Wall und Palisade; außerdem wurde – so wie es früher

stehenden Nachbarturmes mit Rufen, Trompetensignalen, Feuerzeichen oder anderen Alarmsignalen auf die drohende Gefahr hinzuweisen. In Murrhardt folgt man westlich der Ausschilderung Richtung Siebenknie und dann den kleinen braunen Schildern zum Wanderparkplatz »Wasserfälle«. Bereits dort hört man in der Waldesstille das Rauschen und Plätschern der **Hörschbach-Wasserfälle** ❺, denn schon nach 80 m Weg hat man den vorderen, 6 m hohen Wasserfall erreicht. Ein ausgeschilderter, 5 km langer Wanderpfad (gutes Schuhwerk!) führt die Besucher durch die unter Naturschutz stehende Hörschbachschlucht mit ihrem urtümlich anmu-

KULTURTIPP

DER LIMES

2005 hat die UNESCO den zwischen 100 und 160 n. Chr. errichteten Obergermanisch-Rätischen Limes in die Liste des Weltkulturerbes aufgenommen; zusammen mit dem Hadrianswall in Großbritannien bildet er die Welterbestätte »Grenzen des Römischen Reiches«. Der 550 km lange Limes durchquert auch den Naturpark Schwäbisch-Fränkischer Wald; beeindruckende Zeugnisse dieser Grenzbefestigung hier sind

etwa der Römerturm bei Grab ❹ und das Ostkastell in Welzheim ❿. Zwischen diesen beiden Orten verläuft der ausgeschilderte, 45 km lange Limeswanderweg (Broschüre). Von Grab aus 28 km nach Norden führt ein Limes-Lehrpfad; deutlich länger ist der Deutsche Limes-Radweg. Auch die Deutsche Limes-Straße (braune Schilder; www.limesstrasse.de) vom Rhein bis zur Donau quert den Naturpark.

Der Archäologische Park Ostkastell in Welzheim lässt die Römerzeit am Limes lebendig werden.

war – der Wald entlang dem schnurgeraden alten Grenzverlauf des Limes auf einer Länge von 300 m gerodet. Die Fachleute sind sich mittlerweile weitgehend einig darüber, dass es sich beim Limes weniger um eine Verteidigungsanlage als vielmehr um ein Machtsymbol gehandelt hat; leicht wohl hätten die meist sechs Mann Besatzung eines solchen dreistöckigen Turmes von einem germanischen Trupp überwältigt werden können. Der Eingang lag in der Regel im mittleren Stock und war nur über eine Leiter zu erreichen. Im Fall eines Angriffs hätten die Turmwächter die Leiter eingezogen und so Zeit gewonnen, die Besatzung des stets in Sichtweite

tenden Wald und den beeindruckenden Felswänden auch zum hinteren Wasserfall mit seinen 12 m Höhe. Solche Kaskaden verdanken ihre Entstehung der Tatsache, dass das Gestein lagenweise unterschiedlich hart ist; das Gewässer schafft es nicht, sich in eine harte Schicht einzugraben, wohl aber, die darunter liegende weichere Lage abzutragen.
Südlich von Murrhardt, Richtung Althütte, beginnt am ersten Wanderparkplatz ein 6 km langer Waldlehrpfad, auf dem man nach gut 500 m das **Murrhardter Felsenmeer** ❻ erreicht. Wirr liegen hier die gigantischen bemoosten Felsbrocken an der Flanke des Ries-

berges durcheinander. Früher konnte man sich das Naturschauspiel nur so erklären, dass Riesen die Felsen dorthin geworfen haben. Tatsächlich aber handelt es sich um harte Sandsteine, die von einer darüber liegenden Kante abgebrochen sind.

Enge Klingen und ein römisches Kastell

Als naturnahes, einsames Waldtal, wie es einst typisch war für den Schwäbisch-Fränkischen Wald, lädt das **Strümpfelbachtal** ➐ zu einem Besuch ein. In dem Naturschutzgebiet entdeckt man zahlreiche seltene Tier- und Pflanzenarten und zauberhafte Felsgruppen. Hier herrschen nach wie vor die starken Kräfte der Erosion, und so kann es durchaus vorkommen, dass auch einmal ein Stück des Weges nicht passierbar ist. Man fährt von Althütte in Richtung Ebni, biegt gleich nach dem Ortsausgang rechts ab zur (abgebrannten) »Nonnenmühle« (kleines Schild) und parkt dort. Nach gut 2 km erreicht man die Mündung des Strümpfelbachs in die Wieslauf. Der großräumig ausgeschilderte **Ebnisee** ➑ bietet dagegen eher Unterhaltung in einer reizvollen Landschaft als ein stilles Naturerlebnis. Kiosk, Wirtshaus und Nobelhotel sorgen für jede Art von Verpflegung, mehrere Badestellen und ein Bootsverleih bieten Erfrischung und sportliche Betätigung. Das Gewässer entstand um die Mitte des 18. Jahrhunderts als Schwellsee für die Brennholzflößerei; war er voll aufgestaut, konnte man sechs Tage lang die hier im Überfluss vorhandenen und andernorts dringend benötigten Stammabschnitte zu Tal schwemmen. Jedoch auch Naturliebhaber werden hier fündig: Gleich neben dem See liegt ein kleines Schongewässer mit naturnahem Bewuchs und entsprechender Tierwelt, und nur gut 1 km von der Nordspitze des Ebnisees entfernt lockt die großartige Gallengrotte.

TOP TIPP ▸ Das wohl schönste Klingensystem des Naturparks bilden die **Brunnen- und Hägelesklinge** ➒. Man stellt das Auto auf dem ersten Wanderparkplatz links der Straße Kaisersbach-Cronhütte ab (dort auch großer Kinderspielplatz), geht rund 300 m parallel zur Straße weiter und biegt dann links, den Holzschildern folgend, in ein Tälchen ein. Bald verengt sich das Tal zur Schlucht der Brunnenklinge, nur mühsam kommt der Wanderer, über Baumstämme und Steinbrocken hinweg, im Mischwald voran. Kleine Grotten und überhängende Felsnasen ziehen immer wieder den Blick auf sich. Das Ende der Klinge wird (typischerweise) von einer Grotte markiert. Nach rund 200 m ist auch die ebenfalls wildromantische Hägelesklinge

erreicht, benannt nach einem Deserteur, der sich hier im 19. Jahrhundert versteckte.

TOP TIPP ▸ Das gemächliche Waldstädtchen **Welzheim** ➓ lockt mit einer ganzen Reihe von Vorzügen. Neben einem reizvollen Ortsbild, einem beachtlichen Stadtmuseum mit geologischer und römischer Abteilung (geöffnet So 14–17 Uhr) und einem Stadtpark mit uralten Mammutbäumen ist es vor allem der Archäologische Park Ostkastell (frei zugänglich), der einen Besuch lohnt.

Während sich viele Kastelle zu Orten entwickelten und überbaut wurden, blieb das hiesige, zum Limes gehörige und 1,64 ha große quadratische Ostkastell aus der zweiten Hälfte des 2. Jahrhunderts n. Chr. ohne diese Veränderungen und konnte in den 1890er-Jahren, 1976/77 und 1981 ausgegraben werden. Besonders beeindrucken die Grundmauern des Badegebäudes, das rekonstruierte Westtor und der Brunnen, in dem die Archäologen nicht weniger als 100 römische Lederschuhe fanden – er dürfte einem Schuster als Müllkippe gedient haben. Abgüsse einiger Fundstücke und gut gemachte Informationstafeln geben Einblicke in das Leben der wohl 130 bis 140 Soldaten, die einst hier stationiert waren. Das Gebiet gehört zur UNESCO-Welterbestätte Limes.

Der Römerturm bei Grab gehört zu den sehr gut rekonstruierten Teilen des Obergermanisch-Rätischen Limes.

KULTURTIPP

KLOSTER LORCH

Dieses Baudenkmal von außergewöhnlicher Schönheit und Bedeutung liegt oberhalb des gewerbereichen Remstals am Südrand des Naturparks (südlich von ➓, geöffnet April bis Okt tägl. 10–18, Nov–März Di–So 10–17 Uhr). Um 1100 von den Staufern gegründet, wurde das Kloster in den folgenden Jahrhunderten immer wieder um- und ausgebaut. Heute beeindrucken in der vielgliedrigen Anlage zunächst die

Klostergärten, in der Kirche dann die Staufertumba (1475) mit den Gebeinen einiger Angehöriger dieses Herrschergeschlechts und die Wandbilder bedeutender Staufer (um 1530). Im Kapitelsaal erzählt das 30 m lange und fast 4 m hohe Rundbild (1998–2002) des Künstlers Hans Kloss in leuchtenden Farben und zauberhaften Szenen die Geschichte der Adelsfamilie.

Naturpark Hirschwald

SERVICE

Anfahrt: Auf der A 6 bis zur Ausfahrt Amberg-West oder Amberg-Süd bzw. auf der A 93 bis zur Ausfahrt Ponholz, dann in Richtung Schmidmühlen; nächstgelegener ICE-Bahnhof in Nürnberg

Lage: In der Oberpfalz in der Mitte Bayerns, im südlichen Landkreis Amberg-Sulzbach

Größe: 277 km²

Höchste Erhebung:
Wart bei Kastl (601 m)

Gründung: 2006

Information:
Naturpark Hirschwald e.V.
Schlossgraben 3
92224 Amberg
Telefon: 09621/10 23 9

Ausgedehnte Wälder und Hügel, buchenbestandene Dolomitkuppen, Wacholderheiden, bevölkert von vielen seltenen Pflanzen und Tieren, machen Bayerns jüngsten Naturpark zu einer ökologischen Perle. Einzigartige Natur erleben – hier wird dazu eingeladen.

Harmonische Flusslandschaft zwischen dicht bewaldeten Hügeln: das Lauterachtal bei Hohenburg.

TOP TIPP

❷ Lauterachtal
Große Wacholderheiden mit seltenen Pflanzen und Tieren

❸ Vilstal
Durch naturnahe Auenlandschaft und ein reizvolles Tal fließender Fluss

Der Naturpark Hirschwald im Herzen des Naturraums Mittlere Frankenalb erstreckt sich von den Erzberghöhen in der Nähe des mittelalterlich geprägten Amberg bis nach Schmidmühlen und vom Lauterachtal bis zum Tal der Vils im südlichen Landkreis Amberg-Sulzbach.

Das Herzstück des Naturparks ist zugleich der Namengeber – der **Hirschwald** ❶. Das ehemalige kurfürstliche Jagdgebiet vor den Toren der Stadt Amberg ist einer der traditionsreichsten Forste in Bayern. Noch heute hat der Forst das Privileg, ein Rotwildgebiet zu sein. Hautnah ist das Rotwild beim Hirschpark im Ursensoller Ortsteil Heinzhof zu erleben, Wildschweine gibt es im Ortsteil Waldhaus zu sehen. Auf einer Rodungsinsel am Südrand des Hirschwaldes bei Rieden hat sich das ostbayerische Reit- und Turniersportzentrum entwickelt. Erholungssuchen-

den bietet der Park ausgedehnte Misch- und Nadelwälder mit einer Vielzahl von gut gepflegten Wanderwegen.

Wacholderheiden mit seltener Flora und Fauna

TOP TIPP Naturkenner kommen im **Lauterachtal** ❷, dem Urbild eines Oberpfälzer Jurabaches, voll auf ihre Kosten. An den Südhängen dieses einmaligen Tals zeigen sich wunderschöne zusammenhängende Wacholderheiden mit einer außergewöhnlichen Flora und Fauna. So sind Kreuzenzian und Küchenschelle ebenso wie die seltenen Orchideen Brandknabenkraut und Rotes Waldvögelein noch zahlreich zu finden. An heißen Sommertagen gaukelt sogar der rare Segelfalter an den Hängen entlang – auf der Suche nach Nektar und einem Platz zur Eiablage. Die

Der »Stadtbrille« genannte Wassertorbau ist Teil der historischen Stadtmauer von Amberg.

Lauterach selbst ist ein noch weitgehend unberührter Bach und als attraktives Fischgewässer bei Anglern weithin bekannt. Im klaren Wasser tummeln sich Bachforellen und Äschen. Etliche dieser exzellenten Speisefische landen in zahlreichen Varianten als Spezialität auf dem Teller. Mit viel Glück kann man abends am Ufer der Lauterach verschiedene Fledermausarten bei der Jagd nach Insekten beobachten.

Auf dem Schweppermannradweg geht es von Amberg aus in die Dolomitkuppenlandschaft zwischen Ursensollen und Kastl. Wer aufmerksam ist, kann hier die wohl beeindruckendste heimische Orchidee entdecken: den Frauenschuh. Wer es gemütlicher mag, radelt im Lauterachtal von Markt zu Markt – von Kastl über Hohenburg nach Schmidmühlen – oder schnürt die Wanderstiefel für den Jurasteig. Unterwegs begleiten den Wanderer ausgedehnte Wacholderheiden, lichte Kiefernwälder und bunte Talwiesen.

Flussauen
und eine mittelalterliche Stadt

TOP TIPP Das **Vilstal** ❸ lässt sich auf vielerlei Arten erkunden: per Pedes auf dem Vilstalwanderweg, mit dem Fahrrad auf dem Fünf-Flüsse-Radweg oder mit dem Kanu. Die Vils – sie begrenzt den Naturpark im Osten – war im Mittelalter die Lebensader der mittleren Oberpfalz. Noch bis weit in das 19. Jahrhundert hinein war der Fluss

eine bedeutende Schifffahrtsstraße für Eisenerz und Salz und brachte Wohlstand in die Region. Von dieser Blütezeit zeugen noch heute viele Schlösser und Klöster.

Das **Salesianerkloster Ensdorf** ❹ beheimatet eine Umweltstation und ist zugleich Einkehrstätte für Pilger auf dem Jakobusweg. Hier kann man auf dem Naturwallfahrtsweg viel Interessantes entdecken.

Mit ihrer fast tausendjährigen Geschichte und einer eindrucksvollen historischen Kulisse präsentiert sich die Stadt **Amberg** ❺ im 21. Jahrhundert mit einem breit gefächerten Kulturangebot. Noch heute besticht die Stadt durch ihren geschlossenen mittelalterlichen Stadtkern. Fast vollständig umgeben von einer Stadtmauer mit Türmen und Toren sowie einem einzigartigen Wassertorbau, beherbergt sie viele herausragende Bauwerke. Das gotische Rathaus, zahlreiche Kirchen, Bürgerhäuser und Klosteranlagen liegen in der von der Vils durchflossenen Altstadt. Das ehemalige Landesgartenschaugelände führt den Besucher aus der Stadt in eine naturnah gestaltete **Wiesenauenlandschaft** ❻ mit ihren typischen Pflanzen- und Tierarten. Entlang der Vilsauen verläuft ein wasserwirtschaftlicher Lehrpfad. Für Kinder ein absolutes Muss ist der einmalige Piratenspielplatz, bei dem die Kleinsten und ihre Familien auf ihre Kosten kommen – und ganz nebenbei können die Kinder spielerisch erste ökologische Zusammenhänge im wahrsten Sinne des Wortes begreifen.

▶ **WANDERTIPP**

KANUTOUR AUF DER VILS

Ein einmaliges Erlebnis bildet eine Kanutour auf der Vils (Bild) von Amberg ❺ nach Schmidmühlen. Diese Tour kann auch in Etappen absolviert werden. Gleich nach dem Start wird südlich der Stadt deutlich, dass man sich im Oberpfälzer Jura befindet: Die Vils fließt durch ein trogartiges Tal mit zumeist bewaldeten Steilhängen. Im Westen reicht der Hirschwald teilweise bis an den Fluss. Die Vils hat in der Regel eine

mäßige Strömung und ist auch für ungeübte Kanufahrer – trotz vieler Wehre – gut zu bewältigen. Südlich von Rieden bis etwa Schmidmühlen fährt man meist abseits von Verkehr und Ortschaften. Am Unterlauf der Vils lebt eine interessante und reichhaltige Vogel-welt, u. a. mit Eisvogel, Wasseramsel und Reiher. Seit vielen Jahren hinterlässt auch der Biber hier seine Spuren.

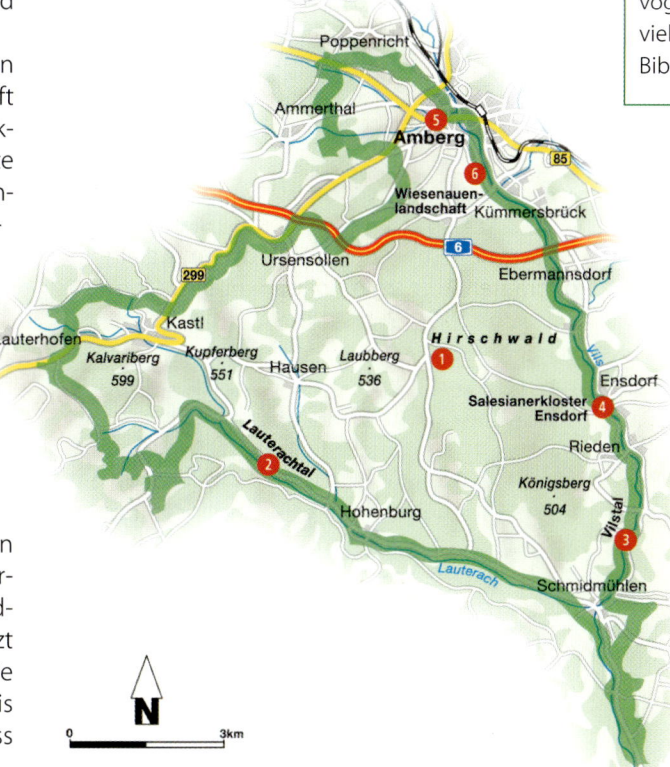

NATURPARK ALTMÜHLTAL

SERVICE

Anfahrt: Auf der A 9 München–Nürnberg bis Ausfahrt Denkendorf oder auf der A 6 Nürnberg–Heilbronn bis Ausfahrt Ansbach, von dort jeweils auf der B 13 nach Weißenburg; nächstgelegener Bahnhof in Weißenburg
Lage: Im Grenzgebiet von Oberbayern, Oberpfalz und Franken, zwischen Nürnberg, Kelheim, Ingolstadt und Donauwörth
Größe: 2962 km²
Höchste Erhebung:
Dürrenberg (656 m)
Gründung: 1969
Information:
Informationszentrum
Naturpark Altmühltal
Notre Dame 1
85072 Eichstätt
Telefon: 08421/9876 0
Infohaus: In Treuchtlingen
Internet:
www.naturpark-altmuehltal.de

Naturpark Altmühltal

Als einer der vielseitigsten Naturparks des Landes ist er mit seinen leuchtend hellen Kalkfelsen das weiße Paradies unter unseren Felslandschaften. Tropfsteinhöhlen, Burgen und Schlösser, aber auch altertümliche Kanäle und der Limes ziehen jeden Besucher in ihren Bann.

Eine der spektakulärsten Landschaften des Naturparks: der Donaudurchbruch in der Nähe des Klosters Weltenburg.

Zwischen dem Thermalbad Treuchtlingen und der Mündung in die Donau bei Kelheim durchfließt die Altmühl das landschaftlich großartigste Karstdurchbruchstal Deutschlands. Fantastisch geformte Jurakalkfelsen und seit der Steinzeit genutzte Höhlen prägen dieses windungsreiche Tal im Süden der Fränkischen Alb ebenso wie malerische Altstadtbilder und trutzige Burgen auf felsigen Höhen: Die Verbindung aus urwüchsiger Natur und hochrangigen Kulturdenkmälern prägt wesentlich das Erlebnis im Naturpark. 2006 nahm das Bundesministerium für Umwelt das Altmühltal und das Wellheimer Trockental in die Liste der bedeutendsten Geotope Deutschlands auf. Die zweite Leitlinie im Naturpark ist neben der Altmühl der Rätische Limes: Seit 2005 steht diese »Teufelsmauer« als Welterbe unter dem Schutz der UNESCO.

Auf den Spuren von Römern und Bajuwaren

TOP TIPP Mit einer Länge von 550 km ist der **Obergermanisch-Rätische Limes** **1** das größte historische Denkmal in Deutschland. Seit 2005 steht diese befestigte Demarkationslinie zwischen dem römischen Kaiserreich und dem freien Germanien als Weltkulturerbe unter dem Schutz der UNESCO. Als die Alemannen zu Beginn des 3. Jahrhunderts n.Chr. dieses Verbundsystem aus Palisaden – noch heute gibt es zahlreiche »Pfahl«-Flurnamen, die sich darauf beziehen –, Wällen, Gräben, Militärlagern, Wachtürmen und Heerstraßen erstmals ernsthaft bedrohten, wurde der Limes durch bis zu 3 m hohe Steinmauern zusätzlich befestigt: An diesem Abschnitt aus Stein erinnert die vom Volksmund geprägte Bezeichnung »Teufelsmauer«. Im

Mächtige mittelalterliche Stadtmauern und ein Wassergraben umschließen die Altstadt von Weißenburg.

heutigen Naturpark Altmühltal erreichte der Rätische Limes sein östliches Ende: Von der »Römerstadt« Weißenburg führte er ohne Rücksicht auf landschaftliche Gegebenheiten nahezu schnurgerade südostwärts, durchquerte bei Pfünz das Altmühltal und endete am Kastell Abusina bei Kelheim. Die »Deutsche Limes-Straße« ist zwar nach ihm benannt, kann jedoch nur in etwa seinem Verlauf folgen: Auf dem Gebiet des Naturparks ist der Limes oft nur noch als Wall oder Aufschüttung erkennbar, vielerorts wurden jedoch einstige Anlagen rekonstruiert – wie der Wachturm im Wald wie bei Kipfenberg oder Teile eines ganzen Lagers wie in Pfünz. Das Bayerische Limes-Informationszentrum im Römermuseum in Weißenburg dokumentiert die Geschichte des Grenzwalls – auch anhand archäologischer Funde. Zahlreiche Fundstücke aus römischer Zeit befinden sich im Römer- und Bajuwaren-Museum in der

Burg Kipfenberg. Alljährlich im August feiert der Markt Kipfenberg, auf dessen Gebiet sich ein gut erhaltenes Teilstück des Rätischen Limes mit rekonstruiertem Wachturm befindet, das »Limesfest«. Einen sehr guten Blick auf das ehemalige Grenzgebiet des Römischen Reiches bietet der aussichtsreiche Michaelsberg, ein markanter Dolomit-Felssporn hoch über Kipfenberg: Seine teilweise senkrecht abfallenden Felswände bilden eine natürliche Festung, die im Lauf der Jahrtausende teils als heilige Stätte, teils militärisch genutzt wurde und heute ein bedeutendes geowissenschaftliches Biotop ist. Von oben blickt man hinab in das Altmühltal und auf Markt Kipfenberg mit seinen Kirchen und Burgen. Links der Altmühl erhebt sich der bewaldete Pfahlbuck, auf dessen Rücken der Rätische Limes verlief, und im Tal oberhalb von Kipfenberg liegt das alte Dorf Böhming mit seiner Karstquelle und – etwas außerhalb bei der romanischen Johanneskirche – den Resten eines im 2. Jahrhundert angelegten Römerkastells.

Stromabwärts vom Karlsgraben zur Perle des Altmühltals

Bei Treuchtlingen, wo sich die Flusssysteme von Donau und Main bis auf wenige Kilometer nähern, befindet sich die **Fossa Carolina 2**. **TOP TIPP** Sie ist ein erhaltenes Teilstück des Kanals, mit dem Karl der Große ab 793 eine schiffbare Verbindung zwischen Nordsee und Schwarzem Meer herzustellen versuchte. Das Museum Karlsgraben in Graben dokumentiert dieses Pro-

▶ **WANDERTIPP**

ALTMÜHLTAL-RADWEG UND -PANORAMAWEG

Der Altmühltal-Radweg von Gunzenhausen über Eichstätt nach Kelheim ist 164 km lang. Markiert ist er mit den Zeichen versteinerte Schnecke, Radler und blauer Fluss. Er führt durch die Felsenlandschaften zwischen Treuchtlingen **3** und Kelheim **12** und ist durch das nur sanft abfallende Geländeprofil auch für Genussradler geeignet. Die Etappen lassen sich dank der hervorragenden Infrastruktur – bestens ausgebaute und beschilderte Wege, Übernachtungs- sowie Variationsmöglichkeiten mit Bahn und Ausflugsschiffen – individuell einteilen. 2005 wurde der Altmühltal-Panoramaweg eröffnet. Auf der 200 km langen Route können Wanderer eine abwechslungsreiche Kombination aus Tal-, Steilhang- und Höhenstrecken genießen. Hinzu kommen 20 als Tagesrundwanderwege angelegte »Schlaufen«, die zu Kultur- und Natursehenswürdigkeiten abseits der Hauptroute führen. Markiert ist er mit rotem Flusssymbol auf gelbem Grund neben der versteinerten Schnecke; die Schlaufenwege tragen das Zeichen gelber Fluss auf blauem Grund.

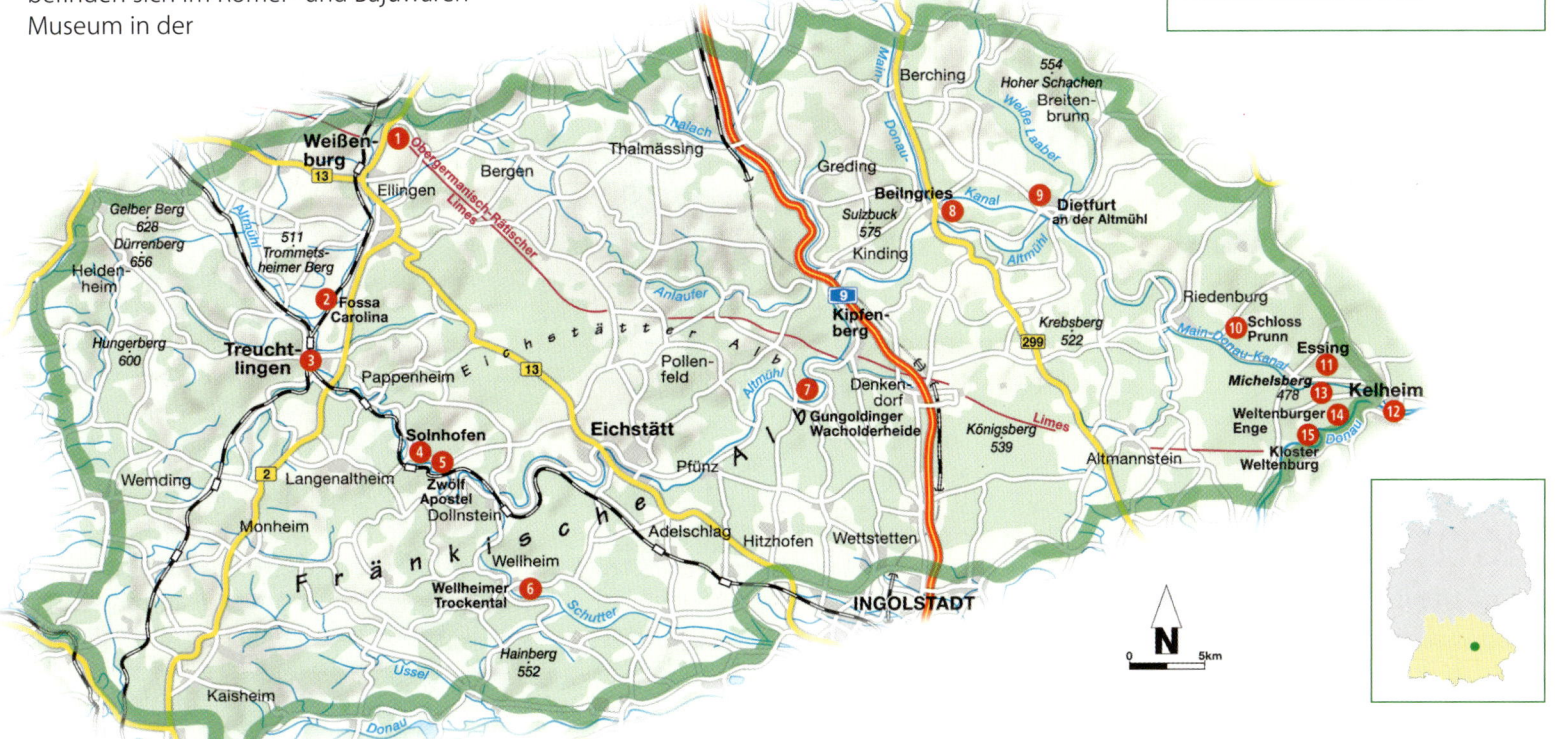

TREIDELWEGE AM LUDWIGSKANAL

Der Ludwigskanal zwischen Bamberg, Beilngries 8 und Kelheim 12, der auch als Ludwig-Donau-Main-Kanal bezeichnet wird, wurde 1836–45 unter König Ludwig I. von Bayern als Wasserweg zwischen Main und Donau errichtet und war von 1847 bis zum Ende des Zweiten Weltkrieges in Betrieb. Mit einer Wassertiefe von nur 1,9 m und einer Sohlenbreite von 9,9 m versehen, erwuchs ihm

schon bald Konkurrenz durch die Eisenbahn. Da die hölzernen Schleusentore des 178 km langen Kanals Hubhöhen von nur 4 m zuließen, mussten Schiffe 101 Schleusen bewältigen – der Rhein-Main-Donau-Großschifffahrtsweg, der den alten Ludwigskanal ersetzt hat, kommt dagegen mit nur 13 Schleusen zwischen Bamberg und Kelheim aus. Die passagenweise alleeartig von Laubbäumen gesäumten Treidelwege (Bild), auf denen die Schiffe im Ludwigskanal einst von Pferden gezogen wurden, sind ideal für Fuß- und Radwanderungen.

Imposant ragen die Zwölf Apostel aus den Kalkhängen von Solnhofen auf, die schon 150 Millionen Jahre alt sind.

jekt, das als Vorläufer des Rhein-Main-Donau-Kanals betrachtet werden kann. Das erhaltene, etwa 500 m lange Teilstück wird vom zuständigen Umweltministerium zu den schönsten Geotopen Bayerns gerechnet.

Ob im Kanu oder zu Fuß, ob im Auto oder mit dem Rad: Die Siebentälerstadt **Treuchtlingen** ❸ ist der westliche Ausgangspunkt für die Erkundung des Altmühltals. In dem seit Urzeiten besiedelten Thermalquellenort beginnt der »romantische« Durchbruchsabschnitt der Altmühl durch das Juragestein. Die erste der malerischen Städte des Altmühltals ist die Burg- und Schlossstadt Pappenheim – ehemalige Residenz der 1628 in den Reichsgrafenstand erhobenen Familie Pappenheim – auf einer von der Altmühl umflossenen Hügelzunge. Das flussabwärts gelegene **Solnhofen** ❹ ist weltberühmt für seine Plattenkalke (Schiefer) und Fossiliensteinbrüche. Arbeiter fanden 1861 im Solnhofener Schiefer die erste von bislang acht dort entdeckten Versteinerungen des Archaeopteryx (»Urflügel«). Das einst taubengroße Tier wird heute als Übergangsform zwischen Reptilien und Vögeln angesehen. Das Jura-Museum auf der Willibaldsburg in Eichstätt zeigt zahlreiche Fossilien aus den Solnhofener Plattenkalken, darunter ein Exemplar des Archaeopteryx.

TOP TIPP Im Prallhang unterhalb von Solnhofen stehen die Felstürme der **Zwölf Apostel** ❺. Sie zählen zu den Wahrzeichen des Altmühltals – auch sie werden in der Gütesiegelliste der schönsten Geotope Bayerns geführt. Diese iso-

liert aufragenden Felstürme aus zerklüftetem Kalkgestein sind die Reste eines Riffgürtels, der vor rund 150 Millionen Jahren im tropisch warmen Jurameer entstand; die Erosion hat sie aus dem weicheren Kalkgestein der Umgebung als frei stehende Felsen herausgeschält.

Dollnstein mit seinem wehrmauerumgebenen Ortskern liegt in einem weiten Talkessel am einstigen Zusammenfluss von Urdonau und Altmühl. Bis ins Pleistozän floss die Urdonau durch das heutige **Wellheimer Trockental** ❻ nordwärts, nahm beim heutigen Dollnstein die Altmühl auf und schuf das Flusstal, durch das jetzt die Altmühl fließt. Flussverlagerungen in der jüngeren Erdgeschichte führten dazu, dass die Donau ihren Lauf weiter südlich fand und das einstige Urdonautal südlich von Dollnstein über weite Strecken trocken fiel. Das Wellheimer Trockental mit dem Burgort Wellheim und dem Klettergarten Dohlenfelsen ist das reizvollste Seitental der Altmühl. Den Wacholderheideflächen, die schon im Dollnsteiner Raum landschaftsprägend sind, begegnet man erneut in der **Gungoldinger Wacholderheide** ❼, einem Paradies für Wanderer mit Blick auf das Altmühltal sowie zur Burgruine Arnsberg auf einem senkrecht zum Tal abfallenden Dolomitfelsen. Auf der Wacholderheide blühen zahlreiche Pflanzen wie etwa Heideröschen, Enzian und Küchenschelle. Nach Passieren von Kipfenberg, dem Marktort am geografischen Mittelpunkt Bayerns, gelangt man zum aussichtsreichen Michelsberg und dem rekonstruierten Wachturm am Limes.

Ab Beilngries nutzen der Altmühltal-Radweg, die »Tour de Baroque« und der Fünf-Flüsse-Radweg gemeinsam die Route durch das Altmühltal. In der historischen Altstadt von **Beilngries** ❽ ist die Stadtmauer mit ihren elf Türmen sehenswert, über die man sich auf Tafeln informieren kann. Von Beilngries geht es weiter flussabwärts, bei Töging beginnt die alte Eisenbahntrasse in die Siebentälerstadt **Dietfurt** ❾ an der Mündung der Weißen Laaber. Nach Umfahren des von Wallanlagen umgebenen Wolfsberges stößt der Radweg hinter Mühlbach wieder auf den Main-Donau-Kanal, folgt ihm nach Riedenburg, der »Perle des Altmühltals«. Hier liegt auch **Schloss Prunn** ❿, eine der am besten erhaltenen Ritterburgen Bayerns: Auf einem 70 m hohen Felsen thront es über der Altmühl. Kurz nach Passieren des mittelalterlich anmutenden Ortes **Essing** ⑪ mit einer der längsten Holzbrücken Europas ist an der Mündung der Altmühl in die Donau das vom Michelsberg überragte Kelheim erreicht.

Rund um Kelheim – Natur und Kultur vom Feinsten

Befreiungshalle, Donaudurchbruch, das Benediktinerkloster Weltenburg – wie kaum andernorts in Deutschland bietet sich rund um **Kelheim** ⑫ eine Fülle bedeutender Natur- und Kultursehenswürdigkeiten.
Der **Michelsberg** ⑬ (478 m) mit dem »Keltenwall« im Mündungswinkel von Altmühl und Donau trug in keltischer Zeit das größte Oppidum (stadtähnliche Höhensiedlung) in Bayern und ist zugleich eine der bedeutendsten Fundstätten der jungsteinzeitlichen Michelsberger

Kultur in Deutschland. Die monumentale Befreiungshalle ist neben der Walhalla bei Donaustauf und der Ruhmeshalle auf der Münchner Theresienwiese das dritte Nationaldenkmal, das König Ludwig I. von Bayern Anfang bis Mitte des 19. Jahrhunderts in Auftrag gab. Sie thront auf einem Ausläufer des Michelsberges hoch über der Mündung der Altmühl mit einmaligem Blick auf die beiden von Jurafelsen flankierten Flusstäler. An der Befreiungshalle beginnt der Wanderweg zum Kloster Weltenburg, begleitet von den Lehrtafeln eines Archäologischen Wanderpfades. Bequem führt er durch die Wälder im als Naturschutzgebiet ausgewiesenen Hang des Michelsberges.

TOP TIPP Zwischen den Bäumen fällt der Blick hinab auf die **Weltenburger Enge** ⑭: Bis zu 40 m hohe Weißjurafelsen schnüren die Donau auf eine Breite von 110 m ein. König Ludwig I. von Bayern ordnete 1840 den Schutz dieses Canyons an und ließ das während der napoleonischen Kriege 1803 säkularisierte **Kloster Weltenburg** ⑮ 1842 von Benediktinern neu besiedeln. Es ist eines der Urklöster Bayerns – die von den Asam-Brüdern 1716–36 errichtete und ausgestaltete Klosterkirche zählt zu den bedeutendsten Werken des Spätbarock. Doch nicht nur sein kunsthistorischer Rang und seine Schönheit machen das Kloster, das von weitem so wirkt, als sei es von einem Maler der Romantik in die Flusslandschaft hineinkomponiert worden, zum Anziehungspunkt: Alle Ausflügler – ob zu Fuß, zu Wasser, mit Rad oder Auto unterwegs – rasten gerne im schattigen Biergarten des Klosterhofes. Die 1877 eröffnete Klosterschenke ist das traditionsreichste Ausflugslokal im Naturpark.

Riedenburg, die »Perle des Altmühltals«, kann man besonders gut auch mit dem Rad erkunden.

SERVICE

Anfahrt: Auf der A 8 bis zur Ausfahrt Pforzheim-Nord, von dort weiter auf der B 463 nach Pforzheim; nächstgelegener ICE-Bahnhof in Karlsruhe
Lage: Im westlichen Baden-Württemberg zwischen Karlsruhe, Pforzheim und Schramberg
Größe: 3750 km²
Höchste Erhebung:
Hornisgrinde (1163 m)
Gründung: 2000
Information:
Naturpark Schwarzwald Mitte/Nord e.V.
Naturpark-Haus
Schwarzwaldhochstraße 2
77889 Seebach
Telefon: 07449/91 30 54
Internet:
www.naturparkschwarzwald.de

TOP TIPP

6 Wildseemoor
Idyllisches Hochmoor
9 Mummelsee
Karsee vor Alpenpanorama
11 Seekopf
Bergwiesen-Naturschutzgebiet
12 Karlsruher Grat
Kniffliger, aber reizvoller Kletterwanderweg
13 Gottschlägtal
Faszinierende Wasserfallschlucht
14 Schliffkopf
Bergwiesen-Naturschutzgebiet mit toller Aussicht und »Lothar«-Orkan-Lehrpfad

Naturpark Schwarzwald Mitte/Nord

Lichterfüllte Wälder mit tosenden Wasserfällen und Wildbächen, Karseen, in denen sich der weite, blaue Himmel spiegelt, duftende Bergwiesen und luftige Gipfel mit Blick bis zu den Alpen: Der größte deutsche Naturpark ist ein Paradies für alle Sinne, voller Quellen der Kraft.

Rast mit herrlicher Aussicht: Die Bäderstadt Baden-Baden ist auf fast allen Seiten von hohen Bergen umgeben.

Von den sanften Nordschwarzwald-Vorbergen bei Karlsruhe und den lichten Hecken- und Wiesenlandschaften der Oberen Gäue bei Pforzheim erstreckt sich Deutschlands größter Naturpark 90 km weit südwärts bis in die burgenreiche Ortenau, an deren Südgrenze der Naturpark Südschwarzwald anschließt. An Abwechslungsreichtum, Schönheit und natürlicher Wildheit ist das durch Ferienstraßen, Wanderwege, Radrouten und Naturlehrpfade bestens erschlossene Gebiet mit seinen traditionsreichen Fachwerkstädtchen kaum zu übertreffen. Gerade dieses Miteinander von grandioser Natur, gepflegter Kultur und Wellness in den zahlreichen Kurorten macht den unverwechselbaren Reiz dieser Region aus. Der in der Hornisgrinde (1163 m) gipfelnde Grindenkamm ist der First des Nordschwarzwaldes und der aussichtsreichste Bergrücken des Natur-

parks. Ihm folgen die drei großen auto-, wander- und radtouristischen Hauptadern: Die Schwarzwaldhochstraße (B 500) zwischen Baden-Baden und Freudenstadt – eine traumhafte Route, die zu vielen der nachfolgend beschriebenen Sehenswürdigkeiten im Westen bzw. in der Mitte des Naturparks führt – verläuft kammnah im Hang, der Westweg führt als bequemer Wanderweg über den Kamm, und der Schwarzwald-Radweg besticht hier als Mountainbike-Strecke mit hohem sportlichem Anspruch. Der breite, vermoorte Buntsandsteinkamm bildet die Wasserscheide zwischen Acher und Murg, früher trug er die Grenze zwischen Baden und Württemberg. Wegen seiner einzigartigen Vegetation wurde der Grindenkamm 1911 unter Naturschutz gestellt. Westwärts stürzt er in von Wasserfällen durchbrausten Felsflanken zu den Rebfluren der

Dank des gut ausgebauten Wegenetzes lassen sich viele Teile des Naturparks hervorragend zu Fuß erkunden.

Bühler Vorberge und in die sonnige Ortenau sowie südwärts ins Kinzigtal, das größte Tal im Naturpark, ab, während ihm auf der Ostseite die Quellbäche der Murg entströmen. Landschaftlich geprägt wird er durch den Wechsel von weiten Borstgrasmatten mit Legföhren, einzelnen Fichten und sperrigen Wetterkiefern in exzentrischen Formen. Aber auch kleine Hochmoore und Heidevegetation, im Herbst mit reichem Bestand an Blau- und Preiselbeeren, findet man hier.

Ideal für Wanderer und Radler

Der Wildwasserabschnitt des **Unteren Würmtals** ❶ bei Pforzheim ist ein wunderschönes Schluchttal. Ein Wander- und Radweg folgen dem Fluss durch Laubwälder, Feuchtwiesen, an Hochstaudenfluren und Felswänden vorbei durch ein 155 ha großes Naturschutzgebiet, das sich zwischen der Mündung der Würm in die Nagold am »Kupferhammer« und der Immelsklinge oberhalb der Burgruine Liebeneck erstreckt. Während der familienfreundliche Radweg asphaltiert ist, verläuft der Wanderweg auf einem überwiegend naturbelassenen Wurzelpfad zwischen Baumriesen, Felswänden und bemoosten Steinblöcken – ein Hochgenuss, auch wenn von der gegenüberliegenden Talseite immer wieder die Bundesstraße zu hören ist. Startpunkt der Wege durch das Naturschutzgebiet ist die Gaststätte »Kupferhammer« an der Mündung der Würm in Pforzheim. Hier beginnen zudem der Westweg (Europäischer Fernwanderweg 1) nach Basel,

der Ostweg nach Schaffhausen und der Mittelweg nach Waldshut. Die Route durch das Untere Würmtal bildet den Auftakt des Ostweges, der kurz darauf durch die ebenfalls urtümliche, heute noch autofreie Monbachschlucht bei Bad Liebenzell zur Nagold zurückführt.

Hoch über der Bäderstadt

Das im Oostal gelegene **Baden-Baden** ❷ war schon in der römischen Antike ein berühmtes Heilbad und ist seit dem 19. Jahrhundert der Inbegriff einer kultivierten Bäderstadt. Die Lichtentaler Allee längs der Oos zählt zu den schönsten Landschaftsparks im Schwarzwald, an ihr liegen u. a. das Theater und die Staatliche Kunsthalle. Das 1824 eröffnete Casino, in dem schon Tolstoi und Dostojewski (»Der Spieler«) die Kugel rollen ließen, ist die größte Spielbank Deutschlands und mit seinen prachtvollen Sälen im Stil französischer Königsschlösser auch eines der schönsten der Welt.

WANDERTIPP

VON PFORZHEIM ZUM RHEINFALL
Der Ostweg führt von der Gaststätte »Kupferhammer« in Pforzheim auf 240 km über die Ostabdachung des Schwarzwaldes und endet in Schaffhausen. Der Weg ist mit dem Zeichen »rot-schwarze Raute auf weißem Grund« markiert und überwiegend bequem begehbar, Wurzelpfade erwarten den Wanderer jedoch gleich auf der ersten Etappe (etwa 25 km): Der Pfad durch das **Untere Würmtal** ❶ und der felsige Steig durch die Monbachschlucht bei Bad Liebenzell zählen zu den Glanzpunkten. Am Ende der Etappe kann man mit der Nagoldtalbahn nach Pforzheim zurückfahren.

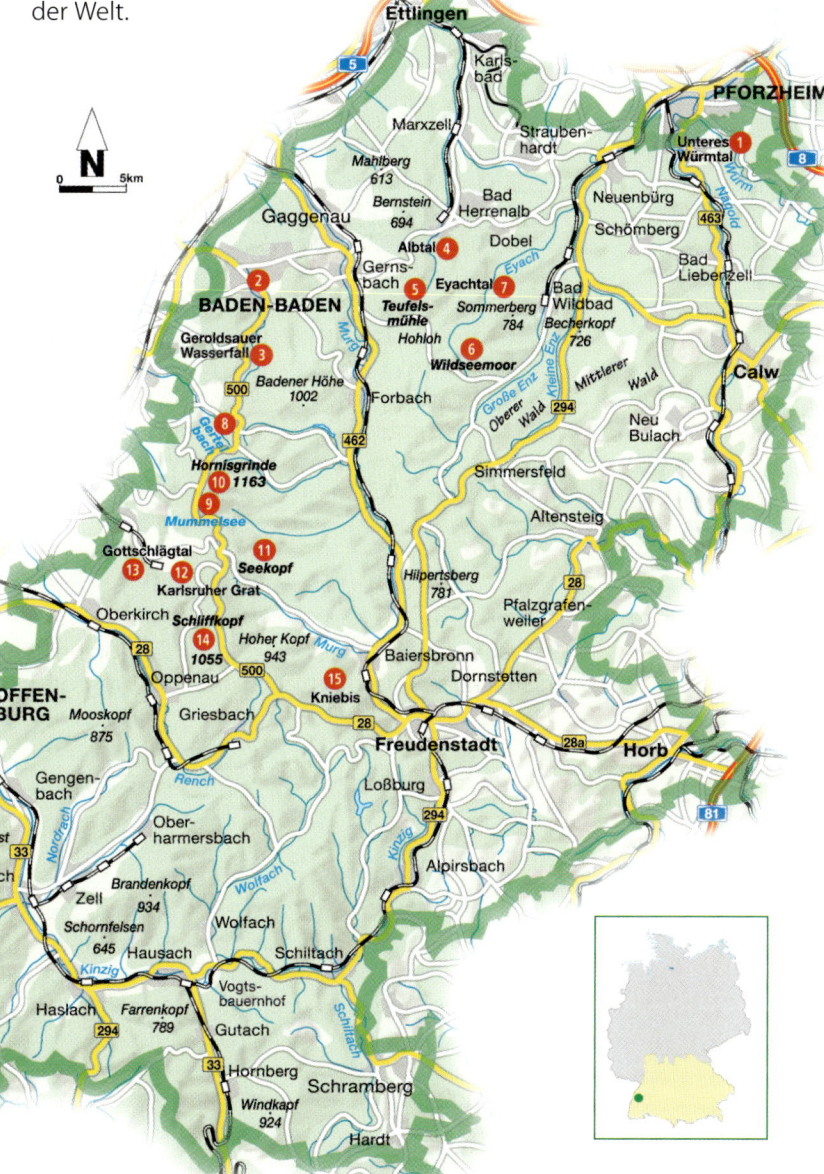

WALD DER HEILBÄDER UND QUELLEN

Der Naturpark Schwarzwald Mitte/ Nord ist eines der bedeutendsten Bäderzentren Deutschlands. Thermen, Säuerlinge, sulfatreiche Brunnen sowie Sole- und Schwefelquellen decken neben Mooranlagen und Kneippkurorten fast den gesamten Bereich der kurmäßigen Bädertherapie ab – und dies teilweise seit Jahrhunderten: Bad Peterstal im Renchtal wird 1360 erstmals als Heilbad

erwähnt, Bad Wildbad (Bild, bei ➏) erlangte Berühmtheit, als 1367 die Grafen von Eberstein den dort badenden württembergischen Herzog Eberhard überfielen, und in den heißen Salzthermen von Aquae, wie Baden-Baden ➋ in römischer Zeit hieß, suchten schon die römischen Kaiser Trajan, Hadrian und Caracalla Erholung – 1700 Jahre später auch Bismarck, Dostojewski, Tolstoi und Flaubert.

1998 wurde hier das mit 2500 Plätzen größte deutsche Festspielhaus eröffnet. Nicht zuletzt strömen jedes Jahr rund 180 000 Menschen ins nahegelegene Iffezheim, wo 1858 die ersten Vollblüter auf der Baden-Badener Galopprennbahn starteten – heute sind die Rennen ein sportliches und gesellschaftliches Top-Ereignis im internationalen Turfsport.

Rund um Baden-Baden erhebt sich ein malerisches Bergensemble. Die steil aufragenden Kegel von Merkur, Fremersberg und Yberg sowie die unter Naturschutz stehenden Felsriffe des Battert bieten herrliche Ausblicke zu den höchsten Nordschwarzwald-Bergen sowie an klaren Tagen über die Oberrheinebene bis nach Straßburg, zum Pfälzerwald und zu den Vogesen. Hausberg der Bäderstadt ist der Merkur (668 m), der seinen Namen nach einem in römischer Zeit aufgestellten Götterbild trägt – eine Replik davon befindet sich am Gipfel beim Aussichtsturm. Man erreicht ihn mit einer Standseilbahn – ein technisches Wunderwerk: Auf 1192 m Länge meistert sie Steigungen von bis zu 54 %. Vom Merkurgipfel führt ein Wanderweg in einer guten Stunde bequem zurück zur Talstation. Der zweite herausragende Baden-Badener Berg ist der von Laubmischwäldern bestandene Battert, ein beliebtes Klettergebiet mit Felstürmen und Massivwänden, die eine Höhe von bis zu 60 m erreichen.

Durch die Hänge über der Bäderstadt führt als 40 km langer Rundwanderweg der »Baden-Badener Panoramaweg«; dank der guten Stadtbusanbindung kann man ihn bequem in einzelnen Etappen begehen. Zu seinen Höhepunkten zählt der **Geroldsauer Wasserfall** ➌. Vom Parkplatz an der Schwarzwaldhochstraße führt der ausgeschilderte Weg in nur 10 Minuten in die Schlucht. Wenige Gehminuten oberhalb lädt das Gasthaus »Bütthof« zur Einkehr ein.

Wanderungen durch romantische Täler und ein Hochmoor

Weitere lohnende Ziele im nördlichen Teil des Naturparks sind das **Albtal** ➍ und seine Seitentäler. Sie stehen auf einer Fläche von 636 ha unter Naturschutz. Zwischen den sanften Bergen des Nordschwarzwalds hat sich die Alb tief eingeschnitten. Charakteristisch sind die großen, zusammenhängenden, durch Wander- und Radwege erschlossenen Wälder – durchbrochen durch die Rodungsinseln der Dörfer – sowie die schmalen Talauen mit ihren Wiesen und Ufergehölzen. Ausgangspunkt für einen Streifzug durch die autofreie höchste Region des Albtales ist der Kurort Bad Herrenalb. Im Umkreis des Ortes entspringen mehr als 60 Quellen – mit unterschiedlichstem Charakter: Es gibt Sturz-

quellen, Quellsümpfe, gefasste Quellen; erkunden kann man sie auf dem »Quellenerlebnispfad«, einer äußerst romantischen Wanderroute, die zur mehr als 700 Jahre alten Plotzsägmühle führt. Die Plotzsägmühle ist ein uriges Ausflugsrestaurant mit einem kleinen Technikmuseum, das u. a. ein Holzsägewerk mit oberschlächtigem Wasserrad umfasst. Ein treuer Gefährte auf dem Weg zur Mühle ist die Alb, ein Wildbach, der sich unweit des Lehrpfades mal schäumend über Geröll, mal ruhig durch die Wiesen schlängelt. Die Alb entspringt in einem schluchtartigen Einschnitt zwischen Langmartskopf und **Teufelsmühle** ➎ (908 m), auf beide Berge führen Wanderwege, die Teufelsmühle ist zudem auf einer serpentinenreichen Mautstraße mit dem Auto erreichbar. Der Aussichtsturm des Schwarzwaldverein-Wanderheimes auf ihrem nördlichen Vorgipfel (893 m) bietet einen prachtvollen Blick über das Murgtal hinweg auf die Baden-Badener Berge. Benannt ist die Teufelsmühle nach den zahllosen Buntsandsteinblöcken, die wie die Trümmer einer riesenhaften vorzeitlichen Burg in den Wäldern verstreut liegen und der Legende nach die Überreste einer zerstörten Mühle des Teufels sind.

Oberhalb von Bad Wildbad liegt das größte Hochmoor im Schwarzwald: das Naturschutzgebiet **Wildseemoor** ➏, in dem im Mittsommer das Wollgras seinen weißen Haarbusch zeigt und im Herbst Moorpflanzen in leuchtendem Rot erstrahlen. Die zwei größten Moorseen sind der Hornsee und der Wildsee. Auf der von Hochmooren und Wald bedeckten Buntsandsteinfläche, die jährlich bis zu 1800 mm Niederschlag empfängt, leben Pflanzen und Insekten, die nach der Eiszeit wegen der hohen Feuchtigkeit und der niedrigen Temperaturen sonst nur in Skandinavien überlebt haben. Zwischen Legföhren und Birken führt ein hölzerner Steg durch das Naturschutzgebiet, er gibt den Blick frei auf den von Schwingrasen umgebenen Wildsee. Mitten durch das Moor, dessen Torfschicht bis zu 7,5 m dick ist, verläuft auch die Grenze zwischen Baden und Württemberg. Idealer Ausgangspunkt für einen Ausflug in das Wildseemoor ist der zur Stadt Gernsbach gehörende Weiler Kaltenbronn (in etwa 40 Minuten erreicht man von hier aus das Moor). Lohnend ist auch die Ausstellung im neuen (ab 2007) Naturpark-Informationszentrum, das im historischen Jagdhaus an der Passstraße vom Enz- ins Murgtal aufgebaut wird. Hier können sich Interessierte über das Ökosystem Hochmoor informieren.

Während das Wildseehochmoor nur zu Fuß zu erkunden ist, ist das ebenfalls unter Naturschutz stehende **Eyachtal** ➐ eine Paradestrecke für

Radwanderer. Die Eyach entspringt in mehreren Quellbächen nördlich des Wildseemoores, das Tal ist bis hinab zur Ausflugsgaststätte »Eyachmühle« durchgehend autofrei.

Jähe Schluchten und Karseen mit wunderlichen Wesen

Über die Schwarzwaldhochstraße erreicht man am besten den **Gertelbach** ❽. Er hat oberhalb des Luftkurortes Bühlerhöhe eine faszinierende Wasserfallschlucht ausgetieft. Auf einer Länge von 1000 m überwindet der Wasserlauf im Granit einen Höhenunterschied von über 200 m und bildet zahlreiche, bis zu 7 m hohe Wasserfälle. Beidseits der nur 5 bis 20 m breiten Schlucht ragen Granitwände auf, aus denen teilweise sehr hohe Felsstücke herausgewittert und in die Schlucht gestürzt sind: Über dieses Geröll sucht sich der Gertelbach seinen Weg. Der markanteste anstehende Felsen ist der 10 m hohe Emilienfelsen. Mal rechts, mal links des Wildbaches windet sich ein Wanderpfad entlang der Kaskaden durch naturnahen Bergmischwald aufwärts. Mehrmals überquert der Steig den Bach auf Stegen und Brücken, später führt er unter Felsklippen dahin und erreicht schließlich oberhalb einer Schutzhütte den größten Wasserfall. Hier kann man rasten und dem Tosen der Wasserflut lauschen. Der Steig durch die Schlucht ist Teil eines ausgeschilderten Rundwanderweges, der oberhalb der Wasserfälle zum aussichtsreichen Wiedenfelsen und zum Falkenfelsen weiterführt: Letzterer ist das berühmteste der zahlreichen

Granitmassive oberhalb von Bühlertal. Der Falkenfelsen entragt etwa 80 m dem Steilhang, er wurde 1932 erstmals erklettert. Für Wanderer zugänglich ist ein geländergesicherter Ausläufer, der sich 45 m senkrecht aus dem Wald erhebt und das wohl schönste Panorama von Bühlertal und seiner Umgebung bietet. Gleich in der Nähe können sich Wanderer im Waldgasthaus »Kohlbergwiese« stärken, dann führt der Rundweg zurück nach Bühlertal. Für diese spannende und auch für Kinder zu empfehlende Wanderung sollte man etwa 4 Stunden rechnen, wobei festes Schuhwerk unerlässlich ist.

TOP TIPP An der Südseite der Hornisgrinde liegt der **Mummelsee** ❾. Mit knapp 18 m ist er der tiefste Karsee des Schwarzwaldes – und der reizvollste. Er ist ein viel besuchter Ort an der Schwarzwaldhochstraße und wird wegen seiner Parkplätze, des Berghotels und des Tretbootverleihs zuweilen als »Rummelsee« bezeichnet, doch seiner Schönheit tut dieser Trubel keinen Abbruch. Am Berghotel beginnt der 800 m lange Rundwanderweg um diesen sagenumwobenen See, in dessen Tiefen Nixen, Zwerge und andere als Mummeln bezeichnete wunderliche Wesen hausen sollen. Das Wort »Mummel« bezieht sich zugleich auf die gleichnamige Teichrosengattung, die hier zur Mittsommerzeit ihre gelben Blüten entfaltet. In Vollmondnächten, so wird erzählt, drehen sich die Mummeln im Reigen auf dem Wasser, am Tag verwandelten sie sich in alten Zeiten in Weiblein und halfen den Frauen in den Dörfern beim Spinnen.

PFLANZEN

TORFMOOSE
(Sphagnopsida)

Torfmoose sind extrem genügsam. Die wenigen Nährstoffe, die sie benötigen, erhalten sie von oben aus dem Regenwasser – daher haben sie auch keine Wurzeln. Wie ein Schwamm saugen die Pflanzen, die große, zusammenhängende Polster bilden, Nässe auf und können dabei eine Flüssigkeitsmenge speichern, die dem 20-fachen ihres eigenen Gewichts entspricht. Wäh-

rend die oberen Torfmoosschichten ständig wachsen, sterben die tieferen ab und vertorfen; die Moosdecke wird langsam angehoben – um circa 1 mm im Jahr. Hochmoore sind nach dieser Wölbung benannt: Wo die Feuchtigkeit am größten ist, wachsen die Torfmoose am schnellsten, die Torfmoosdecke erhebt sich dadurch uhrglasförmig über die Randbereiche des Moors.

Das Wildseemoor – ein unberührtes Mosaik aus Seen, Schwingrasen und Wäldern mit Birken, Kiefern und Fichten.

GRINDEN – HOCHWEIDEN DES NORDSCHWARZWALDES

Als Grinden bezeichnet man die karge, fast baumfreie Feuchtheidevegetation in den Hochtälern des Nordschwarzwaldes. Nach ihnen sind auch der Grindenkamm und die Hornisgrinde ⑩ (Bild) benannt. Der Begriff geht auf das schwäbische Wort »Grind« zurück, was in etwa »spärlich behaarter Kopf« bedeutet. Die Grinden entstanden im späten Mittelalter durch Rodung. Um Wei-

defächen zu gewinnen, brannten die Bauern in der Kammregion den Naturwald nieder. Überweidung entzog dann aber dem ohnehin schon mageren Boden weitere Nährstoffe, verdichtete ihn und führte schließlich zur Moorbildung. Um zu verhindern, dass der Wald die Grinden zurückerobert, wurde die – großflächig aufgegebene – Beweidung der Flächen mit Rindern und Schafen wieder eingeführt. Bereits ausgesäte Bäume und Büsche werden von Hand gefällt.

Bei klarer Sicht lohnt sich vom Mummelsee der Aufstieg auf die **Hornisgrinde** ⑩ (1163 m), den höchsten Nordschwarzwaldberg – er dauert nur rund 30 Minuten. Steil erhebt sich der teilweise vermoorte, teilweise von artenreichen Bergwiesen bedeckte Gipfelrücken auf dem Grindenkamm, weithin erkennbar am Funkturm des Südwestfunkes. Die Bezeichnung »Grinde« weist darauf hin, dass das Gipfelplateau früher als Viehweide genutzt wurde und waldfrei ist, dementsprechend ausgezeichnet ist die Aussicht: Westwärts schweift der Blick über die Ortenau und das Rheintal hinweg zu den Vogesen und ostwärts über das Murgtal bis zur Schwäbischen Alb. Der 1910 am Südende des Gipfelplateaus als Aussichtsturm errichtete Hornisgrindeturm ist seit 2005 wieder zugänglich, und in der Nähe des Funkturmes steht als zweite Aussichtsmöglichkeit der Bismarckturm. Ein Naturlehrpfad führt vom Hornisgrindeturm zum Bismarckturm und durch die Moore hoch über dem Biberkessel wieder zurück.

Der naturschönste Aussichtsberg des Grindenschwarzwaldes ist – neben dem Schliffkopf – der **Seekopf** ⑪ über dem Wildseekar. Vom Naturschutzzentrum Ruhestein an der Schwarzwaldhochstraße schwebt man im Sessellift bequem bis auf eine Höhe von 1000 m und spaziert dann in einer Viertelstunde durch das herrliche Naturschutzgebiet zum Aussichtspunkt über dem Wildsee. Legföhren und eindrucksvolle Wetterfichten säumen den Wanderweg, dem auch der Westweg und der Europäische Fern-

wanderweg 1 folgen, dann blinkt tief unten der Wildsee auf, ein von urwaldähnlichen Bergwäldern gerahmter Karsee. Die Aussicht am Seekopf ist so göttlich, dass man an diesem Ort seinen ewigen Frieden finden könnte, mag sich der Philosoph und Sprachforscher Julius Euting (1839 – 1913) gedacht haben, Mitbegründer des Vogesenclubs und einst Vorsitzender des Verbandes Deutscher Gebirgs- und Wandervereine: Er hat hier in einer Urnengrabstätte seine letzte Ruhe gefunden. Wer dem Westweg vom EutingGrab weiter folgt, gelangt wenig später an die Verzweigung Wildseewegle: Hier beginnt der beschwerliche, nur für Trittsichere zu empfehlende Steig zum Wildsee. Der Westweg hingegen behält seine Höhe bei und erreicht schon bald das abgeschiedene, rustikale Ausflugslokal »Darmstädter Hütte«, in dem man auch übernachten kann.

Tanz auf der Felsenklinge

Dem messerscharfen Eichhaldenfirst, als **Karlsruher Grat** ⑫ bekannt, folgt die berühmteste Kletterwanderroute im Schwarzwald. Früher galt er als Geheimtipp, seit er jedoch als Top-Sehenswürdigkeit sogar an der Autobahn ausgeschildert ist, erfreut er sich großer Beliebtheit. Auch immer mehr Eltern mit Kindern unternehmen die aussichtsreiche Kletterpartie hoch über der Wasserfallschlucht des Gottschlägbaches. Festes Schuhwerk, Trittsicherheit und Schwindelfreiheit sind jedoch Voraussetzungen für die Begehung des Felsgrates. Alle

Mehrere Quellbäche speisen die Eyach – auf ihrem Weg talabwärts wächst sie zu einem stattlichen Wildbach heran.

kniffligen Passagen können allerdings auch auf einem einfacheren Pfad umgangen werden. Westlich des Karlsruher Grates hat der Gottschlägbach eine von bis zu 8 m hohen Wasserfällen durchbrauste Schlucht, das **Gottschlägtal** ⑬ gegraben. Der berühmteste Wasserfall tost beim sagenumwobenen »Edelfrauengrab«, einer vom Wasser ausgestrudelten Höhle, durch die Felsen. Der Sage nach soll hier die Bosensteinerin, die Frau des Herrn von Burg Bosenstein – die Ruinen liegen etwa 1 km entfernt über dem Achtertal – von ihrem Gatten bei lebendigem Leib eingemauert worden sein.

Wer »nur« den Karlsruher Grat erwandern möchte, verlässt am Ruhestein die Schwarzwaldhochstraße und fährt Richtung Allerheiligen bis zum Bosensteiner Eck: Hier schnürt man die Stiefel und erreicht nach 10 Minuten den oberen Ansatz des Grates. Wer zusätzlich durch die Wasserfallschlucht wandern will, parkt besser in Ottenhöfen am Schotterwerk: Der Parkplatz ist an der Straße Richtung »Schwarzwaldhochstraße« ausgeschildert. Der Aufstieg bis zum Bosensteiner Eck ist steil und dauert hin und zurück zwei bis drei Stunden.

Auf dem Orkan-Lehrpfad durch das Grinden-Naturschutzgebiet

Der **Schliffkopf** ⑭ wird häufig als der stimmungsvollste Hochgipfel des Nordschwarzwaldes beschrieben. Er ist einer der Berge mit hervorragender Aussichtsmöglichkeit. Nur knappe 15 Minuten dauert der Aufstieg vom Schliffkopf-Hotel an der Schwarzwaldhochstraße aus: Schon die Aussicht auf den mittleren Schwarzwald und die Ortenau am Eingang des Hotels ist atemberaubend, dann führt der Weg hinauf in das Naturschutzgebiet und zwischen Legföhren auf den Schliffkopf, wo sich an der Panoramatafel beim Bergkreuz nahezu der gesamte Schwarzwald einschließlich der Berge im Süden entrollt. Der Quellberg der Rechtmurg und der Allerheiligenfälle ist Namensgeber eines der ältesten und größten Naturschutzgebiete in Baden-Württemberg: Das Grinden-Naturschutzgebiet Schliffkopf umfasst den Grindenkamm auf einer Länge von knapp 10 km vom Naturschutzzentrum Ruhestein im Norden bis zur Jugendherberge Zuflucht am Kniebis im Süden. Legföhrenbestände, offene Grindenflächen, Wälder und Wollgrasmoore prägen seine Hochlagen ebenso wie die Windwurfflächen am »Lotharpfad«. Dieser Erlebnispfad führt auf einer Länge von gut 800 m durch das verwilderte Windwurfgelände, das durch das verheerende Wirken des Weihnachtsorkans »Lothar« im Jahr 1999 am Plonkopf entstanden ist. Das Forstamt hat die entwurzelten

Fichten liegen gelassen, zwischen den ineinander verkeilten Stammbruchstücken entwickelt sich jetzt neues Leben, Ebereschen und Birken wachsen empor.

Streifzüge durch die Stille

Die Murg ist die Seele des Nordschwarzwaldes. Von den Wäldern am Schliffkopf sucht sie ihren Weg in die Auen und Wiesen von Baiersbronn, weiter unten bei Forbach liegt ihr felsenreiches Bett oft trocken, weil das Wasser dort seit Jahrhunderten zur Energiegewinnung genutzt wird. Ab der Fachwerkstadt Gernsbach durchfließt sie das am stärksten industrialisierte Tal des Naturparks, ehe sie nach 97 km unterhalb von Rastatt in den Oberrhein mündet. Ihre Hauptquellbäche sind Recht- und Rotmurg, die am Osthang des Grindenkammes entspringen und sich am Kurpark des Luftkurortes Obertal-Buhlbach vereinigen. Die genannten Bäche sowie der Buhlbach mit dem Buhlbachsee, der Gute Ellbach mit dem Ellbachsee und der Sankenbach mit den Sankenbachwasserfällen am **Kniebis** ⑮ durchfließen eine wunderbare Natur mit den stillsten Wandertälern des Nordschwarzwaldes. Wer es sich bequem machen will, parkt am Kurpark in Obertal, fährt mit dem Bus hinauf zum Ruhestein, zum Schliffkopf-Hotel oder zur Zuflucht am Kniebis und wandert durch eines der zauberhaften Wald- und Wiesentäler zurück zum Auto. Jedes Tal ist unverwechselbar. Die meiste Spannung und Abwechslung bietet sicherlich das felsenreiche Rotmurgtal, das schluchtartig in den »roten« Buntsandstein eingeschnitten ist. Ihren Namen trägt die Rotmurg der Sage zufolge, weil am Wasserfall an der Teufelsmühle – hier stürzt der Fluss über eine Felsstufe in ein nahezu kreisrundes Becken – einst ein verwundeter Ritter im Sterben lag und sein Blut die Wassermassen drei Tage lang färbte. Im Buhlbachtal erfreuen die magische Stille des entlegenen Buhlbachsees und die Tiefblicke vom Hangweg in den weit unten durch die Schlucht brausenden Bach; im Rechtmurgtal im Hang des Schliffkopfes befindet sich direkt am Murgtalwanderweg der Murgbrunnen, die Hauptquelle der Murg.

Während die beschaulichen Quellbachtäler der Murg Wanderern vorbehalten sind, kommen Radfahrer auf der belebten »Tour de Murg« zwischen Freudenstadt und Rastatt auf ihre Kosten. Dieser äußerst attraktive Radweg folgt dem Fluss auf fast durchgehend autofreien Wegen und kann dank der zahlreichen S-Bahnhöfe auch problemlos in kurzen Einzeletappen durchfahren werden: Wer also beispielsweise mit Kindern hier unterwegs ist, kommt mit der Murgtal-S-Bahn bequem zum jeweiligen Ausgangspunkt zurück.

▶ **TIPP FÜR KINDER**

VOGTSBAUERNHOF

Das Schwarzwälder Freilichtmuseum »Vogtsbauernhof« (Bild) in der Gemeinde Gutach im Gutachtal, südlich von Kniebis ⑮ und Kinzigtal, ist das meistbesuchte kulturgeschichtliche Museum des Schwarzwaldes. Rund um den 400 Jahre alten Vogtsbauernhof wurden weitere Höfe des 16. bis 18. Jahrhunderts aus dem mittleren und nördlichen Schwarzwald hierher versetzt: Stuben, Schlafkammern und Ställe sind

mit Einrichtungsgegenständen und Werkzeugen der damaligen Zeit ausgestattet. Hinzu kommen Nebengebäude wie Speicher, Kapelle, Backhaus, Mühle, Schmiede, Säge und von Buchsbaum umrahmte Bauerngärten. Die Waldausstellung im Lorenzenhof informiert über Waldarbeit, Holztrift und Flößerei. Historische Bauerngärten, Kräutergärten und alte Obstbäume gehören ebenso zum Freilichtmuseum wie die Kühe auf der Weide, die Schweine, Hühner, Schafe, Ziegen und Gänse.

SERVICE

Anfahrt: Über die A 5 Basel – Karlsruhe Ausfahrt Freiburg-Nord und über Waldkirch nach Elzach (B 294), kurz vor Elzach links abzweigen Richtung Biederbach. Der nächste Bahnhof ist Elzach, Endbahnhof der Breisgau-S-Bahnlinie Freiburg – Waldkirch – Elzach, von dort fährt der Bus nach »Oberbiederbach Kreuz«

Lage: Im Südwesten Baden-Württembergs zwischen Freiburg, Waldshut, Donaueschingen und Triberg

Größe: 3700 km²

Höchste Erhebung: Feldberg (1493 m)

Gründung: 2000

Information:
Naturpark Südschwarzwald
Haus der Natur
Dr.-Pilet-Spur 4
79868 Feldberg (Schwarzwald)
Telefon: 07676/93 36 10

Internet:
www.naturpark-suedschwarzwald.de

❻ Kandel
Aussichtsberg an der Schwarzwald-Panoramastraße

❿ Feldberg
Mehrgipfeliges Bergmassiv mit einzigartigem Panorama

⓱ Wutachschlucht
Wilder Canyon mit einem Wanderweg durch 100 Millionen Jahre Erdgeschichte

⓳ Belchen
»König des Schwarzwaldes«

⓴ Murgtal und Murgschlucht
Faszinierendes Schluchttal mit Naturlehrpfad, das per Postkutsche durchfahren werden kann

Naturpark Südschwarzwald

Hier schultert ganz Deutschland begeistert den Rucksack: Seit Jahrzehnten zählt der Südschwarzwald zu den meistbesuchten Wanderregionen der Mittelgebirge. Kein Wunder, denn an Attraktivität und Abwechslungsreichtum ist der zweitgrößte Naturpark des Landes kaum zu überbieten.

Eine Landschaft, wie sie spektakulärer kaum sein könnte: die Triberger Wasserfälle inmitten einer grünen Schlucht.

Breit ist das Spektrum der landschaftlichen Reize, das von Urwäldern, tosenden Wasserfällen und spektakulären Felsformationen über Almen mit Alpenblick bis zu romantischen Seen und trutzigen Burgen reicht. Dabei liegen Natur und Kultur im Südschwarzwald nie weit voneinander entfernt – jahrhundertealte Kurorte und Fachwerkstädtchen laden zum Bummeln ein und locken mit spannenden Museen. Der Naturpark greift weit über den eigentlichen Südschwarzwald hinaus und umfasst auch den Süden des mittleren Schwarzwaldes bis hinauf zu den Triberger Wasserfällen und ostwärts bis zum Schwenninger Moos, dem Quellmoor des Neckars.

Paradiese über dem Elztal

Herrliche Panoramen bieten sich auf dem Kandel-Höhenweg vom Biederbacher Gasthof »Zum Kreuz« zum **Hünersedel-Aussichtsturm ❶**. Hier scheint die Zeit stillzustehen: Verträumte Gipfel und Täler breiten sich im Norden aus. Am Waldrand fällt der Blick über die Feuchtwiesen und Moore des Naturschutzgebiets Brai im Quellgebiet des Biederbaches sowie über das Elztal hinweg zum Kandel, während sich links davon die mächtigen Bergstöcke von Rohardsberg und Brend mit ihren Wäldern und Wiesen hoch über dem Yach- und dem Simonswälder Tal zeigen. Kein Wunder, dass der Gasthof »Zum Kreuz« ein beliebter Ausgangspunkt für Wanderungen ist: Nahe Ziele sind die Schutterquelle mit schönem Rastplatz in den Wiesen rund um den in Stein gefassten Quellteich, von dem der Blick hinaus auf die Rheinebene schweift, und der Hünersedel (744 m), die höchste Erhebung des durch zahllose Täler und den Wechsel von Wiesenland,

Wald und Einzelhöfen geprägten Gneis- und Granitgebietes im Nordwesten des Naturparks. Der 29 m hohe Aussichtsturm auf der Gneiskuppe bietet einen fantastischen »30-Täler-Blick«, auch Kaiserstuhl, Vogesen und die höchsten Schwarzwaldberge sind dabei: Kandel, Feldberg und Belchen sowie der Hochblauen über dem Markgräflerland und – jenseits des Elztales – der Rohrhardsberg.

Das Massiv des **Rohrhardsberges** ❷, dessen Ausläufer die Elz auf drei Seiten umspült, ist mit 1163 m die höchste Erhebung im nördlichen Teil des Naturparks, sein Gipfel und das obere Elztal bilden das Kernstück des Naturschutzgebietes »Rohrhardsberg – Obere Elz«, das 1997 als 500. Naturschutzgebiet Baden-Württembergs eingerichtet wurde. Vegetation und Tierwelt des teils bewaldeten, teils vermoorten, teils von aussichtsreichen Wiesen bedeckten Rohrhardsbergs sind subalpin. Hier finden sich Gebirgspflanzen wie Alpen-Frauenfarn, Alpendost und Alpenrose; in den Mooren gedeihen Siebenstern und Sumpfbärlapp; im Gipfelbereich fühlt sich die gelborange, duftende Arnika wohl. Auch Vogelarten wie Auerhuhn, Habicht und Sperber haben auf dem Berg ein Rückzugsgebiet gefunden, der Wanderfalke wird als Nahrungsgast und die seltene Kornweihe als Durchzügler gesichtet. Seine Höhenlage und Schönheit machen den Rohrhardsberg auch zu einem beliebten Skiwandergebiet. Die Elz entspringt im Hang des Farnberges, eines Ausläufers des Rohrhardsberges, in 1089 m Höhe. Knapp 30 m tiefer liegt die eingefasste Quelle am Westweg im Wald oberhalb des **Naturschutzgebietes Briglirain** ❸. Die Elz durchfließt vom Briglirain, dem Sattel zwischen dem Elz- und dem Katzensteigtal, bis zu den Elzfällen (877 m) ein etwa 3 km langes, von Vermoorungen und Wiesenland geprägtes Hochtal, das Farnbergtal. Hier führen der Schwarzwald-Radweg, der Europäische Fernwanderweg 1 (Westweg) und zahlreiche weitere Rad- und Wanderwege aus allen Himmelsrichtungen hindurch,

darunter auch Routen, die von oder zu den eindrucksvollen, nicht enden wollenden **Triberger Wasserfällen** ❹ mit einer beachtlichen Fallhöhe von rund 160 m und der Schönwalder Hochfläche mit dem verträumten, sagenumwobenen **Blindensee** ❺ leiten.

Die Feuchtlandschaft der Briglirain-Senke vermittelt bis heute ein eindrucksvolles Bild davon, wie die Täler hier jahrhundertelang ausgesehen haben. Durch den Briglirain verläuft auch die europäische Wasserscheide zwischen Nordsee und Schwarzem Meer: Während die Elz über den Rhein in die Nordsee abfließt, strömen die Quellbäche im Südteil des Gebirges der Breg zu.

Die Bregquelle (1078 m) in der Nähe der Martinskapelle bei Furtwagen ist die höchstgelegene Donauquelle. 1 Liter Wasser tritt hier pro Sekunde aus und speist ein Bächlein, das sich nach 48 km in Donaueschingen mit der Brigach zum zweitlängsten Strom Europas vereinigt: »Brigach und Breg bringen die Donau zuweg.«

KULTURTIPP

UHRENMUSEUM FURTWANGEN
Der Luftkurort Furtwangen (südlich von ❹) im Bregtal an der Deutschen Uhrenstraße avancierte im 18. Jahrhundert zum Zentrum der Herstellung von Schwarzwälderuhren. Die Sammlung im Deutschen Uhrenmuseum ist die umfassendste ihrer Art. Ausgangspunkt der Uhrenherstellung war der badische Schwarzwald: Im Dorf Waldau südöstlich von St. Märgen sollen im 17. Jahrhundert die ersten Uhren gefertigt worden sein, um 1730 versah die Familie Ketterer in Schönwald sie erstmals mit einem Kuckuck. Ihr endgültiges Aussehen verdanken die Uhren den Eisenbahnbau: Das Bahnwärterhäuschen wurde Vorbild für das Gehäuse, aus dessen Giebelfenster der Kuckuck hervorschießt.

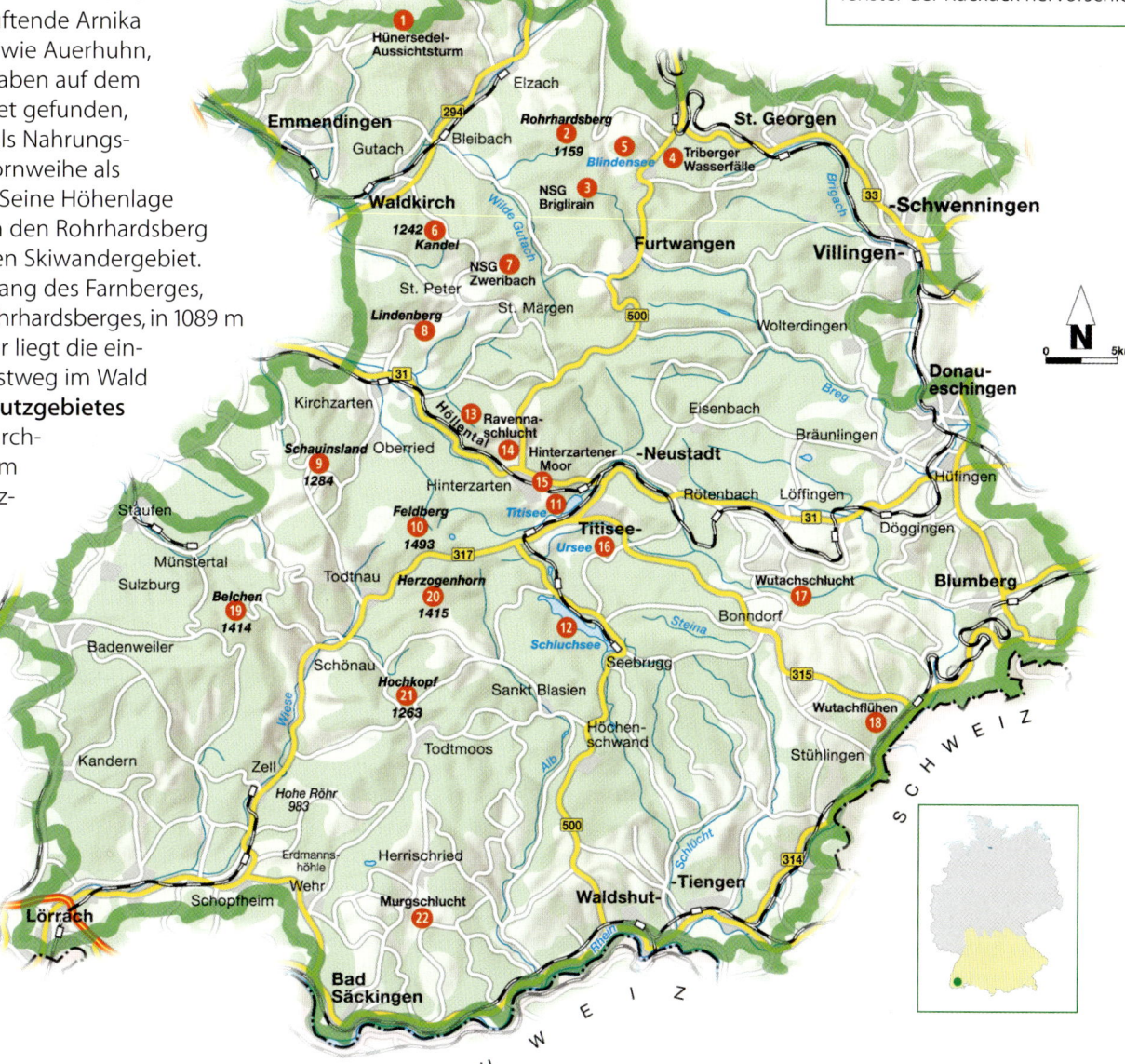

WESTWEG – HÖHENWEG DES SCHWARZWALDES

Der Westweg ist einer der attraktivsten Fernwanderwege in Deutschland. Von Pforzheim führt er auf einer Länge von rund 280 km über den Schwarzwald, erreicht am Feldberg ❿ – bis hier ist die Route identisch mit dem Europäischen Fernwanderweg 1 – mit 1493 m die höchste Landmarke und endet am Badischen Bahnhof in Kleinbasel am Rheinknie im Dreiländereck Deutschland, Schweiz und Frankreich. Der Westweg berührt zahlrei-

che Natursehenswürdigkeiten, die zu den schönsten des gesamten Gebirges zählen. Im Naturpark Südschwarzwald, am »Feldberger Hof« (gleich neben der Talstation der Feldbergbahn) verzweigt er sich in eine West- und eine Ostvariante, die als Rundweg begangen werden können: Der Weststrang führt vom Feldberg zum Belchen ⓳ und dann via Hochblauen und Kandern durch das Markgräflerland nach Kleinbasel; der Oststrang führt über das schöne Herzogenhorn über den Kamm zwischen Wiesen- und Alb- bzw. Wehratal hinab zum Dinkelberg, wo dann der Schlussspurt nach Basel beginnt. Für beide Varianten sind jeweils gut 20 Stunden Gehzeit zu veranschlagen.

Schauinsland ganz wörtlich verstanden: Bei einem Picknick auf dem Berg bei Freiburg bieten sich herrliche Ausblicke.

Der Kandel – wo im Breisgau die Hexen tanzen

Mit seinen Felsen, Buchenwäldern und Hochweiden sowie seiner einzigartigen Aussicht ist der **Kandel** ❻ einer der schönsten Panoramaberge im Schwarzwald. Der Bergstock erhebt sich im Westen des Naturparks zwischen den Tälern von Elz, Glotter und Wilder Gutach mit einer Reliefenergie von fast 1000 Höhenmetern und springt mit seinen Westausläufern über das Suggental hinaus bis fast nach Denzlingen in die Rheinebene vor – ein Topziel für Mountainbiker ebenso wie für Wanderer und Gleitschirmflieger, die sich in Gipfelnähe neben dem Berghotel »Kandel« in den Wind legen. Vom Kleinen Kandelfelsen, einem der zahlreichen Felsbastionen, blickt man aus der Vogelperspektive hinab ins Glotteral mit der aus der gleichnamigen TV-Serie bekannten »Schwarzwaldklinik«. Mit dem Auto erreichbar ist dieser sagenumwobene Berg, den die Legenden als »Hexentanzplatz des Breisgaus« kennen, auf der Schwarzwald-Panoramastraße: Von Waldkirch im Elztal führt sie auf 70 km Länge über den aussichtsreichen Kandelbergstock in die Klosterdörfer Sankt Peter und Sankt Märgen und über die Breitnau in das Wintersportzentrum Hinterzarten. In der Nähe des Plattenhofs, eines Bergbauernhofs mit dem Gasthaus »Zur Platte« an den Ostausläufern des Kandelmassivs über dem Simonswälder Tal, befindet sich das Naturschutzgebiet **Zweribach** ❼. Urwaldartige Schluchtwälder, die Zweribach- und Hirschbachfälle sowie der Hohwartfelsen zählen zu den unbestrittenen Höhepunkten dieser be-

eindruckenden Stein-, Wald- und Wasserwildnis, die – so warnt auch ein Hinweisschild – nur von geübten Wanderern mit festem Schuhwerk begangen werden sollte. Zweribach und Hirschbach stürzen durch ein Kar, das von einem Gletscher der letzten Eiszeit in der Ostkante der hochflächenartigen Platte ausgetieft wurde. Nähert man sich dem Talkessel von der Platte aus, etwa vom Plattenhof, öffnet sich der Blick auf das urwüchsige Gebiet erst kurz vor dem jähen Abgrund. Steile Pfade führen hinab zu den Wasserfällen.

Belohnt wird, wer in Sankt Peter die Schwarzwald-Panoramastraße kurz verlässt und dem Schild zum **Lindenberg** ❽ folgt: Dieser Südostausläufer des Kandelmassivs trägt eine viel besuchte Marienwallfahrtskapelle, bei der sich ein einzigartiger Ausblick bietet.

Von luftigen Höhen in die Tiefen des Berges

Die 15-minütige Seilbahnfahrt auf den Freiburger Hausberg **Schauinsland** ❾ ist fantastisch: Kein Wald verdeckt die Sicht, fast endlos schweift der Blick über die Rebfluren und Waldhügel der Rheinebene. Die älteste Großkabinen-Umlaufbahn der Welt transportiert zwischen der Talstation (473 m) in Horben und der Bergstation (1219 m) am Panorama-Restaurant »Schauinsland« auch Fahrräder. Während sich die einen mit ihren Mountainbikes auf einer der Downhill-Routen talwärts stürzen, wandern die anderen in 15 Minuten zum Aussichtsturm auf dem Gipfel (1284 m) und genießen das einmalige Schwarzwald-Vogesen-Alpen-Panorama. Der Schauinsland ist auch Standort eines großen Bergbaumuseums: Stollen von über 100 km Gesamtlänge durchziehen den Freiburger »Erzkasten«, das zutage geförderte Silber begründete vor 800 Jahren den Reichtum der Münsterstadt, deren filigraner Domhelm einer der schönsten Türme der Christenheit ist. Der Holzverbrauch beim Silberabbau führte zur weitgehenden Entwaldung des Bergstockes. Das Gelände wurde nicht wieder aufgeforstet, sondern als Weide genutzt.

So erstreckt sich heute im Südhang des Gipfels im Oberrieder Hofsgrund eine offene Hochweidenlandschaft mit mehrhundertjährigen Hudebuchen und Weidbuchenhainen und überwältigenden Ausblicken. Auch das Fraunhofer-Institut nutzt diese exponierte Lage und unterhält hier ein Sonnenobservatorium. Der abwechslungsreiche Erzkasten-Rundweg erschließt auf 5 km Länge die Kulturlandschaft des Schauinsland. Lehrtafeln informieren über Landschaft, Geologie, Bergbau, Besiedlung, Landwirtschaft, Wald, Natur- und Biotopschutz in dieser einzigartigen Bergwelt. Der Rundweg ist gut markiert (grüner Baum auf weißem Grund), man erreicht ihn am besten vom Parkplatz aus, der nahe der Bergstation der Schauinslandbahn liegt.

Am Gipfel der Gefühle

TOP TIPP Das höchste Bergmassiv des Schwarzwaldes ist der **Feldberg** ⑩, sein Gipfel die höchste deutsche Erhebung außerhalb der Alpen. 2006 wurde das Bergmassiv zusammen mit der Wutachschlucht in die Liste der schönsten Geotope Deutschlands aufgenommen. Der weit geschwungene Rücken des Feldberges mit seinen aussichtsreichen Weidfeldern und seltenen Pflanzen bildet einschließlich der Kare, Schmelzwasserrinnen, »Löcher« und Täler, die eiszeitliche Gletscher in seinen Flanken ausgehobelt haben, das älteste und größte Naturschutzgebiet Baden-Württembergs. Einer seiner Glanzpunkte ist das felsenumkesselte Feldseekar mit dem nahezu kreisrunden Feldsee. Die so weit nördlich ansonsten nur in den Alpen vorkommende Alpen-Troddelblume lässt hier als Eiszeitrelikt auf den Hängen nach der Schneeschmelze ihre lilafarbenen Blüten auswachsen und ist das Wahrzeichen dieses außergewöhnlichen Berges.

Dank der Weitläufigkeit der waldlosen Gipfelebenen bietet jeder Nebengipfel dieses Gneis- und Granitstocks andere Panoramen, sodass die Hochlagen des Feldberges ein bequemes Wandergebiet bilden. Vor allem bei Inversionswetterlage, wenn der Blick bis zu den Alpen reicht, lässt es sich hier auf einer Strecke von 8 bis 9 km Länge herrlich spazieren. Idealer Ausgangspunkt ist das Naturschutzzentrum beim »Feldberger Hof« am Fuß des Seebucks.

Der aus dem Feldsee austretende Seebach fließt zum **Titisee** ⑪, dem größten natürlichen See des Schwarzwaldes. Vom Zweiseenblick hoch über Neuglashütten ist der Titisee ebenso zu sehen wie der **Schluchsee** ⑫: Der 1932 aufgestaute See ist der größte Schwarzwaldsee und ein bedeutendes Wassersportparadies für Segler und Surfer. Seine fast unverbaute Uferlinie macht ihn zu

Der Titisee ist der größte natürliche See im Schwarzwald und lockt mit zahlreichen Freizeitangeboten.

SANKT BLASIEN

Der Luft- und Kneippkurort Sankt Blasien an der oberen Alb (südlich des Schluchsees **12**) war mehr als ein Jahrtausend lang Residenz eines Benediktinerstaates, zu dem weite Teile des Hoch- und Südschwarzwaldes gehörten, und ist heute ein viel besuchtes Ausflugsziel: Ein Ort zum Wohlfühlen mit gemütlichen Straßencafés, Kurpark und einem Dom (1783), dessen Kuppel (Bild) nach der des Pariser Pan-

théons und der Peterskirche in Rom die drittgrößte der Erde ist. Neben Konzerten im Dom finden vor der Kathedrale – in mehrjährigem Abstand – auch immer wieder opulente Festspiele statt. Martin II. Gerbert, unter dessen Herrschaft die Rotunde entstand, lenkte als Fürstabt die Geschicke eines Staates, der bis zur Albquelle am Feldberg, zu Schluchsee und Schlücht sowie bis in die Oberrheinebene und fast nach Freiburg reichte. Während der napoleonischen Kriegszeit wurde die Reichsabtei 1806 aufgelöst, enteignet und fiel dann an das neue Großherzogtum Baden.

einem Eldorado für (Rad-)Wanderer, seine Strände locken im Sommer die Badegäste. Den Zweiseenblick erreicht man am leichtesten in gut 20 Wanderminuten auf dem Westweg vom Parkplatz am Caritasheim an der B 317 aus.

Von Schlucht zu Schlucht – durch das Höllental zur Wutach

Das teilweise sehr schmal und tief eingeschnittene **Höllental** **13** bildet seit Jahrhunderten den Hauptanfahrtsweg von der Freiburger Bucht zu den Hochflächen von Hinterzarten, zum Titisee und zur Baar. Der früher gefahrvolle Weg durch »die Höll« ist der staugeplagten B 31 gewichen. Am Hirschsprung, wo die felsigen Talflanken so dicht zusammenrücken, dass nur zwei schmale Fahrspuren zur Verfügung stehen, führt die ansonsten gut ausgebaute Straße parallel zur tunnelreichen Höllentalbahn aufwärts zum Hofgut »Sternen«, einer alten Poststation, in der schon Johann Wolfgang von Goethe übernachtete. Oberhalb des Gasthofes öffnet sich die faszinierende **Ravennaschlucht** **14**, die von Kaskaden durchbrauste wildeste Seitenschlucht des Höllentales: Wer sie betreten will, braucht festes Schuhwerk – auch wenn Brücken, Metallleitern und andere Aufstiegshilfen die Fortbewegung erleichtern. Nach dem Überwinden der serpentinenreichen Streckenabschnitte oberhalb der Schlucht tritt die Straße in die Weitung des Wintersportortes Hinterzarten ein.

Das **Hinterzartener Moor** **15** ist mit einer Fläche von rund 70 ha der größte Hochmoorkomplex im Naturpark. Informationstafeln erläutern die Besonderheit des Moores und der umgebenden

Wälder. Vor dem Bahnhof Hinterzarten geht man auf dem Bahnhofweg parallel zur Bahnlinie an den Bushaltestellen und Parkplätzen vorbei, zweigt am Adlerweiher links ab und läuft geradeaus in den Wald. Bald geht der Waldweg in einen Bohlenweg über, der durch das nasse Hochmoor mit Birken und Wollgräsern führt.

Ein weiteres paradiesisches Moor ist das Naturschutzgebiet um den **Ursee** **16** oberhalb von Lenzkirch, ca. 10 km südöstlich des Hinterzartener Moors. Der See ist von einem auf dem Wasser liegenden Schwingrasen umgeben – Achtung, ihn zu betreten, kann lebensgefährlich sein! – und von einem Hochmoor, in dem seltene Pflanzen ein Rückzugsgebiet gefunden haben: Rosmarinheide, Wollgras, Moosbeere und Sonnentau sind hier ebenso heimisch wie die Kleine Teichrose und der Fieberklee, der die nährstoffreichen Ränder des Moores im Frühjahr in ein weißes Blütenmeer verwandelt. Den eigentlichen Moorbereich umgeben wie ein schützender Haingürtel Kiefern, Birken, Schwarzerlen und Fichten.

TOP TIPP Ein weiterer lohnender Abstecher führt im Osten des Naturparks in die **Wutachschlucht** **17**, einen eindrucksvollen Canyon. Fast der ganze Schluchttalabschnitt steht unter Naturschutz einschließlich Haslachtal, Rötenbach- und Gauchachschlucht sowie weiterer Seitentäler. Für Wanderer ist diese felsen- und waldreiche Wildflusslandschaft mit ihrer vielfältigen Flora und Fauna besonders reizvoll, ist sie doch eine der wenigen Strecken in den deutschen Mittelgebirgen mit ansatzweise »alpinem« Charakter. Die Wanderung durch diese Schlucht ist eine Zeitreise durch 100 Millionen Jahre Erd-

Ein wildromantisches Naturerlebnis verspricht eine Wanderung in der Ravennaschlucht in der Nähe von Hinterzarten.

Im schaurig-schönen Hinterzartener Moor leben seltene Pflanzen – und angeblich auch Moorgeister!

geschichte, denn die Wutach schneidet fast alle Gesteinsschichten Südwestdeutschlands an.

Der Europäische Fernwanderweg 1 führt von Lenzkirch-Kappel auf einer Länge von 11 km durch den Gneis- und Granitabschnitt zum Gasthof »Schattenmühle«, der auch rustikale Unterkünfte für Wanderer anbietet, es folgen 12 km im Muschelkalk- und Keuperabschnitt bis zur Wutachmühle. Einen zweiten Schluchtabschnitt hat der Fluss am Ostrand des Naturparks geschaffen: Die **Wutachflühen** 18 an der Schweizer Grenze sind berühmt wegen ihrer faszinierenden Landschaften und der »Sauschwänzlebahn«, einer Museumsbahn, die in zahlreichen Kehren (»Sauschwänzle«) zwischen Zollhaus-Blumberg und Stühlingen-Weizen dampft.

TOP TIPP Die imposanteste Berggestalt des Schwarzwaldes ist der **Belchen** 19. Aus allen Himmelsrichtungen führen Wanderwege zum »König des Schwarzwaldes«, der stolz über die Täler zu seinen Füßen emporragt, die wie das Münstertal im Westen oder das Wiesental im Osten gut 1000 m niedriger liegen. Wegen der Steilheit des Geländes rückt bei allen Aufstiegen der von Felsmassiven umkränzte Gipfelbereich erst zuletzt ins Blickfeld – Ausnahme ist der Aufstieg ab Fröhnd-Hof.

Wer mit kleinen Kindern unterwegs ist, kann ganz bequem mit einer Panoramagondel der Belchen-Seilbahn zum Gipfel schweben. In nur 5 Minuten transportiert sie Ausflügler von der Talstation (1074 m) beim Hotel »Jägerstüble« über knapp 300 Höhenmeter hinauf zur Bergstation (1356 m), die sich neben dem nur zu Fuß erreichbaren Belchenhaus befindet – Baden-Württembergs höchstgelegenem Restaurant. Von dort führt ein Naturlehrpfad in 20 Minuten

zum Gipfel in 1414 m Höhe. Die unter Naturschutz stehenden Bergwiesen der von einem Gipfelkreuz überhöhten Kuppe bieten eine überragende Aussicht auf weite Teile von Süd- und Hochschwarzwald mit Feldberg, Herzogenhorn und Hochkopf, auf die Wiesentäler, die Rheinebene mit dem Kaiserstuhl und zu den Namensvettern des Belchen im Dreiländereck: Großer Belchen (Grand Ballon), Elsässer Belchen (Ballon d'Alsace) und Kleiner Belchen (Petit Ballon) in den Südvogesen und Belchenflue im Schweizer Jura. Bei klarem Wetter reicht die Sicht über den Jura hinweg bis zu den Alpen. 1 m höher als der Belchen erhebt sich etwas weiter östlich das **Herzogenhorn** 20; auch hier bietet sich am Gipfelkreuz hoch über den Quellbächen der Alb ein traumhafter Panoramablick. Das Herzogenhorn bildet die höchste Erhebung des Kammes, der im Südschwarzwald das Wiesental und den Hotzenwald trennt; diesem Kamm folgt vom Feldberg aus über Herzogenhorn und **Hochkopf** 21 die Ostvariante des Westweges, des bekanntesten Höhenweges des Schwarzwaldvereins. Am Parkplatz beim Hochkopfhaus beginnt der bequeme Karl-Asal-Rundweg, einer der schönsten Höhen-Rundwege des Südschwarzwalds: Er vereint den Forstweg in der Flanke oberhalb des Präger Gletscherkessels – er bietet viele wunderschöne Aussichtspunkte – mit dem Westweg, der als urtümlicher Wurzelpfad über den Kamm führt.

Auf Schusters Rappen oder mit der Postkutsche durch das Murgtal

Der mit mehr als 50 Lehrtafeln über Geologie, Geschichte, Wasserwirtschaft, Botanik und andere Themen versehene Murgtalpfad folgt der Hauensteiner Murg von ihrer Quelle in knapp 1000 m Höhe durch den Hotzenwald bis zu ihrer Mündung in den Hochrhein. Der Pfad führt durch zwei landschaftlich verschiedene Gebiete: Von der Quelle bis Hottingen, wo sich als eines von mehreren Museen am Weg das »Energiemuseum« befindet, herrschen Hochflächen und Wiesenrücken vor. Erst ab dem Pfaffensteg unterhalb des Hottinger Beckens beginnt **TOP TIPP** die **Murgschlucht** 22, in der ein Lehrpfad der ehemaligen Postkutschenstrecke mit ihren Felstunneln folgt: Kilometerlang findet sich hier kein Haus, nur das dichte Grün des Schluchtwaldes, das Brausen der Murg, der Wasserfall »Strahlbrusch« und sonnige Talauen mit farbenprächtigen Blumenwiesen. Ausgangspunkt des Murgtalpfads ist der Wanderparkplatz »Steinernes Kreuz« in Herrischried. Die Strecke ist autofrei, kann aber mit dem Fahrrad befahren werden. Bis heute verkehren hier zudem Postkutschen als Touristenattraktion.

Multinaturelle Gesellschaften

Das friedliche Zusammenleben von Menschen unterschiedlicher Herkunft, Rasse und Kultur, die reibungslose Integration von Migranten in die heimische Gesellschaft – diese beiden Hauptziele moderner Gesellschaftspolitik sind in der Pflanzen- und Tierwelt Deutschlands längst verwirklicht.

Landkartenflechten auf nacktem Fels.

Im Sommer wahre Blütenmeere: die Goldhaferwiesen des Hohen Vogelsbergs.

Bis zum Ende der jüngsten Eiszeit war die Silberwurz über ganz Deutschland verbreitet, heute kommt sie noch in den Alpen vor.

Kornblumen: Migranten der Jungsteinzeit.

Die Spanische Flagge liebt es warm.

Die Klimageschichte der letzten zwei bis drei Millionen Jahre der Erdgeschichte war turbulent, Warmzeiten wechselten mehrfach mit Kaltzeiten. Und mit jedem Klimawechsel änderte sich zwischen Nordsee und Alpen praktisch die gesamte Flora und Fauna. Die Lebewesen der sommergrünen Laubwaldzone mussten denen der polaren Tundra weichen und umgekehrt. Manche blieben in den klimatischen Wechselbädern auf der Strecke: »Das Mammut seufzt mit Trauerblick: Mein schönes Eis zieht sich zurück?«* Der Bewohner der Kältesteppen wusste wohl, dass er in den Wäldern der Nacheiszeit nicht überleben konnte; gegen Ende der jüngsten Eiszeit starb er aus. Ähnlich erging es vielen Wärme liebenden Gewächsen zu Beginn einer neuen Eiszeit. Die Rückzugswege in den Süden waren ihnen durch die stark vergletscherten Alpen versperrt, sie gingen in Eis und Frost unter. Die im Lauf des Eiszeitalters fortschreitende Verarmung der Pflanzenwelt ist daher das erste hervorstechende Merkmal der Florengeschichte Mitteleuropas und hat zu der im Vergleich mit anderen Regionen der Erde heute relativ geringen Artenzahl geführt, gerade unter den Gehölzen, die von Natur aus die Vegetation im Zentrum Europas beherrschen. Nur etwa 50 Baum- und Straucharten sind hier heimisch, jenseits des Atlantiks, im Osten der USA, kommen mitunter in einem einzigen Nationalpark über 130 Baumarten vor. Und während bei uns stammesgeschichtlich alte Tiere unter den zahllosen Kälteschocks nahezu vollständig verschwunden sind, gibt es in der Neuen Welt noch eine ganze Reihe »lebender Fossilien«, etwa den urtümlichen Schlammfisch oder den Riesensalamander.

* Udo Scholz in Hermann Jerz: Das Eiszeitalter in Bayern. Stuttgart 1993.

Große Vielfalt auf engstem Raum

In Amerika mag vieles größer und imposanter sein, dafür beeindruckt das alte Europa durch das kleinräumige Mosaik unterschiedlichster Lebensräume. Der gesamte Kontinent gehört zum Pflanzen- und Tierreich der Holarktis, das sich als geschlossenes Band über die Festländer der Nordhalbkugel erstreckt. Deutschland liegt dabei innerhalb der Klima- und Vegetationszone der nemoralen (gemäßigten) sommergrünen Laubwälder, reicht jedoch als eines der wenigen

Seit der Mitte des 20. Jahrhunderts ist der einst nur in Amerika heimische Waschbär auch in Mitteleuropa vertreten.

mitteleuropäischen Länder vom Meer über das Tiefland und die Mittelgebirge bis ins Hochgebirge, was das Mosaik der Lebensräume durch die rasch wechselnden Klima- und Bodenverhältnisse sehr viel bunter macht. Nicht weniger als 507 Biotope, von den Salzwiesen an der Nordseeküste bis zu den alpinen Rasen, unterscheiden die Experten in unserem Land, und diese für einen Staat mittlerer Größe außergewöhnliche Vielfalt ist das zweite wichtige Merkmal der deutschen Flora und Fauna. In der dritten Eigenart

»Könige des Waldes«: Rund 150 000 Rothirsche leben noch in deutschen Wäldern.

WAS DA (NOCH) ALLES KREUCHT UND FLEUCHT

In der Artenvielfalt kann sich Mitteleuropa zwar nicht mit den reichsten Regionen der Erde messen; wie die folgende Auswahl zeigt, gibt es hier jedoch erstaunlich viele Pflanzen- und Tiersippen:

- 6000 Großpilze
- 5900 Käfer
- 3300 Farn- und Blütenpflanzen
- 3000 Schmetterlinge
- 1700 Flechten
- 1400 Kieselalgen
- 1100 Moose
- 900 Spinnen
- 800 Zieralgen
- 300 Schnecken und Muscheln
- 270 Brutvögel
- 100 Säugetiere
- 80 Eintagsfliegen
- 70 Fische und Rundmäuler (Süßwasser)
- 40 Armleuchteralgen
- 20 Lurche
- 14 Kriechtiere

Die Gesamtzahl der heimischen Tierarten wird auf 45 000, die der Pflanzenarten auf 28 000 geschätzt. Durch die Roten Listen werden die beeindruckenden Zahlen freilich in ein anderes Licht gerückt. Von den Pflanzenarten gelten z. B. 40 % als gefährdet, sind ausgestorben, verschollen oder extrem selten; bei den Tierarten liegt der Anteil der gefährdeten Spezies etwa in derselben Größenordnung. Im Einzelnen klafft die Schere des Gefährdungsgrades je nach Sippe und Region weit auseinander: In Schleswig-Holstein etwa gelten neun Zehntel der Flechten und der Libellen als gefährdet; bundesweit sind vor allem die Kriechtiere und die Lurche sehr stark bedroht. Und von den rund 500 Biotoptypen Deutschlands stehen mehr als zwei Drittel auf den Roten Listen.

spiegelt sich die jahrtausendelange Nutzung der Natur durch den Menschen wider: Kaum eines der Biotope in unserem Land ist streng genommen noch natürlich oder wenigstens naturnah, die Streuobstwiesen und Hutewälder, von denen in diesem Buch des Öfteren die Rede ist, sind vom Menschen geschaffene oder zumindest stark veränderte, mehr oder minder künstliche Lebensräume. Der dafür verwendete Begriff »Ersatz- oder Sekundärbiotope« klingt noch abwertender, ist in Wirklichkeit jedoch ein Prädikat für ökologisch besonders wertvolle und daher schützenswerte Lebensräume, die mit großem Aufwand und nicht selten wider die eigentliche Waldnatur erhalten werden. Nur so kann beispielsweise das Ökosystem eines Kalkmagerrasens mit der Fliegen-Ragwurz und dem Apollo-Falter, der Smaragdeidechse und der Karthäusernelke überdauern.

Mitten drin im europäischen Garten

Deutschland ist ein Transit- und Einwanderungsland – beinahe schon ein Schmelztiegel, auch für die Pflanzen- und Tierarten. Aus den verschiedensten Regionen der Erde sind Spezies eingewandert, wurden eingebürgert oder eingeschleppt. Das Rebhuhn und der Hamster gehören an und für sich in die osteuropäischen Steppen, haben aber auch die Agrarlandschaften Mitteleuropas besiedelt; der Rauhfußkauz ist ein Bewohner der nordeuropäischen Taiga, findet jedoch zunehmend Geschmack an den Moorwäldern des Hohen Venn, die Alpenspitzmaus verrät durch den Namen ihre angestammte Hei-

mat, ist jedoch darüber hinaus in etlichen deutschen Mittelgebirgen heimisch. Noch weiter sind die Herkunftsgebiete der Pflanzenarten über die Welt verstreut: Die Esskastanie, die im Vorderen Taunus stellenweise häufig vorkommt und mit einem Stammdurchmesser von bis zu 6 m zu den dicksten Bäumen der alten Welt zählt, stammt aus dem Raum Südeuropa bis Westasien und wurde von den Römern als Grundnahrungsmittel eingeführt; die Zwergbirke, als Eiszeitrelikt noch in wenigen Hochmooren verbreitet, hat ihr eigentliches Areal in der Arktis; der Spargel, beliebter Leckerbissen, wurde wohl ebenfalls von den Römern nach Deutschland gebracht. Manche Arten wie der Feuerdorn waren noch im Tertiär in Mitteleuropa heimisch und wurden dann nach der Ausrottung durch Frost und Eis wieder in unseren Breiten eingebürgert. Die deutsche Pflanzen- und Tierwelt wird durch botanische und zoologische Neubürger ständig reicher, See- und Flughäfen sind mittlerweile die am weitesten geöffneten Eingangstore. Nicht ohne Grund zählt man beispielsweise in Hamburg, dem führenden Seehafen unseres Landes, mindestens 360 Gehölzarten, das Dreifache der holzigen Spezies im benachbarten Schleswig-Holstein. Und der Zuzug der biologischen Migranten hält aus verschiedenen Gründen an. Liegt es an der Erderwärmung, dass die Spanische Flagge, ein hübscher Falter, sich im Rheinland weiter nordwärts ausbreitet, haben Gastarbeiter das Östliche Rauhblatt *(Trachystemon orientalis),* auf dem Balkan ein beliebtes Gemüse, mit nach Deutschland gebracht?

Naturpark Schönbuch

Anfahrt: Von Norden auf der A 8 und der A 81 bis Hildrizhausen, von Westen auf der A 81 bis Herrenberg; nächstgelegener ICE-Bahnhof in Stuttgart

Lage: In Baden-Württemberg, südlich von Stuttgart zwischen Böblingen, Aichtal, Reutlingen, Tübingen und dem Herrenberger Gäu

Größe: 156 km²

Höchste Erhebung:
Bromberg (580 m)

Gründung: 1972

Information:
Naturpark Schönbuch
Im Schloss
72074 Tübingen

Telefon: 07071 / 60 22 62

Internet:
www.naturpark-schoenbuch.de

Als ein dichtes zusammenhängendes Waldgebiet mit stillen Tälern, Streuobstwiesen an den Rändern, prächtigen Alleen und Zeugnissen schwäbischen Landlebens präsentiert sich der kleine Naturpark, in dem Erholung für die Bewohner der nahen Städte groß geschrieben wird.

Die Kloster- und Schlossanlage Bebenhausen: Sehenswert ist vor allem der Kreuzgang aus dem 15. Jahrhundert.

TOP TIPP

❷ Waldrastplatz Teufelsbrücke
Schöner Rastplatz mitten im Schönbuch

❸ Kloster Bebenhausen
Klosteranlage und Jagdschloss mit prächtiger Ausstattung

❻ Domäne Einsiedel
Ehemaliges Jagdschloss und geschichtlicher Lehrpfad

Zu verdanken haben wir dieses Naherholungsgebiet mit seinen großen Mischwäldern der Jagdleidenschaft der württembergischen Herzöge und Könige. Als deren Jagdrevier blieb der Schönbuch von Abholzungen weitgehend verschont und konnte sich seinen Charakter über die Jahre bewahren. Noch heute führt nur eine größere Straße mitten durch den Naturpark, der Rest des Gebietes ist durch schmale Straßen oder Wanderwege erschlossen. Dies führt auch dazu, dass selbst an schönen Wochenenden, wenn aus dem Ballungsraum Stuttgart und aus den umliegenden Städten Zigtausende Besucher in den Schönbuch strömen, die Kerngebiete nicht »überfüllt« sind. Seinen Namen hat der Schönbuch nicht von schönen Buchen, die hier im Wald stehen, sondern vermutlich von dem Flüsschen Schaich, das im Ostteil des Parks fließt. Im 4000 ha großen Wildgehege dominiert das Rotwild, in kleineren Gehegen kann man Dam-, Schwarz- und Muffelwild beobachten. An den Bachläufen entdeckt man den seltenen Eisvogel, Wasseramseln und Teichhühner, aber auch viele Amphibien wie Teichmolch und Gelbbauchunke. Im artenreichen Uferbewuchs finden sich Kostbarkeiten wie Trollblume oder Pestwurz.

Wandern und Rasten in fast unberührter Natur

Im Westen des Naturparks liegt an der Straße Herrenberg–Hildrizhausen das **Naturfreundehaus Jahnhütte** ❶ am Alten Rain. Hier beginnt der »Naturlehrpfad Schlossberg«, ein 7 km langer Rundweg. Viele Tafeln informieren über Pflanzen und Tiere. Wer möchte, kann auf einem Abstecher die Reste von Schloss Herrenberg besichtigen und beim Stadtrundgang einen Blick in die netten Winkel der Altstadt Herrenbergs werfen.

Schon mitten im Wald des Schönbuchs liegt der **Waldrastplatz Teufelsbrücke** ❷, der mit Schutzhütte und Grillstelle zum Verweilen einlädt. Man erreicht ihn von Süden aus vom Parkplatz »Bebenhausen« auf dem Weg durchs Tal des Großen Goldersbaches oder vom Parkplatz »Franzensträßle« durchs Tal des Kleinen Goldersbaches. Ganz in der Nähe finden sich die Reste einer ehemaligen Kapelle, die königliche Jagdhütte und ein Damwildgehege. Mit ein bisschen Glück kann man hier in den Hangwäldern einige Seltenheiten, wie z. B. den Schwarzspecht oder die Gelbbauchunke, entdecken.

Am Wanderweg Richtung Bromberg liegt das Naturdenkmal Birkensee, ein See, der sich auf der Sohle eines aufgelassenen Räthsandsteinbruches gebildet hat. Befestigte Wege und Stege führen am hochmoorartigen Ufer entlang – hier kann man einige seltene Pflanzengesellschaften entdecken, darunter Moosbeere, Heidenelke und den Rundblättrigen Sonnentau.

Von 1946–52 war der Landtag von Württemberg-Hohenzollern im **Kloster Bebenhausen** ❸ untergebracht. Die bescheidenen Unterkünfte in den ehemaligen Zellen der Mönche kann man besichtigen. Ein Rundgang offenbart noch mehr von der Geschichte dieses alten Gemäuers. Das Kloster wurde 1183 von Pfalzgraf Rudolph gegründet, bis zur Reformation lebten hier Zisterziensermönche. Über die Jahrhunderte bauten sie das Kloster aus und schufen einige bemerkenswerte Baudenkmale, wie z. B. den Kreuzgang, der Ende des 15. Jahrhunderts entstand. Nach der Reformation und der Säkularisierung verfielen Teile der Klosteranlage und eine Klosterschule wurde zwischenzeitlich hier untergebracht. Anfang des 19. Jahrhunderts ließ König Friedrich I. von Württemberg das Abtshaus zum Jagdschloss umbauen. Es gibt einiges zu bestaunen bei der Führung durch die Jagdgemächer mit ihrer teilweise sehr prunkvollen Ausstattung, einem Luxusbad und einer für die vorletzte Jahrhundertwende hochmodernen Küche (ganzjährig geöffnet, www.tuebingen.de). Im ehemaligen Schreibturm des Klosters ist auch das Naturparkinformationszentrum untergebracht. Hier gibt es allgemeine Informationen über den Naturpark (geöffnet April–Okt Di–So). Wer ein wenig dörfliche Idylle genießen will und Fachwerkhäuser liebt, sollte nach dem Klosterbesuch noch kurz durch Bebenhausen spazieren – hier gibt es so manchen malerischen Winkel zu entdecken.

Geologisch Interessierte fahren den Parkplatz »Sonntagsstelle« an der alten B 27 an. Von hier verläuft ein Weg durchs malerische **Kirnbachtal** ❹ entlang markanter Felsformationen. Schaubilder erläutern die geologischen Zusammenhänge und die Besonderheiten des Naturparks. Nach etwa 1 km führt der Weg aus dem Tal und über den Kirnberg zurück zum Ausgangspunkt.

Wenn der Wald erzählt

Im **Schönbuch-Museum Dettenhausen** ❺ erfährt man einige Geschichten: wie er als Hutewald genutzt wurde, welche Abholzungen für die Glasindustrie erfolgt sind und wie er den Abbau des Stubensandsteins erlebt hat. Zu alldem finden sich in den liebevoll gestalteten Ausstellungsräumen zahlreiche Informationen, Bilder und Gegenstände, die von der Lebens- und Arbeitswelt der Menschen dieser Gegend erzählen (Ringstraße 3 am Dorfplatz; geöffnet So, feiertags 14–18 Uhr, Telefon: 07157/126 32, www.dettenhausen.de).

Leider ist nur noch ein Flügel des 1482 vom württembergischen Grafen Eberhard erbauten Jagdschlösschens erhalten geblieben. Heute ist er Teil der **Domäne Einsiedel** ❻ und Ausgangspunkt so mancher Wanderung auf der Hochfläche, dem Einsiedel. Hier beginnt auch ein geschichtlicher Lehrpfad, der auf zwölf Schautafeln die frühe Besiedlung des Einsiedel und seine weitere Entwicklung zum Thema hat. Der Rundweg hat eine Länge von 4,5 km, man braucht dazu etwa zwei bis drei Stunden.

Ausgangspunkt eines weiteren Lehrpfades ist der Parkplatz »Burkhardtsmühle« an der Straße von Waldenbuch nach Neuenhaus. Der **Waldlehrpfad Betzenberg** ❼ führt über den lang gezogenen Höhenrücken des gleichnamigen Berges, dessen Sandstein bereits die Römer zu schätzen wussten. Bis zu 60 m mächtig ist die Gesteinsschicht hier. Die Tafeln am 3,5 km langen Rundweg erzählen die Geschichte des Schönbuchs und erläutern die Besonderheiten der Geologie sowie der Flora und Fauna des Gebietes. Etwa zwei Stunden muss man für die kleine Wanderung über den Betzenberg einplanen.

WANDERTIPP

DURCHS SCHÖNE SCHAICHTAL

Vom Wanderparkplatz »Schaichtal«, östlich von Dettenhausen ❺, führt ein Wanderweg durch das Schaichtal bis Neuenhaus. Man durchwandert eines der letzten naturnahen Bachtäler (Bild) des Schönbuchs. Die üppige Ufervegetation bietet Lebensraum für viele Vogelarten und Amphibien. Auf den gepflegten Talwiesen kann man je nach Tageszeit und Ruhe Wild beim Äsen

beobachten, das aus den geschlossenen Mischwaldbeständen an den Waldrand kommt. Der Weg durch das Tal ist rund 9 km lang. Auf dem Rückweg kann man nach etwa 3 km links auf einen Wanderweg mit dem Zeichen »rotes Kreuz« abbiegen, der zu Beginn am Waldrand entlangführt und eine schöne Aussicht auf Walddorfhäslach bietet.

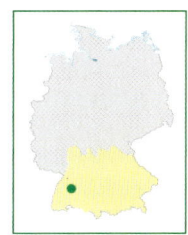

Naturpark
Obere Donau

SERVICE

Anfahrt : Von Süden auf der A 81 bis Villingen-Schwenningen und auf der B 27 sowie der B 14 über Wellendingen in Richtung Gosheim; von Norden auf der B 27 bis Schömberg und weiter über Wellendingen in Richtung Gosheim; nächstgelegene ICE-Bahnhöfe in Stuttgart und Tuttlingen

Lage: Auf der Schwäbischen Alb, nördlich des Bodensees, zwischen Schwarzwald im Westen und Oberland sowie Allgäu im Osten

Größe: 1300 km²

Höchste Erhebung: Lemberg (1015 m)

Gründung: 1980

Information:

Naturpark Obere Donau
Informationszentrum
Wolterstraße 16
88631 Beuron

Telefon: 07466 / 92 80 0

Internet:
www.naturpark-obere-donau.de

TOP TIPP

3 Donauversickerung
Erstaunliches Naturschauspiel: Ein junger Fluss taucht ab

4 Freilichtmuseum Neuhausen ob Eck
Zeigt das Leben auf dem Land im 19. Jahrhundert

5 Kolbinger Höhle
Eine der schönsten Tropfsteinhöhlen der Schwäbischen Alb

7 Kloster Beuron
Kloster in herrlicher Tallage, Haus der Natur

11 Heuneburg
Museum und Rekonstruktion eines keltischen Fürstenhofes

Arme Donau – gerade erst entsprungen, muss der junge Fluss sein Wasser hier auch schon wieder an den Rhein abtreten und trocknet dabei im Sommer oftmals aus. Gut nur, dass dies in einer faszinierend schönen Landschaft geschieht, die auch unzählige kulturelle Sehenswürdigkeiten bietet.

Bei strahlendem Herbstlicht am schönsten: der Blick vom Knopfmacherfels auf das Donautal und Kloster Beuron.

Im Norden umfasst das Naturparkgebiet den höchsten Teil der Hochfläche der Schwäbischen Alb, die sich sanft nach Süden hin absenkt. Ein schroffes Durchbruchstal hat sich die junge Donau in diese Karstschichten gegraben. Vor allem der Abschnitt zwischen Mühlheim und Inzigkofen ist berühmt für seine mächtigen weißen Kalksteinfelsen.

Geologisch interessant ist das Phänomen der Donauversickerungen zwischen Immendingen und Möhringen sowie bei Fridingen. Durch ein Labyrinth von Karstgängen versickert hier das Wasser und häufig kommt es vor, dass das Flussbett sogar ganz austrocknet.

Touristisch lockt der Naturpark mit vielfältigen Attraktionen: Wanderer finden ein gut ausgebautes Wanderwegenetz von über 3000 km Länge vor, darunter besonders aussichtsreiche

Routen entlang der Talflanken und des Albtraufes. Kletterer sind begeistert von den vielen zum Klettern freigegeben Felsen – darunter einige der größten der deutschen Mittelgebirge. Freunde des Wassersports können schließlich die Donau auf verschiedenen Abschnitten während der Sommermonate mit dem Kanu oder Kanadier erkunden. Eine spannende Reise zurück in die Zeit der Kelten, die den Landstrich vor mehr als 2500 Jahren besiedelten, ermöglichen die Heuneburg und das Heuneburgmuseum in und bei Hundersingen.

Berge, die herrliche Ausblicke bieten

Als ein sogenannter Zeugenberg ist der **Lemberg** ❶ nicht mehr direkt mit der Hochfläche der Schwäbischen Alb verbunden. Mit seinen 1015 m Höhe und einem über 30 m hohen Aus-

Ein Fluss verschwindet: Zwischen Immendingen und Möhringen kann man sehen, wie die Donau versickert.

sichtsturm bietet er einen weitreichenden Ausblick über die Hochebene der Baar bis hinüber zum Schwarzwald und auf die Gipfel der Alpen. Man parkt an der Straße Gosheim–Wilflingen. Am dortigen Wanderparkplatz sind einige Wanderwege ausgeschildert. Einer davon führt in etwa 30 Minuten hinauf auf den Lemberg-Gipfel. Von dort kann man mit dem Oberhohenberg und dem Hochberg zwei weitere Tausender der Schwäbischen Alb erklimmen. Die Felsen und Hangwälder der Südwestalb bilden ein artenreiches Ökosystem, in dem sich auch Pflanzen angesiedelt haben, die sonst nur in den Alpen vorkommen, z. B. Immergrünes Felsenblümchen und Alpendistel.

Auch vom **Dreifaltigkeitsberg** ② (985 m) kann man weit über das Land blicken. Dieser Berg ist von Spaichingen aus mit dem Auto oder auch zu Fuß auf einem Pilgerweg mit zahlreichen Kreuzwegstationen zu erreichen bzw. zu ersteigen. Der Pilgerweg endet an der Wallfahrtskirche, einem schönen Barockbau mit prächtigem Hochaltar. Etwas weniger besinnlich geht es auf dem von Denkingen aus mit dem Auto erreichbaren benachbarten Klippeneck (981 m) zu. Bei geeignetem Wetter herrscht auf dem Segelflugplatz reger Betrieb.

Und das Wetter stimmt hier sehr oft, denn nirgendwo sonst in Deutschland scheint die Sonne länger als auf dem Klippeneck. Bei einem kleinen Imbiss auf der Panoramaterrasse des Hotels kann man eine herrliche Aussicht genießen.

Vom Erdboden verschluckt

Ein beeindruckendes Naturschauspiel bietet die junge Donau zwischen Immendingen und Möhringen. Viele Tausende Liter Flusswasser versickern hier an der **Donauversickerung** ③ im Kalkgestein. Vor allem im Sommer und Herbst kann es passieren, dass man ein völlig ausgetrocknetes Flussbett vorfindet. Wohin das Wasser verschwindet, haben Wissenschaftler anhand von Salzbeigaben und Färbeversuchen bereits im Jahr 1877 herausgefunden. Nach 30 bis 80 Stunden war der tiefgrüne Quelltopf der rund 12 km südlich gelegenen Aach salzig. Über die Aach gelangt das Wasser in den Bodensee und von dort in den Rhein. Vater Rhein trickst hier auf recht hinterlistige Weise seine Schwester Donau aus und verschiebt unterirdisch die Europäische Wasserscheide zu seinen Gunsten. Von Immendingen oder Möhringen führen Hinweisschilder zu Wanderparkplätzen, von denen die Versickerungsstellen bequem zu Fuß erreicht werden können. Ein etwa 2 km langer Rundweg führt zu den interessantesten Punkten.

WANDERTIPP

DURCH DAS SCHÖNE SCHMEIETAL
Wer genug hat vom spektakulären Donaudurchbruchstal, von den Felsen und der Donauversickerung, dem sei diese Wanderung empfohlen: Von Dietfurt oder vom ehemaligen Bahnhof Inzigkofen aus erreicht man das liebliche Schmeietal (nordwestlich von ⑩). Der Weg führt an der Schmeie entlang über die kleine Ortschaft Unterschmeien in das nicht viel größere Oberschmeien. Am Wegesrand gibt es einige botanische Kostbarkeiten zu entdecken! Nachdem man sich in Oberschmeien im örtlichen Gasthof gestärkt hat, kann man entweder wieder den Weg durchs Tal zurückgehen oder aber der Markierung »liegendes rotes Y« folgen. Dieser Weg führt auf einer Schlaufe über die Hochfläche zurück nach Unterschmeien. Oder man folgt der Markierung »rote Raute« und kommt so wieder zum Ausgangspunkt im Tal zurück.

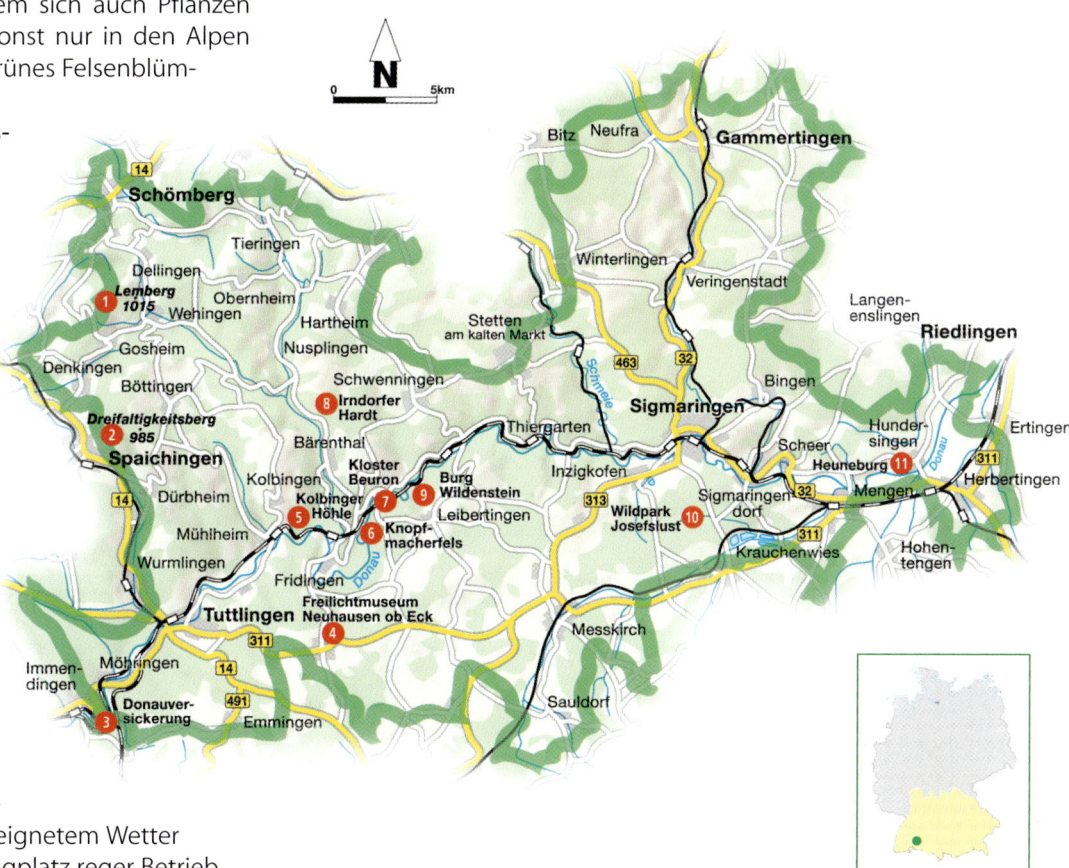

ABENTEUER BURG

Hier ist Leben in der Ruine! Doch eigentlich war die Burg Hornstein 1873 schon dem Abbruch zum Opfer gefallen. Nur dem Einsatz der Mitglieder des örtlichen Fördervereines und der finanziellen Unterstützung des Naturparks ist es zu verdanken, dass die Ruine wieder teilweise rekonstruiert werden konnte. Im alten Gemäuer ist viel geboten: Märchenerzählen, Basteln, alte Handwerkskunst, Turnierspiele (Bild) und Natur-

spaziergänge, um nur einen Ausschnitt zu nennen. Es lohnt sich also, die Ruine Hornstein bei Bingen anzusteuern (von ⑩ Richtung Sigmaringen und weiter nach Bingen). Informationen zu den Veranstaltungen auf der Burg gibt es im Internet unter www.ruine-hornstein.de.

Alte Dörfer, gespenstische Höhlen und die schönsten Gipfel des Parks

Man meint, mitten in einem Dorf des 19. Jahrhunderts zu stehen, wenn man sich auf **TOP TIPP** ▶ dem Marktplatz des **Freilichtmuseums Neuhausen ob Eck** ❹ befindet. Es ist alles da – Rat- und Schulhaus, Kirche, Brunnen und eine alte Schmiede. Auf dem weitläufigen Ausstellungsgelände gibt es aber noch mehr zu entdecken: In den über 20 Gebäuden – vom reichen Bauernhof bis hin zum schlichten Heim eines Tagelöhners – erhält man Einblick in das Leben und Arbeiten längst vergangener Zeiten. Das ganze Sommerhalbjahr (im Winter geschlossen) laden unterschiedliche Vorführungen zum Mitmachen ein, etwa beim Krautschneiden oder Mostpressen. In den Werkstätten zeigen Handwerker historische Techniken. In den Ställen und auf den Weiden grunzen, blöken, schnattern und muhen Schweine, Schafe, Gänse und Kühe. Auf den Feldern werden im Rhythmus der alten Drei-

Albvereines die Weganlagen und eine elektrische Beleuchtung ein. Durch drei Hallen mit zum Teil gespenstischen Tropfsteinformationen geht es bei einer Führung rund 90 m hinein in den Berg (geöffnet Mitte März – Okt Sa 13 – 17, So 10 bis 17 Uhr).

Von einem der schönsten Aussichtspunkte im Tal der oberen Donau, dem sogenannten **Knopfmacherfels** ❻, geht der Blick hinunter auf die Klosteranlage Beuron im Osten und Richtung Westen hinüber nach Schloss Bronnen, das auf einem Felsmassiv thront. Vom Wanderparkplatz beim Knopfmacherfels bietet sich insbesondere für Familien mit Kindern eine kleine Höhenwanderung auf dem Walderlebnispfad der Stadt Fridingen an, bei dem immer wieder faszinierende Tiefblicke in das Donautal möglich sind, so z. B. vom Siegelesfelsen aus.

Ein weiterer Spaziergang (ca. 5 km) verbindet zwei ebenfalls sehr reizvolle Aussichtspunkte in der Nähe von Irndorf. Vom Rauhen Stein (Wan-

Nicht nur von außen sehr attraktiv: Im Freilichtmuseum Neuhausen ob Eck gibt es viel zu entdecken.

felderwirtschaft fast vergessene Getreidesorten angebaut. Auch Einkehren kann man im alten Stil, im Gasthof »Ochsen« gibt es regionale Spezialitäten (geöffnet April – Okt Di – So 9 – 18 Uhr).

Tropfsteinhöhlen sind auf der Schwäbischen Alb **TOP TIPP** ▶ weit verbreitet. Mit zu den schönsten zählt die **Kolbinger Höhle** ❺. Auf einer Länge von 330 m sind ihre Gänge und Schächte erforscht. Die vorderen Höhlenteile sind schon seit dem 19. Jahrhundert bekannt. Der Ausbau zur Schauhöhle erfolgte im Jahr 1913, aber erst 1968 richtete die Ortsgruppe des Schwäbischen

derheim und Wanderparkplatz) wandert man immer entlang der Talkante, vorbei am einzigartigen Felsengarten mit seinen extra für Besucher beschilderten Felsenpflanzen, zum bekanntesten Aussichtspunkt des Naturparks, dem Eichfelsen. Von hier hat man einen herrlichen Blick auf die Burg Wildenstein sowie das Schloss Werenwag und den felsgesäumten Lauf der Donau. Zurück geht man über die Hochfläche vorbei am Wanderparkplatz Eichfelsen. Sportliche Naturen dehnen die abwechslungsreiche Wanderung weiter bis zum Schloss Werenwag aus, das auf den Mauern eines mittelalterlichen Vorgängerbaues im 17. und 18. Jahrhundert errichtet wurde.

TOP TIPP Auf eine Augustinergründung im Jahr 1077 geht das heutige **Kloster Beuron** 7 zurück. Nachdem es Sitz eines der ältesten Augustiner-Chorherrenstifte war, wurde es 1802 säkularisiert und ging in den Besitz des Fürstenhauses Hohenzollern-Sigmaringen über. Bemerkenswertes geschah 1862: Fürstin Katharina von Hohenzollern kaufte ihrem Stiefsohn Karl Anton von Hohenzollern die Kirche sowie die Klostergebäude ab und vermachte sie mittels einer Schenkung den Benediktinermönchen Maurus und Placidus. Damit erwachte das Klosterleben von neuem und setzt sich bis zum heutigen Tage fort. Um 1738 entstand die sehenswerte Klosterkirche, deren Innenraum durch die gelungene Verbindung von Rokoko- und Barockelementen fasziniert. Das Kloster selbst ist leider nicht zu besichtigen.

Im alten Bahnhof von Beuron ist heute das Haus der Natur untergebracht. Naturparkverein und Naturschutzzentrum Obere Donau informieren gemeinsam mit einer großen kostenlosen Ausstellung über die Region. Das jährliche Veranstaltungsprogramm umfasst über 100 Veranstaltungen – von der geführten Wanderung bis zum Filzkurs. Schüler- und Jugendgruppen können auf Wunsch individuell mehrstündige Umweltkurse u. a. zu den Themen »Wasser« und »Wald« buchen.

Von blühenden Wiesen ins dunkle Mittelalter

Ursprünglich war das **Irndorfer Hardt** 8 wohl Jahrhunderte lang ein lichter Hutewald, in den die Irndorfer Bauern ihr Vieh zum Weiden trieben. Die Kühe fraßen aber nicht nur das Gras, sondern sorgten auch dafür, dass keine jungen Bäume nachwachsen konnten. Als sich im 18. Jahrhundert die Stallfütterung durchsetzte, gab man diese Bewirtschaftung auf, und die Bauern mähten zwischen den Bäumen mit der Sense. Aus dem Weidewald war eine »Holzwiese« geworden. Durch maschinelles Mähen, das Fällen von Bäumen und durch den Einsatz von Kunstdünger drohten die Magerwiesen zu verschwinden. Schon 1938 erklärte man das Irndorfer Hardt daher zum Naturschutzgebiet und sicherte damit den Bestand eines besonderen Lebensraumes. Im Frühjahr schmücken zahllose gelb leuchtende Trollblumen die Wiesen. Das botanisch geübte Auge entdeckt so manche Rarität: Buschnelke, Feldenzian, Gelber Enzian und Narzissen-Windröschen, um nur einige zu nennen. An der Straße von Irndorf nach Schwen-

ningen ist auf der linken Seite ein Parkplatz ausgeschildert, von dem aus man in wenigen Minuten das Naturschutzgebiet erreicht.

Mit etwas Fantasie fühlt man sich auf **Burg Wildenstein** 9 ins Mittelalter zurückversetzt. Rund 200 m über dem Donautal thront die 1077 erstmals erwähnte und im 16. Jahrhundert großzügig erweiterte Burg auf einem Felsvorsprung. Ihr wehrhafter Charakter ist noch gut erkennbar. Über Zugbrücken geht man ins Burginnere, das durch Wehrgänge und Türme gesichert ist. Eine der am schönsten gelegenen Jugendherbergen Deutschlands bietet hier Unterkunft. In der Burgschenke lässt sich trefflich einkehren, beim Kinderspielplatz befinden sich auch Grillstellen. Von Leibertingen kommend ist der Parkplatz an der Burg ausgeschildert, diverse Wandertafeln informieren über Wanderwege rund um die Burg Wildenstein. Hier beginnt auch ein Walderlebnispfad, der als besonderes Highlight mit einer Uhuvoliere aufwartet.

Buchstäblich lustvoll ist ein Spaziergang im **Wildpark Josefslust** 10 an der Straße zwischen Sigmaringen und Krauchenwies. Schön angelegte und gut gepflegte Wege führen durch den 800 ha großen Wildpark, vorbei an alten Baumgruppen und mächtigen Einzelbäumen. Für Kinder sind natürlich die beiden Teiche, vor allem aber die Wildgehege mit Rothirschen, Damwild und Wildschweinen interessant. Für eine größere Pause gibt es Grill- und Rastplätze.

TOP TIPP Gleich zwei Museen lohnen in und bei Hundersingen einen Besuch. Wobei die **Heuneburg** 11 eigentlich nicht nur ein Freilichtmuseum, sondern eher ein Erlebnis darstellt. Die originalgetreue Rekonstruktion eines keltischen Fürstenhofes aus dem 6. Jahrhundert v. Chr. zeigt anhand von Ausstellungen, Vorführungen und einer Multimedia-Präsentation das Leben auf der Burg zur damaligen Zeit.

Im Heuneburgmuseum in der ehemaligen Zehntscheuer des Klosters Heiligkreuztal sind die Originalfunde und auch die Forschungsergebnisse der langjährigen archäologischen Grabungen aus- und dargestellt. Die Funktion einer außerhalb des Heuneburgareales entdeckten Siedlung konnte inzwischen erklärt und dokumentiert werden: Diese sogenannte Außensiedlung war für die Versorgung der Heuneburg zuständig, es wurden landwirtschaftliche Aktivitäten nachgewiesen und Reste von Werkstätten gefunden (geöffnet April – Okt Di – So 10 bis 16.30, Juli, Aug 10 – 18 Uhr). Ein 8 km langer archäologischer Rundwanderweg verbindet die beiden Museen, am Weg finden sich zahlreiche Grabhügel von beeindruckender Größe und eine Viereckschanze.

KULTURTIPP

AUF DEN SPUREN DER ALTEN RÖMER

Dass Archäologie richtig spannend sein kann, beweist das Römermuseum in Mengen-Ennetach (östlich von 10). Das im Jahr 2001 eingerichtete Museum verfolgt einen angenehm modernen museumspädagogischen Ansatz mit hohem Erlebniswert. Grundlage der Ausstellungen sind Funde am Ennetacher Berg. Dort befand sich in der zweiten Hälfte des 1. Jahrhunderts ein

römisches Kastell, in dem Soldaten verschiedener Einheiten stationiert waren. Hörspiele und Videoinstallationen sollen den Besucher ins 1. Jahrhundert zurückversetzen. Das Alltagsleben in einer römischen Provinz wird am Beispiel Ennetachs gezeigt. Auch für Kinder ist einiges geboten: Sie können sich als Römer verkleiden (Bild) und thematischen Spielen widmen (geöffnet Ende März – Nov Di – So 10 – 18 Uhr).

Naturpark Augsburg – Westliche Wälder

Eiszeitliche Gletscher haben hier eine Landschaft mit fruchtbaren Tälern und sanften, bewaldeten Hügeln geschaffen. Egal, ob zu Fuß oder mit dem Rad: In den gemütlichen Orten und ihrer Umgebung lassen sich viele reizvolle Winkel und vor allem auch schattige Biergärten entdecken.

SERVICE

Anfahrt: Auf der A 8 bis Augsburg, dann auf der B 2 bis Langweid und von dort nach Wertingen; nächstgelegene ICE-Bahnhöfe in Ulm und Augsburg, von dort bis Lauingen bzw. Dillingen und weiter mit dem Bus

Lage: In Bayerisch-Schwaben im Westen Bayerns, westlich von Augsburg und östlich von Ulm

Größe: 1175 km^2

Höchste Erhebung: Höhenzug am Südrand des Naturparks (649 m)

Gründung: 1974

Information:
Naturpark Augsburg –
Westliche Wälder e. V.
Fuggerstraße 10
86830 Schwabmünchen

Telefon: 0821 / 310 22 78

Infohaus: In Oberschönenfeld

Internet: www.naturpark-augsburg.de

Hier werden alle Register gezogen: ein atemberaubender Regenbogen über dem Kloster Oberschönenfeld.

TOP TIPP

❶ Wertingen
Schöne Fachwerkstadt mit Schloss, Heimatmuseum und Stadtkirche

❸ Zusmarshausen
Sehenswerte Stadt mit Marktplatz, Rothsee und Naturerlebnispfad

❹ Kloster Oberschönenfeld
Zisterzienserinnenkloster mit Volkskundemuseum, Galerie, Biergarten und Naturparkhaus

Vor allem die Augsburger selbst zieht es im Sommer regelmäßig in das Naherholungsgebiet vor ihrer Haustür. Schade eigentlich, denn etwas mehr Anerkennung über die bayerischen Landesgrenzen hinaus hätte der Naturpark Augsburg – Westliche Wälder mit seinen anmutigen und vielseitigen Landschaften wahrlich verdient. Im Norden bedeckt eine fruchtbare Lössschicht die Schotterablagerungen, die eine abwechslungsreiche Wald- und Wiesenlandschaft entstehen ließ. Den südlichen Teil prägen sanfte, reich bewaldete Höhenzüge. Ihre größte Ausdehnung erreichen die Waldgebiete im Holzwinkel nordwestlich von Augsburg und in den »Stauden«, im Südwesten der Fuggerstadt. Wälder, Bäche und Talwiesen beherbergen eine vielfältige Flora und Fauna. Besonderheiten unter den Pflanzen sind Seidelbast, Türkenbund und Küchenschelle. In den Strauchgürteln nisten zahlreiche Singvogelarten, in den Wäldern ist die sonst eher seltene Waldohreule anzutreffen.

Kunst, Kultur und Badespaß

Die barocke Stadtkirche St. Martin aus dem Jahr 1700 überragt die Stadt **Wertingen** ❶ mit ihren beiden mächtigen Türmen. Sie sind mit Zinnen bewehrt, was einzigartig in Deutschland ist, auf denen alljährlich Störche nisten. Eine wechselvolle Geschichte liegt hinter diesem Bauwerk: Ein romanischer doppeltürmiger Vorgängerbau aus dem 13. Jahrhundert wurde 1462 zerstört, den spätgotischen Folgebau brannten 1646 die Schweden nieder. Das Wertinger Schloss, im 14. Jahrhundert erbaut, ist heute Sitz der Verwaltungsgemeinschaft Wertingen und des Heimatmuseums. Die Sammlungen zu den Themen Vor- und Frühgeschichte, Stadtgeschichte, Landwirtschaft, Hand- und Kunsthandwerk sowie die Waffensammlung sind sehr umfangreich (Mo – Mi 8 – 12 und 13 – 17 Uhr, Do 8 – 12 und 13 – 18, Fr 8 – 12 Uhr, Sa und So geschlossen). Auch ein Rundgang durch die Innenstadt von Wertingen hat seinen Reiz, denn Teile der alten Stadtbefestigung sind erhalten, es geht vorbei an schönen Fachwerkfassaden hinüber zum Marktplatz mit dem schmucken Marienbrunnen.

Das waldreiche Gebiet im nordwestlichen Teil des Naturparks ist der »Schwäbische Holzwinkel«. Dort liegt der Ort **Welden** ❷, der einen berühmten Sohn hat: Ludwig Ganghofer verbrachte hier seine Jugend. Näheres zu Leben und Werk des deutschen Heimatschriftstellers erfährt man in der Ganghofer-Stätte Welden im Landgasthof »Zum Hirsch« (Mo geschlossen). Oberhalb des Städtchens, auf dem Theklaberg, steht weithin sichtbar die Theklakirche, eine wunderschöne Rokokokirche.

➤ **TOP TIPP** Mitten im Naturpark liegt die »Perle des Zusamtals«: **Zusmarshausen** ❸. Am großen Marktplatz fällt die Pfarrkirche Maria Immaculata ins Auge, deren spätgotischer Turm 42 m aufragt. Von der einstigen Bedeutung Zusmarshausens als Marktflecken zeugen noch einige Gebäude, etwa die alte Posthalterei, heute »Hotel zur Post«, mit ihrem romantischen Innenhof. Erfrischung bietet im Sommer der nahe gelegene Rothsee: ein Badesee mit großen Liegewiesen, dessen östliches Ufer als Biotop geschützt ist. Am südlichen Rand von Zusmarshausen beginnt am »Horn« der Franz-Rödl-Waldlehrpfad. Hier erfährt man Wissenswertes über einheimische Gehölze.

Museen, Kirchen und ein schattiger Biergarten

➤ **TOP TIPP** Hier ist einiges geboten: Auf dem Gelände des **Klosters Oberschönenfeld** ❹ befinden sich ein Volkskundemuseum, das Naturparkhaus, ein Zisterzienserinnenkloster, eine Schwäbische Galerie und eine Gastwirtschaft mit Biergarten. Das Schwäbische Volkskundemuseum bietet viele Ausstellungen, u.a. zu den Themen »Bräuche durchs Jahr – Feste im Leben«, »Wohnen auf dem Land« und »Von der Handarbeit zur Maschine«. Im ehemaligen Bräumeisterstadel zeigt die Schwäbische Galerie Retrospektiven mit Werken bedeutender schwäbischer Künstler sowie Sonderausstellungen zu wechselnden Schwerpunktthemen und verschiedenen künstlerischen Techniken. Das Naturparkhaus dient als Informationszentrum des Naturparks und stellt die Natur und deren nachhaltige Nutzung durch den Menschen vor (geöffnet Di – So 10 – 17 Uhr).

Im Markt **Ziemetshausen** ❺ gibt es zwei kleine Museen, die Beachtung verdienen: das Weberei- und das Handwerkermuseum (geöffnet Mai bis Okt am 1. So im Monat und nach Vereinbarung, Telefon: 08284/8006). Anziehungspunkt für viele Gläubige ist die von Ziemetshausen ausgeschilderte Wallfahrtskirche Maria Vesperbild. Ursprünglich stand hier eine kleine Feldkapelle, die 1650 eine Pietà erhielt. Die heutige Kirche stammt aus der Mitte des 18. Jahrhunderts. Fährt man die Straße weiter bergan, erreicht man nach wenigen Minuten das Schloss Seyfriedsberg, dessen Garten 1848 mit allerlei exotischen Sträuchern und Bäumen angelegt wurde. Leider ist das Schloss nur von außen zu betrachten, der Park ist jedoch frei zugänglich.

Biegt man von der Straße von **Markt Wald** ❻ nach Immelstetten nach rechts zum Ortsteil Oberneufnach ab, sind es vom dortigen Wanderparkplatz aus nur wenige Minuten zu einem Aussichtsturm mit schönem Blick über den Park. Im benachbarten Schnerzhofen schimmert dunkel das Wasser des moorigen Sees. Von Markt Wald aus ist der Parkplatz vor Schnerzhofen ausgeschildert.

➤ **WANDERTIPP**

HINEIN IN DEN WALD

Von Oberschönenfeld ❹ aus bieten sich mehrere Wandermöglichkeiten in östlicher Richtung, um in das Tal des Anhauser Bachs (Bild) zu gelangen. Ein Weg führt durch dichte Mischwälder in das Tal und vorbei an mehreren Weihern. Ein Abstecher bringt den Wanderer zum »Engelshof«, einem schön gelegenen Landgasthof mit großem Biergarten. Auch im Tal des Anhauser

Bachs, im Ort Burgwalden, findet sich eine gemütliche Gastwirtschaft mit Biergarten. Für den Rückweg empfiehlt sich die Waldroute oder aber der Weg über Döpshofen und dann in nördlicher Richtung zurück nach Oberschönenfeld. Je nach Wegwahl sollte man mehrere Stunden für die Wanderung einplanen.

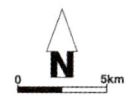

Nationalpark und Biosphären-reservat Berchtesgaden

SERVICE

Anfahrt: Von München über die A 8 bis zur Abfahrt 115 Bad Reichenhall; dann ca. 20 km auf der B 20 nach Berchtesgaden und weiter zum Königssee; auch die Deutsche Bahn fährt nach Berchtesgaden
Lage: Im äußersten Südosten Bayerns; der Nationalpark umfasst im Wesentlichen den deutschen Anteil an den Salzburger Alpen
Höchste Erhebung:
Watzmann (2713 m)
Größe: 210 km^2
Gründung: 1978
Information:
Nationalpark-Haus
Franziskanerplatz 7
83471 Berchtesgaden,
Telefon: 08652/6 43 43
Internet: www. nationalpark-berchtesgaden.de

Eine Landschaft der Extreme – vom alles überragenden Gipfel des Watzmanns bis in die Tiefen des Königssees, bitter kalt im langen Winter und bezaubernd mild im Frühlingsgrün der Almwiesen, die Sommer mit strahlend blauem Himmel – das ist Deutschlands einziger alpiner Nationalpark.

Die Bindalm vor dem Bergmassiv der Mühlsturzhörner bietet einen herrlichen Blick ins Klausbachtal.

TOP TIPP

❶ Königssee
Der einzige Fjordsee in Mitteleuropa
❺ Jenner
Mit der Seilbahn auf das 1802 m hohe Aussichtsplateau
❽ St. Bartholomä
Idyllische Wallfahrtskirche auf einer Halbinsel im Königssee
❿ Wimbachtal
Spannende Exkursion durch die Erdgeschichte
⓮ Mühlsturzhörner
Beeindruckender Bergsturz im Klausbachtal

Drei große Täler, drei tiefe Einschnitte in die gigantische Felslandschaft der Berchtesgadener Alpen, wild zerklüftete Bergstöcke, tiefblaue Seen und eisige Gletscher – all das wurde 1978 zum Nationalpark erklärt, zur Bewahrung und Wiederbelebung einer einzigartigen Bergwelt mitsamt ihrer Kultur. Die bekannten Glanzlichter des Nationalparks sind der malerische Königssee und das mächtige, das gesamte Gebiet überragende Gipfeltrio des Watzmanns, des mit 2713 m zweithöchsten Berges Deutschlands. Die Bergmassive sind aus Dolomit und darüber lagerndem Dachsteinkalk aufgebaut, der vor rund

200 Millionen Jahren abgelagert wurde. Durch die außerordentliche Härte des Kalksteins ließen Verwitterungen keine gerundeten, sondern eher scharfkantige Formen entstehen. Deshalb wird heute noch das Landschaftsbild beherrscht von scharfen, gezackten Graten und schroffen Felswänden. Wie Balsam für die menschliche Seele wirkt der Anblick der Bergmischwälder, wo Raritäten wie Spirke und Zirbe wachsen. Auf den hoch gelegenen alpinen Matten gedeihen Kostbarkeiten wie die Alpenrose, das Edelweiß sowie der Blaue und der Gelbe Enzian – heute selten gewordene, geschützte Pflanzen, die der Wande-

Edelweiß – das Wahrzeichen der Alpen.

rer entdecken kann. Auch für Steinböcke, Murmeltiere und Alpensalamander ist der Nationalpark inzwischen eine sichere Heimat geworden. Zu den imposantesten Vertretern der Vogelwelt zählt der Steinadler, der hoch über den Felswänden seine Kreise zieht.

Das unglaubliche Grün des Königssees

Weit über die Grenzen Bayerns hinaus hat der **Königssee** ❶ Berühmtheit erlangt. Durch Abschmelzen eines 1000 m mächtigen Gletschers am Ende der Eiszeit entstand der einzige fjordartige See in Mitteleuropa – ein 8 km langes und 200 m tiefes Trogtal, von klaren Quell- und Schmelzwassern aus den angrenzenden Bergmassiven genährt. Dank seiner Lage in einem wenig erschlossenen Hochgebirge, 603 m über dem Meeresspiegel, zählt er zu den saubersten Seen Deutschlands. Seltenen Fischarten wie dem Seesaibling und der Seeforelle, aber auch dem Hecht und dem Barsch bietet das maximal 17 °C warme und nährstoffarme Gewässer eine Heimat. Die Brechung des Lichts an den im Wasser gelösten Kalkteilchen zaubert das

unglaubliche Grün des Sees. Die knapp zweistündige **Bootsfahrt** ❷ über den Königssee bietet die beeindruckendste und schnellste Möglichkeit der Erkundung. Seit 1909 befördern Boote, durch umweltfreundliche Elektromotoren angetrieben, Naturfreunde aus nah und fern. Eine Unterbrechung der Rundfahrt ist auf der Halbinsel St. Bartholomä und an der Anlegestelle Salet möglich; auf Wunsch wird auch der kleine Anlegesteg Kessel am Ostufer angesteuert.
Die klassische Aussicht auf den See faszinierte nicht nur die Landschaftsmaler des 19. Jahrhunderts; auch heute ist der kurze Rundwanderweg von der Nationalpark-Informationsstelle Königssee zum Aussichtspunkt **Malerwinkel** ❸ sehr beliebt. Die bizarren Gipfel des Watzmannmassivs und die Felswände des Steinernen Meeres spiegeln sich im See, wechselnde Lichtstimmungen betonen diese wildromantische Kulisse.
Am Ende der Eiszeit trennte ein letzter Gletschervorstoß ein kleines Gebiet vom Königssee ab, den **Obersee** ❹. Den kurzen Weg über die zurückgebliebene Endmoräne von der Anlegestelle Salet zum stillen Obersee säumen große Felsblöcke, die 1172 von den Gipfeln ins Tal stürzten. Ein schmaler Wasserlauf, von üppiger Vegetation umgeben, verbindet die beiden Gewässer.

EDELWEISS

(Leontopodium alpinum)
Das Edelweiß, eine der bekanntesten Alpenblumen, wird auch Wollblume, Irlweiß, Almsterndl, Federweiß und eher selten Silberstern und Wülblume (in der Schweiz) genannt. Die Pflanze erreicht eine Höhe von 3 bis 20 cm. Ihr Stern aus dichten, weißfilzigen Hochblättern ist nur eine Scheinblüte, die eigentlichen Blüten sitzen zu vielen Hunderten inmitten des Sterns beisammen. Auf vielfach durcheinander gewirkten, krausen Härchen sorgen Tausende kleine Luftbläschen dafür, dass das einfallende Licht reflektiert wird. So entsteht der blendend weiße Schimmer auf den Hochblättern. Das Edelweiß wächst ungleichmäßig verteilt auf steinigen Wiesen, Kalksteinfelsen, seltener auf Almwiesen, in Höhen zwischen 2000 und 2900 m. Die Art gelangte nach der Eiszeit aus innerasiatischen Steppen in die Alpen, ist also keine heimische Felsenpflanze. Unter Liebenden galt das Edelweiß früher als ein Zeichen der Verschwiegenheit.

WANDERTIPP

ZUR EISKAPELLE

Von St. Bartholomä ❽ (mit dem Boot zu erreichen) führt ein breiter Wanderweg durch den Bergwald, vorbei an der Kapelle St. Johann und Paul, zur zerklüfteten Landschaft des Eisgrabens unterhalb des Watzmanns ⓭. Eine einsame Wildnis, nur eine kurze Strecke von der Betriebsamkeit am Königssee entfernt. Vor der überwältigenden Kulisse der fast 2000 m hohen Watzmann-Ostwand, der höchsten und gefährlichsten Wand der Ostalpen,

folgt man flussaufwärts dem felsübersäten Lauf des Eisbachs (Bild). Dieser strömt aus einer portalartigen Öffnung in einem 840 m hoch gelegenen Schneefeld, der sogenannten Eiskapelle ❾ (nicht betreten, Lebensgefahr!). Die Wanderung eignet sich bedingt auch für Familien mit Kindern (auf gleichem Weg zurück, Einkehrmöglichkeit in St. Bartholomä, Dauer 2,5 Stunden, Länge 6,5 km, 230 Höhenmeter Anstieg).

Ein wahrhaft erleuchtetes Fleckchen Erde: St. Bartholomä.

TOP TIPP Eine Seilbahn hinauf zur 1802 m hohen Bergstation des **Jenner** ❺ ermöglicht es auch dem müdesten Wanderer, den Nationalpark in seiner Einzigartigkeit auf einen Blick zu erfassen: gegenüber der Watzmann, im Süden das Steinerne Meer mit dem Großen Hundstod und der Schönfeldspitze, am Horizont der Gipfel des Hochkönigs und das Dachsteinmassiv – und tief eingeschnitten der Königssee. Der ehemals waldbedeckte Jenner ist heute eine durch Almwirtschaft und Holznutzung entstandene offene Landschaft mit Magerrasen, Latschenfeldern und kleineren Wäldern, ein hervorragender Ausgangspunkt für Wandertouren in das Gebiet des Nationalparks.

Ewiges Eis und uralte Bergwälder

Die weitläufige Hochfläche **Gotzenalm** ❻ östlich des Königssees gehört den Murmeltieren. Ihre warnenden Pfiffe sind nicht zu überhören. Auf lieblichen Almen blühen im Sommer Arnika und der Punktierte Enzian. Der lockere Lärchenbewuchs entstand durch die Beweidung des Gebietes. Dessen Bewirtschaftung geht, urkundlich belegt, bis ins 8. Jahrhundert zurück. Vor dem halbstündigen Aufstieg zum Aussichtspunkt Feuerpalfen hält die Sennerin für den erhitzten Wanderer eine Erfrischung bereit. Die Belohnung nach dem langen Anstieg ist wirklich spektakulär: der Blick auf den Königssee und die Watzmann-Ostwand.

An den östlichen Steilhängen des Königssees, im Gebiet der Bootsanlegestelle **Kessel** ❼, haben sich in naturnahen Bergwäldern die heimischen Baumarten wieder angesiedelt: Rotbuche, Bergahorn, Weißtanne und Fichte. Zwar wurde bis 1960 auch an steilen Hängen Holz geschlagen, das unwegsame Gelände und die Bodenbe-

schaffenheit verhinderten jedoch eine Wiederaufforstung mit reinem Fichtenwald zur holzwirtschaftlichen Nutzung.

TOP TIPP **St. Bartholomä** ❽ ist der Beweis: Die Männer Gottes hatten schon immer einen Blick für die schönsten Flecken dieser Erde. Im Verlauf von 10 000 Jahren schob sich das Verwitterungsgeröll aus den Watzmannwänden, vom reißenden Eisbach getragen, in den Königssee und bildete eine kleine Halbinsel. Ein imposanter Ort; auf dem Mündungsdelta wurde 1134 diese Wallfahrtskirche geweiht. Ihre roten Kuppeln leuchten weit über den See.

Ein gewölbeartiger Austritt des Eisbachs aus einem Schneefeld am Fuß der fast 2000 m hohen Watzmann-Ostwand gibt der **Eiskapelle** ❾ ihren Namen. Im zusammengepressten Schnee von Lawinenabgängen lassen die Schmelzwasser im Laufe des Sommers eine weite Öffnung entstehen. In früheren Zeiten muss die Eiskapelle wesentlich größer gewesen sein. Von 20 m Höhe, 30 m Breite und einer Länge von 200 m berichten die Chroniken. 1862 vernichtete ein Felssturz diesen großartigen Eisdom. Das Betreten oder Besteigen der Eiskapelle ist lebensgefährlich!

Der einsame **Funtensee** ❿ am Rande des Steinernen Meeres liegt 1600 m über dem Meeresspiegel in einer Doline, einer trichterförmigen Vertiefung, entstanden durch den Einbruch einer

Die Natur als Künstler: Altholz an der Baumgrenze.

Höhle. Diese Lage verhindert im Winter das Abfließen von Kaltluft – es wird eisig kalt. Am 21. Januar 2000 zeigte das Thermometer ein Rekordminus von 45,8 °C. Andererseits beeinflusst im Sommer das wärmere Klima der Zentralalpen die Vegetationsperiode am Funtensee. Frühjahr, Sommer und Herbst liegen in der kargen Hochmoor- und Weidelandschaft eng beieinander. So entsteht der Eindruck einer üppigen

Eine Wanderung durch das urtümliche Wimbachtal kann bis zu den Gipfeln des Watzmanns führen.

Blütenpracht. Diese klimatische Besonderheit fördert auch das Wachstum der Zirbenwälder. Die Berghütte Karlinghaus am Funtensee bietet Übernachtungsmöglichkeiten. Die wilde, scheinbar vegetationslose Hochgebirgslandschaft des **Steinernen Meeres** ⑪ wird von Dolinen, Höhlen und ausgewaschenen Felsrinnen geprägt. Gräser und Blumenpolster verstecken sich in Gesteinsnischen und Mulden. Aufmerksame Wanderer entdecken in dieser Felswüste versteinerte Muscheln; vor 200 Millionen Jahren war das Hochplateau in der Tat ein Meer. Steinböcke fühlen sich hier wohl und kommen nicht selten nah heran.

Exkursion durch 70 Millionen Jahre Erdgeschichte

Ein 10 km langer und bis 300 m mächtiger Schutt- und Geröllstrom »fließt« zu Tal: Im **Wimbachtal** ⑫ erlebt man Erdgeschichte live. Er entspringt im Steinernen Meer und wandert zwischen Watzmann und Hochkalter nach Südwesten. Die Wasser des Wimbachs fließen als Grundwasser unter dem Steinfluss und treten erst 3 km vor der Wimbachklamm ans Licht des Tages. Bei starken Regenfällen kann der Schuttkörper das Wasser nicht mehr aufnehmen, es fließt an der Oberfläche ab. So ist der Schuttstrom ständigen Veränderungen unterworfen, ein richtiger Fluss in Zeitlupe. Es bilden sich immer neue Rinnen, Böschungen und Inseln, auf denen sich kleine Bäume, Sträucher und Gräser ansiedeln. Die seltene Spirke, eine aufrecht wachsende Form der Latschenkiefer, hat sich den rauen Lebensbedingungen auf dem Schuttstrom besonders gut angepasst. Sie wird bis zu 10 m hoch.

Am Ausgang des Wimbachtals zwängt sich das Wildwasser durch eine enge Schlucht, die Wimbachklamm. Auch von den Wänden der Klamm stürzen Wasserfälle in die brodelnde Flut – nach starken Regenfällen und in der Zeit der Schneeschmelze ein beeindruckendes Erlebnis. Bereits in früheren Zeiten wurde in der Klamm ein Triftsteig angelegt, da das Holz für die Berchtesgadener Salinen durch diese Engstelle getriftet werden musste. Der Steg, sicher

Durch die brodelnden Wasser der Wimbachklamm wurden einst sogar Baumstämme zu Tale geflößt.

STEINBOCK
(Capra ibex)

Er wurde im Jahr 1937 in den höheren Lagen des Nationalparks angesiedelt, obgleich er ursprünglich nicht hier beheimatet war. Da die Tiere nicht gejagt werden, sind sie nicht scheu und lassen sich mit etwas Glück aus nächster Nähe beobachten. In den Alpen lebt der Steinbock auf der Höhe zwischen der Wald- und Eisgrenze. Eine Steinbockherde setzt sich aus 10 bis 20 Weibchen und Jungtieren zusammen. Der Bock bleibt den Winter über bei der Herde, verlässt sie aber im Frühling. Der Steinbock wurde in früherer Zeit stark mystifiziert, was dazu führte, dass fast alles Verwertbare des Steinbocks – Blut, Haare, sogar Exkremente – als Medizin eingesetzt wurde. Dies führte Anfang des 19. Jahrhunderts fast zum Aussterben der Art in Europa. Derzeit gilt der Bestand glücklicherweise als gesichert.

Noch verhüllen Wolken den Gipfel des Watzmanns, bald wird die Morgensonne auch den Königssee aufleuchten lassen.

und massiv ausgebaut, wird noch heute genutzt und ermöglicht – gegen eine geringe Gebühr – das Erleben der Urkräfte unserer Erde.

Um seinen Gipfel jagen Nebelschwaden – der Watzmann

Der höchste Gipfel des Nationalparks, der **Watzmann** ⑬, misst 2713 m und ist nach der Zugspitze der zweithöchste Berg Deutschlands. Seine bizarre Form prägen drei fast gleich hohe Gipfel, die Mittel- und die Südspitze, das Hocheck sowie die fünf Zacken der so genannten Watzmannkinder und der Kleine Watzmann. Markant ist die Ostwand, die fast 2000 m steil zum Königssee abfällt. Sie galt lange Zeit als unbezwingbar und ist noch heute eine große Herausforderung für Alpinisten. Schon der einfache Aufstieg vom 1928 m hoch gelegenen Watzmannhaus erfordert gute Bergkenntnisse und Ausdauer.

Im September des Jahres 1999 donnerte ein 250 000-Tonnen-Stück des Gipfels der **Mühlsturzhörner** ⑭ bis in das Klausbachtal hinab. Eine Druckwelle raste mit 300 Stundenkilometern voraus und brach 20 ha Wald. Der Klausbach änderte seinen Lauf, Brücken und Teile des alten Wanderweges verschwanden, meterhohe Felsblöcke und große Schuttmengen behindern seitdem die Durchfahrt auf der Nationalparkstraße. Am Gipfel des Kleinen Mühlsturzhorns ist die Abbruchstelle noch deutlich als heller Fleck zu erkennen. Geologen sagen für die nähere Zukunft weitere Bergstürze im Gebiet

TOP TIPP

der Mühlsturzhörner voraus. Die Dynamik von Entstehen und Vergehen der Alpen wird am zweithöchsten Gipfel (2607 m) des Nationalparks, dem **Hochkalter** ⑮, besonders deutlich sichtbar. Immer wieder brechen gewaltige Teile des Massivs ab und stürzen zu Tal. Bei den dramatischen Felsstürzen des vergangenen Jahrhunderts kam glücklicherweise niemand zu Schaden.

Der **Blaueisgletscher** ⑯, nördlichster Gletscher der Alpen, liegt im Gebiet des Hochkalters. Sein Eis befindet sich auf dem Rückzug, die namensgebende blaue Färbung ist nur noch schwer zu erkennen. Wegen seiner steilen Hanglage, zahlreicher Rinnen und Spalten kann er nur mit entsprechender Ausrüstung begangen werden. Einfach hingegen ist der Anstieg vom Parkplatz »Seeklause« am Hintersee zur Blaueishütte, die einen direkten Blick auf den Gletscher ermöglicht.

In den Steilhängen des **Klausbachtals** ⑰ nistet ein Steinadlerpaar. Der majestätische Flug der Raubvögel lässt sich oft sogar mit bloßem Auge beobachten. Sie machen hier paarweise Jagd auf Murmeltiere, Schneehasen und Gamskitzen sowie auf Raufußhühner.

Ein 45 ha großes **Wildgatter** ⑱ dient als Winterquartier für das Rotwild im Klausbachtal. Durch ihre Fütterung werden Verbissschäden und das Abschälen der Bäume verhindert. Tagsüber lässt sich das größte im Nationalpark lebende Tier kaum sehen, bei der Winterfütterung jedoch können Hirsche und Rehe in Ruhe beobachtet werden. Im Frühjahr zieht das Rotwild wieder in die höheren Gebirgslagen.

Seit 100 Jahren intakt – die wunderbare Welt der Almen

Auf der weiträumigen **Bindalm** ⑲ in den höheren Lagen des Klausbachtals lässt sich das nicht immer einfache Leben der Almbauern in den Kaser genannten Almhütten nachempfinden. Bei frischer Milch und einer herzhaften Brotzeit gewinnt man aufschlussreiche Einblicke in den Alltag der Senner.

Das Dorf **Ramsau** ⑳ dürfte eines der am meisten fotografierten Motive in den Alpen sein. Malerisch ragt der Zwiebelturm des Kirchleins vor den Bergen des Hochkalters und der Reiter Alpe in die Höhe, eine Brücke überspannt die quirligen Wasser des Flusses Ramsauer Ache. Postkartenmotive entdeckt man auch bei der Wanderung über den **Alm-Erlebnispfad** ㉑, der etwas entfernt von dem heilklimatischen Kurort an der Schwarzbachwacht in der Nähe des Taubensees beginnt. Er führt gleich über drei Almen und versorgt den Wanderer auf einem guten Dutzend Schautafeln mit allen wichtigen Information zum Almbetrieb, zu Bergmilch und Alpenkräutern (siehe auch Kasten auf der rechten Seite). Für den 11 km langen Pfad sollte man sich etwa vier Stunden Zeit nehmen, da ein Anstieg von 890 m bis auf 1540 m Höhe bewältigt werden muss.

Als den kleinen Bruder des Königssees kann man den **Hintersee** ㉒ bezeichnen – sicherlich nicht so spektakulär, doch wesentlich besser zugänglich und daher bei Urlaubern beliebt. Ein Spaziergang rund um den See dauert etwa eine Stunde. Abwechslung bietet eine Kahnpartie. Der gleichnamige Ort hält ein großes Angebot an Unterkünften bereit.

Vom Hintersee führt ein Naturlehrpfad in den **Zauberwald** ㉓. Dieser urwüchsige Bergwald verdankt sein Entstehen einem dramatischen Felssturz vor Jahrtausenden. Seither hat die Natur hier aus den riesigen Felsbrocken eine wildromantische alpine Ideallandschaft geformt. Ausgangspunkt für eine Wanderung durch den zauberhaften Wald der Ramsau ist der Hintersee. Zahlreiche Tafeln informieren über die Entstehung und die Pflanzenwelt dieser einmaligen Landschaft (ca. 1,5 km Länge, 1 Stunde Gehzeit, 80 m Höhenunterschied).

Das Tafelgebirge der **Reiter Alpe** ㉔ im westlichsten Teil der Berchtesgadener Alpen wird von den Einheimischen Reiteralm genannt. Wie alle Gebirgsgruppen der Berchtesgadener Alpen besteht die Reiter Alpe aus Dachsteinkalk. Zahlreiche Gipfel, darunter das Große Häuslhorn (2284 m), das Wagendrischlhorn (2251 m) und das Stadelhorn (2286 m), umkränzen das karstige Hochplateau. Nach außen fällt es fast überall steil ab, während es sich nach innen meist sanft wellt und lohnende Wander- und Skitourenziele bietet. Ausgangspunkt für Wanderungen ist wieder-

Spektakulärer Königssee: Vom Aussichtspunkt Feuerpalfen erkennt man den Eisbach und die Halbinsel St. Bartholomä.

Eine gipfelnahe Bergquelle am Kammerlinghorn oberhalb der Bindalm: erfrischende Labsal und willkommener Ort zum Rasten nach einer langen Bergwanderung.

ALMWIRTSCHAFT

Auf dem Höhepunkt der Almwirtschaft um die Mitte des 19. Jahrhunderts gab es etwa 90 Almen. Das Weiderecht gestattet den Almbauern auch heute noch, ihre Rinder im Sommer von den tiefer gelegenen Weideflächen zu den Hochalmen zu treiben. Die Nationalparkordnung schränkt die uralten Rechte der Almbauern nicht ein, allerdings versucht man, auf freiwilliger Basis

mehr Naturschutz einzuführen. So ermöglicht die extensive Nutzung der Almen erst einigen seltenen Pflanzen und Wildtieren das Überleben. Im Nationalparkgebiet liegen noch 25 Almen (Bild: Bindalm), lediglich in der nutzungsfreien Kernzone verfallen die Almhütten.

um die Schwarzbachwacht. Über die Reiter Alpe verläuft die deutsch-österreichische Staatsgrenze, der östliche Bereich des Plateaus gehört zum Nationalpark Berchtesgaden.

Diese über 1500 m hoch gelegene Hochfläche bedecken, besonders im nördlichen Teil, Almen und Weiden sowie alte Zirbenwälder und Zwergkiefernbestände. Die Zirbe, auch Zirbelkiefer oder Arve genannt, besitzt eine malerisch breite, oft vom Sturm zerzauste Krone. Sie gedeiht nur in den höheren Lagen der Alpen und der Karpaten sowie in Sibirien. Das größte Vorkommen dieser botanischen Rarität in Deutschland befindet sich auf der Reiter Alpe. In der Mitte des Hochplateaus liegt das Reitertrett, eine geheimnisvolle Erdspalte, angeblich der Zugang zu einem großen unterirdischen See. Das Ziel vieler Wanderer, die alte und die neue Traunsteiner Hütte, liegt ganz in der Nähe.

Uralte Stadt vor traumhafter Kulisse

Im Jahr 2002 feierte **Berchtesgaden** 25 mit einem großen Fest sein 900-jähriges Bestehen. Einst wurde hier ein Augustiner-Chorherrenstift gegründet. Berchtesgaden war seit 1380 im Reichstag vertreten, seine Repräsentanten saßen sogar auf der Fürstenbank. Im 19. Jahrhundert nutzten die bayerischen Könige Berchtesgaden als Sommerresidenz und bauten das bisherige Chorherrenstift zu einem königlichen Schloss aus. Kronprinz Rupprecht, Sohn des letzten bayerischen Königs, gestaltete den fürstlichen Landsitz so, wie er sich noch heute dem Besucher zeigt. Er stattete die Räume mit Kunstwerken u.a. von Riemenschneider, Veit Stoß, Bustelli, Stieler

und Rottmann aus. Die Gäste- und Besucherzahl stieg. Immer mehr Künstler, Schriftsteller und selbst Industrielle fanden Gefallen am Berchtesgadener Tal, darunter der norwegische Schriftsteller Henrik Ibsen. Ludwig Ganghofer ließ hier eine ganze Reihe seiner Heimatromane spielen. Romantische Maler wie Carl Rottmann und Caspar David Friedrich waren von den Berchtesgadener Alpen fasziniert und hielten sie in ihren Bildern fest. Bei den Malern waren vor allem der Hintersee und der Königssee als Motive beliebt – nicht ohne Grund heißt einer der schönsten Aussichtsplätze am Königssee noch heute Malerwinkel. Der Tourismus entwickelt sich bis in die heutige Zeit rasant.

Der Nationalpark wäre ohne das Kehlsteinhaus am **Obersalzberg** 26 nicht vollständig beschrieben, auch wenn dieser Ort mit Natur nur wenig zu tun hat, umso mehr aber mit deutscher Geschichte und Vergangenheitsbewältigung. Der Obersalzberg war schon seit 1923 Hitlers Feriendomizil. Nach 1933 wurde er neben Berlin zum zweiten faschistischen Machtzentrum ausgebaut.

Seit 1999 dokumentiert eine Ausstellung im Gästehaus Göll die Geschichte des Obersalzbergs und seine Verknüpfung mit dem Nazi-Regime. Das Dokumentationszentrum versucht mit den jährlich stattfindenden Obersalzberger Gesprächen, neue Denkanstöße zu geben. Das 1834 m hoch gelegene, geschichtsträchtige Kehlsteinhaus mit seiner grandiosen Bergkulisse erreicht man mit dem Auto über eine imposante, 6,5 km lange Panoramastraße oder ganz bequem in einer Gondel der Obersalzbergbahn von Berchtesgaden aus.

Das Register enthält die im Buch beschriebenen Orte und Sehenswürdigkeiten. **Fettgedruckte** Seitenzahlen weisen auf Haupteinträge im Buch hin.

Register

Bildnachweis

Umschlag: siehe Impressum, S. 4
Vorsatz: Melitta Kolberg, Hamburg, www.kolberg-foto.de (Sonnenuntergang Selliner See)
Nachsatz: Ernst Wrba, Wiesbaden, www.ernstwrba.de (Sonnenuntergang in der Südeifel)

Vorwort: S.5 li.: Melitta Kolberg, re.: www. baden-baden.de
Inhalt: S.7 von o. nach u.: laif/Jonkmanns, Melitta Kolberg (3), S.8 Rainer Kiedrowski, Ernst Wrba, Feldhoff & Martin (2), S.9 Feldhoff & Martin (2), Ernst Wrba, Feldhoff & Martin
Einleitung: S.10 Ernst Wrba

Norden

S. 12–13: Bildagentur Huber; 14–33: Melitta Kolberg Hamburg www.kolberg-foto.de, außer 18 li.: Nationalpark Schleswig-Holsteinisches Wattenmeer, 21 re.: Tourismus Schönhagen/Infozentrum Redderhus, 23 re.: Stiftung Schleswig Holstein Musik Festival, 24 o.: Sabine Vielmo/Arche Warder, 25 re.: Wildpark Eekholt, 27 re.: Ekkehart Sachse/Dat ole Hus, 29 re.: www.flussinfo.net, 31 re.: Reinhard-Tierfoto, 33 re.: Reinhard-Tierfoto; 34–45: Feldhoff & Martin, außer 39 re.: www.meeresmuseum. de; S. 46–107: Melitta Kolberg, außer 54: laif/Jonkmanns, 57 re.: Seehundstation Nationalparkhaus Norden-Norddeich, 59 li.: laif/Dirk Eisenmann, 59 re.: Reinhard-Tierfoto, 60–61: Emsland Touristik, 62: Aibo & Göbel, 63: Bildagentur Huber, 67 re.: Wild- u. Freizeitpark Osttrittrum, 69 re.:Reinhard-Tierfoto, 70: Rainer Kiedrowski, 71 re.: www.hasetal.de, 73 li.: Reinhard-Tierfoto, 77 re.: dpa picture-alliance/Kina, 79 re.: Dinosaurierpark Münchehagen, 81 re.: Joe-Bodemann-Zentrum, 96 li.: Bildagentur Huber/Gräfenhain, 97 re.: Förder- u. Landschaftspflegeverein Biosphärenreservat Mittlere Elbe/Archiv des FÖLV, 99 re.: Reinhard-Tierfoto, 107 re.: dpa; 108–115: Feldhoff & Martin, außer 111: Sönke Morsch/www.fotonatur.de; 116–133: Melitta Kolberg, außer 117 re.: dpa picture-alliance, 118 li.: Reinhard-Tierfoto, 119 re.: Tierpark Kunsterspring/Knudsen, 123 re.: Stiftung Brandenburgische Gedenkstätten, 126 li. von o. nach u.: Melitta Kolberg, Bildagentur Huber, Reinhard-Tierfoto, Ernst Wrba (2), 126 re.,127: Aibo & Göbel, 128: laif/Martin Kirchner, 129 li.: laif/Martin Kirchner, 129 re.: Reinhard-Tierfoto, 131 re.: Feldhoff & Martin, 132 li.: Reinhard-Tierfoto, 133 re.: Biosphärenreservat Schorfheide-Corin/Fritz-Peter Ney; 134–137 Feldhoff & Martin; 138–149 Melitta Kolberg, außer 140 li.: Reinhard-Tierfoto, 144 li.: Reinhard-Tierfoto, 148 li.: dpa/picture-alliance/Brochard, 149 re.: Reinhard-Tierfoto

Westen

150–151: Ernst Wrba; 152–195 Rainer Kiedrowski www. photo-kiedrowski.de, außer 154 li.: laif/Tom Babovic, 159 re.: Westfälisches Römermuseum Haltern, 160 li.: Kersten Blaschczok/Forsthaus Haard, 164 re.: Kreis Lippe/OWL Marketing GmbH/Teutoburger Wald Tourismusmarketing, 165 li.: Westermann /OWL Marketing GmbH, 167 re.: Bildagentur Huber/Gräfenhain, 168 li.: Tourismus Marketing Niedersachsen GmbH, 169 re.: www.uslarer-land. de, 171 re.: Peter Kolshorn/Infozentrum Krickenbecker Seen, 176 li.: Affen- und Vogelpark Eckenhagen, 183 o.: Sauerland-Tourismus e.V./Jürgen Fischbach, 183 re.: www. haus-recke.de, 184 li.: Feldhoff & Martin, 184 u: Festspiele Balver Höhle, 185 re.: Elspe Festival, 187 re.: Landschafts-Informationszentrum LIZ, 188 li.: Archiv Touristik GmbH Möhnesee/Wolfgang Detemple, 188 Mitte: Stefan Enste/www.bilsteintal.de, 189 re.: Archiv Touristik GmbH Möhnesee/Wolfgang Detemple, 192 li.: Grévin Deutschland GmbH/Panoramapark Sauerland, 195 re.: Touristikverband Siegerland-Wittgenstein-Rothaarsteig/K.P. Kappest; 196: Aibo & Göbel, außer Motiv Braunkohleabbau: Bildagentur Huber/ Rech; 197: Ernst Wrba; 198: Tourist Info Landkreis-Waldeck-Frankenberg; 199 li.: Holger Klaes; 199 re., 200, 201 u.: Tourist Information Willingen; 201 re.: dpa picture-alliance/Frank May; 202–211: Feldhoff & Martin; 212, 213 re., 215 li.: Aibo & Göbel; 213–215: Rainer Kiedrowski, außer 214 li.: Reinhard-Tierfoto; 216–225: Ernst Wrba Wiesbaden www.reise-fotografie. com, außer 217 re.: Reinhard-Tierfoto, 218 li.: laif/Dirk Kruell, 219 re.: Julia Bytom/Pressestelle Stadt Hann.Münden, 221 li.: Marco Lenarduzzi/NP Meißner-Kaufunger-Wald, 221 re.: creative design ONDRACZEK Vellmar, 222 li.: Erlebnispark Ziegenhagen, 223 re.: Reinhard-Tierfoto, 224 li.: Marco Lenarduzzi; 226–231 Feldhoff & Martin, außer 230 li.: picture-alliance/OKAPIA KG; 232–241: Ernst Wrba, außer 233 li.: Bildagentur Huber, 233 re.: Reinhard-Tierfoto, 236 li.: Feldhoff & Martin, 237: Hochwildpark Rheinland, 240 li., 241 re. o.: Winfried Hoor/Verbandgemeinde Irrel, 240 li. unten: Feldhoff & Martin; 242–247: Rainer Kiedrowski, außer 243: RWE Power AG/Zweckverband Naturpark Rheinland, 244 li.: Phantasialand Brühl, 245 u.: Naturpark Rheinland; 248–303: Ernst Wrba, außer 249 re.: Feldhoff & Martin, 250 li.: Kloster Marienhaus Waldbreitbach, 251 re.: Zoo Neuwied, 253 re.: Keramikmuseum Westerwald, 254 li.: Wild- & Freizeitpark Westerwald, 255 u.: Naturpark Nassau, 257 re.: Reinhard-Tierfoto, 266 li.: Manfred Möll/ADAC, 270 li.: Stadt Klingenberg a. Main, 271 re.: Touristeninformation Lohr a. Main, 272: Bernd Weiler, 274 li.: Thalhof-Park Steinau, 275 re.: Uwe Kretschmann/Vogt Burg Brandenstein, 276 li. o., u. und re.: Aibo & Göbel, Motiv Alpen: Bildagentur Huber, li. Mitte: Peter Doll/Deutsche Gesellschaft für Erdbebeningenieurwesen u. Baudynamik Aachen, www.lavadome.de Deutsches Vulkanmuseum Mendig, 277 Aibo & Göbel, 281re.: Feldhoff & Martin, 284 li.: K+S Erlebnisbergwerk Merkers, 285 re. und 289 re.: Reinhard-Tierfoto, 291 re.: Kur- u. Touristikinformation Bad Sobernheim, 295 u.: Michael Schönberger/Werner-Freund-Wolfspark, 295 re.: Feldhoff & Martin, 300 o.: Stephan Marx/Tourist-Information Trippstadt, 301 u.: Stadt Bad Dürkheim, 303 re.: Andreas Schwegler/Karlsruhe

Osten

304–305: picture-alliance/Bildagentur Huber/R.Schmid; 306–415: Feldhoff & Martin, außer 313 re.: picture-alliance/OKAPIA KG, 327 re.: picture-alliance/ZB, 340 li.: picture-alliance/KPA/Gerken&Er, 373 re.: Bildagentur Huber/Giel, 384 li.: Reinhard-Tierfoto, 391 re.: Sönke Morsch/www.fotonatur.de, 394 li. von o. nach u.: Melitta Kolberg (2), Motiv Weinberge: Bildagentur Huber, Aibo & Göbel, Motiv Hochwasser: laif/Paul Langrock, re.: Ernst Wrba, 395 Aibo & Göbel

Süden

416–417: picture-alliance/Bildagentur Huber/R.Schmid; 418–457: Ernst Wrba, außer 424 re.: Gemeinde Schwarzach, 425 re.: Touristikgemeinschaft Odenwald e.V., 427 re.: Museum Schloss Oberschwappach, 428 li.: Freizeitland Geiselwind, 433 re.: Reinhard-Tierfoto, 436 li.: Brauereimuseum Bamberg, 437 re.: Feldhoff & Martin, 439 re.: Harald Fritsche/Landratsamt Forchheim, 439 li.: Tierpark Hundshaupten, 441 re.: Gemeinde Windischeschenbach, 445 re.: Tourismusverband Ostbayern e.V., 446: picture-alliance/Bildagentur Huber, 447 re.: Drachenstich Festspiele e.V., 448 li.: Kurverwaltung Bad Kötzting, 449 re.: Tourist-Information Waldmünchen, 450: Aibo & Göbel, 450 li. Mitte: Reinhard-Tierfoto, 450 li. u.: Rainer Kiedrowski, 451: Aibo & Göbel, 453 re.: Besucherbergwerk Silberberg, 454 li.: Bikepark Geisskopf, 455 re.: Gemeinde St. Englmar, 457 li.: Marianne Lechner/Tourist-Information Perlesreut/Fürsteneck; 458–463: Feldhoff & Martin, außer 460 li.: Bildagentur Huber/Giel; 464–469: Ernst Wrba, außer 465 re.: Dietmar Gretter/Naturpark Stromberg-Heuchelberg, 469 u.: Ulrich Gohl; 470: Nürnberg-Luftbild/ Hajo Dietz Fotografie; 471 o.: Stadt Amberg, 471 re.: Umweltstation Kloster Ensdorf/eon; 472–487: Ernst Wrba, außer 475 re.: picture-alliance/Stefan Kiefer, 467 www.baden-baden.de, 478 li.: Bad Wildbad Touristik, 479 re.: Feldhoff & Martin, 480 li.: www.seebach.de, 484 li.: Belchenland Tourismus GmbH, 485 re.: Tourismus-Information Feldberg, 487 re.: Gemeinde Hasel; 488 li. von o. nach u.: Aibo & Göbel (2); 488 und 489: Reinhard- Tierfoto; 490 Forstdirektion Schönbuch/ Baden Würtemberg; 491: Werner Schaal; 492: Bildagentur Huber/R. Schmid; 493–494: Ernst Wrba, außer 494 li.: Stan Müller; 495: Römermuseum Mengen-Ennetach; 496: Kloster Oberschönenfeld www.abtei-oberschoenenfeld.de; 497: Naturpark Augsburg-Westliche Wälder; 498–504: Feldhoff & Martin